DIE ALAMANNEN

DIE

ALAMANNEN

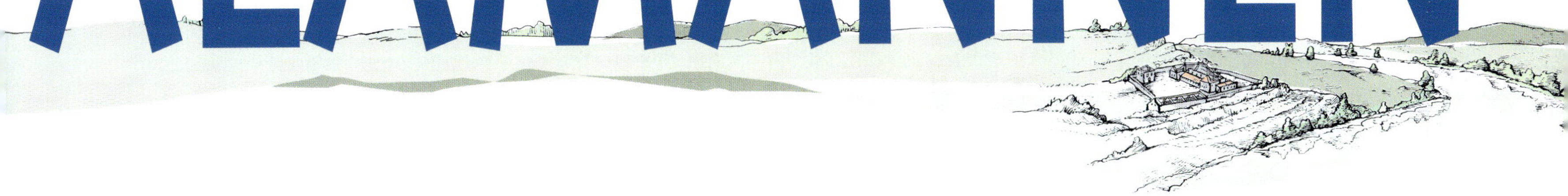

HERAUSGEGEBEN

vom Archäologischen Landesmuseum
Baden-Württemberg

Theiss

ALS SPONSOREN

haben das Ausstellungsprojekt »Die Alamannen« großzügig gefördert:

SüdwestLB
Südwestdeutsche Landesbank

WÜRTH

KulturStiftung der Länder
aus Mitteln des
Bundesministeriums des Innern

weitere Sponsoren
siehe Seite 16

Die Deutsche Bibliothek – CIP-Einheitsaufnahme

Ein Titelsatz für diese Publikation ist bei
Der Deutschen Bibliothek erhältlich

Gesamtproduktion:
Verlagsbüro Wais & Partner Stuttgart

Redaktion:
Dr. Karlheinz Fuchs
Dr. Martin Kempa
Dr. Rainer Redies
Dr. Barbara Theune-Großkopf
André Wais

Gestaltung: Hans-Jürgen Trinkner
Umschlag: Schober+Reinhardt

Druck: Süddeutsche Verlagsgesellschaft Ulm
Reproduktion: Otterbach Repro Rastatt
Bindung: Buchbinderei Idupa, 73277 Owen

4. Auflage 2001

Lizenzausgabe
für Konrad Theiss Verlag, Stuttgart

Printed in Germany
ISBN 3-8062-1535-9

SCHIRMHERRSCHAFT

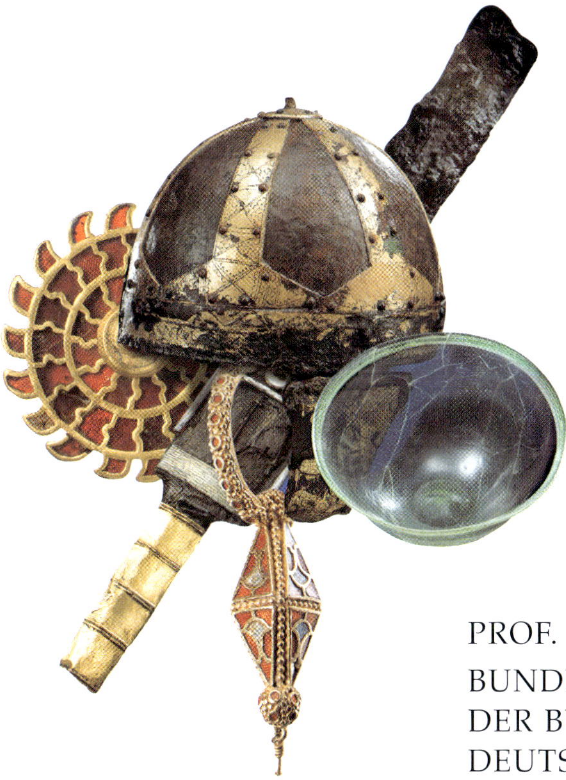

PROF. DR. ROMAN HERZOG
BUNDESPRÄSIDENT
DER BUNDESREPUBLIK
DEUTSCHLAND

PROF. DR. ARNOLD KOLLER
PRÄSIDENT
DER SCHWEIZERISCHEN
EIDGENOSSENSCHAFT

Inhalt

Grußwort

Die Alamannen-Ausstellung bietet die erste umfassende Darstellung der Geschichte der Alamannen in Südwestdeutschland vom Ende der Römerherrschaft Mitte des 3. Jh. bis zur Auflösung des Herzogtums Alamannien durch die Karolinger um die Mitte des 8. Jh. Mit ihren zahlreichen kostbaren archäologischen Originalfunden und den anschaulichen Inszenierungen gibt die Ausstellung einen lebendigen Einblick in eine Epoche der mitteleuropäischen Geschichte, die bisher viel zu wenig Beachtung gefunden hat. Auch heute noch verbindet der alemannische Sprach- und Kulturraum über die Staatsgrenzen hinweg Teile Deutschlands, der Schweiz und Österreichs.

Vor dem Hintergrund eines zusammenwachsenden Europas begrüße ich deshalb die Alamannen-Ausstellung sehr. Gerne habe ich der Bitte entsprochen, zusammen mit dem Schweizerischen Bundespräsidenten Arnold Koller die Schirmherrschaft zu übernehmen. Den Initiatoren und Organisatoren sowie allen an der Vorbereitung und Durchführung Beteiligten danke ich für ihr großes Engagement. Der Ausstellung selbst wünsche ich zahlreiche Besucher und gutes Gelingen.

ROMAN HERZOG

BUNDESPRÄSIDENT
DER BUNDESREPUBLIK
DEUTSCHLAND

Grußwort

Gerne habe ich zusammen mit Herrn Bundespräsident Roman Herzog die Schirmherrschaft der Ausstellung »Die Alamannen« übernommen.

Den Menschen, die die Ausstellung besuchen oder dieses Begleitbuch zur Hand nehmen, werden historische Wurzeln einer Region, die den Großteil Süddeutschlands und der Nordschweiz umfasst, anhand neuester Forschungsergebnisse eindrücklich veranschaulicht. Den Initianten, dem Archäologischen Landesmuseum Baden-Württemberg, dem Schweizerischen Landesmuseum Zürich, dem Württembergischen Landesmuseum Stuttgart und dem Landesdenkmalamt Baden-Württemberg gebührt für diesen wichtigen Beitrag Dank und Anerkennung.

In der Schule lernten wir, blutrünstige Alamannenhorden seien zur Zeit der Völkerwanderung ins keltisch-römische Helvetien eingefallen, hätten die verfeinerte romanische Zivilisation ausgelöscht und den Raum der heutigen Nordschweiz ins dunkle Mittelalter gestoßen. Wir lasen in diesem Zusammenhang den Satz des Sidonius Apollinaris aus dem 5. Jh.: »Die Alamannen kommen, um das Wasser des Rheins auf der Seite der Römer zu trinken.«

Die Ausstellung, die uns mit den neuesten Ergebnissen der historischen und archäologischen Forschung bekannt macht, zeigt ein ganz anderes Bild: Romanische und germanische Lebensformen haben lange Zeit nebeneinander bestanden; die eingewanderten Langobarden, Burgunder und Alamannen haben die Lebensweise der Gallorömer allmählich übernommen. Erst am Ende dieser Übergangszeit, als die West- und Nordschweiz bereits zum merowingischen Frankenreich gehörte, haben sich die Alamannen niedergelassen.

So möge diese Ausstellung zur Vertiefung gutnachbarlicher Beziehungen, denen althergebrachte Gemeinsamkeiten in Brauchtum, Sprache und Kultur zugrunde liegen, beitragen.

ARNOLD KOLLER

PRÄSIDENT
DER SCHWEIZERISCHEN
EIDGENOSSENSCHAFT

Grußwort

»Allemagne« nennen die Franzosen Deutschland, »Alemania« die Spanier. Wer waren die Alamannen, diese germanischen Sippschaften, die sich im 3. Jh. im Gebiet zwischen Rhein, oberer Donau und Main ansiedelten und unseren Nachbarn zu Namensgebern für ganz Deutschland wurden?

Die Alamannen, jene »zusammengespülten und vermengten Menschen«, als die sie der antike Schriftsteller Asinius Quadratus versteht, stehen im Mittelpunkt der baden-württembergischen Landesausstellung 1997. Zum ersten Mal überhaupt zeigt das Archäologische Landesmuseum in Verbindung mit dem Württembergischen Landesmuseum, dem Landesdenkmalamt und dem Schweizerischen Landesmuseum eine umfassende Darstellung der Frühzeit der Alamannen. Es wird eine Fülle von Originalfunden präsentiert, die zum Teil noch nie öffentlich zu sehen waren. All dies wird ergänzt durch eine Vielzahl von weiteren wissenschaftlichen Zeugnissen, die durch Modelle und Inszenierungen anschaulich werden. So ist Vergangenheit lebendig und für jeden erlebbar.

Wir erfahren in dieser Ausstellung, woher die Alamannen kamen und dass sie kein homogenes Volk waren, sondern sich aus einer Vielzahl germanischer Stämme zusammensetzten. Verzierte Fibeln und Knochenschnallen, Trinkgefäße und Goldblattkreuze zeugen vom Wohlstand der alamannischen Gesellschaft zu ihrer Blütezeit ebenso wie von ihrer Bekehrung zum christlichen Glauben unter der Herrschaft der Merowinger.

Ein Gang durch die 1500 m^2 große Ausstellung ist keine trockene Geschichtslektion, sondern das Erlebnis unserer eigenen, plastisch gewordenen Vergangenheit. Überall in unserem Land befinden sich die historischen Stätten der Alamannen. Der Runde Berg bei Urach war eines ihrer Machtzentren, wie sich durch umfangreiche Ausgrabungen belegen ließ. In Konstanz wurde im 7. Jh. ein Bistum gegründet, das große Bedeutung für die Christianisierung der Gebiete nördlich des Rheins hatte. Der Ausstellungsbesucher findet eine Vielzahl von Spuren der frühmittelalterlichen Geschichte, die sozusagen vor seiner eigenen Haustüre entdeckt wurden. Damit spannt sich der Bogen von der Geschichte zur Gegenwart und das auf eine Weise, wie man sie sich spannender und anschaulicher kaum vorstellen kann.

ERWIN TEUFEL

MINISTERPRÄSIDENT
DES LANDES BADEN-WÜRTTEMBERG

Grußwort

In einer Zeit, in der das Thema der gemeinsamen Geschichte unseres Landes und seiner Verflechtung in das europäische Umfeld von höchster Aktualität ist, wird die Große Landesausstellung »Die Alamannen« einen weiteren Meilenstein zur Aufarbeitung unserer gemeinsamen Vergangenheit in Baden-Württemberg bilden.

Der Volksstamm der Alamannen oder Alemannen wurde erstmals als solcher von Spartian im Jahre 213 unter Kaiser Caracalla namentlich erwähnt. Er gab diesen Namen einer der großen Gruppen verbündeter, benachbarter und verwandter germanischen Volksstämme, die nach und nach von Norden und Osten in das ehemals römische Reichsgebiet im Süden Deutschlands eindrangen.

Die Geschichte »Alamanniens« wurde dann in den Jahren 496/497 jäh durch den Siegeszug der Franken verändert. Große Gebiete im Norden unseres Landes gingen verloren, »Alamannien« war nur noch ein Teil des fränkischen Reiches.

Vielleicht war diese historische Niederlage mit Anlass dafür, dass die Stammeskultur, die Geschichte und die historischen Leistungen der Alamannen bisher in keiner Ausstellung umfassend und öffentlich dargelegt und wissenschaftlich aufbereitet worden sind. Erfreulicherweise ging das Bewußtsein der gemeinsamen Wurzeln dennoch nie ganz verloren. Hermann Hesse hat dies auch in seinem »Alemannischen Bekenntnis« eindrucksvoll festgehalten.

Die nunmehrige umfassende, einladend aufbereitete Ausstellung, die insbesondere in Zusammenarbeit mit dem Schweizerischen Landesmuseum, dem Landesdenkmalamt Baden-Württemberg und dem Württembergischen Landesmuseum vom Archäologischen Landesmuseum erarbeitet wurde, wird diesem Bewusstseinsmangel weiter abhelfen. Vieles wird zu entdecken und in neuem Zusammenhang zu verstehen sein. Vor allem werden die historischen Wurzeln Baden-Württembergs und der unmittelbar angrenzenden Regionen unserer Nachbarländer anschaulich und vorbehaltlos dargelegt. Diese Ausstellung wird daher auch zur Vertiefung und Neugestaltung unserer nachbarschaftlichen Verbindungen beitragen.

Ich danke allen, die hierzu beigetragen haben und wünsche der Ausstellung viele interessierte und neugierige Besucher.

KLAUS VON TROTHA

MINISTER FÜR WISSENSCHAFT,
FORSCHUNG UND KUNST

»Die Alamannen«

EIN AUSSTELLUNGSPROJEKT MIT VERGANGENHEIT

DIETER PLANCK

1996/97 ist es 1500 Jahre her, dass die Alamannen in der Schlacht bei Zülpich (Tolbiacum) den Franken unterlagen und den nördlichen Teil ihres Territoriums verloren. Dieses bedeutende Datum veranlasste das Archäologische Landesmuseum im Jahre 1993, eine archäologische Landesausstellung unter dem Titel »Die Alamannen« vorzubereiten und die dafür erforderliche finanzielle Ausstattung zu beantragen. Mit Beschluss vom 13. Februar 1995 hat der Ministerrat der Empfehlung des damals zuständigen Ministeriums für Familie, Frauen, Weiterbildung und Kunst zugestimmt, diese Ausstellung vom Archäologischen Landesmuseum in Verbindung mit dem Württembergischen Landesmuseum und dem Landesdenkmalamt Baden Württemberg erarbeiten zu lassen und sie 1997 in Stuttgart zu zeigen.

Damit wurde ein Vorhaben realisiert, das inhaltlich bereits am 21. September 1976 vom Ministerrat beschlossen worden war, damals mit dem Titel »Alamannen und Franken in Baden-Württemberg«. Die 1977 durchgeführte große Sonderausstellung »Die Zeit der Staufer. Geschichte, Kunst, Kultur« hatte jedoch zur Folge, dass die Pläne zunächst zurückgestellt und das Jahr 1980 in Betracht gezogen wurde. Eine erste Konzeption hat der frühere Direktor des Württembergischen Landesmuseums, Prof. Dr. Siegfried Junghans, erarbeitet, aber nach seiner Pensionierung folgten andere Sonderausstellungen, und die Absicht, das Thema in einer großen Zusammenschau vorzustellen, geriet mehr oder weniger in Vergessenheit.

Die alamannische Aufsiedlung setzte in Südwestdeutschland nach der Aufgabe des obergermanischen und rätischen Limes durch die Römer um 260/70 ein und umfasste nach dem Zusammenbruch des weströmischen Kaiserreiches in der Mitte des 5. Jh. auch das Elsass und die nördliche Schweiz. Angesichts dieser historischen Gegebenheiten war es besonders erfreulich, dass das Schweizerische Landesmuseum in Zürich dem Projekt nicht nur großes Interesse entgegenbrachte, sondern sich darüber hinaus an der Vorbereitung personell und finanziell beteiligte.

Am Beispiel der Alamannen und ihrer Geschichte wird deutlich, dass diese Mischung aus germanischen Stämmen unterschiedlicher Herkunft vom späten 3. Jh. bis um die Mitte des 8. Jh. unsere Region sowohl politisch als auch kulturell entscheidend prägte. Im Jahre 746 wurde die Macht der alamannischen Herzöge durch die fränkischen Herrscher endgültig gebrochen und die alamannische Epoche damit beendet.

Im Vordergrund der Ausstellung stehen zweifellos die archäologischen Belange, aber auch die historischen Überlieferungen und Quellen werden herangezogen, um die Geschichte der Alamannen und ihrer Nachbarvölker umfassend aufzuzeigen. Hierbei wird überaus deutlich, dass Südwestdeutschland als eine gewachsene historische Region aufzufassen ist. Gerade die Alamannen verbinden über spätere staatliche Grenzen hinweg auf eindrucksvolle Weise einen Bereich im Herzen Mitteleuropas.

Jüngste archäologische Forschungen machten es möglich, zahlreiche Einblicke und historische Perspektiven für die Geschichte und Kultur dieses Stammes zu gewinnen. Rettungsgrabungen des Landesdenkmalamtes, vor allem in den Regierungsbezirken Freiburg, Stuttgart und Tübingen, haben wichtige, ja zum Teil herausragende Funde erbracht, die zu neuen Erkenntnissen führten. Besonders im Zusammenhang mit der Entwicklung zum vereinten Europa werden durch diese Sonderausstellung die wichtigsten gemeinsamen Wurzeln der südwestdeutschen Region in den Blickpunkt des Interesses gerückt. Es wird deutlich, dass die Alamannen als verbindendes Völkergemisch in vielen Bereichen bis in die heutige Zeit ihre Spuren hinterlassen haben.

Im Mittelpunkt von »Die Alamannen« steht die Zeit ab der alamannischen Landnahme um 260/270 bis zur endgültigen Konsolidierung des fränkischen Reiches um 750. Darüber hinaus werden der aktuelle Forschungsstand über die Herkunft der Alamannen sowie Fragen des Weiterlebens im Mittelalter bis zur Neuzeit skizziert.

Der Besucher wird erkennen, daß hier eine entscheidende frühmittelalterliche Epoche behandelt wird, die in der Landesgeschichte bisher wenig erforscht und bekannt gemacht wurde. Dieses Defizit soll jetzt der Bevölkerung Südwestdeutschlands, der Nordschweiz und des Elsass vor Augen geführt werden, gewissermaßen als Information über die Grundlagen ihrer Geschichte.

Die Ausstellung gewährt außerdem Einblick in den derzeitigen Forschungsstand der Landesarchäologie. Ihren Schwerpunkt bilden Ausgrabungen in zahlreichen Siedlungen und Befestigungen sowie die Untersuchung großer Bestattungsplätze, die teilweise herausragende, ja einmalige Fundgegenstände lieferten. Sie macht aber auch deutlich, dass die Alamannen als verbindendes Völkergemisch viele Bereiche unserer Geschichte entscheidend beeinflussten, was sich bis heute auswirkt. Denn nicht nur in der Sprache, sondern auch im Volksbrauch sind Hinweise deutlich, die gemeinsame Vorfahren erkennen lassen. Die Verdeutlichung von Relikten und Nachwirkungen jener germanischen Völkerschaften in unserem Lande und den Nachbarregionen bildet einen weiteren Schwerpunkt.

Ein Hinweis noch zu den abweichenden Schreibweisen des Stammesnamens, die dem Leser dieses Begleitbuchs auffallen werden: Das früheste sichere Zeugnis des Namens Alamannen stammt aus einer 289 n.Chr. in Trier auf den römischen Kaiser Maximinian gehaltenen Lobrede. Dieser lateinischen Überlieferung folgen die Archäologen, während Historiker und Sprachwissenschaftler und die Alltagssprache sich der germanistisch erschlossenen Form Alemannen bedienen.

Im Namen des federführenden Archäologischen Landesmuseums möchte ich allen, die zum Gelingen unseres Vorhabens beigetragen haben, besonderen Dank zum Ausdruck bringen. In erster Linie den Kolleginnen und Kollegen, die von Anfang an in der Arbeitsgruppe zur Konzeption und Realisierung mitgewirkt haben: lic. phil. Heidi Amrein, Dr. Christel Bücker, Prof. Dr. Gerhard Fingerlin, Prof. Dr. Andres Furger-Gunti, Prof. Dr. Dieter Geuenich, Prof. Dr. Max Martin, Dr. Helga Schach-Dörges, Dr. Gustav Schöck, Prof. Dr. Heiko Steuer, Dr. Ingo Stork und Dr. Rotraut Wolf. Die Gesamtleitung lag in Händen von Dr. Barbara Theune-Großkopf vom Archäologischen Landesmuseum.

Bei dieser Arbeitsgruppe haben eine Vielzahl von Kolleginnen und Kollegen aus Archäologie, Geschichte, Germanistik, Volkskunde und Literaturwissenschaften mitgewirkt. Ihnen allen möchte ich an dieser Stelle ebenfalls danken.

Das Projekt »Die Alamannen« konnte in heutiger Gestalt nur realisiert werden, weil zahlreiche Museen und Institutionen bereitwillig wichtige Leihgaben zur Verfügung gestellt haben. Es ist mir deshalb wichtig, ihnen für die konstruktive und vertrauensvolle Zusammenarbeit herzlichen Dank zu sagen.

Sodann gilt ein aufrichtiges Wort des Dankes allen, die unser Vorhaben finanziell gefördert haben. An erster Stelle seien die SüdwestLB, ihr Vorstandsvorsitzender Werner Schmidt und der Präsident des Sparkassen- und Giroverbandes Heinrich Haasis MdL erwähnt. In ihren Räumen können wir »Die Alamannen« präsentieren, und die Bank hat in vielfältiger Weise die Realisierung ermöglicht, nicht zuletzt durch einen hohen Förderbeitrag.

Dank für großzügige Förderung gebührt auch Herrn Reinhold Würth und der Firma Würth GmbH & Co KG in Künzelsau, die es mit einem hohen Förderbeitrag unter anderem ermöglicht haben, verschiedene ausstellungsbegleitende Medien zu installieren.

Schließlich gilt mein Dank zahlreichen Förderern, besonders verschiedenen Schweizer Firmen, die in Baden-Württemberg ansässig sind. Für die Vermittlung dieser Spenden möchte ich Herrn Generalkonsul Hans Jörg Säuberli in Stuttgart vielmals danken.

Der Kulturstiftung der deutschen Länder und ihrem Geschäftsführer Dr. Klaus Maurice, Berlin, ist es zu danken, dass der vorliegende Begleitband realisiert werden konnte. Mein herzlicher Dank gilt allen Autorinnen und Autoren für die termingerechte Bereitstellung ihrer Manuskripte sowie dem Verlagsbüro Wais & Partner für Redaktion, Gestaltung und Herstellung des Buches.

Im Namen der am Ausstellungsprojekt Beteiligten wie auch aller an der Frühgeschichte unseres Landes Interessierten möchte ich der Landesregierung von Baden-Württemberg und hier dem Ministerpräsidenten Erwin Teufel MdL, dem für die Museen zuständigen Ressortminister Klaus von Trotha MdL und dem Ministerium für Wissenschaft, Forschung und Kunst sehr herzlichen Dank sagen für die Bereitstellung der Mittel zur Durchführung unserer Ausstellung – dies in einer Zeit, die von Einsparungen auf allen Gebieten der öffentlichen Verwaltung geprägt ist.

Umso mehr sind uns »Die Alamannen« Anreiz und Ansporn zugleich, die Ergebnisse aufzuzeigen, die mit Hilfe von Landesmitteln durch archäologisch-historische Quellen zur Frühgeschichte unseres Landes in den letzten Jahren neu erforscht und gewonnen werden konnten. Es handelt sich um herausragende Zeugnisse einer hochentwickelten, bedauerlicherweise oft als primitiv abgetanen kulturellen Entwicklung unserer südwestdeutschen Vorfahren.

Mögen »Die Alamannen« nicht nur den Fachkollegen, sondern der historisch interessierten Öffentlichkeit deutlich machen, was archäologische Landesforschung und Archäologische Denkmalpflege in Baden-Württemberg für die Kenntnis der Landesgeschichte vermitteln kann.

MIT SPENDEN
für die wir danken,
haben das Ausstellungsprojekt
unterstützt:

Nestlé Deutschland GmbH
Frankfurt

Interio Deutschland GmbH
Stuttgart

Passugger Quellen
Verkaufsbüro Deutschland, Köngen

Georg Fischer AG
Singen

Stuttgarter Hofbräu AG
Stuttgart

Stuttgart Airport Mövenpick Hotel
Stuttgart

SIKA-Chemie
Stuttgart

DB Deutsche Bahn AG

EVS Energie-Versorgung Schwaben
Stuttgart

Deutsche Telekom AG
Stuttgart

Huttenlocher GmbH
Neckartailfingen

Scheurle Siebdruck
Aalen-Unterrombach

DANK
sagen wir allen Freunden
und Förderern dieses Ausstellungs-
projekts sowie besonders
folgenden Damen und Herren
und den durch sie vertretenen
Organisationen:

Ministerium für Wissenschaft,
Forschung und Kunst
Baden-Württemberg
Minister Klaus von Trotha MdL
Staatssekretär
Dr. Christoph-E. Palmer
Ministerialdirigent
Hans-Jürgen Müller-Arens
Ministerialrat Dr. Helmut Gerber
Oberregierungsrätin
Cristina Salerno
Regierungsrat Harald Gall
Christina Micko

Ministerium für Familie, Frauen,
Weiterbildung und Kunst
Ministerin Brigitte Unger-Soyka MdL

SüdwestLB Südwestdeutsche
Landesbank, Stuttgart/Mannheim
Werner Schmidt,
Vorstandsvorsitzender
Dr. Matthias Bergner
Regine Kaufmann
Andreas Klingler
Anna Murawska
Karin Seitz

Württembergischer Sparkassen-
und Giroverband, Stuttgart
Heinrich Haasis MdL, Präsident

Kulturstiftung der Länder, Berlin
Dr. Klaus Maurice, Generalsekretär

Arbeitsamt Stuttgart

Schwäbischer Heimatbund
Martin Blümcke
Dieter Dziellak
Dr. Raimund Waibel
Gabriele Finckh

Presse- und Informationsamt der
Landeshauptstadt Stuttgart
Dir. Susanne Wetterich

Süddeutscher Rundfunk/
Südwestfunk Fernsehen-Landes-
programm Baden-Württemberg
Max Fastus, Bereichsleiter
Programmentwicklung Fernsehen

SÜDWEST 3
Dr. Elisabeth Milin
Franziska Strobusch
Boris Terpinč
Sarah Palmer

Schweizerisches Generalkonsulat
Hansjörg Säuberli, Generalkonsul

Schweizerische Botschaft
Hanna Widrig, Botschaftsrätin

Stuttgart Marketing GmbH
Klaus Lindemann, Geschäftsführer

Deutsche Bahn AG
Horst Künzl

Evangelisches Dekanatamt
Esslingen/Neckar
Dekan Klaus Scheffbuch

Württembergisches Landesmuseum
Stuttgart
Dir. Prof. Dr. Volker Himmelein

Badisches Landesmuseum Karlsruhe
Dir. Prof. Dr. Harald Siebenmorgen

Landesdenkmalamt Baden-
Württemberg
Abt. Archäologische Denkmalpflege
Landeskonservator Dr. Jörg Biel

Schweizerisches Landesmuseum
Zürich
Prof. Dr. Andres Furger-Gunti

Gesellschaft für Vor- und Früh-
geschichte in Württemberg und
Hohenzollern e.V.
Vorsitzender
Prof. Dr. Dieter Planck

Vereinigung der Freunde und
Förderer des Archäologischen
Landesmuseums Baden-
Württemberg e.V., Stuttgart
Vorsitzende
Prof. Dr. Barbara Scholkmann

sowie allen ungenannten Freunden,
Helfern und Förderern
dieses Ausstellungsprojektes

MIT LEIHGABEN

für deren großzügige Bereitstellung wir herzlich danken, haben zum Gelingen der Ausstellung beigetragen:

Limesmuseum Aalen, Zweigmuseum des Württembergischen Landesmuseums Stuttgart,
Dr. Martin Kemkes
Holger Mallwitz
Aalen

Historisches Museum Uri,
Historischer Verein Uri, Altdorf (CH),
Präsident Hans Stadler-Planzer
Konservator Karl Iten

Museumsgesellschaft Arbon(CH)
Präsident Hans Geisser

Museen der Stadt Aschaffenburg
Markus Marquart M.A.

Landratsamt Augsburg
Kreisheimatpflege Fachheimatpfleger
Otto Schneider

Römisches Museum der Stadt
Augsburg, Dr. Lothar Bakker

Römerstadt Augusta Raurica
Römermuseum, Augst (CH)
Dir. Dr. Alex R. Furger,
Dr. Beat Rütti, Sylvia Fünfschilling

Katholisches Münsterpfarramt
St. Fridolin, Bad Säckingen/Hochrhein, Pfarrer Peter Betz

Historisches Museum Basel
Dir. Dr. Burkhard von Roda
Assistenzkonservatorin
lic. phil. Pia Kamber

Heimatmuseum Berching
Herr Dr. Rosenbeck

Staatliche Museen zu Berlin
Preussischer Kulturbesitz, Museum
für Vor- und Frühgeschichte
Dir. Prof. Dr. Wilfried Menghin
Marion Bertram M.A.

Bernisches Historisches Museum
Bern (CH)
Dir. Dr. Georg Germann
Dr. Karl Zimmermann

Museum Schloß Bernburg, Bernburg
Jan Matthies

Landschaftsverband Rheinland
Rheinisches Landesmuseum Bonn
Dir. Prof. Dr. Frank Günter Zehnder
Dr. Jochen Giesler

Archeologický ústav Akademie
věd České republiky v Brně, Brno
(CZ), Dir. Ph. Dr. Jaroslav Tejral

Mährisches Landesmuseum Brünn

Kantonsarchäologie Kanton Aargau
Vindonissa-Museum, Brugg (CH)
Kantonsarchäologin
Dr. Elisabeth Bleuer
lic. phil. René Hänggi

Magyar Nemzeti Muzeum
Budapest (H)
Vizegeneraldir. Tibor Kovàcs
Dr. Attila Kiss

Geschichtsverein Büdingen e.V.
Heuson-Museum im Rathaus
Büdingen
LSAD a. D. Willi Luh

Hessisches Landesmuseum
Darmstadt
Dir. Dr. Sybille Ebert-Schifferer
Dr. Walter Stolle

Heinz Müller, Dettingen/Teck

Stadt- und Hochstiftmuseum
Dillingen
Dir. Dr. Rudolf Poppa

Thüringer Museum Eisenach
Dipl.-phil. Hanna-Sabine Hummel

Stadt Eschborn, Museum
Gerhard Raiss M.A.

Stadtmuseum im Gelben Haus
Esslingen
Dir. Dr. Kirsten Fast

Stadt Frankfurt am Main, Museum
für Vor- und Frühgeschichte
Dr. Egon Wamers

Amt für Archäologie Frauenfeld,
Kanton Thurgau (CH)
Dr. Hansjörg Brem

Städtische Museen Freiburg
Museum für Ur- und Frühgeschichte, Freiburg im Breisgau
Dir. Dr. Hilde Hiller

Institut für Vor- und Frühgeschichte
der Albert-Ludwigs-Universität
Freiburg i.Br., Prof. Dr. Heiko Steuer
Dr. Michael Hoeper

Stadt Friedberg, Wetterau-Museum
Museumsleiter
Michael Keller

Eugen Binder
Geislingen a.d. Steige

Museen der Stadt Gotha
Museum für Regionalgeschichte
und Volkskunde
Elisabeth Dobritzsch

Heimatmuseum Günzburg
Walter Grabert M.A.

Städtisches Museum Halberstadt
Dir. Dr. Adolf Siebrecht

Archäologischer Dienst Graubünden
Haldenstein (CH)
Dr. Urs Clavadetscher

Landesamt für Archäologie
Sachsen-Anhalt
Landesmuseum für Vorgeschichte
Halle/Saale, Landesarchäologe
Dr. Siegfried Fröhlich,
Dr. Elke Nieveler

Schloß Philippsruhe, Hanau
Sabine Wolfram M.A.

Kurpfälzisches Museum
Stadt Heidelberg
Dr. Renate Ludwig

Stadt Heidenheim
Museum Schloß Hellenstein
Dr. Wolfgang Hellwig
Frau Erika Friedrich

Städtisches Museum Heilbronn
Dir. Dr. Andreas Pfeiffer
Dr. Christina Jacob

Manfred Gutbrod, Hemmingen

Bayerisches Landesamt
für Denkmalpflege, Ingolstadt
Dr. Karl Heinz Rieder

Friedrich-Schiller-Universität Jena
Philosophische Fakultät, Institut für
Ur- und Frühgeschichte
Prof. Dr. Karl Peschel

Ludwig und Wilhelm Kuhn
Jockgrim

Generallandesarchiv Karlsruhe
Ltd. Archivdir. Prof. Dr. Hansmartin
Schwarzmaier

Badisches Landesmuseum Karlsruhe
Dir. Prof. Dr. Harald Siebenmorgen
Dr. Bernhard Cämmerer
Dr. Klaus Eckerle

Städtisches Museum Kaufbeuren
Museumsleiterin
Silvia Bernhard-Lang

Stadtarchäologie Kempten
Stadtarchäologe Dr. Gerhard Weber
Volker Babucke M.A.

Städtisches Museum im Kornhaus
Kirchheim/Teck
Rainer Laskowski M.A.

Römisch-Germanisches Museum
Köln, Dir. Prof. Dr. Hansgerd
Hellenkemper, Dr. Friederike
Naumann-Steckner

Stadt Köngen
Herr Bürgermeister Weil

Stadt Konstanz Rosgartenmuseum
Dir. Dr. Elisabeth von Gleichenstein
Peter Wollkopf M.A.

Museum »Marchring«
Lachen (CH)
Susanne Summermatter-Steinegger

Lobdengaumuseum, Ladenburg
Dr. Berndmark Heukemes

Kantonsmuseum Baselland
Liestal (CH)
Dr. Jürg Tauber
Dr. Michael Schmaedecke

University College
Petrie Museum of Egyptian
Archaeology, London (GB) Curator
Barbara Adams

Landesamt für Bodendenkmal-
pflege, Archäologisches
Landesmuseum Mecklenburg-
Vorpommern, Lübstorf
Landesarchäologe
Dr. Friedrich Lüth, Dr. Ute Arents

Kulturhistorisches Museum
Merseburg
Dieter Kleinbauer
Dr. P. Ramm

Civiche Raccolte Archeologico
e Numismatiche
Museo Archeologico di Milano
Prof. Dott. Ermanno A. Arslan

Bayerisches Landesamt für
Denkmalpflege, München
Landesarchäologe Dr. Erwin Keller

Prähistorische Staatssammlung
Museum für Vor- und Früh-
geschichte, München
Dir. Prof. Dr. Ludwig Wamser
Dr. Brigitte Haas-Gebhard

Büro Prof. Sennhauser
Kloster St. Johann Müstair,
Graubünden (CH)
Dr. Jürg Goll

Stadt Nördlingen Stadtmuseum
Nördlingen
Andrea Kugler M.A.

Germanisches Nationalmuseum
Nürnberg
Generaldir. Dr. G. Ulrich Großmann

Dr. Tobias Springer M.A.
Manfred Nawroth M.A.

Stadt Oettingen
Heimatmuseum Oettingen
Dr. Petra Ostenrieder

Stadt Offenburg
Museum im Ritterhaus
Museumsleiter Dr. Martin Ruch

The University of Oxford
Ashmolean Museum
Oxford (GB)
Arthur MacGregor

Römermuseum Osterburken
Zweigmuseum des Badischen
Landesmuseums Karlsruhe
Dr. Bernhard Cämmerer

Office du patrimoine historique
République et canton de Jura
Porrentruy (CH)
Ludwig Eschenlohr
lic. phil. François Schifferdecker

Národní Muzeum
Nationalmuseum, Prag (CZ)
Dr. Eduard Droberjar

Museen der Stadt Regensburg
Dir. Dr. Martin Angerer
Dr. Andreas Boos

Stadt Renningen
Stadtmuseum Renningen
Bürgermeister Bernhard Maier
Kurt Maier

Verein Terra-Sigillata-Museum
Rheinzabern
Walter Schellenberger

Riedstadt, Georg-Büchner-
Museum Goddelau
Rotraut Pöllmann

Stadt Rottenburg
Sülchgaumuseum
Stadtarchivar
Karlheinz Geppert M.A.

Diözesanmuseum Rottenburg
Diözesankonservator
Wolfgang Urban

Hermann Schlipf, Weinstadt-
Endersbach

Holger Riesch, Roxheim

Museum der Stadt Rüsselsheim
Dir. Dr. Peter Schirmbeck
Dr. Wolfram Heitzenröder

Fürstlich Hohenzollernsche
Hofkammer, Sammlungen und
Hofbibliothek, Sigmaringen

S. H. Fürst Friedrich Wilhelm
von Hohenzollern
Fürstl. Hohenzollernscher
Konservator Peter Kempf

Stadt Singen
Archäologisches Hegau-Museum
Dr. Dorothee Nißlmüller-Karch
Ralph Stephan M.A.

Schloß Brenz, Sontheim/Brenz
Ortsvorsteher Rainer Lindenmaier

Landesamt für Denkmalpflege,
Archäologische Denkmalpflege
Rheinland-Pfalz, Amt Speyer
Dr. Helmut Bernhard
Dr. Heinz-Josef Engels

Historisches Museum der Pfalz
Dir. Dr. Meinrad Maria Grewenig

Museum zu Allerheiligen
Schaffhausen (CH)
Dir. Dr. Gérard Seiterle

Kanton Schaffhausen
Hochbauamt Kantonsarchäologie
Kantonsarchäologe
Dr. Markus Höneisen

Amt für Kulturpflege, Staatsarchiv
Schwyz, Kanton Schwyz (CH)
Peter Inderbitzin

Sigurd Freiherr von
Ow-Wachendorf, Starzach-
Wachendorf

Stadt Straubing
Gäubodenmuseum Straubing
Museumsleiter
Dr. Johannes Prammer

Württembergisches Landes-
museum Stuttgart,
Dir. Prof. Dr. Volker Himmelein
Dr. Erwin Keefer
Dr. Martin Kemkes
Dr. Hans-Ulrich Klein
Dr. Heribert Meurer
Dr. Rotraut Wolf
Dieter Quast M.A.

Landesdenkmalamt Baden-
Württemberg, Stuttgart
Landeskonservator Dr. Jörg Biel
Prof. Dr. Gerhard Fingerlin,
Freiburg i.Br.
Prof. Dr. Hartmann Reim,
Tübingen
Dr. Heiner Behrends, Karlsruhe
Prof. Dr. Mostefa Kokabi,
Konstanz
Dr. Helmut Schlichtherle,
Gaienhofen-Hemmenhofen,
Dr. Joachim Wahl, Konstanz

Dr. Peter Schmidt-Thomé
Bodo Breitner, Freiburg

Heimatmuseum Trossingen
Jörg Tisken
Fritz Walter

Heimatmuseum Tuttlingen
Gunda Woll

Ulmer Museum
Dir. Dr. Brigitte Reinhard
Kurt Wehrberger M.A.

Comune di Verona
Musei e Gallerie d'Arte
Dr. Margherita Bolla

Stadtgeschichtliches Museum
Waren, Waren/Müritz
Dipl.-Ing. Jürgen Kniesz

Thüringisches Landesamt
für Archäologische Denkmalpflege
Museum für Ur- und Früh-
geschichte, Weimar
Landesarchäologin PD
Dr. habil. Sigrid Dušek

Alamannenmuseum Weingarten
Uwe Lohmann,
Rolf Schaubode,
Prof. Franz J. Distel

W.D. Forster
Weinstadt-Endersbach

Museum Wiesbaden
Dir. Dr. Volker Rattemeyer
Dr. Bernhard Pinsker

Stadt Würzburg
Mainfränkisches Museum
Dir. Dr. Hanswernfried Muth
Dr. Eva Zahn-Biemüller

Regionální Muzeum K.A.
Polánka, Žatec (CZ)
Dir. Dr. Radmila Holodnáková
Dr. Petr Holodňák

Kantonsarchäologie Zürich
lic. phil. Andreas Zürcher

Schweizerisches Landesmuseum
Zürich
Dir. Dr. Andres Furger-Gunti
lic. phil. Heidi Amrein

Bezirksmuseum »Höfli« Zurzach
Alfred Hidber

Institut für Denkmalpflege,
Zurzach (CH)
Prof. Dr. Hans-Rudolf Sennhauser

GESAMTLEITUNG

Prof. Dr. Dieter Planck
und Dr. Barbara Theune-Großkopf,
Archäologisches Landesmuseum
Baden-Württemberg

KONZEPTION

Dr. Barbara Theune-Großkopf,
Archäologisches Landesmuseum
Baden-Württemberg,
und Prof. Dr. Max Martin,
Ludwig-Maximilians-Universität, München

WISSENSCHAFTLICHER BEIRAT UND MITARBEITER

lic. phil. Heidi Amrein,
Schweizerisches Landesmuseum Zürich;
Prof. Dr. Gerhard Fingerlin,
Landesdenkmalamt Baden-Württemberg,
Freiburg im Breisgau;
Dir. Dr. Andres Furger-Gunti,
Schweizerisches Landesmuseum Zürich;
Dr. Christel Bücker,
Archäologisches Landesmuseum
Baden-Württemberg, Konstanz;
Prof. Dr. Dieter Geuenich,
Universität Duisburg;
Dr. Jörg Heiligmann,
Archäologisches Landesmuseum
Baden-Württemberg, Konstanz;
Prof. Dr. Max Martin, Universität
München;
Dr. Helga Schach-Dörges, Stuttgart;
Dr. Gustav Schöck, Landesstelle
für Volkskunde Baden-Württemberg
(Württembergisches Landesmuseum),
Stuttgart;
Prof. Dr. Heiko Steuer,
Universität Freiburg;
Dr. Ingo Stork,
Landesdenkmalamt Baden-Württemberg,
Stuttgart;
Dr. Rotraut Wolf,
Württembergisches Landesmuseum
Stuttgart;
Dr. Lothar Bakker,
Römisches Museum, Stadtarchäologie,
Augsburg;
Dr. Ellen Riemer,
Landesdenkmalamt Baden-Württemberg,
Stuttgart

GESTALTUNGSKONZEPT, ENTWURF UND PLANUNG

Atelier Knut Lohrer, Stuttgart,
Freie Architekten und Designer
Knut Lohrer,
Achim Buhse,
Fabian Lohrer

GRAPHISCHE GESTALTUNG

Atelier Schober+Reinhardt
Grafik-Design BDG, Stuttgart

ART-DIRECTION

Hannes Schober,
Wolfram Reinhardt

GRAFIK-DESIGN

Peter Beck,
Lutz Eberle,
Elke Götz,
Frank Heine,
Natalie Spiel,
Martin Vöhringer

ILLUSTRATIONEN

Dietrich Ebert, Reutlingen;
Ochs+Ganter, Pforzheim;
Ernst M. Weiterschan, Sindelfingen;
Lutz Eberle, Stuttgart

PHOTOGRAPHIE

Gottfried Planck, Gerlingen;
Peter Frankenstein,
Hendrik Zwietasch,
Württembergisches Landesmuseum
Stuttgart;
Yvonne Mühleis (YAM),
Landesdenkmalamt Baden-Württemberg,
Stuttgart;
Donat Stuppan,
Schweizerisches Landesmuseum Zürich

TEXTE

Dr. Barbara Theune-Großkopf,
Dr. Christel Bücker,
Dr. Ralph Röber,
Dr. Jörg Heiligmann,
Dr. Helga Schach-Dörges,
Dr. Alfons Zettler,
Dr. Harald Baßler,
Dieter Quast M.A.,
Dr. Ellen Riemer,
Dr. Johanna Banck-Burgess,
lic. phil. Heidi Amrein,
Volker Babucke M.A.,
Ingo Runde

TEXTREDAKTION

Dr. Christoph Unz,
Johannes Löchner

ÜBERSETZUNGEN

Barry Dobson,
Tilman V. Berger,
Gabriella Scaramella,
Shirley Wilkie,
Laurence Neuffer,
Cathrine Leuzinger,
Robert Morris

RESTAURIERUNG UND AUFBAU

Archäologisches Landesmuseum
Baden-Württemberg:
Helmut Preuß,
Harald Johannsen,
Gabriele Kastl M.A.,
Dietger Pohl,
Hansjörg Schneider,
Manuela Schreiner;
Landesdenkmalamt Baden-Württemberg:
Rolf-Dieter Blumer,
Hildegard Hüther,
Annette Lerch,
Maria Maile,
Volker Neuschwander,
Horst Röske,
Anke Estor,
Mehmet Yakmur;
Württembergisches Landesmuseum:
Peter Heinrich,
Martin Raitelhuber,
Petra Buhlinger,
Gabriella Scaramella,
Claudia Magin,
Moritz Paysan,
Jorun Ruppel,
Maja Weichert;
Schweizerisches Landesmuseum Zürich:
lic. phil. Heidi Amrein,
Ulrich Heusser,
Markus Leuthard,
Walter Frei,
Fritz von Büren,
Katharina Schmidt-Ott,
Kim Travis,
Stanislaw Slovik,
Gina Moser

BETEILIGTE FIRMEN

Dia Service Stuttgart;
J. Ruthardt GmbH, Stuttgart;
Optiplan Reprografie, Stuttgart;
Labor Grieger, Stuttgart;
Dr. Cantzsche Druckerei, Ostfildern;
Kölle Etiketten, Esslingen;
Scheurle Siebdruck, Aalen;
Kittel System Repro, Reutlingen;
Ella Steffenson, Vanløse

AUSSTELLUNGSTECHNIK

Böhm Vitrinenbau, Waiblingen;
Arthur Jaschek GmbH & Co. KG,
Esslingen-Berkheim;
Gg. Heinzelmann G.m.b.H + Co. KG,
Mühlacker
Atria + Partner, Stuttgart
Bucher + Eicher Scans & Prints,
Waiblingen
Eicher Siebdruck, Kernen
Wolfram Weese, Stuttgart
Gross Herrmann
Reiser GmbH, Karlsruhe

ÖFFENTLICHKEITSARBEIT

Dr. Patrick Rau,
Archäologisches Landesmuseum
Baden-Württemberg;
Dr. Ellen Riemer,
Landesdenkmalamt Baden-Württemberg;
Dr. Sabine Leutheußer-Holz,
Landesdenkmalamt Baden-Württemberg

SEKRETARIAT

Dr. Ellen Riemer, Adelheid Hanke,
Landesdenkmalamt Baden-Württemberg

VERWALTUNG

Carsten Reimers, Ingrid Kühngrün,
Archäologisches Landesmuseum
Baden-Württemberg

DES RHEINISCHEN HAUSFREUNDS BOTSCHAFT UND ERBE
ADAM, ARMINIUS UND HERMANN IN DER SCHULE
SOLIDARITÄT DURCH ANERKENNUNG DER UNTERSCHIEDE
HELVETISCH UND SCHWIZERDÜTSCH
VOM SCHATZGRÄBER ZUM ARCHÄOLOGEN

PROLOG UND EINLEITUNG

Des Rheinischen Hausfreunds Botschaft und Erbe

ALEMANNISCH: SPIEGELUNGEN UND BRECHUNGEN EINES BEGRIFFS

GUSTAV SCHÖCK

Nicht nur für Altbadener, auch für Altwürttemberger möchte es heute wohl eine aparte Vorstellung sein, wenn ein Vorhaben Wirklichkeit geworden wäre, das Johann Peter Hebel für das Jahr 1819 mit Justinus Kerner und dessen Bruder Karl,[1] während knapper zehn Monate des Jahres 1817 Innenminister in Stuttgart, verabredet hatte.[2]

Der »Hausfreund« als Wegbereiter

Den beiden Schwaben war es nämlich gelungen, Hebel – nachdem er 1815 schon einmal abgesagt hatte – als Herausgeber eines »württembergischen Landkalenders« zu gewinnen. Die Pläne, denen Hebel nur zögerlich beigetreten war, zerschlugen sich aber doch noch. »Neckarschwäbischer Hausfreund« ist er also nicht auch noch geworden, sondern als badischer Kalendermann bis heute der »rheinländische Hausfreund« geblieben. Und – was er für viele Generationen war und sein wird: Wegbereiter der modernen Alemannia.

Die »Geburt« dieser Alemannia ist untrennbar mit dem Erscheinen von Hebels Gedichtband »Allemannische Gedichte. Für Freunde ländlicher Natur und Sitten« im Jahr 1803 verbunden. Goethe und andere berühmte Zeitgenossen haben darin ein unübertreffliches Zeugnis wahrer Volkspoesie gesehen, durch die einer Region eine selbständige und unverwechselbare Stimme verliehen werde.

Für den heutigen Leser merkwürdig, in unserem Kontext aber aufschlussreich sind einige Passagen in der Rezension Jean Pauls, die zuerst in der »Zeitung für die elegante Welt«, November 1803, erschienen ist. Da heißt es unter anderem: »Ich wünschte …, es wäre in der eleganten Welt, … das Schwäbische nur halb so einheimisch als das Französische. Denn nur die Mundart jenes Landes, das sonst das Mutterland einer unvergleichlichen Dichtkunst war, … spricht das zarte spielende Musenkind; und mit der schwäbischen Mundart entzöge man ihm seine halbe Kindlichkeit und Anmuth.«[3] Trotz des eindeutigen Hebel'schen Titels »Allemannische Gedichte« rechnet Jean Paul diesen Dialekt dem Schwäbischen zu, lässt Hebel damit praktisch einen »Schwaben« sein. Darin scheint auf, dass auch zu Beginn des 19. Jh. die Bezeichnung Schwaben für den südwestdeutschen Raum die geläufige war. Alemannien als konkurrierender bzw. differenzierender oder einschränkender Begriff gegenüber Schwaben stand (noch) nicht zur Verfügung. Zu sehr dominierte noch die vom hochmittelalterlichen Herzogtum Schwaben her bestimmte Bezeichnung. Analog dazu gab es den Schwäbischen Bund, den Schwäbischen Städtebund, den Schwäbischen Kreis usw. Alemannien spielte zu dieser Zeit im öffentlichen Sprachgebrauch praktisch keine Rolle. Dagegen standen im frühen Mittelalter die Bezeichnungen Alamannen und Schwaben gleichberechtigt nebeneinander. Walahfrid Strabo († 849) z.B. spricht einmal von der *provincia Alamannorum vel Suaborum*.[4] Man kann davon ausgehen, dass hier spätantike Tradition, die ja beide Stammesbezeichnungen kennt, durchscheint.

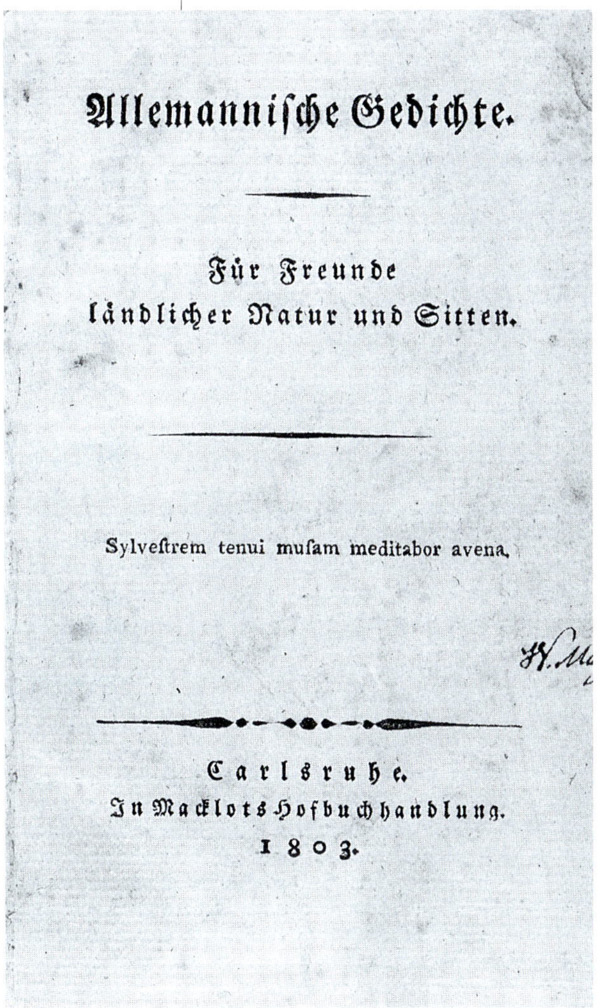
Allemannische Gedichte.

Für Freunde
ländlicher Natur und Sitten.

Sylvestrem tenui musam meditabor avena.

Carlsruhe.
In Macklots Hofbuchhandlung.
1803.

1

1 Ergebnis seiner »Liebhaberey in den Nebenstunden, zur Schadloshaltung für den Ungenuß mancher Geschäftsstunde«, nannte Hebel seine »Allemannischen Gedichte«. Hier die Titelseite der Erstausgabe von 1803.

»Allemannier im Schwabenland«

Es spricht einiges dafür, dass der Stammesname Alamannen auch über den chronikalischen Sprachgebrauch der frühen Neuzeit wieder ins Bewusstsein gebracht wurde. Im Blick auf Konstanzer Ereignisse des 6. Jh. zitiert Helmut Maurer den im 16. Jh. schreibenden Schaffhauser Chronisten Johann Rüeger, der »Allemannier uf beiden siten des Rhins, ... im Thurgow und Schwabenland« erwähnt.[5] Auch die Zimmerische Chronik würdigt die »hochdeutschen Alemanni«, die den Römern »baide Rhetias .... abtrungen« hätten.[6] Bemerkenswert ist in diesem Zusammenhang die Formulierung Rüegers, wenn er von »Allemanniern im Schwabenland« spricht. Mit der Bezeichnung »Schwabenland« wird zwar auf das vergangene Herzogtum Schwaben Bezug genommen, zugleich aber daran erinnert, dass es eben Alamannen waren, die nach der Vertreibung der Römer den süddeutschen Raum besiedelten. Noch in der Stauferzeit wird die Bezeichnung Alemannien in nichtdeutschsprachigen Territorien nach und nach für das gesamte deutsche Reich verwendet.[7] Aus diesem Gebrauch haben sich dann die modernen Bezeichnungen für Deutschland in Spanien, Frankreich usw. entwickelt. Ein verhältnismäßig spätes Zeugnis belegt, dass die Verwendung des Namens in dieser Bedeutung auch im deutschen Sprachgebiet möglich war. Martin II. Gerbert, der mächtige und geistvolle Fürstabt von St. Blasien veröffentlichte 1767 eine ursprünglich lateinisch verfasste Beschreibung seiner »Reisen durch Alemannien, Welschland und Frankreich«. Dieser Titel ergibt nur dann einen Sinn, wenn unter Alemannien das ganze deutsche Reich verstanden wird. Dem Abt hat eine Regionalbezeichnung Alemannien als Siedlungsgebiet der Alemannen noch nicht zur Verfügung gestanden. »Stämme« als Geschichtsakteure haben in der Literatur dieser Zeit praktisch keine Rolle gespielt; denn die Stammeshypothese scheint in der Gelehrsamkeit des 18. Jh. erst gewisse Vorstufen erreicht zu haben.[8] Weit verbreitete Stammescharakteristika, z.B. der frühneuzeitliche Schwabenspott, gehören zwar am Rande in diesen Kontext, sind aber auf einer anderen Ebene anzusiedeln. Als Freiburg noch vorderösterreichisch war, galten seine Bewohner wie selbstverständlich als »ein gutes, höfliches, fröhliches Völkchen, das wie alle Oesterreicher gerne lebt und leben lässet«.[9] Die Selbstverständlichkeit, mit der hier die territoriale bzw. dynastische Zugehörigkeit angesprochen wird, lässt stammesmäßigen Zuordnungen keinen Raum.

2 **Anlässlich der 200. Wiederkehr von Hebels Geburtstag stiftete Hausen im Wiesental eine Gedenkplakette zur Erinnerung an seinen größten Sohn. Ihn zu ehren veranstaltet die Gemeinde schon seit 1860 am 10. Mai, des Dichters Geburtstag, alljährlich das »Hebel-Mähli«.**

Nach einem Götzen benannt?

Wie man in der Geschichtsschreibung des 18. Jh. versucht hat, sich der Bedeutung der germanischen Stammesnamen anzunähern, mag das Beispiel des württembergischen Historiographen Christian Friedrich Sattler zeigen: »Wie nun die Franken von der Freyheit den Namen bekommen, so müssten die Alemannier von der Tapferkeit ihre Benennung ... davon getragen haben ... Nur müssen wir aber noch eines Götzen-Bildes gedenken, welches man im Jahr 1507 zu Alma,[10] einem bey Constanz gelegenen Dorf, entdecket und ihme den Namen Almann beygeleget hat. Man verfertigte zu mehrerm Zeugnus ... eine Schrifft und legte sie neben diesen Abgott in die Lade, in welcher sie noch zu Manheim zu sehen seyn solle. Das Zeugnus solle also verfasset seyn:

Allmann Abgott bin ich,
Die Teuschzen iren Nam haubt durch mich.
Von grossen Streiten der Walhendich versich,
Alamanna Teuschzland nennt sich.
Bey Costanz im Dorf Alma lag ich
Durch Kunig Maximilion schickt es sich
Im XVt und VII. Jare in die Lad legt er mich.«

Demnach solle Deutschland und mithin auch die Alemannier von diesem Götzen den Namen haben.[11] Sattler steht dieser märchenhaften Deutung allerdings skeptisch gegenüber und glaubt nicht, dass ein »glaubwürdiger Geschicht-Schreiber« sich dem anschließen werde. Die von Sattler erwähnte Jahreszahl 1507 stellt im übrigen kein zufälliges Datum dar; denn sprach- und geschichtsbewusste Philologen des 16. Jh. versuchten sich an entsprechenden Namensdeutungen.

Auch wenn Hebels »Allemannische Gedichte« als eine überraschende und überragende Ouvertüre scheinbar aus dem Nichts zu kommen scheinen – sie sind Teil eines Diskurses in der literarisch und wissenschaftlich gebildeten Schicht seiner Zeit. Es geht darin unter anderem um das Verhältnis der »lebendigen Volkssprache« zur »Einheit der deutschen Sprache, die uns fast allein noch als eine Nation zusammenbindet ...«[12] Ihn »reizte die Wiederherstellung ›der Ruinen einer einst machtvollen Sprache‹, deren Zeugnisse eben in den romantischen Neuausgaben der mittelalterlichen Gedichte vorlagen.«[13]

3 **Die »Muettersproch-Gsellschaft« ist in den letzten zwanzig Jahren zu einem Kristallisationskern regionalen Sprach- und Kulturbewusstseins geworden. Einer ihrer bekanntesten Slogans lautet: »Bi uns cha me au alemannisch schwätze.«**

Volkstümliche Verehrung bis zum falschen Zungenschlag

Wenn man später und vielfach bis heute Hebels »Allemannische Gedichte«, aber auch seine Erzählungen in eine behaglich-idyllische Ecke geschoben hat, dann sprechen die biographische Situation und die Selbstzeugnisse Hebels eine andere Sprache.[14] Von »sich aufbäumen«, »sich Raum und Luft schaffen«, gar von (innerer) »Zwangslage« ist in diesem Zusammenhang die Rede; »hinter dem naiv Behaglichen, heiter Neckischen, munter Geselligen« verbirgt sich Tieferes,[15] um nicht zu sagen Abgründiges. Man braucht z.B. nur an die 1809 erschienene Erzählung »Der unschuldig Gehenkte« zu denken, deren makabrer, bedrohlicher Inhalt und weise resignative Schlusspointe Hebel als überlegen distanzierten und klarsichtigen Menschenkenner ausweisen.

Seine Gedichte machen ihn zur gefragten und gern aufgesuchten Karlsruher Zelebrität. Die Charakterisierung durch Uhland nach der ersten Begegnung im Jahr 1810 lässt schon etwas ahnen von dem, wie das Bild Hebels sich künftig entwickeln würde: Hebel ist »so einfach, herzlich, bieder und doch mit schelmischer, aber gutmütiger Laune«.[16] Spätestens 1860, dem Gedenkjahr zu seinem 100. Geburtstag, setzte eine breite volkstümliche Hebel-Verehrung ein, die bis heute viele Epigonen auf den Plan rief. Ihnen, so Robert Minder, »ist nicht nur der kritische Sinn zusehends abhanden gekommen, … falsch biedermännischer Zungenschlag verfälschte die fein abgewogene, ausgewogene, in ihrer Verschwiegenheit reine Sprache ... Hebel lässt sich nicht aufs Volkstum reduzieren ...«[17] Diese Anmerkungen sollen freilich nicht verdunkeln, dass Hebel einer Region Identifikationsmöglichkeiten verschaffte, indem er ihrer Sprache Klang verlieh.

Vielschichtige Melange mit Langzeitgedächtnis

Allerdings bereitet das Ausklinken einer bestimmten Sprachregion aus einem größeren sprachgeschichtlichen Kontext bis heute Schwierigkeiten. Die Wiederentdeckung und Wiedererweckung der Alemannia durch Hebel hat letztlich dazu geführt, dass die Dialektologen mit zwei unterschiedlichen Begriffen vom Alemannischen arbeiten. Zum einen versteht man darunter den Sprachraum, der im Norden an fränkische, im Osten an bairische Mundarten stößt, im Süden und Westen von der Romania begrenzt wird. Zum andern wird innerhalb dieses Sprachgebiets zwischen dem nördlichen Schwäbisch und dem südlichen Alemannisch (Nieder-, Hoch- und Höchstalemannisch) unterschieden. Es scheint allerdings, als ob sich die Dialektforschung (und nicht nur sie!) auf lange Zeit in dieser Unübersichtlichkeit einer eth-

3

nischen, historisch-politischen und (»völker«-) psychologischen Melange einrichten müsste. Um nur ein Beispiel zu nennen: Die (Deutsch-)Schweizer sprechen für die Dialektologen hoch- und höchstalemannisch; sie selber »begnügen« sich mit der Kennzeichnung »schwyzerdütsch«; außerdem wollen sie keine Alemannen und schon gar nicht Schwaben sein. Das ist das Ergebnis eben einer solchen Melange, die, wie sich zeigt, mit einem ausgeprägten »Langzeitgedächtnis« ausgestattet ist. Stichwörter dafür sind: Schwabenkrieg 1499, Keltenbegeisterung und Helvetismus des 17. und 18. Jh., Abgrenzungspolitik im 20. Jh.[18]

Der Stamm als biologisches Konzept

Wie in vielen anderen Dingen ist das historische Bewusstsein einer breiteren Öffentlichkeit am Ende des 20. Jh. gewissermaßen Gefangener von Vorstellungen, die im frühen 19. Jh. entwickelt und in einer beginnenden nationalen Bildungsdiskussion propagiert worden sind. Stammheitliches Denken wurde zu einem Leitbegriff organischer Staatsauffassung. »Stamm war im historisch-politischen Denken von Herder, Fichte und Görres keine biologische Tatsache, sondern eine Hervorbringung des ›Volksgeistes‹, der gleichermaßen das gesellige und geistige Leben der Stämme formte.«[19] Von hier ist es nicht weit zu Wilhelm Heinrich Riehl, der von den vier Grundkategorien »Sitte, Siedlung, Sprache, Stamm« sprach. In seinem Gefolge erlebte der Stammesbegriff eine starke Aufwertung; er wurde nachhaltig mit Vorstellungen von Kontinuität und Gemeinschaft verknüpft. Ohne jegliche weitere Diskussion galt er als bis in die Gegenwart wirkende Prägekraft, die in ihrer Substanz auf die Germanen zurückzuführen war. Einer solchen organischen Vorstellung, die »natürlich« den Gemeinschaftsgedanken im Mittelpunkt sah, wohnte in der aufkommenden Industriegesellschaft durchaus auch ein Moment der Gesellschaftskritik inne. Wenn auch nicht als die gute alte Zeit, so musste das Zeitalter der Germanen doch als unverfälschter Ursprung und Ausgangspunkt aller späteren Entwicklung erscheinen. Von dieser Reduktion auf ein biologisches Konzept lebt die Stammesvorstellung im Prinzip bis heute – auch wenn immer wieder und nachhaltig vor der Gleichsetzung von sozialen (= kulturellen) und »zoologischen« (= natürlichen) Tatbeständen gewarnt wurde.[20]

Gängige Stereotypen in die Vergangenheit verlagert

Was hier eher abstrakt angedeutet wurde, hat in zahlreichen populären Darstellungen des 19. Jh. seinen äußerst eingängigen Ausdruck gefunden. Höhepunkt waren die Werke des Historikers, Juristen und Schriftstellers Felix Dahn (1834–1912).[21] Neben seiner bekanntesten Romanfolge »Ein Kampf um Rom« und dem vielbändigen Werk »Die Könige der Germanen« schrieb er mehrere »kleinere Romane aus der Völkerwanderung«, deren zentrales Thema die Auseinandersetzungen der germanischen Stämme mit den Römern war. Die ungeheure Verbreitung und große Popularität der Werke Dahns, dem dank seiner »hauptberuflichen« Tätigkeit auch Sachkompetenz zuerkannt wurde, hat in weiten Gesellschaftskreisen das Bild der germanischen Stämme geprägt – auch wenn er nur gängige Stereotypen in die Vergangenheit verlagert hat: Im Unterschied zu den Bajuwaren, die als »Schwerhinschreitende«, als »Wortlangsame« gekennzeichnet werden, gelten ihm die Alamannen als »Gedankenbehende« und »Wortgeschwinde«.[22]

Vollends überhöht erscheint Dahns Germanophilie in seinem Gedicht »Die Alemannen«:

Wie heißt der deutsche Stamm, sagt an,
Der hier den schweren Kampf begann,
Mit Blut besprengend Tal und Strom,
Den langen Riesen-Kampf mit Rom?
Wer warf in todesfreudger Lust
Entgegen kühn die nackte Brust,
Mit Framea nur und Mut bewehrt,
Dem mörderischen Römerschwert?
Wer, wie der Bergstrom zornig wild,
Der Deich und Dämmung überschwillt,
Durchbrechend der Kohorten Schild,
Warf an des Grenzwalls Wachtkastelle
So unermüdlich Well um Welle,
Bis dass des Weltreichs Zwingherrschaft
Zerbrach vor deutscher Waldeskraft?
Nicht hat der »limes« sie gerettet,
Die Kette, meisterhaft verkettet
Von Spähturm, Castrum, Lager-Schanze,
Nicht Notsignal im Feuerglanze,
Nicht »Steinballist« und nicht »Scorpion«:
Zuletzt ist doch entsetzt geflohn
Nach drei Jahrhundert langem Drohn
Die zweiundzwanzigste Legion;
Und von der Donau strömte bald
Bis übern grünen Wasgen-Wald
Blondhaarig Volk, das Schwert und Pflug
Und deutsche Sprache westwärts trug
Und unausreißbar Wurzel schlug.
Die Sieger, die dies Land gewannen,
Es sind des Schwarzwalds Edeltannen: –
Die hochgemuten Alemannen ...[23]

Dahns Erfolg ist zu nicht geringen Teilen auch vor dem Hintergrund des Kampfes gegen ultramontane Bestrebungen, gegen eine Bevormundung aus Rom zu sehen. Ähnliches war ja auch schon während der Befreiungskriege zu Beginn des Jahrhunderts zu registrieren. Napoleon wurde mit den Römern verglichen. Deshalb hat man insbesondere an die Alemannen (Schwaben und Schweizer) appelliert, zusammenzustehen und den bösen Feind und Despoten zu vertreiben.

Seriöse Bauforschung – stammesorientierte Nomenklatur

Das über einen längeren Zeitraum geformte Stammesdenken und der dadurch entstandene Nationalismus haben stets nach Konkretisierungen in der Volkskultur gesucht; denn Kontinuität zu behaupten war das eine, sie im Leben wiederzufinden und zu benennen das andere. Bräuchen beispielsweise, deren sozialer und kultureller Kontext nicht durchschaubar, deren Zeitgebundenheit nicht erkennbar war, hat man – weite Zeiträume überspringend – Kontinuität seit der Germanenzeit zuerkannt. Als im wahrsten Sinn herausragendes und für solche Zuweisungen denkbar geeignetes Objekt erschienen auch bäuerliches Haus und Gehöft. »Wohin der empfindende, auf tiefere Daseinswerte seines Volkstums hingelenkte Betrachter auch schaut, überall fühlt er alltägliche Gegenwart und geheimnisvolle Urweltlichkeit zugleich. So vereinigt das deutsche Bauernhaus die Seele des Zeitlichen mit der Seele des Zeitlosen, Ewigen. Das ist das sinnvolle Rätsel dieses Hauses, ... dass es eine Welt vielgestalter Formen ist und doch eines Geistes.«[24] Solche und ähnliche Zitate ließen sich in großer Menge beibringen. Allerdings war man zur Zeit Helboks teilweise bereits wieder von Stammeszuschreibungen abgekommen und vermutete

4 **Eine Schömberger Narrengruppe mit den traditionellen Fasnetstrachten, die man hier als Häß bezeichnet. Die Polonaise oder besser »d'Bolones« der Häß-Träger über den Marktplatz lockt alljährlich Tausende Zuschauer in das Städtchen am Fuß der Schwäbischen Alb.**

4

eher gemeingermanisches Erbe in agrarwirtschaftlich und landschaftsbedingten Sonderformen. Auch keltische und römische, ja sogar indogermanische Bauüberlieferung wurde vermutet. Davon ist die seriöse Bauforschung mittlerweile gänzlich abgekommen. Die heutigen Haus- und Gehöftformen haben sich als Ergebnis langwieriger Prozesse und Entwicklungen erst verhältnismäßig spät, im Mittelalter und in der frühen Neuzeit herausgebildet. Haus- und agrarwirtschaftliche, rechtliche und technische Faktoren spielen dabei eine entscheidende Rolle. Geblieben aber ist bei manchen – leider – eine teilweise stammesorientierte Nomenklatur, auch wenn durch Voransetzen eines »sogenannt« Distanzierung signalisiert wird. So gibt es nach wie vor »Alemannisches Fachwerk«, »Alemannische Erker«, »Fränkisches Gehöft« usw. Diese Bezeichnungen stiften Verwirrung und leisten der Verquickung von Haus- und Sprachlandschaften Vorschub. Aber es finden sich auch ungebrochene stammesmäßig orientierte Zuschreibungen: »Es sieht ja überhaupt so aus, als sei der ›urchige‹ alemannische Zimmermann zu Ende des 16. Jahrhunderts ausgestorben, um einer nivellierenden Zimmermannsübung mehr mitteldeutschen Stiles Platz zu machen, welche die alte, stammesmäßig betonte Art bewusst als überwundenen Standpunkt aufgibt«.[25] Bemerkenswert ist in diesem Zusammenhang, dass das grundlegende Werk der schweizerischen Hausforschung in der Nachkriegszeit die Begriffe Alemannen und alemannisch nur im Zusammenhang mit der Forschungs- und Siedlungsgeschichte verwendet, nicht aber bei Bezeichnungen von Häusern oder Hausteilen.[26]

Die Fastnacht – ein Erklärungsmuster führt in die Irre

Was alemannisches Wesen sei, wird der heutigen Mediengemeinde via Bildschirm jedes Jahr an der Fastnacht vermittelt. Sieht man einmal von einigen seriös und wissenschaftlich kommentierten Übertragungen im Fernsehen ab, vermitteln die knappen Zusammenfassungen in den Nachrichtensendungen geradezu gebetsmühlenhaft das Stereotyp vom Dämonen- und Winteraustreiben. Auch für die aktiven Fastnachter ergibt sich bei der Suche nach einem transzendenten Sinn praktisch das gleiche Erklärungsmuster:

Unsere Fasnet
Schon in der Zeit der Alemannen war sie da,
als Götter sich noch mit Dämonen stritten
und schutzlos sich der Mensch inmitten
des Kampfes dieser Urgewalten sah.

Mit Fratzenlarven und vermummt mit Fellen
und sich gebärdend wie das wilde Heer,
als wär er auch ein Dämon, ja noch mehr,
versuchte sich der Mensch dem Feind zu stellen,

ihn zu vertreiben, in die Flucht zu schlagen,
mit Feuerschein die Sonne anzuflehn:
»Vertreib den Winter, lass dich wieder sehn,
wir haben Nacht und Frost so lang ertragen!«

So alter Brauch rumort noch jetzt im Blut,
denn irgendwie ist jedes Herz bedrängt,
weil irgend ein Gewicht an jedem hängt
und kaum ein Schläfer wirklich ruht ...[27]

Ein derart komplexer Brauch, wie ihn die schwäbisch-alemannische Fastnacht darstellt, kann im Rahmen dieses Beitrags nicht einmal annähernd beschrieben werden. Zumal noch hinzukommt, dass er – wie in dem zitierten Auszug aus einem längeren Gedicht deutlich wird – in überdurchschnittlicher Weise eine ständige Begleitinterpretation erfährt: Durch die Brauchträger selbst, die Wissenschaft und »Experten« jeglicher Couleur.

Vielerlei Wandlungen seit dem Spätmittelalter

Halten wir uns an das, was als einigermaßen gesichert gelten kann. Als ein theologisch begründetes Spiel mit zum Teil drastischen weltlichen Formen, in die auch antike Gestaltungselemente eingegangen sind, hat sich die Fastnacht im späten Mittelalter herausgebildet. Wie alle Bräuche hat sie sich im Laufe der Jahrhunderte durch vielerlei Einflüsse immer wieder gewandelt, sonst hätte sie nicht überlebt. Sie ist also auf keinen Fall ein statischer Brauch, der so und nicht anders durch die Zeiten überliefert ist. Am Ende des 19. Jh. ist der Einfluss des »modernen« rheinischen Karnevals nicht zu übersehen. Aber eben in dieser Zeit setzt dann eine massive »Rückbesinnung« ein, und es erfolgt sowohl in der Sprache (das Wort Karneval verschwindet völlig) als auch bei der Ausgestaltung der Figuren eine Abkehr von dieser »Mode«. Gründe dafür wurden in diesem Beitrag schon mehrfach indirekt angesprochen. Möglicherweise kommt noch hinzu, dass mit einer gewissen zeitlichen Verzögerung als eine Reaktion auf die Reichsgründung mit ihren »nivellierenden« Folgen eine Art Binnen- oder Lokalorientierung einsetzte. Dieser Prozess mündete im Jahr 1924 in die Gründung der »Vereinigung schwäbisch-alemannischer Narrenzünfte«. Mit der salomonischen Namenswahl »schwäbisch-alemannisch« hat man im übrigen möglichen lauernden Namensquerelen einen Riegel vorgeschoben. Das Einzugsgebiet der Vereinigung umfasst, von Ausnahmen wie Stuttgart-Bad Cannstatt und Sachsenheim abgesehen, die südlichen, ehemals fast ausschließlich katholisch geprägten Teile Baden-Württembergs. Dazu kommen Narrenzünfte aus einigen wenigen Orten der Nordschweiz.

Mit zunehmendem Wohlstand der Bevölkerung

5

5 Seit 1992 gibt es die Arbeitsgemeinschaft zur Erforschung der jüdischen Regionalgeschichte im Süddeutschen Raum und den angrenzenden Gebieten. Im Jahr darauf hat die Zeitschrift »Allmende« dem Thema ein ganzes Heft gewidmet.

und weil der Brauch der Verkleidung und des Ausgelassenseins sowohl subjektiv attraktiv ist als auch öffentlich große Anerkennung findet, setzte in den fünfziger Jahren eine gewaltige Expansion von Zunftgründungen ein. Mittlerweile gibt es auch in einer Vielzahl von Gemeinden im protestantisch geprägten Altwürttemberg Vereine und Zusammenschlüsse, die sich die Pflege »urigen Brauchtums« an der Fastnacht zum Ziel gesetzt haben. Höhepunkt dieser Entwicklung war ein Fastnachtsumzug, der am 18.2.1996 mit großem Publikumserfolg in Tübingen stattfand, einer Stadt also, die bis dahin »fastnächtlicher Umtriebe« unverdächtig war.

Weil die »Vereinigung schwäbisch-alemannischer Narrenzünfte« sich unter anderem die Pflege überlieferter Brauchtumsformen zum Ziel gesetzt hat, verfährt sie bei der Aufnahme neuer Zünfte seit langem äußerst restriktiv. Das hat zur Gründung einer Anzahl weiterer Zusammenschlüsse geführt. Insgesamt wird deutlich, dass das Brauchmuster »Anknüpfung an lebendige oder (wieder-)gefundene Tradition, Repräsentation, lokale und überörtliche Anerkennung, Verkleidung, Ausgelassenheit usw.« seit etwa 40 Jahren eine hohe Attraktivität bis weit in ehemals fastnachtsfeindliche Regionen des Landes hinein besitzt.

Was in den knappen Skizzen zur Literatur, zu den bäuerlichen Hausformen und zur Fastnacht veranschaulicht werden sollte, ist der kulturellen Dimension zuzuordnen, in der die neuzeitliche Alemannia lebte und lebt. Ein weiterer Aspekt wäre die gesprochene Sprache, der Dialekt. Er wird in einem eigenen Beitrag dieses Bandes abgehandelt.[28] Auf einige andere Facetten sei noch hingewiesen, ohne dass hier Ausgewogenheit oder gar Vollständigkeit angestrebt würde.

Grenzüberschreitende Projekte

Die heutige Alemannia verteilt sich auf fünf Staaten: Deutschland, Frankreich, Österreich, die Schweiz und Liechtenstein. Von den beiden letztgenannten abgesehen, betrifft sie jeweils nur Randzonen. Das bedeutet Schwäche und Stärke zugleich. Schwäche insofern, als eindeutige Zuordnungen, klare hierarchische und durchsetzungsfähige Strukturen fehlen, als gegebenenfalls ein vielstimmiger, oftmals ungeregelter Chor über Gleiches und doch Unterschiedliches angestimmt wird. Darin liegt aber auch die Stärke: Es besteht ein Zwang zum Zuhören, zur gegenseitigen Kenntnisnahme, zur Toleranz, notfalls zum Kompromiss. Exemplarisch wird das vorexerziert in der seit 1981 erscheinenden Zeitschrift »Allmende«, die sich als Plattform des Kulturlebens in den genannten Regionen versteht.

Als einigendes Band wirkt auch der vom Land Baden-Württemberg alle zwei Jahre verliehene Hebel-Preis, mit dem im Gedenken an Johann Peter Hebel jeweils ein Schriftsteller aus der Region ausgezeichnet wird. Sieht man einmal von Irritationen ab, die es in den dreißiger Jahren durch das teilweise rabulistische Auftreten nationalsozialistischer Funktionäre in den Nachbarländern gegeben hat, stellt dieser populäre Preis, der anlässlich seiner Verleihung stets eine interessierte Öffentlichkeit erreicht, eine wichtige völkerverbindende kulturpolitische Einrichtung dar.

An eine andere Zielgruppe richtet sich das in Freiburg i. Br. beheimatete Alemannische Institut. Es »vereint wissenschaftliche Fachkräfte zu gemeinsamer Arbeit auf dem Gebiet der landes- und volkskundlichen Arbeit im gesamten alemannischen Siedlungsraum des Elsass, der Nordschweiz, Vorarlbergs und Baden-Württembergs. Über alle Grenzen hinweg sieht es die Gemeinsamkeit von Geschichte und Kultur dieses Raumes von der Antike bis zur Gegenwart. In seiner wissenschaftlichen Zielsetzung umschließt es die Fächer Geographie, Vor- und Frühgeschichte, Landesgeschichte, Sprachgeschichte, Kirchengeschichte, Rechts- und Kunstgeschichte sowie Volkskunde.«[29] Jenseits aller politischen Ansprüche oder Übervorteilungen hat es durch zahlreiche Veranstaltungen, Aktionen und Publikationen (das Institut gibt eine Zeitschrift und eine Buchreihe heraus) einen festen Platz in der regionalen Forschungslandschaft. Dass es eine in Tübingen beheimatete Außenstelle des Alemannischen Instituts gibt, ist durch die in der Satzung niedergelegte Formulierung vom »gesamten alemannischen Siedlungsraum« abgedeckt.

Nur noch selten wird ein Begriff gebraucht, der im Zuge des Protests von Bürgerinitiativen gegen den Bau des Kernkraftwerkes Wyhl und andere Großprojekte am Rhein entstanden ist. Aus einer gewissen Koketterie mit dem Begriff »Sozialistische Internationale« heraus wurde anfangs der siebziger Jahre der Name »Alemannische Internationale« kreiert. Er sollte den Anspruch auf eine postnationale Euro-Region anmelden, nachdem eine Umsetzung des immer wieder eingeforderten wirtschaftlichen und politischen Regionalgedankens nur sehr zögerlich vonstatten geht. Zumindest begrifflich ist dieser Gedanke im Bereich der elektronischen Medien verwirklicht: Das »Radio Dreyeckland« ist eine der bekanntesten privaten Rundfunkstationen des Landes.

Jüngstes Kind unter den grenzüberschreitenden

6 **Anlässlich der Volksabstimmung am 9. Dezember 1951 führten die Befürworter eines selbständigen Bundeslandes Baden einen massiven Wahlkampf gegen württembergische »Eroberungsgelüste«. Repräsentant der »Altbadener« war der südbadische Staatspräsident Leo Wohleb (1888–1955).**

6

kulturellen Aktivitäten ist die »Alemannia Judaica«. Am 24. 5. 1992 wurde im vorarlbergischen Hohenems die Gründung einer Arbeitsgemeinschaft zur Erforschung der jüdischen Regionalgeschichte im süddeutschen Raum und in den angrenzenden Gebieten beschlossen.[30] Die Geschäftsführung der Arbeitsgemeinschaft liegt beim »Jüdischen Museum Hohenems«.

Die politische Dimension

Mit Recht ist bisher die kulturelle Dimension der Alemannia in den Vordergrund gerückt worden. Es klang aber immer wieder quasi unterschwellig auch eine politische Dimension an. Hier sind dann doch bis heute einige Konfliktlinien auszumachen. Die schon vor dem Schwaben- oder Schweizerkrieg 1499 einsetzende Abgrenzungsstrategie der Schweizer Kantone gegenüber anderen Territorien muss als eine Art Grundkonflikt nicht weiter hervorgehoben werden. Eine der Konfliktlinien wurde sichtbar, als kurz vor der Mitte des 19. Jh. Überlegungen angestellt wurden, Oberschwaben wieder aus dem Königreich Württemberg herauszulösen und zusammen mit den verschiedenen an den Bodensee angrenzenden Kantonen und Regionen einen »Bodenseestaat« auszurufen. Zwar spielte hier die Alemannia allenfalls am Rande und dies auch nur zu einem Teil eine Rolle, aber es handelte sich doch um eine landsmannschaftlich motivierte Absetzbewegung von einem etablierten Staat.

In der Krisenzeit nach dem Ersten Weltkrieg gewann in Vorarlberg innerhalb weniger Monate eine Bewegung großen Zulauf, die mit dem Slogan »Anschluss an die Schweiz« ins Feld zog und sich von diesem Quasi-Umsturz eine Sanierung der wirtschaftlichen Verhältnisse versprach. Eine Volksbefragung ergab im Mai 1919 eine deutliche Mehrheit für die Aufnahme von Verhandlungen, die den Anschluss an die Schweiz zum Ziel haben sollten. Im Unterschied zur ökonomischen Misere in Österreich seien die Verhältnisse in der Schweiz glänzend, außerdem wurde »ein gemeinsames Volkstum beschworen, das den Anschluss als ›natürlich‹ legitimieren konnte«. In diesen Besprechungen sind die Wurzeln jenes »Alemannorassismus« zu suchen, »welcher nach dem Zweiten Weltkrieg ... die Stelle des diskreditierten Deutschrassismus einnehmen konnte.«[31] Mit diesen Vorarlberger Bestrebungen korrespondierte ein »neohelvetischer«, »großschweizerischer« Nationalismus, der sich aber innerhalb der Schweiz nicht durchsetzen konnte.
Obwohl der folgende Vorgang eigentlich marginal ist, verdient er in unserem Zusammenhang doch eine kurze Notiz: Das Parteiorgan der oberbadischen NSDAP trug den Titel »Der Alemanne«. Der Name sollte gewiss Bodenständigkeit, Heimattreue usw. signalisieren, aber klingt er in einer Partei, einem Staat höchst autoritärer Ausrichtung nicht eher nach Separatismus, Distanz und Insubordination und steht damit im Widerspruch zur übergeordneten Staatsideologie?

7

7 In Pfullendorf steht dieser typische Vertreter des »alemannischen Fachwerkbaus«. Zu seinen wichtigen Kennzeichen zählen Verblattung, Bohlenwand, Fensterband, weite Gefache und zurückhaltender konstruktiver Zierat.

8

8 Um 1900 hatte die Alemannenbegeisterung – »als gesunkenes Kulturgut« schließlich auch die Stammtische erreicht – wovon die Souvenirindustrie bis heute profitiert.

Namenssuche für ein Bundesland

Als nach der Gründung der Bundesrepublik die Schaffung eines Südweststaates auf der politischen Agenda stand, ergab sich von selbst auch die Frage nach dem Namen des neuen Gebildes. Überlegungen, dem neuen Bundesland in Anlehnung an das mittelalterliche Herzogtum Schwaben diesen durchaus angemessenen Namen zu geben, verboten sich wegen der nicht nur in Baden gängigen Gleichsetzung von Schwaben mit Württemberg. Die Brücke, die der Name »Rheinschwaben« darstellte, schied gleichfalls aus. Auch der Gedanke, den Namen »Alemannien« zu wählen und so auf eine quasi-neutrale, unbelastete historische Schicht zurückzugreifen, war obsolet. Es war nicht sinnvoll, einem Bundesland jenen Namen zu geben, der im unmittelbar angrenzenden Frankreich, aber auch in anderen Ländern für die ganze Republik galt.

Ursprung der »Badenfrage«?

»Alemannen« und »alemannisch« erscheinen dank der Zuschreibung von Stammeseigenschaften als Inbegriff der Solidität, des Verlässlichen, der Biederkeit und Bodenständigkeit. Wir leben in einer Zeit, die um europäisches, ja globales Denken und Wirtschaften je länger, desto weniger herumkommt. Hier drohen politische Entmündigung und ökonomische Überwältigung. In diesem »Krieg« könnte der Verweis aufs »Eigene«, eben das »Alemannische«, die einzige selbstgeschmiedete Waffe sein, sodass »alemannisch« zu einer Art Kampfbegriff wird. Der letztlich kaum zu gewinnende Kampf gegen das Übergreifen einer totalen Ökonomisierung aller Lebensbereiche sucht einen namentlich benennbaren Gegner, aber auch ein fassbares Terrain, das zu verteidigen sich lohnt. »Stuttgart« ist der Stellvertretername für das bedrohliche System; denn von dort kommen im Zweifelsfall die Erlasse und Gesetze, dort sitzen die nächsten politischen Verantwortungsträger. »Alemannisch« dagegen umgreift mit großer emotionaler Tiefe all das, was verloren zu gehen droht: Heimat, Autonomie, Identität. Obwohl der badische Landesteil nicht nur alemannische Gebiete umfasst, könnte es sein, dass die »Badenfrage«, stets am Köcheln, aber dann und wann heftig am Brodeln, ihren Ursprung in solchen Zusammenhängen hat und aufs Engste damit verbunden ist.

1 Vgl. dazu R. Uhland, Karl Freiherr von Kerner – Offizier, Techniker, Erneuerer des württembergischen Berg- und Hüttenwesens. Ludwigsburger Geschichtsbl. 29, 1977, 5 ff..
2 Brief Johann Peter Hebels vom 20. Juli 1817 an Justinus Kerner. Abgedruckt in: Johann Peter Hebel, Werke 2. Hrsg. von E. Meckel. 2. Bd. (Frankfurt 1968) 387 f. Dazu auch R. Minder, Hebel, der erasmische Geist. Ebd. 1. Bd. III–XLIV; XLI.
3 Jean Paul, Über Hebels alemannische Gedichte. Abgedruckt in: Johann Peter Hebel, Werke. 2. Bd. 498–501; 498 f.
4 B. Boesch, Der alemannische Sprachraum im Bereich des heutigen Baden-Württemberg. Ein geschichtlicher Überblick. In: Bausteine zur geschichtlichen Landeskunde von Baden-Württemberg. Hrsg. von der Kommission für geschichtliche Landeskunde in Baden-Württemberg anläßlich ihres 25jährigen Bestehens (Stuttgart 1979) 71 ff.; 72.
5 H. Maurer, Konstanz im Mittelalter. I. Von den Anfängen bis zum Konzil (Konstanz 1989) 24.
6 H. Decker-Hauff (Hrsg.), Die Chronik der Grafen von Zimmern. Handschriften 580 und 581 der Fürstlich Fürstenbergischen Hofbibliothek Donaueschingen 3. Unter Mitarbeit von R. Seigel (Darmstadt 1972) 177.
7 Boesch (Anm. 4) 72.
8 A. Gerlich, Geschichtliche Landeskunde des Mittelalters. Genese und Probleme (Darmstadt 1986) 114. Die Entdeckung der Germania, der "rerum Germanicarum" durch den Humanismus lieferte eine ganze Anzahl regionaler Beschreibungen und Typologien, die aber durchweg gedacht waren als »Bausteine zur Kenntnis ganz Germaniens«. Vgl. H. Bausinger, Volkskunde. Von der Altertumsforschung zur Kulturanalyse (Berlin, Darmstadt o.J. [1971]) 14.
9 Nach dem Geographisch-statistisch-topographischen Lexicon von 1791 zitiert bei Adolf Poinsignon, Geschichtliche Ortsbeschreibung der Stadt Freiburg i.Br. I (Freiburg 1891; Nachdruck Freiburg 1978) 21.
10 Allmannsdorf, heute Stadtteil von Konstanz.
11 Christian Friedrich Sattler, Geschichte des Herzogthums Würtenberg (Tübingen 1757) 276.
12 Johann Peter Hebel, Werke. 2. Bd. 258.

13 Ebd. 1. Bd. X.
14 Ebd.
15 Ebd. 1. Bd. X; XVI.
16 Ebd. 2. Bd. 425.
17 Ebd. 1. Bd. XXVI f.
18 Vgl. dazu den Beitrag von Schmid-Cadalbert, Helvetisch.
19 K. Schreiner, Alemannisch-schwäbische Stammesgeschichte als Faktor regionaler Traditionsbildung. In: P. Fried/ W.-D. Sick (Hrsg.), Die historische Landschaft zwischen Lech und Vogesen. Forschungen und Fragen zur gesamtalemannischen Geschichte (Augsburg 1988) 15–37; 24.
20 Vgl. dazu: H. Bausinger, Volkskunde (Darmstadt o.J. [1971]) 106.
21 Felix Dahn war zusammen mit Wilhelm Heinrich Riehl Herausgeber der »Bavaria«, einer »Landes- und Volkskunde Bayerns«, die 1860–67 erschienen ist.
22 Felix Dahn, Felicitas. 10. Aufl. (Leipzig 1886) 179.
23 Zitiert nach: Geschichte Württembergs im Munde der Dichter. Hrsg. von J. Gutbrod (Stuttgart 1969) 26.
24 A. Helbok, Die Formenlandschaften des deutschen Bauernhauses und ihre gestaltenden Kräfte. Württembergische Monatsschrift im Dienste von Volk und Heimat 1, 1929, 386–405; 386.
25 O. Gruber, Bauernhäuser am Bodensee. Hrsg. von K. Gruber (Konstanz, Lindau 1961) 32.
26 R. Weiss, Häuser und Landschaften der Schweiz (Erlenbach-Zürich, Stuttgart 1959).
27 Zitiert bei J. Hohl, Schwäbisch-alemannische Fasnacht in Altdorf-Weingarten (Allensbach 1974) 8.
28 Vgl. den Beitrag von Harald Baßler und Hugo Steger, Spuren.
29 Alemannisches Institut, 50 Jahre landeskundliche Arbeit 1931–1981. Hrsg. vom Alemannischen Institut (Bühl 1981) 9.
30 Allmende 36/37, 13. Jg. 1993, 233.
31 W. Dreier, Verhinderte Schweizer? Vorarlberger Anschlussbemühungen nach dem Ersten Weltkrieg. In: Allmende 30/31, 10. Jg. 1991, 96 ff. 99.

Adam, Arminius und Hermann in der Schule

LEHRPLAN UND SCHULBUCH BESTIMMEN DEN UNTERRICHT

RAINER JOOSS

»Noch origineller war die Geschichtsstunde, die wir am Freitag hatten. Jeder Schüler hatte die kleine Weltgeschichte Bredows von etwa 100 Seiten groß oktav aufgeschlagen vor sich liegen, der Lehrer aber saß am Katheder und korrigierte Hefte. Jeder Schüler las der Reihe nach von einem Punkt zum andern laut vor. Die Geschichte ging bis zur französischen Revolution. Da konnte folgendes geschehen. Ein Schüler liest den letzten Satz des Buches über die französische Revolution. Jetzt geht ein Rauschen durch die Schule, weil jeder Schüler sein Buch von Seite 100 auf Seite 1 zurückschlägt, und der nächste liest: ›Am Anfang schuf Gott Himmel und Erde und zuletzt den Menschen‹. Der Lehrer aber korrigiert ruhig seine Hefte weiter«.[1] Diese Passage aus den Memoiren des späteren Prälaten Rudolf Schmid gehört zu den wenigen Zeugnissen für Form und Inhalt des Geschichtsunterrichts im 19. Jh. Wie der angeführte Text zeigt, wurde das Unterrichtsgeschehen wesentlich vom Schulbuch bestimmt. Auch Lehrpläne wird man heranzuziehen haben, wenn man wissen will, was im Unterricht geschieht, ohne damit die Wirklichkeit dort auch nur annähernd erfassen zu können.[2]

Geschichtsunterricht im 17. bis 19. Jahrhundert

Der erste Fachunterricht Geschichte in Württemberg wurde seit 1686 im damals neugegründeten Stuttgarter Gymnasium erteilt, und zwar vom Schulleiter Johann Georg Essich (1645–1705) selbst.[3] Er schrieb auch um 1700 ein Geschichtsschulbuch, das noch bis gegen Ende des 18. Jh. in den höheren Schulen im Land (Stuttgarter Gymnasium, Klosterschulen, Hohe Karlsschule) benutzt wurde.[4] Von den Alemannen und Schwaben handelte Essich nur sehr kurz.[5] Er wusste nicht, warum es zwei Bezeichnungen für dasselbe Volk gibt und vermutete, dass in der Völkerwanderung ein Teil der zwischen Weichsel und Elbe wohnenden Schwaben hierher zog. Wichtig war ihm die Feststellung, dass die »Innwohner« ihre Freiheit gegen die Römer behauptet und eigene Könige hat-

9 **Den Triumph Hermanns nach seinem Sieg über Varus hat Johann Heinrich Tischbein d.Ä. auf die Leinwand gebannt. In Siegerpose weist der Germane auf einen erbeuteten römischen Brustpanzer. Seine Gewandung gleicht einem phantasievoll ausgeschmückten Theaterkostüm der Rokokozeit.**

9

10

10 Darstellungen wie dieses Wandbild für den Geschichtsunterricht, 1885 bei Schreiber in Esslingen erschienen, haben die Vorstellungen von den kämpferischen Germanen nachhaltig geprägt. Die Nähe zu den Opern Richard Wagners ist unverkennbar. Fürst und Krieger tragen Felle unterschiedlicher Qualität, der Priester ein wallendes Textilgewand. Der Krieger ist barfuß und nur mit einer Lanze bewaffnet, während die Ausstattung des Fürsten aus Lang- und Kurzschwert sowie einem Setzschild besteht. Flügelhelm, Trinkhorn, Armreifen und Bänder um den Leib sind weitere Zeichen seines fürstlichen Ranges.

ten. In einem zweiten Abschnitt erwähnte er die Schlacht bei Tolbiac oder Zülpich im Gülchischen, in der Chlodwig die Alemannen dem fränkischen Reich unterwarf.

In den »Deutschen Schulen« gab es erst gegen Ende des 18. Jh. vorsichtige Anfänge eines Unterrichts in den »Realien«. Laut Synodalbeschluss von 1795 sollte der Lehrer für Schreibübungen nicht nur Texte aus der Religions- und Sittenlehre nehmen, sondern auch solche Stücke, die »gute und belehrende Materie aus der Naturlehre, der kirchlichen und weltlichen Geschichte und der Landwirtschaft«, aber auch »bedeutende und unanstößige Begebenheiten« aus dem Ort oder aus der Nachbarschaft enthielten.[6] Unter dem Einfluss der Aufklärung wurden den Schülern der deutschen Schulen auch tatsächlich Kenntnisse aus der Natur – und Weltgeschichte, besonders der Vaterlandsgeschichte sowie der Erdbeschreibung beigebracht.[7]

Seit dem späten 18. Jh. wurden also »Realien« in den Schulen gelehrt. Man verstand darunter Erdbeschreibung (Geographie, Erdkunde), Geschichte, Naturgeschichte (Biologie), Naturlehre (Physik, Chemie), aber auch Obstbaumpflege und Bienenzucht. Geschichte umfasste zwei große Bereiche, die Welt- und die vaterländische Geschichte. Erstere bedeutete in der ersten Hälfte des 19. Jh. noch weithin Heilsgeschichte, was man noch bis zum Ende des Jahrhunderts daran ablesen kann, dass am Anfang der im Unterricht verwendeten Lesebücher, Lehrbücher und Zeittafeln Ereignisse wie »um 4000 v.Chr. Erschaffung der Welt« oder »um 2500 v.Chr. die Sintflut« oder auch Personen wie Adam oder Noah standen. Unter der »vaterländischen Geschichte« verstand man die der eigenen Dynastie und der von ihr geschaffenen und regierten Territorien.

Alles in einem, das Lesebuch

Verbindliche Grundlage für den Realienunterricht bildete das Lesebuch, das 1854 in den evangelischen, 1862 in den katholischen und 1867 in den israelitischen Volksschulen eingeführt wurde. Es war das erste Schulbuch, das auch nichtreligiöse Inhalte hatte. Alle Lesestücke im Abschnitt »Bilder aus Geschichte und Menschenleben«, zu denen nicht nur Sachtexte, sondern auch Gedichte, Balladen und Sinnsprüche gehörten, standen in streng chronologischer Reihenfolge, was nicht dem Vorgehen entsprach, das der Lehrplan vorschrieb. Im Unterricht wurde getreu dem Grundsatz vom Nahen zum Fernen zunächst die württembergische, dann die »allgemeine« (nicht deutsche) Geschichte behandelt. Die ausgewählten Texte entsprachen dem im Normallehrplan vorgeschriebenen methodischen Vorgehen: Der Lehrer erzählte das Wesentliche des Lesestückes, dann wurde gelesen und abgefragt. Den Lehrplan kommentierende Methodiken gingen davon aus, dass die Volksschule nichts weiter geben kann als »lebensvolle Charakterbilder, inhaltsreiche und formschöne Biographien«.[8] In den Texten zur württembergischen Geschichte kamen die Alemannen nicht vor, wohl aber in dem zur Pflichtlektüre in der allgemeinen Geschichte gehörenden Text mit der Überschrift »Die alten Deutschen« – den Begriff Germanen verwendete man nicht. Eigenschaften und Kultur der »alten Deutschen« wurden im Anschluss an Tacitus beschrieben. Unterschiede zwischen den Stämmen gab es nur im kultischen Bereich. Bei Alemannen und Franken etwa legte man »Thierhäupter auf den Altar, aus deren Gehirn die Priester weissagten«, und die »Menschenopfer« dauerten fort bis zur Einführung des Christentums.[9] Katholisches und israelitisches Lesebuch nannten keine einzelnen Stämme; erst ab etwa 1888 gab es im katholischen »Sweven« an der oberen Donau und Alemannen rings um den Bodensee.[10]

Schulstoff für alle: »Hermann der Befreier«

Gut fünfzig Jahre später erschien 1907 ein neuer Volksschullehrplan, der die Teilung von württembergischer und allgemeiner Geschichte, die man jetzt als deutsche bezeichnete, beibehielt. Die Alte Geschichte kam nicht mehr vor, der Zusammenhang mit der Heilsgeschichte wurde endgültig aufgegeben. Die im 4. Schuljahr zu behandelnde württembergische Geschichte begann sehr allgemein unter der Überschrift »Wie es in Württemberg vor Zeiten aussah«, während am Anfang der deutschen Geschichte »die alten Deutschen und ihre Beziehungen zum römischen Reich« und »Hermann, der Befreier Deutschlands« standen. Zur Völkerwanderung gehörten nur Alarich und Attila – die Alemannen gab es im Lehrplan nicht. Die einklassige Volksschule reduzierte das Programm noch mehr: nur »Wie es in Württemberg vor Zeiten aussah« und »Hermann, der Befreier Deutschlands« blieben übrig. Als historische Daten lernte man 9 und 375 n.Chr., in der einklassigen Schule nur das Jahr 9 n.Chr.[11]

Die Trennung von literarischen und Sachtexten

Bald nach dem Lehrplan erschienen auch neue Realienbücher, die es schon seit 1888 in Baden, seit ca. 1895 in Württemberg gegeben hatte. Es handelt sich dabei um reine Lehr- und Lernbücher mit Sachtexten, Zeichnungen und Bildern, während umgekehrt das Lesebuch nur mehr literarische Texte enthielt. Noch 1896 hatte die katholische Oberschulbehörde solche Werke verboten, weil dadurch kirchlich nicht autorisierte Lehrinhalte in die Schule kommen könnten. Aber schon bald besann man sich: 1910 erschien ein eigenes katholisches Realienbuch. In den Ausführungen über die Alemannen unterschieden sich das große und das kleine evangelische und das katholische Rea-

11

11 In den fünfziger Jahren des 20. Jh. entstand, für den Geschichtsunterricht gedacht, dieses Wandbild eines germanischen Gehöfts. Die Bewohner sind in ihrer bäuerlichen Alltagswelt als einfache, schwer arbeitende Menschen dargestellt – fern aller Kampfeslust und allem Heldentum. Eine Parallele zum Deutschland der Fünfzigerjahre?

lienbuch kaum: Die Alemannen vertrieben ihre Gegner, die Römer, aus dem Land rechts des Rheins und wurden ihrerseits um 500 von den Franken besiegt. Das katholische Buch wies zusätzlich auf die Ausdehnung des Alemannenlandes hin, das sich von den Alpen bis zum Main und vom Lech bis zum »Wasgau« (Vogesen) erstreckte.[12]

Geschichtsvermittlung im Dienste völkischer Politik

Die politischen Veränderungen des Jahres 1918 und die reichsweite Einführung der Grundschule ab 1920 machten wiederum neue Lehrpläne erforderlich, die 1925 für die jetzt achtklassige Volksschule erschienen. Der Begriff Realien verschwand, statt dessen gab es ab dem 5. Schuljahr »Geschichte mit Staatsbürgerkunde«. Der Lehrplan sollte die Schüler mit den »Hauptereignissen aus der Entwicklung des deutschen Volkes und Staates« bekannt machen, um »soziale« und »vaterländische Gesinnung« und »opferbereites Wollen im Dienst der Volksgemeinschaft« zu erzeugen.[13] Man sieht, an welche Tradition die NS-Pädagogik anknüpfen konnte. Im neuen Plan gab es keine Trennung mehr von Landesgeschichte und deutscher Geschichte; erstere lieferte die Beispiele, die allgemeine Entwicklungen verdeutlichen sollten. Es begann mit der Zeit um Christi Geburt, den Beziehungen der »alten Germanen« – der Begriff »alte Deutsche« wurde aufgegeben – zu den Römern und der Darstellung ihrer kulturellen Importe: Limes, Straßen und Steinhaus. Auf die Völkerwanderung folgte die Besiedlung »unserer Heimat« durch Alemannen und Franken, deren kulturelle Entwicklungsstand mit Begriffen wie Haus- und Dorfanlagen, Hauswirtschaft, Tauschhandel, Markgenossenschaft und Volksgerichte charakterisiert wurde. Man wollte Alemannen und Franken als den Römern ebenbürtige germanische Völker darstellen. Besonders deutlich treten die zeitgeschichtlichen Bezüge des Jahres 1925 im Lehrplan hervor, wenn nach dem »Aufkommen der Stammesherzogtümer« und dem »Lehensstaat« von »Deutschlands Westgrenze, Beginn des Kampfes um den Rhein« die Rede war.

Schon am 19. Juli 1933 gab das Kultministerium einen Erlass heraus, der dem Geschichtsunterricht zur Aufgabe machte, »den heldischen Gedanken in seiner germanischen Ausprägung verbunden mit dem Führergedanken unserer Zeit, der an älteste Vorbilder deutscher Vergangenheit anknüpft«, zu pflegen.[14] Woran die Verfasser des Erlasses dachten, geht aus der Anordnung hervor, die Vorgeschichte als »hervorragend nationale Wissenschaft« besonders zu berücksichtigen. Diese Formulierung stammt von dem Prähistoriker Gustaf Kossinna (1858–1931), der 1912 »Die deutsche Vorgeschichte, eine hervorragend nationale Wissenschaft« veröffentlicht hatte. Hier legte er seine rassistische und imperialistische Sicht der Geschichte von Jungsteinzeit und Bronzezeit in Nordeuropa dar, die den Nationalsozialisten wichtige Bestandteile ihrer Ideologie lieferte. Es verwundert also nicht, dass 1940 die Lehr- und Arbeitspläne der Großdeutschen Volksschule Sätze wie diese ent-

12

12 Ein Zug landsuchender Alemannen aus einem 1970 erschienenen Schulbuch: Durchweg mit Hosen und Mänteln bekleidet, erobern und besiedeln sie das Land. Das römische Kastell im Hintergrund wird niedergebrannt und nicht als Wohnplatz eingenommen. Die Einwanderer ziehen daran vorbei.

13

13 »Germanen auf der Wanderung«: In Szenen wie dieser aus dem weitverbreiteten Folio-Prachtband »Bildersaal deutscher Geschichte« von 1890 begegnete das wilhelminische Bürgertum wie in einem Ahnensaal der Vergangenheit seines Vaterlandes.

hielten: »Wie unsere Vorfahren zur urgermanischen Zeit lebten« oder »Wie unsere Vorfahren in der großgermanischen Zeit ihre alte Heimat verließen und ganz Europa mit ihrem Heldentum erfüllten«.[15] Man ging also weit in die Vorgeschichte zurück und kam über Kimbern und Teutonen zu »Hermann dem Cheruskerfürsten, der Deutschland rettet«. Das vor 1918 behandelte Thema der »alten Deutschen«, mit denen man vor allem die Germanen des 1. Jh. n. Chr. gemeint hatte, wurde weit in die Bronzezeit zurück ausgedehnt und als Unterrichtsinhalt auch für solche Regionen des Großdeutschen Reiches verbindlich, zu deren Geschichte die nordische Bronzezeit nicht gehörte. Für Alemannen und Franken blieb in einem solchen reichsweiten Lehrplan wenig Raum, hatte doch das NS-Regime den Föderalismus beseitigt und auch die Kulturpolitik zentralisiert.

Nach 1945 – ohne Armin und Varus?

Nach dem Zweiten Weltkrieg durfte Geschichtsunterricht erst ab 1948/49 wieder erteilt werden, wenn auch noch ohne die Zeit seit 1933. Der in Zusammenarbeit mit der Militärregierung erstellte Lehrplan für die Volksschulen der französischen Zone begann mit dem Römischen Weltreich und einem Abschnitt über »unsere Vorfahren in frühgeschichtlicher Zeit« und über »Volksstämme«. Damit meinte man wohl die Alemannen und Franken. Germanen oder Deutsche kamen nicht vor. Die französische Politik setzte auf die föderalen Traditionen, nicht auf die zentralen.[16] Die nächsten Lehrpläne für das neue Bundesland Baden-Württemberg erschien 1958 und 1967 und wiesen weder untereinander noch zu dem von 1925 wesentliche Unterschiede auf.[17] Das Hauptgewicht lag auf der Kulturgeschichte von Römern und Germanen, 1967 zusammengefasst unter dem interessanten Gesichtspunkt »Völker lernen voneinander«. Auch das nationale Thema »Armin und Varus« kam wieder vor, während die föderal-landesgeschichtliche Seite durch Alemannen und Franken repräsentiert wurde, die »unsere Heimat« besiedelten und Dörfer gründeten.

Zwölf Jahre behielten die als vorläufig gedachten Arbeitsanweisungen ihre Gültigkeit, während Ministerien, Fachdidaktiker und Lehrer sehr kontrovers diskutierten. 1979 erschienen dann wiederum vorläufige Lehrpläne. Der Geschichtsunterricht in der Hauptschule begann ohne Vorkurs zweistündig im 7. Schuljahr. Man unterschied weiter gefasste Ziele, etwa »Römisch-germanische Beziehungen erläutern können« und legte dazu gehörige Inhalte wie »Limes, Provinzstädte« fest. Der nächste Abschnitt sprach schon von der »Dreiteilung des Mittelmeerraums« und von den »Ergebnissen der Völkerwanderung«. Die Alemannen kamen als Begriff nicht vor, konnten aber als Teil des Inhalts »Gründung germanischer Königreiche auf ehemaligem römischem Reichsboden« verstanden werden, während Armin und Varus völlig fehlten.[18] Einen für die 9. Klasse gedachten Plan setzte das Ministerium nicht mehr in Kraft, sondern ließ von 1981 bis 1984 alles überarbeiten. Zum erstenmal tauchte in diesen neuen Plänen der in der Wissenschaft kontrovers diskutierte, mit der Jahreszahl

260 n.Chr. verbundene Begriff »Landnahme der Alemannen und Franken« auf.[19]
Die seit 1994 neuen, derzeit gültigen Lehrpläne verlangen nur noch von der Hauptschule eine Behandlung der »Landnahme der Alemannen und Franken in Südwestdeutschland ab 260 n.Chr.« und zwar unter dem Stichwort »Germanische Reiche auf römischem Boden«. Die Realschule behält die Landnahme gleichfalls bei, wenn auch als Wahlthema, während im Gymnasium nur in den Hinweisspalten von nicht weiter präzisierten germanischen Stammesverbänden die Rede ist, zu denen man auch die Alemannen rechnen kann. Arminius und Varus finden sich seit 1979 in keinem Lehrplan mehr – erstaunlich, wenn man bedenkt, welche Bedeutung frühere Generationen diesem Thema unter nationalen Gesichtspunkten beigemessen haben.[20]

---

1 R. Schmid, Erinnerungen aus meinem Leben (Konstanz 1909) 15. Zitiert nach: E. Sieber, Geschichte und Politik. Quellen und Anmerkungen zur politischen Funktion des Geschichtsunterrichts im Königreich Württemberg. In: Dona Minima Esslingensia. Esslinger Kleinigkeiten. Otto Borst zum Fünfzigsten (Esslingen 1974) 34.

2 Der nachstehende Beitrag kann nur ein winziger Baustein zu einer noch zu schreibenden Geschichte des Geschichtsunterrichts in Baden, Württemberg und Baden-Württemberg sein. Der Schwerpunkt liegt auf dem Geschichtsunterricht in der Volksschule.

3 Geschichte des humanistischen Schulwesens in Württemberg. Bd. 3, 2, 1 (Stuttgart 1928) 118, 179.

4 Kurtze Einleitung zur Allgemeinen Weltlichen Historie neben einer Zeit-Rechnung und Erd-Beschreibung (2. Auflage, Stuttgart 1721).

5 Ebd. 371.

6 E. Schmid, Geschichte des Volksschulwesens in Altwürttemberg (Stuttgart 1927) 253.

7 M. Herbert, Erziehung und Volksbildung in Altwürttemberg (Weinheim/Basel 1982) 178 f., 233 f.

8 Normallehrplan für die württembergischen Volksschulen. Mit Erläuterungen hrsg. von P. Frick (Stuttgart 1897) 216 f.

9 Lesebuch für die evangelischen Volksschulen Württembergs (Stuttgart 1854 u.ö.) 273 ff., Nr. 127.

10 Lesebuch für die katholischen Volksschulen Württembergs 3 (Horb 1897) 404. – Deutsches Lesebuch für israelitische Volksschulen. Auf Veranlassung der Königlich Württembergischen Israelitischen Oberkirchenbehörde herausgegeben 1867, 152.

11 Lehrplan für die württembergischen Volksschulen (Stuttgart 1907) 30 f., 72.

12 Württembergisches Realienbuch. Große Ausgabe, bearb. auf Grund des Lehrplans für die württembergischen Volksschulen. Hrsg. Württembergischer evang. Lehrerunterstützungsverein (Stuttgart 1920) 2 f., 34 ff. – Dass., Kleine Ausgabe (Stuttgart 1909) 2 ff. – Realienbuch für die katholischen Volksschulen Württembergs. Bearb. auf Grund des Lehrplans für die württ. Volksschulen (Leutkirch 1910) 2, 32 ff. – Für die israelitischen Volksschulen ist kein Realienbuch erschienen.

13 Lehrpläne für die Volks- und Mittelschulen in Württemberg (Stuttgart 1925) 95 f.

14 Amtsblatt des Kultministeriums 1933, 44. Zitiert nach: P. Sauer, Württemberg in der Zeit des Nationalsozialismus (Ulm 1975) 210.

15 Lehr- und Arbeitsplan für die Großdeutschen Volksschulen (Breslau/Halle 1940) 10 f., 74 f.

16 Lehrplan für die Volksschulen. Bearbeitet von den Ministerien der Länder Baden, Rheinland-Pfalz, Württemberg-Hohenzollern (Offenburg 1949) 17 f.

17 Bildungsplan für die Volksschulen in Baden-Württemberg (Esslingen 1958) 75 f. – Vorläufige Arbeitsanweisungen für die Hauptschulen Baden-Württembergs (Villingen o.J. [1967]) 84 ff.

18 Vorläufige Lehrpläne für die Hauptschule. In: Kultus und Unterricht, Lehrplanheft 8/1979, 58.

19 Bildungsplan für die Hauptschule. In: Kultus und Unterricht, Lehrplanheft 6/1984, 186. – Bildungsplan für die Realschule. Ebd., Lehrplanheft 7/1984, 225.

20 Bildungsplan für die Hauptschule. In: Kultus und Unterricht, Lehrplanheft 2/1994, 106. – Bildungsplan für die Realschule. Ebd., Lehrplanheft 3/1994, 162. – Bildungsplan für das Gymnasium. Ebd., Lehrplanheft 4/1994, 183 f.

Solidarität durch Anerkennung der Unterschiede

ALEMANNENTUM UND DAS ELSASS HEUTE

RICHARD KLEINSCHMAGER,
LÉON STRAUSS

Das gallo-römische Elsass wurde im 5. Jh. von den Alamannen besiedelt.[1] Ein Teil der Elsässer spricht heute noch einen alemannischen Dialekt (ausgenommen der nördlichste, fränkische Teil der Region und einige französischsprachige Ortschaften in den tiefen Tälern der Vogesen).[2] In ihren großen Zügen lässt sich die Geschichte des Elsass, zumindest bis 1648, nicht von der Geschichte seiner Nachbarregionen auf der anderen Rheinseite unterscheiden. Können wir also am Ende des 20. Jh. daraus auf eine lebendige Solidarität mit unseren badischen und schweizer Nachbarn schließen?

Manche Intellektuellen unserer Tage glauben das heute noch, etwa André Weckmann, der bereits 1977 schrieb:

Mer sinn gsin
mer kennte's
mol widder
ware
mer brichte's
numme
ze welle

Eine Willenserklärung der elsässischen Familien würde demnach ausreichen, um eine sprachliche Landschaft und die damit verbundene Lebensart wieder aufleben zu lassen. Sowohl die ungesunden, weil uniformisierenden Zwänge der jakobinischen Zentralisierung als auch die modernistische Vulgarität ließen sich so aus der Welt schaffen.

Stammesgeschichtliche Rechtfertigung einer Annexion

Andere denken an die Errichtung grenzüberschreitender Regionen in einer Europäischen Union, wo die staatlichen und nationalen Gebilde in den Grenzregionen allmählich verschwänden. Die physikalische und die sprachliche Geographie der Region würde auf natürliche Weise zur Schaffung eines alemannischen Raumes im Rheingraben zwischen Schwarzwald und Vogesen führen. Dieses Vorhaben weckt jedoch böse Erinnerungen, denn das gesamte Elsass und ganz Baden bildeten nur einmal im Laufe der neueren Geschichte eine gemeinsame Provinz. Das war von 1940 bis 1944 der Gau Elsass-Baden, den Hitlers Reichsstatthalter Robert Wagner gerne in Gau Oberrhein umbenennen wollte.

Damals wurde in geographischen und geopolitischen Betrachtungen die Bedeutung des alemannischen »Erbes« im Elsass vorgeschoben, um dessen Annexion zu rechtfertigen. Die Autoren bezogen sich dabei im wesentlichen auf den Begriff des Volkstums. Die Verbreitung des Alemannentums in der elsässischen Region wurde als Beweis für deren Zugehörigkeit zum deutschen Volkstum gewertet. Eines der Merkmale des Deutschtums war ja gerade das Konzept der »Kulturnation«, die sich über staatliche Grenzen hinwegsetzt. Für Robert Sieger[3] waren die Deutschen nach den Juden das am meisten zerstreute Volk in Europa, dessen »Deutschtum« außerhalb Deutschlands und Österreichs überall gefährdet war. Es galt also die staatlichen Grenzen mit der tatsächlichen geographischen Verteilung des Volkes in Deckung zu bringen, wie es Karl Haushofer mit seiner Parole »Ein Volk, ein Staat«[4] unmissverständlich ausdrückte.

Eine ganze Anzahl im Elsass veröffentlichter Texte, die zu Beginn der 40er Jahre die Annexion zu rechtfertigen suchten, reihte sich in die geistige Bewegung jener Jahre ein, indem sie die völkischen Merkmale einer Region und ihrer Bewohner zum Hauptargument und zur wichtigsten Entscheidungsgrundlage für das politische Handeln machte.

Eine Ausgabe der Zeitschrift »Oberrheinische Heimat«,[5] dem 1940 annektierten Elsass gewidmet, liefert eine Reihe ganz unterschiedlicher Beiträge, die jeweils über den Umweg der Geschichte, der Geographie, der Literatur, des Volksbrauchtums oder der Kunst das Deutschtum der Elsässer verdeutlichen sollten. Schon in seiner Einleitung stellte der Herausgeber Hermann Busse als Zielsetzung klar: »Vielleicht kann keiner im Reich es uns am Oberrhein ganz nachfühlen, mit welcher freudigen Eile wir über die Brücken unserer Pioniere gingen, hinüber ins heimgenommene Land am anderen Ufer unseres heiligen Stromes« (S. 1). Die Rückkehr des Elsass »heim ins Reich« sei somit ausgiebig gerechtfertigt durch die uralte Präsenz der Alamannen am Westufer des Oberrheins. Busse unterstrich: »Die alemannische Landnahme unter jahrhundertelangen Kämpfen schloss die Besiedlung

des Landes ab. Das Alemannische gab dem Volkscharakter und der Gestaltung des Landes die innere Kraft, die Bewahrung des Deutschen« (S. 7). Etwas weiter im selben Text hob er die Fortdauer des alemannischen Einflusses, trotz der Christianisierung, hervor: »Die Alemannen wandten sich nur langsam dem Christenglauben zu; ganz gereinigt von ihrem alten Glaubensgut wurden sie aber nie. Im Brauchtum erhielt sich mancher Zug … Am Tag der alten Fastnacht grüßen sich am Oberrhein entlang bis heutigentags die Funkenfeuer vom Wasgenwald und dem Schwarzwald, von Basel bis Straßburg, auch im Vorarlberg und der alemannischen Schweiz lohen sie zum Frühlingshimmel«.
Die Besiedlung durch die Alemannen diente der deutschen Annexionspolitik in den 40er Jahren als Vorwand: man behauptete deren Fortdauer und berief sich auf die Tugenden des alemannischen Blutes. In derselben Zeitschrift erschien auf S. 140 ein Gedicht von Paul Wöhrle. Der eigenartige lyrische Stil verdeutlicht die Geisteshaltung jener Zeit. Hier ein Auszug:

Bei uns am Rhein steht ein Brunnen.
Viel Völker fuhren schon her,
Kelten, Römer, Hunnen,
sie tranken den Brunnen nicht leer.
Dann nahmen die Germanen
den heiligen Brunnen in Hut.
Geschlechter unserer Ahnen,
stolz, alemannisches Blut.

Selbstverständlich wurde die frühere Präsenz der Alamannen nur vorgeschoben, um das behauptete Deutschtum der Elsässer zu rechtfertigen. Es sei durch die in der Bevölkerung erhaltenen Eigenschaften erwiesen und legitimiere so die Wiedereingliederung dieser Region in den deutschen Nationalstaat.

Blickverengungen hüben wie drüben

In dieselbe Richtung zielte der Freiburger Geograph Friedrich Metz,[6] der in derselben Zeitschrift die »Einheit des Oberrheinlandes« mit dem Hinweis auf die Gleichförmigkeit der geographischen Strukturen links und rechts des Rheins begründete. Das hatte er bereits in den 20er Jahren behauptet.[7] »Jede Zerreißung der Oberrheinischen Tiefebene ist ein Sünde wider den Geist der Geographie«.[8] Die Geographie wird hier als zusätzliche Begründung für die Rückkehr des Elsass ins Deutsche Reich angeführt. »Kein Einheimischer, aber auch kein Fremder kann sich am Oberrhein dem unmittelbaren Eindruck der großen und gewaltigen Einheit entziehen, die Natur und Geschichte hier geschaffen haben. Dieser Eindruck wird bereits durch das Kartenbild vermittelt, und nichts sollte für den Lehrer in einer Geographiestunde leichter sein als am Beispiel des Oberrheinlandes die Einheit eines Naturraumes, aber auch die Einheit in allen anderen Gebieten des kulturellen und wirtschaftlichen Lebens nachzuweisen.« Nachdem er die Anwesenheit von Römern und Kelten im Elsass in ihrer Bedeutung heruntergespielt hat, unterstreicht der Freiburger Professor, dass sich der fränkische Einfluss nur auf einen kleinen Bereich der Region beschränkte: »Die fränkischen Einflüsse sind übertrieben worden und sie sind mehr auf sprachlich-kulturellem Gebiet zu suchen als in einer Durchdringung durch größere Bevölkerungsgruppen. Es war die fränkische Herrschaft und vor allem der große Verkehr auf den Handelsstraßen, der fränkische Merkmale häufte, ohne jedoch an der stammesmäßig alemannischen Art etwas zu ändern«.[9]
Wie die Geographie vernachlässigte auch die nationalsozialistische Archäologie alle anderen Populationsschichten, besonders der Jungsteinzeit und der gallo-römischen Epoche, und konzentrierte sich auf die germanische, frühgeschichtliche oder alamannische Besiedlung.[10]
Auch im Elsass selbst wurde diese Argumentation von den mit den Nationalsozialisten verbundenen elsässischen »Autonomisten« übernommen. Friedrich Spieser war ein extremer Anhänger des Alemannentums und entdeckte alemannische Merkmale sogar auf Bauernhöfen in den Hochebenen des französischen Jura: »Unter den weltscheuen Fermiers […] waren manche Alemannengesichter, sicherlich Zugesiedelte […]«.[11]

14

14 Werbung im Gefolge der Blut- und Bodenideologie: Die Anzeige vom Dezember 1936 im »Germanen-Erbe, Monatsschrift für Deutsche Vorgeschichte« dürfte die erwünschte Wirkung damals nicht verfehlt haben.

3. Jahrgang Heft 9 September 1938

Germanen-Erbe

Monatsschrift für Deutsche Vorgeschichte

SPANGENHELM

von Baldenheim
Kr. Schlettstadt

Amtliches Organ des

Reichsbundes für Deutsche Vorgeschichte

und des Amtes für Vorgeschichte des Beauftragten des Führers für die gesamte geistige und weltanschauliche Schulung und Erziehung der NSDAP.

Preis 60 Pfennig

15

15 **Den Nationalsozialisten war der Helm von Baldenheim willkommenes Symbol germanischer Anwesenheit im Elsaß. Der Fund aus einem Adelsgrab des 6. Jh. war mehrfach Gegenstand detaillierter Studien, so auch im Septemberheft der Zeitschrift »Germanen-Erbe«.**

Wir sollten allerdings auch die »Keltomanie« einiger französischer Autoren nicht vergessen. Sie war zwar weniger schlimm in ihren Auswirkungen, aber mindestens ebenso grotesk. Sie versuchten lange nachzuweisen, dass die ursprüngliche elsässische Bevölkerung ausschließlich von Gallo-Römern abstamme, und, schlimmer noch, dass der elsässische Dialekt eine eigene Sprache ohne jegliche Verbindung zum Deutschen sei.

Unterschiedlichkeit bereichert und schafft dauerhafte Solidarität

Aus dem bösen Wahnsinn der Vergangenheit sollten wir heute unsere Lehren ziehen: Unter dem Vorwand, die Volksidentität zu bewahren und die Wurzeln zu suchen,[12] kann bei Ethnozentristen die Absicht entstehen, »Unreine« auszumerzen. 1940 vertrieb der Gauleiter Wagner Tausende Juden, Zigeuner, Innerfranzosen und frankophil gesonnene Elsässer des Landes. Wenn wir heute eine »originale« Bevölkerung hervorheben und ihr als Trägerin eingeprägten Erbes bevorzugten Status zugestehen, riskieren wir dann nicht, von ihr abweichende oder später zugereiste Minoritäten zu stigmatisieren?
Wir sollten uns nicht hinter der Wirklichkeit verstecken! Die Zugehörigkeit zum selben Sprachraum hat uns nicht vor äußeren Einflüssen bewahrt. Badener und Elsässer sind nicht nur innerhalb ihrer eigenen Regionen sehr unterschiedlich, sie sind auch links und rechts des Rheins sehr verschieden voneinander. Wir haben nicht dieselbe Einstellung zur Politik, wir haben eine unterschiedliche Beziehung zur Natur und verfügen über zunehmend mehr verschiedene kulturelle Bezugsgrößen, die uns durch unterschiedliche Bildungssysteme und Medien vermittelt werden. Der

Graben wird sogar beständig tiefer: Während die Zweisprachigkeit in der Schule im Elsass Fortschritte macht, gibt es immer weniger Schüler in Baden, die Französisch lernen. Unsere Lebensweisen trennen sich immer mehr, trotz der uns umgebenden Globalisierung. Elsässer essen nicht wie die Badener, sie beziehen noch nicht mal ihre Betten wie die badischen Nachbarn – und die Fastnacht wird bei uns kaum gefeiert.

Die Alamannen-Ausstellung macht es möglich, einen fernen Abschnitt aus unserer gemeinsamen Geschichte besser kennenzulernen. Wir müssen uns aber auch bemühen, die Epochen, in denen wir getrennt lebten, zu entdecken. Wenn wir uns gegenseitig durch unsere Unterschiedlichkeit bereichern, schaffen wir eine dauerhafte und Solidarität, die den Nachbarn nicht ausschließt.

---

1 J.M. Tourneur-Aumont, L'Alsace et l'Alémanie, Nancy, 1919; H. Büttner, Geschichte des Elsass, I, Berlin, 1939; F. Himly, Toponymie suisse et toponymie alsacienne, Revue d'Alsace, 1947, 135–141; P. Dollinger, L'Alsace mérovingienne et carolingienne, Bulletin de la Société académique du Bas-Rhin, 1947–1949, 40–57; E. Demougot, Note sur l'évacuation des troupes romaines en Alsace, Revue d'Alsace , 1953, 7–28; F. Himly, Introduction à la toponymie alsacienne. Bilan critique et problèmes, Revue d'Alsace, 1955; C. Wilsdorf, Note sur le peuplement de la région de Sélestat après les grandes invasions, Revue d'Alsace, 1957, 32–45; C. Wilsdorf, Nouvelle note sur le peuplement de la région de Sélestat après les grandes invasions, Revue d'Alsace , 1962, 5–18;
F. Langenbeck, Probleme des elsässischen Geschichte in fränkischer Zeit, Alemannisches Jahrbuch, 1957, 1–132; R. Specklin, Le réduit sundgovien, peuplement et mentalité, thèse de 3e cycle, Strasbourg, 1962; Ders., Toponymie alsacienne: quelques problèmes, Revue d'Alsace, 1987, 21–56; F. Staab (Hrsg.), Zur Kontinuität zwischen Antike uind Mittelalter am Oberrhein, in : Oberrheinische Studien, 11, Sigmaringen, 1994.

2 P. Lévy, Histoire linguistique d'Alsace et de Lorraine, 2. Bd., Paris 1929; E. Philipps, Les luttes linguistiques en Alsace jusqu'en 1945 , Strasbourg, 1975; M.N. Denis, C. Veltman, Le déclin du dialecte alsacien, Strasbourg, 1989; B. Vogler, Histoire culturelle de l'Alsace, Strasbourg, 1993; Le dialecte malgré tout, Saisons d'Alsace ,Nr. 133, 1996.

3 R. Sieger, Grundlinien einer Geographie des Deutschtums, Zeitschrift für Geopolitik, 1927, Nr. 7, 630–641.

4 K. Haushofer, Ein Volk, ein Staat, Zeitschrift für Geopolitik, 1938, Nr. 4, 262–266.

5 Oberrheinische Heimat, Freiburg im Breisgau 1940, 600. Vgl. R. Kleinschmager, L'argumentation géographique, Saisons d'Alsace, Nr. 121, 1993 (1943 – La guerre totale), 111–120.

6 F. Metz, Die elsässische Bevölkerung und ihre Herkunft, Oberrheinische Heimat, 1940, Freiburg im Breisgau, 1940, 206–226. Vgl. L. Kettenacker, Nationalsozialistiche Volkstumspolitik im Elsaß, Stuttgart, 1973, 46–47, 50, 174, 364.

7 Titel eines Artikels von Metz (Schwaben, 1940, 249 ff.)

8 F.METZ, Die Oberrheinlande, Breslau, 1925, 268.

9 METZ, ebenda 215.

10 K. Gutmann, Vorgeschichtsforschung im deutschen Elsass, Germanen-Erbe, 1940, Nr. 9–10, 130–135; R. Nierans, Sueven, Römer und Alamannen am Oberrhein. Die Entstehung der Rheingrenze, Oberrheinische Heimat, 1940, 157–185; Ders., Zwei alamannische Gräberfelder aus Banzenheim, Volk und Vorzeit, 1940, 2, 74–77; F. Garscha, Die Ur- und Frühgeschichtliche Denkmalpflege im Elsass, Volk und Vorzeit, 1941, 1–3, 61–66; A. Rief, Gaulois et Germains sur la terre d'Alsace , Strasbourg, 1945; A. Wernert, , Aperçu sur l'archéologie en Alsace pendant l'occupation de 1940–1945, Cahiers alsaciens d'Archéologie, d'Art et d'Histoire, 1940–1946, Nr. 121–127, 125–128; A. Schnapp, Quand les nazis se faisaient archéologues, L'Histoire 43, März 1982, 82–84; F. Petry, Archéologie des temps historiques, Encyclopédie de l'Alsace 1, Strasbourg, 1982, 236–260; B. Schnitzler, Une exposition archéologique en 1942 à Strasbourg, Cahiers alsaciens d'Archéologie, d'Art et d'Histoire, 1990, 216–228; Ders., Le casque de Baldenheim. Un exemple de détournement idéologique appliqué à l'archéologie, Cahiers alsaciens d'Archéologie, d'Art et d'Histoire , 1991, 83–87; Ders., Archéologie et idéologie nazie. Nos ancêtres les germains, Saisons d'Alsace, Strasbourg, 128, Sommer 1995, 13–17.

11 F. Hünenburg (= F. SPIESER), Tausend Brücken, Stuttgart 1952, 113. Vgl. Ders., Der Elsässer, in : O. Meissner (Hrsg.), Elsass und Lothringen Deutsches Land, Berlin, 4.Auflage 1942, 163–175. Über Spieser: L. Strauss, Friedrich Spieser, un nazi alsacien face à la France, in : Image de soi, image de l'autre : la France et l'Allemagne en miroir, Strasbourg, 1994, 131–145.

12 F. Raphael, Critique de la raison identitaire, in: Image de soi, image de l'autre: la France et l'Allemagne en miroir, 1994, 191–197.

Helvetisch und schwizerdütsch

VOM FEHLEN EINES ALEMANNISCHEN BEWUSSTSEINS IN DER SCHWEIZ

CHRISTIAN SCHMID-CADALBERT

Bestimmend für das deutschschweizer Desinteresse am Alemannischen dürfte die bis in die Alltagssprache wirksame Fixierung auf das Helvetische sein. Sie hat tiefe Wurzeln. Vom Spätmittelalter bis ins 19. Jh. galten die Helvetier der Frühzeit, also bevor sie unter römische Herrschaft fielen, aufgrund einseitig interpretierter Aussagen in antiken und spätantiken Quellen, als Urbild des selbstgenügsamen und freiheitsliebenden *homo alpinus*,[1] als Helden[2] und als Urväter der Eidgenossen.[3] Gegen dieses Idealbild standen die Alemannen in negativem Kontrast als nomadisierende Wilde, die unfähig waren, Land zu bebauen, die alles Zivilisierte und Kultivierte hassten.

Edle Helvetier – wilde Alemannen

»In der Hitze wilder Eroberungen«, schreibt Konrad Vögelin in seiner »Geschichte der Schweizerischen Eidgenossenschaft« von 1860, »zerstörten und verwüsteten sie alles, was ihnen Widerstand leistete, besonders die Städte und Castelle, welche sie, wie alle Germanen, aufs äusserste hassten. Ihr wilder Sinn hemmte Gewerbe und Industrie und verscheuchte die Künste des Friedens. (...) Die Alamannen (...) zogen mit ihren Herden auf Gemeinweiden umher. Sie lebten von dem Ertrage ihres Viehes, von der Jagd, von der Arbeit ihrer Sklaven, von der gewonnenen Beute, von dem Solde, den sie im Dienste fremder Völker erworben hatten. Durch ihre Sorglosigkeit und Trägheit deckten die Wälder, die unter Rom kaum ausgerottet wurden, das Land bald wieder, Sümpfe und Moräste nahmen überhand, und wilde, reissende Thiere, die sonst nur noch in den Einöden des Nordens gefunden wurden, vermehrten sich auch in den südlichen Gegenden des alamannischen Landes. Dieses verderbliche Schicksal traf auch das alamannische Helvetien; es sank, während das burgundische blühte«.[4]

Das Urteil von den guten, fried- und freiheitsliebenden Helvetiern und den wilden, zerstörungs-

16

16 Eine Darstellung des 19. Jh. zeigt die wilden Alemannen im Urwald. Sie galten damals als Barbaren, als Zerstörer römisch-helvetischer Kultur, die das kultivierte schweizerische Mittelland wieder verwildern ließen.

wütigen Alemannen klingt noch nach in Meinrad Lienerts »Schweizer Sagen und Heldengeschichten«, die 1914 erstmals erschienen und in der Folge unzählige Male neu aufgelegt wurden.
»Einst lebte in der Schweiz ein grosses keltisches Volk, die Helvetier. Ihre Städte und Dörfer standen vorab im mittleren und westlichen Schweizerland. Sie trieben Ackerbau und Viehzucht und waren glücklich dabei«,[5] schreibt Lienert. Später seien die Helvetier unter römische Herrschaft geraten, und die habe mehr als 200 Jahre gedauert, »bis eines Tages die Alamannen und Sueben, wie ein langgestauter Bergstrom, über den Rhein hereinbrachen, alles vor sich niederwarfen und das schöne Land in Besitz nahmen. Die römischen und helvetischen Männer schlugen sie fast alle tot, aber ihre Frauen und Kinder liessen sie leben, und noch heute kann man manch einem träumerischen, hellen Kinderäuglein ansehen, dass sein Urahne einstmals zu jenem seltsam verschollenen Volke gehörte, das einst aus Helvetien auszog, den sonnigen Süden zu erobern.«[6]

Vorbildliche Ahnen mit urgesundem Blut

Das Alemannenbild änderte sich nachhaltig erst nach 1900, als vor allem in der deutschen Schweiz eine konservative Reaktion die sprachliche und kulturelle Identität durch Überfremdung und städtischen Internationalismus gefährdet sah. Dagegen setzte sie mit der ländlichen, bäuerlichen Welt den Raum, aus dem die echten schweizerischen Werte und Tugenden erwuchsen. Als Urväter des schweizerischen Bauerntums galten die Alemannen, und sie wurden nun als Sprach- und Brauchtumsstifter zu vorbildlichen Ahnen. Besonders deutlich zeigt sich das in den von Arthur Frey umgestalteten »Schweizer Sagen und Heldengeschichten« von Lienert, die nun »Erzählungen aus der Schweizer Geschichte« hießen:
»Diese Alemannen (die nun ihrerseits blaue Augen haben) also sind unsere Vorfahren, die Urväter der heutigen Deutschschweizer. Von ihnen haben wir unsere Heimatsprache, das Schweizerdeutsche oder Alemannische, und manchen uralten Volksbrauch, wie das Fasnachtsfeuer, die einstige Frühlingsfeier der Germanen, und die bäuerliche Sitte, für ein Hochzeitsfest mit Vorliebe den Freitag zu wählen.«[7]
Für Generationen prägend wurde das Alemannenbild, das Johannes Jegerlehner in seiner für die Jugend erzählten »Geschichte der Schweiz« entwarf, da Texte aus diesem Buch in viele Schulbücher[8] übernommen wurden. Der Alemanne, der »neue Sitten und urgesundes Blut« mit sich brachte, »wollte auf seinem Siedelplatz eigener Herr sein und Ellbogenfreiheit haben. Sein Hof war ihm Erde und Himmel, ein und alles. (...) Grad so einfach und urschöpferisch wie die Sennhütte war das Alamannenhaus.« Zwar waren die Alemannen, die Schöpfer der Dreifelderwirtschaft, von »wilder, kriegerischer Art«, aber das hob sie nun positiv ab von den harmlosen und sanftmütigen Burgundern, welche mit den Römern im Lauf der Zeit eine »Mischrasse« bildeten, »die sich zu dem ursprünglichen Alamannentum jenseits der Aare sehr bald in schroffen Gegensatz stellte«.[9]
Dem Pangermanismus zuneigende Autoren erblickten im Alemannentum nicht nur den Urgrund ländlicher, sondern sich letztlich bis in die damalige Zeit behauptender altgermanischer Tugenden.
»Die schweizerische Eidgenossenschaft ist aus diesem Alemannentume herausgewachsen. (...) Vom allgemein-geschichtlichen Standpunkt aus gese-

17

17 Heimkehr von der Jagd als Idylle. Das Bild ist deutlich dem im 19. Jh. häufigen Motiv des Heimkehrers aus napoleonischen Diensten nachempfunden.

18

18 **Der alemannische Einzelhof als Keimzelle bäuerlicher Freiheit, die noch bis lange nach dem Zweiten Weltkrieg als Eckpfeiler schweizerischer Unabhängigkeit galt.**

19 **Die Alemannen als wehrhafte Krieger stehen für die in der ersten Hälfte des 20 Jh. ausgeformte Ideologie einer wehrhaften, selbstbewussten und unabhängigen Schweiz.**

hen, erscheint die Staatengründung des 13.–15. Jh. eben gleich einer Reaktion altgermanischer Zustände gegen die Entwicklung des späten Mittelalters. Der Partikularismus, nebst dem Demokratischen; die Abneigung, irgendwelcher Autorität sich zu fügen; die Vorliebe für das Soldatenwesen; selbst manche Einrichtungen und Gebräuche sind nichts als lebendig gebliebene Überreste der Vergangenheit. Die Geschichte des Bundes besteht dann großenteils darin, dass die seit Urzeiten wach erhaltenen Triebe in verwandelter Epoche siegreich sich durchsetzen.«[10]

Sprachliches Identifikationsmerkmal

Aus der Alemannenbegeisterung, die in den dreißiger Jahren nicht selten nationalsozialismusfreundliche Früchte reifen ließ, z.B. Jakob Schaffners Schrift »Das heimliche Alemannien« (1935), erwuchs aber auch der Versuch, sich mittels der alemannischen Sprache vom deutschen Reich radikal abzugrenzen. Im Jahr 1936 publizierte der Zürcher Pfarrer Emil Baer die Schrift »Alemannisch. Die Rettung der eidgenössischen Seele«, worin er die Schaffung einer alemannischen Hoch- und Schriftsprache anregte. Auf das Argument, der alemannische Sprachraum greife über die Grenze ins Elsass, ins Süddeutsche und ins Vorarlbergische hinaus, weshalb sich das Alemannische einer nationalen Vereinnahmung widersetze, erwidert er:
»Jene Gebiete sind gegenüber der alemannischen Hauptmasse der deutschen Schweiz von durchaus untergeordneter Bedeutung, und tatsächlich entscheidet hier nicht der genauere von der wissenschaftlichen Dialektforschung festgestellte Verlauf

19

der sprachlichen Grenze, sondern das Bewusstsein der schweizerdeutschen Sprachgemeinschaft. Und diese hat von jeher die Grenze gegen das Reich tatsächlich als Sprachgrenze empfunden, wie jedermann unter uns weiß.«[11]

Helvetisches Abgrenzungsbedürfnis

Baers Bemühungen scheiterten, weil die Deutschschweizer weder gewillt waren, auf die international etablierte hochdeutsche Schriftsprache zu verzichten noch ihren Mundartpluralismus aufzugeben. Noch heute fühlen sie sich nicht als Teil eines grenzüberschreitenden alemannischen Großraums. Im Gegenteil erachten sie die bis in unsere Tage unangefochtene Vorrangstellung der alemannischen Mundarten im Bereich der gesprochenen Sprache als typisch deutschschweizerisches Identifikationsmerkmal, das sie vom übrigen alemannischen Sprachraum unterscheidet. Arthur Baur schreibt in seinem Buch »Was ist eigentlich Schweizerdeutsch?« (1983):

»Schweizerdeutsch ist die im alemannischen Teil der schweizerischen Eidgenossenschaft allgemein gültige Umgangssprache. Diese ist die direkte Fortsetzung des Idioms, welches die alemannischen Einwanderer mit sich brachten, als sie die Schweiz besiedelten. (...) Im Gegensatz zu den Trachten, die man nur am Sonntag trägt, gehört das Schweizerdeutsche zum Alltag. Trotz der örtlichen Verschiedenheiten wird es als eine Einheit empfunden, was auch damit zusammenhängt, dass seine uneingeschränkte Geltung genau mit den Landesgrenzen übereinstimmt. Für den Dialektgeographen ist der Rhein zwar keine Grenze, aber genau von dort an gilt jene andere Einschätzung der Mundart: In der Bundesrepublik genau wie in unseren andern Nachbarländern bildet sie ein Element der sozialen Schichtung.«[12]

Deutschschweizer und Deutschschweizerinnen sind, so gesehen, zwar Alemannen, aber besondere. In den Geisteswissenschaften ist das Attribut »alemannisch« gebräuchlich; in der Alltagssprache der Deutschschweizer ist es jedoch nie heimisch geworden, weil das helvetische Abgrenzungsbedürfnis so stark war und ist, dass sich ein grenzübergreifendes alemannisches Zusammengehörigkeitsgefühl in der deutschen Schweiz nicht entwickeln konnte. Hin und wieder begegnet man an Geschäften im Südbadischen dem Aufkleber »*Bi uns cha me au alemannisch schwätze*«; diesseits des Rheins wäre das undenkbar, denn hier spricht man *schwizerdütsch* und lebt in der deutschen und nicht in der alemannischen Schweiz; nur die Französisch sprechenden Miteidgenossen bezeichnen den deutschsprachigen Landesteil als *Suisse alémanique*, aber nicht, weil sie die Deutschschweizer für besonders gute Alemannen halten, sondern weil im Französischen das Deutsche schlechthin zum *allemand* geworden ist.

1 Dazu Guy P. Marchal: Das »Schweizeralpenland«: eine imagologische Bastelei. In: Erfundene Schweiz. Konstruktionen nationaler Identität. Hrsg. von Guy P. Marchal und Aram Mattioli. Zürich 1992, S. 37-49.
2 Johann Jacob Grasser bezeichnet die Helvetier in seinem Schweitzerisch HeldenBuch (Basel 1624) als »rechte Helden Vetter oder Helden Vätter« (S. 6).
3 Dazu Hans Trümpy: Schweizerdeutsche Sprache und Literatur im 17. und 18. Jahrhundert. Basel 1955, S. 77 ff.
4 J. Konrad Vögelin: Geschichte der Schweizerischen Eidgenossenschaft. Dritte nach dem Hinschied des Verfassers ganz umgearbeitete Auflage von Dr. Heinrich Escher. Erster Band. Zürich 1860, S. 20 f.
5 Meinrad Lienert: Schweizer Sagen und Heldengeschichten. 26. Auflage. Bern o.J., S. 11.
6 Meinrad Lienert: wie Anmerkung 5, S. 14.
7 Meinrad Lienert: Erzählungen aus der Schweizergeschichte. Ergänzt und teilweise umgestaltet von Arthur Frey. 6. Auflage. Aarau 1975, S. 29.
8 Dazu Barbara Helbling: Eine Schweiz für die Schule. Nationale Identität und kulturelle Vielfalt in den Schweizer Lesebüchern seit 1900. Zürich 1994, S. 285 ff.
9 Die Geschichte der Schweiz. Der Jugend erzählt von Johannes Jegerlehner. Neuausgabe, durchgesehen und erweitert von Franz Schoch. Zürich 1941, S. 23ff. Jegerlehner schreibt wörtlich: »Die Burgunder waren nicht von wilder, kriegerischer Art wie die Alamannen, vielmehr harmlos und sanftmütig, Eigenschaften, die unsern Welschen heute noch im Blute liegen.« (S. 25)
Als selbstgenügsames und gesundes Naturvolk schildert Adolf Lätt die Alemannen: »Die Alemannen lebten einfach und hielten sich von klein auf am liebsten draussen im Freien, in Wald und Flur, an Bach und Fluss auf. Von Kind an wurden sie abgehärtet, und bei der einfachen aber kräftigen Nahrung blieben sie gesund bis in ihr hohes Alter; ihre Hauptnahrung war das Habermus. Sie hatten viele Kinder; die Zahl des Volkes nahm immer zu, so dass nach einer gewissen Zeit die Leute nicht mehr Platz genug hatten in den zuerst gebauten Höfen und Weilern.« (Lebendiger Geschichtsunterricht. Schweizergeschichtliches Lesebuch. Erster Teil. Erlenbach-Zürich 1936, S. 68).
10 Ernst Gagliardi: Geschichte der Schweiz. Von den Anfängen bis zur Gegenwart. Umgestaltete und erweiterte Ausgabe in zwei Bänden. 1. Band. Zürich 1934, S. 70 f.
11 Emil Baer: Alemannisch. Die Rettung der eidgenössischen Seele. Zürich 1936, S. 37 f.
12 Arthur Baur: Was ist eigentlich Schweizerdeutsch? Winterthur 1983, S. 9 und 11.

Vom Schatzgräber zum Archäologen

DIE GEBURT EINER WISSENSCHAFT

GERHARD FINGERLIN

Die Geschichte der Alamannenforschung im eigentlichen Sinne setzt mit den ersten systematischen und auf historische Erkenntnisse zielenden Ausgrabungen frühmittelalterlicher Bestattungsplätze im 19. Jh. ein. Auch in dieser Zeit waren es aber vielfach noch die gleichen Gründe, die schon 1660 den Röttler Amtmann Pauli veranlasst hatten, die seit 1598 namentlich überlieferten »Heidengräber« im südlichen Oberrheintal bei Hiltelingen zu öffnen, um darin »vermutliche Antiquitäten« zu finden. Auch die Grabungen, die Kurfürst Karl Theodor von der Pfalz 1765 und 1777 in zwei anscheinend sehr fundreichen Bestattungsplätzen im Schwetzinger Schlosspark durchführen ließ, dienten wohl mehr dem Zweck, dem Mannheimer Hofantiquarium neue Kostbarkeiten zuzuführen als der ernsthaften wissenschaftlichen Forschung, wenn man auch in dieser Zeit durchaus schon begann, sich mit der materiellen Hinterlassenschaft nichtrömischer Völker gedanklich auseinanderzusetzen.

20 Erinnerung an ein denkwürdiges Ereignis: 1789 hat man bei Stuttgart-Untertürkheim ein alamannisches Grab geöffnet und ein Goldblattkreuz darin gefunden.

20

Gedenkstein für einen unbekannten Toten

Die Voraussetzungen für die richtige Einordnung solcher Funde waren aber damals noch nicht gegeben. So enthält ein 1789 bei Stuttgart-Untertürkheim gesetzter Inschriftstein, der an ein hier gefundenes Grab mit Goldblattkreuz erinnern sollte, keinerlei Hinweise auf Zeitstellung oder Kulturzugehörigkeit. Schlicht und einfach wird nur der Tatbestand festgehalten: »Anno 1789 ist dieses Grab geöffnet worden«. Rainer Christlein hat dies in seinem 1978 erschienenen Buch über die Alamannen ironisch »eine Form der Veröffentlichung amtlicher Grabungsergebnisse« genannt, da auch andernorts – so in Schwetzingen – aus dem gleichen Anlass Gedenksteine gesetzt worden waren. Immerhin ist dort schon, in lateinischer Sprache, von Römern und Teutonen die Rede (*... Romanorum ac Teutonum area ... detecta*) und in seiner Geschichte des Herzogtums Württemberg von den ältesten Zeiten an, die 1757 in Tübingen erschien, spricht der Geheime Archivar Sattler von möglicherweise alamannischen Funden aus Zazenhausen (bei Stuttgart) und weist ganz allgemein die an Straßen gelegenen Gräber den »Deutschen« zu, wofür er erneut Beispiele aus der Stuttgarter Gegend anführt. Aber all dies blieb doch noch im Bereich gelehrter Vermutungen und ohne Einfluss auf das »gängige« Alamannenbild dieser Zeit, das durch die geschichtliche Überlieferung aus der römischen Perspektive und den Topos des »Barbaren« geprägt war.

Noch zu Beginn des 19. Jh. fasst der Kalendermann und Dichter des Markgräfler Landes, Johann Peter Hebel, das Wissen bzw. Unwissen seiner Zeit, die vorherrschende Meinung jedenfalls, in einigen wohl mit leichtem Schmunzeln niedergeschriebenen Sätzen zusammen: »Eigentlich weiß niemand recht zu sagen, wer diese berühmten Alemannen waren, noch wo sie auf einmal hergekommen sind ... große grobgliederige Menschen mit blauen Augen, krausen roten Haaren, voll Kraft und Mut und Trutz, fröhliche Trinker und Spieler, ohne Kenntnisse. Es geht noch manchem ein wenig nach ... In die Kirche gingen sie nach Schaffhausen an den Rheinfall oder in die dichtesten Wälder oder auf den Belchen. Denn sie beteten unsichtbare Götter an, wenn nicht Sonne und Mond oder den Rhein, und opferten ihnen Pferde. Sonst war ihre liebste

21

Beschäftigung der Müßiggang, dann die Jagd und der Krieg« (Die Alemannen am Rheinstrom, 1814). Wie man dieser Schilderung unschwer entnehmen kann, ist das von Hebel gezeichnete Bild noch nicht durch Grabungsergebnisse beeinflusst, wenn auch die betonte »Grobgliedrigkeit« auffallend mit den Beschreibungen germanischer Skelettreste, einerlei ob alamannisch oder fränkisch, übereinstimmt, die man im letzten Jahrhundert an vielen Plätzen gefunden und immer wieder in ähnlicher Weise bewertet hat (z.B. »mächtige Körper«). Auch in diesem Punkt scheint die römische Überlieferung noch lange nachgewirkt zu haben, obwohl man sich leicht anhand messbarer Überreste eine eigene, besser begründete Meinung hätte bilden können, was die anthropologische Forschung seit Mitte des 19. Jh. dann auch getan hat, wobei vor allem Alexander Ecker (Freiburg) oder der etwas später wirkende Alfred Schliz (Heilbronn) zu nennen sind.

Vaterländische Begeisterung

Zunächst aber entzündete sich der Streit der Gelehrten an der Frage, welchem Volk die nun an verschiedenen Orten ausgegrabenen »Reihengräberfelder« zuzuweisen seien. Beflügelt vom Gedankengut der mittleren und späten Romantik mit Autoren wie Ludwig Uhland und Wilhelm Hauff, die eine Hinwendung zur eigenen Geschichte und Überlieferung mit sich brachte,im Gegensatz zu einem bis dahin fast ausschließlich geltenden Interesse an der griechischen und römischen Antike, begann man sich mit den »vaterländischen Alterthümern« zu beschäftigen.

Es ging dabei nicht in erster Linie um Alamannen oder Franken, sondern um die »alten Deutschen« schlechthin. Dies kommt etwa in der 1838 von Stadtpfarrer Karl Wilhelmi in Sinsheim veröffentlichten »Beschreibung der alten Deutschen Todtenhügel bei Wiesental« schon im Titel zum Ausdruck. Diese Zuweisung blieb aber nicht ohne Widerspruch. Schon 1825/26 hatte der Freiburger Heinrich Schreiber, damals Gymnasialdirektor, später Universitätsprofessor, in Ebringen im südlichen Breisgau ein vom Fundmaterial her entsprechendes Gräberfeld (»Hünengräber«) ausgegraben. Im Gegensatz zu Wilhelmi, der in den »alten Deutschen« von Wiesental Chatten vermutete, schrieb er den Friedhof von Ebringen den Kelten zu. Unterstützt wurde er in dieser irrigen Ansicht vor allem von dem Züricher Altertumsforscher Ferdinand Keller, der sich entschieden gegen Wilhelmis »Reihengräberdatierung« ins frühe Mittelalter wandte, vor allem wegen ihrer geschichtlichen Konsequenzen für die Schweiz.

22

So standen sich also längere Zeit eine »keltische« und eine »germanische« Partei gegenüber. Die sehr emotional geführte Auseinandersetzung über die Volkszugehörigkeit der »Reihengräberleute« bzw. der »Hünengräberleute« nimmt manchmal für den heutigen Betrachter erheiternde Züge an, vor allem in der gerade deshalb oft zitierten Korrespondenz zwischen Schreiber und Keller, die allerdings auch von Humor und Selbstironie geprägt ist und deshalb nicht immer wörtlich genommen werden darf: »Wir begehen natürlich einen Frevel, daß wir in Helvetien Keltisches finden, während er [gemeint ist Wilhelmi, Zusatz des Verf.] am Genfer See Alamannen anfindet« – so Keller im Jahr 1842.

21 Karl Wilhelmi, Dekan in Sinsheim, sprach schon 1838 von »der alten Deutschen Todtenhügel«. Er schrieb sie dem Stamm der Chatten zu, sah sie also ganz richtig als germanische Gräber an.

22 Heinrich Schreiber, Gymnasialdirektor und später Universitätsprofessor, hatte 1840 in Ebringen ein alamannisches Gräberfeld ausgegraben. Er glaubte, die Funde aus den »Hünengräbern« seien keltischen Ursprungs.

auch in der Öffentlichkeit Aufsehen erregt und der alamannischen »Gräberarchäologie« wichtige Impulse gegeben.

Faszination einer Quellengattung

Tatsächlich war bis dahin und danach noch für lange Zeit die Archäologie der Alamannen eine Gräberarchäologie. Nicht nur weil diese Quellengattung leichter auffindbar und einfacher auszugraben war als die gleichzeitigen Siedlungsplätze: Es ging auch eine besondere Faszination von den in den Gräbern gefundenen Beigaben aus, zu denen Schmuckstücke aus Edelmetall, oft besetzt mit farbigen Steinen, bunte Glasperlenketten, kostbare Waffen, vereinzelt Schwerter mit Goldgriff, Bronzegeschirr und teilweise kompliziert geformte farbige Glasbecher gehörten. Hier lag ein umfangreiches und aussagefähiges Fundmaterial vor, das auf viele Fragen Antworten bereithielt und zur Analyse herausforderte.

Es ging dabei nicht nur um ein immer mehr verfeinertes System der Zeitbestimmung, sondern auch um Fragen der Kultur-, Sozial-, Wirtschafts- und Handelsgeschichte. Immer wieder standen auch der Prozess der Christianisierung und dessen Spuren in Bestattungssitte und Fundbestand im Mittelpunkt der Erörterungen. Dabei wurden siedlungsgeschichtliche Probleme nicht ausgeklammert. Im Rahmen des Möglichen suchte man Fragen nach Gründungszeit, Lebensdauer und Bevölkerungsstruktur zu beantworten, vermittelt ein solches »Reihengräberfeld« doch auch ein detailreiches Bild der zugehörigen Siedlungsgemeinschaft, oft über viele Generationen hinweg. Allerdings nur dann, wenn ein Bestattungsplatz vollständig ausgegraben wird und ein alle Generationen mit allen Bestattungen erfassender Gräberfeldplan vorliegt. Darauf hat vor allem der württembergische Archäologe Walter Veeck immer wieder hingewiesen und gefordert, die vorhandenen Mittel und fachlichen Kapazitäten mehr auf die Erforschung vollständig erhaltener Gräberfelder zu konzentrieren, anstatt an vielen Stellen kleine Ausschnitte zu erfassen, die in ihrer wissenschaftlichen Aussage zwangsläufig von geringerem Wert sind.
Diese richtige Einsicht hat Walter Veeck aber nicht daran gehindert, mit seinem 1931 erschienenen Katalog »Die Alamannen in Württemberg« ein weit über Ernst Wagners Kompendium hinausgehendes Quellenwerk vorzulegen, das nun zum ersten Mal nicht nur die Fundorte, sondern sehr weitgehend die Funde selbst für die archäologische und landesgeschichtliche Forschung zur Verfügung stellte. In Baden hat diese Quellenedition ähnliche Bestrebungen ausgelöst, doch konnte der von Friedrich Garscha noch in den dreißiger Jahren begonnene Katalog »Die Alamannen in Südbaden« vor allem kriegsbedingt erst 1970 erscheinen.

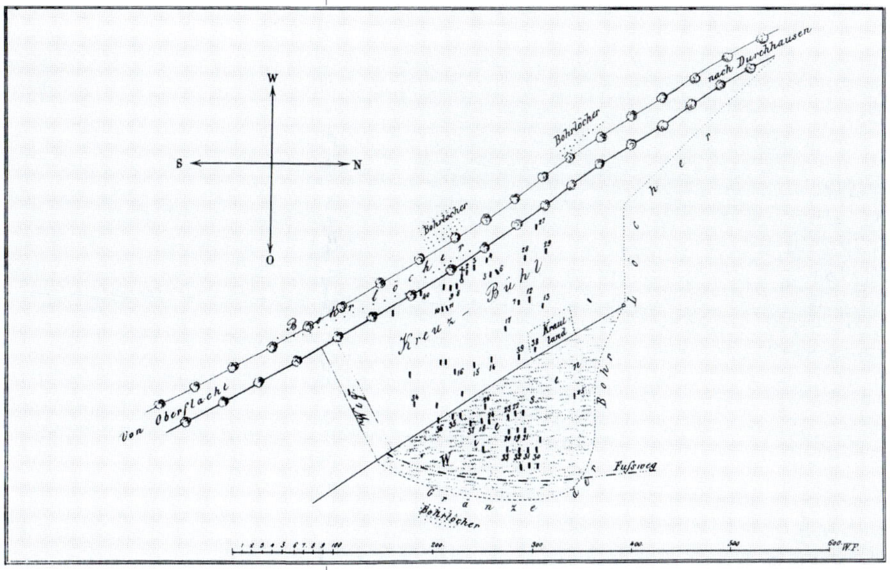

26

26 **Das Gräberfeld von Seitingen-Oberflacht im Gewann Kreuzbühl. Plan aus dem Jahr 1846.**

27 **Gewöhnlich findet man bei Ausgrabungen Keramik, ferner Glas und Bein sowie oft bis zur Unkenntlichkeit korrodiertes Metall. Aufgrund besonderer Bodenbedingungen hatten sich in Oberflacht Funde aus organischem Material, insbesondere Holz erhalten.**

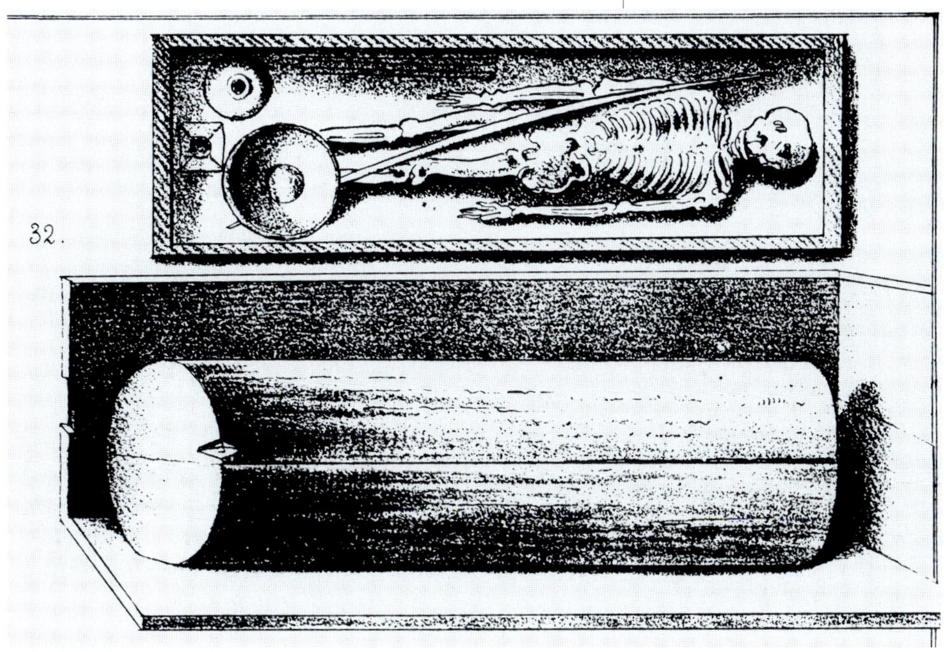

27

28

28 **Prunkstücke wie der Helm von Gammertingen beflügelten die Phantasie des Ausgräbers, wenn er den Spaten ansetzte. Außergewöhliche Funde faszinierten Fachleute und Publikum gleichermaßen und lenkten die Aufmerksamkeit immer wieder auf die Gräberfelder.**

Siedlungen rücken in den Mittelpunkt

Die Konzentration auf die Grabfunde hatte zur Folge, dass die »frühalamannische« Phase, also die Zeit zwischen der Einwanderung im 3. Jh. und dem Beginn der großen merowingerzeitlichen Gräberfelder nach der Mitte des 5. Jh., in der archäologischen Forschung nur eine geringe Rolle spielte. Aus diesen eineinhalb bis knapp zwei Jahrhunderten gab und gibt es nämlich nur relativ wenige Grabfunde, so dass der Forschung einfach der »Gegenstand« fehlte. Dies änderte sich erst in einer Zeit, in der die archäologische Siedlungsforschung ergänzend zur Gräberarchäologie hinzutrat.
Mit dem 1965 erschienenen Aufsatz von Joachim Werner »Zu den alamannischen Burgen des 4. und 5. Jahrhunderts« wurde eine bis dahin wenig beachtete, jedenfalls noch nicht zusammenfassend bewertete Denkmälerkategorie der Völkerwanderungszeit ins Blickfeld der Wissenschaft gerückt. Letztlich erhielten von daher die langjährigen Forschungen der »Alamannen-Kommission« an der Heidelberger Akademie der Wissenschaften unter

Vladimir Milojčić auf der Höhensiedlung »Runder Berg« bei Urach ihren Anstoß. Auch sind in neuerer Zeit an zahlreichen Plätzen teilweise recht umfangreiche Grabungen in frühmittelalterlichen Hof- und Dorfsiedlungen durchgeführt worden, wodurch mittlerweile auch die Welt der Lebenden deutliche Konturen annimmt. Dementsprechend konnte der Katalog der Fragen erweitert werden, die aufgrund neuer Grabungsresultate mit Aussicht auf Erfolg gestellt und diskutiert werden können: Fragen nach den Hausformen und ihrer Veränderung, nach Siedlungstypen und -strukturen, nach handwerklichen Komponenten in den frühmittelalterlichen Dörfern und Burgen, nach Wirtschaftsweise, Ernährungslage, Vorratshaltung, Wasserversorgung, schließlich auch nach Besiedlungsabläufen innerhalb größerer Landschaftsräume oder kleiner, natürlich begrenzter Siedlungskammern. Eine Erweiterung der Thematik brachten zahlreiche Grabungen in frühmittelalterlichen Kirchen, vor allem in der Nordschweiz.

Impulse aus den Naturwissenschaften

Doch nicht nur moderne Grabungen führen zu neuen Erkenntnissen, auch neue Denkansätze spielen eine Rolle, die gerade im siedlungsgeschichtlichen Bereich von einschlägigen Forschungen in anderen Regionen, beispielsweise im Rheinland oder in den Niederlanden, angeregt worden sind. Weiter kamen und kommen von den Naturwissenschaften starke Impulse. Die Auswertung botanischer Reste aus Keller- oder Brunnenfüllungen gibt Hinweise auf die Lebensbedingungen, auf das natürliche Umfeld bis hin zur Rekonstruktion des Vegetationsbildes der umgebenden Landschaft und der klimatischen Verhältnisse. Geologische, mineralogische und bodenkundliche Untersuchungen lassen die Abhängigkeit der Siedlungsform wie des Besiedlungsbildes auch von natürlichen Faktoren wie Wasser, Bodenart und -qualität, geologischem Untergrund, in Einzelfällen auch von nahegelegenen und mit den damaligen Mitteln erschließbaren Bodenschätzen erkennen. Besonders der Paläobotanik, die sich über den Anbau von Nutzpflanzen äußern kann, und der Paläozoologie mit Schwerpunkt Haustierhaltung kommt hier wachsende Bedeutung zu. Ergänzend liefert die Anthropologie Aussagen zu den Menschen selbst, ihrem Erscheinungsbild, ihrem Gesundheitszustand, ihrer Lebenserwartung, ihrem Tod. Auch Familienzusammenhänge zwischen gleichzeitig lebenden Personen wie auch aufeinander folgenden Generationen lassen sich mit neuen Verfahren ermitteln (DNA-Analyse). Schließlich stellt die in der Nachkriegszeit entwickelte und seither erheblich ausgebaute und verfeinerte Dendrochronologie überall dort, wo sich auswertbare Hölzer finden (Brunnen, Grabkammern), exakte Daten zur Verfügung. Gerade diese neue Möglichkeit der Zeitbestimmung hat die Alamannenforschung ein spürbares Stück vorangebracht.

So spiegelt die Geschichte der Alamannenforschung bis in unsere Zeit die »Grundströmungen« des Forschens und Denkens wider, den Geist der Zeit, der sie jeweils angehört. Das Spektrum reicht dabei von der uns sehr fernen vaterländischen Begeisterung bis hin zum nüchternen, von den Naturwissenschaften beeinflussten und unterstützten Denken und Forschen unserer Tage. Die Quellen sind die gleichen geblieben. Ihre Vermehrung, bessere Erschließung und Dokumentation wie auch die Verfügbarkeit neuer Methoden haben es möglich gemacht, sie besser denn je zu lesen und zu verstehen.

Literatur:

B. Becker, Eine Eichenchronologie der alamannischen Totenbäume und Grabkammerbretter von Hüfingen, Oberflacht und Zöbingen. Fundber. Baden-Württemberg 1, 1974, 545 ff.

R. Christlein, Die Alamannen, ihre Archäologie und ihre Archäologen. In: ders., Die Alamannen. Archäologie eines lebendigen Volkes. (Stuttgart 1978) 7 ff.

H. von Dürrich/W. Menzel, Die Heidengräber am Lupfen (bei Oberflacht). Jahresh. Württembergischer Altertumsver. (Stuttgart 1847).

K. Eckerle (Hrsg.), Karl Wilhelmi, Die Grabaltertümer der Burgunder, Franken und Alamannen aus den ersten Zeiten des Christentums. Erstveröffentlichung aus Anlaß des 200. Geburtstages von Karl Wilhelmi am 17. März 1786 (Sinsheim 1986).

M. Franken, Die Alamannen zwischen Iller und Lech. Germ. Denkmäler Völkerwanderungszeit 5 (Berlin 1944).

F.Garscha, Heinrich Schreiber (1793–1872). Ein Beitrag zur Geschichte der Keltomanie im 19. Jahrhundert. In: Festschrift. Ernst Wahle (Heidelberg 1950) 3 ff.

F. Garscha, Die Alamannen in Südbaden. Katalog der Grabfunde. Germ. Denkmäler Völkerwanderungszeit A 11 (Berlin 1970).

J. W. Groebbels, Der Reihengräberfund von Gammertingen (München 1905).

K. D. Hassler Das alamannische Totenfeld bei Ulm Verhand. Ver. Kunst u. Alt. Ulm u. Oberschwaben. XII. Ber. 1860.

H. Krins, Die Gründung der staatlichen Denkmalpflege in Baden und Württemberg. Denkmalpflege Baden-Württemberg 12, 1983, 34 ff.

V. Milojčić, Der runde Berg bei Urach. In: Ausgrabungen in Deutschland. Gefördert von der DFG 1950–1975. Teil 2. RGZM Monogr. 1,2 (Mainz 1975) 278 ff.

O. Paret, Die frühschwäbischen Gräberfelder von Groß-Stuttgart und ihre Zeit. Veröff. Archiv Stadt Stuttgart 2 (Stuttgart 1937).

v. Raiser, Fortgrabung auf der uralten Grabstätte by Nordendorf bis zur Erschöpfung derselben. Jahresber. Hist. Kunstver. Regierungsbez. Schwaben u. Neuburg 10/11, 1844/45, 1 ff.

H. Schreiber, Die neuentdeckten Hünengräber im Breisgau (Freiburg 1826).

W. Veeck, Die Alamannen in Württemberg. Mit einer Einführung von P. Goessler. Germ. Denkmäler Völkerwanderungszeit 1 (Berlin, Leipzig 1931).

E. Wahle, Karl Wilhelmi als Begründer der Altertumsforschung in Süddeutschland. Neue Heidelberger Jahrb. 1933, 1 ff.

M. Wanner, Das alamannische Totenfeld bei Schleitheim und die dortigen römischen Niederlassungen (Schaffhausen 1867).

J. Werner, Zu den alamannischen Burgen des 4. und 5. Jahrhunderts. In: Festschrift Johannes Spörl (Freiburg, München 1965) 439 ff.

K. Wilhelmi, Beschreibung der alten Deutschen Todtenhügel bei Wiesental (Sinsheim 1838).

AUSEINANDERSETZUNG MIT DEM RÖMISCHEN REICH

MIT ANDEREN AUGEN GESEHEN
ZEITENWENDE RECHTS DES RHEINS
VORBOTEN AN MAIN UND TAUBER
EIN JUNGES VOLK MACHT GESCHICHTE
»ZUSAMMENGESPÜLTE UND VERMENGTE MENSCHEN«
GRENZLAND IN DER VÖLKERWANDERUNGSZEIT
BOLLWERK GEGEN DIE BARBAREN
ZWISCHEN DEN FRONTEN
SIEDLUNGEN UND SIEDLUNGSTYPEN
REIBSCHALEN, GLÄSER UND MILITÄRGÜRTEL

Mit anderen Augen gesehen

ROM UND SEINE GERMANISCHEN NACHBARN

JÖRG HEILIGMANN

»Wenn sie einmal nicht in den Krieg ziehen, verbringen sie die Zeit zum kleineren Teile mit Jagden, zum größeren mit erholsamem Ausruhen. Dann schlafen und essen sie mit Hingabe, und es sind gerade die tapfersten und kriegerischsten Naturen, die völlig ausspannen. Die Sorge um Haus, Hof und Acker überlässt man den Frauen, alten Männern und überhaupt allen Schwachen auf dem Hofe.

Als Obergewand tragen alle Männer einen mantelartigen Überwurf, der mit einer Spange oder, wenn man keine hat, mit einem Dorn zusammengehalten wird; ohne weitere Unterkleidung verbringen sie so ganze Tage am (Herd-)Feuer. Tag und Nacht hintereinander sich dem Trunke zu ergeben wird keinem übelgenommen …

Die Frauen leben in wohlbehüteter Keuschheit. Sie kleiden sich nicht anders als die Männer, sie hüllen sich nur öfters in leinene Umwurftücher, die sie durch rote Streifen beleben, und lassen den oberen Teil des Untergewandes nicht in Ärmel auslaufen, sondern Unter- und Oberarm unbedeckt; aber auch der anschließende Teil der Brust bleibt frei. Die Kinder wachsen in allen Häusern dürftig gekleidet und wenig gepflegt (…) heran. Die Geburtenzahl zu beschränken oder ein nachgeborenes Kind zu töten gilt als Schande, und die gesunden sittlichen Anschauungen wirken stärker als anderswo gute Gesetze.

Dies Volk, das weder verschlagen noch durchtrieben ist, erschließt (…) seine geheimsten Gefühle in ausgelassener Heiterkeit. Vor allem freuen sie sich über Geschenke von Nachbarstämmen (…): ausgesuchte (…) kostbare Waffen, Brustschmuck und Halsketten; ja, wir haben sie sogar dahin gebracht, Geld anzunehmen.«

Das Klischee vom »edlen Wilden«

Stammen diese Zeilen mit ihrem Bild vom »faulen und naiven, moralisch jedoch noch völlig integren Wilden« etwa aus der Reisebeschreibung eines zivilisierten Europäers, der im 18. oder 19. Jh. das ferne Indonesien bereiste oder nordamerikanische Indianerstämme besuchte? Keineswegs, vielmehr handelt es sich bei unserem »Bericht« um eine kleine Sammlung von Zitaten aus einem 98 n.Chr. erschienenen Buch des römischen Staatsmannes und Schriftstellers Publius Cornelius Tacitus über die Germanen. Es trug wohl ursprünglich den Titel *De origine et situ Germanorum* (»Über

29

29 Das Leben der Germanen war nicht nur durch Kriege gegen die Römer, sondern auch durch Kämpfe gegeneinander geprägt. Nach Vorstellungen des 19. Jh. bot das Feuer des Herdes, ähnlich wie Kirchen im Mittelalter, dem Unterlegenen Schutz vor seinen Gegnern.

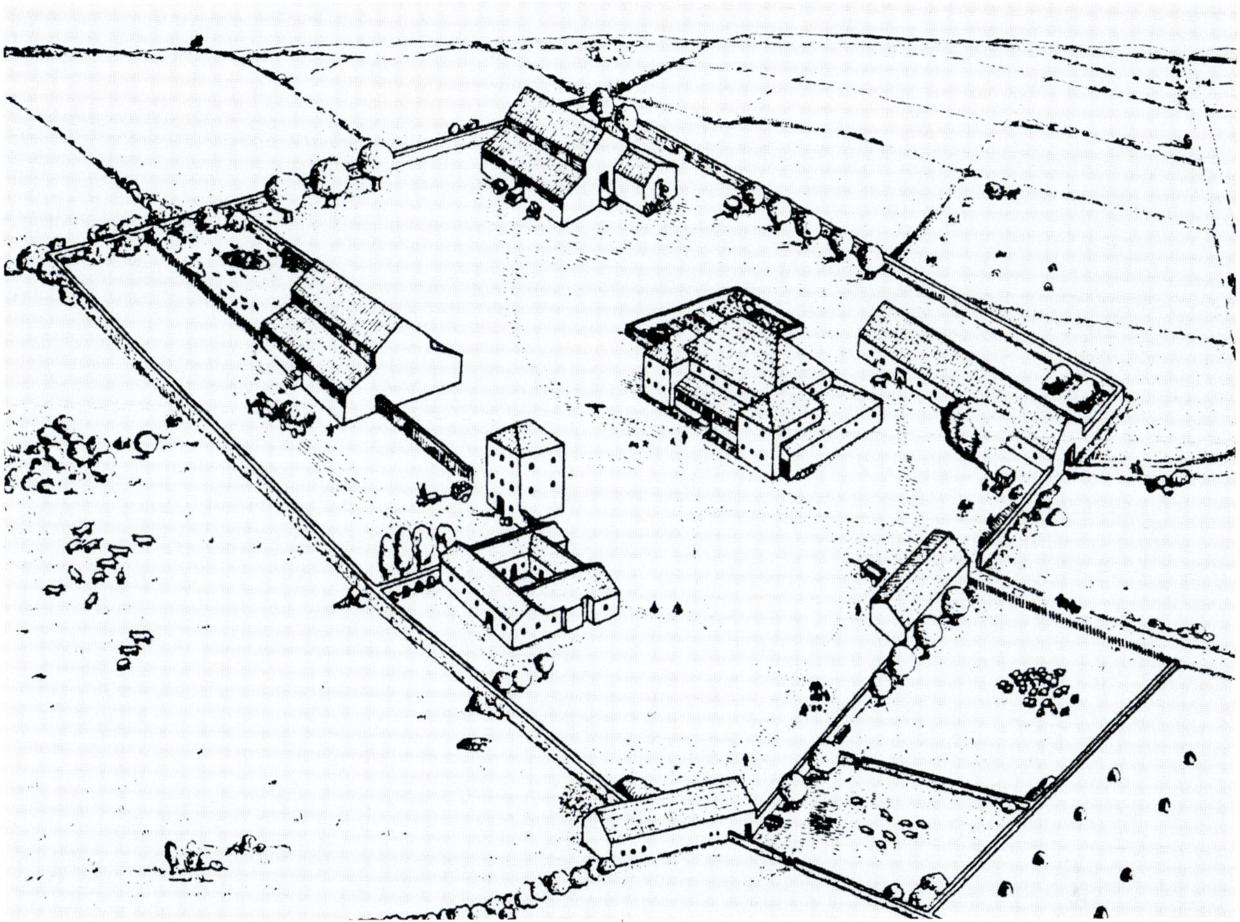

30

30 **Gutshöfe mit freistehendem Herrenhaus und zahlreichen Nebengebäuden auf wenigstens 2 ha Fläche sind in großer Zahl bekannt und gelten als Zeugnisse der hohen römischen Zivilisation. Hier die Rekonstruktion eines ländlichen Anwesens bei Ludwigsburg-Hoheneck.**

31 **Rekonstruktion eines germanischen Hauses mit Wohnbereich (links) und Stall (rechts). Der eingeschossige Bau war 16 m – 20 m lang und 4 m – 8 m breit. Die Familie musste mit einem einzigen Raum von bestenfalls 50 m² auskommen.**

Ursprung und Ortsverhältnisse der Germanen«), wird aber heute kurz die »Germania« genannt. Die zitierten Sätze, den Kapiteln 15–22 entnommen, sind etwas gekürzt und in ihrer Reihenfolge geändert, weil auf diese Weise deutlich das klischeehafte Bild vor Augen tritt, das in Rom gegen Ende des 1. Jh. von den nördlichen Nachbarn herrschte, ein Bild von »Naturvölkern«, wie es zu allen Zeiten in hochzivilisierten Staatswesen mit all ihren positiven und negativen Seiten entsteht, und worin die Sehnsucht nach dem, »einfachen, natürlichen und unverdorbenen Leben« mitschwingt.

Macht, Handel, Bildung, Luxus

Rom stand Ende des 1. Jh. n. Chr. kurz vor dem Gipfel seiner Macht. In seiner bis dahin über 800jährigen Geschichte hat es sich von einer kleinen bäuerlichen Ansiedlung am linken Tiberufer zur Beherrscherin der antiken Welt aufgeschwungen. Stets hatte man die Kraft gefunden, durch Reformen auf die durch Machtzuwachs sich stetig verändernden Verhältnisse zu reagieren. Gestärkt war man aus der bis dahin größten Krise des Reiches im 1. Jh. v. Chr. hervorgegangen, als sich aus der zusammengebrochenen römischen Republik das Kaisertum wie ein strahlender Phoenix aus der

31

Asche erhob. Die Saat des reichen geistigen wie materiellen Erbes vergangener Hochkulturen im Mittelmeerraum, z.B. der etruskischen, griechischen und hellenistischen Welt, war aufgegangen. Ein schlagkräftiges stehendes Heer sicherte die Grenzen und garantierte den inneren Frieden eines Reiches, das am Ende des 1. Jh. n.Chr. von der Nordgrenze Englands bis zur Südgrenze Ägyptens, von der Atlantikküste Portugals bis an den Oberlauf des Euphrat reichte und durch ein enges Netz befestigter Straßen bestens erschlossen war. Diese innere Ruhe sowie eine hervorragend organisierte und arbeitende Verwaltung waren die Säulen einer blühenden Wirtschaft mit hochentwickeltem Finanzwesen.

Handelsbeziehungen, die weit über die Grenzen des Reiches hinaus gespannt waren, versorgten die Oberschicht der Bevölkerung mit Luxusgütern aller damals erdenklichen Art. In den zahlreichen Städten des Reiches pulsierte das Leben. Große in Stein errichtete öffentliche Bauten wie palastartige Bäder oder Theater mit Platz für mehrere tausend Besucher gehörten zur Norm. Auf geistige Bildung wurde zumindest in den führenden Gesellschaftsschichten großer Wert gelegt. Nicht nur lateinische Autoren wurden gelesen, auch die Kenntnis des Griechischen und seiner literarischen Werke zeichnete den gebildeten römischen Staatsbürger aus.

Gefahr aus dem Norden

Diesem Staatswesen steht jenseits seiner Nordgrenze eine germanische Gesellschaft gegenüber, die sich aus einzelnen, oft untereinander befehdenden Stämmen zusammensetzt. Ihre rein bäuerlich strukturierte Bevölkerung lebt auf Einzelhöfen oder in kleinen Weilern. Städtische Gemeinwesen – dieser Inbegriff einer staatlichen Keimzelle der italisch-griechischen Welt – sind hingegen unbekannt. Die Häuser sind aus Holz, Mensch und Vieh leben unter einem Dach. Verkehrsmäßig sind die Siedlungsgebiete nur schlecht erschlossen. Ihre Wirtschaft beruht auf Tauschhandel. Literatur als Träger und Vermittler von Bildung wird von dieser Gesellschaft abgelehnt. Was hier zählt, ist das gesprochene Wort. Trotz des Handels mit dem römischen Imperium, der eine gewisse Vorliebe für Waren wie Bronzegefäße, Gläser und Gewandspangen mit Emailverzierung aufzeigt, kann man sich des Eindrucks nicht erwehren, dass die römische Kultur der germanischen Gesellschaft höchst suspekt war.

Diese Germanen traten erstmals im ausgehenden 2. Jh.v.Chr. durch die Wanderung der ursprünglich im Bereich Schleswig-Holsteins beheimateten Kimbern ins römische Blickfeld. Sie und mit ihnen ziehende germanische und keltische Stämme waren eine Gefahr für den römischen Staat, die erst nach schmerzlichen Niederlagen und einer durchgreifenden Heeresreform durch Siege in Südfrankreich und Oberitalien in den Jahren 102 und 101 v.Chr. endgültig gebannt werden konnte.

Doch die germanische Welt blieb in Bewegung, eine Bewegung, die in der Folgezeit auf die benachbarten keltischen Stämme überzugreifen und das politische Machtgefüge unmittelbar vor der Nordgrenze Roms zu erschüttern drohte. Die Auswanderung der in Süddeutschland und im Schweizer Mittelland ansässigen Helvetier im Jahre 58 v.Chr. zwang Rom zum Eingreifen und löste so den gallischen Krieg aus. Ein Kontingent aus den Angehörigen von sechs Stämmen unter Ariovist als Führer hatte sich im Bereich der Burgundischen Pforte und im Oberelsass bereits festgesetzt und hundert Gruppen der Sueben drohten den Rhein zu überschreiten, doch diese germanische Expansion nach Westen konnte noch im ersten Kriegsjahr durch einen glänzenden Sieg Caesars in ihren Ansätzen gestoppt werden. Sechs Jahre später war das gesamte Gebiet zwischen Atlantik und Rhein an-

32 Um 20 v.Chr. siedelten die germanischen Stämme ausschließlich östlich des Rheins und nördlich des Maintales.

32

33 **Um 50 n.Chr. finden sich germanische Siedlungsgebiete auch westlich des Rheins. Ursache hierfür waren nicht germanische Eroberungen, sondern eine wohlüberlegte römische Umsiedlungspolitik.**

33

nektiert und der Rhein als politische Westgrenze Germaniens festgelegt.
Noch gelang es dem in den folgenden Jahrzehnten durch Bürgerkriege erschütterten römischen Staat nicht, diese Grenze erfolgreich zu sichern. Wiederholte germanische Übergriffe auf linksrheinisches Gebiet, die in der empfindlichen Niederlage eines römisches Heeres im Jahre 16 v.Chr. gipfelten, läuteten eine offensive Phase der römischen Germanenpolitik ein.

Teile und herrsche

Kaiser Augustus stationierte an der Rheingrenze sechs Legionen, ein Fünftel der Streitmacht des gesamten römischen Imperiums. Ab dem Jahre 12 v.Chr. operierten diese Truppen im rechtsrheinischen Gebiet mit dem Ziel, die nördlich des Mains zwischen Rhein und Elbe siedelnden germanischen Stämme in den Griff zu bekommen. Ein zähes Ringen hob an. Die von Erfolg gekrönten militärischen Aktionen wurden durch eine Bündnispolitik des *divide et impera* (teile und herrsche) begleitet. Sie unterteilte die germanische Welt in romfreundliche und romfeindliche Parteien, ein Riss, der sich nicht nur zwischen Stämmen und Völkerschaften auftat, sondern diese teilweise selbst entzweite. Trotz immer wieder aufflackernder Konflikte wähnte man sich nach 21 Jahren fast am Ziel, als im Jahre 9 n.Chr. der aufständische Cheruskerfürst Arminius dem römischen Heer im Teutoburger Wald eine vernichtende Niederlage beibrachte und so der Germanenpolitik einen empfindlichen Rückschlag versetzte. In sechs weiteren Kriegsjahren wurde zwar das Ansehen des römischen Militärs und seiner Führung wiederhergestellt, doch der durchschlagende Erfolg blieb aus. Es gelang nicht, das Land zwischen Rhein und Elbe als germanische Provinz ins römische Imperium einzugliedern, Daher beendete Kaiser Tiberius die offensive Germanenpolitik seines Adoptivvaters Augustus. Es wäre allerdings verfehlt, sie damit als völlig gescheitert zu bezeichnen. Das große Ziel wurde zwar nicht erreicht, doch hatte man in diesen 28 Kriegsjahren durch Umsiedlung von Stämmen und Völkerschaften die machtpolitischen Verhältnisse neu geordnet. Romfreundliche Stämme wurden sowohl linksrheinisch wie auch im Vorfeld der Reichsgrenze angesiedelt, romfeindliche Verbände dagegen weiter nach Osten abgedrängt. So hatte man die den Sueben zugehörigen Quaden, einen Hauptträger der germanischen Westexpansion, aus ihren Wohnsitzen im nordhessischen Raum vertrieben und an die Elbe abgedrängt. Die Markomannen zogen, dem römischem Druck nachgebend, aus der Mainregion ins Böhmische Becken und machten so den Hermunduren Platz, die in der Folgezeit beste Beziehungen zum römischen Imperium pflegten.

Der süddeutsche Raum südlich der Mainzone blieb von allen diesen Aktionen weitgehend verschont. Das im 1. Jh. v.Chr. noch zu den keltischen Stammlanden zählende Gebiet war von der Expansion der Germanen möglicherweise tangiert, aber sie hatten es nicht unter den Pflug genommen. Während Rom bei seiner Besetzung der Gebiete südlich der Donau im Jahre 15 v.Chr. auf eine durchweg keltische Bevölkerung stieß, ist für die Region nördlich bis hin zum Maintal keine Bevölkerung bekannt, die im politischen Mächtespiel der augusteisch-tiberischen Zeit eine Rolle gespielt haben könnte.

Germanische Siedler an Oberrhein und Neckar

Erst nach den Germanenkriegen treten in der Oberrheinzone zwischen Mainz und Straßburg sowie im unteren Neckarland kleine germanische Siedlungsgruppen auf. Überliefert ist für die am unteren Neckarlauf in den Raum Ladenburg/Heidelberg eingewanderte Gruppe der Name *Suebi Nicrenses*. Diese Neckarsueben bildeten, wie auch die übrigen Gruppen der Oberrheingermanen anfänglich keine festgefügte Stammesgemeinschaft. Vielmehr dürfte es sich – ähnlich wie 80 Jahre zuvor bei der von Ariovist angeführten Gruppe – um eine aus Angehörigen verschiedener Stämme zusammengewürfelte und umherstreifende Schar gehandelt haben, die hier durch das römische Heereskommando als Vorfeldsicherung der Reichsgrenze angesiedelt wurden. Die archäologischen Hinterlassenschaften dieser Oberrheingermanen weisen sowohl Verbindungen nach Böhmen wie auch ins Elbegebiet auf.

Ab den siebziger Jahren bis zum Ende des 1. Jh. dehnt Rom sein Herrschaftsgebiet auf das politische Niemandsland zwischen Rhein, Main und Donau aus. Nördlich des Mains wird mit der Wetterau dem germanischen Stamm der Chatten ein Teil seines Siedlungsgebietes abgerungen. Die in der Umgebung von Wiesbaden siedelnden germanischen Mattiaker gingen dabei ebenso wie die Oberrheingermanen in der überwiegend aus ehemals keltischen Gebieten zugezogenen rechtsrheinischen Bevölkerung der Provinz Obergermanien auf.

Gemessen an den Germanenkriegen unter Augustus handelte es sich bei diesem Vorstoß in flavischer Zeit (69–96 n.Chr.) um Militäraktionen von sehr bescheidenem Ausmaß. Offensichtlich hütete man sich, das mühsam erkämpfte politische Gleichgewicht der germanischen Welt zu stören. Und obwohl man mit einzelnen Stämmen freundschaftliche Verbindungen pflegte und andere sich als Teil der Provinzbevölkerung bestens assimiliert hatten, obwohl germanische Hilfstruppen sich als verlässliche Einheiten im römischen Heer bewährt hatten, beweist Rom auch am Ende des ersten Jahrhunderts noch eine gehörige Portion Respekt vor seinen nördlichen Nachbarn – einen Respekt, den es auch in den kommenden Jahrhunderten nicht verlieren sollte.

Vor diesen knapp geschilderten Hintergründen wird es durchaus verständlich, wenn ein gebildeter Römer wie Tacitus, der die Ämterlaufbahn erfolgreich durchschritten und ein Jahr vor Erscheinen seiner »Germania« als Consul sogar das höchste Amt begleitet hatte, das eingangs nachvollzogene Bild vom Wesen der Germanen zeichnet: Einerseits sind sie in ihrer Zivilisation den römischen Staatsbürgern weit unterlegen, was aus römischer Sicht nur auf Faulheit und Naivität zurückführbar sein kann, andererseits schöpfen sie gerade aus dieser Naivität und ihrer moralischen Grundhaltung die Kraft, sich dennoch mit Erfolg den römischen Okkupationsbemühungen zu widersetzen.

Diese römische Sichtweise zu verstehen heißt aber für uns heute, die wir um eine objektive Geschichtsschreibung bemüht sind, keineswegs sie auch zu teilen.

Zeitenwende rechts des Rheins

ROM UND DIE ALAMANNEN

HANS ULRICH NUBER

Um 300 n.Chr. überliefern römische Schriftquellen Alamannia – erstmals in der Geschichte Westeuropas die Bezeichnung für ein Land, das sich im Norden auf jetzt hessischem, im Osten auf bayerischem, überwiegend aber auf baden-württembergischem Staatsgebiet erstreckte. Bis dahin kennen wir keine einheitliche Bezeichnung für dieses Gebiet, da die betreffenden Territorien zu zwei römischen Provinzen gehörten. Der in heutiger Geschichtsschreibung oft verwendete, auf den Schriftsteller Tacitus zurückgeführte Begriff »Dekumatland« trifft auch aus diesem Grund nicht zu.

Rom hatte in den siebziger Jahren des 1. Jh. begonnen, Territorien rechts des Rheins und nördlich der Donau militärisch zu besetzen, durch Straßen zu erschließen und großflächig zu besiedeln. Die Auswirkungen sollten in den nordöstlichen Randbereichen der Provinzen Germania Superior und Raetia zwei Jahrhunderte dauern. Denn seit Mitte des 3. Jh. spitzten sich die Ereignisse so zu, dass Verwaltung und Militär die rechtsrheinischen Provinzgebiete räumten. Die auch von der römischen Provinzbevölkerung weitgehend verlassenen Territorien machten zuwandernde Germanen zu ihrem Siedlungsland, zum *solum barbaricum*. Diese Ereignisse sind als »Limesfall« und »Landnahme der Alamannen« in die Geschichtsliteratur eingegangen.

34

34 **Die neue politische Größe »Alamannia«, Siedlungsraum der Alamannen, entsteht um 300 n.Chr. im Vorfeld der römischen Provinzen Germania I, Maxima Sequanorum und Raetia II.**

Neue politische Größe im römischen Germanien

Im Jahr 213 führte Caracalla von Rätien aus einen Kriegszug gegen Germanen jenseits des Limes. Das Datum wird in der historischen Literatur als Eintritt der Alamannen in die Geschichte dargestellt. Der Feldzug gipfelte in einem Sieg der Römer, in dessen Folge der Kaiser den Siegesbeinamen *Germanicus* bzw. *Germanicus maximus* annahm. Ausschließlich in späteren Quellen[1] oder späteren Abschriften zeitgenössischer Texte[2] werden die damaligen Gegner als Alamanni oder ähnlich lautend bezeichnet. In der zeitgleichen Literatur,[3] offiziellen Inschriften aus Rom[4] oder der Provinz selbst (Meimsheim), auch auf Münzumschriften ist nie von Alamannen die Rede, sondern, bisherigen Sprachgebrauch folgend, von Germanen, gegen die sich dieser Kriegszug richtete.

In jüngster Zeit haben Forscher eingewandt, dass durch die Nennung von Alamannen bereits zu Beginn des 3. Jh., offenbar eine interpretative »Verbesserung« aus späterer Sicht vorliege. Tatsächlich taucht die offizielle Bezeichnung Alamanni für rechtsrheinisch siedelnde Germanen erst gegen Ende des 3. Jh. in zeitgenössischen Quellen auf, zu einem Zeitpunkt, als die römische Verwaltung dies Gebiet bereits verlassen hatte. Erstmals zum Jahr 289 preist ein namentlich nicht bekannter Lobredner den siegreichen Kaiser Maximianus für seine erfolgreichen Maßnahmen gegen germanische Stämme (*nationes*), die in Gallien eingefallen waren, darunter die Alamanni.[5]

Zur selben Zeit tritt uns der Begriff Alamannia auf dem Siegesdenkmal von Nicaea entgegen. Es datiert in die Zeit der ersten Tetrarchie (293–305) und nimmt Bezug auf die siegreichen Kämpfe des Caesars Constantius 298 in Gallien. Die nächsten sicher datierten Belege stellen Goldmünzen (*solidi*) des Constantinus I aus der Münzstätte Trier dar.

35 **Verherrlichung von Siegen über Germanen beziehungsweise Alamannen auf Rückseiten römischer Münzen des 3./4. Jahrhunderts.**

1 Caracalla (211–217)
VICTORIA GERMANICA
(RIC 237)

2 Maximinus Thrax (235–238)
VICTORIA GERM
(RIC 23)

3 Gallienus (253–268)
VICT GERMANICA
(RIC 49)

4 Gallienus (253–268)
GERMANICVS MAX V
(RIC 18)

5 Gallienus (253–268)
RESTIT GALLIAR
(RIC 27)

6 Postumus (260–269)
RESTITVTOR GALLIAR
(RIC 82)

7 Claudius II (268–270)
VICTOR GERMAN
(RIC 247)

8 Probus (276–282)
VICTORIA GERM
(RIC 223)

9 Constantinus I (306–337)
GAVDIUM ROMANORUM/ ALAMANNIA
(RIC 238)

10 Crispus (317–326)
ALAMANNIA DEVICTA
(RIC 49)

11 Constantinus II (317–340)
ALAMANNIA DEVICTA
(RIC 50)

Zwischen 310 und 313 geschlagen, zeigen sie auf der Rückseite die Legende *Gaudium Romanorum/ Alamannia* und eine zur Freude der Römer besiegte, in Trauerhaltung vor einem Siegesdenkmal kauernde Alamannia.

Der Siegerbeiname des römischen Kaisers – *Alamannicus* – findet sich zuerst in einem Brief von 331 für Constantinus II[6] der als Caesar Feldzüge gegen die Alamannen geführt hat. Seit Domitianus (81–96) bis ans Ende des 3. Jh. waren die Germanensieger immer als *Germanicus* beziehungsweise *Germanicus maximus* gefeiert worden, ihre Siege als *Victoria Germanica*.

Insgesamt ergeben diese Zeugnisse, dass sich im 3. Jh. östlich des Rheins und am Oberlauf der Donau, auf ehemals römisch verwaltetem Gebiet, eine neue politische Größe etabliert hat, die unter Diocletianus (284–305) in den offiziellen Sprachgebrauch übernommen wurde. Die Römer bezeichneten sie – Selbstzeugnisse gibt es nicht – nach ihren neuen Bewohnern, den Alamanni, gesamthaft als Alamannia, zur notwendigen Unterscheidung gegenüber anderen germanischen Anrainern.

Eskalation zwischen 233 und 260

Die Ereignisse von 233 haben eine frühere Forschergeneration wegen des eindrucksvollen Fundhorizonts von vergrabenen Münzen und Sachwerten zu weitreichender historischer Ausdeutung gedrängt. Wir beurteilen sie heute zurückhaltender. Aber mit diesem Jahr erfassen wir den Beginn einer Entwicklung – eine Zeitenwende für unser Gebiet. Wie Herodianus überliefert,[7] erregten Nachrichten aus der Heimat, Germanen überschritten Rhein und Donau, das westliche Expeditionskorps des Severus Alexander so sehr, dass der Feldzug abgebrochen und der Kaiser sich 234 unter Mitnahme von östlichen Truppenteilen zum Gegenschlag nach Germanien begeben musste. Im Frühjahr 235 wurde er, zusammen mit seiner Mutter, im Lager bei Mainz erschlagen. Seinem Nachfolger Maximinus Thrax gelang es, 235/36 die Lage an Rhein und Donau wieder zu festigen.

Diese Vorgänge machen deutlich, dass der Kaiser selbst zunehmend gezwungen war, unter Zuzug von Heeresteilen aus entfernten Provinzen Kriege zu führen, die über die Befugnisse des jeweiligen Provinzstatthalters hinausreichten. Als gleichzeitig in verschiedenen Randgebieten des Reiches Einfälle der Barbaren gemeldet wurden – Germanen an Rhein und mittlerer Donau, Goten am Schwarzen Meer, Perser im Osten –, reichte das bisherige Abwehrsystem des Imperiums nicht mehr aus, zumal es der Gegenseite nie verborgen blieb, wenn im Vorfeld Truppenteile abgezogen und damit die Risiken für Raubzüge vermindert wurden.

Der Feldzug gegen die Perser (243–244) unter Gordianus III hat erneut Abzüge für das römische Heer am Rhein gebracht. Wieder gibt es einen ausgeprägten Schatzfundhorizont. Dabei darf man die nicht wieder gehobenen Münzhorte – und nur sie lassen sich im Gegensatz zu anderen Wertsachen oder Gerät zeitlich genauer festlegen – weniger als Beleg einer Katastrophe, sondern eher als persönliche Sorge um den Besitz bewerten. Dies gilt besonders für die zahlreichen Versteckfunde im Umfeld römischer Kastelle; hier haben wahrscheinlich abkommandierte Soldaten ihre Habe der Erde anvertraut, die sie – aus welchen Gründen auch immer – weder mitnehmen noch wieder bergen konnten.

Von zeitbedingten Problemen wie Wirtschaftskrise und Geldentwertung, schnell aufeinanderfolgende Regierungswechsel und äußere Bedrohungen belastet, dürfte sich bis zum Jahr 253 die Lage in Obergermanien und Rätien stetig zum Schlechteren gekehrt haben. Als Endpunkt dieser Entwicklung kann man die Errichtung der Mainzer Stadtmauer betrachten, deren Bau spätestens zu diesem Zeitpunkt angeordnet worden sein muss; der Schutzschild der dortigen Legion reichte offenbar nicht mehr weit. Einen spürbaren Einschnitt bedeutete die Ausrufung des Valerianus zum Kaiser, Mitte 253 in Rätien (oder Noricum). Er war vom Amtsinhaber Trebonianus Gallus (251–253) beauftragt worden, dort Truppen zur Bekämpfung des Gegenkaisers Aemilianus (253) zusammenzuziehen und gen Italien zu führen. Nach dem gewaltsamen Tod des Gallus, der – wie kurz danach auch Aemilianus – durch Soldatenmord umgekommen war, zog Valerianus nach Rom, wo sein Sohn Gallienus zum Mitregent, wenig später zum Augustus erho-

36

36 In Grinario/Köngen wurden um 247 n.Chr. über 600 römische Silbermünzen in einem Tongefäß versteckt und vergraben. 1967 kamen sie wieder zutage.

37 Ihren Silberschmuck und Bargeld hatte eine Frau um 230 n.Chr. in einem Leder- oder Stoffbeutel bei Rembrechts im Kreis Ravensburg der Erde anvertraut. Erst nach 1700 Jahren wurden sie wiederentdeckt.

37

38

38 **Relieffragment eines tetrarchischen Ehrenbogens in Nicaea/Iznik: Der römische Feldherr und sein Heer triumphieren über die kniende, von gefesselten Barbaren begleitete »Alamannia« (mit Beischrift).**

39 **Den persischen Panzerreitern der Ala firma cataphractaria, seinen Brüdern Aurelius Saluda und Aurelius Regrethus, die im 3. Jh. bei Cannstatt den Soldatentod fanden, setzte Aurelius Abdetathus ein Grabmal fern der Heimat.**

ben wurde. Valerianus ging in den Osten, Gallienus wurde der Westteil des Reiches übertragen.
Valerians Ausrufung war durch ein Heer erfolgt, das von den Truppen an Rhein und oberer Donau gestellt wurde und worauf er beim Marsch nach Italien zur Durchsetzung seiner Interessen dringend angewiesen war. Es erhebt sich die Frage, was nach den Kämpfen und Expeditionen der ersten Jahrhunderthälfte noch an Soldaten zum Schutz dieser Provinzen zurückgeblieben war, zumal Valerian die nach Rätien strafversetzten Teile der *legio III Augusta*, die ihn offenbar sehr unterstützt hatten, noch im Oktober 253 nach Africa zurückkehren ließ.[8] Gallienus hielt sich von 254 bis 257 mit seinem auch aus Abteilungen der Rhein- und Oberdonaulegionen bestehenden Heer auf dem Balkan auf. Die schwierige militärische Lage am Rhein unterstreichen Truppenverstärkungen aus Britannien, die 255 in Mainz nachweisbar sind.[9] Das Problem verstärkte sich weiter, als Gallienus nach den erfolgreichen Kämpfen der Jahre 257–259 gegen eingedrungene Germanen vom Rhein nach Südosten abzog und sich unter seinen Einheiten nicht nur Legionsvexillationen, also Fahnen des Rheinheeres, sondern auch Britanniens samt ihrer Auxilien befanden.[10] In diese Situation passt die Nachricht, dass Gallienus bei der Germanenabwehr wegen zahlenmäßiger Unterlegenheit mit einem gegnerischen Heerführer ein Abkommen traf, der nachdrängende Germanen am Flussübergang hindern sollte.[11] Leider verrät der Text keine Einzelheiten, zeigt jedoch, wie es um das römische Heer in den fünfziger Jahren des 3. Jh. bestellt war. Auf die innere Struktur des rätischen Heeres wirft der Augsburger Siegesaltar ein bezeichnendes Licht; hier kämpften im Jahr 260 keine geschlossenen Ein-

39

40

40 Ein Ereignis, das im Jahre 260 n.Chr. die Welt erschütterte, schildert dies überlebensgroße Felsrelief in Naqš-i Rustan: Der römische Kaiser Valerian unterwirft sich dem persischen König.

heiten mehr, sondern Soldaten (*milites*) unterschiedlicher Herkunft, die von einem bewaffneten Volkssturm (*populares*) unterstützt wurden.

Ein Katastrophenjahr

Die Rekonstruktion der sich überstürzenden Ereignisse des Jahres 260 beschäftigt die historische Forschung seit langem; hier hat der Fund des Augsburger Siegesaltars als unmittelbares Zeitzeugnis viele Fragen erhellt (vgl. Abb. 57). Überliefert wird der Sieg in einer zweitägigen Schlacht am 24. und 25. April vor den Toren der Stadt. Ein römisches Heer (*exercitus*) unter dem Statthalter M. Simplicinius Genialis schlug germanische *Iuthungi*, die auf der Rückkehr von einem Raubzug aus Italien beutebeladen und mit zahlreichen Gefangenen ihre Heimat nördlich der Donau zu erreichen trachteten. Obgleich auf dem erst am 11. September gesetzten Stein nicht erwähnt, hat dieser Kampf im Namen des Kaisers Gallienus stattgefunden, dessen genauen Aufenthaltsort wir nicht kennen; in der zweiten Jahreshälfte schlug er mit seinem Heer in Italien eingefallene Germanen bei Mailand.

Gallienus hatte 259 bei seinem Abmarsch von Köln seinen Sohn Saloninus zum Schutze Galliens eingesetzt und ihm seines jugendlichen Alters wegen einen Berater namens Silvanus (oder Albanus) zur Seite gegeben. Postumus, der militärische Befehlshaber, schlug in Gallien plündernde Germanen auf ihrem Rückweg und verteilte die abgenommene Beute an seine Soldaten. Als sie der Berater des Saloninus für sich und den Caesar beanspruchte, rief das eine Revolte unter den Soldaten hervor, Postumus wurde zum Kaiser proklamiert. Dies war der Beginn des Gallischen Sonderreiches, das zeitweilig auch Spanien und Britannien umfasste und erst 274 wieder dem Gesamtreich eingegliedert werden konnte. Postumus zog vor Köln und ließ Saloninus und Silvanus hinrichten. Der Zeitpunkt dieser Geschehnisse, durch den Augsburger Altar vor den 11. September datiert, da Postumus dort bereits als amtierender Consul erscheint, hängt eng mit einem weiteren Ereignis zusammen, das in nicht gekanntem Maß das römische Reich erschütterte und weitere Usurpationen an der Donau und im Osten auslöste: die Gefangennahme des Valerian.

Der Kaiser war Mitte des Jahres 260 im Verlauf seines Feldzuges gegen den Perserkönig Sapor I lebend in die Hände seines Gegners gefallen, ein bisher unvorstellbarer Vorgang in der römischen Geschichte. Der Perser verherrlichte diese Tatsache in großen Felsreliefs, von denen sich mehrere erhalten haben. Dies muss vor dem 22. Juli 260 geschehen sein, da an diesem Tag Dionysos, der Bischof von Rom nach längerer Vakanz wieder im Amt ordiniert werden konnte. Als weitere Folge der Gefangennahme Valerians endete die von ihm angeordnete Christenverfolgung, manifestiert durch das Toleranzedikt des Gallienus.

Nach der Gefangennahme seines Vaters, zu dessen Befreiung Gallienus nichts unternahm – er brach vielmehr erkennbar mit der zurückliegenden Gemeinschaftsregierung – revoltierten im Osten Macrianus und Quietus. An der Donau usurpierten nacheinander die Statthalter Ingenuus und Regalianus; in Köln war sein Sohn getötet und ein ganzer Reichsteil seinem Einfluss entzogen worden. Und entgegen der gesamten bisherigen Forschungsmeinung erfahren wir jetzt durch die Augsburger Inschrift, dass auch Rätien unter seinem Statthalter Genialis zu Postumus übergelaufen war. Damit ist erwiesen, dass von diesem Zeitpunkt an das ganze obergermanisch-rätische Limesgebiet zum Machtbereich des Postumus gehört hat. Erst fünf Jahre später sollte es Gallienus gelingen, den Vergeltungsfeldzug gegen Postumus in Gallien zu führen, währenddessen er ihn in einer Stadt einschließen, aber, selbst verwundet, nicht besiegen konnte. Gallienus kehrte nach Rom zurück, sein Reitergeneral Aureolus sollte eine Ausweitung der Macht des Postumus Richtung Südosten verhindern. Wahrscheinlich hat Gallienus im Jahr 265 Rätien wieder unter seine Kontrolle gebracht; die Ausmeißelungen der Geächteten auf der Augsburger Inschrift könnten das Indiz dafür sein.

Die spätere römische Überlieferung sah jedenfalls in Gallienus, da er der legitime Repräsentant der Zentralregierung war, den Schuldigen für die Misere und die erlittenen Verluste. So sind Gebiete jenseits von Mainz unter seiner Regierung von Barbaren besetzt worden: *sub Gallieno imperatore a barbaris occupatae sunt*[12] und auch in Rätien waren Verluste zu beklagen: *sub Gallieno principe... Raetia amissa Noricum Pannoniaeque vastatae.*[13]

41

Beutezüge tief ins Innere des Reiches

Ein äußerer Faktor, der zur Verschlechterung der Lage an Rhein und Donau entscheidend beitrug, waren die Überfälle und Raubzüge der Germanen. Kannte man sie bis dahin überwiegend aus der schriftlichen Überlieferung, so treten sie uns durch die Augsburger Inschrift und die Funde von Hagenbach und Neupotz nun deutlicher vor Augen. Vor allem in der Endphase, gegen Mitte des 3. Jh., als die grenznahen Gebiete weitgehend geplündert waren, fielen die Reiterhorden durch Rätien über die Alpen in Italien ein[14] oder brachen über den Rhein durch Gallien bis Spanien durch[15], wobei mit den großen Zügen von 254 und 259/60 sicher nur ein Bruchteil überliefert ist, ganz zu schweigen von den grenznahen Unternehmungen. Für die »bewundernswerten Kämpfer zu Pferd«[16] dürften die militärischen Überwachungs- und Abwehranlagen am Limes, die zunehmend mit kleinerer Besatzung auskommen mussten, immer geringere Hindernisse und Risiken dargestellt haben. In Italien wurden, sofern die Kaiser mit ihren Heeren präsent waren, die Plünderer auch bekämpft. Dazu verfügten die Herrscher dort den Bau von Stadtmauern, wo noch keine vorhanden waren.[17] An Rhein und Donau verstärkte die römische Militärführung ihre Abfangheere, um die beutebeladenen Rückkehrer, die mit ihren requirierten Wagen und gefesselten Gefangenen langsamer vorankamen, vor dem Übersetzen über die Grenzflüsse zu anzugreifen.

Schicksale der Zivilbevölkerung

Je weiter der militärische Schutz herabsank, desto eher war die Provinzbevölkerung Drangsalen, Verschleppung oder Tod ausgesetzt, es sei denn, sie verließ die gefährdeten Gebiete. Dafür gibt es gewisse Anzeichen. Mainz, sicherster Platz der Provinz, weist gegen Mitte des 3. Jh. Inschriften von Mitgliedern der sozialen Oberschicht umliegender Civitates auf, die sich mit ihren Familienangehörigen hierher zurückgezogen haben. Offenbar boten die rechtsrheinischen Civitashauptorte (Nida, Dieburg, Wimpfen und Sumelocenna) trotz ihrer Ummauerungen keine ausreichende Sicherheit mehr. Auch die Bewohner der offenen Kastelldörfer (*vici*) haben zumindest zeitweise hinter

41 Die eisernen Hand- und Fußfesseln aus dem Fund von Neupotz lassen darauf schließen, dass Menschen wertvolles Beuteziel von Raubzügen waren.

42 Bei diesen silbernen Votivblechen aus einem römischen Tempelbezirk in Aquitanien, die in Hagenbach gefunden wurden, handelt es sich um germanisches Raubgut des 3. Jahrhunderts.

42

43

43 **Auf dem Rückzug im Rhein versunken: Teil einer Germanenbeute, die in den Jahren 1980–83 aus einer Kiesgrube bei Neupotz gebaggert wurde.**

den Lagermauern Schutz gesucht, worauf weibliches Trachtzubehör deutet. Ihre Habe ließen sie in Netzen die Brunnen hinab. Aus einem dieser Brunnen stammt auch die jüngste Siedlungsspur des Kastellvicus Rainau-Buch, ein Stück bearbeitetes Holz, das auf die Jahre 250 bis 255 verweist und entsprechend später in den Schacht geraten ist. Funde deuten ferner an, dass sich während des 3. Jh. zunehmend auch Germanen an den Kastellplätzen aufhielten, sei es als römische Soldaten, Zivilisten oder Gegner.

Repressalien gegen die Bevölkerung gab es auch innerhalb der Provinz. Durch soziale Konflikte, Disziplinlosigkeit und schlechte Versorgung ließen sich Soldaten zu Übergriffen hinreißen: *Latronibus interfectus* – von Räubern erschlagen, erscheint jetzt auf Grabinschriften,[18] aber eine Vielzahl von Namenlosen, deren Skelette in Brunnen versenkt oder als Leichname in niedergebrannten Häusern gefunden werden, erhielt überhaupt keine Inschrift mehr. Selbsthilfe war gegen dieses Unwesen angesagt. Die Zivilbevölkerung bewaffnete sich und formierte Lokalmilizen *latrociniis arcendis*,[19] die als *populares* 260 das rätische Heer verstärkt hatten.

Trotzdem erstaunt es, wie wenig sichere Zeugnisse für Zerstörungen aus den römischen Gutshöfen (*villae rusticae*) vorliegen. Neuere Untersuchungen in der Wetterau lassen den Schluss zu, dass die meisten Siedlungsplätze verlassen worden sind. Dafür finden sich, entgegen einer weit verbreiteten Forschungsmeinung, wonach die Germanen römische Siedlungen gemieden und allenfalls die offene Feldflur wieder benutzt hätten, in steigender Zahl Hinweise auf ihre Anwesenheit gerade in Siedlungen (Bietigheim) und ihre Nutzung von Villengebäuden (Wurmlingen), wenngleich sie nicht immer sachgerecht gewesen sein mochte. Hatte man früher römische Münzen, die später als 260 datierten, der zurückgebliebenen romanischen Bevölkerung zugeschrieben, deutet nunmehr vieles darauf hin, dass sie auch Hinweise auf neuangesiedelte Germanen sein können.

Letzte Akte der römischen Verwaltung

Rechts des Rheins und nördlich der Donau reichen die Zeugnisse römischer Verwaltung bis in die fünfziger Jahre des 3. Jh. Zwei Leugensteine der Civitas Sueborum Nicrensium, bei Ladenburg[20] und Heidelberg[21] gefunden, belegen die Fortdauer der rechtsrheinischen Straßenkuratel bis 254 unter der gemeinsamen Regierung von Valerianus und Gallienus. Weiter östlich fehlen datierte Zeugnisse; der letzte zeitlich bestimmte Leugenstein aus dem Limesgebiet stammt aus Friedberg[22] und wurde zwischen 249 und 251 gesetzt. Das jüngste Schriftzeugnis des Miltärs betraf die Löschung der beiden Philippi im Jahre 249 auf einer Jagsthausener Badinschrift.[23] Das letzte Schriftzeugnis Rätiens nördlich der Donau ist die bekannte Steinplatte, die heute in der Kirche von Hausen ob Lontal vermauert ist. Ihr ursprünglicher Anbringungsort ist ebenso unbekannt wie ihr Zweck. Die erhaltene Titulatur des Gallienus, genauer, sein Siegestitel *Germanicus*, datiert die Inschrift frühestens ans Ende des Jahres 254.[24]

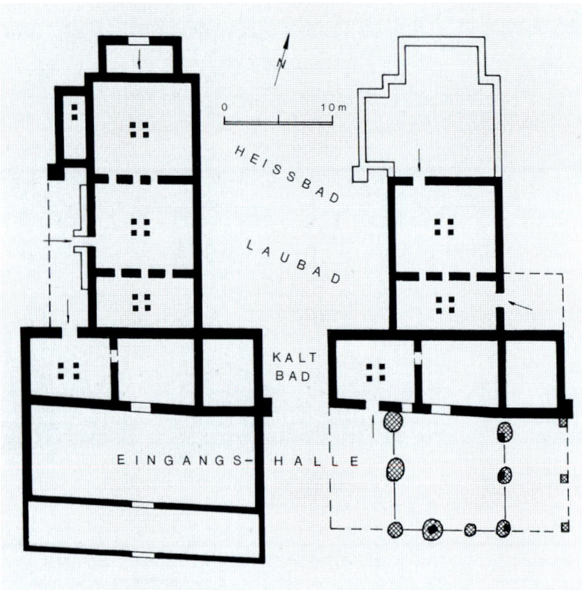

45

Preisgabe der rechtsrheinischen Militäranlagen

Im Gegensatz zu früheren Geschichtsbildern, die vom »Fall des Limes« als Folge eines »Anrennens gegen die römische Grenzwehr« sprachen, häufiger vom »erfolgreichen Durchbruch« oder »Überrennen« in einem »gewaltigen Ansturm auf breiter Front«, wobei die römische Herrschaft »in Strömen germanischen Blutes ertrank«, sehen wir dieses Ereignis heute als historischen Ablauf innerhalb einer Generation, hervorgerufen und begünstigt durch das Zusammenwirken von widrigen Umständen, unter welchen den Germaneneinfällen nur eine, wenn auch wesentliche Rolle zukommt. Dabei hatten die Germanen – zumindest in der Anfangsphase – keine Landbesetzung im Sinn; wie Schriftquellen und neue Bodenzeugnisse belegen, ging es ihnen vordergründig um Raub und Plünderung.

In merkwürdigem Widerspruch zu den markigen Ausdeutungen stehen die wirklich beobachteten und dokumentierten Zeugnisse von Gewalt und Zerstörung in den Limesanlagen. Mit wenigen Ausnahmen wie die des Kastellbefundes von Niederbieber, dem Sonderfall einer innerrömischen Auseinandersetzung, der stellvertretend für die Geschicke der gesamten Militäreinrichtungen zweier Provinzen in die Literatur einging, finden sich bei Durchsicht der übrigen Grabungsberichte erstaunlich wenig Hinweise auf ein gewaltsames Ende von Kastellen mit Brandschichten, Funden Gefallener oder dergleichen mehr. Auch die nächstliegende Maßnahme, nicht alle Posten am Limes mehr zu besetzen, entzieht sich in Ermangelung einer Feinchronologie archäologischer Beurteilung.

Dafür gibt es Zeugnisse für Versuche, die prekäre Lage zu meistern. In den Kastellen Osterburken und Pfünz hatte man Tore halbseitig zugemauert. Umstritten in ihrer Bedeutung sind Mauern, die Taunuskastelle wie Feldberg und Kapersburg im Innern abteilen. In ihrer Grundfläche reduziert wurden die Kleinkastelle von Anhausen, Hillscheid und Dösterberg. Deutlicher noch tritt diese Reduktionsphase in einer Reihe von Kastellbädern auf (Walldürn, Schirenhof, Rainau-Buch), deren jeweils letzte Bauphase eine Verkleinerung gegenüber den früheren darstellt. Ob Truppenreduktio-

44

46

44 **Die letzte römische Inschrift nördlich der Donau, die den Kaiser Gallienus nennt, wurde in der Kirche von Hausen ob Lontal als Spolie verbaut.**

45 **Sparmaßnahmen unter dem Zwang der Zeit: die Verkleinerung des Kastellbades von Rainau-Buch im Ostalbkreis.**

46 **Blick auf die Mauern des ursprünglichen und des verkleinerten Vorratskellers in Sontheim/Brenz. Die Verringerung der Lagerkapazität auf ein Drittel war eine Notmaßnahme.**

47 **Aus Neuwied-Niederbieber stammen die silbernen Beschlagteile einer Truppenstandarte der Cohors VII Raetorum. Sie zeigen das von einem vierkantigen Geschoss durchbohrte Bildnis des kaiserlichen Prinzen Salonius.**

48 **Abfangtruppen im Hinterland und Germanen im römischen Militärdienst: der Grabstein des berittenen Explorators Respectus aus Heidelberg.**

nen, Brennstoffmangel oder beides Grund dafür waren, ist im Einzelfall nicht zu beweisen. Wenn aber in einer Station wie Sontheim / Brenz, an einer *via militaris* in einer jüngsten Bauphase Bad, Keller, Getreidespeicher und Wasserreservoir reduziert und hinter einer Sperrmauer mit Torturm geschützt werden, können derartige Veränderungen nur als Zeichen des Beharrungswillens unter schwierig gewordenen Verhältnissen gedeutet werden.

Hinweise finden sich auch für neue Taktiken, wozu die beweglichen Reitereinheiten (*alae*) Obergermaniens als erste aus ihren Lagern am vorderen Limes abgezogen und für Abfang- und Verfolgungsaufgaben in der rückwärtigen Tiefe eingesetzt beziehungsweise in die neue Feldkavallerie des Gallienus eingereiht worden sind. In Niederbieber ging 260 nicht die Stammtruppe, der berittene *Numerus Exploratorum Divitiensium* unter, sondern die *Cohors VII Raetorum*, deren Feldzeichen man dort gefunden hat. Ob sie dort vollständig stand oder ein Teil in ihrem Standlager Niederberg verblieb, wissen wir nicht. Längerfristige Aufteilungen größerer Einheiten auf mehrere Standorte sind uns aus späterer Zeit, zum Beispiel aus Rätien geläufig.[25] Auch rückwärtige Standorte wurden reaktiviert wie etwa Heidelberg, von wo wir Hinweise auf die Stationierung einer Exploratoreneinheit besitzen, die Soldaten germanischer Abkunft in ihren Reihen hatte.

Besonders aber zeichnet sich das Hauptquartier Mainz aus, wo man späte Grabinschriften (Sarkophage) von Angehörigen fast aller obergermanischen Reitertruppen gefunden hat.

Die Aufgabe des obergermanischen und rätischen Limes erfolgte unter Gallienus, genauer eigentlich unter Postumus, den Soldatennot zwang, in großem Maßstab jenseits des Rheins Truppen anzuwerben oder Föderierte zu bezahlen. Nach 260 wurden offenbar die letzten Reste der Grenzarmeen zurückgenommen, die in den Jahrzehnten zuvor schon stark ausgedünnt worden waren und trotz zeitweilig hier operierender Truppen östlicher Herkunft nie mehr ihren Sollstand erreichten. Infolge der Ereignisse von 253 dürften sie auf einen zahlenmäßigen Tiefststand abgesunken sein. Hinzu kam, dass auch die Provinzbevölkerung, sofern nicht verschleppt oder umgekommen, das Limesgebiet großenteils bereits verlassen hatte. Die Reste der Limesarmeen waren zum Schluss offenbar so geringfügig und heterogen, dass sie im rätischen Provinzheer von 260 nur noch als *milites provinciarum* unterstützt durch *populares* erschienen – ihre alten Einheitsbezeichnungen gingen – sofern sie nicht früh genug abgezogen wurden[26] oder Standorte südlich der Donau behalten hatten[27], mit ihren Limesstandorten verloren.

Föderierte Roms im Vorfeld neuer Provinzen

Die Verhältnisse an Rhein und Donau begannen sich 274 entscheidend zu wenden, als Aurelianus nach einer siegreichen Schlacht über Tetricus und seinen gleichnamigen Sohn triumphierte. Dies war das Ende des gallischen Sonderreichs. Aurelian, der auch den Bau der Stadtmauer von Rom befahl, hatte zwar die Juthungen aus Italien und Süddeutschland vertrieben, änderte aber wenig an der Gesamtsituation. 277/78 kämpfte Probus in Süddeutschland gegen Germanen. Eine Augsburger Inschrift feierte ihn als *restitutor provinciarum et operum publicorum*, ohne dass wir bisher seine Werke im einzelnen benennen können.

Erst Diocletianus (284–305) oder vielmehr sein seit 286 für den Westen verantwortlicher, in Gallien erfolgreich gegen Bagauden (Räuberbanden) und Germanen kämpfender Mitkaiser Maximianus, schufen eine neue Militärzone, den Rhein-Iller-Donau-Limes. Die frührömischen Militärlinien an den Flüssen teilweise wieder aufnehmend – nur der Bodensee-Iller-Abschnitt war neu –, ließen sie neuartige Befestigungen errichten, von denen sich zwei Bauinschriften von 294 erhalten haben.[28] Dieses Jahr markiert den Beginn des neuen Limes.

Mit der diokletianischen Reform des Staates und der Provinzen, die alten wurden zur Germania I und Maxima Sequanorum beziehungsweise Raetia I und II geteilt – unter Ausschluss der rechtsrheinischen Gebiete –, war auch das Verhältnis zu den Germanen im Vorfeld der neuen Provinzen zu regeln, die sich dort nach Abzug und Flucht der provinzialrömischen Bevölkerung niedergelassen hatten, ob aus eigener Macht, auf Anweisung oder auch nur mit Billigung Roms, sei dahingestellt. Ausschnitte dieser Ordnungsvorgänge zeigt das Bleimedaillon von Lyon, auf dem die beiden Kaiser kniefälligen germanischen Familien den Übertritt über die Rheinbrücke zwischen Castellum und Mogontiacum gewähren. In dem diokletianischen Raumordnungsverfahren erhielten die rechtsrheinischen Föderierten ihre Anerkennung als neuer politischer Faktor, als *Alamannos, qui tunc adhuc Germani dicebantur*.[29] Ihr Territorium hieß nunmehr Alamannia.

49

49 Germanen überschreiten mit Billigung der römischen Kaiser Diokletian und Maximinian den Rhein von Castellum/Mainz-Kastell nach Mogontiacum/Mainz, um sich anzusiedeln. Bleiabschlag für ein Goldmedaillon aus Lyon.

1 Eutropius, C. Dirlmeier u.a., Quellen zur Geschichte der Alamannen I–VII. Heidelberger Akad. Wiss. Komm. Alamannische Altkde. Schr. 1 ff. (Heidelberg, Sigmaringen 1976–1987) 27 ff. (im folgenden zitiert Quellen I, II u. VI). Sex. Aurelius Victor: Quellen II 21 ff. Beiden Autoren gehören in die zweite Hälfte des 4. Jh.
2 Cassius Dio bei Xiphilinos (11. Jh.), Quellen I 9ff., 3.
3 Herodianus (1. Hälfte 3. Jh.): Quellen I 12 ff.
4 Arvalakten , Quellen I 11 ff.
5 Quellen I 22.
6 Quellen VI 47.
7 Quellen I 12 f.
8 Corpus Inscriptionum Latinarum VIII 2482 (im folgenden abgekürzt CIL).
9 CIL XIII 6780.
10 CIL III 3228.
11 Quellen II 64.
12 Quellen II 115.
13 Quellen I 24, Anm. 9.
14 Quellen II 49.
15 Quellen II 22.
16 ex equo mirifice pugnantes, Aurelius Victo: Quellen II 21.
17 Verona 265: CIL V 3329.
18 CIL XIII 2667; 3689; 6429.
19 CIL XIII 5010; 6211.
20 CIL XIII 9103.
21 CIL XIII 9111.
22 CIL XIII 9123.
23 CIL XIII 6552.
24 CIL III 5933.
25 Not. Dig. Occ. XXXV.
26 Ala[India]na ? CIL VI 1641.
27 Coh.III Britannorum: Not. Dig. Occ. XXXV, 25 (Coh. Tertia Brittonum).
28 CIL XIII 5249; 5256.
29 Quellen II 43.

Vorboten an Main und Tauber

GERMANEN IM TAUBERGEBIET VOR UND NACH DER AUFGABE DES LIMES

KLAUS FRANK

Seit dem 2. Jh. v. Chr. lassen sich in Südwestdeutschland neben der alteingesessenen keltischen Bevölkerung erstmals germanische Siedler archäologisch nachweisen. Gegenseitige Beeinflussungen der beiden Kulturkreise bezeugen ein weitgehend friedliches Zusammenleben. Die germanischen Gruppen, aus Gebieten an Oder und Warthe und etwa zwei Generationen später in einer zweiten Welle aus dem Thüringer Becken eingewandert, müssen gleichsam als Wegbereiter einer Jahrhunderte andauernden germanischen Landnahme gelten.[1]

Ein Bevölkerungsrückgang in den Jahren nach Christi Geburt kann mit den historisch bezeugten Wanderungen der Markomannen in Verbindung gebracht werden. Danach tritt im 2. Jh. und der ersten Hälfte des 3. Jh. in den Landstrichen vor dem Limes eine neue germanische Gruppe in Erscheinung. Ihre Hinterlassenschaften aus zahlreichen Siedlungsplätzen und Weilern lassen sich nun einem westgermanischen Kulturkreis zuordnen.[2]

50 Blau sind hier Siedlungen des 2. und der ersten Hälfte des 3. Jh. eingetragen, rot die Fundplätze aus der Zeit nach Aufgabe des Obergermanischen Limes. Alle bisher bekannten Fundstellen liegen in der Nähe größerer Gewässer.

50

Nachbarn der Römer vor dem Obergermanischen Limes

In weiten Teilen Westdeutschlands hatte sich seit dem 1. Jh. n. Chr. eine sehr einheitliche germanische Gruppe herausgebildet, die vor allem anhand ihrer archäologisch gut fassbaren Keramik definiert wird. Das Hauptverbreitungsgebiet ihrer Hinterlassenschaften liegt zwischen Rhein und Weser, daher wird die Gruppe als rheinwesergermanische Kultur bezeichnet. Vom Niederrhein über Nordhessen bis nach Mainfranken tritt nun überall eine gleichartig geformte und charakteristisch verzierte Keramik auf. In ihrem Verbreitungsgebiet lassen sich verschiedene Stammesgruppen nachweisen, deren Namen zum Teil durch die römische Geschichtsschreibung überliefert sind. Im heutigen Hessen können zum Beispiel die Siedlungsgebiete der Chatten lokalisiert werden,[3] dagegen kennen wir von den Siedlern im heutigen Mainfranken keinen antiken Stammesnamen.

Ganz Mainfranken war germanisch, doch waren die Niederlassungen locker gestreut, nur einzelne Siedlungskammern in der Gegend um Ochsenfurt oder an der mittleren Tauber erscheinen dichter besiedelt. Im Westen und Norden waren die Wohngebiete durch Odenwald, Spessart und Rhön von den Nachbarn getrennt, die Grenzen im Osten und Süden sind dagegen archäologisch bis jetzt nur unscharf zu erkennen.

Mittelfranken und Nordwürttemberg bis zum Rätischen Limes scheinen, nach heutigem Kenntnisstand, praktisch siedlungsleer gewesen zu sein. Die von der Forschung immer wieder angeführte germanische Gruppe im Hohenloher Land ließ sich möglicherweise erst nach dem Fall der römischen Grenzbefestigungen im ehemaligen Grenzland an Kocher und Jagst nieder, alle zeitlich gut bestimmbaren germanischen Kleinfunde deuten in die Zeit nach der Mitte des 3. Jh.[4] Die zur Datierung der Niederlassungen mit herangezogenen (älteren) römischen Fundstücke müssen nicht im direkten Kontakt von römischen Händlern erworben worden sein, sie können leicht aus den damals erst kürzlich verlassenen römischen Ruinenstädten beschafft worden sein.

Germanisches Leben im Grenzland

Die am weitesten in Richtung Limes vorgedrungene größere Bevölkerungsgruppe lebte an der Tauber, wo in den letzten Jahren mindestens neun Siedlungsplätze innerhalb eines Streifens von nur 15 km Ausdehnung beiderseits des Flusses nachgewiesen werden konnten.[5] Von keiner dieser kleinen Gehöftgruppen oder Weiler kennen wir bislang den zugehörigen Bestattungsplatz, dennoch erlauben die Siedlungsfunde weitergehende Aussagen zu den ehemaligen Bewohnern.

Erste Einwanderer hatten sich den archäologischen Funden zufolge wohl schon vor der Mitte des 2. Jh. n.Chr. an der Tauber niedergelassen. Über 100 Jahre, bis zum Fall des Limes, können wir diese Siedler über mehrere Generationen hinweg verfolgen. Nur wenige Kilometer vor dem Limes ansässig, müssen sie überwiegend friedlich mit den Rö-

51 Kleinfunde und Produktionsabfälle aus Knochen und Geweih aus einer Siedlung bei Lauda. Links neben der Pfeilspitze in der Bildmitte der Zierbeschlag eines germanischen Schildes aus Bad Mergentheim.

52 In einer Siedlungsgrube bei Königshofen wurde dieses typisch rheinwesergermanische Gefäß der Form II nach von Uslar gefunden. Die Grube wurde in den Jahrzehnten vor dem Fall des Limes verfüllt.

53 Formen rheinwesergermanischer Keramik aus dem Taubertal. Die Gefäße sind, was Formgestaltung und Verzierungsweise angeht, im gesamten Verbreitungsgebiet der rheinwesergermanischen Kultur austauschbar.

54 Die Verzierung in diese Schüssel aus Königshofen wurde mit den Fingernägeln eingedrückt.

51

54

52

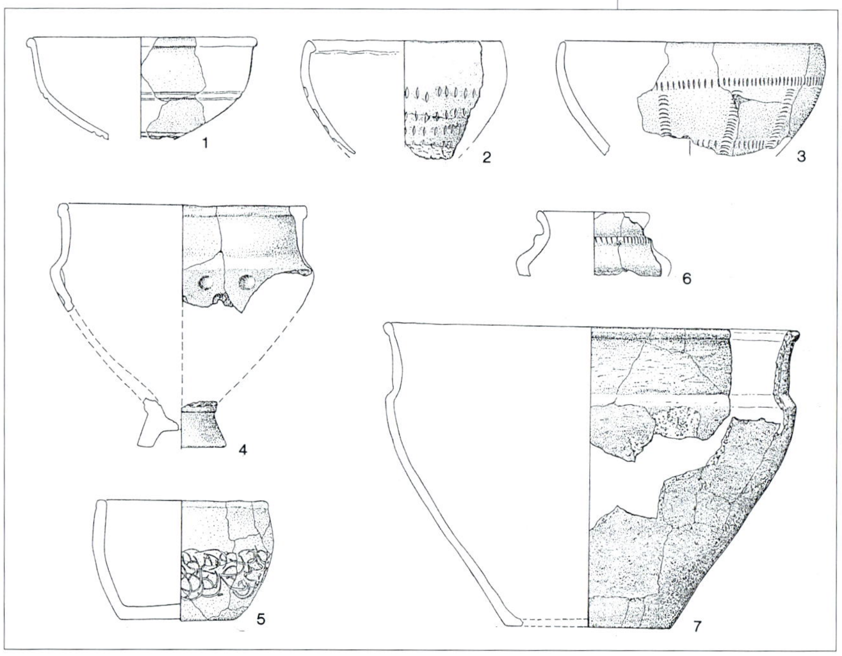

53

55

55 Teile der Trachtausstattungen und Keramikflasche aus dem Doppelgrab zweier Frauen aus Gerlachsheim. Parallelen zu dieser Grabausstattung der ersten Hälfte des 4. Jh. lassen sich vor allem im Elbegebiet nachweisen.

mern zusammengelebt haben. Bestätigt wird dieses Bild durch zahlreiche römische Importstücke, die in praktisch jedem germanischen Gehöft neben einheimischem Fundgut vertreten sind. Einzelne Siedlungsgruben erbrachten bis zu vier Terra-Sigillata-Bilderschüsseln, die alle innerhalb eines kurzen Zeitraums im Töpfereizentrum Rheinzabern hergestellt worden sind; wahrscheinlich fassen wir hier regelrechte Lieferungen durch römische Händler. Auf welchem Weg allerdings römische Kleinfunde – Fibeln, Gemmenringe, Gläser oder auch Münzen – ihren Weg über die Grenze gefunden haben, kann wohl nie eindeutig beantwortet werden. Germanische Söldner wären denkbar, die im Dienst des römischen Heeres standen und sich mit ihrem Sold auch exklusivere Produkte leisten konnten. Möglicherweise verbergen sich aber auch vereinzelte Beutestücke unter den Funden.

Krieger und Bauern

Hinweise auf germanische Krieger finden sich in Bad Mergentheim, wo der Zierbeschlag eines germanischen Schildes entdeckt wurde, zu dem es direkte Parallelen am rechten Niederrhein und in den Küstengebieten des heutigen Dänemark gibt. Auch Pfeilspitzen sind als Jagd- oder auch Kriegswaffen im Fundgut der Siedlungen vertreten. Die Jagd kann über ausgegrabene Tierknochen eindeutig belegt werden, so wurden in einer Siedlung bei Lauda Auerochse, Rothirsch, Bär und Biber als Beute nachgewiesen.[6]

Alle Dinge des täglichen Bedarfs wurden an Ort und Stelle hergestellt, wie Produktionsabfälle der Knochen- und Geweihbearbeitung, Schmiedeschlacken, Holzbearbeitungswerkzeuge oder Spinnwirtel bezeugen. Die Keramik wurde ausnahmslos ohne Töpferscheibe von Hand gefertigt, vereinzelt wurden sogar römische Formen imitiert. Besonders kennzeichnend sind die Gefäße der sogenannten Form II nach von Uslar.[7] Diese regelrechte Leitform, im Wesentlichen auf das 2. und 3. Jh. beschränkt, weist unter einer Randlippe einen senkrecht stehenden Hals auf, der durch einen scharfen Schulterumbruch vom Unterteil des Gefäßes getrennt ist. Daneben treten Näpfe, Schüsseln und Töpfe auf. Verzierungen sind oft mit Hilfe der Fingernägel eingedrückt und phantasievoll zu verschiedenen Mustern kombiniert.

Veränderungen durch den Limesfall

Zum Teil müssen die Gehöfte der rheinwesergermanischen Kulturgruppe bis zur endgültigen Aufgabe des Limes nach der Mitte des 3. Jh. bewohnt gewesen sein. Jedenfalls erreichten noch Erzeugnisse der spätesten Rheinzaberner Sigillatatöpfer das Taubergebiet. Danach ist eine deutliche Zäsur zu beobachten: Sechs von neun Siedlungsplätzen wurden spätestens in der zweiten Hälfte des 3. Jh. verlassen. Andererseits gründeten neu eingewanderte Gruppen im Verlauf des 4. Jh. mindestens sieben neue Niederlassungen, allesamt in siedlungsgünstiger Lage, teilweise nur wenige hundert Meter abseits der älteren Gehöfte.[8] Fundstücke westgermanischer Prägung lassen sich in diesen neuen Siedlungen nicht mehr nachweisen, die Hinterlassenschaften der zugewanderten Bevölkerung deuten nun nach Osten ins Elbegebiet. Wahrscheinlich wurden die alten Siedler von den Wirren um den Fall des Limes mitgerissen, möglicherweise beteiligten sie sich an der Eroberung bis dahin römischer Gebiete. Einzelne Funde aus dem von den Römern aufgegebenen Land hinter dem Limes, so typische Keramik der Form II nach von Uslar aus Siglingen zeigen, dass sich Germanen im Neckarland niedergelassen haben, die wahrscheinlich ehemals an Main und Tauber beheimatet waren.

Die neuen Herren

Eine kleine Gräbergruppe, bei Gerlachsheim an der Tauber ausgegraben, wirft ein Schlaglicht auf die Mitglieder einer neuen Oberschicht.[9] Kostbare Trachtausstattungen, die man den Toten in die Gräber gab, waren aus ihrer alten Heimat im Elbe-Saale-Gebiet mitgebracht worden. Hier handelt es sich zweifellos um Angehörige der neuen germanischen Siedlergruppen, die seit dem Ende des 3. Jh. in der schriftlichen Überlieferung als »Alamannen« bezeichnet werden. Ein Reitersporn vom Typ Leuna, nach einem reichen Bestattungsplatz an der Saale benannt, stammt von einer Siedlungsstelle bei Tauberbischofsheim. Er bezeugt die Anwesenheit berittener Krieger an der Tauber schon in der Zeit um 300 n.Chr.

---

1 Grundlegend: K. Peschel, Anfänge germanischer Besiedlung im Mittelgebirgsraum. Sueben, Hermunduren, Markomannen. Arbeits- u. Forschber. Sachsen, Beih. 12 (Berlin 1978).

2 R. v. Uslar, Westgermanische Bodenfunde des ersten bis dritten Jahrhunderts nach Christus aus Mittel- und Westdeutschland. Germanische Denkmäler der Frühzeit 3 (Berlin 1938).

3 Zusammenfassend: O.-H. Frey, Die Frühen Chatten. Zu den ältesten germanischen Funden aus Hessen nördlich des Mains. Archäologische Informationen 18/2, 195 ff. (mit weiterer Literatur).

4 R. Koch, Siedlungsfunde der Latène- und Kaiserzeit aus Ingelfingen (Lkr. Künzelsau). Fundber. Schwaben N.F. 19, 1971, 124 ff.; R. und U. Koch, Funde aus der Wüstung Wülflingen am Kocher. Materialh. Archäologie. Bad.-Württ 21 (Stuttgart 1993).

5 Chr. Pescheck, Die germanischen Bodenfunde der römischen Kaiserzeit in Mainfranken. Münchner Beitr. zur Vor- und Frühgesch. 27 (München 1978). Der Autor kartierte limeszeitliche Funde ausschließlich im Stadtgebiet von Tauberbischofsheim; in den letzten Jahren konnten weitere Fundstellen vor allem in Bad Mergentheim und Lauda-Königshofen entdeckt werden: Fundber. Bad.-Württ. 8, 1983, 378 ff. (Bad Mergentheim); K. Frank, Zwei neue germanische Fundstellen bei Tauberbischofsheim-Distelhausen und Lauda-Königshofen, Main-Tauber-Kreis. Archäologie. Ausgr. Bad.-Württ. 1986 (Stuttgart 1987), 178 ff.; weitere Siedlungsplätze sind unpubliziert.

6 Die Bestimmung der zahlreichen Tierknochen erfolgte durch M. Kokabi, die Vorlage ist zusammen mit den germanischen Funden des Limesvorlandes Baden-Württembergs geplant.

7 v. Uslar (Anm. 2), 11 ff.

8 Eine Zusammenstellung aller bis 1988 bekannt gewordenen Fundstellen bei M. Knaut, Frühe Alamannen in Baden-Württemberg. In: Archäologie in Württemberg. Ergebnisse und Perspektiven (hrsg. von D. Planck)(Stuttgart 1988) 315 Abb. 2. Deutlich wird die sprunghafte Vermehrung des Fundstoffs durch einen Vergleich mit der Kartierung ebd. 313 Abb. 1 aus dem Jahr 1974.

9 A. Dauber, Neue Funde der Völkerwanderungszeit aus Baden (Gerlachsheim, Ilvesheim, Zeutern). Bad. Fundber. 21. 1958, 139 ff.

Ein junges Volk macht Geschichte

HERKUNFT UND »LANDNAHME« DER ALAMANNEN

DIETER GEUENICH

Die Frage nach der Herkunft der Alamannen und dem Umfang ihres neuen Siedlungsgebietes lässt sich, wie leicht einzusehen ist, nur beantworten, wenn feststeht, was man unter dem Namen Alamanni im 3. Jh. zu verstehen hat. Nur wenn man mit der älteren Forschung von der vorgefassten Meinung ausgeht, die Alamannen seien ein Volk, ein »Stamm« gewesen, der, geeint unter einem Heerführer oder König, von irgendwoher aufgebrochen sei, um an anderer Stelle »Land zu nehmen«, wird man versuchen, das verlassene Herkunftsgebiet geographisch zu bestimmen und das neu in Besitz genommene Land als neues Stammesgebiet einzugrenzen.

Wir kennen Berichte über solche geordneten Wanderungen, angefangen bei den israelitischen Stämmen, die im 13. Jh. v.Chr. unter der Führung von Moses und Aaron ins Jordanland zogen und dort systematisch nach Stämmen geordnet »Land nahmen«, bis hin zu den Langobarden, die unter ihrem König Alboin im 6. Jh. n.Chr. nach Italien zogen, dort vom Gebiet der »Lombardei« Besitz ergriffen und es unter sich aufteilten. Dieses idealtypische Modell kann aber nicht ohne weiteres auf alle Personengruppen übertragen werden, die zur Zeit der »Völkerwanderung« (!) unterwegs waren und in den Quellen erwähnt werden. Ein solches Bild ist typisch für die Geschichtsauffassung des 19. Jh., die von der romantischen Vorstellung ethnischer Einheit und innerer Identität der germanischen Völker und Stämme über die Jahrhunderte hinweg geprägt war, und wurde in Analogie ungeprüft auf die Alamannen übertragen. War es für den 1943 verstorbenen Historiker Karl Weller noch »natürlich«, dass »der Alamannenstamm ... aus der Heimat seine rassische Zusammensetzung, seine

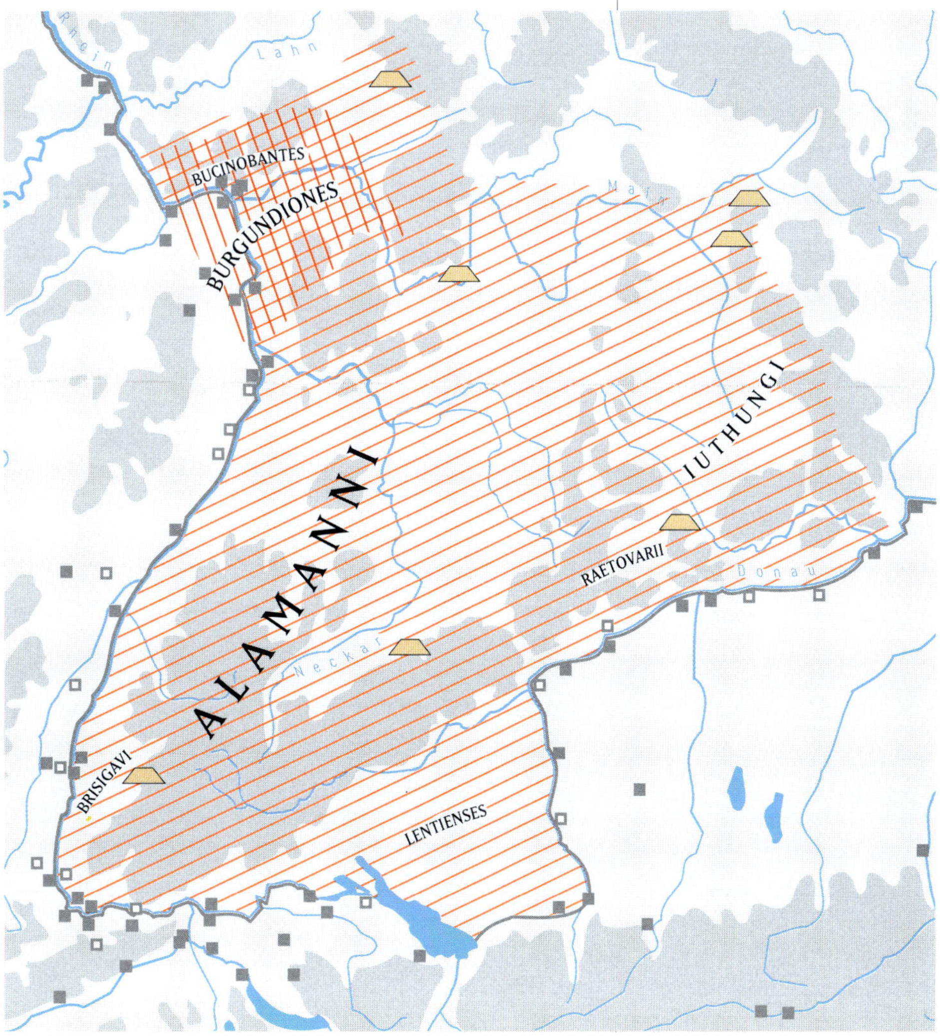

56

56 Einzelne alamannische Völker lassen sich bestimmten Regionen zuweisen: die Bucinobantes dem Buchengau, die Brisigavi dem Breisgau, die Lentienses dem Linzgau und die Raetovarii dem Ries.

Germanische Höhenburgen
Gesicherte Kastelle
Vermutete Kastelle
Limes

rechtliche Ordnung und seine wirtschaftlichen Gewohnheiten mit(brachte)«,[1] so mehren sich inzwischen die Stimmen, die eine »Volkwerdung«, eine Ethnogenese der Alamannen erst auf dem Boden des neuen Siedlungsgebietes zwischen Rhein und Limes für wahrscheinlich erachten.

Ungewisse Herkunft

Wenn man die Auffassung vertritt, die Ethnogenese der Alamannen habe sich erst von der zweiten Hälfte des 3. Jh. an im zunächst *agri decumates*, später dann Alamannia genannten rechtsrheinischen Gebiet vollzogen, dann stellt sich die Frage nach der Herkunft der Alamannen natürlich nicht – oder zumindest in ganz anderer Weise. Es kann dann allenfalls nach der Herkunft jener Menschen oder Personenverbände gefragt werden, die an dieser Neubildung beteiligt waren. Zur Beantwortung dieser Frage fehlen dem Historiker jedoch die Quellen, sodass er auf die Ergebnisse und Erkenntnisse der Nachbardisziplinen, insbesondere der Archäologie und der Sprachwissenschaft, angewiesen ist.

Erstere ist zweifellos in der Lage, konkrete Anhaltspunkte für die Herkunft der neuen Siedler zu vermitteln, indem sie Beigaben in den Gräbern von Menschen, die ab dem 3. Jh. im Gebiet zwischen Rhein und Limes siedelten, mit Beigaben aus Gräbern der vermuteten Herkunftsgebiete dieser Menschen, vergleicht.[2] Problematischer erscheint der Beitrag, den die Sprachwissenschaft zur Herkunftsfrage zu leisten vermag. Denn wenn Menschen unterschiedlicher Herkunft zu einem Volk, oder, vorsichtiger ausgedrückt, zu einer Handels- und Verkehrsgemeinschaft oder zu einem militärischen Zweckverband zusammenwachsen, dann bildet sich erst ganz allmählich eine Sprachgemeinschaft. Dieser Prozess entzieht sich aber völlig unserer Kenntnis; denn wir besitzen keinerlei Zeugnisse der vor 500 gesprochenen Sprache, weder aus dem neuen Siedlungsgebiet der Alamannia, noch aus den vermutlichen Herkunftsgebieten. Einzig der Name der Alamanni geht ins 3. Jh. zurück. Ob allerdings »mit Inhalt und Bedeutung des Alemannen-Namens«, wie Helmut Castritius glaubt,[3] »der Schlüssel zum Verständnis des Stammesbildungsprozesses der Alemannen vor(liegt)«, erscheint doch höchst zweifelhaft.

Ein Name – viele Völker

Für die Annahme, dass die Alamannen erst im neuen Siedlungsgebiet zwischen Rhein und Limes zu einem Volk zusammengefunden haben, spricht auch die Tatsache, dass ihr Name vor dem ausgehenden 3. Jh. in den Quellen nicht begegnet. Weder Caesar noch Tacitus, denen wir die wichtigsten Informationen über die frühen germanischen Völker verdanken, erwähnen ihn. Das früheste sichere Zeugnis des Namens *Alamanni* stammt aus einer Lobrede, die im Jahre 289 in Trier auf den Kaiser Maximian gehalten wurde. Alle früheren Nennungen haben sich als unsicher und problematisch erwiesen, da sie nicht zeitgenössisch überliefert sind.[4]

Die Bedeutung des Namens *Alamanni* hat, wenn man dem byzantinischen Historiker Agathias (ca. 530–582) glauben will, bereits der Chronist Asinius Quadratus zu Beginn des 3. Jh. erläutert: »Zusammengespülte und vermengte Menschen« seien die Alamannen, »und dies drückt auch ihre Benennung aus.«[5] Gleichgültig, von welchem Gewährsmann Agathias diese Deutung übernommen hat: sie scheint durchaus das Richtige zu treffen. Denn die Erklärung der heutigen Namenforscher geht in dieselbe Richtung: »Menschen oder Männer insgesamt, im Gesamten genommen«.[6]

Wenn der Name »Alamannen« auch zweifellos germanischen Ursprungs ist, so kennen wir ihn doch nur aus römischen Quellen. Seit wann und in welchem Umfang die von den römischen Schriftstellern Alamannen Genannten, sich selbst so bezeichnet haben, wissen wir nicht. Ihre Gleichsetzung mit den Sueben (»Schwaben«), die in früh- und hochmittelalterlichen Quellen begegnet, ist erst ab dem 6. Jh. überliefert; vorher scheint man mit diesen beiden Namen verschiedene Völkerschaften bezeichnet zu haben.[7]

In den frühen Quellen, vor allem in den Rerum gestarum libri des römischen Schriftstellers Ammianus Marcellinus (330–395) und im römischen Truppenverzeichnis der Notitia dignitatum (um 400), sind gewisse »Teilstämme« der Alamannen (*partes Alamannorum*) genannt. Nun könnte man meinen, wir hätten mit diesen *gentes* oder *populi Alamannorum* jene Stämme im Blick, aus denen sich der »volkreiche Stamm« (Aurelius Victor)[8] der Alamannen gebildet hat. Dem ist aber nicht so, denn die fraglichen Namen Brisigavi, Lentienses, Bucinobantes und Raetovarii nehmen bereits auf Regionen Bezug, in denen die so bezeichneten Personenverbände nach der Überwindung des Limes siedelten.

Die Brisigavi wohnten im Breis-Gau, bei Brisiacum »Breisach« am Oberrhein, die Lentienses im Linz-Gau, benannt nach der in den Bodensee fließenden »Linz«, die heute Aach heißt; -bant, der zweite Bestandteil des Namens der Bucinobantes, die gegenüber von Mainz siedelten, hat ebenfalls die Bedeutung »Gau«; und die Raetovarii schließlich bewohnten den nördlich der Donau gelegenen Teil Rätiens. Diese Personenverbände tragen also Bezirksnamen oder Insassennamen, die sie nicht aus ihrer alten Heimat, wo immer sie gelegen haben mag, mitgebracht haben können; denn sie sind offensichtlich erst sekundär aus ortsbezognen Gaubezeichnungen (Breisgau, Linzgau, Buchengau,

57

57 Ein der Siegesgöttin Victoria geweihter Altarstein, 1992 bei Augsburg gefunden, erinnert an den Sieg der Römer »über die Barbaren des Stammes der Semnonen oder Juthungen« im Jahre 260.

Riesgau) auf die dort Wohnenden übertragen worden. Sie können mithin erst in den neu errungenen Gebieten entstanden sein.

Die Juthungen

Im Gegensatz zu den vorgenannten Bezeichnungen, die von dem besiedelten Bezirk abgeleitetet wurden, handelt es sich beim Namen der Juthungen, die Ammianus Marcellinus ebenfalls als alamannischen Stamm (*gens Alamannica*) und als Teil der Alamannen (*Alamannorum pars*) bezeichnet, allem Anschein nach um einen alten Volksnamen. Die ursprüngliche Bedeutung »Nachkommen, Abkömmlinge« ist von Karl Müllenhoff schon im letzten Jahrhundert im Sinne von »Abkömmlinge der Semnonen« oder »echte Semnonen« interpretiert und mit dem alten suebischen Stamm der Semnonen in Verbindung gebracht worden.[9]

Diese Vermutung scheint nun durch den Fund eines Altarsteines eine gewisse Bestätigung erfahren zu haben, der im August 1992 in Augsburg entdeckt wurde.[10] Es handelt sich um einen Weihestein an die Siegesgöttin Victoria, der am 11. September des Jahres 260 aufgrund eines Sieges der Römer über »die Barbaren des Stammes der Semnonen oder Juthungen« (*ob barbaros gentis Semnonum sive Iouthungorum*) errichtet wurde, wie die noch deutlich lesbare Inschrift verkündet.

Da Ammian die Juthungen als Teil der Alamannen bezeichnet, könnte man aus diesem sensationellen neuen Fund folgern, nicht nur die Juthungen, sondern auch die Alamannen seien Semnonen und damit, da diese nach Tacitus den ältesten und vornehmsten Stamm der Sueben bildeten, im Grunde Sueben.

Gegen eine solche vorschnelle Folgerung sind jedoch Bedenken angebracht: Wenn von den bezwungenen Barbaren als Semnonen oder Juthungen die Rede ist, so ist damit nicht gesagt, dass letztere aus den ersteren entstanden seien. Und wenn Ammian rund 130 Jahre später die Juthungen als Teil der Alamannen bezeichnet, so kann diese Aussage durchaus eine zwischenzeitlich veränderte Situation reflektieren, die durch langjährige räumliche Nachbarschaft, gemeinsame militärische Gegnerschaft und häufige Kampfgemeinschaft gegen die Römer entstanden war oder sich auch nur aus der römischen Sicht so darstellte. Als Zeugnis für Herkunft und ethnische Zuordnung der Alamannen wird man den Augsburger Siegesaltar kaum heranziehen können. Für die Juthungen, deren Name damit noch früher als der der Alamannen zweifelsfrei bezeugt ist und die im 3. Jh. offensichtlich in einer wie auch immer gearteten Beziehung zu den Semnonen standen, die seitdem aus der Geschichte verschwunden sind, ist er dagegen von größter Bedeutung.

Die Juthungen, die vom römischen Heermeister Aetius (390–454) im Jahre 430 geschlagen wurden, scheinen nach dieser Niederlage endgültig in den Alamannen aufgegangen zu sein; auch sie werden fortan nirgends mehr erwähnt.

Die Überwindung des römischen Limes

Dass sich der Alamannen-»Stamm« bereits vor Mitte des 3. Jh. »weit im Innern Germaniens« gebildet haben müsse,[11] klingt zunächst plausibel. Denn nur ein einheitlich organisierter Stamm, so lautet das Argument, dürfte in der Lage gewesen sein, die militärischen Befestigungsanlagen des Limes zu durchbrechen und die kriegserfahrenen römischen Streitkräfte aus ihren rechtsrheinischen Territorien zu vertreiben. Entsprechend machte die ältere Forschung einen »gewaltigen Ansturm« der Alamannen im Jahre 259/60 für die endgültige Aufgabe des obergermanisch-rätischen Limes durch die Römer verantwortlich und rühmte die »bewundernswerte Triebkraft ihres Stammes.«[12]

Neuere Forschungen haben jedoch auf den innerrömischen Machtkampf zwischen Kaiser Gallienus (260–268) und dem Usurpator Postumus (260–269) aufmerksam gemacht, der zur militärischen Entblößung der Limeskastelle und langfristen Schwächung von Wirtschaftskraft und Infrastruktur in der rechtsrheinischen Provinz führte. »Ein Untergang des Limes 259/60 im ›Sturm der Barbaren‹ erweist sich wie die Vorstellung vom Überrennen der rechtsrheinischen Provinzgebiete durch die Alamannen als Fiktion.«[13] Nicht die eindringenden Germanenscharen brachten demnach den Limes zu Fall und zwangen die Römer zur Aufgabe der *agri decumates*, sondern der innerrömische Machtkampf zwischen Kaiser und Gegenkaiser.

Einladung zur »Landnahme«?

Wenn unter »Landnahme«, wie uns der Duden belehrt, die »Inbesitznahme von Land durch ein Volk« zu verstehen ist, dann muss die »Volkwerdung« oder Ethnogenese der Alamannen ihrer Landnahme vorausgegangen sein. Wir haben aber, wie gesagt, keinerlei Anzeichen dafür, dass die Alamannen vor ihrem Eindringen in die zuvor römisch besetzten *agri decumates* bereits ein Volk waren. Erst recht fehlen alle Kriterien, sie als »Stamm« im Sinne einer Abstammungsgemeinschaft zu bezeichnen, da es keinerlei Indizien für ein gemeinsames Stammesbewusstsein, für Mythen über eine gemeinsame Abstammung oder für sprachliche Gemeinsamkeiten gibt.

Entsprechend kann von systematischer Landnahme keine Rede sein. Auch archäologische Hinweise auf eine planmäßige Besiedlung im 3. Jh. scheinen zu fehlen. Vielmehr ist eine relative Fundarmut zu konstatieren, die vielleicht am ehesten dadurch erklärt werden kann, dass man für diese frühe Phase noch den von Caesar geschilderten Zustand semipermanenten Wohnens annimmt, der zwangsläufig weniger Überreste hinterlässt. Ein häufiger Wechsel der Siedlungsplätze verhinderte die Anlage größerer Friedhöfe, womit das Fehlen größerer, kontinuierlich belegter Bestattungsplätze eine natürliche Erklärung findet; und dies gilt umso mehr, wenn man konstatiert, dass die Kontakte zu den Herkunftsgebieten zunächst noch intakt blieben.

Es erscheint nicht ausgeschlossen, dass die germanischen Eindringlinge das von Rom aufgegebene ehemalige Provinzgebiet der *agri decumates* mit Zustimmung der Römer und vielleicht sogar unter vertraglichen Bedingungen besiedelt haben.[14] Diesen Eindruck erweckt jedenfalls ein Schreiben, das Kaiser Probus (276–282) nach dem Bericht der Historia Augusta[15] an den Senat nach Rom geschickt haben soll. Darin schilderte der Kaiser die neu entstandene Situation an Rhein und Donau folgendermaßen: »Ganz Germanien, soweit es sich erstreckt, ist unterworfen; neun reges von verschiedenen gentes haben sich flehend mir, vielmehr Euch, zu Füßen geworfen. Alle Barbaren pflügen nun für Euch, dienen Euch und stehen im Kriegsdienst gegen die Stämme weit im Innern des Landes ... Die gallischen Äcker werden mit den Zugtieren der Barbaren gepflügt, ... für unsere Versorgung weidet das Vieh verschiedener gentes, selbst ihre Pferde werden aufgezogen für unsere Reiterei, mit Barbarengetreide sind unsere Vorratsspeicher gefüllt. Was soll ich noch sagen? Nur den Erdboden haben wir ihnen gelassen, alles, was sonst ihnen gehört, besitzen wir.«

Nachbarn der Römer

Auch wenn dieser Bericht des Kaisers an den Senat in Rom nicht authentisch überliefert ist und darin die durch die Aufgabe des obergermanisch-rätischen Limes entstandene Situation vermutlich aus römischer Sicht beschönigt wurde, könnte mit der Erwähnung mehrerer Anführer (*reges*) unterschiedlicher germanischer Stämme (*gentes*), die als Föderaten Kriegsdienst gegen andere Stämme im Innern Germaniens leisten und den Römern Vieh, Pferde und Getreide liefern, durchaus ein zutreffendes Bild von einer vertraglich geregelten Koexistenz der Römer mit den neuen rechtsrheinischen Nachbarn gezeichnet sein. Die in den Hand- und Schulbüchern bis heute übermittelte Vorstellung, der Limes sei durch einen gewaltigen Barbarensturm überrannt worden, aufgrund der geballten militärischen Kraft eines einheitlich organisierten Alamannenstammes zusammengebrochen und die gesamte provinzialrömische Bevölkerung sei entweder erschlagen worden oder habe in panischer Angst das Weite gesucht, ist jedenfalls äußerst fragwürdig. Langfristig

58

58 Die Vorderseite dieser Münze zeigt den Kaiser Probus (276–282. Auf der Rückseite sieht man zu Füßen einer Trophäe zwei gefangene Germanen und die Umschrift VICTORIA GERM(ANICA).

dürfte allerdings die römische Lebensweise in den aufgegebenen Provinzgebieten rechts des Rheins erloschen sein.
Die Kontakte zwischen der gallorömischen Bevölkerung links und den »Barbaren« rechts des Rheins, die zusammenfassend »Germanen« oder dann zunehmend »Alamannen« genannt wurden, waren in der Folgezeit nicht nur feindlich und kriegerisch. Vielmehr scheinen die Grenzkastelle entlang dem nun gültigen »nassen Limes« an Rhein und Donau auch friedliche Zeiten des Warenaustauschs, des Handels und Verkehrs in beide Richtungen erlebt zu haben. Die Kenntnisse der Römer über die Vorgänge bei den alamannischen *gentes* und umgekehrt der Alamannen über die Lebensverhältnisse bei den Römern dürften recht gut gewesen sein. Denn die Römer unterhielten Beziehungen zu den barbarischen Anführern (*reges*), von denen nicht wenige in römischen Diensten Karriere machten. Man kann geradezu von einer »Barbarisierung« oder »Germanisierung« des römischen Heeres sprechen, die aus der grundsätzlichen Überlegung heraus erfolgte, dass Germanen am besten mit Germanen zu besiegen seien. Dieser Vorgang ist von der Forschung »als charakteristischer Zug der Militärgeschichte des 4. Jahrhunderts«[16] herausgestellt worden und wird oft als einer der Gründe für den »Untergang« des römischen Weltreiches verantwortlich gemacht.

Die Schlacht bei Straßburg im Jahr 357

Der Bericht des Kaisers Probus, in dem von neun *reges* verschiedener *gentes* die Rede ist, die als Föderaten der Römer und mit deren Billigung das rechtsrheinische Territorium in Besitz hatten, erlaubte einen ersten Einblick in Struktur und Organisation der alamannischen Verbände im ausgehenden 3. Jh. Er wird in willkommener Weise durch Ammianus Marcellinus bestätigt, der rund 80 Jahre später über eine Schlacht gegen Alamannen berichtet, die im Jahre 357 bei Straßburg stattgefunden hat. Im Gegensatz zum Schreiben des Probus, dessen Authentizität aufgrund der problematischen Überlieferungslage bezweifelt werden kann,[17] gilt die Schilderung Ammians, der als Begleiter des römischen Oberbefehlshabers Ursicinus von 353 bis 357 selbst in Gallien und damit gewissermaßen Augenzeuge der Ereignisse war, als zuverlässig.
Demnach werden die Alamannen von zahlreichen *reges* angeführt, ohne dass einem von ihnen eindeutiger Vorrang zukommt. In die Schlacht ziehen oft mehrere *reges* gemeinsam, aber nie befinden sich alle in gemeinsamem Kampf mit den Römern, die auch mit jedem von ihnen einzeln verhandeln und Verträge abschließen. Ist von der Gesamtheit der Alamannen die Rede, so spricht Ammian von den »Königreichen« (*regna*), den »Völkern« (*populi*) oder den »Gauen« (*pagi*) der Alamannen.
Anlässlich des Berichts über die Schlacht bei Straßburg im Jahre 357 schildert Ammian detailliert die Zusammensetzung des alamannischen Kampfverbandes: Er wird angeführt von den beiden *reges* Chnodomar und Serapio, die »mächtiger als die anderen Könige« (*potestate excelsiores ante alios reges*) waren. Chnodomar verdankte seine Vormachtstellung offensichtlich früheren militärischen Erfolgen, während Serapio wohl von seiner Verwandtschaft mit ihm profitierte. Er war nämlich der Sohn eines Bruders des Chnodomar namens Mederich, der sich lange Zeit als Geisel in Gallien aufgehalten, dort den Serapis-Kult kennengelernt und daraufhin seinen Sohn Agenarich in Serapio umbenannt hatte.[18]
Diesen beiden folgten fünf weitere *reges*, die als »die nächstmächtigsten« (*potestate proximi*) bezeichnet werden, dann zehn *regales* (»Königsverwandte«?), eine große Reihe Adlige (*optimates*) sowie 35 000 Bewaffnete, die aus verschiedenen Volksstämmen (*nationibus*) teils gegen Sold, teils unter dem Versprechen, sich gegenseitig Hilfe zu leisten, zusammengekommen waren. Zur Schlacht gegen die Römer haben sich also verschiedene alamannische *nationes* zu einem Zweckbündnis zusammengefunden, die entweder durch einen für diese Schlacht geschlossenen gegenseitigen Beistandspakt oder durch Soldversprechen verbündet waren.
Nach der Niederlage – Chnodomar ergibt sich in auswegloser Situation, zweihundert seiner Begleiter (*comites*) und drei engste Freunde folgen ihm in die Gefangenschaft – legen die anderen *reges* keineswegs ihre Waffen nieder. Um den Frieden wiederherzustellen, muss der römische Kaiser Julian vielmehr jeden von ihnen einzeln verfolgen, den *rex Hortarius* beispielsweise bis in seinen Gau in der Maingegend, dessen Dörfer und Felder die Römer erst verwüsten und niederbrennen müssen, ehe sie von ihm einen Friedensvertrag und die Herausgabe der Kriegsgefangenen erzwingen können.

Einheit oder Vielfalt?

Als *Alamanni*, deren erste sichere Nennung in den schriftlichen Quellen zum Jahr 289 bezeugt ist, werden von den römischen Schriftstellern die germanischen »Barbaren« bezeichnet, die nach Preisgabe des obergermanisch-rätischen Limes um 260 in die ehemals römischen agri decumates eingedrungen waren und dort von den Römern offenbar als »Puffer« gegen die aus dem Inneren Germaniens weiter herandrängenden Barbarenscharen geduldet wurden. Indizien für eine gemeinsame Herkunft der Eindringlinge, eine ursprüngliche ethnische Einheit oder Stammesstruktur lassen sich nicht erkennen. Eine politische Zusammenfassung ist auch nach der Mitte des 4. Jh. nicht feststellbar; vielmehr scheinen die *Alamanni* genannten Personenverbände unter »Gaukönigen« getrennt voneinander gesiedelt und allenfalls militärische Zweckbündnisse auf Zeit im Kampf gegen die Römer geschlossen zu haben. Von einem gemeinsamen Bewusstsein, einer Herkunfts- oder Stammessage, einer gemeinsamen Religion, Sprache oder Kultur ist nichts bekannt.

1 K. Weller, Besiedlungsgeschichte Württembergs vom 3. bis 13. Jahrhundert n.Ch. (Stuttgart 1938) 17. Fast wörtlich wiederholt: ders., Geschichte des schwäbischen Stammes bis zum Untergang der Staufer (München, Berlin 1944) 5.
2 Vgl. hierzu H. Schach-Dörges in diesem Band.
3 H. Castritius, Die Inschrift des Augsburger Siegesaltars als Quelle der Erkenntnis zur Großstammbildung bei den Germanen. In: E. Schallmayer (Hrsg.), Niederbieber, Posthumus und der Limesfall. Saalburg-Schriften 3 (Bad Homburg vor der Höhe 1996) 20.
4 Vgl. M. Springer, Der Eintritt der Alemannen in die Weltgeschichte. Abhandl. u. Ber. Staatl. Mus. Völkerkunde Dresden 41 (Berlin 1984) 99 ff.; L. Okamura, Alamannia devicta: Roman-German Conflicts from Caracalla to the First Tetrarchie (a.d. 213–305) 1 (phil. Diss. Michigan 1984) 84 ff.
5 Agathias, Historiae A (I) 6,3. Vgl. C. Dirlmeier u.a., Quellen zur Geschichte der Alamannen II. Heidelberger Akad. Wiss. Komm. Alamannische Altkde. Schr. 3 (Heidelberg, Sigmaringen 1978) 80.
6 B. Boesch, Name und Bildung der Sprachräume. In: W. Hübener (Hrsg.), Die Alamannen in der Frühzeit. Veröff. Alemannisches Inst. 34 (Bühl 1974) 91 ff.
7 Vgl. H. Keller, Alamannen und Sueben nach den Schriftquellen des 3. bis 7. Jahrhunderts. Frühmittelalterl. Stud. 23, 1989, 89 ff.
8 Sex. Aurelius Victor, Liber de Caesaribus 21,2: Alamannos, gentem populosam ex equo mirifice pugnantem, [Caracalla] prope Moenum devicit. Zitiert nach Dirlmeier u.a. (Anm. 5) 21.
9 K. Müllenhoff, Zeitschr. Dt. Alt. 10, 1863, 562.
10 L. Bakker, Der Siegesaltar zur Juthungenschlacht von 260 n.Chr. Arch. Nachr. 24, 1993, 274 ff.; ders., Raetien unter Postumus – Das Siegesdenkmal einer Juthungenschlacht im Jahre 260 n.Chr. aus Augsburg. Germania 71, 1993, 369 ff.
11 So R. Christlein, Die Alamannen. Archäologie eines lebendigen Volkes 2 (Stuttgart, Aalen 1979) 22.
12 Die Zitate stammen aus dem Reallexikon der Germanischen Altertumskunde: RGA (1913) von Rudolf Much; RGA2 (1973) von Hubert Jänichen.
13 K. Strobel, Das Imperium Romanum im 3. Jahrhundert. Historia Einzelschr. 75 (Stuttgart 1993) 293.
14 Vgl. H. U. Nuber, Das Ende des Obergermanisch-Raetischen Limes – eine Forschungsaufgabe. In: ders./K. Schmid/H. Steuer/Th. Zotz (Hrsg.), Arch. u. Gesch. Freiburger Forsch. Erstes Jahrtausend Südwestdt. 1 (Sigmaringen 1990) 66 f.; ders., Der Verlust der obergermanisch-raetischen Limesgebiete und die Grenzsicherung bis zum Ende des 3. Jahrhunderts. In: F. Vallet/M. Kazanski (ed.), L'armée Romaine et les barbares du IIIe au VIIe siècle. Assoc. Française d'Arch. Mérovingienne 5 (Paris 1993) 101 ff. bes. 103 f. Vgl. weiter ders. in diesem Band.
15 Scriptores Historiae Augustae, Prob. 15,2–6. Zitiert nach Dirlmeier u.a. (Anm. 5) 42 f.
16 A. Schenk Graf von Staufenberg, Die Germanen im römischen Reich: Das Imperium und die Völkerwanderung (München 1948) 18.
17 Die sog. Historia Augusta (vgl. Anm. 15) gilt nach neueren Forschungen als das Werk eines anonymen Fälschers um 500. Vgl. die bei Dirlmeier u.a. (Anm. 5) 37 zitierte Lit.
18 Ammianus Marcellinus, Rerum gestarum libri XVI,12 (25). Vgl. zu dieser und den anderen Quellenstellen D. Geuenich, Zur Landnahme der Alemannen. Frühmittelalterl. Stud. 16, 1982, 31 ff.

»Zusammengespülte und vermengte Menschen«

SUEBISCHE KRIEGERBÜNDE WERDEN SESSHAFT

HELGA SCHACH-DÖRGES

Folgt man dem byzantinischen Geschichtsschreiber des 6. Jh. Agathias, so hat der Chronist Asinius Quadratus die Alamannen abschätzig als »zusammengespülte und vermengte Menschen« bezeichnet. Nach dem archäologischen Kenntnisstand ist diese Interpretation des Namens *alamanni* durchaus zutreffend, denn bis gegen Ende des 4. Jh. waren offenbar mehrere suebische Stämme von der unteren bis zur oberen Elbe an der Aufsiedlung des süddeutschen Raumes beteiligt.

WOHER KAMEN DIE ALAMANNEN?

Die Frage nach der Herkunft jener in römischen Quellen seit der zweiten Hälfte des 3. Jh. als Alamannen bezeichneten Germanen hat die Forschung seit vielen Generationen beschäftigt. Zentrales Thema dieser Diskussion zwischen Historikern, Archäologen und Sprachwissenschaftlern ist, ob die Alamannen als Sueben zu betrachten sind und wenn ja, welche suebischen Völker an der Ethnogenese beteiligt waren.[1]

Bis weit in die siebziger Jahre ging die archäologische Forschung davon aus, die Alamannen seien als geschlossener Stamm nach Südwestdeutschland umgesiedelt. Als ihre »Urheimat« galt das Elbe-Havel-Gebiet, und man glaubte, sie seien mit den suebischen Semnonen identisch.[2]

Weitgehend hat sich nunmehr die These durchgesetzt, dass mehrere elbgermanische Stämme an der Besiedlung des ehedem römischen Dekumatlandes und der rätischen Landschaften nördlich der oberen Donau beteiligt waren: Gefolgschaftlich organisierte kleine Kriegerverbände mit ihren Familien bemächtigen sich des Landes und wuchsen erst im neuen Siedlungsraum zum Stammesbund der Alamannen zusammen.

Aufbruch an Elbe, Havel und Saale?

Dass suebische Semnonen tatsächlich zu den Eroberern zählten, belegt ein vor wenigen Jahren in Augsburg entdeckter, ins Jahr 260 datierter römischer Siegesaltar. In seiner Inschrift werden die Semnonen mit den Juthungen gleichgesetzt, die dann hundert Jahre später in römischen Quellen als *pars Alamannorum* bezeichnet wurden.[3]

In den letzten drei Jahrzehnten wurde wichtiges archäologisches Material publiziert, das die Herkunft der Alamannen aus dem suebisch-elbgermanischen Raum belegt.[4] Zu klären ist jedoch, ob und gegebenenfalls in welchem Umfang nordgermanisch-skandinavische und ostgermanische Bevölkerungsgruppen an der Aufsiedlung Süddeutschlands beteiligt waren. Darüber hinaus ist es erforderlich, die elbgermanischen Herkunftsgebiete genauer einzugrenzen.

Diese Aufgabe ist allerdings beim gegenwärtigen Forschungsstand u.a. deshalb schwer lösbar, weil die Zahl systematisch erforschter und auch publizierter Fundplätze zu gering ist. Von den meisten Friedhöfen wissen wir weder, wann sie gegründet noch wann sie wieder aufgegeben wurden. Festzuhalten ist jedoch, dass nirgends im elbgermanischen Gebiet Landschaften vollständig verlassen wurden, nirgends ist mit dem plötzlichen Aufbruch größerer Stammesteile zu rechnen. Für Thüringen und das Havelgebiet ist sogar im 3. und frühen 4. Jh. eine Besiedlungsverdichtung erschlossen worden.[5] Der Bevölkerungsabzug muss also innerhalb weniger Generationen ausgeglichen worden sein, so dass er archäologisch (noch) nicht fassbar ist. Freilich gibt es von Südwestmecklenburg und der Prignitz bis nach Mitteldeutschland und Böhmen Friedhöfe, die gegen Ende des 3. Jh. aufgelassen wurden. Dies mit einer Abwanderung der Siedler nach Südwestdeutschland zu begründen liegt nahe, bleibt aber vorläufig Spekulation. Modellhaft sei dennoch auf das elbgermanische Gräberfeld von Zauschwitz in der Leipziger Tieflandsbucht zwischen Saale und Mulde verwiesen.[6] In der zweiten Hälfte des 3. Jh. wurde dieser Friedhof nicht mehr belegt, der zugehörige Weiler ist offensichtlich aufgegeben worden. Er soll von zwei bis drei Familien bewohnt gewesen sein; sie könnten sich mit anderen zum Aufbruch zusammengeschlossen haben.

Indizien für die Herkunft

Welche Möglichkeiten hat die Archäologie, die Herkunft der Alamannen zu klären? Wichtig sind Kartierungen von Trachtbestandteilen, erlau-

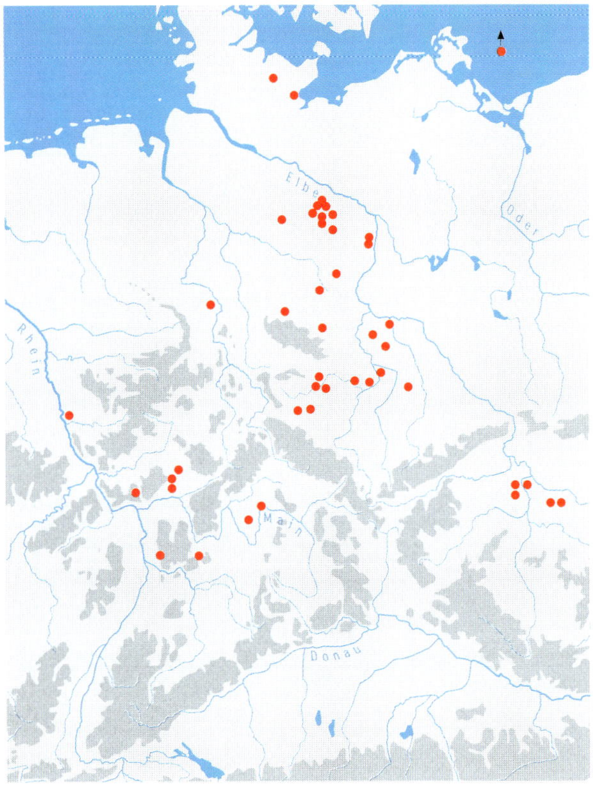

59

ben sie doch, Landschaften mit übereinstimmenden Modetendenzen zu erkennen. Freilich ist zu fragen, ob solche Verbreitungsbilder im Einzelfall ethnisch gedeutet werden dürfen, ob sie nicht vielmehr ökonomische Beziehungen spiegeln. Es müssen also weitere Argumente hinzutreten.

Wesentliche Indizien liefert auch die im Hauswerk gefertigte Keramik, da sie Formen und Techniken lange bewahrt. Hervorragende, übereinstimmende Einzelobjekte, die höchstwahrscheinlich in derselben Werkstatt hergestellt worden sind, verdeutlichen ebenfalls enge Beziehungen. Allerdings müssen die Forschungen noch intensiviert werden. Materialanalysen von Metall und Ton, aber auch minutiöse Untersuchungen der Herstellungstechniken werden zukünftig gewiss wichtige Informationen liefern.

Die Siedlungsforschung steht noch am Anfang. Noch wissen wir nicht, ob Unterschiede in Haus- und Gehöftbau, in der Anlage von Weilern und Dörfern eines Tages zur Herkunft der Alamannen Auskunft geben können.

60 a

60 b

60 c

59 Tierfibeln wurden vor allem von den westlich der unteren und mittleren Elbe siedelnden Germanen getragen. Im nördlichen Süddeutschland kommen diese Gewandspangen mit Amulettcharakter sowohl in germanischen Siedlungen als auch in römischen Kastellen vor. Sie sind von einwandernden Siedlern und Kriegern mitgebracht worden.

60 Die Hirschfibeln von Merseburg an der Saale (links) und Unterpleichfeld bei Würzburg (unten) sind sehr ähnlich. Sie könnten vom gleichen Handwerker hergestellt worden sein. Das naturalistischere Exemplar (unten links) stammt aus Weinheim an der Bergstraße von einem im Herzen des römischen Dekumatlandes gelegenen Gutshof, der offenbar durch Brandschatzung zugrundeging.

61

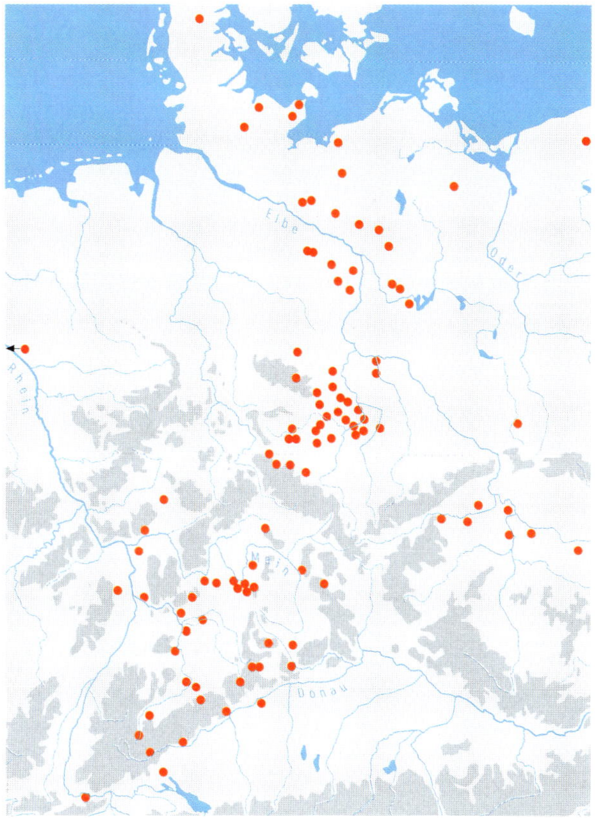

62

61 Scheibenfibeln wie von Erlbach im Ries ◉ und verwandte Formen ●, fast regelmäßig mit vergoldetem Silberblech und blauen Glassteinen belegt, waren in Mitteldeutschland und Westböhmen um die Mitte des 3. Jh. bei Frauen der Oberschicht »en vogue«. Ein Einzelstück fand sich hoch im Norden auf Seeland. Es ist dort schon deshalb ein Fremdling, weil es entgegen kontinentaler Sitte als Brustschmuck getragen wurde, denn der Typ Erlbach ist sonst immer als Paar überliefert (vgl. Abb. 71).

62 Armbrustfibeln mit Rautenfuß, ein variantenreicher und viele Jahrzehnte gebräuchlicher Schmuck, waren vor allem bei den Elbgermanen im Saale-Unstrut-Gebiet beliebt. Zahlreiche Stücke aus Süddeutschland belegen enge Beziehungen zum mitteldeutschen Raum während des späten 3. und im 4. Jh. Das elbgermanische Erbe wurde aber durch alamannische Handwerker auch in eigenständigen Serien weiterentwickelt.

Entscheidende Kriterien liefern aber die Bestattungssitten. Hier ist nicht allein die Totenbehandlung – Leichenverbrennung und Körperbestattung – wichtig, sondern darüber hinaus müssen Details des Grabbaus und der Ausstattung Verstorbener sorgfältig analysiert werden. Das Totenritual ist wesentlicher Bestandteil der geistigen Vorstellungen und insofern mitbestimmend für die Abgrenzung eines Kultverbandes bzw. einer möglicherweise ethnisch zu interpretierenden Sitte. Nur ein Ensemble zahlreicher Merkmale gestattet fundierte Aussagen zur Herkunft der Alamannen.

»Modeschmuck« erhellt Verwandtschaftsbeziehungen

In der Zeit um 200 wurde ein bestimmter Typ von Gewandspangen (Fibeln) fast ausschließlich von Germanen getragen, die westlich der Elbe – von der Altmark bis nach Böhmen – siedelten. Es handelt sich um Scheibenfibeln in Tierform. Aus religiösen Motiven waren besonders Eber, aber auch Hirsch und Hindin beliebt.[7] Einige Exemplare aus den Landschaften um den mittleren und unteren Main sowie den unteren Neckar belegen, aus welchen Gebieten die Krieger stammten, die an den frühen Angriffen auf den obergermanischen Limes beteiligt waren.

Mitte des 3. Jh. haben besonders angesehene Frauen im Saale-Unstrut-Gebiet und in Westböhmen kostbare Scheibenfibeln getragen. Exemplare von Erlbach im Ries gleichen auffallend Fibeln von Dolínek bei Prag und Nienburg an der unteren Saale. Sie beweisen eindeutig, dass Frauen der Elite zu den ersten Ansiedlern gehörten und diese nach unserem Kenntnisstand nur aus Mitteldeutschland oder Böhmen zugewandert sein können.

Seit der zweiten Hälfte des 3. und im gesamten 4. Jh. war bei den Elbgermanen, besonders westlich von Elster und Saale im Thüringer Becken, ein Fibeltyp gebräuchlich, den man als Armbrustfibel mit Rautenfuß – wegen seiner Verbreitung sogar als »Elbefibel« – bezeichnet.[8] Diese im Detail variantenreiche Form ist vielfach aus Süddeutschland belegt. Zum einen wird hierdurch verstärkte alamannische Ansiedlung während des 4. Jh. dokumentiert, zum anderen enge Verknüpfung mit dem mitteldeutschen Raum. Fehlgüsse vom Runden Berg bei Urach auf der Schwäbischen Alb und von Gnotzheim in Mittelfranken bezeugen, dass derartige Gewandspangen nun auch in der Alamannia hergestellt wurden. Technische Analysen werden zukünftig erlauben, das weite Verbreitungsgebiet der »Elbefibeln« kleinräumig in Serien zu gliedern.

Verbindungen zur alten Heimat

Aus Kartierungen von Trachtelementen ist also ablesbar, welche Landschaften kulturell und ökonomisch besonders eng verbunden waren und von wo möglicherweise vornehmlich Germanen nach Süddeutschland zuwanderten. Gegenstände aber, die in Süddeutschland hergestellt wurden oder vor allem dort Mode waren, können darüber hinaus – wenn sie in elbgermanischen Gebieten gefunden werden – andauernde Kontakte der Alamannen in ihre Heimatgebiete belegen.

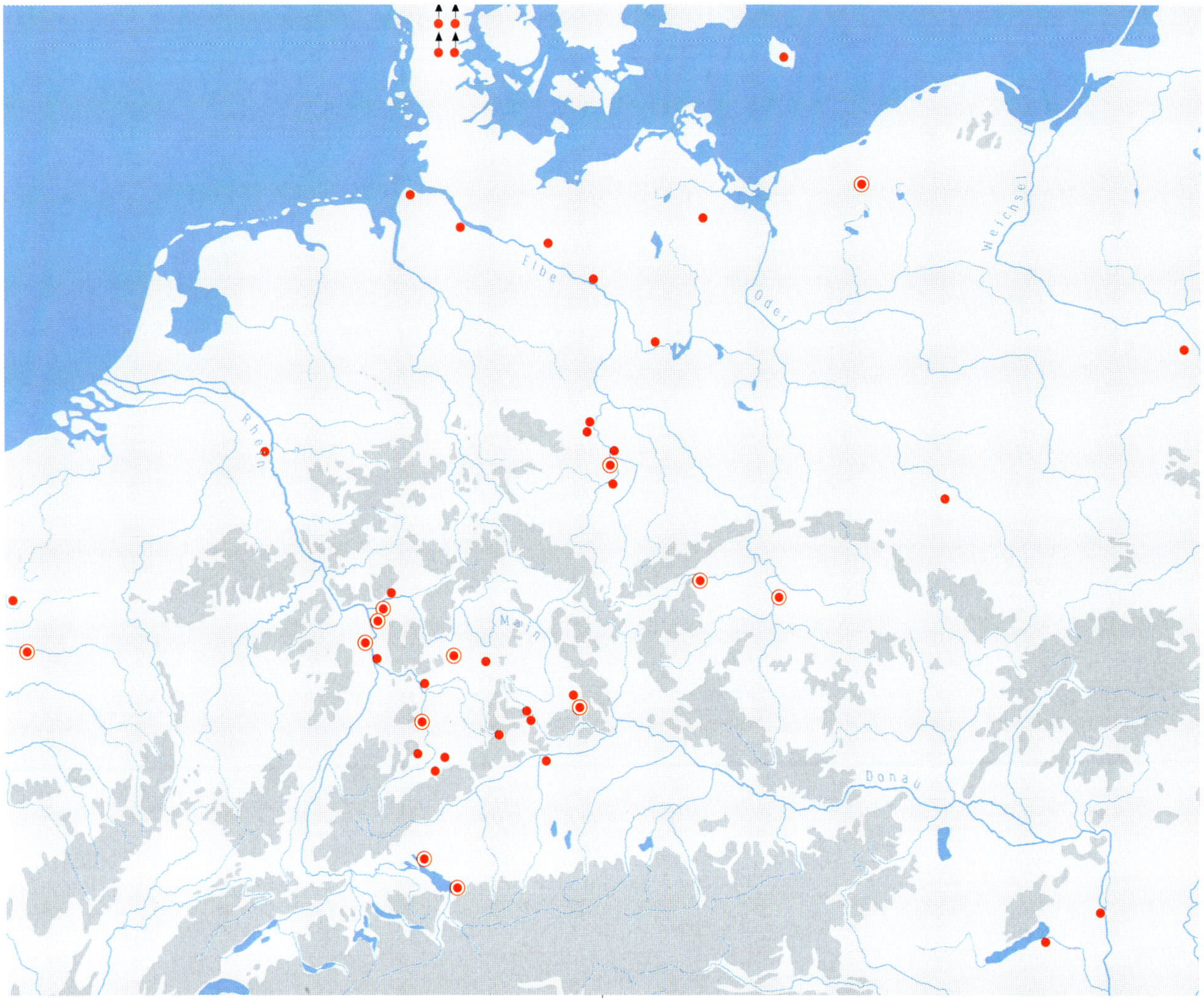

63

63 Kobaltblaue Berlockperlen wurden im zweiten Drittel des 4. Jh. aus provinzialrömischen Werkstätten nach Süddeutschland importiert, denn wohlhabende Alamanninnen schätzten diesen Schmuck und kombinierten gerne mehrere Exemplare ◉ mit anderen Perlen. Außerhalb der Alamannia gibt es solche Perlen in größerer Zahl fast nur in Westböhmen und an der mittleren Saale. Die übereinstimmende Mode spricht für andauernde Beziehungen zu den elbgermanischen Herkunftsgebieten.

Zwei Karten sollen dies verdeutlichen. Berlockperlen aus kobaltblauem durchscheinendem Glas waren um die Mitte des 4. Jh. bei alamannischen Mädchen und Frauen äußerst beliebt.[9] In Form und Größe weithin ähnlich, wurden sie in provinzialrömischen Werkstätten hergestellt und in erheblichem Umfang nach Süddeutschland importiert. Es gibt diese Perlen aber auch aus Grabfunden in Böhmen und im Saalegebiet, selten sind sie dagegen in Norddeutschland, Skandinavien und östlich der Oder, also bei den nördlichen Elbgermanen, den Nord- und Ostgermanen.

Alamannische Männer benutzten während des fortgeschrittenen 4. und frühen 5. Jh. zum Schließen ihres mantelähnlichen Umhangs Spangen, die auf römische Soldatenfibeln zurückgehen. Sie und andere Fundstücke dokumentieren einen starken Einfluss der spätrömischen Militärtracht. Namengebend für die beiden kartierten Fibeltypen wurden die Fundorte Heilbronn-Böckingen und Leutkirch im Allgäu.[10] Bemerkenswert an der Verbreitungskarte sind wiederum die deutlichen Verbindungen ins Saale-Unstrut-Gebiet und bis nach Mecklenburg.

Überprüft man als Gegenkontrolle die Verbreitung spezifisch nord- und ostgermanischer Trachtbestandteile, so sind zum alamannischen Gebiet Süddeutschlands keine Bezüge festzustellen. Die dort

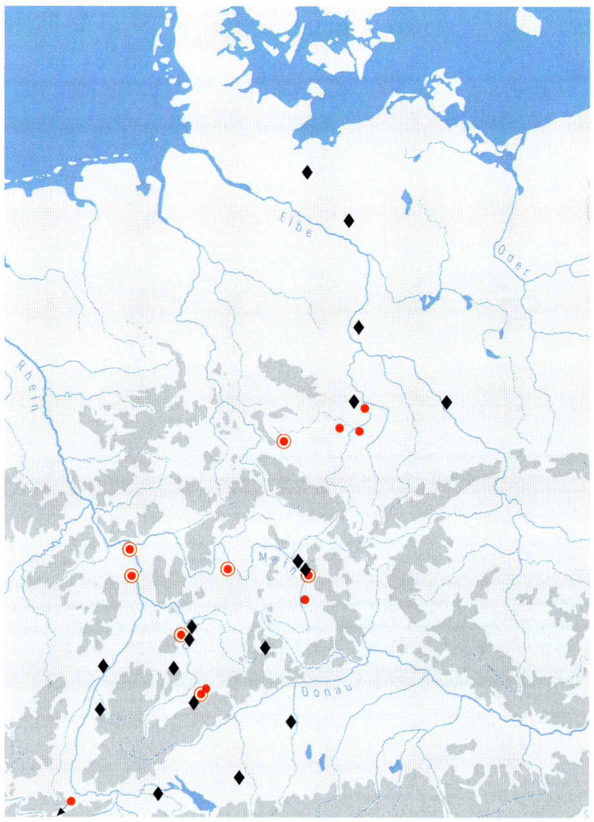

64

64 Spätrömische Ringfibeln vom Typ Heilbronn-Böckingen ◉ und verwandte Formen • finden sich außer in Süddeutschland auch im Saale-Unstrut-Gebiet. Zeitgleiche Soldatenfibeln mit doppelkonischem Bügelknopf vom Typ Leutkirch im Allgäu ♦ sind von zwölf Plätzen südlich des Mains bekannt, darüber hinaus aber auch aus dem mittleren und nördlichen Elbegebiet. Offenbar haben elbgermanische »Verwandte« der Alamannen in den gleichen Gegenden an Oberrhein und Donau als Söldner Roms gedient und die Fibeln schließlich in ihre Heimat mitgebracht.

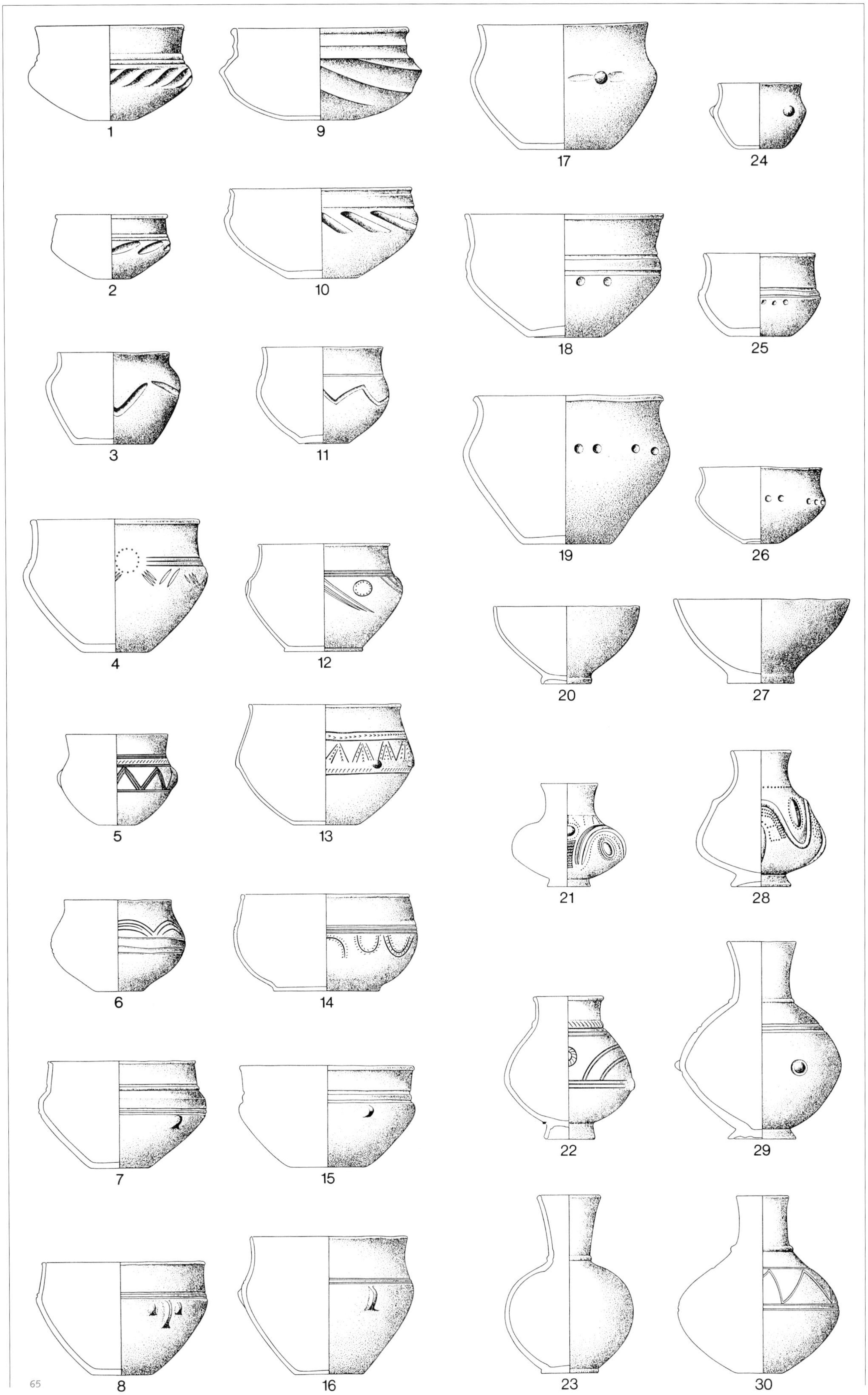

65 **Siedlungs- und Grabkeramik frühalamannischer Zeit aus Südwestdeutschland (9–16; 24–30), vor allem aus dem 4. Jh., wird hier elbgermanischer Tonware von Südwestmecklenburg bis Böhmen gegenübergestellt (1–8; 17–23). Die Verwandtschaft der Formen und des Dekors ist eindeutig und zeigt, aus welchen Gebieten sehr wahrscheinlich Germanen nach Südwestdeutschland zugewandert sind.**

1 Sanne,
2 Kahrstedt,
3 Merseburg,
4–6 Pritzier,
7 Ichstedt,
8 Voigtstedt,
9 Mengen,
10–11 Kirchheim unter Teck,
12 Mengen,
13 Sontheim im Stubental,
14 Großkuchen,
15 Heidelberg-Rohrbach,
16 Berching-Pollanten,
17 Dederstedt,
18 Wechmar,
19 Bad Dürrenberg,
20 Merseburg,
21 Besno n. Louny,
22 Hassleben,
23 Kannawurf,
24 Bietigheim,
25 Benningen am Neckar
26–27 Rendel,
28 Großkuchen,
29 Groß-Gerau,
30 Günzburg.

66 a

66 b

lebende Bevölkerung kann sich keinesfalls in nennenswertem Umfang an der Aufsiedlung beteiligt haben.

Keramik – ein wichtiges Zeugnis

Die im Haushalt für den Eigenbedarf ohne technische Hilfsmittel hergestellte Tonware unterliegt weder hinsichtlich der Form noch des Dekors raschem Modewandel. So erlaubt vor allem die aus den ersten Jahrzehnten der alamannischen Landnahme datierende Keramik Rückschlüsse auf die Heimat der Einwanderer. Überzeugende Beispiele, die man mit der alamannischen Tonware vergleichen kann, gibt es im elbgermanischen Raum vom östlichen Niedersachsen und der Prignitz bis nach Böhmen, vor allem aus dem Raum zwischen Nordharz und Thüringer Wald und im Osten bis zur Elbe und Mulde, aber auch aus dem südwestlichen Mecklenburg. Wegen des noch unzureichenden Publikationsstandes wäre es verfrüht, bestimmten Landschaften Prioritäten einzuräumen, zumal sich nach der Mitte des 3. Jh. keramische Formengruppen im Elbegebiet schwer abgrenzen lassen, weil Schalen und Töpfe vielfach unverziert sind oder nur sparsamen und schlichten Dekor tragen.

Immerhin sind aufgrund des Keramikvergleichs Nordwestmecklenburg, Holstein und Schleswig

66 c

66 d

als Herkunftsgebiete der Alamannen auszuschließen. Die Kegel- und Trichterhalsgefäße dort, die Tassen mit waagerechten und senkrechten Henkeln, die flächendeckende Rillenverzierung sowie spezielle Dellenmuster unterscheiden sich erheblich. Schleswig-Holstein fiel auch bei den Fibelkarten weitgehend aus, die Keramik bestätigt also das gewonnene Bild.

Schmuck aus mitteldeutschen Werkstätten?

Germanische Metallobjekte aus den ersten Jahren nach dem »Limesfall« haben für den Herkunftsnachweis besondere Bedeutung, darf man doch davon ausgehen, dass sie – mit wenigen Ausnahmen – aus der Heimat mitgebracht worden sind, während in den neuen Siedlungsräumen noch keine Produktion stattfand.

Ein goldener Fingerring, vermutlich aus Kemnat bei Stuttgart (Abb. 66 b), hat Gegenstücke in Adelsgräbern von Emersleben bei Halberstadt, Gommern an der Mittelelbe und Hassleben bei Erfurt (66 a).[11] Ein silberner Anhänger in Form eines Axtsymbols von Beinstein im Rems-Murr-Kreis (66 b) ist Stücken sehr ähnlich, die im südlichen Thüringen gefunden wurden (66 a). Details an kostbaren Fibeln und Nadeln von Gundelsheim und Lauffen am Neckar, Gerlachsheim bei Tauberbischofsheim und Erlbach im Ries (66 d.f) verweisen ebenfalls auf entsprechende Arbeiten in Mitteldeutschland (Sachsen-Anhalt und Thüringen; Abb. 66 c.e), wo es in der zweiten Hälfte des 3. und im frühen 4. Jh. eine vermögende Schicht gab, die ganz hervorragende Goldschmiede beschäftigen konnte. Von ihnen bezog vermutlich auch die alamannische Elite ihre wertvollen Schmuckstücke und Standesinsignien.

Nach jetzigem Kenntnisstand waren bis gegen Ende des 4. Jh. an der alamannischen Ethnogenese Germanen mehrerer elbgermanischer Stämme von der Prignitz und Altmark im Norden bis Westböhmen beteiligt. Alle gehörten zum sehr einheitlich geprägten suebischen Kulturkreis. Es deutet sich an, dass Anfang des 3. Jh. Zuwanderer eher aus dem nördlichen Elbegebiet kamen, gegen Ende des Jahrhunderts dagegen die Kontakte nach Mitteldeutschland vorherrschten. Die alamannische Ethnogenese war damit jedoch keinesfalls abgeschlossen. In den folgenden Jahrhunderten verschmolzen weitere Gruppen mit der ansässigen Bevölkerung.

66 e

66 f

66 a–f Vom Ende des 3. und in der ersten Hälfte des 4. Jh. gibt es vor allem im mittleren Neckarraum feine Goldschmiedearbeiten. Vorzügliche Gegenstücke haben sie in Hassleben bei Erfurt, aber auch sonst in Thüringen und Sachsen-Anhalt. Freilich ist der Schmuck dort häufig aus edlerem Material und von feinerer Qualität. Wahrscheinlich brachten alamannische Anführer die Pretiosen aus ihrer mitteldeutschen Heimat mit. Beliebte Schmuckdetails waren geriffelte Blechmanschetten aus vergoldetem Silber, farbige Glaseinlagen und in Schlaufen geführter Gold- und Silberdraht. Fundorte: a. c. e Hassleben; b Ostfildern-Kemnat und Waiblingen-Beinstein; d. f Lauffen am Neckar und Spielberg bei Erlbach.

BESTATTUNGSBRAUCH, EINE WESENTLICHE QUELLE

Antike Quellen bezeichnen die Alamannen als *gens populosa*, als zahlreiches Volk. Dies steht scheinbar im Widerspruch zum archäologischen Befund, denn aus dem weiten süddeutschen Raum etwa zwischen Main und Donau sowie Rhein und Naab sind bisher nur reichlich 80 Bestattungsplätze der frühalamannischen Zeit bekannt. Die relativ geringe Zahl erklärt sich vornehmlich aus den Begräbnissitten: Die in der Regel kleinen Grabgruppen werden sehr viel eher unbemerkt zerstört als ausgedehnte Gräberfelder, zumal die Bestattungen bis zu 10 m voneinander entfernt liegen können. Da sie oft mehr als 1 m eingetieft sind, werden sie nur zufällig bei Baumaßnahmen entdeckt. Ist das Skelett bereits vergangen und der Tote nur mit un-

scheinbaren Beigaben bestattet worden, so bleibt das Grab unerkannt oder die geringen Reste werden als »Einzelfunde« klassifiziert.
Mindestens ebenso problematisch ist die Entdeckung von Brandgräbern: Urnen bzw. häufig nur in Beuteln vergrabener Leichenbrand wurden oft in weniger als 50 cm Tiefe beigesetzt. Durch Ackerbau sind solche Gräber weitgehend zerstört, nur noch Knochenfragmente und Scherben finden sich verstreut an der Ackeroberfläche. Diese »wertlosen« Zeugnisse blieben lange Zeit unbeachtet.
Die publizierten Befunde erlauben dennoch einen guten Einblick in das vielfältige Totenritual. Im folgenden werden vor allem solche Merkmale vorgestellt, die für die Herkunftsbestimmung der Alamannen wichtig erscheinen. Denn gerade im Totenbrauchtum – wesentlich sind gleichermaßen Bestattungsart wie Beigabensitte – werden religiöse Kultgemeinschaften erkennbar, die möglicherweise ethnisch interpretiert werden dürfen.

Familiengrabstätte und Dorffriedhof

Aus frühalamannischer Zeit sind überwiegend Einzelgräber und kleine Bestattungsplätze mit bis zu fünf Toten überliefert. Allein aus Mainfranken und der Oberpfalz, Landschaften also, die niemals zum römischen Imperium gehörten, kennt man auch Brandgräberfelder mit mehr als hundert Bestattungen (Altendorf, Kleinlangheim, Forchheim).[12] Diese Friedhöfe wurden während des gesamten 4. und frühen 5. Jh. belegt; der elbgermanisch-hermundurische Bestattungsplatz von Altendorf reicht sogar bis in die ältere Kaiserzeit zurück.
Größere Körpergräberfelder gibt es nur im Breisgau. Dort im Grenzland siedelten Alamannen als Söldner (Sponeck bei Jechtingen) und Verbündete (Wyhl) Roms, im Dienst und Schutz des Imperiums.

Wenn nahezu im gesamten ehedem römischen Dekumatland ausgedehntere Friedhöfe fehlen, so mag hierfür die historische Situation verantwortlich sein: Die in römischen Quellen besonders für die zweite Hälfte des 4. Jh. bezeugten kriegerischen Auseinandersetzungen könnten Dorfgründungen, die mehrere Jahrzehnte Bestand hatten, weitgehend verhindert haben. Eine breitere Quellenbasis wird zur Lösung dieser Frage führen.
Bemerkenswerterweise ist sehr wahrscheinlich nur auf zwei frühalamannischen Friedhöfen bis weit in die Merowingerzeit bestattet worden (Frankfurt a.M.-Praunheim »Ebel« und Ulm »Kienlesberg«),[13] nirgends sonst ist Platzkontinuität sicher nachgewiesen.
Für Bestattungen wurden unterschiedliche Plätze gewählt: Man beerdigte die Toten auf den höheren Terrassen eines Flusslaufes oberhalb der Siedlung, ebenso aber in römischen Ruinen, in deren Nähe man sich niedergelassen hatte, darüber hinaus in Höhlen und auch als Nachbestattung in eisenzeitlichen Grabhügeln, die als markante Denkmäler der Vorzeit Anziehungspunkte waren.
Im elbgermanischen Herkunftsgebiet der Alamannen gab es ebenfalls Einzelbestattungen und kleinere Grabgruppen, sowohl Brand- wie Körperbestattungen. Ausgedehnte Urnenfelder waren keineswegs die Regel, aber doch häufig.

Zweiklassengesellschaft im Bestattungsbrauch?

Die Grabformen variieren, es überwiegt Körperbestattung. Die Sitte der Leichenverbrennung nahm im Verlauf der frühalamannischen Zeit ab. Die gleiche Tendenz ist innerhalb des elbgermanischen Kulturkreises besonders im Saale-Unstrut-Gebiet, aber auch in Böhmen zu beobachten.[14] So kam es vorübergehend zu »birituellen«

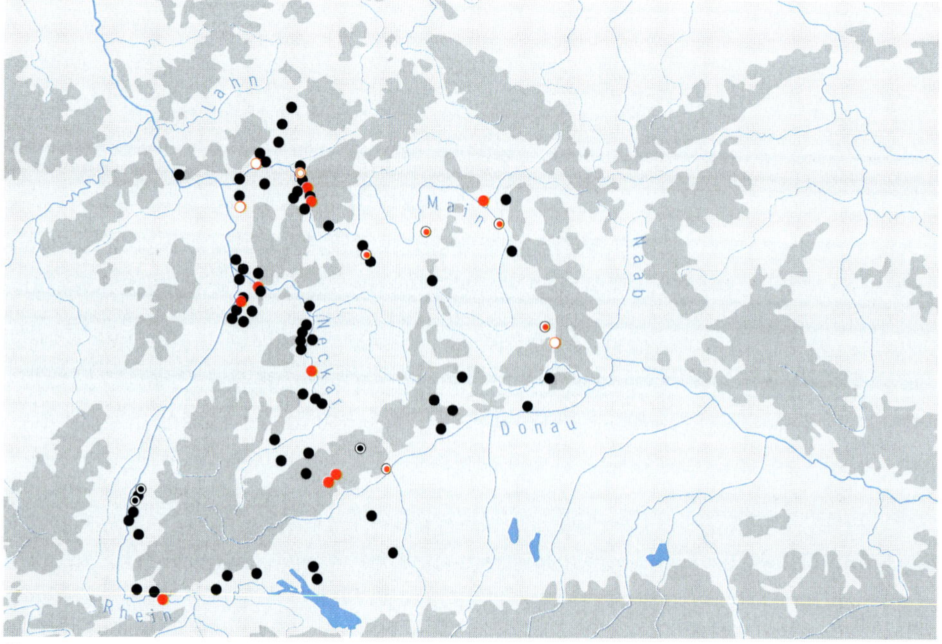

67

67 Die Grabfunde vom letzten Drittel des 3. bis zum ersten Drittel des 5. Jh. südlich der Mittelgebirge zwischen Rhein und Naab jenseits der Grenzen des spätrömischen Reiches. Bemerkenswerte Details: Brandgräber sind von weniger als einem Fünftel der Bestattungsplätze überliefert. Friedhöfe mit mehr als zehn Brandbestattungen wurden (mit einer Ausnahme) nur in Mainfranken und der Oberpfalz entdeckt, also nicht im ehedem römischen Dekumatland. Fundplätze mit mehr als zehn Körperbestattungen sind ungewöhnlich, sie spiegeln besondere Situationen (Körpergräber ●, Brandgräber ●, Bestattungsplätze mit mehr als 10 Körpergräbern ◉, mit mehr als 10 Brandgräbern ◉, Bestattungsplätze mit Brand- und Körpergräbern ○, mit mehr als 10 Brand- und Körpergräbern ◎).

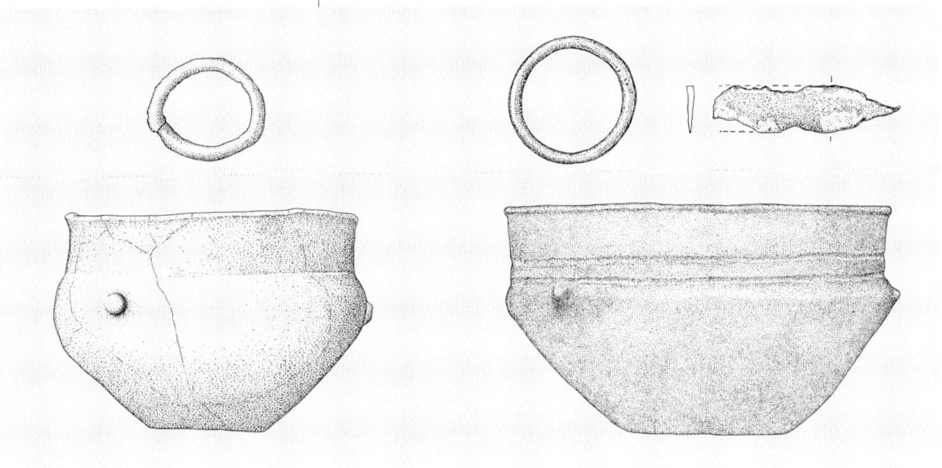

68

68 Die Grabausstattung zweier Elbgermanen, die im 3. Jh. an der unteren Saale in Großbadegast (links) und am unteren Neckar in Heidelberg-Rohrbach (rechts) beerdigt wurden, ist erstaunlich ähnlich. Beide benutzten einen bronzenen Gürtelring, als Urne diente jeweils eine Schüssel mit drei Knubben.

Friedhöfen mit beiden Grabformen. Man kennt sie von Mecklenburg bis Böhmen und auch aus Süddeutschland (Berching-Pollanten, Kahl a.M., Frankfurt a.M.-Praunheim »Ebel« und Groß-Gerau »Schindkaute«).[15] Für einen Wechsel zur Körperbestattung waren in Südwestdeutschland darüber hinaus provinzialrömische Einflüsse mitbestimmend, war die Körperbeerdigung doch bei den Römern seit der mittleren Kaiserzeit herrschende Bestattungsform. Solche Einflüsse werden in Trachtwandel und Geschirrausstattung besonders der grenznahen Gebiete deutlich, ebenso wenn die typisch elbgermanische Nord-Süd-Ausrichtung (»Blickrichtung« des Toten nach Süden) allmählich zugunsten der West-Ost-Orientierung aufgegeben wird.

Brandgräber sind in Mainfranken und der Oberpfalz ungleich häufiger als im Raum südlich des Neckars zwischen Oberrhein und Donau. Sollten sich hier unterschiedliche Herkunftsgebiete der Neusiedler spiegeln? Schließlich ist im weiten elbgermanischen Raum der Anteil von Körper- und Brandbestattungen während des 4. Jh. sehr unterschiedlich.

Körper- und Brandbestattung haben in Süddeutschland keine sozialen Ursachen, es gibt hier wie dort reiche und arme Gräber. Dies soll an zwei Beispielen der frühesten Landnahmezeit demonstriert werden. In Heidelberg-Rohrbach wurde der Leichenbrand eines erwachsenen Mannes[16] beigesetzt. In der Urne lagen darüber hinaus sein bronzener Gürtelring und ein Eisenmesser; Waffen hatte man dem germanischen Krieger nicht auf seinem letzten Weg mitgegeben. Seine ärmliche Ausstattung ist typisch elbgermanisch, wie ein Beispiel aus Großbadegast von der unteren Saale dokumentiert (Abb. 68).

Ganz anders war der Aufwand bei der Feuerbestattung einer angesehenen Frau von Obernau am Main: Man hatte ihr allein zwölf Tongefäße auf den Scheiterhaufen gestellt, das reichste Keramikservice frühalamannischer Zeit überhaupt. Die Tote besaß kostbare Scheibenfibeln, freilich ist die Schmuckausstattung nahezu bis zur Unkenntlichkeit verbrannt. Ihren Wert erschließt erst die archäologische Analyse.

Warum aber wurde diese Frau nach altem germanischem Ritus eingeäschert, während sich zur gleichen Zeit eine ihr sozial Ebenbürtige bei Erlbach im Ries unverbrannt bestatten ließ? Eine Antwort hierauf ist noch nicht möglich.

Knochenasche und Beigaben wurden nicht nur in Tonurnen beigesetzt, sondern oft in Behältern aus

69

69 So ähnlich mag die wohlhabende Tote von Obernau aufgebahrt gewesen sein, bevor der Scheiterhaufen in Brand gesteckt wurde. Zum umfangreichen Ess- und Trinkservice zählten allein drei Gefäße römischer Herkunft. Den besonderen Stand der Frau kennzeichnen darüber hinaus drei Spindeln und eine verschließbare Holztruhe.

Stoff, Leder oder Holz, die inzwischen vergangen sind; deshalb finden sich sogenannte Leichenbrandnester. Bedingt durch ihre vielfach schlechte Erhaltung wurden sie zum Teil als Brandgrubengräber missdeutet (Altendorf, Kleinlangheim) und als Beleg für die Zuwanderung ostgermanisch-burgundischer Bevölkerung angesehen. Eine Analyse der Grabinventare belegt hingegen den elbgermanischen Charakter dieser Brandbestattungen aus dem 4. Jh. und verdeutlicht den Unterschied zu typisch burgundischen Ausstattungen: In den Männergräbern fehlen Waffen und Geräte nahezu vollständig, und Frauengräber enthalten bemerkenswert häufig Kämme und »Urnenharz«.[17] Ebenso fehlen Daubenholzeimer mit Eisenbeschlägen, die im odergermanisch-burgundischen Gebiet sowohl Frauen als auch Männern relativ oft mitgegeben worden sind.[18]

Körpergräber wurden ebenfalls ganz unterschiedlich angelegt. Es gibt holzverschalte Kammern, die teilweise mehr als 6 m² groß sind. Gerade sie sind hinsichtlich des Totenbrauchtums eng verwandt mit Bestattungen der elbgermanischen Elite von Mecklenburg bis Böhmen und deshalb – neben anderen Details – ein wichtiges Indiz für die Herkunft der Alamannen. »Fürstlich« ausgestattete Gräber der Nord- und Ostgermanen unterscheiden sich hingegen durch Grabanlage und Fundgut.

Neben solchen »Prunkgräbern« sind einfache Gruben überliefert, in denen ärmliche Tote bestattet waren: erwachsene Frauen mit nur einer Fibel (Ergersheim in Mittelfranken, Ilbenstadt Grab 3 und Reichelsheim Grab 4) oder ausschließlich einer bescheidenen Perlenkette (Heroldstatt auf der Schwäbischen Alb, Frankfurt a.M.-Intzestraße), gelegentlich auch nur einem einzigen Tongefäß als Beigabe.

Frauen und Männer der Oberschicht

Aus der Zeit vom ausgehenden 3. bis zum ersten Drittel des 5. Jh. sind in Süddeutschland mehr als 15 Mädchen- bzw. Frauengräber der sozialen Oberschicht bekannt. Ihre reiche Trachtausstattung bestand in der Regel aus mindestens einem prächtigen Fibelpaar und ein oder zwei Nadeln zum Feststecken einer Haube. Besonders auffallend war der Hals- und Brustschmuck: In Ketten aus Bernstein- und Glasperlen waren oft Amulette an Silberringen eingehängt. Üppig war zum Teil die »Wegzehrung« für das Totenreich. Alamanninnen von hohem Stand besaßen außerdem eine geräumige Holzschatulle, die möglicherweise weitere Kleidung enthielt. Diese Festtagstracht der Oberschicht war keine Mode speziell der elbgermanischen und alamannischen Frauen, sondern weit darüber hinaus verbindlich. Details des Grabritus jedoch sind eng mit elbgermanischen Adelsgräbern verknüpft.

Männergräber frühalamannischer Zeit sind scheinbar seltener als Frauenbestattungen. Sie sind archäologisch schwer zu identifizieren, da ihnen eine charakteristische Ausstattung fehlt: Die Krieger wurden in der Regel ohne schwere Waffen beerdigt, also ohne Schwert, Lanze und Schild. Diese Sitte wurzelt im elbgermanischen Herkunftsgebiet. Dort wurden allein Äxte und Pfeilspitzen häufiger beigegeben, vorzugsweise in Miniaturform oder Blechausführung in Kinderbestattungen.[19] Das Grab eines elfjährigen Knaben von Groß-Gerau mit

70

70 Sehr spärlich sind die aus dem Scheiterhaufen ausgelesenen Reste des reichen Frauengrabes von Obernau am Main. Aus dem Scherbenmaterial lässt sich wenigstens der Umfang der Keramikbeigaben erschließen. Die monströse eiserne Schlossfeder (im Vordergrund) gibt einen Eindruck von der Größe des Holzkastens. Ein Teil der Schmuckausstattung ist mit Sicherheit verbrannt.

71 Das Grab vom Spielberg bei Erlbach im Ries wurde schon Anfang des Jahrhunderts geborgen. Das Sterbealter der zur ersten Einwanderergeneration gehörenden Alamannin ist unbekannt. Das Silbergeschmeide kennzeichnet ihren Stand: je ein Paar große Nadeln für den Kopfputz und kostbare Fibeln als Schulterverschluss ihres Kleides, eine weitere Nadel für den mantelähnlichen Umhang, Hals- und Fingerring sowie ein Riemenzungenpaar vermutlich vom Schuhwerk. Auch der silberne Spinnhaken ist ein Statussymbol.

einer knapp 9 cm langen Axt belegt für den südwestdeutschen Raum das Festhalten an solchen elbgermanischen Traditionen.[20]
Ein Reitergrab vom Ende des 3. Jh. aus der bayerischen Oberpfalz zeigt am eindrücklichsten die kennzeichnenden Merkmale eines elbgermanischen Toten von hohem sozialem Ansehen: Er war in einer großen Grabkammer beigesetzt, sein Gürtel trug silberne Beschläge, besonders wichtige Attribute sind neben den Sporen drei nachlässig gearbeitete Pfeilspitzen und ein Miniaturmesser aus Bronze. Nur im Elbegebiet von Mecklenburg bis Böhmen war es Sitte, solche untauglichen Gegenstände, die lediglich symbolischen Charakter hatten, ins Jenseits mitzugeben. Die Alamannen hielten bis zum Beginn des 5. Jh. an der Tradition fest, angesehenen Verstorbenen einen Köcher mit drei Bronzepfeilen (und ihren Bogen) mitzugeben, jüngster Beleg ist ein Grab aus Leutkirch im Allgäu (Abb. 77–79).
Im Verlauf des 4. Jh. wurden in der Männertracht römische Einflüsse erkennbar: Römische Derivate ersetzten vielfach die elbgermanischen Fibeln, und auch in der Gürtelmode setzte sich provinzialrömischer Geschmack durch. Viele Alamannen dienten als Söldner im römischen Heer, der »Modewandel« ist also nicht überraschend. Hervorragendes Beispiel für Änderungen in der Beigabensitte ist ein

73

72 Gegen Ende des 4. Jh. wurde hoch über dem Neckar bei Lauffen eine begüterte junge Frau bestattet. Die angesehene Familie hatte sich wenige Jahrzehnte zuvor in der Nähe eines verödeten römischen Landgutes niedergelassen. Die Schmuckausstattung mit den auffallend schönen Bernstein- und Glasperlenketten dürfte vollständig sein. In einem mit Knochenring verstärkten »Pompadour« waren teils kostbare Amulette verborgen. Ein solcher Beutel wurde stets an der linken Hüfte getragen.

73 Das Trink- und Essservice der reichen Frau aus Lauffen bestand aus mindestens neun Tongefäßen. Auch hatte man der Toten zwei Spanferkel und Weintrauben als Wegzehrung mitgegeben.

74

74 Die Schmuckausstattung einer Mitte des 4. Jh. in Westböhmen (Soběsuky) verstorbenen Frau. Mit Goldblech und Glas belegte silberne Schildfibeln verschlossen ihr Gewand auf den Schultern, eine zierliche Armbrustfibel ihren Umhang. Der Mode entsprachen eine kräftige Bernsteinkette und das zierliche Kollier aus blauen Berlockperlen, die sie wohl aus Süddeutschland bezogen hatte. Auch die obligate Nadel von der Haube fehlt nicht.

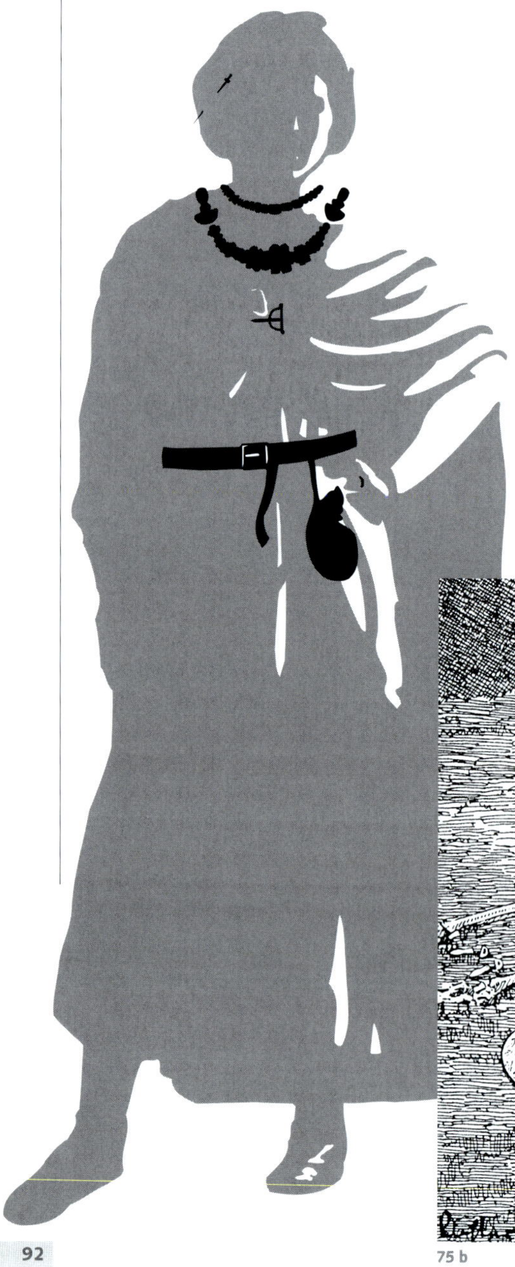

75 a

75 b

75 Links die Grabskizze der um 300 n.Chr. verstorbenen »Fürstin« von Hassleben in Thüringen, oben die Rekonstruktion des Grabes einer fast hundert Jahre später verstorbenen Alamannin von Lauffen am Neckar. Beide Tote, wenn auch von unterschiedlich hohem Stand, wurden in geräumigen holzverschalten Grabkammern in ihrer Festtagstracht beigesetzt. Gefäß- und Speisebeigaben waren vornehmlich im Ostteil des Grabes niedergelegt.

76 **Links das Grab eines in Häven, Mecklenburg, im 3. Jh. verstorbenen Kriegers. Rechts die Bestattung eines in Berching-Pollanten, Oberpfalz, beerdigten Germanen. Beide wurden nach elbgermanischem Ritus beigesetzt. Die holzverschalten Grabkammern stimmen in Größe und Orientierung überein. Charakteristisch sind bronzene Sporenpaare und drei Pfeile mit Bronzespitzen in einem Köcher. Beide Reiter besaßen zwei Gürtel, einer gehörte wohl zum Köcher. Typisch ist das Fehlen einer kampffähigen Waffenausrüstung, denn auch der Schild des Reiters aus der Oberpfalz mit einem alten geflickten Buckel war nicht einsatzfähig.**

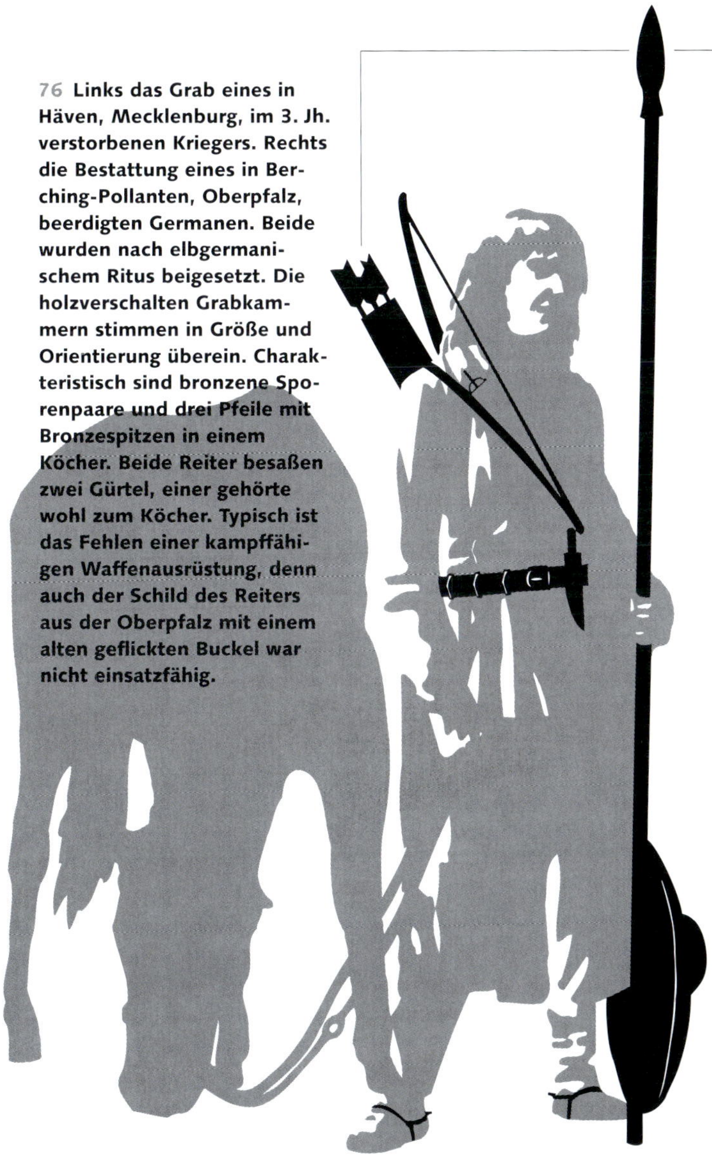

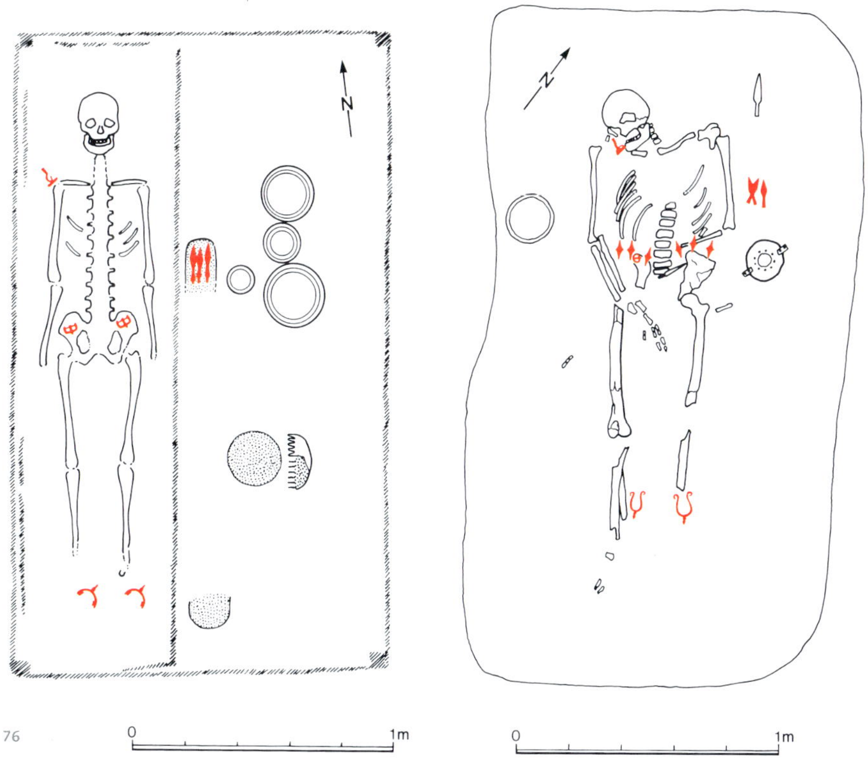

76

77 **Auch der Anfang des 4. Jh. nördlich der Donau in Laisacker bei Neuburg bestattete Germane erhielt nach elbgermanischer Tradition drei Bronzepfeile. Seinen besonderen Stand belegt die silberne Gürtelschnalle. Interessant ist das Keramikservice: Der Topf ist typisch elbgermanisch, der rechte Becher eine germanische Nachahmung römischer »Faltenbecher«, das linke Gefäß ein römisches Produkt, wahrscheinlich im »kleinen Grenzverkehr« erworben.**

77

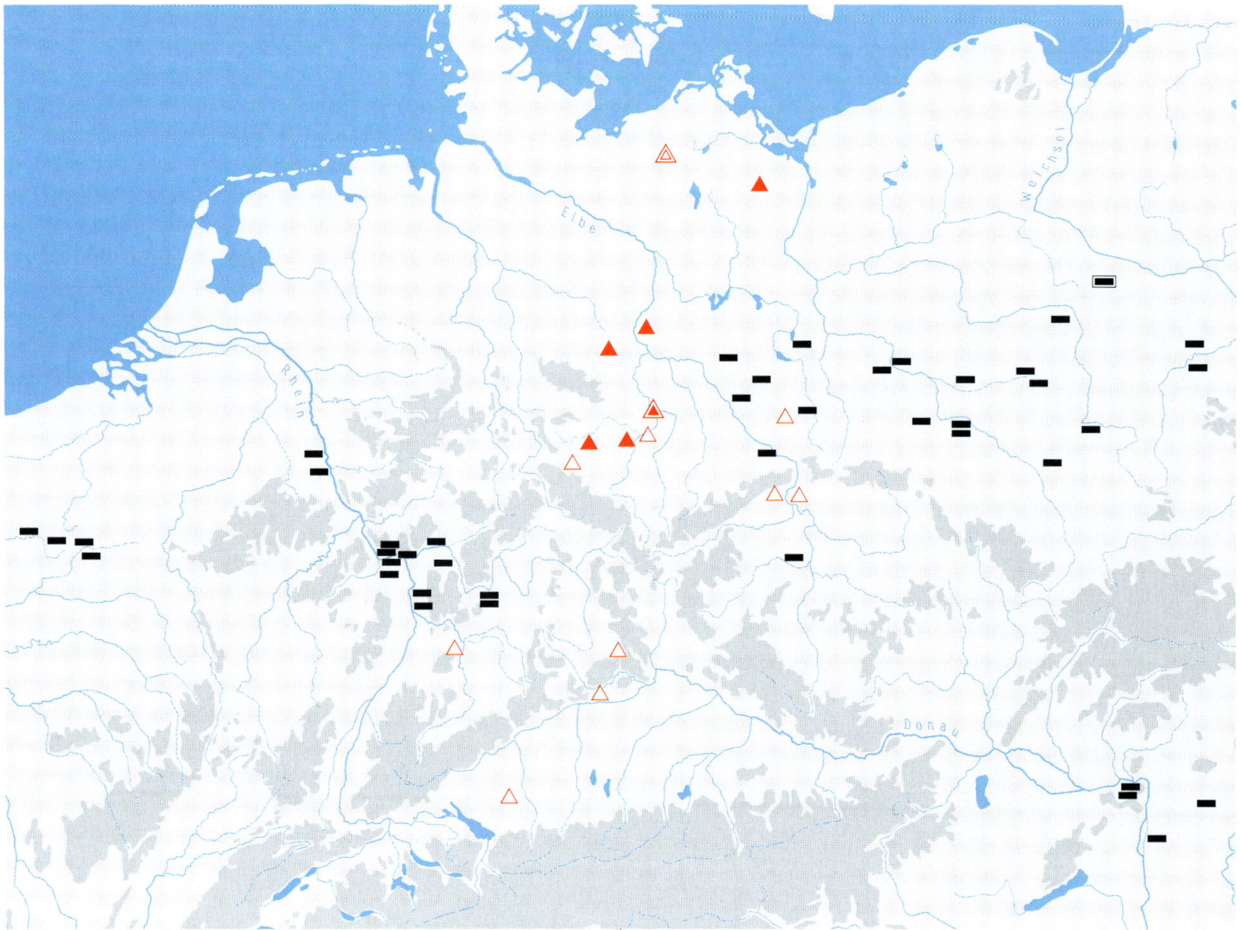

78

79

78 Bei den Elbgermanen war es im späten 3. und frühen 4. Jh. Brauch, Reiterkriegern von besonderem Rang zwei oder drei Pfeile mit bronzenen oder sogar silbernen Spitzen symbolisch für das Jenseits mitzugeben. Vier Grabfunde Süddeutschlands belegen das Festhalten an diesen elbgermanischen Kultvorstellungen. Deutlich grenzt sich hiergegen die ostgermanische Sitte der Schwertbeigabe ab. Schwertgräber im Rhein-Main-Gebiet kennzeichnen, wo sich im 4. Jh. ostgermanische Burgunden niederließen
(▲ silberne Pfeilspitzen,
▲ mehrere Befunde
△ bronzene Pfeilspitzen,
△ mehrere Befunde,
▬ Schwertgräber).

79 Der zu Beginn des 5. Jh. in Leutkirch bestattete Alamanne kämpfte zu Lebzeiten sicherlich mit schweren Waffen. Er bekam jedoch nach elbgermanischem Brauch nur drei Pfeile mit Bronzespitzen als Zeichen seines Kriegerstandes mit ins Grab. Die Bügelknopffibel und der Beschlag mit zwei Pferdeköpfen vom Gürtel sind typische Attribute der spätrömischen Militärtracht und lassen vermuten, dass der Germane im römischen Heer gedient hat.

80 **Der Tote von Frankfurt-Praunheim war mit Schwert, Lanze, Pfeil und Bogen sowie Schild vollbewaffnet, hier eine Auswahl. Er trug einen römischen Militärgürtel und als Statussymbol einen silbernen Fingerring. Man hatte ihm ein reichhaltiges Menü in einem Service aus vier Glas- und etwa einem Dutzend Tongefäßen meist römischer Herkunft mitgegeben. Sicher hatte der Krieger im spätrömischen Heer als Offizier gedient. Sein hoher Rang wurde – anders als wenige Jahrzehnte zuvor – durch Waffenbeigabe bezeugt.**

80

Kriegergrab von Frankfurt a.M.-Praunheim aus der Zeit um 400. Provinzialrömische Einflüsse sind zur gleichen Zeit auch in der Tracht angesehener Frauen erkennbar: Auch sie benutzten römische Militärgürtel und verzichteten – nach mediterran-romanischer Gewohnheit – auf das Schulterfibelpaar.

DIE »LANDNAHME«

Will man den Prozess der alamannischen Aufsiedlung im Südwesten vom späten 3. bis zum ersten Drittel des 5. Jh. nachzeichnen, so sind allein die Grabfunde verlässliche Zeugen, denn nur sie erlauben eine sichere Datierung. Von den ungleich zahlreicher bekannten Siedlungsplätzen – Weilern und Gehöften – wissen wir weder genau, wann sie gegründet noch wann sie wieder aufgegeben wurden. Sogenannte Einzelfunde sagen hinsichtlich der alamannischen Besiedlung wenig aus, sie können ebensogut Verluste durchstreifender Kriegerscharen sein.

Germanische Nachbarn am römischen Limes?

Während der ersten Hälfte des 3. Jh. war offenbar das unmittelbare Vorfeld des obergermanischen und rätischen Limes nur dünn besiedelt: Allein im Gießener Becken hatten sich Germanen in der Nähe des Wetterau-Limes niedergelassen. Die Bevölkerungsdichte im Hohenlohischen an Kocher und Jagst (»Ingelfinger Gruppe«)[21] wird wohl überschätzt. Hier müssen Ausmaß und Intensität germanischer Siedlungen vor der Mitte des 3. Jh. noch quellenkritisch geprüft werden. Erst für das Taubertal und das mittlere Maingebiet ist eine nennenswerte germanische Besiedlung bezeugt. Von diesen Germanen drohte dem Römischen Reich vermutlich kaum entscheidende Gefahr. Es waren viel eher Kriegerscharen aus dem Innern Germaniens, dem Elbe-, Havel- und Saalegebiet, die Angriffe führten, Plünderungszüge unternahmen und schließlich die Römer in der zweiten Hälfte des 3. Jh. zur Grenzkorrektur zwangen: Rhein, Bodensee, Iller und Donau markierten fortan die römischen Provinzen Germania superior und Raetia im Osten und Norden.

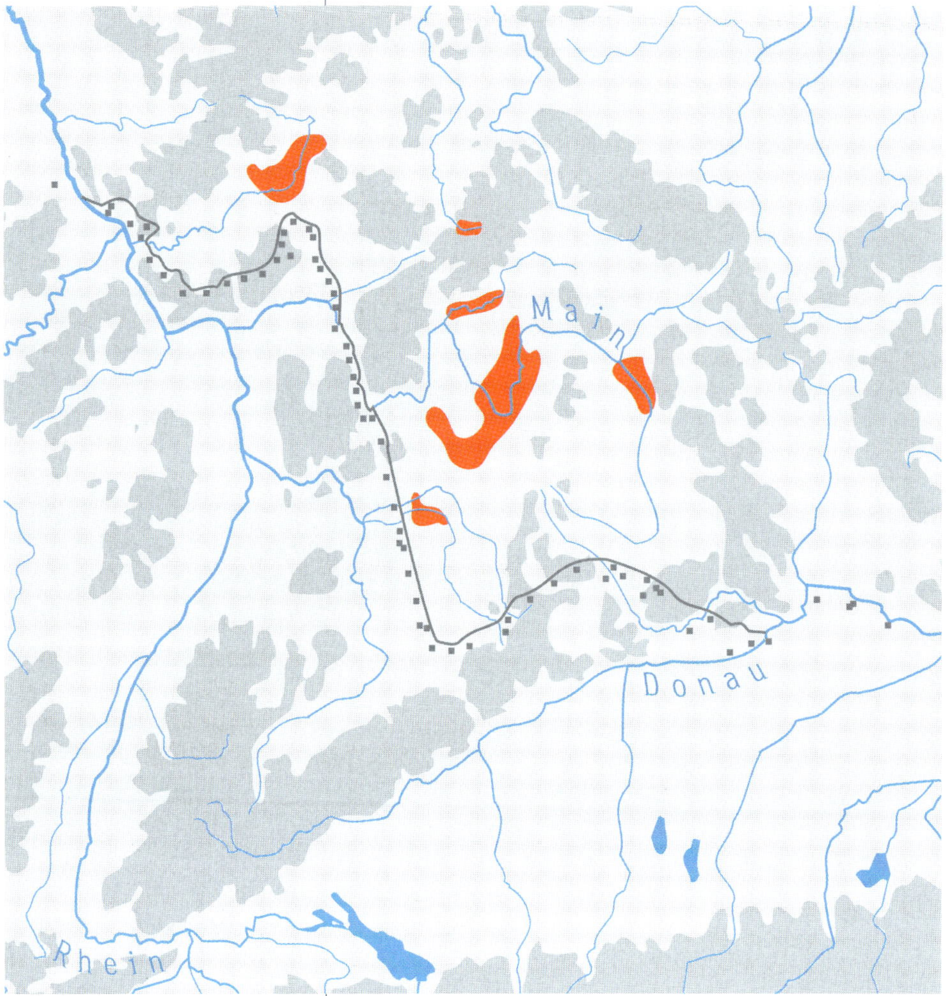

81

81 **Germanische Siedlungsgebiete in Süddeutschland während der ersten Hälfte des 3. Jh.: Die Grenzbereiche zu den römischen Provinzen Germania superior und Raetia waren offensichtlich kaum besiedelt.**

82 **Germanische Grabfunde aus den Jahrzehnten um 300 n.Chr. dokumentieren, dass zunächst nur der Raum zwischen unterem Main und mittlerem Neckar sowie das Ries und die Oberpfalz besiedelt wurden. (● Bestattungsplätze mit Frauen/Mädchengräbern, ● mit ausschließlich Männer/Knabengräbern, ◉ mit mehr als 10 Gräbern, ○ unsicherer Grabfund).**

Erste Neusiedler

Bis zum frühen 4. Jh. nahmen die Germanen offensichtlich nur zögernd das ehedem römische Gebiet in Besitz: Grabfunde gibt es lediglich vom unteren Main, vom unteren und mittleren Neckar und aus dem Nördlinger Ries. Sicher in diese Epoche datierbares germanisches Fundgut bestätigt dieses Bild.[22] Römische Quellen berichten zum Jahr 297, dass Alamannien von der Rheinbrücke bei Mainz bis zum Donauübergang bei Günzburg (*a ponte Rheni usque ad Danuvii transitum Guntiensem*)[23] durch Feuer verwüstet worden sei. Sowohl archäologische als auch historische Zeugnisse dokumentieren also, welche Landschaften um 300 ganz sicher als alamannisch besiedelt gelten dürfen.

Fruchtbares, durch die Römer gut erschlossenes Land mit hervorragender Infrastruktur wurde von den Einwanderern bevorzugt. Sie ließen sich in der Nähe oder direkt auf römischen Plätzen nieder, auf verlassenen Gutshöfen, in Kastellen und den zugehörigen Zivilsiedlungen. Darüber hinaus wurden auch die Oberpfalz und Mittelfranken besiedelt, und für Mainfranken (Ober- und Unterfranken) ist ein Bevölkerungszuwachs zu verzeichnen.[24]

Noch ist undeutlich, inwieweit die vor dem Limes ansässigen Germanen an der Aufsiedlung des südwestdeutschen Dekumatlandes beteiligt waren. Offenbar dauerhafte Siedlungen in den Mainlanden (Baldersheim, Eggolsheim, Frankenwinheim, Geldersheim und Herlheim)[25] und kontinuierlich belegte Friedhöfe wie Altendorf machen dies eher unwahrscheinlich oder lassen allenfalls an kleine Kontingente denken.

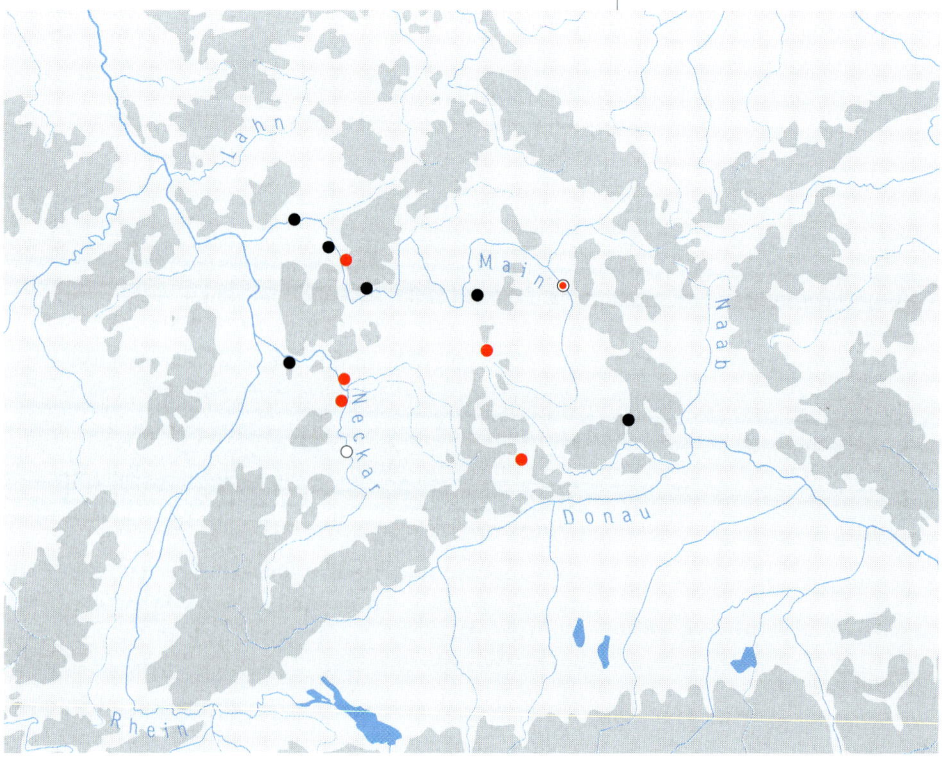

82

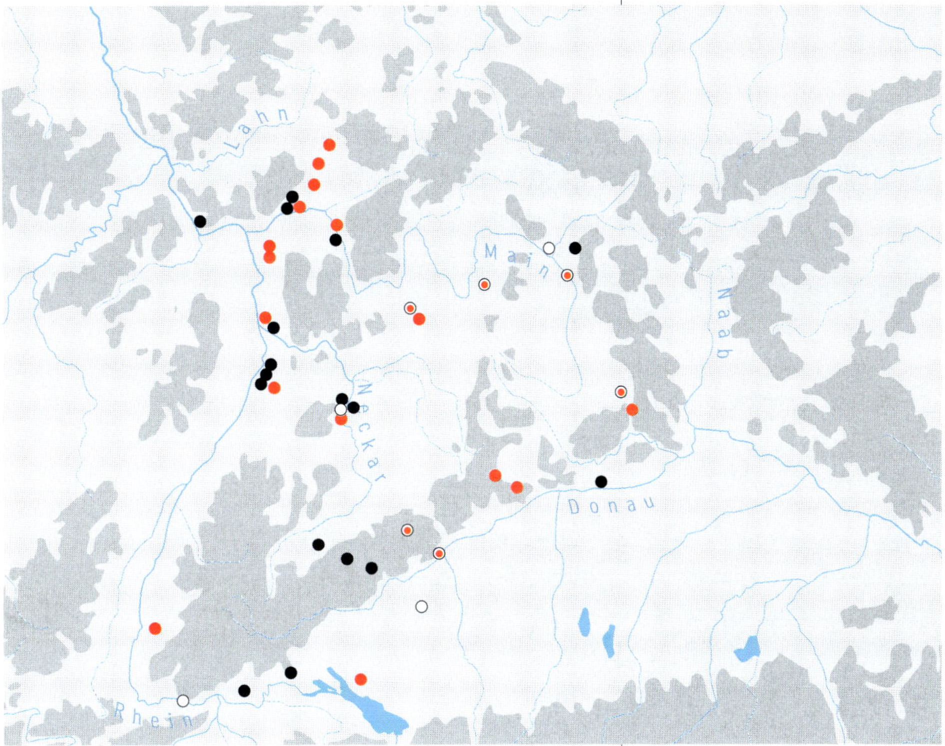

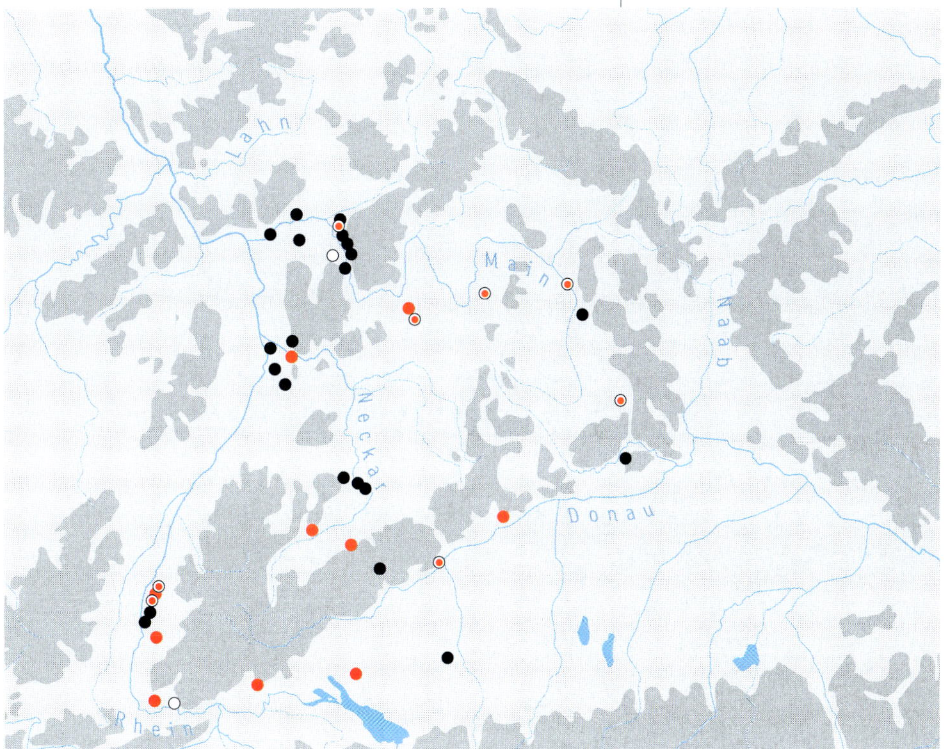

83

83 Oben: Das Kartenbild der germanischen Grabfunde des 4. Jh. (etwa 310–375 n.Chr.) zeigt intensivere Besiedlung, vor allem aber eine entscheidende Ausweitung der Wohngebiete bis südlich von Schwarzwald und Schwäbischer Alb. Bestattungsplätze mit mehr als zehn Gräbern haben deutlich zugenommen, bemerkenswert hoch ist der Anteil der Nekropolen mit Frauenbestattungen.
Unten: Das Verbreitungsbild der germanischen Grabfunde vom späten 4. und frühen 5. Jh. zeigt keine auffälligen Veränderungen. Einzig im Breisgau ist eine deutliche Zunahme zu konstatieren: Hier siedelten im Einverständnis mit Rom alamannische Familien, deren Männer als Söldner (Sponeck bei Jechtingen) wie auch Verbündete (Wyhl) Aufgaben des Grenzschutzes übernommen hatten. Überdurchschnittlich große Nekropolen sind Ausdruck dieser gutnachbarlichen Beziehungen (zur Legende vgl. Abb. 82).

Die folgenden Generationen

Während des 4. Jh. veränderte sich das Siedlungsbild durch umfangreiche germanische Zuwanderungen entscheidend. Der Erfolg der frühen Siedler und günstige politische Verhältnisse während der ersten Hälfte des 4. Jh.[26] werden viele elbgermanische Verwandte zum Aufbruch ermuntert haben. Ablesbar ist der Bevölkerungszuwachs an den Begräbnisplätzen: ihre Zahl stieg in Süddeutschland auf nahezu das Vierfache. Besiedelt wurden nun auch Gebiete an Ober- und Hochrhein sowie zwischen Bodensee und oberer Donau. Hiermit stimmen historische Nachrichten gut überein: Für das Jahr 354 werden Auseinandersetzungen zwischen Römern und Alamannen an dem der Stadt Kaiseraugst gegenüberliegenden Rheinufer genannt, im darauffolgenden Jahr Kämpfe gegen die Lentienses in der Nähe des Bodensees.[27]

Bemerkenswerterweise ließen sich Alamannen auch auf der Schwäbischen Alb nieder. Oder fassen wir hier einen Beleg für die antike Nachricht, dass sie sich im Winter, wenn die Felder abgeerntet waren, um der Gefahr römischer Vergeltungsangriffe zu entgehen, in unwirtliche Gegenden und auf hohe Berge zurückzogen? Höhlenfunde der

Schwäbischen Alb könnten hier ihre Erklärung finden.
Bis in die ersten Jahrzehnte des 5. Jh. wurden dann offenbar keine Siedlungsräume neu erschlossen,[28] wenngleich die Bevölkerung weiter zunahm. Dies bezeugen steigende Gräberzahlen. Außerdem belegt fremdartiges archäologisches Material Einwanderungen aus dem mittleren Donauraum. Die Besiedlungsdichte der römischen Zeit wurde jedoch erst im 7. Jh. wieder erreicht!
Chronologisch differenzierende Karten lassen deutlich die von Norden nach Süden fortschreitende Inbesitznahme des südwestdeutschen Raumes durch die Alamannen erkennen. Eine schlagartige Okkupation fand also nicht statt. Untersuchungen im mittleren Neckarraum[29] zeigten, dass Bestattungsplätze nur etwa 20 Prozent der archäologischen Fundstellen in frühalamannischer Zeit ausmachen. Würde man in Süddeutschland Siedlungen und Einzelfunde hinzukartieren, so wäre das Fundbild ungleich dichter, doch ist unwahrscheinlich, dass es räumlich erheblich abweichen würde.
Aus den Kartenbildern sind Siedlungskammern ablesbar. In frühalamannischer Zeit fand offensichtlich keine flächige Aufsiedlung statt, was aus geographischen Gründen verständlich ist. Es ist verlockend, diese »Inseln« mit alamannischen »Teilstämmen« und ihren Herrschaftszentren auf Höhenburgen in Verbindung zu bringen. Bisher gelingt es jedoch noch nicht einmal, die schriftlich überlieferten Bucinobantes (im Mainmündungsgebiet), Brisigavi (im Breisgau), Lentienses (nördlich des Bodensees) und Raetovarii (im Nördlinger Ries) archäologisch abzugrenzen.

Familien suchen eine bessere Zukunft

Wie stellt sich aufgrund der archäologischen Befunde die Landnahme dar? Germanische Bestattungen auf ehedem römischem Boden gibt es zuerst aus dem letzten Drittel des 3. Jh. Daraus darf man ableiten, dass in den Jahrzehnten zuvor germanische Kriegerscharen plündernd das Gebiet durchzogen, aber nirgends verweilten. Erst nach der Aufgabe des Limes nahmen Familienverbände elbgermanischer Herkunft, geführt von Reiterkriegern der Elite, Land in Besitz.
Zur ersten Generation der Einwanderer gehörten nicht nur Frauen von hohem sozialem Ansehen (Obernau am Main, Erlbach im Ries), sondern auch Kinder und Jugendliche. Besiedlungsgeschichtlich besonders wichtig ist das frühe Grab eines Kleinkindes von Gundelsheim am Neckar. Das Mädchen

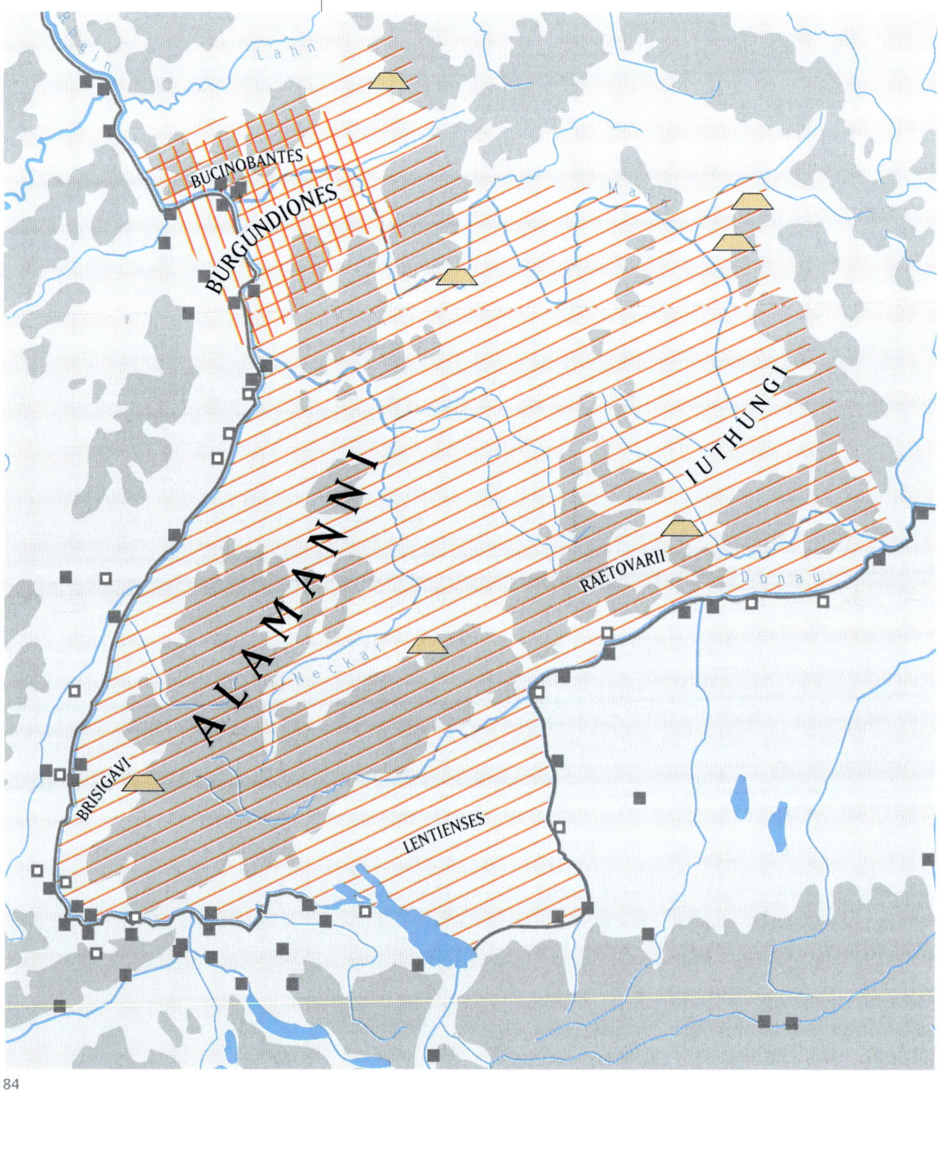

84

84 **Der alamannische Siedlungsraum um 400 n.Chr. Kartiert sind außerdem die in römischen Quellen genannten »Teilstämme« und die wichtigsten Höhenburgen. Nördlich von Donau und Altmühl siedelten die Juthungen, die nach einer Niederlage 430 n.Chr. in den Alamannen aufgingen. Am unteren Main und mittleren Rhein hatten sich Burgunden niedergelassen und die alamannischen Bucinobanten verdrängt.**
germanische Höhenburgen
gesicherte Kastelle
vermutete Kastelle
Limes

85 **Ein bei Gundelsheim beerdigtes, knapp dreijähriges Mädchen war von seinen Eltern »fürstlich« für das Jenseits ausgestattet worden. Römischer Herkunft sind ein Trinkglas, das bronzene Waschbecken, das Muschelamulett aus Bergkristall und als Spielzeug ein Pfännchen mit Widderkopf. Das Mädchen muss kurz nach der Übersiedlung aus Mitteldeutschland verstorben sein.**

85

86

war u.a. mit zwei Fibelgarnituren, zwei silbernen Armreifen und einem Bergkristallanhänger weit überdurchschnittlich ausgestattet.

Für etwa 60 Grabfunde vom späten 3. bis zur zweiten Hälfte des 4. Jh. wurden anhand von anthropologischen und archäologischen Merkmalen Alter und Geschlecht der Verstorbenen bestimmt. Frauenbestattungen haben einen Anteil von 45, Kinder und Jugendliche von 23 Prozent. In Gerlachsheim wurden zwei junge Frauen, vielleicht Schwestern, gemeinsam in einem Grab beerdigt, in Philippsburg ein Erwachsener zusammen mit einem Kind. In Zeutern bei Karlsruhe wurde sehr wahrscheinlich ein Familiengrab entdeckt, in dem außer einem erwachsenen Paar ein drei- bis vierjähriges Kind bestattet worden war.

Noch interessanter ist der Befund in einer Höhle bei Sontheim auf der Schwäbischen Alb: Hier hatte man etwa acht Erwachsene, einen Jugendlichen und drei Kinder beerdigt, das jüngste war erst sechs Monate alt.[30] Diese Beispiele zeigen, dass gegen Ende des 3. und im 4. Jh. Familien zuwanderten. Da Kriegergräber keineswegs dominieren, ist die These widerlegt, die frühen Eroberer seien immer wieder in ihre Heimat zurückgekehrt.

Juthungen – östliche Nachbarn der Alamannen

Die Juthungen, zuerst auf dem »Siegesaltar von Augsburg« im Jahre 260 genannt, sind ihrer Herkunft nach suebische Semnonen aus dem Elbe-Havel-Gebiet.[31] Ihre Wohnsitze werden nördlich der Donau in der Oberpfalz und in Mittelfranken

87

86 Die Tracht einer Mitte des 4. Jh. bei Berching-Pollanten in der Oberpfalz bestatteten Juthungin unterscheidet sich nicht von der gleichgestellter Alamanninnen an Tauber und Neckar: Sie trug den gleichen Perlenschmuck mit eingehängten Silberdrahtringen, ähnliche Amulette und Fibeln.

87 Die Ausstattung der bei Neckargartach beerdigten erwachsenen Frau spiegelt nicht die alamannische Trachtsitte, für die Bronzearmringe ohne weitere Accessoires ungewöhnlich sind. Auch die WNW-OSO-Orientierung des Grabes spricht eher gegen germanische Tradition.

lokalisiert. Wie weit das juthungische Gebiet nach Norden ausgriff, ob es Bereiche an Obermain und Regnitz umfasste, ist ungeklärt.[32] Da nahezu der gesamte süddeutsche Raum zwischen Main und Donau von Stammesangehörigen der suebischen Elbgermanen besiedelt war, einer ethnisch zwar heterogenen Bevölkerung, aber mit gemeinsamer kultureller Wurzel, gelingt es bei der noch schmalen Materialbasis vorerst nicht, archäologisch zu differenzieren. In der zweiten Hälfte des 4. Jh. gelten die Juthungen als Teilstamm der Alamannen.

Burgundiones Alamannorum agros occupauere[33]

Ammianus Marcellinus berichtet in der zweiten Hälfte des 4. Jh. von Streitigkeiten zwischen Alamannen und ostgermanischen Burgunden um Salzquellen, die man im Kochertal östlich von Öhringen vermutet. 369/70 verbündeten sich Römer und Burgunden gegen die Alamannen. Anfang des 5. Jh. siedelten die Burgunden dann als Föderaten Roms auf linksrheinisches Gebiet über; dort kam es zur legendären Reichsgründung bei Worms.

Trotz intensivierter Forschungen in den letzten zehn Jahren sind die burgundischen Gebiete im 4. und frühen 5. Jh. archäologisch noch nicht klar abgrenzbar. An Kocher und Jagst im Hohenlohischen sind bisher keine ostgermanischen Funde zutage gekommen. Offensichtlich siedelten Burgunden aber seit dem ausgehenden 4. Jh. im Mainmündungsgebiet und entlang des Rheins bis zum unteren Neckar.[34] Trachtelemente (Fibeln mit umgeschlagenem Fuß) und Totenritual (Brandgrubengräber, Waffenbeigaben u.a.) weisen auf die Herkunft der dort bestatteten Bevölkerung aus dem ostgermanischen Raum zwischen mittlerer Elbe, Oder und Warthe. Befunde und Funde vom Friedhof bei Lampertheim, rechtsrheinisch etwa gegenüber von Worms gelegen, weisen enge Beziehungen zu Gräberfeldern der Niederlausitz im Oder-Spree-Gebiet auf.[35] Da dort die Besiedlungsdichte im 4. Jh. abnahm, liegt die Vermutung nahe, Burgunden von dort seien ins Mainmündungsgebiet abgewandert.

Romanische Bauern und Handwerker?

Noch ist unklar, ob und in welchem Ausmaß die romanisierte Bevölkerung nach der Aufgabe des obergermanisch-rätischen Limes im Lande blieb. Die Verbreitung römischer Münzen aus der Zeit nach 260 bis zur Mitte des 4. Jh. ist dahingehend interpretiert worden, dass in siedlungs- und verkehrsgünstigen Gebieten, insbesondere östlich des Rheins und entlang des Neckars, weiterhin Romanen siedelten.[36] Doch wird dieser Befund durchaus kontrovers diskutiert, da Zeugnisse spätantiker Tradition vollständig fehlen. Grabfunde der frühesten alamannischen Zeit tragen zur Klärung der Frage nicht bei. Nur Funde der ersten Jahrzehnte nach dem »Limesfall« könnten Aufschluss geben, weil mit einer raschen Assimilierung zu rechnen ist. Findet sich in einer Bestattung ausschließlich Keramik römischer Provenienz, so bleibt die ethnische Zugehörigkeit des Toten dennoch unbestimmt, weil römische Gefäße oft einen erheblichen Anteil am Service auch alamannischer Gräber stellen. Anthropologische Untersuchungen führen auch nicht weiter. Da die Variationsbreite der Schädelformen und Statur bei gallorömischer und germanischer Bevölkerung sehr groß ist, sind Einzelpersonen nicht zu klassifizieren. Nur an reichem Material erhobene Statistiken würden Ergebnisse erzielen.[37]

Ein Grab von Heilbronn-Neckargartach steht am ehesten im Verdacht, romanische Tradition zu spiegeln: Die um 300 verstorbene, etwa 40jährige Frau besaß zwar einen germanischen Kamm, trug jedoch außer einem bronzenen Armringpaar keinen Schmuck.

1 H. Keller, Probleme der frühen Geschichte der Alamannen (»alamannische Landnahme«) aus historischer Sicht. Vorträge u. Forsch. 41 (1993) 83 ff.; D. Geuenich, Zum gegenwärtigen Stand der Alemannenforschung. In: F. Staab (Hrsg.), Zur Kontinuität zwischen Antike und Mittelalter am Oberrhein. Oberrhein. Stud. 11 (Sigmaringen 1994) 159 ff.

2 R. Christlein, Die Alamannen. Archäologie eines lebendigen Volkes (Stuttgart, Aalen 1978) 22; H. Geisler, Semnonen-Alemannen. Archäologie als Geschichtswissenschaft (Berlin 1977) 283 ff.

3 Vgl. Abb. 57.

4 z.B. R. Roeren, Zur Archäologie und Geschichte Südwestdeutschlands im 3. bis 5. Jahrhundert n.Chr. Jahrb. RGZM 7, 1960, 214 ff.; E. Keller, Zur Chronologie der jüngerkaiserzeitlichen Grabfunde aus Südwestdeutschland und Nordbayern. Studien zur vor- und frühgeschichtlichen Archäologie. Teil 1 (München 1974) 251 ff.; R. Koch, Spätkaiserzeitliche Fibeln aus Südwestdeutschland. Ebd. 233 ff.; H. Schach-Dörges, Frühalamannische Funde von Lauffen am Neckar. Fundber. Baden-Württemberg 6, 1981, 615 ff.

5 G. Mildenberger, Die thüringischen Brandgräber der spätrömischen Zeit. Mitteldt. Forsch. 60 (Köln, Wien 1970) 84; A. Leube, Semnonen, Burgunden, Alamannen. Öffentl. Vorlesungen Humboldt-Univ. Berlin 17 (Berlin 1995) 14 ff.

6 E. Meyer, Das germanische Gräberfeld von Zauschwitz, Kr. Borna. Arbeits- u. Forschber. Sächs. Bodendenkmalpfl. Beih. 6 (Berlin 1969).

7 S. Thomas, Die Scheibenfibeln der römischen Kaiserzeit im freien Germanien. Berliner Jahrb. Vor- u. Frühgesch. 7, 1967, 1 ff. bes. 60 ff.

8 M. Schulze, Die spätkaiserzeitlichen Armbrustfibeln mit festem Nadelhalter. Antiquitas 3,19 (Bonn 1977) bes. 51 ff.; H.-U. Voss in: RGA^2 8 (Berlin, New York 1994) 504 Abb. 106.

9 Zuerst R. Koch, Spätrömische Ösenperlen aus kobaltblauem Glas. Festschrift für Waldemar Haberey (Mainz 1976) 71 ff.; U. Koch, Der Runde Berg bei Urach 6. Die Glas- und Edelsteinfunde aus den Plangrabungen 1967–1983 (Sigmaringen 1987) 321 f.

10 Zum Typ Böckingen: H. W. Böhme, Das Ende der Römerherrschaft in Britannien und die angelsächsische Besiedlung Englands im 5. Jahrhundert. Jahrb. RGZM 33, 1986, 488 ff. Zum Typ Leutkirch: H.-U. Voß, Kaiser- und frühvölkerwan-

derungszeitliche Gräber aus Leisten, Kreis Lübz, und Grunow, Kreis Neustrelitz. Bodendenkmalpfl. Mecklenburg u. Vorpommern 1992, 174 Abb. 27.

11 Zu den mitteldeutschen »Adelsgräbern« mit Lit.: W. Schlüter, Versuch einer sozialen Differenzierung der jungkaiserzeitlichen Körpergräbergruppe von Haßleben-Leuna anhand einer Analyse der Grabfunde. Neue Ausgr. u. Forsch. Niedersachsen 6, 1970, 117 ff.

12 Ch. Pescheck, Die germanischen Bodenfunde der römischen Kaiserzeit in Mainfranken. Münchner Beitr. Vor- u. Frühgesch. 27 (München 1978) 133 ff. 160 ff.; E. Weinlich, Ausgrabungen in einem neu entdeckten germanischen Gräberfeld des 4./5. Jahrhunderts n.Chr. bei Forchheim. Arch. Jahr Bayern 1990, 136 f.

13 E. Wamers, Alamannisch-fränkische Kontinuität im Untermaingebiet. In: A. Wieczorek/P. Périn/K. v. Welck/W. Menghin (Hrsg.), Die Franken. Wegbereiter Europas. Reiss-Mus. Mannheim (Mainz 1996) 266; W. Veeck, Die Alamannen in Württemberg. Germ. Denkmäler Völkerwanderungszeit A 1 (Berlin 1931) 342 ff.

14 B. Schmidt, Stand und Aufgaben der Frühgeschichtsforschung im Mittelelbe-Saale-Gebiet. Jahresschr. Mitteldt. Vorgesch. 65, 1982, 155 ff.; ders., Hermunduren – Warnen – Thüringer. Ebd. 211 ff.; J. Blažek, Die jung- und spätkaiserzeitlichen Skelettgräber in Nordwestböhmen. Arbeits- u. Forschber. Sächs. Bodendenkmalpfl. 37, 1995, 139 ff. bes. 153.

15 Th. Fischer, Ein germanisches Gräberfeld der jüngeren Kaiserzeit aus Berching-Pollanten. Arch. Jahr Bayern 1983, 123 ff.; F. Teichner, Kahl am Main: Eine völkerwanderungszeitliche Siedlung mit Gräberfeld im Rhein-Main-Gebiet. Ethnogr.-Arch. Zeitschr. 36, 1995, 86 ff. bes. 90 ff.; B. Steidl, Die Wetterau vom 3. bis 5. Jahrhundert n.Chr. (ungedr. Diss. 1994); J. Möller, Katalog der Grabfunde aus Völkerwanderungs- und Merowingerzeit im südmainischen Hessen (Starkenburg). Germ. Denkmäler Völkerwanderungszeit B 11 (Wiesbaden 1987) 62 ff.

16 Dieses und weiteres Knochenmaterial wurde durch Joachim Wahl, Landesdenkmalamt Baden-Württemberg, anthropologisch untersucht.

17 Das unscheinbare »Urnenharz« muss bei Kulthandlungen im Bestattungszeremoniell verwendet worden sein. Da im mittleren Elbegebiet bis zu 88 Prozent der Urnengräber solche Harzstücke enthalten, das rheinwesergermanische Gebiet Urnenharzbeigaben nicht kennt und Belege aus dem ostgermanischen Raum spärlich sind, handelt es sich um ein wichtiges Detail, das erlaubt, Kultgemeinschaften gegeneinander abzugrenzen. E. Meyer, Germanische Grabfunde der spätrömischen Kaiserzeit und der frühen Völkerwanderungszeit in Sachsen. Arbeits- u. Forschber. Sächs. Bodendenkmalpfl. Beih. 11 (Berlin 1976) 283 ff.

18 Leube (Anm. 5) 31 Karte 3.

19 E. Schultze, Zur Waffenbeigabe bei den germanischen Stämmen in der späten Kaiserzeit und der frühen Völkerwanderungszeit. Bodendenkmalpfl. Mecklenburg Jahrb. 1989, 19 ff.; K. Godłowski, Die Chronologie der germanischen Waffengräber in der jüngeren und späten Kaiserzeit. Beiträge zu römischer und barbarischer Bewaffnung in den ersten vier nachchristlichen Jahrhunderten. Marburger Koll. 1994, 169 ff.

20 Möller (Anm. 15) 63 und Taf. 39,6; I. Ottinger, Waffenbeigabe in Knabengräbern. Studien zur vor- und frühgeschichtlichen Archäologie. Teil 2 (München 1974) 387 ff. bes. 397 ff.

21 R. Koch, Siedlungsfunde der Latène- und Kaiserzeit aus Ingelfingen (Kr. Künzelsau). Fundber. Schwaben N.F. 19, 1971, 124 ff. (vgl. auch in diesem Band Frank, Vorboten).

22 H. Schach-Dörges, Zu einreihigen Dreilagenkämmen des 3. bis 5. Jahrhunderts aus Südwestdeutschland. Fundber. Baden-Württemberg 19,1, 1994, 661 ff.

23 Quellen zur Geschichte der Alamannen von Cassius Dio bis Ammianus Marcellinus. Quellen zur Geschichte der Alamannen I. Heidelberger Akad. Wiss. Komm. Alamannische Altkde. Schr. 1 (Sigmaringen 1976) 24.

24 U. Koch, Germanen – Juthungen – Thüringer. In: Bayreuth. Aus einer 800jährigen Geschichte (Köln, Weimar, Wien 1995) 48 f.; Pescheck (Anm. 12) 109.

25 Ebd. 318 Tab. 1.

26 Vgl. den Beitrag Martin, Fronten.

27 Quellen (Anm. 23) 33; 35.

28 Zur besonderen historischen Situation im Breisgau siehe Fingerlin, Grenzland.

29 M. Luik/H. Schach-Dörges, Römische und frühalamannische Funde von Beinstein, Gde. Waiblingen, Rems-Murr-Kreis. Fundber. Baden-Württemberg 18, 1993, 400 ff.

30 Das Skelettmaterial wurde von Joachim Wahl, Landesdenkmalamt Baden-Württemberg, untersucht; es ist noch unpubliziert.

31 Siehe die Beiträge von Geuenich, Volk und Bakker, Bollwerk.

32 J. Haberstroh, Germanische Stammesverbände an Obermain und Regnitz. Archiv Gesch. Oberfranken 75, 1995, 9 ff.

33 »Burgunder haben das Gebiet der Alamannen besetzt ...«: Quellen (Anm. 23) 23.

34 Teichner (Anm. 15) 93 ff.

35 Leube (Anm. 5) 22 ff.

36 K. Stribrny, Römer rechts des Rheins nach 260 n.Chr. Ber. RGK 70, 1990, 351 ff.

37 P. Schröter in: R. M. Swoboda, Die spätrömische Befestigung Sponeck am Kaiserstuhl. Münchner Beitr. Vor- u. Frühgesch. 36 (München 1986) 170 ff.

FRÜHE ALAMANNEN IM BREISGAU

GERHARD FINGERLIN

Unter den verschiedenen Teilstämmen der Alamannen, die nach dem Bericht des zeitgenössischen Schriftstellers Ammianus Marcellinus das ehemalige Dekumatland unter sich aufteilten, befanden sich die Bewohner des südlichen Oberrheintals in einer besonderen Situation. Im Westen stieß ihr Gebiet an die massiv befestigte spätrömische Grenze am Rhein,[1] nach Osten bildete der Schwarzwald eine breite Barriere, die sie von den dahinter siedelnden alamannischen Stämmen trennte. In diesem Raum waren demnach die Alamannen von ihren Ressourcen östlich des Schwarzwaldes weit entfernt, zugleich den römischen Einflüssen im besonderen Maße ausgesetzt. Dies gilt in wirtschaftlicher wie kultureller Hinsicht, vor allem aber in militärischer, da Städte und Kastelle wie Argentorate (Straßburg), Argentovaria (Biesheim/Oedenburg), Brisiacum (Breisach) oder Castrum Rauracense (Kaiseraugst bei Basel) mit teilweise starken Garnisonen auf römischer Seite eine beachtliche Machtkonzentration und eine entsprechend starke Bedrohung bildeten. Nicht zuletzt durch Ammianus Marcellinus wissen wir auch, dass es neben Perioden friedlichen Zusammenlebens immer wieder kriegerische Auseinandersetzungen gegeben hat, denen die Bewohner der Grenzregion in besonderer Weise ausgesetzt waren.

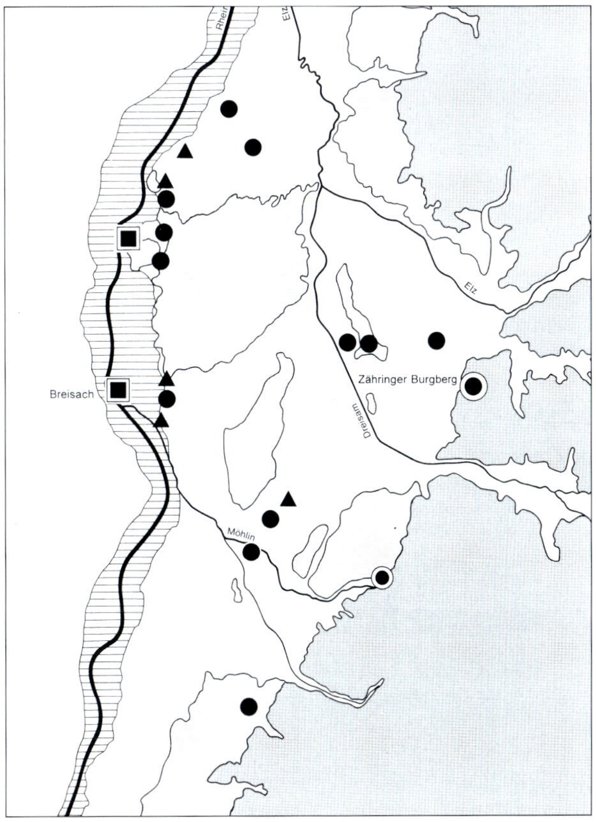

88

88 Die Besiedlung des Breisgaus in der Völkerwanderungszeit. Gerahmte Quadrate: Spätrömische Grenzkastelle. Gerahmte Punkte: Höhensiedlungen. Punkte: Siedlungen. Dreiecke: Gräber.

Dies gilt vor allem für die Gebiete, in denen wichtige Fernstraßen die Rheinaue auf Brücken und Inseln überquerten, über die entweder germanische Angriffe ins Innere Galliens vorgetragen wurden oder im Gegenzug römische Strafexpeditionen aufs rechte Ufer übersetzten. Ein solches Gebiet war der Breisgau im Sinne der heute so bezeichneten Landschaft, also die Freiburger Bucht mit dem westlich vorgelagerten vulkanischen Kaiserstuhl, dem nördlichen Kaiserstuhlvorland, im Süden den Kalkschollen von Tuniberg und Batzenberg bis etwa zur Möhlin. Das entspricht nicht dem antiken Breisgau, dem Stammesgebiet der nach dem *Mons Brisiacus* benannten *Brisigavi*, der im Süden bis zum Basler Rheinknie reichte. Der Schwerpunkt dieses Gebiets lag aber zweifellos im Altsiedelland des heutigen Breisgaus, wo sich das Rheintal stark verbreitert und bei Breisach und Jechtingen am Kaiserstuhl von der Natur vorgezeichnete Rheinübergänge liegen Die Verbindung über den Schwarzwald nach Osten war zumindest mit der Römerstraße durch das Zartener Becken gegeben. Auch die Nord-Süd-Achse dieses Gebiets war eine alte Römerstraße, die auf dem rechten Rheinufer parallel zur Hauptstrecke im Elsass verlief.

Römische Grenzsicherung durch germanische Söldner

Der strategischen Bedeutung dieses Raumes mit zwei wichtigen Rheinübergängen entsprechen die römischen Vorkehrungen zur Grenzsicherung. Nachdem man schon in den letzten Jahrzehnten des 3. Jh. den Breisacher Münsterberg provisorisch befestigt hatte, entstand in der Zeit Kaiser Konstantins I. (312–337 n.Chr.) auf diesem wie eine natürliche Festung aus der Rheinaue aufragenden Berg ein größeres Kastell, der wichtigste Stützpunkt der römischen Grenzverteidigung zwischen Kaiseraugst bei Basel und Straßburg.[2] Offenbar waren für Bau und Besatzung Truppen aus beiden Garnisonsorten abkommandiert, da hier sowohl Ziegel der Legio VIII Augusta aus Straßburg wie auch der Legio I Martia aus Kaiseraugst gefunden wurden. Wie die typische Keramik zeigt, waren auf dem Berg auch alamannische Söldner stationiert,

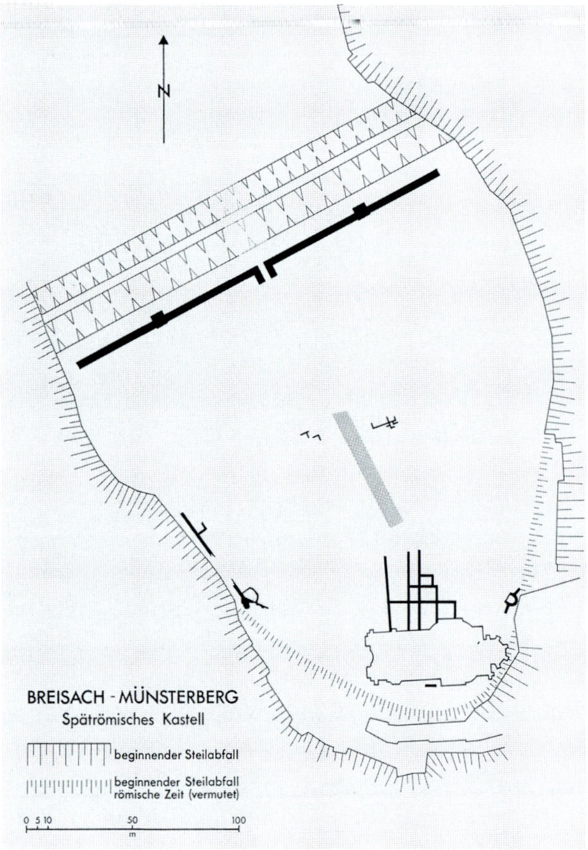

89

was nicht verwundern darf, wenn man bedenkt, dass aus dem Stamm der *Brisigavi* sogar Eliteeinheiten des römischen Feldheers rekrutiert wurden. Auch ein im Linzgau siedelnder Teilstamm der Alamannen (*Lentienses*) musste aufgrund vertraglicher Vereinbarungen Soldaten für die römischen Grenzeinheiten stellen.

Im Jahr 369 n.Chr. sah das Kastell auf dem *Mons Brisiacus* einen Kaiser in seinen Mauern: Valentinian I. organisierte von hier aus den Ausbau der Reichsgrenze, die bei germanischen Vorstößen in der Mitte des 4. Jh. stark gelitten hatte. In diesem Zusammenhang entstand auch das zweite Kastell am Kaiserstuhl bei Jechtingen auf dem »Sponeckfelsen« hoch über dem Rhein.[3] Deutlich kleiner als Breisach ist es nicht als Garnisonsort anzusprechen, sondern diente ausschließlich dem Schutz des hier seit langem genutzten Rheinübergangs. Auch in seinen Mauern fanden sich Hinweise auf alamannische Söldner. Der beim Kastell angelegte Friedhof zeigt sogar, dass sie hier zusammen mit ihren Familien lebten. Eine Fibel und Perlenketten in den zugehörigen Frauengräbern lassen keinen Zweifel an der alamannischen Herkunft der hier Bestatteten.

Unruhige Nachbarn

Die Geschichte der Breisgaubewohner, geprägt und bestimmt durch die Grenzlage, kann hier nicht im einzelnen nachgezeichnet werden.[4] Sie ist auch nur ausschnitthaft bekannt, wobei vor allem Verträge und Auseinandersetzungen mit dem bei Ammianus mehrfach genannten König Vadomar für die römische Seite und damit auch für die römische Geschichtsschreibung von Interesse waren. Hier sollen nur wenige Ereignisse aufgeführt werden, die den Grenzabschnitt bei Breisach und sein Vorfeld betreffen. Um die Mitte des 4. Jh. wurde bei einem großen Alamanneneinfall nach Gallien das Kastell auf dem *Mons Brisiacus* zerstört, aber bald danach wieder aufgebaut. Für das Jahr 354 n.Chr. ist ein Feldzug des Kaisers Constantius II. gegen die Breisgaukönige (Brüder) Gundomad und Vadomar überliefert. Wie andere militärische Unternehmungen dieser Zeit nahm auch dieser Feldzug seinen Ausgang von Castrum Rauracense (Kaiseraugst am Hochrhein). Er endete mit einem Vertrag, an den sich Vadomar offenbar in der Folge gebunden fühlte, denn am Krieg von 357 n.Chr. nahm er persönlich nicht teil. Er konnte allerdings sein Volk, die *Brisigavi*, nicht davon abhalten, sich der Koali-

89 Auf dem Münsterberg bei Breisach lag der wichtigste Stützpunkt für die römische Grenzverteidigung zwischen Basel und Straßburg. Plan des spätrömischen Kastells: im Norden der Doppelgraben, dahinter die Kastellmauer, weitere Teilstücke der Mauer am östlichen und westlichen Plateaurand.

90 Das spätrömische Kastell »Sponeck« bei Jechtingen deckte einen Rheinübergang. Blick auf die restaurierte Mauer mit einem runden Eckturm, im Hintergrund ein mittelalterlicher Palas.

91 Schnalle von einem Militärgürtel, Perlenketten und Glasschale aus Männer- und Frauengräbern vom Kastellfriedhof bei Jechtingen »Sponeck«. Nur Alamannen statteten sich in dieser Weise für das Jenseits aus.

92 Die silberne Fibel stammt aus dem Grab einer alamanischen Frau auf dem Kastellfriedhof bei Jechtingen »Sponeck«.

93 Ganz in der Nähe des Kastells von Jechtingen »Sponeck« lag ein Friedhof. Dort wurden nicht nur die Soldaten der Besatzung, sondern auch ihre Familien bestattet.

90

91

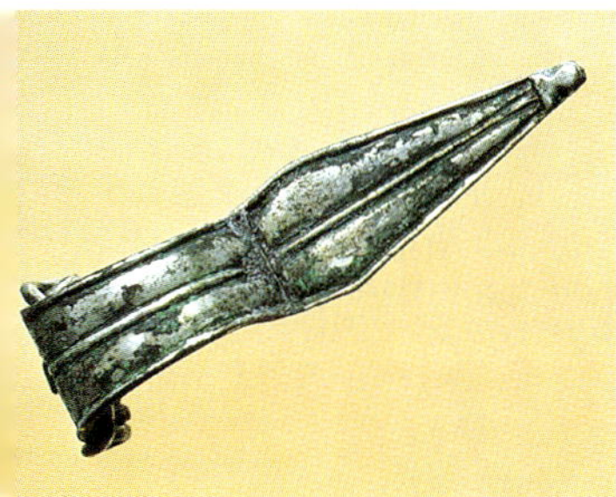

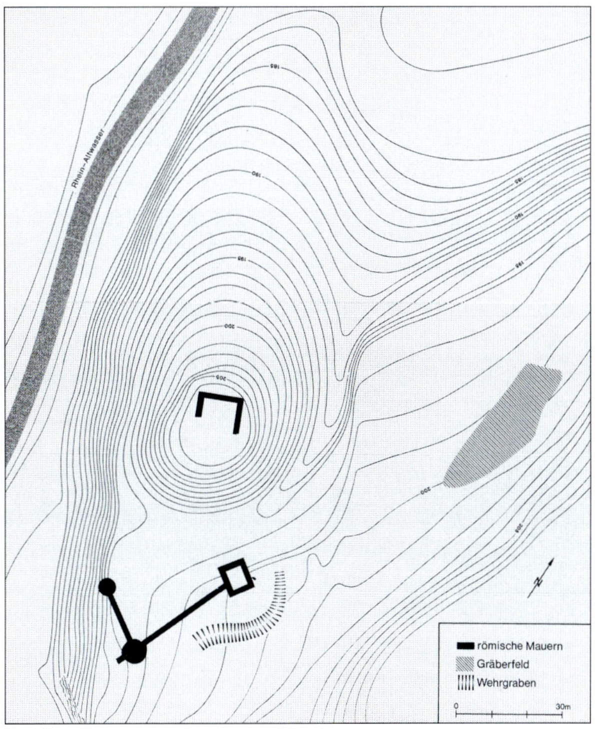

93

tion alamannischer Stämme anzuschließen, die dann bei Straßburg durch den späteren Kaiser Julian entscheidend geschlagen wurde. Offenbar wegen seiner Parteinahme bei innerrömischen Auseinandersetzungen wurde der Breisgaufürst Vadomar 360 n.Chr. über die Grenze gelockt, gefangengesetzt und nach Spanien deportiert. Acht Jahre später fiel sein Sohn und Nachfolger Vithikab einem von Valentinian I. inszenierten Mordanschlag zum Opfer. Zwei Ereignisse, die zeigen, wie eng auch die politischen Verflechtungen gewesen sind und wie sich Römer und Breisgau-Alamannen sogar in die inneren Verhältnisse der anderen Seite eingemischt haben.

Wie weit die *Brisigavi* an einem Raubzug nach Gallien im Jahr 378 n.Chr. beteiligt waren, ist nicht bekannt. Während dieses Unternehmens, das schon im Elsass mit einer schweren Niederlage endete, ist offenbar das Kastell bei Jechtingen zerstört oder doch stark beschädigt worden. Allerdings wurde auch dort die Anlage wieder in Stand gesetzt und erneut durch eine Besatzung gesichert. Erst im Lauf des 5. Jh., mit dem allmählichen Niedergang des Weströmischen Reiches, wurde die Grenze durchlässiger. Bewohner des Breisgaus (und der nördlich anschließenden Ortenau) waren es wohl in erster Linie, die jetzt das Elsass besiedelten. Nach der Mitte des 5. Jh. gingen dann auch die römischen Grenzkastelle in alamannische Hände über.

Der Zähringer Burgberg – Stammesmittelpunkt und Fürstensitz?

Waren also Römer und Alamannen im Breisgau 200 Jahre lang Grenznachbarn? Die frühe provisorische Befestigung des Breisacher Münsterberges könnte dafür sprechen, dass bald nach 260 die ersten Kriegerscharen im Breisgau auftauchten. Dies muss aber nicht bedeuten, dass sich in dieser Zeit auch schon Siedler hier niedergelassen haben. Tatsächlich finden sich keine Hinweise auf so frühes Sesshaftwerden, auch nicht in den Gräbern, die im allgemeinen genauer zu datieren sind als die Wohnplätze. Beim derzeitigen Forschungsstand spricht jedenfalls nichts dafür, dass es schon in den ersten Jahrzehnten nach Aufgabe des Dekumatlandes durch die Römer zur Gründung von alamannischen Höfen oder Dörfern im Breisgau gekommen ist.[5] Doch schon zu Beginn des 4. Jh. ändert sich das Bild. Etwa in der gleichen Zeit wie das spätrömische Kastell auf dem Breisacher Münsterberg entsteht am Schwarzwaldrand auf dem Zähringer Burgberg[6] eine befestigte Höhensiedlung, die als Hauptort und Stammesmittelpunkt der Breisgau-Alamannen anzusprechen ist, als Sitz eines Königs wie Vadomar. Grabungen in Teilbereichen dieser ausgedehnten Anlage haben ergeben, dass man in dieser Zeit die Bergkuppe mit enormem Arbeitsaufwand in eine für die Besiedlung geeignete Terrasse umwandelte. Dabei blieb in der Mitte ein hoch aufragender Felsrücken stehen, auf dem später die Stammburg der Zähringer errichtet wurde. Hier ist die »Akropolis« der frühalamannischen Höhensiedlung zu vermuten, der Wohnbereich des Fürsten und seines engsten Gefolges. Auf der nicht überall fertiggestellten Hochterrasse fanden sich Hinweise auf Krieger und Handwerker als Einwohnerschaft dieser von Struktur und Größe her schon fast stadtähnlichen Siedlung. Die herausgehobene Stellung der hier siedelnden Gruppe wird auch in der reichhaltigen Ausstattung mit römischer Importkeramik sichtbar, was auf einen hohen Grad der Romanisierung, der Anpassung an römische Lebensweise, schließen lässt.[7] Dies aber ist typisch für die alamannische Oberschicht der Völkerwanderungszeit und zeigt sich auf dem Zähringer Burgberg auch in der Verwendung von spätrömischen Helmen, Waffengürteln, Gläsern und Bronzegefäßen. Die

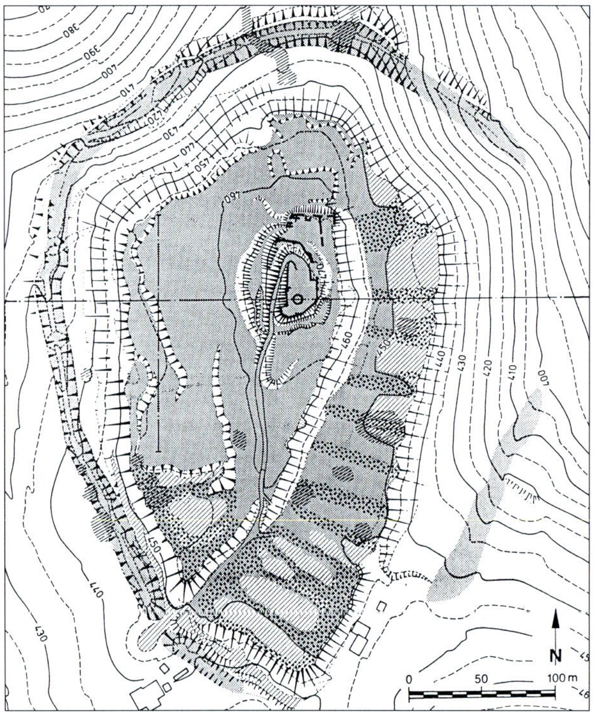

94

95

94 Alamannische Fürsten errichteten auf dem Zähringer Burgberg bei Gundelfingen ihren Herrschaftssitz. Die gerasterte Fläche zeigt, wie ausgedehnt die Besiedlung war. Bei der Anlage von Terrassen bewegte man gewaltige Erdmassen. Am östlichen Rand blieben diese Arbeiten unvollendet. Das Zentrum der Anlage wird durch den viel jüngeren Turm (Kreis) der mittelalterlichen Burg Zähringen markiert.

95 Deutlich ist die künstliche Terrassierung der Kuppe des Zähringer Burgbergs zu erkennen. Der Fürst und sein Gefolge hausten vermutlich auf dem höchsten Punkt, der heute von der mittelalterlichen Burg eingenommen wird.

96

97

96 Gern schmückten sich die germanischen Krieger mit römischen Statussymbolen: Wangenklappen eines spätantiken Helms mit vergoldeter Kupferfassung vom Zähringer Burgberg.

97 Bronzeschnallen und bronzene Gürtelbeschläge der Völkerwanderungszeit vom Zähringer Burgberg.

98 Eine Lanzenspitze und Kampfäxte der Völkerwanderungszeit erinnern an das blutige Handwerk der alamannischen Bewohner auf dem Zähringer Burgberg.

98

Handwerker dagegen, die eine wichtige ökonomische Voraussetzung für diese topographisch exponierte Siedlung bildeten, lassen sich durch Werkzeugfunde und Werkstattspuren identifizieren.[8] Es sind im wesentlichen Spezialisten für die Bearbeitung von Buntmetall, wofür Guss- und Treibtechnik angewandt wurde. Das Rohmaterial für die Produkte, meist Schnallen und Beschläge für Waffengürtel und Fibeln für männliche und weibliche Tracht, bestand im wesentlichen aus römischem Schrott. Auch Glasscherben römischer Herkunft wurden zur Herstellung von Perlen eingeschmolzen.

Man kann sich des Eindrucks nicht erwehren, dass die Anlage der frühalamannischen Höhensiedlung auf dem Zähringer Burgberg, einem fast den ganzen Breisgau überblickenden und beherrschenden Punkt, eine Art Gegengewicht zum spätrömischen Kastell von Breisach gebildet hat und auch von Anfang an von seinen Erbauern dazu bestimmt war. Dies schließt nicht aus, dass vertragliche Beziehungen zum römischen Reich bestanden und so der Zähringer Burgberg durchaus auch eine Rolle für die Sicherung der römischen Reichsgrenze gespielt haben kann – wie ja auch alamannische Söldner unmittelbar an der Verteidigung der Grenzkastelle beteiligt waren.

Das einfache Volk: Bauern und Handwerker

Über die ländlichen Siedlungen des Breisgaus, die zwar in einiger Zahl bekannt sind und eine gewisse Siedlungsdichte bezeugen, wissen wir bisher relativ wenig. Grabungen sind nur an einzelnen Fundplätzen durchgeführt worden und haben meist nur kleine Ausschnitte erbracht. Eine Ausnahme bildet die Siedlung von Mengen im südlichen Breisgau,[9] wo sich allerdings auch Spuren jüngerer Perioden fanden, was die Zuweisung baulicher Strukturen in die frühalamannische Zeit stellenweise schwierig macht. Auch hat starke Hangerosion zu Zerstörungen geführt und größere Lücken im Plan verursacht. Trotzdem lassen sich Angaben zu Hausformen und Bauweise machen. So erscheint die zweischiffige Bauweise bei einem Hallenhaus von ca. 30 m Länge und 10 m Breite gesichert. Weiter gibt es Hinweise auf einen vorgelagerten, überdachten Gang. Auch kommen sogenannte Grubenhäuser vor, kleine Holzbauten mit kellerartiger Eintiefung. An einer Stelle konnte ein runder Speicherbau nachgewiesen werden (vgl. Bücker, Hof).

Neben der Landwirtschaft, die in Mengen wie in allen anderen Siedlungen wohl die wichtigste wirtschaftliche Grundlage darstellte, ist hier, vor allem durch Schlackenfunde, auch die Verhüttung und Weiterverarbeitung von Eisen nachgewiesen. Hinweise gibt es auf Textilherstellung, Lederverarbeitung, Knochenschnitzerei und schließlich Töpferei. Eine handwerkliche Komponente ist also unzweifelhaft vorhanden, doch fehlt jeder Hinweis auf höherwertige Produkte, wie sie für den Zähringer Burgberg charakteristisch sind.

Die Siedlung in Mengen könnte aus mehreren Höfen bestanden haben, andere Wohnplätze hatten wohl nur die Größe von Weilern, auch Einzelgehöfte dürften nicht selten gewesen sein. Das Kartenbild auszuwerten, etwa im Hinblick auf die Lage der Siedlungen, ihr Verhältnis zu den römischen Grenzorten und zum römischen Straßennetz, erscheint derzeit noch verfrüht. Trotz guter Erforschung des Breisgaus sind viele Siedlungsplätze, die sich meist nur durch bescheidene Scherbenfunde erkennen lassen, im Gelände noch nicht gefunden worden.

Der Adel: reich in römischen Diensten

Auch die Gräber sind sicher erst zu einem kleinen Teil bekannt geworden. Dies liegt in erster Linie daran, dass die Masse der Bevölkerung bis weit ins 5. Jh. hinein in Brandgräbern bestattet wurde, die sich dem archäologischen Nachweis leicht entziehen. Die Körperbestattungen mit Beigaben von Schmuck und Waffen waren auf die örtlich herausgehobenen Familien beschränkt, so dass wir gar nicht für alle Siedlungen mit solchen Gräbern rechnen dürfen. Ein Platz wie Mengen hat bisher ganze zwei Bestattungen, dazu Anhaltspunkte für weitere zerstörte Gräber gebracht, darunter möglicherweise Brandgräber.[10] Andere Bestattungen, wie die eines Mannes aus Ihringen mit tordiertem Halsring und »nordgermanischer« Hakenlanze, blieben bisher ohne erkennbaren Bezug zu einer Siedlung.[11]

Der einzige größere Bestattungsplatz, sieht man vom Kastellgräberfeld Jechtingen einmal ab, fällt auch durch seine herausragende Beigabenqualität aus dem Rahmen: In Wyhl, am Rheinufer nördlich von Jechtingen gelegen, haben wir es offenbar mit einer hochgestellten alamannischen Familie zu tun.[12] In ihren von Westen nach Osten orientierten Körpergräbern fanden sich silberne Fibeln, Glasperlenketten mit silbernen Schließhaken, ein silberner Halsring, spätrömische Importkeramik und Gläser gleicher Herkunft. Im jüngsten Grab, schon in die Mitte des 5. Jh. zu datieren, war ein schwer bewaffneter Krieger beigesetzt, der neben einem hervorragend geschmiedeten Schwert aus einer römischen Waffenfabrik auch einen Schild mit eisernem Buckel und Silbernieten sein eigen nannte. Gerade dieses Grab gibt uns Aufschluss über Status und Funktion der hier ansässigen Gruppe. Offensichtlich war es eine Familie alamannischer *optimates*, wie der Adel in den zeitgenössischen Quellen bezeichnet wird, die an einem alten Rheinübergang von allerdings geringerer Bedeutung im späten 4. und in der ersten Hälfte des 5. Jh. gesiedelt hat. Bei dieser Situation stellt sich sofort die Frage nach dem Verhältnis dieser Gruppe zu Rom, denn im Nahbereich der Grenzkastelle und fast unmittelbar am Rheinufer lässt sich eine solche Ansiedlung ohne Regelung der nachbarlichen Verhältnisse kaum vorstellen. Dabei könnte man an eine Siedlung denken, die dem grenzüberschreitenden Handel und damit einem gemeinsamen, friedlichen Interesse diente. Nicht zu übersehen ist aber auch die strategische Bedeutung eines solchen Platzes gerade für die römische Seite. Es liegt daher nahe, an eine vertragliche Vereinbarung zu denken, die den hier lebenden Alamannen Aufgaben der Vorfeldsicherung, wie den unmittelbaren Grenzschutz, zuwies. Vor allem in der Spätzeit des römischen Imperiums wurden solche militärischen Aufgaben vielfach an föderierte – d.h. durch ein förmliches Bündnis verpflichtete – Stämme und Gruppen übertragen. Auch die Wyhler Alamannen dürften solche »Föderaten« gewesen sein, deren erkennbarer Wohlstand auf den regelmäßigen römischen Zahlungen beruhte.

Zwischen zwei Kulturen: ein Experimentierfeld der Geschichte

Mit dem Stammeszentrum auf dem Zähringer Burgberg, einer weiteren, kleineren Höhenburg am Schwarzwaldrand[13] und den zahlreichen Hö-

99 Tordierter Bronzehalsring und eiserne Hakenlanze aus einem Kriegergrab auf dem »Winkler Feld« bei Ihringen. Wie bei den völkerwanderungszeitlichen Gräbern üblich, war es in Nord-Süd-Richtung orientiert.

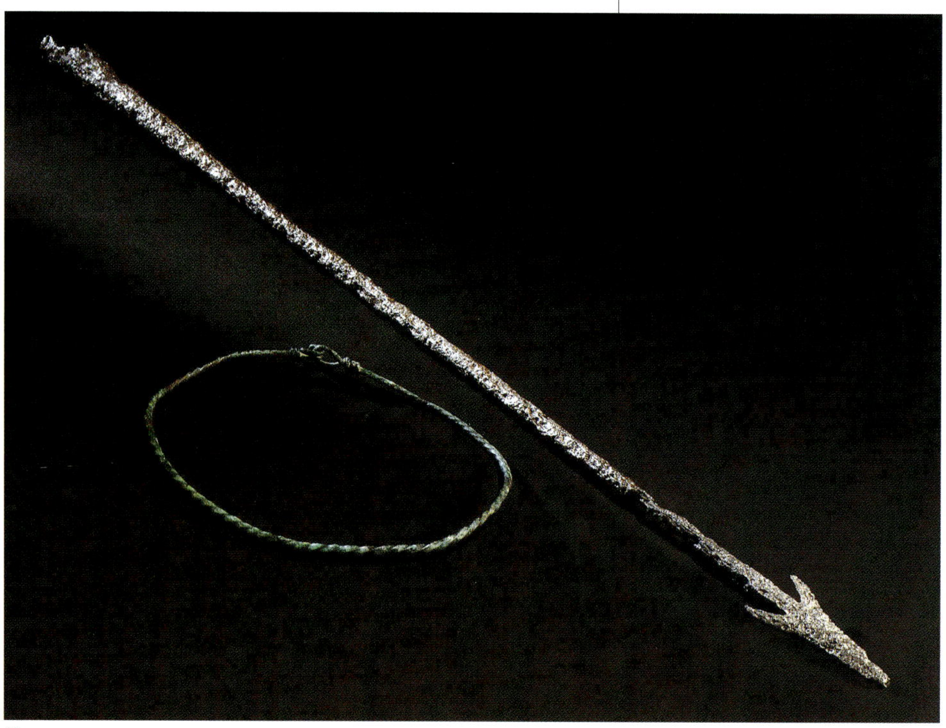

99

100

100 **Schmuck und Keramik aus dem Grab einer Frau in Mengen »Löchleacker«. Die Bestattung war in Nord-Süd-Richtung orientiert.**

fen und Dörfern der Rheinebene könnte man den Breisgau als eine frühalamannische Siedlungslandschaft von Modellcharakter bezeichnen.[14] Die Nähe der römischen Reichsgrenze am Rhein mit ihren Kastellen Breisach und Jechtingen gibt aber diesem Raum einen weiteren Akzent. Er erscheint daher in besonderem Maße geeignet, das generationenlange Nebeneinander von Römern und Alamannen zu beleuchten, die gegenseitige Beeinflussung zu zeigen, die engen Beziehungen, die sich aus dieser Nachbarschaft ergeben, die einerseits alamannische Söldner und Föderaten in römischen Diensten möglich machen, andererseits aber auch Spannungen verursachen, eskalierend in kriegerischen Auseinandersetzungen, die sich etwa an den Zerstörungshorizonten der Grenzkastelle ablesen lassen. So gewinnt der Breisgau in mehrfacher Hinsicht Modellcharakter. Die hier entdeckten und ausgewerteten archäologischen Quellen zeigen uns nicht nur eine reiche Fundlandschaft, sondern weit mehr: ein räumlich und zeitlich für uns überschaubares Experimentierfeld der Geschichte.

101

1 J. Garbsch, Der spätrömische Donau-Iller-Rhein-Limes. Kleine Schr. Kenntnis Röm. Besetzungsgesch. Südwestdeutschlands 6 (Stuttgart 1970).
2 H. Bender, Neuere Untersuchungen auf dem Münsterberg in Breisach (1966 – 1975). Arch. Korrbl. 6, 1976, 309 ff. – G. Wesch-Klein, Breisach am Rhein: Die gestempelten Ziegel aus den Grabungen 1983 – 1986. Fundber. Baden-Württemberg 14, 1989, 387 ff.
3 R. M. Swoboda, Die spätrömische Befestigung Sponeck am Kaiserstuhl. Münchner Beitr. Vor- u. Frühgesch. 36 (München 1986).
4 K. F. Stroheker, Die Alamannen und das spätrömische Reich. In: W. Hübener (Hrsg.), Die Alamannen in der Frühzeit. Veröff. Alemannisches Inst. 34 (Bühl 1974) 9 f.
5 Ch. Bücker, Untersuchungen zu den Anfängen der germanischen Besiedlung im Breisgau während des 4. und 5. Jahrhunderts n.Chr. (unpubl. Diss. Freiburg 1994).
6 H. Steuer, Die Alamannen auf dem Zähringer Burgberg. Arch. Inf. Baden-Württemberg 13 (Stuttgart 1990).
7 Ch. Bücker, Die Gefäßkeramik der frühalamannischen Zeit vom Zähringer Burgberg, Gemeinde Gundelfingen, Kr. Breisgau-Hochschwarzwald. In: Römer und Alamannen im Breisgau. Freiburger Forsch. Erstes Jahrtausend Südwestdeutschland 6 (Sigmaringen 1994) 125 ff. Mit einem Beitrag von L. Bakker, Spätrömische Argonnen-Terra-Sigillata mit Rollstempeldekor vom Zähringer Burgberg ebd. 230 ff.
8 Steuer (Anm. 6) 63.
9 Ch. Bücker, Die frühgeschichtliche Siedlung von Mengen im Gewann Löchleacker« und »Hofstatt«. In: FundMengen. Mengen im frühen Mittelalter. Arch. Inf. Baden Württemberg 25 (Stuttgart 1994) 28 ff.
10 Bücker (Anm. 9) 42 f. mit Abb. 18 – 19.
11 R. Gießler, Ein frühalamannischer Grabfund bei Ihringen a.K. Bad. Fundber. 15, 1939, 105 ff.
12 G. Fingerlin, Frühalamannische Grabfunde aus Wyhl am Kaiserstuhl, Kreis Emmendingen. Arch. Ausgr. Baden-Württemberg 1982, 159 ff.
13 W. Hübener, Die Feimlisburg, Gemeinde Kirchhofen, Landkreis Freiburg. Schauinsland 90, 1972, 197 ff. Der ebd. Abb. 3,1 vorgelegte Armring ist spätrömisch. Vgl. Steuer (Anm. 6) Karte Abb. 3.
14 G. Fingerlin, Frühe Alamannen im Breisgau. Zur Geschichte und Archäologie des 3. – 5. Jahrhunderts zwischen Basler Rheinknie und Kaiserstuhl. In: Arch. u. Gesch. Freiburger Forsch. Erstes Jahrtausend Südwestdeutschland 1 (Sigmaringen 1990) 97 ff.

101 Schmuck, importierte Keramik und Gläser zeigen die Faszination, die römische Lebensart und Kultur auf die alamannische Oberschicht ausübten. Die Funde stammen aus verschiedenen Gräbern in Wyhl »Leiselheimer Kreuz«.

Bollwerk gegen die Barbaren

SPÄTRÖMISCHE GRENZVERTEIDIGUNG AN RHEIN UND DONAU

LOTHAR BAKKER

Nach Aufgabe des obergermanisch-rätischen Limes (vgl. Nuber, Zeitenwende) und des »Dekumatlandes« 259/260 n.Chr. war die Lage trotz Abwehrerfolgen des Gallienus und der Errichtung des »Gallischen Sonderreiches« (260–274) für Rom noch längst nicht gefestigt. Erneut vorgetragene Plünderungszüge von Alamannen in den verbliebenen Teil Obergermaniens bis nach Gallien und über Rätien bis nach Italien mussten zurückgeschlagen werden.[1] So konnte Kaiser Claudius II. im Jahr 268 Alamannen am Gardasee besiegen, seinem Nachfolger Aurelian gelang nach einer ersten Niederlage bei Placentia schließlich 271 der Sieg über eingebrochene Juthungen bei Pavia. In einer Lobrede auf Constantius Chlorus 297 n.Chr. wird hervorgehoben, dass unter Kaiser Gallienus (253–268) »Rätien verloren war«. Wie bedrohlich die Situation des Imperiums eingeschätzt wurde, zeigt der Bau der mächtigen aurelianischen Mauer um Rom selbst!

Nach der Ermordung Aurelians 275 n.Chr. brachen Franken und Alamannen wieder alles verheerend in Gallien und Rätien ein. 70 Städte sollen sie geplündert haben. Von geordneter Grenzverteidigung war keine Rede mehr. Durch Siege 277 (Alamannen bis auf die Schwäbische Alb verfolgt) und 278 (Burgunder, Vandalen und Goten aus Rätien verdrängt) erreichte Kaiser Probus (276–282) die militärische Stabilisierung an Rhein und Donau. Eine Ehreninschrift in der rätischen Hauptstadt Augusta Vindelicum/Augsburg bezeichnet ihn 281 als »Wiederhersteller der Provinzen und öffentlichen Bauten.«[2] Münzschatzfunde von 282/283 n.Chr. aus dem Kastell Vemania/Isny und vom Goldberg bei Türkheim zeigen, dass in den Folgejahren keineswegs Ruhe an der Germanenfront herrschte. 288/289 kämpfte Kaiser Diokletian zwischen Bodensee und Donauquellen siegreich gegen Alamannen. Zeugnis dafür bietet wiederum eine lobreiche Augsburger Inschrift des Jahres 290. In der folgenden Zeit der 293 geschaffenen Tetrarchie wurde die Lage an Rhein und Donau zunehmend ruhiger, auch wenn weiterhin Germanenvorstöße durch Schriftquellen, Zerstörungsschichten oder Schatzfunde erschließbar sind: Als Beispiel seien der Sieg des Caesars Constantius 298 (?) bei Vindonissa/Windisch genannt sowie die Schatzfunde I und II aus Isny 305 und Caelius Mons/Kellmünz 308 n.Chr.[3]

102

102 Ehreninschrift aus Augsburg für Kaiser Diokletian aus dem Jahr 290 n.Chr. Der Kaiser wird hier als »Fürsorglichster Princeps, Lenker der Welt und Herr, Begründer ewigen Friedens (fundator pacis aeternae)« gefeiert.

Reformer retten das Reich

Der energische Kaiser Diokletian und seine Mitregenten leiteten tiefgreifende Reformen ein, die von Konstantin d.Gr. (306–337) vollendet wurden. Das Reich wurde in vier Präfekturen gegliedert, die ursprünglich 57 Provinzen durch Teilungen auf 101 vermehrt und in zwölf Diözesen zusammengefasst. So entstanden aus der Germania superior nach 297 die Provinzen Germania prima und Sequania, aus Rätien die beiden Provinzen Raetia prima und Raetia secunda. Zivile und militärische Funktionen wurden, wohl erst von Konstantin, strikt getrennt: dem *praeses* als zivilem Provinzstatthalter stand der *dux limitis* als General der Grenztruppen gegenüber, z.B. der *dux provinciae Raetiae primae et secundae*.

Hatte in der Tetrarchie die lineare Grenzverteidigung noch Vorrang, so gewann die Schaffung eines mobilen Feldheeres durch Konstantin, des *comitatus*, fortan überragende Bedeutung. Zuvor nur in

103

104

104 Zwei vergoldete Garde- oder Offiziershelme aus Augsburg-Pfersee, 1897 gefunden. Das Silberblech über den zusammengenieteten eisernen Halbschalen ist mit Kreisaugen und S-förmigen Punzen verziert. Am linken Helm sind der breite Nackenschutz und ein Nasenschutz erhalten, bei beiden fehlen jedoch die Wangenklappen.

103 Schatzfund I aus dem Kastell Vemania/Isny, vergraben Anfang 305 n.Chr.: Goldketten, Glas- und Korallenkolliers, goldene Ohrringe, goldene und silberne Fingerringe, ein Goldarmreif, Haarnadeln und 157 Münzen, vornehmlich aus der Prägestätte von Karthago.

Krisen zusammengezogene Einheiten, wie die von Gallienus in Mailand stationierte Reiterarmee, wurden jetzt als feste, mobile Feldtruppen in neuen Garnisonen oder in Städten im Hinterland der Grenzen stationiert. Sie sollten das Land schützen, wichtige Verkehrswege in Gallien und im Alpenraum sichern und vor allem einbrechenden germanischen Reiterheeren schnell in zusammengezogenen Armeen entgegentreten. Befehligt wurden sie von *comites* genannten Generälen unter dem Oberbefehl von Heermeistern, den *magistri militum*, wobei es zeitweise für Infanterie und Kavallerie getrennte Heermeister gab, den *magister peditum* und den *magister equitum*. Die Truppen in den Grenzkastellen selbst, *limitanei* oder *ripenses*, übernahmen im 4. Jh. zunehmend die Funktion von Grenzmilizen, die nur noch lokale Verteidigungsaufgaben ausübten.

Neue Truppen für das Reich

Die zwischen 260 und 275 nahezu vollständig vernichteten Truppen am obergermanisch-rätischen Limes mussten schnellstmöglich ersetzt werden. Lediglich die Legionen von Mainz, Straßburg und Regensburg erscheinen noch in den Truppenverzeichnissen des späten 4. und frühen 5. Jh., der *Notitia dignitatum*, oder sie sind anhand ihrer spätrömischen Ziegelstempel nachzuweisen. Auffällig ist, dass, wie an der Regensburger *legio III Italica* zu sehen, die ursprüngliche Truppe von ca. 6000 Mann jetzt in fünf oder sechs Teileinheiten von ca. 1000 bis 1200 Legionären aufgespalten wurde, stationiert in Cambodunum/Kempten, Burghöfe, Regensburg, Füssen und Zirl. Die zahlreichen Neuaufstellungen der Tetrarchen lassen sich vielfach am Truppennamen erkennen: *Ioviani* und *Valeria* (des Valerius Diocletianus »Iovius«), *Herculea*

105

105 Der nur noch als Abguss erhaltene Grabstein des Lepontius aus Straßburg zeigt einen Soldaten in Tunika und darüber einem Mantel mit Zwiebelknopffibel. Im Kampf schützten ihn ein Kammhelm mit Helmbusch und ein Rundschild, als Waffe dienten Schwert und Lanze. Zu seiner Linken eine Standarte mit Hahn.

(des Maximianus »Herculius«), *Martia* (des Galerius), *Solenses* und *Flavia* (des Constantius Chlorus). Dabei hatten die an den Grenzen stationierten Alen und Kohorten nicht wie früher 500 oder 1000 Mann, sondern zumeist nur 100 bis 200 Soldaten. Als tetrarchische Neuaufstellung erlangte in unserem Gebiet die *legio I Martia* besonderen Rang. Teileinheiten der Truppe waren in Castrum Rauracense/Kaiseraugst, in Brisiacum/Breisach und wohl in Argentovaria/Oedenburg stationiert.

Das mobile Feldheer, im 4. Jh. weiter ausgebaut, gliederte sich in Garden (*scholae, palatini*), »Linieneinheiten« (*comitatenses*), Reitereinheiten (*vexillationes*), Legionen (1000 Mann) und Auxilia (500 Mann, oft aus Germanen rekrutiert).[4] Klar ersichtlich ist eine starke Zunahme der Reiterverbände. Kenntnis der Grenz- und Feldheerformationen mit ihren Chargen vermittelt die *Notitia dignitatum*, ein Staatshandbuch des 4. Jh., das öfter redigiert wurde und den Beamten- und Militärapparat der Spätantike und sogar die Rüstungsfabriken detailliert auflistet. Die Rhein und Donau betreffenden Abschnitte der *Notitia* spiegeln, soweit erhalten, die Zeit des späten 4. und frühen 5. Jh. wider.

In der Bewaffnung ist im Vergleich zur mittleren Kaiserzeit eine starke Umrüstung erfolgt. Das Kettenhemd dominierte vor Schuppenpanzern; eiserne zweiteilige Helme mit angesetztem Nacken- und Nasenschutz, in unserem Gebiet aus Worms, Augst und Augsburg bekannt, waren bei den höheren Offizieren oder Gardeangehörigen mit Silberblech überzogen, mitunter sogar vergoldet.[5] Anstelle rechteckiger Schilde wurden leichtere Rundschilde benutzt: Ihre Embleme kennen wir aus der *Notitia dignitatum*. Als Schwert diente die lange *spatha*. Neben Wurflanzen, wie den ca. 1,8 m langen *spicula*, und bleibeschwerten Wurfpfeilen *plumbatae* waren auch Stoßlanzen *lanceae* in Gebrauch. Die Kavallerie war teilweise nach dem Vorbild der Sassaniden durch Schuppenpanzer für Reiter und Pferd geschützt. Besondere Bedeutung erlangte die Artillerie (z.B. im Kastell Bodobriga/Boppard: *balistarii*). Ammianus Marcellinus berichtet von der Entwicklung besonderer, nicht mit Wasser löschbarer Brandpfeile.

Ein neuer Limes: Festungen an Donau, Iller und Rhein

Durch die endgültige Zurücknahme der Grenze vom obergermanisch-rätischen Limes an die Flüsse Rhein, Iller und Donau unter Probus waren zahlreiche Neubauten oder Wiederbefestigungen von Wehranlagen entlang der »nassen« Flussgrenzen sowie des »trockenen« Verbindungsstückes zwischen Bodensee und Cambodunum/Kempten an der Iller erforderlich.[6]

106

106 Der spätrömische Limes an Donau, Iller und Rhein. Die starken Verteidigungsanlagen des Donau-Iller-Rhein-Limes, deren Bau am Ende des 3. Jh. einsetzte, sollten die germanischen Vorstöße auffangen, nachdem der alte obergermanisch-rätische Limes aufgegeben worden war.

107 **Aus Koblenz in der Schweiz (Kleiner Laufen) stammt diese Bauinschrift des Wachtturmes Summa Rapida aus dem Jahr 371: »Während der glücklichen Regierung unserer Herren Valentinianus, Valens und Gratianus, dauernde Sieger, immer erlauchte Kaiser, hat an der oberen Stromschnelle diesen Burgus ... erbaut unter Leitung des ... Im Konsulat unseres Herrn Gratianus zum zweiten Mal und Flavius Probus, Exzellenz«.**

107

Die archäologisch mit unterschiedlichem Forschungsstand bekannten Befestigungen zeichnen sich durch ihre im Vergleich zu den älteren Limeskastellen wesentlich geringere Größe – entsprechend den reduzierten Truppenstärken –, ihre meist das natürliche Gelände geschickt ausnützende topographische Lage sowie vor allem die Mächtigkeit der Wehrmauern, der außen vorspringenden Türme und der Verteidigungsgräben aus. Bei den meisten Wehranlagen ist das genaue Baudatum unbekannt oder umstritten. Vielfach liegen unter ihnen erste provisorische Befestigungen der Zeit 260/275 n.Chr. Sicher der Regierungszeit des Probus zuzuweisen sind das erste Steinkastell von Vemania/Isny (0,27 ha; ala II Valeria Sequanorum) und die halbrunde Befestigung Rostrum Nemaviae/Goldberg bei Türkheim (ca. 0,16 ha) im Hinterland des Grenzabschnitts an der Iller.[7]

Ein systematischer Ausbau der Reichsgrenzen wurde der Überlieferung nach um 290 von Diokletian und Maximian auf einer Kaiserkonferenz in Mailand beschlossen. In die tetrarchische Zeit gehören die Neubauten der Kastelle Castrum Rauracense/Kaiseraugst (3,6 ha; legio I Martia), Arbor Felix/Arbon am Bodensee (0,85 ha; cohors Herculea Pannoniorum), Caelius Mons/Kellmünz an der Iller (0,98 ha; cohors III Herculea Pannoniorum)[8] und wahrscheinlich Phebiana (?)/Gundremmingen (0,16 ha; equites stablesiani iuniores). Durch Bauinschriften aus dem Jahr 294 n.Chr. ist die Errichtung des Kastells Tasgaetium/Stein am Rhein und der Wehrmauer von Viduturum/Winterthur bezeugt.

In die Zeit Konstantins d.Gr. fallen u.a. das Steinkastell Brisiacum auf dem Breisacher Münsterberg (Ziegel legio I Martia), aber auch das Kastell Bodobriga/Boppard (Ziegel legio XXII aus Mainz). In den vergleichsweise ruhigeren Jahrzehnten der konstantinischen Zeit scheint die Grenzverteidigung weiter ausgebaut worden zu sein. Zwischen den 15 bis 40 km auseinanderliegenden Kastellen befanden sich Wachttürme zur Nachrichtenübermittlung und zum Patrouillendienst.

Die bedeutenderen Siedlungen im Hinterland wurden mit Mauern befestigt. Die zivile Landbevölkerung besaß seit den Ereignissen von 260/275 n.Chr. Fluchtburgen auf Anhöhen, die in der Folgezeit durch Steinmauern geschützt wurden, oft aus herbeigeschleppten Quadern von älteren Bauwerken errichtet. Solche Fluchtburgen sind z.B. der Moosberg bei Murnau, der Lorenzberg bei Epfach, weiter zahlreiche Anlagen in der Schweiz (z.B. im Alpenrheintal oder am Wittnauer Horn), im Elsass, in der Pfalz (z.B. Großer Berg bei Kindsbach) oder an der Mosel.

Straßen im Hinterland, wie die Verbindung von Augusta Vindelicum nach Cambodunum hinter der Iller-Grenze, sicherten Wachttürme und kleinere Kastelle mit Vorratslagern. Dem Schutz Italiens dienten dabei die Wehranlagen an den über die Alpen ziehenden Fernstraßen, z.B. Foetibus/Füssen oder Veldidena/Innsbruck-Wilten an der Via Claudia. In der rätischen Hauptstadt selbst wurden *equites stablesiani seniores*, die beste Reitereinheit der Raetia secunda, stationiert. Die Stadtmauer erhielt um 300 n.Chr. rechteckig vorspringende Türme. Am Bodensee dienten Flottensoldaten in Constantia/Konstanz und Brigantium/Bregenz (numerus barcariorum).

Festungsbauer und Sieger über die Alamannen

Das wechselvolle Schicksal, das infolge der Thronerhebung des Magnentius 350 n.Chr. über Gallien und die Alpenprovinzen hereinbrach, kennen wir recht detailliert aus den bis 378 n.Chr. erhaltenen Schilderungen des spätantiken Historikers Ammianus Marcellinus. Nach der verlustreichen Schlacht von Mursa 351 zwischen Magnentius und Constantius II. brachen im Jahr 352 Franken und Alamannen auf breiter Front über den Rhein nach Gallien und in die Schweiz ein; in diese Krise gehört der großartige Schatz von Kaiseraugst.[9] Die Alamannen besetzten danach die Pfalz, das Elsass und Teile der Schweiz. Nahezu überall

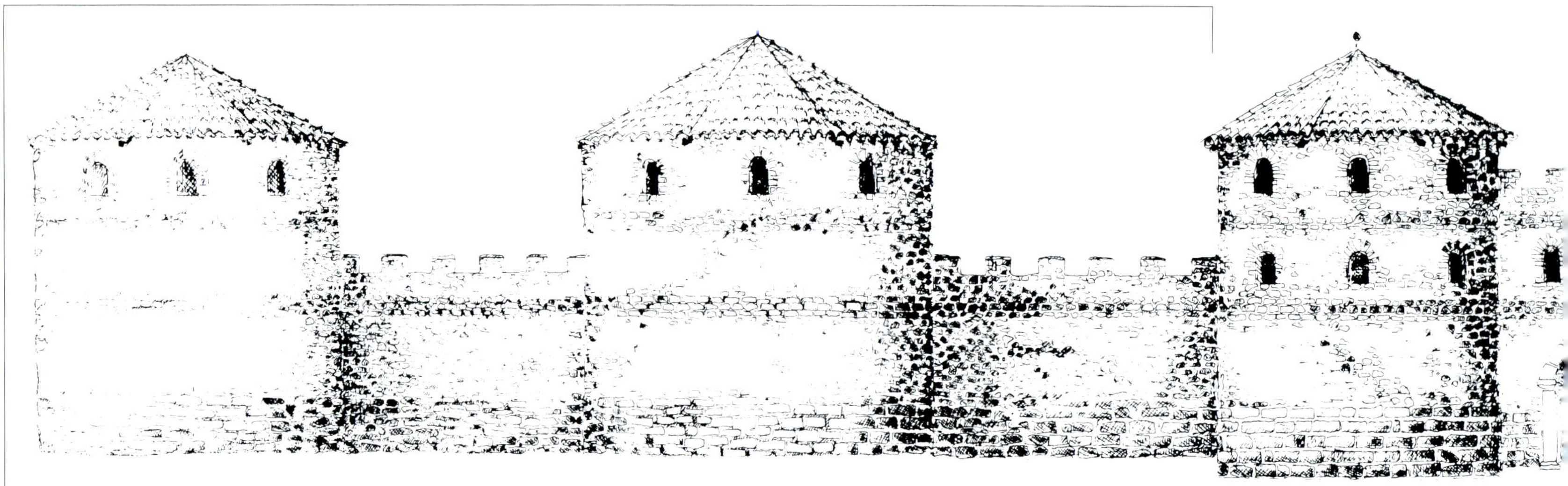

sind Brand- und Zerstörungsschichten in Städten, Siedlungen und Bauernhöfen zu erfassen.

Nach Kämpfen gegen die Alamannenfürsten Gundomad und Vadomar im Breisgau überschritt Constantius II. 354 den Rhein bei Castrum Rauracense. Constantius II. (vgl. Fingerlin, Grenzland) und vor allem sein Ende 355 ernannter Caesar Julian errangen weitere Siege, doch erst der Erfolg Julians 357 bei Straßburg gegen die verbündeten Alamannen unter Chnodomar konnte die Rheingrenze für Rom erneut sichern. Im folgenden Jahr wurden die schon 356/357 in Rätien eingefallenen Juthungen wieder hinausgedrängt. Auch erreichte Julian 358/359 die Herausgabe der Kriegsgefangenen von den alamannischen Königen, angeblich 20 000 Mann. Dabei kämpfte er mehrfach rechts des Rheins im Limesgebiet. Durch Verträge und Tributzahlungen an die alamannischen Teilkönige versuchte er, den Frieden langfristig zu sichern.

Während der Regierungszeit Kaiser Valentinians I. (364–375) überquerten die Alamannen 365 den zugefrorenen Rhein und wurden erst bei Châlons-sur-Marne besiegt. 368 plünderte eine Alamannenschar unter Rando die Provinzhauptstadt der Germania I, Mogontiacum/Mainz. Der Vergeltungsfeldzug Valentinians führte in das ehemalige Limesgebiet nach Solicinium; ab 369 trug er den Titel »Alamannicus«. Seinen Triumph feierte Valentinian I. in Trier, wie uns der Dichter Ausonius in der Mosella berichtet (Vers 422). Der Kaiser blieb am Rhein: Im Jahr 369 erließ er Gesetze u.a. in Wiesbaden, Alta Ripa/Altrip und Breisach. Nach Ammian ließ er »... die ganze Rheingrenze von der Quelle in Rätien bis zur Meerenge des Ozeans (gemeint ist der Ärmelkanal) durch gewaltige Festungswerke sichern; er erhöhte die Lagerwälle und erbaute Kastelle und eine Reihe von Türmen an geeigneten Plätzen entlang der ganzen Grenze Galliens. Zuweilen ließ er auch Befestigungen jenseits des Flusses anlegen« (Amm. 28,2,1 ff.).

Valentinian I. war der letzte »Festungsbauer« an Rhein und Donau. Neben dem Wiederaufbau können wir zahlreiche neue Anlagen seinem Bauprogramm zuschreiben: so die Kastelle Alzey[10] und Kreuznach, die dem Bewegungsheer dienten, das trapezförmige Kastell Altrip mit der Schiffslände Mannheim-Neckarau, den Neubau von Breisach, die Anlage von Sponeck am Kaiserstuhl, den Brückenkopf Wyhlen vor Kaiseraugst, die Kastelle Tenedo/Zürich, Yverdon und Schaan (Liechtenstein), ebenso die rechtsrheinischen Schiffsländen von Engers, Niederlahnstein, Biblis-»Zullenstein« und Ladenburg, die dichte Kette von Steintürmen entlang des Hochrheins, aber auch die Rheinbrücke vom Zurzacher Kastell zum Brückenkopf Rheinheim (vgl. Sennhauser, Heiligengrab). Gleichzeitig führte er Bündnisverhandlungen mit den Burgundern, die im Rücken der Alamannen siedelten, und plante mit ihnen gemeinsame Angriffe gegen den Reichsfeind. 374 schloss Valentinian I. mit dem Alamannenkönig Makrian einen dauerhaften Frieden. Dennoch musste schon

108 Grundriss des Kastells Caelius Mons/Kellmünz an der Iller. Nach einer Brandkatastrophe in den ersten Jahren des 4. Jh. wurde im Kastell dicht am Osttor um 310 n.Chr. (Bauperiode 3) eine repräsentative Aula mit Apside und Säulenvorhalle errichtet, in der vielleicht der Befehlshaber (dux) der beiden rätischen Provinzen residierte. Sein Hauptquartier war jedoch in Regensburg.

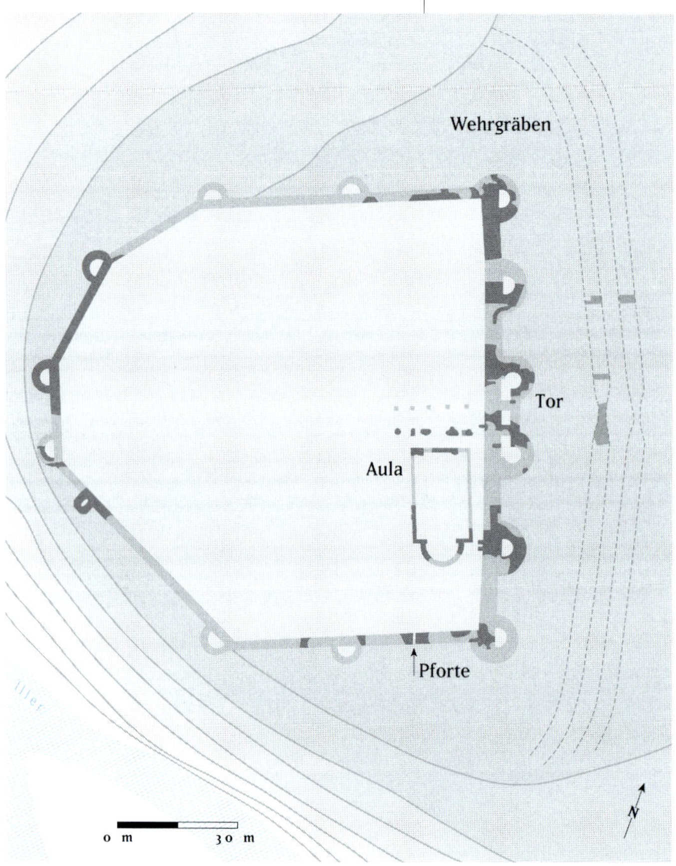

108

109

109 **Rekonstruktion der Ostseite des Kastells Kellmünz. Entlang der ca. 7 m – 8,5 m hohen und im Fundament 3,6 m breiten zinnenbewehrten Mauer springen gedeckte halbrunde Türme vor. Aus den Fensteröffnungen waren Geschütze auf die Angreifer gerichtet.**

110 **Der valentinianische Burgus von Lopodunum/Ladenburg am Neckar diente als Schiffslände. Die den Turm umgebende Wehrmauer reicht in den Fluss hinein, um anlegende Boote zu schützen.**

378 sein Sohn, Kaiser Gratian, erneut gegen lentiensische Alamannen kämpfen, die bei Argentovaria/Horburg oder Oedenburg vernichtend geschlagen wurden. Gratians Vorstoß über den Rhein, der letze römische Feldzug in das Limesgebiet, erbrachte einen neuen Frieden: die Lentienser mussten Kämpfer für das römische Heer stellen.

Ende eines Zeitalters

Wohl auf Druck der Franken, des mächtigen Reichsfeindes am Niederrhein, vielleicht auch auf Veranlassung des in Britannien ausgerufenen Thronrivalen Magnus Maximus, brachen im Jahr 383 Alamannen und Juthungen erneut in Rätien ein. Sie konnten erst 384 von Valentinian II., der sich mit Hunnen und Alanen verbündete, aus Rätien vertrieben werden. Zu den verlustvollen Kämpfen des Kaisers Theodosius (379–395) gegen die Rivalen Maximus (388) und Eugenius (394), dessen Heer vom westlichen Heermeister Arbogast, einem Franken, geführt wurde, hatte man alle einsatzfähigen Truppen zusammengezogen und dabei die Reichsgrenzen nachhaltig geschwächt.

Der nachfolgende Heermeister Stilicho, ein Wandale, sicherte 396 und 398 die Rheingrenze durch Verträge mit Franken und Alamannen. Wegen des Einbruchs der Westgoten nach Italien im Jahr 401 zog Stilicho wiederum bewegliche Truppen aus Britannien, Gallien und von Rhein und Donau ab und führte sie 402 über den Brenner nach Süden: Im Aufgebot soll eine rätische Legion gewesen sein, die zuvor Juthungen besiegt habe (so Claudian).

Trotz des wiederholten Abzugs von Truppen, sowohl von Einheiten des Bewegungsheeres als auch

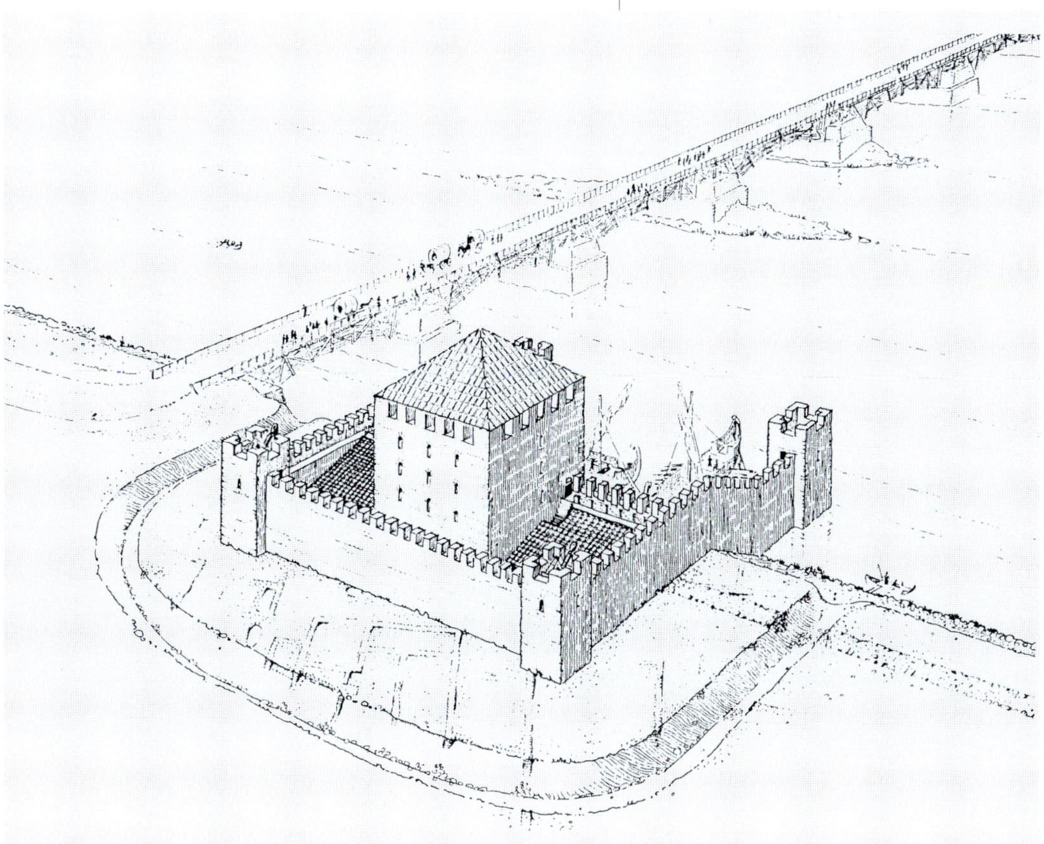

110

der *limitanei*, erkennen wir im Fundbestand zahlreicher Wehranlagen noch Ausrüstungsteile, Keramik und Münzen, die die Anwesenheit römischer Soldaten bis weit in das 5. Jh. nachweisen (z.B. im Kastell Alzey bis Mitte 5. Jh.). Dabei fällt oft »germanischer« Fundstoff auf: Rom hatte zunehmend Föderaten den Grenzschutz an Rhein und Donau anvertraut, die ihn gemeinsam mit »Romanen«, den römischen Grenzsoldaten und Bewohnern der Wehranlagen, ausübten (vgl. Martin, Fronten).[11] Wie stark der germanische Anteil im spätantiken Heer war, zeigen literarische Quellen, aber auch die bis weit nach Germanien hinein vorkommenden Funde von militärischen »Kerbschnitt«-Gürteln und Waffen: zumeist Gräber von ehemaligen Soldaten des römischen Heeres, wie z.B. der Grabfund von Kemathen an der Altmühl.[12] In Rätien mögen unter Generidus 409 oder unter Aetius 430 n.Chr. noch donauländische Föderaten im Einsatz gewesen sein: Rom hatte Rätien als Schutzschild Italiens bis zur Mitte des 5. Jh. keineswegs aufgegeben.
Ungeachtet aller Verteidigungsanstrengungen, Festungsbauten und Friedensversuche an Rhein und Donau im 4. Jh.: Der Niedergang der Herrschaft Roms im Westen konnte zwar bis weit ins 5. Jh. gegen germanischen Druck aufgehalten, aber letztendlich nicht verhindert werden. Unter den »neuen«, jetzt alamannischen Herren in Süddeutschland und der Schweiz musste sich die verbliebene »romanische« Bevölkerung einfügen. Dieses »Weiterleben« der ehemals römischen, christlichen Bevölkerung in das beginnende Mittelalter können wir an den im 5. und frühen 6. Jh. vielfach in den Kastellen errichteten Kirchen (z.B. Zurzach, Kaiseraugst, Boppard) fassen.

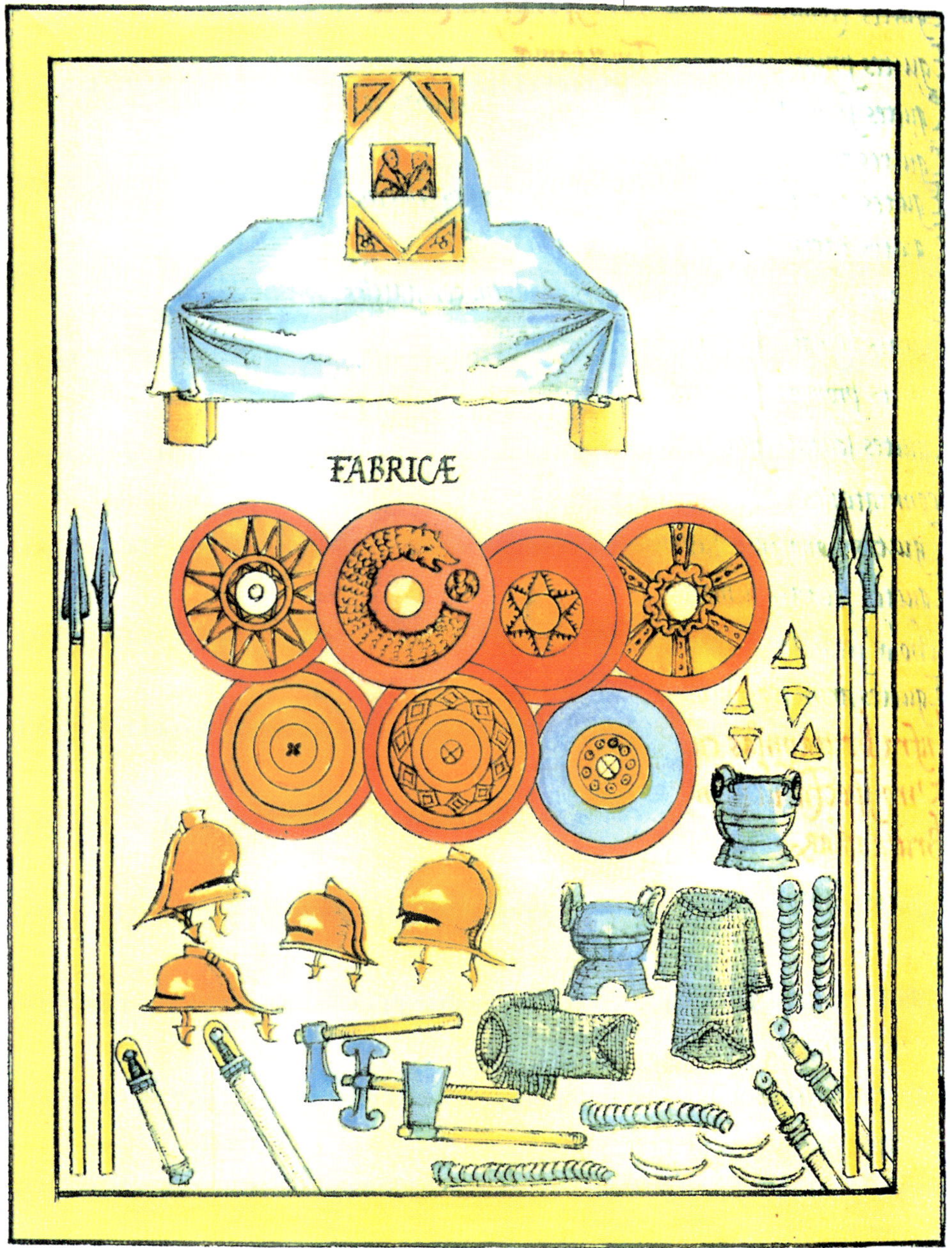

111 **»Notitia dignitatum: Insignia viri illustris magistri officiorum«. Dem magister officiorum, einem Innenminister vergleichbar, unterstanden u.a. die Rüstungsfabriken (fabricae). Unter einem Tisch mit dem Bildnis zweier Kaiser erkennt man Rundschilde, Lanzen, Helme, Schwerter, Streitäxte, Panzer und Kettenhemden. Frühes 5. Jh., Abschrift aus dem Jahr 1551.**

1 Lit. zur Spätantike an Rhein und Donau u.a. in P. Filtzinger/D. Planck/B. Cämmerer, Die Römer in Baden-Württemberg3 (Stuttgart 1986) 96 ff.; W. Czysz/K. Dietz/T. Fischer/H.-J. Kellner, Die Römer in Bayern (Stuttgart 1995) 348 ff.; W. Drack/R. Fellmann, Die Römer in der Schweiz (Stuttgart 1988) 276 ff.; H. v. Petrikovits, Die Rheinlande in römischer Zeit (1980) 218 ff. 264 ff.; B. Overbeck, Das Alpenrheintal in römischer Zeit I (1982) 197 ff.
2 Zeichnung der ergänzten Inschrift: Antike Welt 24, 1993 H. 4, 276 Abb. 5.
3 J. Garbsch/P. Kos, Das spätrömische Kastell Vemania bei Isny I. Zwei Schatzfunde des frühen 4. Jahrhunderts. Münchner Beitr. Vor- u. Frühgesch. (München 1988).
4 D. Hoffmann, Das spätrömische Bewegungsheer und die Notitia dignitatum. Epigr. Stud. (1969); ders., Die Gallienarmee und der Grenzschutz am Rhein in der Spätantike. Nass. Ann. 84, 1973, 1 ff.; T. Drew-Bear/W. Eck, Chiron 6, 1976, 306.
5 H. Klumbach, Spätrömische Gardehelme. Münchner Beitr. Vor- u. Frühgesch. 15 (München 1973). Eine spätrömische (?) Schlangenstandarte (draco) aus Niederbieber: J. Garbsch, Römische Paraderüstungen. Münchner Beitr. Vor- u. Frühgesch. 30 (München 1978) 88 Taf. 48.
6 Eine detaillierte Zusammenstellung geben Garbsch/Kos (Anm. 3) 105 ff.; J. Oldenstein, Ber. RGK 67, 1986, 340 Abb. 10; H. v. Petrikovits, Fortifications in the north-western Roman empire. Journal Roman Stud. 61, 1971, 178 ff.
7 I. Moosdorf-Ottinger, Der Goldberg bei Türkheim. Bericht über die Grabungen in den Jahren 1942–1944 und 1958–1961. Münchner Beitr. Vor- u. Frühgesch. 24 (München 1971).
8 M. Mackensen, Das spätrömische Grenzkastell Caelius Mons in Kellmünz an der Iller. In: Schwaben 3. Führer Arch. Denkmäler Bayern (Stuttgart 1995); ders. in: Römer an Donau und Iller. Neue Forschungen und Funde (Sigmaringen 1996) 135 ff.
9 H. A. Cahn/A. Kaufmann-Heinimann (Hrsg.), Der spätrömische Silberschatz von Kaiseraugst (1984). Inzwischen sind weitere Teile des Schatzes, vor allem Trinkgeschirr, aus Privatbesitz aufgetaucht: Jahresber. Augst u. Kaiseraugst 17, 1996, 22 Abb 13.
10 J. Oldenstein, Neue Forschungen im spätrömischen Kastell von Alzey. Ber. RGK 67, 1986, 289 ff.
11 E. Keller in: H. Bender (Hrsg.), Das »Bürgle« bei Gundremmingen. Die Grabung 1971 und neue Funde. Passauer Universitätsschr. Arch. 3 (1996) 133 ff.
12 E. Keller/K. H. Rieder, Arch. Jahr Bayern 1991, 132 ff. Abb. 102–108; H. W. Böhme, Germanische Grabfunde des 4. bis 5. Jahrhunderts zwischen unterer Elbe und Loire. Münchner Beitr. Vor- u. Frühgesch. 19 (München 1974).

Zwischen den Fronten

ALAMANNEN IM RÖMISCHEN HEER

MAX MARTIN

Wie wir heute wissen, hatten die Bevölkerungsteile elbgermanischer Herkunft und Prägung, aus denen sich in den Jahrzehnten um 300 n.Chr. in Südwestdeutschland die Alamannen formierten, zu jener Zeit noch keinen längeren engen Kontakt mit dem römischen Reich gehabt. Diese Tatsache ist erwähnenswert, steht sie doch in markantem Gegensatz zur Situation anderer germanischer Stämme, etwa der Amsivarier, Brukterer, Chamaven, Chattuarier und Tenkterer, die seit der frühen Kaiserzeit östlich von Mittel- und Niederrhein, zum Teil im unmittelbaren Vorfeld der seit Kaiser Augustus fixierten »nassen« Reichsgrenze lebten und später bekanntlich im Stammesverband der Franken aufgingen.[1]

Mit antiker Kultur und Gesellschaft wurden alamannische Kleinstämme – durch das Werk des spätrömischen Historikers und Kriegsberichterstatters Ammianus Marcellinus sind uns vor allem die Bukinobanten, Brisigavi, Lentienses und Raetobarii bekannt – demnach erst relativ spät vertraut. Zudem war das Gebiet, von dem aus diese Kontakte sich entwickelten, lediglich während knapp zweier Jahrhunderte und nur gerade innerhalb des obergermanisch-rätischen Limes an die römische Welt angebunden.

Eine der besten Möglichkeiten für Germanen, intensiv und lukrativ mit römischem Leben vertraut zu werden, bestand seit jeher und im Laufe des 3. und 4. Jh. n.Chr. zunehmend darin, sich zum römischen Heeresdienst zu melden, einzeln oder öfters wohl in Gruppen unter eigenem Anführer.[2] Wie Alexander Demandt für die Spätantike anschaulich gezeigt hat, wurden germanische Offiziere, die im Laufe des 4. Jh. teilweise rasch in höhere Ränge aufstiegen und sich zugleich in der römischen Welt integrierten, zu Trägern eines Militäradels, da sie vielfach Frauen aus führenden Familien und Sippen des römischen Imperiums heirateten.[3] Bereits vor 400 n.Chr. hatte beispielsweise der Wandale Stilicho, Feldherr des weströmischen Reichsteiles,

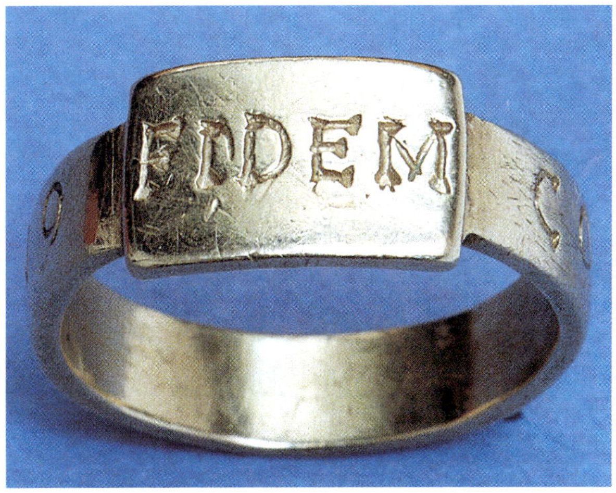

113

eine Nichte Kaiser Theodosius des Großen zur Frau. Eine Tochter des fränkischen Offiziers Bauto, der zum Reichsfeldherrn aufgestiegen war, wurde im Jahre 395 noch nach dem Tode ihres Vaters mit dem in Konstantinopel residierenden oströmischen Kaiser Arcadius verheiratet und spielte dort als Augusta eine bedeutende Rolle.

Römisch-germanische Verbindungen dieser Art blieben nicht punktuell. Auch die Kontakte der in römischen Diensten stehenden germanischen Soldaten zum einen mit der römischen Welt, zum andern über ihre Angehörigen mit der alten Heimat, mehrten beiderseits der Reichsgrenze die Kenntnisse über die jeweils andere Welt und deren Mentalität. Dies war eine entscheidende Voraussetzung bei der Niederlassung germanischer Bevölkerungsteile auf dem Boden des Imperium Romanum, so etwa bei fränkischen Gruppen in Nordgallien oder den Burgundern im Gebiet um Worms und, nach 443, in den Landschaften um Genf.

112 **Die vergoldete Zwiebelknopffibel wurde in Grab 379 des Kastellfriedhofs Basel-Äschenvorstadt entdeckt. Sie gehört zur Bestattung eines um 400 n.Chr. gestorbenen Offiziers vielleicht alamannischer Abstammung.**

113 **Für ergebene Gefolgschaft verlieh Konstantin d.Gr. Fingerringe mit der Inschrift FIDEM CONSTANTINO, Treue dem Kaiser Konstantin. Das abgebildete Exemplar soll 1876 bei Augsburg gefunden worden sein.**

112

114

114 Auf diesen Silbermünzen prangen die Bildnisse Konstantins d.Gr. (306–337) und seiner beiden Söhne Constans (337–350) und Constantius II. (337–361). Auf den Rückseiten werden unter anderem das zwanzigjährige Regierungsjubiläum des Constantius II. und die Siege des Constans über Barbarenvölker gefeiert.

114 a So waren germanische Offiziere im römischen Heer während der ersten Hälfte des 5. Jh. vermutlich gekleidet: mit gefibeltem Mantel, Tunika und breitem Gürtel sowie Hosen.

Wie verlief der Brückenschlag zur römischen Welt bei den einfachen oder den in höhere Ränge aufgestiegenen Söldnern alamannischer Herkunft? Zwar sind aus spätrömischer Zeit archäologische Belege vorhanden, insbesondere Bestattungen von Männern in gefibeltem Mantel und mit breitem, als Rangabzeichen getragenem Gürtel, dem *cingulum*, die wir aufgrund der Bestattungsweise, in Tracht und oft mit Beigabe einer Waffe, als germanische Offiziere ansehen dürfen; in Süddeutschland werden sich darunter auch Männer alamannischer Abstammung befunden haben. Verlässlichere und aus sich heraus sprechende Zeugnisse bieten aber verständlicherweise die Schriftquellen, die im folgenden diskutiert werden sollen.[4]

Karriere im Heer Konstantins und seiner Söhne

Die in mehreren Truppenteilen Dienst leistenden alamannischen Offiziere und Soldaten hatten keinen schlechten Start: Crocus, ein ehemaliger Stammes(?)könig und nun in Britannien stationierter Offizier, dessen Rang wir nicht näher kennen, war im Sommer 306 entscheidend daran beteiligt, als Nachfolger des verstorbenen Kaisers Constantius Chlorus entgegen der geplanten Nachfolgeordnung dessen jungen Sohn Konstantin zum Kaiser auszurufen. Dieser Begründer der gleichnamigen Kaiserdynastie wird sich so, wie er treuen Anhängern goldene Fingerringe mit dem Wahlspruch FIDEM CONSTANTINO überreichte,[5] auch Crocus und weiteren Offizieren alamannischer und anderer germanischer Herkunft erkenntlich gezeigt haben. Wir wissen, dass gerade er als erster in hohem Maße germanische Söldner unter ihren Anführern bevorzugte und ins Heer einreihte.

Bezeichnend ist in dieser Hinsicht auch die sich auf Münzbildern offenbarende Politik der konstantinischen Dynastie.[6] Zwar erscheint auf Rückseiten von Trierer Münzen Konstantins d.Gr. (306–337) und seiner Söhne Constans (337–350) und Constantius II. (337–361) unter einem römischen Siegeszeichen eine namentlich bezeichnete Personifikation der trauernden ALAMANNIA bzw. FRANCIA. Die Darstellung ist mit der Umschrift GAVDIVM ROMANORVM versehen und besagt, zur Freude des römischen Reiches hätten sowohl die Alamannia als auch die Francia Roms siegreiche Überlegenheit anerkannt und seien ins Reich einbezogen. Statt martialischem Siegesgeschrei stellt das gemäßigte Bild eher eine Aufforderung dar, sich dem Reich anzuschließen. Bezeichnenderweise fehlen die sonst nicht seltenen Szenen gefesselter Gegner oder niedergerittener Feinde.

Nur in außergallischen Münzstätten wurden damals vereinzelt Münzserien mit deutlicherer Siegesdarstellung geprägt. Die eine trägt die Legende GAVDIUM ROMANORVM/FRAN(cia) ET ALAM(annia) und zeigt die trauernden Francia und Alamannia beiderseits eines Siegeszeichens;[7] auf der anderen lesen wir ALAMANNIA DEVICTA und sehen eine Victoria mit Siegeszeichen, die einen gefesselten Gefangenen niedertritt. In konstantinischer Zeit wurde in Gallien offenbar bewusst keine Niederwerfung von Franken oder Alamannen gefeiert, zumal die führenden Leute dieser Stämme bald das Rückgrat der Armee bildeten. Außenpolitisch galt wohl als Devise anstelle von Konfrontation die Integration germanischer Oberschichten, gleichsam der Brückenschlag zu den Völkern im Vorfeld der Reichsgrenze, ungeachtet aller entschiedenen

114 a

115

115 Diese Goldmünze, ein Solidus Kaiser Konstantins, wurde 315 n.Chr. in Pavia geprägt. Wir sehen beidseits eines Siegeszeichens in sitzender und trauernder Haltung die personifizierte Francia und Alamannia.

116 Eine um 339 geprägte goldene Gedenkmünze des Kaisers Constantius II., die bei Stockach gefunden wurde. Ihr Durchmesser beträgt 3,7 cm, ihr Gewicht 20 g. Sie war wohl Teil einer Jahresgabe an einen hohen alamannischen Offizier.

117 Magnentius, Offizier in Diensten Kaiser Constans, schwang sich mit Hilfe der kampfstarken Gallienarmee für die Jahre von 350 bis 353 zum Kaiser auf und ließ sich natürlich auf eigenen Münzen darstellen.

Abwehrmaßnahmen gegen einzelne Plünderungszüge oder Einwanderungsversuche von dort kommender Bevölkerungsgruppen.[8]

Leider berichten uns die schriftlichen Quellen bis in die Mitte des 4. Jh kaum Einzelheiten über Karrieren germanischer oder speziell alamannischer Offiziere im römischen Feldheer. Erst mit dem für die Jahre 353–378 erhalten gebliebenen Geschichtswerk des Ammianus Marcellinus setzt eine für die damalige Zeit einzigartig detaillierte Überlieferung ein. Nun finden wir alamannische Krieger im höheren Offizierskorps, als Kommandanten einer Truppeneinheit (*tribuni*), auch einmal als General (*comes domesticorum*).

Allerdings sollte bereits um die Mitte des 4. Jh. der Keim eines unüberwindlichen Widerstandes gelegt werden, der sich gegen Aufstieg und Integration der Offiziersschicht, ihrer Gefolgsleute und letztlich des alamannischen Volkes insgesamt richtete. Er verwehrte ihm bis zum Ende seiner Selbständigkeit in den Jahren nach 500 ein Hineinwachsen in die reichlich vorhandenen Strukturen und Infrastrukturen des Imperium Romanum. Zusammen mit damals vermutlich noch (zu) stark ausgeprägten Mentalitätsunterschieden zwischen Römern und Alamannen könnte dies bei letzteren sogar zu einer Ablehnung einzelner, wesentlicher antiker Einrichtungen und Lebensformen geführt haben. Wie heftig die Abneigung der mit römischer Zivilisation und Staatlichkeit noch wenig vertrauten Alamannen von Anfang an war und sich vermutlich wegen der Ereignisse nach 350 noch verstärkte, geht aus einer bei Ammianus Marcellinus (16, 2, 12) nur für die Alamannen bezeugten Eigenheit hervor, die der Historiker um 356 selbst gesehen hat und für erwähnenswert hielt: Im Elsass würden die Alamannen zwar das offene Land in großem Umfang bewohnen und bebauen, aber die dortigen Städte, die *oppida* von Straßburg, Brumath, Zabern und Selz, meiden wie mit Netzen umspannte Grabmäler. Städte und urbanes Leben, ein zentrales Element antiker Siedlungs- und Lebensweise, waren dem alamannischen Volk offensichtlich ein Greuel.[9]

In den Wirren der Reichspolitik

Trotz der erwähnten Münzbilder und einiger Inschriften der dreißiger Jahre des 4. Jh., auf denen interessanterweise nicht Konstantin d.Gr. selbst, wohl aber einer seiner Söhne als erster römischer Herrscher den Ehrentitel Alamannicus, also Sieger über die Alamannen, trägt,[10] sind merkwürdigerweise für die gesamte erste Hälfte des 4. Jh. durch keine anderen Quellen Kämpfe und Siege gegen sie überliefert.[11] Dem entspricht im archäologischen Befund die Seltenheit entsprechender Versteckhorte in den benachbarten Grenzprovinzen, die bei größeren Unruhen nicht ausgeblieben wären.

Umso gegensätzlicher waren die Jahre nach 350! Als zu Beginn dieses Jahres der Offizier Magnentius in Gallien als Usurpator gegen den rechtmäßigen Kaiser Constans den Purpur nahm, gerieten nicht nur die im römischen Heer dienenden alamannischen Offiziere und Soldaten, sondern letztlich auch das ganze Volk zwischen die Fronten der im Reich um die Macht kämpfenden Parteien. Magnentius, hinter dem viele Hofleute und offenbar

116

117

auch die oberste Gesellschaftsschicht Galliens standen, konnte sich auf die von Konstantin d.Gr. aufgebaute schlagkräftige Gallienarmee stützen, in der vor allem reichsrömische und fränkische Offiziere eine Rolle spielten.[12] Im Heer des Constantius II., der den verlorenen Reichsteil seines Bruders zurückzuerobern hatte, dienten auch hohe alamannische Offiziere, zweifellos mit alamannischen Söldnern.

Um eine zweite Front gegen den ihm über Italien und Illyrien entgegenziehenden Magnentius aufzubauen, griff der Kaiser zu einem Mittel, das für die Geschichte der Grenzprovinzen am Rhein wie auch für die gesamte alamannische Entwicklung tiefgreifende Folgen zeitigte: Er ermunterte die Alamannen zu Einfällen in das von Magnentius beherrschte Gallien und sicherte ihnen brieflich unter Aufhebung bisheriger Abmachungen zu, dass sie sich dort niederlassen könnten.[13] Dies wurde bereitwillig aufgenommen, wie die Schriftquellen berichten und archäologisch die vielen während der Usurpationszeit 350–353 in den betreffenden Grenzzonen verborgenen Münzdepots bezeugen.

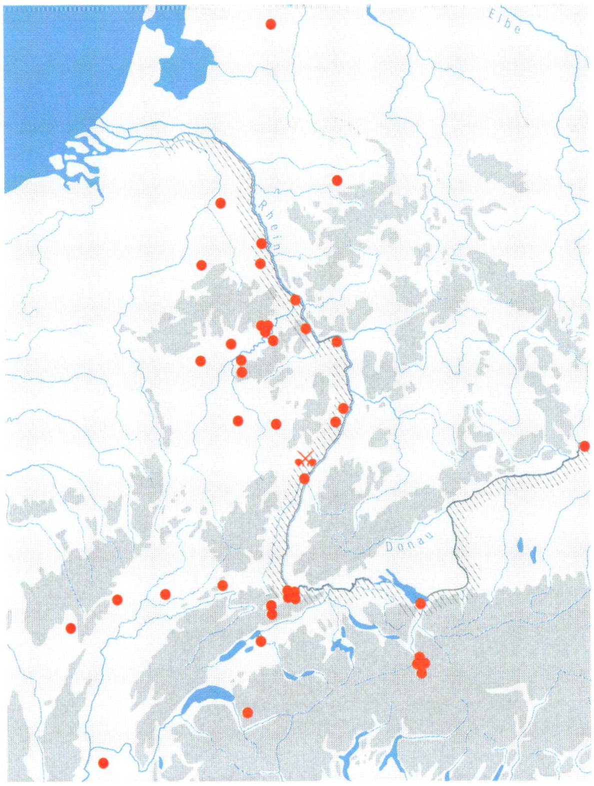

118

Vom Kaiser verraten

Auch nach der Beseitigung des Usurpators im Herbst 353 gingen die Ansiedlungsprozesse weiter. Wie hätte Constantius II. selbst die Situation in Gallien befrieden sollen? Sein erster, überaus sonderbarer »Kriegszug« gegen die Alamannen führt ihn 354 an den Oberrhein in den Raum um Kaiseraugst, wo er eine eigenartige Rede hält und mit den Alamannen, ohne dass gekämpft wird, Frieden und einen neuen Vertrag schließt (Ammianus Marcellinus 14, 10, 1–16). Dennoch schmückt sich der Kaiser umgehend mit dem Ehrentitel *Alamannicus maximus*, »größter Sieger über die Alamannen«.

Auch für die alamannischen Offiziere des Kaisers war die Lage während des Feldzuges schwierig. Zum Beispiel wurden Latinus, Agilo und Scudilo, die man in jenen Jahren hofierte, als trügen sie das Wohl des Staates in Händen,[14] verdächtigt, ihre Landsleute durch heimliche Boten gewarnt zu haben (Ammianus Marcellinus 14, 10, 8).

Im Frühjahr 355 zieht der Kaiser mit seinem obersten Feldherrn Arbetio erneut nach Norden, aber wiederum nicht zur Wiederherstellung der Reichsgrenze nach Gallien und gegen die dort siedelnden Alamannen, sondern gegen den alamannischen Stamm der Lentienser am Bodensee, der Rätien angegriffen haben soll (Ammianus Marcellinus 15, 4, 1–13).

Erst am 6. November 355 überträgt er den Kampf gegen die Alamannen, die er selbst nach Gallien gerufen hatte, seinem Vetter Julian, den er zum Caesar im Westen ernennt. Sein gallisches Heer besteht zwar weitgehend aus Germanen, aber aus bereits in Gallien angesiedelten Bevölkerungsteilen. Alamannische Offiziere spielen hier keine große Rolle.[15] Julian – zunächst dem Kaiser unterstellt, ab 357 dann eigenständig[16] – gelingt es, vor allem dank einem entscheidenden Sieg bei Straßburg, innerhalb zweier Jahre die eingedrungene alamannische Bevölkerung aus den Grenzprovinzen zu vertreiben, obwohl diese sich auf die Zusicherungen des Kaisers beruft. Nicht von Constantius II. fühlt sie sich verraten, sondern von Julian, der gegen sie vorging und damit ihrer Ansicht nach gegen Befehle und Verträge seines Vetters verstieß. In dieser Auffassung musste sie sich bestärkt fühlen, als sich Julian im Jahre 360 gegen Constantius II. erhob, der ihn nicht als Mitkaiser anerkennen wollte.

Abstieg unter neuen Kaisern

Einigen schriftlichen Nachrichten ist bisher zu wenig Gewicht beigemessen worden. Die darin erwähnten Ereignisse leiteten nichts anderes ein als den Abstieg und die Ausschaltung der alamannischen Offiziere im Reichsdienst mit allen weiterreichenden Folgen, wie zeitlich nachfolgende Berichte zweifelsfrei belegen:

Als alamannische Offiziere Valentinianus I., dem neuen Kaiser und ersten Herrscher einer neuen Dynastie, der am 25. Februar 364 Augustus geworden war, noch im selben Jahr am Hof in Mailand ihre

118 **Mit Erfolg forderte Constantius II. die Alamannen seit 350 auf, in Gallien einzufallen. Die Karte zeigt die Verbreitung der in den Jahren 350–354 im Boden vergrabenen Münzhorte. Eingetragen ist auch der Ort der Entscheidungsschlacht Julians gegen die Alamannen bei Straßburg im Jahre 357.**

119 **Aufstieg und Niedergang des höheren Offizierskorps alamannischer Abstammung im 4. Jh. Oben (blau) die Regierungszeiten der wichtigsten Kaiser der konstantinischen Dynastie (306–363), der Usurpatoren Magnentius (350–353) und Prokop (365/366) sowie (grün) der valentinianisch-theodosianischen Dynastie (364–455). Unten die Karrieren der alamannischen (blau) und fränkischen (grün) Offiziere.**

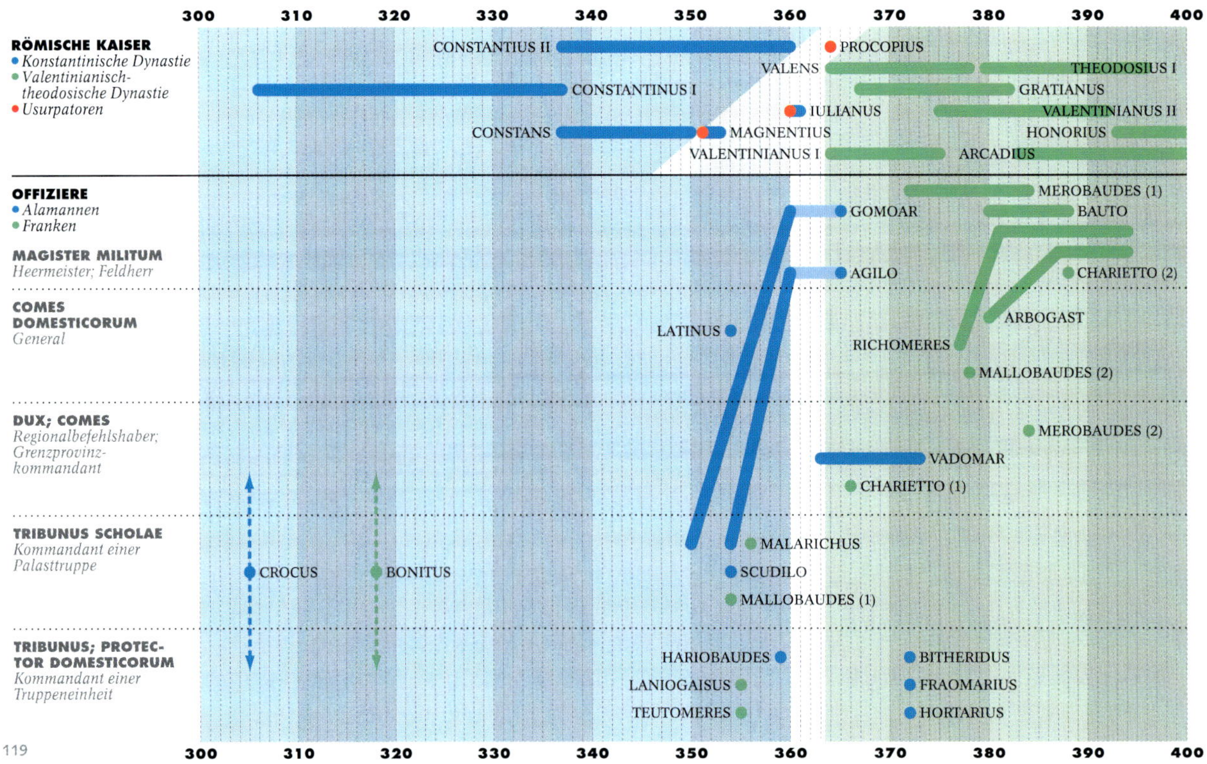

119

120 Vadomar, König der Brisigavi, war vor 365 kurze Zeit Regionalkommandant der Provinz Phönizien. Diese Miniatur aus dem spätantiken Staatshandbuch Notitia dignitatum zeigt die Insignien des Kommandanten und die in seinem Amtsbezirk gelegenen Städte, rechts unten Palmyra.

121 Auf dieser Miniatur aus der Notitia dignitatum haben wir die Schildzeichen von 16 Abteilungen des spätrömischen Feldheeres vor uns, in der zweiten Reihe von rechts die Bukinobantes.

120

121

Aufwartung machten, schickte man sie mit geringen Geschenken weg und verzichtete vielleicht sogar auf ihre Dienste. Dieser Affront erzürnte sie aufs äußerste, sie fielen unverzüglich mit anderen Völkern, die sie dafür gewinnen konnten, in die römischen Provinzen ein (Ammianus Marcellinus 26, 5, 6). In der Folge war die ganze Regierungszeit Valentinians (364–375) mit Kriegen erfüllt. Eine zweite große Schlacht im Elsass gegen ein gewaltiges Aufgebot an Alamannen endete 378 n.Chr. mit dem Sieg des von fränkischen(!) Feldherren befehligten römischen Heeres.

Offensichtlich hatte sich Valentinian, zusammen mit seinem am 28. September 364 zum zweiten Augustus erhobenen und als Regent des Ostreiches eingesetzten Bruder Valens, gegenüber den in seinen Augen unzuverlässigen und noch dem einstigen Kaiserhaus anhängenden Alamannen auf eine gänzlich andere Politik festgelegt.[17]

Bezeichnend für die Kehrtwendung ist auch diese Nachricht: Als sich im Osten gegen den in Konstantinopel residierenden Valens am 28. September 365 Prokopius, ein letzter konstantinischer Nachkomme, erhoben hatte, machte er die bereits 361 von Julian, dem letzten rechtmäßigen konstantinischen Kaiser, abgesetzten alamannischen Generäle Agilo und Gomoar zu seinen Feldherren. Nach Prokops Sturz im Frühling 366 sollen beide von Valens hingerichtet worden sein, angeblich weil sie zum Schluss auch noch den Usurpator verraten hatten.

Gegen diese beiden scheint Valens einen anderen hohen alamannischen Offizier, dessen Schicksal uns durch Ammians Werk bekannt ist, eingesetzt zu haben. Es ist Vadomar, König der Brisigavi, den Julian 361 n.Chr. gefangen und nach Spanien ins Exil geschickt hatte. Unter Valens wird Vadomar als General gegen Prokop in Bithynien eingesetzt, nachdem er anscheinend vorher kurze Zeit *dux Foenices*, Kommandant der Grenzprovinz Phönizien, war. Noch 373 ist er in Sondermission in Mesopotamien tätig.[18]

Zu guter Letzt bestätigt eine dritte Nachricht die Politik der neuen Dynastie: Seinem von Prokop und dessen alamannischen Generälen bedrohten Bruder Valens eilt Valentinian 365 nicht zu Hilfe, da er den Schutz Galliens für wichtiger hält. Überdies erklärt er, dass er das Wohl des Reiches über das Schicksal seines Bruders stelle. Den Usurpator Prokop betrachte er zwar als Gegner der neuen Dynastie, die Alamannen im Westen hingegen, die er seit seinem Offiziersdienst unter Julian kennt, »als Feind des ganzen römischen Erdkreises« (*hostis totius orbis Romani*), d.h. als Staatsfeinde (Ammianus Marcellinus 26, 5, 12 f.).

Die völlig andere Politik dieses Kaiserhauses gegenüber dem alamannischen Volk wird konsequent weiterverfolgt. 368 wird König Vithikab, Sohn und Nachfolger Vadomars, durch Meuchelmord beseitigt. Als Fraomar, von Valentinian als König von Roms Gnaden über die Bukinobanten eingesetzt, sich gegen deren eigenen König Makrian nicht durchsetzen kann, wird er 372 als Tribun zu einem in Britannien stationierten *numerus Alamannorum*, wohl einer aus Bukinobanten gebildeten Truppe, abgeschoben. Hortarius, ein weiterer Tribun alamannischer Abstammung, wird im gleichen Jahr wegen Landesverrats hingerichtet.

In Ammians Werk, das für den Westen bis zum Jahre 378 reicht, tauchen in der Zeit nach 364 außer den bisher genannten keine weiteren alamannischen Offiziere mehr auf. Die Alamannen waren demnach wenn nicht vom einfachen Heeresdienst, so doch von einer Karriere im Offizierskorps ausgeschlossen worden.

Folgen der Ausgrenzung

Das Bild der Eliminierung nach 364 geht nicht etwa auf lückenhafte Quellenlage zurück. Bereits ab 365 sind fränkische Offiziere in höheren Rängen bezeugt, die in der Folge rasch in höchste Positionen aufsteigen, so Merobaudes, Richomeres, Bauto, Arbogast und Charietto, die bedeutendsten Feldherren des späteren 4. Jh. Ihren Aufstieg hat man schon immer gesehen, doch sollte man gleichzeitig beachten, wie gezielt ihre alamannischen Vorgänger oder Konkurrenten durch die valentinianisch-theodosianische Dynastie kaltgestellt wurden. Dies hatte weitreichende Folgen, denn ein Hineinwachsen ins Imperium Romanum und dessen obere Gesellschaftsschichten mit allen Folgen, die eine solche Integration gezeitigt hätte, wurde den Alamannen verwehrt. Es waren künftig nebst fränkischen Offizieren viele andere sowohl gotischer, wandalischer oder sonstiger germanischer wie auch nichtgermanischer Abstammung, die im späteren 4. und im 5. Jh. den eingangs angesprochenen Militäradel bildeten und somit, zusammen mit ihren Angehörigen und bald auch weiteren Teilen ihrer Völker, im römischen Reich Fuß fassen konnten.

Was die Alamanni angeht, die in Quellen des späten 4. und früheren 5. Jh. vereinzelt auftauchen, so hören wir nach Valentinians Tod von ihnen nur noch im Kollektiv. Nach 378 ist uns für fast einhundert Jahre kein weiterer Alamanne namentlich bekannt. Zudem werden Alamanni kaum je als selbständig handelnd angeführt, sondern fast immer mit anderen Stämmen, vorab den Burgundern und Franken, die zudem auf der Seite gallischer Usurpatoren stehen. Mehr als ein halbes Jahrhundert vergeht, bis wir, zum Jahre 455 und damit gleich nach dem Erlöschen der valentinianisch-theodosianischen Dynastie, wieder von Alamannen hören, die von ihrer Heimat aus selbständig nach außen aktiv werden.

---

1 Zur Lokalisierung germanischer Stämme in der frühen und mittleren Kaiserzeit vgl. R. Seyer in: B. Krüger (Hrsg.), Die Germanen, Band 1 (Berlin 1976) 37 ff. und Karten Abb. 4.5.

2 Zu Germanen im römischen Heer vgl. etwa D. Hoffmann, Wadomar, Bacurius und Hariulf. Zur Laufbahn adliger und fürstlicher Barbaren im spätrömischen Heere des 4. Jahrhunderts. Museum Helveticum 35, 1978, 307–318. – K.F. Stroheker, Germanentum und Spätantike (Zürich/Stuttgart 1965). – M. Waas, Germanen im römischen Dienst (Bonn [2]1971).

3 A. Demandt, Der spätrömische Militäradel. Chiron 10, 1980, 609–636.

4 Waas (Anm. 2). Der ebd. 84 nur vielleicht als Alamanne eingestufte Gomoar wird hier wegen seiner engen Verbindung mit dem sicheren Alamannen Agilo, insbesondere unter Usurpator Prokop (Abb. 6), dem gleichen Stamme zugewiesen, wofür auch die Namensform spricht.

5 Zu derartigen Fingerringen zuletzt L. Schwinden in: Funde und Ausgrabungen im Bezirk Trier 27, 1995 (Kurtrierisches Jb. 35) 39–45.

6 Vgl. dazu nebst M.R. Alföldi, Die constantinische Goldprägung (Mainz 1963) vor allem K. Christ, Antike Münzfunde Südwestdeutschlands (Heidelberg 1960) 154–166 und Taf. C.D. – Vgl. ferner die Zusammenstellung in: Quellen zur Geschichte der Alamannen VI (Sigmaringen 1984) 76 ff. und Taf. 4.

7 Bei den beiden über der Legende FRANC ET ALAM sitzenden, mitunter als Gefangene bezeichneten Figuren handelt es sich eindeutig um (ungefesselte) weibliche Personifikationen der Alamannia und Francia. Nur bei den Münzen mit leicht abgeänderter Legende FRAN ET ALAM scheint die Figur der Francia gefesselt zu sein.

8 Zu diesem scheinbaren Widerspruch und Kontrast wichtige Überlegungen bei Stroheker (Anm. 2) 14 ff. Dass auf den Münzen eine »gerade seit dem frühen vierten Jahrhundert wieder sehr massive Verherrlichung der Siege über die gefürchteten ›barbarischen‹ Feinde des Imperiums« (ebd. 15) festzustellen sei, trifft nicht zu.

9 Aus der zitierten Stelle geht eindeutig hervor, dass sich die Abneigung der Alamannen gegen die Städte richtete, nicht aber, dass sie anderen römischen Siedlungen wie römischen Gutshöfen (*villae rusticae*) gegolten hätte, wie man mitunter noch in neuerer Literatur lesen kann.

10 Quellen (Anm. 6) 47 ff. Nrn. 61–63 (alle für Constantinus II. als Caesar).

11 Richtig herausgestellt bei P. A. Barceló, Roms auswärtige Beziehungen unter der constantinischen Dynastie (Regensburg 1981) 18 ff. – Irreführend und fehlerhaft die Angaben der »Zeittafel« in: Quellen (Anm. 6) 105. – Bereits K.F: Stroheker, Die Alamannen und das spätrömische Reich. In: W. Müller (Hrsg.), Zur Geschichte der Alamannen (Darmstadt 1975) 27 f. sah, dass im Unterschied zu den Franken die Alamannen in den konstantinischen Panegyrici kaum je erwähnt werden, meinte aber eigentümlicherweise dennoch, die »römische Propaganda dieser Jahrzehnte (werde) nicht müde, in Panegyriken, durch Münzprägungen oder plastische Darstellungen immer wieder die vollständige Niederwerfung der Alamannia zu feiern«.

12 Waas (Anm. 2) 89. – Zur Gallienarmee D. Hoffmann, Das spätrömische Bewegungsheer und die Notitia Dignitatum I/II (Düsseldorf 1969/1970) 131 ff.

13 Vgl. vor allem die Zeugnisse bei Libanios, Quellen zur Geschichte der Alamannen II (Sigmaringen 1978) 12.15 und Sokrates, ebd. 55 f. – K. Rosen, Studien zur Darstellungskraft und Glaubwürdigkeit des Ammianus Marcellinus (Bonn 1970) 105 ff. und A. Demandt, Die Spätantike (München 1989) 84. – Um seinen Helden Julian nicht als Rechtsbrecher erscheinen zu lassen, beschränkt sich Ammianus Marcellinus in dieser Sache auf Andeutungen. Vgl. Rosen, ebd. 107 ff.

14 Waas (Anm. 2) 88. Agilo wurde 360 in einem »unmäßigen Karrieresprung« zum Heermeister befördert (ebd. 68).

15 Hoffmann (Anm. 12) 131 ff., bes. 201 ff. – Waas (Anm. 2) 89. – Es waren bezeichnenderweise Einheiten der Gallienarmee, die sich 360 n.Chr. weigerten, zu Kämpfen im Osten des Reiches aufzubrechen, da dann ihre Familien wieder schutzlos den Alamannen als Sklaven dienen müssten (Ammianus Marcellinus 20, 4, 10). Vgl. Hoffmann (Anm. 12) 150.

16 Rosen (Anm. 13) 77 ff. meint, dass Ammianus Marcellinus (16, 12 15) noch für 356 n.Chr. einen von Constantius II. und Julian gemeinsam geführten Zangenangriff überliefere, allerdings erst in einem Nachtrag, um Julians Verdienste zu erhöhen.

17 Grundsätzliches dazu bereits bei B. Gutmann, Studien zur römischen Außenpolitik in der Spätantike (364–395 n.Chr.) (Bonn 1991) 9 ff., wo aber auf die Offizierskarrieren nicht eingegangen wird.

18 Hoffmann (Anm. 2) 308 f.

Siedlungen und Siedlungstypen

SÜDWESTDEUTSCHLAND IN FRÜHALAMANNISCHER ZEIT

GERHARD FINGERLIN

Die Geschichte der alamannischen Besiedlung Südwestdeutschlands im späteren 3. und 4. Jh. ist bis heute nicht geschrieben.[1] Trotz erheblicher Verbesserung der Quellenlage durch Ausgrabungen und Neufunde der letzten Jahre bleiben viele Fragen noch offen, die aber erst beantwortet sein müssten, bevor wir diesen komplexen Vorgang wirklich nachzeichnen können. So ist beispielsweise noch keineswegs klar, ob die einwandernden Alamannen gleich das gesamte Gebiet zwischen Limes und Rhein besetzt haben, oder ob sich die Besiedlung erst allmählich gegen die neuen römischen Reichsgrenzen vorgeschoben hat. Hier fehlt es weniger an Fundstellen und Funden als an einer exakten Datierungsmöglichkeit vor allem der Keramik, die den Großteil des verfügbaren Fundmaterials ausmacht.[2] Auch ist dem Kartenbild noch nicht sicher zu entnehmen, ob sich die Ansiedlung insgesamt mehr nach wirtschaftlichen Gesichtspunkten richtete, man also vorzugsweise die für Viehzucht und Ackerbau geeigneten Plätze auswählte, oder ob auch die Orientierung an der vorgefundenen Infrastruktur des Landes eine Rolle spielte und damit neben der Übernahme der erschlossenen Feldflur die Sicherung der Straßen und strategisch wichtigen Plätze angestrebt wurde. Auch die Frage nach dem Weiterleben von »römischen« Siedlungen, überhaupt eines Teils der römischen Provinzialbevölkerung, wird derzeit noch sehr unterschiedlich bewertet, da die archäologischen Quellen hierzu keine eindeutigen Aussagen zulassen: Bis ins 4. Jh. »durchlaufende« Münzreihen an wichtigen Römerorten finden oft keine Entsprechungen im sonstigen Fundmaterial, einzelne Münzfunde im Kontext alamannischer Siedlungsplätze müssen ohnehin anders gedeutet werden.[3] Eine Ausnahme bildet das Hochrheintal, wo sich im Schutz der vorgelagerten Berge und im unmittelbaren Vorfeld der befestigten spätantiken Reichsgrenze zumindest einzelne Gutshöfe noch weit bis ins 4. Jh. halten konnten, ganz entsprechend den Verhältnissen im Schweizer Mittelland.

Bei der fast vollständigen Abhängigkeit aller Aussagen von archäologischen Quellen darf es nicht verwundern, dass auch Fragen nach Größe, Struktur, ökonomischer Grundlage oder Lebensdauer einzelner Siedlungen nur in seltenen Fällen wenigstens halbwegs zu beantworten sind. Ein besonderes Problem bildet dabei das weitgehende Fehlen vollständiger Hausgrundrisse, da die ebenerdig errichteten Pfostenbauten oft bei Ausgrabungen gar nicht mehr erfasst werden (Erosion, Zerstörung durch den Pflug) oder aus noch angetroffenen »Pfostenlöchern« nicht mit Sicherheit rekonstruiert werden können. Dies gilt vor allem bei den nicht seltenen Plätzen, die auch in anderen Perioden aufgesucht und überbaut worden sind. So bleiben meist nur die sogenannten Grubenhäuser, kleine, kellerartig eingetiefte Holzbauten, die zu verschiedenen Zwecken genutzt wurden, in der Regel aber nicht zum Wohnen dienten. Sie lassen sich durch Funde in der Verfüllung in vielen Fällen wenigstens ungefähr zeitlich einordnen.

Beim Vergleich mit dem Siedlungsbild in römischer Zeit, das geprägt ist von teilweise ummauerten Städten mittlerer Größe, von kleinstädtischen und dörflichen *vici* sowie den zahlreichen, einzeln gelegenen Landgütern (*villae rusticae*) fallen die Veränderungen sofort ins Auge. Nicht nur, dass der

122 Südwestdeutschland in der Völkerwanderungszeit.
- ▲ **Siedlung**
- ▲ **Höhensiedlung**
- ■ **Spätantike Anlage**
- □ **Spätantike Anlage (genaue Lokalisierung unbekannt)**
- ♦ **Grab oder Gräberfeld**
- ◊ **Grab oder Gräberfeld (genaue Lokalisierung unbekannt)**
- ◎ **Einzelfund**
- ◎ **Einzelfund (Höhensiedlung)**
- ◉ **Depotfund**
- • **Münzschatz nach 260**
- ○ **Goldmünze**

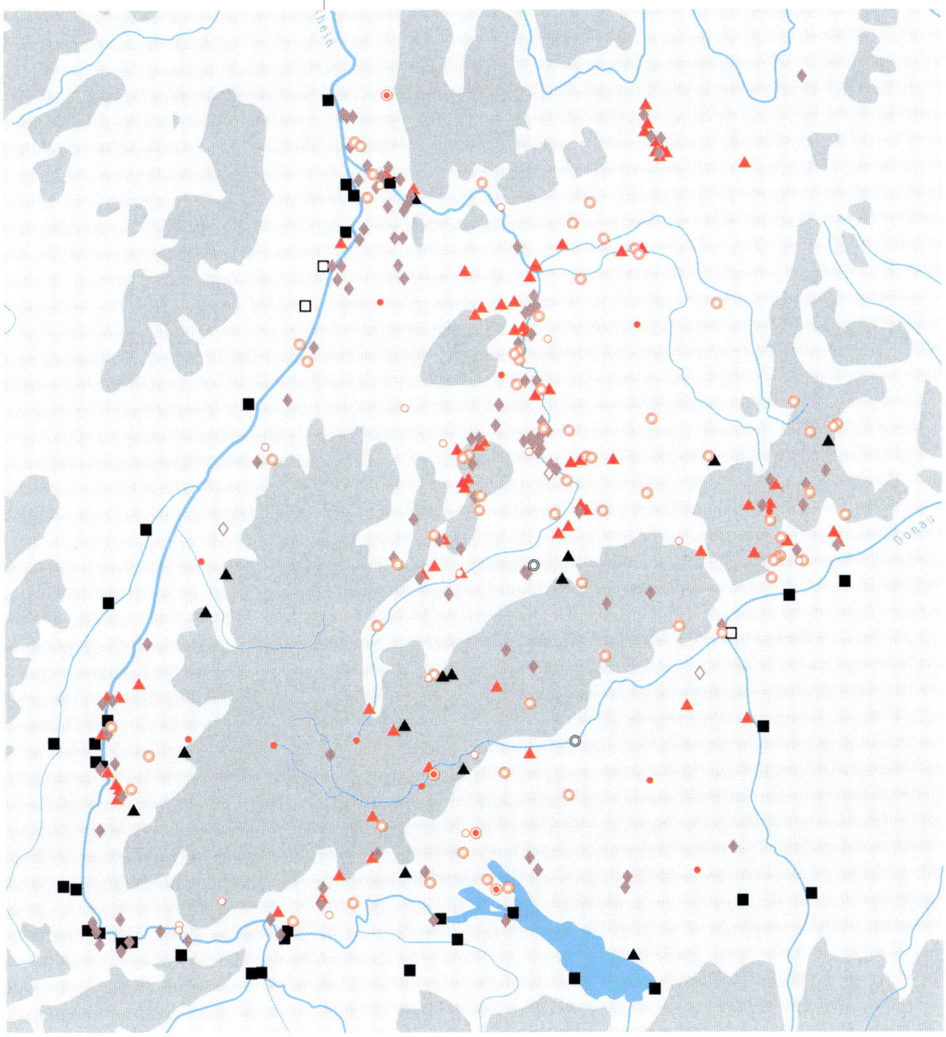

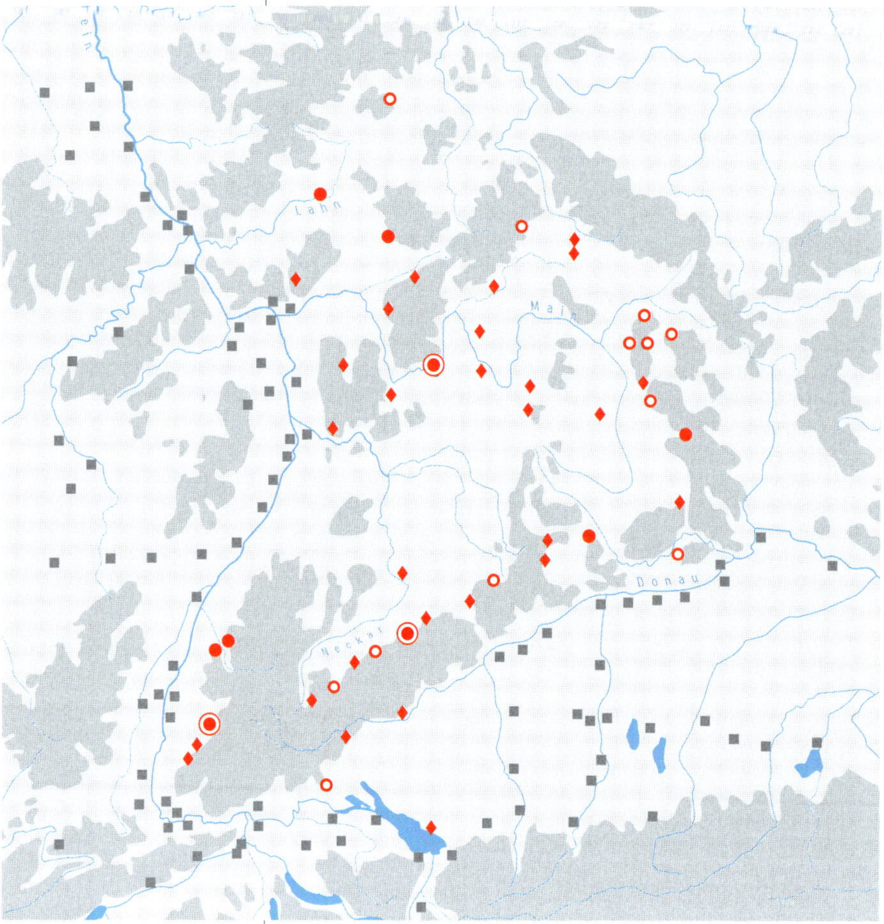

123

123 Völkerwanderungszeitliche Höhensiedlungen in Südwestdeutschland:
◉ umfangreichere Grabungen in jüngster Zeit
● umfangreiches Fundmaterial oder einzelne Funde, die eine Dauerbesiedlung des Berges sowie handwerkliche Tätigkeiten belegen
○ Funde oder Geländespuren, die mit gewisser Wahrscheinlichkeit für eine Höhenburg sprechen
♦ Einzelfunde auf Höhen
■ Kastell-Linie des spätrömischen Limes

124 Die Grabungsfläche in der frühmittelalterlichen Siedlung von Stetten a.d. Donau zeigt ein fast unauflösbares Pfostengewirr.

gemörtelte Steinbau keine Fortsetzung findet und grundsätzlich durch die bei den Germanen übliche Holzbauweise abgelöst wird. Neben Dörfern und Einzelhöfen, die zum Teil an römische Plätze anknüpfen, erscheint nun mit den meist befestigten »Höhensiedlungen« ein gänzlich neuer Siedlungstyp.[4]

124

Ein neuer Siedlungstyp: die Höhensiedlung

Höhensiedlungen findet man vor allem im Gebiet der Schwäbischen Alb, vereinzelt im Hegau und am Bodensee, häufiger am Westrand des Schwarzwaldes und am Main, auch in Gebieten außerhalb der ehemaligen römischen Grenze (Limes). Dies warnt davor, in dieser Siedlungsform nur eine Reaktion auf den militärischen Druck der Römer zu sehen oder sie als Nachahmungen der im spätantiken Grenzgebiet entstehenden Bergrefugien zu erklären. Offenbar spielen diese Plätze auch eine Rolle bei der Organisation der neugewonnenen Gebiete, ob man sie nun als Herrschersitze oder Stammesmittelpunkte im Sinne von »Gauburgen« deutet oder ihnen andere Funktionen zuweist, etwa im Hinblick auf die Versorgung der Bevölkerung mit verschiedensten gewerblichen Produkten. Eine gleichartige Deutung der bekannten Anlagen verbietet sich schon wegen der sehr unterschiedlichen Größe, auch wirft die ungleiche Verteilung dieser »Burgen« im Land einige noch ungelöste Fragen auf. So wurde in Einzelfällen sogar erwogen, ob es sich überhaupt immer um ständig besiedelte Plätze gehandelt haben muss. Im Fall des »Geißkopf« von Berghaupten (Ortenaukreis) am westlichen Ausgang des Kinzigtales wird derzeit auch ein nur zeitweilig benutztes »Heerlager« in Erwägung gezogen.[5]
Gemeinsam ist jedenfalls diesen Plätzen, soweit durch Funde bzw. Ausgrabungen einigermaßen zu

beurteilen, eine kriegerische und eine handwerklich-gewerbliche Komponente, also eine andere Zusammensetzung der Bewohner, als wir sie für die ländlichen Siedlungen teils kennen, teils voraussetzen dürfen. Dabei zeigt vor allem die relativ kleine, nahezu vollständig untersuchte Anlage auf dem Runden Berg bei Urach, dass dieser Platz einer höhergestellten Personengruppe als Wohnsitz gedient hat, deren kriegerische Potenz sich in Waffen und Ausrüstungsteilen vor allem spätrömischer Herkunft ausdrückt. Ansässig war hier außerdem eine Anzahl spezialisierter Handwerker, die beispielsweise Fibeln und Gürtelbeschläge aus eingeschmolzenem römischem Bronzeschrott herstellten.[6] Bei einer großen Anlage wie dem Zähringer Burgberg bei Freiburg,[7] dessen Kuppe mit riesigem Arbeitsaufwand zu einer Hochterrasse umgestaltet wurde, könnte man durchaus an den Sitz eines *rex* oder *regulus* denken, eines Königs oder Kleinkönigs, wie sie durch den zeitgenössischen Historiker Ammianus Marcellinus als Oberhäupter der alamannischen Teilstämme überliefert sind (im Breisgau z.B. »König« Vadomar).

Ländliche Siedlungen

Die Masse der alamannischen Bevölkerung lebte allerdings in Dörfern und weilerartigen Hofgruppen, auch in Einzelhöfen, die vor allem dort angelegt wurden, wo sich für die Landwirtschaft besonders gute Bedingungen boten. So wurden zumindest Teile des alten römischen Siedlungslandes wieder genutzt, wenn auch die Neugründungen meist nicht unmittelbar an die römischen Siedlungsplätze anknüpften. In manchen Fällen spielten bei der Standortwahl aber auch andere Faktoren eine Rolle, z.B. leicht zugängliche Bodenschätze als Voraussetzung für die handwerkliche Produktion.[8] Schließlich gibt es auch Zusammenhänge mit römischen Plätzen unterschiedlicher Funktion oder mit dem noch benutzbaren römische Straßennetz (s.u.).

Gering ist bisher die Zahl der Siedlungsstellen, an denen größere Planausschnitte ergraben und dabei auch völkerwanderungszeitliche Hausgrundrisse sicher nachgewiesen sind. So wird der Befund von Sontheim im Stubental (Kr. Heidenheim),[9] wo ein ca. 65 m x 60 m großer, palisadenumwehrter Siedlungsplatz mit verschiedenen Grundrissen und einigen außerhalb dieser Eingrenzung liegender Pfostenbauten aufgedeckt werden konnte, bis heute kontrovers beurteilt. Die Palisaden und einige der Innenbauten werden als möglicherweise prä-

125

125 So mag ein alamannisches Gehöft ausgesehen haben. Zeichnerische Rekonstruktion mit Hilfe der Pfostenspuren in der Siedlung bei Sontheim im Stubental.

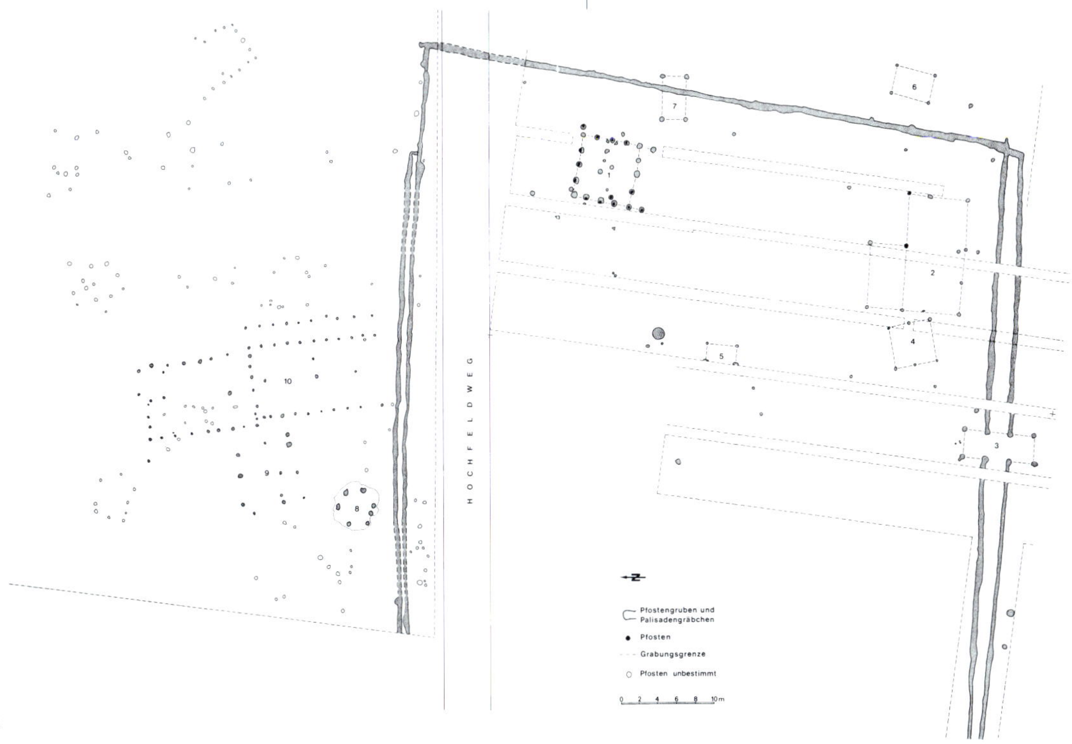

126

126 Palisaden schützten die Siedlung bei Sontheim im Stubental (Kr. Heidenheim). Gesamtplan der ergrabenen Siedlungsspuren. Von der Palisade zeugt ein schmaler Graben, in dem die Pfähle verankert waren. Hausgrundrisse lassen sich anhand der Spuren vergangener Holzpfosten im Boden feststellen.

historisch eingeschätzt. Eine kleine Gebäudegruppe mit sechseckigem Heuspeicher, für die ein Rekonstruktionsvorschlag des Ausgräbers vorliegt, datiert aber zweifelsfrei in frühalamannische Zeit. Interessant ist dabei die Ausführung eines 13 m langen und 9 m breiten Holzbaus, der einen östlich vorgelagerten, 2 m breiten Gang aufweist, vielleicht ein überdachter Vorbau in der Art einer *porticus*, während das Haupthaus mit lehmverstrichenen Flechtwerkwänden durch eine Pfostenreihe in zwei etwa gleich große Räume aufgeteilt wird (»zweischiffiges Hallenhaus«).

Für gleichzeitige Dörfer bietet die zu einem großen Teil ausgegrabene Siedlung von Wülfingen ein gutes Beispiel,[10] auch wenn der Platz im ehemaligen Vorland des Limes liegt und nicht mit völliger Sicherheit den Alamannen zugewiesen werden kann. Auf jeden Fall aber handelt es sich um ein germanisches Dorf, das wohl noch vor dem Limesfall (ca. 260 n.Chr.) an der Stelle einer älteren keltischen Siedlung angelegt wurde und später, nach einer Unterbrechung zwischen 400 und 500 n.Chr., in einer langlebigen früh- bis hochmittelalterlichen Siedlung seine Fortsetzung fand. Die Rekonstruktion der Pfostenbauten des 3. und 4. Jh. ist den Umständen entsprechend schwierig und vielleicht im Einzelfall auch hypothetisch, doch ergibt sich insgesamt ein doch ziemlich deutliches Bild. Soweit ergraben, bestand der Ort demnach aus mehreren »zweischiffigen Hallenhäusern« (Firstsäulenbauten) unterschiedlicher Größe, alle in gleicher Ausrichtung, ohne erkennbare Abgrenzung einzelner Hofareale. Grubenhäuser sind dieser Siedlungsperiode nicht zuzuordnen, was aber wohl auf Zufall beruht, da andernorts diese Kleinbauten als notwendige Ergänzung der Wohnhäuser regelhaft vorkommen.[11]

Anknüpfen an römische Strukturen: Hausen in römischen Ruinen

Bei der starken Orientierung auf landwirtschaftlich günstige Plätze, an denen man in der Regel auch noch die römischen Felder und das zugehörige Wege- und Gewässernetz nutzen konnte, verwundert es kaum, dass in nicht wenigen Fällen auch die römischen Gutshöfe selbst als Siedlungsstellen aufgesucht wurden, dass man also dort, wo es möglich und sinnvoll war, an die vorhandene Siedlungsstruktur anknüpfte.

Lange dominierte allerdings in der Forschung eine ganz andere Vorstellung, die von der Zerstörung und dem »Wüstwerden« der römischen Villenplätze ausging, was ja auch vielerorts zutrifft. Brandschichten und andere Zerstörungsspuren gaben da scheinbar eindeutige Auskunft, auch konnten Hinweise aus der römischen Geschichtsschreibung im Sinne eines völligen Abbruchs und Neubeginns gedeutet werden. Ammianus Marcellinus allerdings spricht von Gebäuden, sorgfältig nach römischer Art errichtet, die er im unteren Maingebiet bei einem Feldzug ins alamannische Land selbst gesehen habe. Es bedurfte aber einiger neuer Beobachtungen und Ausgrabungen, die eine Weiterbenutzung römischer Gutshofareale, teilweise sogar römischer Gebäude erkennen ließen, um nun auch die früher an solchen Plätzen gefundenen Spuren frühalamannischer Zeit richtig zu bewerten. Solche Funde, zu denen vor allem die typisch germanischen Armbrust- und Bügelknopffibeln gehören, wurden in der Regel als Verluste beim Begehen oder Durchsuchen römischer Trümmerstätten angesehen und keineswegs, trotz ihrer relativen Häufigkeit, als Siedlungszeugnisse gewertet.[12] Ausnahmen glaubte man allenfalls dort zu erkennen, wo später die dörfliche Pfarrkirche über einem römischen Gutshofgebäude errichtet wurde. Diese Platzkontinuität führte dazu, Zusammenhänge zwischen frühalamannischem Adelsbesitz und späteren Schenkungen adliger Stifter an die Kirche zu vermuten. Aber niemand hat deshalb angenommen, dass die neuen Eigentümer der wertvollen römischen Landgüter auch in den zugehörigen Steinhäusern oder doch wenigstens im Bereich römischer Ruinen gewohnt hätten. Dabei spricht vieles für eine direkte Übernahme der römischen Villenplätze, wenn sie noch in einem einigermaßen akzeptablen Zustand waren. Selbstverständlich ging es zunächst um das kultivierte Land, Viehweiden und teilweise bewässerte und durch Wege erschlossene Felder auf ertragreichen Böden. Aber auch die günstige Lage des Gutshofs, nicht selten

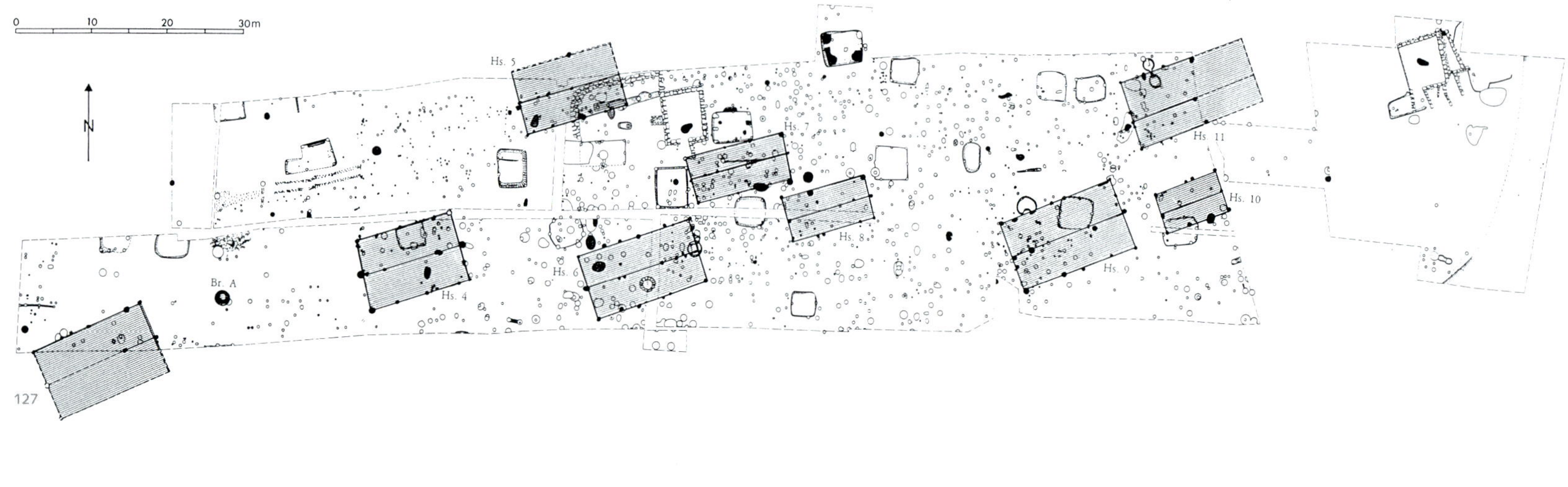

127 Plan der spätkaiserzeitlichen Siedlung von Wülfingen. Es ist nicht einfach, aus dem Gewirr von Pfostenspuren und Gruben Hausgrundrisse herauszulesen.

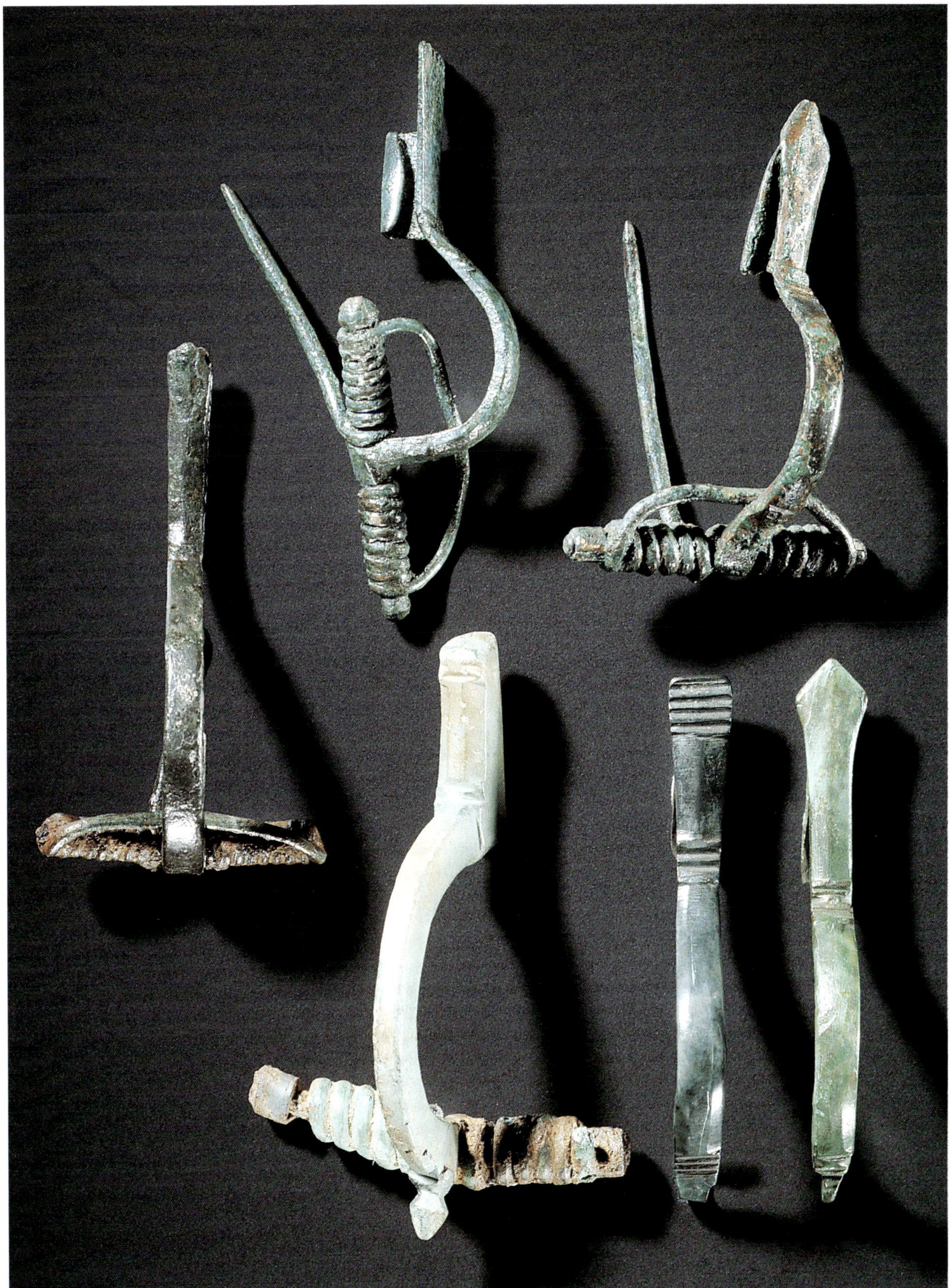

128

128 Armbrustfibeln und Bügelknopffibeln aus Bronze in römischen Gutshöfen. Frühe alamannische Siedler, die sich in den Ruinen aufhielten, haben sie dort verloren. Fundorte: Herten, Wurmlingen, Bietigheim.

mit weitem Ausblick in die Landschaft und guter Anbindung ans Straßennetz, schließlich auch die Wasserversorgung durch eigene Quellen waren nicht zu verachtende Platzvorteile. Ja, sogar noch vorhandene Bausubstanz wurde gelegentlich weiterverwendet, in erster Linie offenbar für wirtschaftliche Zwecke, wie einfache, in Trockenmauerwerk ausgeführte Veränderungen in römischen Kellern zeigen.[13] Zusätzlich hat man dann über oder neben römischen Gebäuden bzw. Ruinen die gewohnten Holzhäuser errichtet.[14] Wie weit noch brauchbare Räume und Gebäudeteile von den alamannischen Neusiedlern bewohnt worden sind, wissen wir derzeit noch nicht. Keineswegs können wir ausschließen, dass sie dies taten. Befunde dieser Art sind am ehesten in grenznahen Gebieten zu erwarten, wo die Einflüsse der römischen Nachbarschaft am stärksten gewesen sind.

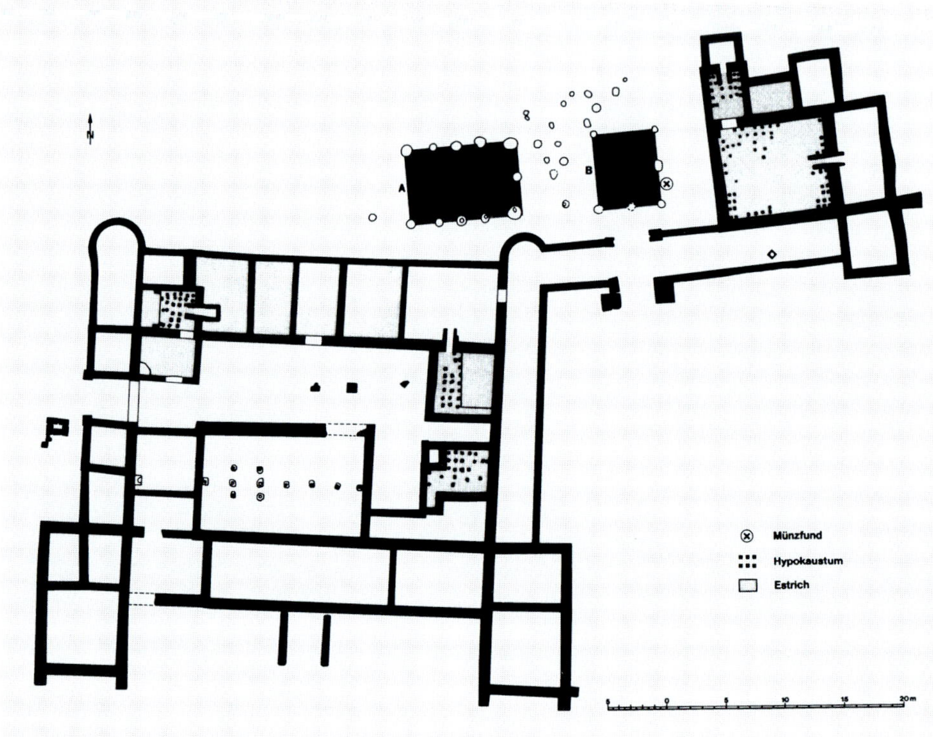

129

129 Jüngere Holzbauten in der römischen Villa von Hechingen-Stein sind vermutlich von den frühen Alamannen errichtet worden.

130

130 Frühalamannische Siedlungsspuren im Bereich der Nordwestecke des Reiterkastells von Heidenheim.

Fallbeispiel: Wurmlingen

Ein gutes Beispiel für die Weiterbenutzung eines Gutshofs bietet der Fundplatz »Burgsteig« in Wurmlingen an der oberen Donau.[15] Durch Münzfunde wird hier außerdem deutlich, dass der Zugriff auf solche Plätze bereits in der Zeit alamannischer Einwanderung erfolgte, jedenfalls zu einem sehr frühen Zeitpunkt. Der Gutshof hatte die unruhigen Zeiten vor 260 n.Chr. nicht unbeschadet überstanden. Das Hauptgebäude war schon Jahrzehnte früher abgebrannt und nicht wieder aufgebaut worden. Offenbar wurde seit diesem Zeitpunkt das ehemalige Bad als Wohnhaus genutzt, ein drittes Gebäude diente in der Schlussphase als offenbar improvisierte Werkstatt. Bald nachdem der Gutshof um 260 n.Chr. (Münze des Gallienus von 256/57 n.Chr.) aufgegeben worden war, ließen sich alamannische Siedler an diesem Platz nieder und errichteten über und zwischen den teilweise zerstörten römischen Bauten ihre traditionellen Holzhäuser, Pfostenbauten und »Grubenhäuser«. Deutlich davon abweichende Befunde lieferten das ehemalige Wirtschaftsgebäude sowie das Bad, wo sich tatsächlich die Weiterverwendung noch aufrechtstehender römischer Häuser bzw. Räume, die lediglich ihr Dach verloren hatten, nachweisen ließ. Im Wirtschaftsgebäude war dies daran zu erkennen, dass sich auf einer Lage herabgefallener Dachziegel im Innenraum eine frühalamannische Benutzungsschicht mit Resten bronzeverarbeitenden Handwerks gebildet hatte, die ihrerseits wieder von Mauerversturz überlagert war. Noch deutlicher, ja in seiner Art bisher einmalig, ist der Befund im Badegebäude, wo sich an eindeutigen Spuren erkennen ließ, dass die neuen Bewohner den in seinen gemauerten Teilen noch stehenden Bau übernommen und in seinem Inneren, genau dem Mauergeviert zweier Räume angepasst, einen zweischiffigen Holzbau errichtet hatten. Offensichtlich war hier das römische Ziegeldach nicht mehr vorhanden, andererseits bot das noch hoch aufragende Mauerwerk guten Schutz und bildete die Außenwand des neuen Gebäudes, das vermutlich als Speicher genutzt worden ist. Vielleicht ebenfalls aus Gründen der Feuersicherheit wurde die erwähnte Bronzewerkstatt im zweiten Steingebäude eingerichtet. Münzen des Postumus von 261 n.Chr. und des Tetricus II. (272–274 n.Chr.) im Zusammenhang mit diesen frühalamannischen Siedlungsspuren zeigen deutlich, dass die Villa noch nicht sehr lange Zeit verlassen war, als die Neuankömmlinge sich hier niederließen. Aber auch die alamannischen Siedler lebten hier nicht länger als einige Jahrzehnte, wie an der Schlussmünze des Constans aus den Jahren 347/48 n.Chr. zu erkennen ist.

Herren zwischen Händlern und Handwerkern?

Bleibt abschließend ein Blick auf alamannische Siedlungsspuren in Limeskastellen und kleinstädtischen *vici* zu richten, beispielsweise im Kastell von Heidenheim oder in den Zivilsiedlungen von Köngen, Ladenburg oder Urspring.[16] In diesen Fällen handelt es sich nicht um die Übernahme römischer Villenareale inmitten ihrer gepflegten, von den Einwanderern als ertragreiche Anbaufläche hochgeschätzten Feldflur. Manches spricht dafür, dass an solchen Orten Reste der römischen Bevölkerung (Romanen) zurückgeblieben sind,[17] in erster Linie wohl Handwerker und Händler, die in der überwiegend agrarisch geprägten Gesellschaft der Völkerwanderungszeit eine wichtige Komponente bildeten, ganz besonders im Zusammenleben mit den alamannischen Zuwanderern. Gerade die Kastelle, aber auch die *vici* lagen an wichtigen Fernstraßen, die noch nach dem Ende der Römerherrschaft eine gewisse Bedeutung behielten.[18] So erscheint es fast selbstverständlich, dass sich die Neuankömmlinge auch an solchen Plätzen niederließen, vielleicht sogar gewisse Kontroll- oder Ordnungsfunktionen übernahmen, was wir allerdings bisher aus archäologischen Befunden nicht ablesen können. Denn gerade an diesen Plätzen ist alamannische Präsenz bisher ganz überwiegend an Einzelfunden zu erkennen, die Aussagen über Art und Bedingungen frühalamannischen Lebens in vermutungsweise romanischem Kontext nicht zulassen.

Fortschritte in der Landwirtschaft

Mehrfach wurde schon die in erster Linie auf Viehzucht und Ackerbau beruhende Wirtschaftsform angesprochen und damit beispielsweise die Niederlassung auf römischen Gutshöfen erklärt. Diese wichtigste Lebensgrundlage der Alamannen spiegelt sich in Funden von landwirtschaftlichem Gerät in den Siedlungen, indirekt auch in tönernen Spinnwirteln und Webgewichten, die bei der Verarbeitung von Flachs und Wolle gebraucht wurden. Recht guten Aufschluss über die damals üblichen Pflüge und Sensen, die Form von Dengelhammer und Dengelstock sowie von Viehketten und Glocken für Weidetiere gibt ein Sammelfund aus Osterburken, der am Ende des hier behandelten Zeitraums steht und vermutlich als Geräteinventar eines großen alamannischen Gehöfts aufzufassen ist.[19] Überraschend ist dabei die Feststellung, dass sich in Pflug- und Sensenformen Fortschritte in der landwirtschaftlichen Arbeits-

131

131 Im Badegebäude der römischen Villa von Wurmlingen konnten die Pfostenspuren eines eingebauten frühalamannischen Speichers (zweischiffiger Holzbau) ausgegraben werden.

132 Bei der Straßensiedlung in Sontheim/Brenz »Braike« wurde ein Abschnitt der römischen Fernstraße entlang der Donau freigelegt. Eine Armbrustfibel und eine Münze des 4. Jh. belegen, dass diese Straße in frühalamannischer Zeit weiter benutzt wurde.

132

technik abzeichnen, die über den römischen Standard schon hinausgehen und die Entwicklung zum Mittelalter einleiten. Im gleichen Depot überlieferte Geräte zur Holzbearbeitung wie Säge, Äxte, Dechsel und Löffelbohrer zeigen, dass zum bäuerlichen Betrieb dieser Zeit auch das »Haushandwerk« gehörte und dass auf den Höfen alles hergestellt und bearbeitet wurde, was immer mit eigenen Mitteln und Fähigkeiten möglich war.

Dass es daneben spezialisiertes Handwerk gab, wurde schon erwähnt. Dazu gehören Töpfereien, die in Anlehnung an römische Vorbilder qualitativ hochwertige Drehscheibenware herstellten,[20] während die einfachen, handgeformten und weniger hart gebrannten Tongefäße auch auf den Höfen selbst hergestellt worden sein könnten. Daneben gab es römische Importe, Gefäße aus Terra Nigra und Terra Sigillata, Gläser und anderes,[21] was eine gewisse Bedeutung des Handels erkennen lässt. Manche römischen Einflüsse lassen sich daraus erklären. Vieles allerdings vermittelten auch germanische Söldner der römischen Grenzarmee in ihre rechtsrheinische Heimat.

Es bleibt die Frage, was aus den alamannischen Siedlungen der Völkerwanderungszeit in den folgenden Jahrhunderten geworden ist. Anscheinend bleibt die Weiterbenutzung römischer Gutshöfe weitgehend auf die Frühzeit beschränkt, auch brechen manche Siedlungen schon nach wenigen Generationen ab. Andere werden weitergeführt, bleiben aber nicht ortskonstant, sondern verschieben sich zum Teil über beträchtliche Distanz, kehren aber manchmal wieder zum Ausgangspunkt zurück, so dass Holzbauten der Merowinger- oder Karolingerzeit die Spuren der frühalamannischen Dörfer direkt überlagern.[22] Soweit die Siedlungen abbrechen, was auch lokale Gründe haben kann, bietet sich die Abwanderung von Hof- und Dorfgemeinschaft als Erklärung an: schon im 4. Jh. n.Chr. begann die alamannische Besiedlung linksrheinischer Gebiete, zunächst im Elsass, später dann auch im Schweizer Mittelland.

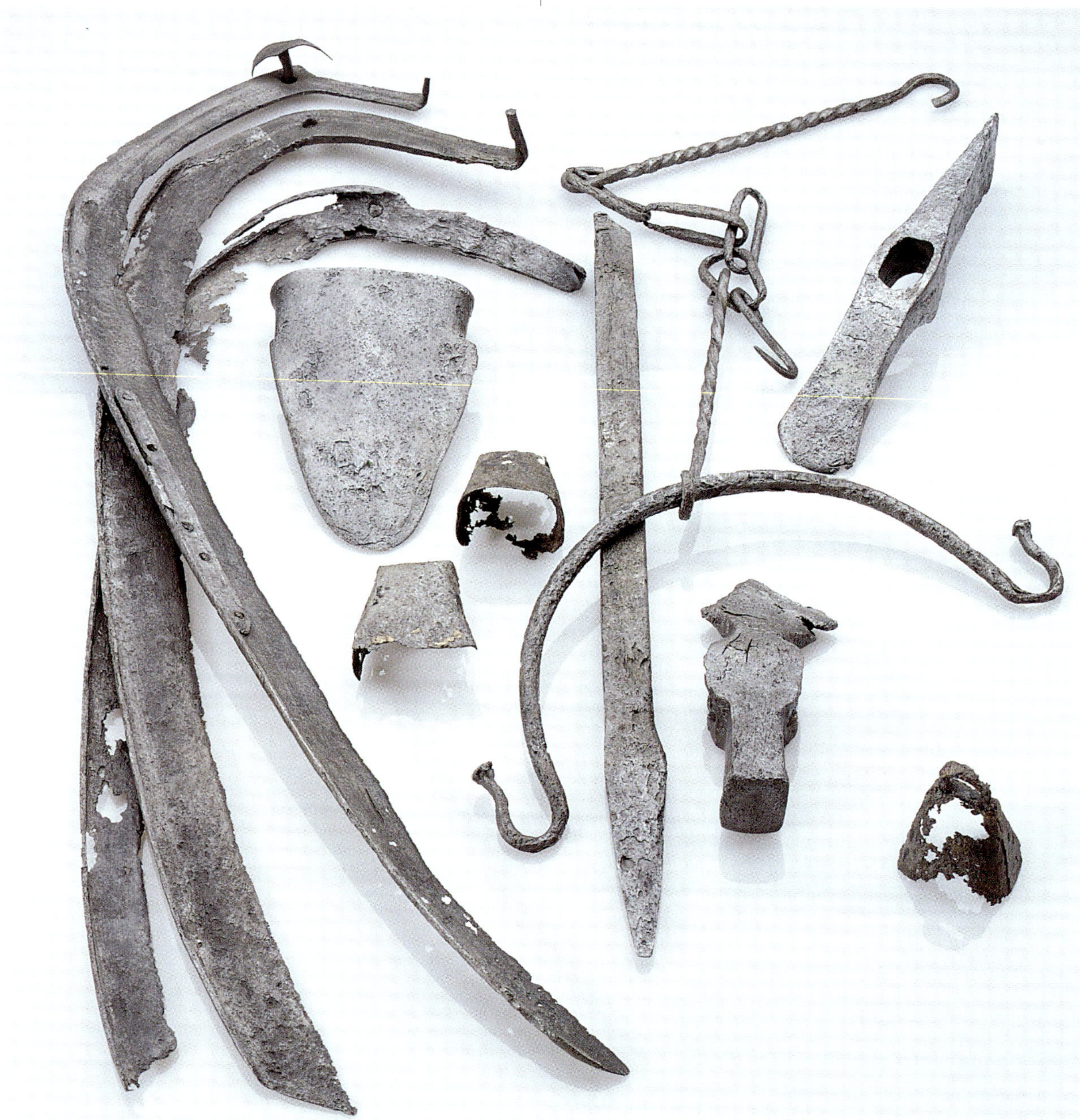

133

133 Die alamannischen Bauern verfügten über ein erstaunlich breites Spektrum an Werkzeugen und Geräten. Sense, Viehkette und -glocken, Pflugschar, Dengelhammer und Dengelstock, Löffelbohrer aus dem Hortfund von Osterburken.

134 Handgemachte Keramik aus den frühalamannischen Siedlungen Sontheim im Stubental, Mengen und Großkuchen.

1 R. Roeren, Zur Archäologie und Geschichte Südwestdeutschlands im 3.–5. Jahrhundert n.Chr. Jahrb. RGZM 7, 1960, 214 ff. – K. Weidemann, Untersuchungen zur Siedlungsgeschichte des Landes zwischen Limes und Rhein vom Ende der Römerherrschaft bis zum Frühmittelalter. Jahrb. RGZM 19, 1972, 99 ff. – R. Christlein, Die frühe Alemannenzeit. 3. bis frühes 5. Jahrhundert n.Chr. In: Hist. Atlas Baden-Württemberg. Beiwort zur Karte III,6 (Stuttgart 1974). – G. Fingerlin, Zur alamannischen Siedlungsgeschichte des 3.–7. Jahrhunderts. In: W. Hübener (Hrsg.), Die Alamannen in der Frühzeit. Veröff. Alemannisches Inst. 34 (Bühl 1974) 45 ff. – M. Knaut, Frühe Alamannen in Baden-Württemberg. In: Archäologie in Württemberg. Ergebnisse und Perspektiven (Stuttgart 1988) 311 ff. mit Fundstellenkarte Abb. 2 (hier Abb. 122). – H. Schach-Dörges, Zum Forschungsstand der frühalamannischen Zeit im mittleren Neckarraum (mit Katalog der Fundstellen). Fundber. Baden-Württemberg 18, 1993, 400 ff. – D. Planck, Die Wiederbesiedlung der Schwäbischen Alb und des Neckarlandes durch die Alamannen. In: Arch. u. Gesch. Freiburger Forsch. Erstes Jahrtausend Südwestdeutschland 1 (Sigmaringen 1990) 69 ff. – Ch. Bücker, Untersuchungen zu den Anfängen der germanischen Besiedlung im Breisgau während des 4. und 5. Jahrhunderts nach Christus (unpubl. Diss. Freiburg 1994).

2 Ch. Bücker, Die Gefäßkeramik der frühalamannischen Zeit vom Zähringer Burgberg, Gemeinde Gundelfingen, Kr. Breisgau-Hochschwarzwald. In: Arch. u. Gesch. Freiburger Forsch. Erstes Jahrtausend Südwestdeutschland 6 (Sigmaringen 1994) 125 ff.

3 K. Stribrny, Römer rechts des Rheins nach 260 n.Chr. Ber. RGK 70, 1989, 351 ff. – K. Kortüm, Das Ende rechtsrheinischer Kastellplätze und ziviler Siedlungen aufgrund der Münzfunde. In: E. Schallmayer (Hrsg.), Niederbieber, Postumus und der Limesfall. Saalburg-Schriften 3 (Bad Homburg v.d.H. 1996) 38 ff. – Weidemann (Anm. 1) Münzdiagramme Abb. 1–12.

4 J. Werner, Zu den alamannischen Burgen des 4. und 5. Jahrhunderts. Hist. Jahrb. 1965 [Festschr. J. Spoerl] 439 ff. – H. Steuer, Höhensiedlungen des 4. und 5. Jahrhunderts in Südwestdeutschland. In: Arch. u. Gesch. Freiburger Forsch. Erstes Jahrtausend Südwestdeutschland 1 (Sigmaringen 1990) 139 ff.

5 M. Hoeper, Der Geißkopf bei Berghaupten, Ortenaukreis – völkerwanderungszeitliche Höhensiedlung, Militärlager oder Kultplatz? Arch. Ausgr. Baden-Württemberg 1995, 263 ff.

6 Der Runde Berg bei Urach. Führer Arch. Denkmäler Baden-Württemberg 14 (Stuttgart 1991) bes. 90 ff. – H. Steuer, Die Alamannen auf dem Zähringer Burgberg. Arch. Inf. Baden-Württemberg 13 (Stuttgart 1990) 63.

7 Steuer (Anm. 4 und Anm. 6). Größe des besiedelten Areals mindestens 5 ha. Zum Vergleich: der Runde Berg hat 1,5 ha Siedlungsfläche.

8 Ein gutes Beispiel liefert die Siedlung von Großkuchen, Stadt Heidenheim, in der Bohnerze aus nahegelegenen Vorkommen weiterverarbeitet wurden, daneben auch Kupfer und kupferhaltige Erze. D. Planck, Untersuchungen in einer frühgeschichtlichen Siedlung bei Großkuchen, Stadt Heidenheim. Arch. Ausgr. 1978, 86 ff.; D. Pohl, Metallographische Untersuchungen von Schlacken und Eisengegenständen aus der alamannischen Siedlung Großkuchen bei Heidenheim. In: Die Bedeutung der Eisenherstellung im süddeutschen Raum in der Vor- und Frühgeschichte. 12. Werkstoffkolloquium des Lehrstuhls für Werkstoffwissenschaften (Metalle) am 14.3. 1983 in Erlangen (Erlangen 1983) 4-1 ff.

9 Planck (Anm. 1) Abb. 10 (Gesamtplan, hier Abb. 126).

10 M. Schulze, Die Wüstung Wülfingen am Kocher. Jahrb. RGZM 23/24, 1976/77 [Festschr. H. J. Hundt Teil 3] 154 ff.

11 Zum Beispiel: Stetten a.d. Donau, Kr. Tuttlingen (Arch. Ausgr. Baden-Württemberg 1988, 210 Abb. 161 A); Ladenburg (Arch. Ausgr. Baden-Württemberg 1985, 178 Abb. 157).

12 H. Schach-Dörges, Fundber. Baden-Württemberg 6, 1981, 660. Fibeln als Lesefunde zum Beispiel in den Gutshöfen von Herten, Kr. Lörrach; Büsslingen, Kr. Konstanz; Großsachsen, Rhein-Neckar-Kreis; Bietigheim, Kr. Ludwigsburg; Waiblingen-Beinstein, Rems-Murr-Kreis; Goldburghausen, Ostalbkreis usw.

13 Zum Beispiel in den Gutshöfen von Bietigheim, Kr. Ludwigsburg; Bondorf, Kr. Böblingen; Hechingen-Stein, Zollernalbkreis.

14 Hechingen-Stein: H. Reim, Arch. Ausgr. Baden-Württemberg 1981, 139 Abb. 106. Weitere Belege bieten die Gutshöfe von Bondorf, Kr. Böblingen; Büsslingen, Kr. Konstanz; Bietigheim, Kr. Ludwigsburg; Rommelhausen, Kr. Waiblingen; Wurmlingen, Kr. Tuttlingen.

15 M. Reuter, Germanische Siedler des 3. und 4. Jahrhunderts in römischen Ruinen: Ausgrabungen des Bade- sowie des Wirtschaftsgebäudes der villa rustica von Wurmlingen, Kreis Tuttlingen. Arch. Ausgr. Baden-Württemberg 1995, 204 ff.

16 Heidenheim: D. Planck, Frühalamannische Funde aus dem Heidenheimer Raum. 75 Jahre Heimat- und Altertumsverein 1901–1976 (Heidenheim 1976) 97 ff. – Köngen: Fundber. Baden-Württemberg 18, 1993, 424 Nr. 55. – Urspring: H. Reim, Eine frühmittelalterliche Siedlung bei Urspring, Alb-Donau-Kreis. Arch. Ausgr. 1974, 52 ff. – Ladenburg: D. Baatz, Lopodunum-Ladenburg a.N. Badische Fundber. Sonderh. 1 (Karlsruhe 1962) 34 f. Taf. 11; Fundber. Baden-Württemberg 2, 1975, Taf. 301,2.

17 Nachlimeszeitliche »nicht näher fassbare Siedlungstätigkeit« in ehemaligen römischen Städten wie Rottweil, Ladenburg, Bad Wimpfen: Arch. Ausgr. Baden-Württemberg 1987, 122. Für ein Weiterleben romanischer Bevölkerungsreste sprechen Indizien, archäologische Beweise gibt es bisher nicht, will man nicht Münzfunde vor allem in den Grenzgebieten in diesem Sinn deuten (vgl. hier Anm. 3.) – Zum sprachlich-namenkundlichen Material: W. Kleiber/M. Pfister, Aspekte und Probleme der römisch-germanischen Kontinuität: Sprachkontinuität an Mosel, Mittel- und Oberrhein sowie im Schwarzwald (Stuttgart 1992).

18 Für verschiedene Strecken des römischen Straßennetzes gibt es den Nachweis weiterer Benutzung. Ein gutes Beispiel dafür ist ein bei der ehemaligen Straßenstation Sontheim »Braike« aufgedecktes Straßenstück mit Funden des 4. Jh., die zeitgleichen Verkehr auf der nördlich der Donau verlaufenden Straße bezeugen. Arch. Ausgr. Baden-Württemberg 1992, 197 Abb. 136 (hier Abb. 132).

19 J. Henning, Zur Datierung von Werkzeug- und Agrargerätefunden im germanischen Landnahmegebiet zwischen Rhein und Oberer Donau (Der Hortfund von Osterburken). Jahrb. RGZM 32, 1985, 570 ff.

20 K. Roth-Rubi, Die scheibengedrehte Gebrauchskeramik vom Runden Berg. Der Runde Berg bei Urach 9. Heidelberger Akad. Wiss. Komm. Alamannische Altkde. Schr. 15 (Sigmaringen 1991).

21 H. Bernhard, Studien zur spätrömischen Terra nigra zwischen Rhein, Main und Neckar. Saalburg-Jahrb. 40/41, 1984/85, 34 ff. Vgl. auch Roth-Rubi (Anm. 20).

22 Gute Beispiele etwa Stetten a.d. Donau, Kr. Tuttlingen (wie Anm. 11) oder Renningen, Kr. Böblingen (Arch. Ausgr. Baden Württemberg 1991, 183 ff.).

Reibschalen, Gläser und Militärgürtel

RÖMISCHER LEBENSSTIL IM FREIEN GERMANIEN

CHRISTEL BÜCKER

Die jahrhundertelange römisch-germanische Nachbarschaft ist nicht ohne gegenseitige Beeinflussung oder Anpassung zu denken. Dabei übte der römische Lebensstil sicher erhebliche Anziehungskraft auf die germanische Bevölkerung aus. Germanische Söldner lernten in der Zeit des römischen Militärdienstes[1] die Errungenschaften römischer Zivilisation kennen. Römische Trachtbestandteile und Gebrauchsgegenstände, teilweise auch Technologie und Lebensart, fanden so Eingang in die germanische Alltagskultur, was sich anhand von Funden römischer Herkunft oder Tradition in germanischen Siedlungen und Gräbern belegen lässt (vgl. Fingerlin, Grenzland; Schach-Dörges, Menschen). Einige Beispiele sollen an dieser Stelle genügen, um den Akkulturationsprozess im germanisch besiedelten Bereich bis zum 5. Jh. anhand archäologischer Funde und Befunde zu zeigen.

Technologietransfer ins freie Germanien?

Besonders beliebt war bei den Germanen scheibengedrehte römische Keramik, vor allem die hochwertigen Terra-Sigillata- und Terra-Nigra-Gefäße. Dieses rot- beziehungsweise schwarzglänzende Geschirr machte gegenüber den handgemachten und oft groben germanischen Keramikgefäßen sicher einen prunkvolleren Eindruck auf einer Tafel. In den germanischen Fürstengräbern, etwa von Hassleben und Leuna in Mitteldeutschland (vgl. Schach-Dörges, Menschen), wie auch in den germanischen Höhensiedlungen wurden zahlreiche Gefäße oder Gefäßbruchstücke römischer Keramik gefunden.[2] Römischer Handel ins freie Germanien lässt sich während der gesamten Kaiserzeit hinreichend belegen[3]; neu jedoch ist, dass auch im germanischen Gebiet Keramik nach römischer Tradition produziert wurde. Mit den Ausgrabungen im Töpfereibezirk des thüringischen Haarhausen haben wir erstmals einen Beleg, dass römische Keramikgefäße nicht nur verhandelt, sondern auch mitten im germanischen Gebiet selbst hergestellt wurden.[4] Neben Keramikformen wie Tonkrügen und Reibschalen zeigt auch die Konstruktion der drei Haarhauser Töpferöfen römisches Know-how. Sie entsprechen den bekannten Bautypen aus provinzialrömischem Gebiet. Gleichzeitige Töpferöfen für graue Drehscheibenkeramik germanischer Formtradition aus Polen,

135

135 Scheibengedrehte Keramikgefäße aus der »römischen« Töpferei von Haarhausen. Krug und Reibschale (links) entsprechen römischen Keramikformen. Der grautonige Topf und die Schüssel (rechts) sind zwar in Terra-Nigra-Technik hergestellt, haben ihre Vorläufer aber im germanischen Gebiet.

Mähren und der Ostslowakei zeigen zwar keine römischen Konstruktionsmerkmale, dennoch ist die Produktion von Drehscheibenkeramik in diesen Gebieten ohne römischen Einfluss nicht denkbar.[5]
In Haarhausen wurde, neben römischen Formen, die Drehscheibenware zum großen Teil nach germanischem Geschmack hergestellt. Graue oder schwarzglänzende scheibengedrehte Töpfe und Schüsseln sind vergleichbar mit den Typen handgeformter Keramik germanischer Tradition (vgl. Schach-Dörges, Menschen). Andererseits zeigt diese Keramik technisch und formal deutliche Verwandtschaft zu römischer »Terra-Nigra-Ware«, sodass eine Abgrenzung von römischen und germanischen Formen nicht immer möglich erscheint. Die Entwicklung solcher Terra-Nigra-Formen laufen im germanischen wie römischen Gebiet zeitweise parallel, deshalb kann man hier sicherlich von einer gegenseitigen Einflussnahme ausgehen.[6] Mit hoher Wahrscheinlichkeit haben in Haarhausen römische Handwerker – ob als Sklaven oder freiwillig – hier für den germanischen Markt Keramik produziert. Die mit maximal 50 Jahren relativ kurze Produktionsphase der Töpferei in der Zeit um 300 n.Chr. und die fehlenden Hinweise auf eine Kontinuität der Technologie in der Folgezeit sprechen dafür, dass römische Handwerker hier nur kurzfristig tätig waren.

Römische Tisch- und Esskultur

Die Produktion römischer Reibschalen wie auch ihr Vorkommen in zahlreichen Siedlungen[7] des germanischen Gebiets setzt außerdem voraus, dass die Germanen diesen speziellen Keramiktyp zu nutzen wussten. Reibschalen waren im Gefäßinneren mit Gesteinsgrus zur Aufrauhung der Oberfläche versehen, sodass man Gerichte durch Zerreiben der verschiedenen Zutaten zubereiten konnte, wie dies der römische Kochbuchautor C. Apicius im 1. Jh.n.Chr. überliefert hat.[8] Die Verwendung der Reibschalen im germanischen Gebiet war sicher auch mit einer Ausbreitung römischer Koch- und Esskultur verbunden.[9] Im alamannischen Südwesten kommen Reibschalen wie auch römisches Tafelgeschirr nur in reichen Gräbern und auf Höhensiedlungen vor. Offensichtlich war es gerade die alamannische Oberschicht, die sich dadurch zu repräsentieren wusste. Nicht fehlen durfte dabei vor allem römisches Trinkgeschirr aus Glas.

Importe für einen gehobenen Lebensstil

Hohlgläser aller Art – besonders die Trinkgefäße – waren bei den Germanen sehr beliebt, worauf das häufige Vorkommen auf den Höhensiedlungen und als Beigabe in germanischen Gräbern hinweist (vgl. Steuer, Herrschaft; Schach-Dörges, Menschen).[10] Bei den Germanen gehörten die Besitzer solcher Glasgefäße eher zur gehobenen Schicht, im Römischen Reich dagegen waren Gläser fast alltägliche Gebrauchsgegenstände.
Die Germanen konnten zwar Glasperlen herstellen, es gibt aber keine Hinweise auf die Produktion von Hohlgläsern. Diese wurden vom römischen Herrschaftsbereich aus, wo die Glaskunst einen sehr hohen Stand erreichte,[11] weit verhandelt.[12] In dem Männergrab aus Hilzingen im Hegau hat man einen dickwandigen Glasbecher mit runden eingeschliffenen Facetten aus dem 4. Jh. gefunden. Bei den verschiedenen Typen dickwandiger Gläser mit Facettschliff wird diskutiert, ob sie im römischen Reichsgebiet für den germanischen Markt oder gar im germanischen Bereich selbst hergestellt wurden, da man sie ausschließlich dort fand.[13] Sicherlich war bei der Auswahl für den Transport über größere Strecken die Dickwandigkeit der Gläser von Vorteil. Außerdem wurden in dem Hilzinger Grab zwei Keramikgefäße gefunden, die römischen Einfluss erkennen lassen. Die große Kera-

136

136 Die »römischen« Töpferöfen von Haarhausen während der Ausgrabung. Ihre Konstruktion entspricht bis ins Detail Anlagen im nördlichen Teil der Provinz Germania Superior (Wetterau). Dort wurde Keramik nach römischer Tradition hergestellt.

137 Funde aus dem Männergrab von Hilzingen im Hegau. Dem etwa 25 Jahre alten und mit ca. 1,79 m relativ großen Mann wurden ein prunkvoller Facettschliffbecher, zwei Nigragefäße, eine zum Gürtel gehörige Bronzeschnalle und eine Riemenzunge mit auf den Weg gegeben. Im rechten Beckenbereich lagen, an einem Fingerring aufgehängt, ein Toilettbesteck aus Pinzette und Ohrlöffelchen, ferner ein Bronzemesser und eine kleine Bronzeschnalle, die vermutlich zu einer Gürteltasche gehörte. Ungewöhnlich sind an der linken Hand drei silberne Fingerringe nebeneinander.

mikschüssel ist formal als römische Nigraware des 4. Jh. zu bestimmen.[14] Die kleinere Nigraschüssel entspricht eher dem germanischen Formenrepertoire,[15] obwohl sie in römischer Technik hergestellt ist. Römischer wie auch germanischer Grabsitte entsprechen die als Speisebeigabe zu deutenden Skeletteile eines Spanferkels, der Oberschenkelknochen eines Schweins und ein fast vollständiges Hühnerskelett.[16]

Ein römischer Militärgürtel für eine germanische Frau

Auffälliges Beispiel der Übernahme römischer Tracht sind die vielerorts in germanischen Gräbern und Siedlungen gefundenen römischen Militärgürtelteile (vgl. Fingerlin, Grenzland). Germanische Söldner haben zunächst diese Gürtel, die sie als Zeichen ihres Ranges im spätrömischen Heer trugen, mit bronzenen kerbschnitt- oder

punzverzierten Schnallen und Beschlägen nach der Dienstzeit mit in ihre Heimat genommen.[17] Es gibt zahlreiche Hinweise darauf, dass diese Gürtelbeschläge auch im germanischen Siedlungsgebiet hergestellt und nicht nur als militärische »Uniform« getragen wurden.[18]
Solche Militärgürtel fanden etwas später auch Eingang in die Frauentracht, wie es das Frauengrab 363 von Schleitheim im Kanton Schaffhausen (um 400 n.Chr.) eindrücklich belegt.[19] Die etwa 30 bis 40 Jahre alte Frau hatte neben einer reichen Schmuckausstattung, einem Holzkästchen, einem Beinkamm und Gefäßbeigaben auch einen römischen Militärgürtel in Trachtlage um die Taille mit ins Grab bekommen. Angetan mit einer Kette aus sehr großen Bernsteinperlen und diesem 12,5 cm breitem Gürtel war die Dame sicherlich eine beeindruckende Erscheinung.
Nach Max Martin sind die breiten römischen Militärgürtel das Vorbild für eine breite, um die Taille gelegt Schärpe, die von der zweiten Hälfte des 5. Jh. an mit zwei Bügelfibeln verschlossen wurde (vgl. Martin, Kleider). Möglicherweise war diese mit Bügelfibeln zusammengehaltene Schärpe auch in der Frauentracht noch ein Zeichen der gesellschaftlichen Stellung.[20]
Daneben gibt es in der Frauen- und Männertracht ab dem 4. Jh., etwa im Frauengrab 2 von Lauffen am Neckar (vgl. Schach-Dörges, Menschen) und dem behandelten Männergrab von Hilzingen, aber auch schlichtere Gürtel mit einfacheren Gürtelschnallen und Riemenzungen, die römischen Militärgürteln vergleichbar sind.

Insgesamt zeigen schon diese wenigen Beispiele, dass die Germanen sich besonders von solchen Dingen aus der römischen Welt angesprochen fühlten, die der Repräsentation innerhalb ihres eigenen Stammes dienten: Menschen gehobenen Standes trugen römische Militärgürtel, tranken aus römischen Gläsern und aßen aus rot- oder schwarzglänzenden Gefäßen Speisen, die unter anderem mit Reibschalen zubereitet wurden. Auch als Vertragspartner wollten die germanische Könige bei den Verhandlungen die römischen Gesandten si-

138

139

138 **Punzverzierte Riemenzungen römischer Militärgürtel von alamannischen Höhensiedlungen am Oberrhein. Sie stammen vom Zähringer Burgberg bei Freiburg, von Geißkopf und Kügeleskopf bei Offenburg sowie vom spätrömischen Kastell Sponeck bei Jechtingen.**

139 **Kerbschnittverzierte Gürtelbleche römischer Militärgürtel von den alamannischen Höhensiedlungen Kügeleskopf und Geiskopf bei Offenburg.**

140

140 **Schmuck aus dem Frauengrab 363 von Schleitheim »Hebsack«. Um den Hals trug die Dame einen tordierten silbernen Ring und zwei Perlenketten, deren eine aus großen Bernstein-, die andere aus Glasperlen bestand. Als Kopfschmuck dienten eine silberne Haarnadel und zwei Nadeln eines Toilettbestecks, die zusammen mit dem halbmondförmigen Anhänger aus Silber an einem Ring befestigt waren. An ihrer Linken trug die Frau zwei silberne Fingerringe.**

cherlich nicht mit ihren einfachen handgefomten Keramikgefäßen bewirten. Mit großer Wahrscheinlichkeit residierten diese germanischen Könige in Höhensiedlungen, da an diesen Plätzen Gegenstände römischer Provenienz besonders häufig gefunden wurden. Demgegenüber haben die ländlichen Siedlungen in der Ebene nur selten derartige Funde erbracht.[21]

Andererseits hatte sich der römische Markt auf die germanischen Abnehmer eingestellt, da die Entwicklung der Terra-Nigra-Keramik und ihr großer Aufschwung in der Spätantike nicht ohne den germanischen Absatzmarkt zu erklären ist. Wahrscheinlich versuchte man einen Teil der Produktion sogar ins germanische Gebiet wie eben nach Haarhausen in Thüringen zu verlegen, was jedoch, aus

141 a

141 a **Schleitheim »Hebsack«, Grab 363. Lage des römischen Militärgürtels im Beckenbereich bei der Ausgrabung des Frauengrabs. Im Brustbereich sind außerdem die großen Bernsteinperlen und Silberringe der Halsketten zu erkennen.**

welchen Gründen auch immer, nicht lange währte. Der Technologietransfer ins freie Germanien mit römischen Töpferöfen und Drehscheibentechnik für Keramik kann deshalb nicht unbedingt als geglückt gelten, da die Technologie dort keine Fortsetzung fand. Ebenso ist die Dickwandigkeit von Gläsern in der Spätantike – nicht nur bei den Facettschliffgläsern – vielleicht eine Reaktion auf den Abnehmerkreis in weiter entfernt liegenden germanischen Gebieten. Die Produktion von Hohlgläsern und Drehscheibenwaren beschränkte sich auch in der Folgezeit zunächst auf die ehemals linksrheinischen römischen Gebiete.[22] Insofern lässt sich ein »echter« Technologietransfer aus dem Römischen Reich ins freie Germanien bisher nicht nachweisen.[23]

141 b **Schleitheim »Hebsack«, Grab 363. Rekonstruktionszeichnung der Tracht aus dem Frauengrab.**

1 K. F. Stroheker, Alamannen im römischen Reichsdienst. In: Germanentum und Spätantike (Zürich/Stuttgart 1965) 30 ff., bes. 41 ff. – K. F. Stroheker, Die Alamannen und das spätrömische Reich. In: W. Hübener (Hrsg.), Die Alamannen in der Frühzeit. Veröff. Alemannisches Institut 34 (Bühl 1974) 9 ff., bes. 15 ff.

2 Ch. Bücker, Die Gefäßkeramik der frühalamannischen Zeit vom Zähringer Burgberg, Gemeinde Gundelfingen, Kr. Breisgau-Hochschwarzwald. In: Römer und Alamannen im Breisgau. Freiburger Forsch. Erstes Jahrtausend Südwestdeutschland 6 (Sigmaringen 1994) 125 ff., bes. 132 ff.

3 J. Kunow, Zum Handel mit römischen Importen in der Germania libera. In: Untersuchungen zu Handel und Verkehr der vor- und frühgeschichtlichen Zeit in Mittel- und Nordeuropa, Teil 1 (Göttingen 1985) 430 ff. – U. Lund-Hansen, Römische Importe im Norden. Warenaustausch zwischen dem römi-

schen Reich und dem freien Germanien während der Kaiserzeit unter besonderer Berücksichtigung Nordeuropas. Nordiske Fortidsminder, Ser. B, 10 (Kopenhagen 1987).

4 S. Dušek, Römische Handwerker im germanischen Thüringen. Ergebnisse der Ausgrabungen in Haarhausen, Kr. Arnstadt. Weimarer Monographien zur Ur- und Frühgeschichte 27 (Stuttgart 1992) 52 ff.

5 Dušek (Anm. 4) 52 ff.

6 H. Bernhard, Studien zur spätrömischen Terra Nigra zwischen Rhein, Main und Neckar. Saalburg-Jahrbuch 40/41, 1984/85, 34 ff., bes. 107 f.

7 Dušek (Anm. 4) 135 f. – Bücker (Anm. 2) 146 f., 175.

8 E. Rodenbaum-Aföldi, Das Kochbuch der Römer. Rezepte der »Kochkunst« des Apicius (Zürich/München 1993).

9 D. Baatz, Reibschale und Romanisierung. RCRF Acta 17/18 (Augst 1977) 147 ff.

10 U. Koch, Die Glas- und Edelsteinfunde aus den Plangrabungen 1967–1983. Der Runde Berg bei Urach VI. Heidelberger Akad. Wiss., Komm. Alamann. Altertumskunde, Schriften 12 (Sigmaringen 1984) 48 ff.

11 C. Isings, Roman Glass from dated finds. Archaeologica Traiectina. Edita ab Academiae Rheno-Traiectinae Instituto Archaeologico II (1957). – D. B. Harden, Glas der Caesaren. Ausstellungskatalog (Köln 1988).

12 Lund-Hansen (Anm. 3) 177 ff.

13 H. Rau, Zur Provenienzfrage spätantiker Gläser. Arch. Korrbl. 4, 1974, 371 ff. – U. Koch, Spätrömische-frühfränkische hohe konische Glasbecher. Kölner Jahrb. für Vor- und Frühgesch. 22, 1989, 193 ff.

14 Bernhard (Anm. 6) 88 f. – Die Schüssel entspricht formal dem Typ Alzey 25, der im gesamten 4. Jh. vertreten ist. Die brauntonige Machart weist eher auf eine Datierung in die erste Hälfte bis Mitte des 4. Jh.

15 Bernhard (Anm. 6) 75 ff., bes. Abb. 46,11.

16 Freundliche Bestimmung von M. Kokabi, LDA Baden-Württemberg. – Zur Speisebeigabe B. Krüger (Hrsg.), Die Germanen II (Berlin 1983) 110 ff. – L. Berger/S. Martin-Kilcher, Gräber und Bestattungssitten. In: W. Drack (Hrsg.), Ur- und frühgeschichtliche Archäologie der Schweiz V. Die römische Epoche (Basel 1975) 147 ff.

17 H. J. Böhme, Die germanischen Grabfunde des 4. bis 5. Jahrhunderts zwischen unterer Elbe und Loire. Münchener Beitr. zur Vor- und Frühgeschichte 19 (München 1974) bes. 190 ff.

18 H. Steuer, Höhensiedlungen des 4. und 5. Jahrhunderts in Südwestdeutschland. In: H. U. Nuber/K. Schmid/H. Steuer/Th. Zotz (Hrsg.), Archäologie und Geschichte des ersten Jahrtausends in Südwestdeutschland. Archäologie und Geschichte. Freiburger Forschungen zum ersten Jahrtausend in Südwestdeutschland 1 (Sigmaringen 1990) 139 ff., bes. 177 ff.

19 B. Ruckstuhl, Ein reiches frühalamannisches Frauengrab im Reihengräberfeld von Schleitheim-Hebsack SH. Archäologie der Schweiz 11, 1988, Heft 1, 71 f., Abb. 7–10. – Höchstwahrscheinlich sind in den Gräbern von Heidelberg-Neuenheim und Werbach ebenfalls Frauen mit Militärgürteln bestattet. Dazu M. Martin, Tradition und Wandel der fibelgeschmück ten frühmittelalterlichen Frauenkleidung. Jahrb. RGZM 38, 1991, 674 ff. mit Anm. 161 und 174.

20 Martin (Anm. 19) 673 ff.

21 Bücker (Anm. 2) 175. Bücker u.a., FundMengen, Mengen im frühen Mittelalter, Arch. Inf. aus Baden-Württemberg 25, Stuttgart 1994, 28 ff.

22 H. Roth, Kunst und Handwerk im frühen Mittelalter (Stuttgart 1986) 107 ff.

23 B. Arrhenius, Die Schraube als Statussymbol. Zum Technologietransfer zwischen Römern und Germanen. In: Frankfurter Beiträge zur Mittelalter – Archäologie II. Schriften des Frankfurter Museums für Vor- und Frühgeschichte – Archäologisches Museum – XII (Bonn 1990) 9 ff., bes. 24 f.

ZWISCHEN EXPANSION UND EXODUS

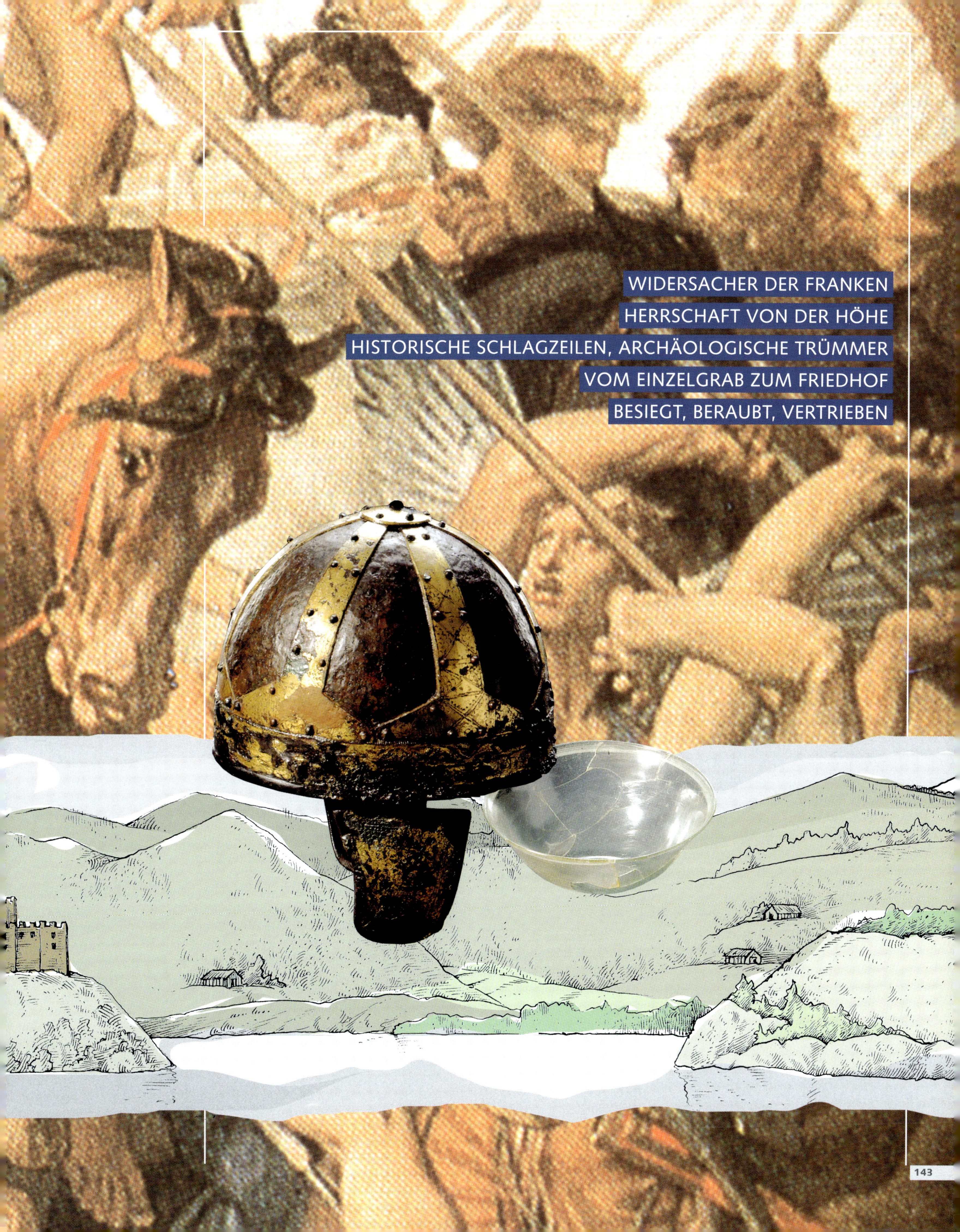

WIDERSACHER DER FRANKEN

HERRSCHAFT VON DER HÖHE

HISTORISCHE SCHLAGZEILEN, ARCHÄOLOGISCHE TRÜMMER

VOM EINZELGRAB ZUM FRIEDHOF

BESIEGT, BERAUBT, VERTRIEBEN

Widersacher der Franken

EXPANSION UND KONFRONTATION

DIETER GEUENICH

In den Schriftzeugnissen des 4. Jh., unter denen die *Rerum gestarum libri* des Ammianus Marcellinus bezüglich ihres Informationsgehaltes über die Alamannen weit herausragen, ist stets im Plural von deren Königreichen (*regna*) und Königen (*reges*), Völkern (*populi, nationes*) und Stämmen (*gentes*) die Rede.[1] Eine Antwort auf die Frage, was denn das Gemeinsame der mit dem Namen Alamanni Bezeichneten sei, ist nicht leicht zu finden. Oftmals erscheint der Name lediglich als Synonym für Barbaren oder Germanen, jedoch ist eine Abgrenzung der Alamannen gegenüber den Franken bei den römischen Schriftstellern meist deutlich erkennbar. Es ist deshalb auch schon vermutet worden, dass der Umfang der Begriffe »Franken« und »Alamannen« weniger von den Betroffenen selbst »als durch das Bedürfnis zur Klassifikation seitens der Römer bestimmt wurde.«[2] Denn es fällt auf, dass die römischen Autoren »alle Völkerschaften des Gegenufers der obergermanischen Provinz als Alamannen bezeichnen, während die des niedergermanischen ebenso summarisch Franken genannt werden.«[3]

Unter einem König geeint?

Keiner der zahlreichen namentlich erwähnten *reges Alamannorum* des 4. Jh. – von *Crocus* (um 306) über *Gundomadus* und *Vadomarus* (354), *Hortarius*, *Serapio* und *Chnodomarus* (357), *Vithicabius* und *Rando* (368) bis zu *Macrianus* (368–371) – hatte die Oberherrschaft über *alle* Alamannen inne.

Die in der Forschung kontrovers diskutierte und unterschiedlich beantwortete Frage ist nun, ob die Situation des 4. Jh. als spätere Auflösungserscheinung einer ursprünglichen Einheit unter einem König zu interpretieren ist, oder ob die Alamannen auch vorher niemals ein »Stamm« oder ein geeintes Volk waren.[4] Nimmt man Letzteres an – und die Quellen sprechen dafür –, so stellt sich die weitere Frage, ob sich denn im 5. Jh. eine Entwicklung zum Gesamtkönigtum, zur Zusammenfassung der Kräfte, zu politischer Einheit feststellen lässt.[5]

Obwohl diese Frage sehr schwer zu beantworten ist, da die Quellen über die Alamannen im 5. Jh. äußerst spärlich fließen, wird sie meist positiv beantwortet. Als Begründung für die Annahme eines alamannischen Großkönigtums spielen die Quellen aber kaum eine entscheidende Rolle. Vielmehr ist der Blick auf jene »Entscheidungsschlacht« am Ende des 5. Jh. gerichtet, in die auf der einen Seite die unter Chlodwig geeinten Franken ziehen. Muss nicht auf der anderen ein ebenfalls unter einem Großkönig geeintes Alamannenvolk gekämpft haben, wenn der Ausgang dieser Schlacht (bei Zülpich?) über die Zukunft der germanischen Völker, ja über die Zukunft Europas entschied und Chlodwig im Innersten so bewegte, dass er sich zur Taufe entschloss?

Gibuldus und Gebavult: zwei Namen, ein König?

Aus dem gesamten 5. Jh. sind lediglich zwei Namen von Alamannenkönigen überliefert, nämlich *Gibuldus* und *Gebavultus*, die möglicherweise dieselbe Person bezeichnen. Dass wir darüber hinaus keinen weiteren Namen, aber auch kaum Nachrichten über die Alamannen erfahren, steht in deutlichem Gegensatz zum 4. Jh., aber auch zur Fülle dessen, was wir über die anderen *gentes* und deren Königshäuser vor allem in der zweiten Hälfte des 5. Jh. wissen.

Die Vita des heiligen Abtes Severin († 482), die dessen Schüler Eugipp († nach 533) verfasst hat,[6] berichtet von einem *rex Gibuldus*, der den Heiligen sehr schätzte. Deshalb habe er auf Drängen Severins, der einen Diakon als Boten zu ihm sandte, »ungefähr siebzig Gefangene« freigelassen. Die Begegnung des Heiligen mit Gibuldus in der Nähe von Passau, wo Severin ein kleines Kloster bewohnte, wird in die Jahre 469/70–476 datiert.[7]

Die Vita des heiligen Bischofs Lupus von Troyes (ca. 426–478) berichtet ebenfalls von der Freilassung Gefangener, die sich in der Gewalt der Alamannen befanden. Grund für die Freilassung ist auch hier die »Verehrung und Zuneigung«, die dem Heiligen von allen Stammeskönigen, »besonders aber von König Gebavult« (*specialius a rege Gebavulto*) entgegengebracht wurde.[8] Wie zwischen Severin und Gibuldus vermittelt auch zwischen Lupus und Gebavultus ein Priester.

Der nahezu identische Personenname des Alamannenkönigs,[9] aber auch die Ähnlichkeiten und Übereinstimmungen der Erzählung haben Bruno Krusch bereits vor hundert Jahren bewogen, die entsprechende Passage der Lupus-Vita als Entlehnung aus der *Vita Serverini* zu verstehen. *Gebavultus*, die abweichende, älter wirkende Form des Namens *Gibuldus*, erklärte er damit, dass dem Autor der Lupus-Vita eine ältere, heute nicht mehr erhaltene Fassung der *Vita Severini* vorgelegen habe.[10]

Eugen Ewig sieht in Kruschs Interpretation der Lupus-Vita als Fälschung »eine unbewiesene Vermutung« und hält an ihrer Eigenständigkeit und Glaubwürdigkeit fest. Allerdings warnt er davor, »aus Zeit- und Namengleichheit« von *Gebavultus-Gibuldus* »auf Identität« zu »schließen«: »*Gebavultus* und *Gibuldus* können der gleichen Königssippe angehört, aber trotz gleichen Namens verschiedene Personen und auch Zeitgenossen verschiedener Generationen gewesen sein.«[11] Gleichwohl wurde Ewigs vorsichtig formulierte Kritik an Krusch schon bald als »Beweis« für die Existenz eines alamannischen »Großkönigs«,[12] eines »Einheits- und Großstammkönigs« verstanden, »der in Macht und Funktion den Heerkönigen anderer völkerwanderungszeitlicher Großstämme durchaus vergleichbar« gewesen sei.[13]

142

142 Ein Reliefbild im spätgotischen Gewölbe der Kirche St. Severin in der Passauer Innstadt zeigt den hl. Severin, der dort vielleicht einst sein Klösterlein errichtet hat. (Severin zwischen Römerzeit und Völkerwanderung. Katalog zur Ausstellung des Landes Oberösterreich 24. April bis 26. Oktober 1982 im Stadtmuseum Enns, 42.)

Eine so schwerwiegende Folgerung kann wohl kaum aus den beiden beiläufig erzählten Episoden in zwei frühmittelalterlichen Heiligenviten gezogen werden. Denn selbst die Annahme eines identischen Alamannenkönigs, der in den siebziger Jahren des 5. Jh. einmal in der Nähe von Passau und ein andermal in der Nähe von Troyes bezeugt ist, muss nicht zwingend dahingehend interpretiert werden, dass er als Großkönig von Bayern bis zur Champagne geherrscht habe!

Beutezüge führten die alamannischen *reges* – Bischof Lupus hatte es nach dem Wortlaut seiner Vita mit zahlreichen Königen (*regibus ab omnibus gentium*) zu tun – in weit entfernte Regionen, offenbar bald darauf auch bis Zülpich (bei Euskirchen westlich Bonn), ohne dass man sich deshalb eine Ausdehnung der *Alamannorum patria* mit den Eckpunkten Passau, Troyes und Zülpich vorstellen müsste.[14]

Expansion im 5. Jahrhundert

»Über die Westexpansion der Alamannen im 5. Jh. sind wir ungewöhnlich schlecht unterrichtet.«[15] Sie setzte wohl 455 ein, führte um 470 alamannische Scharen durch die Burgundische Pforte bis zum Doubs und setzte sich, wenn man der Lupus-Vita glauben darf, über Langres hinaus in Richtung Troyes und Châlons-sur-Marne fort.

Diese Alamannenzüge, über deren Stärke, Organisation, Stoßrichtung und Absichten wir wenig wissen, führten offensichtlich zu keiner dauerhaften Herrschaftsbildung in den durchstreiften Gebieten. Formulierungen in der Lupus-Vita lassen sogar vermuten, Gebavult habe in einem Föderatenverhältnis gestanden.[16] Spätestens in den achtziger Jahren waren alle eroberten Gebiete, deren Reflexe in den Angaben des sogenannten Kosmographen von Ravenna aufscheinen, wieder aufgegeben worden.

Im Osten führten die alamannischen Vorstöße bis nach Binnennorikum ebenfalls nicht zu beständiger Territorialherrschaft, sondern endeten mit einem »ausgesprochenen Misserfolg«.[17] Vielleicht hat aber das gemeinsame Vorgehen von Alamannen und Sueben, die von einem König Hunimund angeführt wurden, zur dauerhaften Verschmelzung beider Völkerschaften geführt. Hagen Keller hält es jedenfalls für möglich, dass »die geschwächten, aus älteren Sitzen anscheinend nach Westen abgedrängten Sueben aus dem Vorfeld der mittleren Donau damals in den alamannischen Verband integriert worden sind.«[18] Diese ansprechende These würde erklären, warum der Name der Sueben fortan aus der Überlieferung verschwindet und ab dem 6. Jh. die Gleichsetzung von Sueben und Alamannen in den Quellen üblich wird.

Alle diese Vorgänge in der zweiten Hälfte des 5. Jh., die Expansion nach Westen, Südwesten, Osten und, worauf gleich einzugehen sein wird, nach Nordwesten sowie die vermutliche Verschmelzung von Sueben und Alamannen, bezeugen, dass die germanischen Völker in der Phase der Agonie des weströmischen Kaisertums erneut in Bewegung gerieten.

Der Zug der Vandalen, Alanen, Quaden und Sueben zur iberischen Halbinsel, die Umsiedlung der

Burgunder in die Sapaudia (Savoyen), der Zusammenbruch des Hunnenreiches nach der Schlacht auf den Katalaunischen Feldern, der Aufstieg des ostgotischen Königtums und vieles andere mehr[19] ist offenbar nicht ohne Auswirkung auf die Alamannen geblieben. Der schon mehrfach angesprochene Prozess ihrer Ethnogenese war zu dieser Zeit, wie es scheint, noch nicht zum Abschluss gekommen. Möglicherweise hat ihn erst die Konfrontation mit den Franken beendet und die Alamannen zu territorialer Beschränkung und Eingrenzung geführt.

Der Kampf gegen die Franken

Wenn, wie allgemein angenommen wird, die Alamannen vor ihrer Konfrontation mit den Franken unter einem »Großkönig« geeint waren, sind die Quellenaussagen über jene Schlachten, in deren Folge die Alamannen ihre Selbständigkeit verloren, anders zu bewerten, als wir dies im folgenden tun. Denn die vorhandenen Quellen sind, wie wir sehen werden, mit dieser Annahme nicht ohne weiteres in Einklang zu bringen. In der schriftlichen Überlieferung der Auseinandersetzungen um 500 wird kein alamannischer »Großkönig« erwähnt – weder sein Name noch irgend etwas, das auf eine solche Stellung schließen lässt.

Die legendäre Schlacht des Frankenkönigs Chlodwig (482–511), die nach dem Bericht des Gregor von Tours »im 15. Jahr seiner Regierung« stattfand,[20] gilt gemeinhin als »Entscheidungsschlacht«. Denn sie entschied einerseits, wenn wir Gregors Bericht glauben dürfen, über Chlodwigs und der Franken Bekehrung zum Christentum katholischer Prägung, andererseits aber nach allge-

143

143 Joseph Blancs Gemälde von 1882 im Pariser Pantheon zeigt den Frankenkönig Chlodwig, der inmitten der Schlacht sein Taufgelöbnis spricht.

144 **Szene aus Joseph Blancs Schlachtgemälde im Pariser Pantheon: Himmlische Heerscharen besiegen den Alamannenkönig und seine Krieger, nachdem Chlodwig sein Taufversprechen abgelegt hat.**

144

meiner Auffassung auch darüber, dass nicht den Alamannen, »sondern den Franken die Aufgabe zufiel, die germanischen Stämme zwischen Alpen und Nordsee zur politischen Einheit zusammenzufassen.«[21]

Dem äußerst knappen Schlachtenbericht ist dies allerdings nicht zu entnehmen. Er verdankt seine Bedeutung allein der Verknüpfung mit der Legende vom Eingreifen des Christengottes, der sich in dieser Schlacht als stärkerer und damit wahrer Gott erweist. Gregor erwähnt weder den Namen des Alamannenkönigs noch Anlass und Ort der Auseinandersetzung, und von den Folgen erscheinen ihm allein Chlodwigs Konversion und Taufe berichtenswert.

Die Erwähnung einer weiteren Schlacht zwischen Alamannen und Franken in einem Schreiben des Ostgotenkönigs Theoderich aus dem Jahre 507, in der die »zahllose natio« der Alamannen – wohl am ehesten im Jahre 505 oder 506 – erneut »einen König (*rex*) mit der Blüte seines Stammes (*gens*)« verlor, legt den Schluss nahe, dass es mehrere Könige und Stämme und folglich auch mehrere Schlachten Chlodwigs gegen die Alamannen gab, bis diese um 507 wohl endgültig zwischen Franken und Ostgoten zerrieben beziehungsweise aufgeteilt wurden.[22] Auch in diesem durch Cassiodor überlieferten Glückwunschschreiben Theoderichs an Chlodwig wird der Name des gefallenen Alamannenkönigs übrigens nicht erwähnt, und *Ennodius*, der Theoderich aus demselben Anlass einen Panegyricus widmet, nennt ebenfalls keinen der unterlegenen Anführer beim Namen, sondern hebt hervor, dass die Gesamtheit Alamanniens (*Alamanniae generalitas*) nun in Theoderich endlich einen König gefunden habe.[23]

Die Annahme, die alamannischen *reges* und *gentes* seien vor oder während der Auseinandersetzung mit den Franken um 500 durch einen Großkönig oder Gesamtkönig geeint gewesen, ist aus den überlieferten Schriftzeugnissen nicht zu belegen; auch archäologische Spuren seiner Residenz oder Grablege scheint es nicht zu geben. Wer dennoch von einem alamannischen Gesamtkönigtum ausgeht, müsste den merkwürdigen Befund erklären, dass die Quellen die Namen der ostgotischen, westgotischen, burgundischen, thüringischen und fränkischen Könige und sogar der Angehörigen der jeweiligen Königshäuser nennen, während der alamannische Großkönig, falls es ihn gegeben hat, anonym bleibt. Er und seine Familie wären doch zweifellos in die Bündnis- und Heiratspolitik Theoderichs und Chlodwigs einbezogen und damit in den Quellen auch genannt worden.[24]

Die Erwähnung verschiedener Alamannenschlachten und die Aussage der Quellen, 496 und 506 sei der bzw. ein Alamannenkönig gefallen, die von den Historikern bislang als Widerspruch empfunden wurden, bedarf demnach keiner Korrektur. Vielmehr ist offenkundig, dass es mehrerer Schlachten bedurfte, um die *Alamannicos populos* (Cassiodor) in ihrer Gesamtheit zu unterwerfen.

1 Vgl. meinen Beitrag zur Herkunft und Landnahme der Alamannen in diesem Band.
2 R. Wenskus, Stammesbildung und Verfassung. Das Werden der frühmittelalterlichen gentes 2 (Köln, Wien 1977) 502; ähnlich ebd. 110.
3 So H. Büttner 1955 in einem Vortrag auf der Reichenau, zitiert bei Wenskus (Anm. 2).
4 Zu dieser Diskussion D. Geuenich, Zur Landnahme der Alemannen. Frühmittelalterl. Stud. 16, 1982, 34 f. mit Lit.
5 Vgl. Anm. 1.
6 Eugippius, Vita S. Severini XIX. Vgl. C. Dirlmeier/G. Gottlieb, Quellen zur Geschichte der Alamannen II. Heidelberger Akad. Wiss. Komm. Alamannische Altkde. Schr. 3 (Heidelberg, Sigmaringen 1978) 73 f.
7 F. Lotter, Severinus von Noricum. Legende und historische Wirklichkeit (1976) 210.
8 Vita Lupi episcopi Trecensis 10. Vgl. C. Dirlmeier/K. Sprigade, Quellen zur Geschichte der Alamannen IV. Heidelberger Akad. Wiss. Komm. Alamannische Altkde. Schr. 6 (Heidelberg, Sigmaringen 1980) 13.
9 Vgl. E. Förstemann, Altdeutsches Namenbuch 1: Personennamen 2 (Bonn 1900; Nachdruck München, Hildesheim 1966) 636, wo beide Namenformen einem Lemma subsumiert sind.
10 Vorwort von B. Krusch in: Vita Lupi episcopi Trecensis. Monumenta Germaniae Historica. Scriptores rerum Merovingicarum 7 (Hannover 1919/20; Nachdruck 1979) 284 ff.
11 E. Ewig, Bemerkungen zur Vita des Bischofs Lupus von Troyes. In: K. Hauck/H. Mordek (Hrsg.), Geschichtsschreibung und geistiges Leben im Mittelalter. Festschrift für Heinz Löwe zum 65. Geburtstag (Köln, Wien 1978) 22.
12 So D. Claude, Zu Fragen des alemannischen Königtums an der Wende vom 5. zum 6. Jahrhundert. Hess. Jahrb. Landesgesch. 45, 1995, 6.
13 H. Castritius, Die spätantike und nachrömische Zeit am Mittelrhein, im Untermaingebiet und in Hessen. In: P. Kneissl/V. Losemann (Hrsg.), Alte Geschichte und Wissenschaftsgeschichte. Festschrift für Karl Christ zum 65. Geburtstag (Darmstadt 1988) 69.
14 Vgl. Castritius (Anm. 13) 70 f. mit Hinweisen auf Quellen und Lit.
15 Ewig (Anm. 11) 20.
16 Vita Lupi episcopi Trecensis 10: Et velut devotus rei publicae legibus, statum ... reparavit. Vgl. dazu Ewig (Anm. 11) 22.
17 H. Wolfram, Die Geburt Europas. Geschichte Österreichs vor seiner Entstehung 378–907 (Wien 1987) 42.
18 H. Keller, Alamannen und Sueben nach den Schriftquellen des 3. bis 7. Jahrhunderts. Frühmittelalterl. Stud. 23, 1989, 99 mit den einschlägigen Quellen und Lit.
19 Vgl. Keller (Anm. 18) 107; Wolfram (Anm. 17) 40 ff.
20 Gregor von Tours, Historiarum libri decem II,30. Zitiert nach R. Buchner (Hrsg.), Ausgewählte Quellen zur deutschen Geschichte des Mittelalters. Freiherr vom Stein-Gedächtnisausgabe 27 (Darmstadt 1990) 116 f.). Ob die Datierung von Gregor oder von späterer Hand stammt, ist unsicher.
21 H. Löwe, Deutschland im fränkischen Reich. In: Gebhardt, Handbuch der deutschen Geschichte 26 (Stuttgart 1981) 42.
22 Flavius Magnus Aurelius Cassiodorus Senator, Variae II,41. Dirlmeier/Gottlieb (Anm. 6) 102 f. Vgl. D. Geuenich, Chlodwigs Alemannenschlacht(en). In: ders./Th. Grünewald/R. Weitz (Hrsg.), Chlodwig und die »Schlacht bei Zülpich«. Geschichte und Mythos 496 – 1996 (Euskirchen 1996) 55 ff.
23 Magnus Felix Ennodius, Panegyricus dictus Theoderico. Dirlmeier/Gottlieb (Anm. 6) 72: Alamanniae generalitas ..., cui evenit habere regem, postquam meruit perdidisse.
24 Die von Claude (Anm. 12) 11 dagegen vorgebrachten Argumente dürften wohl kaum überzeugen.

Herrschaft von der Höhe

VOM MOBILEN SÖLDNERTRUPP ZUR RESIDENZ AUF REPRÄSENTATIVEN BERGKUPPEN

HEIKO STEUER

Die Kriegerverbände der Völkerwanderungszeit entwickelten eigentümliche Herrschaftsformen. Unter einem Anführer, dem Heerkönig, übten sie durch ihr Erscheinen und kriegerische Drohung unmittelbar Macht aus. Die den Unruhe- und Wanderzeiten erwachsene vielgliedrige und jeweils hierarchisch gegliederte militärische Struktur mit vielen nebeneinander handelnden Heeren schuf auch die Herrschaftszentren bis in die Zeit um 500.

Herrschaft und militärische Präsenz

Zahlreiche germanische Truppen unter ihren von zeitgenössischen römischen Historikern als *reges* oder *regales* bezeichneten Anführern bedrohten die römische Reichsgrenze, drangen in die Provinzen ein, zogen sich wieder zurück, füllten ihre Reihen auf und erschienen erneut im Süden. Als sich im 3. Jh. die römischen Verwaltungsstrukturen aufzulösen begannen und der Limes an Rhein und Donau zurückgenommen wurde, setzten sie sich im aufgegebenen Dekumatland, einem damals gewissermaßen herrschaftsfreien Raum fest. Der verbliebene linksrheinische Teil der Provinz Germania prima stand jedoch zivil und militärisch weiter unter römischer Verwaltung.

145 **Herrschaftszentren auf Höhen und Grabfunde mit Prunkschwertern: 1 archäologisch untersuchte Höhen, 2 Höhen mit einzelnen typischen Funden, 3 spätrömische Kastelle, 4 Schwerter des Typs Hemmingen-Wyhl, 5 Goldgriffspathen, 6 der Ailenberg/Rüdern.**

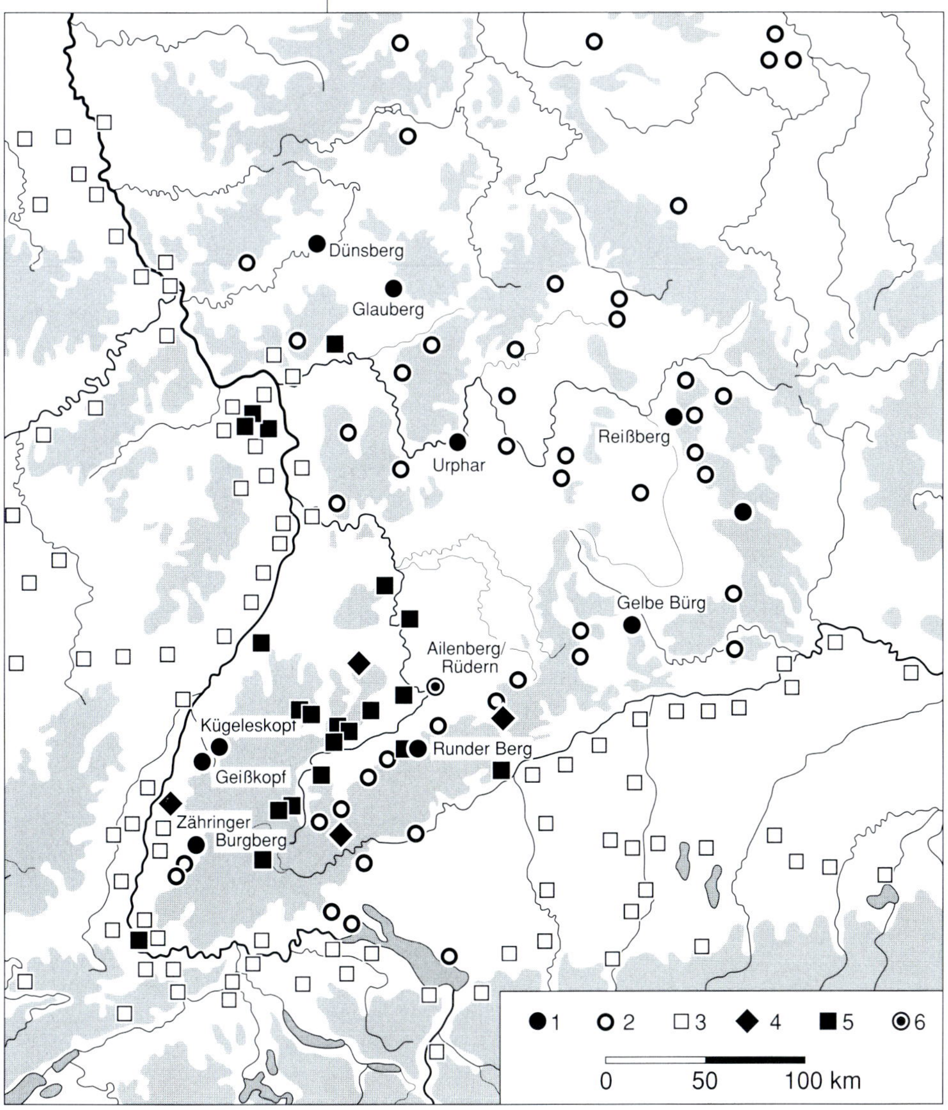

145

Herrschaft war anfangs des 3. Jh. noch nicht territorial verankert, da die aus dem Inneren Germaniens vordringenden Kriegergefolgschaften sich jeweils aus verschiedenen Stammeseinheiten im elbgermanischen Gebiet rekrutierten und begannen, sich von ihren heimatlichen Wurzeln zu lösen. Erst als sie im Vorfeld der römischen Provinzen das mobile Leben aufgaben, entwickelten sich Herrschaftszentren.

Die hierarchische Gliederung solcher Heerhaufen, die auch im Inneren Germaniens Kriege führten, spiegelt sich eindrücklich in der südskandinavischen und jütländischen Opfersitte des 3. bis 5. Jh., die Waffen besiegter Gegner in Seen oder Mooren zu versenken. Im jütländischen Moor von Illerup fanden sich 300 eiserne, 40 bronzene und 5 silberne Schildbuckel.[1] Die Silberbeschläge eines solchen Schildes wiegen fast ein Kilogramm. In einem mitteldeutschen Fürstengrab der Gruppe Hassleben-Leuna, dem Grab von Gommern,[2] lag ebenfalls ein Prunkschild mit silbernen Beschlägen, außerdem römisches Importgeschirr aus Glas, Bronze und Silber sowie goldene Fibeln und ein schwerer goldener Halsring. Heerkönige oder Anführer von Einheiten im römischen Dienst waren im Norden wie in Thüringen also durch Prunkwaffen ausgezeichnet.

Die Machtstruktur der Germanen im Vorfeld des Limes ergab sich im 4./5. Jh. aus der Stationierung verschiedener Heerhaufen, die sich nun räumlich nebeneinander festsetzten, ihre Herrschaftsbereiche gegeneinander abgrenzten und aus den Heerlagern »Residenzen« der Anführer, also Herrschaftszentren werden ließen, sehr häufig auf geschützten Höhen gelegen.

Anders als die Könige der Franken, die in den römischen Provinzen Galliens sesshaft wurden und sich in die römische Militärverwaltung als Funk-

tionsträger eingliederten, verblieben die alamannischen Könige vor dem Rhein-Donau-Limes. Von hier aus zogen sie entweder mit ihrer Gefolgschaft in die römischen Provinzen, um Beute zu machen, oder boten sich an, Militärdienst für Rom zu leisten. Als Söldnerführer waren sie einerseits alamannische Könige, andererseits römische Truppenführer im Offiziersrang.
Nach ihren Wohn- bzw. Rekrutierungsgebieten werden Alamannen in der Notitia dignitatum, dem spätrömischen Staatshandbuch aus dem frühen 5. Jh., *Brisigavi seniores* und *iuniores* (Breisgaubewohner), *Lentienses* (Linzgaubewohner) oder *Raetovarii* (Bewohner Rätiens) genannt.[3] Die Vielzahl der Heerkönige, die miteinander Koalitionen bildeten oder unabhängig handelten, spiegelt die Überlieferung. Kaiser Probus (276–282) verhandelte mit neun Königen,[4] und 357 besiegte der römische Feldherr und spätere Kaiser Julian ein alamannisches Heer bei *Argentoratum*/Straßburg von sieben *reges*, zehn *regales* und zahlreichen *optimates* mit jeweils eigener Kriegergefolgschaft.[5]
Im Bündnis miteinander wurden sie zu den »Alamannen« und von den Römern so bezeichnet. Durchschnittlich zählte das Heer eines Königs etwa 600 Krieger, ein Bündnis von zehn Königen umfasste 6000 Krieger, wie aus verschiedenen Angaben bei Ammianus Marcellinus zu erschließen ist.[6] Die Mitglieder dieser Gefolgschaftsheere kamen aus den verschiedensten Stammesgruppierungen, doch wurde dann die Zuordnung zur Truppe wichtiger als die ehemalige Herkunft. Reinhard Wenskus' Formulierung, die Juthungen seien die stammesmäßig heterogene suebische Jungmannschaft aus dem elbgermanischen Raum gewesen, und seine Diskussion um die Stammesbildung durch Jungmannschaften und Heerhaufen unter *principes* weisen hier immer noch den Weg.[7]
Haben die fränkischen Großen römische Positionen und gesellschaftliche Organisationsformen übernommen, so erhielten sich bei den alamannischen Königen die Strukturen der Wanderzeit als Übergangslösung zwischen den alten Stammesgesellschaften und – nach Eingliederung ins Merowingerreich – neuen, die römische Verwaltung tradierenden Formen der herrschaftlichen Kontrolle mit Hilfe von Herzögen und Grafen.

Vernetzung mit Innergermanien

Zu ihren Herkunftsgebieten hielten die Heerkönige Kontakt, und es gab vom 3. bis ins 5. Jh. ständig Zuzug von dort, solange für und gegen Rom Söldner angeworben wurden und Beute winkte. Rückkehrende Krieger haben ihrerseits in der Heimat verändernd gewirkt. Gegen 300 entstand in manchen Bereichen der Germania, so auf den dänischen Inseln und in Mitteldeutschland, eine neue Grabsitte, die ohne massiven römischen Einfluss nicht vorstellbar ist. Die sogenannten Fürstengräber vom Typ Hassleben-Leuna bergen als Neuerung unverbrannte Tote in großen Holz- bzw. Steinkammern, in denen Beigaben römischer Provenienz aufgehäuft wurden.[8] Joachim Werner sah in den ranghohen Kriegern dieser Fürstengräbergruppe Angehörige der *ingentia auxilia Germanorum* des gallischen Sonderreichs, die unter Postumus und seinen Nachfolgern Militärdienste als Söldner leisteten und zurückkehrten. Ihre Ausstattung mit Bronze- und Glasgeschirr aus dem Westen, beispielsweise sogenannten Hemmoorer Eimern aus Köln, mit dort geprägten Aurei der Jahre 260 bis 273, die Übernahme römischer Speisegewohnheiten, nachgewiesen durch Tongeschirr wie Reibschalen, ferner Totenbräuche, durch die Sitte des Charonspfennigs belegt, sowie das Tragen römischer Offiziersfibeln seien Beweis genug.[9] Die Konzentration derartiger Bestattungen in kleinen,

146

146 Der Runde Berg bei Urach im Luftbild. Die kegelförmige Kuppe erhebt sich 250 m über die Talsohle und beherbergte auf dem obersten Plateau die Residenz eines alamannischen Königs samt Kriegergefolgschaft und Spezialhandwerkern.

147

147 Die Goldgriffspathen der Kriegergesellschaft ab Mitte des 5. Jh. sind ähnliche, aber doch individuell gefertigte Prunkschwerter mit kostbaren Beschlägen und goldbelegtem Griff. Hier die Waffen Pleidelsheim (Grab 71), Sindelfingen, Entringen (Grab von 1927), Gültlingen (Grab von 1889) und Gültlingen (Grab von 1901).

für sich liegenden Gräberfeldern und ihre Verteilung über das Land im Abstand von 20 km bis 30 km bilden das Muster herrschaftlicher Zentren ab. An diesen Mittelpunkten waren auch das Edel- und Buntmetallhandwerk sowie die Töpfereien zur Herstellung von Drehscheibenkeramik nach römischer Mode konzentriert.

Die Größe der Herrschaftsgebiete blieb in Südwestdeutschland unverändert, wie die Abstände ihrer Zentren und die Verbreitung der Gräberfelder mit Goldgriffspathen zeigen.

Durch die polyethnische Zusammensetzung der Truppen wurde ein vielgliedriges Netz zwischen der Alamannia und den Stammgebieten beider-

148

148 **Auf dem Gipfel des Ailenbergs wurde 1857 ein Fürstengrab entdeckt, zu dessen Beigaben diese goldene, mit Almandinen verzierte Schnalle und die goldene Hülse, wohl vom Griff eines Saxes, gehören.**

149 **Auf dem Runden Berg bei Urach haben sich ranghohe Krieger mit Goldgriffspathen des späten 5. Jh. aufgehalten. Beschläge und Riemendurchzüge von der Scheide sowie Ortbandbeschläge mehrerer Schwerter wurden gefunden.**

seits der Elbe von Mecklenburg über Mitteldeutschland bis Böhmen geknüpft. Dies führte zu einer Angleichung in der zivilisatorischen Ausstattung, wie das archäologische Fundbild immer wieder bestätigt. Zugleich lassen sich damit die Herkunftsräume der im Süden zu Alamannen werdenden Germanen beschreiben. Armbrustfibeln der Frauentracht wurden im Norden sowie in Alamannien, beispielsweise auf dem Runden Berg bei Urach, hergestellt.[10] Bügelknopffibeln für den Militärmantel germanischer Krieger finden sich nicht nur in gleicher Ausformung in Mecklenburg und auf den Höhenstationen im Süden, so auf dem Geißkopf oder auf dem Runden Berg, sondern wurden auch in allen diesen Gebieten produziert. Konzentriert sich Handwerk in den südlichen Herrschaftszentren auf Höhen, so gibt es ähnliche Organisationsformen auch in den Herkunftsgebieten, etwa die Werkstätten an den Zentren der Fürstengräbergruppe Hassleben-Leuna.

Gehobener Lebensstil auf repräsentativen Höhen

Die alamannische Gesellschaft des 3. bis 5. Jh. war aus Kriegszügen heraus entstanden und konservierte diese Verhältnisse, solange sie unabhängig war. Das Volk, der *populus*, waren die Krieger mit ihrem Anhang, deren Stationierung als germanische Auxiliartruppen des römischen Heeres in Kastellen an Rhein und Donau zu neuen Herrschaftszentren der alamannischen Befehlshaber führte, da ihre Gefolgschaft im Nahbereich dieser Befestigungen wohnte. Für die Kastelle im Breisgau werden germanische Besatzungen im späten 4. Jh. angenommen. Am Kaiserstuhl bei der Burg

149

Sponeck ist die germanische Besatzung durch handgemachte Keramik und Fibeln bezeugt,[11] ausgegraben sind auch das zugehörige Gräberfeld und weitere Bestattungsplätze, so bei Wyhl, die einerseits germanische Tracht, andererseits römische Bewaffnung überliefert haben.[12] Alamannische Verbände waren auch in zahlreichen weiteren spätrömischen Kastellen stationiert, beispielsweise in Neuburg an der Donau.[13]

150

150 **Zur Bewaffnung germanischer Soldaten von der Ostsee bis ins alamannische Gebiet gehörten vom 3. bis ins 5. Jh. Speere mit Widerhakenspitzen. Zwei Stücke stammen vom Geißkopf, eine Speerspitze aus der römischen Straßenstation Sontheim a.d.Brenz, in der später wohl Alamannen gewohnt haben, das vierte Exemplar aus einem Grab bei Ihringen am Kaiserstuhl.**

151 **Ranghohe Krieger des 5. Jh. besaßen Wurfäxte oder frühe Formen der Franziska, hier Exemplare vom Zähringer Burgberg und vom Geißkopf.**

Die Festsetzung germanischer Heere seit dem frühen 4. Jh. auf geschützten Erhebungen führte ebenfalls zur Bildung von Machtzentren, von denen aus man die Umgebung kontrollieren konnte und deren Lage allein schon beherrschend wirkte.
In einer Phase der Konsolidierung und des Landesausbaus im späteren 5. Jh. lebten ranghöchste Krieger außerdem in ländlichen Siedlungen und bildeten hier Herrschaftszentren. Üppig ausgestattete, kleine Grabgruppen beiderseits des Neckar spiegeln mit ihren Goldgriffspathen diese Konzentration von Elite.
Den hohen Rang der Anführer drückt ihre Bewaffnung aus. Sie führten Schwerter mit wertvollen bronzenen Beschlägen vom Typ Hemmingen-Wyhl aus der Mitte bzw. dem letzten Drittel des 5. Jh., hergestellt in spätrömischen Waffenfabriken, oder noch kostbarere Schwerter mit roten Almandinen und Goldblech am Griff, Goldgriffspathen aus spätrömisch-byzantinischen Werkstätten des Mittelmeerraums. Abgerissene Stücke derartiger Waffen, so auf dem Zähringer Burgberg oder auf dem Runden Berg beweisen, dass entsprechende Militärs auf den Höhenstationen gelebt oder sich dort aufgehalten haben. Ihre Krieger führten Lanzen und Speere mit Widerhakenspitzen, wie sie nach dem Vorbild des römischen *pilum* überall in der Germania von der Ostsee bis zum Süden eingesetzt wurden.[14]
Auf dem Gipfel des Ailenberges bei Rüdern, einem isolierten Bergkegel hoch über dem Neckar, wurde 1857 die Beisetzung eines etwa dreißigjährigen Kriegers aus der zweiten Hälfte des 5. Jh. entdeckt. Er war mit Spatha und Sax, dreiflügeligen Pfeilen und Reflexbogen ausgestattet. Von der Ausrüstung blieben eine goldene almandinbesetzte Schnalle, wie sie sonst nur in Fürstengräbern wie den Königsgräbern von Apahida in Rumänien und dem des Childerich vorkommt, und eine Hülse aus verziertem Goldblech, wohl vom Griff des Saxes.[15]
Heute kann nicht mehr geklärt werden, ob diese fürstliche Bestattung auf ein Herrschaftszentrum hindeutet oder nur für einen auf dem Durchzug gestorbenen Anführer ausgerichtet wurde.
Archäologische und historische Überlieferung geben noch vielfältige Rätsel auf, da die verschiedenen Quellengruppen nicht zusammenzupassen scheinen: Wir haben die bei Ammianus Marcellinus überlieferten Herrschaftsgebiete alamannischer Heerkönige des 4. Jh. vor der spätrömischen Grenze am Rhein, die Höhenstationen, parallel zum Rhein auf den Schwarzwaldrandbergen, auf der Schwäbischen Alb und weit in das germanische Hinterland und die kleinen Grabgruppen mit Goldgriffspathen in wiederum anderer topographischer Lage. Bisher ließen sich weder die Gräberfelder bestimmten Höhenstationen zuordnen, noch gelang es, diese mit den z.B. in der Notitia dignitatum genannten Rekrutierungsgebieten sicher zu parallelisieren.

151

Seit Joachim Werner[16] 1965 erstmals die im 4. und 5. Jh. in Südwestdeutschland begangenen Höhenstationen zusammengestellt und ein Dutzend als alamannische Burgen bzw. Adelssitze interpretiert hat, nahm die Zahl der Fundplätze ständig zu, sodass gegenwärtig über 50 Stationen registriert werden.[17] Es fanden erst wenige größere Felduntersu-

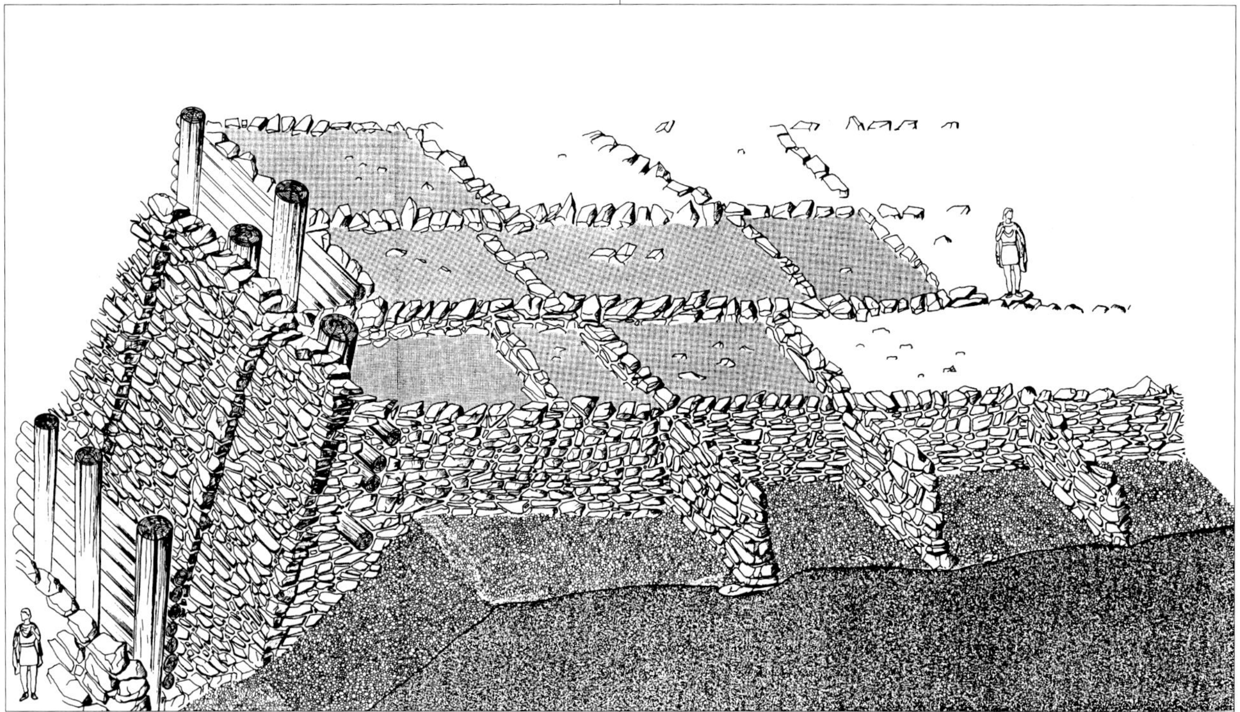

152

152 **Mit immensem Aufwand an Arbeitskraft und Material wurde der Zähringer Burgberg umgestaltet; hier eine Rekonstruktion der Terrassenfront zum Breisgau.**

153 **Von der Bergkuppe zum repräsentativen Plateau: der Zähringer Burgberg bei Freiburg. In den Plan sind auch die Grabungsschnitte eingetragen.**

chungen statt. Fast vollständig wurde bisher nur die Kuppe des kleinen Runden Berges bei Urach freigelegt.[18] Umfangreichere Grabungen gab es seit 1985 auf dem Zähringer Burgberg[19] und 1994/95 auf dem Geißkopf bei Offenburg.[20] Erforscht sind im germanischen Hinterland der Reisberg bei Schesslitz,[21] die Höhe der Mainschleife bei Urphar[22], die Gelbe Bürg in Unterfranken[23] und der Glauberg in der Wetterau.

Die ältesten Funde stammen vom Ende des 3. bzw. aus dem frühen 4. Jh. Bügelknopffibeln, Armbrustfibeln, Halsringe und handgemachte Keramik belegen ebenso wie Lanzenspitzen mit Widerhaken die Herkunft der ersten Bewohner auf den Höhen aus dem elbgermanischen Raum, bis hin nach Mecklenburg und Brandenburg. Die früheste Bebauung auf dem Runden Berg wird um 400 niedergelegt und die Organisation der Kuppe neu geordnet. Nach Inbesitznahme des Zähringer Burgberges im frühen 4. Jh. erfolgt der aufwendige Umbau zur Hochterrasse noch im gleichen Jahrhundert. Manche Herrschaftszentren enden in den Jahrzehnten um 500, vielleicht nach kriegerischen Auseinandersetzungen.

Während das reichhaltige Fundmaterial den Rang dieser Plätze beschreibt, ist über das eigentliche Aussehen fast nichts bekannt, da bisher keine Gebäude nachgewiesen werden konnten. Vielmehr bietet sich ein zeitlich und örtlich wechselndes Bild. Statt einheitlicher Erscheinung als Niederschlag gleichartigen Verhaltens alamannischer Elite trägt jeder Berg neben vergleichbaren vordringlich individuelle Züge, nicht nur was die Größe angeht, die von der Natur vorgegeben ist.

Der Runde Berg erhebt sich als weithin sichtbarer Kegel 250 m über die Talsohle und ist nur durch einen schmalen Sattel mit der Albhochfläche ver-

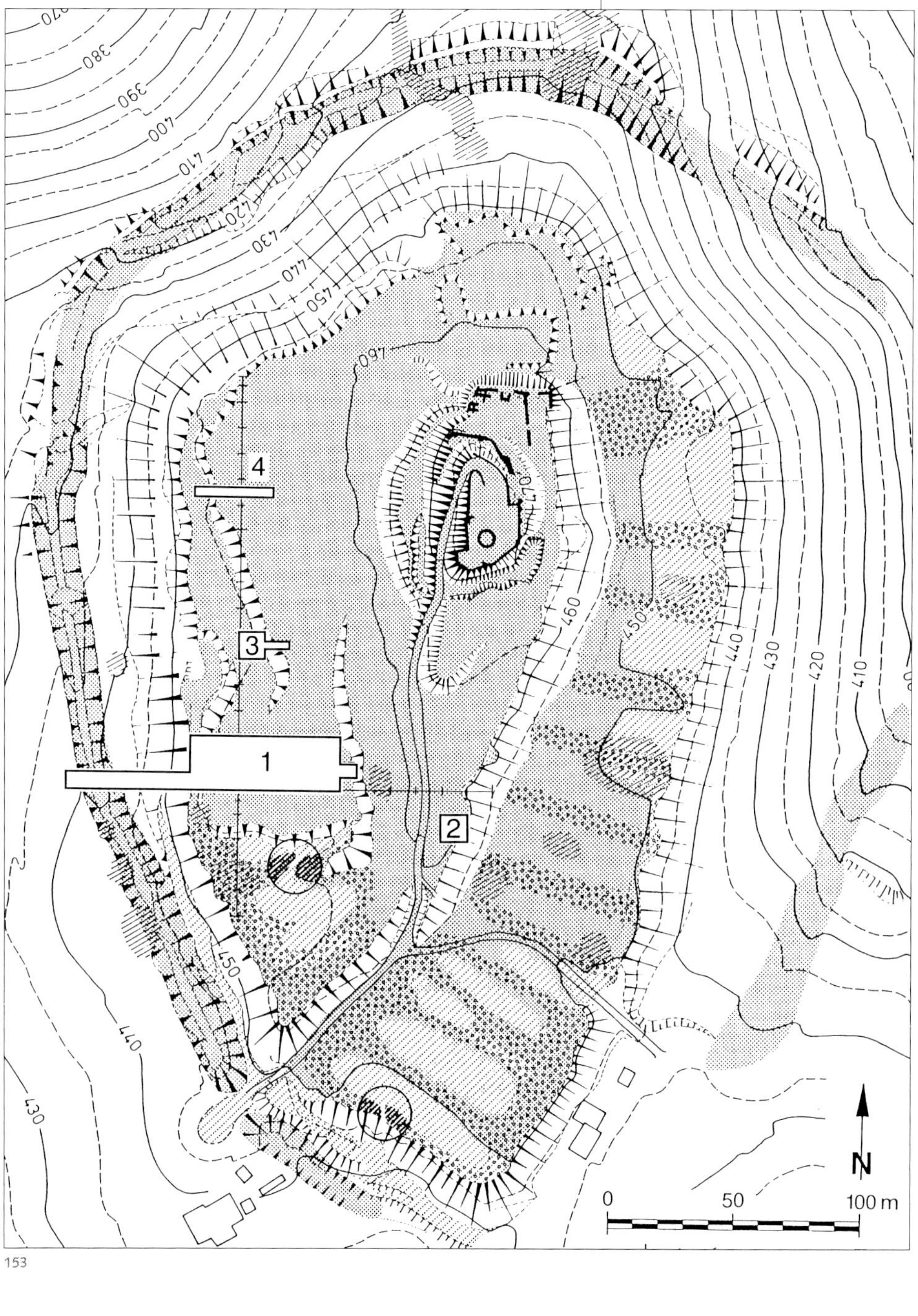

153

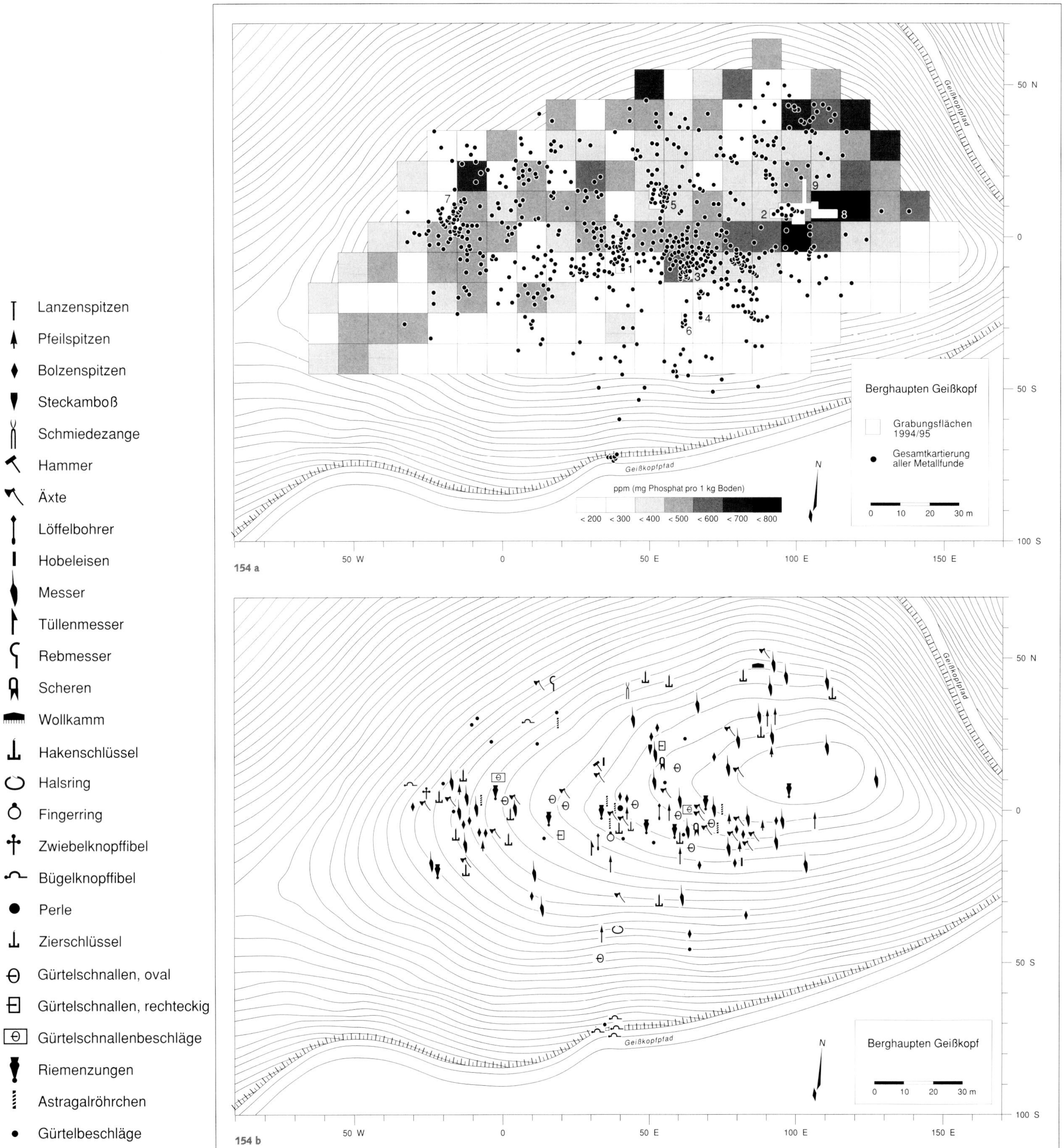

154 Hinterlassenschaften eines Heerlagers auf dem strategisch wichtigen Geißkopf. Die Kartierung gibt uns Auskunft über alle Metallfunde, Phosphatanreicherungen und Grabungsschnitte.

bunden. Das oberste, völlig ebene Plateau von 120 m Länge und bis 40 m Breite war auf gerade 0,45 ha besiedelt, wozu noch weitere Siedlungsflächen an Hangterrassen und sicherlich auf der anschließenden Albhochfläche kamen. Auf dem recht kleinen Plateau hatte nicht mehr als ein Herrenhof Platz, auf dessen Areal auch verschiedene Werkstätten lagen. Andernorts messen derartige Großhöfe 360 bis 500 m^2. Den Rang dieses Fürstensitzes spiegeln Waffen, Schmuck und kostbares Tischgeschirr. Ein alamannischer König hat hier residiert, umgeben von seiner Kriegergefolgschaft und von monopolartig konzentrierten Spezialhandwerkern.[24] Bunt- und Edelmetallschmiede, die z.B. Fibeln fertigten, aber auch Grobschmiede und Zimmerleute sind über ihre Werkzeuge nachgewiesen.

Größer ist die Gelbe Bürg bei Dittenheim in Mittel-

franken. Ein aus der Jurahochebene nach Norden gegen die Altmühl heraustretender Bergkegel mit dreieckiger, ebener Hochfläche wird von einer doppelten Ringwallanlage eingefasst. Das Plateau mit etwas mehr als 3 ha trägt eine Randbefestigung, ca. 25 m bis 30 m tiefer am Hang umzieht ein zweiter Wall den Berg, der 12 ha bis 14 ha einschließt.
Vom 8 ha großen Plateau des Glaubergs mit 900 m Länge und 80 m bis 180 m Breite stammen aus verschiedenen Bereichen Funde des 4./5. Jh., die aber keine Beschreibung der Lage oder Struktur des Herrschaftszentrums ermöglichen.
Eine Bergzunge in der Mainschleife bei Urphar mit bis zu 100 m tief zum Fluss abfallenden Steilhängen erlaubte Besiedelung nur auf einem knapp 40 m breiten, aber 1200 m langen Kamm. Zwei Wälle schützten jeweils 1,5 ha große Areale.
Der Zähringer Burgberg überragt als Schwarzwald-Randberg die Breisgauebene um 200 m. Die Hochfläche des von weitem sichtbaren, markanten Plateaus misst etwa 5 ha. Fast auf 3,5 ha, seiner gesamten nutzbaren Fläche, war er besiedelt, wofür die ursprüngliche Bergkuppe durch gewaltige Baumaßnahmen zu einem repräsentativen Hochplateau umgestaltet wurde. 200 000 m^2 Gestein wurden gebrochen und systematisch aufgeschichtet, indem radial mächtige Steinrippen in Trockenmauertechnik mehrere Meter hoch aufgetürmt, durch Querrippen gestützt und die Zwischenräume dann mit Erde und Gneisbruch aufgefüllt wurden. Das Plateau ragte in einigen Bereichen 10 m über die Umgebung und bildete zum Breisgau eine mehr als 6 m hohe sichtbare Front.[25] Die Terrassenfläche selbst war durch verschiedene Pflasterungen gegliedert, Substruktionen für herrschaftliche Gebäude konnten bisher nicht ausgemacht werden, ebensowenig eine Befestigung an den künstlichen Terrassenrändern – die fortifikatorisch auch nicht notwendig war. Ganz ungewöhnlich für einen Fürstensitz sind die gewaltigen Umbaumaßnahmen, die nicht nur viele Arbeitskräfte für Jahre gebunden haben, sondern auch entsprechende Organisation und Infrastruktur zur Planung der Anlage und Versorgung der Bauleute erforderte. Das Plateau ist nicht fertig geworden. Hier hat ein alamannischer König versucht, sich gegenüber dem spätrömischen Limes und den zugehörigen Kastellen auf dem Breisacher Münsterberg und am Kaiserstuhl einen weithin sichtbaren, repräsentativen Sitz zu errichten, für den ein ganz ausgefallener, fast größenwahnsinniger Plan gefasst wurde.
In römischem Gebiet westlich des Rheins ist auf dem Odilienberg, südwestlich von Straßburg, ebenfalls um 400 eine ähnlich hybride Befestigung errichtet worden: mit einer 11 km langen, aufwendig aus großen Steinblöcken gefügten Mauer, deren Verlauf über weite Strecken kaum einen fortifikatorischen Sinn erkennen lässt.
Die beiden Höhenstationen Geißkopf und Kügeleskopf bei Offenburg am Eingang des Kinzigtales liegen in strategisch wichtiger Position, da sie die Straße vom Rhein über den Schwarzwald beherrschten. Hier bestand für längere Zeit ein Heerlager. Auf beiden Höhen wurden außergewöhnlich viele Metallfunde geborgen, eiserne Waffen und Werkzeuge sowie teils prächtige Bronzebeschläge spätrömischer Militärgürtel. Die ca. 1 ha große - ovale Kuppe des Geißkopfs ist etwa 200 m lang und 100 m breit. Keinerlei Reste von Befestigung oder dauerhafter Bebauung konnten entdeckt werden. Hinweise auf die Anwesenheit von Frauen sind äußerst gering. Alle Werkzeugfunde, Rohstoffe und Halbfabrikate beschreiben Handwerk, das auch bei einer Truppeneinheit betrieben werden musste. Hohe Phosphatgehalte in dünnen Humusschichten über Felsen als Siedlungsanzeiger entstehen auch beim Aufenthalt von einigen hundert Kriegern mit ihren Reittieren in kürzerer Zeit,

155

155 Am Hang des Geißkopfs wurde ein kleiner Hort beschädigter Bügelknopffibeln (um 400) entdeckt. Sie dienten dazu, den Mantel von Männern zusammenzuhalten. Ob sie als Fibeln versteckt oder als Rohmaterial aufbewahrt wurden, ist schwer zu entscheiden.

156 Im 4./5. Jh. gehörten zur Tracht des Mannes silberne oder bronzene Halsringe, tordiert oder glatt und mit verschieden gestalteten Verschlüssen versehen. Diese Stücke stammen aus Ihringen, Wyhl am Kaiserstuhl, vom Zähringer Burgberg und vom Geißkopf.

156

während wenige Leute in einer Siedlung länger für diese Anreicherung brauchen. Soldaten und Reittiere mussten verpflegt, Vieh zur Versorgung gehalten werden. Sie alle »entsorgten« auf dem Berg und hinterließen erhebliche Phosphatmengen, wenn sie sich einige Monate an einem Platz verschanzt hatten.

Waffen, Schmuck und Prunkgeschirr

Trotz unterschiedlicher Größe deckt der Fundstoff der Höhenstationen immer das gleiche Spektrum ab: Spitzen von Lanzen, Speeren und Pfeilen, kleine Wurfäxte bzw. frühe Franzisken und Knaufhammeräxte, vergleichbar mit der Axt aus Grab 63 von Basel-Kleinhüningen, das auch eine Goldgriffspatha barg. Vom Geißkopf stammt der Maskenbeschlag eines Militärgürtels,[26] der Schwertortbändern des Typs Hemmingen-Wyhl zu Seite gestellt werden kann. Bruchstücke von Schwertklingen wurden gefunden, genannt seien noch einmal das Griffteil eines Schwertes vom Typ Hemmingen-Wyhl bzw. die Schnalle des zugehörigen Schwertgurts vom Zähringer Burgberg oder die Scheidenbeschläge einiger Goldgriffspathen vom Runden Berg. Vom Zähringer Burgberg stammen auch Fragmente zweier Wangenklappen eines Helmes,[27] eine Seltenheit unter den Waffenfunden dieser Epoche.

Eine große Variationsbreite an Bronzebeschlägen von Militärgürtelgarnituren, kerbschnittverziert oder mit Punzmustern kamen hervor. Von der Männertracht stammen Halsringe und Bügelknopffibeln, von der Frauentracht – wesentlich seltener – Armbrustfibeln, Nadeln und Perlen sowie Halbedelsteine von Ketten, Armringe, Bügelfibeln aus vergoldetem Silber sowie Zierschlüssel vom Gürtelgehänge.[28] Hinzu kommen Knochenkämme und eiserne Wollkämme.

Zum vornehmen Tischgeschirr gehören neben handgeformter Keramik römische Terra Sigillata oder Terra Nigra sowie importierte Mayener Ware. Bemerkenswert sind die Reste von kostbaren Glasgefäßen, die es auf dem Runden Berg zu Dutzenden gab,[29] aber vereinzelt auch auf anderen Höhen auftauchen, z.B. hohe Facettschliffbecher auf dem Zähringer Burgberg,[30] kostbare Glasschalen, Glockenbecher, spitzkonische Becher, Becher mit Glasfadendekor und Rüsselbecher, die sonst meist nur in den am reichsten ausgestatteten Männergräbern vorkommen.

Regelmäßig fanden sich kleine Waagen und Gewichte byzantinischen Ursprungs, was auf die Verwendung von Edelmetall hinweist.[31]

Handwerk unter herrschaftlicher Kontrolle

Erstaunlich facettenreich sind die Überreste handwerklicher Tätigkeit. Es gibt die ganze Palette der Grob- und vor allem auch der Feinschmiedewerkzeuge, Hämmer und Zangen, Steckambosse und Meißel, Punzen und Durchschläge. Knochen und Geweih, Gagat, Eisen, Bronze und Blei wurden verarbeitet, angeschmolzene Reste von Glas belegen Weiterverarbeitung und damit gehobenes Handwerk. Eine Fülle von Bronzeschrott, aber auch Barrensilber findet sich auf den meisten Höhenstationen. Dieser Schrott besteht einerseits aus zerschnittenen und zusammengebogenen römischen Metallgefäßen, Henkelansätzen von Kesseln, abgebrochenen Griffen von Kellen, Sieben und Kasserollen. Andererseits gehören auch zeitgleiche Teile der Beschläge und Riemenzungen von Militärgürteln dazu, die nicht nur beschädigt, sondern verbogen, zerschnitten und angeschmolzen gefunden werden. Eine umfangreiche Produktion bronzener Gegenstände ist vorauszusetzen. Dafür sprechen auch die Gussformen für Gürtelschnallen der zweiten Hälfte des 5. Jh. vom Glauberg, ferner Halbfabrikate mit Gussnähten von Armbrustfibeln vom Runden Berg sowie Gussmodel aus Blei für Schnallen und Kerbschnittbeschläge sowie Bügelfibeln vom Runden Berg, schließlich Bleimodel zu »ostgermanischen« Schnallen von der Höhe bei Urphar.[32]

157

Fürstensitz, römischer Militärstützpunkt, germanisches Heerlager oder Kultplatz?

Von Herrschaftszentren ist bei den Höhenstationen auszugehen, doch darf man sicher nicht alle als Fürstensitze deuten. Im Verlauf des 4. und 5. Jh. kann ihre Rolle auch gewechselt haben, zumal immer mehrere Ausbauphasen aufgedeckt werden konnten (Runder Berg, Zähringer Burgberg, Urphar, Gelbe Bürg, Glauberg).

Beim Runden Berg bestand zweifelsfrei der Wohnsitz eines Fürsten, zumindest in der Spätphase gegen 500. Die mächtigen Umgestaltungen auf dem Zähringer Burgberg sind nur erklärbar, wenn man vom Plan einer dauerhaften, repräsentativen Königsresidenz ausgeht. Andere Stationen werden als Militärstützpunkte unter römischer Regie angesehen, die im Vorfeld der Reichsgrenze lagen und mit föderierten germanischen Truppeneinheiten besetzt waren. Die »ostgermanischen« Gürtelteile aus der Station bei Urphar deuten darauf hin, dass hier vom Rhein-Main-Mündungsgebiet aus vorgeschoben ostgermanische, wohl burgundische Einheiten stationiert waren.[33] Hier war also entweder der Sitz eines burgundischen Gaukönigs oder ein ostgermanisch-burgundisches Foederaten-Lager oder beides zugleich. Auf den Erhebungen am Schwarzwaldrand gegenüber Straßburg könnten alamannische Einheiten im Auftrag der Römer als militärische Vorposten gesessen haben.

Manche Höhen mögen nur vorübergehend als Lager- oder Rückzugs- bzw. Fluchtplätze größerer germanischer Truppen gedient haben. Die antiken Quellen, in erster Linie Ammianus Marcellinus, bieten dafür Hinweise: Trotz ausführlicher Berichte über Heereszüge auch in das germanische Hinterland nennt Ammianus für die Germanen bzw. die Alamannen in keinem Falle dauerhafte Befestigungen, sondern nur Rückzugsräume tief in den Wäldern.[34]

Zu diskutieren ist auch die Deutung einiger Stationen als kultische Zentren alamannischer Bevölkerungsgruppen. So könnten die Fundansammlungen auf dem Geißkopf und ähnlichen Plätzen als Reste ehemaliger Opfer- oder Kultstätten erklärt werden. Was in Jütland die Moore für Waffen und

157 **Römischer Bronzeschrott von der Höhenstation auf dem Geißkopf. Buntmetallhandwerker haben Kellengriffe und abgebrochene Henkelansätze von Kesseln als Rohmaterial eingeschmolzen.**

158 **Die auf alamannischen Höhensiedlungen gefundenen, zerbrochenen und zerschnittenen Teile spätrömischer Kerbschnittgarnituren sollten eingeschmolzen und weiterverarbeitet werden.**

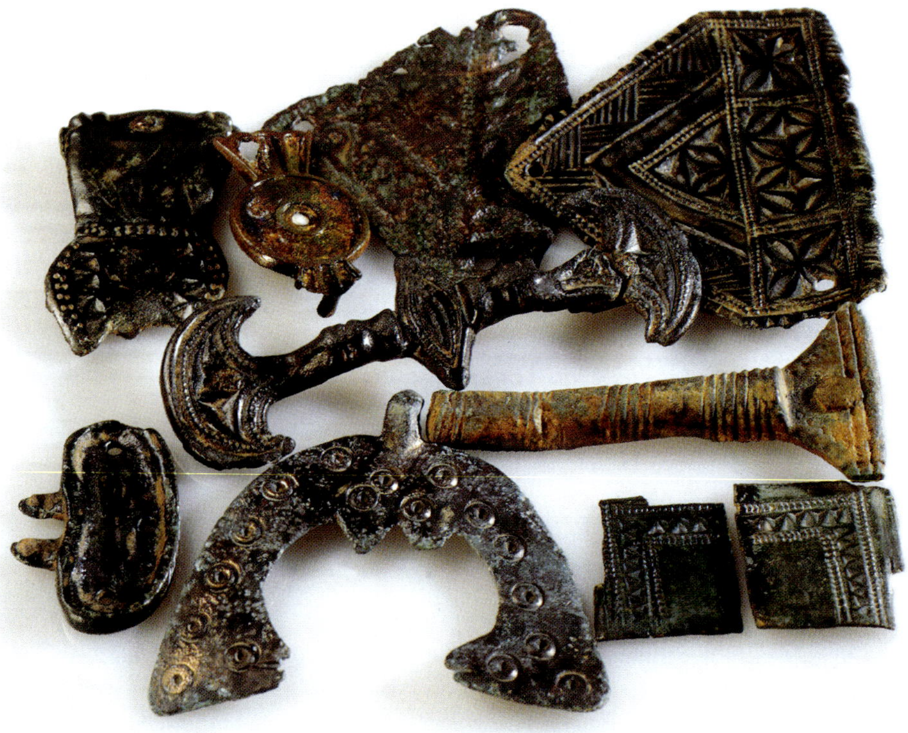

158

159

159 Zum Lebensstil der alamannischen Elite gehörten Gelage. Man trank aus kostbaren Gläsern, zum Beispiel konischen Schliffbechern wie diesem aus Praunheim.

andere Ausrüstungsgegenstände besiegter Feinde waren, das könnten im Süden weithin sichtbare Erhebungen gewesen sein, wie das für einen vergleichbaren, aber älteren Befund in Bayern diskutiert wird.[35] Verborgene Bügelfibelpaare aus Silber, wie am Runden Berg oder auf der Gelben Bürg entdeckt, wurden vielleicht nicht bei kriegerischer Bedrohung versteckt, sondern könnten Opfergaben gewesen sein.

Schwerter als Statussymbole

Es ist kennzeichnend, dass die Träger der Goldgriffspathen noch als letzte in den Herrschaftszentren auf den Höhen gesessen haben und als erste auch in den ländlichen Gebieten der Täler ihre Wohnsitze und Bestattungsplätze hatten. Schwerter, die mit Goldblech verkleidete Griffe haben, lassen sich als Rangzeichen von Amtsträgern bzw. verdienten Gefolgsleuten erklären, auch wenn nicht sicher ist, wo diese Waffen hergestellt wurden und wer sie verliehen hat. Statistisch stehen die 25 bisher gefundenen Stücke – allein drei (Bräunlingen und Villingendorf) sind 1996 hinzugekommen – für einige tausend Krieger, die einst derartige Prunkwaffen trugen. Sind Goldgriffspathen eine vorübergehende Mode des Adels oder Zeichen für Bündnisse mit Kriegern anderer Reiche, handelt es sich um Waffen ranghoher Offiziere im Dienste Roms, von Amtsträgern im Auftrag alamannischer oder fränkischer Könige oder gar im Auftrag Theoderichs des Großen? Man kann nur spekulieren. Im 6./7. Jh. gibt es in Skandinavien und in England Prunkhelme mit Bilddarstellungen auf Pressblechen, die Krieger mit emporgehaltenen Schwertern in einer Prozession zeigen, was als Abbild von Gefolgschaften gedeutet wird.[36]

Die Träger dieser Schwerter lebten – wenn Kriegszüge sie nicht in die Ferne führten – auf ihren Landgütern, wo sie auch bestattet wurden. Der Abstand zwischen den Wohnsitzen beträgt oft nur 10 km bis 20 km, wie die Grabfunde mit Goldgriffspathen in Rheinhessen und im Neckargebiet belegen. Manchmal kommen zwei Schwerter aus einem Gräberfeld, so in Gültlingen und Entringen. Die Frauen der Kriegerelite trugen entsprechend prunkvollen Schmuck.

Es wurde versucht, »fränkische« von »alamannischen« Schwertern zu unterscheiden, wobei im Rhein-Main-Mündungsgebiet Mischformen registriert werden.[37] Ein Blick auf sie zeigt, dass alle verschieden gestaltet sind und sich nur allgemein ähneln, gewissermaßen einen Zeitstil dieser Prunkwaffen beschreiben.

Schwerter waren die edelste und ranghöchste Waffe des Kriegers, sie waren Individuen, die Namen trugen – erinnert sei an Siegfrieds Gram und Balmung oder König Arthurs Excalibur – und von besten Waffenschmieden hergestellt wurden. Die registrierbaren Unterschiede zwischen einer nördlichen und einer südlichen Gruppe von Goldgriffspathen gehen eventuell auf verschiedene Werkstätten an germanischen Königshöfen, doch eher auf solche im spätrömischen Reich zurück. Die südlichen – vollständige Schwerter und Bruchstücke der Scheiden – sind auffällig an das Gebiet der Provinz Germania prima gebunden und zeitlich vor der Oberhoheit der Merowingerkönige über Alamannien in die Erde gekommen. So könnten sie noch die späteströmische Militärorganisation widerspiegeln, durch die germanische Krieger im römischen Dienst ausgezeichnet wurden: im Bereich der alten Provinz Germania prima ranghohe Alamannen, im Bereich der nördlichen Provinzen ranghohe Franken. Kurt Böhner[38] vermutet anhand der Ausgestaltung der Schwertscheidenortbänder Werkstätten im alamannischen Gebiet, die noch spätrömische Traditionen pflegten, aber über Kenntnis der östlichen Almandinkunst verfügten; Horst Wolfgang Böhme[39] geht eher, wie bei den

Helmen vom Baldenheimer Typ von mediterraner Herkunft aus, und zwar wegen der cloisonnierten Schnallen der Schwertgürtel. Die Bedeutung der Waffen- und Schmuckfabrikation im spätrömischen und byzantinischen Reich ist sicher bisher unterschätzt worden, da den Toten im Mittelmeergebiet selten Beigaben und nie Waffen ins Grab gelegt wurden, sodass viele prächtige Altertümer uns nur aus den Gräbern nördlich der Alpen bekannt sind.[40]

Untergang der Höhenresidenzen – eine neue politische Lage

Die Datierung der Schwerter führt in die zweite Hälfte des 5. Jh., wobei die Herstellungszeit interessiert, weniger die Vergrabungszeit, da Prunkschwerter wie Helme vielleicht von mehreren Generationen getragen und vielleicht vererbt wurden. Grab 1901 von Gültlingen mit Goldgriffspatha und Spangenhelm – dem ältesten Exemplar dieser Gruppe – wird in die Jahre von 460 bis 480 datiert, das Grab 1889 ist etwas jünger.[41] Die Prunkspathen wurden im 5. Jh. fabriziert und vor dem Jahr der Niederlage eines Alamannenkönigs gegen Chlodwig in der Schlacht bei Zülpich 496 verliehen, sind dann auch meist vor diesem Jahr in die Erde gekommen. In Alamannien können sie also nichts mit fränkischer politischer Durchdringung zu tun haben, die mit dem Jahr 496 eingesetzt und zur Vernichtung der alamannischen Herrschaftssitze, z.B. zur Zerstörung des Runden Bergs, geführt haben soll. Ob die militärische Elite diese Schwerter bei Kriegsdiensten für Rom erhalten hat oder von alamannischen Königen verliehen bekam, die sie zudem mit Land in benachbarten Siedlungen beliehen hatten,[42] bleibt offen. Sie kennzeichnen den Lebensstil eines militärischen, aristokratischen, über Landbesitz verfügenden Adels.

Am Ende des 5. Jh. änderte sich die politische und soziale Situation bei den Alamannen grundlegend; sich ständig neu bildende Söldnertruppen wurden nicht mehr im alten Umfang angeworben. Jetzt setzten germanische Könige wie die Merowinger Childerich und Chlodwig als römische Amtsträger selbst Söldner ein, die auf dem Umweg über ihre Gefolgschaft nun zu Franken wurden. Mit Ausweitung der Machtsphären und Anwachsen der eigenen Gefolgschaft durch Integration besiegter Heere waren sie nicht mehr auf andere angewiesen. Die Vielgestaltigkeit der Herrschaftszentren kennzeichnete das Werden des Alamannenstammes auf dem Wege zur Einheit, als die Anziehungskraft der römischen Verwaltungs- und Militärorganisation noch verführend wirkte. Denn solange Germanen in der Ferne angeworben wurden, waren kriegerische Organisationsformen nach Art der Gefolgschaftsheere notwendig. Nachdem – vielleicht 476

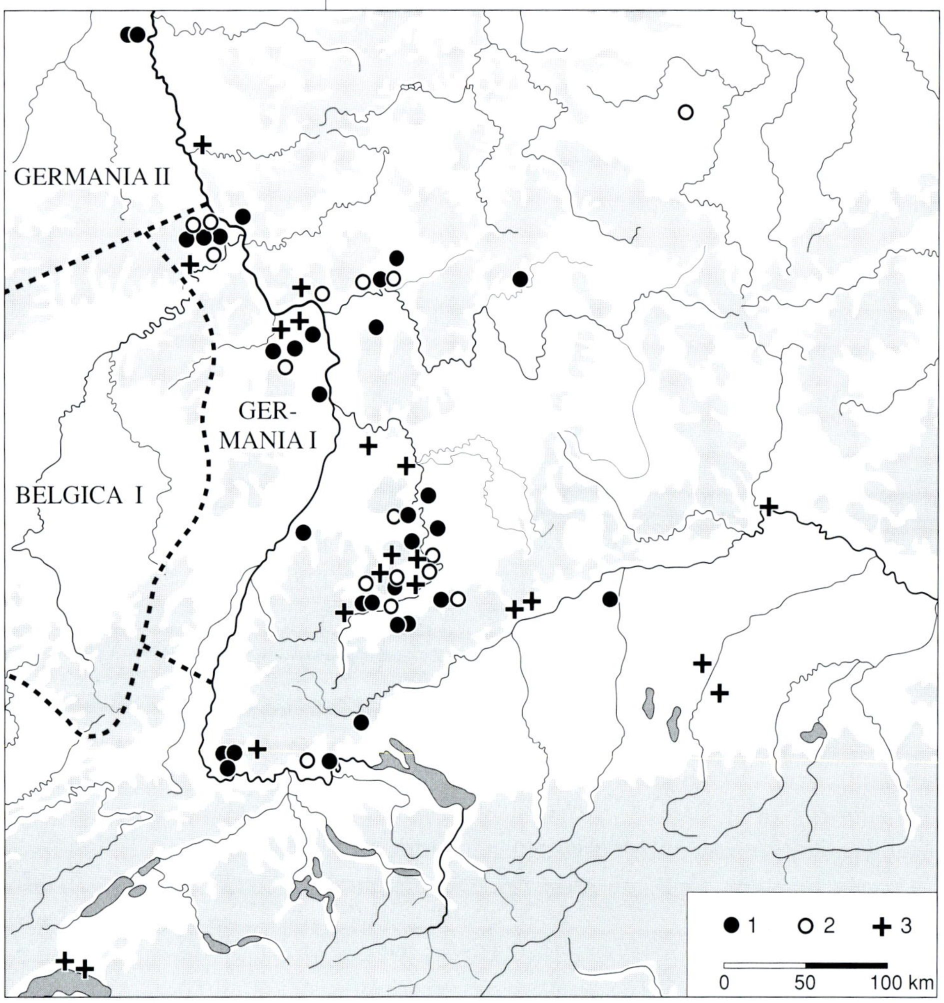

160

160 **Verbreitung »alamannischer« Schwerttypen der Gruppen C1 bis C6 nach Böhner und »alamannischer« Bügelfibeln der zweiten Hälfte des 5. Jh. im Vergleich mit den römischen Provinzgrenzen. 1 Schwerter, 2 Schwertbruchstücke, 3 Bügelfibeln.**

161 **Der »Fürst« aus dem Grab in Gültlingen von 1901 wurde zwischen 460 und 480 beerdigt. Ausgestattet war er mit Goldgriffspatha, Spangenhelm, Wurfaxt, Lanze und Schild, einer Tasche mit prunkvollem Beschlag, einem Gürtel mit Meerschaumschnalle sowie einer kleinen Glasschale.**

mit dem Ende des Weströmischen Reichs oder 486 nach dem Sieg Chlodwigs über Syagrius oder auch erst nach 496 – die spätrömische Militärorganisation nicht mehr existierte, statt dessen fränkische Könige als Offiziere die Positionen einnahmen und Germanen verschiedener ethnischer Herkunft als Franken in ihre Gefolgschaften aufnahmen, verloren Herrschaftszentren auf Höhen ihre Aufgabe.

1 C. v. Carnap-Bornheim/J. Ilkjær, Illerup Ådal 5–7. Die Prachtausrüstungen. Jutland Arch. Soc. Publ. 25,5 (Aarhus 1996).
2 M. Becker, Das Fürstengrab von Gommern. Arch. Deutschland 1993 H. 3, 3 ff.
3 Vgl. Geuenich, Herkunft.
4 Scriptores Historiae Augustae, Prob. 15,2–15,6. In: C. Dirlmeier/G. Gottlieb (Hrsg.), Quellen zur Geschichte der Alamannen II. Quellen zur Geschichte der Alamannen von Libanios bis Gregor von Tours. Heidelberger Akad. Wiss. Komm. Alamannische Altkde. Schr. 3 (Heidelberg, Sigmaringen 1978) 42 f.
5 Ammianus Marcellinus, Rerum gestarum libri XVI,12,24 ff. In: C. Dirlmeier, G. Gottlieb (Hrsg.), Quellen zur Geschichte der Alamannen I (Sigmaringen 1976) 49 ff.
6 H. Steuer, Germanische Heerlager des 4./5. Jahrhunderts in Südwestdeutschland. In: Military Aspects of Scandinavian Society (Kopenhagen, im Druck).
7 R. Wenskus, Stammesbildung und Verfassung. Das Werden der frühmittelalterlichen gentes (Köln, Wien 21977) 494 ff. Dazu allgemein auch H. Wolfram, Die Goten. Von den Anfängen bis zur Mitte des sechsten Jahrhunderts (München 1990).
8 M. Gebühr in: RGA2 10 (Berlin, New York 1996) 185 ff. s.v. Fürstengräber § 4.
9 J. Werner,Bemerkungen zur mitteldeutschen Skelettgräbergruppe Hassleben-Leuna. Zur Herkunft der ingentia auxilia Germanorum des gallischen Sonderreichs in den Jahren 259–274. Mitteldt. Forsch. 74,1 (Köln, Wien 1973). – Ders., Zu den römischen Mantelfibeln zweier Kriegergräber von Leuna. Jahresschr. Mitteldt. Vorgesch. 72, 1989, 121 ff.
10 H. Steuer, Handwerk auf spätantiken Höhensiedlungen des 4./5. Jh. in Südwestdeutschland. In: P.O. Nielsen/K. Randsborg/H. Thrane (Hrsg.), The Archeology of Gudme and Lundeborg (Kopenhagen 1994) 128 ff., 135 Abb. 7. – R. Christlein, Anzeichen von Fibelproduktion in der völkerwanderungszeitlichen Siedlung Runder Berg bei Urach. Arch. Korrbl. 1, 1971, 47 ff. Abb. 1.
11 R.M. Swoboda, Die spätrömische Befestigung Sponeck am Kaiserstuhl (München 1986) 116 ff.
12 G. Fingerlin, Die alamannische Landnahme im Breisgau. In: M. Müller-Wille/R. Schneider (Hrsg.), Ausgewählte Probleme europäischer Landnahmen des Früh- und Hochmittelalters (Sigmaringen 1993) 59 ff.
13 E. Keller, Das spätrömische Gräberfeld von Neuburg an der Donau (Kallmünz 1979). – Ders., Germanenpolitik Roms im bayerischen Teil der Raetia secunda während des 4. und 5. Jahrhunderts. Jahrb. RGZM 33, 1986, 575 ff.
14 M. Hoeper, Der Geißkopf bei Berghaupten/Ortenau - eine völkerwanderungszeitliche Höhensiedlung im Spannungsfeld zwischen Römern und Alemannen. Arch. Nachr. Baden 55, 1996, 15 ff. Abb. 3 (Geisskopf). – Fingerlin (Anm. 12) Abb .7 (Ihringen). – R. Christlein, Die Alamannen. Archäologie eines lebendigen Volkes (Stuttgart, Aalen 1978) Abb. 87 (Moorfund von Münchhof-Homberg).
15 R. Christlein, Waffen aus dem völkerwanderungszeitlichen Grabfund von Esslingen-Rüdern. Germania 50, 1972, 259 ff.
16 J. Werner, Zu den alamannischen Burgen des 4. und 5. Jahrhunderts. In: Speculum historiale. Festschr. J. Spörl (1965) 439 ff. Wieder abgedruckt in: Zur Geschichte der Alamannen. Wege der Forschung (Darmstadt 1975) 67 ff.
17 H. Steuer, Höhensiedlungen des 4. und 5. Jahrhunderts in Südwestdeutschland. Einordnung des Zähringer Burgberges. In: Freiburger Forsch. Erstes Jahrtausend Südwestdt. 1 (Sigmaringen 1990) 139 ff.
18 Der Runde Berg bei Urach. Führer Arch. Denkmäler Baden-Württemberg 14 (Stuttgart 1991).
19 H. Steuer, Die Alamannen auf dem Zähringer Burgberg. Arch. Inf. Baden-Württemberg 13 (Stuttgart 1990). – Ders. (Anm. 17).
20 M. Hoeper, Der Geißkopf bei Berghaupten – völkerwanderungszeitliche Höhensiedlung, Militärlager oder Kultplatz? Arch. Ausgr. Baden-Württemberg 1995, 263 ff. – Ders. (Anm. 14). – Steuer (Anm. 6).
21 B. U. Abels/H. Roth, Die Ausgrabungen auf dem Reisberg in Burgellern, Ldkr. Bamberg. Bayer. Vorgeschichtsbl. 54, 1989, 194 ff. – J. Haberstroh, Spätantike Gürtelbronzen vom Reisberg bei Schesslitz, Ldkr. Bamberg/Oberfranken. Arch. Korrbl. 23, 1993, 497 ff.
22 L. Wamser, Eine völkerwanderungszeitliche Befestigung im Freien Germanien: Die Mainschleife bei Urphar, Markt Kreuzwertheim, Ldkr. Main-Spessart, Unterfranken. Arch. Jahr Bayern 1981, 27, 27 und 156 f.
23 H. Dannheimer, Die germanischen Funde der späten Kaiserzeit und des frühen Mittelalters in Mittelfranken (Berlin 1962). – F. R. Herrmann, Ausgrabungen an den Ringwallanlagen der Gelben Bürg bei Dittenheim. In: Neue Ausgr. Bayern. Sonderh. Probleme der Zeit (1970) 36 ff. – T. Springer, Nordbayern zwischen römischer Kaiserzeit und frühem Mittelalter. In: Die ersten Franken in Franken. Das Reihengräberfeld von Westheim. Ausstellungskat. Germ. Nationalmus. Nürnberg (Nürnberg 1994) 11 ff.
24 U. Koch, Der Runde Berg bei Urach V. Die Metallfunde der frühgeschichtlichen Perioden aus den Plangrabungen 1967–1981. Schr. Heidelberger Akad. Wiss. Komm. Alamannische Altkde. 10 (Heidelberg 1984). – Dies., Handwerker in der alamannischen Höhensiedlung auf dem Runden Berg bei Urach. Arch. Korrbl. 14, 1984, 99 ff.
25 Steuer (Anm. 17) 315 Abb. 81.
26 M. Hoeper (Anm. 14) 23 Abb. 7. – K. Böhner, Germanische Schwerter des 5./6. Jahrhunderts. Jahrb. RGZM 34, 1987, 413 Abb. 2.
27 H. Steuer (Anm. 19) 55 Abb. 33.
28 H. Steuer, Schlüsselpaare in frühgeschichtlichen Gräbern. Zur Deutung einer Amulettbeigabe. Stud. Sachsenforsch. 3, 1982, 185 ff.
29 U. Koch, Der Runde Berg bei Urach VI. Die Glas- und Edelsteinfunde aus den Plangrabungen 1967 bis 1983. Heidelberger Akad. Wiss. Komm. Alamannische Altkde. Schr. 12 (Heidelberg, Sigmaringen 1987).
30 Steuer (Anm. 19) 61 und Abb. 36. – Koch (Anm. 29) Karte.
31 H. Steuer, Spätrömische und byzantinische Gewichte aus Südwestdeutschland. Arch. Nachr. Baden 43, 1990, 43 ff.
32 Steuer (Anm. 10).
33 H.-W. Böhme, Zeugnisse spätrömischer Söldner aus Mainfranken. Zu einer Hammertüllenaxt des 5. Jahrhunderts von Gaukönigshofen, Ldkr. Würzburg. Arch. Korrbl. 23, 1993, 513 ff.
34 Ammianus Marcellinus, Römische Geschichte. Lateinisch und deutsch. Mit Kommentar von W. Seyfarth, Teil 1 (Berlin 1968) XVI,12,15; XVII,10,6; XXVII,10,9; XXXI,10,12. -- Quellen zur Geschichte der Alemannen I (Anm. 5) 47, 60,7–6,86.
35 Für die Römische Kaiserzeit vgl. W. Zanier, Eine Oberammergauer Passion im Jahre 15 v.Chr.? Arch. Jahr Bayern 1994, 97 ff.
36 H. Steuer, Helm und Ringschwert. Prunkbewaffnung und Rangabzeichen germanischer Krieger. Einer Übersicht. Stud. Sachsenforsch. 6, 1987, 189 ff. Abb. 14.
37 D. Quast, Merowingerzeitliche Grabfunde aus Gültlingen. Forsch. u. Ber. Vor- u. Frühgesch. Baden-Württemberg 52 (Stuttgart 1993) 48 Abb. 25. – Böhner (Anm. 26) 454 Abb. 14–16.
38 Böhner (Anm. 26) 453.
39 H.W. Böhme, Der Frankenkönig Childerich zwischen Attila und Aetius. Zu den Goldgriffspathen der Merowingerzeit. In: Festschrift für O.-H. Frey zum 65. Geburtstag. Marburger Stud. Vor- u. Frühgesch. (Marburg 1994) 98; 103 ff.
40 D. Quast, Schmuckstein- und Glasschnallen des 5. und frühen 6. Jahrhunderts aus dem östlichen Mittelmeergebiet und dem »Sassanidenreich«. Arch. Korrbl. 26, 1996, 333 ff.
41 Quast (Anm. 37) 60; 29.
42 Zur frühen Grundherrschaft: R. Kaiser, Das römische Erbe und das Merowingerreich. Enzyklopädie deutscher Geschichte 26 (München 1993) 94.

Historische Schlagzeilen, archäologische Trümmer

SIEDLUNGS- UND HERRSCHAFTSGEBIETE ZWISCHEN 436 UND 506 NACH CHRISTUS

MAX MARTIN

Um Ausdehnungsbewegungen der Alamannen, also die Erweiterung ihrer politischen Herrschaft oder ihres Siedlungsraumes archäologisch nachweisen zu können, sollten wir Kerngebiet einerseits, Expansionsräume andererseits zeitlich und räumlich voneinander scheiden können, müsste uns – historisch oder archäologisch – Vorher und Nachher bekannt sein. Wegen der noch längst nicht flächendeckenden Befunde ist Expansion für die Zeit zwischen 300 und 500 n.Chr. archäologisch selten fassbar. Es lassen sich einige potentielle Belege auch noch nicht von solchen trennen, die auf den Exodus alamannischer Oberschichten in den Jahren um 506 zurückgehen (vgl. Koch, Vertrieben). Während politische Expansion unter Umständen nur durch Schriftquellen zu belegen ist, sollte man Siedlungserweiterungen anhand archäologischer Funde nachweisen können.

Durch den römischen Historiker Ammianus Marcellinus ist uns der Siedlungsraum der Alamannen des 4. Jh. im Vorfeld und entlang der römischen Reichsgrenze an Rhein und Donau recht gut bekannt: Er reicht vom Gebiet der Bukinobanten im Rhein-Main-Mündungsbereich bis zu den Lentienses im Bodenseegebiet und den Raetobarii im heutigen Ries. Über die räumliche Tiefe der Siedlungsareale dieser und der übrigen alamannischen Kleinstämme wissen wir allerdings nur ungefähr Bescheid (vgl. Geuenich, Volk).

Im Schatten der Burgunder

Eine wichtige Rolle bei der Frage nach frühalamannischen Siedlungserweiterungen spielt die Tatsache, dass im heutigen Süddeutschland – allerdings ohne genauere Angaben, ob beidseits oder nur außerhalb des ehemaligen Limes – auch der Stamm der Burgunder ansässig war. Er ist seit dem späteren 3. Jh. als Nachbar und offenbar ständiger Gegner der Alamannen gut bezeugt.[1]

Im Jahre 413 gelang es den Burgundern, Gebiete links des Rheins um Mainz und Worms, also auf römischem Boden zu erlangen. Wegen weiterer Ausdehnungsversuche ins Innere Galliens wurde ihre Macht bereits im Jahre 436 vom römischen Feldherrn Aetius mit Hilfe hunnischer Söldner empfindlich geschwächt. In welchem Umfang Teile der Burgunder nach 413 rechts des Rheins wohnhaft blieben, ist schriftlich nicht belegt. Auch was die Ausdehnung alamannischer Herrschaftsgebiete und Siedlungsräume betrifft, sind wir bis über die Mitte des 5. Jh. von den überaus spärlich fließenden archäologischen Quellen abhängig.

Es gibt derzeit erst vier Fundgruppen, die man für den Zeitraum zwischen den durch Ammianus erhellten Jahrzehnten um 350/380 und dem Beginn der Merowingerzeit um 450 zur Interpretation der Siedlungsgeschichte Süddeutschlands heranziehen kann: Erstens waffenlose Männergräber mit symbolischen Pfeilspitzen aus Buntmetall oder Silber (vgl. Abb. 79), zweitens Männergräber, die nebst weiteren Waffen, vor allem Äxten oder Lanzen, eine Spatha enthalten,[2] womit jeweils ein spezifischer Grabbrauch erfasst wird (vgl. Schach-Dörges, Menschen). Als dritte Gruppe sind einige Bestattungen von Frauen zu nennen, deren Gewand mit einem Paar Fibeln vom Typ Wiesbaden

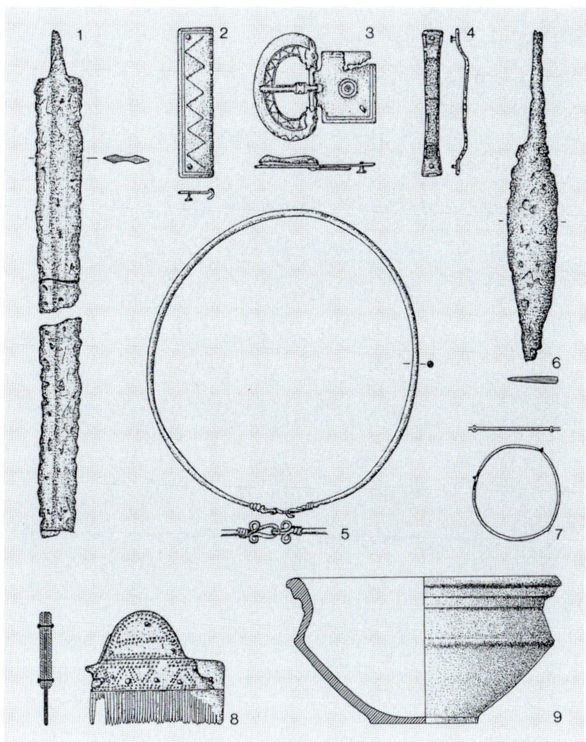

162

162 **Bei der Zuordnung Verstorbener zu einem Volksstamm helfen uns die Grabbeigaben. In der Bestattung Wiesbaden, Schwalbacher Straße, sind dies Spatha, Halsring, spätrömische Gürtelgarnitur, Kamm und Tonschale.**

geschmückt ist,[3] als vierte schließlich eine größere Zahl von Gräbern, in denen ein Kamm mit halbrund erweiterter Griffplatte angetroffen wurde.[4] Aufgrund der elbgermanischen Wurzeln des Brauches, silberne oder bronzene Pfeilspitzen ins Grab zu legen, darf man deren Besitzer, die im Leben selbstverständlich echte Waffen führten, in Süddeutschland alamannischen Bevölkerungsgruppen zuteilen.

Demgegenüber tritt die Spathabeigabe südlich der Mittelgebirge – wie schon zwischen Harz und Weichsel – nicht im gleichen Gebiet, sondern vom Neckar bis ins Maintal und zum Mittelrhein hin auf. Sie weist wie die ebenfalls dort, aber nicht weiter südlich verbreiteten Frauengräber mit Wiesbadener Fibeln auf eine nichtalamannische Bevölkerung hin, bei der es sich am ehesten um Burgunder gehandelt haben wird. Dazu passt, dass nur in diesen nördlichen Landschaften Süddeutschlands und am Mittelrhein Kämme mit halbrund erweitertem Griff vorkommen, eine typische Kammform der Ostgermanen, zu denen die Burgunder in der Frühzeit zählten.

Für die rechtsrheinischen Landschaften im Vorfeld von Mainz ist zwar noch um 380 der bedeutende Stamm der Bukinobanten bezeugt.[5] Vielleicht lebte hier, wie in anderen Regionen nördlich des Neckars, eine frühalamannische Bevölkerung etwa seit 400 während einiger Jahrzehnte unter burgundischer Oberhoheit, da die hier als burgundisch interpretierten Fundgruppen mehrheitlich dem ersten Drittel des 5. Jh. angehören.

Bemerkenswerterweise waren den mächtig gewordenen Burgundern die linksrheinischen Gebiete um Mainz und Worms, offenbar im Gefolge der Usurpation des gallischen Gegenkaisers Jovinus (411–413), zugewiesen worden, der mit Hilfe des burgundischen Fürsten (»Phylarchos«) Gundachar in Mainz auf den Schild gehoben wurde.[6] Es wäre nur natürlich, wenn damals auch das Rhein-Main-Gebiet – mit einem durch Funde nachgewiesenen Zentrum im Kastell von Wiesbaden – und im Süden die rechtsrheinischen Gebiete bis zum Neckar Teile des Burgunderreichs geblieben wären. In diesem Sinne wird man mit aller Vorsicht auch die wenigen archäologischen Fundgruppen auf der Karte (rechts) interpretieren dürfen (vgl. auch Schach-Dörges, Menschen).

Erste Expansionsschritte

Vermutlich bald nach der vernichtenden Niederlage der Burgunder im Jahre 436, nicht erst nach Umsiedlung des restlichen Stammes an den Genfer See 443, scheint das entstandene Vakuum, jedenfalls dessen rechtsrheinischer Teil, von den Alamannen aufgefüllt worden zu sein.

Den bisher besten archäologischen Einblick in diesen ersten, einer Rückeroberung vergleichbaren Expansionsvorgang nach 436 gewährt uns ein beinahe vollständig aufgedeckter Bestattungsplatz bei Eschborn, dessen zugehörige Siedlung noch nicht bekannt ist.[7] In den Grabbeigaben spiegelt sich der »zwiespältige« Charakter der Sachkultur der damaligen Oberschicht: Wie wohlhabende Alamannen andernorts bezogen auch die Eschborner ihr Ess- und Trinkgeschirr fast ausschließlich aus spätantiken Töpfereien und Glashütten links des Rheins. Trachtschmuck der Frauen hingegen waren Bügelfibeln, die zu den ältesten Vertretern dieser typisch westgermanischen, auch bei Franken, Thüringern und Langobarden üblich werdenden Fibelform zählen. Aus elbgermanischen Fibeln der Kaiser- und Völkerwanderungszeit entwickelt, waren sie im Unterschied zu den älteren Blechfibeln des Typs Wiesbaden vollständig gegossen und oft kerbschnittverziert.

Unter den Eschborner Alamannen, die der bisherigen Tradition gemäß zurückhaltend mit Waffen ausgestattet wurden, war dem in Grab 9 beigesetzten, mit silberner Schnalle gegürteten Mann ein schmaler Langsax ins Jenseits mitgegeben worden. Eine vergleichbare Waffe stammt aus einem jüngeren Männergrab im benachbarten Groß-Karben.[8] Solche säbelartigen Schwerter mit schmaler, einschneidiger Klinge waren seit der Hunnenzeit, der sie wohl ihr Aufkommen in Mitteleuropa verdanken, rechts des Rheins sowohl bei Alamannen als auch Thüringern bis Anfang des 6. Jh. üblich, nicht aber im frühen Merowingerreich links des Rheins,

163 Raute und Dreieck zeigen die Frauengräber der ersten Hälfte des 5. Jh.n.Chr. an, die Fibeln vom Typ Wiesbaden mit rautenförmiger bzw. gegabelter Fußplatte enthielten. Mit Kreisaugen sind etwa zeitgleiche Gräber markiert, zu deren Ausstattung ein Kamm mit halbrund erweiterter Griffplatte gehörte.

163

164 a

164 b

164 a-c Zur Zeit der Bestattung dieses Mannes in Grab 9 von Eschborn wurden traditionsgemäß noch nicht viele Waffen beigegeben. Er jedoch wurde mit Langsax (Klingenlänge 45 cm), silberner Gürtelschnalle und eisernem Armring ausgestattet.

165 a-c Frauengrab 18 in Eschborn enthielt keine Blechfibeln mehr, sondern massiv gegossene, aus elbgermanischen Vorgängern entwickelte Bügelfibeln sowie eine Schmucknadel aus vergoldetem Silber.

164 c

165 a

165 b

165 c

wo sie nur vereinzelt und als typische Ausnahme auftreten; demgegenüber sind die ältesten merowingischen Saxe, die in den Gräbern erst nach 500 häufiger werden, sehr kurz, ihre Klingen meist recht gedrungen, weshalb man von einer einschneidigen Stichwaffe sprechen kann.[9]

Ein wichtiger Beleg für die Präsenz alamannischer Oberschichten in dem nach 436 wiedergewonnenen Herrschaftsgebiet rechts des Rheins ist auch die Goldgriffspatha aus einem Grab in der Nähe von Frankfurt am Main.[10]

Als die Hunnen kamen

Noch vor Mitte des 5. Jh., als in Eschborn die erste dort ansässige Generation ihre Toten bestattete, dürften die Hunnen – unter ihren Königen Octar († 430), Bleda († ca. 445) und zuletzt Attila († 454) – ihr Großreich aus dem Herrschaftszentrum im Karpatenbecken donauaufwärts auch nach Süd- und Mitteldeutschland hin ausgedehnt haben. Für die Präsenz hunnischer Menschen oder mit ihnen verbündeter ostgermanischer Volksgruppen sprechen östliche Elemente im alamannischen Fundstoff dieser Zeit wie der bereits genannte Langsax oder die Sitte der künstlichen Schädelverformung; andere Bevölkerungsteile werden erst im Gefolge des auseinanderbrechenden Hunnenreiches aus Südosten in die Alamannia gelangt sein (vgl. Quast, Einzelgrab).

Warum in den Schriftquellen nach 413 für gut vier Jahrzehnte Alamannen nirgends genannt, ja gleichsam totgeschwiegen werden ist »ein wirkliches Rätsel«.[11] Nur Juthungen sind für 430 überliefert, als sie von römischen Truppen geschlagen wurden. Ob Alamannen Untertanen oder Verbündete der Hunnen waren, wissen wir nicht.

Raubzüge nach Süden, Westen und Osten

Mit dem Zusammenbruch von Attilas Reich nach seinem Tod und dem Ende der theodosianischen Dynastie im Jahre 455 war der Bann gebrochen. In zwei Preisgedichten des Sidonius Apollinaris hören wir für 455 von expandierenden Alamannen, dass sie sich »auf beiden Ufern des Rheins wild gebärden, sei es als Bürger, sei es als Sieger«.[12]

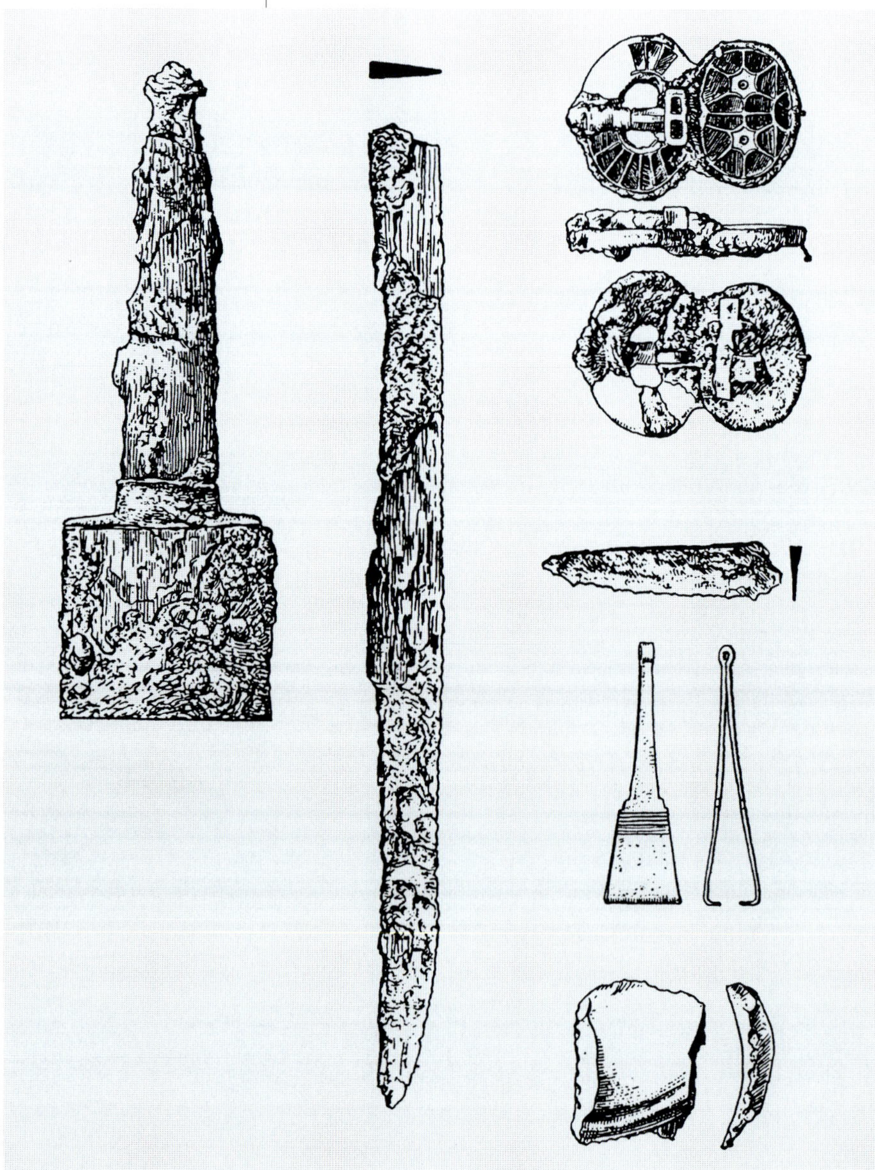

166 **Mit Granatplättchen kostbar verzierte Gürtelschnalle, Oberteil des Langschwertes und 26 cm langer Klingenrest eines Langsaxes sowie Messer, Pinzette und Feuerstein aus einem Männergrab bei Groß-Karben.**

166

Im Frühjahr 457 wird ein nach Süden vorgestoßener Trupp im Tessin zurückgeschlagen. Archäologische Spuren dieses Zuges sind weder aus den Alpentälern noch aus Oberitalien bekannt, weshalb man an Raubzüge denken muss. Was die Situation an der Rheingrenze angeht, so hat sie der Dichter wohl so unbestimmt wiedergegeben, wie sie war. Aus dem Elsass, das bis heute – einzig und allein aufgrund der zitierten dunklen Dichterverse – als damals alamannisch gewordenes Siedlungsgebiet bezeichnet wird, fehlen uns entsprechende Funde ganz.[13] Nach Norden zu, in der Pfalz und in Rheinhessen, sind ebenfalls kaum Spuren solcher Besiedelung auszumachen. Bestenfalls lassen sich einzelne Grabfunde als alamannisch bezeichnen, so vermutlich bei Rommersheim unweit Alzey das bekannte Männergrab mit Goldgriffspatha und einer Gürtelschnalle ähnlich der des Eschborner Grabes sowie das daneben gefundene Frauengrab mit alamannischer Bügelfibel.[14] Als Siedler oder »Bürger« scheinen Alamannen, insbesondere der Oberschicht, nach 455 den Oberrhein – trotz des Wegzugs der Burgunder – kaum überschritten zu haben. Zwei weitere, miteinander verwandte, aber dennoch völlig unabhängige Nachrichten über alamannische Aktivitäten gehören den Jahren um 470 an:[15] In der *vita Severini* erscheint, um 470/476,[16] vor Passau König Gibuldus, der auf Bitten des Heiligen Severin seine Leute von Angriffen zurückhält und gefangene Provinzbevölkerung freilässt. Etwa zur gleichen Zeit lässt König Gebavultus Leute eines Gaues frei, wie in der *vita* des Bischofs Lupus von Troyes beschrieben. Es muss sich um denselben, anscheinend allein herrschenden alamannischen König handeln.[17]

Aus der Gegend um Troyes und dem übrigen Ostfrankreich sind uns keine alamannischen Funde dieser Zeit bekannt, weshalb an politische Expansionen dieses Königs zu denken ist. Hingegen scheinen Alamannen schon damals südlich der Donau und damit als erste auf spätrömischem Boden gesiedelt zu haben, denn beim Zusammentreffen mit Severin in Rätien verspricht derselbe Gibuld, nach einer Reise durch die *provincia* (!) alle dortigen Gefangenen freizulassen. Es fällt dennoch schwer, in Rätien früheste Grabinventare, etwa aus den großen Nekropolen bei Altenerding und Straubing, bereits in die Jahrzehnte um 470 zu datieren, da sie eher mit dem Exodus alamannischer Oberschichten um 506 zu verbinden sind (vgl. Koch, Vertrieben).

167

167 **Oberteil einer Goldgriffspatha mit 8,5 cm langem Griff aus einem zerstörten Männergrab in der Umgebung von Frankfurt. Der Fund zeugt von erneuter Anwesenheit alamannischer Oberschicht am Unterlauf des Mains nach 436 n.Chr.**

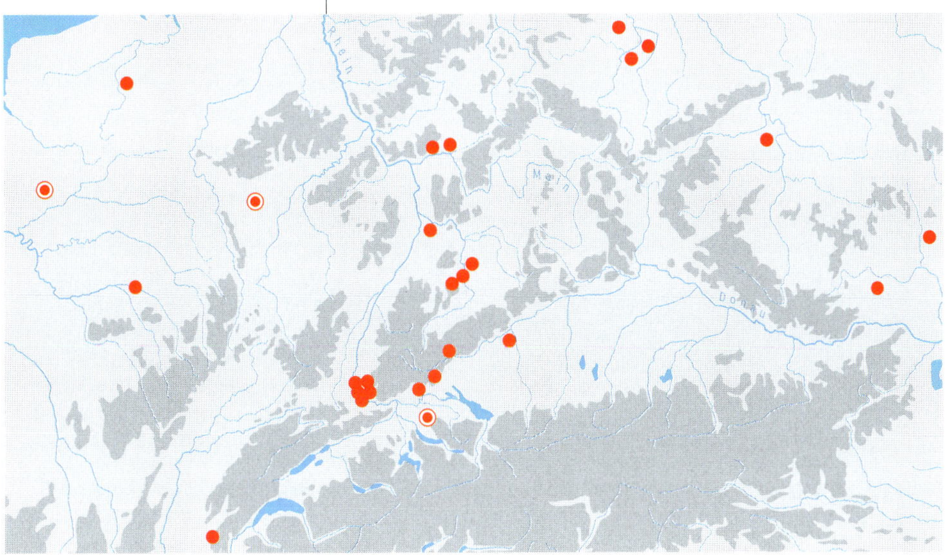

168

168 **Bei den Merowingern war der wohl von den Hunnen hier eingeführte Langsax eine Ausnahme. Die Karte zeigt die Verbreitung von Männergräbern des 5. und 6. Jh. n.Chr. (Punkt bzw. Kreisauge) mit solchen Waffen von mehr als 40 cm Klingenlänge.**

Die Situation im Norden der Alamannia

Deutlichere Spuren von Expansion finden sich im Norden der Alamannia, längs des Mittelrheins und in der Kölner Bucht.

Es handelt sich zwar um wenige, dafür signifikante Elemente der Tracht und Bewaffnung aus der zweiten Hälfte des 5. Jh. von Personen der Oberschicht. Zuvorderst stehen Serien von Bügelfibeln aus vergoldetem Silber, beispielsweise solche mit gleichbreitem Fuß, der zwei (oder mehr) mit vier kleinen Pyramiden»punkten« gefüllte Zierfelder aufweist; Belege finden sich zwischen der Schwäbischen Alb und Andernach am Mittelrhein.[18]

Eine andere Fibelgruppe mit kraftvollem Kerbschnittdekor hebt sich durch einen mit spitzen Ohren (?) versehenen Tierkopf am Fußende aus der Masse der Bügelfibeln heraus. Zu ihren Vertretern zwischen Wiesbaden und Rätien kommen Gegenstücke in und um Andernach, bei Bonn und in der Kölner Bucht.[19]

Für die Anwesenheit alamannischer Oberschicht an Mittel- und Niederrhein während der zweiten Hälfte des 5. Jh. sprechen auch Spathen mit in Scheidenmitte angebrachten paarigen Riemen-

169

169 **Funde aus Köln-Müngersdorf. Im Grab 149 fanden sich zwei vergoldete silberne Bügelfibeln mit einem spitzohrigen Tierkopf auf der Fußplatte.**

170 a **Zwischen Wiesbaden und Rätien, um Andernach, Bonn und Köln: Verbreitung der Frauengräber mit alamannischen Bügelfibeln, deren Fuß in einem Tierkopf mit Ohren (?) endet.**

170 b **Verbreitung der Männergräber mit Langschwert, dessen Scheide mit einem Paar mittelständiger Riemendurchzüge für den Traggurt versehen war.**

durchzügen aus Andernach, Kärlich und Düsseldorf-Oberlörick.[20] Wenn diese typisch alamannischen Langschwerter in ihrer Verbreitung mit zeitgleichen frühalamannischen Bügelfibeln übereinstimmen,[21] wird man trotz nur zweier, strukturell jedoch verwandter Fundkategorien annehmen dürfen, dass sich alamannische Familien damals rheinabwärts bis um Köln ausgebreitet haben.

Lässt sich diese trockene Feststellung historisch interpretieren? Widerspricht sie nicht der geläufigen Meinung, im Jahre 455 und besonders in den darauffolgenden Jahrzehnten hätten die Rheinfranken unter ihren in Köln residierenden Königen sich rheinaufwärts in die bis ins Elsass reichende Grenzprovinz Germania I ausgedehnt? Die Ansicht stützt sich zwar nur auf zwei weitere Verse aus dem bereits erwähnten Preisgedicht des Sidonius Apollinaris zum 1. Januar 456.[22] Für ihre Richtigkeit hat aber soeben Alfred Wieczorek neue, auch siedlungsarchäologische Argumente angeführt.[23]

Eine weitere schriftliche Quelle berichtet von der gegen Ende des 5. Jh. geschlagenen Schlacht des rheinfränkischen Königs Sigibert gegen

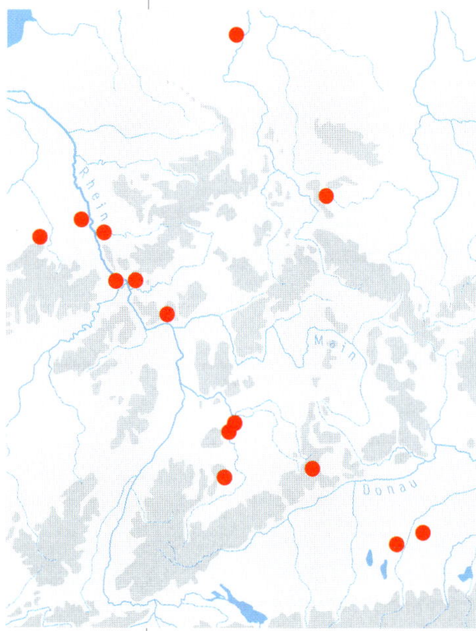

170 a

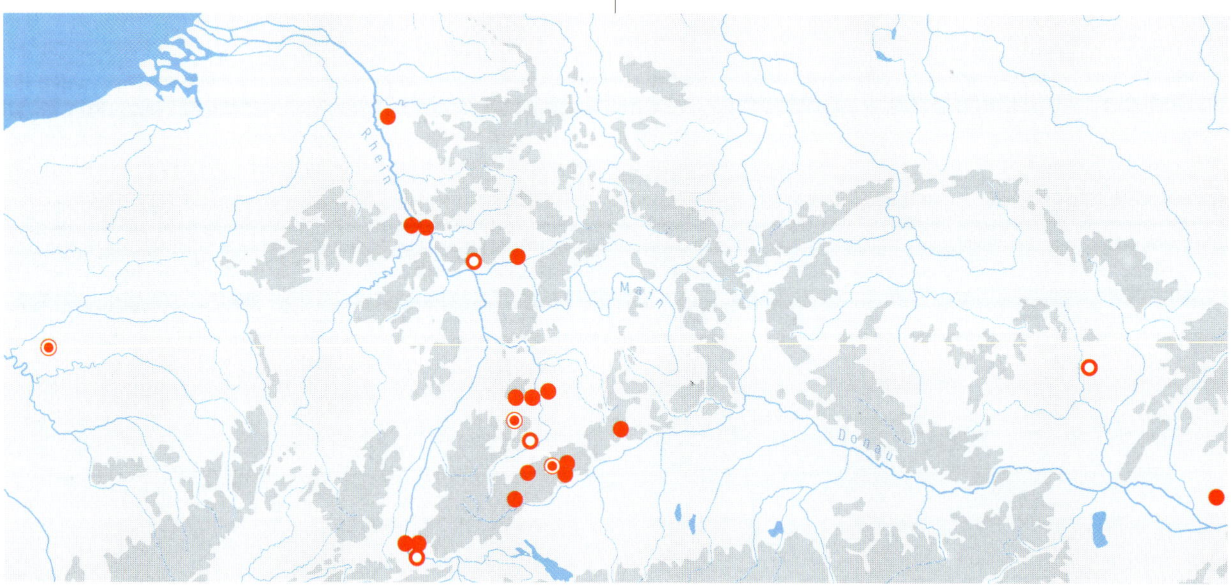

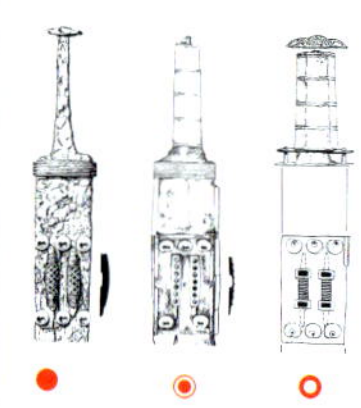

170 b

die Alamannen bei Zülpich (vgl. Geuenich, Widersacher). Letztlich wird zwar am ehesten ein alamannisches Ausgreifen nach Norden, wie auch immer dessen archäologisch gesicherte Spuren zu deuten sind, die Schlacht gegen die Rhein- und Salfranken bei Zülpich zur Folge gehabt haben. Dennoch darf man die wenigen archäologischen Funde kaum als ausreichende Belege selbst einer nur zeitweiligen Oberhoheit der Alamannen zwischen Mainz und Köln werten. Eher könnten in einer bestimmten Phase, beispielsweise im Gefolge eines innenpolitischen Ereignisses, einige Familien der alamannischen Oberschicht in die hauptsächlich von Romanen und Franken bevölkerten Gebiete der Germania I übergesiedelt sein – oder dort Zuflucht gesucht haben. Leider sind die fraglichen alamannischen Objekte fast ausnahmslos Altfunde ohne Fundzusammenhang und somit innerhalb der zweiten Hälfte des 5. Jh. kaum schärfer datierbar, weshalb auch nicht zu sagen ist, ob ihnen ein einziger oder mehrere Vorgänge zugrundeliegen.

Tributgebiete als Wirtschaftsgrundlage?

Anders als der rheinabwärts gerichtete Vorstoß sind die Expansionen nach Westen, Süden und Osten zu bewerten: In diesen Grenzgebieten des untergehenden Imperium Romanum scheinen Gibuld und seine Nachfolger Tributgebiete geschaffen zu haben, ohne dass von ihrer Seite eine eigentliche Aufsiedelung der betreffenden Landschaften – Teile Rätiens ausgenommen – erfolgte. Die Bevölkerung hatte Arbeitskräfte, anscheinend auch Sklaven zu stellen und Erzeugnisse ihrer Produktion abzuliefern, deren unvergängliche Elemente wir in der Alamannia wiederfinden.

Diese parasitäre Wirtschafts- und Lebensform steht in Gegensatz zu dem, was wir etwa von den Franken und Burgundern dieser Zeit wissen. Deren Oberschicht lebte nicht auf Höhensiedlungen, sondern in Städten und übernahm die Einrichtungen spätantiker Staatlichkeit. Dem hier postulierten alamannischen Modell, das seine Vorbilder gehabt haben muss, konnte auf Dauer kein Erfolg beschieden sein.

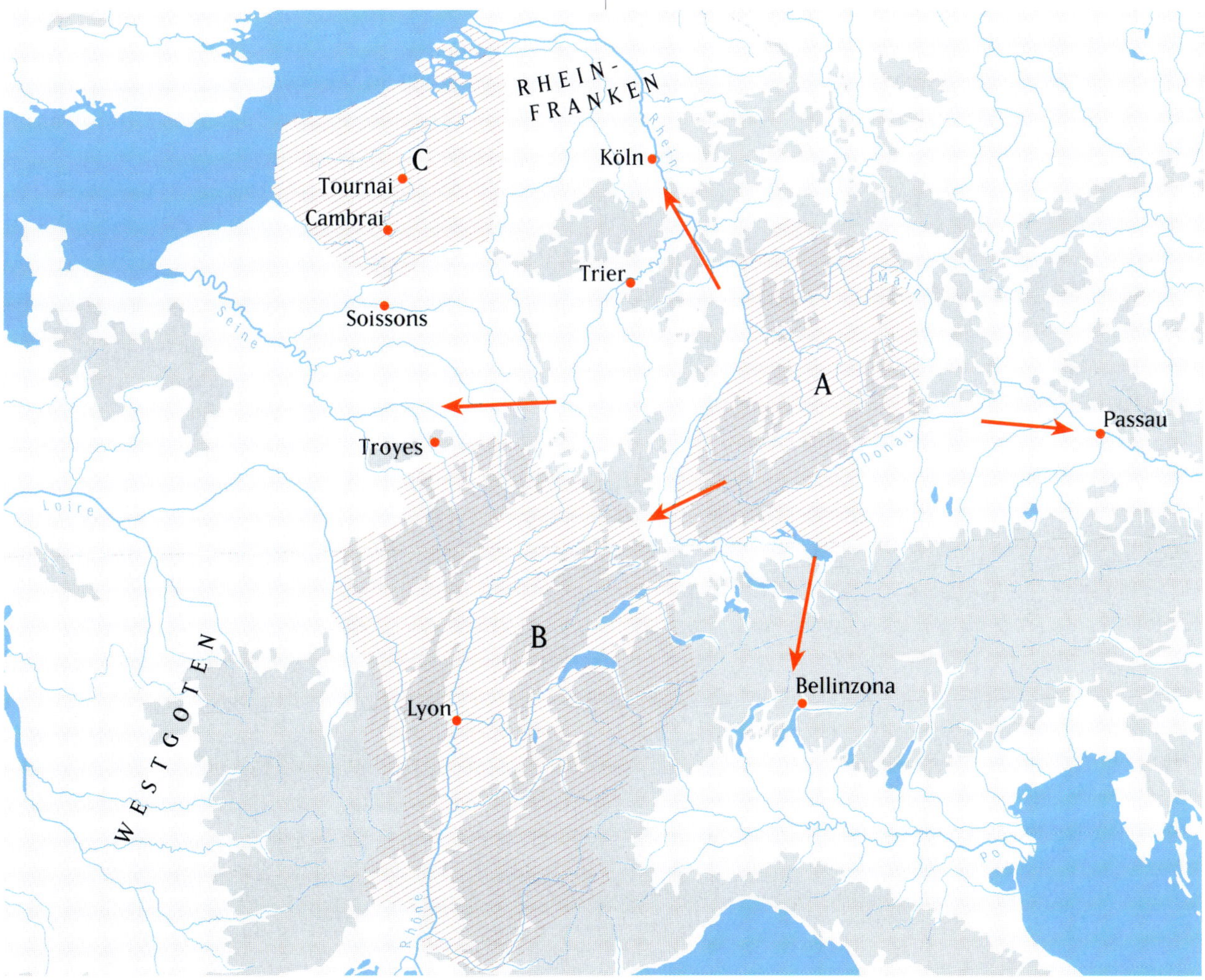

171

171 **A: Gebiet der Alamannia, B: burgundisches Königreich unter Gundobad (460–516), C: fränkisches Königreich unter Chlodwig I. um 485. Die Pfeile markieren alamannische Expansionsbewegungen in der zweiten Hälfte des 5. Jh.**

1 Zur Geschichte und Archäologie der Burgunder vgl. Reallexikon der German. Altertumskunde, Bd. 4 (1981) 224–271. – Archäologie in Deutschland 1994, Heft 4, 16–33.

2 M. Schulze-Dörrlamm, Jahrb. RGZM 32, 1985, 509–569. – Späte Schwertgräber des Rhein-Main-Gebietes wie ebd. Abb. 5, 41. 42, gehören m.E. bereits der Zeit nach 400 an. – Nicht zu besprechen sind hier die Vorkommen zwischen Niederrhein und Ostsee sowie an der Donau.

3 J. Werner, Bayer. Vorgeschichtsblätter 46, 1981, 225–254. – Neufunde: A. Leube, Ethnographisch-Archäologische Zeitschrift 36, 1995, 3–84. – Abbildung in Archäologie in Deutschland 1994, Heft 4, 33. – Vermutlich sind nur unter den Exem-

plaren mit rhombischem Fuß burgundische Belege zu vermuten.

4 Fundliste und Karte bei U. Koch, Alamannen in Heilbronn. Museo 6, 1993. Städt. Museen Heilbronn (Heilbronn 1993) 68 f. und Abb. 163. Nicht kartiert in Abb. 2 die Form E mit hohem, glockenförmigem Griff.

5 Ammianus Marcellinus 29, 4, 7: (Bukinobanten) »quae contra Mogontiacum gens est alamannica«. Vgl. D. Claude, Zu Fragen des alemannischen Königtums an der Wende vom 5. zum 6. Jahrhundert. Hessisches Jahrbuch für Landesgeschichte 45, 1995, 1 f.

6 Zu den Ereignissen bei der Usurpation des Jovinus vgl. jetzt D. Hoffmann in: F. E. Koenig/S. Rebetez (Hrsg.), Arculiana. Festschrift H. Bögli (Avenches 1995) 559–567.

7 H. Ament, Das alamannische Gräberfeld von Eschborn (Main-Taunus-Kreis) (Wiesbaden 1992).

8 G. Behrens, Germania 17, 1933, 200–204.

9 Zu den Langsaxen und zur Herleitung der frühmerowingischen Kurzsaxe vgl. M. Martin in: F. Vallet/M. Kazanski (Red.), L'armée romaine et les Barbares du IIIe au VIIe siècle (Condé-sur-Noireau 1993) 395–409.

10 W. Menghin, Das Schwert im Frühen Mittelalter (Stuttgart 1983) 214, Nr. 42.

11 H. Castritius, Die spätantike und nachrömische Zeit am Mittelrhein, im Untermaingebiet und in Oberhessen. In: P. Kneissl/V. Losemann (Hrsg.), Alte Geschichte und Wissenschaftsgeschichte. Festschrift K. Christ (Darmstadt 1988) 67, mit weiteren Hinweisen zur merkwürdigen Quellenlage.

12 Quellen zur Geschichte der Alamannen II (Sigmaringen 1978) 62 f. Apollinaris Sidonius carm. 7, 372 ff. (z. Jahr 455 n.Chr.); carm. 5, 373 f. (zum Jahr 457 n.Chr.). – Vgl. auch Geuenich, Volk.

13 Vgl. dazu bereits M. Martin, Das fränkische Gräberfeld von Basel-Bernerring (Basel 1976) 181 ff. – Ferner jetzt A. Wieczorek, Die Ausbreitung der fränkischen Herrschaft in den Rheinlanden vor und seit Chlodwig I. In: Die Franken. Ausstellungskatalog Mannheim (1996) 242; 248.

14 P. Th. Kessler/W. Schnellenkamp, Mainzer Zeitschrift 28, 1933, 118–125. Ebd. 29, 1934, 77–80. – Vgl. auch Wieczorek (Anm. 13) 255.

15 Quellen II (Anm. 12) 73 f., Eugipp, vita Severini cap. 19. – Ebd. IV (Sigmaringen 1980) 13, vita Lupi ep. Trecensis cap. 10. – Vgl. Geuenich, Widersacher.

16 Datierung nach F. Lotter, Severinus von Noricum, Legende und historische Wirklichkeit (Stuttgart 1976) 201 ff.

17 Überzeugend jetzt Claude (Anm. 5).

18 Koch (Anm. 4) Karte Abb. 66.

19 Koch (Anm. 4) Karte Abb. 65; Nachtrag: F. Fremersdorf, Das fränkische Reihengräberfeld Köln-Müngersdorf (Berlin 1955) Taf. 88, 1.2 (Grab 149).

20 Menghin (Anm. 10) Karte 13 (Liste B II 1 b-e). – Neufunde aus Neresheim Grab 45 und Tuttlingen-Möhringen Grab 3: H.W. Böhme in: Festschrift O.-H. Frey (Marburg 1994) 88 Anm. 53.

21 Weitere Kartierungen von Bügelfibeln (und anderem Schmuck) mit ähnlichem Verbreitungsbild bei: U. Koch, Die Grabfunde der Merowingerzeit aus dem Donautal um Regensburg (Berlin 1968) Taf. 91; 92, 3; 94, 8. – M. Schulze-Dörrlamm, Die spätrömischen und frühmittelalterlichen Gräberfelder von Gondorf, Gem. Kobern-Gondorf, Kr. Mayen-Koblenz (Stuttgart 1990) Abb. 10. – Ebd. 394 ff. zu weiteren Spuren einer »alamannisch-thüringischen oder böhmischen Bevölkerungsgruppe«.

22 Quellen II (Anm. 12) 63.

23 Wieczorek (Anm. 13). – Vgl. auch F. Staab, Die Rheinfranken und das Reich um Köln. In: Die Franken. Ausstellungskatalog Mannheim (1996) 237–240.

Vom Einzelgrab zum Friedhof

BEGINN DER REIHENGRÄBERSITTE IM 5. JAHRHUNDERT

DIETER QUAST

Wenn sich grundlegende, schnelle Wechsel in den archäologischen Quellen abzeichnen, ist das immer von besonderem Interesse, da sich so normalerweise religiöse, kulturgeschichtliche oder politische Veränderungen bemerkbar machen. Ein derartiger Wandel kann theoretisch von innen heraus erfolgen. Oft wird er aber von außen beeinflusst oder ist sogar das Resultat der Zuwanderung fremder Gruppen.

Ein auffälliger Umbruch findet in der Mitte des 5. Jh. im alamannischen Bestattungsbrauch statt.[1] Jetzt entstehen bei den Siedlungen größere Friedhöfe, die teilweise bis zum Ende des 7. Jh. weiterbenutzt werden. Davor lagen normalerweise immer nur wenige Bestattungen beieinander, kaum jemals mehr als fünf. Vielfach sind aus dieser frühen Zeit auch nur einzelne Gräber bekannt, sodass bis zur Mitte des 5. Jh. auch von Einzelgräbern gesprochen wird. (Besser wäre es vermutlich, von separat gelegenen Bestattungsplätzen zu sprechen, denn die Einzelgräber stehen nicht im Gegensatz zu Massengräbern, sondern zu den Friedhöfen.)

Entscheidend für die Interpretation dieses Wechsels ist es, wie die Einzelgräber beziehungsweise die kleinen Grabgruppen des 4. Jh. bewertet werden. Handelt es sich um die Friedhöfe von Weilern, deren geringe Gräberzahl durch kurzzeitige Nutzung und geringe Größe der zugehörigen Siedlungen bedingt ist, oder deuten die kleinen Grabgruppen darauf hin, dass Einzelpersonen oder Familien gesonderte Bestattungsplätze hatten, somit nur ein Bruchteil der Siedlungsgemeinschaft erfasst wird? Um diese Frage sicher beantworten zu können, müssten einige frühalamannische Siedlungen in unterschiedlichen Regionen großflächig untersucht werden.

Gehörten sie zu kleinen Weilern, sodass die niedrige Gräberzahl durch die kurze Lebendsdauer und geringe Größe der zugehörigen Siedlungen bedingt ist? Oder hatten bestimmte Personen bzw. Familien gesonderte Bestattungsplätze, während wir die Gräber der übrigen Bevölkerung gar nicht kennen? Um diese Fragen sicher beantworten zu können, müssten einige frühalamannische Siedlungen in unterschiedlichen Regionen großflächig untersucht werden.

172 Im 5. Jh.n.Chr. ändert sich der alamannische Bestattungsbrauch. Statt Einzelgräbern werden nun gemeinschaftliche Friedhöfe angelegt. Die Karte zeigt Gräberfelder und Einzelgräber des mittleren 5. bis frühen 6. Jh.
▲ Einzelgräber/kleine Grabgruppen
● Friedhöfe

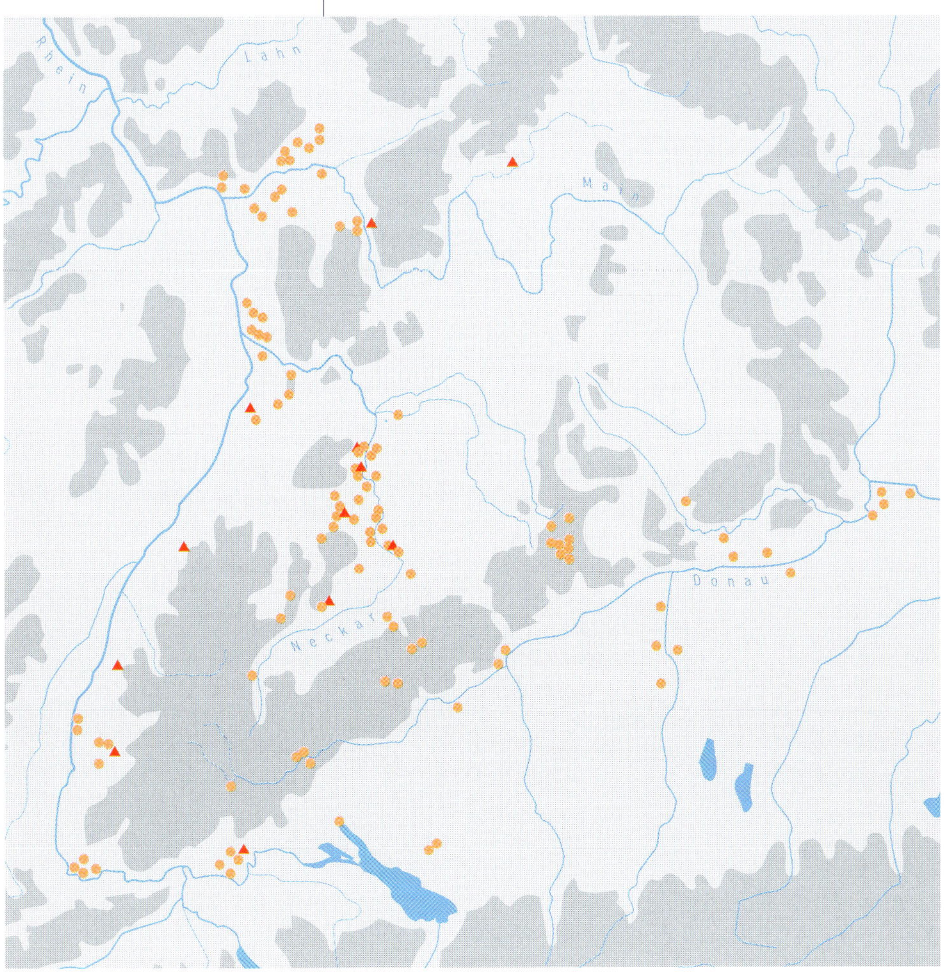

172

Frühe Siedlungen auf der Schwäbischen Alb

Auf der östlichen Schwäbischen Alb sind einige Siedlungen ausgegraben und in Vorberichten publiziert worden. Die Fundstellen von Heidenheim, Sontheim am Albuch und Großkuchen beginnen alle drei im ausgehenden 3. Jh. Während Heidenheim und Sontheim in der Mitte des 4. Jh. enden, besteht das alamannische Dorf von Großkuchen bis um 400.[2] Leider ist aus dem mittleren Neckargebiet noch keine entsprechende Siedlung untersucht worden. Deshalb wissen wir vorerst nicht, ob die Befunde von der Ostalb verallgemeinert werden dürfen.

Wenn die Niederlassungen über fünfzig Jahre bewohnt waren, können die kleinen Grabgruppen mit bis zu fünf Bestattungen kaum als Friedhöfe der gesamten Dorfgemeinschaft angesehen werden. Damit würden die Gräberfelder, die seit der Mitte des 5. Jh. im alamannischen Raum beginnen, weniger ein stetigeres Siedlungsverhalten, eher da-

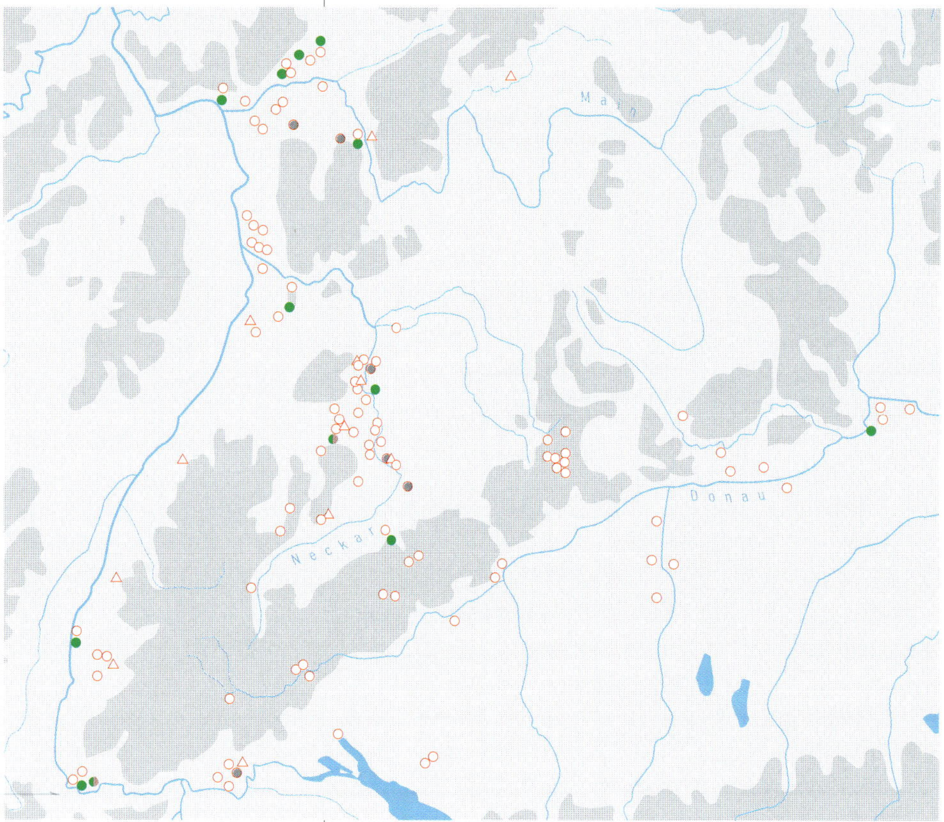

173

173 **Im mittleren Drittel des 5. Jh. sind auf alamannischen Gräberfeldern vermehrt elbgermanische Einflüsse zu beobachten. Die Karte verzeichnet alle Gräberfelder des mittleren 5. bis frühen 6. Jh., sagt aber nichts über die Menge der fremden oder fremd beeinflussten Funde an der jeweiligen Fundstelle.**
△ Einzelgräber
○ Friedhöfe
● elbgermanisch
● donauländisch

gegen einen Wechsel im Bestattungsbrauch anzeigen. Menschen, die zusammen in einer Siedlung lebten, begruben nun auch ihre Toten auf dem gleichen Friedhof.
Der Wechsel vollzog sich in dem relativ kurzen Zeitraum zwischen 440/50 und 480, also etwa innerhalb einer Generation, und zwar gleichzeitig im gesamten alamannischen Gebiet. Die Gräber liegen auf diesen frühen Friedhöfen längst nicht so eng und deutlich in Reihen geordnet wie bei den späteren eigentlichen Reihengräberfeldern. Nur vereinzelt hielt man noch bis etwa zum Jahr 500 an der Sitte – oder war es vielleicht ein Vorrecht (?) -- des Einzelgrabes fest. Zumeist handelt es sich um reich ausgestattete Personen. Andererseits sollte nicht vergessen werden, dass die grundsätzlich schlechtere Auffindbarkeit der Einzelgräber unser Bild verzerren könnte.
Ein Wechsel deutet sich aber auch im Fundmaterial an. Obwohl weiterhin neben den alamannischen Objekten zahlreiche Grabbeigaben von intensiven Beziehungen zu den ehemals römischen Provinzen zeugen (Keramik, Glasgefäße), ist nun ein verstärkter Einfluss aus dem mittleren Donauraum und dem Karpatenbecken bemerkbar. Ebenso sind elbgermanische und reiternomadisch-hunnische Einflüsse zu erkennen.

Söldner aus dem Inneren Germaniens

Ungewöhnlich früh setzen die Gräberfelder von der Sponeck bei Jechtingen und in Wyhl ein, nämlich bereits im beginnenden 5. Jh. Die hier Bestatteten kamen aus dem elbgermanischen Raum und hatten für das spätantike weströmische Reich als *foederati* den Schutz der Grenze übernommen.[3] Die engen Kontakte zur römischen Welt beeinflussten sie wohl auch bei der Gründung kleiner Gräberfelder. Noch bis ins zweite Drittel des 5. Jh. wurden elbgermanische Gruppen für den Grenzschutz am Oberrhein angeworben.[4] In Herten und Kleinhüningen belegen Grabfunde eine Zuwanderung aus dem Bereich der nordböhmischen Vinarice-Gruppe.[5]
Ungefähr seit 440/450 setzen in der Alamannia regelhaft die kleinen Ortsfriedhöfe ein. Vermutlich sind auch diese Gründungen teilweise durch Kontakte zum römischen Reich bestimmt. Daneben ist aber auch elbgermanischer Einfluss deutlich bemerkbar, der entweder durch Funde aus diesem Gebiet oder durch Objekte, die unmittelbar elbgermanisch beeinflußt sind, erkennbar wird. Zumeist sind es zwar nur relativ wenige Funde, doch ist die Mehrzahl der Fundstellen ohnehin nur durch Objekte aus zerstörten Gräbern belegt.

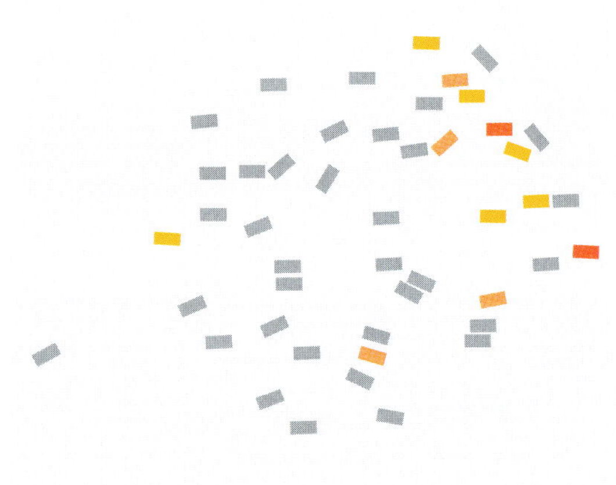

174 a

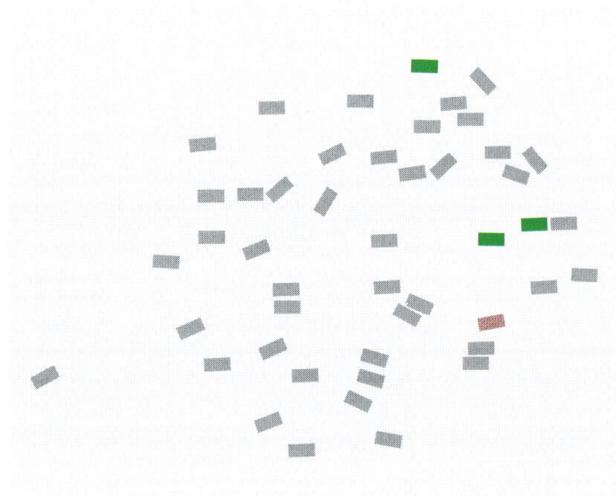

174 b

174 **Plan des Gräberfeldes von Eschborn, auf dem vermutlich zwei verschiedene Gruppen ihre Toten bestatteten: eine mit böhmischen Funden, eine ohne.**
174 a **Kartierung nach Zeitstufen**
Zweites Drittel 5. Jh. (440–460)
Childerichzeit (460–480)
Chlodwigzeit (480–510)
174 b **Kartierung der fremden Einflüsse**
elbgermanische bzw. elbgermanisch beeinflusste Funde
donauländische bzw. donauländisch beeinflusste Funde

175

175 **Elbgermanen hinterließen ihre Spuren auch im mittleren Neckargebiet: hier Bügelfibeln der Gruppe Niederflorstadt aus Renningen, Bruchsal und Pleidelsheim (von links nach rechts).**

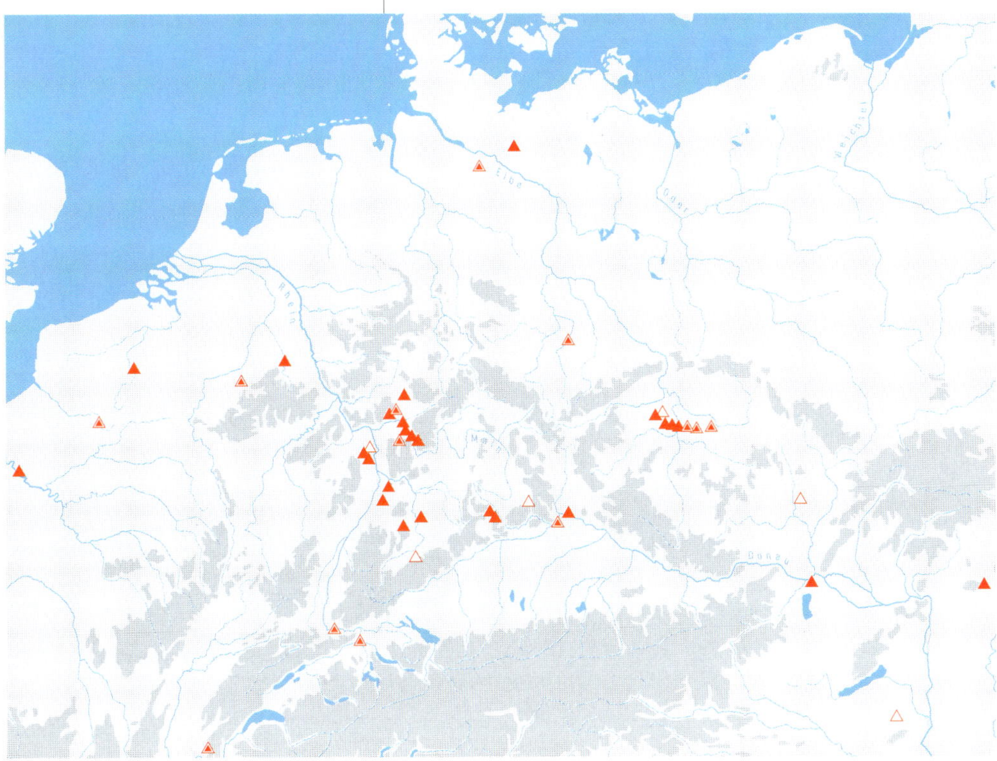

176

176 **Die Verbreitung von Bügelfibeln der Gruppen Niederflorstadt und Groß-Umstadt zeigt deutlich die Konzentrationen in Böhmen und im Mainmündungsgebiet.**
Niederflorstadt
Groß-Umstadt
verwandte Formen

177

Beziehungen nach Böhmen

In den ersten beiden Dritteln des 5. Jh. ist eine Intensivierung der Beziehungen nach Böhmen zu beobachten.[6] Schräggeriefte Keramik, die deutliche Bezüge zur südböhmisch-niederbayerischen Gruppe Friedenhain-Prestovice aufweist, tritt in Mengen bereits in einem Grab des 4. Jh. auf. In die erste Hälfte des 5. Jh. datieren ein Grab aus Frankfurt sowie Siedlungsfunde aus Ladenburg und Renningen. Besonders deutlich werden die Kontakte dann im zweiten Drittel des 5. Jh. erkennbar, denn aus zahlreichen der jetzt neu gegründeten Gräberfelder ist »böhmisches« Material in Form von Fibeln der Vinarice-Gruppe (Typen Niederflorstadt und Groß-Umstadt) oder ovalfacettierter Keramik bekannt.[7]

Eine deutliche Konzentration der frühen Gräberfelder mit elbgermanischem bzw. elbgermanisch beeinflusstem Fundmaterial zeigt sich am Untermain und im Taunusvorland. Die Funde aus Grab 231 von Wenigumstadt sowie aus Gonzenheim und Niederflorstadt deuten darauf hin, dass sich im unteren Maingebiet Gruppen aus Böhmen niederließen, nachdem das Burgunderreich 436 zer-

177 Auch in der Keramik schlagen sich die Beziehungen zu den Elbgermanen nieder. Gefäße des Typs Friedenhain aus Friedenhain und Straubing.

178 Gefäße des Typs Friedenhain aus Südwestdeutschland. Die gleichen Formen und Verzierungen findet man in Bayern und in Böhmen. Links Gültlingen, rechts Odenheim.

178

179 Für den Ritt ins Jenseits wurden Pferde getötet und in eigenen Gräbern bestattet. Die Karte stellt die Verbreitung von Pferdegräbern des 5. und frühen 6. Jh. dar.

180 Von den Thüringern übernahmen die Alamannen den Brauch der Pferdebestattung: Aufgezäumte und gesattelte Pferde wurden in eigenen Gräbern nahe dem Verstorbenen beigesetzt. Die Trensen stammen aus Pferdegräbern in Renningen, Pleidelsheim und Aldingen (von oben nach unten).

179

180

schlagen und seine Bevölkerung im Jahre 443 in die Sapaudia (Savoyen) umgesiedelt worden war (vgl. Martin, Schlagzeilen). In Eschborn konnte ein Friedhof untersucht werden, auf dem vermutlich zwei Gruppen ihre Toten in gesonderten Arealen beerdigten, wie eine Kartierung der ältesten Bestattungen erkennen lässt. Fibeln und Keramik der Gräber 27, 29 und 43 deuten an, dass die westliche Gruppe ihre Wurzeln im böhmischen Raum hatte. Die andere Gruppe lieferte keine Funde elbgermanischen Charakters.

Auch am mittleren Neckar haben Neufunde der letzten 20 Jahre die elbgermanischen Kontakte im zweiten Drittel des 5. Jh. deutlicher hervortreten lassen. Auf dem Gräberfeld von Pleidelsheim konnte anhand sorgfältiger Analyse eine Zuwanderung aus diesem Gebiet nachgewiesen werden.[8] Gefäße mit Ovalfacetten am Umbruch, eng verwandt mit der typischen Keramik vom Typ Friedenhain-Prestovice, haben sich in Gräbern von Odenheim, Edingen und Gültlingen sowie in der Siedlung von Nebringen gefunden.[9] Somit ist zu vermuten, dass ein nicht unbeträchtlicher Teil der Bevölkerung Südwestdeutschlands aus dem elbgermanischen Gebiet kam, zumeist wohl aus Böhmen. Im archäologischen Material Böhmens sind Abwanderungen für diese Zeit jedoch nicht erkennbar. Es hat sich wohl nur um kleinere Verbände gehandelt, die Aufgaben der Grenzsicherung im spätrömischen Reich übernahmen und sich anschließend im alamannischen Gebiet niederließen.[10] Dort hatten sie vermutlich Anteil daran, dass seit Mitte des 5. Jh. Gräberfelder angelegt wurden. Die germanische Bevölkerung Böhmens hatte bereits lange Zeit ihre Toten auf kleinen Friedhöfen bestattet und war um 400 – vermutlich durch starken Einfluss aus den römischen Donau-

181

181 **Im Frauengrab von Walheim wurden typisch alamannische Bügelfibeln und eine Nadel aus der Zeit um 500 gefunden. Die S-Fibel belegt Kontakte zum thüringischen Gebiet.**

provinzen – dazu übergegangen, die Gräber in West-Ost-Richtung zu orientieren.[11]
Natürlich gibt es auch Gräberfelder aus dem zweiten Drittel des 5. Jh, in denen keine elbgermanischen Einflüsse erkennbar sind. Es handelt sich dabei zumeist um Fundstellen, von denen aufgrund unvollständiger Überlieferung nur einzelne oder wenige Männergräber bekannt sind, deren Fundmaterial kaum differenzierbar ist. Sie enthalten oft nur Äxte sowie Glas- und Keramikgefäße. Letztere stammen häufig aus römischen Werkstätten und dokumentieren die regen Kontakte der Alamannen zum römischen Reich. Diese Objekte stellen ein Spektrum dar, das sich auch auf den Höhensiedlungen deutlich zu erkennen gibt. Typische alamannische Bestattungen dieser Zeit sind beispielsweise aus Groß-Umstadt Grab von 1951 oder Kirchheim unter Teck Grab 109 bekannt.

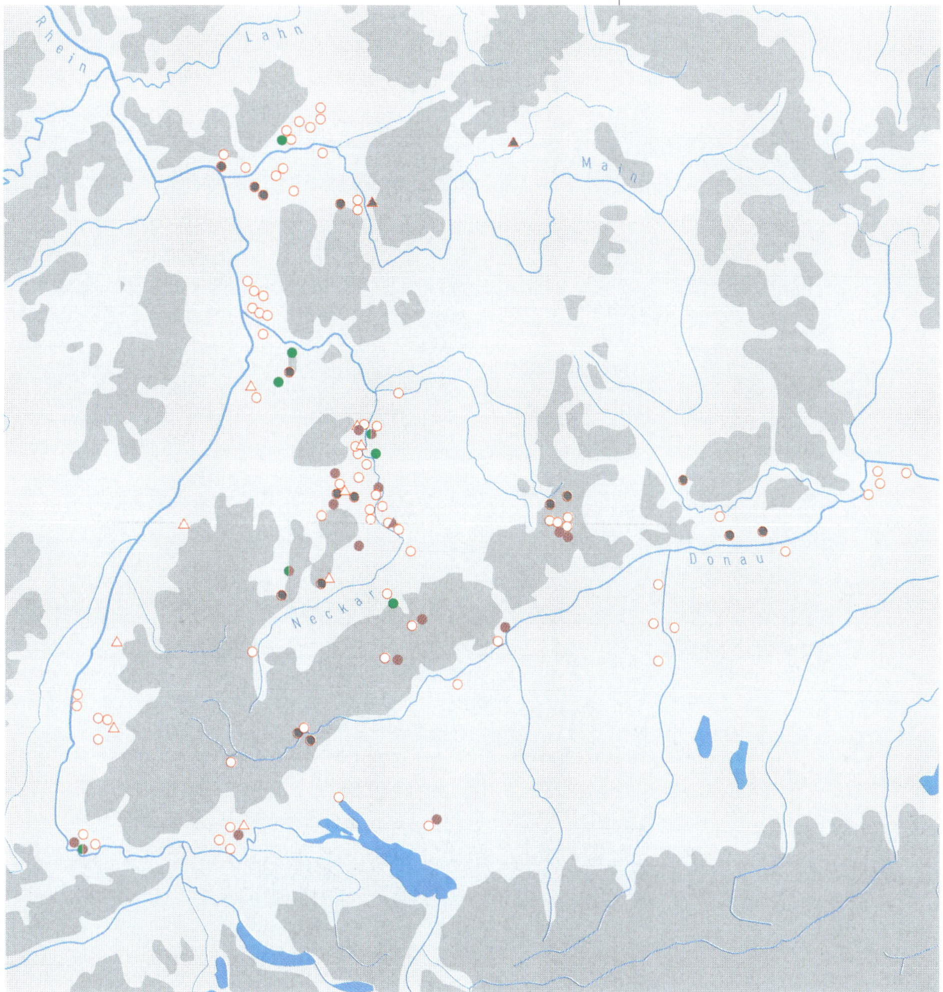

182

182 **Zur Zeit des Merowingerkönigs Childerich sind donauländische Einflüsse im gesamten alamannischen Gebiet zu spüren. Die Karte, die alle Gräberfelder der Jahre 460–480 hervorhebt, sagt nichts über die Menge der fremden oder fremd beeinflussten Funde an der jeweiligen Fundstelle.**
△ Einzelgräber
○ Friedhöfe
● elbgermanisch
● donauländisch

183 a

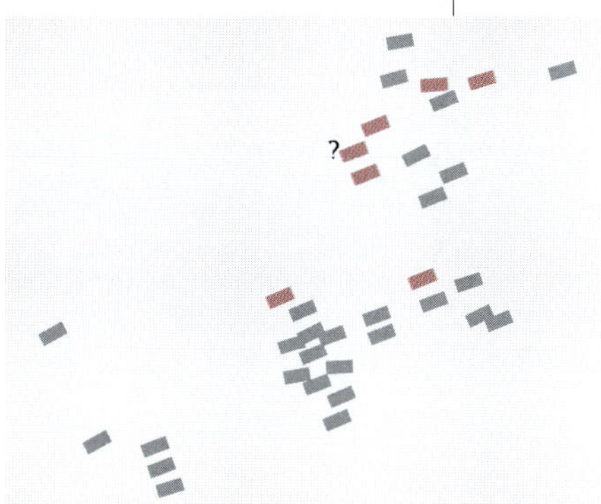

183 b

183 **Auf dem Gräberfeld Basel-Gotterbarmweg sind die donauländischen Einflüsse besonders deutlich.**
183 a **Kartierung nach Zeitstufen**
zweites Drittel 5. Jh.
Childerichzeit
Chlodwigzeit
183 b **Kartierung der fremden Einflüsse**
donauländische bzw. donauländisch beeinflusste Funde

Neue Sitten aus Thüringen

Der Zustrom elbgermanischer Gruppen im zweiten Drittel des 5. Jh. hat zur Übernahme und Weiterentwicklung von Sitten und Formen geführt. Das belegt besonders deutlich eine bestimmte Serie von Miniaturbügelfibeln, die als typisch thüringisch galt, aber anscheinend im alamannischen Raum hergestellt wurde, denn dort liegt ihr Verbreitungsschwerpunkt.[12] Während die Form übernommen wurde, entwickelte man die Verzierungsdetails weiter. Elbgermanisch-thüringische Sitten lassen außerdem die Pferdegräber des 5. Jh. erkennen. Im alamannischen Raum sind bislang in Aldingen, Renningen, Pleidelsheim, Kleinhüningen und Villingendorf solche Bestattungen nachgewiesen. Die Pferde wurden aufgezäumt und gesattelt beigesetzt und sollten ihren Herren, die in benachbarten Gräbern beigesetzt waren, für den Ritt ins Jenseits dienen. Dieser Brauch war im 5. Jh. besonders im Thüringerreich verbreitet und wurde von den Alamannen übernommen.
Auch die S-Fibeln aus Grab 188 von Fridingen und aus Walheim, letztere mit einer typisch alamannischen Nadel und Bügelfibeln kombiniert, belegen die andauernden Kontakte zum elbgermanisch-thüringischen Gebiet. Im letzten Drittel des 5. Jh. kann man allerdings aufgrund der geringeren Fundmenge wohl nur noch von der Mobilität einzelner Personen sprechen.

Spuren der hunnischen Westexpansion

Durch den hunnischen Ansturm am Ende des 4. Jh. wurden enorme Völkerverschiebungen ausgelöst. Erst 451 konnten Attila und die mit ihm verbündeten Völker auf den Katalaunischen Feldern vom römischen Heermeister Aëtius gestoppt werden. Diese Vorgänge haben sich auch in den archäologischen Funden Südwestdeutschlands niedergeschlagen. Prominentestes Beispiel ist ein reiches Grab aus Altlussheim bei Speyer. Der dort um 430/440 bestattete Krieger war im Zuge der hunnischen Westexpansion an den Rhein gelangt. Aber auch unscheinbare Funde, beispielsweise die kleinen Schnallen aus Grab 5 in Renningen oder aus Gondorf, weisen in diesen Zusammenhang. Bereits aus der ersten Hälfte des 5. Jh. stammen die Gräber aus dem rheinhessischen Wolfsheim und dem südhessischen Trebur. Die hier bestatteten Ostgermanen gelangten ebenfalls im Zuge der Völkerwanderung nach Süddeutschland. In Heilbronn und Herten deuten Kämme mit glockenförmiger Griffplatte auf ostgermanische Gräber.[13]

184

184 **Die Bügelfibeln aus dem Frauengrab 20 am Gotterbarmweg in Basel (links) sind im alamannischen Raum einzigartig. Ein gleichartiges Paar stammt aus Ungarn und wurde im Grab von Miszla (rechts) gefunden.**

185 **Die Bügelfibeln aus den alamannischen Gräbern 6, 33 und 22 am Gotterbarmweg in Basel haben ihren Ursprung in Ungarn. Sie treten bei Gepiden, Ostgoten und Donausueben auf.**

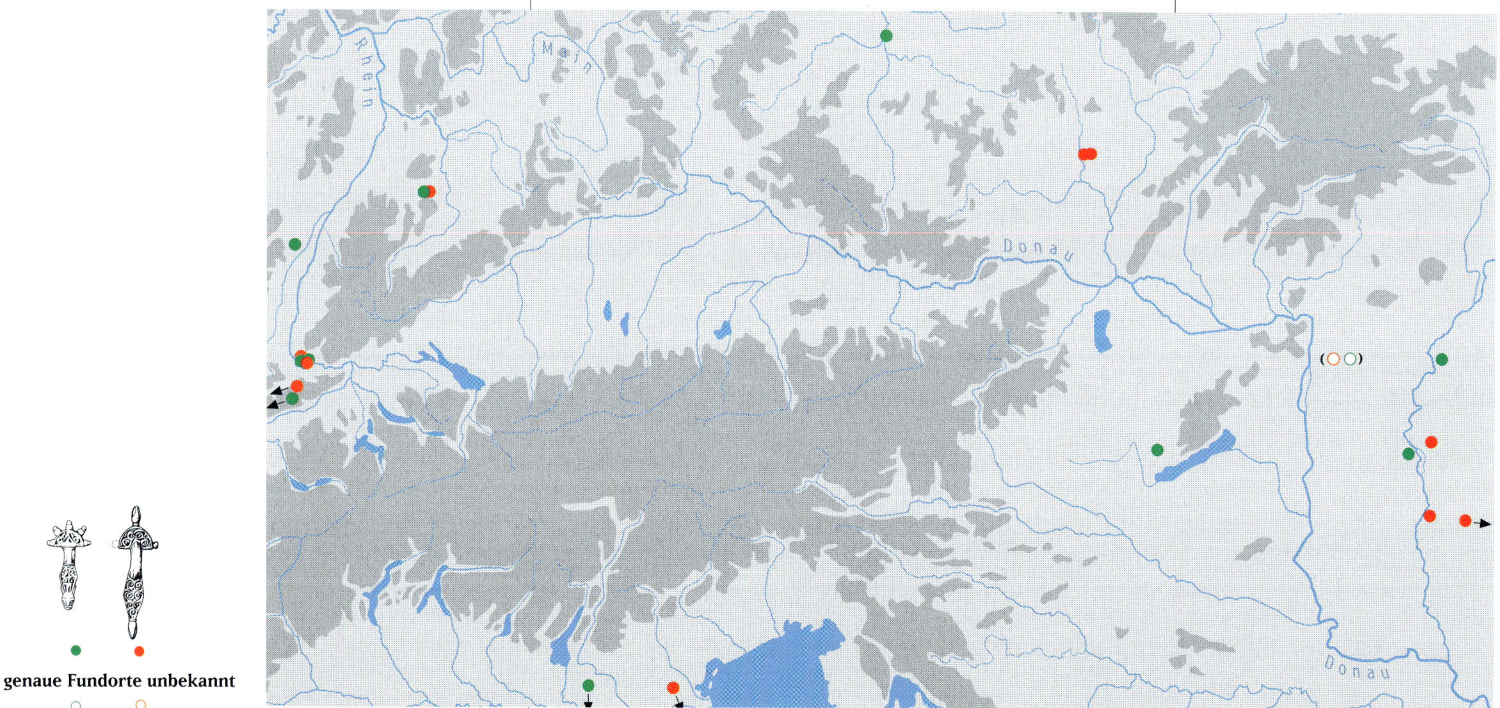

185

Ein besonders auffälliges Zeugnis für die Kontakte zur hunnischen Welt ist die Sitte, den Schädel künstlich zu einem sogenannten Turmschädel zu verformen.[14] Dazu wurde der Kopf vom Säuglings- bis ins Kleinkindalter mit Binden so eng umwickelt, dass das Wachstum in die gewünschte Richtung gelenkt wurde (vgl. Wahl, Masse). Eine Schädigung des Gehirns war dabei nicht zu erwarten. Dieser Brauch hatte sich im 5. Jh. unter den mit den Hunnen verbündeten Völkern verbreitet. Nach dem Abzug der Hunnen aus Mittel- und Osteuropa wurde die Sitte aufgegeben und nur alt gewordene Personen mit künstlich deformiertem Schädel erlebten noch den Beginn des 6. Jh. Im alamannischen Raum fand diese Sitte – trotz mehrerer Belege – keinen besonderen Niederschlag. Zumeist sind nur einzelne Skelette mit deformiertem Schädel auf den frühen Gräberfeldern zu finden. Es ist daher damit zu rechnen, dass es sich um einzelne zugezogene Personen handelte.[15]

Auf reiternomadischen Einfluss gehen auch die »magischen Schwertanhänger« zurück. Diese großen Perlen aus Glas, Bernstein, Meerschaum oder Bergkristall finden sich – wohl auch als Statussymbol – noch im gesamten 6. Jh an den Schwertscheiden germanischer Krieger.[16]

186

186 **Schnallenbügel aus Bergkristall, Achat und Meerschaum gelangten aus dem byzantinischen Gebiet in die Alamannia. Von oben: Gültlingen, Ditzingen, Pfullingen, Oberflacht, Ergenzingen und Gültlingen.**

Donauländische Einflüsse zur Zeit Childerichs

In den Jahren zwischen 460 und 480 – nach dem fränkischen König aus dem Geschlecht der Merowinger Childerichzeit genannt – treten auf den alamannischen Gräberfeldern Einflüsse von der mittleren Donau, aus dem mährischen, slowakischen und pannonischen Gebiet sowie aus dem Karpatenbecken in den Vordergrund.

In der Forschung wurden diese Kontakte stets in Verbindung mit der hunnischen Westexpansion gesehen. Es ist gut möglich, dass mancher um 470/480 in Süddeutschland verstorbene Elb- oder Ostgermane schon mit den Truppen Attilas hierher gelangte. Doch kann der quantitative Anstieg donauländischer Funde in dieser Zeit kaum noch auf die Völkerwanderung zurückzuführen sein, denn die Gräber mit derartigen Objekten weisen normalerweise keinerlei Bezüge mehr zum attilazeitlichen Formenspektrum auf. Sie sind eher als Niederschlag von Wanderungen zu werten, die etwas später stattfanden und Gruppen von der mittleren Donau und aus dem Karpatenbecken ins alamannische Gebiet führten.

Das Ausmaß dieser Bewegung ist nur schwer abzuschätzen. Verbreitungskarten zeigen allerdings, dass donauländische Funde fast im gesamten alamannischen Bereich auftreten. Lediglich am Untermain scheinen sie zu fehlen. Besonders massiv sind die donauländischen Einflüsse in der Zeit zwischen 460 und 480, danach sind sie nur noch selten zu beobachten. Auffällig ist auch, dass sie hauptsächlich im alamannischen Raum auftreten, während sie im fränkischen Gebiet ausdünnen. Lediglich aus Rheinhessen sind einige Funde bekannt, die allerdings zumeist aus spätrömischen Festungen stammen und als Hinweis für die Herkunft der dort stationierten Söldner gesehen werden dürfen.[17]

Frauen aus Ungarn in Basel?

Insgesamt deuten die fremden Trachtbestandteile darauf hin, dass es in der Childerichzeit eine spürbare Zuwanderung gegeben hat.[18] Dies lässt sich gut am Gräberfeld vom alten Gotterbarmweg in Basel aufzeigen. Der Friedhof ist nicht vollständig untersucht, doch zeigt sich auch hier, dass (wohl drei) verschiedene Gruppen getrennte Bestattungsareale nutzten. Aufgrund der unvollständigen Untersuchung ist nicht sicher, ob fünf Gräber am südwestlichen Rand eine eigene Gruppe bilden. Anhand der Beigaben aus den Gräbern 15 und 16 ist aber zu erkennen, dass es sich um die ältesten Bestattungen handelt, die noch im zweiten Drittel des 5. Jh. angelegt wurden. Die beiden anderen Gruppen setzen anscheinend erst in der Childerichzeit ein. Enge Bezüge zum Donauraum, in beiden Gruppen besonders an der Tracht der Frauen deutlich zu erkennen, fielen bereits sehr früh auf.[19] So lag in Grab 20 ein Paar Bügelfibeln aus vergoldetem Silber, deren Form für das alamannische Gebiet einmalig ist. Ein identisches Paar ist aus dem ungarischen Miszla bekannt. Die Fibelpaare sind zwar nicht gussgleich, einander aber so ähnlich, dass für die Baseler Fibeln eine Herkunft aus dem mittleren Donauraum angenommen werden muss.

Auch die mustergleichen Bügelfibeln der Gräber 6 und 33 sowie das Paar aus Grab 22 haben ihren Ursprung in Ungarn und im Karpatenbecken. Vergleichbare Exemplare treten bei Gepiden, Ostgoten und wohl auch Donausueben auf.[20] Die Frau aus Grab 6 trug zudem am Gehänge zwei Amulette – eine Purpurschnecke und eine große Chalzedonperle – die ebenfalls hauptsächlich zwischen Donau und Schwarzem Meer vorkommen.[21]

Ebenso deutet die Keramik darauf hin, dass die

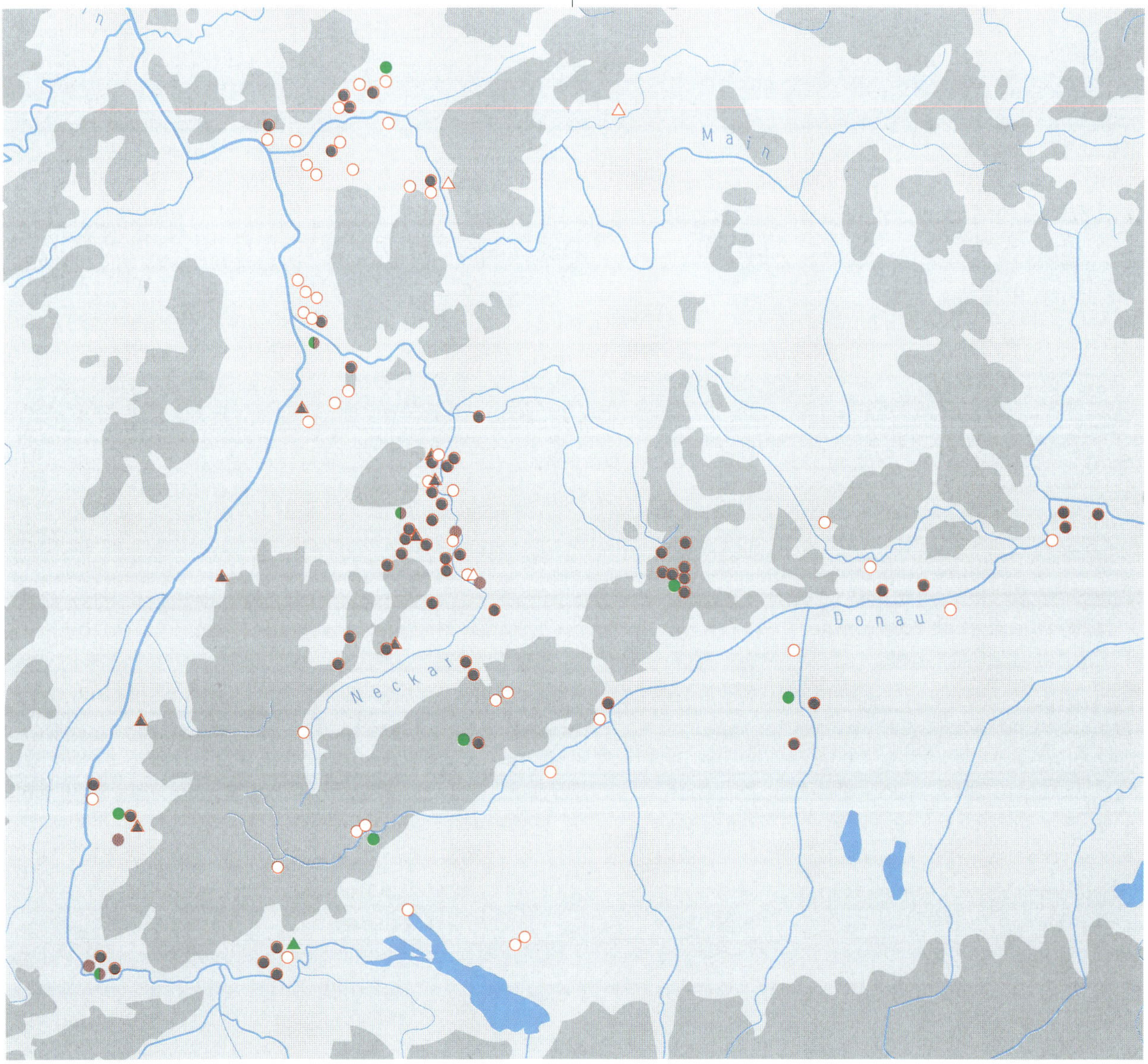

187

187 Zur Zeit des fränkischen Königs Chlodwig geht die Zahl der donauländischen Funde zurück. Die Karte, auf der alle Gräberfelder der Jahre 480–510 hervorgehoben sind, sagt nichts über die Menge der fremden oder fremd beeinflussten Funde an der jeweiligen Fundstelle.
△ Einzelgräber
○ Friedhöfe
• elbgermanisch
• donauländisch

188 Glättverzierte Keramik aus Süddeutschland. Von vorne: Becher aus Aldingen, Fußschale aus Risstissen, Becher aus Gültlingen, Schale aus Kornwestheim, Krüge aus Renningen bzw. ohne Fundort.

Frau zugewandert ist. Es handelt sich um eine Schale mit eingeglättetem Zickzackmuster auf dem Oberteil. Die Verzierungstechnik wurde aus dem mittleren Donauraum übernommen. Dort ist glättverzierte Keramik seit dem 4. Jh. belegt, u.a. durch mehrere Töpferöfen mit Scherbenabfall. Im alamannischen Gebiet wurde diese Technik zwar nachgeahmt, doch stammen die Gefäße aus Basel und Schleitheim-Hebsack Grab 455 vermutlich aus dem mährisch-slowakischen Bereich.[22]

Byzantinische Waffen in Südwestdeutschland

Die Männergräber vom Baseler Gotterbarmweg zeigen ebenfalls Bezüge zur Donau. Im Gegensatz zu den Trachtbestandteilen aus Frauengräbern, wo Fremdes leichter zu erkennen ist, handelt es sich zumeist um militärische Ausrüstungsgegenstände. Obwohl viele Typen als charakteristisch für den Donauraum angesehen werden, sind sie oströmischen Ursprungs. Da die Romanen, anders als die Germanen, ihre Toten beigabenlos bestatteten, ist das Verbreitungsbild allerdings verschoben. Sicher dienten zahlreiche Germanen als Söldner im byzantinischen Heer der Donauprovinzen und gelangten auf diese Weise in den Besitz ihrer Ausrüstung. Vor allem die Beschläge der Waffengürtel deuten auf Dienstjahre im oströmischen Heer. Jetzt sind es allerdings nicht mehr kerbschnittverzierte Bronzebeschläge und -schnallen, sondern flächig mit Almandineinlagen verzierte Stücke und »billigere Massenware« mit Einlagen aus Glas.[23] Die Bügel waren bei einigen Exemplaren aus Bergkristall, Achat und Meerschaum geschliffen.

Die Herkunft der Waffen ist wegen ihrer zumeist uncharakteristischen Form schwerer zu bestimmen. Die Forschung stimmt bislang nur darin überein, dass die Helme vom Typ Baldenheim aus Byzanz stammen. Ziemlich sicher kommen aber auch die schmalen Langsaxe aus oströmischen Waffenschmieden. Grab 34 vom alten Gotterbarmweg in Basel enthielt so ein einschneidiges Schwert, der zugehörige Gurt war mit einer »donauländischen« Schnalle verschlossen. Auch aus dem benachbarten Basel-Kleinhünigen sind vier Exemplare bekannt, eines in Grab 164 ebenfalls mit einer cloisonnierten Gürtelschnalle vergesellschaftet.

Nicht immer müssen die byzantinischen Funde Zeugnis direkter Kontakte von Alamannen zum oströmischen Reich sein. Allerdings darf man annehmen, dass die auf dem Ailenberg bei Rüdern und im »Helmgrab« von Gültlingen bestatteten Alamannen für eine gewisse Zeit als Offiziere im oströmischen Dienst standen. Die militärischen Ausrüstungsgegenstände dieser Gräber stammen direkt aus dem byzantinischen Gebiet und sind von herausragender Qualität. Dagegen gelangte die Masse der byzantinischen Funde in alamannischen Männergräbern vermutlich über donauländische Kontakte nach Südwestdeutschland. In der zum Gräberfeld am Gotterbarmweg gehörenden Siedlung waren natürlich nicht nur die Frauen zugewandert, die sich an ihrer fremden Fibeltracht erkennen lassen. Sie kamen in kleineren Verbänden (»Familien«) zusammen mit ihren Männern und Kindern.

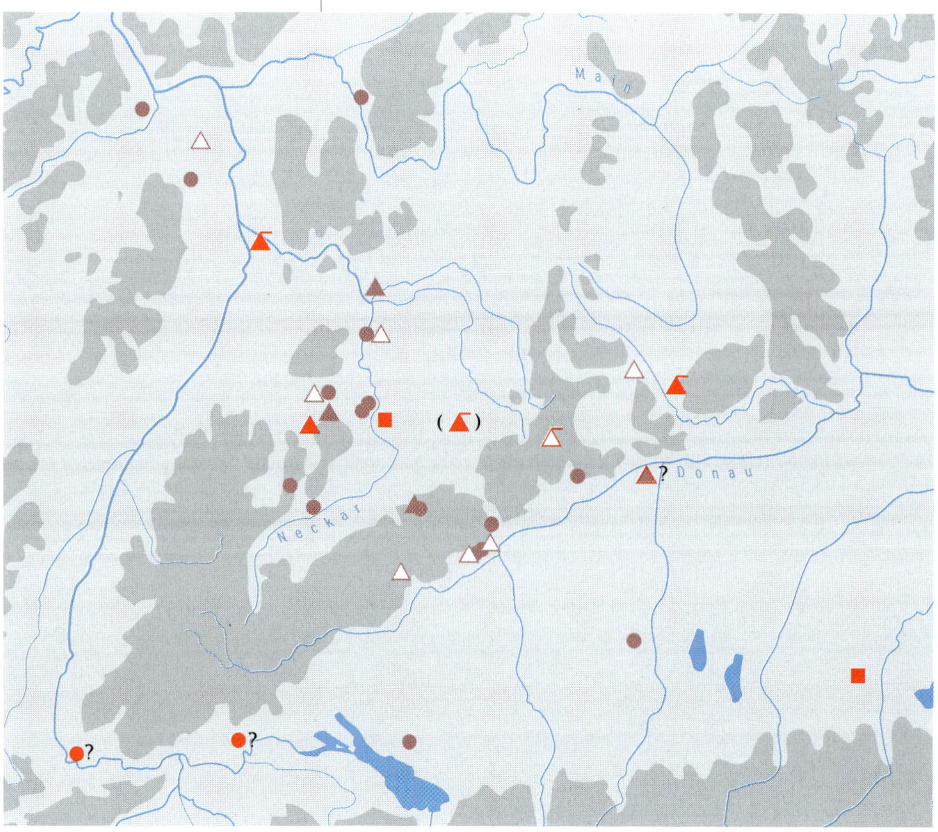

189

189 Auch in der Keramik zeigen sich die donauländischen Einflüsse. Ausgefüllte Signaturen mit Glättverzierung. Rot: donauländisch. Violett: donauländisch beeinflusst.
△ Krüge
△ Krüge mit erweiterter Mündung
▲ Krüge mit Daumenrast
Krüge mit Einglättverzierung
■ Töpfe
● Schalen/Becher

190

190 Die Bügelfibeln aus Grab 230 von Basel-Kleinhüningen zeigen donauländischen Einfluss. Hals- und Armring sind typisch für reiche alamannische Frauengräber des 5. Jh. In der Frauentracht setzt sich ab der Zeit Chlodwigs die »Vierfibeltracht« durch. Während ein Bügelfibelpaar im Becken- oder Oberschenkelbereich getragen wurde, hielt ein Kleinfibelpaar, wie hier die Pferdefibeln, einen Überwurf auf der Brust zusammen. Diese Tracht blieb hundert Jahre lang verbindlich.

Zuwanderung von Donausueben?

Für eine Zuwanderung aus dem Donauraum gibt es in den Schriftquellen keine konkreten Hinweise. Allerdings wurden von Hagen Keller vor wenigen Jahren Anhaltspunkte dafür gefunden, dass zwischen 470 und 480 die Donausueben in den alamannischen Stammesverband integriert wurden. Deren Siedlungsgebiet lag im 5. Jh. in Nordpannonien und der Slowakei.[24] Nach wiederholten Kämpfen gegen die Goten in den Jahren 466–470 wurden die Sueben vernichtend geschlagen. Im Jahre 470 waren sie mit den Alamannen verbündet. Während Sueben und Alamannen in den Schriftquellen bis zum Ende des 5. Jh. stets als eigenständige Stämme genannt werden – die Donausueben 477 das letzte Mal explizit – werden mit Beginn des 6. Jh. die Begriffe Alamanni und Suebi für dasselbe Volk gebraucht.[25]

Die Historiker messen dieser »Integration« eine große Bedeutung zu. Sie sprechen von einer zweiten Ethnogenese der Alamannen.[26] Die Alamannia gelangte in der zweiten Hälfte des 5. Jh. zu ihrer größten Ausdehnung und hatte laut Helmut Castritius eine beträchtliche »Anziehungskraft auf in Bedrängnis geratene, ethnisch fremde oder auch verwandte Volkssplitter, wie z.B. auf die Donausueben des Hunimund«. Andererseits findet die Expansionskraft der Alamannen auch in der Aufnahme fremder Gruppen eine zusätzliche Erklärung.[27]

Für den Archäologen ist zwar eine Zuwanderung aus dem mittleren Donauraum ins alamannische Gebiet nachweisbar, doch ist es derzeit noch schwierig, die Stammeszugehörigkeit der Zugezogenen zu bestimmen. Beim momentanen Forschungsstand ist es kaum möglich, spezifisch donausuebisches Fundmaterial der zweiten Hälfte des 5. Jh. präzise zu definieren, besonders, da an der mittleren Donau unterschiedliche kulturelle Einflüsse und Überlagerungen festzustellen sind.[28]

Wenn die ethnische Zuweisung der ungarischen

191

Archäologen richtig ist und die Grabfunde aus Miszla, Dabronc-Ötvöspuszta und Sokolnice suebisch sind, wird es sich zumindest bei einem Teil der Zuwanderer um Donausueben gehandelt haben.[29] Die genannten Frauengräber enthalten Trachtbestandteile mit guten Parallelen im südwestdeutschen Raum. Auch die glättverzierte Keramik in Süddeutschland könnte teilweise mit einem donausuebischem Zustrom in Verbindung stehen. Obwohl sie bereits in der Jahrhundertmitte auftritt, erfreut sie sich doch im letzten Drittel des 5. Jh. bei den Alamannen größter Beliebtheit.
Unklar bleibt vorerst, ob die Kontakte zum gepidischen Karpatenbecken das Ergebnis direkter Zuwanderung sind, oder ob die Leute etappenweise in den Westen gelangten. Handelt es sich um einen einmaligen Vorgang, oder kamen über einen Zeitraum von mehreren Jahren immer wieder kleinere Gruppen? In jedem Fall findet der Zustrom im süddeutschen Material einen deutlichen Niederschlag. Wenig befriedigend lässt sich klären, inwieweit die vermutete Abwanderung der Sueben nach Westen um 470 Spuren im mittleren Donauraum hinterlassen hat.

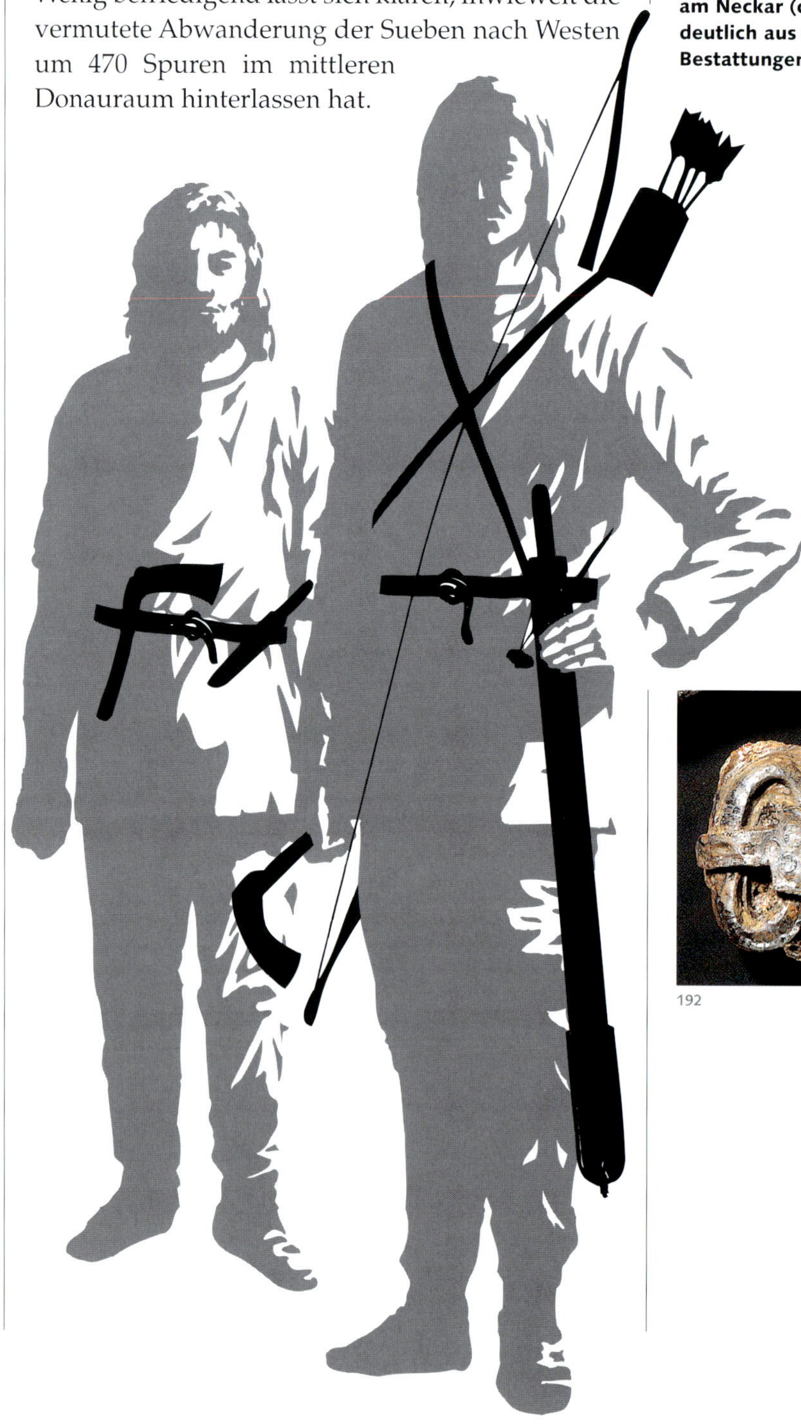

191 Einige Schwerter in alamannischen Männergräbern stammen aus Rüstungsbetrieben an der mittleren Maas. In Hemmingen Grab 21 (450–480 n.Chr.) spricht auch die bronzene Schnalle des Wehrgehänges dafür, dass die Bewaffnung aus dem Westen mitgebracht wurde.

192 Die eiserne Gürtelschnalle aus dem Männergrab 17 in Großkuchen aus der Zeit um 500 mit einem tauschierten rechteckigen Beschlag stammt wohl aus einer linksrheinischen Werkstätte. Vermutlich hatte ihr Besitzer im spätrömischen Heer gedient.

193 Reiche, typisch alamannische Tracht- und Schmuckbeigaben sowie Glas- und Bronzegefäße heben das Frauengrab von Kirchheim am Neckar (ca. 480 n.Chr.) deutlich aus den zeitgleichen Bestattungen heraus.

192

Im Mähren bieten die archäologischen Quellen keine Anhaltspunkte dafür. Dort finden sich Hinweise auf eine Abnahme der Besiedlungsdichte zu Beginn des 5. Jh., vermutlich als Resultat der Abwanderung im Jahre 406 (wandalisch-suebisch-alanischer Zug).[30] In der Slowakei gehen dagegen nach der Mitte des 5. Jh. die Spuren germanischer Besiedlung deutlich zurück. Die Ursache wird in der durch militärische Niederlagen gegen die Ostgoten bedingten Schwächung der Sueben und Heruler gesehen.[31] Ob dies auch das Ergebnis einer Abwanderung ist und, wenn ja, wohin die Menschen wanderten, bleibt unklar. Die Verhältnisse im ungarischen Raum können aufgrund des Publikationsstandes noch nicht bewertet werden.[32]

Integration

In Südwestdeutschland kamen die Zuwanderer in bereits bewohntes Gebiet. Sie wurden anscheinend nicht zum Ausbau neuer Landstriche angesiedelt. Man wird das wohl dahingehend interpretieren können, dass die landwirtschaftlich genutzten Flächen noch nicht völlig ausgelastet waren. Dies wirft auch ein Licht auf die vorherige Besiedlungsdichte. Sicher lag es aber auch im Interesse der alamannischen Führungsschicht, den Zuwanderern keine eigenen »Inseln« zuzuweisen, sondern sie möglichst schnell in den Stammesverband zu integrieren. Insgesamt könnte man hinter der gleichmäßigen Verteilung der donauländischen Funde und damit der Zuwanderer im gesamten alamannischen Raum durchaus eine zentrale Steuerung vermuten.[33]

Die fast vollständig untersuchten Gräberfelder des 5. Jh. zeigen, dass die einzelnen Gruppen ihre Toten auf gesonderten Arealen bestatteten. Donauländische Funde treten dabei anscheinend nicht in allen Gruppen auf. Vermutlich haben Alamannen und Hinzugezogene also dieselben Friedhöfe genutzt und wohl auch in gemeinsamen Siedlungen gelebt. Um dieses erste Bild zu überprüfen werden allerdings weitere Untersuchungen nötig sein. Fragen des alltäglichen Umgangs – etwa wie sich diese Menschen überhaupt verständigt haben – sind anhand der archäologischen Quellen nicht zu klären.

Zusammenleben und Zusammenwachsen

In den Jahren von 480 bis 510, zur Zeit des fränkischen Königs Chlodwig, geht die Zahl der donauländischen Funde deutlich zurück. Bei einigen Objekten handelt es sich um byzantinische Gürtelschnallen, andere kamen als schon alte Stücke ins Grab.

Auf den Gräberfeldern bestatteten die unterschiedlichen Gruppen ihre Toten weiterhin in gesonderten Arealen. Allerdings verschmelzen donauländische und alamannische Elemente zu einem reichen, typisch alamannischen Kunsthandwerk. Bei der Keramik zeigt beispielsweise die Übernahme der Glättverzierung seit der Childerichzeit, dass östliche Einflüsse rezipiert und mit Bekanntem kombiniert wurden. Im ganzen alamannischen Gebiet finden sich glättverzierte Schalen und Becher, deren Vorbild in der römischen Terra Nigra zu sehen ist. Krüge mit abgesetztem, rundem Mündungsteil gehen auch in ihrer Form auf donauländische Vorbilder, die sogenannten Murga-Krüge, zurück. Die alamannischen Krüge unterscheiden sich bei gleicher Form allerdings durch ihre rauhwandige Oberfläche und die oft abweichende Verzierungstechnik.[34]

Auch bei den Fibeln der Frauentracht werden unterschiedliche Einflüsse deutlich. Aus Barbing-Irlmauth, Bittenbrunn und Aldingen sind die bislang einzigen Zikadenfibeln des süddeutschen Raumes bekannt. Sie wurden im alamannischen Gebiet angefertigt, doch sind sie ohne Kenntnis der östlichen Vorbilder, die von Ungarn bis Südrussland in großer Zahl auftreten, kaum denkbar. Bei den Bügelfibeln zeigt sich in Form und Verzierung die Verschmelzung donauländischer und einheimischer Elemente.

Axt und Schwert

Bei den Männergräbern lässt sich viel schwieriger feststellen, inwieweit östliche Einflüsse verarbeitet wurden. Dies liegt sicher daran, dass kaum regional spezifische Bestandteile in der Männertracht erkennbar sind. Die Nachahmung der cloisonnierten donauländisch-byzantinischen Gürtelschnallen muss nicht durch den Zuzug der Gruppen aus dem Donauraum bedingt sein. Sie findet sich gerade bei den Franken besonders häufig und deutet an, dass sich die in alter Tradition arbeitenden militärischen Versorgungsbetriebe umstellten und nun Schnallen nach oströmischem Vorbild fertigten.

In den alamannischen Männergräbern finden sich zumeist Waffen, ihr Zubehör und Gefäße. Die typische Waffe der Jahrhundertmitte ist die Axt. Sie tritt auch in Knabengräbern auf. Da Beigaben in Kindergräbern selten sind, zeugt dies von einem gewissen Wohlstand der jeweiligen Familie. In Grab 29 von Hemmingen ist die Axt extra für einen Jungen angefertigt worden, der nicht einmal sechs Jahre alt geworden war. Derartige Miniaturäxte stehen in elbgermanischer Tradition und sind wohl symbolische Beigaben. Dies wird durch ein Knabengrab aus Aldingen unterstrichen, in dem als einzige Waffe eine für den praktischen Gebrauch untaugliche, aus Blei gegossene Axt lag.[35]

Ein Wechsel in der Ausstattung der Männergräber ist insofern zu erkennen, als etwa seit Mitte des

194

194 Neben typisch alamannischem Trachtzubehör enthielt das Grab einer reichen Dame von Mahlberg (480–510 n.Chr.) Silberlöffel sowie goldene Finger- und Ohrringe. Die Funde dokumentieren die Kontakte der Führungsschicht zum Mittelmeer- und Donauraum.

5. Jh. auch Schwerter in die Gräber gelangen. Sie werden zu einem Kennzeichen überdurchschnittlich reicher Bestattungen,[36] wenngleich deutliche Abstufungen von Gräbern mit Goldgriffspatha zu solchen mit einfacheren Schwertern erkennbar sind. In reicheren Gräbern tragen die Schwertscheiden Beschläge aus Silber.

Die Schwertbeigabe könnten alamannische Krieger, die zeitweise im spätrömischen Heer Dienst taten, von anderen Söldnern kennengelernt und übernommen haben.[37] Dass sie im spätrömischen Heer Dienst taten, deuten Schwerter aus Rüstungsbetrieben der mittleren Maas und Schnallen mit tauschiertem Beschlag an, die in Männergräbern der zweiten Hälfte des 5. Jh. gefunden werden.

Einzelgräber in alter Tradition

Während die meisten Alamannen seit der Mitte des 5. Jh. dazu übergingen, ihre Toten auf Friedhöfen zu bestatten, hielten noch bis um 500 einige, zumeist überdurchschnittlich wohlhabende Personen an den seit frühalamannischer Zeit üblichen Einzelgräbern bzw. kleinen Grabgruppen fest.[38] Aus der zweiten Hälfte des 5. Jh. ist so eine Grabgruppe aus Heilbronn-Böckingen bekannt, die aus vier weit auseinander liegenden Gräbern mit unterschiedlicher Orientierung bestand.[39]

Im Gegensatz zu den meist schmalen Gruben auf den Friedhöfen zeigen die Einzelgräber häufig Schächte, die breiter waren, als für die Aufnahme eines einfachen Sarges nötig gewesen wäre. Zudem

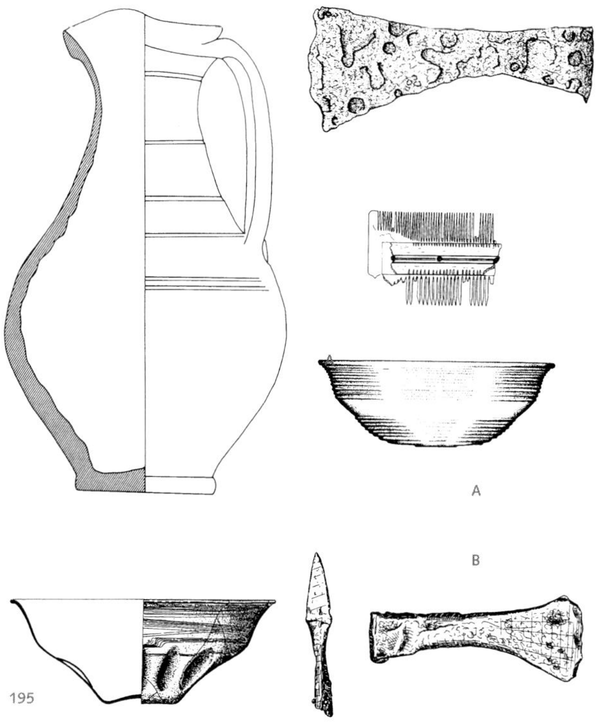

wurde für die Beigaben die gesamte Grube ausgenutzt. In Kleinwallstadt konnte eine Frauenbestattung der Zeit zwischen 450 und 470 untersucht werden, die in der Tradition der frühalamannischen Kammergräber steht. Die Tote lag in der nördlichen Hälfte, während die Gefäßbeigaben sowie Kamm und Spinnwirtel auf der Südseite deponiert waren. Zwei überdurchschnittlich wohlhabende Frauengräber sind aus Kirchheim am Neckar und aus Mahlberg in der Ortenau bekannt. Das wohl gegen 480 angelegte Grab in Kirchheim enthält neben typisch alamannischen Trachtbestandteilen einen Silberlöffel mit lateinischer Inschrift, der die Kontakte der Führungsschicht zur mediterranen Welt bezeugt. Auch die Dame aus Mahlberg hatte einen Silberlöffel, zudem belegen Ohrringe und ein Fingerring Beziehungen zum Donauraum. Die um 500 verstorbene Mahlbergerin war bereits mit einer Vierfibeltracht ausgestattet.[40]

Es sind nur wenige sichere Einzelgräber männlicher Personen bekannt. Dabei handelt es sich ebenfalls um auffallend reiche Bestattungen. In Entringen wurde 1904 ein Einzelgrab mit Goldgriffspatha freigelegt. Auch das wohl reichste Grab des 5. Jh., das 1857 auf dem Ailenberg bei Rüdern entdeckt wurde (vgl. Steuer, Herrschaft), ist deutlich abgesondert und im wahrsten Sinne des Wortes herausgehoben. Bei einigen anderen Männergräbern bleibt vorerst unklar, ob es sich um Einzelgräber handelt.

Doch nicht alle überdurchschnittlich ausgestatteten Gräber liegen separat. Auch auf Friedhöfen, beispielsweise in Entringen, Gültlingen und Basel-Kleinhüningen, wurden Personen der führenden Schicht bestattet, deren Beigaben denen der Einzelgräber in nichts nachstehen. Oftmals zählen sie sogar zu den Gräbern der Gründergeneration. Man wird also mit einer Übergangsphase zu rechnen haben, in der manche hochstehenden Personen noch an alten Gebräuchen festhielten, andere bereits neue angenommen hatten. So wurden beispielsweise in Entringen zwei Männergräber mit Goldgriffspatha entdeckt, das ältere auf dem Ortsgräberfeld, das jüngere als Einzelgrab.

Die Einzelgräber des 5. Jh. weisen typisch alamannische Beigaben auf, so dass es sich keinesfalls um zugewanderte Personen handelt, denen kein Platz auf dem Ortsgräberfeld zugestanden wurde. Auch zeigen Einzelgräber und Gräberfelder die gleiche räumliche Verteilung, oft liegen sie direkt benachbart – es handelt sich also nicht um eine lokale Besonderheit. Wir können davon ausgehen, dass eine »alteingesessene« Personengruppe noch kurze Zeit am alten alamannischen Bestattungsbrauch festhielt.

Abriss der Entwicklung

In der Mitte des 5. Jh. wurden im alamannischen Raum – im Gegensatz zur bis dahin üblichen Einzelgrabsitte – kleine Ortsgräberfelder mit in West-Ost-Richtung orientierten Bestattungen angelegt. Nur überdurchschnittlich wohlhabende Alamannen hielten noch bis um 500 am gesonderten Bestattungsplatz fest.

195 In Männergräbern aus dem zweiten Drittel des 5. Jh. findet man an Waffen nur Äxte und Pfeilspitzen. A: Groß-Umstadt, gefunden 1951. B: Kirchheim u. Teck.

196 Die einglättverzierte Keramik aus dem mittleren Donauraum diente als Vorbild für die alamannischen Töpfer. 1, 3 und 5 Velké Němčice; 2 Prešov, 4 Murga.

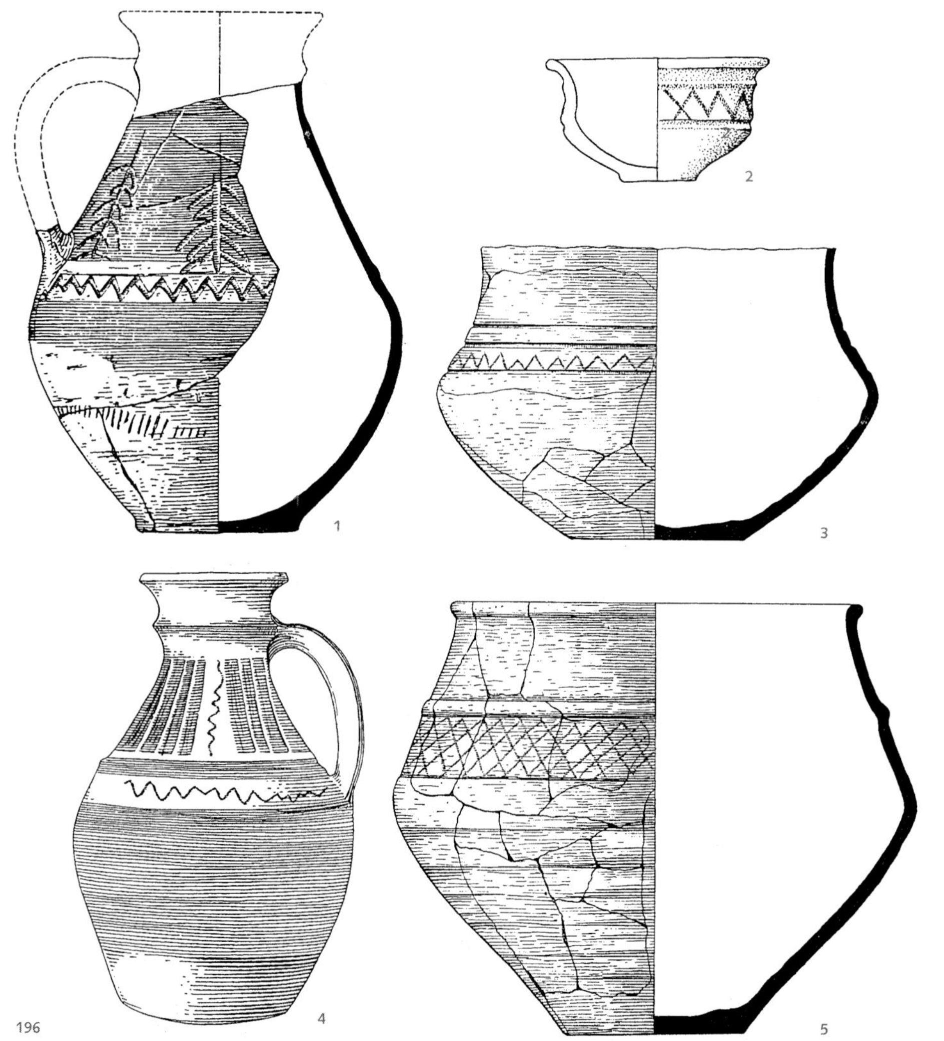

197

197 Die in Grab 33 vom Gräberfeld am alten Gotterbarmweg in Basel bestattete Frau besaß ein ungleiches Paar Bügelfibeln. Ein Exemplar stammt aus dem mittleren Donauraum und gelangte vermutlich als »Erbstück« in das Grab. Ein identisches Paar stammt aus Grab 6 desselben Friedhofes. Die dort beigesetzte Frau war aus dem mittleren Donauraum in die Alamannia zugewandert.

Für den Archäologen ist dieser Wechsel von spezieller Bedeutung, verändert er doch das Quellenmaterial für die gesamte Merowingerzeit, denn dieses wird durch Grabfunde dominiert, während die Zahl der bekannten Siedlungen gering ist.
Die Anregung zur Anlage von Gräberfeldern mit in West-Ost-Richtung orientierten Beisetzungen kam teilweise von den Römern. Bedeutender erscheint aber der Einfluss zugezogener elbgermanischer Gruppen, die im zweiten Drittel des 5. Jh. für das weströmische Reich Aufgaben im Grenzschutz übernahmen und sich anschließend in Südwestdeutschland ansiedelten. Andere Elbgermanen, vor allem aus dem böhmischen Raum, ließen sich nach der Umsiedlung der Burgunder im unteren Maingebiet nieder.
Die zwischen 460 und 480 besonders stark ausgeprägten donauländischen Einflüsse sind zumindest teilweise auf eine von den Historikern in die Diskussion gebrachte Integration der Donausueben in den alamannischen Stammesverband um 470 zurückzuführen. Dieser Vorgang könnte die erst seit dem 6. Jh. gebräuchliche Gleichsetzung von Alamannen und Sueben in den Schriftquellen erklären.

1 Vgl. U. Koch, Das alamannisch-fränkische Gräberfeld bei Pleidelsheim (Kreis Ludwigsburg). Forsch. u. Ber. Vor- u. Frühgesch. Baden-Württemberg (in Vorbereitung, erscheint voraussichtlich 1997).
2 A. Heege, Grabfunde der Merowingerzeit aus Heidenheim-Großkuchen. Materialh. Vor- und Frühgesch. Baden-Württemberg 9 (Stuttgart 1987) 175 ff.; D. Planck, Frühalamannische Funde aus dem Heidenheimer Raum. In: 75 Jahre Heimat- und Altertumsverein Heidenheim 1901–1976 (Heidenheim 1976) 97 ff. bes. 115 ff.
3 G. Fingerlin, Die alamannische Landnahme im Breisgau. In: M. Müller-Wille/R. Schneider (Hrsg.), Ausgewählte Probleme europäischer Landnahmen des Früh- und Hochmittelalters. Vorträge u. Forsch. 41/I (Sigmaringen 1993) 75 ff. Zum Ende der spätrömischen Grenzsicherung am Rhein allgemein: J. Oldenstein, Die letzten Jahrzehnte des römischen Limes zwischen Andernach und Selz unter besonderer Berücksichtigung des Kastells Alzey und der Notitia Dignitatum. In: F. Staab (Hrsg.), Zur Kontinuität zwischen Antike und Mittelalter am Oberrhein. Oberrhein. Stud. 11 (Sigmaringen 1994) 69 ff.; A. Wieczorek, Die Ausbreitung der fränkischen Herrschaft in den Rheinlanden vor und seit Chlodwig I. In: Die Franken, Wegbereiter Europas. Ausstellungskatalog Mannheim (Mainz 1994) 241 ff. bes. 242 f.
4 U. Giesler, Das rechtsrheinische Vorland von Basel und Augst im frühen Mittelalter. In: Führer vor- u. frühgesch. Denkmäler 47 (Mainz 1981) 92 ff. bes. 103 ff.; Fingerlin (Anm. 3) 81; H. W. Böhme, Eine elbgermanische Bügelfibel des 5. Jahrhunderts aus Limetz-Villetz (Dép. Yvelines, Frankreich). Arch. Korrbl. 19, 1989, 397 ff. bes. 400. Vgl. in diesem Zusammenhang auch E. Pohl, Der Neuburger Stadtberg und sein Umfeld am Übergang von der Antike zum Mittelalter (4. bis 7. Jh.) aus archäologischer Sicht. In: K. H. Rieder/A. Tillmann (Hrsg.), Neuburg an der Donau. Archäologie rund um den Stadtberg (Neuburg 1993) 109 ff. bes. 120.
5 Giesler (Anm. 4) 99; H. W. Böhme, Zur Bedeutung des spätrömischen Militärdienstes für die Stammesbildung der Bajuwaren. In: H. Dannheimer/H. Dopsch (Hrsg.), Die Bajuwaren – Von Severin bis Tassilo 488–788. Ausstellungskatalog Rosenheim/Mattsee (München, Salzburg 1988) 23 ff. mit Abb. 10.
6 Böhme (Anm. 5) 30 f. mit Abb. 10.
7 Böhme (Anm. 4); T. Springer, Germanenfunde der Völkerwanderungszeit in Nordbayern. Bemerkungen zur Keramik vom Typ Friedenhain-Prestovice. Arch. Korrbl. 15, 235 ff.
8 Koch (Anm. 1).
9 Vgl. allgemein B. Svoboda, Čechy v dobe Stehování Národu (Böhmen in der Völkerwanderungszeit) (Prag 1965) 320 ff.; Springer (Anm. 7).
10 A. Koch, Ein bemerkenswerter Grabfund protomerowingischer Zeit aus Arcy-Sainte-Restitue (Dép. Aisne). Arch. Korrbl. 26, 1996, 323 ff. bes. 328 mit Anm. 29.
11 Svoboda (Anm. 9) 317.; J. Zeman, Böhmen im 5. und 6. Jahrhundert. In: Germanen, Hunnen und Awaren. Schätze der Völ-

kerwanderungszeit. Ausstellungskatalog Nürnberg/Frankfurt (Nürnberg 1987) 515 ff. bes. 517 ff.

12 Pohl (Anm. 4) 122 mit Abb. 16; Koch (Anm. 10) mit Abb. 3 (süddeutsche Variante).

13 U. Koch, Alamannen in Heilbronn. Archäologische Funde des 4. und 5. Jahrhunderts. Museo 6. Veröff. Städt. Museen Heilbronn (Heilbronn 1993) 19 Abb. 20.

14 Vgl. allgemein J. Werner, Beiträge zur Archäologie des Attila-Reiches. Abh. Bayer. Akad. Wiss. Phil.-Hist. Kl. N.F. 38 (München 1956) 5 ff.

15 Koch (Anm. 13) 15 ff. Dagegen Heege (Anm. 2) 66 f.

16 Werner (Anm. 14) 26 ff.

17 Wieczorek (Anm. 3) 242.

18 Vgl. bereits G. Fingerlin, Zur alamannischen Siedlungsgeschichte des 3. bis 7. Jahrhunderts. In: W. Hübener (Hrsg.), Die Alamannen in der Frühzeit. Veröff. Alemannisches Inst. Freiburg 34 (Bühl 1974) 45 ff. bes. 79 f.

19 J. Werner, Zu den donauländischen Beziehungen des alamannischen Gräberfeldes am alten Gotterbarmweg in Basel. In: Helvetia Antiqua. Festschrift E. Vogt (Zürich 1966) 283 ff.

20 Zu den Fibeln aus Grab 22: V. Bierbrauer/H. Büsing/A. Büsing-Kolbe, Die Dame von Ficarolo. Arch. Medievale 20, 1993, 303 ff bes. 322 ff.

21 M. Schulze-Dörrlamm, Gotische Amulette des 4. und 5. Jahrhunderts nach Christus. Arch. Korrbl. 16, 1986, 347 ff. bes. 348 Abb. 2.; M. Knaut, Die alamannischen Gräberfelder von Neresheim und Kösingen, Ostalbkreis. Forsch. u. Ber. Vor- u. Frühgesch. Baden-Württemberg 48 (Stuttgart 1993) 96 Abb. 50.

22 Vorsichtiger U. Gross, Zur einglättverzierten Keramik des 5. und frühen 6. Jahrhunderts in Süddeutschland. Bayer. Vorgeschbl. 57, 1992, 311 ff. bes. 314 Anm. 22.

23 Werner (Anm. 19); ders., Archäologische Bemerkungen zu den dendrochronologischen Befunden von Oberflacht. Fundber. Baden-Württemberg 1, 1974, 650 ff bes. 652 ff.; D. Quast, Die merowingerzeitlichen Grabfunde aus Gültlingen (Stadt Wildberg, Kreis Calw). Forsch. u. Ber. Vor- u. Frühgesch. Baden-Württemberg 52 (Stuttgart 1993) 86 f. mit Abb. 50.

24 H. Keller, Alamannen und Sueben nach den Schriftquellen des 3. bis 7. Jahrhunderts. Frühmittelalterl. Stud. 23, 1989, 89 ff. 108 f. Zum Siedlungsraum der Sueben vgl. mit z.T. unterschiedlichen Ansichten: F. Lotter, Die germanischen Stammesverbände im Umkreis des Ostalpen-Mitteldonau-Raumes nach der literarischen Überlieferung zum Zeitalter Severins. In: H. Wolfram/A. Schwarcz (Hrsg.), Die Bayern und ihre Nachbarn 1. Österr. Akad. Wiss. Phil.-Hist. Kl. Denkschr. 179 (Wien 1985) 30; 29 ff. bes. 40 f.; A. Kiss, Germanischer Grabfund der Völkerwanderungszeit in Jobbágyi. Zur Siedlungsgeschichte des Karpatenbeckens in den Jahren 454–568. Alba Regia 19, 1981, 167 ff. bes. 175 ff.; I. Bóna, Ungarns Völker im 5. und 6. Jahrhundert. Eine historisch-archäologische Zusammenschau. In: Germanen, Hunnen und Awaren. Schätze der Völkerwanderungszeit. Ausstellungskatalog Nürnberg/Frankfurt (Nürnberg 1987) 121.

25 Lotter (Anm. 24) 40 f.; Keller (Anm. 24); D. Geuenich, Zum gegenwärtigen Stand der Alamannenforschung. In: F. Staab (Hrsg.), Zur Kontinuität zwischen Antike und Mittelalter am Oberrhein. Oberrhein. Stud. 11 (Sigmaringen 1994) 159 ff. bes. 162 ff.; H. Castritius, Barbari – antiqui barbari. Zur Besiedlungsgeschichte Südostnorikums und Südpannoniens in der Spätantike. Frühmittelalterl. Stud. 29, 1995, 72 ff. bes. 81 f.

26 H. Castritius, Von politischer Vielfalt zur Einheit. Zu den Ethnogenesen der Alamannen. In: H. Wolfram/W. Pohl (Hrsg.), Typen der Ethnogenese unter besonderer Berücksichtigung der Bayern 1. Österr. Akad. Wiss. Phil.-Hist. Kl. Denkschr. 201 (Wien 1990) 71 ff. bes. 80 f.; Geuenich (Anm. 25) 167.

27 Castritius (Anm. 26) 81.; Keller (Anm. 24) 98 f. Zur Ausdehnung des alamannischen Gebietes anhand der Schriftquellen zu Recht kritisch Wieczorek (Anm. 3) 241 f.

28 J. Tejral, Archäologischer Beitrag zur Kenntnis der völkerwanderungszeitlichen Ethnostrukturen nördlich der Donau. In: H. Friesinger/F. Daim (Hrsg.), Typen der Ethnogenese unter besonderer Berücksichtigung der Bayern 2. Österr. Akad. Wiss. Phil.-Hist. Kl. Denkschr. 201 (Wien 1990) 9 ff. bes. 42 ff.; K. Pieta, Die Slowakei im 5. Jahrhundert. In: Germanen, Hunnen und Awaren. Schätze der Völkerwanderungszeit. Ausstellungskatalog Nürnberg/Frankfurt (Nürnberg 1987) 386.

29 Bóna (Anm. 24) 121.

30 J. Tejral, Probleme der Völkerwanderungszeit nördlich der mittleren Donau. In: Germanen, Hunnen und Awaren. Schätze der Völkerwanderungszeit. Ausstellungskatalog Nürnberg/Frankfurt (Nürnberg 1987) 351 ff. bes. 353; ders., (Anm. 28) 32 f.

31 Pieta (Anm. 28) 395.

32 Kiss (Anm. 24) 177.

33 Zur Diskussion um das alamannische Einkönigtum vgl. den Beitrag von Geuenich, Widersacher.

34 Gross (Anm. 22) mit Lit.; Koch (Anm. 13) 24 ff.

35 J. Werner, Bewaffnung und Waffenbeigabe in der Merowingerzeit. In: Ordinamenti militari in Occidente nell'Alto Medioevo. Settimane di Studio del Centro Italiano di Studi sull'Alto Medioevo 15 (Spoleto 1968) 95 ff. bes. 101.

36 H. W. Böhme, Söldner und Siedler im spätantiken Nordgallien. In: Die Franken, Wegbereiter Europas. Ausstellungskatalog Mannheim (Mainz 1996) 91 ff. bes. 96.

37 Vgl. H. W. Böhme, Der Frankenkönig Childerich zwischen Attila und Aëtius. Zu den Goldgriffspathen der Merowingerzeit. In: Festschr. Otto-Hermann Frey. Marburger Stud. Vor- u. Frühgesch. 16 (Marburg 1994) 69 ff. bes. 74 ff.; Böhme (Anm. 36) 95 ff.; Wieczorek (Anm. 3) 242; F. Staab, Die Rheinfranken und das Reich von Köln. In: Die Franken, Wegbereiter Europas. Ausstellungskatalog Mannheim (Mainz 1996) 237 ff. bes. 238.

38 H. Ament, Das alamannische Gräberfeld von Eschborn (Main-Tauber-Kreis). Mat. Vor- u. Frühgesch. Hessen 14 (Wiesbaden 1992) 47.

39 Koch (Anm. 13) 12.

40 Zur Fibeltracht zuletzt: M. Martin, Tradition und Wandel der fibelgeschmückten frühmittelalterlichen Frauenkleidung. Jahrb. RGZM 38, 1991 (1995), 629 ff.; ders., Schmuck und Tracht des frühen Mittelalters. In: Frühe Bayern im Straubinger Land (Straubing 1995) 40 ff. bes. 43 ff. 47 ff.

Besiegt, beraubt, vertrieben

DIE FOLGEN DER NIEDERLAGEN VON 496/497 UND 506

URSULA KOCH

Gegen Ende des 5. Jh. hatten die Alamannen den Höhepunkt ihrer kulturellen Blüte erreicht und offensichtlich ihren Machtbereich bis an den Mittelrhein vorgeschoben, denn dort kam es zum Zusammenstoß mit den ebenfalls expandierenden Rheinfranken des Kölner Königs Sigibert. Die Auseinandersetzungen gipfelten in einer Schlacht. Aus ihr ging der salfränkische König Chlodwig I., der den Rheinfranken zu Hilfe kam, siegreich hervor. Von diesem im 15. Jahr seiner Regierung schwer errungenen Sieg Chlodwigs berichtet Bischof Gregor von Tours (538–594) in den »Zehn Büchern Geschichten«; er nennt allerdings nicht den Ort der Schlacht.[1] An anderer Stelle notiert er, dass Sigibert im Kampf gegen die Alamannen bei der Stadt Tolbiacum (heute Zülpich, Erftkreis) am Knie getroffen wurde, jedoch fehlt in diesem Fall die Zeitangabe.[2] Der ostgotische Geograph Athanarid, den der sogenannte Anonymus von Ravenna in einer Schrift des 9. Jh. überliefert, bezeichnet die Rheinstädte von Mainz an stromabwärts als fränkisch, von Worms an stromaufwärts als alamannisch.[3] Damit dürfte er die Verhältnisse nach der Niederlage im Jahre 496, als die Alamannen die von ihnen kontrollierten Gebiete am Mittelrhein und im Rhein-Main-Gebiet aufgegeben hatten, festgehalten haben.

Einschneidendere Folgen für die alamannische Bevölkerung im Neckarland und am Oberrhein hatte zweifellos das Ereignis, auf das sich ein Brief des Ostgotenkönigs Theoderich etwa aus dem Jahr 506/507 bezog, verfasst von seinem Geheimsekretär Cassiodor und gerichtet an den Frankenkönig Chlodwig.[4] Der Ostgote bot, als der alamannische König mit der Blüte seines Volkes gefallen war, den erschöpften Resten – wie er schreibt – seinen Schutz an; vor allem rief er seinen Schwager Chlodwig zur Mäßigung auf.

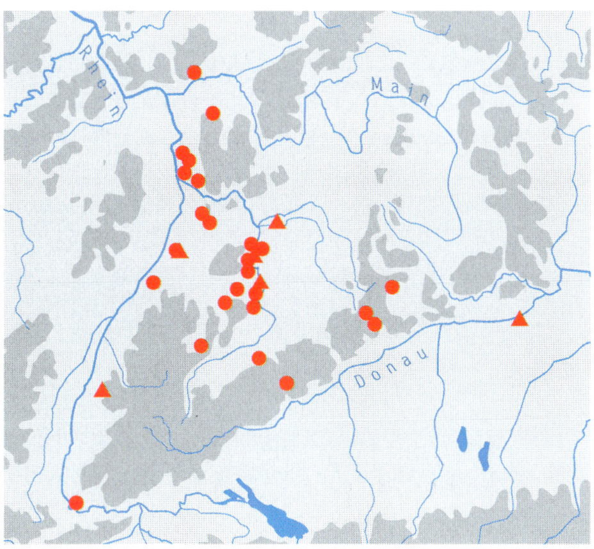

198

198 **Die alamannische Elite bestattete meist in kleinen Gräbergruppen (Punkte), oft auch in Einzelgräbern (Dreiecke). In der nördlichen Alamannia brechen diese Bestattungen um 500 ab. Mussten die einflussreichen Familien dem fränkischen Druck weichen?**

Das Los der Reichen

Nur ein Teil der alamannischen Bevölkerung hatte in der zweiten Hälfte des 5. Jh. die Körpergrab- und Beigabensitte aufgenommen und bestattete die Toten auf einem gemeinsamen Friedhof. Die meisten dieser nicht sehr häufigen, dafür aber gut ausgestatteten – daher auch datierbaren – Gräbergruppen werden jedoch spätestens zu Beginn des 6. Jh. wieder aufgelassen.[5]

Auffallend früh bricht lediglich das nördlich des Mains gelegene Gräberfeld von Eschborn ab. Abgesehen von den in der Orientierung abweichenden Gräbern 20 und 24 mit fränkischen Formen, die sonst nicht in den abbrechenden alamannischen Gräberfeldern auftauchen und erst eine gute Generation nach Chlodwig zu datieren sind,[6] reicht in Eschborn kein weiteres Grab auch nur bis an den Beginn des 6. Jh. Keine Frau trug eine Tracht mit vier Fibeln. Die typologisch jüngste Fibel, die nur 5,9 cm große Fünfknopffibel aus Grab 7, besitzt noch einen einfach quergerippten Fuß, wie er bei den älteren Dreiknopffibeln üblich war.[7] Die in Eschborn bestattenden alamannischen Familien hatten den Ort möglicherweise schon vor 496 verlassen.

Typische Formen des ersten Viertels des 6. Jh. gelangten dagegen in Hemmingen in die Gräber 20, 28 und 35;[8] da hier aber junge, z.T. sogar sehr junge Frauen beigesetzt waren, können die Gräber bereits vor 510 angelegt worden sein. Eine 20–30jährige Frau in Grab 20 besaß Vogelfibeln mit Sichelfuß und 9,1 cm lange Bügelfibeln mit Kreiskerbschnitt und fünf gerippten Knöpfen. Noch keine 20 Jahre alt war die Frau in Grab 35 mit einem 7,6 cm langen Bügelfibelpaar mit Radial- und Dreieckskerbschnitt. Ein 14jähriges Mädchen in Grab 28 trug Ohrringe mit Scheibenende. Jüngere Funde sind aus keinem der abbrechenden alamannischen Gräberfelder im Neckarland zu verzeichnen.

Hier einen Zusammenhang mit dem endgültigen Sieg Chlodwigs zu sehen liegt nahe, denn über-

wiegend hatte eine wohlhabende Bevölkerungsschicht ihre Toten in den kleinen Friedhöfen bestattet. Diese Angehörigen einflussreicher Familien waren zweifellos am politischen Geschehen beteiligt gewesen, sie mussten daher für die Folgen aufkommen und versuchten sicher, dem Gegner zu entkommen.
Wer allerdings wenig Vermögen besaß, nichts zu verlieren hatte und politisch unbedeutend war, der blieb im Lande. Dies lässt sich zum Beispiel in Pleidelsheim nachweisen,[9] wo die Familie eines Herrn mit Goldgriffspatha den Ort zwar verließ, doch eine kleine Gruppe ihre Gräber weiterhin im alten Areal anlegte.

Panik auf der Burg: das Ende des Runden Berges

Den Runden Berg bei Bad Urach besiedelten im 5. Jh. die Gefolgschaften eines alamannischen Fürsten – möglicherweise eines Königs – zusammen mit ihren Familien und einer ganzen Reihe hochqualifizierter Handwerker. Zu Beginn des 6. Jh. wurde die Siedlung aufgegeben.[10] Offensichtlich geschah dies unvorbereitet und in großer Eile, denn die bewegliche Habe versteckten die vornehmen Bewohner der Berkuppe ebenso wie die Leute von den zugehörigen Wirtschaftshöfen der Bergterrasse in Felsspalten und im Buschwerk am Hang.[11] Es könnte zu Kampfhandlungen gekommen sein. Die Einrichtung der Häuser, das Geschirr aus Keramik und Glas, die Geräte aus Stein blieben zerschlagen zurück; Metall wurde gründlich geplündert. Später hatten die einstigen Bewohner der Höhensiedlung keine Gelegenheit mehr, das versteckte Gut wieder zu bergen.
Gut datierbar sind die Glasgefäße, die sich aus den unzähligen Scherben rekonstruieren ließen;[12] so ergab sich ein für das späte 5. Jh. typisches Spektrum an Glasgefäßen mit vielen bis in das frühe 6. Jh. hinein gebräuchlichen Formen.
Versteckt wurde der Edelmetallschmuck der Frauen, der – wenn auch unterschiedlich lange – bereits getragen worden war.[13] Die Fibeln passen in

199

199 Nicht nur Schmuck aus Edelmetall, auch Werkzeug und landwirtschaftliches Gerät versteckten die Bewohner des Runden Berges bei Urach, bevor sie flüchteten. Die Zusammensetzung dieses Fundes mit Schmiedewerkzeug, Löffelbohrer, Erntegeräten und Wagenkette lässt vermuten, dass die Gegenstände einst einem Wagner und Fuhrunternehmer gehörten.

200 Selbst wertvollen Schmuck konnten die Frauen des Runden Berges nicht retten. Ihre gesamte bewegliche Habe blieb zurück, darunter Bügel- und Kleinfibeln, ein silberner Kolbenarmring und verschiedene Schmuckanhänger.

der typologischen Entwicklung zu den jüngsten Funden aus den abbrechenden Gräberfeldern im Neckarland. Auf dem Runden Berg blieb in der Werkstatt des Goldschmiedes eine defekte Reiterfibel liegen.[14] Unter den versteckten Wertgegenständen waren auch unvollendete Arbeiten: eine 11 cm lange Bügelfibel und ein Ohrring mit Scheibenende.[15]

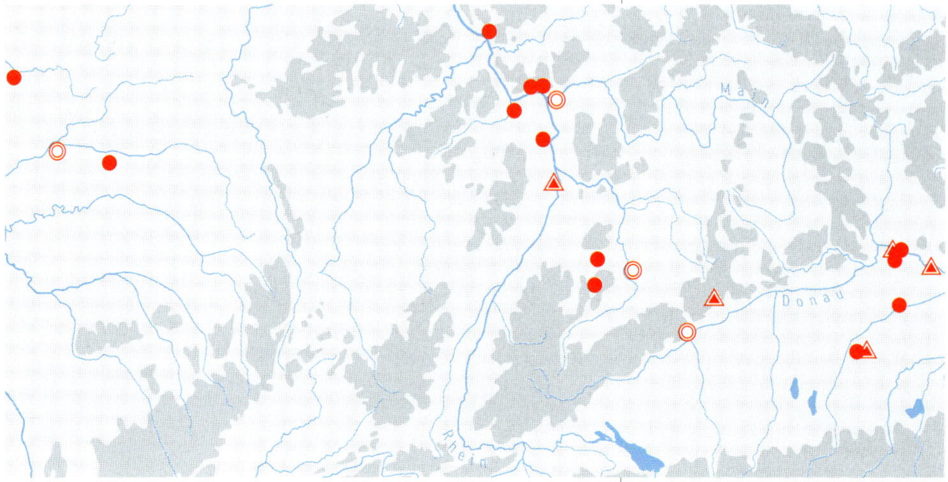

201

201 **Vom Rhein, Main und Neckar nach Rätien: Bügelfibeln mit Kerbschnittradialen und -dreiecken auf der Kopfplatte.**

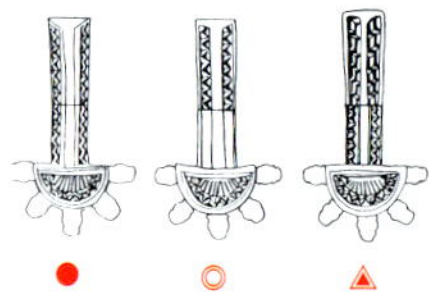

Kriegsbeute der Franken?

Die Alamannen dürften den Raum zwischen Wiesbaden und Koblenz nur für kurze Zeit militärisch kontrolliert haben. Eine Ansiedlung größerer Gruppen von Alamannen gab es am Mittelrhein sicher nicht, aber auch eindeutige Siedlungszeugnisse einer Besatzungsmacht fehlen. Es wird wohl kaum gelingen, sie nachzuweisen und von denen der Rheinfranken zu trennen. Möglicherweise betrieben nur wenige einflussreiche Personenverbände aus der näheren Umgebung des (oder eines) Königs die alamannische Expansion. Dabei handelt es sich um die gleiche Gesellschaftsschicht, die Kunsthandwerker beschäftigte, Einfluss auf die Frauenmode nahm und so indirekte Spuren am Rhein hinterließ.

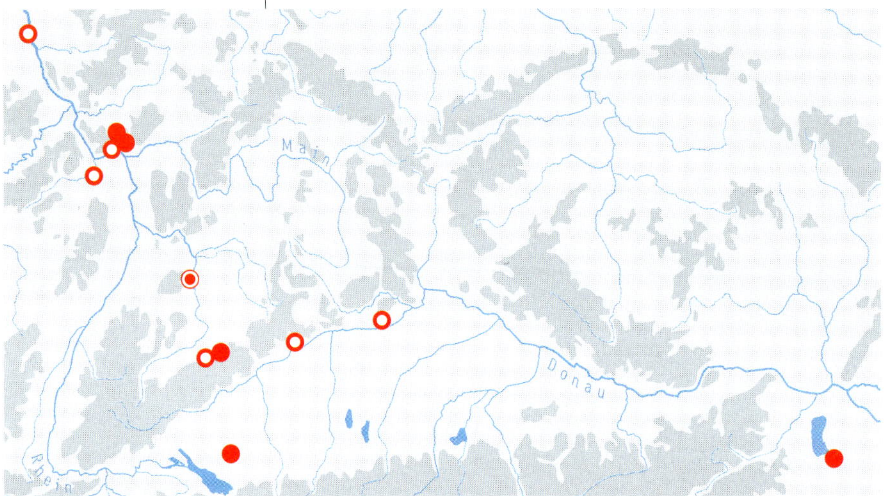

202

202 **Alamannische Fibeln in fränkischen Händen: Bügelfibeln mit schachbrettartig angeordneten Mäanderhaken auf der Kopfplatte und trapezoidem Tierkopffuß.**

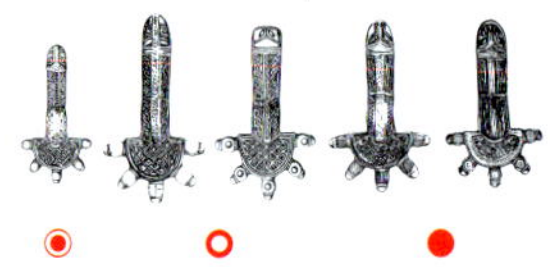

Auf eine solche Spur führen die Bügelfibeln, da sie mit ihren komplizierten Mustern leicht stilistische Entwicklungen und auch Abhängigkeiten erkennen lassen. Ein gutes Beispiel sind Fibeln, deren halbrunde Kopfplatten mit Mäanderhaken gefüllt sind und deren trapezoider Fuß durch ein Tierkopfende verlängert ist. Die typologisch ältere Variante, ein Paar 8,1 cm langer Fünfknopffibeln, trug im letzten Viertel des 5. Jh. eine vornehme Frau aus Kirchhheim am Neckar.[16] Mit Kerbschnittkreisen in den Seitenfeldern von Bügel und Fuß sowie dem gehörnten Tierkopf zeigt die Fibel beliebte alamannische Ziermotive.[17] Dass es sich dabei um ein am Neckar heimisches Modell handelt, bestätigen zwei über 10 cm lange Fibelpaare aus den Depotfunden vom Runden Berg bei Urach, die zugleich die beiden zu Beginn des 6. Jh. gebräuchlichen Varianten des Fibeltyps darstellen: ein Paar mit Mäanderkerbschnitt und eines mit eckigem Flechtband in den Seitenfeldern des Fußes.[18] Weitere Exemplare dieser von alamannischen Goldschmieden konzipierten Form mit dem eckigen Flechtband wurden am Rhein in Gräbern aus dem ersten Drittel des 6. Jh. gefunden, und zwar in Eltville Grab 459, Freilaubersheim und Köln, St. Severin Grab 217.[19] Offensichtlich erfreuten sich die Erzeugnisse alamannischer Kunsthandwerker bei den Damen der rheinfränkischen Oberschicht größerer Wertschätzung.

Es ist davon auszugehen, dass die Franken nach ihrem schwer errungenen Sieg Beute machten. Jene Fibeln könnten aus den Plünderungen stammen. Ebenso ist dies der Fall bei den Bügelfibeln einer Frau aus Grab 149 in Köln-Müngersdorf, da letztere genaue Gegenstücke jenseits der Isar in Grab 658 von Altenerding haben.[20] Möglicherweise arbeiteten auch die stets begehrten Goldschmiede aus der Umgebung des toten Königs von nun an auf den Höfen der fränkischen Oberschicht bzw. am Hofe König Sigiberts in Köln. Denn es fällt auf, dass von den typologisch älteren Fünfknopffibeln mit oder ohne Tierkopfabschluss, die allesamt alamannischen Ursprungs sind,[21] zwar Beispiele aus dem einst wohl von Alamannen kontrollierten Ge-

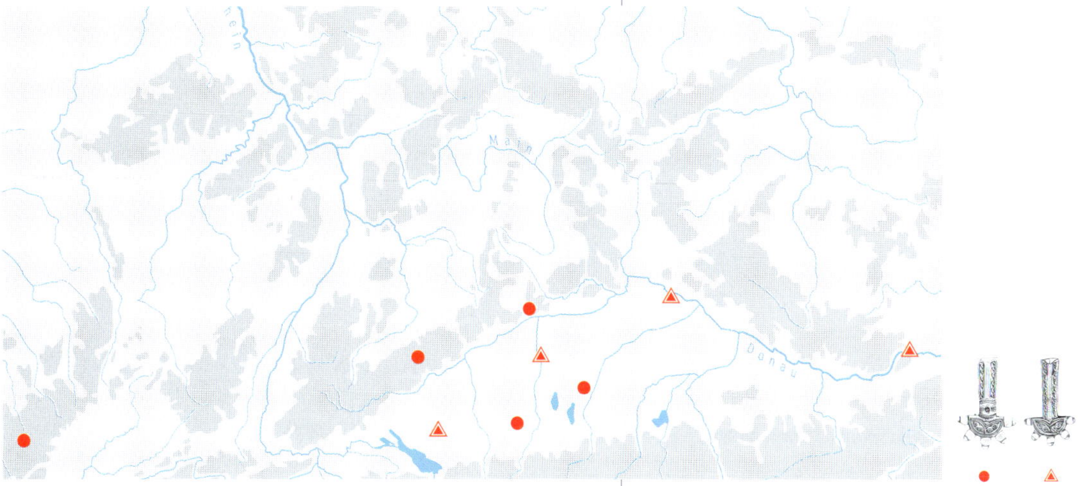

203

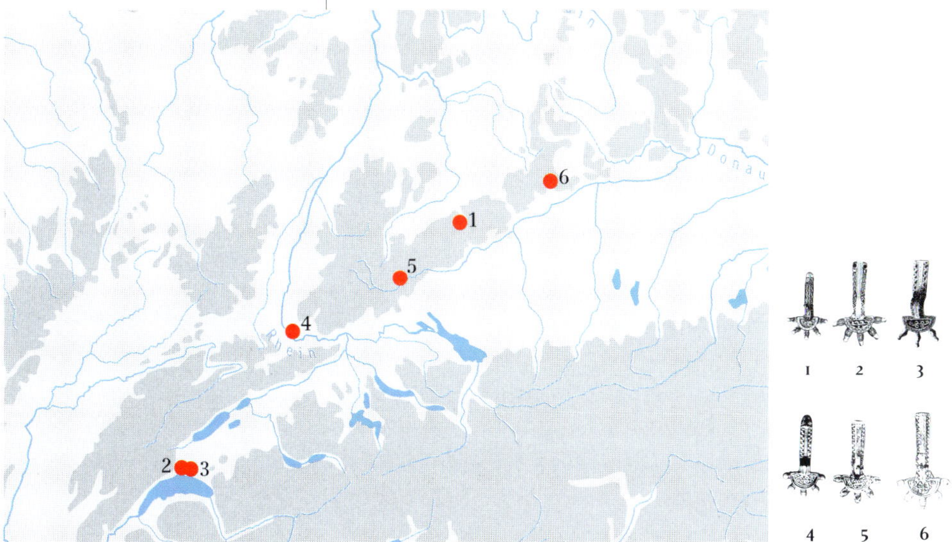

204

203 **Asyl im Osten, Asyl im Westen: Bügelfibeln vom Typ Reutlingen mit Kreisaugen in spitzovalen Zierfeldern der halbrunden Kopfplatte.**

204 **Alamannische Familien zogen von der oberen Donau und der Schwäbischen Alb ins Reich der Burgunder. Bügelfibeln mit querliegendem Hakenband auf der Kopfplatte sowie Z-förmigem Stufenkerbschnitt auf der Fußplatte markieren ihren Weg.**

205 **Zur Zeit Theoderichs des Großen wurden in Noventa bei Alcagnano mehrere Frauen mit auffallend reichem Edelmetallschmuck beigesetzt. Der Schmuck und die typische Fibeltracht sprechen dafür, dass in diesen Gräbern alamannische Frauen ruhten, die bei den Ostgoten Zuflucht gefunden hatten.**

biet vorliegen, nämlich von Andernach, Kaltenengers und rechtsrheinisch sogar aus Schwarzrheindorf auf der Höhe von Bonn, dass jedoch rheinfränkische Frauen am Niederrhein und in Köln – oder handelt es sich gar um Alamanninnen (?) – erst seit der Zeit um 500 die hier zuvor nicht üblichen Fünfknopffibeln mit trapezoidem Fuß trugen, wie zum Beispiel gleich drei Frauen auf dem Hof in Köln-Müngersdorf, die zudem wie vornehme Alamanninnen mit je einem silbernen Kolbenarmring und einem Kleinfibelpaar ausgestattet waren.[22]

Zu den beiden um 506 auf dem Runden Berg deponierten, aber schon getragenen Fibelpaaren mit dem Mäander-Schachbrettmuster gibt es dagegen wenige Parallelen in alamannischen Gräbern, wie

205

die Variante mit Mäanderkerbschnitt in Weingarten Grab 511 oder die mit eckigem Flechtband aus Lenting bei Ingolstadt und Schretzheim an der Donau Grab 502.[23] Besonders das Paar aus Lenting weist den Weg, den die geflohenen Alamannen nahmen, während das Fibelpaar in Schretzheim einer Zwanzigjährigen erst in der Mitte des 6. Jh. ins Grab gelegt wurde und zuvor wohl in der Schatztruhe einer wohlhabenden fränkischen Familie lag.

Flucht nach Rätien

Ohrringe mit Almandinscheibe kommen bei Alamannen am Neckar und bei den Rheinfranken in Köln zur gleichen Zeit auf, nämlich um 500.[24] Sie haben weder in dem einen noch dem anderen Gebiet ältere Vorformen, wahrscheinlich gaben romanische Schmuckformen die Anregung, da mit Almandinen belegte Scheiben sowohl auf Fingerringe aufgelötet als auch als Fibeln auftreten.[25] In jedem Fall aber brachten alamannische Frauen diese Ohrringe, die sie wohl im romanischen Milieu am Mittelrhein kennengelernt hatten, zu Beginn des 6. Jh. nach Rätien.

Im Regensburger Raum und an der Isar finden sich auffallend viele Fibeln und Schmuckstücke aus dem ersten Viertel des 6. Jh., die einen zweiten Verbreitungsschwerpunkt am Mittelrhein und in Rheinhessen aufweisen. Dazu gehören fast alle Schmuckstücke aus dem Frauengrab 19 von Barbing-Irlmauth, außer den Ohrringen mit Scheibenende die Vogelfibeln mit Sichelfuß[26] sowie die Bügelfibeln mit Kerbschnittradialen und -dreiecken auf der Kopfplatte.[27] Lediglich als Haarpfeil verwendete Nadeln mit kleinem Vogelkopf am flachrechteckigen oberen Schaftende waren schon länger in der Alamannia üblich.[28]

Die ältesten alamannischen Gräber zwischen Iller und Lech weisen Formen auf, die Parallelen im oberen Donauraum, auf der Alb sowie unter den Verwahrfunden vom Runden Berg haben.[29] Dazu zählen zum Beispiel die Fibeln vom Typ Reutlingen mit Kreiskerbschnitt auf der Kopfplatte.[30]

Die Alamannen hatten noch im 5. Jh. die Grenzen des römischen Reiches respektieren müssen. Sie siedelten weder westlich des Rheins, dort verwehrten ihnen die Burgunden den Zugang, noch östlich der Iller, in der römischen Provinz Rätien, über die lange Zeit Odoaker gebot. In der Zeit um 500 fanden hier jedoch viele Alamannen Schutz vor dem Frankenkönig. Nach den archäologischen Quellen zogen Personenverbände aus den nördlicheren Gebieten der einstigen Alamannia eher in den Raum um Regensburg, solche vom mittleren Neckar und der Alb in das Augsburger Gebiet. Offensichtlich wurden die Alamannen hier zu Wächtern des Reiches, wie Ennodius in einem Panegyricus auf Theoderich den Großen verkündet.[31]

Unter dem Schutz Theoderichs des Großen

Der Ostgotenkönig Theoderich hielt nicht nur seine Hand schützend über die Alamannen, er betrieb gleichzeitig Siedlungspolitik zum Wohle seiner Untertanen und im Hinblick auf die Stabilität seines Reiches. Das Bild einer vom König dirigierten geordneten Ansiedlung der Alamannen, wie es die archäologischen Quellen in Rätien andeuten, geht auch aus dem Schreiben Theoderichs an die Bevölkerung Noricums, der an Rätien angrenzenden Provinz, hervor.[32] Er verfügt in dem Schreiben, dass die Noriker ihre leistungsfähigen kleinen Rinder gegen die erschöpften, aber großwüchsigen Tiere der durchziehenden Alamannen austauschen sollten, und zwar zu beiderseitigem Vorteil.

Bei einer Bügelfibel, die in einer Schmiede am Hemmaberg in Kärnten landete,[33] steht außer Zweifel, dass sie ein alamannisches Produkt der Zeit um 500 ist, das dann wohl auf der Flucht durch Noricum veräußert wurde. Der mit Kerbschnittkreisen gefüllte Bogen begegnet ganz ähnlich auf einem Exemplar im oberitalischen Fornovo di San Giovanni,[34] während eine Fibel aus Heilbronn-Böckingen[35] eher die Ausgangsform zeigt. Die Fibeln vom Hemmaberg und aus Fornovo verbindet außerdem der felderweise wechselnde Dekor in den seitlichen Streifen des Fußes, der für eine ganze Gruppe von Fibeln typisch ist.[36] Diese Fibeln sind mehrfach in gesichertem alamannischem Siedelraum anzutreffen, daher liegt es nahe, auch bei den versprengten Stücken alamannische Herkunft an-

206 Unter dem Schutz Theoderichs: typisch alamannische Bügelfibeln mit zwei verschiedenen Kerbschnittmustern in den Seitenfeldern des Fußes in Noricum und Italien.

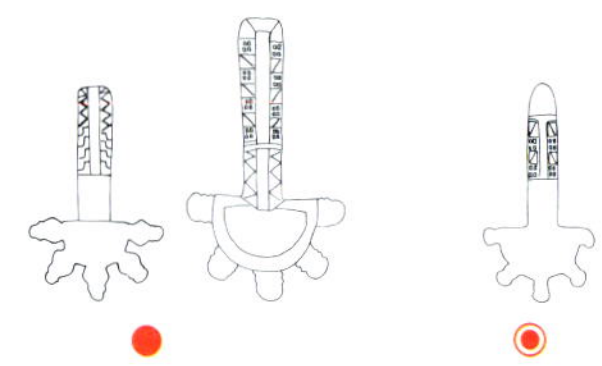

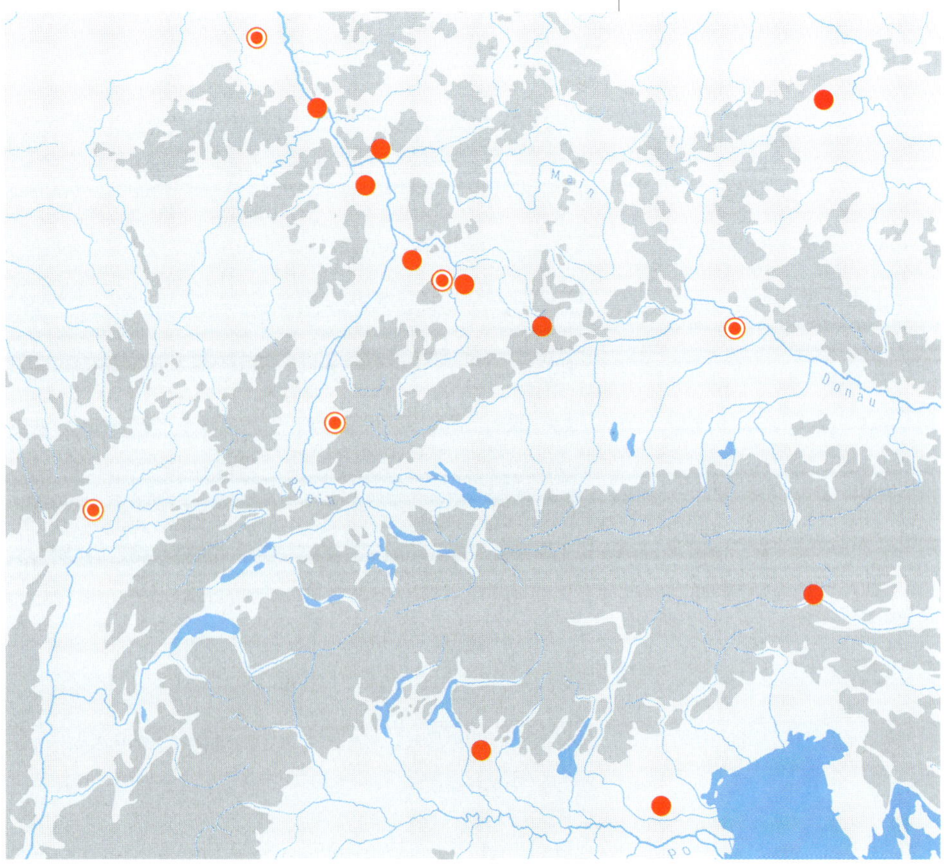

206

207 **Bis weit in den Osten reichten die Verbindungen. In Baumgarten an der March häufen sich Gegenstände westlicher Herkunft. Eine glättverzierte Schale vom Typ Oberdischingen, ein bronzenes Perlrandbecken und eine Bartaxt sprechen für den Zuzug vertriebener Alamannen.**

207

zunehmen. Mit geradem Fußabschluss wie am Hemmaberg kommt der Wechseldekor bei den Fibeln in Fleinheim, im rheinhessischen Rommersheim und in Noventa bei Alcagnano in Oberitalien vor. Mit zusätzlichem Tierkopfende wie in Heilbronn (Rosenberg) sind die Fibeln am Mittelrhein in Andernach und Wiesbaden versehen. Als Variante anzuschließen sind zweifellos solche Exemplare, bei denen sich wie schon in Heilbronn-Böckingen zwei unterschiedliche Muster den Seitenstreifen teilen.[37]

Eine Familie, die bei Alcagnano in Oberitalien mehrere Gräber anlegte, gehörte zweifellos der alamannischen Oberschicht an, deren Frauen schwere silberne Halsreife, silberne Kolbenarmringe und silberne Haarpfeile trugen. Spuren haben Alamannen auch an anderen Orten in Oberitalien hinterlassen.[38] Im großen Gräberfeld von Testona fallen Waffen auf, die sicher älter sind als die langobardischen Funde, nämlich eine Schildfessel mit Haken, die zahlreiche Parallelen in alamannischen Gräbern hat,[39] sowie zwei Knaufhammertüllenäxte,[40] bei denen aber auch fränkische Herkunft aus der Zeit nach 539 möglich ist.

Asyl im Osten, Asyl im Westen

Dank der von Cassiodor verfassten und gesammelten Briefe des Theoderich sowie eines erhaltenen Panegyrikus des Ennodius auf den Ostgotenkönig ist bekannt, dass sich Alamannen unter den Schutz des Ostgoten gestellt hatten; folglich wurden die alamannischen Funde aus Italien schon länger mit diesem Ereignis in Zusammenhang gebracht. Archäologische Quellen verraten, dass Alamanen in der Zeit um 500 auch Kontakte zu anderen Völkerschaften unterhielten, nämlich zu Thüringern, Böhmen, Langobarden und Burgundern, und dass sie sich möglicherweise dort in Sicherheit zu bringen versuchten.

Eine Bügelfibel mit Kerbschnittknöpfen und unterschiedlichen Kerbschnittmotiven in den geteilten Seitenstreifen aus Hugstetten bei Freiburg hat ihr genaues Gegenstück im burgundischen Brochon. Von den Fibeln des Typs Reutlingen gelangte eine nach Alesia in burgundisches Gebiet, eine fand sich in Rohrendorf in Niederösterreich in einem langobardischen Gräberfeld. Zwar handelt es sich nur um einzelne Stücke, doch bei genauerer Formenanalyse mehren sich alamannische Funde sowohl auf burgundischem Boden als auch bei den Langobarden.

Auf der Schwäbischen Alb hergestellt wurden Bügelfibeln mit kerbschnittverzierten Knöpfen, einer querliegenden Ranke auf der Kopfplatte und Z-förmigem Stufenkerbschnitt auf der Fußplatte;[41] eine genaue Parallele zu einer solchen um 506 auf dem Runden Berg versteckten Fibel stammt aus Lausanne-Vidy. Das ausgefallene Kopfplattenmuster wurde auch schon mit sieben kerbschnittverzierten Knöpfen kombiniert. Leider ist der Fundort dieser typologisch jüngsten Variante unbekannt.[42] Eine weitere Frau in Lausanne besaß Fibeln, deren Knöpfe und Fibelfuß dem Stück vom Runden Berg entsprechen, deren Kopfplattendekor jedoch abweicht. Die Frau war mit silbernem Halsring und

208

208 **Die charakteristischen Bügelfibeln mit zwei großen, zur Mitte eingerollten Spiralen auf der Kopfplatte und Almandinschmuck auf dem Mittelstreifen wurden ursprünglich auf dem Runden Berg bei Urach hergestellt. Weitere Funde stammen aus reichen Frauengräbern in Schwenningen und Fützen.**

zwei silbernen Armringen typisch alamannisch geschmückt.[43] Die bei den Alamannen beliebten Reiterfibeln lassen regionale Unterschiede erkennen. Mit erhobenen Armen wurden sie auf dem Runden Berg dargestellt, mit den Zügeln in der Hand im Neckarland.[44] Nur letztere erfuhren eine sehr weite Streuung, unter anderem treten sie am Genfer See auf.

Im langobardischen Baumgarten an der March sind die Funde aus etwa 20 Gräbern zwar nicht mehr zu trennen,[45] doch befinden sich darunter mehrere an der March ungewöhnliche Stücke, nämlich ein fränkisches Perlrandbecken, wie es unter anderem in dem reichen Frauengrab von Kirchheim am Neckar, aber auch in den alamannischen Gräbern von Heilbronn-Böckingen oder, mit außen geperltem Rand, in Basel-Kleinhüningen vorkommt,[46] eine Bartaxt, ähnlich den Bartäxten von Pleidelsheim Grab 83, Hemmingen Grab 32 oder Salgen in Bayerisch-Schwaben,[47] und schließlich eine glättverzierte Schale mit Gitterschraffur, Rillendekor und leicht abgesetztem Fuß. Glättverzierung ist im Donauraum nichts ungewöhnliches. Da auch zum Baumgartener Gefäß weitere Parallelen aus langobardischen Gräberfeldern vorliegen,[48] von Poysdorf im Weinviertel und Hohenau an der March, dazu eine weitere sogar aus Prag-Podbaba, bestand trotz des typisch alamannischen, aber im Donauraum nicht üblichen abgesetzten Fußes kein Zweifel an der donauländischen Herkunft dieses Stils. Doch gibt es mittlerweile eine Reihe gut vergleichbarer Schalen mit Gitterschraffur, Rillendekor, bauchiger Unterwand und abgesetztem Boden aus dem alamannischen Raum.[49] Schon lange war die frappierende Ähnlichkeit zwischen den Schalen von Baumgarten und Oberdischingen im Alb-Donau-Kreis aufgefallen.[50] Diese Keramikgruppe, deren Fertigung in der Alamannia aufgrund der auch sonst feststellbaren engen Kontakte der Alamannen in den Donauraum recht wahrscheinlich ist, gehört in die Zeit um 500, wie Grab 111 von Weingarten in Oberschwaben deutlich zeigt. Das Grab enthält außer der glättverzierten Schale auch einen der typisch alamannischen rillenverzierten Becher.[51] Eine Bartaxt ist in langobardischen Gräbern außer von Baumgarten sonst lediglich aus dem mährischen Šaratice bekannt.[52] In Böhmen fand sich eine Bartaxt in Záluzí Grab 23.[53] An allen drei Orten gibt es außer der Bartaxt weitere Dinge, die mit der Alamannia zu verbinden sind. Aus Záluzí sind eine Bügelfibel und eine Schildfessel mit Haken zu nennen. In Šaratice südöstlich von Brünn liegt eine Vogelfibel in Grab 17.[54] Diese Gegenstände – Gefäße, Waffen und Trachtaccessoires – sind nicht als Handelsware zu interpretieren. Als Besitzer kommen am wahrscheinlichsten Alamannen in Frage, die um 500 ihre Wohnsitze zwischen Rhein, Neckar und Alb verlassen hatten. Es ist sogar möglich, dass sie in die Heimat ihrer Vorfahren, nämlich der Leute, die sich um 450 in der Alamannia angesiedelt hatten und unter anderem die Kenntnis des Glättdekors vermittelten, zurückkehrten, auch wenn sie dort – in Böhmen, Mähren und Niederösterreich – inzwischen andere politische Verhältnisse vorfanden.

Neuanfang im Reich der Franken

Im Neckarland brach das alamannische Kunsthandwerk zu Beginn des 6. Jh. ab. Die Goldschmiede waren wie ihre Auftraggeber verschwunden. Offensichtlich hatten die Kunsthandwerker aber nicht nur bei den Rheinfranken, son-

209 a

209 b

209 Später kopierten fränkische Goldschmiede die auf dem Runden Berg entwickelte Schmuckform, wie Funde aus Flomborn in Rheinhessen oder aus Monceau-le-Neuf in der Picardie zeigen.

dern auch im Zentrum des Merowingerreiches einen neuen Wirkungskreis mit neuen Auftraggebern gefunden. Unfertig blieb auf dem Runden Berg eine 11 cm lange Bügelfibel mit großer Doppelspirale auf der Kopfplatte zurück, es fehlten die Vergoldung und die Almandineinlagen. Dreimal gelangten Fibeln dieser Serie noch in der Alamannia ins Grab: in Fützen, Schwenningen und Tiengen.[55] Dies Konzept, die große Doppelspirale in Kombination mit Almandineinlage, lebte dann im Frankenreich weiter.[56] Die Abhängigkeit vieler Fibelserien von älteren alamannischen Formen ist nicht mehr zu übersehen – allzulange galten sie als fränkisch.

Für Chlodwig war es ein großer Erfolg, als er das alamannische Volk teils durch das Schwert, teils durch Gefangenschaft unterjochte und der grimmige Alamanne um sein Leben flehen musste, wie in dem bereits erwähnten Schreiben des Theoderich zu lesen ist. König Chlodwig I., der seine Karriere als Kommandant der römischen Provinz Belgica II begann, verfuhr mit Kriegsgefangenen zweifellos so, wie es zuvor im Römischen Reich üblich war. Er siedelte sie an, und zwar in den seit 486 zu seinem Machtbereich gehörenden Gebieten zwischen Somme und Seine. Dafür sind außer den qualitätvollen, typisch alamannischen Bügelfibeln etwa in Chassemy[57] und Arcy-Sainte-Restitue[58] vor allem Amulette wie Knotenringe[59] oder die kleinen handgeformten rillenverzierten Becher mit abgesetztem niedrigen Fuß etwa aus Arcy-Sainte-Restitue oder Saint-Martin de Fontenay wichtige Zeugnisse.[60]

In Grab 261 von Saint-Martin-de Fontenay wurde ein Alamanne mit Spatha, Lanze und Schild – die Schildfessel wies die typischen Haken auf – beigesetzt.[61] Aus den einstigen Gegnern machte Chlodwig Verbündete.

1 Historiae II: C. Dirlmeier/G. Gottlieb, Quellen zur Geschichte der Alamannen II. Quellen zur Geschichte der Alamannen von Libanios bis Gregor von Tours. Heidelberger Akad. Wiss. Komm. Alamannische Altkde. Schr. 3 (Heidelberg, Sigmaringen 1978) 110.
2 Historiae II, 37. Dirlmeier/Gottlieb (Anm. 1) 111.
3 F. Staab, Ostrogothic Geographers at the Court of Theoderic the Great. A Study of some Sources of the Anonymous Geographer of Ravenna. Viator. Medieval and Renaissance Stud. 7, 1976, 29 ff.
4 Variae II,41: Dirlmeier/Gottlieb (Anm. 1) 102.
5 U. Koch, Das alamannisch-fränkische Gräberfeld bei Pleidelsheim. Forsch. u. Ber. Vor- u. Frühgesch. Baden-Württemberg (in Vorbereitung, erscheint voraussichtlich 1997) Liste 1; 2; A. Wieczorek/P. Périn/K. v. Welck/W. Menghin (Hrsg.), Die Franken. Wegbereiter Europas. Reiss-Mus. Mannheim (Mainz 1996) 251 Abb. 178; H. Ament, Das alamannische Gräberfeld von Eschborn (Main-Taunus-Kreis). Mat. Vor- u. Frühgesch. Hessen 14 (Wiesbaden 1992) 42 ff.
6 Ebd. Taf. 12–14.
7 Ebd. 16 Taf. 9,2.
8 H. F. Müller, Das alamannische Gräberfeld von Hemmingen. Forsch. u. Ber. Vor- u. Frühgesch. Baden-Württemberg 7 (Stuttgart 1976) Taf. 5 C; 6 A; 9 A.
9 Koch (Anm. 5).
10 U. Koch, Der Runde Berg bei Urach VIII. Frühgeschichtliche Funde aus Bein, Geräte aus Ton und Stein aus den Plangrabungen 1967–1984. Schr. Heidelberger Akad. Wiss. Komm. Alamannische Altkde. 14 (Heidelberg, Sigmaringen 1994) 224 f.
11 R. Christlein, Der Runde Berg bei Urach I. Die frühgeschichtlichen Kleinfunde außerhalb der Plangrabungen. Heidelberger Akad. Wiss. Phil.-Hist. Kl. 1974,1 Abh. (Sigmaringen 1974) 15 ff.; U. Koch, Der Runde Berg bei Urach VII. Frühgeschichtliche Funde von den Hängen und Terrassen und Nachträge zu Urach V und VI. Schr. Heidelberger Akad. Wiss, Komm. Alamannische Altkde. 13 (Heidelberg, Sigmaringen 1991) 13 ff.
12 U. Koch, Der Runde Berg bei Urach VI. Die Glas- und Edelsteinfunde aus den Plangrabungen 1967 bis 1983. Heidelberger Akad. Wiss. Komm. Alamannische Altkde. Schr. 12 (Heidelberg, Sigmaringen 1987) 299.
13 Christlein (Anm. 11) Taf. 1–4.
14 U. Koch, Der Runde Berg bei Urach V. Die Metallfunde der frühgeschichtlichen Perioden aus den Plangrabungen 1967–1981. Schr. Heidelberger Akad. Wiss. Komm. Alamannische Altkde. 10 (Heidelberg 1984) 30 f.
15 Christlein (Anm. 11) Taf. 1,2; 2,4.
16 R. Koch, Ein reiches frühmerowingisches Frauengrab aus Kirchheim am Neckar (Kr. Ludwigsburg). Fundber. Schwaben N.F. 18,1, 1967, 238 ff.
17 U. Koch, Alamannische Gräber der ersten Hälfte des 6. Jahrhunderts in Südbayern. Bayer. Vorgeschbl. 34, 1969, 167 Abb. 4,9–13; U. Koch, Alamannen in Heilbronn. Archäologische Funde des 4. und 5. Jahrhunderts. Städtische Mus. Heilbronn, Museo 6 (Heilbronn 1993) 53 Abb. 65.
18 Christlein (Anm. 11) Taf. 3,1.2; 4,4.5.
19 Wieczorek u.a. (Anm. 5) 673 Abb. 538; H. Kühn, Die germanischen Bügelfibeln der Völkerwanderungszeit in Süddeutschland. Die germanischen Bügelfibeln der Völkerwanderungszeit II (Graz 1974) Taf. 302,42,1; 302,42,9.
20 F. Fremersdorf , Das fränkische Reihengräberfeld Köln-Müngersdorf. Germ. Denkmäler Völkerwanderungszeit 6 (Berlin 1955) Taf. 18,105; W. Sage, Das Reihengräberfeld von Altenerding in Oberbayern. Germ. Denkmäler Völkerwanderungszeit A 14 (Berlin 1984) Taf. 192,7.8.
21 H. Kühn, Die germanischen Bügelfibeln der Völkerwanderungszeit in der Rheinprovinz (Bonn 1940) Taf. 1,6.7; 2,9.10; 17,61.
22 Fremersdorf (Anm. 20) Taf. 18,105; 21,122; 25,149.
23 Kühn (Anm. 19) Taf. 302,42,5; 302,42,6; U. Koch, Das Reihengräberfeld bei Schretzheim. Germ. Denkmäler Völkerwanderungszeit A 13 (Berlin 1977) Taf. 189,7.8; Weitere Vorkommen in Hegykö, Ungarn: J. Werner, Beiträge zur Archäologie des Attila-Reiches. Bayer. Akad. Wiss. Phil.-Hist. Kl. Abh. N.F. 38 (München 1956) Taf. 23,2.
24 U. v. Freeden, Untersuchungen zu merowingerzeitlichen Ohrringen bei den Alamannen. Ber. RGK 60, 1979, 233 f.
25 M. Schulze-Dörrlammm, Die spätrömischen und frühmittelalterlichen Gräberfelder von Gondorf, Gem. Kobern-Gondorf, Kr. Mayen-Koblenz. Germ. Denkmäler Völkerwanderungszeit B 14 (Stuttgart 1990) 182 f.
26 U. Koch, Die Grabfunde der Merowingerzeit aus dem Donautal um Regensburg. Germ. Denkmäler Völkerwanderungszeit A 10 (Berlin 1968) Taf.36; 82,1–7; 94 Karte 8.
27 Ebd. 245 Liste 3. Zu ergänzen: Sage (Anm. 20) Taf. 185,7; 187,9; 190,5; Kühn (Anm. 19) Taf. 255, 9,1–7.9–12.14–18; 256,9,19–22; J. Prammer (Hrsg.), 7000 Jahre Schmuck. Kat. Gäubodenmus. Straubing 14 (Straubing 1989) 85.
28 Koch (Anm. 26) Taf. 94 Karte 7.
29 U. Koch, Die alamannische Landnahme. In: Die Römer in Schwaben. Bayer. Landesamt Denkmalpflege Arbeitsh. 27 (1985) 302 ff.
30 U. Koch, Bayer. Vorgeschbl. 34, 1969, Abb. 4. Ergänzungen nach freundl. Mitt. V. Babucke; Prammer (Anm. 27) 98 Abb. 86.
31 Ennodius, Panegyricus dictus Theoderico. Dirlmeier/Gottlieb (Anm. 1) 72.
32 Cassiodor, Variae III, 50: Dirlmeier/Gottlieb (Anm. 1) 103.
33 S. Schretter, Fibeln vom Hemmaberg: Ausgrabungen 1990–1992. Carinthia I 183, 1993, 187 ff. Abb. 2.
34 V. Bierbrauer, Alamannische Funde der frühen Ostgotenzeit aus Oberitalien. In: G. Kossack/G. Ulbert (Hrsg.), Studien zur vor- und frühgeschichtlichen Archäologie. Festschr. J. Werner II. Münchner Beitr. Vor- u. Frühgesch. Ergänzungsbd. 1/II (München 1974) 561 f. Taf. 38,3.

35 Koch (Anm. 17) 33 Abb. 36.

36 Ebd. 71 Fundliste 11 zu Karte Abb. 66. Zu ergänzen ist Záluzí (Böhmen): B. Svoboda, Böhmen in der Völkerwanderungszeit. Monumenta Arch. 13 (Praha 1965) Taf. 87,9.

37 Koch (Anm. 17) 33 Abb. 36; F. Garscha, Die Alamannen in Südbaden. Germ. Denkmäler Völkerwanderungszeit A 11 (Berlin 1970) Taf. 83,8; H. Baudot, Mémoire sur les sépultures des barbares de l'époque mérovingienne, découvertes en Bourgogne et particulièrement à Charnay. Mém. Comm. Antiqu. Dépt. Côtes-d'Or 5 (Paris, Dijon 1860) Taf. 26,10; W. Janssen, Das fränkische Reihengräberfeld von Rödingen, Kr. Düren. Germ. Denkmäler Völkerwanderungszeit B 16 (Stuttgart 1993) Taf. 73,1; Prammer (Anm. 27) 85.

38 Bierbrauer (Anm. 34) 559 ff.; ders., Reperti Alemanni del primo periodo Ostrogoto provenienti dall'Italia Settentrionale. In: I Longobardi e la Lombardia (Milano 1978) 241 ff. (Alcagnano, Fornovo, Villa Cogozo, Umgebung Verona); ders./H. Büsing/A. Büsing Kolbe, Die Dame von Ficarolo. Arch. Medievale 20, 1993, 303 ff. (Ficarolo).

39 O. v. Hessen, Die langobardischen Funde aus dem Gräberfeld von Testona (Moncalieri/Piemont) (Torino 1971) Taf 30,226. Zuletzt zusammengestellt bei Koch (Anm. 5) zu Pleidelsheim Grab 71.

40 v. Hessen (Anm. 39) Taf. 22,203.204.

41 Kühn (Anm. 19) Taf. 258,11,32; E. Vogt, Das alamannische Gräberfeld am alten Gotterbarmweg in Basel. Anz. Schweiz. Altkde. N.F. 32, 1930, Taf. 8,12,2; Garscha (Anm. 37) Taf. 83,7; M. Knaut, Die alamannischen Gräberfelder von Neresheim und Kösingen, Ostalbkreis. Forsch. u. Ber. Vor- u. Frühgesch. Baden-Württemberg 48 (Stuttgart 1993) Taf. 10,1.2.

42 W. H. Forsyth, The Vermand Treasure. Metropolitan Mus. of Art Bull. 9, 1951, 236 ff. 239 mit Abb.

43 R. Moosbrugger, Das Frauengrab Lausanne-Bois de Vaux 1847. Ur-Schweiz 27, 1963, 44 ff. Abb. 24.

44 Koch (Anm. 14) 30 f. Abb. 3; R. Marti, Das frühmittelalterliche Gräberfeld von Saint-Sulpice VD. Cahiers d'Arch. Romande 52 (Lausanne 1990) 58 f. Abb. 31; 32.

45 Werner (Anm. 23) 149 Taf. 53.

46 R. Koch (Anm. 16) 243 Abb. 4; Koch (Anm. 17) 39 Abb. 49,2; U. Giesler-Müller, Das frühmittelalterliche Gräberfeld von Basel-Kleinhüningen. Basler Beitr. Ur- u. Frühgesch. 11 B (Derendingen, Solothurn 1992) Taf. 49,10.

47 Koch (Anm. 5) Taf. 33 D; Müller (Anm. 8) Taf. 8 C 2; M. Franken, Die Alamannen zwischen Iller und Lech. Germ. Denkmäler Völkerwanderungszeit 6 (Berlin 1944) Taf. 28,3.

48 Werner (Anm. 23) Taf. 22,1–3.5.

49 U. Gross, Zur einglättverzierten Keramik des 5. und frühen 6. Jahrhunderts in Süddeutschland. Bayer. Vorgeschbl. 57, 1992, 311 ff. Abb. 2.

50 Werner (Anm. 23) 59 Abb. 7.

51 H. Roth/C. Theune, Das frühmittelalterliche Gräberfeld bei Weingarten. Forsch. u. Ber. Vor- u. Frühgesch. Baden-Württemberg 44,1 (Stuttgart 1995) Taf. 31 B.

52 J. Tejral, Grundzüge der Völkerwanderungszeit in Mähren. Studie Archeologického Ústavu Československé Ved v Brne (Praha 1976) 76 Abb. 22,4.

53 Svoboda (Anm. 36) Taf. 92,4.

54 Tejral (Anm. 52) 34 Abb. 7,4 (Schwanz abgebrochen).

55 Kühn (Anm. 19) Taf. 275,74,2.3; Garscha (Anm. 37) Taf. 16 B; 83,5.

56 Kühn (Anm. 19) Taf. 23,64; 276,74,6–10.

57 F. Vallet, Parures féminines étrangères du début de l'époque mérovingienne, trouvées dans le Soissonnais. In: Stud. Sachsenforschung 8 (Hildesheim 1993) 110 Abb. 1 (Grab 73).

58 Ebd. 112 Abb. 3,2 (Grab 127); Kühn (Anm. 19) Taf. 240,2,15 (Grab 1541); 247,6,40 (Grab 1674); Kühn (Anm. 21) Taf. 61,1,12 (Grab 2085); Taf. 89,23,7 (Grab 2230).

59 Koch (Anm. 17) 35 Abb. 41.

60 Wieczorek u.a. (Anm. 5) 847 Kat. III.4.14–15; C. Pilet u.a., La nécropole de Saint-Martin-de-Fontenay, Calvados. Gallia 54. Suppl. (Paris 1994) Taf. 27,9.

61 Ebd. Taf. 30; 31.

UNTER FRÄNKISCHER HERRSCHAFT

ZWISCHEN LOYALITÄT UND REBELLION

VÖLKER AM HOCHRHEIN

ETHNISCHE VIELFALT IM SÜDWESTEN

DAS ZEUGNIS DER HANDGEMACHTEN TONWARE

DIE KONTROLLE DER VERKEHRSWEGE

GUTER BODEN ODER VERKEHRSGÜNSTIGE LAGE

NACH OSTEN BIS AN DEN LECH

FRANKEN UND ALAMANNEN IN EINEM ROMANISCHEN LAND

RECHT UND GESETZ IM FRÜHEN MITTELALTER

KRIEGER UND BAUERN – BAUERNKRIEGER

Zwischen Loyalität und Rebellion

DIE ALAMANNEN UNTER FRÄNKISCHER HERRSCHAFT

DIETER GEUENICH

In vermutlich mehreren Schlachten wurde die »zahllose Nation« (*innumerabilis natio*) der »alamannischen Völker« (*Alamannici populi*) innerhalb eines Jahrzehnts vor und nach 500 von den unter Chlodwig geeinten Franken nicht nur in ihrem Expansionsdrang nachhaltig gehemmt, sondern offensichtlich auch aus dem nördlichen Teil ihres Siedlungsgebietes vertrieben. Denn es gibt Anhaltspunkte dafür, dass nördlich der Linie, die vom Rhein bei Baden-Baden entlang der Oos über die Hornisgrinde, den Asperg und Lemberg (bei Ludwigsburg) und den Hohenberg (bei Ellwangen) zum Hesselberg verläuft, in der Folgezeit fränkischer Einfluss dominierte. Ein südliches Teilgebiet, zu dem insbesondere das alpenländische Rätien gehörte, stand zunächst gemäß einer zwischen Theoderich und Chlodwig getroffenen Vereinbarung unter ostgotischem Schutz. Schon 537 wurden diese Gebiete jedoch von Witigis, einem der Nachfolger Theoderichs, an die Merowinger abgetreten, die fortan die Herrschaft über ganz Alamannien beanspruchten.

Am Anfang zwei Brüder: Leuthari und Butilin

Über die Grenzen der Alamannia und die Entstehung, Funktion und Amtsgewalt des Herzogtums, das unmittelbar nach der kurzen Zeit ostgotischer Schutzherrschaft in den Quellen bezeugt ist, bestehen in der historischen Forschung unterschiedliche Ansichten. Die ersten, von denen im 6. Jh. überliefert ist, dass sie in dem »zusammengewürfelten Mischvolk« der Alamannen eine Leitungsfunktion hatten, sind Leuthari und Butilin. Der byzantinische Geschichtsschreiber Agathias (536–582) berichtet, sie seien Brüder gewesen, »der Abstammung nach Alamannen, aber von großem Einfluss bei den Franken«; ihr Volk hätten sie mit Erlaubnis des Frankenkönigs Theudebert (534–547) angeführt.[1] Die umstrittene Frage, ob die beiden alamannische Herzöge oder fränkische Heerführer alamannischer Abstammung waren, also ihre Führungsposition den Franken verdankten, muss hier offen bleiben.[2]

Vieles spricht jedoch für ein fränkisches Amtsherzogtum, denn in anderen Quellen ist ein Buccelenus als *dux Francorum* bezeichnet, der im Auftrag König Theudeberts 539 ein fränkisch-burgundisches Heeresaufgebot in Italien befehligte. Er dürfte identisch sein mit Butilin, einem der beiden Brüder, die 553/54 in Italien fränkisch-alamannische Truppen gegen den römischen Feldherrn Narses anführten. 75 000 Mann sollen unter ihrer Führung Italien vom Po bis zur Meerenge von Messina unsicher gemacht haben, bis sie schließlich den römischen Truppen unterlagen und untergingen. Inwieweit sie im Auftrag des Frankenkönigs Theudebald (547–555) tätig waren oder »auf eigene Rechnung Krieg führten«,[3] ist unsicher. Jedenfalls war dies der letzte Eroberungsversuch alamannischer Krieger südlich der Alpen.

Ein Randgebiet des fränkischen Königreichs

Das den Alamannen überlassene Gebiet deckte sich offensichtlich nicht mit ihrem Siedlungsraum vor 500. Zum Herrschaftsbereich des Leuthari und vor allem seines Bruders Butilin/Buccelenus gehörte auch das transjuranische Gebiet, in dem sich nach der Reichsteilung von 561 dann ein eigener *ducatus Ultraioranus* etablierte.

Am wenigsten erfahren wir aus den Quellen über die Herrschaftsstruktur im rechtsrheinischen Inneren Alamanniens. Die Besiedlung dürfte dort insgesamt weniger dicht gewesen sein als in den Gebieten am Oberrhein und südlich des Hochrheins, wo die aus römischer Zeit überkommene Infrastruktur die Herrschaftsausübung erleichterte. Erst in der ersten Hälfte des 7. Jh. scheint die fränkische Verwaltungsorganisation Inneralamannien erfasst zu haben. Die Baaren (Bertholdsbaar, Alaulfsbaar), die vielleicht ältere alamannische Bezirkseinteilungen widerspiegeln, wurden von Huntaren umfasst.[4] Diese dürften den Zentenen, den Gerichtsbezirken innerhalb der Grafschaften, entsprechen, in denen ein *centenarius* in Vertretung des Grafen dem Gericht vorstand. Bezirksnamen auf *-huntari* sind südlich des Bodensees, vor allem aber beiderseits der oberen Donau und vereinzelt (Hattenhuntari) am Neckar überliefert.

Von einer Durchdringung und verwaltungsmäßigen Erfassung Alamanniens durch die merowingische Herrschaft wird man jedoch im 6. Jh. kaum sprechen können. Es blieb zunächst bis auf die unmittelbar angrenzenden Kontaktzonen ein Randgebiet des Frankenreiches. Dies änderte sich erst

allmählich im Laufe der Christianisierung und der kirchlichen Erfassung der Alamannia im 7. Jh. Der bereits erwähnte Agathias von Myrina charakterisiert die Alamannen des 6. Jh. folgendermaßen: »Sie haben zwar von den Vätern überkommene Sitten, aber auf dem Gebiet der Staatsverwaltung und Obrigkeit richten sie sich nach der fränkischen Staatsform. Nur im Religiösen haben sie nicht die gleiche Anschauung. Sie verehren irgendwelche Bäume und Flüsse, Hügel und Klüfte, und für diese schneiden sie, als wären es heilige Handlungen, Pferden und Rindern und Mengen anderer Tiere die Köpfe ab und verehren sie wie Götter. Aber der enge Kontakt mit den Franken wirkt sich günstig aus, beeinflußt sie so weit und zieht die Einsichtsvolleren an; er wird, glaube ich, in kurzer Zeit sich ganz durchsetzen.«[5]

Leudefrid, Uncelin und die Rache Brunchildes

Von den Herzögen (*duces*) in Alamannien erfahren wir in der Regel während des 6. und 7. Jh. aus den Quellen nur dann etwas, wenn sie in die innerfränkischen Machtkämpfe und Adelsrivalitäten am austrasischen Königshof oder in die Auseinandersetzungen zwischen den Königen von Burgund und Austrasien einbezogen waren. Im Jahr 587 setzte der austrasische König Childebert II. (575–596) den *dux Alamannorum* Leudefrid ab und bestimmte an seiner Stelle Uncelin zum Nachfolger.[6] Die Kompetenz Childeberts ergab sich daraus, dass die Nordschweiz und das Elsass damals zu seinem Reichsteil gehörten. Wieweit Leudefrids Befugnisse nach Inneralamannien hineinreichten, entzieht sich unserer Kenntnis.

Als aber im Jahr 595 der Thurgau, der Kembsgau und das Elsass dem Burgundischen Teilreich einverleibt wurden, gehörte Leudefrids Nachfolger, der »Alamannenherzog« Uncelin, zum Gefolge des Burgunderkönigs Theuderich II. (596–613). Entsprechend finden wir ihn 605 im Heer Theuderichs, als dieser gegen seinen Bruder Theudebert II. (596–612) von Austrasien zu Felde zog.[7] Als Gefolgsmann des Burgunderkönigs wurde er zugleich zum Gegner des Hausmeiers Protadius, einem Günstling der Königin Brunichilde.

Welche Bedeutung der König ihm beimaß, wird daraus ersichtlich, dass er Uncelin mit dem Auftrag zum Heer schickte, die Soldaten zum Abfall von Protadius zu veranlassen. Uncelin aber forderte die Soldaten auf, Protadius zu töten, was daraufhin auch geschah. Zwei Jahre später nahm Brunichilde Rache an Uncelin und ließ ihm einen Fuß abschlagen. Diese Verstümmelung machte ihn als Herzog amtsunfähig, da er kein Pferd mehr besteigen konnte.[8]

Die Berichte über die beiden Herzöge der Alamannen verdeutlichen zum einen ihre maßgebliche Rolle in der fränkischen Politik, zum anderen, dass ihr Herzogtum offenkundig auf der Herrschaft über die alamannisch-romanischen Gebiete links des Rheins beruhte.[9]

210 **Die Grenzen des um 600 gegründeten Bistums Konstanz blieben bis zu seiner Auflösung 1821 nahezu unverändert.**

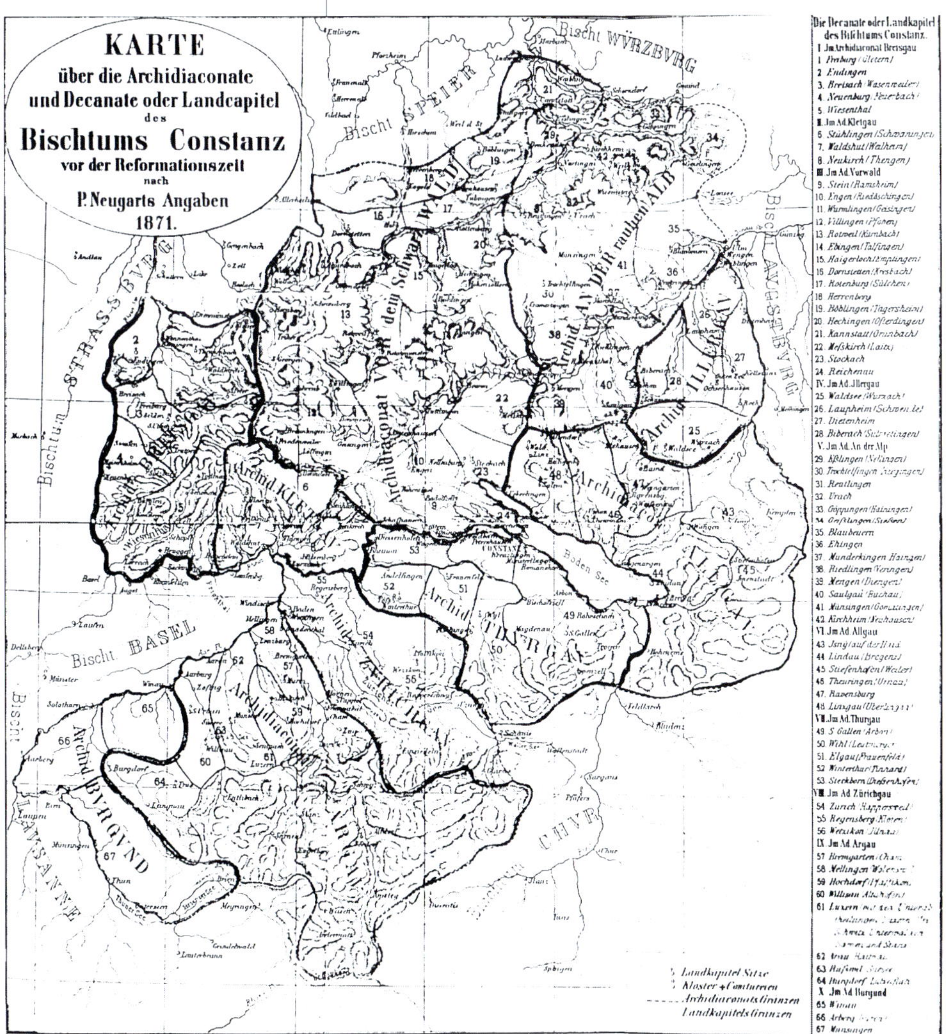

Die Karte (abgedruckt in FDA 6 (1871) Anh.) vermittelt einen anschaulichen Eindruck von Gestalt und Umfang des Bistums Konstanz vor der Reformation. Im 18. Jahrhundert wurde die verwaltungsmäßige Gliederung dahingehend geändert, daß die 10 Archidiakonate – auf der Karte mit starkem Schwarz hervorgehoben – hinter den stammesgeschichtlich und politisch bedingten, allerdings ungleich proportionierten Viertel oder „Quarten" (Algovia, Brisgovia, Helvetia und Suevia) zurücktraten.

Herzog Gunzo von Überlingen

Vom Schicksal des Herzogs Uncelin nach seiner Verstümmelung hören wir nichts, es sei denn, wir folgen dem Vorschlag, ihn mit dem bald darauf in Erscheinung tretenden Alamannenherzog Gunzo gleichzusetzen.[10] Dies ist jedoch weder von den überlieferten Namenformen her noch aufgrund der Quellenlage, die nun kurz zu erörtern ist, naheliegend. Es mag durchaus mit der starken Stellung der Könige Chlothar II. (584–629) und Dagobert I. (629–634) zusammenhängen, dass wir bis zum Jahr 631/32 von Herzögen der Alamannen nichts erfahren. Weder in der Rechtsaufzeichnung des *Pactus Alamannorum* noch in den Berichten über die Verlegung bzw. Gründung des Bistums Konstanz spielt das Herzogtum eine Rolle.[11]

Die nächste wichtige Quelle ist die Gallus-Vita, die Lebensbeschreibung des heiligen Columban-Schülers Gallus (etwa 560–650), die interessante Einzelheiten über den alamannischen Herzog (*dux*), seinen Hof zu Überlingen (*villa Iburninga*) und seine Beziehungen zum fränkischen Königshof in Metz berichtet. Allerdings besitzen wir einen vollständigen Text dieser in vielfacher Hinsicht wichtigen Quelle erst aus dem 9. Jh. Den Reichenauer Mönchen Wetti († 824) und Walahfrid († 849) verdanken wir Überarbeitungen der ansonsten nur noch fragmentarisch erhaltenen Vita, deren erste Aufzeichnung nach den Forschungen von Walter Berschin bereits um 680 erfolgt ist.[12] Die ungeklärte Frage, inwieweit einzelne Sachverhalte, die in der Vita berichtet werden – etwa die Stellung und Funktion des Herzogs oder die Verhältnisse in Alamannien betreffend – möglicherweise aus späterer Zeit in die Zeit des Gallus zurückprojiziert wurden, macht die Bestimmung ihres historischen Gehalts äußerst schwierig.

In unserem Zusammenhang wichtige Informationen erhalten wir über einen Herzog Gunzo, der in Überlingen residierte und dessen Tochter Fridiburga mit König Sigibert (wohl Sigibert III., 633–656, Sohn Dagoberts I.) verlobt war. Als er diese dem König zuführt, geleitet er sie bis an den Rhein, wohl die Grenze seiner Amtsgewalt, wo königliche Begleiter sie übernehmen. Gunzo beruft eine Versammlung (*concilium*) ein, zu der Bischöfe aus Augst(?), Verdun und Speyer sowie Kleriker aus ganz Alamannien (*totius Alamanniae*) nach Konstanz kommen.

Der Herzog eröffnet das Konzil mit einem Gebet, und von seinem Willen hängt es ab, wer zum Bischof berufen wird. Nur der König vermag dem Herzog Weisungen zu erteilen, und er stellt als solcher Gallus einen Schutzbrief (*conscriptio firmitatis*) aus, damit »der Heilige den Ort, den er bewohnte, durch königliche Ermächtigung behalte.«[13]

Nach Aussonderung der Bestandteile, die offenkundig aus der Lebensbeschreibung des hl. Columban stammen und erst nachträglich mit dem Bericht der Gallus-Vita vermischt worden sind, ergibt sich eine Datierung der geschilderten Ereignisse um den Herzog Gunzo und die Erhebung des Gallus-Schülers Johannes zum Bischof von Konstanz in die Zeit von etwa 635 bis 650. Da zu dieser Zeit in der Vita des Abtes Germanus von Moutier-Grandval ein *Gundoinus dux* als Gründer des Klosters südlich von Basel bezeugt ist, hat Hagen Keller sich mit guten Gründen für eine Gleichsetzung des Überlinger Herzogs Gunzo mit dem in der Vita Germani genannten Herzog Gundoin ausgesprochen.[14]

Akzeptiert man diese Gleichsetzung, so verstärkt sich der Eindruck, das Amt des »Alamannen«-Herzogs müsse auch in der Mitte des 7. Jh. noch vornehmlich linksrheinisch orientiert und begründet sein. Erst zu Beginn des 8. Jh. rücken die inneralamannischen Gebiete als Basis des Herzogtums stärker hervor, während die in der Vita Germani nach Gundoin genannten Herzöge *Bonifacius und Chatalricus sive Chaticus* (Eticho) das sogenannte elsässische Herzogtum begründen.[15]

Christianisierung und erwachendes Selbstbewußtsein

Die intensivere herrschaftliche Durchdringung der inneralamannischen Gebiete war eng mit der Christianisierung, mit Kirchengründungen und kirchlicher Organisation verbunden. Die Grenzen der karolingischen Provinz Alamannien fallen ganz offensichtlich mit den im 8. Jh. fixierten Diözesangrenzen des »Alamannen-Bistums« Konstanz zusammen.[16]

Dabei handelt es sich keineswegs um ethnisch begründete Siedlungsgrenzen, wie schon die Ausgrenzung der Bistümer Basel, Straßburg und Augsburg verdeutlicht. Wenn der Überlinger Herzog Gunzo mit dem für Moutier-Grandval zuständigen Herzog Gundoin identisch ist, dann scheint sich erst in der zweiten Hälfte des 7. Jh. der Herrschaftsbereich im Elsass und in der Nordschweiz abgesondert zu haben.[17] Eine Sonderstellung kam offensichtlich auch der Ortenau zu, wo zu Beginn des 8. Jh. ein Herzog Willeharius amtierte (709–712), der sowohl vom karolingischen Hausmeier Pippin als auch vom Straßburger Bischof bekämpft wurde.

Die Frage, ob es jeweils nur einen Herzog in Alamannien gab oder sich – wenn auch vielleicht nur zeitweise – regionale Kleinherzogtümer herausbildeten, kann aufgrund der insgesamt dürftigen Quellenlage nicht sicher beantwortet werden, zumal die wenigen Quellen fast ausschließlich über den Grenzraum zum Merowingerreich berichten, während die inneralamannischen Gebiete kaum in den Blick treten. Auch muss sich die Reichweite jenes alamannischen Herzogtums, das wir seit etwa 700 wieder fassen können, nicht unbedingt mit dem Kompetenzbereich der im 6. und 7. Jh. amtierenden Alamannenherzöge decken.

Der Tendenz, die in der Literatur über die Alamannen – nicht nur der Historiker, sondern auch und vor allem der Sprachwissenschaftler – immer wieder hervortritt, die im hohen und späten Mittelalter feststellbaren Grenzen als »alte Stammesgrenzen« zu interpretieren, sollte kritisch und nachhaltiger als bisher begegnet werden. Die Alamannia, deren Grenzen in der ersten Hälfte des 8. Jh. klarer hervortreten, ist wesentlich von der spätmerowingischen Herrschaftsbildung geprägt und primär als

211

211 Phaleren des Pferdegeschirrs eines alamannischen Adligen (Hüfingen um 600).

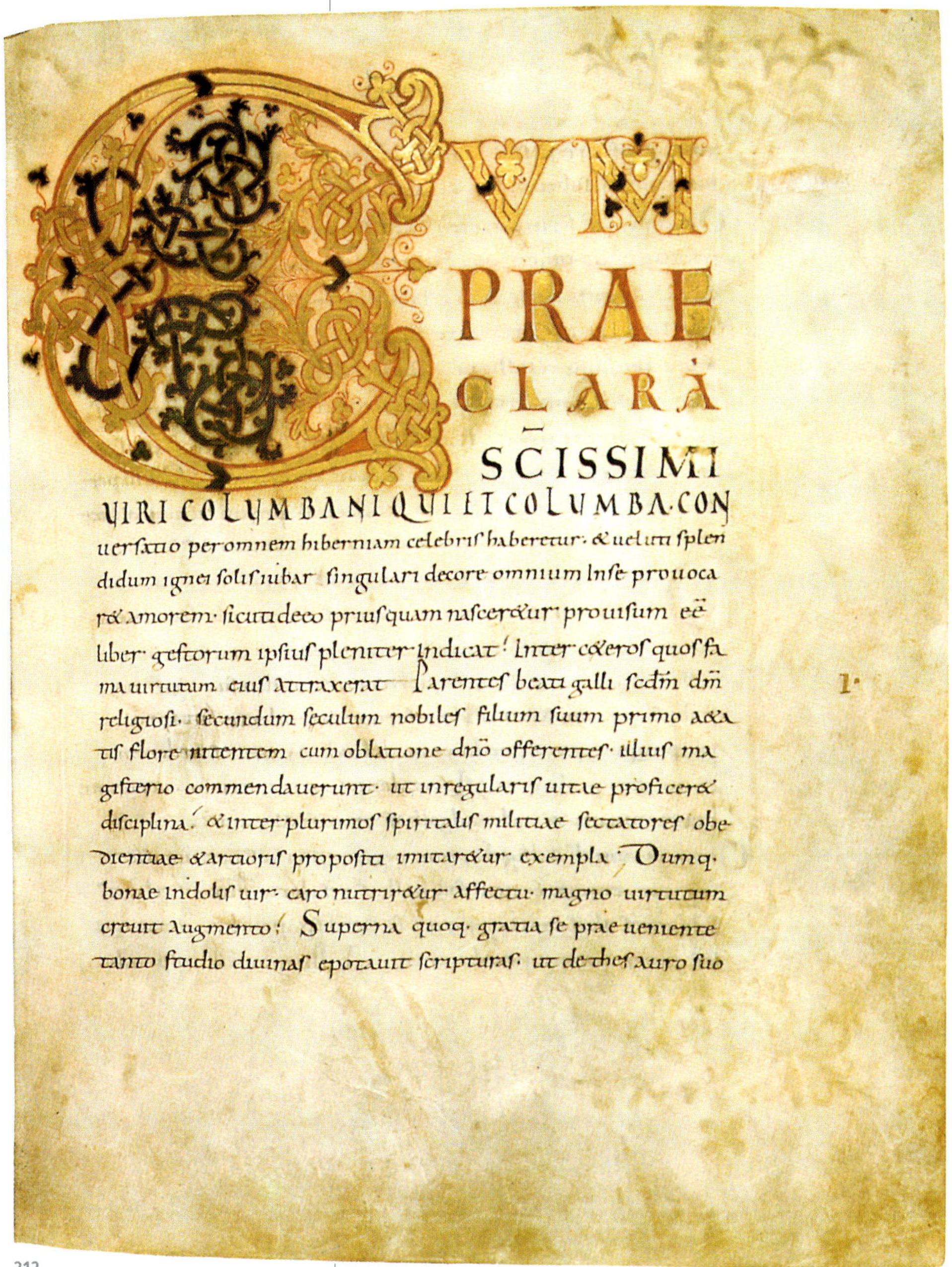

CUM PRAE
CLARA
SCISSIMI
VIRI COLUMBANI QUI ET COLUMBA CON
uersatio per omnem hiberniam celebris haberetur. & uelut iam splen
didum ignei solis iubar singulari decore omnium in se prouoca
ret amorem. sicut a deo priusquam nasceretur prouisum est
liber gestorum ipsius plenius indicat. Inter ceteros quos fa
ma uirtutum eius attraxerat Parentes beati galli sedm dm 1.
religiosi. secundum seculum nobiles filium suum primo aeta
tis flore nitentem cum oblatione dnō offerentes. illius ma
gisterio commendauerunt. ut inregularis uitae proficeret
disciplina. & inter plurimos spiritalis militiae sectatores obe
dientiae & artioris proposita imitaretur exempla. Dumq;
bonae indolis uir caro nutriretur affectu magno uirtutum
creuit augmento. Superna quoq; gratia se praeueniente
tanto studio diuinas epotauit scripturas. ut de thesauro suo

212

212 Beginn der Lebensbeschreibung des hl. Gallus von Walahfried Strabo. Die St. Galler Handschrift stammt vom Ende des 9. Jh.

politisch-administratives Gebilde anzusehen. Der Name dieser Provinz des Frankenreiches und die Bezeichnung der Herzöge als solcher »der Alamannen« ist im Zusammenhang der »Regionalisierung der Volkstümer« zu sehen, die sich allenthalben im spätmerowingischen Reich vollzieht.[18]
Nun werden die innerhalb der Alamannia lebenden Menschen als Alamannen von den Elsässern links des Rheins, von den Bayern jenseits des Lech, von den Rätern um Chur usw. unterschieden, und vermutlich bildete sich auch verstärkt ein entsprechendes Bewusstsein. Gleichwohl sind die Auseinandersetzungen, die 746 zur Beseitigung des sogenannten älteren alamannischen Herzogtums führten, keineswegs im Sinne eines alamannisch-fränkischen Gegensatzes oder gar eines »national-völkischen« Widerstandes gegen die Franken zu verstehen. Karl Ferdinand Werner hat darauf hingewiesen, dass die Herzöge durchaus bereit waren, den Merowingerkönigen zu dienen, während sie sich von den karolingischen Hausmeiern in ihren von der Reichsgewalt verliehenen Rechten bedroht fühlten.[19]

Am Ende siegen die Hausmeier

In dieser kurzen Darstellung des alamannischen Herzogtums und der fränkisch-alamannischen Beziehungen vom Beginn des 6. bis zur Mitte des 8. Jh. war es weder möglich noch erschien es besonders sinnvoll, alle duces Alamannorum zu erwähnen und zu versuchen, sie in eine chronologische Reihenfolge zu bringen.[20] Dies ist ab der Wende zum 8. Jh. anders, seit mit Gotfrid ein Herzogshaus agilolfingischer Herkunft die Erblichkeit des alamannischen Herzogtums beanspruchte und auch durchsetzte.[21] Dieser *dux Alamannorum* Gotfrid schenkte im Jahr 700, wie wir einer in Cannstatt ausgestellten Urkunde entnehmen, Besitz in der Umgebung des heutigen Stuttgart an das Kloster St. Gallen. Als er 709 starb, erhoben offensichtlich seine beiden Söhne, Lantfrid († 730) und Theudebald († 746), Anspruch auf den Titel eines *dux*. Demnach bestand im Herzogshaus das Prinzip der Herrschaftsteilung, nicht das der Individualsukzession. Erblichkeit und Teilung der Herzogswürde sah entsprechend auch die Neufassung des alamannischen Rechts vor, die Lantfrid als Herzog zugeschrieben wird.[22]
Je selbständiger und selbstbewusster das alamannische Herzogtum unter Gotfrid und seinen Söhnen wurde, desto mehr verschärfte sich auch der Gegensatz zu den karolingischen Hausmeiern. Wie bereits angedeutet, handelte es sich bei den nun ausbrechenden Konflikten weder um Volksaufstände, die in ethnischem oder separatistischem Aufbegehren ihren Grund hatten, noch um Widerstände, die in der mangelnden Bereitschaft der Herzöge begründet waren, »den Merowingerkönigen zu dienen, wie sie es zuvor gewohnt waren.«[23]
Gerade letzteres wollten Gotfrid und seine Söhne, sahen sich aber durch die *duces Franchorum* daran gehindert. Die ersten Feldzüge des Hausmeiers Pippin des Mittleren (680–714) richteten sich 709–712 gegen den *dux Willeharius* in der Ortenau. 725 durchzog Karl Martell (714–741) dann Alamannien auf einem Heerzug nach Bayern. Dort folgte auf Grimoald und Hukbert der Bayernherzog Odilo (737–748), der nicht nur mit dem alamannischen Herzogshaus verwandt war, sondern sich ihm auch in gemeinsamer Opposition gegen die karolingischen Hausmeier verbunden fühlte.[24]
730 wandte sich Karl gegen den Alamannenherzog Lantfrid selbst, der noch im gleichen Jahr starb. Dann beschäftigten den Hausmeier andere Aufgaben, ohne dass er das Ziel der Unterwerfung Alamanniens aus den Augen verlor. Das Engagement Pirmins und Eddos auf der Reichenau und anschließend im Elsass diente nicht zuletzt diesen Interessen der karolingischen Politik.[25]

Als Karl Martell im Jahre 741 das Frankenreich wie ein König unter seinen Söhnen Karlmann, der Alamannien erhielt, und Pippin aufteilte, bedeutete dies keine Schwächung des fränkischen Herrschaftsanspruchs. Gemeinsam zogen die beiden Hausmeier 742 gegen den Alamannenherzog Theudebald, der ins Elsass eingefallen war, und 743 gegen den Bayernherzog Odilo. Dass die antikarolingische Opposition von Sachsen und Slawen unterstützt wurde, verdeutlicht die dramatische Lage, in der sich die beiden Hausmeier nach dem Tode Karl Martells befanden.[26] 743 flüchtete Theudebald, aber schon 744 hören wir von einem erneuten Feldzug Pippins gegen den Alamannenherzog. Wieder finden die Kämpfe im Elsass statt, das Theudebald den Karolingern offensichtlich streitig machte.

Als Karlmann schließlich im Jahr 746 »mit großer Wut« und seinem Heer in Alamannien einfiel, »tötete er sehr viele von denen, die sich gegen ihn erhoben, mit dem Schwert.«[27] Nach dem Bericht der Metzer Annalen ordnete Karlmann eine Versammlung (*placitum*) beider Heere in Cannstatt an, einem Hauptort des alamannischen Herzogtums, in deren Verlauf die Alamannen von den Franken gefangengenommen und ihre Anführer bestraft wurden; nach anderen Berichten verloren viele Menschen dabei ihr Leben.[28] Wenn auch 749 nochmals ein Aufstand aufflackerte, war doch mit dem sogenannten »Blutgericht zu Cannstatt« der Untergang des älteren alamannischen Herzogtums endgültig besiegelt.

1 Agathias, Historiae A (I) 6,2. Vgl. C. Dirlmeier/G. Gottlieb, Quellen zur Geschichte der Alamannen II. Heidelberger Akad. Wiss. Komm. Alamannische Altkde. Schr. 3 (Heidelberg, Sigmaringen 1978) 80.

2 Vgl. O. Feger, Zur Geschichte des alemannischen Herzogtums. In: W. Müller (Hrsg.), Zur Geschichte der Alemannen. Wege der Forschung 100 (Darmstadt 1975) 157 ff.; B. Behr, Das alemannische Herzogtum bis 750. Geist und Werk der Zeiten 41 (Bern, Frankfurt/Main 1975) 42 ff.; H. Keller, Fränkische Herrschaft Herzogtum im 6. und 7. Jahrhundert. Zeitschr. Gesch. Oberrhein 124 N.F. 85, 1976, 1 ff.; M. Schaab/K. F. Werner, Das merowingische Herzogtum Alemannien. Hist. Atlas Baden-Württemberg. Beiwort zur Karte V,1 (Stuttgart 1988)

3 Feger (Anm. 2) 158.

4 Vgl. H. Jänichen, Baar und Huntari. In: Grundfragen der alemannischen Geschichte. Vorträge u. Forsch. 1 (Sigmaringen 1960) 83 ff.

5 Vgl. Anm. 1.

6 Der sogenannte Fredegar IV,8. Dirlmeier/Gottlieb (Anm. 1) 14.

7 Der sogenannte Fredegar IV,27. Dirlmeier/Gottlieb (Anm. 1) 14 f.

8 Vgl. zu der entsprechenden Bestimmung im Rechtstext der Lex Alamannorum Ruth Schmidt-Wiegand in diesem Band.

9 Keller (Anm. 2) 12.

10 So F. Beyerle, Zur Gründungsgeschichte der Abtei Reichenau und des Bistums Konstanz. Zeitschr. Savigny-Stiftung Rechtsgesch. Kanonistische Abt. 15, 1926, 523 f.; Feger (Anm. 2) 162 f.; K.-U. Jäschke, Kolumban von Luxeuil und sein Wirken im alamannischen Raum. In: A. Borst (Hrsg.), Mönchtum, Episkopat und Adel zur Gründungszeit des Klosters Reichenau. Vorträge u. Forsch. 20 (Sigmaringen 1974) 118 f.

11 Vgl. zu den Rechtsaufzeichnungen Ruth Schmidt-Wiegand und zum Bistum Konstanz Sönke Lorenz in diesem Band.

12 W. Berschin, Gallus abbas vindicatus. Hist. Jahrb. 95, 1975, 257 ff. Vgl. zuletzt J. Duft, Die Lebensgeschichte der Heiligen Gallus und Otmar, St. Gallen (Sigmaringen 1988) 9 ff. mit einer Übersetzung der Wetti-Fassung ebd. 15 ff. Auszüge in: C. Dirlmeier/K. Sprigade, Quellen zur Geschichte der Alamannen III. Heidelberger Akad. Wiss. Komm. Alamannische Altkde. Schr. 5 (Heidelberg, Sigmaringen 1979) 29 ff. Zur Glaubwürdigkeit und Interpretation des historischen Gehalts vgl. Keller (Anm. 2) 14 ff.

13 Dirlmeier/Sprigade (Anm. 12) 50; Duft (Anm. 12) 36.

14 Keller (Anm. 2) 27 ff. Die entsprechenden Auszüge aus der Vita Germani abbatis Grandivallensis des Bobolenus finden sich bei Dirlmeier/Sprigade (Anm. 12) 24 ff. Ausführlich dazu H. Keller, Mönchtum und Adel in den Vitae patrum Jurensium und in der Vita Germani abbatis Grandivallensis. In: K. Elm, E. Gönner/E. Hillenbrand (Hrsg.), Geistesgeschichte und Landesgeschichte. Festschrift für Otto Herding zum 65. Geburtstag. Veröff. Komm. Gesch. Landeskunde Baden-Württemberg R. B Forsch. 92 (Stuttgart 1977) 1 ff. bes. 8 ff.

15 Dazu M. Borgolte, Die Geschichte der Grafengewalt im Elsass von Dagobert I. bis Otto dem Großen. Zeitschr. Gesch. Oberrhein 131 N.F. 92, 1983, 3 ff., der ebd. 8 f. die Gleichsetzung Gunzos mit Gundoin ablehnt. Vgl. auch H. Büttner, Geschichte des Elsaß I. In: T. Endemann (Hrsg.), Ausgewählte Beiträge zur Geschichte des Elsaß im Früh- und Hochmittelalter (Sigmaringen 1991) 70 ff.

16 Näheres dazu unten.

17 D. Geuenich/H. Keller, Alamannen, Alamannien, Alamannisch im frühen Mittelalter. Möglichkeiten und Schwierigkeiten des Historikers beim Versuch der Eingrenzung. In: H. Wolfram/A. Schwarcz (Hrsg.), Die Bayern und ihre Nachbarn 1. Österr. Akad. Wiss. Phil.-Hist. Kl., Denkschr. 179. Veröff. Komm. Frühmittelalterforsch. 8 (Wien 1985) 153 ff. Anders Borgolte (Anm. 15) 8 ff.

18 E. Ewig, Volkstum und Volksbewußtsein im Frankenreich des 7. Jahrhunderts. In: Ders./H. Atsma (Hrsg.), Spätantikes und fränkisches Gallien 1. Beih. Francia 3,1 (München 1976) 231 ff. Vgl. auch Geuenich/Keller (Anm. 17) 155.

19 Schaab/Werner (Anm. 2) 6 f.

20 Vgl. dazu Keller (Anm. 2); Geuenich/Keller (Anm. 17) bes. die Tabelle ebd. 151.

21 Zur vermuteten agilolfingischen Herkunft Gotfrids vgl. E. Zöllner, Die Herkunft der Agilolfinger. In: K. Bosl (Hrsg.), Zur Geschichte der Bayern. Wege der Forschung 60 (Darmstadt 1965) 107 ff. Zuletzt J. Jarnut, Genealogie und politische Bedeutung der agilolfingischen Herzöge. Mitt. Inst. Österr. Geschichtsforsch. 99, 1981, 1 ff.

22 Vgl. Ruth Schmidt-Wiegand in diesem Band. M. Borgolte, Geschichte der Grafschaften Alemanniens in fränkischer Zeit. Vorträge u. Forsch. Sonderbd. 31 (Sigmaringen 1984) 26.

23 Erchanberti breviarium regum Francorum. C. Dirlmeier/K. Sprigade., Quellen zur Geschichte der Alamannen IV. Heidelberger Akad. Wiss. Komm. Alamannische Altkde. Schr. 6 (Heidelberg, Sigmaringen 1980) 57: ... Cotefredus dux Alamannorum caeterique circumquaque duces noluerunt obtemperare ducibus Franchorum, eo quod non potuerint regibus Meroveis servire, sicuti antea soliti erant.

24 Zöllner (Anm. 21) 128 ff. und Jarnut (Anm. 21) 5 gehen davon aus, dass Odilo ein Sohn Gotfrids und vor seiner Herzogszeit ein regionaler Machthaber südlich des Rheins war. Vgl. dagegen Behr (Anm. 2) 184.

25 Dazu unten mehr.

26 Dazu jetzt ausführlich J. Jarnut, Alemannien zur Zeit der Doppelherrschaft der Hausmeier Karlmann und Pippin. In: R. Schieffer (Hrsg.), Beiträge zur Geschichte des Regnum Francorum. Beih. Francia 22 (Sigmaringen 1990) 57 ff.

27 Continuator Fregegarii 29. Dirlmeier/Sprigade (Anm. 12) 17.

28 Annales Mettenses priores ad ann. 746. Dirlmeier u.a. (Anm. 12) 85. Zu den weiteren Quellen vgl. Behr (Anm. 2) 197.

Völker am Hochrhein

DAS BASLER LAND IM FRÜHEN MITTELALTER

ULRIKE GIESLER

Als Grundlage einer archäologischen Untersuchung der Geschichte von Alamannen und Franken in Basel und seinem Umland stehen vom Beginn des 5. bis Anfang des 8. Jh. fast ausschließlich Gräberfelder zur Verfügung. Während in anderen Gebieten durch gezielte Forschungen ein erheblicher Fundzuwachs gerade für die Landnahmezeit zu verzeichnen ist, gibt es im rechtsrheinischen Vorland von Basel außer dem seit längerem bekannten Einzelgrab von Inzlingen keinen nennenswerten Hinweis auf eine alamannische Besiedlung um 400. Dies hängt zum einen damit zusammen, dass der Hochrhein von den Hauptstoßrichtungen alamannischer Landnahme nach Westen in den Breisgau und ins Elsass sowie nach Süden ins Bodenseegebiet und die rätischen Provinzen abgeschnitten war. Zum anderen zeigen die archäologischen Befunde und die Schriftquellen, dass gerade der Hochrhein in der zweiten Hälfte des 4. Jh. noch einmal stark befestigt wurde.

Alamannen siedeln sich an

Erst zu Beginn des 5. Jh. sind alamannische Neugründungen nachweisbar. Als früheste Gräberfelder sind Herten, ca. 10 km rheinabwärts Basel-Gotterbarmweg sowie weitere 4 km rheinabwärts Basel-Kleinhüningen zu nennen. Die drei Friedhöfe liegen auffallend dicht zusammen an der Niederterrassenkante des rechten Flussufers. Entscheidend für die Wahl der Plätze waren offenbar die Rheinübergänge, wobei Herten und das Gräberfeld am Gotterbarmweg zu den spätantiken Brückenköpfen von Kaiseraugst bzw. Basel zu gehören scheinen. Die Siedlung beim Gräberfeld von Herten setzt bereits im frühen 5. Jh. ein, während die Siedlungen am Gotterbarmweg und in Kleinhüningen etwa gleichzeitig im zweiten Viertel des 5. Jh. beginnen. Kleinhüningen ist dabei der einzige alte alamannische Ortsname, der bis heute überlebte.

Nach der Art der Gräberfelder, des Bestattungsbrauchtums, der Tracht und der Bewaffnung waren die Gründer dieser drei Siedlungen Alamannen aus dem südwestdeutschen Raum. Eine Anzahl früher Gräber fällt durch eine fremde, germanische Komponente auf. Dies drückt sich in manchen Objekten, in Eigentümlichkeiten der Frauentracht, in der Keramik und im gelegentlichen Auftreten künstlicher Schädeldeformation aus. Offenbar hatten sich den Zuwanderern während der ersten Hälfte und in der Mitte des 5. Jh. andere germanische Gruppen aus dem Bereich der nordböhmischen Vinaričer Gruppe, aus dem benachbarten Thüringen oder aus Mähren und der Slowakei angeschlossen.

Obwohl die Zahl der Bestatteten in den Gräberfeldern von Herten und Kleinhüningen beträchtlich war – in Herten wurden 335 Gräber ausgegraben, die Gesamtzahl wird auf 450 Bestattungen geschätzt, in Kleinhüningen wurden 362 von schätzungsweise 600 Gräbern untersucht – waren die zugehörigen Siedlungen nicht allzu groß. Zu Beginn dürften in diesen Weilern nur wenige Familien mit ihrem Gesinde gewohnt haben, die jeweils in gesonderten Bezirken des Gräberfeldes beigesetzt wurden. Überdurchschnittlicher Wohlstand war breit verteilt. Gelegentlich wird eine Führerpersönlichkeit, ein örtlicher »Chef«, wie der Mann mit Goldgriffspatha aus Kleinhüningen Grab 63, aufgrund der herausgehobenen Grabausstattung fassbar.

Friedliche Nachbarschaft

Durch die unmittelbare Nähe zu den Kastellstädten Kaiseraugst und Basel gelangten die Produkte spätantiker Werkstätten in einem Maße in die Hände der alamannischen Nachbarn wie sonst nirgendwo außerhalb der ehemaligen römischen Reichsgrenzen. In dem zugrunde liegenden regen Warenaustausch mit den Romanen kommt ein enges, offenbar friedliches, nachbarschaftliches Verhältnis zum Ausdruck. Dass zu diesem Zweck Germanen die linksrheinischen Gebiete aufsuchten, zeigen Funde vom Basler Münsterhügel. Eine dauernde Anwesenheit von Germanen kann jedoch aus den wenigen Funden bisher noch nicht abgeleitet werden.

Auffällig bleibt ihr Verharren an exponierten rechtsrheinischen Siedlungsplätzen, deren günstige strategische Lage den Schutz der Flussübergänge ermöglichte. Offenbar hatten die rechtsrheinischen Alamannen den Schutz der Zugänge zu den umwehrten ehemaligen Kastellorten der Romanen übernommen. Die hohe Qualität der Beigaben in den Gräberfeldern, sie konnte allein aus landwirtschaftlicher Betätigung nicht erwirt-

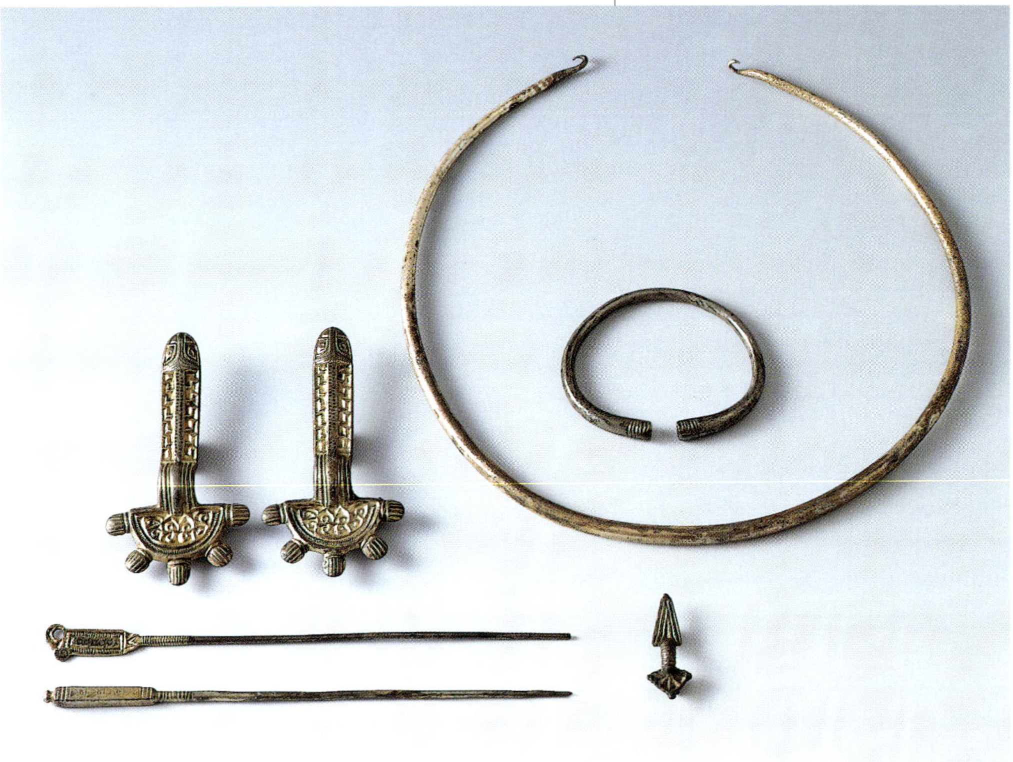

213

214 b

213 Zwei reiche alamannische Frauen in den Gräbern 12 und 13 vom Gotterbarmweg in Basel waren mit Halsringen und Haarnadeln ausgestattet.

214 a

214 a, b Eine Spatha mit vergoldetem Scheidenmundblech aus reinem Silber und reich verzierter Scheide konnte sich nur ein reicher Mann leisten. Dies gilt auch für die silbertauschierte Schnalle mit Silberblechauflage. Die Funde stammen vom Gotterbarmweg in Basel.

schaftet werden, lässt sich mit Erträgen aus solchen Dienstleistungen, beispielsweise Soldzahlungen, erklären. Eine herausragende soziale Stellung dank militärischer Funktionen könnte das adelsähnliche Gepräge der Gräberfelder erklären.
Nach der schriftlichen Überlieferung sollen Basel und das linksrheinische Hinterland im späten 5. Jh. unter alamannischer Herrschaft gestanden haben. Die dürftigen Quellen sind allerdings widersprüchlich und werden nicht durch archäologische Zeugnisse bestätigt, sodass man ihnen nicht zuviel Bedeutung beimessen sollte. Auch der fränkische Einfluss nach der Niederlage der Alamannen 497 durch Chlodwig ist im Gebiet von Basel kaum fassbar; die wenigen Funde fränkischen Charakters lassen sich durch Warenaustausch und Fernhandel erklären.

215

215 Basel-Kleinhüningen, Gräber 108, 63 und 94: Der mittlere Becher stammt aus der elbgermanischen Heimat germanischer Zuwanderer. Bei den beiden anderen stempelverzierten Exemplaren handelt es sich um alamannische Ware.

216 Eine Auswahl kostbarer Gürtelschnallen des 5. Jh. aus Basel-Kleinhüningen. Die Fibel könnte aus Nordböhmen, Mähren oder Thüringen stammen, die Schnallen zeigen donauländischen Einfluss.

216

Über den Rhein

In den ersten Jahrzehnten des 6. Jh. wird die alamannische Besiedlung südlich des Rheins im Sund- und Augstgau bzw. im Schweizer Mittelland fassbar. Dieser einschneidende Vorgang macht sich auch auf dem rechtsrheinischen Gebiet bemerkbar: Zu Beginn des 6. Jh. wird die zum Gräberfeld Basel-Gotterbarmweg gehörende Siedlung von ihren Einwohnern verlassen.
Auch in den Gräberfeldern von Herten und Basel-Kleinhüningen kommt es um diese Zeit zu Veränderungen. Neben der Verschiebung des Belegungsschwerpunktes ist eine Stagnation der Bevölkerungsstärke zu beobachten. Vor allem in Basel-Kleinhüningen bricht ein Teil der Gräbergruppen ab, die charakteristisch für den älteren Belegungsabschnitt waren, darunter auch die Gruppe um den Herrn mit der Goldgriffspatha.
Dieser Wüstungsvorgang und die Stagnation der Bevölkerung gingen aber nicht mit Siedlungsneugründungen am rechten Rheinufer oder im Hinterland einher. Es blieb bei den beiden bisher bekannten Siedlungen Herten und Kleinhüningen. Daher ist mit einer partiellen Abwanderung der Bevölkerung zu rechnen. Aufgrund der zeitlichen Übereinstimmung mit dem alamannischen Siedlungsbeginn auf dem linken Rheinufer ist eine Beteiligung der Abwanderer an der Kolonisation nicht auszuschließen.

217

218

217 Grab 126 ist das reichste Grab in Basel-Kleinhüningen. Die Fibelpaare dieses Frauengrabes stammen aus dem donauländischen Raum, während Halsring und Haarnadel typisch für die alamannische Frauentracht ist.

218 Alamannische Funde des 5. Jh. vom Basler Münsterhügel zeigen, dass Germanen auch die rechtsrheinischen römischen Kastellstädte aufsuchten, um Handel zu treiben. Aus den wenigen Funden lässt sich aber keine dauernde Anwesenheit ablesen.

219 Der Mann mit der Goldgriffspatha in Grab 63 von Basel-Kleinhüningen wird ein lokaler Machthaber gewesen sein.

220 a

220 b

221

Die Franken kommen

Zum Zeitpunkt der Aufsiedlung ihres Hinterlandes standen die alten Kastellorte Kaiseraugst und Basel politisch bereits unter fränkischer Kontrolle. Die militärische Aufgabe der Alamannen am Rhein entfiel, da der Fluss seine Funktion als politische Grenze verloren hatte. Wahrscheinlich geht die Kolonisation der Schweiz durch die Alamannen auf fränkische Veranlassung zurück. Dabei wurde die innere Schweiz überwiegend von Osten, also von den Alamannen aus Rätien besiedelt, die Nordschweiz durch Zuwanderer, die aus dem Elsass und über den Hochrhein kamen.

220 a, b Die Dame aus Grab 126 von Kleinhüningen trug prägefrische Silbermünzen als Schmuck am Gürtelgehänge. Das Geld stammt wahrscheinlich aus römischen Zahlungen, da Silbermünzen in dieser Zeit überwiegend für das Militär geprägt wurden.

221 Die beiden Kleinfibeln aus Grab 125 in Basel-Kleinhüningen sprechen für den fränkischen Einfluss am Hochrhein.

222 Gefäße mit Stempel- und Strichbündelverzierung zeigen den fränkischen Einfluss in Basel-Kleinhüningen. In genau der gleichen Form findet man solche Gefäße im Mittel- und Niederrheingebiet.

222

Die Bevölkerungsdichte im rechtsrheinischen Gebiet stagnierte weiter bis zum Ende des 6. Jh. Dies ist sicher weiterhin auf die Abwanderung in die Gebiete südlich des Rheins zurückzuführen. Auffallend ist der quantitativ und qualitativ nur noch mittelmäßige Standard der Grabbeigaben. Durch die um die Mitte des 6. Jh. zusätzlich massiv einsetzenden zeitgenössischen Grabplünderungen wird die Beurteilung der Gräber beträchtlich erschwert. Dennoch ist ein Wandel in der Belegung des Gräberfeldes von Basel-Kleinhüningen erkennbar. In dem um 520/40 neu eingerichteten nördlichen Friedhofsteil entstehen in isolierter Lage einzelne Holzkammergräber vom Typ Morken. An den wenigen in den ausgeplünderten Kammergräbern verbliebenen Gegenständen ist ablesbar, dass sie ursprünglich ausnehmend reich ausgestattet waren. Neben dem fränkischen Bautyp der Gräber fällt die Mitgabe von jeweils zwei großen Tongefäßen auf, die in fränkischen Werkstätten des Mittel- und Niederrheingebietes hergestellt worden sind.

Noch immer kann also in Basel-Kleinhüningen eine führende Familie nachgewiesen werden, deren Beisetzungen jedoch deutlich fränkisches Gepräge zeigen. Leider kann wegen der starken Zerstörung durch Grabplünderer nicht mit letzter Sicherheit geklärt werden, ob es sich wirklich um zugezogene Franken oder nur um fränkisch beeinflusste Alamannen handelt.

Auch auf dem linksrheinischen Ufer ist ein stärkerer fränkischer Einfluss fassbar, so auf den Gräberfeldern von Kaiseraugst und Basel-Aeschenvorstadt. In Basel-Aeschenvorstadt belegen Gräber seit der zweiten Hälfte des 6. Jh. die dauernde Anwesenheit von Franken auf dem Münsterhügel. Diese Beobachtung wird durch die Zunahme germanischer Siedlungsspuren und entsprechender Funde vom Münsterhügel selbst noch unterstrichen.

Im Gefolge der Ausweitung des alamannischen Siedlungsgebietes auf das linke Rheinufer erscheinen Spuren fränkischer Kultur auf beiden Rheinufern. Der ehemalige Grenzfluss hat nun auch seine Rolle als kulturelle Scheide verloren.

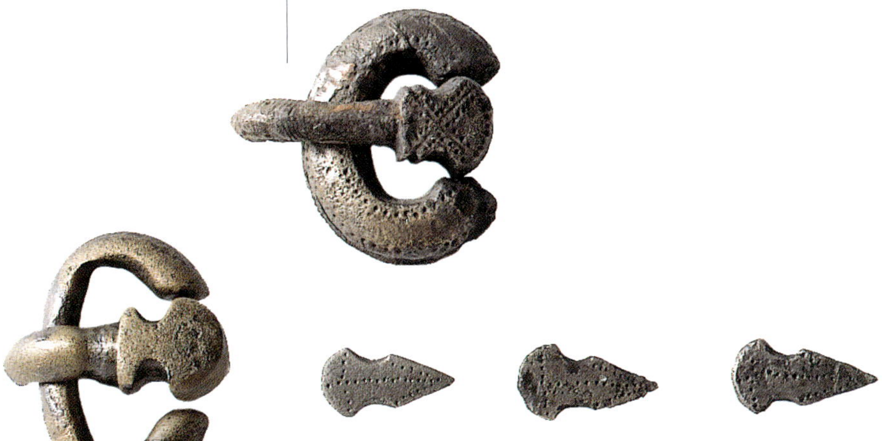

223

224

225

223 Charakteristisch für Gürtel der ersten Hälfte des 6. Jh. sind Schnallen, deren Dorn einen schildförmigen Ansatz hat. Dazu könnnen noch schildförmige Hafteln gehören.

224 Kleine Almandinscheibenfibel und zwei Gürtelschnallen aus Gräbern in Basel-Aeschenvorstadt. Genau die gleichen Fibeln und Schnallen findet man im fränkischen Gebiet. Die Funde sind ein Indiz für die Präsenz der Franken im rechtsrheinischen Gebiet während des 6. Jh.

225 Die Gürtelgarnitur aus Grab 334 von Basel-Aeschenvorstadt spricht für die Ansiedlung von Franken.

226 a

226 b

Der Siedlungsausbau

In Herten und Kleinhüningen ist Ende des 6. Jh. ein deutlicher Bevölkerungsanstieg erkennbar. Diese Entwicklung betrifft das ganze rechtsrheinische Gebiet. Erstmals werden wieder neue Ortschaften gegründet. Im Laufe des 7. Jh. verdichten sich die Siedlungen entlang der Niederterrassenkante derart, dass man zusätzlich zur Verkehrsader des Rheins eine Straße erschließen kann. Der wichtigste neue Siedlungsplatz, zu dem das Gräberfeld am St. Theodorskirchplatz in Kleinbasel gehörte, lag unmittelbar gegenüber dem Basler Münsterhügel und nahe dem Standort des ehemaligen antiken Brückenkopfes. Nach Ausweis der Grabfunde muss der Ort spätestens um 600 gegründet worden sein. Ein ähnliches Bild des Landesausbaus zeichnet sich auch im linksrheinischen Hinterland von Basel ab. Die neuen Siedlungen liegen jedoch bevorzugt am Fuß der Vorberge des Schweizer Jura.

226 c

Bereits um 540 hatte sich in gleicher Lage eine austrasische Familie aus fränkischem Adel auf ausgedehntem Grundbesitz niedergelassen. Eine konkrete militärische oder administrative Aufgabe ist auch mit Hilfe der zugehörigen Nekropole Basel-Bernerring nicht erkennbar. Das Ende des Friedhofs im letzten Jahrzehnt des 6. Jh. dürfte jedoch mit dem Erstarken der neu entstandenen fränkischen Metropole auf dem Basler Münsterhügel zusammenhängen.

226 a-c **Ango, Münzwaage und ein Knickwandtopf (nicht abgebildet) sprechen dafür, dass der Mann aus dem Holzkammergrab 5 von Basel-Bernering ein Franke war. Wie die Trense zeigt, war er zu Lebzeiten beritten.**

227

227 **Basel-Bernering Gräber 5, 8, 10, 14, 23, 42: Parallelen zu solchen Knickwandgefäßen mit waagrechten Riefen und Rillen kennt man aus dem rheinfränkischen Raum.**

228 **Die Scheibenfibel mit Heiligendarstellung stammt aus einem Grab auf dem Basler Münsterhügel. Vermutlich gehörte das Grab zu einem Vorgängerbau der in den Jahren 1101/03 erstmals erwähnten Martinskirche.**

228

Eine fränkische Metropole

Auf dem Münsterhügel in Basel mehren sich die Baubefunde von Grubenhäusern, deren Datierung ins 7. bzw. 8. Jh. durch Funde gesichert ist. Zur gleichen Zeit werden kleine Grabgruppen auf dem Hügel angelegt. Nach Lage, Beigabensitte und Art der Beigaben handelt es sich um Gräber einer fränkischen oder fränkisch beeinflussten Bevölkerung mit dauerndem Wohnsitz auf dem Münsterhügel. Dies passt gut zu dem merowingerzeitlichen Martinspatrozinium der Kirche auf dem nördlichen Sporn des Hügels.

Bisher ist der älteste Bau archäologisch nicht nachgewiesen. Bei Renovierungsarbeiten am Turmfundament der heutigen Kirche fand man eine Emailscheibenfibel mit Heiligendarstellung. Anscheinend wurde der ehemalige Augster Bischofssitz zu Beginn des 7. Jh. nach Basel verlegt, wobei das bauliche Zentrum im heutigen Münsterbezirk liegen dürfte. Die örtliche Münzprägung im frühen 7. Jh. ergänzt das Bild einer aufblühenden fränkischen Metropole in Basel. Die Toten der fränkischen Stadt wurden spätestens seit dem ausgehenden 6. Jh. in der alten römischen Nekropole von Basel-Aeschenvorstadt beigesetzt, die schon seit der ersten Hälfte des 1. Jh. bestand.

Politische Scheide am Rhein

Seit der ersten Hälfte des 6. Jh. gehörte das rechtsrheinische Gebiet offiziell zum Frankenreich. Während des 7. Jh. war das alamannische Stammesherzogtum jedoch wieder zu weitgehender Unabhängigkeit von der fränkischen Herrschaft gelangt. Hoch- und Oberrhein bildeten die Grenze zur fränkischen Machtsphäre in der Schweiz und im Elsass. Als Teil des alamannischen Herzogtums gelangte das rechtsrheinische Vorland von Basel wieder in die Rolle eines Grenzlandes. Allerdings lebte jetzt auf der anderen Rheinseite ebenfalls eine alamannische Bevölkerung, die sich in ihrer kulturellen Ausprägung nicht von den rechtsrheinischen Alamannen unterschied. Als Folge des Grenzverlaufs unterstand das rechtsrheinische Gebiet nicht der fränkischen Metropole Basel. Die Kette von Siedlungsneugründungen unmittelbar am Rheinufer seit dem ausgehenden 6. Jh. dürfte der Grenzsicherung des alamannischen Herzogtums gedient haben. Insbesondere gilt dies für die zum Gräberfeld bei St. Theodor in Basel gehörende Siedlung, die möglicherweise den Rheinübergang kontrollierte. Auch in der kirchlichen Verwaltung unterstand der ganze Breisgau einschließlich des rechten Hochrheingebiets nicht dem Bistum Basel, sondern dem um 600 gegründeten Bistum Konstanz.

Der Artikel ist eine überarbeitete Fassung des Aufsatzes von U. Giesler, Das rechtsheinische Vorland von Basel und Augst im frühen Mittelalter. In: Lörrach und das rechtsrheinische Vorland von Basel. Führer Vor- u. Frühgesch. Denkmäler 47 (Mainz 1981) 92 ff. Weitere Lit. zu diesem Thema:

Dies., Das alamannische Gräberfeld von Basel-Kleinhüningen. Ebd. 211 ff. – G. Fingerlin, Alamannisches Gräberfeld bei Herten. Ebd. 251 ff. – L. Berger, Archäologischer Rundgang durch Basel. Arch. Führer Schweiz 16 (Basel 1981). – Ders., Theodorskirchplatz. Basler Zeitschr. Gesch. Altkde. 62, 1961, 19 ff. – R. d´Aujourd´hui, Münsterplatz und Reischacher Hof. Ebd. 78, 1978, 221 ff. – S. Martin-Kilcher, Die Ausgrabung im Museum für Völkerkunde. Die spätrömischen und frühmittelalterlichen Kleinfunde. Ebd. 79, 1979, 390 ff. – R. d´Aujourd´hui/G. Helmig, Der Reischacher Hof, eine archäologische Fundgrube. Basler Stadtbuch (1979) 284 ff. – R. Fellmann, Basel in römischer Zeit. Monogr. Ur- u. Frühgesch. Schweiz 10 (Basel 1955) – R. Fellmann Brogli/S. Fünfschilling/R. Marti/B. Rütti/D. Schmid, Das römisch-frühmittelalterliche Gräberfeld von Basel/Aeschenvorstadt. Basler Beitr. Ur- u. Frühgesch. 10 B (Derendingen 1992). – F. Garscha, Die Alamannen in Südbaden. Germ. Denkmäler Völkerwanderungszeit A 11 (Berlin 1970). – H. U. Geiger, Die merowingischen Münzen in der Schweiz. Schweizer. Numismatische Rundschau 58, 1979, 93; 106 f. 116; 118. – U. Giesler-Müller, Das frühmittelalterliche Gräberfeld von Basel-Kleinhüningen. Basler Beitr. Ur- u. Frühgesch. 11 B (Derendingen 1992). – G. Helmig, Frühmittelalterliche Grubenhäuser auf dem Münsterhügel. Ein Kapitel Basler Stadtgeschichte. Arch. Schweiz 5,2, 1982, 153 ff.

P. Heman (Hrsg.), Bodenfunde aus Basels Ur- und Frühgeschichte (1983). – M. Martin, Das spätrömisch-frühmittelalterliche Gräberfeld von Kaiseraugst, Kt. Aargau. Basler Beitr. Ur- u. Frühgesch. 5 A (Derendingen 1991). – Ders., Das fränkische Gräberfeld von Basel-Bernerring. Basler Beitr. Ur- u. Frühgesch. 1 (Basel, Mainz 1976). – R. Moosbrugger-Leu, Die frühmittelalterlichen Gräberfelder von Basel. Führer Hist. Mus. Basel 3 (1982). – E. Vogt, Das alamannische Gräberfeld am alten Gotterbarmweg in Basel. Anz. Schweizer. Altkde. 32, 1930, 145 ff.

Ethnische Vielfalt im Südwesten

BEOBACHTUNGEN IN MEROWINGERZEITLICHEN GRÄBERFELDERN AN NECKAR UND DONAU

URSULA KOCH

Pleidelsheim liegt in einer weiten Neckarschlinge unterhalb der Murrmündung; eine römische Straße durchquerte hier den Fluss.[1] An dieser Kreuzung von Land- und Wasserweg ließen sich Mitte des 5. Jh. ortsfremde Siedler nieder. Bald darauf legten sie einen gemeinsamen Friedhof an,[2] auf dem bis in die zweite Hälfte des 7. Jh. insgesamt etwa zehn Generationen bestattet wurden. Die späteren Gräber liegen allerdings überwiegend außerhalb der archäologisch untersuchten Flächen. Mit 264 Bestattungen ist kaum mehr als ein Viertel des ganzen Gräberfeldes freigelegt. Seit 1951 wird das Gelände überbaut, werden die alten Bestattungen zerstört. 1969 grub das Landesdenkmalamt Baden-Württemberg die ersten, 1994 die beiden vorerst letzten Gräber aus.

Obgleich nicht vollständig freigelegt, ist dieser Friedhof für die Geschichte des mittleren Neckarraumes eine äußerst wichtige Quelle. Im untersuchten Ausschnitt befanden sich Gräber von Personen, die an der Siedlungsgründung beteiligt waren, und von solchen, die den Beginn der fränkischen Herrschaft erlebt haben.

229 In der zweiten Hälfte des 5. Jh. war die Axt Waffe des einfachen alamannischen Bauern. In Pleidelsheim besaß nur der Mann in Grab 83 eine Bartaxt, häufiger sind schmale Exemplare wie in den Gräbern 42, 103, 109 und 116.

229

230

230 **Wandlungen der Fibelmode von der Mitte des 5. bis ins frühe 6. Jh. anhand der Frauengräber 49, 65 und 81 von Pleidelsheim: Kleine Dreiknopffibeln mit Punzdekor aus der Mitte des 5. Jh. wurden paarig getragen. Seit dem späten 5. Jh. kombinierte man eine oder zwei kerbschnittverzierte Fünfknopffibeln mit einem zusätzlichen Kleinfibelpaar.**

Bauern, Ahnen einfacher Leute

Typisch für die ältesten Gräber des 5. Jh. sind schmale Gruben, worin die Toten in Baumsärgen recht beengt lagen. Diese Form behielt vor allem eine bäuerliche Familie noch lange bei. Sie bestattete im nordwestlichen Teil des Friedhofs und gruppierte die Männer vorzugsweise um das Ahnengrab 79, während die Frauen südwestlich an das ältere Frauengrab 65 anschlossen. Wurden die Gruben breiter ausgehoben, stand der Sarg selten auf der nördlichen, häufiger auf der südlichen Grubenseite.

Die Männer dieser Familie waren bescheiden ausgestattet, was nur zum Teil mit der erst beginnenden Beigabensitte zusammenhängt. Ihre häufigste Waffe war die Axt. In der dritten Generation nahmen sie jedoch eine weitere Waffe hinzu, in Grab 42 einen Langsax, in Grab 103 eine Spatha.
Jeweils eine Frau der ersten und zweiten Generation besaß Fibeln, aber keinen weiteren Schmuck aus Edelmetall. Ab der dritten Generation waren sogar zwei Frauen mit Fibeln ausgestattet. Zu dem aus Silber gegossenen vergoldeten Paar in Grab 65 mit charakteristisch quergeripptem schmalem Fuß

231

liegen vergleichbare Fibeln aus dem Rhein-Main-Gebiet vor.[3] Entwickelt wurde die Form allerdings nach donauländischen Vorbildern in Böhmen. Das Dreiknopffibelpaar der Frau aus Grab 49 zeigt das für eine kleine alamannische Serie charakteristische Vier-Spiralen-Kerbschnittmuster auf der halbrunden Kopfplatte.[4]
Im letzten Drittel des 5. Jh. kam die Tracht mit drei oder vier Fibeln auf. In Grab 246 hatte allerdings nur eine kleine silberne Vogelfibel die antike Plünderung überstanden. Selbstverständlich gehörte zu einer Frau in dieser Position ein Kamm. Auf Besitz und Tätigkeit weist wie im Grab der Ahnin ein Spinnwirtel hin.

Honoratioren, schwer bewaffnet und beritten

Der Mann in Grab 71 bekleidete im späten 5. Jh. ein wichtiges Amt und wurde mit einer Goldgriffspatha ausgezeichnet; er war zudem mit langem Schmalsax, Lanze und Schild schwer bewaffnet. Das Grab lag in der Nordostecke des Friedhofs und blieb vom Grabraub verschont, der im späten 7. Jh. systematisch betrieben wurde. Der Tote war in einen engen Baumsarg gebettet worden, die Schultern hochgezogen, die Füße dicht aneinandergedrückt. Er hatte nicht viel Platz trotz der breiten Grube, die für den Sarg an einer Seite um weitere 20 cm eingetieft war. Es handelt sich hier also keinesfalls um ein Kammergrab.
Die Bestattungen der Familie dieses Toten streuten weiträumig am östlichen Rand des Gräberfeldes. Sie fallen von der ersten Generation an durch aufwendigere Anlage und kostbarere Beigaben auf. Zwar war Grab 84, in dem sehr wahrscheinlich der Ahnherr dieser Familie beigesetzt war, antik beraubt, aber ein prächtiger dreieckiger Kamm mit randlicher Profilierung und Bronzenieten war noch vorhanden. Das größte und tiefste Grab der folgenden Generation wurde am östlichen Gräberfeldrand 1964 in einer Baugrube in 2,5 m Tiefe vom Bagger erfasst. Zweifellos aufgrund antiker Beraubung fehlten alle auf dem Toten niedergelegten

231 **Der Mann aus Grab 71 besaß eine Goldgriffspatha mit damaszierter Klinge und reich beschlagener Scheide. Schwert und Langsax stammen möglicherweise aus einer donauländischen oder byzantinischen Waffenschmiede, für die Verkleidung des Griffs wurde Rheingold verwendet. Die Auszeichnung, ein so prunkvolles Schwert tragen zu dürfen, wurde wohl vom alamannischen Gefolgsherrn verliehen.**

Dinge wie Gürtel, Tasche und Schwert, während die üblicherweise abseits deponierten Waffen – Lanze und Schildbuckel – und das Keramikgeschirr erhalten blieben. Wichtig für die soziale Einordnung des Mannes sind außer der enormen Tiefe seiner Grube die silberplattierten Schildniete wie in Grab 71.

Eine dritte Familie bestattete weitgehend südlich der 1969 untersuchten Flächen. Das wichtigste Indiz für bedeutende Gräber in diesem nur durch Baugruben erschlossenen Bereich lieferte die Trense aus einem 1964 zerstörten Pferdegrab (vgl. Abb. 180). Unmittelbar neben diesem Fundort kam 1990 eine weitere Pferdebestattung zutage: ein nicht aufgezäumtes Pferd in Grab 146. So ist anzunehmen, dass es sich hier um ein Pferdepaar handelte, das zur Ausstattung einer noch unbekannten Person gehörte, die damit den Herrn mit der Goldgriffspatha an Reichtum noch übertroffen hätte.

Die Familie verfügte sogar über einen größeren Pferdebestand, denn es gab auch berittene Gefolgsleute mit ansonsten bescheidener Austattung, etwa den großen, kräftigen Mann, der mit angehockten Beinen in der viel zu engen Grube von Grab 91 beigesetzt war. Offensichtlich spielte fremder, letztlich ostgermanischer Bestattungsbrauch mit. Der einfache dünne Eisensporn mit kleinem ausgeschmiedetem Stimulus steckte am linken Fuß. Nach den wenigen vorliegenden Indizien handelt es sich bei der Reiterfamilie um Fremde. Sie spielten beim Aufbau der Pleidelsheimer Siedlung sicher eine wichtige Rolle und trugen wohl maßgeblich zur Änderung der Bestattungssitte bei.

Zu Beginn des 6. Jh. verließen die Familien der Amtsträger und der Reiter den Ort. Das lässt sich im Gräberfeldplan trotz aller Ausschnitthaftigkeit erkennen. Zu beiden Gruppen gibt es keine Gräber

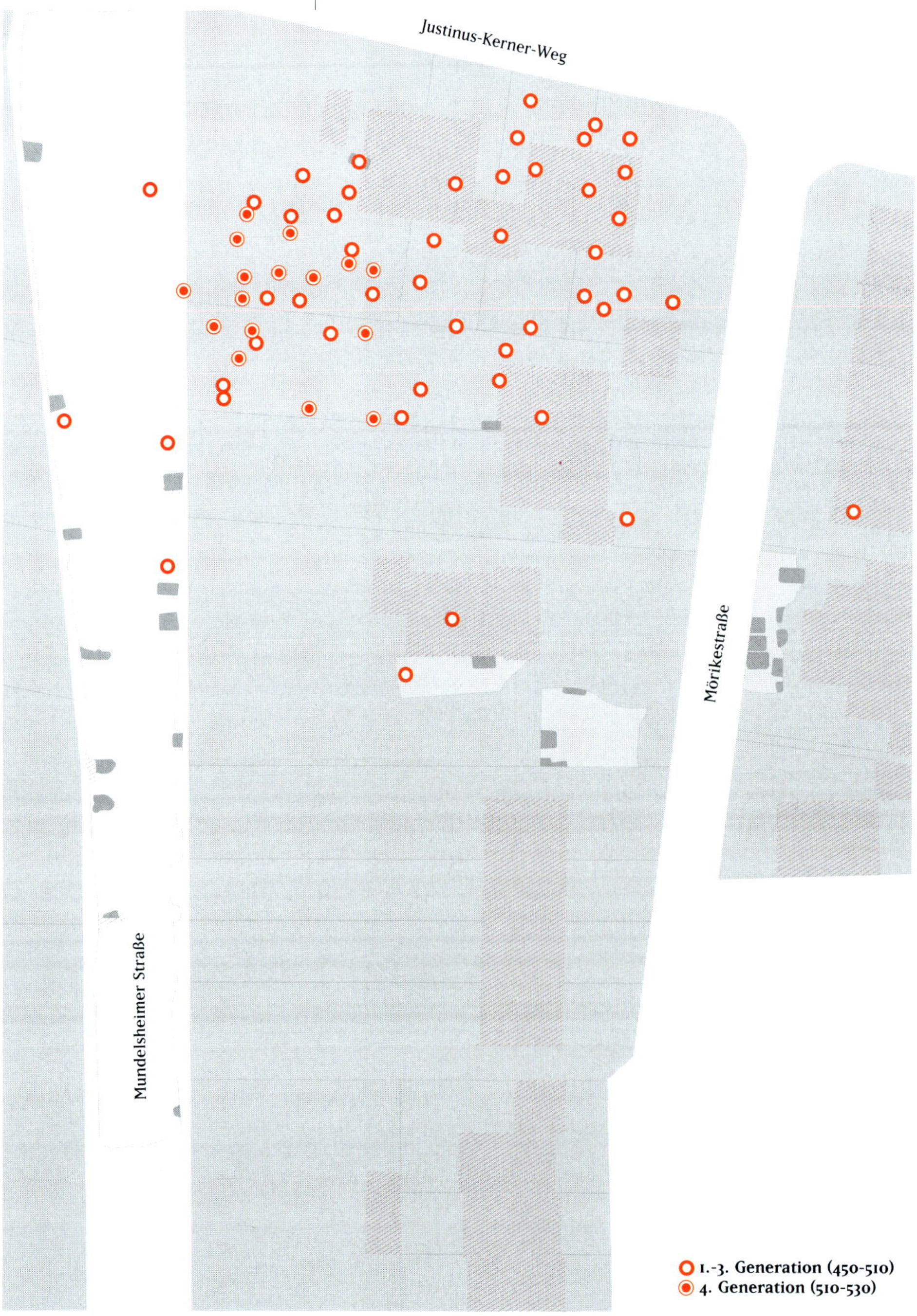

232

232 Über drei Generationen hinweg bestatteten mehrere Familienverbände auf dem Friedhof von Pleidelsheim. In der vierten Generation wurde jedoch nur noch ein kleines Areal im nordwestlichen Teil benutzt. Hier wird deutlich, dass ein Teil der Familien den Ort verlassen hat.

233 Die Frau aus Grab 81 in Pleidelsheim hat das Ende des alamannischen Königreichs erlebt. In jungen Jahren dürfte sie vom Mittelrhein gekommen sein – vielleicht nach der verlorenen Schlacht im Jahr 496. Von dort brachte sie ihre Vogelfibeln mit. Im Neckarland erhielt sie die Bügelfibeln, die zu den letzten Arbeiten gehörten, die noch von alamannischen Goldschmieden angefertigt wurden.

234

einer vierten Generation, wie sie auf dem Areal der bäuerlichen alamannischen Familie vorkommen.

Nur die Bauern blieben

Der Generation im ersten Viertel des 6. Jh. sind fünf Männer zuzuordnen. Zwei von ihnen waren unbewaffnet, einer mit Lanze und Axt gerüstet, ein anderer mit Lanze und Sax, aber keiner besaß eine Spatha. Einem über 50jährigen Mann in Grab 116 waren sogar drei Angriffswaffen mitgegeben worden – Sax, Lanze und Axt –, dazu noch ein Schild mit eisernem Buckel, wie es in dieser Familie weder vorher noch später einen gab. Die große Zahl an Waffen ist neu und hängt mit einem Wandel in der Beigabensitte zusammen. In der fünften Generation füllte die Familie die Gräberreihen auf. Es sind neun Männer zu zählen, davon trugen zwei ein Schwert. Demnach gab es wieder einen Gefolgsherrn.

In der Nachkriegsgeneration besaß eine Frau in Grab 81 noch eine relativ kostbare Ausstattung. Das bronzene Vogelfibelpaar mit segmentförmigem Flügel und hohem trapezförmigem Schwanz ist eine mittelrheinische Fibelform. Einheimisch ist dagegen das silberne Bügelfibelpaar mit dem degenerierten Kopfplattenmuster aus eckigen Haken sowie dem seltenen, eingestempelten W-Muster auf dem Mittelstreifen.

In der folgenden Generation trugen die alamannischen Frauen billigen fränkischen Schmuck, z.B. vierpassförmige Scheibenfibeln, die in Namur serienweise produziert und sowohl in Bronze als auch in Silber gegossen wurden, doch konnte sich die einheimische Bevölkerung nur bronzene Ausführungen leisten. Alamannische Erzeugnisse waren nicht mehr im Angebot. In Grab 63 ergänzte gar eine alte römische Fibel die Tracht. Sie stammt zweifellos aus Plünderungen römischer Gräber und war nur mit einer neuen Nadel versehen worden.

Neue Herren, wohlhabend und machtbewusst

Die alamannischen Gräber der vierten Generation bildeten in Pleidelsheim den Kern eines neuen Gräberfeldes unter merowingischer Herrschaft. Während die alteingesessene Familie weiter an den einfachen Gruben festhielt, bauten die Zuwanderer lange, große Grabkammern. Dabei hob

234 Die Frauen, die in Grab 61 und Grab 63 von Pleidelsheim bestattet wurden, stammten aus einer seit fünf Generationen ansässigen Familie. Sie trugen bronzenen Fibelschmuck, teils billige fränkische Massenware, die in städtischen Handwerksbetrieben an der Maas produziert wurde. Bei der emaillierten Bronzefibel handelt es sich um ein römisches Altstück.

235 Während die alteingesessenen Bauern aus Pleidelsheim ihre Toten weiter in einfachen Gruben beisetzten, ließen sich die neuen fränkischen Herren in der Zeit von 530 bis 580 aufwendige Grabkammern erbauen, die manchmal sogar überhügelt wurden.

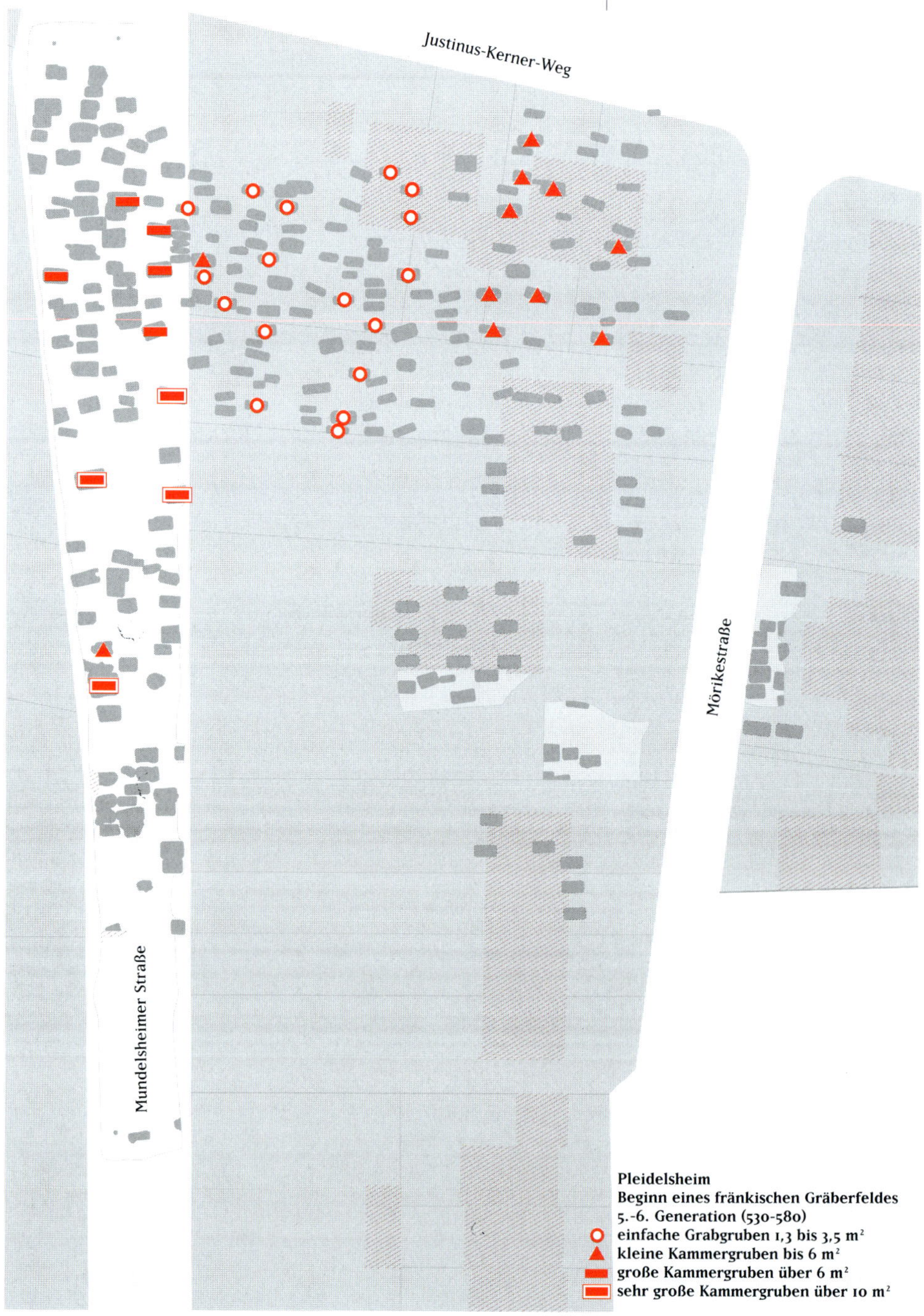

235

236

236 Nur wenige Familien der fränkischen Oberschicht besaßen Bronzebecken mit gegossenem Dreifußring wie dieses Stück aus Grab 247 in Pleidelsheim. Gleichartige Becken fanden sich zum Beispiel in den Königsgräbern unter dem Kölner Dom und als Beigaben der Fürsten von Krefeld-Gellep.

eine Gruppe westlich der Alteingesessenen für alle ihre Angehörigen insgesamt wesentlich größere und tiefere Gruben aus als eine andere, die ihre Gräber östlich der Einheimischen anlegte. Deutlich unterschieden sich die neuen Herren von ihrer thüringischen Gefolgschaft.

Für die Beisetzung des ersten Franken von Pleidelsheim hob man mehr als 16 m^3 Erde aus und baute eine tiefe, große Kammer. Grab 247 war zweifellos überhügelt: Ein Platz von 12 m Durchmesser, der von weiteren Gräbern freigehalten wurde, bot genügend Raum hierfür – ältere Gräber waren hier längst eingeebnet. Am Rande des Grabhügels wurde in Grab 233 ein Pferd beigesetzt, und zwar fränkischem Brauch entsprechend ohne Kopf. Der Erdhügel muss auch im späten 7. Jh. noch sichtbar gewesen sein, denn das Grab wurde gründlich geplündert. Am Fußende blieb in 2,8 m Tiefe ein kostbares Bronzebecken stehen, an dem ein gegossener Dreifußring auffällt. Solche Becken verwendete im zweiten Drittel des 6. Jh. nur die fränkische Oberschicht. Sie dienten zum Fingerwaschen vor und nach dem Essen, sind also ein Zeichen verfeinerter Tischkultur des Adels. Solche Bronzebecken mit gegossenem Fußring besaßen in der ersten Hälfte des 6. Jh. die vornehmsten Kreise, z.B. am Kölner Königshof. Wie in Pleidelsheim hatten auch in Crailsheim und Ulm Vertreter der Merowinger entsprechende Bronzebecken.[5]

Den Frauen der sicherlich großen Hofgemeinschaft stand im dritten Viertel des 6. Jh. die Frau aus Grab 128 vor. Es war mit 2,9 m das tiefste von Pleidelsheim und ebenfalls von einem gräberfreien Raum umgeben. Die Tote war antik beraubt; der Schmuck, den sie am Körper getragen hatte, fehlte. Vollständig erhalten war nur eine der in Höhe der Oberschenkel befestigten großen Bügelfibeln mit eingezapften Knöpfen. Das Ziergehänge schloss mit einer gefassten großen Bergkristallkugel ab. Unterhalb der Füße stand ein hölzerner, an der Front mit Bronze verkleideter Kasten; dort lagen Kamm, Schere und Wirtel. Zum Trinkgeschirr der Dame gehörten ein mit Silberblech beschlagener Holzbecher, ein Glasbecher und als typisch fränkische Beigabe der hölzerne Daubeneimer.

Die verkehrsgünstige Lage machte die Pleidelsheimer schon im 5. Jh. wohlhabend und einflussreich. Zweifellos wählten auch die Vertreter der neuen fränkischen Herrschaft im 6. Jh. den Ort wegen seiner Lage an Straße und Fluss als Stützpunkt.

Steuern und Soldaten für die Merowinger

Die Voraussetzungen fränkischer Herrschaft über die nördlich der Alpen liegenden einstigen Siedlungsgebiete der Alamannen hatte Chlodwig bereits geschaffen. Doch erst im zweiten Viertel des 6. Jh., nach dem Tod des großen Ostgo-

tenkönigs Theoderich (526), gewannen diese Gebiete für die seit 511 in Reims über die östlichen Teile des Frankenreiches herrschenden Merowingerkönige größere Bedeutung. Das Interesse wuchs immens, als 535 Kaiser Justinian Italien von Byzanz aus mit Krieg überzog und 536 der Ostgotenkönig die Schutzherrschaft über die Alamannen sowie die Provinz Rätien an den Merowingerkönig Theudebert I. (534–548) abtrat;[6] denn nun lagen die westlichen und zentralen Alpenpässe in fränkischer Hand. Der Weg nach Italien war frei.

König Theudebert I. trat 539 in den gotisch-byzantinischen Krieg ein. Er verfolgte skrupellos seine eigenen Ziele und eroberte weite Teile Nordwestitaliens und Venetiens. Einige der Eroberungen konnten die Franken noch über das Ende des Ostgotenkriegs hinwegretten. Doch 565 gewannen die Byzantiner die letzten fränkischen Stützpunkte zurück.

In kurzer Zeit wurden in der Alamannia, besonders in den nördlichen Teilen, wo die einstige Oberschicht das Land nach dem Sieg Chlodwigs nachweislich verlassen hatte, neue Siedlungsstrukturen geschaffen. Erkennbar wird die ordnende Hand der Franken vor allem durch die nun überall einsetzenden Reihengräberfelder. Dies lässt sich auf der Gemarkung von Heilbronn-Böckingen gut verfolgen: Nachdem die im 5. Jh. angelegten Bestattungsplätze mit wenigen, aber überdurchschnittlich reich ausgestatteten Gräbern im 6. Jh. nicht weiter benutzt wurden – weil diese Bevölkerungsschicht nicht mehr im Lande war –, setzte gegen Mitte des 6. Jh. die Belegung eines Reihengräberfeldes ein. Die Ausstattungen zeigten hier wenig Qualität.[7] Die überall in den Altsiedellandschaften einsetzenden Reihengräberfelder wurden dann über viele Generationen benutzt.

Die Franken kamen aus den römischen Provinzen Galliens, wo sich spätantike Herrschaftsstrukturen erhalten hatten. Sie kannten die *civitas* als Verwaltungseinheit, die *villa* als Steuereinheit.[8] Sie werden ähnliche Strukturen in den eroberten Gebieten eingerichtet haben, den *civitates* entsprechende Gaue und den *villae* entsprechende Siedlungen. Wichtig

238

237 **In Grab 128 lag die Herrin des fränkischen Hofes von Pleidelsheim. Ihr silberner Fibelschmuck bestand aus kostbaren Einzelanfertigungen. Das reichliche Geschirr – Holz, Eimer, Glas und Keramik – benötigte sie, um ihren Pflichten als Gastgeberin nachzukommen. Die Verköstigung von Gästen war ein Zeichen von Wohlstand, den es auch über den Tod hinaus zu bewahren galt.**

238 **Die Thüringerinnen aus Grab 9 und Grab 89 in Pleidelsheim trugen immer noch den Schmuck, den sie mitnahmen, als sie um 532 ihre alte Heimat im Elbe-Saale-Gebiet verließen. Die Qualitätsunterschiede spiegeln die soziale Stellung der beiden Frauen wider, die wohl zusammen auf einem Hof lebten.**

war es, das Steueraufkommen zu kanalisieren, Soldaten zu rekrutieren und die durchziehenden Heere zu versorgen. Das *exercitus francorum* war – als römisches Erbe – ein Heer von Berufssoldaten. Die Krieger wurden von den lokalen Funktionsträgern bezahlt und auf dem Kriegszug im eigenen Land aus Fiskalscheuern versorgt.[9] Das dürfte sich in den östlichen Reichsteilen nicht geändert haben. Soweit es sich bei den Siedlungen um fränkische Gründungen handelt, erhielten sie einen Namen mit der Endung -heim.[10]

Im Gefolge der Sieger

Die Franken waren ihrer Zahl nach außerstande, alle von Chlodwig eroberten Gebiete militärisch und politisch zu durchdringen. Sie waren daher zu umfangreicher Umsiedlungspolitik gezwungen. Familien fränkischer Herkunft stellten zwar die Oberschicht, sie stützten sich aber auf Gefolgschaften aus anderen germanischen Stämmen im einstigen alamannischen Siedlungsraum, vorzugsweise auf Thüringer. Wenn das Gräberfeld von Pleidelsheim[11] die Situation der Lebenden widerspiegelt, wurde neben dem Bauernhof der Alteingesessenen ein fränkischer Herrenhof und ein weiterer Hof für die thüringischen Gefolgsleute errichtet.

Die neu hinzugekommene thüringische Gruppe bestattete östlich der alten alamannischen Familie; sie begann hier Gräber anzulegen, während die Einheimischen bereits die fünfte Generation zu Grabe trugen. Den Thüringern war das Areal zugewiesen worden, auf dem über eine Generation früher die Familie des Mannes mit der Goldgriffspatha bestattet hatte. Auf die alten Gräber nahmen sie keine Rücksicht.

Insgesamt gehörten zur thüringischen Gruppe vier Männergräber. Grab 97 war beraubt. In Grab 88 lagen drei Angriffswaffen, in Grab 15 sogar vier, in beiden eine Spatha und zusätzlich ein Schild. In Pleidelsheim waren ganz offensichtlich Krieger zur Unterstützung des merowingischen Funktionsträgers angesiedelt und im Reihengräberfeld beigesetzt worden. Dass es sich bei diesen Gefolgsleuten des fränkischen Reiters aus Grab 247 tatsächlich um Thüringer handelt, verraten die Gräber 9, 89 und 95. Das Männergrab 95 mit Eckpfosten und einem Hund in der Holzkammer sowie einer Pferdbestattung darüber zeigt besonders eindrucksvoll die Bestattungssitten der thüringischen Oberschicht. Doch besaß der kaum 20jährige Mann nur zwei Waffen, nämlich Sax und Lanze. Eine Spatha hätte er in diesem Alter eigentlich auch schon tragen können.

Den vier Männern steht im östlichen Friedhofsareal eine gleiche Anzahl Frauen gegenüber, von denen zwei eine Tracht mit vier Fibeln und gleichartige Ziergehänge trugen. Die Frau in Grab 9 besaß ein kleines, nicht gerade kostbares Bügelfibelpaar vom thüringischen Typ Rositz, der auch im Gräberfeld von Schretzheim in einer Variante auftritt. Die Pleidelsheimerin hatte die Bügelfibeln mit einem S-Fibelpaar kombiniert, das sich bei den Thüringern ähnlicher Beliebtheit erfreute wie die ganzflächig cloisonnierten Almandinscheibenfibeln aus Grab 89. Der in Pleidelsheim verstorbenen Thüringerin mit dem großen ostgotischen Bügelfibelpaar hatte man nach fränkischem Vorbild einen Obolus in den Mund gelegt, eine vorzüglich erhaltene, in Ravenna zwischen 540 und 552 geprägte Viertelsiliqua. Die höchstens 30jährige dürfte in-

239

239 Grobwandige Kümpfe gehören zum Kochgeschirr. Vor allem bei thüringischen Familien war es üblich, diese Töpfe verstorbenen Kindern breigefüllt ins Grab zu stellen (Schretzheim Grab 239, 244, 255).

240

240 Plastischer Dekor aus Buckeln, Rippen und Riefen ist typisch für thüringische Keramik. Außerhalb Thüringens findet man sie besonders häufig in der Umgebung von Worms (Schretzheim Grab 46, 246, 261, 591).

241 a

241 b

241 a, b Thüringischer Schmuck aus Schretzheim: Bügelfibeln und Scheibenfibeln aus Grab 197, Brakteaten aus Grab 33.

242, 243 Unmittelbar vor dem Untergang des Thüringerreiches im Jahr 531 wurde die Hofherrin von Obermöllern in Grab 20 beigesetzt. Genau die gleichen Bügelfibeln gibt es in Schretzheim Grab 219, mit dem gleichen Model hergestellte Brakteaten in Schretzheim Grab 33.

nerhalb dieses Zeitraumes verstorben sein, muss also Thüringen um 532 als etwa 15jährige verlassen haben. Da eine ostgotische Prinzessin Königin in Thüringen war, sind ostgotische Schmuckerzeugnisse im Besitz der Thüringerinnen verständlich. Die nach Pleidelsheim gezogene Familie muss nicht direkt aus Thüringen gekommen sein; wahrscheinlich nahm sie ihren Weg über fränkisches Gebiet. Dafür sprechen nicht nur Glas- und Keramikgefäße in Grab 95, auch der doppelkonische Topf aus Grab 9 stammt eher aus dem Mosel-Maas-Gebiet unweit der Argonnen.

242

Thüringer im fränkischen Heer

Der große Friedhof auf der Gemarkung Schretzheim mit 630 Gräbern wurde von 1890 bis 1934 nahezu vollständig freigelegt.[12] Er fiel niemals der im späten 7. Jh. weit verbreiteten Sitte zum Opfer, die Gräber der Ahnen zu plündern. Daher ermöglichte der reiche Bestand an Altsachen eine feine chronologische Gliederung.

Vierzehn Männer und ebenso viele Frauen gründeten die Siedlung und legten das Gräberfeld an. Die Frauen trugen noch den Schmuck ihrer Heimat. Als einheimisch kann nur eine sehr alte Frau aus Grab 472 gelten. Sie besaß ein Bügelfibelpaar, das noch vor 500 hergestellt worden war – vielleicht sogar auf dem Runden Berg bei Urach. Je ein Paar Scheiben- und Bügelfibeln einer vornehmen Frau aus Grab 372 stammen aus der Provinz Belgica II, dem Zentrum des Frankenreiches.[13] Von dort dürfte sie zusammen mit dem in Grab 391 beigesetzten Reiter gekommen sein.

Die fränkische Familie in Schretzheim betrieb einen weit geringeren Aufwand bei den Bestattungen als die Pleidelsheimer, die zuvor eher im Gebiet der Rheinfranken gesiedelt hatten; das mag mit der unterschiedlichen Herkunft zusammenhängen. In jedem Fall war die Gefolgschaft in Schretzheim zahlreicher. Außer dem Reiter gab es in der ersten Generation zwölf mit dem Schwert bewaffnete Männer; mindestens fünf davon waren Thüringer. Aber insgesamt nur vier Krieger, davon zwei Thüringer, hatten Anrecht auf einen Schild mit eisernem Buckel. Während die Familie der Reiter offensichtlich das Privileg hatte, »für alle Zeiten« in der Mitte des Gräberfeldes auf einer von Süden nach Norden verlaufenden Achse zu bestatten, legte die thüringische Gruppe ihre Gräber östlich dieser Achse an. Es fällt auf, dass nur sie ihren Kindern in einem grobwandigen Kumpf Brei ins Grab stellte. In den ältesten Gräbern 46, 199 und 245 kommen schwere Töpfe mit Dellen vor. Die Riefen- und Rippenkeramik mit den von innen nach außen gedrückten Buckeln findet sich häufiger erst in der folgenden Generation, nämlich in den Gräbern 235, 246, 261, 311 und 591. Diese typisch thüringische Keramik vom sogenannten Typ Obermöllern fand sich auch in Herbrechtingen, Neresheim und Kösingen,[14] außerdem ist sie in der Umgebung von Worms anzutreffen.[15]

243

Fibelschmuck trugen in Schretzheim fünf Thüringerinnen. Die jüngsten Varianten aus der langen Reihe eigenwilliger thüringischer Fibelformen mit stark profilierten, aber knopflosen Kopfplatten fanden sich in den Gräbern 36, 197 und 219. In Begleitung der Thüringer kamen hin und wieder auch Nordgermanen in den Süden. Die Frau aus Schretzheim Grab 177 trug Accessoires einer nordländischen Tracht: ein Paar Nörrlandnadeln zusammen mit einer schlichten Ringfibel. Aus Dänemark stammte eine in Neresheim Grab 20 beigesetzte junge Frau; denn am Gürtelgehänge oder in einer Tasche verwahrte sie eine gut 7 cm lange bronzene Fibel mit rechteckiger Kopfplatte, Bügelscheibe und barockem Fuß. Vergleichbare Stücke sind aus Horten des frühen 6. Jh. von Jütland, Fünen und Seeland bekannt.[16]

Eine in Grab 33 bestattete Frau war als Kind nach Schretzheim gekommen. Den goldenen Brakteatenschmuck aus einem heidnischen Heiligtum im südlichen Skandinavien brachte sie aus Thüringen mit. In Obermöllern bei Naumburg[17] fanden sich im Grab 20 nicht nur mit dem gleichen Model hergestellte Goldbrakteaten, sondern auch die kleinen, in Schretzheim mehrfach getragenen Almandinscheibenfibeln sowie ein Bügelfibelpaar mit volutenförmiger Kopfplatte, das dem Exemplar aus Schretzheim Grab 219 genau entspricht. Da auch die punzverzierte Lanze aus Schretzheim Grab 13 ihre einzige Parallele in Obermöllern hat,[18] liegt die Annahme nahe, dass sich die Familien aus Schretzheim und Obermöllern kannten, möglicherweise auf gleicher gesellschaftlicher Ebene verkehrten. Die Frau aus Obermöllern Grab 20 zeigt mit ihrer Ausstattung deutlich, dass sie die Herrin eines größeren Hofes und stolz auf ihre Textilvorräte war.

Die Männer waren mit Schwert und Schild bewaffnet. Sie gehörten einer vermögenden Bevölkerungsschicht an. Der gesellschaftliche Abstieg der nach Schretzheim umgesiedelten Thüringer wurde durch ihren Eintritt in das fränkische Heer gemildert. Hier hatten sie die Chance zum sozialen Aufstieg. Eine Generation später waren Angehörige der Thüringergruppe in Schretzheim auffallend vermögend. Der vornehmste unter ihnen, der Mann aus Grab 7, nahm gar sein Pferd mit ins Jenseits.

Das Ende der großen Wanderungen

Nachdem im zweiten Viertel des 6. Jh. unter einer ins Land gekommenen fränkischen Oberschicht neue Siedlungsstrukturen geschaffen worden waren, brach für die Bevölkerung der rechtsrheinischen Gebiete eine Zeit relativer Sesshaftigkeit an. Es war wohl nicht nur zur Ansiedlung von Franken und Thüringern gekommen, sondern auch die einheimische Bevölkerung ließ sich in dauerhaften Siedlungen nieder.

Um 568 kamen noch ein letztes Mal Zuwanderer in den oberen Donauraum. Nachdem nämlich die Langobarden ihre Wohnsitze in Pannonien 567 den Awaren verpachtet[19] und das Land fluchtartig verlassen hatten, suchten viele donauaufwärts nach einem Asyl. Östlich von Ulm übernahmen Töpfer die Beutelformen und den flächigen Stempeldekor langobardischer Keramik.[20] Zahlreich treten langobardische S-Fibeln auf,[21] aber mehr noch verraten vollständig in langobardischer Tracht beigesetzte Frauen wie in Dischingen,[22] dass nicht alle Langobarden ihrem König Alboin 568 auf dem Zug über Friaul nach Italien gefolgt waren. Anhänger des alten Herrschergeschlechtes der Lethinger zogen es vielleicht vor, in das ostfränkische Herrschaftsgebiet zu emigrieren, wo die langobardische Prinzessin Waldrada, die Tochter König Wachos, als bayrische Herzogin in Regensburg residierte.[23]

244 Ein mit Schwert bewaffneter Thüringer aus Obermöllern (Grab 15) besaß eine auffallende Lanzenspitze mit feinem Punzdekor auf dem geschweiftem Blatt. In Grab 13 von Schretzheim fand man eine ganz ähnliche Lanze. Nach diesen Vorbildern dürften die nur wenig jüngeren stempelverzierten Lanzen in den ostfränkischen Reichsteilen angefertigt worden sein.

244

245 Das Gräberfeld von Schretzheim: Besonders hervorgehoben sind die Gräber von Reitern, geopferte Pferde und Gräber, in denen Verstorbene mit thüringischen Trachtbestandteilen oder Waffen bestattet sind.

245

1 U. Koch, Zur Vor- und Frühgeschichte der Gemarkung Pleidelsheim. In: Pleidelsheimer Heimatbuch (Horb am Neckar 1994) 19 ff.

2 Dies., Das alamannisch-fränkische Gräberfeld bei Pleidelsheim. Forsch. u. Ber. Vor- u. Frühgesch. Baden-Württemberg (in Vorbereitung, erscheint voraussichtlich 1997).

3 H. Ament, Das alamannische Gräberfeld von Eschborn (Main-Taunus-Kreis). Mat. Vor- u. Frühgesch. Hessen 14 (Wiesbaden 1992) 14 ff. Abb. 9.

4 U. Koch, Alamannen in Heilbronn. Archäologische Funde des 4. und 5. Jahrhunderts. Städtische Mus. Heilbronn, Museo 6 (Heilbronn 1993) 32 Abb. 35.

5 Koch (Anm. 2) Kap. 7.95.

6 C. Dirlmeier/K. Sprigade, Quellen zur Geschichte der Alamannen V. Weitere hagiographische Texte und amtliches Schriftgut. Zeittafel ca. 530–750. Heidelberger Akad. Wiss. Komm. Alamannische Altkde. Schr. 8 (Heidelberg, Sigmaringen 1983) 22.

7 Koch (Anm. 4) 12 f.; dies., Der Runde Berg bei Urach VIII. Frühgeschichtliche Funde aus Bein, Geräte aus Ton und Stein

aus den Plangrabungen 1967–1984. Schr. Heidelberger Akad. Wiss. Komm. Alamannische Altkde. 14 (Heidelberg, Sigmaringen 1994) 18.

8 J. Durliat, Les finances publiques de Diocletien aux Carolingiens (284–889). Francia, Beih. 21 (Sigmaringen 1990) 153 ff.

9 Ebd. 126 f.; ders., Das Finanzsystem der merowingischen Könige. In: A. Wieczorek/P. Périn/K. v. Welck/W. Menghin (Hrsg.), Die Franken. Wegbereiter Europas. Reiss-Mus. Mannheim (Mainz 1996) 514 ff.

10 U. Koch, Das fränkische Gräberfeld von Klepsau im Hohenlohekreis. Forsch. u. Ber. Vor- u. Frühgesch. Baden-Württemberg 38 (Stuttgart 1990) 12 f.

11 Koch (Anm. 2).

12 U. Koch, Das Reihengräberfeld bei Schretzheim. Germ. Denkmäler Völkerwanderungszeit A 13 (Berlin 1977).

13 Verbreitung der Scheibenfibeln vom Typ Marchélepot: R. Windler, Das Gräberfeld von Elgg und die Besiedlung der Nordschweiz im 5. – 7. Jahrhundert. Züricher Denkmalpflege. Arch. Monogr. 13 (Zürich, Elgg 1994) 90 Abb. 117.

14 Germania 32, 1954, Taf. 24,22; M. Knaut, Die alamannischen Gräberfelder von Neresheim und Kösingen, Ostalbkreis. Forsch. u. Ber. Vor- u. Frühgesch. Baden-Württemberg 48 (Stuttgart 1993) 157 Abb. 82; 165 Abb. 100.

15 A. Wieczorek, Mitteldeutsche Siedler bei der fränkischen Landnahme in Rheinhessen. In: Das Dorf am Mittelrhein. Fünftes Alzeyer Kolloquium (Wiesbaden 1989) 11 ff. 75 ff. Liste 6.

16 M. Knaut, eine skandinavische Fibel aus dem alamannischen Gräberfeld von Neresheim, Ostalbkreis. Arch. Korrbl. 15, 1985, 95 ff.

17 F. Holter, Das Gräberfeld von Obermöllern. Jahresschr. Halle 12, 1925, 102 ff.

18 Ebd. Taf. 3,15.

19 J. Werner, Die Langobarden in Pannonien. Bayer. Akad. Wiss. Phil.-Hist. Kl. Abh. N.F. 55 A (München 1962) 13.

20 U. Koch, Die Grabfunde der Merowingerzeit aus dem Donautal um Regensburg. Germ. Denkmäler Völkerwanderungszeit A 10 (Berlin 1968) Taf. 97,14. Zuletzt Knaut (Anm. 14) 158.

21 U. Koch, Mediterranes und langobardisches Kulturgut in Gräbern der älteren Merowingerzeit zwischen Main, Neckar und Rhein. In: Atti del 6. Congresso internazionale di studi sull'alto medioevo. Milano 21 – 25 ottobre 1978 (Spoleto 1980) Taf. 6; 7.

22 Fundber. Schwaben N.F. 14, 1957, Taf. 58.

23 Greg. Tur. IV,9.

Das Zeugnis der handgemachten Tonware

FRÄNKISCHE SIEDLUNGSPOLITIK IM SPIEGEL DER SÜDWESTDEUTSCHEN RIPPEN- UND BUCKELKERAMIK

UWE GROSS

Lange Zeit galt als vollkommen sicher, man habe in der mit plastischen Rippen und Buckeln verzierten handgemachten Keramik aus süd- und südwestdeutschen Reihengräberfeldern typisch alamannische Erzeugnisse vor sich. Mit ihrer Hilfe könne man den alamannischen Bevölkerungsanteil für das frühe Mittelalter auch in Regionen nachweisen, die einst von verschiedenen germanischen Stämmen bewohnt waren.[1] Inzwischen beurteilt die archäologische Forschung den Sachverhalt ganz anders.

Fremdgut vom Rand des Merowingerreichs

Untersuchungen der Gräberfelder Basel-Bernerring und Schretzheim[2] haben Vermutungen bestätigt,[3] dass es sich bei einem Teil der sogenannten Rippen- und Buckelkeramik (aber auch bei Gefäßen mit Schrägriefen oder Dellen, die hier nicht berücksichtigt werden können) in Gräbern des 6. Jh. nicht um originär alamannische Hinterlassenschaften handelt, sondern um Fremdgut, das mit Zuzüglern aus Randgebieten des Merowingerreiches in Zusammenhang steht. Diese Germanen aus Niedersachsen, Thüringen, Böhmen, Mähren oder Niederösterreich, zu denen sich in beträchtlicher Zahl auch Menschen aus dem Nordseeküstenbereich gesellt haben,[4] standen bei ihrer Niederlassung südlich des Mains wahrscheinlich unter fränkischer Leitung und handelten in königlichem Auftrag. Dabei wird man sich neben zwangsweise umgesiedelten Gruppen aus von den Merowingern unterworfenen Gebieten auch eine Vielzahl freiwilliger Neusiedler vorstellen müssen, wie das Beispiel der angeblich 26 000 Sachsen zeigt, die im Jahre 568 der langobardischen Einladung Folge leisteten, bei der Inbesitznahme Italiens mitzuwirken.[5] Dass man sie mit günstigen Konditionen zur Niederlassung auf die Apenninenhalbinsel lockte, geht aus der Überlieferung eindeutig hervor. Weil die Langobarden ihre Versprechen nicht einhielten, zogen die Sachsen nach kurzer Zeit wieder ab.

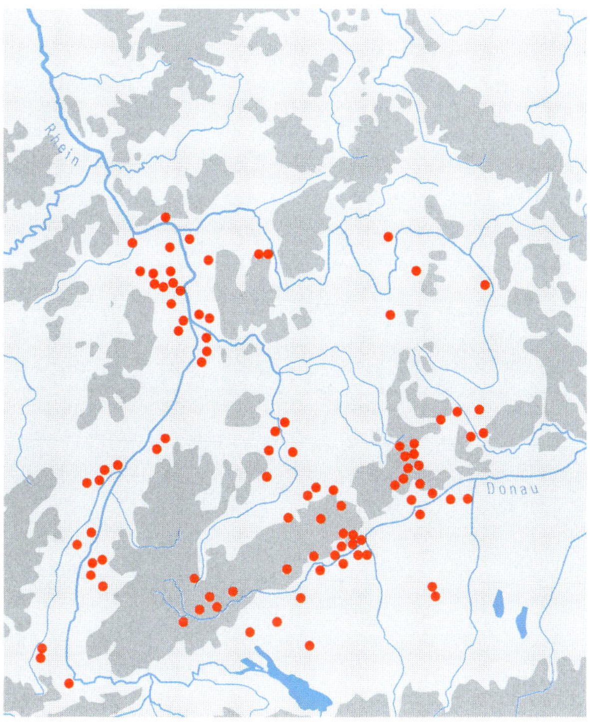

246

246 Verbreitung der handgemachten Gefäße mit plastischer, von innen herausgedrückter oder massiv aufgesetzter Rippen- und Buckelzier im Raum zwischen Main und Alpenrand (6. und erste Hälfte des 7. Jh.).

Funde von der Nordseeküste

Überblickt man die einschlägigen Keramikfunde aus der gesamten merowingerzeitlichen Alamannia, so fallen landschaftliche Unterschiede ins Auge. Während sich im Norden und Westen die handgemachte, plastisch verzierte Keramik auf das 6. Jh. beschränkt, tritt sie im Südosten erheblich länger auf und lebt dort bis in die erste Hälfte des 7. Jh. fort.

Es deuten sich beim derzeitigen Forschungsstand jedoch noch weitere Differenzierungen an. So hat es den Anschein, als kämen Rippengefäße, deren Parallelen auf eine Herkunft aus dem Nordseeküstenraum verweisen[6], vor allem an rheinnahen Plätzen zahlreich vor. Ihre besonderen Charakteristika sind Flaschen- oder Beutelform, zum Teil weit in die untere Hälfte hinabreichende Stempelverzierung (in Kombination mit langen Fransen oder hängenden Bögen) sowie Standringe oder gerundete Böden, die keine ebene Standfläche bieten. Treten derartige Gefäße an Orten wie beispielsweise Friesenheim im Elsass auf (vgl. Hoeper, Boden), deren Benennung auf Zuzügler aus dem Norden verweist, so wird die archäologisch über Vergleichsfunde ermittelte Herkunft mindestens eines Teils der merowingerzeitlichen Bewohner dieser Siedlungen auf erfreuliche Weise bestätigt.[7]

Aneignung und Weiterentwicklung ursprünglich fremder Formen

Charakteristisch für die plastisch dekorierte, handgeformte Keramik aus dem Raum zwischen Nordharz und Niederösterreich sind neben eher breiten, schalenartigen Formen häufiger Keilstichdekor sowie waagrechte Rillen- und senkrechte Fransenzier, fallweise um runde, meist gegitterte Einzelstempeleindrücke im oberen Gefäßbereich ergänzt.

Mains zeigt, liegen alle (!) Vorkommen westlich einer »Linie« von Eichstätt im Altmühltal bis Neuburg an der Donau und westlich des Lechs, jener immer wieder diskutierten, letztlich aber wohl doch akzeptierten Grenze der beiden süddeutschen Stämme.

Die von der historischen Forschung schon lange konstatierte größere Eigenständigkeit der Baiuwaren gegenüber den Alamannen innerhalb des Merowingerreiches könnte das weitgehende Fehlen

247

Eine erhebliche Zahl formal sehr ähnlicher Rippen- und Buckelgefäße, insbesondere aus Gräberfeldern auf der Schwäbischen Alb und im Donaubereich, trägt ovale, rautenförmige oder dreieckige Stempel. Sie sind oft flächig angeordnet und können zu Dreiecken gruppiert sein.

Etliche weitere Schalen, Töpfe und Becher aus diesem Raum weisen eine breite Beutelform auf. In der über Rippen- oder Buckel hinausgehenden Zierweise – Rauten- oder Ovalstempel – und der Gestalt erweisen sich diese Gefäße der östlichen Alb und der Donauzone zwischen Ulm und Donauwörth als eng verwandt mit Keramikfunden aus benachbarten baiuwarischen Bestattungsplätzen. Letztlich dürfte in beiden Merkmalen (Form und Stempelverzierung) ein starker langobardischer Einfluss zum Ausdruck kommen.

Bei aller Ähnlichkeit fällt jedoch auf, dass in ganz Altbayern plastische Zierelemente absolut fehlen. Wie die Kartierung des Vorkommens handgefertigter Rippen- und Buckelkeramik südlich des

248

247, 248 Die Gegenüberstellung von Funden aus Weingarten zeigt, aus welchen elbgermanisch-thüringischen Vorformen (248) sich die echte alamannische Rippen- und Buckelkeramik (247) seit Mitte des 6. Jh. entwickelt. Deutlich wird die wichtige Rolle der Eindruckstempelzier auf den jüngeren, einheimischen Gefäßen. Sie zeigen vielfach noch die Fransenzier der Vorbildformen.

249 Lange Rippen, gerundete Böden und Verzierungen aus hängenden Bögen, Eindruckstempeln oder runden Einstichen zählen zu den Kennzeichen handgemachter Gefäße aus dem Nordseeraum. Die abgebildeten Beispiele stammen aus Heitersheim/Breisgau (hinten) und Sasbach am Kaiserstuhl.

249

von Spuren einer Zusiedlung aus nordöstlichen Regionen plausibel erklären, die sich analog zu den Nachbarregionen u.a. auch im Vorkommen von Rippen- und Buckelkeramik ausdrücken müsste. Im fränkisch beherrschten südlichen Mittelfranken kommt – genau wie auf der Ostalb und an der Donau – einschlägiges Geschirr vor; dies dokumentieren neben altbekannten Funden neuerdings zahlreiche Gefäße aus Westheim (Kr. Weißenburg-Gunzenhausen). In den südlich anschließenden baiuwarischen Friedhöfen sucht man dagegen im 6. und 7. Jh. plastisch dekorierte Keramik ebenso vergeblich wie andere zeitgleiche Fundgattungen nördlicher Herkunft. Die Bügelfibeln vom nordischen Typ und Gegenstände mit Runeninschriften respektieren im 6. Jh. die erwähnte Ostgrenze ganz augenfällig.[8]

Das Beispiel Schretzheim

Am klarsten ist am großen Fundaufkommen aus Gräberfeldern wie Weingarten oder Schretzheim bei Dillingen/Donau abzulesen, wie sich in der zweiten Hälfte des 6. Jh. die Entwicklung hin zu den mit Recht als alamannisch zu bezeichnenden Rippen- und Buckelgefäßen vollzogen haben wird.

In Schretzheim überwiegen in den Gräberfeldstufen II und III Gefäße mit plastischem Dekor, die schalen- und becherartig offen sind. Sie wirken noch ganz und gar »elbgermanisch-thüringisch«. Besonders bei den becherförmigen Fundstücken treten Rillengruppen sowie Fransen über und zwischen den Rippen auf, wobei ein Gitterdekor im Halsbereich die waagrechten Rillen ersetzen kann. Bezeichnenderweise trägt das in die Gräberfeldstufe III (565 bis 590/600) datierte beutelförmige Gefäß aus Grab 357 einen länglichovalen, blattförmigen Stempel, wie er der »thüringischen« Keramik in Schretzheim und anderswo völlig fremd ist. Hier dürfte bereits ein erster Ansatz alamannischer Anverwandlung vorliegen (vgl. Abb. 240).

Von den Gefäßen der Gräberfeldstufe IV, also etwa aus dem ersten Drittel des 7. Jh., zeigt jenes aus dem Reitergrab 580 nicht nur die Gestalt eines breit gedrückten Beutels, sondern vereint in seinem reichen Dekor mehrere verschiedene Stempelformen, zum Teil in hängender Dreiecksanordnung, und kombiniert außerdem längliche Rippen und runde Buckel in alternierender Folge. Nicht nur mit seiner breiten, den Schwerpunkt in die untere Hälfte verlagernden Form, auch durch die Verschiebung der plastischen Elemente in den Bereich oberhalb der Mitte repräsentiert dieses Exemplar den Endpunkt in der Entwicklung der Rippen- und Buckelkeramik. Wie weit sich die plastischen, einst der Gefäßmitte zugehörigen Zierelemente während der ersten Hälfte des 7. Jh. verselbständigen konnten, lehrt auch der Blick ins benachbarte südliche Mittelfranken. Engmündige Töpfe aus Weißenburg [9] und Wettelsheim [10] verfügen hier über Rippen im Halsbereich direkt unter dem Rand, die wie »Ohren« wirken.

Wurden Fremdlinge allmählich zu Alamannen?

Es scheint bei genauerer Betrachtung durchaus erlaubt zu sein, innerhalb der großen Gruppe merowingerzeitlicher Rippen- und Buckelkeramik Südwestdeutschlands von einer alamannischen Ausprägung zu sprechen, wenn man sich auf Gefäße von Schwäbischer Alb und oberer Donau bis zur Einmündung des Lechs und den Zeitraum des späteren 6. und der ersten Hälfte des 7. Jh. bezieht. Hier ist – im Gegensatz zu den Landschaften entlang des Oberrheins – die Weiterentwicklung einer Keramik gut nachvollziehbar, die Neusiedler mitgebracht hatten, als Alamannien nach Beendigung der ostgotischen Schutzherrschaft im Jahre 536 von den Franken erschlossen wurde. Es ist zu fragen, ob dieses eigenständige alamannische Rippen- und Buckelgeschirr nicht gerade deshalb entstehen konnte, weil in Schretzheim, Weingarten und andernorts bestimmte keramische Traditionen länger wirksam blieben. Man geht wahrscheinlich nicht fehl, wenn man daraus auf einen beträchtlichen, ursprünglich fremden Bevölkerungsanteil schließt, aus dem erst im Laufe der Merowingerzeit Alamannen wurden.

Die Herstellung handgefertigter Rippen- und Buckelkeramik auf der Schwäbischen Alb, in Oberschwaben und in Bayerisch-Schwaben bis weit in die erste Hälfte des 7. Jh. hinein hängt aber sicherlich auch damit zusammen, dass es hier nur sehr wenige Töpfereien gab, die echtes Drehscheibengeschirr herstellen konnten. In anderen Regionen, wo die Scheibenfertigung in nachrömischer Zeit entweder nie zum Erliegen kam oder durch fränkische Vermittlung seit dem 6. Jh. wieder eingeführt wurde, verschwindet sie früher. Aber auch hier sind Zierelemente wie Rippen und Buckel als »Reminiszenzen« auf scheibengedrehten Knickwandgefäßen der Zeit um und sogar nach 600 durchaus noch vorhanden.[11]

1 H. Schulze, Zur Interpretation der handgemachten Keramik aus merowingerzeitlichen Gräbern der Pfalz – Bemerkungen zum Problem der Kontinuität vorfränkischer Bevölkerung (Mainz 1977).

2 M. Martin, Das fränkische Gräberfeld von Basel-Bernerring. Basler Beitr. Ur- und Frühgesch. 1 (Basel/Mainz 1976). – U. Koch, Das Reihengräberfeld bei Schretzheim. Germ. Denkmäler Völkerwanderungszeit A 13 (Berlin 1977).

3 B. Schmidt, Germania 45, 1967, 188 f.

4 A. Wieczorek, Mitteldeutsche Siedler bei der fränkischen Landnahme in Rheinhessen. In: Das Dorf am Mittelrhein. Fünftes Alzeyer Kolloquium (Stuttgart 1989) 11 ff.; bes. 36 ff. – Zur stärkeren Beteiligung »sächsischer« Gruppen an der Erschließung Südwestdeutschlands in fränkischer Zeit siehe demnächst den in Anm. 11 genannten Aufsatz.

5 J. Jarnut, Die Landnahme der Langobarden in Italien aus historischer Sicht. In: M. Müller-Wille/R. Schneider (Hrsg.), Ausgewählte Probleme europäischer Landnahmen des Früh- und Hochmittelalters. Vortr. und Forsch. 41/I (Sigmaringen 1993) 179.

6 Höchst beachtenswert erscheint in diesem Zusammenhang, dass die typisch thüringisch-langobarischen Bügelfibeln mit Kopfplatten in Zangen- bzw. Vogelkopfform sowie bestimmte Kleinfibeln gerade in diesen Landstrichen fehlen, jenseits des Schwarzwaldes jedoch vorkommen: H. W. Böhme, Les Thuringiens dans le Nord du royaume franc. Rev. Arch. Picardie 3/4, 1988, 65 ff. Abb. 8; 10–12.

7 Ähnlich liegt der Fall bei Klepsau (alt Clephesheim) an der Jagst. Zu starkem langobardischem Einschlag im Fundgut – darunter auch handgeformtes Geschirr – tritt dort mit dem Patronym Cleph ein im Westen absolut seltener Name, der für das langobardische Königshaus im 6. Jh. bezeugt ist: U. Koch, Das fränkische Gräberfeld von Klepsau im Hohenlohekreis. Forsch. und Ber. Vor- und Frühgesch. Baden-Württemberg 38 (Stuttgart 1990) 248.

8 M. Martin, Die Runenfibel aus Bülach Grab 249. Gedanken zur Verbreitung der Runendenkmäler bei den Westgermanen. In: Festschrift Walter Drack zu seinem 60. Geburtstag (Zürich 1977) 123 ff. Abb. 4, 5 und 7.

9 L. Wamser, Neue Ausgrabungen im Weißenburger Reihengräberfeld. Villa nostra. Beiträge zur Weißenburger Stadtgeschichte 3, 1975, 24 Abb. 9.

10 H. Dannheimer, Die germanischen Funde der späten Kaiserzeit und des frühen Mittelalters in Mittelfranken. Germ. Denkmäler Völkerwanderungszeit A 7 (Berlin 1962) Taf. 29, D.

11 Siehe die Beispiele bei U. Gross, Ein merowingerzeitliches Etagengefäß aus Mössingen, Kr. Tübingen. Fundber. Baden-Württemberg 18, 1993, 345 Abb. 2. – Ausführlicher nun: U. Gross, Außergewöhnliche Keramikfunde des frühen Mittelalters aus dem Rhein-Neckar-Raum. In: Festschrift W. Lang (1997, im Druck).

Die Kontrolle der Verkehrswege

EIN SCHLÜSSEL ZUR FRÄNKISCHEN HERRSCHAFTSSICHERUNG

BARBARA THEUNE-GROSSKOPF

An den archäologischen Quellen läßt sich ablesen, daß die merowingische Königsmacht auch die gezielte Ansiedlung fränkischer und anderer, vornehmlich thüringischer Gefolgschafts-/Familienverbände einsetzte, um den alamannischen Raum herrschaftlich zu erfassen (vgl. Koch, Vielfalt; Giesler, Völker; Gross, Zeugnis). Dieses Phänomen ist im übrigen keineswegs auf das Rhein-Main-Neckargebiet beschränkt, sondern umfasst das gesamte alamannische Siedlungsgebiet, wie die Beispiele von Pleidelsheim, Schretzheim, Weingarten und Basel zeigen.

Die merowingischen Könige konnten allerdings über 200 Jahre nach dem Ende der römischen Herrschaft im ehemaligen rechtsrheinischen Dekumatland sicher nicht mehr auf funktionierende römische Verwaltungsstrukturen zurückgreifen.

Für die Region des Kaiserstuhls ließ sich aber besonders deutlich herausarbeiten, daß bei der Wahl der fränkischen Stützpunkte die gleichen wirtschaftlichen und strategischen Bedingungen und Voraussetzungen maßgebend waren wie ehemals für die römischen Eroberer.[1]

Die verkehrsgeographische Lage eines Ortes spielte dabei natürlich eine besondere Rolle. Es ist anzunehmen, daß die strategisch bedeutenderen Plätze von hochgestellten Personen besetzt wurden, die in direkter Beziehung zum fränkischen König bzw. dessen Vertreter, dem alamannischen Herzog, standen und in deren Auftrag politische Aufgaben übernahmen.

Spezialwaffe einer fränkischen Elite

Eine Möglichkeit, diese Annahme zu stützen, bieten reich ausgestattete Männergräber, denen eine Widerhakenlanze beigegeben war. Dieser sogenannte Ango ist eine Spezialform der Wurf- und Stoßlanze von ca. 2 m Länge, deren vordere Hälfte aus einer eisernen Tülle und einer bolzenartigen Spitze mit Widerhaken besteht. Sie wurde in der Regel durch eine zweite Lanze ergänzt, da sie wegen des Widerhakens nur einmal im Kampf eingesetzt werden konnte. Diese Waffe ist in Gräbern vom Ende des 5. bis ans Ende des 6. Jh. nachzuweisen, kam aber in der zweiten Hälfte des 6. Jh. allmählich außer Gebrauch.[2]

Der Ango[3] ist wie die Franziska[4] genannte Wurfaxt eine typisch fränkische Waffe. Dies geht sowohl aus den Schriftquellen als auch aus den Grabfunden und der Verbreitung der bisher bekannt gewordenen Exemplare hervor. Das Vorkommen ist im Wesentlichen auf die Grenzen des fränkischen Reiches mit besonderen Schwerpunkten in seinen Kerngebieten in Nordostfrankreich, Südbelgien, im Moselgebiet und am Mittelrhein beschränkt.[5] Der Ango hat für unsere Betrachtung gegenüber der Franziska den Vorteil, daß er nach Ausweis der Grabfunde nur von sozial hochgestellten Männern geführt wurde und offenbar zugleich eine Art Rangabzeichen war, Angogräber folglich als Bestattungen der führenden Schichten des fränkischen Reiches bezeichnet werden können.[6]

In verkehrsgünstiger Lage

Betrachtet man die Lage der vergleichsweise locker gestreuten Fundorte mit Angogräbern im Gebiet der Alamannia südlich des Neckars im Verhältnis zum uns bekannten römischen Straßennetz, so wird ihre Bindung an wichtige Straßen, Straßenkreuzungen und Flussübergänge deutlich. Hervorzuheben sind hier die Angogräber an den Rheinübergängen bei Sasbach, von wo man über Marckolsheim auf die linksrheinische Hauptverbindung nach Straßburg stieß, und Herten, gegenüber dem spätantiken Kastell von Kaiseraugst, oder an den Donauübergängen bei Ulm-Söflingen, Helmeringen-Lauingen und Bittenbrunn.[7] An der wichtigen rechtsrheinischen Nord-Südverbindung im Rheintal befanden sich Schwetzingen, Rusheim, Urloffen und Mengen. Den West-Ostverbindungen vom Rhein an die Donau sind die Angofundplätze von Pforzheim, Kirchheim-Teck, Lauchheim und Westheim[8] zuzuordnen. Die Verbindungslinien in Richtung Alpenpässe und nach Italien zeigen die Fundpunkte von Basel-Bernerring und Nordendorf an. Sie lagen am Ausgangspunkt der durch das Birstal ins schweizerische Mittelland und über den großen St. Bernhard führenden Fernstraße bzw. nördlich von Augsburg an der Via Claudia, die über Fern- und Reschenpass nach Oberitalien führte.[9]

Die neuen fränkischen Herren nutzten – wenn die Vermutung stimmt, daß die Angoträger deren Be-

auftragte waren – zur Einrichtung zentraler Orte für Verwaltung, Steuererhebung und Rechtsprechung ein immer noch weitgehend funktionierendes römisches Straßensystem.[10] Dies wird durch den Lagebezug der frühmittelalterlichen Ortsnamen auf -heim zu den Römerstraßen deutlich, wie sich dies am Beispiel des Oberrheintals zeigen ließ (vgl. Hoeper, Boden).[11]
Allerdings passen nicht alle Fundpunkte in das Schema der bekannten römischen Straßen. Es ist sicher davon auszugehen, daß auch andere Verbindungen wichtig waren. So liegt Gammertingen an einer alten Wegtrasse, dem Albaufstieg von der Donau an den Neckar, die im Mittelalter große Bedeutung besaß.[12] Die Lage der beiden Orte Blumenfeld und Welschingen läßt an eine Straßenverbindung vom westlichen Bodensee über den Randen an die obere Donau denken.[13]

Der Weg nach Italien

Auf die wachsende Bedeutung der Alamannia für die Italienpolitik der fränkischen Könige nach dem Ende der ostgotischen Schutzherrschaft über die Alamannen 536 hat bereits Ursula Koch (Ethnische Vielfalt) hingewiesen. In diesen Zusammenhang gehört möglicherweise der – nach seiner Grabausstattung zu urteilen – weitaus bedeutendste Angoträger im alamannischen Raum, der um 570 n.Chr. verstorbene Herr von Gammertingen (vgl. Abb. 297). Mit Spangenhelm und eisernem Kettenhemd, beide byzantinischer Herkunft, ist er allein fünf weiteren Helmträgern aus dem fränkischen Kernland unmittelbar an die Seite zu stellen. Da Helm und Kettenpanzer sicher nicht über den Handel, sondern durch persönliche Kontakte nach Norden gelangten,[14] könnte der Gammertinger Herr zu jenen Kriegern gehört haben, die zusammen mit den alamannischen Herzögen Leuthari und Bucelin/Butilin im Auftrag des fränkischen Königs mit einem fränkisch-alamannischen Heer nach Italien zogen.[15] Anläßlich der Entscheidungsschlacht am Volturno (553/54) zwischen der Streitmacht des Butilin und byzantinischen Truppen unter dem Feldherrn Narses beschreibt Agathias[16] sehr blutrünstig die Wirkungsweise des Ango, der aus Körper oder Schild des Gegners wegen der Widerhaken nicht mehr entfernt werden konnte, ihn damit kampfunfähig oder schutzlos machte.
Die Beschreibung des fränkisch-alamannischen Heeres bei Agathias macht aber auch deutlich, daß im Einzelfall nicht zu klären ist, ob ein Angoträger Franke oder Alamanne war. Selbst die »Alamannenherzöge« (*duces Alamannorum*) konnten den Schriftquellen zufolge, unabhängig von der Bestimmung des jeweiligen Kompetenzbereiches, sowohl fränkischer als auch alamannischer Abkunft sein.[17] Wichtig scheint in unserem Zusammenhang lediglich, dass in fränkischem Auftrag gehandelt wurde.

Neuansiedlung im Gefolgschafts-/Familienverband

Allen Angoträgern ist aber gemeinsam, dass sie in einem fränkisch ausgerichteten Umfeld lebten. Für Sasbach,[18] an einem wichtigen Rheinübergang Richtung Straßburg gelegen, ist durch

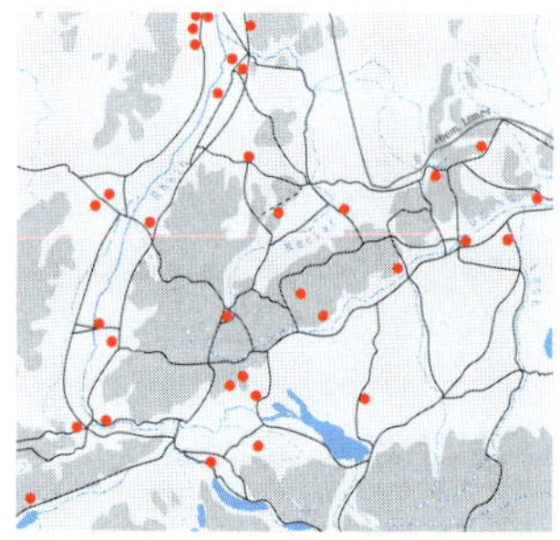

250

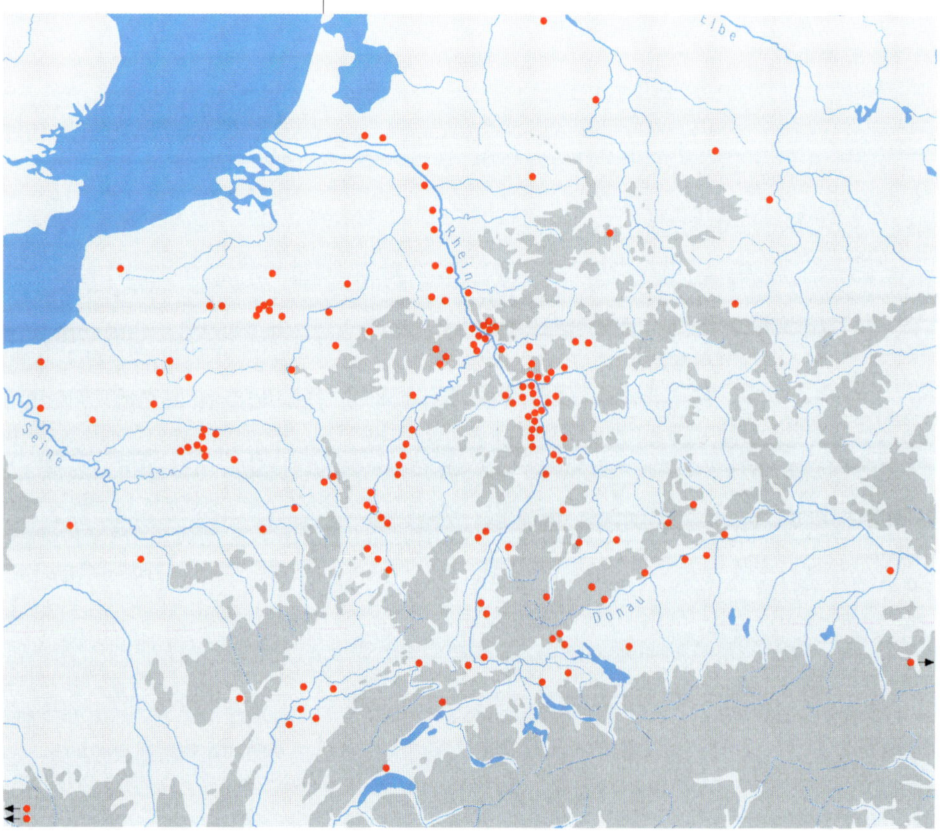

251

250 Die Fundorte mit Angones in Südwestdeutschland, dem Elsass und der Nordschweiz. Ihre Nähe zu den bekannten römischen Straßen zeigt eine verkehrsgeographisch günstige Lage an.

251 Die Karte zur Verbreitung der Angobeigabe zeigt deutlich Schwerpunkte in den Kerngebieten des fränkischen Reiches und eine vergleichsweise lockere Streuung im alamannischen Raum südlich des Neckars.

252 Die Waffenausstattung des um 570 n.Chr. verstorbenen Herrn von Gammertingen. Neben Ango und Langschwert (Spatha) besaß er als weitere fränkische Waffe die Franziska sowie eine zweite Lanzenspitze, da der Ango wegen des Widerhakens nur einmal eingesetzt werden konnte.

die Ausgrabung des großen Reihengräberfeldes im Gewann »Behans« schon lange eine starke fränkische Komponente bekannt. Importe von Drehscheibenkeramik und wertvollen Gläsern zeigen eine deutliche Bindung an den fränkischen Wirtschaftsraum. Die Grundlage dieser engen Beziehungen liegt aber sicher auch im Zuzug ganzer Familien bzw. Gefolgschaftsverbände aus dem Mittelrheingebiet. Darauf verweist eine ganze Reihe von Bügelfibeln aus Frauengräben, deren nächste Parallelen von dort[19] stammen und als Trachtzubehör kaum normales Handelsgut waren, sondern an den Kaiserstuhl mitgebracht wurden. In diesen Zusammenhang gehört auch die Sitte, große Kammergräber[20] anzulegen. In Sasbach wie im benachbarten Mengen oder auch in Herten scheint eine Eingliederung in eine bereits bestehende alamannische Siedlung erfolgt zu sein. Um die Neugründung eines Herrenhofes handelt es sich im Fall von Basel-Bernerring[21] (vgl. Giesler, Völker).

Ein ganz ähnliches Muster haben die Ausgrabungen der Jahre 1990/91 des Gräberfeldes von Deißlingen-»Hockenbühl« erbracht, von wo bereits in den dreißiger Jahren drei Franzisken bekannt geworden sind.[22] Deißlingen liegt im »inneralamannischen« Raum an der Römerstraße von der oberen Donau an den Neckar. Fränkische Bestattungssitten spiegeln sich mit der Anlage großer Kammergräber auch hier wider. Herauszuheben ist neben dem Männergrab 59, es passt mit Glasschale und Perlrandbecken in das Muster reich ausgestatteter Angogräber, das Frauengrab 31 mit einem silbervergoldeten Bügelfibelpaar der zweiten Hälfte des 6. Jh. aus dem Rheinland.[23]

Lassen sich an den oben angeführten Stellen Sitze fränkischer Gefolgschaftsherren mit Familien vermuten, die neben militärischen Aufgaben ihre Funktion in Verwaltung und Rechtsprechung hatten, so gibt es auch Hinweise auf rein militärisch geprägte Plätze.

Fränkische Militärposten

In Eberfingen,[24] an einer Straßenverbindung vom Hochrhein an die obere Donau gelegen, wurde in den fünfziger Jahren ein kleiner Friedhof mit bisher neun Gräbern ausgegraben, der ausschließlich Männergräber der Mitte des 6. Jh. erbracht hat. Von mindestens vier Schwerbewaffneten besaßen immerhin drei eine Spatha, der Ango allerdings fehlt. Die weitere Ausstattung mit Franzisken, bronzenen Schilddornschnallen mit Gürtelhafteln und die regelhafte Verwendung von eisernen Taschenbügeln lassen hier dennoch den Bestattungsplatz eines fränkischen Militärpostens vermuten.[25] Sozial sind diese Männer sicher auf einer niedrigeren Rangstufe als die Angoträger einzuordnen.

253 a

253 b

253 a, b **Die reiche Grabausstattung des Mannes mit Ango aus Grab 59 in Deißlingen stammt aus der ersten Hälfte des 6. Jh. Sie bestand aus kostbarer Glasschale, Pinzette, Kamm und, hier nicht abgebildet, einem bronzenen Perlrandbecken.**

254 **Fränkischer Sturzbecher und silbervergoldete Bügelfibeln aus Grab 634, die aus dem Mittelrheingebiet nach Sasbach am Kaiserstuhl mitgebracht wurden.**

254

255

255 Das silbervergoldete Bügelfibelpaar aus dem Mittelrheingebiet und eine goldene Pressblechfibel aus dem burgundischen Raum gehören zur Schmuckausstattung der weitgereisten Dame aus Grab 31 von Deißlingen.

256 Fränkische Ausstattungsteile: Franziska, eiserner Taschenbügel und bronzene Schilddornschnallen aus den Gräbern 6 und 7 von Eberfingen, dem Friedhof eines fränkischen Militärpostens.

256

In ganz ähnliche Richtung, aber wiederum auf dem Niveau der führenden Schichten, weist der Sonderfriedhof von Niederstotzingen[26] auf der Ostalb, ebenfalls an einer wichtigen Straßenkreuzung gelegen. Grab 9, das älteste dieses kleinen, ebenfalls fast ausschließlich von schwerbewaffneten Männern und Knaben belegten Bestattungsplatzes, muss aufgrund seiner Ausstattung als das eines Franken bezeichnet werden (vgl. Koch, Ritt). Dass dieser gegen Ende des 6. Jh. verstorbene Mann mit keinem Ango mehr ausgestattet war, hängt vermutlich damit zusammen, dass der zu jener Zeit aus der Bewaffnung verschwindet.[27]

1 G. Fingerlin, Kastellorte und Römerstraßen im frühmittelalterlichen Siedlungsbild des Kaiserstuhls. In: Von der Spätantike bis ins frühe Mittelalter. Vorträge und Forschungen 25. Hrsg. Konstanzer Arbeitskreis für mittelalterliche Geschichte (1979) 379 ff. 384; 392 ff.
2 S. v. Schnurbein, Zum Ango. Studien zur Vor- und Frühgeschichtlichen Archäologie. Festschrift für Joachim Werner zum 65. Geburtstag. Teil II. (München 1974) 411 ff.
3 v. Schnurbein (Anm. 2) 419 ff.
4 U. Dahmlos, Francisca-bipennis-securis. Bemerkungen zu archäologischem Befund und schriftlicher Überlieferung. Germania 55, 1977, 141 ff; R. Reiß, Die ersten Franken in Franken. In: Die ersten Franken in Franken. Das Reihengräberfeld von Westheim. Ausstellungskatalog. Germanisches Nationalmus. Nürnberg (Nürnberg 1994) 33 ff. 47 ff mit Abb. 19.
5 v. Schnurbein (Anm. 2) 419. 429 ff (Liste) mit Beilage 3 – alle im folgenden aufgeführten Fundorte sind in dieser Liste zu finden; für den Süddeutschen Raum zu ergänzen: Sasbach Grab 607, Kr. Emmendingen (G. Fingerlin In: Arch. Ausgr. Baden-Württemberg 1990, 183 ff; ders., Arch. Nachr. Baden 44, 1990,7 ff), Deißlingen Grab 59, Kr. Rottweil (C. u. S. Kühn, Arch. Ausgr. Baden-Württemberg 1991, 203 ff), Lauchheim Grab 1012, Ostalbkreis (unpubliziert, s. hier Beitrag Stork); der Ango von Ermatingen ist zu streichen: R. Windler, Das Gräberfeld von Elgg und die Besiedlung der Nordostschweiz im 5.–7. Jh. Zürcher Denkmalpflege, Arch. Monogr. 13 (Zürich und Elgg 1994) 161 mit Anm. 1146.
6 v. Schnurbein (Anm. 2) 419; 412 ff; G. Fingerlin 1990, 10.
7 Der Neuburger Stadtberg und sein Umfeld am Übergang von der Antike zum Mittelalter (4. bis 7. Jhdt.) aus archäologischer Sicht. In: Neuburg an der Donau. Archäologie rund um den Stadtberg (Buch am Erlbach 1993) 109 ff. 124 mit Abb. 20.
8 R. Reiß, Der merowingerzeitliche Reihengräberfriedhof von Westheim (Kreis Weißenburg-Gunzenhausen). Forschungen zur frühmittelalterlichen Landesgeschichte im südwestlichen Mittelfranken. Wiss. Beibd. Anz. Germanisches Nationalmus. 10 (Nürnberg 1994) 200 f.
9 M. Martin, Das fränkische Gräberfeld von Basel-Bernerring (Mainz 1976) 172 f mit Abb. 39; 192.
10 Fingerlin (Anm. 1) 408 f; Martin (Anm. 9) 181 ff
11 M. Hoeper, Alamannische Besiedlungsgeschichte im Breisgau, Reihengräberfelder und Gemarkungsgrenzen. In: Römer und Alamannen im Breisgau. Studien zur Besiedlungsgeschichte in Spätantike und frühem Mittelalter. Arch. u. Gesch. Freiburger Forsch. Erstes Jahrtausend Südwestdt. 6 (Sigmaringen 1994) 9 ff 28 ff; s.a. Martin (Anm. 9) 181 ff.
12 F. Stein, Alamannische Siedlung und Kultur. Das Reihengräberfeld in Gammertingen (Sigmaringen 1991) 34.
13 J. Tesdorpf, Die Entstehung der Kulturlandschaft am westlichen Bodensee. Veröff. Komm. Gesch. Landeskunde Baden-Württemberg Reihe B 72 (1972) 64 mit Anm. 1–3.
14 D. Quast, Die merowingerzeitlichen Grabfunde aus Gültlingen (Stadt Wildberg, Kreis Calw). Forsch. u. Ber. Vor- u. Frühgesch. Baden-Württemberg 52 (Stuttgart 1993) 39 ff. spez. 43.
15 D. Geuenich/H. Keller, Alamannen, Alamannien, Alamannisch im frühen Mittelalter. Möglichkeiten und Schwierigkeiten des Historikers beim Versuch der Eingrenzung. In: Die Bayern und ihre Nachbarn. Symposion Stift Zwettl 1982 (Wien 1985) 135 ff. 148 Ff.; Stein (Anm. 12) 57 ff.
16 v. Schnurbein (Anm. 2) 417 mit Anm. 19; 21; 419 mit Anm. 31–33.
17 s. Anm. 13.
18 Fingerlin (Anm. 1) 379 ff.; s. Anm. 5
19 H. Kühn, Die germanischen Bügelfibeln der Völkerwanderungszeit in Süddeutschland II. Teil. (Graz 1974) 985 ff. 1043 ff. Typ 37 und 32.
20 Martin (Anm. 9) 22 ff; U. Koch, Das fränkische Gräberfeld von Herbolzheim, Kr. Heilbronn. Fundber. Baden-Württemberg 7, 1982, 387 ff. Pohl (Anm. 7) 125 f.; anders F. Stein, Grabkammern bei Alamannen und Franken. In: Herrschaft, Kirche und Kultur. Beiträge zur Geschichte des Mittelalters. Festschrift für Friedrich Prinz zu seinem 65. Geburtstag. Monogr. Gesch. Mittelalter 37 (Stuttgart 1993) 3 ff.
21 Martin ((Anm. 9) 165 ff. 181 ff.
22 s. Anm. 5
23 H. Kühn, Die germanischen Bügelfibeln der Völkerwanderungszeit in der Rheinprovinz. 1. Teil (Graz 1965) 246 f Nr. 29.
24. F. Garscha, Ein neuer Alamannenfriedhof in Eberfingen, Ldkrs. Waldshut. Bad. Fundber. 22, 1962, 165 ff.
25. Martin (Anm. 9) 67 mit Anm. 139.
26 P. Paulsen, Alamannische Adelsgräber in Niederstotzingen, Kreis Heidenheim. Veröff. Staatl. Amt Denkmalpflege A 12,1 (Stuttgart 1967) 13; 188 ff. Taf. 91; 92.
27 v. Schnurbein (Anm. 2) 421.

Guter Boden oder verkehrsgünstige Lage

ORTSNAMEN UND RÖMERSTRASSEN AM SÜDLICHEN OBERRHEIN

MICHAEL HOEPER

Bei der Erforschung frühmittelalterlicher Besiedlungsvorgänge werden neben den archäologischen und historischen Quellen immer wieder auch die Ortsnamen als sprachgeschichtliche Quelle hinzugezogen.[1] Dabei werden die Namen, die erst in den Urkunden des 8./9. Jh. ihren Niederschlag fanden – zu einer Zeit also, in der die archäologischen Befunde durch das Ende der Beigabensitte in den Gräbern aussetzen – zurückprojiziert. Ausschlaggebend hierfür ist vor allem, dass diese Benennun-

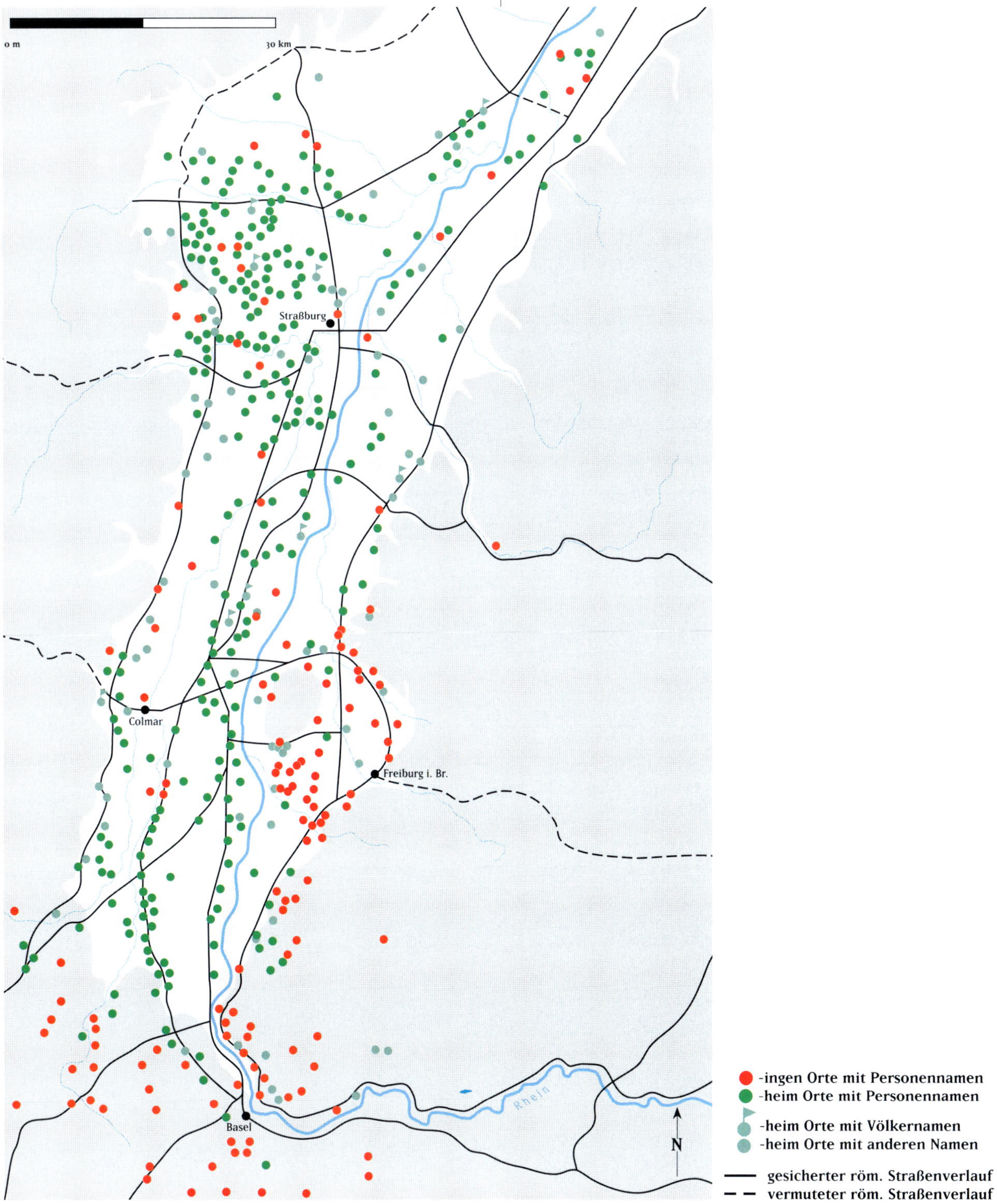

257

257 **Namen auf -ingen und -heim bilden die älteste germanische Ortsnamenschicht und zeigen im südlichen Oberrheingebiet einen verblüffenden Unterschied. Während in Breisgau, Nordschweiz und Sundgau die Siedlungen mit -ingen überwiegen, sind es im Elsass die mit -heim, die zumeist perlschnurartig aufgereiht entlang der ehemaligen Römerstraßen liegen.**

gen mit dem Einsetzen der Urkunden schon zu Hunderten bezeugt sind; daher wird ihnen ein höheres Alter zugeschrieben, zumal sich ihre Verbreitung mit der Verteilung der Reihengräberfelder deckt.[2]

Namen bergen Geschichte

Im Wesentlichen lassen sich zwei Gruppen herausstellen, die von der Ortsnamenkunde erarbeitet wurden und zum Teil durch die archäologische Forschung ihre Bestätigung fanden:[3] Eine vermutlich ältere, deren Ortsbezeichnungen die Nachsilben *-ingen* oder *-heim* tragen; sie umfasst Siedlungen, die zumeist auf sehr guten Böden liegen und zu denen vor allem Gräberfelder des 5. bis 6. Jh. gehören. Die jüngere Gruppe mit den Suffixen *-hofen*, *-hausen*, *-stetten* oder *-weiler* wird mit dem »Landesausbau« ab dem 7. Jh. in Verbindung gebracht.[4] Dabei stellt man die *-weiler*-Orte weitgehend ans Ende des archäologisch noch fassbaren Ausbaus und datiert sie ungefähr ab 700 n.Chr.[5]
Gegenstand eingehender Diskussionen war und ist im Bereich der Forschung vor allem die ethnische Deutung der Namen auf *-ingen* und *-heim* als Hinweise auf »alamannische« bzw. »fränkische« Siedlungsgründungen. Ausgangspunkt dieses Forscherstreites war die Verbreitung der *-ingen-* und *-heim*-Orte im südlichen Oberrheingebiet. Im linksrheinischen Elsass überwiegen die Bezeichnungen mit *-heim*, während rechtsrheinisch *-ingen* am häufigsten vorkommt.
Ausgehend von der Hypothese, das Suffix *-heim* sei jünger als *-ingen*, nahm man vor allem im Elsass eine Überprägung der ehemaligen »alamannischen« *-ingen*-Namen durch »fränkisches« *-heim* an. Diese Umbenennung führte man auf den endgültigen Sieg der Franken über die Alamannen in der Schlacht bei Zülpich (496/97) zurück. Die rechtsrheinischen *-heim*-Orte sah man als fränkische Gründungen zur Sicherung der staatlichen Macht im alamannischen Siedlungsraum an, der durch Ortschaften auf *-ingen* gekennzeichnet ist.[6]

Wittos Leute – Wittos Heim

Die neuere Forschung steht diesem Modell der ethnischen Deutung von *-ingen* und *-heim* jedoch sehr skeptisch gegenüber. Vor allem die Archäologie konnte bisher keine auffällige Übereinstimmung zwischen feststellbarem fränkischem Einfluss und *-heim*-Ortsnamen belegen. Neuere Forschungsansätze sehen daher *-ingen* im Gegensatz zu *-heim* eher als einen Ausdruck der sich entwickelnden Grundherrschaft an.
Der überwiegende Teil der mit *-ingen* und *-heim* gebildeten Ortsnamen ist mit einem Personennamen verbunden. Während *-ingen* aber auf die Bewohner einer Siedlung deutet (Wittislingen = »bei den Leuten des Witto«), bezeichnet *-heim* den Wohnort selbst (Wittisheim = »das Heim des Witto«).
Der Historiker Ernst Schubert sieht in den unterschiedlichen Bezeichnungen keine einfache Mode der Namensgebung, sondern macht »Wandlungen sozialer Verhältnisse« für die Veränderungen im Ortsnamen-Inventar verantwortlich.[7] So zeigt sich seiner Meinung nach in der unterschiedlichen Bedeutung von *-ingen* und *-heim* eine Veränderung vom ortsunabhängigen Personenverband hin zum platzgebundenen Wohnsitz, als deren Ursache er die sich entwickelnde Grundherrschaft annimmt.
Legt man diese Hypothese der Verbreitung der Ortsnamen im südlichen Oberrheingebiet zugrunde, so würden wir mit den Bezeichnungen auf

258 Ortsnamen mit den Suffixen -hausen, -hofen bzw. -inghofen, -stetten, -kirch und -weiler gehören einer jüngeren Schicht an. Im Breisgau sind sie eng mit dem ab Mitte des 7. Jh. massiv einsetzenden »Landesausbau« verbunden.

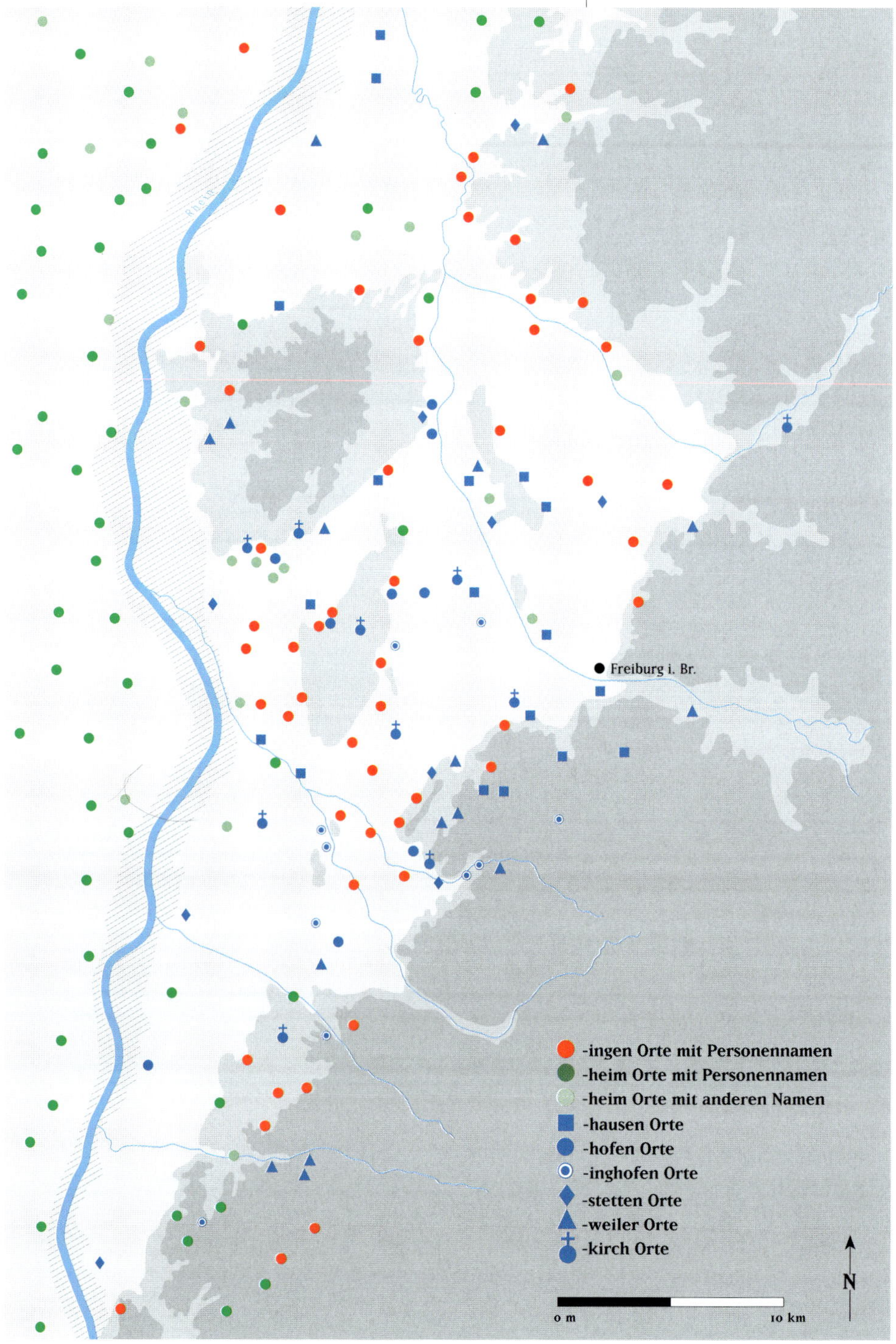

258

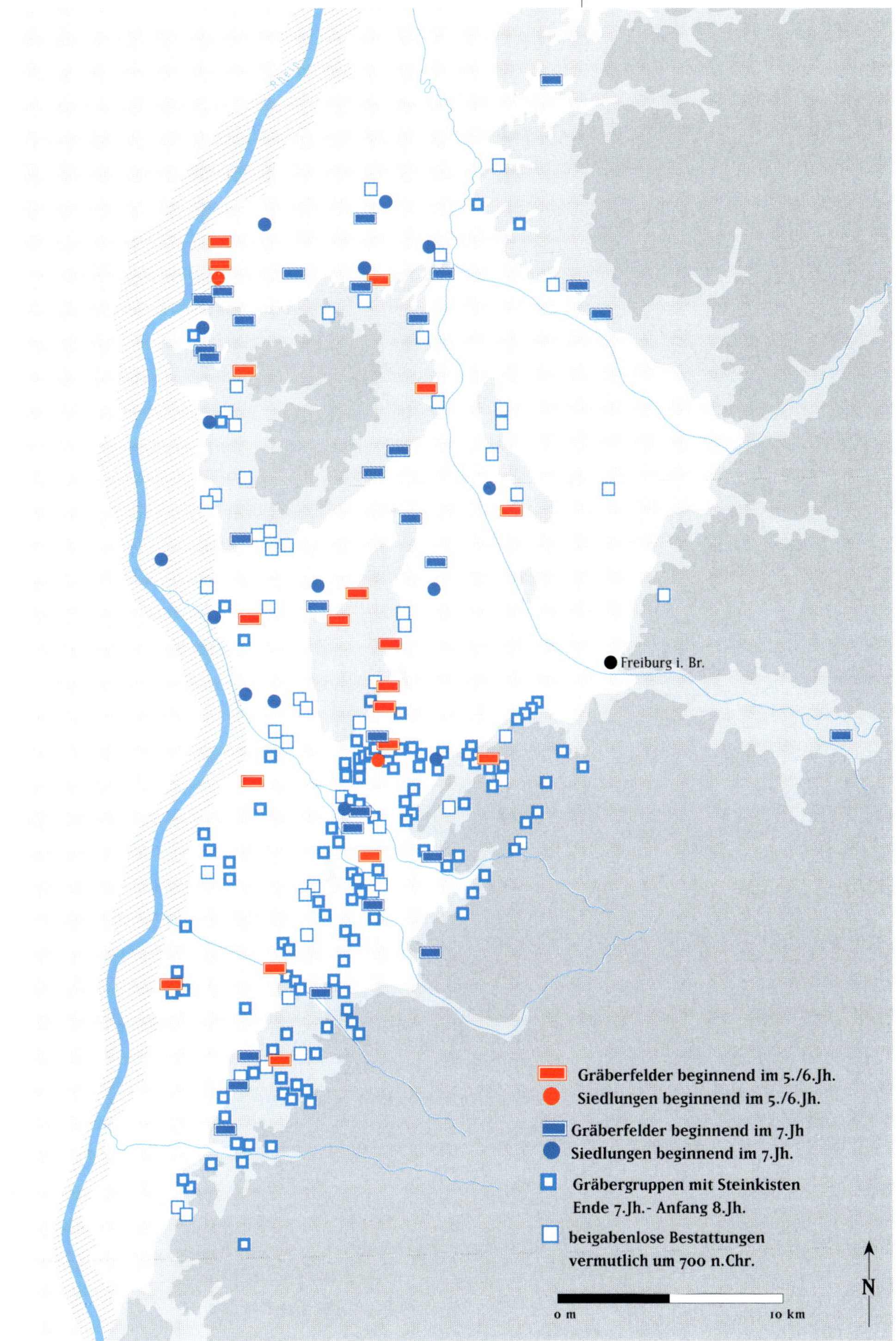

259

259 Die reichhaltigen archäologischen Fundplätze im Breisgau zeigen ab Mitte des 5. Jh. eine eher allmähliche Besiedlungsentwicklung, die ab der Mitte des 7. Jh. jedoch explosionsartig zunimmt.

-heim die Ausbreitung dieser gesellschaftlichen Veränderungen fassen, die das Elsass früher beeinflusste als z.B. den Breisgau oder die Nordschweiz. Ein weiterer prägnanter Unterschied zwischen den *-ingen-* und *-heim-*Orten zeichnet sich in ihrer unterschiedlichen Lage ab. Die Ortschaften auf *-ingen* liegen meistens geschützt, am Rande von Gebirgen und Berghöhen, im Bereich austretender Bachtäler oder an Bachläufen in hügeligem Terrain. Dies zeigt deutlich ihr gehäuftes Vorkommen am Vogesen- und Schwarzwaldrand, um Kaiserstuhl und Tuniberg sowie im Markgräflerland, im Sundgau und in der Nordschweiz. Diese Plätze sind besonders siedlungsgünstig, da hier Löss- und Schwemmlössböden ideale landwirtschaftliche Voraussetzungen bieten.

Römerstraßen und -heim-Orte

Die *-heim*-Orte dagegen befinden sich im südlichen Oberrheingebiet zumeist auf der ebenen Niederterrasse, die wegen ihrer nur zum Teil mit Löss überdeckten Schotterflächen viel schlechter landwirtschaftlich nutzbar war. Hier gaben ganz andere Voraussetzungen den Ausschlag, wie die geradezu perlschnurartige Aufreihung dieser Siedlungen entlang der ehemaligen Römerstraßen zeigt, die damals mit Sicherheit weiter genutzt wurden. Diese verkehrsgeographische Orientierung im Gegensatz zu der eher landwirtschaftlich geprägten Lage der *-ingen*-Orte mag ein weiteres Indiz für die gesellschaftlichen Veränderungen sein, die wir bei den Bezeichnungen mit *-heim* und mit *-ingen* erfassen.

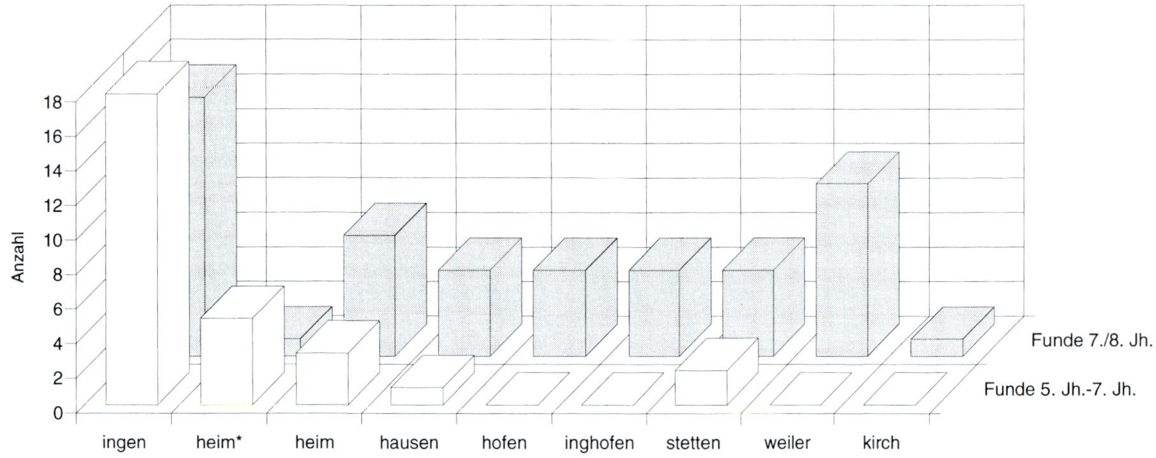

260 a

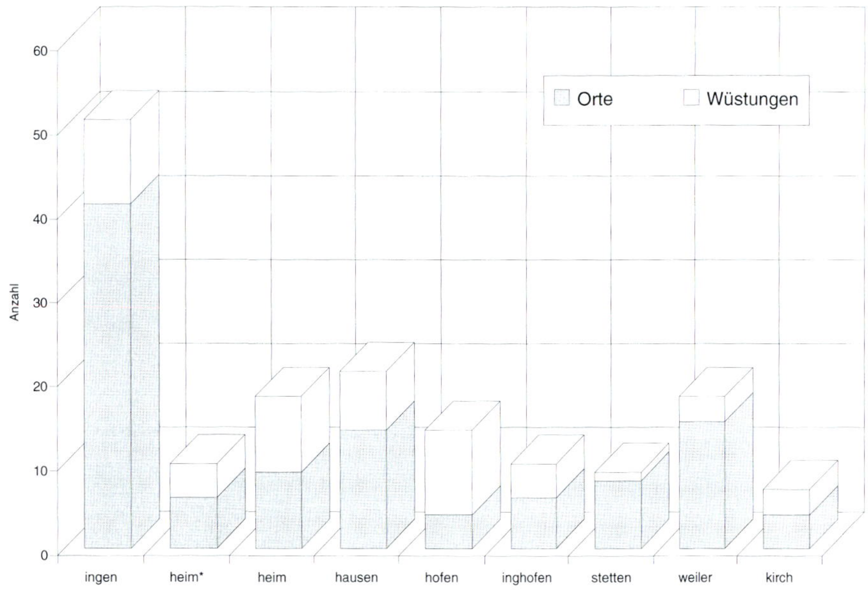

260 b

260 a Eine Analyse der Ortsnamen und ihrer archäologischen Fundstellen macht eine ältere Schicht mit -ingen- und personifizierten -heim-Namen wahrscheinlich, daneben eine jüngere mit lagebezogenen Namen auf -heim, -hausen, -hofen, -inghofen, -stetten, -weiler- und -kirch.

260 b Im Vergleich mit den heute noch bestehenden Orten ist in der älteren Ortsnamenschicht der Anteil der Wüstungen auffallend gering. Siedlungen der jüngeren Namenschicht fielen dagegen weitaus häufiger wieder wüst.

Ebenso umstritten wie die Deutung der *-heim*-Namen ist ihre Datierung. Neben Versuchen, diese Siedlungen erst ab der Mitte des 7. Jh. beginnen zu lassen, und Datierungsansätzen, *-heim-* und *-ingen*-Ortschaften in einer frühen Namenschicht zusammenzufassen, scheinen Versuche einer Differenzierung der Namensbildungen, verbunden mit unterschiedlichen Zeitbestimmungen, sich durch das archäologische Material zu bestätigen. Hinsichtlich dessen bilden die *-heim*-Orte mit Personennamen, z.B. Wittisheim, eine ältere Gruppe; sie weisen zumeist im 6. Jh. beginnende Reihengräberfelder auf. Ortsnamen mit Lagebezeichnungen (z.B. Bachheim, Hardtheim) oder mit Orientierungsangaben zu schon bestehenden Siedlungen (z.B. Nord-, West- oder Ostheim) gehören eher einer jüngeren Schicht ab dem 7. Jh. an.[8] Diese Tendenz deutet auch eine Analyse der Ortsnamen und der archäologischen Befunde im Breisgau an.[9] Von insgesamt 28 *-heim*-Orten und Wüstungen (d.h. wieder aufgegebenen Siedlungen) lassen sich nach augenblicklichem Forschungsstand 17 mit archäologischen Befunden des 5. bis 8. Jh. verbinden. Während die im 6. bis frühen 7. Jh. beginnenden Gräberfelder fast ausschließlich mit personenbezogenen Ortsnamen auf *-heim* verbunden sind, lassen sich die lagebezogenen Bezeichnungen mit *-heim* überwiegend in das 7./8. Jh. datieren.

Ortsnamen und der Landesausbau

Den größten Anteil nehmen im Breisgau jedoch 51 Namen auf *-ingen* ein. Zum einen liegen in ihren Gemarkungen die frühesten Reihengräberfelder – sie gehen schon auf das 5. Jh. zurück oder setzen zahlreich im 6. bzw. frühen 7. Jh. ein –, zum anderen lassen sich etwa 45 Prozent dieser Ortsnamen bisher nur mit Fundstellen des ausgehenden 7. bis 8. Jh. verbinden. Das lässt sich entweder mit dem Forschungsstand begründen oder belegt den weiteren – wenngleich verminderten – Gebrauch dieses Namentyps auch bei Siedlungsgründungen in der späteren Phase. Die jüngeren Siedlungsnamen mit den Suffixen *-hofen* bzw. *-inghofen*, *-hausen*, *-stetten*, *-weiler* und *-kirch* zeigen im Breisgau aufgrund ihrer bisherigen archäologischen Fundstellen den ab der zweiten Hälfte des 7. Jh. massiv beginnenden »Landesausbau« an. In dieselbe Gruppe gehören auch die Bezeichnungen mit *-inghofen*, die wohl nicht durch Umbenennungen älterer *-ingen*-Orte entstanden sind, wie Fritz Langenbeck vermutete,[10] sondern eher eine eigene Form darstellen. Insgesamt lassen sich ungefähr 30 Orte und Wüstungen dieser jüngeren Namenschicht erst ab der eben genannten Zeit datieren, nur drei Gemarkungen weisen ältere Befunde auf.

Die neu entstehenden Siedlungen füllen vor allem die noch freien Gebiete zwischen den schon in Besitz genommenen Bezirken, schieben sich aber auch in die bisher unberührten Randbereiche in Richtung Schwarzwald vor. Hierbei sind die *-weiler*-Namen im Altsiedelland durch ihre Grabfunde noch in das späte 7. Jh. und beginnende 8. Jh. zu datieren und leiten eine Entwicklung ein, die ihre Fortsetzung in einer jüngeren Ausbauphase mit einer Verbreitung dieses Namentyps im 8. und 9. Jh. vor allem in Richtung Schwarzwald nimmt, archäologisch aber nicht weiter zu verfolgen ist.[11]

Viele Neugründungen fielen wüst

Von besonderem Interesse bei der Betrachtung der Ortsnamen und ihrer Datierung ist der Anteil der Wüstungen an den Namenschichten. Während die älteren Siedlungen mit Benennungen auf *-ingen* und personifiziertem *-heim* nur zu einem geringen Prozentsatz wieder aufgelassen wurden (ca. 20 Prozent), ist der Anteil der Wüstungen bei den jüngeren Ortsnamen – die lagebezogenen Bezeichnungen durch *-heim* eingeschlossen – erheblich höher (ca. 40 Prozent).[12] Offensichtlich nahmen die älteren Wohnsitze die siedlungsgünstigsten Plätze ein, während man mit zunehmender Besiedlung auf weniger vorteilhafte Lagen ausweichen musste.

Bestätigung findet diese Annahme durch einen Vergleich der durchschnittlichen Ertragsfähigkeit der Ackerflächen von *-ingen-* und personifizierten *-heim*-Orten mit solchen der jüngeren Namenschicht.[13] Tendenziell zeigen sich hier deutlich höhere Werte bei den Siedlungen auf *-ingen* und *-heim*. Insgesamt fällt bei einer Betrachtung der durchschnittlichen Ertragsfähigkeit jedoch auf, dass unabhängig vom Namen besonders die Orte mit den schlechtesten Werten wüst fielen.

Abschließend sei angemerkt, dass sich zwar tendenziell eine Unterscheidung zwischen einer älteren Gruppe von Ortsnamen, die mit der Besiedlung des 5.–7. Jh zu verbinden ist, und einer jüngeren Gruppe mit Siedlungen ab der Mitte des 7. Jh. abzeichnet, im Einzelfall jedoch eine Überprüfung anhand der archäologischen Quellen unbedingt notwendig erscheint.

1 Als Beispiele besiedlungsgeschichtlicher Arbeiten und der Verbindung archäologischer Ergebnisse mit der Ortsnamenkunde (Toponomastik) vgl. R. Christlein, Die Alamannen – Archäologie eines lebendigen Volkes (Stuttgart 1978) 31 f.; H. Dannheimer, Die germanischen Funde der späten Kaiserzeit und des frühen Mittelalters in Mittelfranken. Germ. Denkmäler Völkerwanderungszeit A 7 (Berlin 1962) 141 ff.; G. Fingerlin, Zur alamannischen Siedlungsgeschichte des 3.–7. Jahrhunderts. In: W. Hübener (Hrsg), Die Alemannen in der Frühzeit. Veröff. Alemannisches Inst. Freiburg 34 (Bühl 1974) 81 Abb. 10, 11; R. Koch, Bodenfunde der Völkerwanderungszeit aus dem Main-Tauber-Gebiet. Germ. Denkmäler Völkerwanderungszeit A 8 (Berlin 1967) 111 ff.; R. Marti, Ansätze zu einer frühmittelalterlichen Siedlungsgeschichte der Nordwestschweiz. In: M. Schmaedecke (Bearb.), Ländliche Siedlungen zwischen Spätantike und Mittelalter. Arch. u. Mus. 33, 1995. 9 ff.; M. Martin, Das fränkische Gräberfeld von Basel-Bernerring. Baseler Beitr. Ur- u. Frühgesch. 1 (Basel 1976) 181 ff.; H. Steuer, Alemannen – Archäologisches. In: RGA2 1 (Berlin, New York 1973) 148 f.; H. Stoll, Alamannische Siedlungsgeschichte archäologisch betrachtet. Württembergisches Jahrb. Landesgesch. 6, 1942, 10 ff.; W. Veeck, Die Alamannen in Württemberg. Germ. Denkmäler Völkerwanderungszeit A 1 (Berlin 1931) 114 ff.

2 Vgl. H.Jänichen, Der alemannische und fränkische Siedlungsraum – 1. Ortsnamen auf -ingen, -heim und -dorf; 2. Ortsnamen auf -hausen, -hofen, -stetten, -statt und -weiler. In: Hist. Atlas Baden-Württemberg. Erläuterungen zu Karte IV,1–2 (Stuttgart 1972) 1; D. Geuenich, Der Landesausbau und seine Träger (8.–11. Jahrhundert). In: H. U. Nuber/K. Schmid/H. Steuer/Th. Zotz (Hrsg.), Archäologie und Geschichte des ersten Jahrtausend in Südwestdeutschland. Arch. u. Gesch. Freiburger Forsch. erstes Jahrtausend Südwestdt. (Sigmaringen 1990) 209 f.

3 So z.B. bei einem Vergleich der archäologischen Ergebnisse mit den entsprechenden Ortsnamenschichten im Breisgau, vgl. H. Stoll (Anm. 1) 10 ff.; M. Hoeper, Alamannische Besiedlungsgeschichte im Breisgau – Reihengräberfelder und Gemarkungsgrenzen. In: H.U. Nuber/K. Schmid/H. Steuer/Th. Zotz (Hrsg.), Römer und Alemannen im Breisgau. Arch. u. Gesch. Freiburger Forsch. Erstes Jahrtausend Südwestdt. 6 (Sigmaringen 1994) 28 ff. Im Main-Tauber-Gebiet: vgl. R.Koch (Anm. 1) 111 ff. In Mittelfranken: vgl. H. Dannheimer (Anm. 1)141 ff.
Im Baseler Umland: vgl. M. Martin (Anm. 1) 181 ff.

4 F. Langenbeck, Die Verteilung der Siedlungsnamen in Elsass-Lothringen. In: G. Wolfram/W. Gley (Hrsg.), Elsass-lothringischer Atlas (Frankfurt 1931) 80 ff., Karte 29; H. Jänichen (Anm. 2); H. Steuer (Anm. 1) 148 f.; G. Fingerlin (Anm. 1) 81 Abb. 10, 11; R. Christlein (Anm. 1) 31 f.

5 H. Stoll (Anm. 1) 13 f.; G. Fingerlin (Anm. 1) 77; D. Geuenich (Anm. 1) 210 Anm. 23.
Zur Problematik der -weiler-Orte und davon eventuell zu trennenden Ortsnamen auf -weil, die möglicherweise der älteren Ortsnamenschicht angehören oder gar auf römische Zeit zurückgehen, vgl. auch F. Langenbeck (Anm. 4) 90 f.; E. Schillinger, Die Siedlungsgeschichte des Breisgaus bis zum Ende der Karolingerzeit unter besonderer Berücksichtigung der Ortsnamen (ungedr. Diss. Freiburg 1944) 34 ff.; H. Löffler, Die Weilerorte in Oberschwaben – Eine namenkundliche Untersuchung, (Stuttgart 1968) 23–39.

6 Die geführten Auseinandersetzungen sollen hier nicht weiter erläutert werden, vgl. dazu A. Hund, Wanderungen und Siedlungen der Alemannen. Zeitschr. Gesch. Oberrhein N.F. 32,

1917, 44 ff. 169 ff.; W. Veeck (Anm. 1) 114 f.; F. Langenbeck (Anm. 4) 87 ff.; ders., Die Entstehung der elsässischen heim-Ortsnamen – Sprachliche Einstrahlung oder fränkische Siedlung? Beitr. Namensforsch. 9, 1958, 45 ff.; ebd. 10, 1959, 209 ff.; E. Schillinger (Anm. 1) 42 ff.; M. Martin (Anm. 1) 188 ff.; D. Geuenich (Anm. 2) 209 Anm. 17; ders., Der historische Zeugniswert der Ortsnamen(-typen). In: H. U. Nuber/K. Schmid/H. Steuer/Th. Zotz (Hrsg.), Das 8. Jahrhundert in Südwestdeutschland. Arch. u. Gesch. Freiburger Forsch. Erstes Jahrtausend Südwestdt. (im Druck).

7 E. Schubert, Entwicklungsstufen der Grundherrschaft im Lichte der Namensforschung. In: H. Patze (Hrsg.), Die Grundherrschaft im späten Mittelalter. Vorträge u. Forsch. 27 (Sigmaringen 1983) 75 ff.

8 Diese Gliederung der -heim-Namen deutet sich nach Koch im Main-Tauber-Gebiet anhand des archäologischen Materials an, vgl. R. Koch (Anm. 1) 116 u. Tab. 4. Sie wird auch von Fingerlin für Südbaden postuliert, vgl. R. Koch (Anm. 1) 116 Anm. 16. Dagegen stellte Dannheimer in Mittelfranken eine Beteiligung beider -heim-Namensgruppen an den Gräberfeldern des 6. bzw. 7. Jh. fest, vgl. H. Dannheimer (Anm. 1) 142 ff.

9 Die Zuordnung der archäologischen Befunde zu den betreffenden Ortschaften und lokalisierbaren Wüstungen erfolgte aufgrund einer detaillierten Kartierung und einer topographischen Analyse der einzelnen Gemarkungen, vgl. M. Hoeper, Alamannische Besiedlungsgeschichte im Breisgau, Untersuchungen zur Entwicklung von Besiedlungsstrukturen im frühen Mittelalter (ungedr. Diss. Freiburg 1994).

10 F. Langenbeck (Anm. 4) 80 f.

11 Die -weiler-Orte werden von der Siedlungsgeographie und der Ortsnamenforschung in eine jüngere Ausbauphase des 8. und 9. Jh. eingeordnet, vgl. D. Geuenich (Anm. 1) 209 Anm. 17 210. Sie zeigen aber ihren Beginn im Altsiedelland noch am Ende des 7. Jh.

12 Vgl. W. Janssen, Studien zur Wüstungsfrage im fränkischen Altsiedelland zwischen Rhein, Mosel und Eifelnordrand (Bonn 1975) 88 ff. Anm. 160 (mit weiteren Untersuchungsergebnissen aus anderen Gebieten).

13 Durch F. Wacker liegen uns dazu für den Breisgau von insgesamt 100 Orten und Wüstungen des Landkreises Freiburg solche durchschnittlichen Ertragswerte vor, die sich aus Boden, Klima und Geländeverhältnissen ergeben: vgl. F. Wacker, Die Güte ortsnaher Böden alamannischer Urdörfer, ihrer Ausbauorte und späteren Siedlungen nach Ergebnissen der amtl. Bodenschätzungen. Alemannisches Jahrb. 1976/78, 49 ff. Diese Daten beruhen auf heutigen Verhältnissen, nur mit Vorbehalt können sie auf die Merowingerzeit übertragen werden, aber sie geben uns mit Sicherheit Tendenzen der damaligen Bodenverhältnisse wieder. Ausführlich vgl. dazu M. Hoeper (Anm. 3) 32 f. Abb. 8.

Nach Osten bis an den Lech

ZUR ALAMANNISCHEN BESIEDLUNG DER WESTLICHEN RAETIA SECUNDA

VOLKER BABUCKE

Während andere germanische Stämme nach dem Zusammenbruch des römischen Reiches in der zweiten Hälfte des 5. Jh. ihre Siedlungsgebiete großflächig auf ehemals reichsrömischen Boden ausdehnen konnten, blieb den Alamannen ein entsprechender dauerhafter Landgewinn verwehrt. Eine Ausnahme bildete – wenn auch unter besonderen Vorzeichen – das Territorium der im Osten an die Alamannia grenzenden Provinz Raetia II, genauer gesagt die zwischen Iller und Lech gelegenen westlichen Provinzteile mit der Hauptstadt *Augusta Vindelicensis* – Augsburg. Dieses Gebiet entspricht in etwa dem heutigen Regierungsbezirk Bayerisch-Schwaben südlich der Donau.

Die Jahrzehnte des Übergangs von der Spätantike zum frühen Mittelalter im westlichen Teil Rätiens liegen noch immer weitgehend im Dunkeln. Weder schriftliche noch archäologische Quellen geben uns genauer Auskunft darüber, in welchem Umfang und unter welchen Bedingungen die einheimische römische Provinzbevölkerung im 5. Jh. weiterlebte.[1] Innere Krisen und die anhaltende germanische Bedrohung durch Raub- und Plünderungszüge hatten das Siedlungsgefüge tiefgreifend und nachhaltig verändert. So war das Leben auf dem offenen Land anscheinend schon früh zusammengebrochen. Hinter den schützenden Mauern befestigter Siedlungen und Kastelle entlang des Limes und im Hinterland dürfen wir jedoch noch intakte römische Gemeinwesen annehmen, die teilweise wohl auch das »offizielle« Ende des weströmischen Reiches im Jahre 476 erreicht und die Schwelle zum frühen Mittelalter überschritten haben. Zu ihnen zählen neben der Provinzhauptstadt Augsburg vermutlich auch *Guntia*-Günzburg, *Caelio*-Kellmünz, *Cambidano*-Kempten, *Abodiacum*-Epfach und *Foetibus*-Füssen. Aussagekräftige archäologische Befunde, wie sie etwa aus dem osträtischen Passau und aus Regensburg bekannt sind, fehlen allerdings bislang.

Die ersten Einwanderer

Weit besser lässt sich der Beginn der germanischen Landnahme beurteilen.[2] Aus dem donaunahen Zusamtal (Unterthürheim, Zusamaltheim) und dem unteren Lechtal (Gablingen, Augsburg-Lechhausen, Schwabmünchen) kennen wir eine Reihe von Friedhöfen, deren Belegung spätestens in den Jahrzehnten um 500 einsetzt.[3] Die südlichsten Ausläufer dieser frühen Siedlungsphase reichen bis weit in die mittelschwäbische Terrassenlandschaft, wie Grabfunde aus Pforzen, Epfach und vielleicht auch Salgen zeigen.[4] Leider wurde bis auf Pforzen keine dieser zudem meist alt gegrabenen Fundstellen vollständig untersucht, und so scheint es wohl eher eine Frage des Forschungsstandes zu sein, dass Gräberfelder mit einem Belegungsbeginn in der Mitte oder der zweiten Hälfte des 5. Jh., wie wir sie aus dem östlichen Rätien kennen, bislang noch fehlen.

Woher kamen die ersten landnehmenden Germanen? Verlässliche Hinweise geben uns in erster Linie die zur Frauentracht gehörenden Bügelfibeln. Danach handelte es sich vor allem um Alamannen aus den nordwestlich angrenzenden Regionen Südwestdeutschlands, die hier zwischen Iller und Lech eine neue Heimat fanden. Daneben begegnen uns aber in einigen Gräberfeldern auch thüringische Bevölkerungsgruppen aus dem mitteldeutsch-böhmischen Raum.

Ein anschauliches Beispiel für die Zusammensetzung dieser frühen Siedlergruppen gibt der bisher nur in einem kleinen Ausschnitt ausgegrabene Friedhof auf dem »Kühberg« bei Gablingen.[5] Während etwa die Fundstücke aus dem alt beraubten Frauengrab 1 aufgrund einer kerbschnittverzierten Wadenbindengarnitur aus vergoldetem Silber und einem charakteristischen, zum Gürtelgehänge gehörigen Knotenring deutliche Bezüge zum alamannischen Südwesten aufweisen, dürfte die Frau aus dem benachbarten Grab 3 aufgrund ihrer kleinen silbervergoldeten Zangenfibel aus Thüringen oder Böhmen an den Lech gelangt sein. Bereits die unterschiedliche Herkunft der Siedler macht deutlich, dass wir es nicht mit einer einzigen Einwanderungswelle zu tun haben. Vielmehr ist von einem steten Zuzug einzelner Familien und Gruppen in das noch dünn besiedelte Rätien auszugehen. Spätestens seit den neunziger Jahren des 5. Jh. konnte dies sicherlich nicht mehr ohne Aufforderung oder zumindest Billigung der Ostgoten erfolgen, da Rätien anscheinend schon bald nach der Machtübernahme durch König Theoderich fester Bestandteil des italischen Ostgotenreiches geworden war, wie die archäologisch nachgewiesene ostgotische Präsenz in Rätien belegt.[6]

Dass die Ansiedlung planmäßig erfolgte, zeigt sich allein schon daran, dass bei der Wahl des Siedlungsplatzes fast immer die Anbindung an das römische Fernstraßennetz beziehungsweise die Nähe einer Furt oder einer Straßenkreuzung gesucht wurde. So liegen etwa Lechhausen, Schwabmünchen und Pforzen an wichtigen Flussübergängen, während bei Salgen eine von Günzburg kommende Straße auf die Querverbindung zwischen Kellmünz und Türkheim traf.

Zumindest ein Teil der frühen Siedlungsgründungen scheint unmittelbar mit der historisch überlieferten Niederlage der Alamannen gegen die Franken 496 bzw. dem gescheiterten Aufstand von 506 in Zusammenhang zu stehen, durch den weite Teile der alamannischen Siedlungsgebiete an Rhein, Main und Neckar verloren gingen und dem Merowingerreich einverleibt wurden. So geht aus einem Brief Theoderichs an den fränkischen König Chlodwig hervor, dass sich Teile der flüchtenden Alamannen unter seinen Schutz begeben hatten. Der Befund aus den Gräberfeldern legt nahe, dass vor allem in Rätien zahlreiche Flüchtlinge Aufnahme fanden.[7]

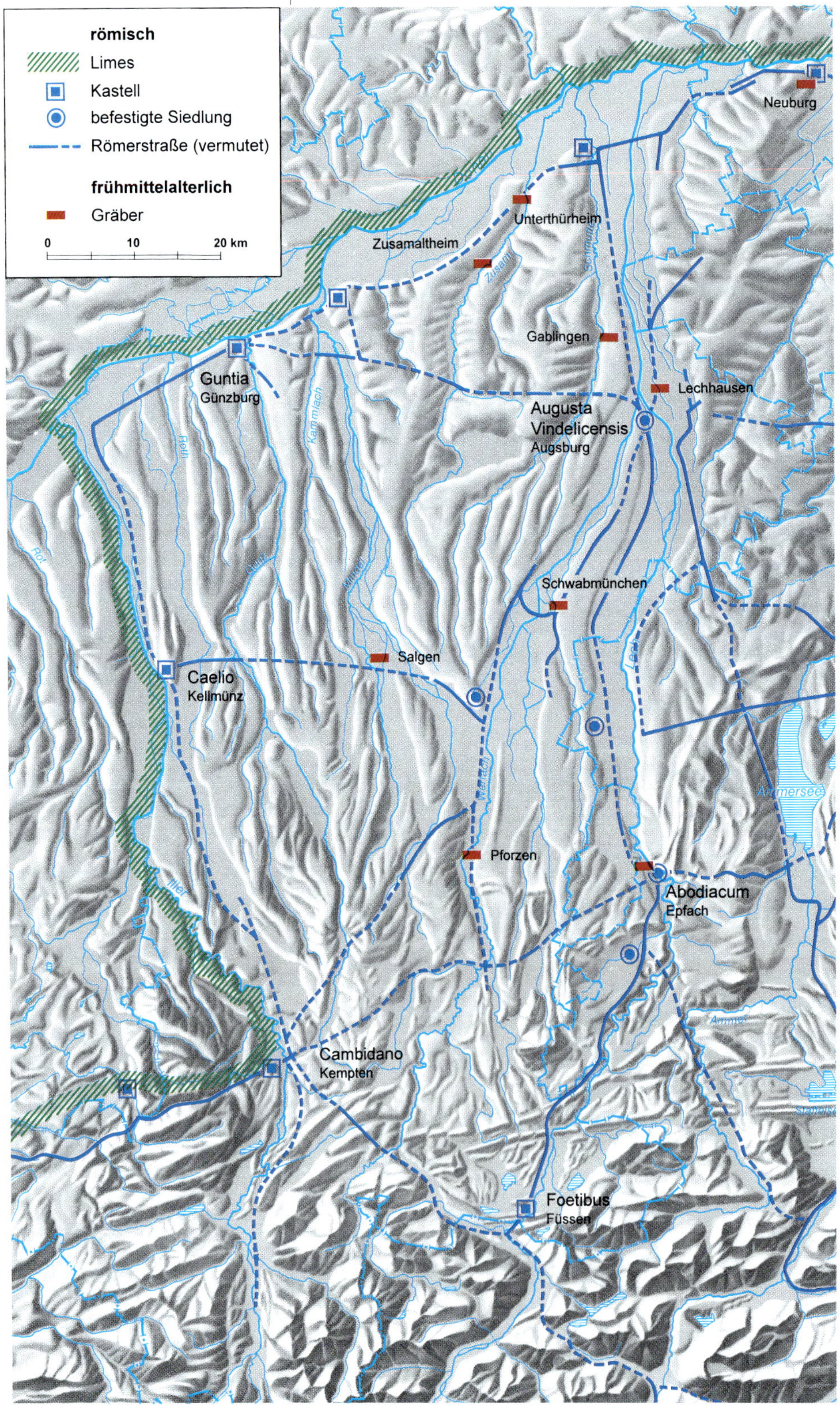

261

261 Die germanische Landnahme zwischen Iller und Lech begann spätestens in den Jahren um 500. Die frühen Fundstellen liegen entlang der römischen Fernstraßen und in der Nähe von Straßenkreuzungen oder Flussübergängen.

262

262 **Die ersten landnehmenden Siedler waren vor allem Alamannen, wie die bronzene Pferdchenfibel aus Zusamaltheim und die silbervergoldeten Bügelfibeln aus Augsburg-Lechhausen, Pforzen und Unterthürheim zeigen.**

263 **Grabfunde aus Gablingen (links) und Unterthürheim belegen, dass sich auch Siedler aus Thüringen oder Böhmen unter den germanischen Einwanderern befanden. Die Bügelfibeln bestehen aus vergoldetem Silber.**

263

Unter fränkischer Herrschaft

536/37 geriet dann auch das Voralpenland unter fränkische Herrschaft. Die Ostgoten, am Beginn ihrer langjährigen Auseinandersetzungen mit Byzanz stehend, waren gezwungen, neben der Provence auch die nördlichen Grenzprovinzen Rätien und Norikum an den Frankenkönig Theudebert abzutreten.

Mit der Eingliederung in das Merowingerreich kam es zu einer Neuordnung des Voralpenlandes, bei der die alte Provinzeinteilung offensichtlich nur noch eine untergeordnete Rolle spielte. Während im Osten das bairische Herzogtum eingerichtet wurde, das einem von den Franken eingesetzten Amtsherzog unterstand und weite Teile Rätiens und Norikums sowie nördlich der Donau gelegene Gebiete umfasste, wurde der westliche Teil Rätiens dem Herzogtum Alamannien zugeschlagen. Auch wenn für die Frühzeit noch manches unklar ist, so scheint sich der Lech im Laufe der Zeit doch zunehmend als Grenzbereich zwischen den beiden merowingischen Teilherzogtümern herausgebildet zu haben.[8]

Für Theudebert waren die Nord-Süd-Verbindungen entlang Iller, Wertach und Lech von Bedeutung, hatte er durch sie sie doch Zugang zu den Alpenpässen über Reschen und Brenner – eine wichtige Voraussetzung für seine dann auch nur wenig Zeit später beginnenden Feldzüge, die zur Eroberung weiter Teile Oberitaliens führten.

Die Auswirkungen der fränkischen Machtausweitung verdeutlicht anschaulich der erst vor wenigen Jahren ausgegrabene Friedhof von Pforzen im Ostallgäu.[9] Schon bald nach der Eingliederung in das Frankenreich wurde hier in einer bereits seit dem ausgehenden 5. Jh. bestehenden alamannischen Siedlung eine fränkische Familie ansässig, wie charakteristische Trachtbestandteile, Waffen und Trinkgefäße belegen. Hervorzuheben ist etwa die Bestattung einer wohlhabenden Dame, die aufgrund ihrer fränkischen Vierfibeltracht aus Nordostfrankreich oder dem Rheinland stammen muss. Als Trinkgefäß hatte man ihr einen gläsernen Rüsselbecher mitgegeben. Ein weiteres Exemplar dieser kostbaren, vermutlich ebenfalls aus rheinfränkischen Werkstätten stammenden Gläser fand sich in einem zeitgleichen Männergrab. Ausschlaggebend für die Präsenz der Franken war zweifellos die Lage Pforzens an der Furt einer von Augsburg kommenden und über das Altdorfer Becken zum Fernpass führenden Altstraße.

Sicherung der Verkehrswege

Auch der Ortsname von Pforzen, das erstmals 897 in einer Schenkungsurkunde Kaiser Arnulfs als »Forzheim« erwähnt wird, lässt sich in diesem Fall zur Unterstützung des archäologischen Befundes heranziehen. Neben der charakteristischen *-heim*-Endung ist vor allem auf das von *portus* (Pforte, Furt) abzuleitende Bestimmungswort hinzuweisen, wirft es doch ein bezeichnendes Licht auf die administrativen Funktionen, welche die Franken hier an der Wertach zu erfüllen hatten.

Zur Sicherung der Herrschaft des merowingischen Königshauses wurden zentrale Orte und strategisch wichtige Positionen an Flussübergängen und Straßenkreuzungen nun gezielt mit fränkischen Gefolgsleuten besetzt. So kennen wir etwa von den wichtigen Donauübergängen bei Ulm, Helmeringen und Bittenbrunn sowie aus Nordendorf im unteren Lechtal nahe der *via Claudia* Gräber von Kriegern, die sich aufgrund einer typischen Widerhakenlanzenform – dem Ango – eindeutig als Franken ansprechen lassen.[10]

In Spötting, einem Ortsteil von Landsberg am Lech, konnte der Bestattungsplatz einer Adelsfamilie ausgegraben werden, der wahrscheinlich die Aufgabe zukam, den Lechübergang einer bedeutenden Ost-West-Verbindung, der späteren Salzstraße, zu kontrollieren.[11] Der mutmaßliche Hofgründer ge-

264

264 Beigaben eines bereits 1885 in Schwabmünchen entdeckten außergewöhnlich reichen Frauengrabes. Die almandinbelegten Vogelfibeln, die Ohrringe und die Nadel waren aus Gold gearbeitet, die Bügelfibeln aus vergoldetem Silber.

265 Grabausstattung einer wohlhabenden Frau aus dem Gräberfeld von Pforzen. Sie stammte aufgrund der charakteristischen Vierfibeltracht aus Nordostfrankreich oder dem Rheinland.

265

266

266 **Fränkische Gläser aus Pforzen (links und Mitte) und Unterthürheim (rechts). Der Rüsselbecher fand sich im Grab eines fränkischen Gefolgsmannes, der zur Kontrolle des Wertachübergangs in Pforzen weilte.**

267 **Bronzene Scheibenfibel, Beinwirtel, fragmentierter Beingriff und Keramikscherben aus verschiedenen Grabungen im Altstadtbereich von Augsburg. Die bronzene Vogelfibel stammt aus einem zerstörten Grab des Friedhofes bei St. Ulrich und Afra.**

langte im ausgehenden 6. Jh. aus dem fränkischen Westen an den Lech, wie uns seine Beigaben, aber auch die zu dieser Zeit in Süddeutschland noch unbekannte Überhügelung seines Grabes zeigen. Für die Gräberfelder von Langweid, Schwabmünchen, Unterigling und Salgen dürfen wir entsprechende Verhältnisse annehmen.

Leben in Ruinen?

Vor diesem Hintergrund wird deutlich, dass gerade auch den weiterbestehenden römischen Siedlungen aufgrund ihrer topographischen Situation eine besondere Rolle bei der herrschaftlichen Erschließung des Landes zugekommen sein muss. In besonderem Maße traf dies sicherlich auf die Provinzhauptstadt Augsburg als altem Verwaltungsmittelpunkt und zentralem Handelsort der Region zu.

267

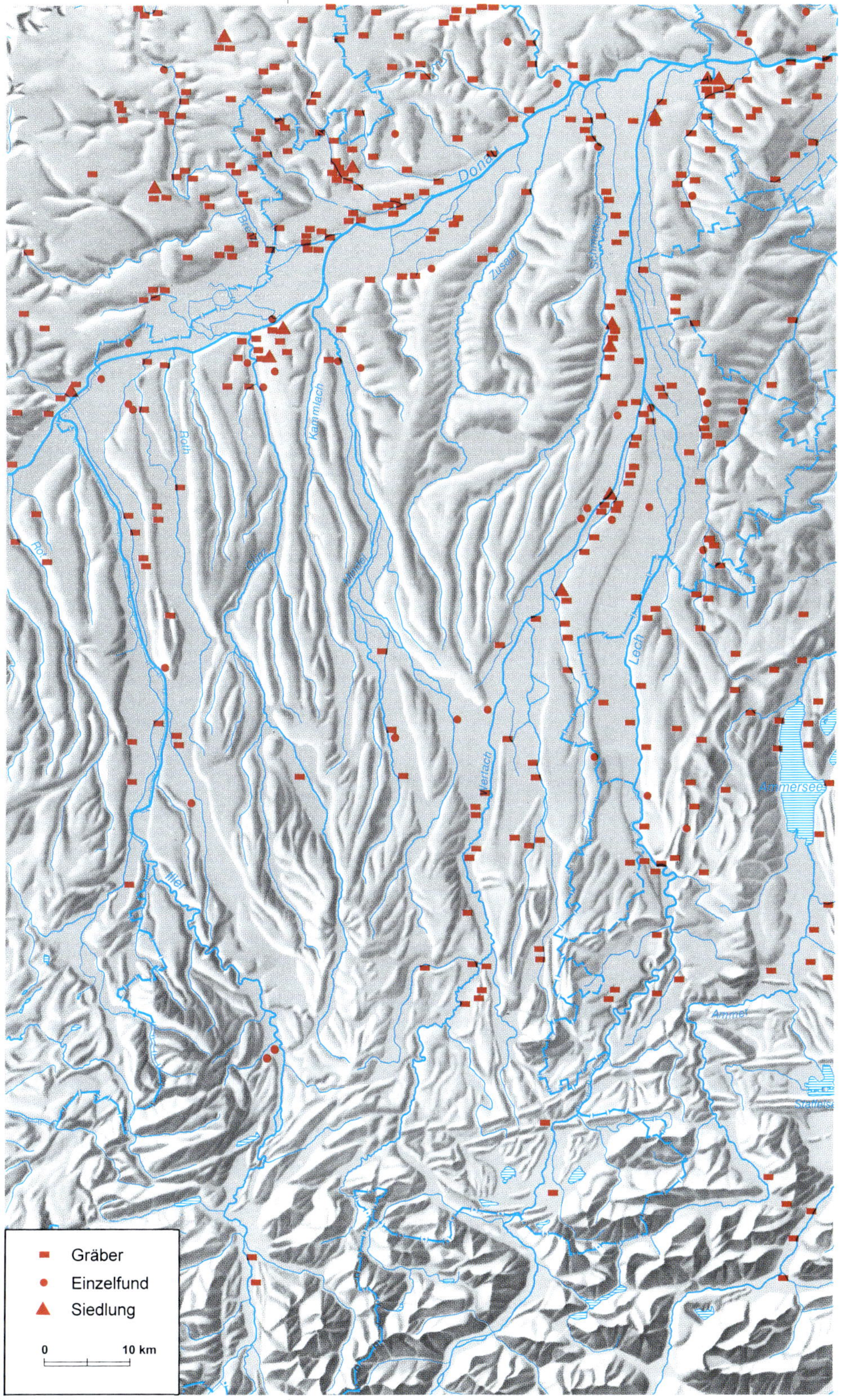

268

268 Frühmittelalterliche Fundstellen zwischen Iller und Lech. Das Kartenbild zeigt den Umfang der Besiedlung in der Zeit um 700.

269 Gebäude des 6./7. Jh. aus Augsburg mit Wandsockeln aus Trockenmauern (rechts) und römischen Spolien (links), Lehmstampfboden und Herdstelle. In der Bildmitte die Reste einer zuvor demontierten spätrömischen Mauer.

Leider ist – wie eingangs schon betont wurde – die Quellenlage zur Spätantike und dem frühen Mittelalter in Augsburg bislang noch unbefriedigend. So stellten lange Zeit eine Handvoll Münzen, einige stempelverzierte Keramikscherben sowie eine bronzene Scheibenfibel die einzigen sicheren Hinweise auf eine Weiterbesiedlung der Stadt im 6./7. Jh. dar.[12] Dies änderte sich jedoch 1996, als durch die Ausgrabungen »Hinter dem Schwalbeneck« in der Nähe der südlichen Stadtmauer erstmals auch frühmittelalterliche Baubefunde freigelegt werden konnten.[13] Neben größeren Pfostenbauten fanden sich einfache, rechteckige Fachwerkgebäude mit Trockenmauern, Lehmstampfboden und Herdstelle im Inneren.[14] Bei ihrer Errichtung waren die vorhandenen spätrömischen Mauerzüge teilweise großflächig abgetragen, teilweise auch mit einbezogen worden. Zumindest für eines dieser Gebäude lässt sich derzeit bereits eine Benutzung bis ins frühe 7. Jh. nachweisen. Es ist zu hoffen, dass nach Abschluss der Ausgrabungen entscheidende Fragen zur Siedlungskontinuität, aber auch zu Aussehen und Struktur der frühmittelalterlichen Stadt und dem Zusammenleben ihrer romanisch-germanischen Bevölkerung einer Antwort näher gebracht werden können.

Etwa 1 km südlich der römischen Stadt liegt im Bereich der Kirche St. Ulrich und Afra ein ausgedehnter spätantik-frühmittelalterlicher Friedhof, auf dem seit der Mitte des 4. Jh. bestattet wurde.[15] Religiöser Mittelpunkt war die bereits von *Venantius Fortunatus* um 565 erwähnte Verehrung des Grabes der hl. Afra, die während der letzten Christenverfolgungen unter Diokletian das Martyrium erlitten haben soll. Als Nachfolgebau einer bislang noch nicht lokalisierbaren Totenmemoria wurde dann spätestens im frühen 7. Jh. eine Steinkirche errichtet. Das Vorrecht *ad sanctos*, d.h. bei den Märtyrern, bestattet zu werden, genoss ein vornehmer Personenkreis, zu dem auch weltliche und geistliche Adelige aus dem merowingischen Westen gehörten. Sie illustrieren die enge Bindung der sozialen Führungsschicht der alten Provinzhauptstadt an das fränkische Herrscherhaus.

269

Besiedlung bis an den Alpenrand

Weite, nach Norden streichende Talzüge, die sich tief in die ältereiszeitlichen Schotterplatten eingeschnitten haben, prägen den nördlichen Teil der Landschaft zwischen Iller und Lech. Sie gehörten aufgrund ihrer ertragreichen Böden schon immer zu den Altsiedellandschaften des Alpenvorlandes. Im Süden schließt sich bis zum Alpenrand das Allgäuer Hügel- und Moorland an, dessen Böden und Vegetation bereits von einem deutlich kühleren und feuchteren Klima bestimmt werden. Nur wenige, weit auseinander liegende Täler kommen hier für eine frühe germanische Besiedlung in Frage.

Betrachtet man die Besiedlung in ihrer zeitlichen Entwicklung, so lässt sich feststellen, dass um die Mitte des 6. Jh. die Verhältnisse wieder soweit konsolidiert waren, dass fast alle größeren Tallandschaften bis weit in das Allgäuer Jungmoränengebiet zumindest punktuell erschlossen waren. Außer dem donaunahen Raum gehören zu ihnen das Illertal, das mittlere Mindeltal, die weiten Ebenen der Lech-Wertach-Terrassen und – als bislang südlichster Ausläufer – das Altdorfer Becken. Im ausgehenden 6. Jh. erreichte die Besiedlung dann den Alpenrand, wie uns die Gräberfelder von Alt-

270

271

270 Bei der Verzierung des Goldblattkreuzes aus Spötting wurde ein Pressmodel verwendet, das ursprünglich zur Herstellung von pressblechverzierten Wadenbindengarnituren diente. Ihre Verbreitung weist auf einen Goldschmied, der für den einheimischen Markt produzierte.

271 Die beiden stempelverzierten Keramikgefäße aus Pforzen (links) und Augsburg-Göggingen (rechts) stammen aus der Hand eines Töpfers, der seine Ware im ostalamanischen Raum absetzte.

städten im oberen Illertal und Schwangau im Füssener Becken zeigen.

Bis zum frühen 8. Jh. blieb die Besiedlung im wesentlichen auf diese Tallandschaften beschränkt, die nun im Rahmen eines inneren Landesausbaus weiter erschlossen wurden. Ein Ausgreifen auf die höher gelegenen Schotterplatten bzw. Moränengebiete erfolgte hingegen erst während der mittelalterlichen Rodungsphasen. Eine Ausnahme bildete nur das tertiäre Hügelland östlich des unteren Lechs, auf das weiter unten noch einzugehen sein wird.

Im Laufe der zweiten Hälfte des 6. Jh. lässt sich in einigen Siedlungen ein deutliches Anwachsen der Bevölkerung feststellen, das anscheinend mit einem massivem Zuzug pannonischer Langobarden in Verbindung zu bringen ist;[16] andere ethnische Gruppierungen, wie sie etwa durch die Bestattung einer Gepidin im Pforzener Gräberfeld nachgewiesen werden konnten, fallen hingegen kaum ins Gewicht.[17]

272 **Die frühmittelalterlichen Fundstellen und frühen Ortsnamen im Iller- und Günztal bei Memmingen liegen am Rand der weitläufigen Niederterrassenfelder.**

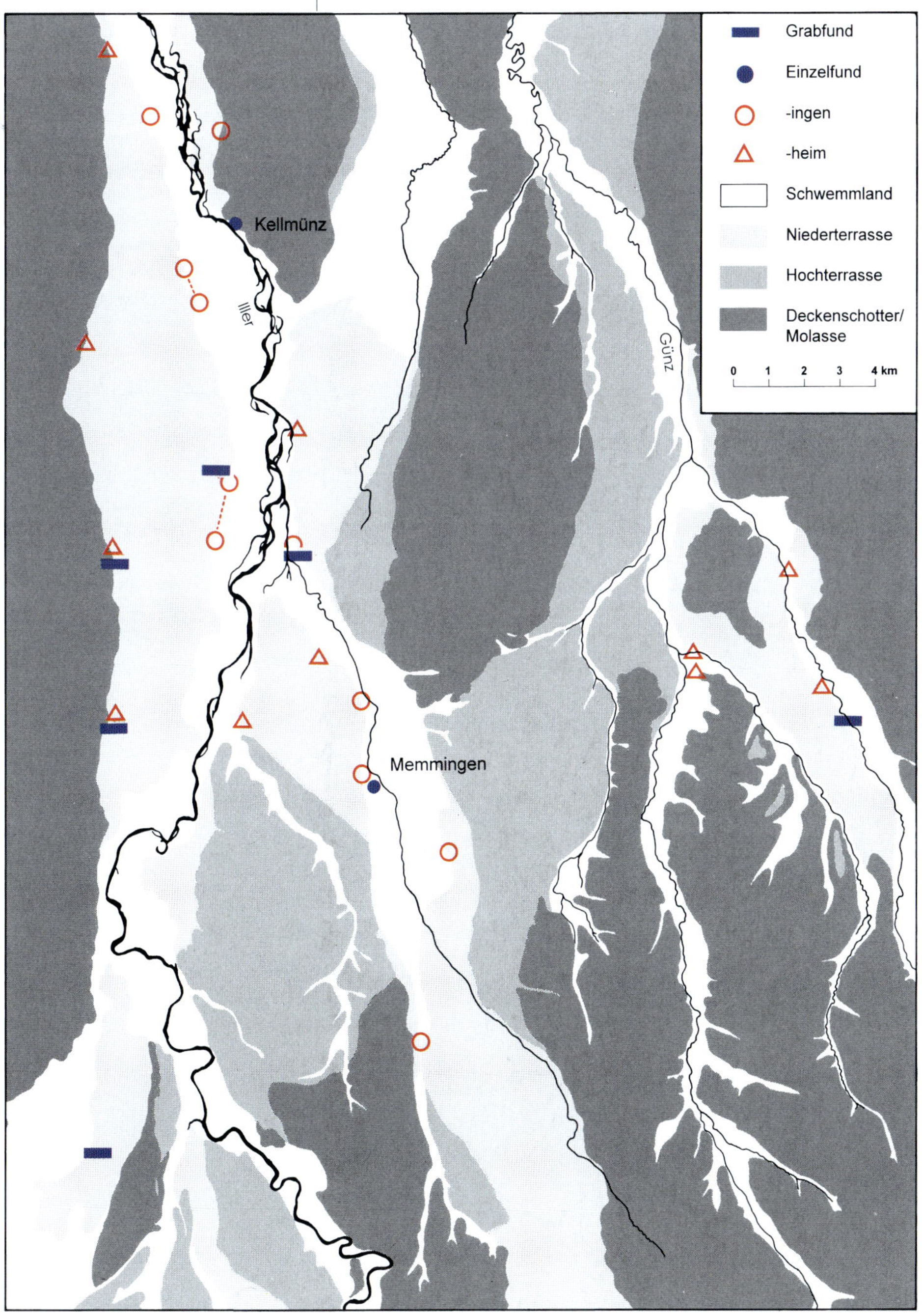

272

Einfache Bauern erschließen das Land

Gleichzeitig mit der fortschreitenden Konsolidierung der Besiedlungsverhältnisse in der zweiten Hälfte des 6. Jh. lässt sich eine zunehmende Regionalisierung im archäologischen Fundstoff und die allmähliche Herausbildung eines Formenkreises beobachten, den man als »ostalamannisch« bezeichnen könnte. So verdeutlichen etwa die Absatzgebiete mancher Töpfereien und Goldschmiedewerkstätten nicht nur die kleinräumigen Produktions- und Vertriebsstrukturen, sondern auch die gewachsene Zusammengehörigkeit einer Region, die neben dem Gebiet zwischen Iller und Lech auch den Raum nördlich der Donau umfasste.[18]

Ein Blick auf die Verbreitungskarte der merowingerzeitlichen Fundstellen und der frühen, auf *-ingen* und *-heim* endenden Ortsnamen im Iller- und Günztal bei Memmingen verdeutlicht, welche naturräumlichen Voraussetzungen bei der Wahl des Siedlungsplatzes zumeist entscheidend waren. Die Siedlungen lagen ohne Ausnahme am Rand der weitläufigen Niederterrassenfelder mit ihren ertragreichen Böden. Bevorzugt wurde hierbei vor allem die Nähe zu den mit Auwald bestandenen Talniederungen, also Standorte, die geeignete Bedingungen sowohl für Ackerbau als auch Viehzucht boten.

Das schrittweise Voranschreiten des Landesausbaus innerhalb einer Siedlungskammer konnte Rainer Christlein bereits vor über 25 Jahren am Beispiel des mittleren Mindeltales aufzeigen.[19] Den Ausgangspunkt bildete das am nördlichen Ende dieser naturräumlich geschlossenen Tallandschaft gelegene Salgen, dessen Gründer vielleicht zu jenen bereits erwähnten ersten landnehmenden Germanen gehörten. Im Laufe der zweiten Hälfte des 6. Jh. wurde dann rund 10 km mindelaufwärts der Friedhof von Mindelheim angelegt, und rund zwei Generationen später folgte, nun am Südende des Tales gelegen, der Ausbauort Dirlewang.

Rainer Christlein konnte nachweisen, dass der Landesausbau von einer nur durchschnittlich wohlhabenden und nicht etwa der sozial führenden Bevölkerungsschicht getragen wurde. Erst mehrere Jahrzehnte nach der Gründung dieser Siedlungen gelangten einige Familien zu größerem Wohlstand. Auch in den gut erforschten Allgäuer Friedhöfen von Marktoberdorf, Schwangau, Rosshaupten und Altstädten entstammten die ersten Siedler dieser nur wenig begüterten Bevölkerungsschicht. Jedoch hat sich in diesen alpennahen Siedlungen die wirtschaftliche Potenz während der gesamten, durch die Belegungszeit der Friedhöfe zu überblickenden Phase niemals entscheidend verbessert.

273

273 **Reste eines kurz nach der Bestattung ausgeplünderten Adelsgrabes aus Schlingen. Die Funde belegen den einstigen Wohlstand des Verstorbenen. Sie waren aus Silber gearbeitet oder mit Silberblech überzogen.**

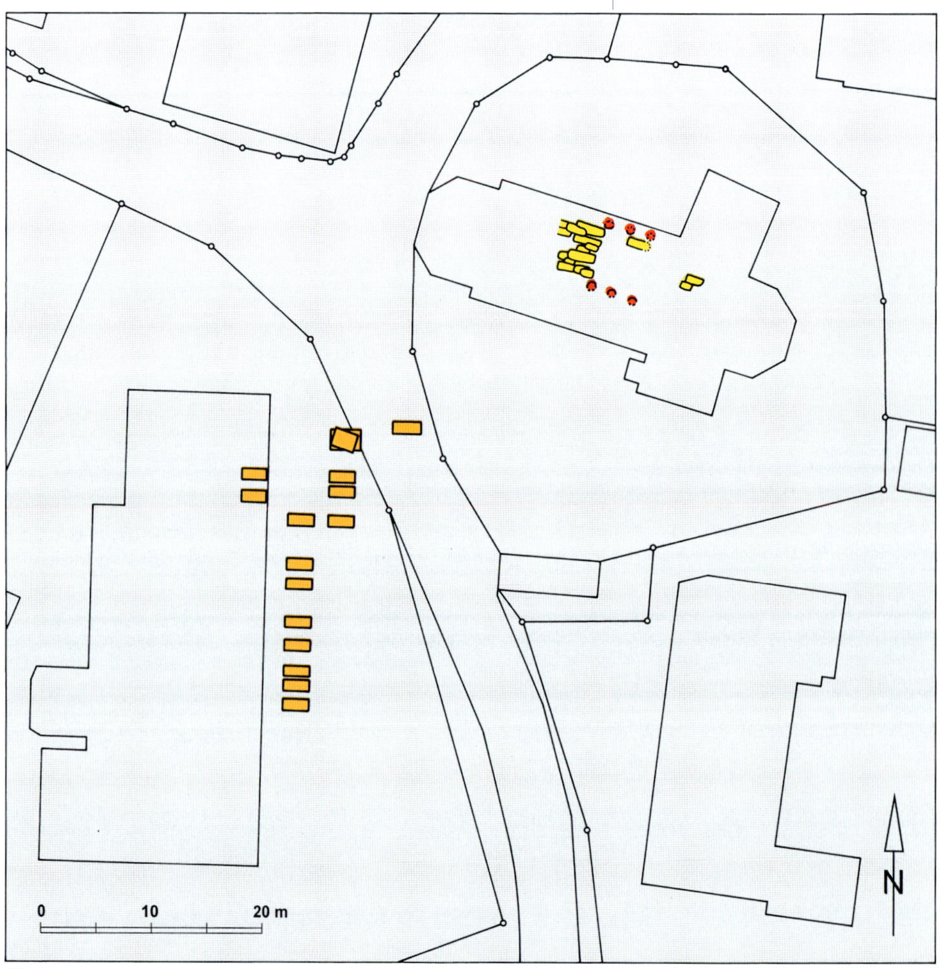

274

274 **In Schlingen konnten Teile einer Adelsnekropole der zweiten Hälfte des 7. Jh. ausgegraben werden. Der Friedhof liegt unmittelbar neben der Martinskirche (rot), die wohl noch im 8. Jh. als einschiffige Holzkirche errichtet wurde.**

Adel und Rodung

Ein weiterer, im Laufe des 7. Jh. zunehmend an Bedeutung gewinnender Träger des frühmittelalterlichen Landesausbaus tritt mit kleinen Nekropolen wie Friedberg, Jengen oder Schlingen entgegen, die sich aufgrund ihrer Belegungsstruktur und der qualitätvollen Beigabenausstattung als Grablege eines Herrenhofes zu erkennen geben.

So fanden sich etwa in dem nur in Ausschnitten bekannten Friedhof von Jengen neben zwei Kreisgräben immerhin drei Pferdebestattungen, darunter ein Pferdedoppelgrab.[20] In Schlingen ist vor allem die Bestattung eines im ausgehenden 7. Jh. verstorbenen Mannes hervorzuheben, dessen Grab schon nach kurzer Zeit fast vollständig geplündert worden war.[21] Dass der Grabfrevel in diesem Fall äußerst lukrativ gewesen sein muss, zeigen die wenigen zurückgebliebenen Fundstücke, wie die Reste eines mit Goldbrokatborten besetzten Gewandes oder einer vielteiligen Gürtelgarnitur aus massivem, vergoldetem Silber.

Sowohl in Jengen als auch in Schlingen liegen die Gräberfelder in unmittelbarer Nachbarschaft zu Kirchen mit Martinspatrozinien. In Schlingen konnte durch Grabungen als älteste Kirche ein einschiffiger Pfostenbau aus dem 8. Jh. nachgewiesen werden.[22] An seiner nördlichen Langhauswand

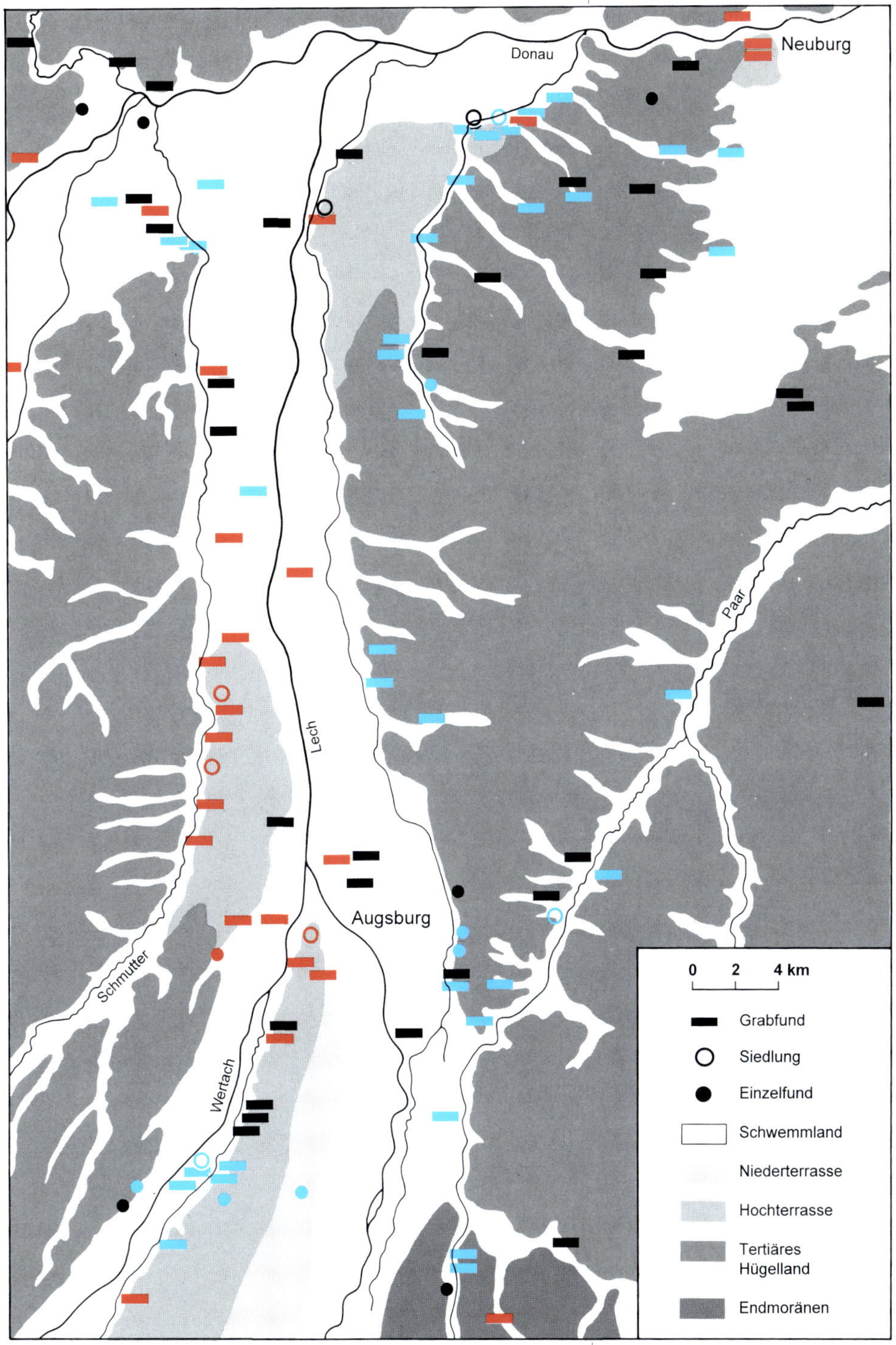

275

275 Die Besiedlung im Hinterland von Augsburg blieb lange Zeit auf das westliche Lechtal beschränkt (rot). Erst ab der Mitte des 7. Jh. wurden dann auch im Bereich des tertiären Hügellandes östlich des Lechs neue Siedlungen (blau) gegründet.

fand sich ein einzelnes, beigabenloses Grab, bei dem es sich vermutlich um das Grab des Kirchenstifters handelt. Als Nachfahre der vornehmen Sippe des 7. Jh. bewirtschaftete er zweifellos jenen Herrenhof weiter, der aufgrund seiner wirtschaftlichen Kraft am Beginn der Siedlungsentwicklung stand bzw. diese entscheidend beeinflusste, wie nicht zuletzt seine zentrale Lage im alten Ortskern belegt.

Die Beteiligung solcher Adelssippen an der spätmerowingerzeitlichen Erschließung neuer Siedlungsgebiete konnte Marcus Trier für das untere Lechtal herausarbeiten.[23] Über mehr als 150 Jahre hinweg war die Besiedlung im Hinterland von Augsburg auf die westliche Talseite mit ihren ertragreichen Hochterrassen und trockenen Schwemmlandböden beschränkt geblieben. Seit der Mitte des 7. Jh. erhielt der Landesausbau jedoch eine neue Dynamik und griff erstmals auch auf das tertiäre Hügelland östlich des Lechs und damit auf Gebiete mit deutlich minderer Bodenqualität aus. In den zahlreichen Siedlungen, die nun entlang der Ränder und in den kleinen Taleinschnitten der östlichen Lechleite und des Lech-Donau-Winkels entstanden, finden sich in überraschend großer Zahl Angehörige der sozialen Führungsschicht, wie etwa die Grabfunde von Friedberg, Au, Oberbaar und Walda belegen.

Mit diesem schlagartig einsetzenden, anscheinend wohl organisierten Vorgang lassen sich zweifellos die Wurzeln des mittelalterlichen Rodungsausbaus fassen, der ab der Karolingerzeit dann auch in den Schriftquellen deutlicher hervortritt und eng mit der Entstehung von Adelsherrschaften verbunden ist.[24]

1 W. Czysz/K. Dietz/Th. Fischer/H.-J. Kellner, Die Römer in Bayern (Stuttgart 1995) 358 ff.

2 U. Koch, Die alamannische Landnahme. In: Die Römer in Schwaben. Arbeitsh. Bayer. Landesamt Denkmalpfl. 272 (München 1985) 302 ff. – V. Babucke, Das frühe Mittelalter. In: Kempten und das Allgäu. Führer Arch. Denkmäler Deutschland 30 (Stuttgart 1995) 70 ff. – M. Trier, Die frühmittelalterliche Besiedlung des Lechtals im Spiegel der archäologischen Überlieferung. In: W. Pötzl/O. Schneider (Hrsg.), Vor- und Frühgeschichte. Archäologie einer Landschaft. Der Landkreis Augsburg 2 (Augsburg 1996) 267 ff. bes. 275 ff.

3 Unterthürheim: Ch. Grünewald, Das Alamannische Gräberfeld von Unterthürheim, Bayerisch-Schwaben. Materialh. Bay. Vorgesch. 59 (Kallmünz 1988). – Zusamaltheim: Th. Kersting, Eine Pferdchenfibel aus Zusamaltheim – Ein Nachtrag. Jahrb. Hist. Ver. Dillingen 98, 1996, 35 ff. – Gablingen, Augsburg-Lechhausen und Schwabmünchen: Trier (Anm. 2) 275 ff.

4 Pforzen: V. Babucke, Ausgrabungen im frühmittelalterlichen Reihengräberfeld von Pforzen, Lkr. Ostallgäu. Zeitschr. Hist. Ver. Schwaben 86, 1993, 7 ff. – Epfach: Bayer. Vorgeschbl. Beih. 9, 1996, 191. – Salgen: Babucke (Anm. 2) 222 f.

5 Trier (Anm. 2) 278 f. – O. Schneider, Neue frühmittelalterliche Fundstellen an der östlichen Hochterrassenkante östlich von Gablingen. Arch. Jahr Bayern 1994, 133 ff.

6 V. Bierbrauer, Zu den Vorkommen ostgotischer Bügelfibeln in der Raetia II. Bayer. Vorgeschbl. 36, 1971, 131 ff. bes. 160 ff. – H. W. Böhme, Zur Bedeutung des spätrömischen Militärdienstes für die Stammesbildung der Bajuwaren. In: H. Dannheimer/H. Dopsch (Hrsg.), Die Bajuwaren – Von Severin bis Tassilo 488–788. Ausstellungskatalog Rosenheim/Mattsee (München, Salzburg 1988) 23 ff.

7 U. Koch, Alamannen in Heilbronn. Museo 6 (Heilbronn 1993) 54 ff. – M. Martin in: Frühe Baiern im Straubinger Land. Kat. Gäubodenmus. Straubing 17 (Straubing 1995) 17 ff.

8 P. Fried, Zur Entstehung und frühen Geschichte der alamannisch-baierischen Stammesgrenze am Lech. In: ders. (Hrsg.), Bayerisch-Schwäbische Landesgeschichte an der Uni Augsburg 1975–1977. Augsburger Beitr. Landesgesch. Bayerisch-Schwaben 1,7 (Sigmaringen 1979) 47 ff.

9 Babucke (Anm. 4).

10 Vgl. Theune-Großkopf, Kontrolle.

11 V. Babucke, Die frühmittelalterlichen Grabfunde von Spötting, Stadt Landsberg am Lech (ungedr. Magisterarbeit Bonn 1994).

12 Trier (Anm. 2) 270 ff.

13 Dr. Lothar Bakker und Andreas Schaub M.A., Städtische Kunstsammlungen – Römisches Museum/Stadtarchäologie Augsburg, danke ich herzlich für die freundlicherweise zur Verfügung gestellten Informationen zu den noch unpublizierten Grabungen.

14 V. Bierbrauer, Die Kontinuität städtischen Lebens in Oberitalien aus archäologischer Sicht (5.–7./8. Jahrhundert). In: W. Eck/H. Galsterer (Hrsg.), Die Stadt in Oberitalien und in den nordwestlichen Provinzen des Römischen Reiches. Kölner Forsch. 4 (Mainz 1991) 263 ff.

15 J. Werner (Hrsg.), Die Ausgrabungen in St. Ulrich und Afra in Augsburg 1961–1968. Münchner Beitr. Vor- u. Frühgesch. 23 (München 1977). – V. Bierbrauer, Alamannische Besiedlung Augsburgs und seines näheren Umlandes. In: G. Gottlieb u.a. (Hrsg.), Geschichte der Stadt Augsburg (Stuttgart 1984) 87 ff.

16 M. Trier, Die frühmittelalterliche Besiedlung des unteren und mittleren Lechtals nach archäologischen Quellen (Diss. Bonn 1990) 166 f.

17 Babucke (Anm. 4) 17 f.

18 R. Christlein, Das alamannische Reihengräberfeld von Marktoberdorf im Allgäu. Materialh. Bayer. Vorgesch. 21 (Kallmünz 1966) 78 ff.; ders., Die Alamannen. Archäologie eines lebendigen Volkes (Stuttgart, Aalen 1978) 101 f.

19 R. Christlein, Das alamannische Gräberfeld von Dirlewang bei Mindelheim. Materialh. Bayer. Vorgesch. 25 (Kallmünz 1971) 40 ff.; ders., Alamannisch-bajuwarische Siedlung im Allgäu. Neue Ausgrabungen in Bayern. Probleme der Zeit 1970, 46 ff.

20 R. Christlein/W. Czysz, Alamannische Adelsgräber von Jengen. Arch. Jahr Bayern 1981, 164 f.; Babucke (Anm. 2) 76 f.

21 F. Stein, Adelsgräber des 8. Jahrhunderts in Deutschland. Germ. Denkmäler Völkerwanderungszeit A 9 (Berlin 1967) 248.

22 W. Sage, Zeitschr. Hist. Ver. Schwaben 70, 1976, 68

23 Trier (Anm. 2) 311 ff. – Ders., Ein »koptisches« Bronzegefäß des 7. Jahrhunderts aus dem Gräberfeld von Oberbaar. Beobachtungen zur Siedlungs- und Sozialgeschichte des Ortes während der späten Merowingerzeit. Bayer. Vorgeschbl. 57, 1992, 277 ff.

24 W. Störmer, Der Adel als Träger von Rodung, Siedlung und Herrschaft im frühmittelalterlichen Oberbayern. Oberbayer. Archiv 106, 1982, 14 ff.

Franken und Alamannen in einem romanischen Land

BESIEDLUNG UND BEVÖLKERUNG DER NORDSCHWEIZ IM 6. UND 7. JAHRHUNDERT

RENATA WINDLER

Welches Gebiet der heute deutschsprachigen Schweiz soll hier, im Rahmen einer Alamannenausstellung, behandelt werden? Wann gehörten welche Teile davon zu »Alamannien«? Diese Fragen und besonders auch jene nach dem Beginn der alamannischen Besiedlung der Nordschweiz sind weit weniger klar zu beantworten, als dies beim Lesen vieler Geschichtsbücher den Anschein hat.

Wie weit reichte die Patria Alamannorum?

Die spärlichen schriftlichen Zeugnisse, meist erst rückblickend in späteren Jahrhunderten verfasst, bringen nicht die erhoffte Klärung.[1] Den Anfang macht die Kosmographie des sogenannten Geographen von Ravenna, die wohl problematischste Quelle in der kurzen Reihe. Ihre uns hier interessierenden Teile wurden wahrscheinlich erst im 9. Jh. aufgezeichnet und sind zudem nur in einer Abschrift des 14./15. Jh. überliefert. Die Schrift nennt – vermutlich auf Quellen des 5. oder des frühen 6. Jh. basierend – in der Patria Alamannorum eine Reihe von Ortschaften, darunter solche in der Nordschweiz; eindeutig identifizierbar ist unter anderem Zürich.[2]

Bei dieser Patria Alamannorum des Geographen von Ravennna könnte es sich allenfalls um eine zeitweilige politische Größe handeln, die aber keineswegs mit dem Siedlungsgebiet der Alamannen in dieser Zeit deckungsgleich sein muss.[3] Es fehlen Schriftdokumente, die belegen, dass die Nordschweiz im 5. und 6. Jh. Teil des alamannischen Siedlungsgebiets war.

Für das frühe 7. Jh. wird uns die Tätigkeit der Glaubensboten Columban und Gallus in der Nordostschweiz schriftlich überliefert, in Heiligenviten, deren älteste – jene Columbans – bereits gegen 641 niedergeschrieben wurde. Von einer Zugehörigkeit des Gebiets zur Alamannia oder einer alamannischen Bevölkerung erfahren wir in dieser ältesten Vita allerdings nichts.[4]

Erst in dem um 833/34 vom Reichenauer Mönch Walahfrid Strabo verfassten Gallusleben findet sich der entsprechende Hinweis: Durch die Landstriche Alamanniens ziehend, seien die Glaubensboten an die Limmat gekommen, den Zürichsee aufwärts gezogen und nach Tuggen gelangt.[5] Beschreibt Walahfrid damit aber die Situation im frühen 7. Jh., oder geht er von den ihm vertrauten zeitgenössischen Verhältnissen in der ersten Hälfte des 9. Jh. aus? Insgesamt fehlen für das 6. und 7. Jh. Schriftzeugnisse, welche auf die Bevölkerungszusammensetzung in der Nordschweiz schließen lassen. Die Frage wird nochmals – ausgehend von den archäologischen Funden – zu beleuchten sein.

Germanische Namen in romanischer Umgebung

Ab der Mitte des 8. Jh. ist dann eine Bevölkerung althochdeutscher Sprache gut belegt, u.a. durch germanische Ortsnamen, von denen uns – vor allem in der Nordostschweiz – zahlreiche in frühmittelalterlichen Urkunden des Klosters St. Gallen überliefert sind. Erinnert sei auch an die wichtigen althochdeutschen Sprachdenkmäler, die

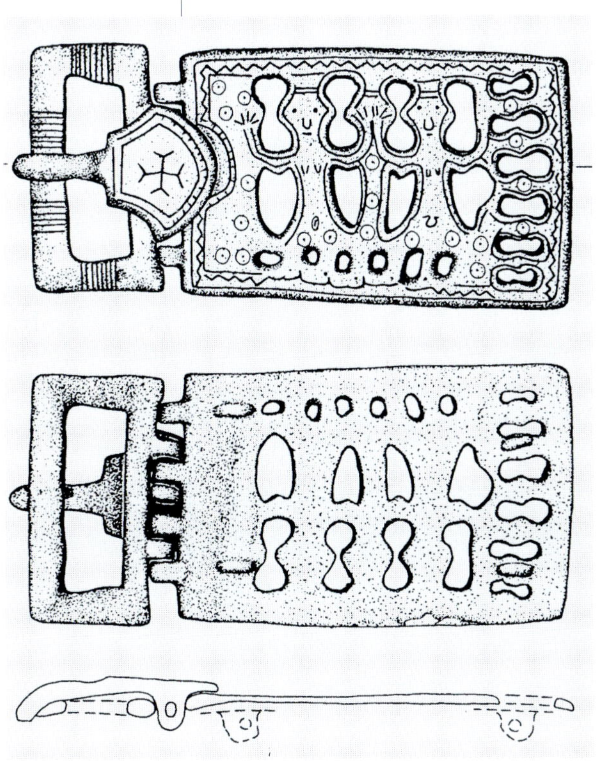

276

276 Bronzene Gürtelschnalle der Zeit um 600 mit Darstellung von Adam und Eva. Die Schnalle stammt aus Arbon, wo Gallus nach der Legende eine christliche Kastellbevölkerung antraf.

sich dort in der berühmten Stiftsbibliothek erhalten haben.[6]

In der Frage nach der Besiedlung durch germanische Bevölkerungsgruppen spielen die Ortsnamen eine nicht unbedeutende Rolle. Vorgermanische Ortsnamen sprechen dabei für ein Weiterleben der einheimischen Romanen, während die germanischen Ortsnamen von neuen, germanischen Bevölkerungsgruppen zeugen. Die germanischen Ortsnamen lassen sich nach ihren Endungen zum Teil verschiedenen Schichten zuordnen. Wichtig sind insbesondere die auf *-ingen*, *-ikon* und *-wil* endenden, die im wesentlichen zeitlich aufeinanderfolgen und damit in groben Zügen die Besiedlungsentwicklung widerspiegeln. Die Datierung dieser Ortsnamenschichten lässt allerdings einen erheblichen Spielraum offen. So gehören in der Nordschweiz die zum Teil bereits ins 5. Jh. datierten -ingen-Orte mit Bestimmheit nicht dieser frühen Zeit und – zumindest in der Masse – auch nicht dem 6. Jh. an.[7] Denn so eindeutig eine Bevölkerung althochdeutscher Sprache im 8. Jh. belegt werden kann, so klar ist es heute, dass im 5. Jh. noch keine zahlenmäßig bedeutende germanische Besiedlung existierte.

Die Vorgänge im 6. und 7. Jh. sollen im folgenden näher beleuchtet werden. Wichtigste Informationsquelle sind dabei die Grabfunde, die dank der damals gepflegten Beigabensitte verschiedenste Aussagen erlauben. Wir betrachten hier in erster Linie die östlichen und zentralen Teile des schweizerischen Mittellandes, vom Bodensee bis in die Gegend von Olten.[8] Zuvor soll indessen kurz auf die vorangehende spätrömische Zeit eingegangen werden.

Wurzeln in der Spätantike

Im 4. und 5. Jh. erfuhr – bedingt durch politische Veränderungen – das Gebiet südlich des Hochrheins eine wesentlich andere Entwicklung als jenes nördlich davon. Der Rhein war mit dem Fall des Limes im Jahr 259/60 wieder Grenze des römischen Reichs geworden, und das einstige Dekumatenland im Norden wurde allmählich von germanischen Bevölkerungsgruppen, von Alamannen, in Besitz genommen. Die heutige Nordschweiz hingegen blieb – mit Ausnahme der rechtsrheinischen Teile – bis zum Untergang Westroms 476 zumindest nominell Teil des Imperium Romanum und ging danach an dessen Rechtsnachfolger über. So dürfte 493 das Gebiet unter die Herrschaft der Ostgoten gelangt sein.

Im 5. Jh. griff die römische Zentralgewalt wohl kaum mehr unmittelbar in die lokalen Geschehnisse ein, sondern die einheimische Bevölkerung war ganz auf sich gestellt und richtete sich ein, so gut es die politische Unsicherheit und die wirtschaftli-

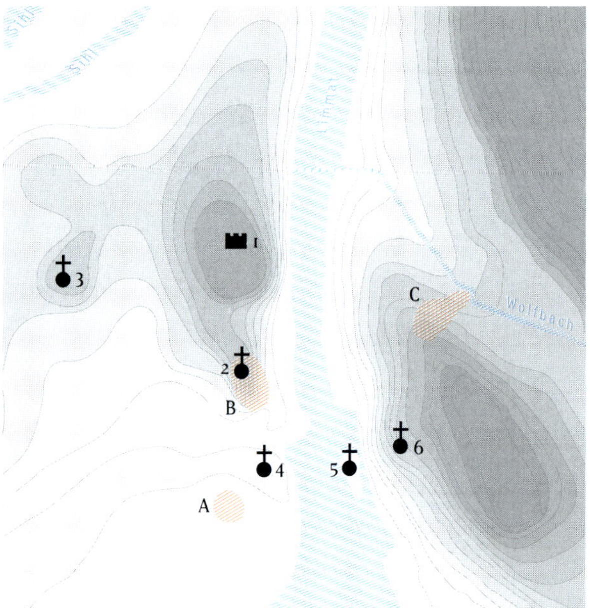

277

277 Das spätrömische und frühmittelalterliche Zürich: 1 spätrömisches Kastell, das möglicherweise bis ins 9. Jh. fortbestand; 2 Kirche St. Peter in einem spätrömischen (?) und frühmittelalterlichen Gräberfeld (B); 3 St. Stephan; 4 Fraumünster (9. Jh.); 5 Wasserkirche (um 1000); 6 Großmünster (8. Jh.?). A Römische Brandgräber an der Poststraße; C Gräberfeld Spiegelgasse des 7. Jh. Im Westen, deutlich außerhalb des Zentrums, liegt das frühmittelalterliche Gräberfeld Zürich-Bäckerstraße.

278

278 Ungebrochene Tradition von der Spätantike bis ins frühe Mittelalter? Die erste Kirche in Maur, deren Fundamentreste im Vordergrund zu sehen sind, entstand in einem römischen Gebäude. Die mit Steinplatten umstellten Gräber stammen aus der Zeit um 700.

279

279 **Zwei Fibelpaare aus einem reichen Frauengrab auf dem Bestattungsplatz Zürich-Bäckerstraße, um 540/50. Die Tracht entspricht eher fränkischem als alamannischem Brauch.**

280 **In romanischen Gräbern findet man oft keine Beigaben, bisweilen die Schnalle eines Gürtels, der das Gewand zusammenhielt. Hier Funde des 6. Jh. vom frühmittelalterlichen Gräberfeld Zürich-Bäckerstraße.**

280

chen Schwierigkeiten erlaubten.[9] Auch nachdem im Winter 401/402 Truppen nach Italien abgezogen worden waren, blieb die Grenze am Rhein intakt. Eine Besiedlung durch germanische Bevölkerungsgruppen fand in größerem Ausmaß nicht statt. In einzelnen Bestattungen bei Kastellen und anderen spätrömischen Befestigungsanlagen werden allerdings einige germanische Familien fassbar, deren Männer im Dienst des römischen Heeres gestanden haben dürften.[10] Zum anderen werden Germanen, die sich unmittelbar nördlich des Rheins gegenüber den Kastellen Basel, Kaiseraugst, Zurzach und Burg bei Stein am Rhein niederließen, als Foederati, Verbündete des römischen Reichs, die Rheingrenze vor feindlichen Germaneneinfällen geschützt haben.

Insbesondere in den Kastellen, aber zum Teil auch auf dem offenen Land lebten weiterhin Nachkommen der Römer, sogenannte Romanen.[11] Ihre archäologische Hinterlassenschaft ist vorderhand schlecht fassbar. Ein Grund dafür ist der romanische Grabbrauch; denn im Gegensatz zu germanischen Bevölkerungsgruppen, etwa den Alaman-

281

281 **Im Vordergrund erkennt man das mittelalterliche Städtchen Elgg mit der Kirche im Zentrum. Es wurde auf einer römischen Siedlung errichtet, aus der sich die Stadt vermutlich bruchlos entwickelt hat. Auf der anderen Talseite liegt das Gräberfeld des 6./7. Jh.**

nen, bestatteten im 5. Jh. die Romanen ihre Verstorbenen weitgehend beigabenlos. Die Gräber sind deshalb unauffällig und zeitlich kaum näher einzuordnen. Überlagerungen römischer Siedlungsstellen durch Kirchen sowie vorgermanische Ortsnamen weisen indirekt darauf hin, dass nicht wenige Ortschaften durchgehend von der Römerzeit bis ins Mittelalter bewohnt waren. Rückschlüsse auf eine verbliebene einheimische, romanische Bevölkerung erlauben auch die im 6. Jh. wieder besser fassbaren Bestattungsplätze.

Fränkische Herrschaft

Politische Veränderungen in der ersten Hälfte des 6. Jh., die Schwächung des Ostgotenreichs einerseits und das Erstarken des fränkischen Merowingerreichs unter Chlodwig und dessen Söhnen und Enkeln andererseits, waren unter anderem für die Besiedlung und Bevölkerung der Nordschweiz folgenreich. In den Jahren 536/37 oder wenig danach gelangte die Nordschweiz, bis zur Mitte des 6. Jh. auch Rätien, unter die Herrschaft der Merowinger.

282

282 **Die bronzene, mit silbernen Filigrandrähten verzierte Gürtelgarnitur aus einem Männergrab in Elgg gehört ins dritte Viertel des 6. Jh. Der Gürtel wurde im heutigen Nord(?)frankreich oder im angrenzenden Belgien hergestellt.**

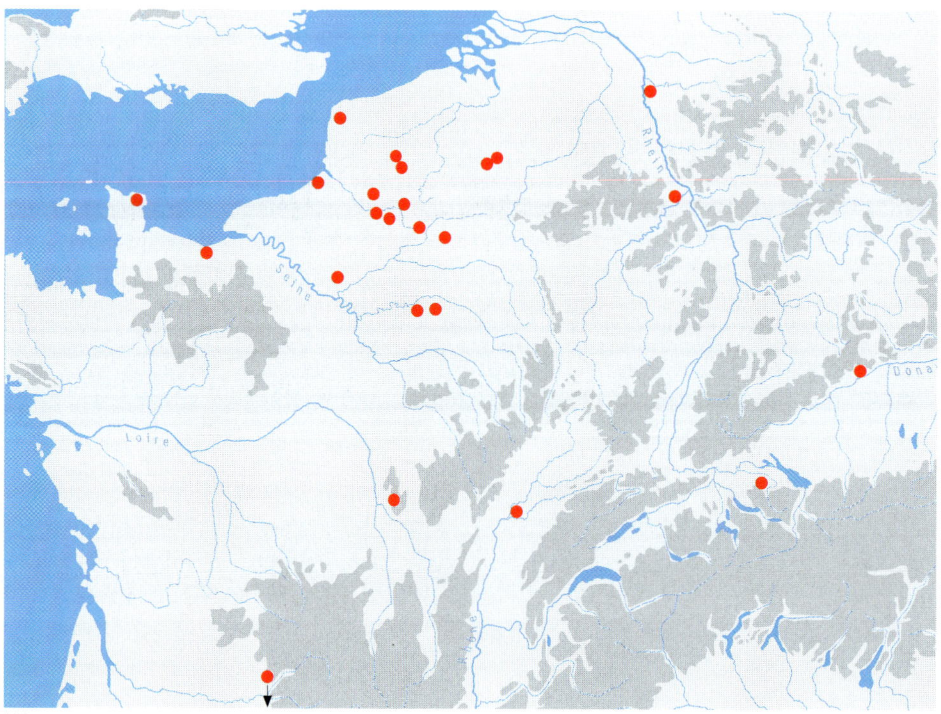

283

283 **Verbreitung der kleinen Filigranscheibenfibeln mit Vierpassdekor vom Typ Marchélepot aus der Mitte des 6. Jh. Ein Exemplar wurde in Elgg gefunden. Die Verbindung zum Zentrum des fränkischen Herrschaftsgebiets in Nordfrankreich und Belgien ist nicht zu übersehen.**

284

284 Reiches Frauengrab auf dem Gräberfeld bei Bülach um 540/50. Die Fibeln wurden in einer romanischen Werkstätte angefertigt und dienten eigentlich als Mantelverschluss. Die Frau aus Bülach trug sie jedoch wie ein Bügelfibelpaar und folgte damit germanischer Trachtsitte.

Amtsträger des fränkischen Merowingerreichs wurden in die neu hinzugekommenen Gebiete gesandt, was sich in der Nordschweiz, aber auch in Rätien und der bereits 531 dem Merowingerreich eingegliederten Burgundia (v.a. Westschweiz und Burgund) archäologisch nachweisen lässt.

Besonders deutlich zeigt sich diese fränkische Präsenz in der Nordostschweiz in einem Gräberfeld bei Elgg, etwa 10 km östlich von Winterthur.[12] Der alte Siedlungskern von Elgg mit seiner bereits im Frühmittelalter bezeugten Kirche liegt auf einer römischen Siedlung, die vermutlich durchgehend bis ins Mittelalter hinein bewohnt war. Der erwähnte Bestattungsplatz befindet sich auf der dem Flecken gegenüberliegenden nördlichen Talseite und gehörte wohl zu einer anderen, in der Nähe zu vermutenden Siedlung. Von der Mitte des 6. Jh. bis um 600 wurden auf dem Gräberfeld mehrere Angehörige einer Oberschicht beigesetzt, die aufgrund der Grabausstattung aus Nordfrankreich oder Südbelgien, den Kernlanden des Merowingerreichs, zugezogen waren. In einer gewissen räumlichen Distanz, doch auf dem gleichen Gräberfeld bestattete seit der Mitte des 6. Jh. auch die gewöhnliche Bevölkerung ihre Verstorbenen. Nach Grabsitte und Tracht dürfte es sich dabei teils um einheimische Romaninnen und Romanen, teils um Zugezogene aus den seit längerem unter fränkischer Herrschaft stehenden Gebieten zwischen Seine und Rhein gehandelt haben.

Verbindungen zu den Kerngebieten des Merowingerreichs lassen sich bei zahlreichen Grabfunden des 6. Jh. in der Nordschweiz feststellen, während sich in der Grabsitte wie auch im Fundmaterial noch deutliche Unterschiede zum angrenzenden Gebiet nördlich des Rheins zeigen. Franken (der Begriff sei hier nicht in erster Linie im ethnischen Sinn, sondern für alle Angehörigen des Merowingerreichs verwendet) ließen sich im 6. Jh. bei oder in alten, römischen Siedlungen nieder, so bei Basel,

286

Kaiseraugst, Zürich, Bülach und, wie erwähnt, bei Ellg.[13] Allgemein suchte die merowingische Herrschaft – wo immer möglich – an noch Bestehendes anzuknüpfen. So agierten denn, wie aus schriftlichen Quellen zu erfahren ist, die vom Merowingerreich eingesetzten Herzöge Alamanniens von den Gebieten südlich des Rheins aus, wo sie noch auf spätantike Strukturen bauen konnten.[14]

Die alamannische Tracht kommt in Mode

Wie erwähnt sind in den Grabfunden des 6. Jh. kaum Verbindungen zu den Gebieten nördlich von Hochrhein und Bodensee zu erkennen. Eine Einwanderung alamannischer Gruppen in den Raum südlich des Rheins ist deshalb für diese Zeit – wenigstens in größerem Umfang – nicht anzunehmen. Die Verbindungen der Nordschweiz mit den Gebieten zwischen Seine und Rhein, die sich bis um 600 anhand verschiedenster Grabfunde feststellen lassen, brechen im 7. Jh. weitgehend ab. Stattdessen sind bei Bestattungen der Oberschicht, nun meist in Kirchen, besonders in der Mitte des 7. Jh. enge Kontakte zum alamannischen Siedlungsgebiet in Südwestdeutschland auszumachen. Diese »Umpolung« spiegelt wohl die zunehmende Verselbständigung und Stärkung der Randregionen des Merowingerreichs, die sich mit der Schwächung der Zentralgewalt im Laufe des 7. Jh. vollzog.[15]

Die Beziehungen zum südwestdeutschen Raum zeigen sich in verschiedenen Elementen der Tracht. Während die überwiegende Mehrheit der Männer in dieser Zeit einen sogenannten »mehrteiligen« Gürtel trug, der neben der Schnalle mit Beschlag und dem Gegenbeschlag noch zwei bis drei weitere Beschläge aufwies, kleideten sich Männer der Oberschicht mit sogenannten »vielteiligen« Gürteln, bei denen von einem Hauptriemen zahlreiche, ebenfalls mit Beschlägen versehene Nebenriemen hinunterhingen. Solche Gürtelgarnituren fanden sich etwa in den reich ausgestatteten Männergräbern der Kirchen von Altdorf, Schöftland und Tuggen.[16] Waren diese Männer nun zugewanderte Alamannen oder Angehörige einer einheimischen Oberschicht, die sich der neuen Mode angepasst

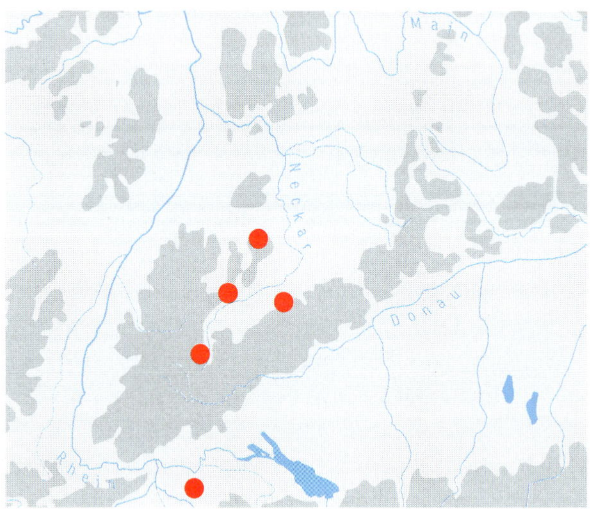

287

285

285 Gürteltracht und Waffenbeigabe weisen einen um 660/80 in der Kirche von Altdorf bestatteten Mann als zugewanderten Alamannen aus.

286 Eine um die Mitte des 7. Jh. verstorbene Frau in der Pfarrkirche von Bülach: Die wohlhabende Dame war eine Alamannin. Sie brachte ihre Tracht aus dem Gebiet um den oberen Neckar oder die obere Donau mit.

287 Verbreitung der Goldscheibenfibeln des Typs aus dem Grab der Bülacher Pfarrkirche.

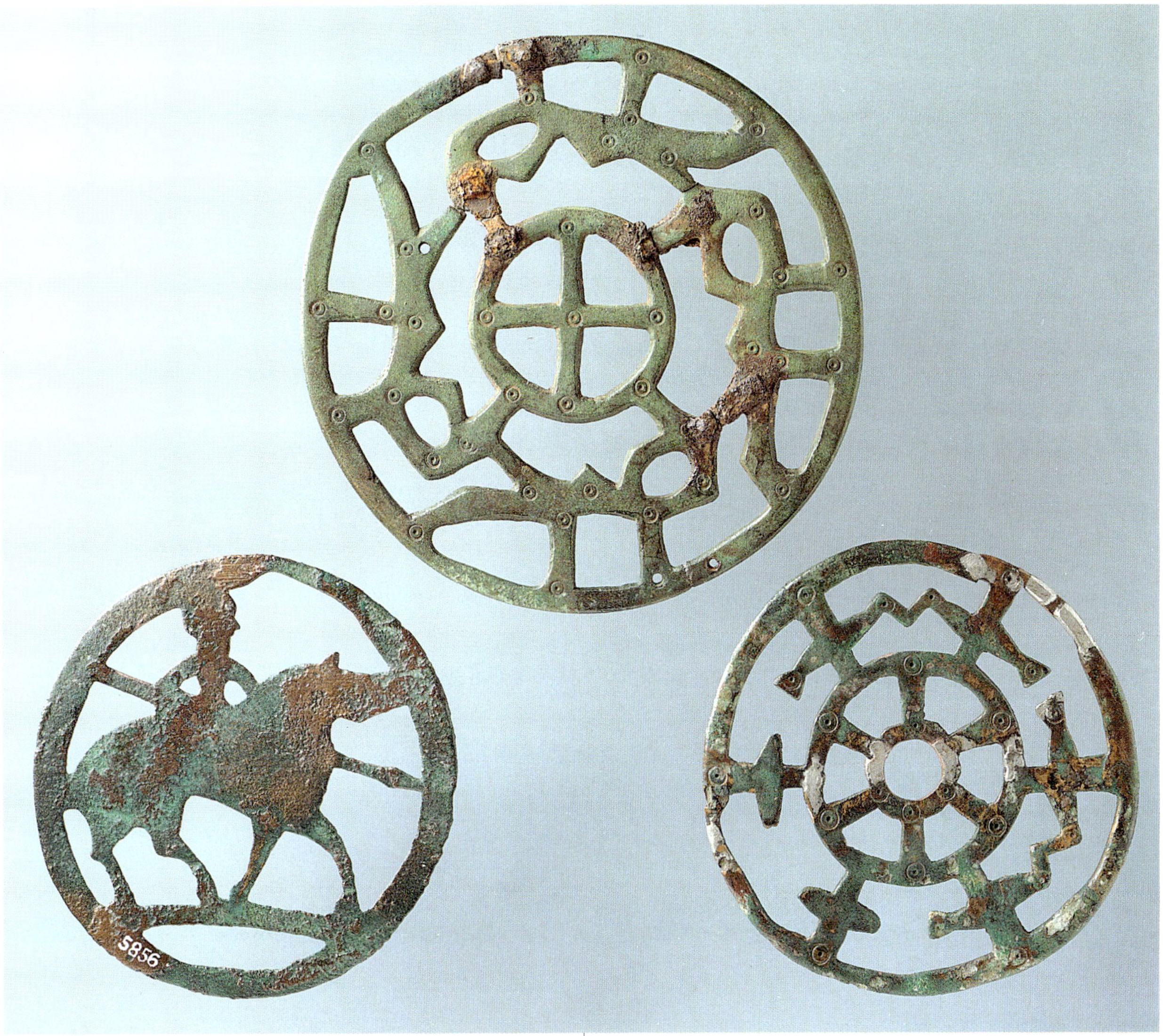

288

288 **Solche bronzenen Zierscheiben, von den Frauen am Gürtelgehänge getragen, waren im 7. Jh. sowohl in Südwestdeutschland als auch in der Nordschweiz üblich. Die abgebildeten Stücke stammen aus Gräbern in Neftenbach (links), Oerlingen und Ottenbach (rechts).**

289 **Der Mann aus dem jüngsten der drei Männergräber in der Kirche von Tuggen (Mitte 7. Jh) passte sich der alamannischen Mode an und gürtete sich mit einer vielteiligen Garnitur, deren Beschläge mit Silber und Messing tauschiert waren.**

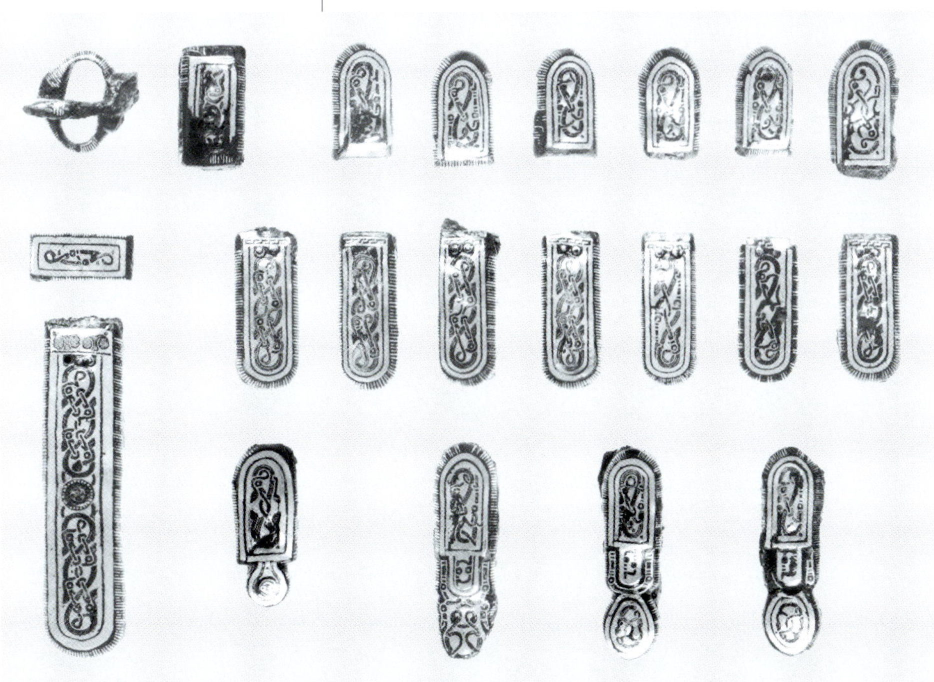

289

hatten? Betrachten wir den Fundzusammenhang in Tuggen, so ist dort letzteres wahrscheinlicher.[17] In der ältesten Kirche von Tuggen wurden unmittelbar nebeneinander drei Angehörige einer Oberschicht bestattet. Zwei dieser Männer trugen noch einen Gürtel, wie er im ersten Drittel des 7. Jh. üblich war. Bei einer dieser dreiteiligen Gürtelgarnituren dürfte es sich um das Produkt einer Werkstätte in der Westschweiz oder in Burgund handeln.[18] Gehen wir davon aus, dass die drei Männer Angehörige derselben Familie – vielleicht der Kirchenstifter? – waren, so hätte der jüngste die Anpassung an die neuen politischen Gegebenheiten auch in seiner Kleidung mit der Übernahme der »alamannischen« Gürtelmode vollzogen.
Anders dürfte ein reiches Frauengrab aus der Mitte des 7. Jh. in der Kirche von Bülach zu deuten sein.[19] Verschiedene Elemente der Tracht, Fibel, Nadel, Zierscheibe und Strumpfbinden, sprechen dafür, dass diese Frau im Gebiet des oberen Neckars oder an der oberen Donau beheimatet und nach Bülach zugewandert war.

Anfänge alamannischer Besiedlung

Während die Bestattungen der Oberschicht wohl in erster Linie eine politische Umorientierung unserer Region anzeigen, sind Hinweise für den Beginn der alamannischen Besiedlung im archäologischen Fundmaterial weit weniger klar zu erkennen. Die Gräber der breiten Bevölkerung zeigen im 7. Jh. kaum mehr großräumige kulturelle Verbindungen, ein Phänomen, das für diese Zeit – im Gegensatz zum 6. und vor allem zum 5. Jh. – charakteristisch ist und von einer Festigung der Verhältnisse zeugt. Die Masse der Bevölkerung pflegte im wesentlichen Kontakte in einem kleinräumigen Umfeld.

Betrachten wir das archäologische Fundgut des 7. Jh. aus den Gräberfeldern der Nordschweiz, so zeigen sich gegenüber dem 6. Jh. vermehrt Verbindungen über den Rhein nach Norden, so bei bestimmten Ohrringtypen, Ziernadeln oder Keramikgefäßen.[20] Wichtig wäre es auch, ganze Gräberfelder beidseits von Hochrhein und Bodensee zu vergleichen und dabei nicht nur einzelne Gegenstände und deren Verbreitung, sondern die Entwicklung der Bestattungsplätze unter Einbeziehung der Beigabensitte und des Grabbaus zu untersuchen.

Bereits heute dürfen wir aber davon ausgehen, dass die alamannische Besiedlung der Nordschweiz erst einige Zeit nach der Inbesitznahme des Gebietes durch das Merowingerreich um 536/37, im wesentlichen erst im Lauf des 7. Jh., einsetzte. Aufgrund der archäologischen Zeugnisse handelt es sich bei diesen Bevölkerungsverschiebungen um einen länger dauernden Prozess, um ein Einsickern, das wohl durch intensivierte Kontakte gefördert wurde. Fanden die Bevölkerungsverschiebungen in einem kleineren, regionalen Rahmen statt, so sind diese archäologisch kaum nachweisbar, was mit dem geschilderten Bild übereinstimmen dürfte. Bemerkenswert ist indessen, dass in der Nordschweiz bis ans Ende des 7. Jh. in bestimmten Gebieten Reste der romanischen Bevölkerung nachzuweisen sind, besonders deutlich im Kastell von Kaiseraugst.[21]

Um 700 wurde dann die Sitte, die Verstorbenen in ihrer Tracht beizusetzen und sie für das Jenseits mit Beigaben auszustatten, weitgehend aufgegeben. Damit versiegen auch die bis dahin aussagekräftigsten Quellen zu Fragen der Siedlungs- und Bevölkerungsentwicklung.

---

1 Vgl. D. Geuenich/H. Keller, Alamannen, Alamannien, Alamannisch im frühen Mittelalter. Möglichkeiten und Schwierigkeiten des Historikers beim Versuch der Eingrenzung. In: H. Wolfram/A. Schwarcz (Hrsg.), Die Bayern und ihre Nachbarn 1. Österr. Akad. Wiss. Phil.-Hist. Kl. Denkschr. 179. Veröff. Komm. Frühmittelalterforsch. 8 (Wien 1985) 143 ff. 148 ff; R. Windler, Von der Spätantike zum Frühmittelalter. In: Geschichte des Kantons Zürich 1. Frühzeit bis Spätmittelalter (Zürich 1995) 121.

2 H. Lieb, Bodman und der Anonymus Ravennas. In: H. Berner (Hrsg.), Bodman. Dorf, Kaiserpfalz, Adel 1. Hegau-Bibl. 32 (Sigmaringen 1977) 156 ff.

3 Geuenich/Keller (Anm. 1) 143 ff.

4 C. Dirlmeier/K. Sprigade, Quellen zur Geschichte der Alamannen von Marius von Avenches bis Paulus Diaconus. Quellen zur Geschichte der Alamannen III. Heidelberger Akad. Wiss. Komm. Alamannische Altkde. Schr. 5 (Heidelberg, Sigmaringen 1979) 18 ff.

5 Ebd. 36.

6 S. Sonderegger, Deutsche Sprache und Literatur in St. Gallen. In: W. Vogler (Hrsg.), Die Kultur der Abtei St. Gallen 2 (Zürich 1992) 161 ff.

7 Ders., Die Ortsnamen. In: Ur- und frühgeschichtliche Archäologie der Schweiz 6. Das Frühmittelalter (Basel 1979) 86; M. Martin, Die alten Kastellstädte und die germanische Besiedlung. In: Ur- und frühgeschichtliche Archäologie der Schweiz 6. Das Frühmittelalter (Basel 1979) 114 ff.; R. Windler, Das Gräberfeld von Elgg und die Besiedlung der Nordostschweiz im 5.–7. Jahrhundert. Zürcher Denkmalpfl. Arch. Monogr. 13 (Zürich, Egg 1994) 146 ff.

8 Zu den Grenzzonen im Süden und Westen vgl. G. Schneider-Schnekenburger, Churrätien im Frühmittelalter auf Grund der archäologischen Funde. Münchner Beitr. Vor- u. Frühgesch. 26 (München 1980) 109 ff.; M. Martin, Das Gebiet des Kantons Solothurn im frühen Mittelalter. Ein Bericht zum Stand der archäologischen Forschung. Jahrb. SGUF 66, 1983, 219 ff.

9 Dazu und zum folgenden M. Martin, Die Zeit um 400. In: Ur- und frühgeschichtliche Archäologie der Schweiz 5. Die römische Epoche (Basel 1975) 171 ff.; Martin (Anm. 7) 105 ff.

10 Vgl. z. B. M. Martin, Das spätrömisch-frühmittelalterliche Gräberfeld von Kaiseraugst, Kt. Aargau. Basler Beitr. Ur- u. Frühgesch. 5 A (Derendingen 1991) 309 ff.

11 R. Windler, Land und Leute – Zur Geschichte der Besiedlung und Bevölkerung. In: A. Furger/C. Jäggi/M. Martin/R. Windler, Die Schweiz zwischen Antike und Mittelalter. Archäologie und Geschichte des 4. bis 9. Jahrhunderts (Zürich 1996) 148 ff.

12 Windler (Anm. 7) bes. 134 ff. 150 ff.

13 Martin (Anm. 10) 327 ff.; Windler (Anm. 7) 161 ff.; dies. (Anm. 11) 154.

14 H. Keller, Fränkische Herrschaft und alemannisches Herzogtum im 6. und 7. Jh. Zeitschr. Gesch. Oberrhein N.F. 85, 1976, 11 ff.; Geuenich/Keller (Anm. 1) 148 ff.

15 Windler (Anm. 1) 116; 122 ff.

16 R. Marti, Das Grab eines wohlhabenden Alamannen in Altdorf UR, Pfarrkirche St. Martin. Jahrb. SGUF 78, 1995, 100 ff. 108 ff.; M. Martin/H. R. Sennhauser/H. Vierck, Reiche Grabfunde in der frühmittelalterlichen Kirche von Schöftland. Arch. Schweiz 3, 1980, 36 ff. 44 ff.; W. Drack/R. Moosbrugger-Leu, Die frühmittelalterliche Kirche von Tuggen (Kt. Schwyz). Zeitschr. Schweizer. Arch. u. Kunstgesch. 20, 1960, 185 ff. Taf. 92.

17 Windler (Anm. 7) 165.

18 Ebd. 165 (Anm. 11) 90.

19 Zürcher Denkmalpfl. 7. Ber. 1970–1974, 2. Teil 25 ff.; Windler (Anm. 7) 165.

20 Ebd. 165.

21 Martin (Anm. 10) 332 ff.

Recht und Gesetz im frühen Mittelalter

PACTUS UND LEX ALAMANNORUM

RUTH SCHMIDT-WIEGAND

Zu den schönsten Rechtshandschriften des frühen Mittelalters gehört der mit reichem Dekor ausgestattete Codex 731 der St. Galler Stiftsbibliothek, dessen Niederschrift am 1. November 793 von *Wandalgarius* beendet worden ist.[1] Hinter diesem Namen vermutet man einen Kleriker von St. Peter in Lyon. Über das Kloster Reichenau, zu dem die Lyoner Kirche Beziehungen unterhielt, könnte der Codex nach St. Gallen gelangt sein. Die Sammelhandschrift mit der Lex Romana Visigothorum, der Lex Salica, genealogischen und chronologischen Verzeichnissen und Auszügen verschiedener Art, enthält in ihrem letzten Teil auch die Lex Alamannorum in einer Textform, die für die Edition des alemannischen Stammesrechts immer ein besonderes Gewicht gehabt hat. Heute ist sie in einer handlichen Faksimile-Ausgabe zugänglich, die auch den folgenden Ausführungen zugrunde gelegt worden ist.

290

290 Im Codex Sangallensis findet sich vor Lex Salica und Lex Alamannorum ein Bild des Gesetzgebers von der Hand des Schreibers Wandalgarius. Herzog Lantfrid soll das Recht der Alamannen erneuert haben.

Aufbau und Inhalt des Wandalgarius-Codex machen deutlich, wo und wofür eine Sammelhandschrift wie diese gebraucht werden konnte: im königlichen Hof- oder Pfalzgericht, in einem Grafending, in einem Kloster oder Stift, d.h. überall dort, wo aufgrund des geltenden Personalprinzips jeder nach seinem angestammten Recht beurteilt werden musste und alle am Geschehen Beteiligten auf Beratung und Unterrichtung angewiesen waren. Handschriften wie dem Wandalgarius-Codex kam also eine »konsiliare« – der Beratung dienende – Funktion zu. Dies gilt auch für die Schriftform des angestammten Rechts, die *lex scripta*, ganz allgemein. Als Ergänzung zum angewandten Gewohnheitsrecht, der *lex* oder *ewa*, die in der mündlichen Verhandlung der Gerichte lebte, hatte sie vor allem dann eine Bedeutung, wenn es um die Lösung schwieriger oder kontroverser Streitfälle ging. Die weite Verbreitung der Lex Alamannorum mit siebzig bekannten Handschriften, von denen heute noch fünfzig erhalten sind, zeugt für den Wert, den eine *lex scripta* für die Zeitgenossen offensichtlich besaß.

Law and order im Interesse des Königs

Der Wandalgarius-Codex ist aber auch für den historischen Kontext aufschlussreich, in den die *leges*, die Rechtsaufzeichnungen der Germanen, die auf dem Kontinent siedelten, gehören. Ausstattung, Umfang und Reihenfolge der Texte machen deutlich, dass das römisch-byzantinische Vorbild für eine *lex scripta* auch dort maßgeblich war, wo es um das Gewohnheitsrecht der *gentes* ging: Die Voranstellung der Lex Romana Visigothorum, des römischen Rechts der Zeit schlechthin, wie auch das Bild des Gesetzgebers in der St. Galler Handschrift sind hierfür bezeichnend. Der Incipit-Vermerk zur Lex Alamannorum nennt *Lanfrido*, womit Herzog Lantfrid (709–730) gemeint ist, der während seiner Herrschaft das Recht der Alemannen erneuert haben soll. Andere Handschriften nennen als Gesetzgeber an dieser Stelle den Frankenkönig Chlothar, wohl den zweiten seines Namens (584–629). Wieder eine andere Überlieferung, der sogenannte bayrische Prolog *Moyses gentis*, der einigen Handschriften der Lex Alamannorum, der Lex Salica, vor allem aber der Lex Baiuvariorum beigegeben ist, berichtet, dass der Frankenkönig Theoderich (I.) auf der Reichsversammlung zu Châlons (530) befohlen habe, das Recht der Franken, Alemannen und Bayern, für jede *gens*, die unter seiner Herrschaft stand, gemäß ihrer Gewohnheit aufzuzeichnen. Seine Nachfolger, Childebert und Chlothar und schließlich König Dagobert (629–634) hätten dann das Werk fortgesetzt und in christlichem Sinne zu Ende geführt. Diese Überlieferung, wie immer man sie werten mag, geht von einer längeren Textentwicklung der Leges unter fränkischem Einfluss aus. Dies erklärt die Verwandtschaft, die zwischen den verschiedenen Stammesrechten besteht. So waren die Franken noch unter der Regierung Chlodwigs mit der Lex Salica (504–511) zu einer *lex scripta* gekommen, die in karolingischer Zeit wiederholt revidiert worden ist. Im 7. Jh. erhielten die ribuarischen Franken eine auf sie zugeschnittene Redaktion des fränkischen Rechts. Wohl in die gleiche Zeit gehört der Pactus Alamannorum, der nur in einer Pariser Handschrift, und hier nur in vier unzusammenhängenden Bruchstücken, erhalten ist. Obwohl äußerst karg in Bezug auf die Diktion, steht sein Text den älteren merowingischen Fassungen der Lex Salica sehr viel näher als die Lex Alamannorum mit ihren entsprechenden Partien. Dieses jüngere Recht des 8. Jh. wurde zum Vorbild genommen, als Karl der Große nach seiner Kaiserkrönung im Jahre 800 die Aufzeichnung der Rechte aller Stämme befahl, die, wie z.B. die Friesen, in seinem Herrschaftsgebiet noch keine *lex scripta* besaßen. Das alemannische Recht mit Pactus und Lex gehört also zu einer fränkischen Kodifikationswelle, die von Chlodwig bis zu Karl dem Großen reicht und deutlich macht, dass die Sorge um die *lex scripta* in der Zeit des frühen Mittelalters zur Ausübung von Herrschaft hinzugehörte.

Wergeld und Buße

Es lag im Interesse des Gesetzgebers, durch ein Minimum von Staatlichkeit die rechtliche und soziale Ordnung der *gentes* wenigstens so weit festzuschreiben, dass seine Herrschaft auch darin eine Stütze fand. Dies geschah durch die Einführung eines Kompositionensystems, bei dem Vergehen an anderen Personen durch Zahlung einer Geldsumme gesühnt werden konnten: Im Tötungsfall war ein Wergeld oder Manngeld zu zahlen; bei anderen Delikten wie Verwundung, Brandstiftung oder Diebstahl eine Buße bestimmter Höhe. Damit sollte dem Mechanismus von Blutrache und Fehde, der bisweilen bis zur Vernichtung ganzer Familienverbände führte, wirksam entgegengetreten werden. Wergeld und Buße richteten sich in ihrer Höhe nach dem sozialen Stand des Opfers. Neben die aus dem römischen Recht übernommene Unterscheidung *ingenuus* bzw. *liber* »Freier« und *servus* »Sklave, Unfreier« tritt der Stand der *liten* bzw. *laten*, der »Freigelassenen« oder »Halbfreien«. Innerhalb der Freien wird bei den Alemannen zwischen dem *baro minoflidis*, einem minderbemittelten Freien mit einem Wergeld von 170 Schillingen, einem Alemannen mittleren Standes (*medianus*) mit 200 Schillingen und einem Alemannen hohen Standes (*primus Alamannus*) mit 240 Schillingen Wergeld unterschieden (PA^2 II, 36–38). Diese Dreiteilung innerhalb des Standes der Freien, die auch bei Frauen (PA II, 39–40) und Kindern (PA III, 21) galt, ist eine Besonderheit des alemannischen Rechts, die auch für die Lex vorausgesetzt werden kann, wenn dort von einem Alemannen mittleren Standes (*medius alamannus*) gesprochen wird (LA^3 60,3). Das Wergeld der Frauen betrug das Doppelte des Wergelds eines Mannes (PA II, 39–40). Die Beraubung eines Leichnams ist bei Freien mit 40 Schillingen, bei Halbfreien oder Freigelassenen mit 13 Schillingen, bei einem Unfreien mit 12 Schillingen zu sühnen (44–46). Für das Abhauen der großen Zehe waren einem Freien 6, einem Halbfreien 4, einem Knecht oder Sklaven 3 Schillinge zu zahlen (PA II, 26–28). In der Parallelfassung der Lex (57, 64) ist die ständische Unterscheidung zugunsten der Freienbuße aufgegeben worden. Der Bußkatalog für zugefügte Wunden, mit dem der Pactus (I,1) einsetzt, entspricht in Anlage, Aufbau und Wortschatz weitgehend der Lex Salica. So lässt die Bewertung einer Verletzung nach dem Funktionsausfall der betrof-

291

291 **Der Beginn »Incipit« der Handschrift von St. Gallen: »In Christi Namen beginnt der Text des Gesetzes der Alamannen, das zu Zeiten Lantfrids, des Sohnes Godofrids, erneuert worden ist.«**

292 Der Beginn »Incipit« des Pactus Alamannorum, der nur bruchstückhaft in einer einzigen Pariser Handschrift überliefert ist: »Wo 33 Herzöge und 33 Bischöfe und 45 Grafen anwesend waren. Es beginnt die Einung des Gesetzes der Alemannen. Und so einigte man sich: …«

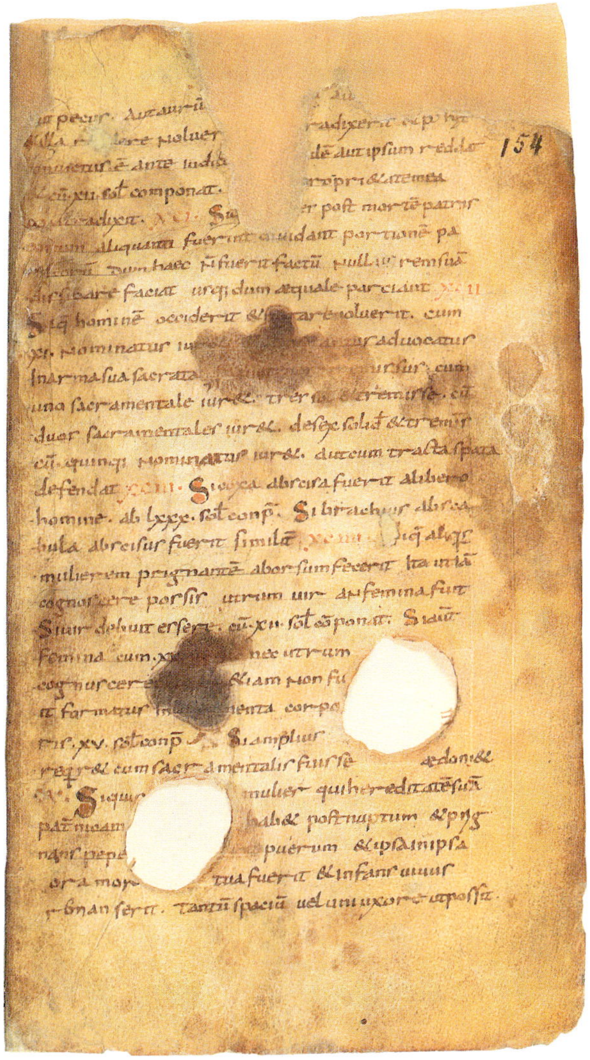

292

fenen Glieder (PA II,5–26) das fränkische Vorbild deutlich erkennen. Eigenständig hingegen ist die Stellung des *medicus* oder Wundarztes, der seinen Eid auf die ärztlichen Instrumente (also nicht auf die Waffen) abzulegen hatte. Dies zeigt, wie auch die relativ ausführliche Beschreibung eines chirurgischen Eingriffs bei einer Schädelverletzung (PA I,1; LA 57, 3–7) , dass eine in der Praxis lange geübte, empirische Heilkunde mit der klassischen Medizin des Mittelmeerraumes, in der dem Arzt eine führende Rolle zukam, bereits eine enge Verbindung eingegangen war.[4]

Die Sprache des Gesetzes

Beide Texte des alemannischen Rechts, Pactus und Lex, sind wie alle Leges der germanischen Stämme, die auf dem Kontinent siedelten, in Latein aufgezeichnet worden, in der Bildungssprache der damaligen Zeit. Dies unterscheidet sie grundsätzlich von den angelsächsischen Rechtsquellen, die von vornherein in der Volkssprache kodifiziert worden sind, während die Leges der Rückübersetzung in die mündliche Verhandlungssprache des Gerichts bedurften, die neben der Schriftform des Rechts kontinuierlich fortbestand. Hier sind die volkssprachigen Wörter aufschlussreich, die, aus einer germanischen Sprache kommend, dem lateinischen Kontext formal so angeglichen sind, dass sie als ihm zugehörig erscheinen.[5] Es handelt sich um Begriffe, für die es im Lateinischen offenbar keine Entsprechungen gab.

In Pactus und Lex Alamannorum gehören diese volkssprachigen Wörter verschiedenen historischen Schichten an: einer vordeutschen oder germanischen Schicht, einer fränkisch-alemannischen Schicht des frühen Mittelalters und einer jüngeren, karolingischen Schicht des Alemannischen. Die vordeutsche Schicht mit *baro* »Mann«, *mundium* »Munt, Verwandtschaft«, *wadium* »Pfand«, *morgingeba* »Morgengabe« ist in Pactus und Lex gleicherweise vertreten und betrifft die Gemeinsamkeiten von Franken und Alemannen aus vordeutscher oder germanischer Zeit. Die zweite Schicht mit *mallus* »Gericht« – dieses Wort verdrängte das ältere *thing* »Ding« –, *fredus* »Friedensgeld«, *texaca* »Diebstahl« und »Diebstahlsbuße«, *letus* »Halbfreier«, die besonders im Pactus vertreten ist, spiegelt den Einfluss wider, den das Fränkische im Recht und in der Verwaltung auf das Alemannische ausübte. Lehnwörter aus dem Galloromanischen wie *striga* »Hexe« und *clita* »Hürde« zeigen den Weg an, den auch Standesbezeichnungen wie *minoflidus*, *mariscalcus* »Pferdeknecht«, *senescalcus* »Altknecht« und *vassus* »unfreier Diener« gegangen sind. Die dritte Schicht der Glossierung, die seit karolingischer Zeit in Klöstern wie St. Gallen, Reichenau, Fulda usw. gepflegt worden ist, findet sich nur in der Lex: *quod Alamanni haistera hanti dicunt* »Was die Alemannen mit bewaffneter Hand nennen« (LA 9) heißt es und entsprechend *quod Alamanni mortaudo* »Mordtoter« *dicunt* (LA 48), *quod balcbrust* »Hautriss« (LA 57,35), *quod pulslac* »Beulsschlag« (LA 57,1) *dicunt*.

»Bei meinem Zopf: Dies gab mir mein Mann«

Die Stellung der Lex Alamannorum zwischen schriftlicher und mündlicher Tradierung gibt treffend die Bestimmung über die Morgengabe wieder (54,3), über jene Zuwendung des Ehemannes an seine Frau, die ohne Zeugen und Zustimmung der Erben, aber nur im Wert von 12 Schillingen in Gold oder Silber, Sklaven oder Pferden gegeben werden durfte. Wurde sie der Witwe bestritten, so konnte diese erklären: »Mein Ehemann gab mir eine *morgingeba*« und mit einem Eid auf ihre Brust oder Flechten schwören: »Dies gab mir mein Mann zu meiner Verfügung.« Und der Glossator fügt hinzu: *hoc dicunt Alamanni nastaid*, d.h. Nestel- oder Zopfeid.

Die Bestimmung enthält mit *morgingeba* ein Wort der ältesten Schicht und mit *nastaid* eine Glossierung der jüngsten Schicht im Kontext der direkten Rede, der deutlich macht, welche Funktion volkssprachige Wörter und Glossen gleicherweise hatten: Sie dienten der Verbindung des geschriebenen Rechts mit der mündlichen Verhandlung vor Gericht und auf diese Weise auch der »Rückübersetzung« des lateinischen Textes in die Volkssprache.

Sonderfrieden für die Kirche

In der Lex Alamannorum ist der Stoff, der sich durch die Einbeziehung episodenhafter Partien gegenüber dem Pactus erheblich vermehrt hat, in drei Komplexe geschieden: in die Kirchensachen, in das Herzogsrecht und in die Volkssachen unter der Überschrift *De his quis saepe solunt contingire in populo*, d.h. »über das, was oft im Volke vorzukommen pflegt« (LA 43).

Kirche und Herzog sind danach die Kräfte gewesen, auf die sich die fränkische Herrschaft vor allem stützte, wobei der Vorrang, den die Kirche genoss, deutlich hervortritt. Noch vor Beginn von Inhaltsverzeichnis und Text der Lex ist im Wandalgarius-Codex und entsprechend in anderen Handschriften der Lex Alamannorum eine Novelle oder ein Gesetz eingetragen, das für die Kirche von allergrößter Bedeutung war. Es legte fest, dass es keinem untersagt werden durfte, wenn er im Blick auf sein Seelenheil seine Güter und auch sich selbst der Kirche übereignen wollte. Weder die eigenen Söhne, sofern sie noch nicht ausgestattet waren, noch der Herzog oder der Graf hatten ein Recht auf Einspruch.

Mit diesem Gesetz wurde das überkommene Erbrecht zugunsten eines neuen Schenkungsrechts durchbrochen. Der Vorgang, der auch im fränkischen Rechtsbereich, wie das althochdeutsche Trierer Capitulare zeigt, erklärungsbedürftig war, erhielt in der Lex Alamannorum (LA 1,2) eine feste Form mit einer zusätzlichen Sicherung durch eine Urkunde (*carta*).

Die Bestimmung ist im Zusammenhang mit dem Landzuwachs zu sehen, den die Kirche im 8. Jh. laufend erfuhr. Den Kirchensachen ist von daher genau zu entnehmen, was zu einer Kirche als Grundherrschaft mit Knechten und Mägden, Rindern, Pferden und anderen Tieren gehörte (LA 6) bzw. zu welchen Abgaben und Diensten dieser Personenkreis verpflichtet gewesen ist. Es waren im ganzen maßvolle Regelungen.

Hinzu kam, dass die Hintersassen von dem Sonderfrieden profitierten, den die Kirche genoss: Ihr Wergeld betrug das Dreifache anderer Unfreier (LA 7). Einen besonderen Status hatten die *liberi ecclesiae*, die in der Kirche oder mit einer Urkunde Freigelassenen (LA 16), bei denen es sich um *coloni* oder Zinsbauern handelte: Ihre Abgaben an die Kirche sollten die gleiche Höhe haben wie die der Kolonen des Königs (LA 22). Ihr Wergeld aber entsprach dem Wergeld eines freien Alemannen (LA 8). Diese Besserstellung der Kolonen mochte den Entschluss eines Freien, mit der Schenkung seiner Güter zugleich sich selbst in die Abhängigkeit der Kirche zu begeben, wesentlich erleichtern.

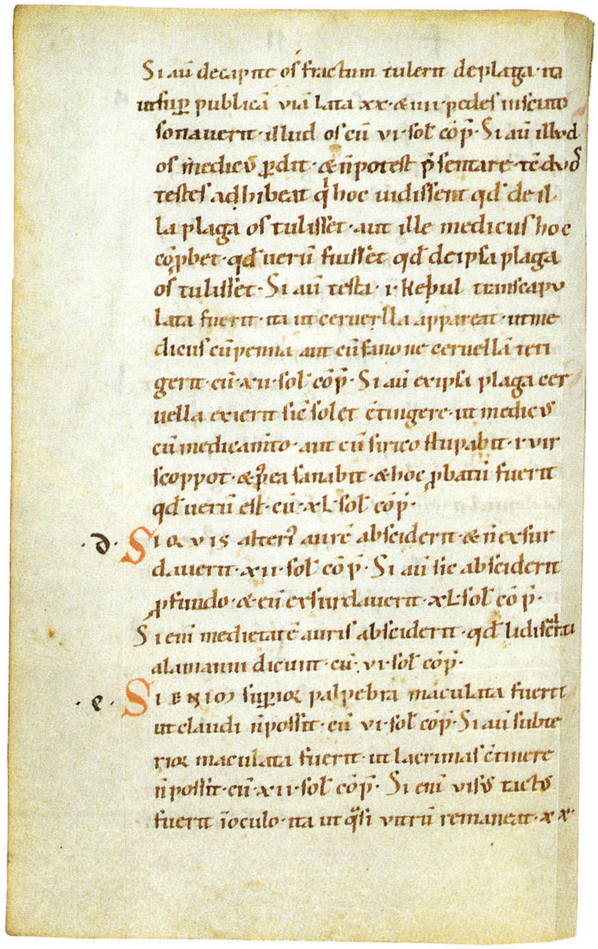

293

293 Eine Handschrift unbekannter Herkunft des 11. Jh. wird in Bamberg aufbewahrt. Sie enthält den Text der Lex Alamannorum mit althochdeutschen Glossen: Hier zu einem operativen Eingriff des Arztes am Schädel und zu den Wundbußen bei Verletzung der Nase.

Unter den Kirchensachen werden das gewaltsame Eindringen in den Hof des Bischofs *haistera hanti* »mit bewaffneter Hand« oder in den Hof eines Priesters, Übergriffe auf kirchliche Amtsträger (LA 9–12) wie gegenüber Diakon, Mönch oder Kleriker (LA 13–15) differenziert behandelt. Die Kirche als Ort des Asyls verbot es dem Priester, einen flüchtigen Unfreien an seinen Herrn auszuliefern, wenn dieser dem Flüchtigen nicht durch Hinterlegung eines Pfandes (*wadium*) förmlich verziehen hatte (LA 3,1). Wergeld und Buße des Bischofs aber waren den Kompositionen, die an den Herzog abzuführen waren, angepasst (LA 11).

Dem Tode verfallen: Attentäter und Landesverräter

Für den Herzog war kein Wergeld bestimmter Höhe vorgesehen. Wer einen Anschlag gegen ihn verübte, bezahlte dies mit dem eigenen Leben. Hochverrat, wie im Fall des Attentats (LA 23), Landesverrat (LA 24) und Friedensbruch im Heer (LA 25) waren Kapitalverbrechen, die mit der Todesstrafe geahndet wurden. Der Herzog war Repräsentant der öffentlichen Gewalt. Sein Gebot (*mandatum*), sein Siegel (*sigillum*), sein Zeichen (*signum*) waren gleicherweise zu beachten, d.h., es war seinen Anordnungen Folge zu leisten (LA 27). Der

Herzog sollte im Vollbesitz seiner Kräfte sein, zum Nutzen des Königs wirken, sein Heer anführen und ein Pferd besteigen können (LA 35). Er war der Gerichtsherr, der darüber zu wachen hatte, dass die Versammlung nach alter Gewohnheit in *ommi centine*, in jeder Hundertschaft, vor dem Grafen, seinem Boten oder dem Zentenar regelmäßig zusammentrat, damit die Armen nicht Unrecht litten oder ohne Recht wären: *Nec pauperis paciantur iniuria nec sit sine lege*. Wie weit das Durchsetzungsvermögen des Herzogs tatsächlich reichte, bleibe dahingestellt. Vergehen wie die Plünderung der herzoglichen Güter (LA 34), Diebstahl im Hof des Herzogs (LA 33), Bruch des herzoglichen Geleitfriedens (LA 28), Tötung eines herzoglichen Boten (LA 29) waren mit erhöhten Bußen zu sühnen. Die Ausführungen über die Verschwörung eines Sohnes gegen den herzoglichen Vater im Zuge einer Rebellion (LA 35) sehen wohl mit Rücksicht auf die familiären Bindungen des Herzogshauses sowie auf die ständischen Verhältnisse der *gens* auch die Möglichkeit der Begnadigung und Versöhnung vor, obwohl sonst jeder Anschlag auf den Herzog als Hochverrat galt (s.o.). Im Zusammenhang der Ausnahmeregelung in der Lex (LA 35) wird das Herzogtum auch als ein *regnum* bezeichnet.

Tradition und Innovation

Es dürfte bereits deutlich geworden sein: Traditionelles, wie das herkömmliche Erb- und Eherecht, und Innovatives, wie das neue kirchliche Schenkungsrecht, können sich in der Lex Alamanorum durchkreuzen oder stehen, wie der Zopfeid der Witwe, der in Schwaben bis zum Ausgang des Mittelalters in dieser Form geleistet worden ist, und das doppelte Wergeld für Frauen, das auf staatliche Initiative schließen lässt, nebeneinander. Dieses Zusammentreffen von Tradition und Innovation ist besonders gut an den sogenannten Volkssachen zu beobachten, die sich auf das Leben in seiner ganzen Breite beziehen, wie es sich auf Herrenhöfen, aber auch Hofgütern adligen und bäuerlichen Zuschnitts abgespielt haben mag. Vom Gesetzgeber unbeabsichtigt vermitteln diese Partien der Lex einen plastischen Eindruck von der Gesamtkultur der Zeit und der Region. So gehört die Bestimmung über den Zopfeid zu den kulturhistorisch gesehen besonders wichtigen Regelungen der Lex, weil sie die materielle Zusammensetzung der Morgengabe auf einer frühen Stufe des Rechts erkennen lässt.

Rache und Fehde

Gleich zu Beginn der Volkssachen stößt man auf eine Regelung (LA 44,1), die sich noch auf das ältere Racherecht bezieht. Sie sieht vor, dass nach einem Streit zwischen Männern, während dessen der eine erschlagen wird und der Täter, der in sein Haus geflohen ist, von den Verwandten im Gegenzug ebenfalls sofort getötet wird, Wergeld gegen Wergeld aufzurechnen sei. Das bedeutet, dass die spontane Rache ohne Buße blieb, wenn sie der Tat auf dem Fuße folgte. Anders der organisierte Rachezug und die damit verbundene Tötung

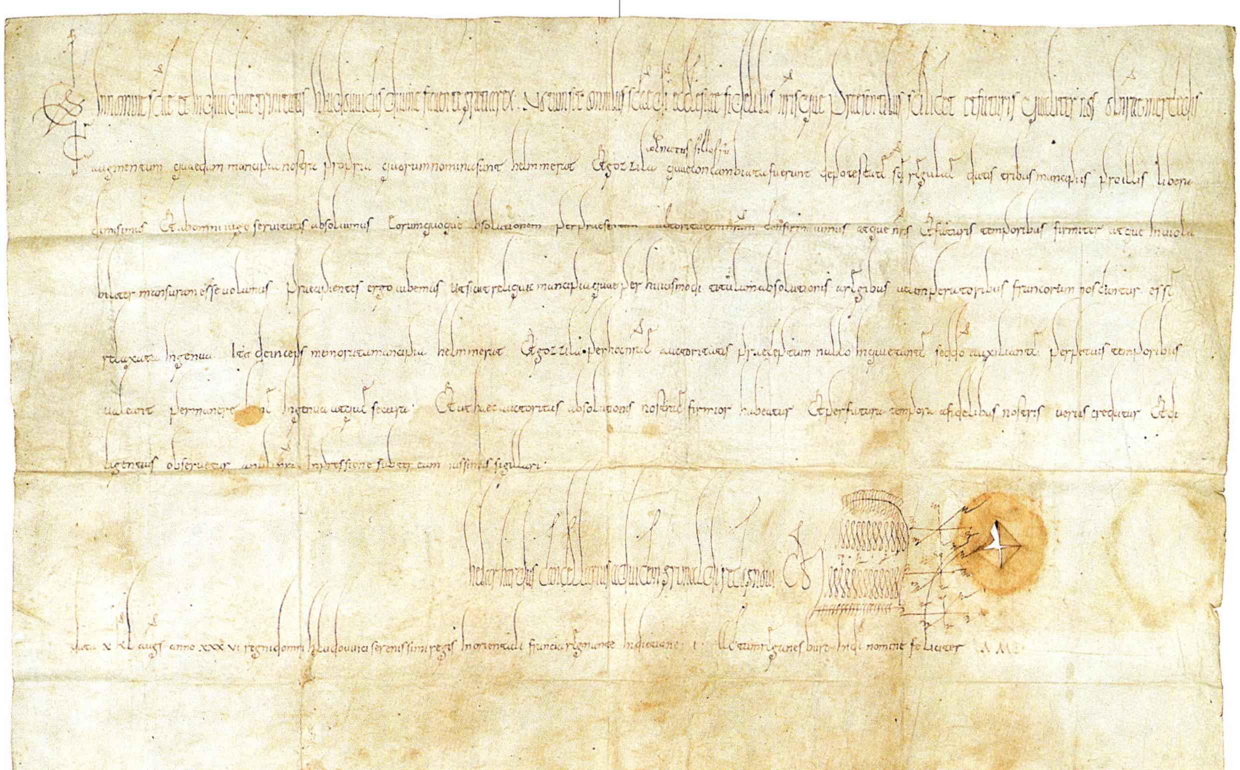

294

294 Freilassungsurkunde vom 23. Juli 868: Ludwig der Deutsche läßt seine vom Nonnenkloster St. Felig und Regula in Rürich eingetauschten Hörigen Helmerat und Gozzila frei.

des Totschlägers; sie wurde mit dem neunfachen Wergeld geahndet (LA 44,2).
Auch von der Gewohnheit, in Familienverbänden zu kämpfen und zu siedeln, haben sich im alemannischen Recht Spuren erhalten. So kennt der Pactus (PA II,45) neben der Freilassung in der Kirche auch die Freilassung im Heer, in *heris genrationis*. Dazu passt, dass nach der Lex (LA 90) der fahnenflüchtige Alemanne, der seinen kämpfenden Verwandten (*paris*) im Stich gelassen hatte, zweifach die Buße von 80 Schillingen zahlen musste.
An eine Siedlung im Familienverband lässt die Bestimmung über einen Grenzstreit denken, der zwischen *duas genealogicas* durch Zweikampf entschieden werden muss (LA 81). Im Gegensatz zur Lex Baiuvariorum (XII,8) handelt es sich hier nicht um abgegrenztes Land verschiedener Haushaltungen, sondern um offenes Weideland am Rande zweier Siedlungen, die keiner besonderen Kennzeichen zur Abgrenzung bedurften. Das Zeugnis der Lex Alamannorum besagt nicht mehr und nicht weniger, als dass um die Mitte des 8. Jh. die Vorstellung von einer Siedlung in Familienverbänden noch durchaus lebendig war, mochte daneben auch längst die voll ausgebildete Grundherrschaft bestehen.
Dies legen auch die Bestimmungen der Lex Alamannorum nahe, die ein Bild von der Art und Weise vermitteln, wie man wohnte und wirtschaftete.[6] Auf der einen Seite ist da das *sala* genannte Wohnhaus (LA 76), das auch für sich allein in einer Hofanlage stehen konnte – ein aus einem Raum bestehendes Haus mit offenem Dachstuhl. Das neugeborene Kind galt nur dann als zum Erbe berechtigt, wenn es wenigstens eine Stunde gelebt, die Augen aufgeschlagen und vom Innern des Hauses aus die Wände und den First angeblickt hatte (LA 89). Dieses Wohnhaus (LA 76,1) konnte aber auch Teil einer dezentralisierten Anlage mit mehreren Gebäuden sein, bestehend aus einer *scuria*, einem Stall mit Heuboden, einem Kornspeicher (*granica*) und einem Vorratshaus (*celaria*) (LA 76,2). Auch Badestube (*stuba*), Schaf- und Schweinestall (LA 77,1) gehörten zu einer solchen Gehöftanlage. Diese dezentralisierte Bauweise konnte sich im Kleinen bei den Unfreien, die abseits des Hofgutes wohnten, wiederholen, indem nun auch hier neben das Wohnhaus die *scuria* trat (LA 77,3).

Wider den Grabfrevel

Als letztes Beispiel sind die Bestimmungen über Grabraub und Grabfrevel zu nennen.[7] Sie zeigen, dass die Sitte, dem Toten bei seiner Bestattung Beigaben ins Grab mitzugeben, im Alemannischen vom Anfang des 7. Jh. bis über die Mitte des 8. Jh. hinaus kontinuierlich fortbestand. Die einschlägigen Bestimmungen sind sowohl im Pactus als auch in der Lex enthalten. So heißt es im Pactus, dass derjenige, der seinem Toten etwas von fremden Sachen, das einen Schilling wert ist, in das Grab mitgibt, dies mit 40 Schillingen büßen muss (PA II,42). Wenn ein Toter beraubt wird, zumal wenn er aus dem Grabe, wo er bestattet war, ausgegraben wurde, so waren 80 Schillinge zu zahlen (PA II,43). Diese Bestimmung hat in der Lex eine Parallele (LA 49). Hier muss das Ausgraben und Berauben des Toten mit neun Wergeldern und einer Buße von 40 Schillingen gesühnt werden. Die Verschärfung der Strafe gegenüber dem Pactus ist zweifellos im Zusammenhang mit der von kirchlicher Seite vertretenen Auffassung zu sehen, dass allein schon die Störung des Grabfriedens ein Verbrechen sei und der Grabfrevel deshalb mit allen zur Verfügung stehenden Mitteln bekämpft werden müsse.

1 C. Schott, Lex Alamannorum. Das Gesetz der Alemannen. Text – Übersetzung – Kommentar zum Faksimile aus der Wandalgarius-Handschrift Codex Sangallensis 731. Schwäbische Forschungsgemeinschaft (Augsburg 1993).

2 Pactus Alamannorum, im folgenden PA abgekürzt. Lit. zum PA: F. Beyerle, Das Kulturporträt der beiden alemannischen Rechtstexte: Pactus und Lex Alamannorum. Wege der Forschung Bd. C (Darmstadt 1975) 126 ff.; R. Schmidt-Wiegand, Alemannisch und Fränkisch in Pactus und Lex Alamannorum. In: Dies., Stammesrecht und Volkssprache. Ausgewählte Aufsätze (Berlin 1991) 148 ff.; C. Schott, Pactus, Lex und Recht. In: W. Hübener (Hrsg.), Die Alemannen in der Frühzeit. Veröff. Alemannisches Inst. 34 (Bühl 1974) 135 ff.

3 Leges Alamannorum, im folgenden LA abgekürzt. Lit. zu den LA: G. von Olberg, Die Bezeichnungen für soziale Stände, Schichten und Gruppen in den Leges barbarorum. Arbeiten Frühmittelalterforsch. 11 (Berlin, New York 1991); Schott, C., siehe Anmerkung 1. Ders. (Hrsg.), Beiträge zum frühalemannischen Recht. Veröff. Alemannisches Inst. Freiburg i.Br. 42 (Bühl 1978); ders., Zur Geltung der Lex Alamannorum. In: P. Fried/W.-D. Sick (Hrsg.), Die historische Landschaft zwischen Lech und Vogesen. Veröff. Alemannisches Inst. 59 (Augsburg 1988) 75 ff.; R. Kottje, Zum Geltungsbereich der Lex Alamannorum. In: H. Beumann/W. Schröder (Hrsg.), Die transalpinen Verbindungen der Bayern, Alemannen und Franken bis zum 10. Jh. Nationes 6 (Sigmaringen 1987) 359 ff. Vgl. auch Anm. 2.

4 A. Niederhellmann, Arzt und Heilkunde in den frühmittelalterlichen Leges. Eine wort- und sachkundliche Untersuchung. Arbeiten Frühmittelalterforsch. 12 (Berlin, New York 1983).

5 Schmidt-Wiegand (Anm. 2).

6 H. Dölling, Haus und Hof in den Westgermanischen Volkstrachten, 2. Auflage /Münster/Westfalen 1980); U. Lade, Flur und Feld, Volkssprachige Bezeichnungen in den frühmittelalterlichen Leges (Diss. Münster 1987).

7 H. Nehlsen, Der Grabfrevel in den germanischen Rechtsaufzeichnungen. Zugleich ein Beitrag zur Diskussion um Todesstrafe und Friedlosigkeit bei den Germanen. In: H. Jankuhn/H. Nehlsen/H. Roth (Hrsg.), Zum Grabfrevel in vor- und frühgeschichtlicher Zeit. Untersuchungen zu Grabraub und »haugbrot« in Mittel- und Nordeuropa. Abhandl. Akad. Wiss. Göttingen. Phil.-Hist. Kl. III. F. 113 (Göttingen 1978) 107 ff.

Krieger und Bauern – Bauernkrieger

DIE GESELLSCHAFTLICHE ORDNUNG DER ALAMANNEN

HEIKO STEUER

Kriegertum[1] und bäuerliches Wirtschaften prägten das Leben der Alamannen. Waffen zu tragen war das Grundrecht der freien Männer, die das Schwert oder den Sax im Auftrage des Königs oder Herzogs führten, es aber auch bei Fehde und Blutrache einsetzten. Die Waffen, die der Mehrzahl der Männer ins Grab gelegt wurden, spiegeln die kriegerische Seite des Lebens, während der Alltag mit Landwirtschaft und Handwerk nur äußerst selten durch Beigaben wie Werkzeug oder Ackergerät berücksichtigt wird. Die Frauen wurden mit ihrer Tracht und den zugehörenden Schmuckgarnituren beerdigt, selten kamen auch Attribute weiblicher Tätigkeiten wie Webschwerter, Webstühle oder Spinnwirtel mit ins Grab. Dagegen wurden Männern wie Frauen vielfach Ess- und Trinkgeschirr, Gläser und Bronzegefäße, Zubehör zum festlichen Gelage in das Grab gestellt.

Stände und Ränge

Die schriftliche Überlieferung beleuchtet andere Aspekte der gesellschaftlichen Ordnung,[2] denn die Rechtsaufzeichnungen, der Pactus Alamannorum aus der Zeit des Merowingerkönigs Chlothar II. (584–629) oder die Lex Alamannorum des Herzogs Lantfrid (709–730), haben ihre besondere Zielsetzung: die Herrschaft über die Alamannia zu sichern und eine Ordnung, nicht zuletzt im Fehdewesen, zu erzwingen. Die Gesetze sprechen von Mord- und Totschlag, auch von Krieg und Raub. Dabei erfahren wir, allerdings erst für das frühe 7. und das 8. Jh., dass die Gesellschaft dem Range nach gestaffelt war: Es gab Abhängige, Hörige und Sklaven (*servi*), Halbfreie oder Freigelassene (*liten* oder *laten*) und Freie (*liberi* oder *ingenui*). Die Gruppe der Freien war wiederum nach dem Range gestaffelt: Es gab den schlichten freien Ala-

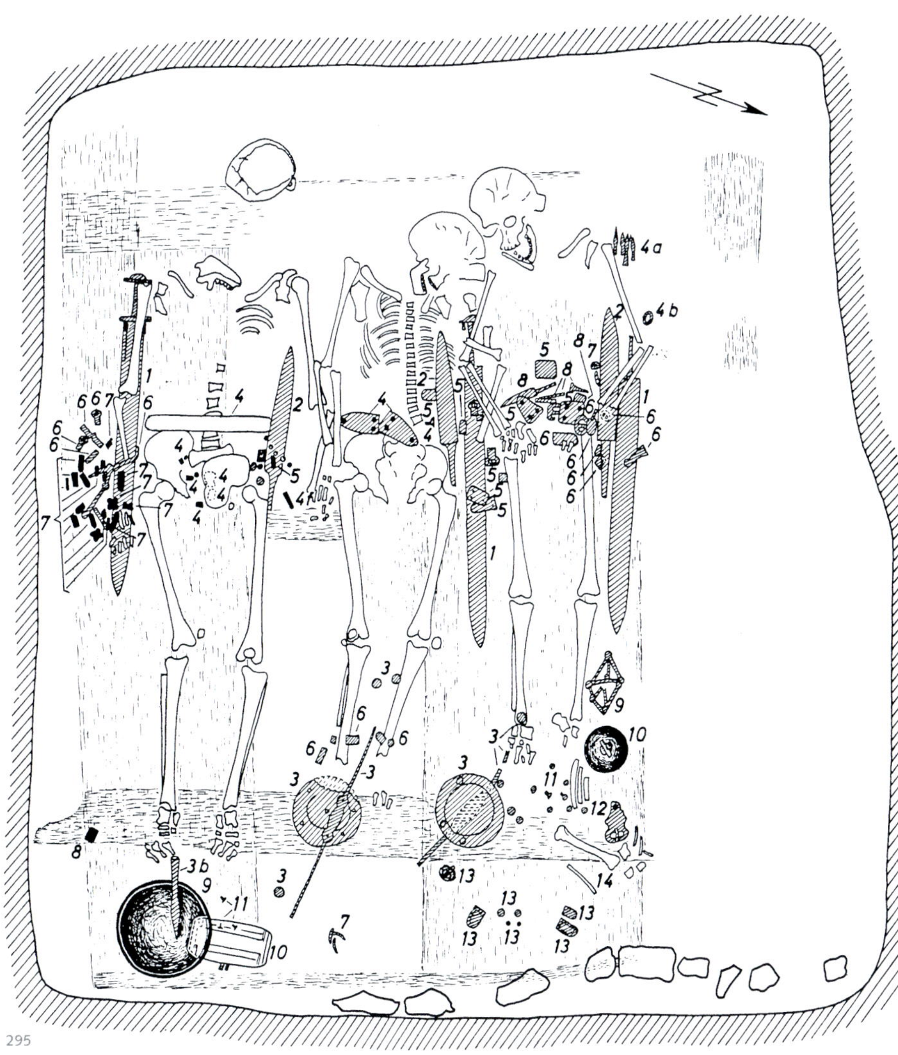

295

295 **Grab 3 von Niederstotzingen: In der Mitte ein 50 bis 60 Jahre alter Mann, zu beiden Seiten je ein Krieger von 20 bis 30 Jahren. Alle drei waren schwer mit Spatha, Sax und Schild bewaffnet.**

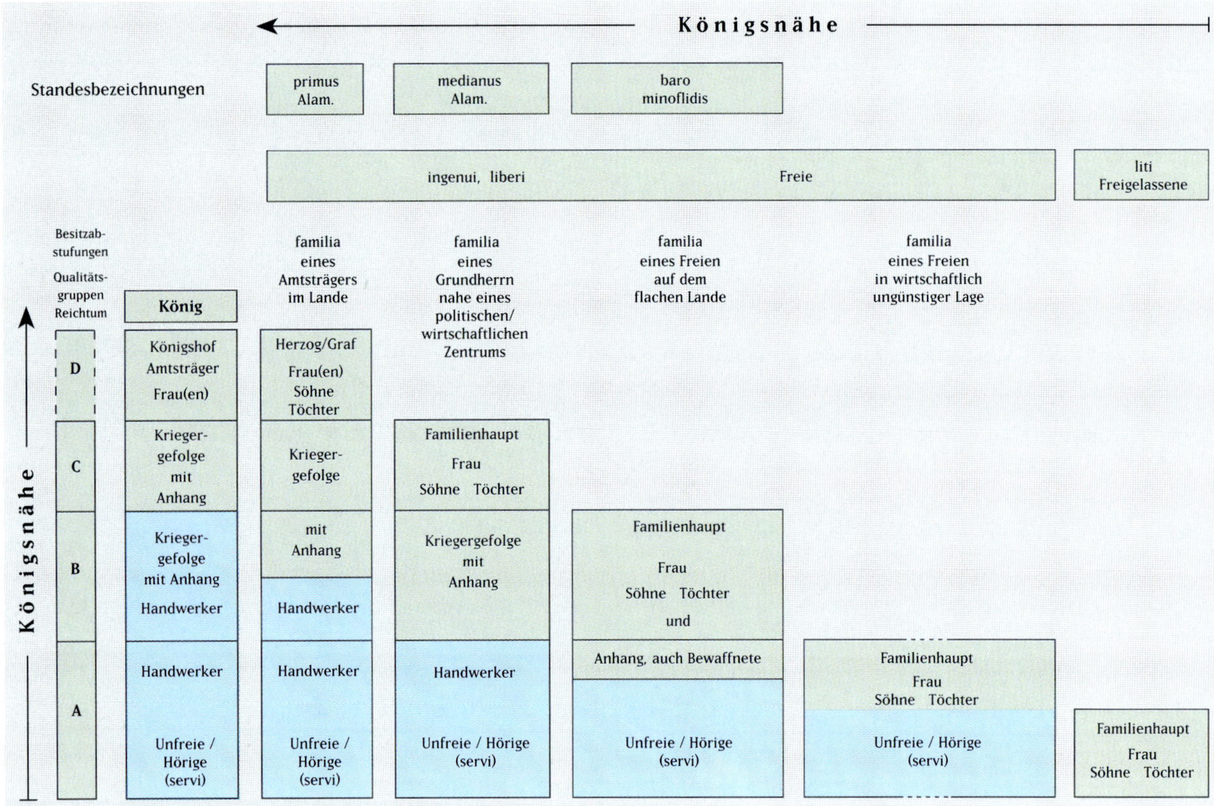

296

mannen (*baro minoflidis*), den freien Alamannen mittleren Ranges (*medianus Alamannus*) und den hohen Ranges (*primus Alamannus*). Für die Frauen galt das gleiche.

Damit wird fassbar, was die alamannische Gesellschaft charakterisiert, nämlich eben nicht die Zugehörigkeit der Familien zu einem rechtlich streng definierten Stand, etwa zum Adel, sondern eine Position in der Gemeinschaft nach Rang und Vermögen, die über Erfolge im Krieg und über wirtschaftlichen Besitz erreicht wurde. Der Rang musste immer wieder neu erstritten werden; denn die Gesellschaft war durchlässig und durch große soziale Mobilität gekennzeichnet, die auch dem Hörigen, wenn er z.B. im Dienste des Herzogs, Königs oder eines Großen stand, Aufstiegsmöglichkeiten bot.

Neben Landbesitz und Reichtum bestimmte auch das Amt den Rang im Merowingerreich. Den Herzog und später die Grafen stellten die mächtigsten Familien, die so erneut ihre Position festigten. Das Amt adelte gewissermaßen, und somit gab es Familien, die adelsgleichen Rang hatten, auch wenn dies noch nicht gesetzlich festgelegt und vererbbar war. Amtsträger waren in Alamannien nicht nur alamannische Große, sondern auch Angehörige anderer adelsgleicher Familien aus dem ganzen Merowingerreich, z.B. Franken oder Thüringer.

In der alamannischen Gesellschaft gab es noch keine festgefügten Schichten, sondern Familienverbände unterschiedlichen Ranges. Jeder war in einen solchen Verband eingebunden, auch der Abhängige. Zur Hausgemeinschaft gehörten der Familienvorstand, die Ehefrau, Söhne und Töchter

296 Die alamannische Gesellschaft setzte sich aus Personenverbänden zusammen, deren Angehörige unterschiedliche Ränge bekleideten. Die Stammesrechte geben eine Vorstellung dieser Rangunterschiede durch die Höhe der Wergeldsätze, die Grabfunde durch die Menge und Qualität der Beigaben.

297 Spatha, Spangenhelm und Kettenpanzer im Grab von Gammertingen.

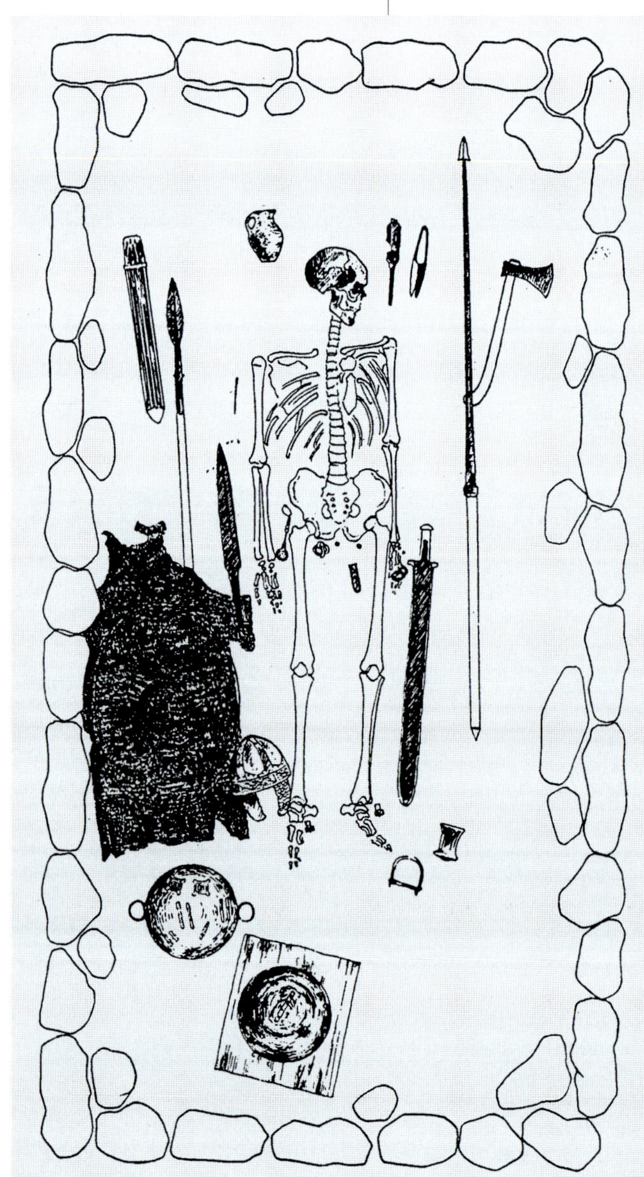

297

298

298 Die gehobene gesellschaftliche Position der Frau aus Grab 38 von Güttingen spiegelt sich in vielfältiger Beigabenausstattung mit kostbaren Scheibenfibeln aus dem Mittelmeerraum und reichhaltigem Bronze- und Glasgeschirr. Die im späten 6. Jh. verstorbene Dame gehörte zu der Familie, die das Dorf gründete.

und je nach Größe des Anhangs Knechte und Mägde sowie Handwerker als Hörige. Die Freien verbanden durch Heiraten ihre Familien und konnten somit Besitz und Rang erweitern, während die Hörigen großer Hausgemeinschaften und später der Grundherrschaften nur innerhalb dieses Verbandes heiraten durften. Die Gesellschaft war also nicht horizontal in Schichten gegliedert, sondern eher vertikal. Neben Besitz bestimmten Königsnähe oder Nähe zu den herrschenden Familien sowie die Verwandtschaft mit wichtigen Zweigen des räumlich verstreuten Familienverbandes den jeweiligen Rang. Über Landvergabe durch den König und seine Amtsträger entwickelte sich schließlich die Grundherrschaft, wie sie in den Bestimmungen der Lex Alamannorum durchscheint.
Neben den königlichen Höfen gab es die Güter des Adels und der freien Bauern und seit dem 8. Jh. auch den Kirchenbesitz mit Land und Leuten. Die Ortsnamen aus einem Personennamen mit der

Nachsilbe -ing(en) verweisen auf die hausherrschaftliche Gründung der Siedlungen.
Die Häupter der ranghöchsten Familien bildeten einen Adel, und militärischer Erfolg, Beute sowie vom König oder Herzog verliehenes Land ließen weitere Rangunterschiede entstehen. Auch die bäuerlichen Familien, deren Häupter als Freie zum Kriegsdienst verpflichtet waren, hatten nicht alle den gleichen Rang inne, sondern wetteiferten um Aufstieg.

Repräsentation und Rang über den Tod hinaus

Die ungesicherte Position der alamannischen Familien in der offenen Ranggesellschaft[3] machte es vielleicht besonders notwendig, über Repräsentation und aufwendiges Bestattungszeremoniell immer wieder die erreichte Stellung zur Schau zu stellen. Je nach gesellschaftlichem Rang und Vermögen statteten die Angehörigen ihre Toten mit unterschiedlich wertvollen Beigaben aus. Somit bündelt der Totenkult einige Facetten von Rang und Reichtum, und daher erlauben Grabbau und Beigaben Rückschlüsse auf die gesellschaftliche Position. Da jedoch auch innerhalb einer Familie nicht alle gleichen Ranges waren, das Familienhaupt wichtiger war als nachgeborene Söhne, die Ehefrau wichtiger als die Töchter oder gar als das Gesinde, bietet das Beigabenspektrum kein schematisches Abbild der Gesellschaft. Das Schaubild zur Beschreibung der alamannischen Gesellschaft ist daher nur eine Näherung.[4]

299

Während beigabenlose oder ärmlich ausgestattete schlichte Gräber weniger wichtige Personen bergen, erlauben aufwendige Grabbauten und reiche Beigaben – Edelmetallschmuck, schwere Bewaffnung oder kostbare Importgüter – oftmals, adelsgleiche Ränge zu erkennen. Das hat dazu geführt, die Gräber nach den Qualitätsstufen A bis D zu staffeln und diese Stufen dann mit gesellschaftlichen Ständen zu verknüpfen.[5] Diese Einteilung darf jedoch nicht den Eindruck erwecken, dass Beigabenklassen gesellschaftlichen Klassen entsprechen. Denn einerseits wandelt sich die Beigabensitte im 6. und 7. Jh., andererseits herrschten nicht in jeder Landschaft die gleichen Bräuche, und schließlich hängt die Ausstattung auch vom Alter des Gestorbenen ab. Gläser, im 6. Jh. noch recht häufig, gehören im 7. Jh. zu den Seltenheiten; Pferdegeschirr und Trensen kommen erst im 7. Jh. in größerer Zahl auf.
Die untere Qualitätsgruppe A bedeutet, dass Männer, wenn überhaupt, nur einen schlichten Gürtel, einen Sax oder Pfeil und Bogen mitbekamen, Frauen einige Perlen oder ein Messer; Qualitätsgruppe B bedeutet bei den Männern schon eine komplette Waffenausstattung aus Spatha, Sax, Lanze und Schild sowie einen verzierten Gürtel, bei den Frauen reichen Fibelschmuck (im 6. Jh. Bügelfibel- und Kleinfibelpaare, im 7. Jh. eine oder manchmal auch zwei prächtige Scheibenfibeln), Ohrringe, Perlenketten, Gürtelanhänger, Wadenbinden- und Schuhschnallen. Die Qualitätsgruppe C kennzeichnet adelsgleichen Rang. Denn bei den Männern kommen zu der kompletten, kostbaren Waffenausrüstung und dem prächtigen Gürtel noch Reitzeug, Bronzegeschirr und andere wertvolle Güter und bei den Frauen noch prächtigerer Schmuck überwiegend aus Silber und Gold.
Die archäologischen Spitzenfunde bilden dann die Gruppe D mit besonders qualitätvoller Ausführung all der Beigaben und darüber hinaus mit mehreren seltenen, meist importierten oder speziell angefertigten Gegenständen.[6] Diese Gruppe repräsentiert die Spitze der Gesellschaft, und es wurden nur wenige Gräber gefunden, die einen solchen adelsgleichen Rang der Bestatteten bezeugen.

Heimischer und fremder Adel – auf dem Weg zur Grundherrschaft

Die Struktur der Gräberfelder spiegelt diese Rangstaffelung ebenfalls wider und ermöglicht es, die führenden Familien einer Siedlungsgemeinschaft, eines Dorfes zu erkennen: Oft lässt sich für jede Generation jeweils ein besonders reiches Männer- und Frauengrab nachweisen, die Häupter der ranghöchsten Familie am Ort. Vom 6. zum 7. Jh. wird, betrachtet man die Lage dieser herausragenden Bestattungen, zudem ein Verhalten fassbar, das

299 Gegossene »koptische« Bronzepfanne aus Grab 38 von Güttingen. Im Inneren sind in Punztechnik Szenen aus einem Zirkus dargestellt, und zwar Tierhetzen. Der Rand trägt eine griechische Inschrift.

300 In Schwenningen wurde eines der reichsten Frauengräber Südwestdeutschlands gefunden (Grab 4, um 530). Neben dem silbernen Bügelfibelpaar, teils vergoldet und mit Almandinen besetzt, stechen vor allem die goldenen, almandinbesetzten Scheibenfibeln ins Auge. Möglicherweise stammen sie aus dem Umfeld des byzantinischen Kaiserhofes.

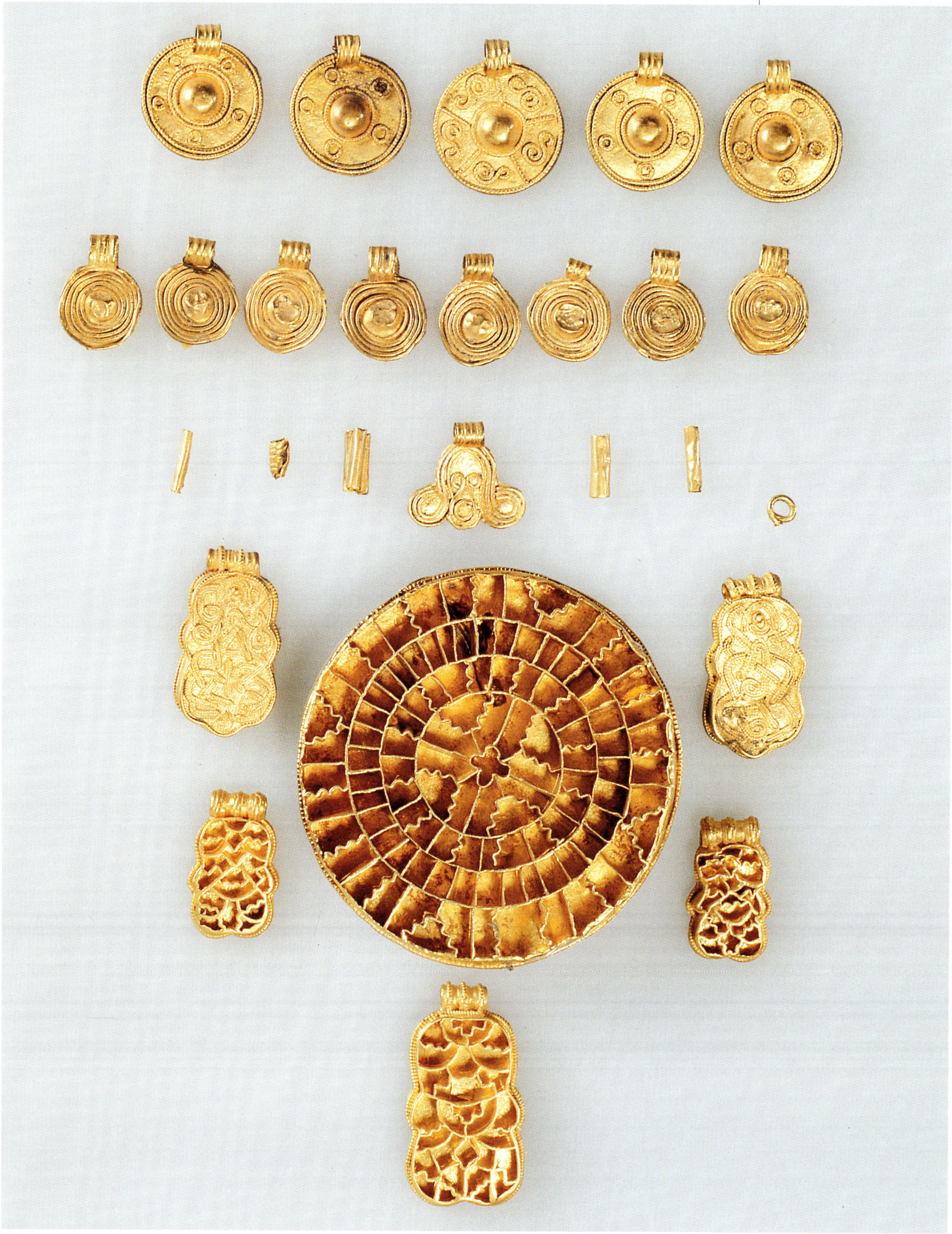

301

die Absonderung der adelsgleichen Familien von der übrigen Gemeinschaft auch im Totenkult zeigt: Die Gräber der führenden Familie bilden eine geschlossene Gruppe am Rand des Friedhofes oder gar eine abgetrennte kleine Gräbergruppe in der Nähe des Dorfgräberfeldes. Dies kann man einerseits als Heraushebung und Verfestigung der adligen Position einer ansässigen Familie deuten, andererseits als Adelsfamilie, die von außen mit herrschaftlichen Befugnissen an den Ort gekommen ist und ihre Sonderstellung bewahren will.
Ob damit der Beginn der Grundherrschaft aufscheint, ob also vom König oder Herzog die Familien von Amtsträgern oder treue Gefolgsleute mit Land in fremder Umgebung beliehen wurden, oder ob fremde Adelsfamilien sich mit Gewalt Land aneigneten, erwarben oder einheirateten, konnte bisher nicht entschieden werden. Moderne Methoden der Anthropologie zum Nachweis von Verwandtschaften zeigen jedoch, dass mit dem Zuzug ranghöchster Familien aus der Fremde gerechnet werden muss.[7] Die südliche Separatgruppe neben dem Dorfgräberfeld von Kirchheim im Ries weist keinerlei Verwandtschaftsbeziehungen zu den Familien auf dem Dorffriedhof auf, während diese untereinander durchaus mehrfach geheiratet haben.[8] Auch andere Gräbergruppen am Rande eines Friedhofes, die sich zudem, wie in Fridingen,[9] durch den besonderen Brauch, die Gräber mit Ringgräben einzufassen und mit großen Hügeln zu bedecken, sowie durch besonders wertvolle Beigaben abheben, scheinen zu fremden Adelsfamilien zu gehören und verweisen auf deren Herkunft aus nördlichen Teilen des Merowingerreiches. Es könnte sich um grundherrschaftlichen Adel handeln, dem Landbesitz an neuem Ort überlassen wurde, und über diese Gruppen wird vielleicht die politische Einbeziehung Alamanniens in das Frankenreich archäologisch nachweisbar. Es geht wohl weniger um das Herauslösen einer Herrensepultur aus dem allgemeinen Friedhof am Ort,[10] als allgemein um einen sozialen Wandel in der Oberschicht des Merowingerreiches, verbunden durchaus mit einem stärker werdenden Standesbewusstsein und der Entstehung von Grundherrschaften.

Adel und Christentum

Die ranghöchsten Adelsfamilien waren auch die ersten, die sich intensiver dem Christentum zuwandten und eigene Kirchen bauten, in und bei denen sie ihre Familienangehörigen – meist weiterhin mit kostbaren Beigaben versehen – bestatteten. Für die Alamannia ist kennzeichnend, dass diese Zuwendung zum Christentum sich unterschiedlich im archäologischen Fundbild fassen lässt; denn neben der Entscheidung, eine Kirche für die Grablegen zu bauen,[11] gibt es auch die Lösung, die Toten mit christlichen Symbolen, den meist speziell für die Bestattung hergestellten Goldblattkreuzen[12], zu begraben, oftmals in einer kleinen Gräbergruppe, die nicht mehr auf dem Dorffriedhof, sondern am Zaun des eigenen Gehöftes angelegt wurde. Die reich mit Beigaben und Goldblattkreuzen ausgestatteten Gräbergruppen an den Gehöftzäunen der Siedlung von Lauchheim aus der Zeit um 700 beschreiben diese Situation nachdrücklich (vgl. Abb. 322), was zur Vermutung Anlass gibt, dass manch andere, scheinbar isolierte Gräbergruppe adligen Zuschnitts innerhalb einer Siedlung gelegen hat. Das könnte bei der Gräbergruppe der Zeit um 600 von Hüfingen »Gierhalde«, auch bei der Gräbergruppe von Niederstotzingen aus dem frühen 7. Jh., bei Wittislingen[13] oder bei Dürbheim[14], mit Bestattungen – und einer Holzpfostenkirche – der zweiten Hälfte des 7. Jh., so gewesen sein (vgl. Theune, Kirchhof).

302

301 **Goldschmuck aus dem Kammergrab 268 von Hüfingen, einer Frauenbestattung der Zeit um 600 auf dem großen Gräberfeld im Gewann »Auf Hohen«. Das Kollier umfasste 19 Goldanhänger und sieben kleine Perlen aus Goldblech. Dazu kommt die große Goldscheibenfibel. Das kleinteilige Zellwerk ist gut erhalten, während die Glaseinlagen herausgefallen sind.**

302 **Kleine silbervergoldete Scheibenfibel aus Grab 38 von Güttingen mit der Darstellung eines Reiters, der ein Kreuz wie eine Lanze über der Schulter trägt. Hinter dem Reiter ist eine Dattelpalme zu erkennen.**

Adel im europäischen Bezug

Adelsgleiche Familien sind überregional miteinander verwandt, da gleichrangige Partner für die Ehe nicht in der Nachbarschaft, sondern in anderen Herrschaftsgebieten gefunden wurden, und je ranghöher die Familie, desto weiter wurde geheiratet. Das spiegelt sich auch in den Grabbeigaben; denn wertvolle fremdartige Schmuck-

303 a

sachen oder Teile des Ess- und Trinkgeschirrs finden sich nur in den besonders aufwendig hergerichteten und ausgestatteten Gräbern.
Das Frauengrab von Schwenningen mit den exzeptionellen Almandinscheibenfibeln aus dem byzantinischen Umfeld[15] gehört ebenso hierher wie das Frauengrab 38 von Güttingen aus dem späten 6. Jh. mit silbernen, teils vergoldeten Scheibenfibeln und einem Bronzebecken mit griechischer Inschrift, die reichen Gräber von Hüfingen[16] mit dem Goldschmuck der Zeit um 600 aus Kammergrab 268 noch auf dem großen Reihengräberfeld oder schließlich die – ausgeraubten – Adelsgräber der Zeit um 700 von Fridingen, von denen ein Frauengrab immerhin noch zwei prunkvolle Scheibenfibeln fränkischer Provenienz enthielt.
Die Gemeinschaft ranghoher Krieger wird dagegen an ihren charakteristischen Waffen fassbar. Das Kriegergrab von Gültlingen von 1901 mit Goldgriffspatha und Spangenhelm vom Typ Baldenheim aus dem späten 5. Jh.[17] ist hier zu nennen (vgl. Abb. 161) wie auch das Kriegergrab von Gammertingen aus der Zeit um 600[18] mit einem vergleichbaren Helm (Abb. 28)[19] und einem Kettenhemd oder auch die Kriegerbestattungen von Niederstotzingen aus dem frühen 7. Jh. mit Lamellenhelm und Lamellenpanzer (vgl. Abb. 460; 461).[20]
Dies gilt nicht nur für die gleichartigen Spangenhelme aus römisch-byzantinischen Werkstätten, die als Zeichen der Anführer von Kriegereinheiten gesehen werden sollten, sondern auch für die Schwerter: im späten 5. Jh. Goldgriffspathen, im 6. Jh. Ringschwerter. Wurden erstere durch die Auflage von dünnem Goldblech auf der Schauseite des Griffs zum Zeichen gleichrangiger Krieger und militärischer oder ziviler Amtsträger, so scheint im 6. Jh. ein nachträglich am Schwertkauf angesetztes, ineinandergeschlungenes Ringpaar aus Silber oder Gold eine ähnliche Kriegergemeinschaft vergleichbaren Ranges auszuzeichnen. Davon wurden jedoch in Südwestdeutschland bisher nur wenige Exemplare entdeckt (vgl. Abb. 574).[21] Ein solches Ringschwert trägt auch der Wolfskrieger auf dem silbernen Pressblech der Schwertscheide von Gutenstein (vgl. Abb. 502).

Verbindende Symbole

Wolfskrieger und Ringschwerter zeigen ebenso nordische Bildbleche und ihre Model, gefunden in Torslunda auf Öland, zu deren Motivspektrum auch der Heilige zwischen Bären gehört.[22]
Adelsqualität und europaweite Beziehungen beschreiben weiterhin die Bildbleche auf den Phalerae einiger Pferdezaumzeuge, die einerseits in den Mittelmeerraum weisen, andererseits Adelshöfe der Alamannia mit England und Mittelschweden verbinden. In einem Frauengrab des frühen 7. Jh. von Pliezhausen wurde eine Goldblechscheibe gefunden, eine nachträglich zu einer Scheibenfibel umgearbeitete Phalera von einem Pferdezaumzeug (vgl. Abb. 500).[23] Das Pressblech zeigt einen siegreichen Reiter, der vom überwundenen Gegner noch zu Fall gebracht wird, indem er das Pferd mit dem Schwert ersticht – ein heidnisches Motiv. Zu den aus dem Mittelmeerraum angeregten oder importierten Phalerae gehören auch zwei Zierscheiben aus dem Reitergrab von Hüfingen[24] (vgl. Abb. 211) im Schwarzwald-Baar-Kreis aus dem frühen 7. Jh. Eine Zierscheibe zeigt Maria mit dem Christuskind, die andere einen Reiterheiligen, der eine Schlange tötet, ebenfalls christliches Symbolgut, wie der Reiterheilige auf der jüngst entdeckten Phalera von Nendingen[25] (vgl. Abb. 470) bei Tuttlingen aus der Mitte des 7. Jh. In einem reichen Männergrab von Eschwege-Niederhone, bei Kassel im fränkischen Gebiet gelegen, wurde ein Zaumzeug mit drei Phalerae gefunden, das aus einer alamannischen Werkstatt stammt. Die mittlere Zierscheibe zeigt eine thronende »Göttin« – vielleicht Maria – zwischen zwei Löwen, die beiden seitlichen bilden

303 b

303 Scheibenfibeln aus Grab 278 von Fridingen. Die vornehme Frau wurde um 700 bestattet. Ihr Grab, obwohl von einem mächtigen Hügel bedeckt, wurde beraubt. Teile der Schmuckausstattung blieben zurück, darunter diese prächtigen Goldscheibenfibeln. Die eine ist sternförmig gestaltet, während die andere aus schon vorhandenen Schmuckteilen zusammengesetzt zu sein scheint.

304 **Goldene Bommelohrringe, hier ein Fund aus Großgartach bei Heilbronn, sind charakteristisch für reiche Frauengräber der Spätzeit.**

305 **Der silberne Sporn mit Perldrahtnieten aus der Zeit um 700 wurde in Göppingen gefunden. In dieser späten Epoche scheint Silber einen hohen Rang zu bedeuten.**

306 **Dürbheim Grab 7: Beschläge eines vielteiligen Gürtels mit Wabenzellentauschierung und Almandinen und Sporn mit Silbertauschierung.**

304

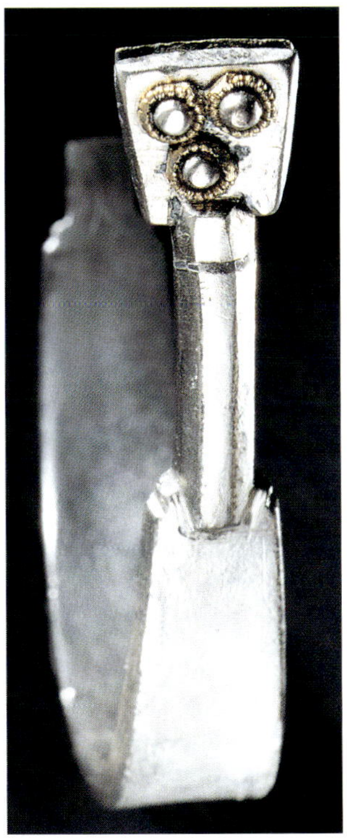
305

einen Menschen zwischen zwei Bären ab, vielleicht »Daniel in der Löwengrube«. Das Motiv des siegreichen Helden auf der Reiterscheibe von Pliezhausen, der im Augenblick des Triumphes fällt und nach Walhall einzieht, erscheint in ähnlicher Ausführung auf rechteckigen Schmuckblechen des Helmes im Fürstengrab von Sutton Hoo in England sowie auf Helmen in den Gräbern Valsgärde 7 und 8 in Mittelschweden.[26] Die Zierscheiben vom Pferdezaumzeug aus dem Reitergrab von Ittenheim[27] im Elsass bringen demgegenüber Jagdmotive, wie die Bilder von Tierhatzszenen im Spiegel der Bronzepfanne aus Grab 38 von Güttingen,[28] die von jenseits der Alpen herzuleiten sind. Das unterstützen auch die Bilder auf den beiden Scheibenfibeln in diesem Grab, ein Reiterheiliger, der ein langes Kreuz über der Schulter trägt, oder ein Kaiserporträt mit Lorbeerkranz.

Die Waffen des freien Alamannen

Schwert und Sax oder die vollständige, schwere Bewaffnung aus Schwert, Sax, Lanze und Schild – ergänzt durch Reitzeug, Zaumzeug und Sporen – wurden dem alamannischen Bauern und Krieger mit ins Grab gegeben. Das Schwert hatte neben seiner Funktion im Kampf symbolischen Wert als Zeichen des unabhängigen Kriegers, eine Rolle, die also über den Tod hinaus bestehen blieb. Mehr als bei den anderen germanischen Stämmen war die Waffenbeigabe und vor allem das zweischneidige Langschwert typisch für die Alamannia. Im Gräberfeld von Schretzheim hatten beispielsweise 55 Prozent aller erwachsenen Männer eine Spatha bei sich, meist zusammen mit anderen Waffen. Mit Waffen, einem Sax oder einer Lanze waren auch die meisten anderen Männer ausgestattet.[29] Während bei den Franken die Waffenbeigaben im 6. Jh. zu 11 Prozent aus Spathen und 22 Prozent aus Saxen, im 7. Jh. zu 12 Prozent aus Spathen und 37 Prozent Saxen bestanden, erreichten in der Alamannia im 6. Jh. Spathen sogar 37 und Saxe 30 Prozent, im 7. Jh. Spathen 29 und Saxe 54 Prozent, also fast immer das Doppelte:[30] Zeichen eines unabhängigen, selbstbewussten Kriegertums, vielleicht in gewollter Abgrenzung gegenüber den Franken.

Auch die vielgestaltigen Gürtelgarnituren der Krieger des 6./7. Jh. scheinen Rangzeichen gewesen zu sein, auch wenn sie im Laufe der Zeit ganz unterschiedlich aussahen. Wie die Waffen wurden sie wahrscheinlich in zentralen Werkstätten an den Königs-, Herzogs- oder Adelshöfen hergestellt. Die vielteiligen Gürtelgarnituren mit Wabenzellentauschierung, z.B. im Grab 7 von Dürbheim aus der zweiten Hälfte des 7. Jh. mit einem ebenfalls silbertauschierten Sporn, gehören zu den jüngsten Formen, die noch archäologisch als Beigaben überliefert sind. Sie kommen überwiegend in der Alamannia vor.[31] Doch wird es sich um Rangzeichen im gesamten Merowingerreich gehandelt haben, da die zurückgehende Beigabensitte die Begrenzung auf die Alamannia vorspiegeln könnte. Aber auch für die vorausgehende Zeit um die Mitte des 7. Jh. sind bestimmte Gürteltypen wie die langobardischen Gürtelgarnituren im wesentlichen auf

306

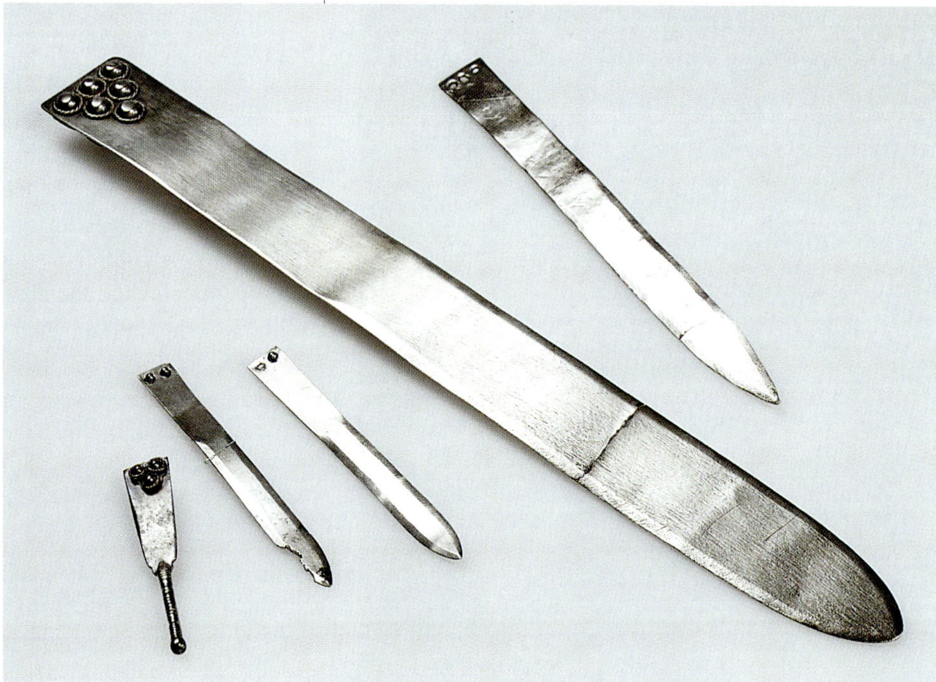

307 a

307 **Kennzeichen dieses Mannes, der um 700 in Grab 2 von Dürbheim bestattet wurde, war eine schlichte Gürtelgarnitur mit Schnalle und besonders langer Riemenzunge, die hier sogar aus Silber gefertigt sind. Er besaß auch einen Kettenpanzer mit Goldschließe. Das Grab gehört zu einer kleinen Adelsnekropole mit einer Kirche, deren Grundriss freigelegt wurde.**

307 b

das alamannische Gebiet begrenzt.[32] Auch Waffengürtel mit überlangen Riemenzungen, wie aus dem Reitergrab 2 von Dürbheim mit Spatha, Schild, Sporn und Kettenpanzer vom Ende des 7. Jh., drücken derartige Rangpositionen aus, ebenso wie schließlich am Ende der Epoche die Sporen aus massivem Silber, wie der aus einem kleinen Separatfriedhof von Göppingen. Die vollständige Bewaffnung eines Reiters von Haldenegg aus dem frühen 8. Jh. zeigt, dass jetzt Silber den Rang markiert; so sind die Nieten am Schildbuckel versilbert und mit silbernem Perldraht eingefasst.
Der Rang der Frauen wird durch alle Generationen hinweg über den Wert der beigegeben Schmucksachen erfahrbar, von den Fibeln im Grab von Schwenningen über die Fibeln im Grab 278 von Fridingen bis zu den für die Spätzeit kennzeichnenden goldenen Bommelohrringen, wie die wohl aus einem Kirchengrab stammenden von Großgartach.

Gesellschaftlicher Umbruch

Das Ende der Beigabensitte und der Reihengräberzeit gegen 700 folgt nicht nur aus einem veränderten Totenbrauchtum nach der Durchsetzung des Christentums, sondern ist auch verbunden mit der Auflösung der alten Sozialstrukturen und der Enstehung eines Adels als Geburtsstand und der Grundherrschaft als Herrschaftsbasis.[33]
Der im späten 7. Jh. verstärkt einsetzende Grabraub ist eine archäologisch fassbare Erscheinung parallel zu dieser gesellschaftlichen Veränderung. Im Laufe des 7. Jh. löste sich das trotz aller Rangunterschiede gemeinsame Neben- und Miteinander der Familien auf. Das zeigt die Tendenz mancher Familien, sich von der Gemeinschaft abzusetzen. Die Ausplünderung, d.h. die »Zerstörung« großer Teile der Reihengräberfelder der alten Solidargemeinschaft, führt zur »Beseitigung« der nach Rang bestatteten Krieger. Was bedeutete es, wenn dem toten Krieger das Schwert aus dem Grab genommen wurde? Man kann sich das vielleicht so vorstellen: Wenn eine Gemeinschaft ihre Gräber nicht mehr schützte oder schützen konnte, dann waren die sozialen Bande zerrissen.
Die Gräber wurden geöffnet und die wertvollen Beigaben entnommen von Leuten, die Bescheid wussten und die Friedhöfe kannten, also vielleicht Leute der jetzt am Ort über Einfluss verfügenden Grundherren. Diese beraubten bzw. ließen die Gräber der Familien berauben, von denen keine Angehörigen mehr am Ort wohnten oder die noch am Ort lebten, aber nicht ein-

308 **Grab eines mit Schwert, Lanze und Schild bewaffneten Reiters aus Haldenegg. Die Nieten des Schildbuckels sind mit Silber verziert.**

308

greifen konnten, weil abhängig und ohne Waffen. Man plünderte die Gräber einerseits zur Bereicherung, andererseits um die Position der alten, jetzt abhängigen Familien zu vernichten. Man raubte das Schwert, das Zeichen des Kriegers, weil der Tote und damit rückwirkend auch die Familie und die Vorfahren das Recht verloren hatten, Waffen zu führen.[34] Die Grundherren hatten beim Gehöft oder auf ihrem Sonderfriedhof inzwischen eine Kirche errichtet und bestatteten dort ihre Familie. Grabbeigaben und aufwendige Bestattungszeremonien wurden jetzt überflüssig, weil die Ranghöhe der Familien festgeschrieben war und auch anderweitig sichtbar gemacht werden konnte.

Waffenbeigabe – konservativ oder elitär?

Einige Familien bestatteten die Männer noch im frühen 8. Jh. mit Waffen, die manchmal recht kostbar mit Silber verziert sein können.[35] Derartige Gräber mit Schwertern und Reiterausrüstung oder auch anderen wertvollen Beigaben finden sich in den erwähnten, kleinen separaten Gräbergruppen oder auf Kirchenfriedhöfen bzw. in Kirchen. Die umfangreichen Grabungen der letzten Jahre haben gezeigt, dass diese kleinen Gräbergruppen aber vor allem auf den Hofgrundstücken selbst inmitten des Dorfes liegen, also nicht abseits irgendwo in der Gemarkung.

Im Rahmen der hier erörterten revolutionären gesellschaftlichen Veränderungen ist zu fragen, wie diese Familien – die so bestatten – einzuordnen sind. Sind sie die letzten Verteter der alten Gesellschaftsordnung, die während der Auflösung der alten Strukturen sich auf ihr Gehöft auch im Tode zurückziehen – vielleicht um dem Grabraub zu entgehen oder weil kein Friedhof mehr existiert und sie nicht zur Eigenkirche des Grundherrn wollen, weil sie noch unabhängig sind? Oder sind es neue Grundherrn, die in bewusster Abgrenzung nicht mit anderen Familien zusammen bestatten, auch wenn sie in einem der üblichen Gehöfte im Dorf wohnen, das sich im Zuschnitt kaum von den anderen unterscheidet?

Nach der schriftlichen Überlieferung wird während der Merowingerzeit ein Netz von Adligen mit eigenem Grundbesitz als Rückhalt der herrschenden Dynastie der Merowinger aufgebaut. Für die Karolingerzeit schildern die Schriftquellen, wie das Netz dieses allodialen Adels abgelöst wird von einem neuen Netz des grundherrschaftlichen Adels als Machtbasis der karolingischen Hausmeier, und dieser neue Adel beseitigt die Rechte und annektiert den Besitz des alten Adels. Entsprechend den revolutionären Wandlungen in der Adelsstruktur, wie sie die schriftliche Überlieferung durchscheinen lässt, wird dieser Wechsel auch im archäologischen Quellenstoff um 700 überliefert. Die Reihengräberfelder der auf freiem Eigengut lebenden Bauern niedrigen und »adelsartigen« Ranges werden aufgegeben, da diese Gemeinschaft zerbricht; die nachfolgenden, weit abseits angelegten kleinen Gräbergruppen sind die Friedhöfe der neuen, untereinander in Konkurrenz lebenden Grundherren. Im 8. Jh. hatte sich jedenfalls die neue Gesellschaftsordnung durchgesetzt. Wie die Schriftquellen zeigen, stammte die Erstausstattung der süddeutschen Klöster, wie sie im 8. Jh. vorgenommen wurde, in vielen Fällen schon aus dem Streubesitz größerer Grundherrschaften.

1 J. P. Bodmer, Der Krieger der Merowingerzeit und seine Welt. Eine Studie über Kriegertum als Form der menschlichen Existenz im Frühmittelalter (Zürich 1957).

2 Vgl. Schmidt-Wiegand in diesem Band; C. Schott, Lex Alamannorum. Das Gesetz der Alemannen. Text – Übersetzung – Kommentar (Augsburg 1993).

3 R. Kaiser, Das römische Erbe und das Merowingerreich. Enzyklopädie deutscher Geschichte 26 (München 1993) 100.

4 Das Schaubild beruht auf folgenden Grundlagen: H. Steuer, Frühgeschichtliche Sozialstrukturen in Mitteleuropa (Göttingen 1982) 519 Abb. 114; G. Behm-Blancke, Zur Sozialstruktur der völkerwanderungszeitlichen Thüringer. Ausgr. u. Funde 15, 1970, 264 Abb. 1; F. Staab, Die Gesellschaft des Merowingerreiches. In: Die Franken. Wegbereiter Europas (Mainz 1996) 993 mit Abb.; W. Störmer, Zur gesellschaftlichen Gliederung. In: Die Bajuwaren. Von Severin bis Tassilo 488–788. Ausstellungskatalog (Salzburg 1988) 227 Abb. 149.

5 R. Christlein, Besitzabstufungen zur Merowingerzeit im Spiegel reicher Grabfunde aus West- und Südwestdeutschland. Jahrb. RGZM 20, 1973, 147 ff.; ders., Die Alamannen. Archäologie eines lebendigen Volkes (Stuttgart 1978) 20; 86 f.

6 P. Donat, Die Adelsgräber von Großörner und Stößen und das Problem der Qualitätsgruppe D merowingerzeitlicher Grabaustattungen. Jahresschr. Mitteldt. Vorgesch. 72, 1989, 185 ff.

7 K. W. Alt/L. Jørgensen, W. Vach, Verwandtschaftsanalyse im alamannischen Reihengräberfeld von Kirchheim/Ries. Ergebnisse aus der anthropologischen und archäologischen Analyse. PNM Publications from the National Museum. Studies in Archeology History 3 (im Druck).

8 Ch. Neuffer-Müller, Der alamannische Adelsbestattungsplatz und die Reihengräberfriedhöfe von Kirchheim am Ries (Ostalbkreis). Forsch. u. Ber. Vor- u. Frühgesch. Baden-Württemberg 15 (Stuttgart 1983).

9 A. von Schnurbein, Der alamannische Friedhof Fridingen an der Donau (Kr. Tuttlingen). Forsch. u. Ber. Vor- u. Frühgesch. Baden-Württemberg 21 (Stuttgart 1987); K. G. Kokkotidis, Belegungsablauf und Bevölkerungsstruktur auf dem alamannischen Gräberfeld von Fridingen an der Donau in Südwestdeutschland. Fundber. Baden-Württemberg 20, 1995, 737 ff.; D. Quast, Bemerkungen zum merowingerzeitlichen Gräberfeld bei Fridingen an der Donau, Kreis Tuttlingen. Fundber. Baden-Württemberg 20, 1995, 803 ff.

10 H. W. Böhme, Adelsgräber im Frankenreich. Archäologische Zeugnisse zur Herausbildung einer Herrenschicht unter den merowingischen Königen. Jahrb. RGZM 40, 1993, 525.

11 Ebd. 397 ff.; A. Butzler, Die frühmittelalterlichen Gräber aus der Kirche Burg. In: M. Höneisen (Hrsg.), Frühgeschichte der Region Stein am Rhein. Archäologische Forschungen am Ausfluss des Untersees. Antiqua 26. Veröff. Schweizerische Ges. Ur- u. Frühgesch. Schaffhauser Arch. 1. Veröff. Kantonsarch. u. Mus. Allerheiligen (Schaffhausen 1993) 191 ff.

12 W. Müller/M. Knaut, Heiden und Christen (Stuttgart 1987) 6; vgl. Stork, Jenseitsvorstellungen in diesem Band.

13 J. Werner, Das alamannische Fürstengrab von Wittislingen (1950).

14 G. Fingerlin, Begräbnisplatz einer merowingerzeitlichen Adelsfamilie in Dürbheim, Kr. Tuttlingen. In: Neue Ausgrabungen. Archäologische Denkmalpflege im Regierungsbezirk Freiburg (Freiburg 1981) 71 ff.
15 G. Fingerlin, Das alamannische Reihengräberfeld von Schwenningen »Auf der Lehr«. Almanach, Heimatjahrb. Schwarzwald-Baar-Kreis 11, 1987.
16 G. Fingerlin, Hüfingen, ein zentraler Ort der Baar im frühen Mittelalter. In: Der Keltenfürst von Hochdorf (Stuttgart 1985) 426 ff.
17 D. Quast, Merowingerzeitliche Grabfunde aus Gültlingen (Stadt Wildenberg, Kreis Calw). Forsch. u. Ber. Vor- u. Frühgesch. Baden-Württemberg 52 (Stuttgart 1993) 59.
18 W. Groebbels, Der Reihengräberfund von Gammertingen (1905); F. Stein, Alamannische Siedlung und Kultur. Das Reihengräberfeld in Gammertingen (Sigmaringen 1991).
19 Zur Verbreitungskarte der Helme K. Böhner, Die frühmittelalterlichen Spangenhelme und die nordischen Helme der Vendelzeit. Jahrb. RGZM 41, 1994, 511 Karte 1; H. Steuer, Helm und Ringschwert. Prunkbewaffnung und Rangabzeichen germanischer Krieger. Stud. Sachsenforsch. 6, 1987, 192 Abb. 1. Ergänzung: S. Felgenhauer-Schmiedt, Das Kappele (»die Kapile«) ob Jadersdorf. Eine spätantik-frühmittelalterliche Höhensiedlung in Oberkärnten (Klagenfurt 1993) 39 f. Taf. 40,5; 63,1 (Fragment eines Helmes).
20 P. Paulsen, Alamannische Adelsgräber von Niederstotzingen. Veröff. Staatl. Amt Denkmalpflege Stuttgart A 12 (Stuttgart 1967).
21 Steuer (Anm. 19) 189 ff.
22 K. Böhner, Die frühmittelalterlichen Silberphaleren aus Eschwege (Hessen) und die nordischen Pressblechbilder. Jahrb. RGZM 38, 1991 (1995), 681 ff.
23 K. Böhner/D. Quast, Die merowingerzeitlichen Grabfunde von Pliezhausen, Kr. Reutlingen. Fundber. Baden-Württemberg 19,1, 1994, 383 ff.
24 G. Fingerlin, Ein alamannisches Reitergrab aus Hüfingen. In: Studien zur vor- und frühgeschichtlichen Archäologie. Festschrift für Joachim Werner zum 65. Geburtstag. Teil 2 (München 1974) 591 ff.
25 G. Fingerlin, Ein frühmittelalterliches Reiterbild aus Nendingen, Stadt Tuttlingen. Arch. Ausgr. Baden-Württemberg 1992, 222 ff.
26 Böhner (Anm. 19) 471 ff.
27 J. Werner, Der Fund von Ittenheim (Straßburg 1943).
28 G. Fingerlin, Grab einer adligen Frau aus Güttingen. Bad. Fundber. Sonderh. 4 (1964); ders., Die alamannischen Gräberfelder von Güttingen und Merdingen in Südbaden. Germ. Denkmäler Völkerwanderungszeit A 12 (Berlin 1971).
29 H.-P. Wotzka, Die Männergräber von Schretzheim. Eine quantitative Studie. Hammaburg N.F. 9, 1989, 119 ff. [Festschrift für Wolfgang Hübener].
30 F. Siegmund, Kleidung umd Bewaffnung der Männer im östlichen Frankenreich. In: Die Franken. Wegbereiter Europas (Mainz 1996) 705 Abb. 577 (Schaubild).
31 R. Marti, Das Grab eines wohlhabenden Alamannen in Altdorf UR, Pfarrkirche St. Martin. Jahrb. SGU 78, 1995, 83 ff.; Fingerlin (Anm. 14) 72 f.
32 R. Christlein, Eine langobardische Gürtelgarnitur von Bieringen, Kreis Horb. Der Sülchgau. Jahresgabe 1971, 55 ff.
33 L. Kuchenbuch, Grundherrschaft im früheren Mittelalter. Hist. Seminar N.F. 1 (Idstein 1991) 45 ff.
34 M. Knaut, Die alamannischen Gräberfelder von Neresheim und Kösingen, Ostalbkreis. Forsch. u. Ber. Vor- u. Frühgesch. Baden-Württemberg 48 (Stuttgart 1993) 37.
35 F. Stein, Adelsgräber des achten Jahrhunderts in Deutschland. Germ. Denkmäler Völkerwanderungszeit A 9 (Berlin 1967).

HEIMISCHER HERD UND BLICK IN DIE FERNE

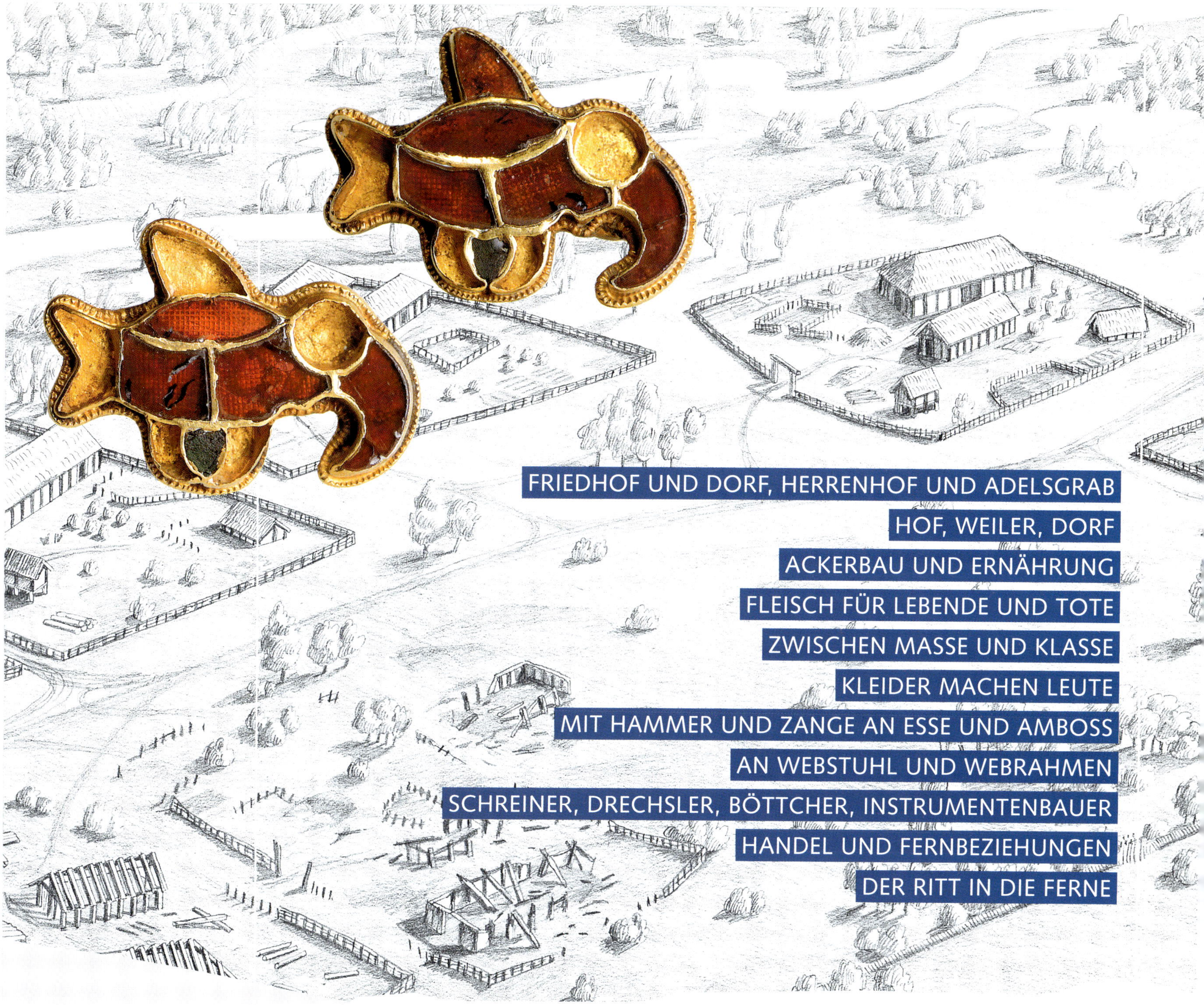

310

stand ein Baumsarg von knapp 2 m Länge und 0,45 m Breite. Vollständig und in Originallage fanden sich: die Bestandteile einer Vierfibeltracht mit Bügel- und Vogelfibelpaar, Armring, Wadenbindengarnitur, Amulettgehänge und ein Messerbesteck mit leider vergangenen Griffhülsen aus Silber. Von großem Wert sind die umfangreichen Textilbefunde. Die nachgewiesenen Gewebe reichen von fernöstlicher Seide bis zum Steppfaden aus Baumwolle. Das Inventar vervollständigen eine fränkische Zylinderflasche aus Glas, ein bronzenes Perlrandbecken, Reste eines Holzgefäßes und Speisebeigaben aus Haselnüssen, Kornelkirschen, Schlehen, Pflaumen und Hagebutten, alles in allem die vornehme Ausstattung einer fränkischen Adeligen der Zeit Chlodwigs um 500 n.Chr.

Ähnlich hochwertige Textilfunde stammen aus dem rund 50 Jahre jüngeren Kindergrab 795. Ein vier bis sechs Jahre altes Mädchen war hier mit dem Prunk der Erwachsenen beigesetzt worden. Trotz antiker Beraubung besaß es noch eine Scheibe mit Öse, Ohrring und Armreif aus Bronze, eine Halskette aus

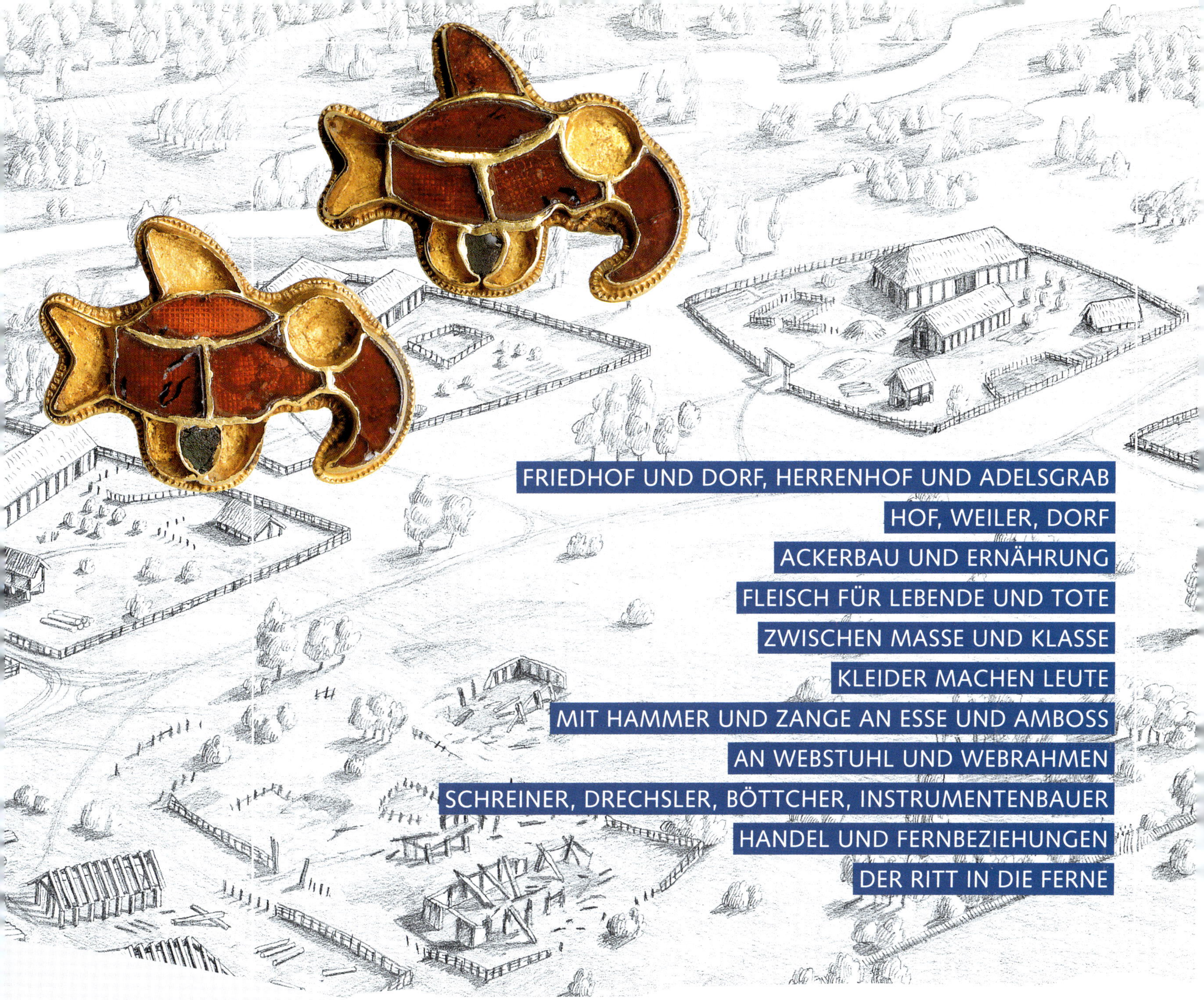

FRIEDHOF UND DORF, HERRENHOF UND ADELSGRAB

HOF, WEILER, DORF

ACKERBAU UND ERNÄHRUNG

FLEISCH FÜR LEBENDE UND TOTE

ZWISCHEN MASSE UND KLASSE

KLEIDER MACHEN LEUTE

MIT HAMMER UND ZANGE AN ESSE UND AMBOSS

AN WEBSTUHL UND WEBRAHMEN

SCHREINER, DRECHSLER, BÖTTCHER, INSTRUMENTENBAUER

HANDEL UND FERNBEZIEHUNGEN

DER RITT IN DIE FERNE

Friedhof und Dorf, Herrenhof und Adelsgrab

DER EINMALIGE BEFUND LAUCHHEIM

INGO STORK

Seit Jahrzehnten bildet Ostwürttemberg einen besonderen Forschungsschwerpunkt der Merowingerzeit. Hier haben sich, bedingt durch wirtschaftliche Strukturschwäche und besonders günstige Bodenverhältnisse, Zeugnisse bis in die Nachkriegszeit erhalten, die in anderen Landschaften längst der Zerstörung anheim gefallen sind.[1] In den achtziger Jahren trat mit den Grabungen in Heidenheim-Schnaitheim auch die Siedlungsarchäologie stärker hervor.[2] Gleichwohl war es bis vor kurzem weder in dieser noch in anderen Regionen möglich, eine Siedlung mit dem zugehörigen Bestattungsplatz großflächig zu erfassen. Dieser besondere Glücksfall trat erst 1986 und 1989 ein.

Lauchheim liegt im unmittelbaren Vorland der Schwäbischen Alb zu Füßen einer beherrschenden Anhöhe, auf der heute die Kapfenburg thront. Das Altsiedelland erstreckt sich nach Norden bis zum Virngrund, ursprünglich einem Waldgebiet, in dem 764 das Kloster Ellwangen gegründet wurde. Zum Jagsttal als natürlichem Verkehrsweg tritt in Lauchheim eine Passeinsattelung des Albtraufs, die den Weg nach Osten ins Nördlinger Ries öffnet. Diese West-Ost-Verbindung nutzte schon die Römerstraße nach Oberdorf. Die Stadt Lauchheim tritt erst spät, 1248, ins Licht der historischen Überlieferung. Nur unwesentlich früher, 1235, wird die Kapfenburg erwähnt, deren Ursprünge als mögliche Königsburg im Dunkeln liegen.[3]

Das große Gräberfeld

Mit der zufälligen Entdeckung des Bestattungsplatzes im Industriegebiet der Flur »Wasserfurche« wurde 1986 das archäologische Geschichtsbuch aufgeschlagen. Mehrere glückliche Umstände trugen zur umgehenden Fundmeldung bei, weshalb es nur zu geringen Substanzverlusten kam.[4]

In jährlichen Rettungsgrabungen gelang es, bis 1996 den Friedhof nahezu vollständig zu untersuchen. Mit 1308 Gräbern sind über 95 Prozent des einstigen Bestandes erfasst worden.[5]

Die Nekropole liegt an einem mäßig nach Norden und Nordosten zur Jagst geneigten Hang. Ihre Ausdehnung beträgt 175 m x 85 m, also knapp 1,5 ha. Die Belegung beginnt, soweit derzeit beurteilbar, spätestens in der zweiten Hälfte des 5. Jh.[6] und endet in der Zeit um 660/680 n.Chr.[7] Am Nord- und Nordostrand des Friedhofs treten gehäuft beigabenarme, nur mit einer ovalen Eisenschnalle ausgestattete oder beigabenlose Bestattungen auf. Doch diese Gräber sind insgesamt zu spärlich, um einen eigenen Belegungsabschnitt zu rechtfertigen. Sie zeigen aber die allmähliche Reduzierung der Beigabensitte. Über die Hälfte der so bestatteten Menschen war relativ alt, jenseits der durchschnittlichen Lebenserwartung Erwachsener von 39 Jahren.[8] Denkbar ist daher, dass einzelne Personen aufgrund familiärer Bindungen noch in der Nähe ihrer früher verstorbenen Anverwandten begraben wurden. Jedenfalls endet die Belegung des großen Gräberfeldes, soweit es datierbar ist, vor dem 8. Jh. Dies entspricht den allgemein in Süddeutschland anzutreffenden Verhältnissen.[9] Als Belegungszeitraum stehen damit maximal 250, eher 230 Jahre zur Debatte. Verwendet man gebräuchliche Berechnungsschemata,[10] so ergäbe sich daraus bei der genannten Lebenserwartung eine Gesamtzahl von rund 250 Menschen pro Generation, woraus man auf acht bis zwölf Höfe schließen könnte.[11] Hier zeigt sich, wie wertvoll es ist, die zugehörige Siedlung tatsächlich zu kennen.

Im östlichen Drittel des Gräberfeldes ist die Belegung sehr viel dichter und stärker in Reihen gegliedert als im mittleren und westlichen Bereich, wo größere Lücken mit Gruppen zusammenliegender Gräber abwechseln. Auffallend lange, schmale Grabgruben finden sich nur im Westen, während gewollte Mehrfachbelegungen im Osten viel häufiger sind.[12] Die Belegung schritt von Westen nach Osten voran, was durch die zeitliche Einordnung der Funde bestätigt wird. Der geradlinige Verlauf der Friedhofsgrenzen rührt wohl von einer Einfriedung her, etwa in Form eines Zaunes oder einer Hecke.[13] Eine solche Einfriedung setzt eine in die Zukunft gerichtete Friedhofsplanung voraus, die hier wohl im fortgeschrittenen 6. Jh. begann. Im Südosten, leider zum Teil unter einer Werkhalle, befinden sich Grabanlagen, die deutlich über die erschließbare Linie hinausgreifen. Für diese Bevölkerungsschicht war die einmal festgelegte Friedhofsbegrenzung nicht verbindlich. Hier handelt es sich um sehr gut, teilweise hervorragend ausgestattete Gräber. Der im Südwesten auslappende Verlauf des Gräberfeldrandes wird dagegen durch die ältere, gruppenweise Belegung zu erklären sein.

Freiräume um einige Gräber, verbunden mit einer Ausbiegung umliegender Grabreihen, dürfen als Hinweis für einstige Überhügelungen gewertet werden.[14] Unter den Grabhügeln lagen stets wohlhabende Tote. Unmittelbar östlich einer einstmals überhügelten Adelsgrablege befand sich ein Holzgebäude, von dem nur drei Holzpfosten und ein rechteckiger Freiraum erhalten sind.
Antike Beraubung lässt sich auch in Lauchheim häufig feststellen. Ihre Intensität ist in den einzelnen Bereichen des Gräberfeldes sehr unterschiedlich. Im Gegensatz zu den meisten anderen Friedhöfen liegt sie im Belegungsareal des 7. Jh. nur bei etwa 40 Prozent, wogegen Gruppen des 6. Jh. mitunter zu 90 Prozent ausgeraubt wurden. Einiges deutet darauf hin, dass eine Vielzahl der Gräber des 6. Jh. erst im 7. Jh. geplündert worden sind.

Zeugnisse von Reichtum und Macht

Ungewöhnlich »reich« waren in Lauchheim 49 Männer, Frauen und Kinder bestattet worden, das entspricht 3,7 Prozent.[15] Selbst einige antik stark beraubte Gräber, wie das Grab 458, können anhand ihres aufwendigen Baus und des Befundzusammenhangs noch dieser Oberschicht zugewiesen werden. In Lauchheim verteilen sich solche Bestattungen über den gesamten Belegungszeitraum, folglich gab es in jeder Generation äußerst wohlhabende Familien.
Einer der frühesten Belege ist Grab 974, die Bestattung einer Frau. Besondere örtliche Verhältnisse haben hier zudem noch für »Feuchtbodenerhaltung« gesorgt, also Konservierung von normalerweise vergänglichen organischen Substanzen. In einer 2,25 m x 0,57 m großen Kiste aus Eichenholz

309

309 **Das Luftbild von 1987 verdeutlicht die Lage des Gräberfeldes im Gewann »Wasserfurche«. Die Hallen im Vordergrund gehören zum Industriegebiet, dessen Erschließung zur Entdeckung des Friedhofs führte. In der Mitte ein Neubaugebiet der sechziger Jahre, dahinter die roten Ziegeldächer des alten Ortskerns von Lauchheim mit der Kirche St. Peter und Paul.**

310

stand ein Baumsarg von knapp 2 m Länge und 0,45 m Breite. Vollständig und in Originallage fanden sich: die Bestandteile einer Vierfibeltracht mit Bügel- und Vogelfibelpaar, Armring, Wadenbindengarnitur, Amulettgehänge und ein Messerbesteck mit leider vergangenen Griffhülsen aus Silber. Von großem Wert sind die umfangreichen Textilbefunde. Die nachgewiesenen Gewebe reichen von fernöstlicher Seide bis zum Steppfaden aus Baumwolle. Das Inventar vervollständigen eine fränkische Zylinderflasche aus Glas, ein bronzenes Perlrandbecken, Reste eines Holzgefäßes und Speisebeigaben aus Haselnüssen, Kornelkirschen, Schlehen, Pflaumen und Hagebutten, alles in allem die vornehme Ausstattung einer fränkischen Adeligen der Zeit Chlodwigs um 500 n.Chr.
Ähnlich hochwertige Textilfunde stammen aus dem rund 50 Jahre jüngeren Kindergrab 795. Ein vier bis sechs Jahre altes Mädchen war hier mit dem Prunk der Erwachsenen beigesetzt worden. Trotz antiker Beraubung besaß es noch eine Scheibe mit Öse, Ohrring und Armreif aus Bronze, eine Halskette aus

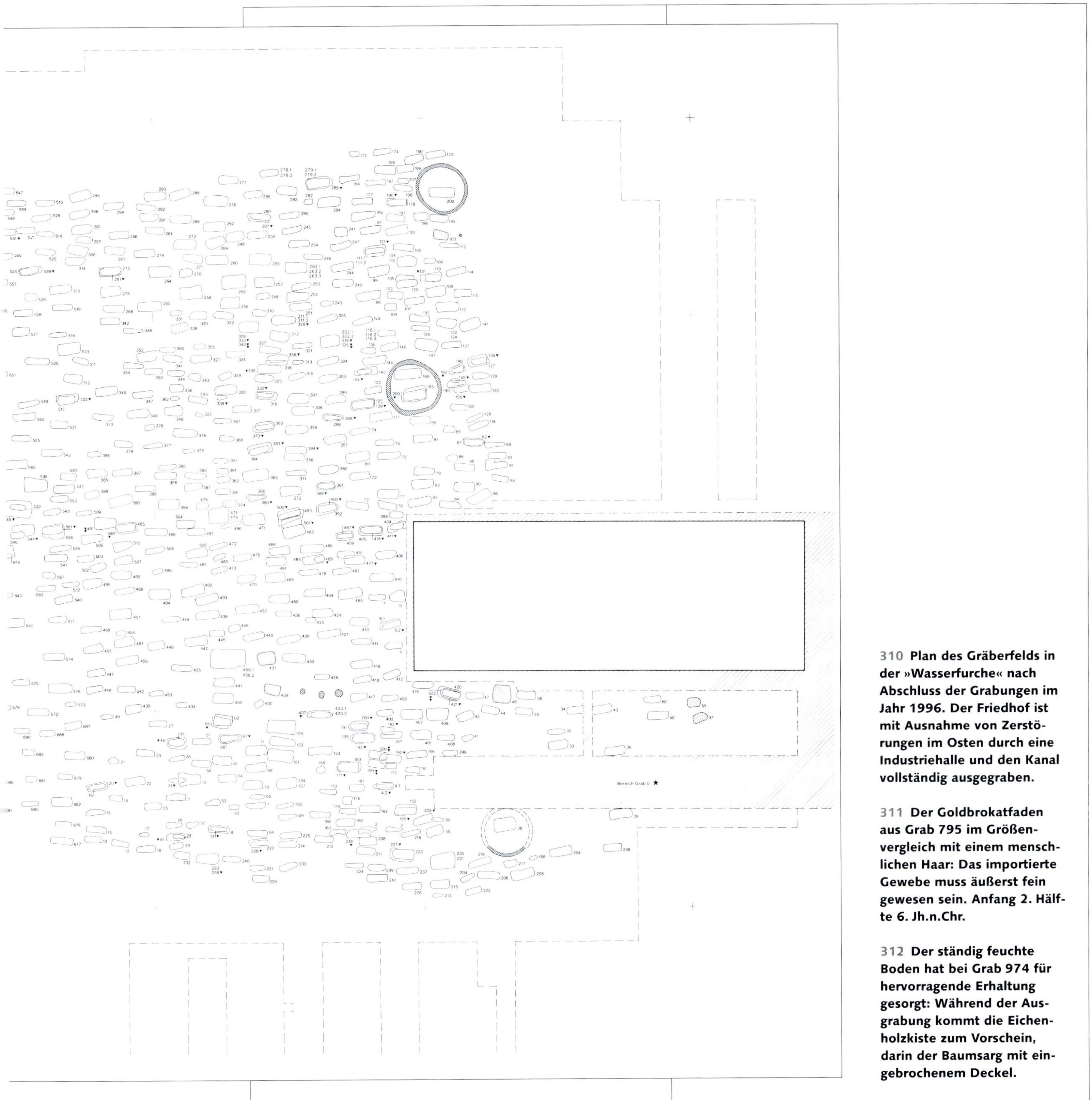

310 **Plan des Gräberfelds in der »Wasserfurche« nach Abschluss der Grabungen im Jahr 1996. Der Friedhof ist mit Ausnahme von Zerstörungen im Osten durch eine Industriehalle und den Kanal vollständig ausgegraben.**

311 **Der Goldbrokatfaden aus Grab 795 im Größenvergleich mit einem menschlichen Haar: Das importierte Gewebe muss äußerst fein gewesen sein. Anfang 2. Hälfte 6. Jh.n.Chr.**

312 **Der ständig feuchte Boden hat bei Grab 974 für hervorragende Erhaltung gesorgt: Während der Ausgrabung kommt die Eichenholzkiste zum Vorschein, darin der Baumsarg mit eingebrochenem Deckel.**

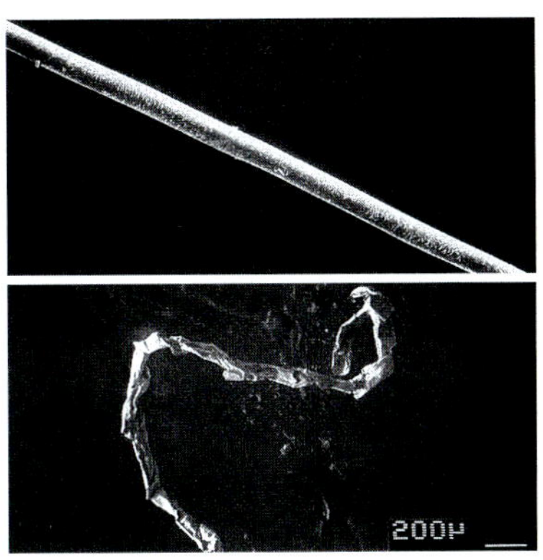

311

312

313 a

313 a, b **Der sechs- bis achtjährige Knabe in Grab 450 erhielt eine vollständige Waffenausrüstung nach dem Vorbild des merowingischen Königshauses. Die Saxscheide und der zum Sax gehörende kostbare Gürtel kamen aus Italien. Um 600 n.Chr.**

93 Glas- und 13 Bernsteinperlen, eine Gürtelschnalle sowie mehrere Amulette: Hirschgeweihscheibe, Glasperle und Reste einer Cypreenschnecke aus dem östlichen Mittelmeer oder Indischen Ozean. Der bemerkenswerteste Fund dieses Grabes aber waren zehn maximal 1 cm lange und 0,5 cm breite Ansammlungen feinster Goldbrokatfäden. Aufgrund ihrer Lage gehörten sie wohl zur Halsborte eines Kleides oder Hemdes. Das außerordentlich feine Goldlahngewebe besteht aus Blattgoldstreifen von 0,1 mm Breite, die spiralig um einen nicht mehr vorhandenen Faden von etwa 0,07 mm Durchmesser gewickelt waren.[16] Als Faden kommt nur Seide oder Wolle in Betracht.[17] Gemäß dem Codex Justinianus waren solcherart verzierte Kleidungsstücke im byzantinischen Reich Angehörigen des Kaiserhauses und höchsten Würdenträgern vorbehalten.[18] Das aus Konstantinopel oder den östlichen Teilen des byzantinischen Reiches bzw. dem Nahen Osten stammende Gewebe dürfte in Italien erworben worden sein. Das Lebensgefühl der Lauchheimer Oberschicht findet auch in der Übernahme »feiner«, ursprünglich romanischer Tischsitten Ausdruck. In diesen Zusammenhang gehört das Messerbesteck aus Grab 974 eben-

313 b

314

314 Die in Grab 66 bestattete adelige Frau gehörte wohl zur gleichen Familie wie der in Grab 450 beigesetzte Knabe. Ihr Umhang war mit einer kostbaren Goldscheibenfibel verschlossen, die von hoher Kunstfertigkeit zeugt und als christliches Symbol verstanden werden kann. Auch dieses Grab zeigt den Einfluss Italiens auf die Oberschicht. Um 600 n.Chr. oder kurz davor.

so wie ein silberner Sieblöffel aus Grab 1007, der zum Abseihen von Würzkräutern aus dem Weinglas diente.[19] Einheimische und mediterrane Bronzebecken sowie Griffschalen wurden zum Händewaschen – man aß mit den Fingern – verwendet. Zum Status des wohlhabenden und einflussreichen Mannes gehörte neben den Waffen mit ihren wertvollen Gürteln vor allem auch seine Selbstdarstellung als Reiter. Die ursprünglich vor allem thüringische Sitte der Pferdebestattung breitete sich im 6. Jh. stark aus. Das anlässlich der Beisetzung seines Herren getötete Pferd wurde in einer separaten Grabgrube, meist ostwärts zu Füßen des Toten, niedergelegt (vgl. Kokabi, Fleisch). Dabei wurden die Rösser im 6. Jh. mit Schirrung begraben, im 7. Jh. dagegen enthauptet, die Teile der Schirrung und gegebenenfalls der Sattel liegen dann im Grab des Reiters.[20]

Eine Adelsfamilie um 600 nach Christus

Die Gräber 66, 441, 450 und 458 lagen in einer Reihe nebeneinander. Ein kreisförmiger Freiraum, der auf Überhügelung schließen lässt, umgab sie. Zwei Pferdegräber, 429 und 431, letzteres ein Doppelgrab, sind den Bestattungen 450 (Knabe) und 458 (Mann) zuzuweisen.

Im Zentrum der Gruppe befanden sich die Knabengäber 441 und 450, beide auf dem gleichen Niveau angelegt. Der jüngere, in einer 1,90 m x 1,05 m großen Holzkammer beigesetzte Knabe aus Grab 441 starb im Alter von etwa vier Jahren. Ihm war eine fast vollständige Waffenausstattung mit kleinem Sax, mit Axt, Pfeil und Bogen, Lanze sowie Schild mitgegeben worden. Mit Ausnahme des Schildes handelt es sich um »kindgerechte«, eigens für den kleinen Träger angefertigte Kleinausgaben.[21] Seine frühe vielteilige Gürtelgarnitur mit Spiraltauschierung dürfte ebenso aus Italien stammen wie die gegossene mediterrane Griffschale, in der ein Kamm lag. Ein Messerpaar, ein großes Tongefäß sowie eine Fleischbeigabe runden das ungewöhnliche Inventar ab.

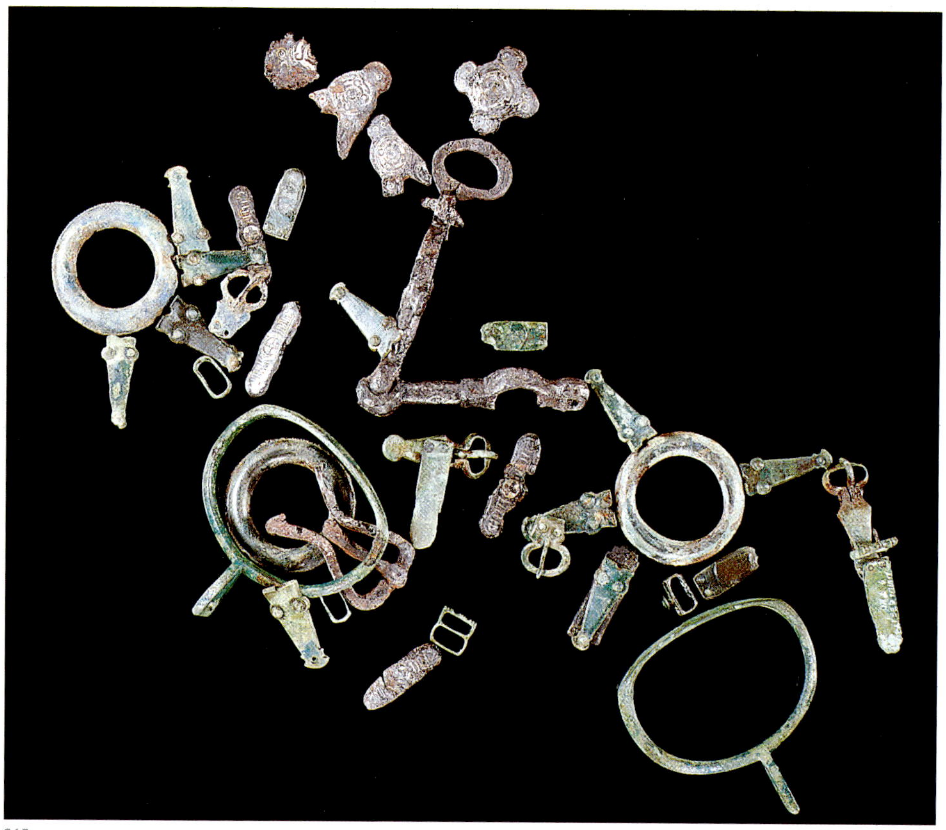

315

315 Zu dem prunkvollen Pferdegeschirr des adeligen Reiters aus Grab 38 gehörte auch ein Sattel mit zwei bronzenen Steigbügeln. Das Zaumzeug ist auf dem Foto entsprechend der Fundlage angeordnet. Auf dieser Basis können die nicht erhaltenen Teile rekonstruiert werden. 2. Drittel 7. Jh. n.Chr.

316 Der Adelige aus Grab 36 zeichnete Rechtsakte mit seinem goldenen Siegelring. Das beraubte Grab enthielt noch Teile von kostbaren Gürteln: bronzene, mit Almandinen besetzte Beschläge für den Spathagurt und eiserne, mit Silber plattiert und ebenfalls mit Almandinen besetzt, für den Saxgurt – in der alamannischen Oberschicht weit verbreitete Statussymbole. Im Vordergrund eine Trense. Um 660/680 n.Chr.

317 Grab 1101 mit Spatha und Franziska und Grab 1012 mit einem Ango: typisch fränkische Waffen. Während Franzisken in Lauchheim mehrfach mit fränkischen Schwertern zusammen vorkommen, ist der Ango ein Einzelstück. Die Länge der eisernen Spitze mit der Federtülle (1,32 m) lässt auf eine Gesamtlänge von rund 3 m schließen. Anfang 6 .Jh.n.Chr.

Südlich daneben war, ebenfalls in einer Holzgrabkammer (Grab 450), ein mit sechs bis acht Jahren gestorbener Knabe beerdigt worden, vielleicht sein Bruder. Ihm hatte man die Waffenausstattung vollständig, also inklusive der Spatha mitgegeben. Mit Ausnahme der Lanze handelt es sich um Waffen in Normalgröße, die das Kind kaum tragen geschweige denn führen konnte. Der Schildbuckel weist Hiebspuren auf. Die Saxscheide und die vielteilige plattierte Gürtelgarnitur mit Kreuzverzierungen stammen aus dem langobardischen Italien.[22] Auch die christliche Sitte der »Goldblattkreuze« wurde von dort übernommen (vgl. Riemer, Zeichen). Messer, Kamm und vor allem wertvolles Pferdezaumzeug gehören zum Bestand dieses herausragenden Adelsgrabes.

Nördlich daneben befand sich die größte Grabkammer des Lauchheimer Friedhofs (Grab 458). Vom Inventar blieben nach der Beraubung nur ein Gürtelbeschlag, Reste des Schildbuckels, eine Bronzeglocke und, als christliches Heilszeichen, der Arm eines mindestens vierteiligen Goldblattkreuzes.

Das am Südrand der Gruppe gelegene Frauengrab 66 wurde unberaubt angetroffen. Die im Alter von etwa 40 Jahren verstorbene Frau kleidete sich schon nach der am Ende des 6. Jh. aufkommenden Mode, zu der nur eine Fibel gehörte, in diesem Fall eine reich verzierte, goldene Filigranscheibenfibel. Dieses ungewöhnliche Stück ergänzte sie durch zwei ältere, unterschiedliche Bügelfibeln. An ihrem Collier aus Glas- und Amethystperlen hing ein scheibenförmiger Goldanhänger mit Filigran. Sie trug einen goldenen Fingerring mit einem Amethyst,

316

317

318

und ihre Wadenbinden waren mit Silberpressblechen besetzt, die im Tierstil II verziert sind wie auch die silberne Schuhgarnitur. An einem mit Silberblechen beschlagenen Amulettgehänge hing eine große Bergkristallkugel und an einem weiteren Elfenbeinring eine Zierscheibe. Ein fränkischer Rüsselbecher, ein Ausgussgefäß aus Ton sowie eine Fleischbeigabe seien weiter genannt. Die besonders wegen der Scheibenfibel hervorstechende Bestattung weist genau wie die beiden Knabengräber langobardische Einflüsse auf.[23]

Es stellt sich die Frage, ob wir hier nicht mehr als nur »Einflüsse« fassen. Denkbar wäre die Einheirat einer Familie. Unter diesem Gesichtspunkt ist die Ausraubung des Männergrabes 458 besonders zu bedauern. Erste Hinweise der anthropologischen Untersuchung von epigenetischen Merkmalen (vgl. Wahl, Masse) könnten jedoch in diese Richtung deuten. In die um 600 n.Chr. angelegte Gräbergruppe muß auch das Frauengrab 437, das unmittelbar westlich davon in Zusammenhang mit dem erwähnten Holzbau steht, einbezogen werden. Auch hier gibt es klare Südbezüge.

Führungspersönlichkeiten des 7. Jahrhunderts

Von den Zentralbestattungen innerhalb der von Kreisgräben umzogenen Grabhügel sei hier Grab 38 als Beispiel näher betrachtet. Ein Kreisgraben von rund 5,5 m Durchmesser umschloss eine mit Steinen umstellte Holzkammer von 1,2 m x 2,2 m Größe. An deren Nordseite lag ein schwer bewaffneter Mann, dem zur Rechten die Spatha, zur Linken der Sax beigegeben worden waren. Lanze und Schild barg der Südteil der Kammer. Dort fand sich auch das Pferdegeschirr mit zwei Steigbügeln aus Bronze, die einen Sattel belegen.[24] Der Sporn wurde, wie üblich, am linken Fuß getragen. Die vielteilige Gürtelgarnitur – der Leibgurt, an dem

318 Die Besitzerinnen dieser Fibeln waren »Fremde« in Lauchheim. Bügelfibeln treten regional in sehr verschiedenen Formen auf: rechts oben langobardisch (Grab 787); Mitte links thüringisch (Grab 1006); Mitte ostgotisch (Grab 1010); rechts außen westfränkisch (Grab 817); unten links thüringisch (Grab 1170 und 1190). Die Bügelfibel oben links ist die einheimische Nachahmung einer Fibel vom »nordischen« Typ (Grab 911). Ihr Vorbild muss aus dem skandinavischen oder angelsächsischen Raum stammen. Ende 5. bis 2. Hälfte 6. Jh.

319

319 Die Goldblattkreuze aus den Gräbern »0«, 38, 458 (nur ein Kreuzarm erhalten) und 450 geben Zeugnis von christlichem Totenbrauchtum, das aus dem langobardischen Italien übernommen wurde.

320

der Sax getragen wurde – zeigt qualitätvolle Silberplattierung im Tierstil II. Auf dem Schädel fand sich ein Goldblattkreuz mit zweifach eingepresster Kopfdarstellung. Eine gegossene Griffschale aus Bronze steht auf drei plastisch gegossenen Füßchen in Löwenform, ein mediterranes Stück, das nördlich der Alpen einzigartig ist.
Das jüngste Adelsgrab des Friedhofs, Grab 36, war weder besonders groß, noch gab es zwingende Hinweise auf einen Hügel. Auffallend ist aber die Nähe zweier Reitergräber mit zugehörigen Pferdebestattungen. Obwohl der Tote beraubt wurde, nachdem sein Körper schon weitgehend verfallen war, blieben Stücke zurück, die die einstige Bedeutung des etwa fünfzigjährig Verstorbenen erahnen lassen. Eine vielteilige, wabenplattierte und mit Almandinen verzierte Gürtelgarnitur gehörte zum Sax, Teile einer bronzenen, ebenfalls mit Almandinen versehenen Gürtelgarnitur der Form Pfahlheim-Ditzingen[25] zur Spatha. Reste des Pferdegeschirrs, darunter eine Trense, belegen einen Reiter. Das bemerkenswerteste Stück ist aber zweifellos

320 **Fundstellen, eingetragen auf der Urflurkarte (1832):**
1 Gräberfeld »Wassserfurche«.
2 Siedlung »Mittelhofen«.
3 Kapfenburg.
4 Jagstfurt.
5 Banzenmühle, einst »Niederhofen«?
6 »Westerhofen«.
7 Lauchheim mit Peterskirche.
8 Merowingische Reihengräber am »Stettberg« knapp außerhalb Ausschnitt.
9 Römische Funde auf heutigem Friedhof.
10 Römische Siedlung »Beim steinernen Brückle«.
11 Römisches Kastell und mittelkaiserzeitliche Siedlung »Galgenberg«.
12 Römische Siedlung (?) »Bühlwiesen«.
13 Von Fr. Hertlein vermuteter Verlauf der Römerstraße von Oberdorf nach Buch.

321 **Einst herrschte hier reges Leben und Treiben. Im Luftbild der Siedlung »Mittelhofen« zeichnen sich zahlreiche frühmittelalterliche Häuser ab. Momentaufnahme einer Großgrabung angesichts von Großbaumaßnahmen.**

der 12,58 g schwere, gegossene und nachgravierte Siegelring aus Gold, dessen Darstellung christliches und heidnisches Symbolgut vereint: ein stürzender Hengst, darüber ein sicher christliches Doppelkreuz mit Sonne und Mond, zu Füßen des Pferdes Halbbögen (Schlange?). Dieser »Herr« siegelte Urkunden mit seinem persönlichen Heilszeichen – ein Akt politischer Macht wird damit fassbar!

Wohlhabende Fremde

Maßgeblich für die Entwicklung der Gesellschaft waren mit dem politischen Wandel verbundene Anstöße von außen. Die Bedeutung Lauchheims hatte den Zuzug und die Ansiedlung von Fremden zur Folge. Typisch fränkische Waffen, die gerade in der Chlodwigzeit in den Lauchheimer Boden kamen, sind dafür ein Zeugnis.
Bedingt durch die regional unterschiedlichen Fibeltrachten und Fibelformen sind es im 6. Jh. vor allem die Frauengräber, die uns Aufschlüsse über die Herkunft ihrer Trägerinnen geben. Sicherlich fassen wir aber neben Alamanninen und Fränkinnen auch Thüringerinnen und bereits in der pannonischen Phase, aber auch danach zuzogene Langobardinnen.[26] Mitunter wurden fremde Trachtbestandteile in der Alamannia nachgeahmt, wie das Imitat eines Fibelpaares vom »Nordischen Typ« (skandinavisch-angelsächsisch) zeigt. Die Runeninschrift der Rückseite verrät uns den Namen der Trägerin (vgl. Düwel, Runen).

321

Zeugnisse des Christentums

Seit Ende des 6. Jh. werden im Lauchheimer Fundgut Einflüsse des Christentums deutlich. Die frühesten Belege sind Goldblattkreuze aus den Gräbern 450 und 458. Auch die Scheibenfibel des Grabes 66, das ja zur gleichen Gruppe gehört, dürfte in dieser Richtung zu deuten sein. Die erwähnten Goldblattkreuze zählen zu den ältesten Vertretern nördlich der Alpen.[27] Danach sind in der Nekropole mindestens zwei weitere Personen mit Goldblattkreuzen bestattet worden. Die Kreuze aus Grab »0«, der ersten, zerstörten Bestattung, und Grab 38 sind teilweise modelgleich.[28] Kein anderer Fundort nördlich der Alpen hat bisher mehr Goldblattkreuze geliefert als Lauchheim.
Zeugnisse eines wie auch immer gearteten Christentums beschränken sich aber nicht auf das Totenbrauchtum und wertvolle Einzelobjekte. In Grab 258 trug eine junge, keineswegs adelige Frau ein kleines Bronzekreuz zu Lebzeiten sichtbar am Kopf, sei es an einer Haube oder einem anderen Kleidungsstück. Daneben besaß sie ein Gehänge mit Amuletten des Volksglaubens in »heidnischer« Tradition. Beides schloss sich in der ersten Hälfte des 7. Jh. nicht aus (vgl. Riemer, Zeichen). Belege des Christentums, z.B. Kreuzdarstellungen, sind in Lauchheim so zahlreich, dass wir im 7. Jh. von einer Kenntnis des neuen Glaubens bei breiten Bevölkerungskreisen ausgehen dürfen.

Das Dorf »Mittelhofen«

200 m hangabwärts der Nekropole erstreckt sich die Niederterrasse der Jagst. Dort weist der Flurname »Mittelhofen« auf eine untergegangene Siedlung hin.[29] Mit Entdeckung des Gräberfeldes weckte sie das Interesse der Forschung. Umfangreiche Rettungsgrabungen in akut gefährdeten Arealen führten seit 1989 zur Aufdeckung von bisher 5,5 ha Siedlungsfläche. Insgesamt ist aufgrund von Luftbildern mit einer Gesamtgröße von 7–8 ha zu rechnen. Das Dorf liegt auf eiszeitlich erodierten Weißjuraschottern, in denen sich die Befunde – abgesehen von Erosionsrinnen – gut abzeichnen. Eine in historischer Zeit belegte Jagstfurt wird wohl auch in frühgeschichtlicher Zeit hier schon bestanden haben. Die Wasserversorgung erfolgte aus der Jagst, denn Brunnen oder Zisternen fanden sich bisher nicht.
Die Siedlung bestand, soweit derzeit erschließbar, vom 6. bis zum frühen 12. Jh. Nur die frühesten Hausbefunde entsprechen also zeitlich dem Gräberfeld. Nach Westen hin ist mit älteren Anlagen zu rechnen. Die hohe Befunddichte im Nordwestteil

322

322 **Plan der Siedlung »Mittelhofen« nach dem Grabungsstand im Jahr 1993. Die dichte Bebauung mit Hofzäunen, Häusern und Grubenhäusern umfasst mehrere Jahrhunderte. Im Süden grenzt der Ettergraben das Dorf ab. Die Gräber der Zeit um 700 n.Chr. in der Siedlung sind hervorgehoben.**

des bisher ergrabenen Areals weist dort auf lang andauernde Bautätigkeit hin. Stellenweise lassen sich bis zu acht aufeinander folgende Holzgebäude nachweisen.

Die frühmittelalterliche Siedlung wird im Süden durch einen auf 350 m Länge festgestellten, seichten Graben begrenzt, der im Osten durch Erosion zerstört worden ist. Offensichtlich handelt es sich um einen »Ettergraben«, der das bebaute Areal auch rechtlich vom freien Feld abgrenzte. Er weist zwei Durchlässe auf. Bislang sind rund 60 ebenerdige Holzbauten und 45 eingetiefte sogenannte Grubenhäuser identifizierbar.

Die Ausrichtung der Gebäude änderte sich im Laufe der Zeit. Zwar sind fast alle in Ost-West-Richtung ausgerichtet, mit einer Schmalfront zur Wetterseite hin, doch lässt sich an jüngeren Bauten eine leichte Drehung nach Norden feststellen. Reste von Zaungräbchen und Wegen belegen eine frühzeitige und langdauernde Aufteilung des Geländes in einzelne Hofareale.

Im Inneren der umzäunten Gehöfte standen jeweils das Wohnhaus mit Stallteil und verschiedene Nebengebäude wie Grubenhäuser, Speicher, Kleinställe (vgl. Bücker, Hof). Die Hauptgebäude sind meist 6 bis 7 m breit und etwa 18 m lang. Sie sind fast immer einschiffig. Es konnten verschiedene Bauweisen nachgewiesen werden. Neben dem einfachen Pfostenbau kommen vor allem Häuser mit »Wandgräbchen« vor. Da sind die tragenden Pfosten entweder in das umlaufende Gräbchen gestellt und die Wandbalken in eine Nut eingelassen, oder die Gräbchen dienten zur Aufnahme von horizontal verlegten Schwellbalken, in die man die Ständer eingelassen hat. »Wandgräbchenbauweise« lässt sich in Lauchheim bereits ab der späten Merowingerzeit nachweisen. In einem Fall ist der in Süddeutschland noch rare Befund eines Hauses mit schrägen Außenstützen belegt.

Wie findet man einen Stall?

Von besonderer Bedeutung sind die Ergebnisse von Phosphatuntersuchungen, die bisher an vier Hausgrundrissen, die keine oder allenfalls geringfügige Überlagerungen zeigten, durchgeführt wurden.[30] Phosphatkonzentrationen zeigen Bereiche starker Verschmutzung durch Fäkalien an, dadurch lassen sich Nutzungsbereiche innerhalb der Häuser unterscheiden. Im Haus A zeigt sich eine klare Trennung von Zonen hoher Phosphatkonzentration (gerastert) und niedrigen Werten. West- und Ostteil des Hauses sind deutlich geschieden: hohe Werte im Westen, dem Stallteil, niedrige im bewohnten Osten. In der Südwestecke des Stallteils befand sich ein 3 m x 3 m großer Einbau, der Verschmutzung durch das Vieh dort verhinderte. Phosphateintrag erfolgte durch die Tür im Süden. Auch Haus B zeigt verunreinigte Eingangsbereiche

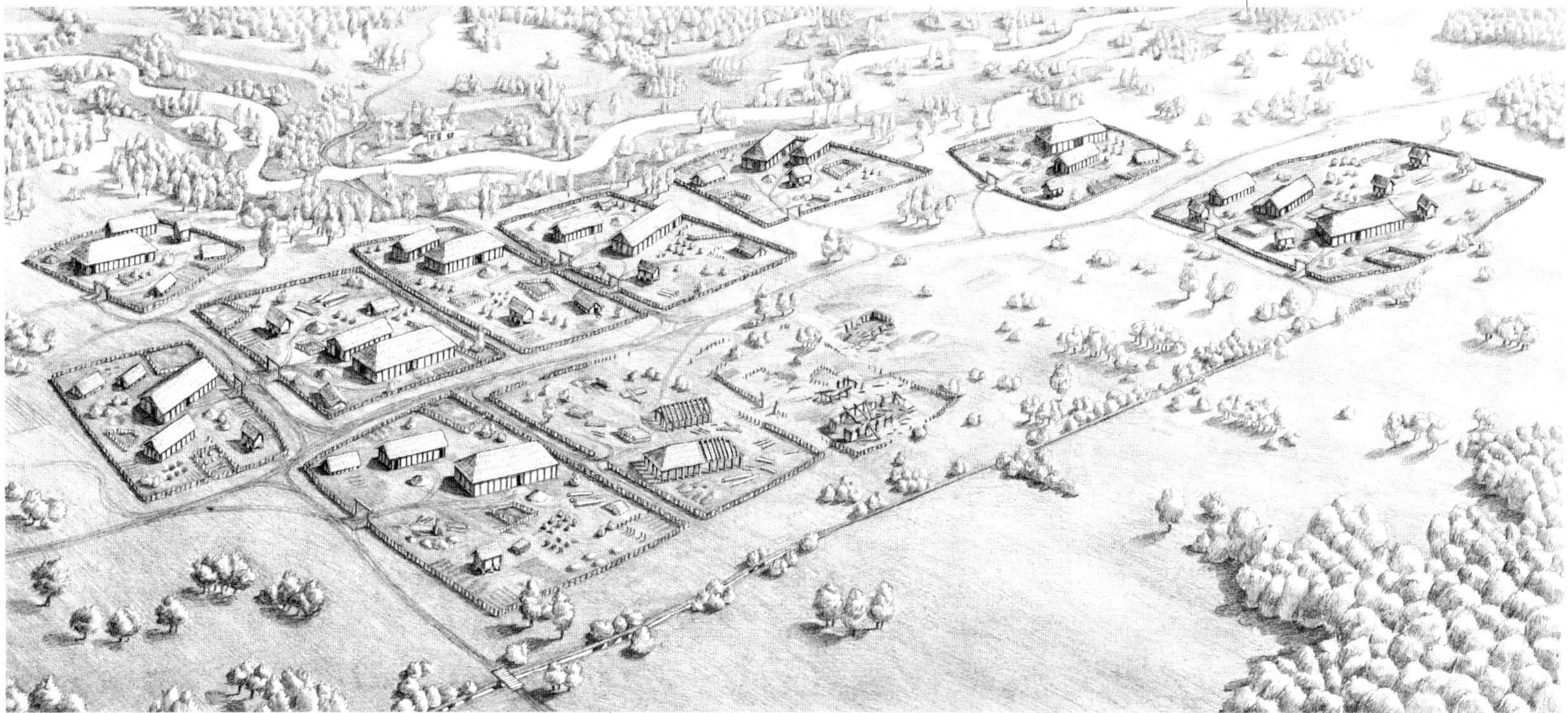

323

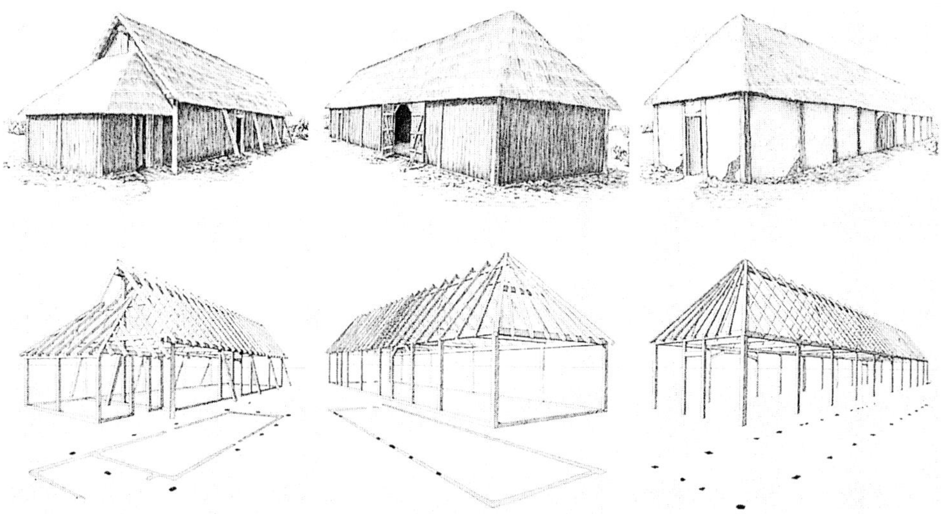

324

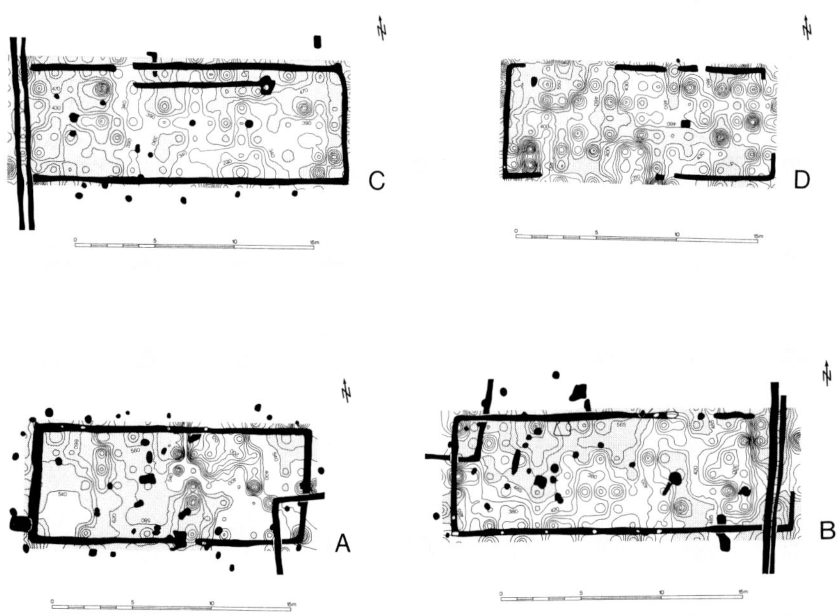

325

323 So könnte Lauchheim »Mittelhofen« in der späten Merowinger- und frühen Karolingerzeit ausgesehen haben. Rekonstruktionsvorschlag des Dorfes, betrachtet von Südwesten.

324 Rekonstrution von Häusern verschiedener Bauweise aus Lauchheim: Rechts ein Bau, dessen Pfosten einfach in die Erde eingegraben sind. In der Mitte ein Schwellbalkenhaus – die Wandpfosten ruhen auf Schwellbalken, die in Gräbchen verlegt wurden. Links wiederum ein Schwellbalkenbau, jedoch mit schrägen Außenstützen.

325 Phosphatkartierungen in den Häusern A bis D. Die eingegrabenen Schwellbalken und Pfosten sind schwarz, die Phosphatwerte als Linien dargestellt, Bereiche hoher Konzentrationen werden durch ein Raster hervorgehoben. Solche Kartierungen bieten uns die Möglichkeit, Wohn- und Stallbereiche zu unterscheiden.

326

326 Frauengrab 13 in »Mittelhofen«: Tracht einer wohlhabenden Großbäuerin am Ende des 7. .Jh., in dessen Verlauf die Sitte erloschen war, Verstorbenen Beigaben ins Grab zu legen. In Lauchheim haben wir die seltene Gelegenheit, die Tracht dieser späten Zeit zu studieren.

und östlich davon, wo der Wohnbereich anzunehmen ist, niedrige Phosphatwerte.[31] Der Westabschnitt ist hier größer und zweigeteilt: Nördlich der Längsachse des Hauses sind die Werte hoch, südlich niedrig. Dieser Bereich wurde folglich nur zum Teil als Stall genutzt. Haus C weist ebenfalls im Westen hohe Phosphatwerte auf. Inwieweit Phosphatkonzentrationen entlang der Nord- und Ostwand durch die Überschneidung mit einem anderen Befund zu erklären sind, bleibt unklar. Im Falle von Haus D ergeben die Phosphatlinien bemerkenswert lange, gerade Strecken. Ähnlich wie beim gleichgroßen Haus A befindet sich an der Südwestecke ein Bereich niederer Werte, während der übrige Westteil hohe Konzentrationen aufweist. Der Wohnbereich scheint hier größer gewesen zu sein. Die geradlinigen Verläufe hoher Werte könnten an einen Flur, vielleicht sogar an Räume denken lassen. Fassen wir zusammen: Bei allen vier untersuchten Häusern liegen hohe Werte im Westen, niedrige im Osten. Dies weist auf eine Zweiteilung als Wohnstallhäuser hin. Die Zwischenwände waren jedoch so leicht gebaut, dass sie nur im Phosphatbild erschließbar sind. Wie in norddeutschen Siedlungen zeichnen sich Türbereiche durch hohe Phosphatwerte aus. Mögliche Schlüsse über Raumaufteilungen bedürfen noch der Absicherung auf breiterer Basis.

327

327 **Der größte Herrenhof in »Mittelhofen« mit den Adelsbestattungen. Die Zaungräbchen (schwarz) zeigen, dass die Hoffläche mindestens zweimal erweitert wurde. Zuletzt umfasste sie 3 000 m^2. Pfosten, die zu Hausgrundrissen ergänzt werden könnnen, sind durch Linien verbunden.**

328 **Plan des Grabes 25 in »Mittelhofen«. Die Bestattung eines adeligen Herren zeugt trotz antiker Beraubung immer noch von großem Reichtum. Ganz ungewöhnlich ist die Anordnung von fünf unverzierten Goldblattkreuzen am Oberkörper des Toten (Nr. 1–5).**

Hofgrablegen in der Siedlung

Im Bereich mancher, aber keineswegs aller Gehöfte bestanden kleine Bestattungsplätze, die nur kurzfristig belegt wurden. Sie gehören in die Zeit um 700 n.Chr.,[32] als das große Gräberfeld bereits aufgegeben war oder allenfalls noch einzelne, beigabenlose Bestattungen aufnahm. Die Begräbnisse am oder im Hof spiegeln nun allerdings nicht die Gesamtbevölkerung wider. In »Mittelhofen« – und dies ist ein Sonderfall – wurden fast ausschließlich Wohlhabende, ja sogar hohe Würdenträger beigesetzt.[33] Die Masse der Bevölkerung, die ja vorher in der Nekropole fassbar war, bestattete nun christlicher Sitte entsprechend beigabenlos auf einem »Kirchhof«. Auffallenderweise überwiegen in der Siedlung die Männergräber deutlich. 18 Männern stehen nur neun Frauen gegenüber. Möglicherweise hat auch dies soziale Gründe.[34]
Bis einschließlich 1996 lagen insgesamt 30 Gräber vor. Sie verteilen sich auf vier Gruppen von vier bis maximal acht Individuen. Die übrigen sind Einzelbestattungen. Auch sie könnten den Beginn nicht weiter geführter Grablegen markieren.
Drei der Gräbergruppen erstrecken sich in West-Ost-Richtung, eine vierte[35] verläuft quer dazu nordsüdlich. Vermutlich bestand eine Anlehnung an das Wegenetz. Nur eine Gruppe knüpft zeitlich an die jüngsten Bestattungen im großen Gräberfeld an, besteht aber nach dessen Ende weiter. Fast alle Gräber gehören in die Zeit zwischen 680 und 720 n.Chr. In der 1996 ausgegrabenen Hofgrablege wurde ein reich ausgestattetes Frauengrab dieser Zeit von einer beraubten und einer beigabenlosen Bestattung überlagert. Letztere können demnach noch in das entwickelte 8. Jh. gehören. Die hinsichtlich der Beigabensitte konservative Haltung wohlhabender »Mittelhofener« illustriert eindrücklich das Frauengrab 13 mit einem für diese Spätzeit ungewöhnlich reichhaltigen Inventar: zwei Pressblechfibeln – eine aus Gold, die andere aus Bronze –, Silberohrringe, Kopfputz mit silbernen Hohlkugelnadeln, Haarpfeil mit Silbermanschette, Halskette mit Glas- und Amethystperlen sowie zwei Goldanhängern, silberner Fingerring, Schuhgarnitur und ein Messer.

Ein Adelshof und seine Bewohner

Am Ostrand der Siedlung lag, weitgehend isoliert von der übrigen Bebauung, die größte Hofanlage, die durch solide Bauweise hervorsticht. Ihre jüngste Bauphase umfasste ein zaunumhegtes Areal von 3000 m^2 mit zahlreichen Gebäuden. Die Vorläufer dieser Gehöftumzäunung waren kleiner. Offensichtlich wurde die Fläche nach Westen und Süden um mehr als das Doppelte erweitert. Eine solche Vergrößerung war nur möglich, wenn das freie Gelände schon im 7. Jh. zum Hof gehörte – ein deutlicher Unterschied zum dicht bebauten Siedlungszentrum.
Im Innenraum lassen sich aus über 600 Pfostengruben mindestens elf Gebäude rekonstruieren. Grundrissüberschneidungen belegen Mehrphasigkeit. Zwei Wohnhäuser, einschiffige Ständerbauten von 13,5 m x 7,5 m und 10 m x 6,5 m

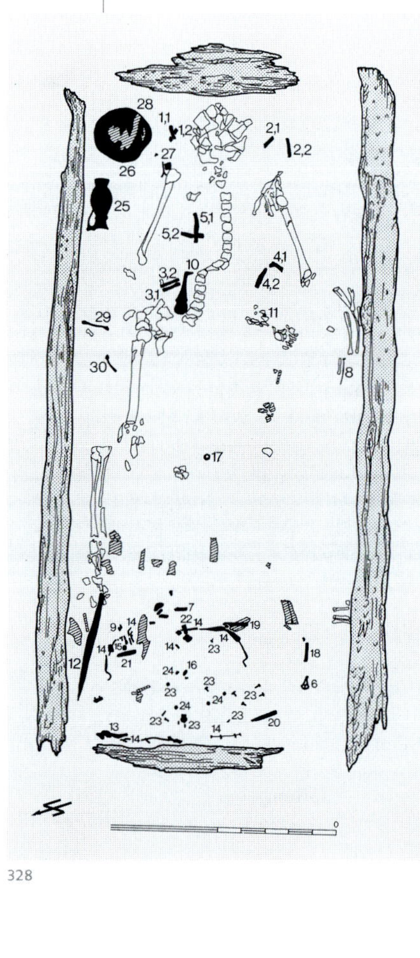

328

329

329 Auch die adelige Frau in Grab24 von »Mittelhofen« haben antike Grabräuber heimgesucht, als sie jedoch auf das christliche Heilszeichen stießen, hielten sie ein und ließen wertvolle Gegenstände zurück.

Größe waren zu erkennen. Letzterem war im Norden ein Seitenschiff angebaut. Die übrigen ergänzbaren Gebäude dienten wohl Wirtschaftszwecken: Stallungen und vor allem Speicherbauten mit sechs tief eingegrabenen Pfosten. Ungwöhnlich ist das Fehlen von Grubenhäusern. Die Bewohner betrieben keine Schafhaltung und Weberei, dafür unterhielten sie Getreidelager, die über den Eigenbedarf hinausgingen.
Im Hofareal gab es kein Gebäude, das man als Kirche deuten könnte. Umso erstaunlicher sind reiche, christlich geprägte Bestattungen dieses Anwesens, wie wir sie in dieser Qualität sonst nur aus Kirchen kennen.

Mit Prunk zum Seelenheil

Am Südrand des Herrenhofes befand sich eine besondere Hofgrablege: Fünf Männer und eine Frau waren hier beigesetzt. Eine mögliche siebte Bestattung, von der nur eine rechteckige Grube zeugt, könnte restlos exhumiert und andernorts, etwa in einer Kirche, begraben worden sein. Mit Ausnahme von Grab 21 waren alle Bestattungen durch antiken Grabraub gestört.
Die Gräber 24, 25 und 27 hatte man so tief in einer Erosionsmulde angelegt, dass sie in die wasserführenden Tonschichten des Braunjura reichten. Daher war – ein Glücksfall – Feuchtbodenerhaltung gegeben. Neben Pflanzenresten (vgl. Rösch, Ackerbau) kommt den eichenen Grabkammerhölzern besondere Bedeutung zu. Sie ließen sich dendrochronologisch datieren. Der Mann aus Grab 25 ruhte in einem Buchenholzsarg, der wiederum in einer aus dem Stamm einer 250 Jahre alten Eiche gearbeiteten Kammer stand. Die gespaltenen Bohlen hatte man an den Innenflächen und Schmalkanten mit dem Beil sorgfältig geglättet und ohne Nagelung exakt ineinandergepasst. Kammer und Sarg wurden bei der Beraubung aufgebrochen. Die Plünderung fand statt, als die Leiche noch teilweise durch die Sehnen zusammengehalten wurde. Von der Waffenausstattung fehlen die Schwerter mit ihren sicherlich kostbaren Gürteln. Lediglich Reste von Silberbeschlägen der Saxscheide und ein Bruchstück des Spathagriffs blieben zurück. Schutzwaffen, insbesondere der einst sicher vorhandene Schild, wurden geraubt, die Lanze mit Eschenholzschaft verblieb dagegen im Grab. Der Tote trug eine silberne Sporengarnitur, zu seinen Füßen, außerhalb des Sarges, lag ein Sattel. Beschlagteile einer Holztruhe zeugen von weiteren Beigaben. Fünf unverzierte Goldblattkreuze lagen unversehrt und wie die Augen eines Würfels angeordnet: zwei beidseits des Schädels, zwei beidseits der Brust und ein größeres mitten auf der Brust. Das Tuch, auf dem sie aufgenäht waren, muss den ganzen Oberkörper bedeckt haben – ein nördlich der Alpen singulärer Befund, den die Grabräuber nicht antasteten. Ein komplettes Ser-

vice zu Häupten des Toten bestand aus Kanne und zum Becken umgearbeiteter Griffschale, beide mediterraner Herkunft, einem rheinischen Glasbecher (Tummler) und einem einheimischen Daubenbecher aus Tannenholz. Der Adelige, dessen Ausstattung zu den reichsten seiner Zeit gehört, starb im letzten Viertel des 7. Jh. einen gewaltsamen Tod. Er wurde meuchlings erschlagen (vgl. Wahl, Masse), was die abseitige Lage der Bestattung erklären mag.

In Grab 24 fassen wir möglicherweise seine bald nach 690 verstorbene Ehefrau. Kammer und Buchenholzsarg entsprechen dem Befund von Grab 25, sind aber besser erhalten. Auch hier waren antike Plünderer am Fußende eingestiegen und hatten den Leichnam von den Füßen her in Richtung Kopf beraubt. Wiederum hielten sie inne, als sie in Brusthöhe auf ein christliches Heilszeichen stießen, eine goldene Kreuzfibel, die zwar außerordentlich wertvoll, aber unantastbar war. Das 6,5 cm große, singuläre Stück mit insgesamt 67 Stein-, Email- und Glaseinlagen zählt zu den bedeutendsten Funden aus dieser Zeit. In seinem Zentrum befindet sich eine antike römische Karneolgemme mit Amordarstellung.[36] Die übrigen Steine, in erster Linie 54 Almandine auf gewaffelter Goldfolie als Symbol des Blutes Christi[37] sowie Achate, Glas und emaillierte Zonen, betonen wechselseitig die Kreuzarme. Die getriebenen Hohlbuckel aus Goldblech imitieren Perlen. Die Fibel entstand in Kenntnis mediterraner Arbeiten, wie z.B. der langobardischen Königsstiftungen im Domschatz von Monza,[38] dürfte aber aus technischen wie stilistischen Gründen[39] in den Zentren des merowingischen Reichs zwischen Maas und Ile de France gefertigt worden sein. Als weiteren Schmuck trug die Verstorbene goldene Bommelohrringe sowie ein Collier mit Glas- und Amethystperlen. Mit aufgefädelt war eine als Anhänger gefasste Goldmünze, ein Triens des Langobardenkönigs Agilulf, der 615 n.Chr. verstarb.[40]

Die übrigen vier Männergräber der Grabgruppe lagen in zwei Paaren nebeneinander. Soweit es sich angesichts der Beraubung beurteilen lässt, war jeweils der südlich gelegene Tote reicher ausgestattet und auch älter als der nördlich gelegene. Der junge Mann aus Grab 21 trug Sporen und führte eine vollständige Waffenrüstung. Von den Füßen bis zum Schädel zog sich eine Borte aus Goldbrokat, vermutlich von einem Mantel. Es handelt sich um einen der umfangreichsten Brokatfunde dieser Zeit nördlich der Alpen. Auch die in den Gräbern 22 und 23 beigesetzten jungen Männer waren, wie Reste von Sporen belegen, beritten.

Ein Bett um 700 nach Christus

Mutmaßlich als letzter wurde in dieser Hofgrablege ein 30–35jähriger Mann prunkvoll bestattet. Seine zweilagig gebaute, vorzüglich erhaltene Kammer aus Eichenbohlen ließ sich exakt datieren, da die Waldkante des Holzes, also die Rinde, erhalten ist. Demnach wurde die Eiche im Winter 703/04 gefällt und im frischen Zustand verarbeitet. Der Adelige muss also Anfang 704 verstorben sein. Sein Grab war von Plünderern total durchwühlt worden. Zerschlagene Holzobjekte, Leder, Pflanzenfasern, Metallfragmente und Skelettreste lagen wirr verstreut in der Kammerfüllung. Die meisten Hölzer gehörten zu einem 2,05 m x 0,6 m großen Stollenbett aus Buche. Bei diesem Typ waren die Seitenbretter in Nuten der Bettpfosten eingefügt und mit Holzdübeln befestigt. Reste roter und schwarzer Bemalung waren während der Bergung noch erkennbar,[41] reiche Zirkelornamentik[42] war eingeschnitzt (vgl. Wolf, Schreiner). Nachdem die Holzbetten aus Seitingen-Oberflacht untergegangen sind, ist das Lauchheimer Exemplar das einzige vollständig erhaltene aus der Merowingerzeit.

Sicherlich war der Tote prunkvoll aufgebahrt. Von seiner Ausstattung ließen die Grabräuber nur Reste von Silberbeschlägen der Saxscheide, ein Messer und die Spitze einer Lanzenspitze, die ihnen vermutlich als Brechstange diente, zurück. Bewusst nicht mitgenommen wurden wiederum fünf unverzierte Goldblattkreuze, die vermutlich ähnlich wie in Grab 25 angeordnet waren.

Die offensichtlich nur in den Jahrzehnten kurz vor und kurz nach 700 belegte Adelsgrablege zählt zu den reichsten ihrer Art. Die Gründe, weshalb sie nicht in einer Kirche angelegt wurde, sind in den politischen Verhältnissen zu sehen. Horst-Wolfgang Böhme konnte unlängst zeigen, dass sich Goldblattkreuzsitte und Kirchenbestattungen gegenseitig weitgehend ausschließen.[43] So betrachtet, hätten wir die Grablege einer zwar christlichen, aber konservativen alamannischen Adelsfamilie vor uns, die der fränkischen Kirchenpolitik kritisch gegenüberstand. Wie das Gräberfeld zeigt, hatte sich eine solche Adelsstruktur schon lange vorher herausgebildet.

Eine Hauptfunktion der Herrschaftsträger am Ort bestand in der Kontrolle der wirtschaftlich und mi-

330

330 Die hervorragend erhaltene Grabkammer des Adeligen aus Grab 27 in »Mittelhofen« ist von Plünderern total durchwühlt worden. 325 Gegenstände und Proben, vor allem 270 Holzobjekte, mussten genauestens dokumentiert und mit Sorgfalt geborgen werden. Sie bieten eine Momentaufnahme adeligen Lebens im Jahr 703/704 n.Chr.

331 Die Bestattung des Adeligen aus Grab 27 in »Mittelhofen« war sehr prunkvoll. Er lag aufgebahrt auf einem reich mit Zirkelornamenten verzierten Bett aus Buchenholz. Es ist das einzige vollständig erhaltene Stollenbett der Merowingerzeit in Mitteleuropa.

331

litärisch wichtigen Straße. Sowohl dem fränkischen König wie dem alamannischen Herzog musste daran gelegen sein, die Verkehrswege durch Personen ihres Vertrauens gesichert zu wissen. Für eine frühe Burg käme der Bereich der Kapfenburg in Betracht, aus dem neuerdings merowingerzeitliche Scherben vorliegen. So bietet Lauchheim als einzigartiges archäologisches Ensemble die Möglichkeit, sowohl grundsätzliche wie auch speziell landesgeschichtliche Fragen zu klären.

1 Ausgegrabene Bestattungsplätze in der näheren Umgebung: Bopfingen, Kirchheim am Ries, Oberkochen, Neresheim, Neresheim-Kösingen, Heidenheim-Großkuchen, Giengen, Sontheim an der Brenz, Niederstotzingen.

2 J. Biel, Arch. Ausgr. Baden-Württemberg 1983, 184 ff. bes. 188 f. Wird im Rahmen einer Würzburger Dissertation bearbeitet.

3 Zuletzt H. Pfeifer in: Der Ostalbkreis (Stuttgart 1992) 128; W. Kießling, Deutschordensschloß Kapfenburg. Schnell, Kunstführer Nr. 982 (München 1992) 3; H.-W. Böhme in: Aalen – Lauchheim – Ellwangen. Führer Vor- u. Frühgesch. Denkmäler 22 (Mainz 1973) 174 ff.

4 Die ersten Funde waren in ihrer Bedeutung auch für einen Laien erkennbar (Goldblattkreuz). Der Finder verfügte über historisches Interesse und war materiell nicht von der ausführenden Baufirma abhängig. Dem Lauchheimer Landwirt Herrn Alois Rettenmaier gebührt Dank.

5 Zu den Grabungen erschienen zahlreiche Vorberichte. Seit 1986 jährlich in: Arch. Ausgr. Baden-Württemberg, zuletzt ebd. 1995, 255 ff. Ein komplettes Verzeichnis des Schrifttums über Lauchheim in: I. Stork, Fürst und Bauer – Heide und Christ. 10 Jahre archäologische Forschungen in Lauchheim/Ostalbkreis. Arch. Inf. Baden-Württemberg 29 (Stuttgart 1995) 72 f.

6 Vgl. allgemein RGA2 VIII (Berlin, New York 1994) s.v. Fibel (M. Martin) 557 ff. bes. 558 mit Abb. 147.

7 F. Stein, Adelsgräber des achten Jahrhunderts in Deutschland. Germ. Denkmäler Völkerwanderungszeit A 9 (Berlin 1967) 32 ff. bes. 54 f. (Beginn der wabenplattierten Garnituren vor ihrer Stufe A). Dagegen U. Koch, Das Reihengräberfeld bei Schretzheim. Germ. Denkmäler Völkerwanderungszeit A 13 (Berlin 1977) 131 (nach Stufe Schretzheim 6, d. h. nach 660–680); dies., Die fränkischen Gräberfelder von Bargen und Berghausen in Nordbaden. Forsch. u. Ber. Vor- u. Frühgesch. Baden-Württemberg 12 (Stuttgart 1982) 22 ff. Zuletzt F. Siegmund, Fränkische Funde vom deutschen Niederrhein und der nördlichen Kölner Bucht (Diss. Druck Köln 1989) 138 ff. (ältere Phase von Stein A). Weder die dendrochronologisch ansprechbaren Adelsgräber von Lauchheim »Mittelhofen« noch alle übrigen Männergräber enthalten wabenplattierte Garnituren. Allerdings sind die meisten Gräber beraubt.

8 Mitt. U. Wittwer-Backofen, Anthr. Inst. Univ. Gießen.

9 R. Christlein, Die Alamannen. Archäologie eines lebendigen Volkes1 (Stuttgart, Aalen 1978) 62; U. Koch, Bargen und Berghausen (Anm. 6) 24.

10 Formel von C. Acsádi und J. Nemeskéri in RGA2 II (Berlin, New York 1976) s.v. Bevölkerungszahlen (P. Donat/H. Ullrich) 349 ff.: $P = \frac{D \times e}{t} + K$. t ist die Belegungsdauer des Gräberfeldes, D die Anzahl der Bestattungen, e die durchschnittliche Lebenserwartung und K ein Korrekturfaktor, der ein Zehntel der errechneten Bruchzahl beträgt. Daraus ergäben sich für Lauchheim im gesamten (!) Belegungszeitraum 250 Personen.

11 P. Donat/H. Ullrich, Einwohnerzahlen und Siedlungsgröße der Merowingerzeit. Zeitschr. Arch. 5, 1971, 235 ff. bes. 255 ff. und 258. Zugrunde gelegt wurde dort einerseits die Angabe in der Lex Salica, dass erwachsene Söhne mit ihren Familien noch auf dem Hof blieben, zum anderen ein Wohnraum von 100 m2. Donat und Ullrich rechnen daher inklusive Kindern mit 20 bis 30 Personen pro Hof. Die Angaben lassen sich aber kaum auf alle Regionen übertragen. Für Süddeutschland fehlen weithin detaillierte Untersuchungen zum Wohnraum etwa anhand der Phosphatmethode. Vgl. auch H. Geisler, Studien zur Archäologie frühmittelalterlicher Siedlungen in Altbayern. Diss. Druck Ges. Zeitdokumente (Straubing 1993) E I 4.

12 Gemeint ist hier exakte, nicht zufällige Überlagerung, vgl. H. Lüdemann, Mehrfachbelegte Gräber im frühen Mittelalter. Fundber. Baden-Württemberg 19,1, 1994, 421 ff. bes. 461.

13 Ganz ähnlich die Befunde im nahegelegenen Kirchheim am Ries: Ch. Neuffer-Müller, Der alamannische Adelsbestattungsplatz und die Reihengräberfriedhöfe von Kirchheim am Ries. Forsch. u. Ber. Vor- u. Frühgesch. Baden-Württemberg 15 (Stuttgart 1983); R. Christlein (Anm. 9) 91 f. 154; I. Stork, Lauchheim und Pfahlheim. Gedanken zur Struktur zweier Gräberfelder auf der Ostalb. Ellwanger Jahrb. 32, 1987/88, 9 ff. bes. 10 ff.

14 H. Ament, Merowingische Grabhügel. In: W. Schlesinger (Hrsg.), Althessen im Frankenreich. Nationes 2 (Sigmaringen 1975) 63 ff.

15 Sie erfüllen die Kriterien der »Qualitätsgruppe C«: R. Christlein, Besitzabstufungen zur Merowingerzeit im Spiegel reicher Grabfunde aus West- und Süddeutschland. Jahrb. RGZM 20, 1973, 147 ff.

16 Ch. Raub, Untersuchung von Resten der Goldfäden eines Brokatgewebes aus Lauchheim, Ostalbkreis, Gräberfeld »Wasserfurche« Grab 795. Arch. Ausgr. Baden-Württemberg 1994, 217 ff.

17 Gutachten A. Stauffer, FH Köln.

18 »Nemo vir auratas habeat aut in tunicis aut in lineis paragaudas, nisi ii tantummodo quibus hoc propter imperiale ministerium concessum est. non enim levi animadversione plectetur, quisquis vetito se et indebito non abdicaverit indumento: Ein Mann soll weder an Tuniken noch an Linnenkleidern Goldbesatz haben, diejenigen ausgenommen, denen dies wegen des Staatsdienstes erlaubt worden ist. Wer ein verbotenes und ihm nicht zukommendes Kleidungsstück nicht abgelegt hat, soll mit nicht gelinder Strafe gezüchtigt werden.« Codex L. XI 8,2.

19 J. Werner, Das Messerpaar aus Basel-Kleinhüningen, Grab 126. Zu alamannisch-fränkischen Eßbestecken. Provincialia. Festschrift R. Laur-Belart (Basel, Stuttgart 1968) 647 ff.

20 J. Oexle, Studien zum merowingerzeitlichen Pferdegeschirr am Beispiel der Trensen. Germ. Denkmäler Völkerwanderungszeit A 16 (Mainz 1992)

21 I. Ottinger, Waffenbeigabe in Knabengräbern. In: Studien zur Vor- und Frühgeschichtlichen Archäologie. Festschrift J. Werner II (München 1974) 387 ff.

22 D. Quast, Merowingerzeitliche Funde aus der Martinskirche in Pfullingen, Kreis Reutlingen. Fundber. Baden-Württemberg 19,1, 1994, 591 ff. bes. 596 ff.

23 Im Grab befand sich neben einer Bügelfibel der Form Soest als zweites Stück eine des langobardischen Typs Nikitsch: vgl. J. Werner, Die Langobarden in Pannonien. Beiträge zur Kenntnis der langobardischen Bodenfunde vor 568. Abhandl. Bayer. Akad. Wiss. Phil.-Hist. Kl. N.F. H. 55 (München 1962) 62 f.

24 D. Quast, Das hölzerne Sattelgestell aus Oberflacht Grab 211. Bemerkungen zu merowingerzeitlichen Sätteln. Fundber. Baden-Württemberg 18, 1993, 437 ff.

25 J. Werner, Bronzener Gürtelbesatz des späten 7.Jahrhunderts von Pfahlheim (Kr. Aalen). Fundber. Schwaben N.F. 14, 1957, 112 ff.

26 Hier ist nicht der Ort, auf diese Fragen näher einzugehen. Es sei hingewiesen auf: U. Koch, Das fränkische Gräberfeld von Klepsau im Hohenlohekreis. Forsch. u. Ber. Vor- u. Frühgesch. Baden-Württemberg 38 (Stuttgart 1990) bes. 243 ff.; dies., Schretzheim (Anm. 6) 184 ff.; W. Menghin, Die Langobarden. Archäologie und Geschichte (Stuttgart 1985); B. Schmidt, Das Königreich der Thüringer und seine Eingliederung in das Frankenreich. In: A. Wieczorek/P. Périn/K. v. Welck/W. Menghin (Hrsg.), Die Franken – Wegbereiter Europas. Reiss-Mus. Mannheim (Mainz 1996) 285 ff.

27 M. Knaut, Goldblattkreuze und andere Kreuzzeichen. Gedanken zu einer süddeutsch-italischen Beigabensitte. In: C. Dobiat (Hrsg.), Festschr. O.-H. Frey. Marburger Stud. Vor- u. Frühgesch. 16 (Marburg 1994) 317 ff.

28 I. Stork, Arch. Ausgr. Baden-Württemberg 1986, 198 f.

29 Böhme (Anm. 3) 176.

30 J. Lienemann/E. Tolksdorf-Lienemann, Phosphatkartierungen in den alamannischen Häusern von Lauchheim, Ostalbkreis. Arch. Ausgr. Baden-Württemberg 1991, 192 ff. Zum erfolgreichen Einsatz der Methode bei frühgeschichtlichen Häusern vgl. W. H. Zimmermann, Die Siedlungen des 1. bis 6. Jahrhunderts nach Christus von Flögeln-Eckhöltjen, Niedersachsen: Die Bauformen und ihre Funktionen. Probleme Küstenforsch. Südl. Nordseegebiet 19 (Hildesheim 1992) 104 ff.

31 Hohe Verunreinigungen in Eingangsbereichen sind typisch: ebd. 142.

32 D.h., das Sachgut entspricht ohne die älteren, »reihengräberzeitlichen« Formen der Zeitgruppe A F. Steins, die diese zwischen 680 und 710/20 ansetzte. Vgl. Stein (Anm. 7) 104 ff. Die absoluten Zeitansätze werden in Lauchheim dendrochronologisch bestätigt.

33 Die relative Seltenheit von »Bestattungen beim Hof« erklärt sich durch die wenigen großflächig gegrabenen Siedlungen in Süddeutschland. In den meisten Fällen, wie z.B. Breisach-Hochstetten (vgl. Bücker/Hoeper), sind diese Gräber beigabenlos, allenfalls auch einmal spärlich ausgestattet.

34 Auch in der mit Lauchheim »Mittelhofen« vergleichbaren Hofgrablege von Herrsching am Ammersee – dort allerdings in Bezug zu einer Kirche – wurden überwiegend Männer bestattet: E. Keller, Der frühmittelalterliche »Adelsfriedhof« mit Kirche von Herrsching am Ammersee, Lkr. Starnberg. Ber. Bayer. Bodendenkmalpfl. 32/33, 1991/92 bes. 28.

35 Diese Gräbergruppe wurde erst im Herbst 1996 ausgegraben und ist daher nicht im Plan dargestellt.

36 H. Ament, Zur Wertschätzung antiker Gemmen in der Merowingerzeit. Germania 69, 1991, 401 ff.

37 B. Arrhenius, Zum symbolischen Sinn des Almandin im frühen Mittelalter. Frühmittelalterl. Stud. 3, 1969, 47 ff. bes. 52.

38 Gemeint ist hier besonders das Reliquiar. Gute Abbildung bei Volbach in: J. Hubert/J. Porcher/W. F. Volbach, Frühzeit des Mittelalters. Universum der Kunst (München 1968) Abb. 241; weiter H. Roth, Kunst und Handwerk im frühen Mittelalter (Stuttgart 1986); ders., Kunst der Merowingerzeit. In: Wieczorek u.a. (Anm. 26) 629 ff.; vgl. auch A. Lipinsky, Der Theodolindenschatz im Dom zu Monza. Das Münster 13, 1960, 146 ff.

39 In der Nachfolge der Eligius-Werke. Vgl. zu diesen H. Vierck, Werke des Eligius. In: Studien zur Vor- und Frühgeschichtlichen Archäologie. Festschrift J. Werner II (München 1974) 309 ff.; Roth (Anm. 38).

40 Bestimmung U. Klein, Württembergisches Landesmus.

41 Die Farbreste wurden unabhängig voneinander während der Grabung in Lauchheim und im Labor in Konstanz festgestellt, ließen sich aber vermutlich infolge der Oxidation an der Luft chemisch und substantiell weder durch die ETH Zürich noch durch das Rathgen-Labor Berlin nachweisen. Rote und schwarze Farbreste wurden bereits von F. v. Dürrich und W. Menzel in Oberflacht beobachtet, vgl. P. Paulsen/S. Schieck, Das Gräberfeld der Merowingerzeit bei Oberflacht (Stuttgart 1992).

42 H. Schaaff, Die Altertümer der Merowingerzeit im Großherzogtum Luxemburg. Dossiers d'Arch. Mus. Nat. d'Hist. et d'Art II (Luxemburg 1993) 107 ff. Fragment eines Holzbettes mit Zirkelornamentik fast identisch zu Lauchheim »Mittelhofen« Grab 27 aus Asselborn (Gem. Winerange) mit Resten roter Farbe, dendrochronologische Datierung 702 (!) bzw. zwischen 690 und 723. Der Fund belegt die weite Verbreitung dieser Betten in der Zeit um 700 n.Chr.

43 H.-W. Böhme, Adelsgräber im Frankenreich. Archäologische Zeugnisse zur Herausbildung einer Herrenschicht unter den merowingischen Königen. Jahrb. RGZM 40, 1993 (1995) 397 ff. bes. 521 ff. Der Gegensatz zwischen separaten Grablegen und Kirchenbestattungen wird hervorgehoben.

Hof, Weiler, Dorf

LÄNDLICHE SIEDLUNGEN IM SÜDWESTEN

CHRISTEL BÜCKER, MICHAEL HOEPER,
MARKUS HÖNEISEN, MICHAEL SCHMAEDECKE

Viele frühmittelalterliche Gräberfelder konnten im alamannischen Südwesten ergraben werden, hingegen sind gleichzeitige Siedlungen bisher in sehr geringer Zahl und auch nur in Ausschnitten archäologisch untersucht worden.[1] Dennoch soll hier versucht werden, einige Aspekte von Siedlungsentwicklung, Struktur sowie Hausbau und Lebensgrundlagen der Menschen darzustellen, die in diesen merowingerzeitlichen Siedlungen lebten.

Als eine Erklärungsmöglichkeit für die Diskrepanz in der archäologischen Quellenbasis könnte der Erhaltungszustand der Siedlungsreste angeführt werden. So haben mit Sicherheit Erosion und intensive landwirtschaftliche Nutzung in einigen Fällen zur Zerstörung der Befunde geführt, die im Gegensatz zu den Gräbern oft nur gering in den Boden eingetieft waren.

Als weitere Ursache für den lückenhaften Forschungsstand wurde immer wieder angeführt, die frühmittelalterlichen Siedlungen lägen vermutlich unter den heutigen Dörfern und wären folglich durch moderne Überbauung zum größten Teil zerstört.[2] Zu dieser These hat die Beobachtung geführt, dass die frühmittelalterlichen Gräberfelder vielfach in unmittelbarer Nähe der alten Ortskerne heutiger Dörfer liegen. Daraus folgerte man eine Ortskonstanz der Siedlungen von der Merowingerzeit bis zum Dorf der Gegenwart. Die Nennung zahlreicher noch heute bestehender Ortschaften in den urkundlichen Überlieferungen des 8. und 9. Jh. schien dieses Bild zu bestätigen.

Wo lagen die Siedlungen?

Ausschlaggebend für die Zuweisung eines Gräberfeldes zu einem heute bestehenden Ort als »Ortsgräberfeld« war dabei die Entfernung bzw. unmittelbare Nähe. Daraus folgte für Friedhöfe, die sich keinem bestimmten Ort zuweisen ließen, die zugehörige Siedlung hätte nicht kontinuierlich bis heute bestanden und müsste als Wüstung nachweisbar sein.[3] Von diesem vereinfachten Modell einer frühmittelalterlichen Besiedlungsstruktur ausgehend stützte sich die Forschung in der Vergangenheit hauptsächlich auf die spektakulärere Gräberarchäologie. Mit der Prämisse, dass ein Gräberfeld eine Siedlungsgemeinschaft widerspiegelt, wurde sogar versucht, im Zuge der Analysen Umfang, Dauer und Struktur der zugehörigen Siedlung zu bestimmen.[4]

Dass dieses vereinfachte Bild von der Entwicklung der Besiedlung und der Ortskonstanz bis zur Gegenwart nicht in jedem Fall zutrifft, haben vor allem intensive Siedlungsforschungen in Dänemark, den Niederlanden und in Norddeutschland, aber

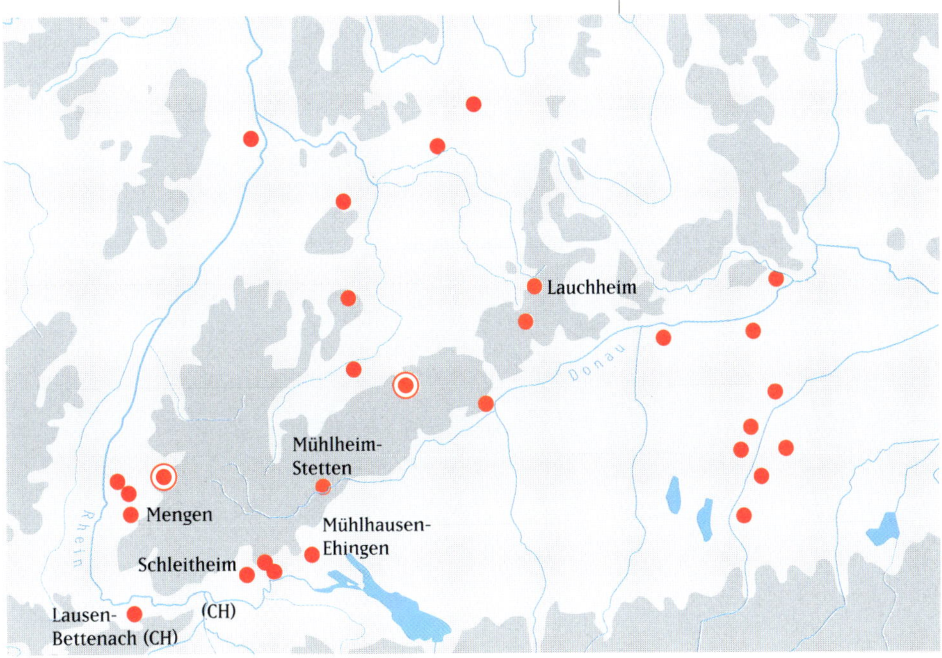

332 **Die Erforschung der frühmittelalterlichen Siedlungen ist lange Zeit vernachlässigt worden. In Südwestdeutschland und der Nordschweiz hat man bisher nur an etwa 20 Plätzen größere Flächen ausgegraben. Zumeist handelt es sich um neuere Grabungen.**
● ländliche Siedlung
◉ Höhensiedlung

auch erste Beispiele in Süddeutschland gezeigt. Wo ganze Siedlungen archäologisch untersucht werden konnten, zeigte sich ein eher komplexes Bild der Entwicklung.[5]

Wandernde Häuser

Man muss mit der Mobilität des einzelnen Hofes bzw. der ganzen Siedlung rechnen. Zum einen ist von einem generationsweisen Neubau der Hofgebäude auszugehen, die aufgrund ihrer Holzbauweise alle 30 bis 50 Jahre erneuert werden mussten. Dabei wurden die neuen Gebäude nicht über den alten, sondern daneben oder in einigem Abstand errichtet. Dies konnte eine Verschiebung der Siedlung zur Folge haben und bedeutet für den Archäologen, dass Teilausgrabungen Einblick nur in den zeitlichen und räumlichen Ausschnitt geben, zu dem die Siedlung gerade hier »vorbeikommt«. Zum anderen haben die nordeuropäischen Forschungen gezeigt, dass Siedlungen innerhalb einer Siedlungskammer aus naturbedingten oder wirtschaftlichen Gründen auch an einen neuen Standort verlegt wurden, sofern die naturräumlichen Gegebenheiten dies erlaubten. Dieser dynamische Prozess findet sein allmähliches Ende erst mit Durchsetzung der Grundherrschaft und der entstehenden Pfarrorganisation mit der Kirche als Siedlungsmittelpunkt. Schließlich führte die dauerhafte Steinbauweise im 12./13. Jh. zur endgültigen Ortskonstanz der Siedlungen.

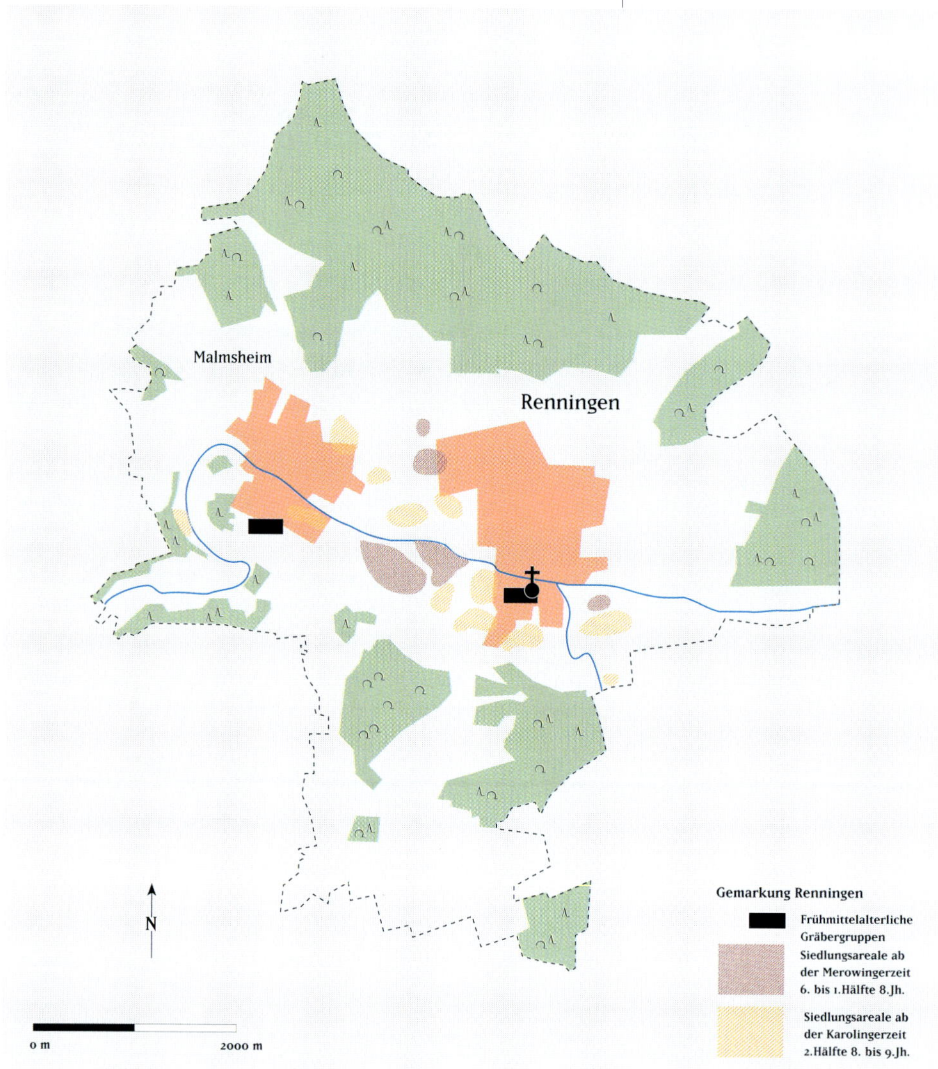

333

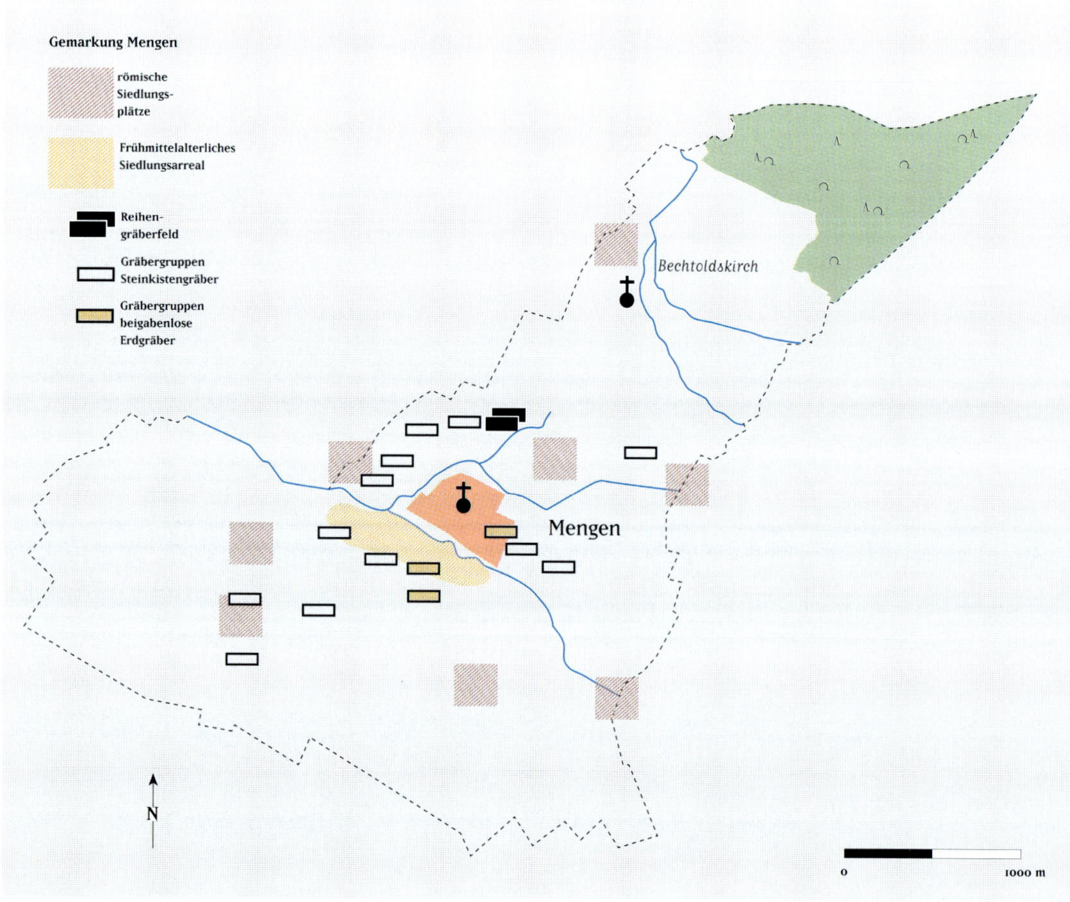

334

333 Die Gemarkung Renningen vermittelt einen Eindruck von der dynamischen Entwicklung innerhalb einer Siedlungskammer. Erst im Laufe des 12. Jh. konzentrierten sich die Höfe dort, wo heute die Ortskerne liegen, meist um eine Kirche, und die Dörfer blieben in der Folge konstant am selben Fleck.

334 Zahlreiche Gräbergruppen der späten Merowingerzeit auf der Gemarkung Mengen lassen auf ebenso viele Einzelhöfe und Gruppensiedlungen schließen.

Zwei komplexe Beispiele: Renningen und Mengen

Auch in Südwestdeutschland lassen sich Beispiele für Mobilität innerhalb der Siedlungskammern oder Gemarkungen anführen, die eher für eine dynamische Entwicklung als für dauerhafte Ortskonstanz der frühmittelalterlichen Siedlungen sprechen. Jedoch sind die nordeuropäischen Ergebnisse allein schon wegen der naturräumlichen Unterschiede nicht in jedem Fall übertragbar. Bevorzugte Lage der bisher angeschnittenen frühmittelalterlichen Siedlungen sind flache, aber hochwassergeschützte Hänge von Bachtälern innerhalb der Siedlungskammern. Dort lässt sich besonders häufig eine Verschiebung von Siedlungen entlang der Gewässer beobachten.[6] Dabei liegen die erfassten Areale zumeist außerhalb oder am Rande der Ortskerne der heutigen Dörfer.

Eindrucksvoll zeigt sich dies im Renninger Becken, wo Lesefunde und Grabungen westlich des heutigen Ortes Renningen größere Siedlungsareale des 4.–12. Jh. entlang eines Bachlaufes belegen.[7] Lesefunde nordwestlich und südöstlich des Ortes deuten auf weitere Siedlungsareale ab der Merowingerzeit in dieser Siedlungskammer hin. Im Ortsbereich von Renningen selbst zeugen Siedlungsbefunde von einer Ansiedlung seit dem 8. Jh., die nach urkundlichen Quellen spätestens seit dem 9. Jh. eine Pfarrkirche besaß. Im Laufe des 8./9. Jh. entwickeln sich in der Gemarkung Renningen außerhalb der Bachtäler zwölf weitere kleine Siedlungsareale. Alle diese Ansiedlungen bestehen nach bisherigem Forschungsstand bis spätestens zum Ende des 12. Jh. Dann scheint sich die Besiedlung im heutigen Ortsbereich von Renningen und Malmsheim zu konzentrieren und ortskonstant zu werden.

Ein ähnliches Bild zeigt auch die Gemarkung Mengen im Breisgau.[8] Die frühesten Belege germanischer Besiedlung innerhalb dieser Siedlungskammer inmitten einer ehemals römischen Kulturlandschaft stammen aus dem 4./5. Jh. Aus dieser Phase sind Siedlungsbefunde und Gräber südlich des Ortes bekannt. Nördlich des heutigen Ortes liegt ein vollständig ausgegrabenes Reihengräberfeld mit über 1000 Bestattungen des späten 5. Jh. bis zum Anfang des 8. Jh. Dieser Friedhof belegt die Fortdauer der Besiedlung innerhalb der Gemarkung. Siedlungsbefunde des späten 6. bis 11. Jh. konnten in einem Ausschnitt südlich von Mengen in einem größeren, durch Lesefunde belegten Siedlungsareals entlang eines Bachlaufes ergraben werden.

Gegen Ende des 7. Jh. zeigt sich in der Gemarkung ein Erscheinungsbild, das auch an vielen anderen Orten zu beobachten ist und als »innere Kolonisation« bezeichnet wird.[9] Die gleiche Situation deutet sich in der Gemarkung Renningen durch die zusätzlichen Siedlungsplätze seit der Karolingerzeit an. So entstehen in dieser Phase, während die Benutzung des großen Reihengräberfeldes langsam ihrem Ende zugeht, in der Siedlungskammer von Mengen zahlreiche kleinere Gräbergruppen, die auf Gehöftgruppen oder Einzelhöfe hinweisen. Ebenso gibt es Anzeichen dafür, dass ab dem 7./8. Jh. eine Kirche entstand. Sie wurde zum Zentrum des heutigen Ortes, jedoch lässt sich südlich davon eine Besiedlung noch bis in das 11. Jh. archäologisch belegen und im Gewann »Hofstatt«, südwestlich des Ortes, urkundlich sogar noch bis zur Mitte des 17. Jh.

Die Beispiele zeigen, dass innerhalb einer frühmittelalterlichen Siedlungskammer vor allem ab dem 7. Jh. mit zahlreichen Einzelhöfen und Gruppensiedlungen zu rechnen ist. Jedoch bleiben aufgrund fehlender Grabungen noch viele Fragen zur Mobilität der Siedlungen offen, deren Beantwortung es ermöglichen würde, die Entwicklung innerhalb einer Siedlungskammer zu skizzieren. Vor allem fehlen Siedlungsbefunde aus der Zeit des 6. Jh., in der die zahlreichen Reihengräberfelder eine Besiedlung in den einzelnen Gemarkungen belegen.

335

335 **In Mengen sind 4,5 ha ausgegraben worden. Die Befunde des 6./7. Jh. (rot) können bis zu 140 m voneinander entfernt sein, sodass für diese Zeit drei Gehöfte anzunehmen sind. Im 8./9. Jh. (grün) liegen zwei Höfe sogar um 320 m auseinander. Dagegen kommen die Grubenhäuser und Kellergruben des 10./11. Jh. (gelb) ausschließlich im südöstlichen Bereich vor. Blau sind die Befunde des 4./5. Jh.**

Haus und Hof im Spiegel der Gesetze

Neben der archäologischen Siedlungsforschung geben uns die Gesetzestexte der Alamannen, die im 7. und 8. Jh. niedergeschrieben worden sind, einige Hinweise auf die Siedlungs- und Hofstruktur sowie den Hausbau.[10]

In diesen ersten Rechtsaufzeichnungen spielte die Unterscheidung zwischen Gruppensiedlung und Einzelhof (beide wurden als *villa* bezeichnet) noch keine Rolle.[11] Eine Gruppensiedlung, bestehend aus mehreren Gehöften, war offensichtlich noch kein entscheidendes Merkmal eines frühmittelalterlichen Dorfes. Eher stand der Einzelhof mit dem besonderen Recht des Hausfriedens im Mittelpunkt der Rechtstexte.

Das Gehöft (*curtis*) war von einem Zaun (*sepes*) umgeben und bestand aus mehreren Gebäuden mit verschiedenen Funktionen. Eine Beschreibung des Wohnhauses (*domus, casa* oder *sala*) gibt uns eine Bestimmung aus der Lex Alamannorum.[12] Demnach war es einräumig und viereckig, hatte einen offenen Dachstuhl und gehörte zu einem Ensemble von Gebäuden. Für ein kleineres beheizbares Gebäude (Badehaus, Sauna?) findet sich der Begriff *stuba*, der im heutigen Wort »Stube« fortlebt. Das in den alamannischen Gesetzen als *genicium* bezeichnete Nebengebäude wird als Frauen- und Arbeitshaus gedeutet.[13] Dieser Haustyp heißt in den Gesetztestexten der Sachsen synomym auch *screona*, und der römische Geschichtsschreiber Tacitus beschreibt ihn als in den Boden eingetiefte Hütte. Dies entspricht am ehesten den bei den Ausgrabungen entdeckten Grubenhäusern. Erwähnt werden außerdem Schweine- und Schafställe (*domus porcaricia* und *domus ovile*), Scheuer (*scuria*), Kornspeicher (granica), Vorratshaus (*celaria*) und Speicher (*spicaria*).[14] Demnach können wir im alamannischen Bereich von umzäunten Mehrhausgehöften ausgehen. Ob jedoch mehrere Gehöfte eine größere Siedlung bildeten oder ob sie verstreut lagen, wie sich die Gebäude innerhalb eines Gehöftes anordneten und welche Funktion sie hatten, das alles gilt es im archäologischen Befund zu untersuchen.

Pfostenlöcher, Gräbchen und Gruben

Die wenigen im alamannischen Südwesten großflächig ergrabenen Siedlungsplätze erlaubten es bisher kaum, ein umfassendes Bild von der Struktur der Siedlungen oder den Lebensbedingungen zu entwerfen.[15] Mit Ausnahme von Lauchheim (vgl. Stork, Friedhof), wo 5 ha untersucht sind, gibt es keinen auch nur annähernd vollständig ergrabenen Siedlungsplatz, sodass man bisher nur Ausschnitte von etwa 0,3 ha (Renningen) bis 4,5 ha (Mengen) Fläche für die Beschreibung ländlicher Siedlungsstrukturen zur Verfügung hat.

Die ergrabenen merowingerzeitlichen Siedlungsplätze setzen sich fast immer bis in die Karolingerzeit und darüber hinaus fort. Die Zuordnung der Baustrukturen zu einer bestimmten Phase ist oft nicht eindeutig, weshalb in diesem Beitrag auf die Besiedlungsdauer einiger ausgewählter Plätze insgesamt eingegangen werden soll.

In der Regel konnte man zahlreiche Pfostenverfärbungen im Boden feststellen, die nur teilweise zu Grundrissen ebenerdiger Pfostenbauten zusamengefügt werden können. Deshalb sind die hier rekonstruierten Siedlungsphasen mit den zugehörigen Wohn- und Wirtschaftsbauten der Gehöfte sicher nicht immer vollständig erfasst.

Wohnstallhäuser

Ebenerdige Pfostenbauten wurden u.a. in den Siedlungen von Ehingen,[16] Mühlheim-Stetten,[17] Ulm-Eggingen[18] und Renningen[19] festgestellt. Sie können zum größten Teil als Wohn- oder Stallgebäude und Scheunen angesprochen werden. Eine genauere Funktionszuweisung ist nicht immer möglich, da z.B. Herdstellen innerhalb des Wohnhauses wegen der Zerstörung der ehemaligen Oberfläche selten erhalten sind. Die Phosphatuntersuchungen von Lauchheim haben gezeigt, dass größere Pfostenbauten einen Wohn- und einen Stallteil haben können. Ein Pfostenbau des 6. Jh. von Ehingen hat in der Mitte noch zwei Pfosten, die möglicherweise auch Teil einer Wand waren, die den Wohn- vom Stallteil trennte.

Die Maße der Pfostenbauten liegen bei den genannten Siedlungen zwischen 4 m und 7 m Breite sowie 8 m bis 20 m Länge, wobei in Lauchheim ein Gebäude sogar 26 m lang war. Vorherrschender Haustyp war dort und in Ehingen das einschiffige »Hallenhaus«. Im Einzelfall ist allerdings unklar, ob es sich nicht auch um zweischiffige oder drei-

336 In Mühlhausen-Ehingen sind auf 1,6 ha für das 6. Jh. drei große Pfostenbauten im Abstand von etwa 30 m nachgewiesen (rot). Dazwischen liegen Grubenhäuser. Im 7./8. Jh. standen zwei große Pfostenbauten relativ nahe beieinander in der Südhälfte der Grabungsfläche (violett).

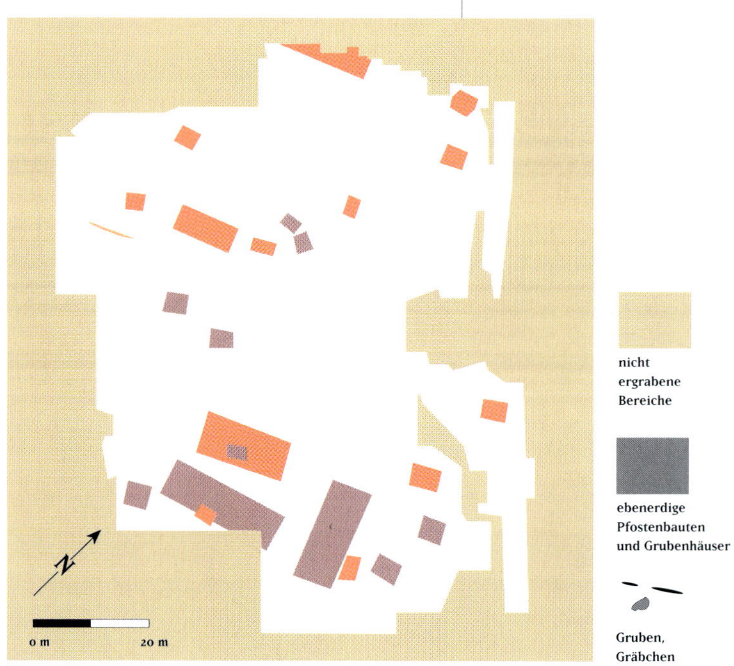

336

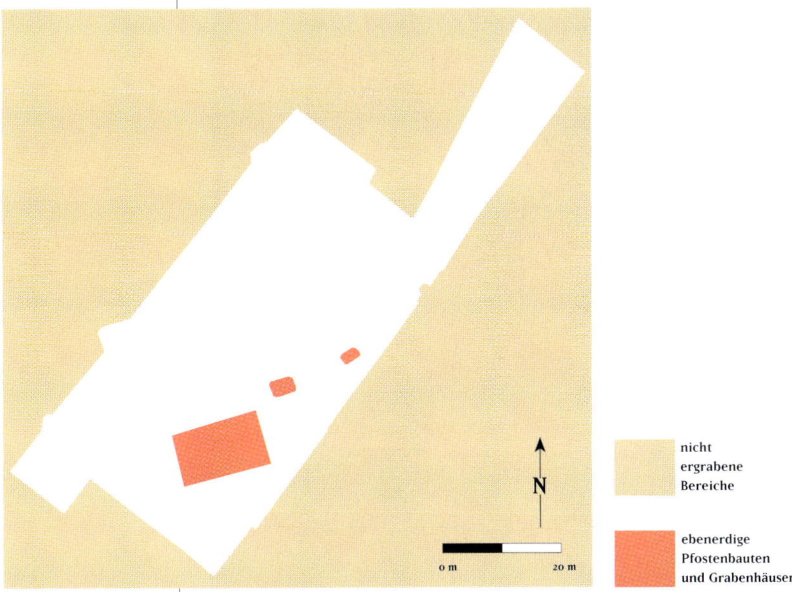

337 a

337 b

337 a, b Oben: In Stetten an der Donau wurden 0,3 ha der frühmittelalterlichen Siedlung ausgegraben. Vom Ende des 6. bis zur ersten Hälfte des 7. Jh. lässt sich ein Gehöft mit einem ebenerdigen Pfostenbau und zwei Grubenhäusern erschließen. Unten: In der 2. Hälfte des 7. und im beginnenden 8. Jh. scheinen zwei Höfe mit je einem ebenerdigen Pfostenbau und insgesamt vier Grubenhäuser bestanden zu haben.

338 Im Boden beobachtete Pfostenverfärbungen frühmittelalterlicher Häuser. A Renningen: zweischiffiger Pfostenbau, frühmittelalterlich. B Stetten a.d. Donau: zweischiffiger Pfostenbau des 7./8. Jh. C Mühlhausen-Ehingen: einschiffiger Pfostenbau des 6. Jh. D Mühlhausen-Ehingen: einschiffiger (?) Pfostenbau des 7./8. Jh.

schiffige Bauten handeln könnte. In Renningen und Stetten an der Donau sind zweischiffige Pfostenbauten nachgewiesen. Große vierschiffige Pfostenbauten mit 10 m Breite und bis zu 20 m Länge sind für Südwestdeutschland und die Nordschweiz bisher nur aus Ulm-Eggingen, Schaffhausen-Berslingen und Schleitheim bekannt.[20] Diese Großbauten des späten 7. und 8. Jh., wie sie auch in der bajuwarischen Siedlung von Kirchheim bei München[21] nachgewiesen sind, werden als Wohnbauten höher gestellter Personen interpretiert, die möglicherweise mit der Herausbildung der Grundherrschaft im Zusammenhang stehen.

Eine einheitliche Entwicklung der Bauformen großer Pfostenbauten vom 6. bis zum 12. Jh. ist in Südwestdeutschland bisher nicht erkennbar. In Ehingen deutet sich an, dass die Grundrisse der Phase des 7./8. Jh. etwas größer sind (über 100 m^2) als die des 6. Jh. (50 bis 70 m^2) und dass sie mit schwächeren, aber enger gestellten Pfosten konstruiert wurden. Dagegen sind in der Wüstung Wülfingen am Kocher für alle frühmittelalterlichen Phasen zweischiffige und vergleichbar große Pfostenbauten rekonstruiert worden.[22]

In Inneren der Häuser sind nur selten eindeutige Raumunterteilungen erkennbar,[23] allerdings waren sie nicht unbedingt in den Boden getieft, wie die Phospatuntersuchungen in Lauchheim (vgl. Stork, Friedhof) gezeigt haben. Bei einigen Pfostenbauten ist an einer Schmalseite ein 2 m bis 3 m breiter Bereich abgetrennt, dessen Funktion noch ungeklärt ist.[24] Möglicherweise war dies ein hausinterner Vorrats- oder Abstellraum.

Ställe, Scheunen, Speicher, Brunnen

Die in den Gesetzestexten erwähnten Scheunen und Viehställe, also vielleicht kleinere Nebengebäude mit wenigen Pfosten, sind aus dem Pfostengewirr der Ausgrabunspläne oft nur schwer auszusondern. In Ulm-Eggingen und Wülfingen können einige mittelgroße Bauten möglicherweise als solche Nebengebäude angesehen werden. Die Wohnbauten der Siedlung von Kirchheim bei München hatten eine Grundfläche von 70 m^2 bis 120 m^2, dagegen maßen die Nebengebäude oft weniger als 50 m^2.[25]

Rechteckige Gebäude mit vier bis sechs Pfosten und durchschnittlich 8 m^2 Fläche, wie sie in Lauchheim im Bereich des Herrenhofes, aber auch in Ulm-Eggingen, Wülfingen und Ehingen nachge-

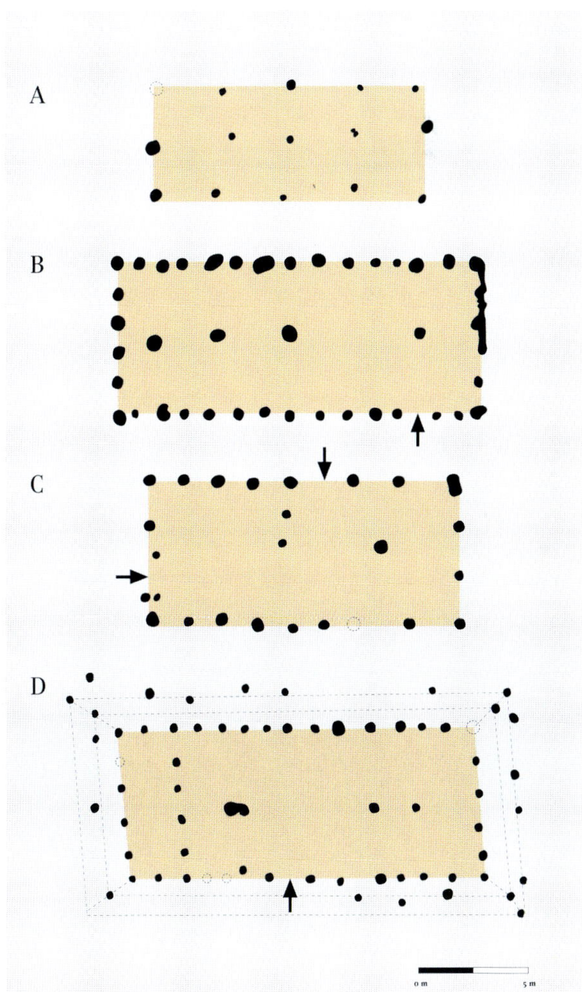

338

wiesen sind, können am ehesten als Heu- oder Getreidespeicher interpretiert werden. Nach volkskundlichen Vergleichen hatten sie wahrscheinlich einen höhergelegten Boden, der Belüftung gewährleistete und dadurch dem Verfaulen des Lagergutes vorbeugte. Für das 4./5. Jh. sind in Mengen[26] und Sontheim im Stubental[27] auch kleine, runde Speicherbauten mit einem Durchmesser von 3,5 m bis 4 m nachgewiesen, deren Grundriss an neuzeitliche Heubergen erinnert. Ein runder Speicherbau von 4 m Durchmesser kann in Ehingen nur allgemein den frühmittelalterlichen Phasen zugeordnet werden.

Sehr zahlreich sind in allen frühmittelalterlichen Siedlungen rechteckige, etwa 8 m² große und bis zu 1 m eingetiefte Grubenhäuser, die aus zwei bis acht Pfosten konstruiert sind. Darin wurden manchmal Webgewichte, selten auch Standspuren von Webstühlen entdeckt, die auf die Nutzung als Webhütte hinweisen.[28] Vorratshaltung von Nahrungsmitteln, die in Tongefäßen aufbewahrt wurden, ist für Grubenhäuser in Ulm-Eggingen nachgewiesen.[29] Sicherlich muss man jedem Gehöft mehrere Grubenhäuser zuordnen, schon weil sie eine wesentlich geringere Lebensdauer als ebenerdige Pfostenbauten hatten.

Daneben lassen sich ab der karolingischen Siedlungsphase (8./9. Jh.) in Mengen auch bis 2,3 m tiefe Kellergruben nachweisen. Sie dienten, darauf weist eine Schicht verkohlten Getreides in einer Kellergrube hin, am ehesten zur Aufbewahrung von Nahrungsvorräten. Ob sie innerhalb oder außerhalb von Pfostenbauten lagen, ist noch nicht geklärt.

Die in den Gesetzen der Alamannen erwähnten Zäune um die Gehöfte sind nur selten als Befund im Boden zu erkennen, da es nicht notwenig war, die Pfosten oder Latten besonders tief einzugraben. Nur in der Lauchheimer Siedlung lassen sich durch zahlreich nachgewiesene Zaungräbchen eindeutige Hofbereiche, z.T. mit kleinen Gräbergruppen des 7. Jh., abgrenzen.

339

340

341

Ein wesentliches Kriterium für die Wahl des Standorts war offensichtlich die Wasserversorgung. Oft findet man die Siedlungen an einem Bach- oder Flusslauf. Obwohl das auch für Wülfingen und Renningen zutrifft, sind hier bereits ab dem 7. Jh. Brunnen mit Stein- und Holzverschalungen nachgewiesen.[30] Sicherlich war die Wasserqualität aus den Brunnen besser als aus den offenen Wasserläufen.

Einzelhof, Weiler oder Dorf?

Die ländlichen Siedlungsplätze des 6. bis 12. Jh. im südwestdeutschen Raum unterscheiden sich in den bisherigen Untersuchungen zufolge in ihrer Ausprägung.

Die verschiedenen Gebäude liegen mehr oder weniger locker gestreut, sodass ihre Zuordnung zu einem oder mehreren Gehöften oft problematisch ist, wenn nicht – wie im Fall von Lauchheim – eindeutige Hofabgrenzungen dem archäologischen Befund zu entnehmen sind. Dennoch können anhand

339 **Webgewichte aus Mühlhausen-Ehingen. Die aus Ton hergestellten Gewichte hingen am Rahmen des stehenden Webstuhls herab und hielten die Kettfäden gespannt.**

340 **Bruchstücke von Getreidemühlen, die in Mühlhausen-Ehingen gefunden wurden, bestanden teils aus importiertem Granit (hinten), teils aus heimischem Muschelschill (vorne).**

341 **Brunnen mit Bruchsteinverschalung des 7./8. Jh. aus Renningen. In der Verfüllung solcher Schächte hat sich – bedingt durch die Feuchtigkeit – eine Fülle von Pflanzenresten erhalten. Die Pflanzenarten lassen auf die Umweltbedingungen schließen, und man erfährt, was an pflanzlicher Nahrung auf dem Speiseplan stand.**

342

342 **Beinkamm aus Befunden des 4./5. Jh. in Mühlhausen-Ehingen. In vielen Siedlungen dürften Handwerker ansässig gewesen sein, die Gebrauchsgegenstände und Schmuck aus Knochen und Geweih schnitzten.**

343 **Nur wertlosen Abfall ließ man achtlos liegen. Deshalb kommen wertvolle Funde wie diese bronzenen Haarnadeln des 6./7. Jh. aus Mühlhausen-Ehingen in Siedlungen nur ausnahmsweise vor.**

der Konzentrationen verschiedener Gebäudetypen Hofstellen innerhalb eines Siedlungsplatzes rekonstruiert werden. Die in Mengen, Ehingen und Stetten ausgegrabenen Siedlungen verlagerten sich mehrmals, was darauf schließen lässt, dass Neubauten neben den alten Gehöften errichtet wurden. Die Größe eines Gehöfts kann nur grob auf ca. 1000 bis 2000 m^2 geschätzt werden.

In der auf ca. 4 ha ergrabenen Siedlung von Kirchheim bei München kann man von insgesamt 15 zum Teil eingezäunten Gehöften ausgehen, wobei bisher nicht geklärt ist, wie viele gleichzeitig bestanden. Zwei Gehöfte, die als Herrenhöfe interpretiert werden, sind ca. 4000 m^2, die restlichen eher um 1000 m^2 groß.

Bei den großflächig ausgegrabenen spätmerowingisch-karolingischen Siedlungen von Lauchheim und Kirchheim darf man sicher von eher dorfartigen Siedlungen mit mehreren, direkt nebeneinander liegenden Gehöften sprechen. Dagegen liegen die Gehöfte des 4. bis 12. Jh. von Mengen relativ weit auseinander. Bei den meisten Siedlungen ist der untersuchte Ausschnitt zu klein, um Aussagen über die Siedlungsstrukturen zu ermöglichen.

Zeugnisse des Alltags

Die Funde aus den Siedlungen geben Hinweise auf die Lebensverhältnisse der Bewohner. Allerdings findet man nur Dinge, die als unbrauchbar weggeworfen wurden oder verloren gingen. Metallgegenstände sind zum Beispiel nur selten in die Abfallgruben gelangt, da man sie einschmelzen oder umschmieden konnte. Dagegen waren zerbrochene Keramikgefäße kaum wieder zu verwerten. Deshalb machen Scherben immer den größten Teil der Funde aus und bieten die wichtigsten Anhaltspunkte zur Datierung der Siedlungsphasen.

Die Gehöfte im merowingischen Alamannien zeugen von einer überwiegend landwirtschaftlich geprägten Gesellschaft. Selbstversorgung auf der Grundlage von Ackerbau und Viehhaltung bestimmte die Ernährung, worüber zahlreiche Tierknochen und Pflanzenreste aus den Siedlungsgrabungen Auskunft geben (vgl. Rösch, Ackerbau; Kokabi, Fleisch). Drei Bruchstücke von Getreidemahlsteinen wurden in der Ehinger Siedlung gefunden. Zahlreiche Tonscherben zeugen vom Geschirrbestand der Haushalte, wobei hier überwiegend Töpfe und Schüsseln, seltener Schalen und Krüge zu nennen sind. Daneben gab es sicherlich zahlreiche Holzgefäße, die sich aber nur im feuchten Bodenmilieu erhalten konnten. Wenn sie unbrauchbar waren, wurden sie wohl verfeuert. Entsprechend selten kommen sie in den Siedlungen vor, aber die

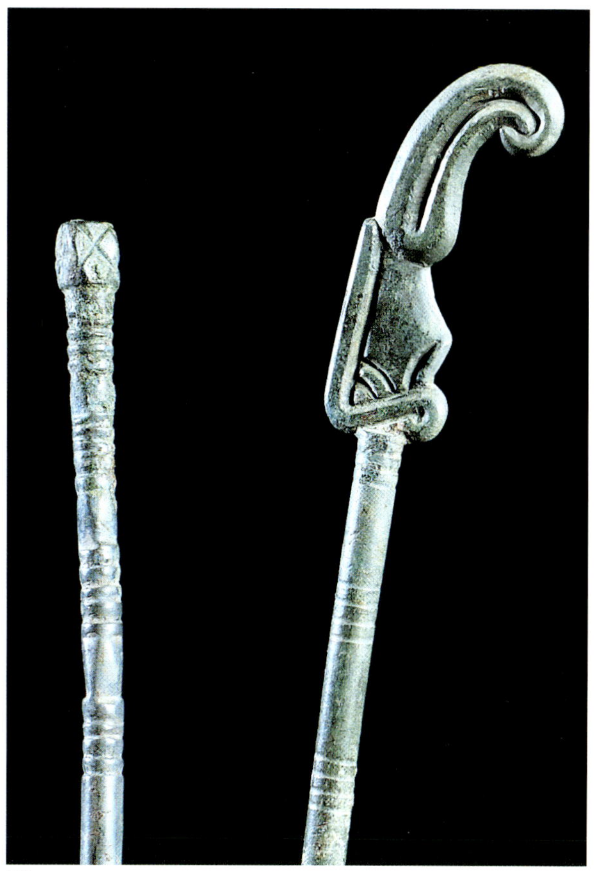

343

Funde aus dem Gräberfeld von Oberflacht lassen erahnen, welche Vielfalt und Menge hölzerner Gefäße und Geräte ehemals benutzt worden ist (vgl. Wolf, Schreiner). Die Keramik und wohl auch Holzgegenstände haben die Bewohner der Siedlungen großenteils selbst hergestellt. Ein Töpferöfen des 7. Jh., in dem rauwandige Drehscheibenware gebrannt wurde, ist in der Siedlung von Wülfingen belegt.[31] Für die handgeformte Keramik wurden zum Brennen wahrscheinlich einfache Erdgruben benutzt.

Handwerkliche Produktion für den Eigenbedarf

In allen Siedlungen belegen Nadeln, Spinnwirtel, Webgewichte und -brettchen häusliches Textilhandwerk (vgl. Banck, Webstuhl). Aus Geweih und Knochen, die als Abfallprodukte massenhaft vorhanden waren, wurden Kämme, Schmuck- und Trachtbestandteile, vielerlei Geräte, Würfel, Messer- und Schwertgriffe geschnitzt. Überreste ihrer Verarbeitung hat man in fast allen Siedlungen gefunden.[32]

Metallhandwerk ist überall durch Schmiedeschlacken, in Renningen sogar durch einen eingetieften Schmiedeofen belegt. Bei den zumeist runden, sehr blasigen Schlacken handelt es sich überwiegend um Eisenschlacken. Wahrscheinlich gab es innerhalb einer Siedlungsgemeinschaft einen Grobschmied, der Werkzeuge und Gegenstände wie Äxte, Messer, Nägel und Pflugschare für den alltäglichen Gebrauch herstellte oder reparierte. Im 4./5. Jh. ist sogar bescheidene Eisenverhüttung direkt bei den Siedlungen nachgewiesen (vgl. Amrein, Hammer).

Verarbeitung von Buntmetall ist bisher fast nur für die Höhensiedlungen belegt (vgl. Steuer, Herrschaft). Blei- bzw. Silberschlacken sowie Gusstiegel mit Silber- und Bronzeresten beweisen aber, dass auch in der spätmerowingisch-karolingischen Siedlung von Mengen Bronze und Silber verarbeitet wurde.[33]

Echte Raritäten bei Siedlungsgrabungen sind Schmuck- und Trachtbestandteile aus Bronze oder Edelmetall, vor allem weil bei einem Verlust sicher ausdauernd nach ihnen gesucht wurde. Zu den Funden aus der Ehinger Siedlung zählen ein silberner bandförmiger Fingerring sowie – aus Bronze – ein großer Ohrring und zwei Haarnadeln des 6./7. Jh. Eine dieser Nadeln ist kunstvoll mit einem stilisierten Tierkopf verziert. Auf berittene, höhergestellte Bewohner dieser Siedlung lässt ein spätmerowingischer, tauschierter Sporn mit Silbernieten schließen.

Sicher gab es nicht in jeder frühmittelalterlichen Siedlung einen Feinschmied, wie das für Mengen nachgewiesen ist, jedoch könnten einfachere Schmuckstücke auch vom jeweiligen Dorfschmied hergestellt worden sein (vgl. Amrein, Hammer).

344

344 Eiserner Reitsporn mit tauschiertem Streifenmuster und Silbernieten des 7. Jh. aus Mühlhausen-Ehingen. Ein Reiter, dazu noch im Besitz eines verzierten Spornes, muß in dem bäuerlichen Dorf eine besondere Stellung eingenommen haben.

SIEDLUNG, FRIEDHOF UND KIRCHE VON SCHLEITHEIM

Schleitheim im Kanton Schaffhausen liegt rechts des Rheins im Einzugsbereich der Wutach, einem Durchgangstal vom Hochrhein zur Donau. Ein von Höhenzügen abgeschlossenes Becken wird nach Nordosten durch das Haupttal des Schleitheimer Baches, nach Südosten durch das Seitental des Zwärenbachs erweitert.

Die Blütezeit der römischen Siedlung Iuliomagus im Tal des Zwärenbachs reichte von der zweiten Hälfte des 1. bis in die ersten Jahrzehnte des 2. Jh. Funde aus spätrömischer Zeit sind nur sehr spärlich, weshalb eine Lücke von mehr als 200 Jahren bis zur frühmittelalterlichen Besiedlung klafft.[34]

Zwei Gräber der Zeit um 400 aus dem Friedhof im Gewann »Hebsack« (vgl. Bücker, Reibschalen) bilden die frühesten Zeugnisse der frühmittelalterlichen Besiedlung im Schleitheimer Raum.[35] Die Belegung des Gräberfeldes mit bisher mehr als 850 Gräbern reicht bis an die Wende zum 8. Jh.[36] Die »Stiftergräber« in der Schleitheimer Dorfkirche sind in das mittlere 7. Jh. zu datieren (vgl. Scholkmann, Kultbau), sie ist spätestens zu dieser Zeit errichtet worden und war ehemals St. Maria geweiht.[37]

Nur wenig unterhalb des Gräberfeldes, in der Umgebung eines römischen Gutshofes am Fuß des sanften Nordwestabhangs des Schleitheimer Baches, sind früh- und hochmittelalterliche Siedlungsspuren angeschnitten worden. Die Siedlungsreste datieren größtenteils in die Merowingerzeit. Zwei Bronzefibeln, eine Bügelknopf- und eine Armbrustfibel sowie einige Keramikscherben weisen bereits auf eine spätkaiserzeitliche Ansiedlung an dieser Stelle hin. Auf einer Fläche von 670 m² wurden rund 280 Pfostengruben nachgewiesen, etwa die Hälfte konnte einzelnen Bauten zugeordnet werden.

Aus einer älteren Siedlungsphase stammen drei kleinere Gebäude mit übereinstimmender Ausrichtung. Neben dem Grundriss eines Speichers (B)

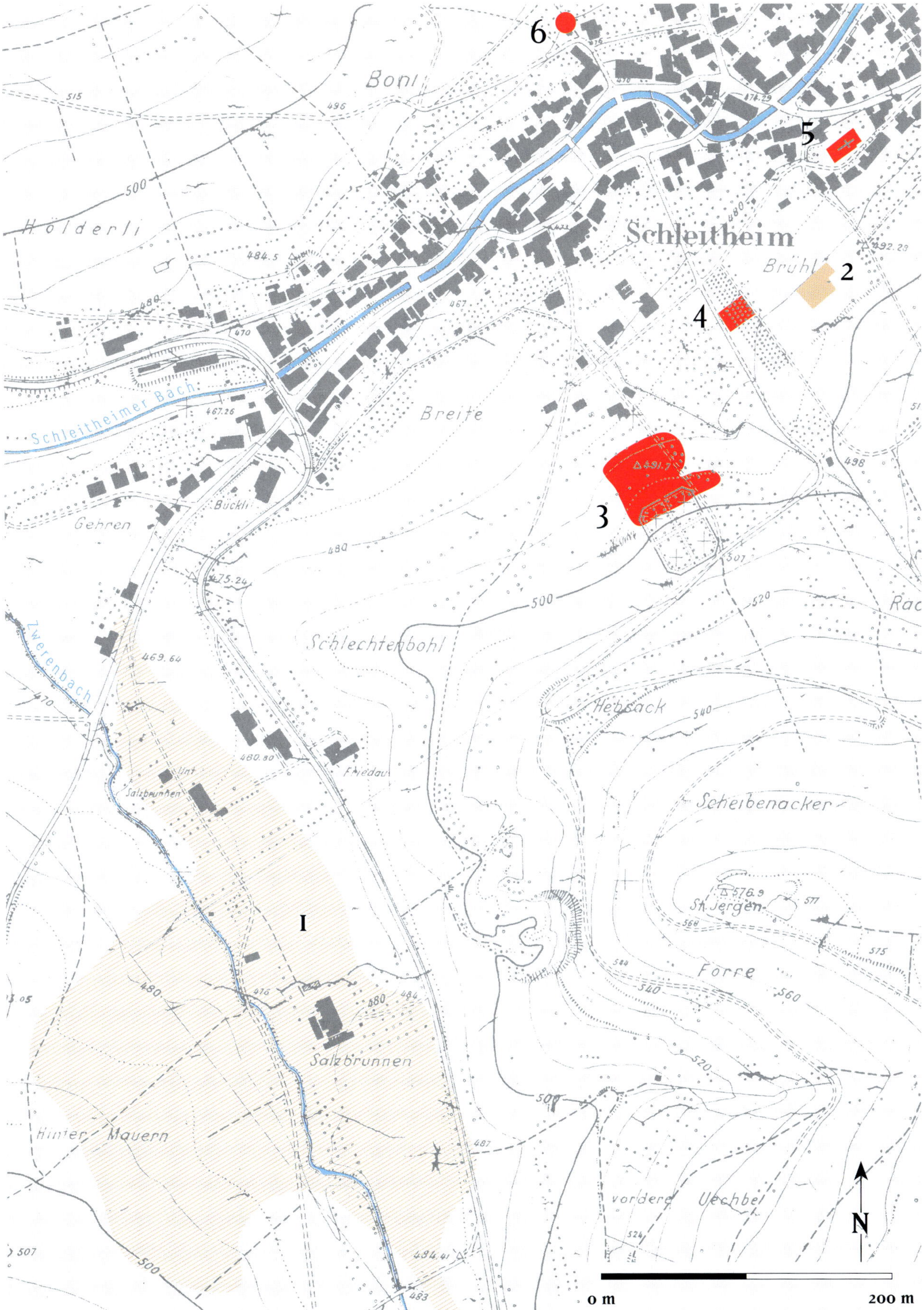

345 **Die Besiedlung des Schleitheimer Beckens bis ins frühe Mittelalter. 1 Römischer Vicus Iuliomagus. 2 Römischer Gutshof im Gewann »Brüel«. 3 Merowingisches Gräberfeld im Gewann »Hebsack«. 4 Frühmittelalterliche Siedlung im Gewann »Brüel«. 5 Kirche (ehemals St. Maria) mit »Stiftergräbern« des 7. Jh. 6 Einzelfunde von Siedlungsplätzen.**

345

können noch zwei weitere, etwa gleich große Gebäude mit zwei Räumen (C und G) rekonstruiert werden. Der jüngeren Siedlungsphase ist ein großes vierschiffiges Hallenhaus zuzuordnen, das man als Hauptgebäude (Wohnstallhaus?) eines Herrenhofes interpretieren kann.

Bereits der verhältnismäßig kleine untersuchte Siedlungsausschnitt macht deutlich, dass im Gewann »Brüel« mit Spuren einer ausgedehnten und mehrphasigen Siedlung zu rechnen ist. Gleichzeitige Siedlungsfunde von der gegenüberliegenden Talseite zeigen zudem, dass zu beiden Seiten des Schleitheimer Baches frühmittelalterliche Ansiedlungen bestanden.

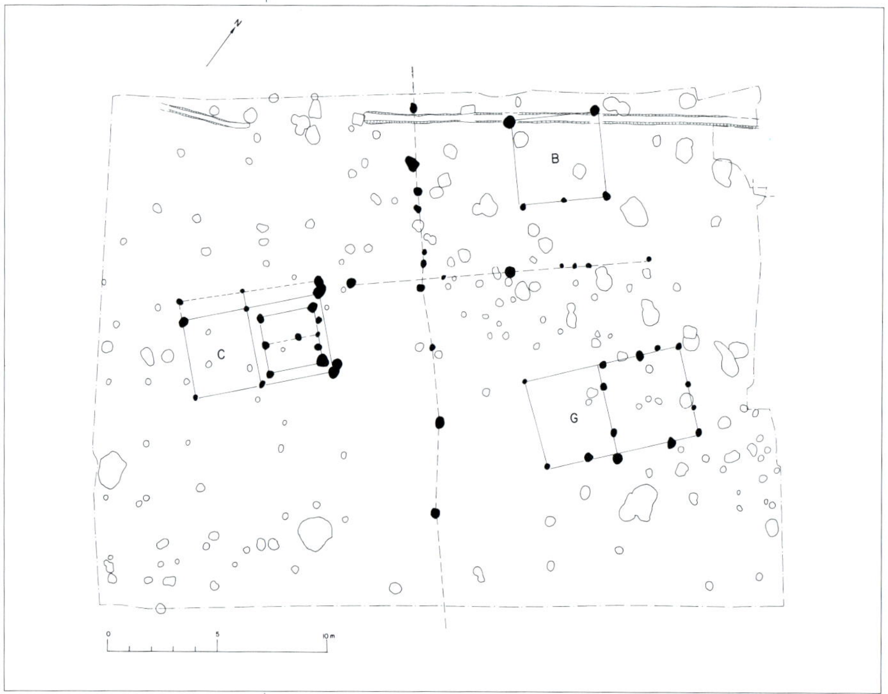

346 a

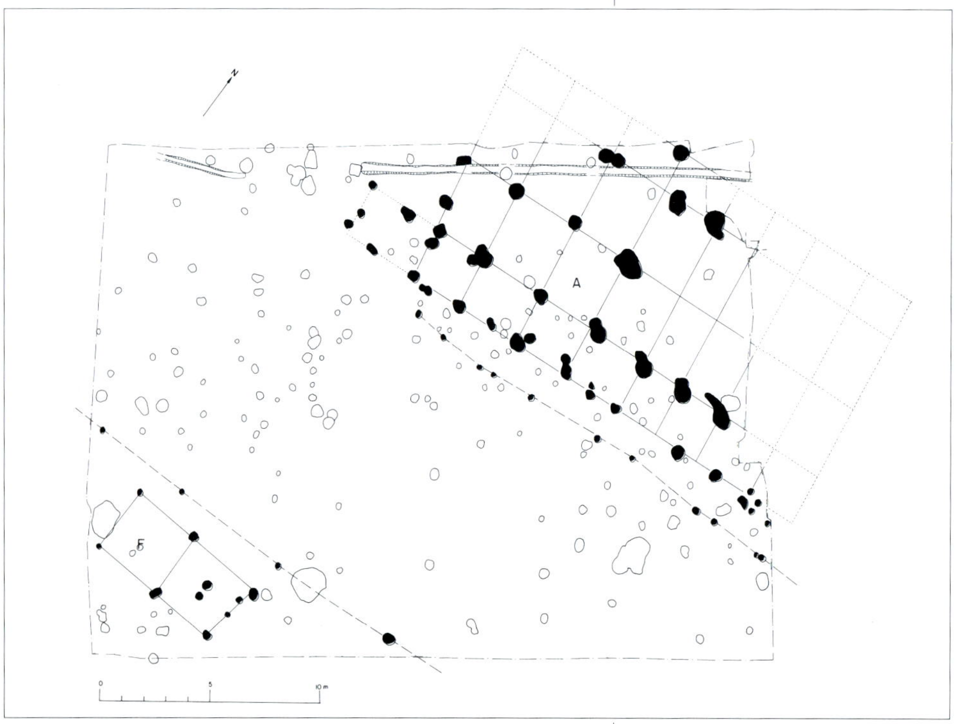

346 b

346 a Die ältere Siedlungsphase in Schleitheim, Gewann »Brüel«. Bau B mit einem fast quadratischen Grundriss von 3,8 m Seitenlänge kann als Speicher rekonstruiert werden. Ein zweites größeres Gebäude C hatte zwei Räume. Der dünne Malmschutt an der Nordseite war möglicherweise ein geschotterter Vorplatz. An der Ostwand des Gebäudes lag ein Neugeborenes. Das Gebäude G war wahrscheinlich ebenfalls in zwei Räume geteilt. Sandsteinblöcke in der Mitte des nordöstlichen Raumes sind möglicherweise die Reste einer Feuerstelle.

346 b Die jüngere Siedlungsphase in Schleitheim, Gewann »Brüel«. Das Hallenhaus A mit einer Größe von 11 m x 20 m ist vermutlich das Hauptgebäude eines Herrenhofes. Das kleinere einschiffige Haus F orientiert sich am Hallenhaus und bestand wahrscheinlich gleichzeitig. Nördlich davon verlief in 1,5 m Abstand offenbar ein Zaun. Ein weiteres, schlecht erhaltenes Gebäude ist an der Stelle von Haus C errichtet worden. Rund 30 Webgewichte an dieser Stelle lassen an ein ebenerdiges Webhaus denken.

KONTINUITÄT UND WANDEL IN LAUSEN-BETTENACH

Lausen liegt im Kanton Baselland im Tal der Ergolz, das in den Jura eingeschnitten ist. Knapp zwei Stunden Fußweg nach Norden kommt man zur antiken Stadt Augusta Raurica. In der Umgebung sind weitere römische Siedlungsplätze bekannt, die zum Hinterland von Augusta Raurica gehören.

Von 1985 bis 1992 wurde östlich der Pfarrkirche in Lausen auf einer unbebauten Fläche von ca. 1400 m² ein Ausschnitt der frühmittelalterlichen Wüstung Bettenach untersucht.[38] Ältester Baubefund ist ein teilweise ausgegrabenes Steingebäude, das vermutlich einer römischen Villa rustica zuzuordnen ist. Die zeitliche Verteilung der antiken Münzen zeigt deutlich, dass die Anlage die Alamannenüberfälle im 3. Jh. – vor allem die Zerstörung von Augusta Raurica um 275 – überstanden hat; erst in der Folgezeit erlangte sie jedoch eine größere Bedeutung.

Ab dem 5./6. Jh. entwickelte sich auf dem Areal der Villa eine Siedlung mit Gehöften, die aus Stein- und Holzbauten, Grubenhäusern und weiteren Strukturen bestanden hat. Nach einem Abschnitt mit dichterer Bebauung und schnell aufeinanderfolgenden Bauphasen im 11./12. Jh. wurde die Siedlung Bettenach um 1200 oder zu Beginn des 13. Jh. aufgegeben. Anlass hierfür scheint die Gründung der Stadt Liestal gewesen zu sein. Die Bedeutung der Siedlung liegt vor allem in der Kontinuität von der Spätantike über das frühe Mittelalter bis in das hohe Mittelalter hinein.

Dass es sich hier nicht nur um eine Platz-, sondern um echte Siedlungskontinuität handelt, wird anhand der Keramikfunde deutlich. Koch- und Tafelgeschirr werden bis ins frühe Mittelalter gleichartig in antiker Tradition hergestellt; neue Formen finden nur langsam Eingang in das Repertoire. Demnach hat eine romanische oder romanisierte Bevölkerung den Siedlungsplatz nach der römischen Zeit weiterhin bewohnt und sich in der Folgezeit nur langsam mit eingewanderten Volksgruppen vermischt. Diese Entwicklung lässt sich in der gesamten Nordwestschweiz verfolgen, wo sich antike Traditionen und offenbar auch Organisationsformen noch lange über das 4. Jh. hinaus bewahrt haben.

Die frühmittelalterlichen Steinbauten und die spätestens im 8. Jh. errichtete Kirche in Bettenach sowie das Fundmaterial (z.B. Scheiben- und Kreuzfibeln, Schreibgriffel und eine große Anzahl Hufeisen) zeigen, dass der Ort nicht nur eine ländliche, bäuerliche Ansiedlung war, sondern wahrscheinlich übergeordnete Funktion besaß.

347

347 Ausgrabungen im Bereich der Wüstung Lausen-Bettenach. 1 In der heutigen Kirche von Lausen wurden Fundamente eines älteren Baus, vermutlich aus dem 8. Jh., gefunden. Diese Kirche lag außerhalb des mittelalterlichen Ortes Lausen und gehörte ursprünglich zur Wüstung Bettenach (»Bettenacherfeld«, 1329 urkundlich erwähnt). 2 Ausgrabungsfläche mit Grubenhäusern und Steinfundamenten. 3 Fundamentreste eines römischen Gebäudes.

1 Vgl. I. Stork, Die Merowingerzeit in Württemberg. In: D. Planck, Archäologie in Württemberg (Stuttgart 1988) 333 f.; H. Steuer, Standortverschiebungen früher Siedlungen von der römischen Eisenzeit bis zum frühen Mittelalter. In: Person und Gemeinschaft im Mittelalter [Festschrift Karl Schmid zum 65. Geburtstag] (Sigmaringen 1988) 33 ff.

2 W. Veeck, Die Alamannen in Württemberg. Germ. Denkmäler Völkerwanderungszeit A 1 (Berlin 1931) 10; 113 ff.; Stork (Anm. 1) 334 f.; G. Kraft, Die Feststellung frühmittelalterlicher Siedlungen im Breisgau durch neue Funde und Ausgrabungen. Schauinsland 70, 1951/52, 34 ff. Kraft sah die einzige Möglichkeit für Siedlungsgrabungen im Bereich von urkundlich erwähnten, lokalisierbaren Wüstungen.

3 Ausführlich dazu: M. Hoeper, Alamannische Besiedlungsgeschichte im Breisgau, Reihengräberfelder und Gemarkungsgrenzen. In: H. U. Nuber/K. Schmid/H. Steuer/Th. Zotz (Hrsg.), Römer und Alamannen im Breisgau. Arch. u. Gesch. Freiburger Forsch. Erstes Jahrtausend Südwestdt (Sigmaringen 1994). 35 ff. (im folgenden zit.: Hoeper, Besiedlungsgeschichte); ders., Alamannische Besiedlungsgeschichte im Breisgau. Untersuchungen zur Entwicklung von Besiedlungsstrukturen im frühen Mittelalter (Diss. Freiburg 1994, im Druck).

4 Vgl. etwa R. Christlein, Die Alamannen. Archäologie eines lebendigen Volkes (Stuttgart 1978) 30 f.

5 Zusammenfassend Steuer (Anm. 1) 37 ff. Zu den neuesten Ergebnissen der niederländischen Siedlungsarchäologie F. Theuws, Haus, Hof und Siedlung im nördlichen Frankenreich (6.–8. Jahrhundert). In: A. Wieczorek/P. Périn/K. v. Welck/W. Menghin (Hrsg.), Die Franken. Wegbereiter Europas. Reiss-Mus. Mannheim (Mainz 1996) 754 ff.; ders., Landed property and manorial organisation in Northern Austrasia: some considerations and a case study. In: N. Roymans/F. Theuws (Hrsg.), Images of the past. Studies on ancient societies in North-Western Europe. Stud. Pre- en Protohist. 7 (Amsterdam 1991) 299 ff.

6 So ließen sich Verschiebungen eindeutig in Speyer-Vogelgesang und Breisach-Hochstetten feststellen: H. Bernhard, Die frühmittelalterliche Siedlung von Speyer-Vogelgesang. Offa 39, 1982, 217 ff.; R. Lommerzheim, Die frühmittelalterlichen Siedlungen von Merdingen und Breisach-Hochstetten in Südbaden (unpubl. Diss. Bonn 1987). Vgl. dazu Steuer (Anm. 1) 36 f.; Hoeper, Besiedlungsgeschichte (Anm. 3) 38 f.

7 I. Stork, Siedlungsgeschichte im Renninger Becken. In: S. Arnold u.a., ... mehr als 1 Jahrtausend ... Leben im Renninger Becken vom 4. bis 12. Jahrhundert. Arch. Inf. Baden-Württemberg 19 (Stuttgart 1991) 12 ff. Abb. 1.

8 Hoeper, Besiedlungsgeschichte (Anm. 3) 42 ff.; ders., Die frühmittelalterliche Besiedlungsentwicklung in der Gemarkung Mengen. In: Ch. Bücker/M. Egger/G. Fingerlin/M. Hoeper, FundMengen. Mengen im frühen Mittelalter. Arch. Inf. Baden-Württemberg 25 (Stuttgart 1994) 18 ff.; M. Egger, Die ur- und frühgeschichtlichen Funde der Gemarkung Mengen. In: H. Hölzer (Hrsg.), 1200 Jahre Mengen (Freiburg 1976) 13 ff.

9 Vgl. H. Dannheimer, Aus der Siedlungsarchäologie des frühen Mittelalters in Bayern. In: Festschr. Joachim Werner zum 65. Geburtstag II (München 1974) 629 ff.

10 K. Lehmann, Leges Alamannorum[2] (Hannover 1966); R. Schmidt-Wiegand, Das Dorf nach den Stammesrechten des Kontinents. In: H. Jankuhn/R. Schützeichel/F. Schwind (Hrsg.), Das Dorf der Eisenzeit und des frühen Mittelalters. Abhandl. Akad. Wiss. Göttingen Phil. Hist. Kl. 3. F. 101 (Göttingen 1977) 408 ff.; dies., Haus und Hof in der Leges barbarorum. In: H. Beck/H. Steuer (Hrsg.), Haus und Hof in ur- und frühgeschichtlicher Zeit. Abh. Akad. Wiss. Göttingen Phil. Hist. Kl. 3. F. 218 (Göttingen 1996) 210 ff.; H. Dölling, Haus und Hof in den westgermanischen Volksrechten (Münster 1958) 27 ff.

11 Schmidt-Wiegand, Dorf (Anm. 10) 423.

12 Schmidt-Wiegand, Haus und Hof (Anm. 10) 221.

13 Ebd. 218.

14 Ebd. 216; Lehmann (Anm. 10) Tit. 76,2; 77,1,3,4.

15 M. Schmaedecke, Die frühmittelalterliche Siedlung von Lausen-Bettenach. In: Ländliche Siedlungen zwischen Spätantike und Mittelalter. Beiträge zum Kolloquium in Liestal (Schweiz) vom 13.bis 15. März 1995. Arch. u. Mus. 33, 1995, 49 ff.

16 J. Aufdermauer/B. Dieckmann, Mittelbronzezeitliche und frühmittelalterliche Siedlungsbefunde aus Mühlhausen-Ehingen, Kreis Konstanz. Arch. Ausgr. Baden-Württemberg 1994, 69 ff.; B. Dieckmann ebd. 1995, 75 ff.

17 F. Fingerlin, Spuren des frühen Mittelalters in Stetten, Stadt Mühlheim a.d. Donau, Kreis Tuttlingen. Arch. Ausgr. Baden-Württemberg 1987, 167 ff.; ders. ebd. 1988, 208 ff.

18 U. Gross, Interpretation der Befunde. In: C. J. Kind, Ulm-Eggingen. Die Ausgrabungen in der bandkeramischen und der mittelalterlichen Wüstung. Forsch. Ber. Vor- u. Frühgesch. Baden-Württemberg 34 (Stuttgart 1989) 320 ff.

19 Vgl. Arnold u.a. (Anm. 7).

20 Gross (Anm. 18) 320 ff. (Haus K); W. U. Guyan, Erforschte Vergangenheit 2. Schaffhauser Frühgeschichte (1971) 202 f. Schleitheim SH, »Brühl«: Jahrb. SGU 76, 1993, 233.

21 P. Donat, Zur Entwicklung germanischer Siedlungen östlich des Rheins bis zum Ausgang der Merowingerzeit. Zeitschr. Arch. 25, 1991, 149 ff. bes. 166 Abb. 11 (Haus 17/18, 24 und 27).

22 M. Schulze, Die Wüstung Wülfingen am Kocher. Jahrb. RGZM 23/24, 1976/77 (1982) 154 ff.

23 J. Biel, Grabungen im Industriegebiet »Seewiesen« bei Heidenheim-Schnaitheim. Arch. Ausgr. Baden-Württemberg 1983, 188 Abb. 175 (Haus C).

24 Ebd.: Haus B aus dem 7. Jh. In Ehingen bei zwei Häusern des 7./8. Jh.

25 Donat (Anm. 21) 165 ff.

26 Vgl. Bücker u.a. (Anm. 8).

27 D. Planck, Neue Untersuchungen in der frühalamannischen Siedlung von Sontheim i.St., Gde. Steinheim am Albuch, Kr. Heidenheim. Arch. Ausgr. Baden-Württemberg 1981, 182 ff. Abb. 153 (Gebäude 11); Bücker u.a. (Anm. 8) 31 Abb. 9.

28 M. Untermann/U. Gross, Mittelalterliche Siedlungsbefunde in Ditzingen, Kr. Ludwigsburg. Arch. Ausgr. Baden-Württemberg 1987, 186 ff. Abb. 137; E. Schmidt, Webhäuser der Wüstung Sülchen auf der Gemarkung Rottenburg am Neckar, Kr. Tübingen. Arch. Ausgr. Baden-Württemberg 1983, 215 ff.

29 Gross (Anm. 18) 327.

30 Arnold u.a. (Anm. 7) Abb. 13 (Brunnen 354); M. Schulze, Die Wüstung Wülfingen in Nordwürttemberg. Offa 39, 1982, 239.

31 Ebd.

32 B. Theune-Großkopf, Produkte von Kammachern und Beinschnitzern des frühen Mittelalters in Südwestdeutschland. In: Mostefa Kokabi u.a., Knochenarbeit. Arch. Inf. Baden-Württemberg 27 (Stuttgart 1994) 83 ff.

33 Bücker u.a. (Anm. 8) 50 f. Abb. 26,1.2.

34 J. Bürgi/R. Hoppe, Schleitheim – Iuliomagus. Die römischen Thermen. Antiqua 13 (Basel 1985).

35 B. Ruckstuhl, Ein reiches frühalamannisches Frauengrab im Reihengräberfeld von Schleitheim-Hebsack SH. Arch. Schweiz 11, 1988, 15 ff.

36 J. Leicht, Das Gräberfeld von Schleitheim-Hebsack (ungedr. Diss. München 1995).

37 K. Bänteli/B. Ruckstuhl, Die Stiftergräber der Kirche St. Maria zu Schleitheim. Arch. Schweiz 9, 1986, 68 ff.

38 Literatur zum Thema: R. Marti, Kontinuität und Wandel am Beispiel frühmittelalterlicher Keramik aus der Nordwestschweiz. In: Keramik zwischen den Epochen. Koll Münchenwiler 1994 (Bern 1994) 49 ff.; ders., Ansätze zu einer frühmittelalterlichen Siedlungsgeschichte der Nordwestschweiz. In: M. Schmaedecke (Bearb.), Ländliche Siedlungen zwischen Spätantike und Mittelalter. Beiträge zum Kolloquium in Liestal/Schweiz vom 13.–15. März 1995. Arch. u. Mus. 32, 1995, 9 ff.; M. Schmaedecke, Die frühmittelalterliche Siedlung Lausen-Bettenach. Ebd. 17 ff.; ders./J. Tauber, Ausgrabungen in Lausen-Bettenach. Vorbericht über die archäologischen Untersuchungen 1985–1992. Arch. u. Mus. 25, 1992.

PFLANZENRESTE AUS ALAMANNISCHEN SIEDLUNGEN

MANFRED RÖSCH

Grabungen in alamannischen Siedlungen geben uns Gelegenheit, mittels botanischer Untersuchung von Pflanzenresten wichtige Aspekte des Alltagslebens zu erforschen und damit zu einem zutreffenderen und genaueren Bild dieser vergangenen Epoche beizutragen.[1] Für die Völkerwanderungszeit stehen wir dabei aber noch ganz am Anfang. Mit Mühlheim-Stetten, Schallstadt-Mengen und Igersheim kennen wir gerade einmal drei völkerwanderungszeitliche Fundstellen, an denen botanische Analysen Einblick in Landwirtschaft, Ernährung, Umwelt und Alltag der Alamannen geben, die noch in direkter Nachbarschaft zum spätrömischen Reich lebten.

Die botanischen Befunde der Völkerwanderungszeit und des frühen Mittelalters unterscheiden sich prinzipiell nicht von denen ländlicher Siedlungen älterer oder jüngerer Epochen. Hauptsächlich aus Grubenhäusern liegen Funde verkohlter Kulturpflanzen vor, überwiegend Getreide, und belegen, dass die Alamannen von der Landwirtschaft lebten, vorwiegend vom Ackerbau.

Getreide für den Eigenbedarf

Die alamannische Landwirtschaft unterschied sich offenbar stark von der in den benachbarten römischen Provinzen. Dort konzentrierten sich die Betreiber großer Landgüter auf bestimmte, besonders leistungsfähige Kulturpflanzen, z.B. den Dinkel, um rationell und marktorientiert zu produzieren. Bei den Alamannen hingegen zeugt breite Vielfalt für die Selbstversorgung einzelner Höfe. Allerdings ist in den Siedlungen der Völkerwanderungs- und der frühen Merowingerzeit ein gewisses Übergewicht der Gerste zu beobachten, wofür mehrere Ursachen möglich sind:

Erstens die elbgermanischen Traditionen, denn in den germanischen Stammlanden um die Ostsee war von jeher Gerste das wichtigste, oft sogar einzige Getreide gewesen.

Zweitens der bevorzugte Sommer-Feldbau, um Herbst und Winter für andere Tätigkeiten frei zu haben.

Drittens die große Bedeutung der Biererzeugung. Immerhin wussten die Alamannen die bodenstän-

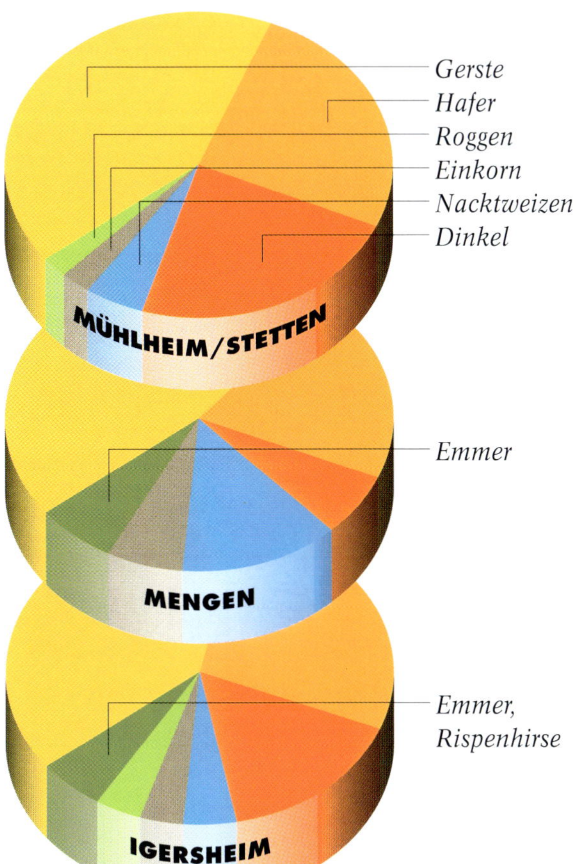

348

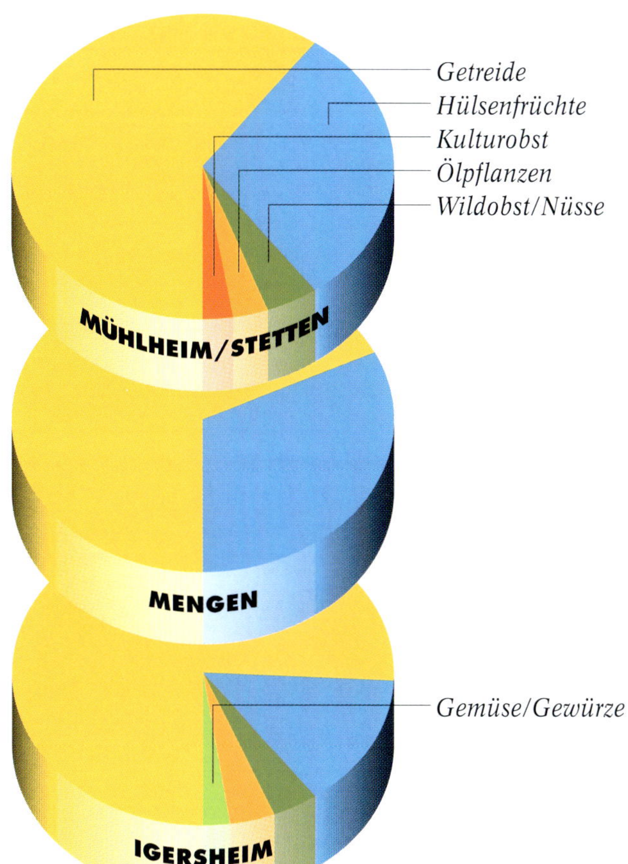

349

348 **Während der Völkerwanderungszeit wurde ein breites Spektrum unterschiedlicher Getreidesorten angebaut. Grundlage dieses Diagramms bildeten 147 verkohlte Körner aus Mühlheim-Stetten, 15 aus Mengen und 65 aus Igersheim.**

349 **Anteil der durch verkohlte Überreste nachweisbaren Nahrungspflanzen in der Völkerwanderungszeit. 238 Reste aus Mühlheim-Stetten, 22 aus Mengen und 51 aus Igersheim wurden in die Auswertung einbezogen.**

digen Arten Einkorn und Dinkel ebenfalls zu nutzen, und sie kannten auch Emmer, Nacktweizen und Hafer, obwohl sie die nur selten anbauten. Auch Roggen war noch wenig gebräuchlich.

Besonders wichtig waren Hülsenfrüchte, vor allem die Linse. Wer weiß, wieviel mühselige Kleinarbeit erforderlich ist, bis man einen Topf Linsen auf dem Herd hat, versteht nicht nur Esau, der sein Erstgeburtsrecht für ein Linsengericht verkaufte, sondern kann auch nachvollziehen, dass die Alamannen viel mehr Mühe und Sorgfalt für ihre Felder aufbrachten, als dies möglicherweise auf den römischen Gütern der Fall war.

Dort wurden diese Arbeiten in Fron von Sklaven oder Lohnabhängigen besorgt. Es wurde für das Militär und den Markt produziert, und die Erträge kamen hauptsächlich den abwesenden oder zumindest weit über den Arbeitern stehenden Herren zugute. Deshalb war der persönliche Einsatz eher

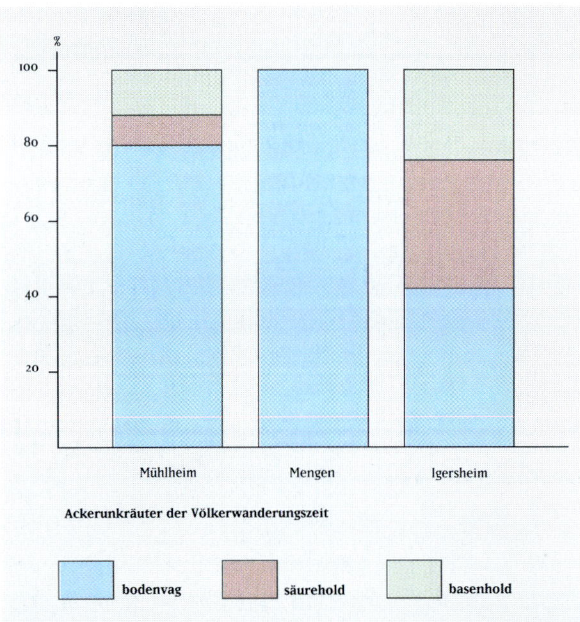

350

mäßig und wurde durch bessere Organisation und Technik kompensiert. Die Häufigkeit der Hülsenfrüchte bedeutete für die Alamannen zugleich eine gute Versorgung mit pflanzlichem Protein.

Darüber hinaus hatten Ölpflanzen – vor allem Gebauter Lein, zugleich eine begehrte Faserpflanze – und Obst, wohl überwiegend gesammeltes Wildobst, einen höheren Stellenwert, als der magere Anteil an den überwiegend verkohlt erhaltenen Pflanzenresten erahnen lässt.[2]

Jungfräuliches Land in der Völkerwanderungszeit

Bei den Wildpflanzen überwiegen die Ackerunkräuter. Die wenigen Grünlandarten sprechen nicht für eigenständige Wiesen und Weiden in heutigem Sinne, sondern sind Ausdruck einer Wechsel-Landwirtschaft, genauer der Feld-Gras-Wirtschaft, bei der ein Acker nach einigen Jahren Getreideanbau liegen gelassen und als Weide genutzt wurde. Dadurch blieb die Bodenfruchtbarkeit auch ohne Düngung erhalten. Das äußert sich in der Seltenheit von Ackerunkräutern, die auf Bodenverarmung hindeuten.

In jener Zeit konnten die Alamannen, was die Bodenressourcen betrifft, noch aus dem Vollen schöpfen, denn das Land war dünn besiedelt und großenteils wieder dicht bewaldet, wie die Pollenanalyse zeigt (siehe unten). Diese weitgehende Wiederbewaldung des den Römern abgenommenen Landes ist aber keine Folge nomadischer Lebensweise, sondern eher der geringen Bevölkerung. Die Alamannen waren aufgrund ihrer geringen Zahl gar nicht in der Lage, das ganze Land zu bewirtschaften und als Kulturland zu erhalten.

Warum die Bevölkerung während ungefähr der ersten zwei Jahrhunderte nur so gering zunahm, dass sie kaum nachweisbar ist, lässt sich derzeit schwer begründen. Der sicherlich vorhandene Überschuss an Geburten könnte durch Seuchen wie die Pest, durch Wegzug oder Krieg kompensiert worden sein.

Ackerbau in der Merowingerzeit

Die Lebens- und Umweltverhältnisse der Merowingerzeit können anhand von Pflanzenresten aus Mühlheim-Stetten, Lauchheim und Renningen untersucht werden. Hinzu kommt die Siedlung von Igersheim, die zu dieser Zeit bereits im fränkischen Gebiet lag.

Nach wie vor war Ackerbau die Grundlage der menschlichen Existenz. Das im Gegensatz zur Römerzeit und zum Hochmittelalter sehr breit und gleichmäßig gemischte Getreidespektrum ist ein klarer Hinweis auf Selbstversorgung. Der Grundbedarf des täglichen Lebens, in erster Linie auch die

350 Ackerunkräuter, die auf Bodenverarmung hindeuten, sind in der Völkerwanderungszeit noch selten. Die Unterschiede zwischen Mühlheim, Mengen und Igersheim beruhen auf folgendem Sachverhalt: Unkräuter basenreicher Böden treten in kalkreichen Gebieten dann in den Vordergrund, wenn es durch Beackerung zu Bodenerosion kam. In Gegenden mit leichten, nährstoffarmen Böden nehmen vor allem säureholde Unkräuter zu, wenn durch den Ackerbau eine Nährstoffverarmung eintrat.

351 In der Merowingerzeit nimmt der Nacktweizen deutlich zu. Die verkohlten Samen stammen aus Grubenhäusern, ihre Menge schwankt zwischen 27 Körnern in Mühlheim-Stetten und 2145 in Igersheim.

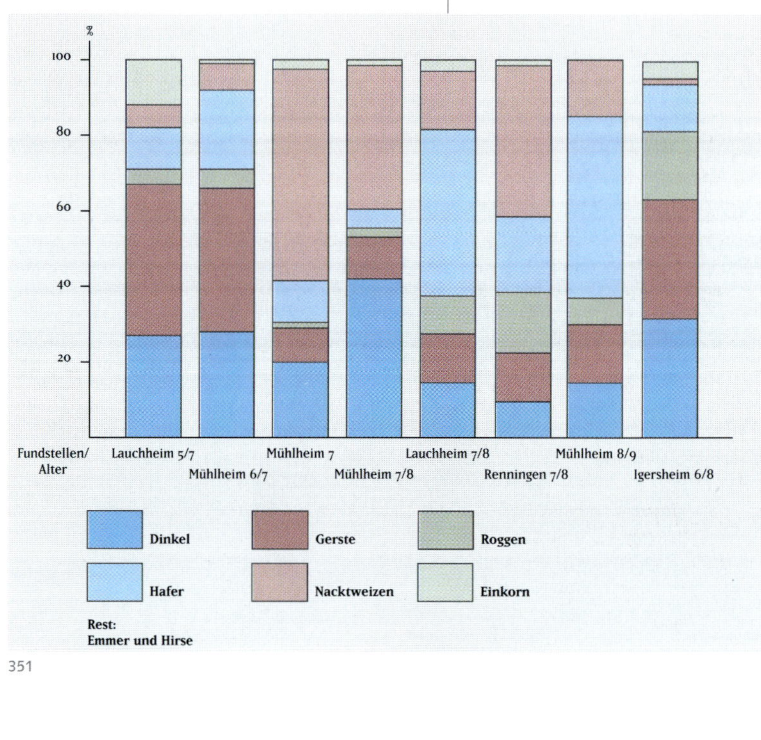

351

352

352 **Miniatur im Stuttgarter Psalter aus dem 9. Jh. Ein Bauer bestellt sein Feld mit zwei Ochsen, die vor den Pflug gespannt sind. In der Hand hält er einen Ochsenstachel, um die Tiere anzutreiben. Hinter ihm steht die Saat in einem Korb bereit.**

353 **Hauptnahrungsgrundlage war natürlich Getreide, doch scheint in der Merowingerzeit auch wildes Obst, in Wald und Feld gesammelt, recht beliebt gewesen zu sein. Die verkohlten Überreste stammen aus Grubenhäusern, in der Regel 100 bis 300 Stück, in Mühlheim-Stetten nur 38, in Igersheim 2145.**

354 **In der späten Merowingerzeit nehmen Ackerunkräuter zu, die saure oder flachgründige Böden anzeigen. Der stark schwankende Anteil von Unkräutern, die basische Böden anzeigen, ist allerdings auf naturräumliche Gegebenheiten zurückzuführen.**

Nahrung, wurde von den einzelnen Höfen selbst erzeugt. Vielfalt diente der Risikominderung bei Missernten, die normalerweise nicht alle Feldfrüchte im gleichen Umfang betreffen. Sie half auch, die Arbeitsspitzen bei Feldbestellung und Ernte zu entzerren, weil verschiedene Getreidearten unterschiedliche Aussaat- und Erntetermine haben. Darüber hinaus bot sie die Möglichkeit zu Fruchtwechsel, zu kombiniertem Winter- und Sommer-Feldbau und größerer kulinarischer Vielfalt. Fruchtwechsel beugt gerade bei fehlender oder unzureichender Düngung der Bodenermüdung vor.

In der Merowingerzeit wurden regelmäßig nebeneinander Gerste, Dinkel, Hafer, eine Nacktweizenart, Einkorn und Roggen angebaut. Emmer war zwar bekannt, aber bedeutungslos. Die Hirse fehlt vielleicht deshalb, weil sich bei ihr verkohlte Samen besonders schlecht erhalten.[3]

Bemerkenswert ist die wichtige Rolle des Nacktweizens, der in Mühlheim-Stetten zeitweise sogar zum häufigsten Getreide avancierte. Zuvor war Nacktweizen lediglich in den jungsteinzeitlichen Feuchtbodensiedlungen des Alpenvorlandes von überragender Bedeutung gewesen. Heute ist Saatweizen, ein hexaploider Nacktweizen, weltweit die Kulturpflanze Nummer eins. Die alten Sorten von Saat- und Hartweizen stellen höher Ansprüche an den Boden und sind klimatisch empfindlich. Das spricht einerseits für günstiges Klima in der Merowingerzeit, andererseits für fruchtbare Böden, die

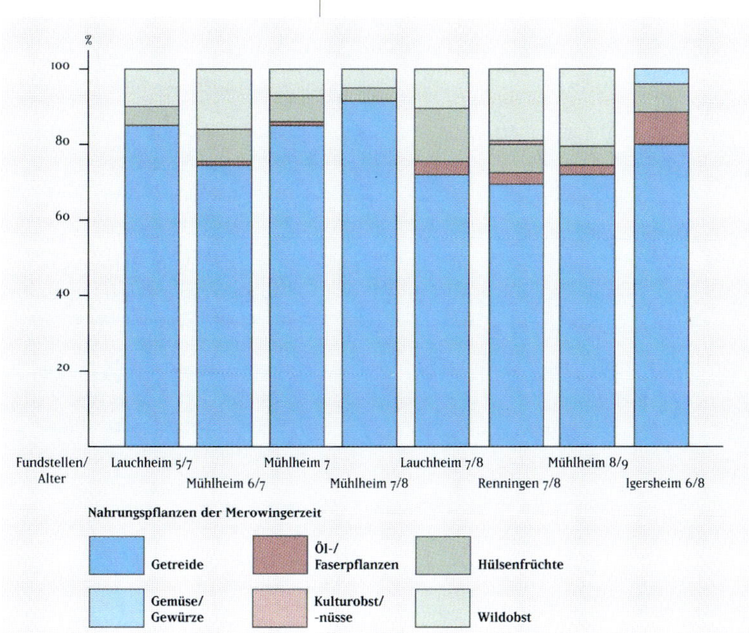

353

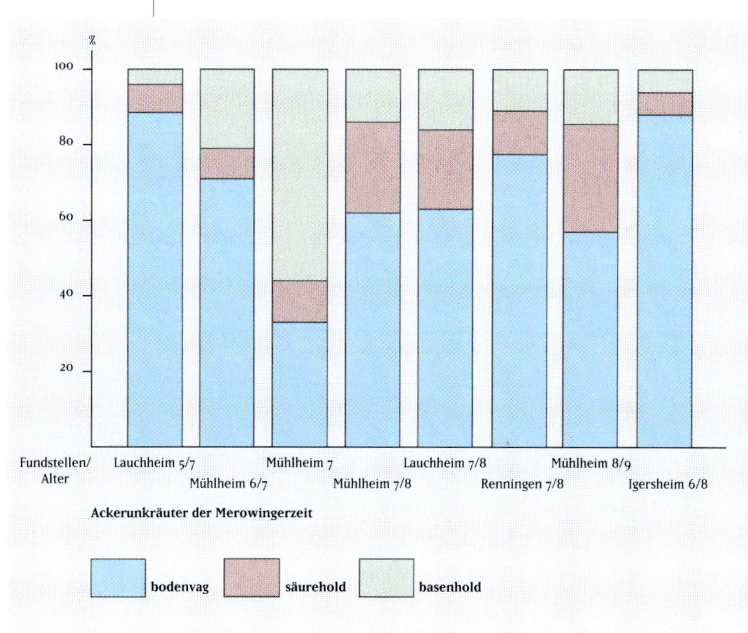

354

in der langen Brache bei der Feld-Gras-Wirtschaft ausreichend Zeit zur Regeneration bekamen.

Aufschwung der Landwirtschaft

Das auf den ersten Blick einheitliche Bild lässt bei differenzierter Betrachtung chronologische Entwicklungen sowie kulturell und naturräumlich bedingte Trends erkennen. So wird in Lauchheim Mitte des 7. Jh. die Gerste als häufigstes Getreide von Hafer, Dinkel und Nacktweizen abgelöst, während in Mühlheim-Stetten Nacktweizen, gefolgt von Dinkel, am häufigsten war. Roggen spielt vor allem im fränkischen Igersheim eine größere Rolle, daneben im nahe der fränkischen Grenze gelegenen Renningen. Die spätere Zunahme des Roggens auch im alamannischen Raum dürfte eine Folge von wachsendem fränkischem Einfluss sein.

Diese Umstellungen im Getreidebau um die Mitte des 7. Jh. sind im Sinne einer zunehmenden Intensivierung der Landwirtschaft zu verstehen. Dies bedeutete zugleich eine Verschlechterung der Bodenfruchtbarkeit, was sich in der Zunahme von Ackerunkräutern ausdrückt, die basenarme oder flachgründige Standorte anzeigen. Um für die nun rasch wachsende Bevölkerung ausreichend Nahrung zu produzieren, wurden vermutlich die Anbauflächen ausgeweitet und die Zeiten der Brache verkürzt. Außerdem stieg man auf weniger anspruchsvolle, aber leistungsfähige Arten um. So ist der Rückgang des anspruchsvollen Nacktweizens in der Spätphase der Merowingerzeit in Mühlheim-Stetten durchaus logisch.

Der nun rasch fortschreitende Landesausbau und die damit einhergehende Entwaldung kann man gut aus den Pollendiagrammen ablesen (siehe unten). Betrachtet man die Gesamtheit der Feldfrüchte, so scheint die Häufigkeit der Hülsenfrüchte gegenüber der Völkerwanderungszeit etwas geringer zu sein, um allerdings in der zweiten Hälfte der Merowingerzeit wieder zuzunehmen, wie auch die in verkohltem Zustand schlecht vertretenen Öl- und Faserpflanzen. Eine außergewöhnlich große Rolle scheint gesammeltes Wildobst gespielt zu haben.[4]

Alamannische Gartenkultur

Während man aus römischer Zeit Brunnen, aus dem Hoch- und Spätmittelalter vor allem Latrinen in großer Zahl untersucht hat, in denen Pflanzenreste – unverkohlt erhalten – die ganze Bandbreite der Vegetation wiedergeben, war man für das Frühmittelalter bislang ausschließlich auf verkohlte Überreste angewiesen, die nur ein stark verzerrtes und unvollständiges Abbild der Pflanzenwelt liefern. Die Funde aus den berühmten Gräbern von Oberflacht zeigen zwar, dass die Alamannen auch andere Kulturpflanzen als die üblichen Feldfrüchte kannten und ihren Toten ins Jenseits mitgaben, doch zog man daraus keine weiterführenden Schlüsse für das Alltagsleben.[5]

Somit blieb die hauptsächlich von historischer Seite formulierte Ansicht stehen, die Gartenkultur sei in Mitteleuropa nach dem römischen Intermezzo erloschen und erst in karolingischer Zeit in den Klostergärten der Benediktiner wiederbelebt worden.[6] Den alamannischen Bauern billigte man solch verfeinerte Lebensart nicht zu.

Deshalb war es ein großer Glücksfall für die Forschung, als 1992 in Lauchheim Gräber entdeckt wurden, die in dauernd feuchte Bodenschichten eingetieft waren, wodurch sich auch unverkohlte Pflanzenteile erhalten hatten. Diese Reste waren keine Grabbeigaben, sondern Bestandteile von Unrat und Abfällen, die an der alten Oberfläche herumlagen und zufällig beim Zuschütten der Gruben in den Boden gelangten. Die Pflanzen hatten also nichts mit dem Totenkult zu tun, sondern waren Bestandteil der normalen Alltagskultur.

Besonders günstige Erhaltungsbedingungen wies das dendrochronologisch auf das Jahr 703 datierte Grab 27 auf. Koriander, Dill, Runkelrübe/Mangold, Bohnenkraut, Petersilie und Kohl wurden darin gefunden, also gleich ein halbes Dutzend Gemüse- und Gewürzpflanzen, die in Gärten angebaut werden. Darüber hinaus konnten Kultursorten der Kirsche, Pflaume, Kornellkirsche und Feige nachgewiesen werden. Hinzu kommen vereinzelte, verkohlte Belege aus Grubenhäusern in anderen Siedlungen: aus Igersheim Bohnenkraut, Senf, Kirsche und Feige, aus Mühlheim-Stetten die Weintraube. Ein Feigenkern aus Mühlheim-Stetten datiert sogar in die Völkerwanderungszeit.

Alle diese Kulturpflanzen stammen ursprünglich aus dem Mittelmeergebiet. Sie können hierzulande in freier Natur nicht überleben und wären daher nach dem Abzug der Römer ohne gärtnerische Betreuung ausgestorben. Bei ausreichender Pflege gedeihen sie jedoch auch in unserem Klima. Der Arbeitsaufwand ist nicht größer als beim Anbau von Feldfrüchten. Demnach spricht - alles dafür, dass die Alamannen die römische Gartenkultur direkt übernahmen und weiterführten. Das Fehlen schriftlicher Überlieferung kann nicht als Gegenbeweis gelten. Überhaupt scheint der Schluss vom Abreißen einer schriftlich fixierten, organisatorischen und geistigen Hochkultur auf ein simultanes Abreißen anderer zivilisatorischer Traditionsstränge unzulässig, besonders wenn sie Errungenschaften kulinarischer Art umfassen, die auch dem vermeintlich Primitiven begehrenswert

355

355 Teilfrucht des Koriander aus Grab 27 in Lauchheim aus dem Jahr 703. Glückliche Funde zeigen hin und wieder, dass die Alamannen die Errungenschaften des römischen Obst- und Gartenbaus sehr wohl zu schätzen wussten.

356

356 Miniatur im Stuttgarter Psalter aus dem 9. Jh. Auf der linken Seite sät ein Bauer das Getreide in ein gepflügtes Feld. Rechts bringt ein Mann die geernteten Garben dar.

erscheinen müssen. Somit kann für die Merowingerzeit von einer voll entwickelten landwirtschaftlichen Kultur ausgegangen werden, die alle vorteilhaften römischen Errungenschaften assimilierte, jedoch im Gegensatz zu jener weitestgehend Selbstversorgung zum Ziel hatte.

Entwicklung zur Überschusswirtschaft

Die alamannischen Traditionen wirkten auch in karolingischer und ottonischer Zeit fort. Eine Intensivierung der Landwirtschaft bei wachsender Bevölkerung und fortschreitendem Landesausbau, wie sie in den Pollendiagrammen zum Ausdruck kommt, schlägt sich in den ackerbaulichen Standortverhältnissen nieder, ablesbar an den Ackerunkräutern, nicht jedoch in einem grundsätzlichen Umschwung bei den genutzten Kulturpflanzen. Der Anbau erfolgt immer noch im Rahmen der Feld-Gras-Wirtschaft, also einer Wechselwirtschaft. Felderwirtschaften, wie die bereits im *capitulare de villis* genannte Dreifelderwirtschaft, setzten sich erst im Hochmittelalter durch. Das *capitulare de villis* ist eine Anweisung Karls des Großen für seine Krongüter, denen in allen Einzelheiten vorgeschrieben wird, wie sie zu wirtschaften haben. Das jetzt zu verzeichnende Übergewicht des Roggens deutete sich zuvor nur in allmählicher Zunahme an.

Mit diesem Bild kontrastieren sehr scharf die hochmittelalterlichen Verhältnisse, die geprägt waren durch die marktwirtschaftlich bedingte Differenzierung in Produzenten und Konsumenten, in Stadt und Land, eine fortschreitende soziale Differenzierung, die Felderwirtschaft und alle übrigen Attribute der mittelalterlichen Agrarverfassung.

Bei den Kulturpflanzen drückt sich das in der Konzentration auf die im Winterfeld angebauten Brotfrüchte Roggen und Dinkel und die im Sommerfeld angebauten Arten Hafer, Gerste, Hirse und Hülsenfrüchte aus. Damit war es möglich, die notwendigen Überschüsse zu produzieren, um den zunehmenden, von der primären Produktion entbundenen Bevölkerungsanteil in den wachsenden Städten zu ernähren. Über den genauen Zeitpunkt, die Umstände und Ursachen dieses Übergangs von der früh- zur hochmittelalterlichen Landwirtschaft wissen wir zur Zeit wenig, da gut datierte Fundkomplexe des 10. und 11. Jh. bisher nicht untersucht werden konnten.

Besiedlungsdynamik im ersten Jahrtausend – das Pollenprofil von Hornstaad

Das vereinfachte Pollenprofil von Hornstaad aus den Schlammschichten des Bodensees hat als Ordinate die Zeit in Sonnenjahren. Auf der linken Seite ist der gesamte Polleniederschlag pro Quadratzenitmeter ehemaligen Seegrundes und pro Jahr dargestellt. Dieser sogenannte Polleninflux sagt aus, ob in der Umgebung, und dieses Profil repräsentiert die Landschaft in einem Umkreis von etwa 5 km, eine geschlossene Pflanzendecke mit hoher Pollenproduktion bestand oder durch menschliche Eingriffe die Vegetation so verändert war, dass ihre Pollenerzeugung absank.

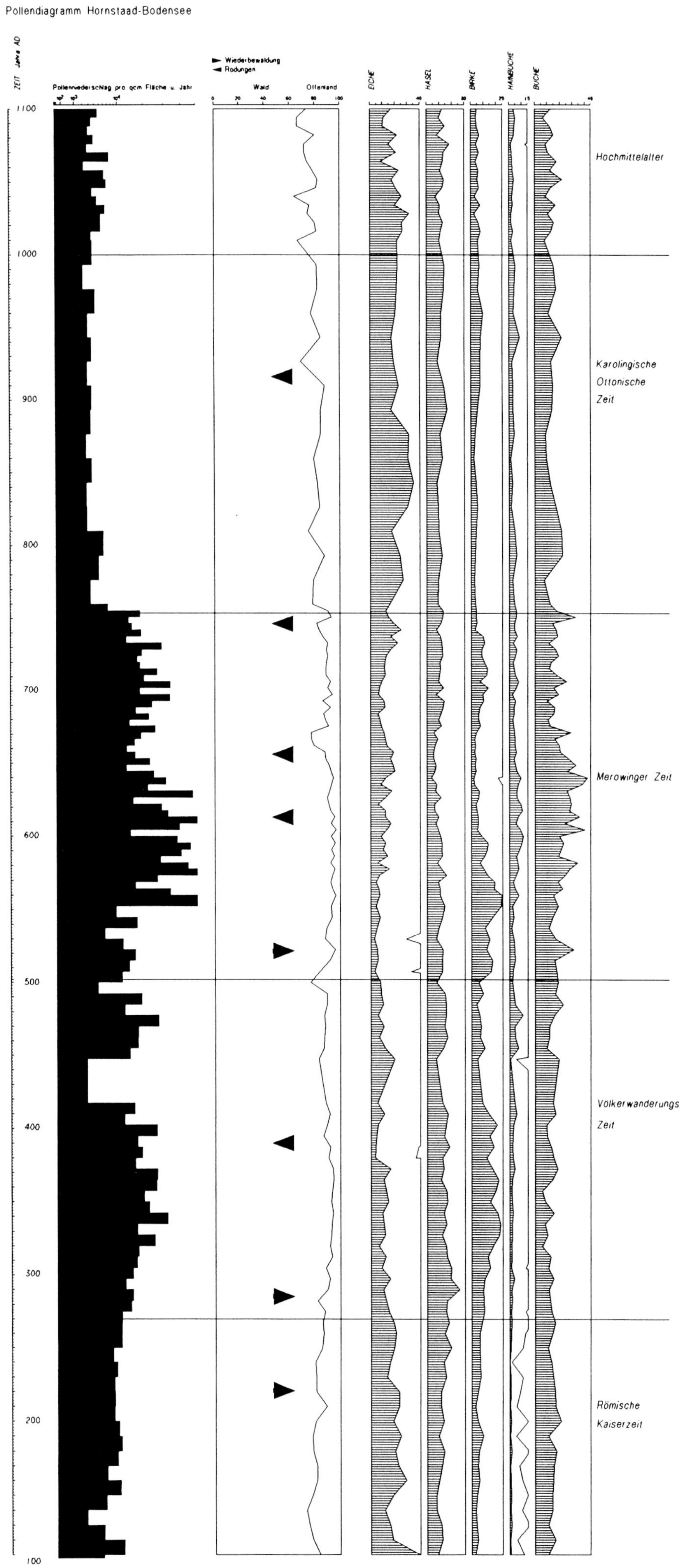

357

357 **Das Pollendiagramm von Hornstaad am Bodensee zeigt die Entwicklung der Vegetation im ersten nachchristlichen Jahrtausend. Im 3. Jh. fällt eine starke Wiederbewaldung auf, das frühe 5. Jh. dagegen beherrschen ausgedehnte Rodungen. Im frühen 6. Jh regeneriert sich der Wald noch einmal, dann folgt der frühmittelalterliche Landesausbau mit Rodungsphasen um 600, 650, 750 und 900.**

Ausgedehnte und ausgewachsene Wälder sorgen in erster Linie für hohen Polleninflux. Das war besonders zwischen 550 und 650 der Fall, in abgeschwächtem Maße auch noch zwischen 300 und 400 beziehungsweise 650 und 750. Nach 750 ist der Influx sehr gering: Der Wald war also großenteils durch offenes Land ersetzt, das wenig Pollen hervorbringt. Das war hauptsächlich Ackerland, denn Grünland, sofern es nicht intensiv beweidet wird, erzeugt relativ viele Pollen. Die verbliebenen Waldbestände wurden als Nieder- oder Mittelwälder mit so kurzen Umtriebszeiten bewirtschaftet, dass die Pollenproduktion stark zurückging. Bei Niederwaldwirtschaft wird in einem Turnus von etwa 20 Jahren abgeholzt – auf Stock gesetzt«. Der Wald regeneriert sich durch die Stockausschläge, was nur bei Laubholz funktioniert. Mittelwald wird im Prinzip ähnlich bewirtschaftet. Über der in kurzem Turnus bewirtschafteten unteren Baumschicht gibt es aber in lockerem Stand sogenannte Überhälter, meist Eichen, die als Saat- und Eichelmast-Bäume sowie zur Erzeugung von hochwertigem Nutzholz in längerem Turnus bewirtschaftet werden.

Eine Kurve im Pollendiagramm liefert mit der Relation Gehölzpollen/Kräuterpollen (einschließlich Gräsern) ein relatives Maß des Bewaldungsgrades. Absolute Angaben von Waldbedeckung in Hektar oder Prozent sind nicht möglich, da man sie erst an den gegenwärtigen Verhältnissen eichen müsste. Zwar liegen heutige Pollenspektren aus dem gleichen Raum vor, doch weist ihre Auswertung in Bezug zur Pflanzendecke erhebliche Unterschiede auf. So entspricht ein Gehölzpollenanteil von 88 Prozent aus Moosrasen, überwiegend aus Wäldern der Halbinsel Höri, einem tatsächlichen Bewaldungsgrad dieses Gebiets von nur 30 Prozent. Für das gesamte westliche Bodenseegebiet kann ein mittlerer Gehölzpollenanteil von 69 Prozent einem realen Bewaldungsgrad von 34 Prozent gegenübergestellt werden.[7] Demgegenüber liegen die Gehölzpollenanteile aus Pollenfallen im Gebiet des Freilandmuseums Schwäbisch Hall-Wackershofen, das in einem Gebiet mit viel Mähwiesen bei etwa gleichem Bewaldungsgrad von etwa 30 Prozent liegt, weit unter 50 Prozent. Dennoch kann aus der relativen Änderung dieser Relation von Baum- zu Nichtbaumpollen auf Rodungphasen oder Wiederbewaldung geschlossen werden. Dabei bedeutet Zunahme der Baumpollen zunehmende Bewaldung und abnehmende Besiedlung, Abnahme dagegen verstärkte Entwaldung und Zunahme von Besiedlung und Landwirtschaft.

Demnach nahm die Bewaldung in der Spätantike bereits in der ersten Hälfte des 3. Jh. zu. Dabei breiteten sich vor allem Hasel und Birke aus, also holzwirtschaftlich wertlose Pionierhölzer, während die Eiche zurückging. Diese Wiederbewaldung erfolgte also spontan und ohne begleitende forstliche Maßnahmen.

Ein noch stärkerer Bewaldungsschub erfolgte um 300, und zwar mit folgendem Ablauf: zunächst weiterer Rückgang der Eiche, dann während maximal zwei Jahrzehnten Zunahme von Hasel und Hainbuche, zugleich allmähliche, aber starke Zunahme der Birke, schließlich, mit gut 50 Jahren Verzögerung, Zunahme der Buche. Dies ist die natürliche Entwicklung beim Nachlassen menschlichen Einflusses: Auf offen Flächen wachsen Pioniergehölze, zugleich wird die konkurrenzschwache, aber wegen ihres wertvollen Holzes forstlich geförderte Eiche von der Buche verdrängt.

Um 400 wurde diese Entwicklung durch erneute intensive Rodung unterbrochen. Davon waren hauptsächlich Eiche, Buche und Birke betroffen. Die beiden ersten stabilisierten sich jedoch Mitte des 5. Jh. wieder. Folglich entstanden spontan, vielleicht auch begünstigt durch waldwirtschaftliche Maßnahmen, eichen- und buchendominierte Bestände. Dieser Zustand dauerte jedoch nur kurze Zeit, weil bereits in der zweiten Hälfte des 5. Jh. Eiche und Buche erneut zugunsten von Hasel, Birke und Hainbuche zurückgingen, eine Folge ungeregelter kleinbäuerlicher Nutzung ohne Rücksicht auf den Wald.

In der ersten Hälfte des 6. Jh. kam es nochmals zu kräftiger Wiederbewaldung mit der Abfolge Birke – Hainbuche/Buche. Die Birke besiedelte als Pionier brachfallende landwirtschaftliche Flächen und war so der Wegbereiter für die Schatthölzer Hainbuche und Buche. Zwischen ca. 570 und 630 war die Bewaldung mindestens so geschlossen wie zwischen 300 und 380 und die Buche so häufig wie nie in nachchristlicher Zeit.

Um 620 setzte eine erneute, sehr verhaltene Rodungsphase ein, die vor allem Eiche und Hasel betraf. Es dürften also hauptsächlich inzwischen zugewachsene alte Kulturflächen um Siedlungen

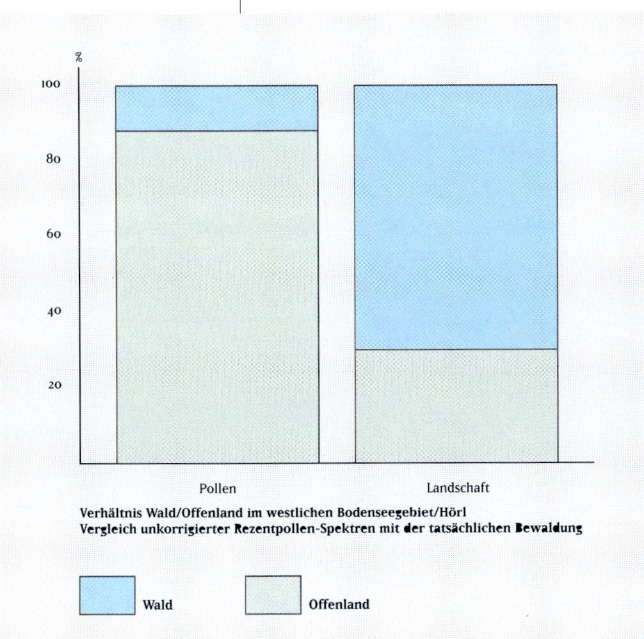

358

358 Die Ergebnisse der Pollenanalyse darf man nicht unbesehen übernehmen. Der Anteil von Gehölzpollen, wie er heute im Moosrasen der Halbinsel Höri auftritt, suggeriert einen Bewaldungsgrad von 88 Prozent. In Wirklichkeit ist dieses Gebiet jedoch nur zu 30 Prozent bewaldet.

wieder geöffnet worden sein, während die geschlossenen Buchenwälder im Hinterland noch unberührt blieben.
Das änderte sich ab 650, als in einer ausgeprägten Landnahmephase die Buchenbestände etwa halbiert worden sein dürften. Die Eichen waren aber ebenfalls betroffen.
Um 750 folgt eine weitere Ausbauphase, die mit starker Zurückdrängung der Wälder verbunden war. Nur die Eiche nahm prozentual zu. Im Influx geht sie jedoch ebenfalls zurück. Insgesamt ist also auch sie in ihrem Bestand vermindert worden. Durch die nun bevorzugte Mittelwaldwirtschaft und die Waldhude wird sie aber nun zum bevorzugten und häufigsten Baum in den verbliebenen Wäldern.
Zu Beginn des 10. Jh. wird der Wald nochmals zurückgedrängt, und nun ist vor allem die Eiche betroffen. Nach und nach entsteht das hochmittelalterliche Landschaftsbild, das durch hochgradige Entwaldung und starke Devastierung der restlichen Waldbestände gekennzeichnet ist. Die hochmittelaterliche Bewaldung des westlichen Bodenseegebietes wird auf 29 Prozent gegenüber heute 34 Prozent geschätzt,[8] wobei viele der damaligen Wälder nur noch wenig Ähnlichkeit mit dem gehabt haben dürften, was man heutzutage unter Wald versteht.

---

1 Allgemeine Literatur zum Thema vgl. im Gesamtliteraturverzeichnis.
2 Im verkohlten Zustand sind Öl- und Faserpflanzen, Obst, Gemüse und Gewürze im Vergleich zum Getreide stark unterrepräsentiert.
3 M. Rösch/Jacomet/Karg, The history of cereals in the region of the former Duchy of Swabia (Herzogtum Schwaben) from the Roman to the Post-medieval period: results of archaeobotanical research. Vegetation History and Archäobotany 1, 1992, 227.
4 Obstfunde sind im verkohlten Material äußerst schlecht vertreten, sodass hier bereits Anteile zwischen 5 und 20 Prozent am Nahrungspflanzenaufkommen für eine außergewöhnliche wirtschaftliche Bedeutung sprechen.
5 F. Zauner, Die Pflanzenfunde von Oberflacht. In: S. Schiek, Das Gräberfeld der Merowingerzeit bei Oberflacht. Forsch. u. Ber. Vor- u. Frühgesch. Baden-Württemberg 41 (Stuttgart 1992) 128 ff.
6 Bekannte historische Belege dafür sind der St. Galler Klosterplan und der Hortulus des Walahfrid Strabo.
7 M. Rösch, Gedanken zur Auswirkung (prä)historischer Holznutzung auf Wälder und Pollendiagramme. Diss. Bot. 234 [Festschrift Gerhard Lang] (1994) 447 ff.
8 Ebd.

Fleisch für Lebende und Tote

HAUSTIERE IN WIRTSCHAFT UND BEGRÄBNISKULT

MOSTEFA KOKABI

Wirtschaftliche Verhältnisse früher Kulturepochen lassen sich durch die Untersuchung von Funden entschlüsseln, sie stellen Reste der Komponenten dar, mit denen die Menschen einst ihren Bedarf an Lebensnotwendigem gedeckt haben. Hierbei spielen die Überbleibsel von Lebensmitteln eine wichtige Rolle. Die Nahrungsgrundlage wird bekanntlich durch das Sammeln und den Anbau von Pflanzen wie auch durch das Jagen von Wildtieren sowie durch das Schlachten von importiertem Vieh oder selbst domestizierten Haustieren geschaffen. Knochenreste dieser Tiere, die nicht etwa zur Anfertigung von Gerätschaften herausselektiert oder von anderen Tieren vertilgt wurden, können im Boden eingebettet werden, um dann später – nach der fachmännischen Bergung – Gegenstand einer wissenschaftlichen Untersuchung zu sein.

Tierknochen als historische Quelle

Die Untersuchung der Tierknochenfunde aus archäologischen Grabungen hat, neben der Erforschung von Wirtschaftsverhältnissen, die Erfassung kultureller Besonderheiten wie auch der Umweltverhältnisse einzelner Epochen und Kulturen zum Ziel. Obwohl die osteologische Forschungstätigkeit schon über 100 Jahre andauert, gelang es bislang nur die Lebensumstände der Menschen einiger weniger vor- und frühgeschichtlicher Kulturphasen genauer zu ergründen. Man glaubt zu wissen, wann die ersten Haustiere nach Mitteleuropa importiert worden sind und wie sich die Lebensgrundlagen der prähistorischen Menschen während der einzelnen Zeitabschnitte in etwa gestaltet haben. Die Authenzität dieser Kenntnisse geht selbstverständlich mit dem Umfang der archäologischen Forschung einher; je mehr Fundstellen einer Kulturepoche durch Grabungstätigkeit untersucht werden, desto mehr Knochenfunde haben die Chance, wissenschaftlich ausgewertet zu werden. Kommen aus einzelnen Epochen vor allem Siedlungen zum Vorschein, ist die Kenntnis über Wirtschaft und Umwelt dieser Zeit entsprechend tiefgreifender. Werden dagegen hauptsächlich Gräberfelder untersucht, erfährt man aus diesen Funden nur, wie die damaligen Menschen ihre Toten bestattet haben. Liegen aus einer Epoche zahlreiche Ansiedlungen sowie Gräberfelder vor, kann man sowohl über die Lebensumstände, wie auch über ihr Totenbrauchtum ausreichende Informationen gewinnen. In Mitteleuropa ist dies bislang nur für die Römerzeit zu postulieren. Die anderen Phasen der kulturellen Entwicklung dieses Raumes sind bis heute leider nur punktuell erforscht. Zu ihnen gehört auch das Frühmittelalter, wo wir nur ein rudimentäres Bild vom täglichen Leben haben.

Rinderzucht bei Römern und Germanen

Wenn man die Haustierhaltung als einen Maßstab für das Wirtschaftsgeschehen ansetzt, so können aufgrund der Häufigkeit einzelner Haustiere, insbesondere aber aufgrund der Größe dieser Tiere Aussagen über die entsprechende Zeit getroffen werden.

Seit Beginn der bäuerlichen Wirtschaftsweise in Mitteleuropa waren Rinder in vielen Siedlungen die Wirtschaftstiere schlechthin.[1] Einflüsse der Zucht, die sich vor allem durch die Größe der Tiere ausdrücken, geben Aufschluss über die Nutzung dieser Tiere. Nachdem beim Hausrind vom Neolithikum an eine ständige Größenabnahme festzustellen ist, erfährt es dann in den von Römern okkupierten Gebieten eine bemerkenswerte Größenzunahme. In den nicht besetzten Regionen bleibt seine Größe konstant, also klein. Nach dem Abzug der Römer verlieren sich deren züchterischen Errungenschaften allmählich wieder.[2] So belegen die wenigen bislang untersuchten Knochenfunde aus dem frühen Mittelalter, dass die Rinder auch nach dem Rückzug der Römer in den ehemals besetzten Gebieten auf die Größe ihrer aus keltischen und germanischen Siedlungsfunden bekannten Artgenossen zurückfallen.[3] Nach derzeitigem Kenntnisstand züchteten die Römer Rinder mit 130–150 cm Widerristhöhe. Die eisenzeitlichen, germanischen und mittelalterlichen, d.h. die endemischen Kühe maßen nur knapp einen Meter im Widerrist, männliche Exemplare erreichten die 1.30 m-Marke nicht.[4] Dies trifft auch für die Tiere aus den frühmittelalterlichen Fundstellen Baden-Württembergs zu, so z.B. für die Rinder aus den Grabungen Ladenburg »Ziegelscheuer«, Kirchheim/Teck »Charlottenstraße«, Gäufelden-Nebringen »Vordere Böden« und Lauchheim-Mittelhofen.[5] Eine Ausnahme stellt der Fundkomplex von Bietigheim-Weilerlen dar: Einige Rinderknochen aus dieser Grabung gleichen, was die

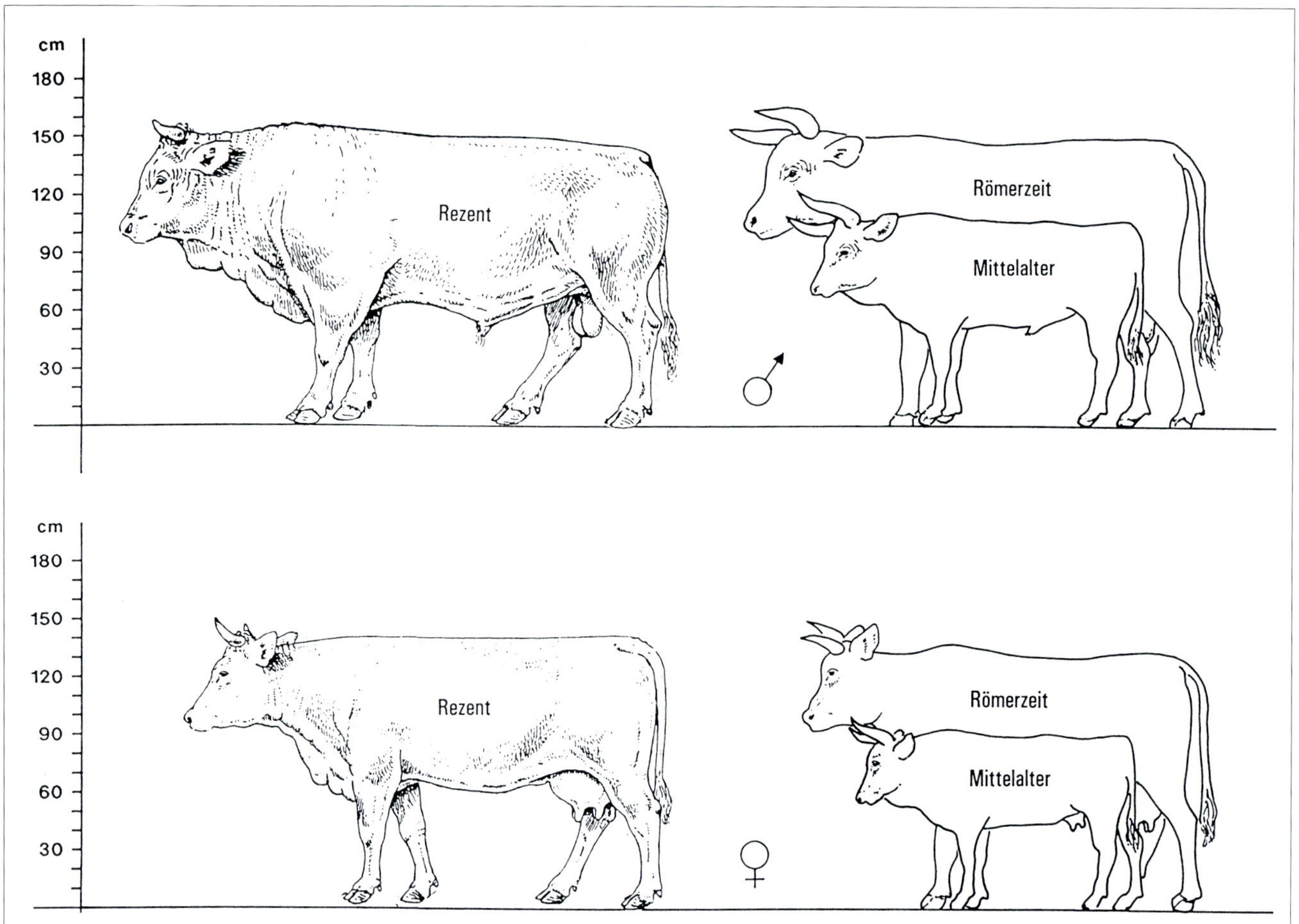

359

Größe anbelangt, denen der Römerzeit. Im Diagramm sind die Maße der Rindermittelfußknochen aus einigen römerzeitlichen Stationen neben denen der Funde aus Bietigheim-Weilerlen eingetragen. Wie man sieht, ist ein Metatarsus (Mittelfußknochen) mit seiner größten Länge von 249 mm und einem Längen-Breitenindex von 12,1 dort plaziert, wo man auch die Knochen römischer Ochsen findet. Die beiden Knochen mit den größten Längen von 227,3 mm bzw. 227,2 mm stammen eindeutig von Kühen, sehr wahrscheinlich sogar von demselben Tier. Auch sie könnten durchaus auf eine römische Kuh hinweisen. Interessant ist aber die Feststellung, dass in nahezu allen römischen Siedlungen auch Knochen von kleinen, »bodenständigen« Rindern vorkommen. Das bedeutet, dass die Handelsströme nicht einseitig vom besetzten Gebiet Richtung *Germania libera* liefen, sondern dass allem Anschein nach auch die Wirtschaftskomponenten der Germanen Einfluss auf die römische Landwirtschaft genommen haben. Wenn man zum einen die Lage des Fundplatzes Bietigheim-Weilerlen und zum anderen die Datierung der Funde um 300 n. Chr. berücksichtigt, kann das Vorkommen von Resten großer römischer Rinder allerdings nicht sehr verwundern, da selbst in weiter entfernten Gebieten der *Germania libera* solche nachgewiesen werden konnten.[6]

Für die Ernährung der frühmittelalterlichen Siedlungsgemeinschaften spielte die Haustierhaltung eine herausragende Rolle.[7] Die Jagd war als Quelle der Nahrungsbeschaffung dagegen unbedeutend.

Nicht nur in Bietigheim-Weilerlen, sondern auch in einigen anderen untersuchten Fundkomplexen aus dem Frühmittelalter scheint das Rind seine überaus wichtige Funktion, die es in der Römerzeit innehatte, nach und nach eingebüßt zu haben.[8] Dagegen gewinnt das Schwein als Schlachttier an Beliebtheit.

Neue Haustierarten

Von den kleinen Hauswiederkäuern ist in Bietigheim-Weilerlen nur das Schaf nachzuweisen. Belege für die Ziegenhaltung fehlen gänzlich. Der Einfluss römischer Tierhaltung auf diese Siedlungen beschränkt sich allerdings nicht nur auf das

359 **Stiere und Kühe waren im Mittelalter deutlich kleiner als heute. Dagegen entsprachen römische Rinder in der Größe den modernen Rassen.**

360 **Bei Rindern kann man an den Abmessungen der Mittelfußknochen die Körpergröße erschließen. Die frühalamannischen Rinder aus Bietigheim-Weilerlen (rot) waren demnach fast genauso groß wie römische Tiere.**

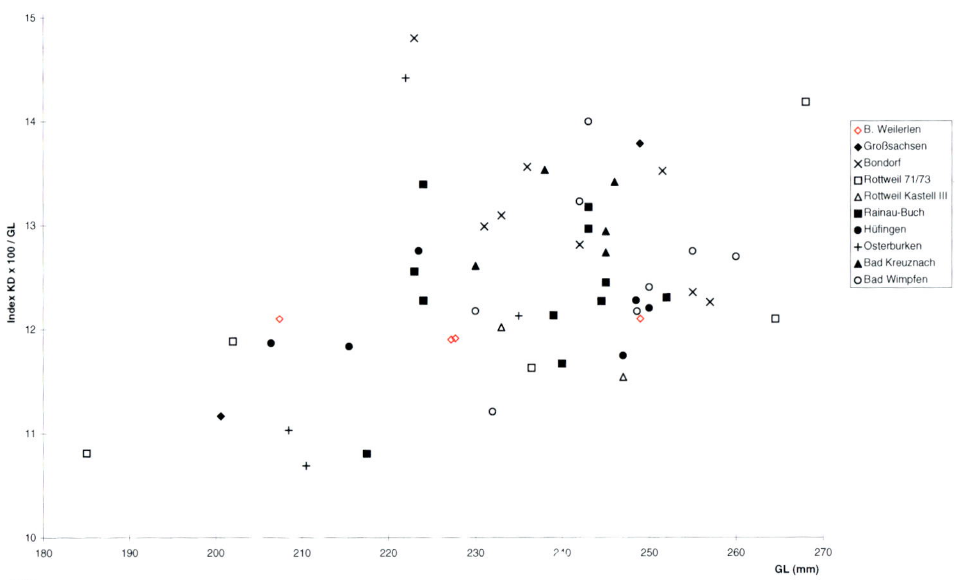

360

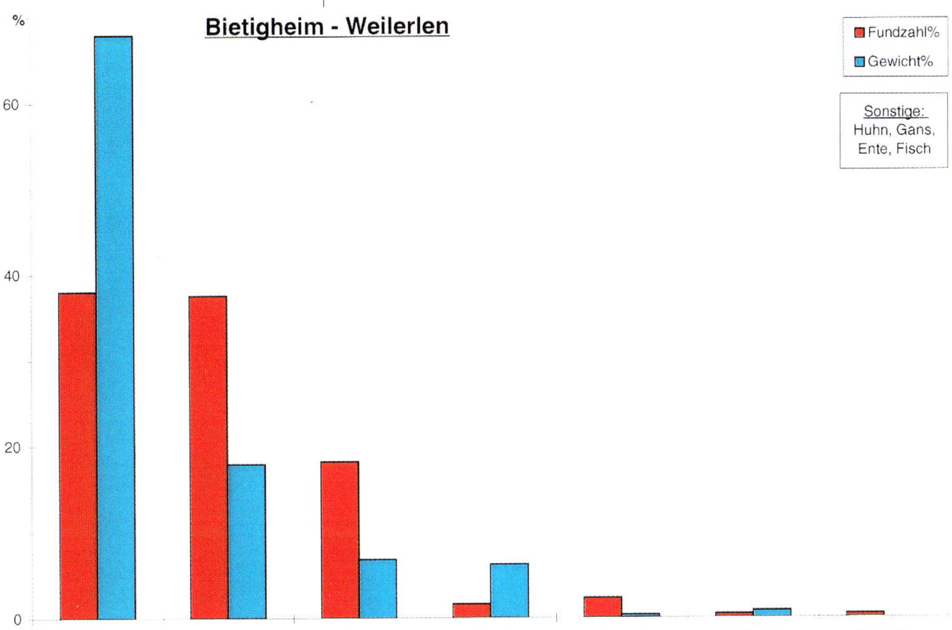

361

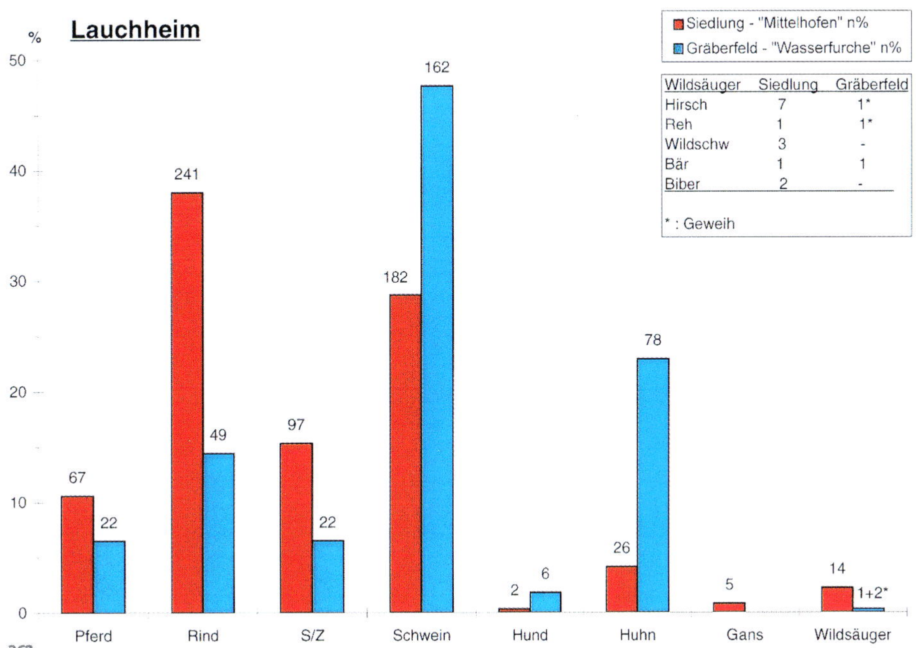

362

361 In der frühalamannischen Siedlung von Bietigheim-Weilerlen dominierte nach wie vor das Rind, doch erreichten Schweine im Vergleich zur römischen Zeit einen bemerkenswert hohen Anteil.

362 Vergleicht man in Lauchheim die Fleischbeigaben aus den Gräbern und die Tierknochenfunde aus der Siedlung, erkennt man beträchtliche Unterschiede. Wie üblich, wurden vor allem Rinder gehalten, doch bei den Fleischbeigaben überwiegt das Schwein.

Vorkommen von großen Rindern, sondern drückt sich auch im Vorhandensein von Tierarten aus, die von den Römern in das Gebiet nördlich der Alpen importiert worden sind und durch sie ihre flächendeckende Verbreitung erfahren haben. Zu diesen Arten kann man Hauskatze, Hausgans und Hausente zählen.

Wie die Knochenfunde belegen, haben Bewohner germanischer bzw. frühmittelalterlicher Siedlungen noch von der römischen Tierhaltung und deren Landwirtschaft profitiert.

Die Siedlung Lauchheim-Mittelhofen und ihr Gräberfeld

Wissenschaftliche Untersuchungen von Menschenknochen aus Bestattungen geben Aufschluss über Einzelschicksale, etwa zur Individualentwicklung, zu Krankheiten oder zur Todesursache. In der Zusammenschau von Einzelbefunden ergeben sich dann Gesamtdaten zu den demographischen Verhältnissen in der betreffenden Population. Beigaben, zu denen auch Überreste von Tieren und Speisen gehören, lassen hingegen nicht unbedingt direkte Schlüsse auf die Lebensumstände der Verstorbenen zu.

So hebt sich etwa in verschiedenen Kulturen die Grabkeramik hinsichtlich ihrer Machart und Verzierung deutlich von der funktionalen Gebrauchskeramik ab. Deshalb muss man auch Einschränkungen bei der Interpretation tierischer Reste aus Gräbern in Hinblick auf die wirtschaftliche Bedeutung der nachgewiesenen Tiere postulieren. Demzufolge kann der reinen zoologisch-anatomischen Bewertung von Speisebeigaben, nur eine eingeschränkte Aussagefähigkeit zugemessen werden. Auch eine noch weitergehende Untersuchung bezüglich Alter und Geschlecht der Opfertiere bringt zwar zusätzliche Informationen, aber erst eine Bezugnahme auf die Untersuchungsparameter der Menschenknochen gestattet einen sachdienlichen Einblick sowohl in die Lebensumstände als auch in die Bestattungssitten der frühen Kulturen.

Bei der Untersuchung des Gräberfeldes von Lauchheim »Wasserfurche« kann im momentanen Stadium leider noch nicht auf die Ergebnisse der anthropologischen Untersuchungen Bezug genommen werden, denn die Bearbeitung dieser Skelettreste dauert noch an. Um die Speisebeigaben allerdings auch hier hinsichtlich des Geschlechts und Alters des bestatteten Menschen auswerten zu können, wurde die schon vorliegende archäologische Geschlechtszuordnung der Bestattungen herangezogen.[9]

In den Abbildungen 5 und 6 sind die Speisebeigaben der Gräber getrennt nach Alter und Geschlecht dargestellt. Auf den Plänen wurden die Gräber der

Kampagnen 1986–1995 erfasst. In diesem Zeitraum konnten 1225 Gräber archäologisch untersucht werden. Im Grabungsjahr 1996 kamen noch 73 Gräber hinzu, die hier nicht berücksichtigt sind.
Dank glücklicher Umstände kennen wir in Lauchheim nicht nur ein ausgesprochen reichhaltiges Gräberfeld, sondern auch die etwa 200 m talabwärts, in der Flur Mittelhofen gelegene, dazugehörige Siedlung.[10] Durch die Untersuchung beider Stätten können einerseits die Bestattungsriten der Bewohner des frühmittelalterlichen Lauchheim, als auch deren wirtschaftlichen Gegebenheiten ermittelt werden.
Vergleicht man die anfallenden Tierknochen aus dem Gräberfeld mit denen aus der Siedlung nur mengenmäßig, so stellt man fest, dass die Häufigkeit der Knochen einzelner in Gräbern nachgewiesener Tierarten eine ganz andere Verteilung ergibt, als die der Siedlung. Während bei den Speisebeigaben Schweineknochen nach der Fundzahl fast die Hälfte aller Funde stellen, so sind es in der Siedlung Rinderknochen, die den Hauptanteil der Knochenfunde ausmachen. Neben dem Schwein war auch das Haushuhn ein beliebtes Tier für die Grabzeremonie. Sein Anteil beträgt im Gräberfeld fast ein Viertel aller bestimmten Tierknochen. In der Siedlung wurde das Haushuhn nur gelegentlich nachgewiesen. Die 26 dort belegten Hühnerknochen stellen nur knapp über 4% aller determinierten Tierknochen. Hier sollte aber bedacht werden, dass gerade die zerbrechlichen Hühnerknochen in der Siedlung erst einmal zur Einbettung gelangen mussten, wobei sicher ein großer Anteil durch Tierverbiss (Hunde, Schweine etc.) verloren ging, während die Funde aus den Gräbern unmittelbar und gezielt niedergelegt wurden. Wie man es auch aus anderen Fundorten belegen kann, entspricht die Häufigkeit der in den Gräbern beigegebenen Tierarten in keinster Weise ihrer tatsächlichen Bedeutung als Wirtschaftsfaktoren.[11] Hinzu kommt, dass die Siedlungs- und Speiseabfälle nach ihrer Fundzahl und dem Knochengewicht bewertet werden müssen. Bei den Grabbeigaben wird dagegen untersucht, wie viele Gräber Reste der Tiere beinhalten und dies unabhängig von der Knochenzahl; beurteilt wird gegebenenfalls nur ob ganze Skelette oder bestimmte Teile des Tierkörpers abgelegt wurden.[12]
Im Gräberfeld von Lauchheim konnten bislang aus 150 Bestattungen Tierknochen und aus acht Fragmente von Eierschalen nachgewiesen werden. Die Schalen dürften aufgrund der Dicke und der Krümmung von Hühnern stammen. Schalenfragmente von Gänseeiern oder anderem Geflügel liegen nicht vor. Bemerkenswert ist, dass in den Gräbern aus dem 6. Jh. kein einziger Nachweis von Eibeigabe vorliegt. Von den datierten Gräbern mit Eischalen stammen sieben aus dem 7. Jh., 58 Gräber aus diesem Jahrhundert – darunter zwei Doppelgräber – führen Tierknochen, im 6. Jh. aber sind es nur 16 Gräber mit Resten von tierischen Speisebeigaben. Neun Gräber sind nach den archäologischen Funden Männern, sechs den Frauen und eines einem Kind zuzuordnen. Bei den Grä-

363 Nur in 16 Gräbern des 6. Jh. fand man Speisebeigaben, überwiegend Teile vom Rind.

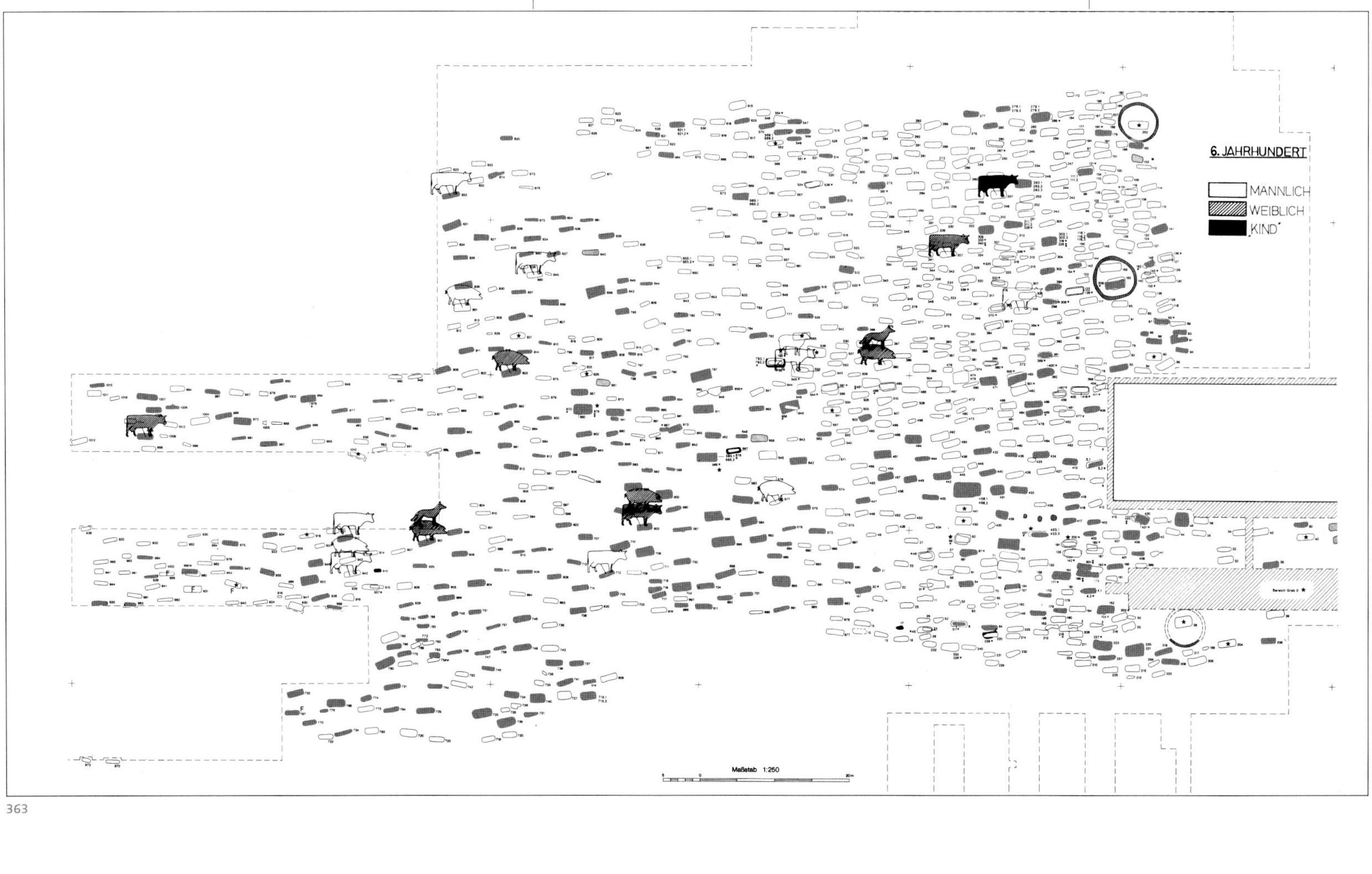

 363

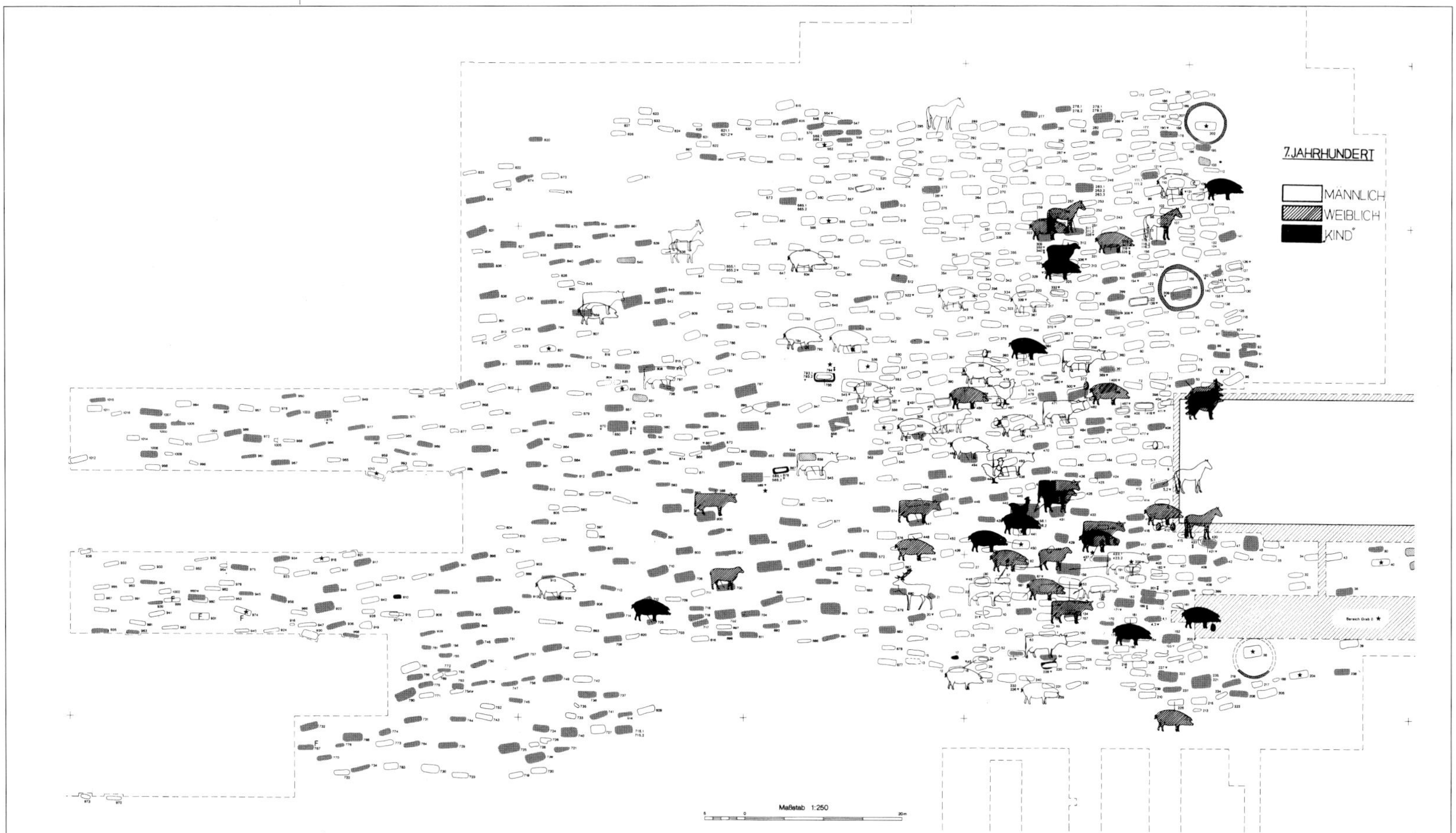

364

364 Insgesamt 58 Gräber des 7. Jh. enthielten Speisebeigaben. Im Unterschied zum 6. Jh. bevorzugte man nun Schweinefleisch.

bern aus dem 7. Jh. stellt sich die Verteilung der Speisebeigaben geschlechtsspezifisch folgendermaßen dar: 31 Männer, 20 Frauen und neun Kinder oder Jugendliche ohne Geschlechtsbestimmung.
Schlüsselt man die Knochenreste aus den Gräbern nach Tierarten auf, so stellt man fest, dass diese in ihrer Beliebtheit für die Totenzeremonie im Laufe der Zeit durchaus verschiedene Stellenwerte bekamen. Während im 6. Jh. Teile des Rindes die am häufigsten beigegebenen Fleischstücke waren, so werden im 7. Jh. fast dreimal soviele Teile von Schweinen niedergelegt.
Selbst beim Schwein scheint sich ein Wandel vollzogen zu haben. Bei den Frauengräbern des 6. Jh. überwiegen solche mit Schweinebeigaben, im 7. Jh. sind es Männer, denen mehr Schweinefleisch als Wegzehrung ins Jenseits mitgegeben worden ist.
Die wenigen Hundeknochen stammen ausschließlich aus Frauengräbern. Das Huhn ist nur in Gräbern des 7. Jh. nachzuweisen. Während im 6. Jh. keine Eibeigabe belegt werden konnte, kommen diese in den Gräbern des 7. Jh. hauptsächlich im Zusammenhang mit Männerbestattungen vor. Lediglich zwei Frauengräber und ein Grab eines Kleinkindes enthalten Eibeigaben. Keine Rolle in den Beigabensitten des 6. Jh. spielt das Pferd.
Im Gegensatz zu den Beigabensitten der Römer, die nicht selten ganze Tiere – häufig auch mehrere Individuen – und vordere oder hintere Partien der Tiere auf den Scheiterhaufen legten[13], scheint die Rationalität im Frühmittelalter ausgeprägter zu sein. Das einzige Tier, das gelegentlich als Ganzes, bzw. als ganzer Schlachtkörper niedergelegt wurde, ist das Huhn. Bei anderen Tierarten begnügte man sich in der Regel mit kleinen Portionen einzelner Körperpartien. Ganze Körperteile sind äußerst selten anzutreffen.

1 N. Benecke, Archäozoologische Studien zur Entwicklung der Haustierhaltung in Mitteleuropa und Südskandinavien von den Anfängen bis zum ausgehenden Mittelalter. Schr. Ur- u. Frühgesch. 46 (Berlin 1994).

2 J. Boessneck/A. von den Driesch/U. Meyer-Lemppenau/E. Wechsler-von Ohlen, Die Tierknochenfunde aus dem Oppidum von Manching. Ausgr. Manching 6 (Wiesbaden 1971); M. Kokabi, Arae Flaviae II. Viehhaltung und Jagd im römischen Rottweil. Forsch. u. Ber. Vor- u. Frühgesch. Baden-Württemberg 13 (Stuttgart 1982).

3 M. Teichert/H. H. Müller, Haustierhaltung. In: Die Germanen 2 (Berlin 1983) 107 ff.; A. von den Driesch/J. Boessneck, Haustierhaltung, Jagd und Fischfang bei den Bajuwaren. In: H. Dannheimer/H. Dopsch (Hrsg.), Die Bajuwaren. Von Severin bis Tassilo 488–788 (1988); S. Dušek, Römische Handwerker im Germanischen Thüringen. Weimarer Monogr. Ur- u. Frühgesch. 27,1 [Teil A] (Stuttgart 1992).

4 M. Teichert, Tierreste aus dem germanischen Opfermoor bei Oberdorla (Weimar 1974) Diagramm 26.

5 A. Feller, Untersuchungen an Knochenfunden aus dem Siedlungsplatz Ladenburg »Ziegelscheuer« (ungedr. Magisterarbeit Bonn 1995); M. Kokabi, Knochenfunde aus frühmittelalterlichen Siedlungen in Baden-Württemberg (in Vorbereitung).

6 M. Missel, Tierknochenfunde aus einer germanischen Siedlung in Hildesheim-Bavenstedt (3.–5. Jhdt. n.Chr.) (ungedr. Diss. München 1987); M. Teichert, Einflüsse römischer Haustierhaltung in der Germania libera. In: Festschrift für

H. R. Stampfli. Beiträge zur Archäozoologie, Archäologie, Anthropologie, Geologie und Paläontologie (Basel 1990) 277 ff.

7 von den Driesch/Boessneck (Anm. 3).

8 J. Schäffer/A. von den Driesch, Tierknochenfunde aus fünf mittelalterlichen Siedlungen Altbayerns. In: Documenta naturae 15 (1983) Tab. 1.

9 Diese Angaben habe ich dem Ausgräber des Gräberfeldes, Herrn Dr. I. Stork, zu verdanken.

10 I. Stork, Fürst und Bauer, Heide und Christ. 10 Jahre archäologische Forschungen in Lauchheim/Ostalbkreis. Arch. Inf. Baden-Württemberg 29 (Stuttgart 1995).

11 M. Kokabi/J. Wahl, Tierknochen. In: Dies., Das römische Gräberfeld von Stettfeld I. Forsch. u. Ber. Vor- u. Frühgesch. Baden-Württemberg 29 (Stuttgart 1988) 225 ff.

12 A. Kleinschmidt, Die Tierreste. In: P. Paulsen, Alamannische Adelsgräber von Niederstotzingen. Veröff. Staatl. Amt Denkmalpflege Stuttgart A 12,2 (Stuttgart 1967) 33 ff.; W. Janssen, Das Tier im Spiegel der archäologischen Zeugnisse. In: L'uomo di fronte al mondo animale nell'alto Medioevo. Settimane di studio del Centro Italiano di Studi sull'alto Medioevo XXXI (Spoleto 1985); H. Roth/C. Theune, Das frühmittelalterliche Gräberfeld bei Weingarten. Forsch. u. Ber. Vor- u. Frühgesch. Baden-Württemberg 44,1 (Stuttgart 1995).

13 M. Kokabi/J. Wahl/G. Falkner, Ein Abriss über die Ergebnisse interdisziplinärer Zusammenarbeit bei der Untersuchung menschlicher und tierischer Überreste eines gemischtbelegten Gräberfeldes. Zeitschr. Arch. 27, 1993, 175 ff.; M. Kokabi, Tierknochen. In: R. Asskamp/M. Kokabi/J. Wahl, Das römische Brandgrab von Altdorf, Gde. Ettenheim, Ortenaukreis. Fundber. Baden-Württemberg 12, 1987, 355 ff.

Zwischen Masse und Klasse

ALAMANNEN IM BLICKFELD DER ANTHROPOLOGIE

JOACHIM WAHL, URSULA WITTWER-BACKOFEN, MANFRED KUNTER

Grob geschätzt dürften bis heute rund 15 000 Individuen aus frühmittelalterlichen Gräbern Südwestdeutschlands erfasst sein. Gleichwohl ist die Bevölkerung vom Ende des 3. bis ins frühe 8. Jh. nur ungleichmäßig repräsentiert. Weit mehr als 90 Prozent der Funde stammen aus der Merowingerzeit. Von den frühen Alamannen sind nur wenige Individuen überliefert. Ein Grund für den Mangel an Gräbern ist in der geringen Größe der Friedhöfe, ein zweiter in der anfangs noch üblichen Tradition der Leichenverbrennung zu sehen. Sondererscheinungen sind Knochendeponierungen in Höhlen, wie z.B. die völkerwanderungszeitlichen Knochenreste aus der Sontheimer Höhle, die von mindestens zwölf Individuen vom Säugling bis zum maturen Erwachsenen stammen.

Tausende von Skeletten sind immer noch zu wenig

Zwar dominieren die großen Reihengräberfelder, doch sind sie weniger zahlreich, als man glauben möchte: Von 50 Friefhöfen mit über zehn Bestattungen umfassen mehr als die Hälfte weniger als 100 Individuen.

Die durchschnittliche Siedlungsgröße lässt sich im 6. Jh. auf rund 50–60 Personen, im 7. Jh. häufig auf das Doppelte oder mehr schätzen. Von Demographen und Medizinhistorikern wissen wir, dass um die Mitte und in der zweiten Hälfte des 6. Jh. eine große Pestepidemie ganz Europa heimsuchte und bis zu 50 Prozent der Bevölkerung dahinraffte.

Der Erhaltungszustand der Knochen lässt oft zu wünschen übrig. Viele Nekropolen sind nur teilweise ausgegraben worden, einige bereits vor mehreren Jahrzehnten und mit unvollkommenen Methoden. Oberschwaben, das württembergische Allgäu sowie die mittlere und westliche Schwäbische Alb sind im Vergleich zu Nordwürttemberg schwach vertreten.

Der typische Alamanne – eine Fiktion

Der sogenannte Reihengräbertypus wurde von unseren Vorvätern folgendermaßen charakterisiert: hochgewachsen und langschädelig mit ausgesprochen hohem, schmalem Gesicht und flachbogig geneigter Oberstirn, kräftiger Überaugenregion und schmaler, prominenter Nase. Er wurde auch als »nordider« oder »germanischer« Typ bezeichnet. Doch gab es genauso mäßig robuste bis grazile Individuen mit niedrigen, breiten Gesichtern und breiten Schädeln sowie eine Reihe von Übergangsformen.

Auch in Südwestdeutschland lässt sich im frühen Mittelalter ein Nebeneinander verschiedener Varianten feststellen. Die statistisch gesehen hochgradige Ähnlichkeit zwischen den germanischen Bevölkerungen Mitteleuropas steht dazu nur in scheinbarem Widerspruch, denn sie beruht auf dem Vergleich von Mittelwerten und gestattet damit weder einen Einblick in das zugrunde liegende Typenspektrum noch in die ethnische Zusammensetzung einer bestimmten Serie.

Die Alamannen waren keine kontinuierlich gewachsene bodenständige Population, sondern ein Konglomerat aus unterschiedlichen Gruppen mit einer wechselvollen und über 20 Generationen währenden Geschichte. Sie setzten sich ursprünglich aus Teilverbänden verschiedener, vorwiegend elbgermanischer Stämme zusammen. Nach dem Limesfall trafen sie auf die Reste der seit mehreren Generationen romanisierten, ehemals keltischen Bevölkerung. Mit der maximalen Ausdehnung der Alamannia unter fränkischer Herrschaft kamen im Elsass und in der Nordschweiz galloromanische Gruppen sowie weitere germanische Komponenten aus dem Niederrhein- und Elbegebiet hinzu.

Über Dauer und Umfang der Integrations- bzw. Assimilierungsprozesse oder Überschichtungsphänomene können wir nur spekulieren, denn schon die als Grundelemente beteiligten Volksgruppen der Kelten bzw. Gallier, Germanen und Romanen sind morphologisch nicht eindeutig voneinander zu trennen. Bereits während der römischen Besatzung treffen wir in unserem Raum Mischpopulationen an, die von nordischen über mediterrane zu alpinen und dinariden Tendenzen alles zu bieten haben. Bei den als »robust leptodolichomorph« klassifizierten Typen (entsprechend dem klassischen Reihengräbertypus) wird größtenteils von germanischer Abstammung ausgegangen. Das brachykrane Element ist dagegen in latènezeitlichen und provinzialrömischen Stichproben häufiger.

Die germanische Komponente wäre also umso höher, je größer der Anteil langschmalköpfiger, reliefgesichtiger und gleichzeitig hochwüchsiger Individuen ist. In einigen spätrömischen Serien, z.B. von der Burg Sponeck, ist diese Merkmalskombination bereits stark vertreten, wenn nicht gar vorherrschend.
In den Schweizer Reihengräbern zeichnet sich ein deutlich höherer Anteil autochthoner Elemente ab als im Kernland der Alamannen. Auch die Unterschiede zwischen Alamannen und Franken – letztere sind eher niedriggesichtig und haben einen kleineren Hirnschädel – müssen unter den genannten Aspekten gesehen werden. Der »typische Alamanne« ist demnach eine fiktive Größe, genau wie der moderne »Mann von der Straße«, der durch die Statistiken geistert und hinsichtlich aller Eigenschaften die jeweiligen Mittelwerte auf sich vereinigt.

Blauäugig, groß und blond: ein römisches Klischee?

Die traditionelle Vorstellung vom Aussehen der germanischen Stämme haben uns antike Autoren überliefert, z.B. C. Julius Caesar, Cornelius Tacitus und für die Völkerwanderungszeit Sidonius Apollinaris und Gregor von Tours. Das Germanenbild des Tacitus beruhte jedoch nicht auf eigener Anschauung. Er verfolgte die Absicht, den zügellosen, dekadenten Römern die Germanen als unverdorbene, sittenstrenge und anspruchslose Naturburschen gegenüberzustellen. Noch mehr Skepsis ist Berichten über militärische Operationen entgegenzubringen, denn durch nichts erscheinen die eigenen Erfolge in besserem Licht als durch besonders furchteinflößende Gegner. So lässt Caesar die großen Germanen erst mit »spottender Geringschätzung« auf die kleineren römischen Soldaten herabsehen, bevor er sie besiegte.
Trotz allem waren die antiken Berichte wohl nicht gänzlich aus der Luft gegriffen: »Die Germanen sind groß und kräftig, heller und größer als die Kelten, haben wild blickende, blaue Augen und rötliches Haar. Ihre äußere Erscheinung ist trotz ihrer großen Zahl bei allen dieselbe, allerdings sind die Sueben aufgrund der Weite ihres Territoriums weniger einheitlich als die Chatten.« Neben der bemerkenswerten Körperhöhe von 6–7 Fuß galt das besondere Interesse der Chronisten der Farbe, Tracht und Pflege des Haares, denn Blond war bei der Schickeria in Rom sehr gefragt. Dass der berühmte Suebenknoten auch von anderen Stämmen getragen wurde, lässt sich mehrfach belegen.
Auch die Aussagen, die sich an Bilddokumenten oder aus der Untersuchung von Moorleichen gewinnen lassen, sind beschränkt: Reliefs, Plastiken und Grabsteine zeigen hochwüchsige, breitschultrige und muskulöse Männer mit ovalem, meist hohem und schmalem Gesicht, langer, schmaler Nase, kräftiger Kieferpartie sowie dichtem und welligem Haar. Aber es kommen auch breite und runde Gesichter oder eher klassische Profile vor. Der häufig dargestellte Vollbart entsprach wahrscheinlich nur selten der Wirklichkeit. Er sollte wohl den barbarischen Eindruck verstärken.
Auch unter den Moorleichen sind verschiedene Kopf- und Gesichtsformen vertreten. Wenn sich Haare erhalten haben, sind sie vielfach blond und flachwellig. Die männlichen Moorleichen sind in der Regel bartlos.
Wenn auch nicht alle Germanen groß, blond und blauäugig waren, so dürften doch wenigstens einige der beschriebenen Eigenschaften auf einen Teil der Alamannen zugetroffen haben.

Wo begrub man die Kinder?

Aus den Alters- und Geschlechtsdiagnosen lässt sich das demographische Profil einer Bevölkerung ableiten. Dazu gehören die Lebenserwartung, die detaillierte Altersstruktur sowie die Verteilung der Geschlechter. Der bedeutendste Unsicherheitsfaktor ist dabei zweifellos die Kindersterblichkeit. Die meisten Fachleute postulieren aufgrund von Modellrechnungen und ethnographischen Vergleichen beim Unterschreiten bestimmter Grenzwerte ein Kinderdefizit, das heißt, wir finden auf den Friedhöfen nicht alle Individuen, die im kindlichen Alter starben. Andere meinen, dass die empirisch gefundenen Anteile von im Kindes- und Jugendalter Verstorbenen mehr oder weniger den tatsächlichen Verhältnissen entsprechen.
Noch Ende des 19. Jh. lag die Säuglingssterblichkeit bei uns über 20 Prozent. Die hygienischen Zustände im Spätmittelalter und in der frühen Neuzeit waren schlecht, die medizinische Versorgung unzureichend. Doch dürfen diese Gegebenheiten keinesfalls unbesehen auf das frühe Mittelalter übertragen werden. Über Analogieschlüsse mit sogenannten Naturvölkern aus (sub-)tropischen Regionen lässt sich ebenfalls streiten.
Wie weitreichend derartige Überlegungen sind, sei am Beispiel der beiden Gräberfelder von Munzingen und Lauchheim gezeigt: Die mittlere Lebenserwartung bei der Geburt liegt für Munzingen anhand der vorliegenden Daten bei knapp 31 Jahren, nach Korrektur des angenommenen Kinderdefizites nur noch bei 23,7 Jahren. Aus dem Friedhof von Lauchheim wurden bereits zwei Drittel aller Individuen untersucht. Hochgerechnet ergäbe sich dort ein Fehlbestand von mehr als 500 Säuglingen, Kindern und Jugendlichen.
Bei 18 größeren Skelettserien Südwestdeutschlands schwankt der Anteil Nichterwachsener zwischen 13,5 Prozent in Munzingen und 33,7 Prozent in Kösingen, der Mittelwert liegt bei etwa 23 Pro-

365

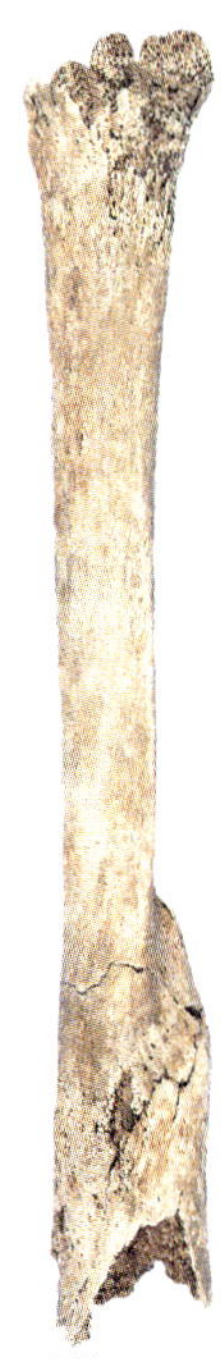
366

365 Die Verdickung (Kallusbildung) am linken Oberarmknochen eines senilen Mannes stammt von einem schlecht verheilten Bruch. Typische Feinstrukturen zeigen, dass zudem entzündliche Prozesse stattgefunden haben. Die Verletzung hat sich der Mann aus Grab 111a von Lauchheim vermutlich bei einem Sturz oder im Kampf zugezogen.

366 Der offene Bruch am linken Schienbein eines spätmaturen Mannes in Grab 77 von Lauchheim entzündete sich und vereiterte. Der Prozeß griff auf das Knochenmark über und zog den Knochen stark in Mitleidenschaft. Die Bruchenden sind gegeneinander verschoben und in dieser Fehlstellung verwachsen.

zent. Prinzipiell sind aber alle Altersklassen vom Neugeborenen bis zum älteren Jugendlichen vertreten.

Nimmt man ein Defizit an, wäre also das Sterbealter keinesfalls der einzige Selektionsfaktor gewesen. Es deutet vielmehr einiges darauf hin, dass eher die soziale Stellung der Familie den Ausschlag gegeben hat, so wie bei dem Knaben aus Lauchheim, der trotz seines zarten Alters von ca. sechs Jahren mit einer kompletten Waffenausstattung beigesetzt wurde. Erst gegen Ende des 8. Jh. steigt, wohl als Folge der zunehmenden Christianisierung, der Anteil der Kleinkinder an den Bestattungen.

Hohes Risiko im Kindbett

Weitere Schwierigkeiten bereiten das sogenannte primäre und das sekundäre Frauendefizit, die mit einer geringeren Wertschätzung weiblichen Nachwuchses bzw. dem Sterberisiko jüngerer Frauen im gebärfähigen Alter erklärt werden. Die durchschnittliche Lebenserwartung der Frauen liegt im frühen Mittelalter mit ca. 29 Jahren um etwa sechs Jahre niedriger als die der Männer. Die Abstände zwischen den Geschlechtern schwanken dabei in den einzelnen Serien erheblich: von unter drei Jahren in Kirchheim/Ries und Eichstetten bis zu 15 Jahren und mehr in Sontheim/Brenz und Schretzheim.

Die höhere Sterblichkeit der Frauen kommt während der fruchtbaren Phase zum Tragen, danach setzt sich in der Regel ihre höhere biologische Vitalität durch.

Nach Untersuchungen an völkerwanderungszeitlichen Leichenbränden Norddeutschlands erfolgte der puberale Wachstumsschub etwa mit 15 Jahren. Auch in Lauchheim, der Serie mit den repräsentativsten Daten, sind bereits unter den 15–19jährigen häufiger weibliche Individuen vertreten. Besonders im Alter zwischen 20 und 35 Jahren starben bedeutend mehr Frauen als Männer. Danach übertrifft ihre Lebenserwartung die der Männer.

Die meisten Fundkomplexe zeigen einen mehr oder weniger starken Männerüberschuss. Ob sich jedoch unter den geschlechtlich unbestimmten Erwachsenen das jeweils fehlende Kontingent verbirgt oder ob daraus weitergehende Schlüsse auf die gesellschaftliche Stellung der Frau gezogen werden dürfen, bleibt im Einzelfall einer kritischen Prüfung vorbehalten.

Bevölkerungsstruktur und Sterblichkeit am Beispiel Lauchheim

An dieser Stelle seien noch einige weitere Zwischenergebnisse zum Lauchheimer Gräberfeld mitgeteilt: Das mittlere Sterbealter der Bestatteten liegt bei etwa 39 Jahren. Der Anteil der über 60jährigen beträgt knapp 19 Prozent – ein relativ hoher Wert im Vergleich zu anderen Serien, bei denen kaum einmal mehr als 10 Prozent dieses Alter erreichen.

Inwieweit sich dieser Personenkreis auf die verschiedenen sozialen Gruppen verteilt, wurde noch nicht untersucht. Bezogen auf Alter und Geschlecht der Bestatteten lassen sich keine Konzentrationen auf dem Friedhof erkennen. Man darf annehmen, dass die einzelnen Familien danach trachteten, ihre Angehörigen möglichst nahe beieinander zu beerdigen. Unter den reich ausgestatteten Gräbern lässt die Verteilung verschiedener epigenetischer Merkmale den Verdacht aufkommen, dass die Verstorbenen in einer verwandtschaftlichen Beziehung zueinander standen. Ohne Kenntnis der jeweiligen Merkmalsfrequenzen innerhalb der Gesamtbevölkerung sollten daraus allerdings noch keine weiterreichenden Schlüsse gezogen werden.

Basierend auf einer 200 Jahre währenden Belegung des Lauchheimer Friedhofes und der durchschnittlichen Lebenserwartung von 39,3 Jahren lässt sich

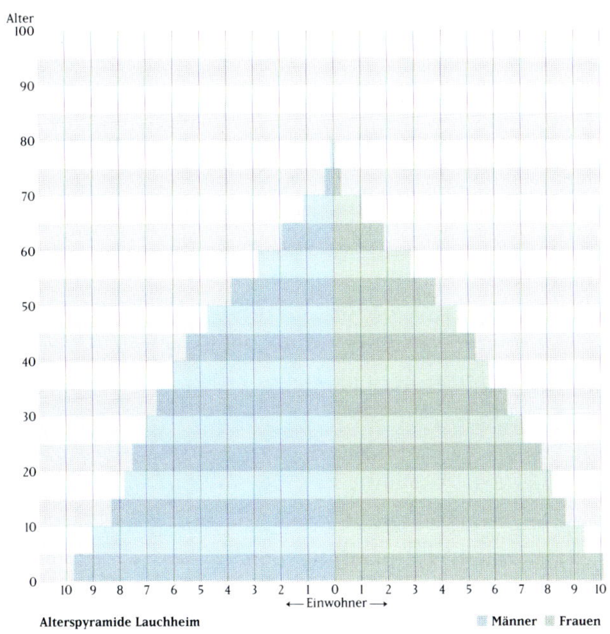

367 a

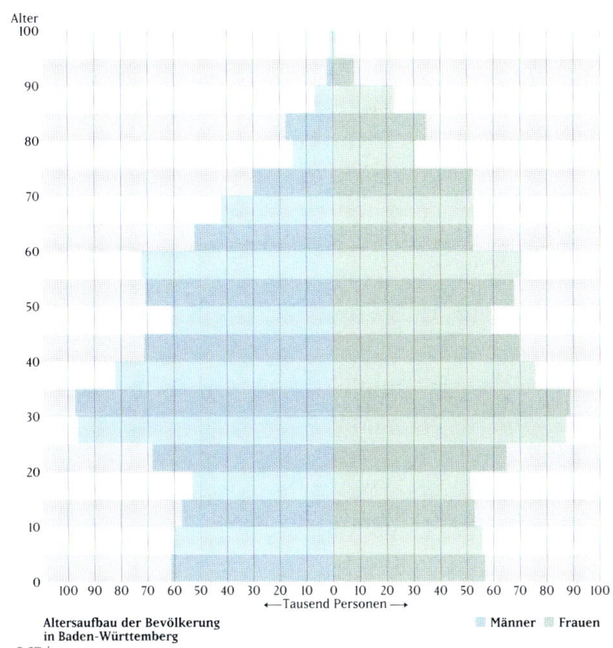

367 b

367 Links: Alterspyramide der merowingerzeitlichen Bevölkerung von Lauchheim. Die typische Pyramidenform war allgemein in vorindustrieller Zeit anzutreffen. Das Diagramm beruht auf 843 Individuen und geht davon aus, dass die Bevölkerung nicht durch außerordentliche Ereignisse (Krieg, Epidemien) beeinflusst wurde. Das anzunehmende Kinderdefizit wird nicht berücksichtigt. Rechts: Altersaufbau der Bevölkerung von Baden-Württemberg am 31.12.1994. Die Pyramide hat sich durch geburtenschwache Jahrgänge, bessere medizinische Versorgung und eine Reihe anderer Faktoren zum Pilz entwickelt. Bis zum Alter von 60 Jahren ist ein leichter Männer- darüber ein deutlicher Frauenüberschuss festzustellen.

die zugehörige Siedlungsgröße auf ca. 250–300 Personen schätzen. Dafür muss allerdings über mehrere Generationen hinweg von einer Bevölkerung ausgegangen werden, die weder durch Zu- oder Abwanderungen noch durch Epidemien, kriegerische Ereignisse o.ä. größeren Schwankungen unterworfen war. Unter Einbeziehung des Kinderdefizites ergäben sich etwa 350 oder mehr gleichzeitig lebende Einwohner.

Sonderbestattungen im Siedlungsbereich

Auf dem unweit des Gräberfeldes erschlossenen Siedlungsareal konnten zusätzlich noch vier Grabgruppen und vier Einzelgräber mit insgesamt 30 Individuen aus der späten Merowingerzeit untersucht werden. Sie stellen allerdings keinen repräsentativen Bevölkerungsquerschnitt dar. Vielmehr gehören sie einer gehobenen Schicht an. Weder Alters- noch Geschlechtsstruktur sind ausgewogen: Zwei der isoliert angetroffenen Individuen sind nur wenige Monate alte Säuglinge, und außer zwei jungen Männern im Alter von ca. 15 Jahren handelt es sich ausschließlich um Erwachsene. In zwei Gruppen dominieren die Männer.

Bisher sind erst bei einer einzigen Grabgruppe, die zum Herrenhof gehört, die epigenetischen und odontologischen Merkmale detailliert untersucht worden. Die dort bestatteten Personen erwiesen sich als außerordentlich ähnlich. Auch Lage und Datierung der Gräber sprechen für eine familiäre Beziehung der Bestatteten untereinander bei sukzessiver Belegung von Westen nach Osten.

Lieber reich und groß als arm und krank

Die Körperhöhe unserer Vorfahren lässt sich anhand der Länge ihrer Extremitätenknochen berechnen. Danach waren bei den Alamannen die Männer im Schnitt 1,72 m groß, die Frauen etwa 10 cm kleiner. Sie liegen damit deutlich über den Frauen und Männern aus dem Spätmittelalter und der frühen Neuzeit.

Wie bei der Schädellänge kann auch für die Körperhöhe ein Nord-Süd-Gefälle registriert werden, wobei die höheren Werte im Norden wohl mit dessen stärkerem Germanisierungsgrad einhergehen. Doch unterscheiden sich die jeweiligen Durchschnittswerte nur gering voneinander. Natürlich gab es überall große und kleine Menschen. Allein im nordostschweizerischen Elgg variiert die Körperhöhe der Männer zwischen 1,56 und 1,82 m.

Für einen diachronen Vergleich stehen uns nur wenige Daten aus der Frühzeit der Alamannen zur Verfügung, z.B. aus Hilzingen, Ilvesheim und Opfingen. Sie liegen zumindest für die Männer über den angegebenen Mittelwerten. Vom Beginn des 6. bis zum Ende des 7. Jh. scheinen die Männer kleiner, im 8. Jh. wieder etwas größer geworden zu sein. Hier stellt sich die Frage, in welchem Umfang romanisierte oder fränkische Bevölkerungsteile Einfluss auf den Genpool hatten. Bei den Frauen zeigt sich interessanterweise ein gegenläufiger Trend.

Ein weiteres Problemfeld ist das Vorhandensein verschiedener Sozialgruppen. Speziell aus der Völkerwanderungszeit sind uns fast nur reich ausgestattete Gräber überliefert. Die Körperhöhe ist zu mehr als 90 Prozent genetisch fixiert, der Rest insbesondere von der Ernährung und anderen Umwelteinflüssen abhängig. Da den Vertretern der Oberschicht ein größerer Anteil höherwertiger, eiweißreicher Nahrung zur Verfügung stand und sie gleichzeitig weniger schwer arbeiten mussten, hatten sie deutliche Vorteile.

Hinzu kommt eine Selektion durch Heirat innerhalb der gleichen sozialen Gruppe. Verschiedene Untersuchungen deuteten schon früh darauf hin, dass bei den Alamannen die sozial Hochstehenden im Mittel hochwüchsiger und langschädeliger sind und damit eher den germanischen Bevölkerungsteil repräsentieren, der die ärmeren, kleinwüchsigeren und rundschädligeren Keltoromanen überschichtet hat.

Bezugnehmend auf die Waffenausstattung hat man in Weingarten und Bohlingen durchaus anthropologisch fassbare Unterschiede gefunden. Dabei dokumentieren allerdings die Beigaben genausowenig nur Reichtum und soziale Stellung des Verstorbenen wie Körperhöhe und Längen-Breiten-Index des Schädels nur erbbedingt sind. In beiden Fundkomplexen waren die Männer ohne Waffenbeigabe um 4 bis 5 cm kleiner, etwas gedrungener und weniger grazil als die Bewaffneten. Abgesehen davon sind in allen Gruppen meist auch alle Formvarianten vertreten – die Differenzen ergeben sich nur aus deren Häufigkeit.

Keine Vegetarier

Caesar schreibt über die Germanen: »Ackerbau betreiben sie nicht sonderlich eifrig und der größte Teil ihrer Nahrung besteht aus Milch, Käse und Fleisch.« Nach Tacitus trinken sie Bier, gelegentlich Wein, essen wildes Obst, frisches Wildbret und geronnene Milch ohne besondere Zubereitung und Gewürze.

Um der Ernährung der Alamannen tatsächlich auf die Spur zu kommen, kann man die Schlacht- und Speiseabfälle untersuchen (vgl. Rösch, Ackerbau; Kokabi, Fleisch). Aber auch die menschlichen Knochen selbst liefern Anhaltspunkte: entweder durch die Analyse von Spurenelementen, die im Knochen gespeichert die Zusammensetzung der Hauptnahrungskomponenten widerspiegeln, oder über die Manifestation von Mangelerscheinungen und Wachstumsstörungen.

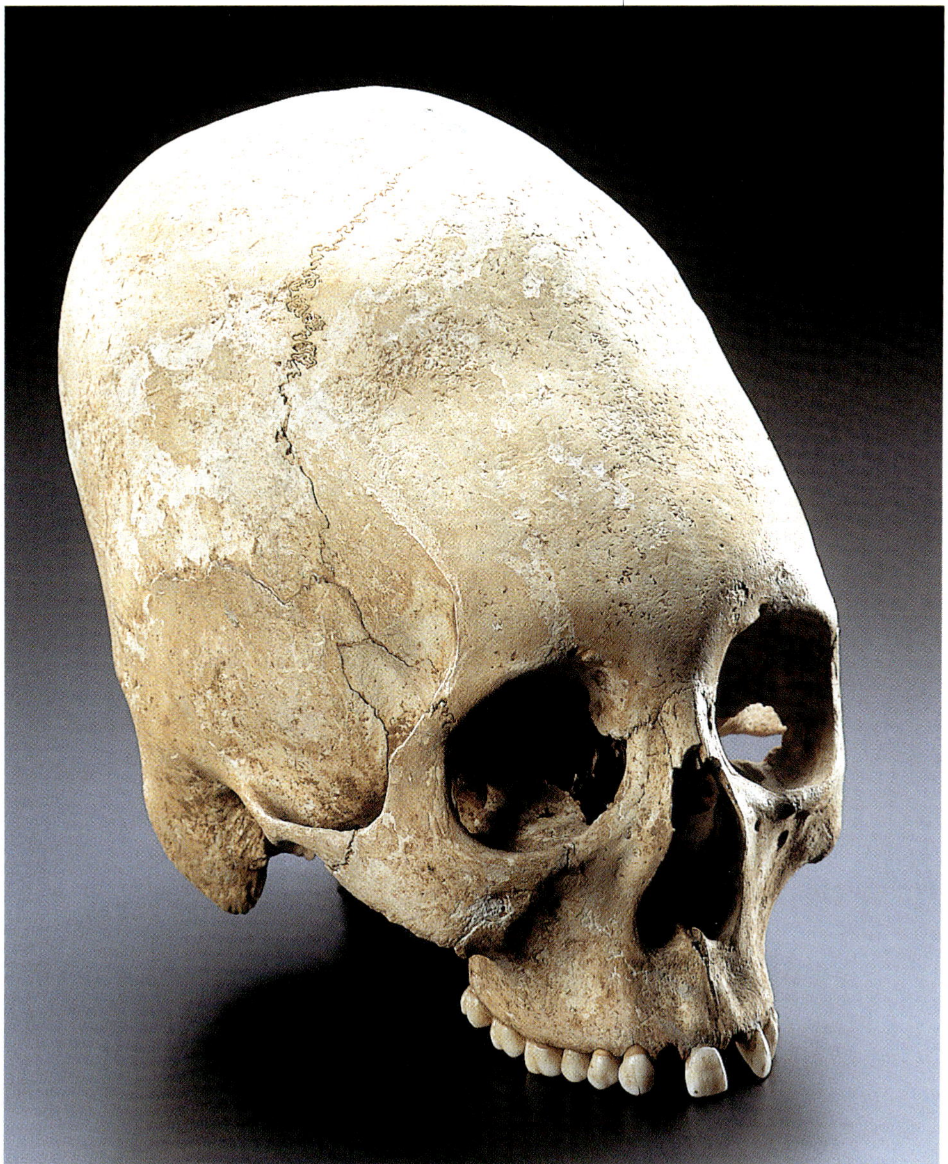

368 b

368 a, b **Auch in modernen Gesellschaften ist es üblich, Gruppenzugehörigkeit durch das äußere Erscheinungsbild zum Ausdruck zu bringen. Die künstliche Verformung des Schädels durch optische Verlängerung der Stirn grenzte »die anderen« aus. Der Kopf wurde schon im Säuglingsalter durch Bandagen in die Höhe gepresst, die bis zum Abschluss des Längenwachstums (über 20 Jahre) immer wieder erneuert werden mussten. Unten Schädel einer Erwachsenen aus Grab 83 in Neresheim, rechts einer 20–30Jährigen aus Kirchheim am Neckar.**

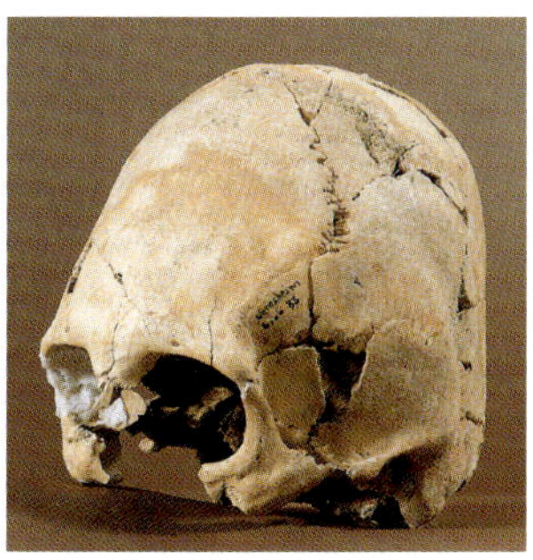

368 a

Zudem erlauben bestimmte Abrasionsmuster an den Zähnen Rückschlüsse auf Zusammensetzung und Aufbereitung der Nahrung. Erhöhter Kariesbefall geht meist mit besonders kohlenhydratreicher Kost einher. All diese Phänomene sind abhängig von Alter, Geschlecht, Veranlagung und besonders von der sozialen Stellung.

Erhöhte Konzentrationen der Spurenelemente Strontium und Barium stehen für einen höheren Anteil pflanzlicher Nahrung, steigende Werte von Zink und Kupfer zeigen dagegen vermehrten Konsum von tierischem Eiweiß an. Entsprechend detaillierte Untersuchungen wurden an acht Skelettserien, u.a. aus Renningen, Kirchheim/Teck und Weingarten, durchgeführt. Die Ergebnisse spiegeln sowohl die jeweiligen ökologischen Gegebenheiten wie auch die ökonomischen Verhältnisse wider. Die Renninger Daten sprechen für eine ausgewogene Mischdiät aus pflanzlicher und tierischer Kost mit leichtem Überwiegen von tierischem Protein. In Kirchheim/Teck fanden sich drei, in Weingarten sogar sechs Gruppen mit voneinander abweichendem Ernährungsmuster. Der Kirchheimer Bevölkerung stand insgesamt ein höherer Anteil an Fleisch, Eiern, Milch und Milchprodukten zur Verfügung. In Weingarten überwog dagegen Pflanzennahrung. In beiden Populationen zeichnet sich erwartungsgemäß ein Sozialgefälle ab. Auch die Abnutzung der Zähne ist bei den »Reichen« im Alter weniger stark als bei den weniger Privilegierten. Röntgenbilder von Extremitätenknochen offenbaren nicht selten Wachstumsverzögerungen im Kindes- und Jugendalter infolge periodisch auftretender Unterernährung.

Eine hohe Stirn als Schönheitsideal?

Künstlich verformte Schädel aus der Völkerwanderungszeit Mitteleuropas wurden in nennenswertem Umfang zunächst in thüringischen und burgundischen Skelettserien gefunden. Inzwischen muss man auf jedem größeren alamannischen Gräberfeld von der zweiten Hälfte des 5. Jh. bis ins frühe 6. Jh. damit rechnen. Die Sitte geht auf eine mongolische Gruppe des 1. Jh. in Zentralasien zurück und erreichte ihre größte Verbreitung mit der Expansion der Hunnen.

Die Motive sind nach völkerkundlichen Studien

wohl weniger ästhetischer oder sakraler Natur. Eher ist eine bewusste ethnische oder soziale Abgrenzung gegenüber anderen Gruppen anzunehmen. Es ist bekannt, dass auch die Hunnen keine Einheit bildeten. In ihren Verbänden waren, neben den mongoliden Anteilen, durchaus auch europide Elemente enthalten. Die Schädeldeformation ist für sie selbst nicht eindeutig nachgewiesen, und die Befunde in Süddeutschland zeigen, dass beide Phänomene unabhängig voneinander auftreten. So kamen die gelegentlich zu beobachtenden mongoliden Merkmale zwar durch die Hunnen, die Schädeldeformation aber nicht durch, sondern mit den Hunnen in unser Gebiet.
Individuen mit künstlich verformten Schädeln liegen z.B. aus Hemmingen, Kirchheim/Neckar, Neresheim, Pleidelsheim und Weingarten vor. Die meisten dürften nach dem Ende der hunnischen Herrschaft gestorben sein. Es handelt sich ausnahmslos um Erwachsene, in der Mehrzahl Frauen. Sie zeigen nur selten mongolide Züge und hatten offensichtlich keine höhere soziale Stellung. Für drei Individuen aus Neresheim wird angesichts ihrer Beigabenarmut sogar eher ein untergeordneter Status angenommen.
Im Kernraum des westlichen Verbreitungsgebietes, dem Karpatenbecken und angrenzenden Regionen, sind für den Anfang und die Mitte des 5. Jh. beide Geschlechter gleichermaßen sowie eine große Zahl von Kindern und Jugendlichen mit künstlich deformierten Schädeln nachgewiesen. Das bedeutet, dass der Brauch weder von den Alamannen übernommen noch vor Ort selbst ausgeübt wurde. Bei den wenigen Fällen handelt es sich wahrscheinlich um Versprengte oder Flüchtlinge aus dem thüringisch-böhmischen oder donauländischen Raum, vielleicht auch teilweise um Hunninnen, die durch Heirat in die Alamannia kamen (vgl. Quast, Einzelgrab).

Karies, Krebs und andere Krankheiten

Krankheiten sagen uns viel über die frühgeschichtlichen Lebensverhältnisse. Doch nur wenige Erkrankungen hinterlassen Spuren an Knochen und Zähnen. Zudem erlaubt der schlechte Erhaltungszustand oft keine nähere Beurteilung krankhafter Veränderungen.
Wie auch in anderen Epochen treten am häufigsten Arthrosen sowie andere degenerative Erscheinungen an Wirbelsäule und Gelenken auf. Erkrankungen des rheumatischen Formenkreises können altersbedingt oder durch Überbeanspruchung zum Verschleiß des Gelenkknorpels bzw. der Bandscheibe, zu schmerzhaften Bewegungseinschränkungen und Gelenkdeformationen bis hin zur Versteifung führen. Mehr oder weniger stark ausgeprägte arthrotische bzw. spondylotische Veränderungen sind bei den Alamannen ab dem 40. Lebensjahr fast regelmäßig festzustellen. Sie weisen z.B. in Lauchheim, Eichstetten und Stein am Rhein auf Menschen hin, die schwer arbeiten mussten. Häufig ist auch Zahnfäule. Statistisch gesehen waren in der Merowingerzeit zwischen 10 und 15 Prozent der Zähne kariös. Der Anteil Erwachsener, die sich mit mindestens einem kariösen Zahn plagten,

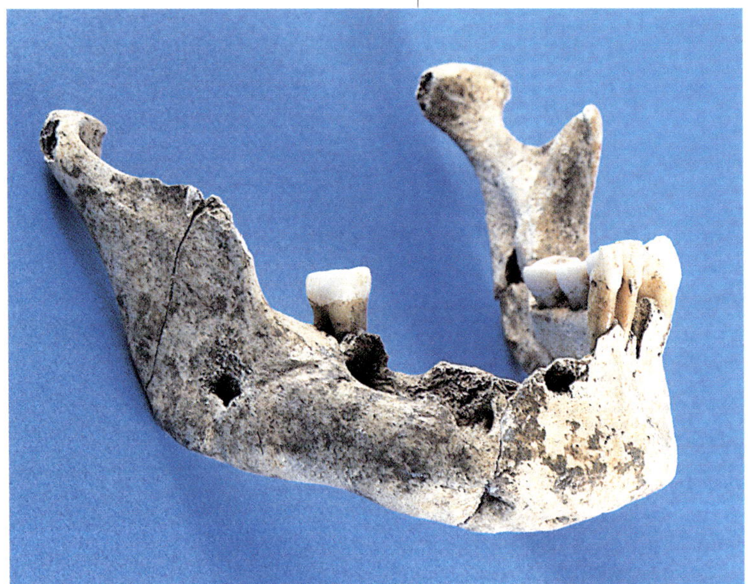

369

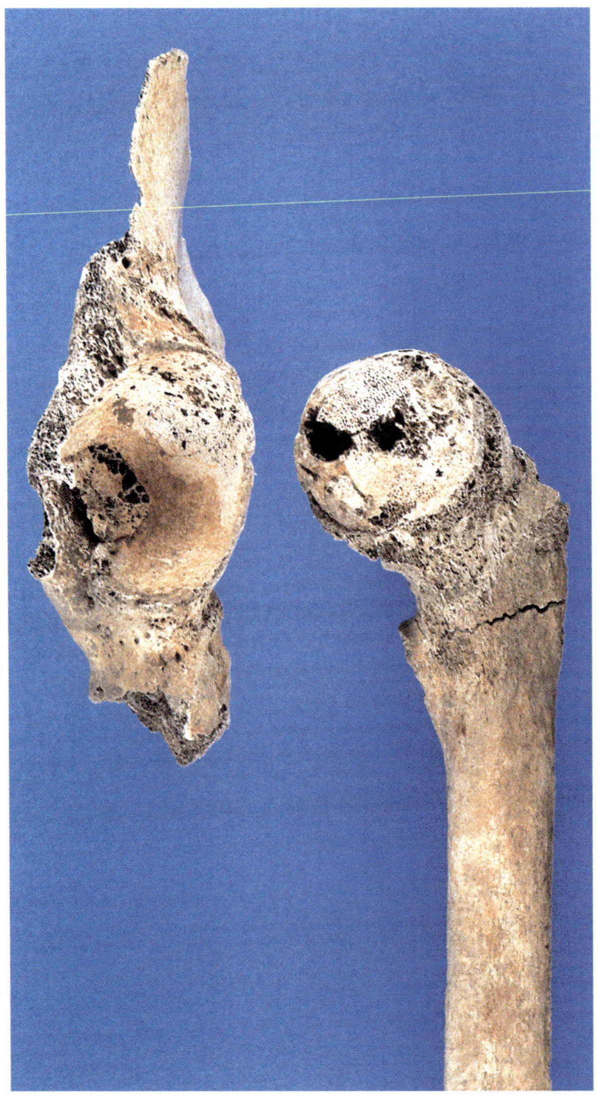

370

369 Schlechte Zähne waren häufig. Der Kieferknochen einer etwa 30jährigen Frau aus Grab 405 in Lauchheim ist infolge schwerer Karies und entzündlicher Prozesse auf der rechten Seite aufgetrieben, deformiert und perforiert. Der Eiterherd muss über längere Zeit bestanden haben und ist möglicherweise als Todesursache anzusehen.

370 Sehr häufig litten die Menschen an Arthrosen, wohl bedingt durch harte körperliche Arbeit: linke Hüftgelenkspfanne eines ca. 50jährigen Mannes mit arthrotischer Randleistenbildung und Schleifspuren im Inneren aus Grab 4 in Lauchheim. Der Oberschenkelkopf ist deformiert und nach Auflösung des Gelenkknorpels teilweise blank geschliffen. Die beiden Knochen haben bereits zu Lebzeiten direkt aufeinander gerieben.

liegt zwischen knapp 30 Prozent in Eichstetten und über 90 Prozent in Donaueschingen, im Schnitt bei 60–70 Prozent. Milchzähne waren selten befallen. Als Ursachen spielen neben Veranlagung, Nahrungszubereitung und Mundhygiene insbesondere die Zusammensetzung der Nahrung und des Trinkwassers die entscheidende Rolle. Vergleichende Untersuchungen an Skelettserien von der Schwäbischen Alb sowie aus deren Vorland haben gezeigt, dass bereits im Frühmittelalter die Kariesbelastung einer Population in hohem Maße vom natürlichen Fluorgehalt des Wassers abhängig war. Es dominieren die Approximal- (Berührungsflächen-) und Zahnhalskaries. Infolge der starken Zahnkronenabrasion war die heute vorherrschende Karies der Kauflächen (Okklusalkaries) damals von geringer Bedeutung.

Nicht selten lässt sich auch ein Zusammenhang mit Zahnbetterkrankungen, eitrigen Abzessen und einer hohen Rate zu Lebzeiten ausgefallener Zähne herstellen. In Donzdorf weist z.B. fast ein Viertel aller Erwachsenengebisse Wurzelvereiterungen im fortgeschrittenen Stadium auf. Ein außergewöhnlich drastischer Fall ist aus Lauchheim Grab 405 überliefert.

Durchgehend starke Zahnanhaftungen bestätigen die Annahme, dass bei den Alamannen Zahnpflege kein Thema war.

Knochenbrüche wurden offenbar nicht gezielt wieder eingerichtet, wohl aber geschient und ruhiggestellt. Die Knochen sind meist in mäßiger Fehlstellung und ohne übermäßige Kallusbildung verheilt. Nur in seltenen Fällen dokumentieren Falschgelenkbildungen eine nachlässige Behandlung. Typisch sind Brüche am Oberschenkel oder im Bereich der Unterarme: Dies lässt auf Stürze oder tätliche Auseinandersetzungen (Parierfrakturen) schließen.

Der frühadulte Mann aus Schwenningen Grab 73 litt unter einer Verwachsung (Ankylose) des rechten Oberschenkelknochens und Schienbeins. Ob er jedoch aufgrund seiner Behinderung so ungewöhnlich tief beigesetzt wurde – er wird deshalb von den Archäologen als »gefährlicher Toter« eingestuft – sei dahingestellt. Bei offenen Brüchen kam es unter Umständen zu eitrigen Entzündungen, die den Knochen stark in Mitleidenschaft zogen. Eine solche Osteomyelitis kann auch auf bakteriellem Weg über die Blutbahn von einem anderen Eiterherd hervorgerufen werden. In dieselbe Kategorie gehört die Knochenhautentzündung (Periostitis).

Aus dem frühalamannischen Grab 1 von Mengen wird eine 40–50jährige Frau mit deutlichen Anzeichen einer Hirnhautentzündung (Meningitis) beschrieben. Auch die Pest wird über ein spezielles Bakterium durch Rattenflöhe verbreitet. Sie wütete vor allem in der zweiten Hälfte des 6. Jh. in Euro-

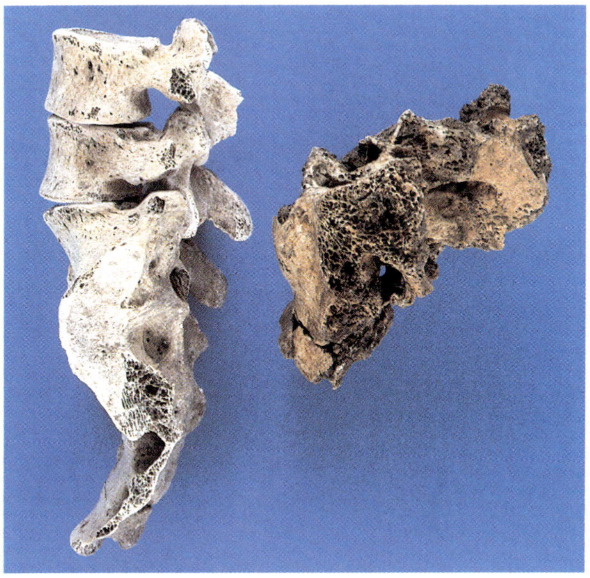

371

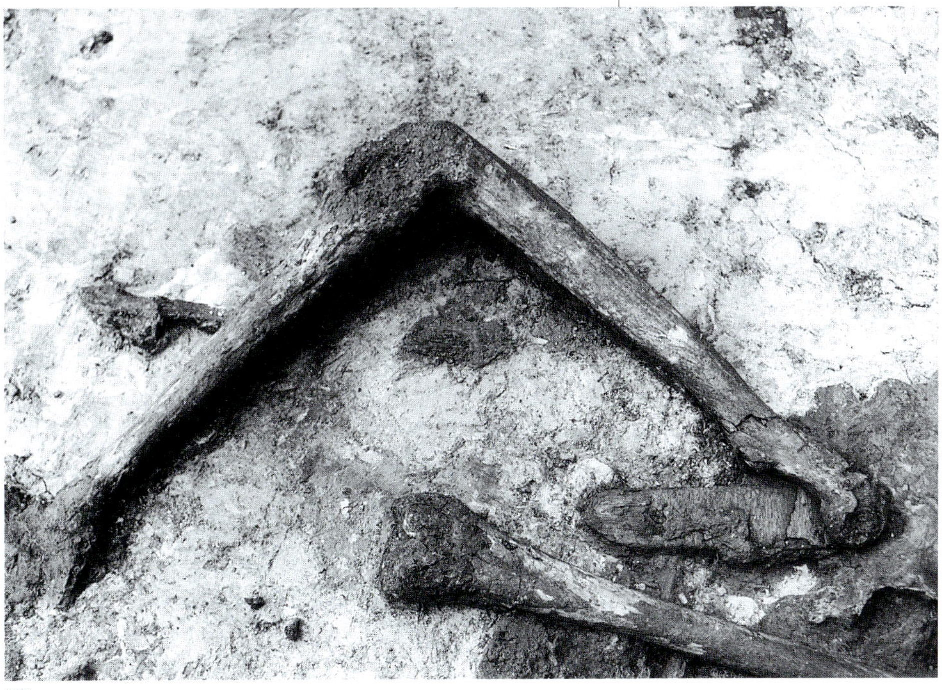

372

371 **Knochentuberkulose an der Wirbelsäule eines vermutlich männlichen Individuums aus Grab 472 von Lauchheim führte zu einer schweren Rückgratverkrümmung. Die Körper der unteren Lendenwirbel sind zusammengebrochen, ihre Reste rechtwinklig nach hinten abgeknickt und mit dem Kreuzbein verschmolzen. Links die entsprechenden Wirbel und das Kreuzbein eines gesunden jungen Erwachsenen.**

372 **Der Mann aus Grab 73 in Schwenningen war zur Fortbewegung auf eine Krücke angewiesen. Ober- und Unterschenkelknochen des rechten Beines sind nach einer Verletzung im Kniebereich fast rechtwinklig miteinander verwachsen.**

pa. Bei der Tuberkulose brechen die befallenen Knochenstrukturen – oft einzelne Abschnitte der Wirbelsäule – zusammen und werden eingeschmolzen. Dies führt regelmäßig zu schweren Rückgratverkrümmungen, wie z.B. bei der Frau aus Nusplingen Grab 23 oder dem Mann aus Lauchheim Grab 472.
Bei der 18–20jährigen Frau aus Pleidelsheim Grab 140 besteht der Verdacht auf Kinderlähmung (Po-

373 b

liomyelitis). Die Knochen beider Füße sind nicht erhalten, die Schien- und Wadenbeine leicht atrophiert. Von besonderem Interesse sind daher zwei tönerne Schuhgefäße in Stiefelform, die nach Süden verschoben im Grab angetroffen wurden.Zu den erbbedingten Anomalien gehören mehrere Fälle mit offenem Rücken (Spina bifida), z.B. aus Gerlachsheim und Donaueschingen, der minderwüchsige Mann aus Sasbach Grab 142 sowie die Frau aus Lauchheim Grab 3 mit multipler Exostosenbildung als Folge einer angeborenen Stoffwechselstörung.
Weitere Befunde deuten auf Wachstumsstörungen oder Mangelerscheinungen wie Rachitis, Skorbut, anämische Zustände und dergleichen hin. Ihre Häufigkeit und Ausprägung erlauben Rückschlüsse auf die Ernährungssituation der betreffenden Bevölkerung.
Besondere Aufmerksamkeit erfahren in der Literatur stets Tumore bzw. tumorähnliche Veränderungen. Zu unterscheiden ist zwischen den seltenen, direkt vom Knochen ausgehenden Osteosarkomen und den Weichteiltumoren, die in Teile des Skelettes metastasieren können. Der Knochentumor am linken Oberschenkelknochen des Jugendlichen aus Weingarten Grab 380 hat mit einiger Sicherheit zum Tode geführt. Die vielen Metastasen an den Knochenresten eines etwa 40jährigen Alamannen aus Stuttgart-Münster sind wahrscheinlich auf ein Prostatakarzinom zurückzuführen, die am Schädel der senilen Frau aus Eichstetten Grab 158 am ehesten auf Brust- vielleicht aber auch auf Gebärmutterkrebs.
Männer sind fast durchgehend signifikant häufiger krank als Frauen. Erwartungsgemäß ist auch die

373 a

373 a, b Zahlreiche Veränderungen an den Knochen eines 40–50jährigen Mannes aus Stuttgart-Münster sind durch Metastasen eines Weichteiltumors verursacht. Vermutlich litt der Mann an einem Prostatakarzinom. Oben: unregelmäßig begrenzte Perforation im rechten Scheitelbein. Links: rechte Beckenhälfte mit knotigen Knochenneubildungen unterhalb des Beckenkammes.

soziale Stellung der Betroffenen von Bedeutung. Nach neueren Untersuchungen deutet sich zudem an, dass zwischen dem 6. und 7. Jh. Unterschiede in der Krankheitsbelastung bestanden.
Das gesamte Spektrum pathologischer Veränderungen, mit denen die Menschen des frühen Mittelalters konfrontiert waren, können wir nur erahnen. Gregor von Tours beschreibt für das 6. Jh. u.a. noch Ruhr, Blattern, Geschwüre, verschiedene Augenleiden, Gicht, Wassersucht, Muskelschwund, Epilepsie und Geisteskrankheiten, Gelbsucht, Steinleiden, Blutsturz, Kinderkrankheiten, Unterernährung und angeborene Missbildungen.

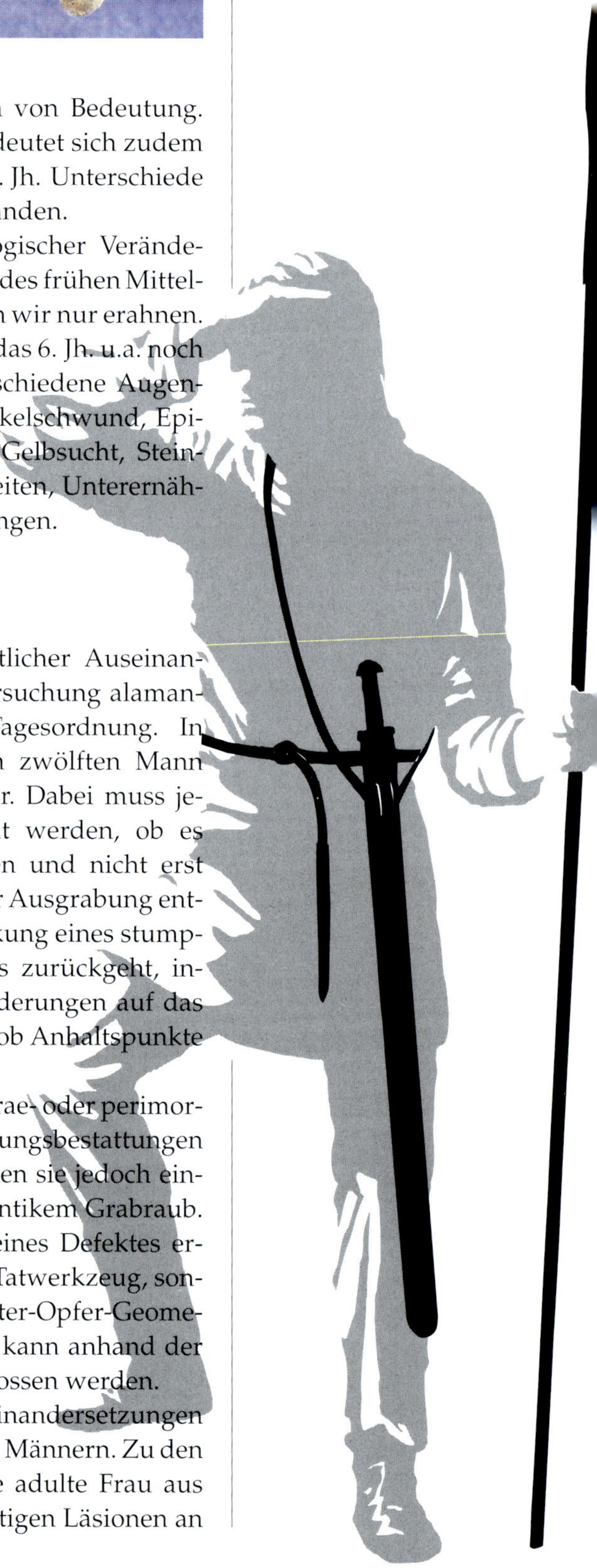

Mord und Totschlag

Knochen mit Spuren tätlicher Auseinandersetzungen sind bei der Untersuchung alamannischer Skelettreste an der Tagesordnung. In Lauchheim sind bei fast jedem zwölften Mann Kampfverletzungen nachweisbar. Dabei muss jedes Trauma daraufhin beurteilt werden, ob es tatsächlich am frischen Knochen und nicht erst postmortal oder gar während der Ausgrabung entstanden ist, ob es auf die Einwirkung eines stumpfen oder scharfen Gegenstandes zurückgeht, inwieweit reaktive Knochenveränderungen auf das Überleben schließen lassen und ob Anhaltspunkte für eine Behandlung vorliegen.
Die meisten Verletzungen sind prae- oder perimortal entstanden, bei einigen Siedlungsbestattungen aus Lauchheim-Mittelhofen stehen sie jedoch eindeutig im Zusammenhang mit antikem Grabraub. Die spurentechnische Analyse eines Defektes ergibt nicht nur Hinweise auf das Tatwerkzeug, sondern auch auf die sogenannte Täter-Opfer-Geometrie. Bei mehreren Verletzungen kann anhand der Reihenfolge der Tatablauf erschlossen werden.
Anzeichen gewaltsamer Auseinandersetzungen finden sich fast ausschließlich bei Männern. Zu den seltenen Ausnahmen zählen die adulte Frau aus Donzdorf Grab 49 mit scharfkantigen Läsionen an

374 **Der Schädel des frühadulten Mannes aus Grab 10 von Ditzingen-Schöckingen wurde von zwei wuchtigen Schwerthieben getroffen, die tief in den Hirnschädel eindrangen und rasch zum Tode führten. Die Schnittkanten zeigen keinerlei Spuren einer Heilung.**

375 **Der Schädel des über 60jährigen Mannes aus Grab 19 von Ditzingen-Schöckingen zeigt Spuren zweier Hiebverletzungen, die allerdings schon längere Zeit vor seinem Tod verheilt sind. Der Defekt in der Stirnregion geht auf je einen Schlag von oben und aus seitlicher Position zurück. Durch das Herausziehen des Schwertes wurde ein Teil der Kalotte abgesprengt. Beim zweiten Schlag traf lediglich die Schwertspitze das linke Scheitelbein.**

376 **Detailaufnahme vom Schädel des frühadulten Mannes aus Lauchheim Grab 84. Die ca. 3,5 cm x 2,5 cm große, unverheilte Impressionsfraktur im linken Schläfenbereich geht auf die Einwirkung eines stumpfen, hammerartigen Gegenstandes zurück – vielleicht dem Nacken eines Beiles oder einer Axt.**

Unterkiefer und Halswirbelsäule sowie die über 60jährige Frau aus Schelklingen Grab 3.

Die meisten Schädelverletzungen, die das Opfer überlebte, sind wohl auf irgendeine Art und Weise medizinisch versorgt worden: Lose Knochentrümmer wurden entfernt, die knöchernen Wundränder eventuell geglättet und – wie wir aus schriftlichen Überlieferungen wissen – mit heilungsfördernden und schmerzlindernden Salben oder Kräutern belegt, Kopfwunden mit Seiden- oder Sehnenfäden vernäht sowie Bandagen oder Stütz- und Druckverbände aus wachsartiger Masse angelegt. Da an den Funden nur selten entzündliche Prozesse diagnostiziert werden, sind desinfizierende Maßnahmen anzunehmen.

Der Erfolg merowingerzeitlicher Ärzte zeigt sich darin, dass mehr als die Hälfte aller Individuen mit Hiebverletzungen am Schädel überlebte. Die Rate ist jedoch von Ort zu Ort sehr unterschiedlich. Unter den Überlebenden finden sich der Erwartung entsprechend mehr ältere als jüngere Individuen. Der Mann aus Pleidelsheim Grab 120 ist trotz seiner Verwundung sogar über 60 Jahre alt geworden.

Kampf auf Leben und Tod

Da die meisten Traumen auf der linken Schädelseite liegen, sind sie offenbar im Zweikampf Mann gegen Mann entstanden. Zwei oder mehr Hiebspuren pro Schädel dokumentieren dabei nicht selten die Entschlossenheit des Angreifers. Mehrere nahe beieinanderliegende Verletzungen zeigen, dass das Opfer bereits mehr oder weniger regungslos am Boden lag. Der mature Mann aus Lauchheim-Mittelhofen Grab 25 wurde z.B. von mindestens sechs Schwerthieben getroffen. Zudem kann noch eine stumpfe Gewalteinwirkung festgestellt werden, die, wie die verheilte Impressionsfraktur des Mannes aus Weingarten Grab 561, wahrscheinlich auf eine Keule, einen Schleuderstein o.ä. zurückzuführen ist. Für vier Fälle mit tödlichen Schädelverletzungen aus Donaueschingen zieht der Bearbeiter aus dem Grad der Verwundung den Schluss, dass die Betreffenden »offensichtlich keinen Kopfschutz« getragen haben.

Speziell bei Knochendefekten, die der Verletzte längere Zeit überlebte, ist die Frage nach der verwendeten Waffe nicht immer leicht zu beantworten. Am häufigsten sind zweifellos Spatha und Sax zum Einsatz gekommen. Schwieriger ist schon die Identifikation eines Axthiebes. Perforierende Läsionen können auch von einer Lanzen- oder Pfeilspitze herrühren.

Abgesehen von den sogenannten Parierfrakturen werden Verletzungen an den Langknochen relativ selten beschrieben. Sie sind allerdings auch schwieriger zu erkennen. Ein besonders bemerkenswerter Fall ist aus Seebronn Grab 5 überliefert. Die Skelettreste dieses frühadulten Mannes tragen Spuren

374

375

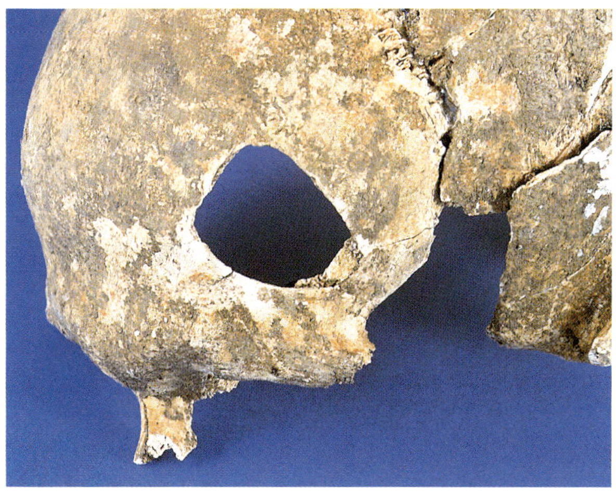

376

von acht Schwerthieben und zwei Schnitten, die aus unterschiedlichen Positionen ausgeführt wurden. Da aber längst nicht jede Gewaltanwendung Spuren am Skelett hinterlässt, müssen wir prinzipiell mit einer erheblichen »Dunkelziffer« an Weichteilverletzungen rechnen.

Greueltaten und Massaker

Dass die frühen Alamannen auch gegenüber den Römern nicht zimperlich waren, könnten zwei spektakuläre Befunde aus Regensburg und

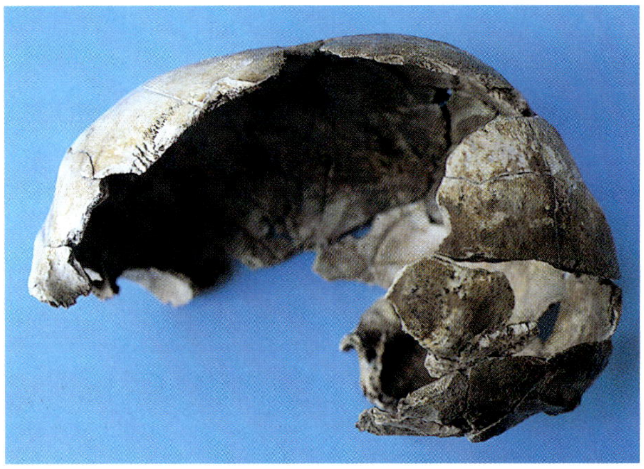

377 a

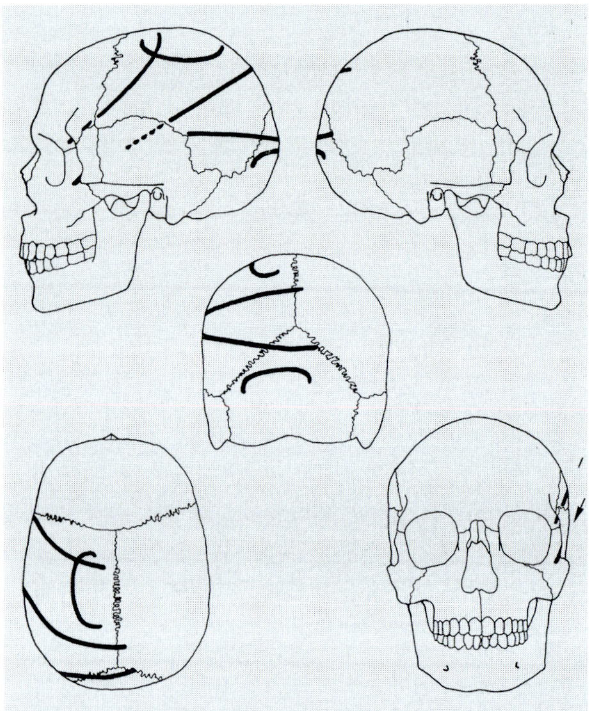

377 b

377 a, b Schädel des spätmaturen Mannes aus Grab 25 von Lauchheim-Mittelhofen mit fünf von einem scharfkantigen Gegenstand verursachten Hiebspuren auf der linken Seite. Die Schläge erfolgten aus mindestens zwei verschiedenen Positionen heraus. Die bis in den Gesichtsschädel reichenden Hiebe erlitt das Opfer, als es wahrscheinlich bereits regungslos am Boden lag.

Heldenbergen (Main-Kinzig-Kreis) belegen. Allerdings ist auch nicht auszuschließen, dass sie das Ergebnis innerrömischer Ausseinandersetzungen waren.

Die 13 Bewohner des römischen Gutshofes von Regensburg-Harting sind brutal erschlagen, zerteilt, teilweise skalpiert und die Reste anschließend in zwei Brunnen geworfen worden. Aus dem Lagergraben der römischen Erdbefestigung von Heldenbergen wurden Skelettreste von fünf Männern geborgen, die offensichtlich ohne nennenswerte Gegenwehr niedergemetzelt worden sind. Ironie des Schicksals: Es handelt sich um Germanen, die als Söldner in römischen Diensten standen.

Aus Südwestdeutschland sind einige weniger drastische Fälle bekannt. In einem Brunnen der *villa rustica* von Mundelsheim wurden Knochenteile eines 50–60jährigen Mannes und eines 13–14jährigen Mädchens mit Brandspuren und Anzeichen von Hundeverbiss angetroffen. Während der Kastellgrabung in Osterburken kamen Skelettreste von vier Männern zutage; einer weist eine Trümmerfraktur im Bereich des Hinterhauptes auf, andere Fragmente tragen Spuren von stumpfer Gewalteinwirkung, Bissmarken und Brandschwärzung. Die Hack- und Schnittspuren an einem Brustwirbel aus einem Keller des römischen Gutshofes von Mühlacker-Lomersheim lassen keinen Zweifel daran, dass die betreffende Person regelrecht »tranchiert« wurde.

Heilkunde zwischen Aberglaube und klassischer Medizin

Die ältesten Rechtsaufzeichnungen der Germanen, die Leges, liefern eine Fülle von Informationen über den Stand der Medizin im 5.–9. Jh. Auf Alamannen beziehen sich der Pactus legis alamannorum aus dem frühen 7. Jh. und die etwa 100 Jahre jüngere Lex alamannorum. Etwas älter sind die westgotischen und burgundischen, etwa gleich alt die bajuwarischen und langobardischen Texte.

Danach lassen sich innerhalb des Gesundheitswesens im Frühmittelalter zwei Strömungen unterscheiden: die durch die antike Heilkunde geprägte Medizin der Höfe und Klöster, deren Vertreter die ärztliche Versorgung der Oberschicht wahrnahmen, und die vorwiegend mündlich tradierte, einheimische Volksmedizin der Laienärzte mit heidnischen Elementen und ebenfalls wundchirurgischen Aufgaben. Zu letzteren gehören auch die im Pactus erwähnten kräuterkundigen Frauen. Dasselbe Werk bezeugt unter anderem die große Wertschätzung der Ärzte, deren Schwur mit drei Zeugenaussagen gleichgestellt wird.

Die Einflüsse aus den ehemaligen Zentren des mediterranen Raumes kommen im Süden stärker zur

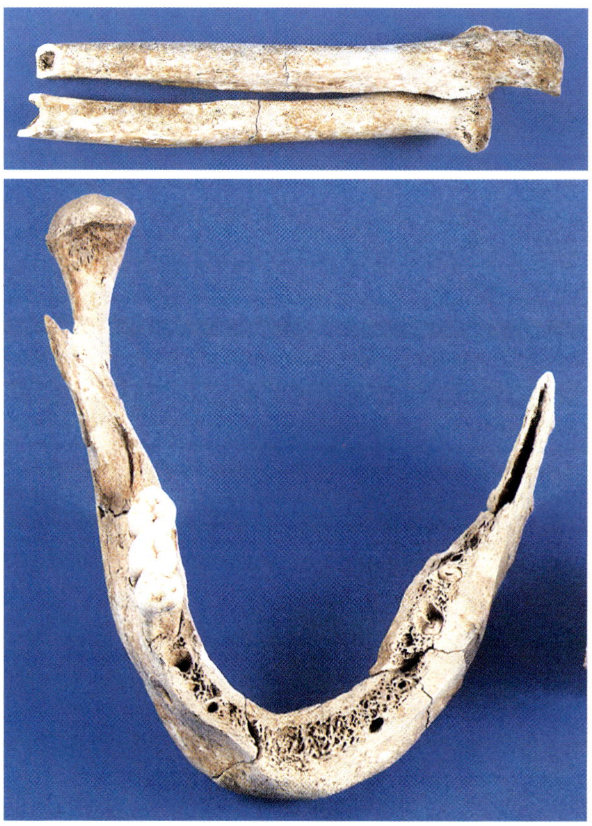

378 a

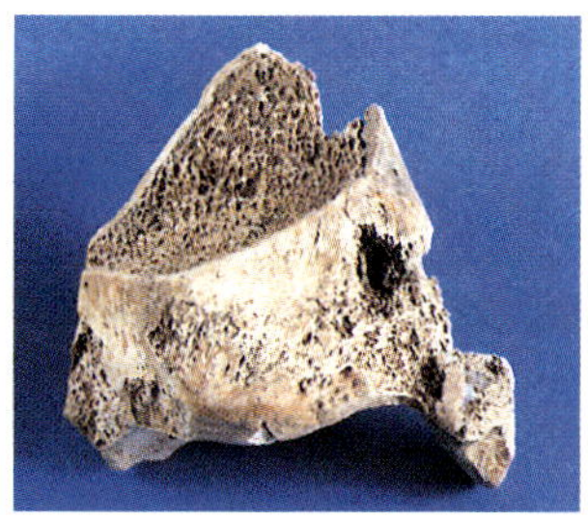

378 b

378 a, b Die Skelettreste eines 20–30jährigen Mannes aus Seebronn zeigen schwere Wunden an Hirn- und Gesichtsschädel sowie an den Extremitäten. Lage, Richtung und Ausmaß der Verletzungen sprechen dafür, dass er sich mit Händen und Füßen mehrerer Gegner gleichzeitig zu erwehren suchte. Oben: Elle und Speiche des rechten Armes sind im unteren Schaftdrittel durchtrennt worden. Unten: Der Unterkiefer wurde durch einen schweren Hieb von links getroffen, ferner wurde das untere Gelenkende des linken Schienbeines abgeschlagen (rechts).

379 **Gläserner »Sturzbecher« aus Grab 32 von Hüfingen. Vielleicht diente das Glas gar nicht zum Zechen. Nach Form und Größe könnte es auch ein Schröpfkopf sein, durch den das Blut in die Haut gesogen wird.**

380 **Fragment des ersten oder zweiten Brustwirbels eines Erwachsenen aus Mühlacker-Lomersheim mit Tranchierspuren: drei parallele Schnitte in Richtung der Körperlängsachse und eine Hackspur im rechten Winkel dazu. Die Leiche wurde regelrecht zerteilt und zumindest teilweise entfleischt.**

381 **Der Schädel eines ca. 30Jährigen aus Osterburken weist am Hinterhaupt eine unverheilte Trümmerfraktur auf, die von mindestens zwei Schlägen mit einem stumpfen Gegenstand verursacht wurde.**

380

Geltung als im Norden. Hier wird z.B. auch der von den Griechen und Römern schon länger praktizierte Starstich zur Behandlung des Grauen Stars häufiger erwähnt. Eine Methode zur Blutstillung war die Kauterisation, wobei die Verwendung von Brenneisen sowohl in der antiken Medizin als auch im germanischen Kulturkreis bekannt war.

Besonders detaillierte Angaben finden sich in den »Wundbußenkatalogen«, die einerseits Bezeichnungen für verschiedene Verletzungen und Körperteile, andererseits Kriterien für die Buße aufzählen. Diese richtete sich nach dem betroffenen Körperteil, bleibenden Funktionsstörungen oder Entstellungen, der Zahl und Größe der Wunden, der sozialen Stellung und manchmal nach dem Beruf des Verletzten. Die Arztkosten waren zusätzlich zur Buße zu entrichten, entfielen jedoch, wenn der Patient im Laufe der Behandlung starb. Geschah dies aber infolge eines Aderlasses, musste der Arzt seinerseits Strafe zahlen.

In Abschnitt 1,4 des Pactus heißt es: »Wenn einer dem anderen das Haupt bricht, so dass ein Knochen von dessen Haupt genommen werde und über einen Weg auf einem Schild erklingt, zahle er 6 Schillinge ...«. Das abgetrennte Fragment musste also groß genug sein, damit es über eine gewisse Entfernung hinweg geworfen einen Ton hervorrufen konnte.

In anderen Gegenden richtet sich die Bußhöhe nach der Anzahl der Knochensplitter, die bei Schädelfrakturen entstanden, ein Befund, der im Schwäbischen noch bei Totschlagfällen des 19. Jh. akribisch registriert wurde. Wenn das Gehirn hervortrat, erhöhte sich die Buße auf das Doppelte. Wurden die Bemühungen eines Arztes durch eine Heilung gekrönt, war wiederum ein höherer Betrag fällig. Dabei wird im Zusammenhang mit den ärztlichen Maßnahmen der volkssprachige Ausdruck *»virscoppot«* (wegstopfen) verwendet, womit in sehr anschaulicher Weise das Gehirn gemeint ist.

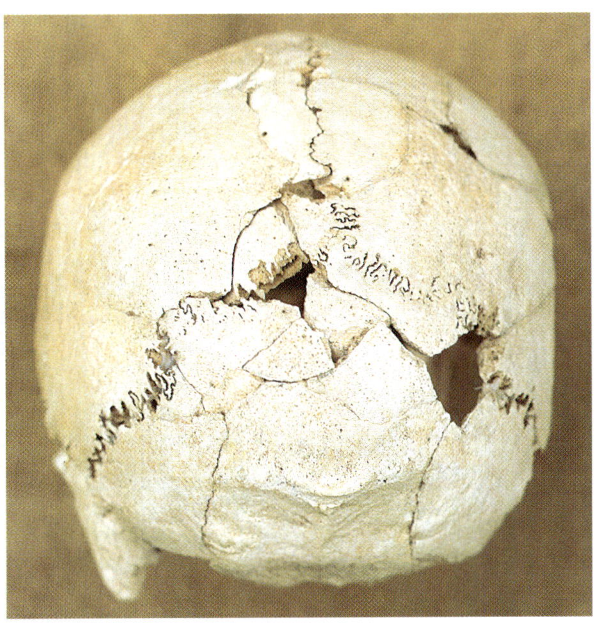

381

379

Schädeltrepanation und Amputation

Zwischen der chirurgischen Behandlung eines Schädeltraumas und der Durchführung einer Trepanation besteht ein fließender Übergang. Auch ohne Verletzung schien eine Öffnung des Schädels möglicherweise angezeigt bei erhöhtem Hirndruck, Neuralgien verschiedener Art oder Epilepsie.

Für die Alamannen ist die Bohrmethode belegt: mindestens zweimal in der Schweiz sowie in Jungingen Grab 10 und Kirchheim/Ries Grab 185. Dabei wurden Bohrer mit einem Durchmesser zwischen 10 und 15 mm verwendet.

Während aus der Römerzeit ein reichhaltiges medizinisches Instrumentarium überliefert ist, kennen wir aus der Merowingerzeit nichts Vergleichbares. Auch für die von Gregor von Tours schriftlich bezeugten Schröpfköpfe fehlen bislang eindeutige Nachweise. Es ist fraglich, ob ein gläserner »Sturzbecher« aus Hüfingen diese Lücke zu schließen vermag.

Neben den bereits erwähnten operativen Maßnahmen dürften noch weitere Eingriffe vorgenommen worden sein: Zahnextraktionen, Kaiserschnitt, Exartikulationen und Amputationen. Letztere lassen sich durch gelegentliche Funde von Prothesen belegen. Die Exartikulation im Gelenk erfolgte, wenn der restliche Teil der Gliedmaße zertrümmert oder zerquetscht war. So vielleicht bei dem 40–50jährigen Mann aus Bonaduz Grab 248, dessen rechter Fuß durch einen Lederbeutel ersetzt worden war, der mit Polstermaterial gefüllt und einer nagelbewerten Holzleiste versehen war. Es ist allerdings fraglich, ob es sich dabei um einen Romanen oder einen Alamannen handelt. Sein Leidensgenosse aus dem fränkischen Griesheim Grab 226 trug als Ersatz für den linken Unterschenkel eine

382

382 **Aus Grab 45 von Bülach stammt ein eisernes Bruchband. Es wurde aus einem Stück geschmiedet und auf der linken Seite getragen. Zwei Ösen dienten zur besseren Fixierung mit Gurten oder Bändern im Hüftbereich.**

383 **Mit Hilfe einer Unterschenkelprothese konnte sich der Mann aus Grab 226 von Griesheim fortbewegen, wenn auch nur mühsam. Krücken oder Stöcke benötigte man auch bei einer Vielzahl anderer Behinderungen wie Brüchen, Lähmungen, Gicht, Rheuma und rachitischen Deformierungen.**

383

Prothese in der Art einer Piratenstelze, auf die man am Fußende eine quaderförmige Hülse aus Bronzeblech aufgeschoben hatte.

Aus dem alamannischen Kernland sind künstliche Gliedmaßen dieser Art bislang noch nicht bekannt geworden, aus der Lex Alamannorum ist aber der volkssprachige Begriff des Tautragil, des Taustreifers, also eines Menschen, der seinen Fuß nachzieht, überliefert.

Amputationen waren eher die Folge tätlicher Auseinandersetzungen, weniger gezielte medizinische Eingriffe. Als Strafmaßnahme sind sie im westgotischen Recht, nicht aber in den alamannischen Leges verankert.

Als weitere therapeutische Hilfsmittel sind inzwischen mehr als ein Dutzend Bruchbänder für die Merowingerzeit nachgewiesen, meist aus dem nordschweizerischen und elsässischen Raum. Auch der spätadulte Mann (?) aus Schwenningen Grab 168 litt an einer Hernie in der linken Leistengegend. Bei den Betroffenen handelt es sich überwiegend um Männer, Ursache ist vermutlich die harte Arbeit beim Heben schwerer Lasten.

Alles in allem zeigt sich, dass die medizinischen Kenntnisse im Frühmittelalter durchaus nicht schlecht waren, je nachdem in welchem Umfang auf klassisches Erfahrungspotential zurückgegriffen werden konnte.

Bernhard, W.: Die Ethnogenese der Germanen aus der Sicht der Anthropologie. In: W. Bernhard/A. Kandler-Pálsson (Hrsg.), Ethnogenese europäischer Völker (Stuttgart, New York 1986) 257 ff.

Czarnetzki, A.: Das Kleinkinderdefizit der Merowingerzeit in Südwestdeutschland im Spiegel medizinhistorischer Ergebnisse. Bull. Soc. Suisse d'Anthr. 1, 1995, 89 ff.

Czarnetzki, A./Ch. Uhlig/R. Wolf: Menschen des frühen Mittelalters im Spiegel der Anthropologie und Medizin (Stuttgart 1982).

Genth, D.: Mord und Todtschlag in Schwaben. Zwei Leichen im Weinberg und andere (zum Glück) nicht alltägliche Kriminalfälle (Stuttgart 1990).

Koenig, G. G.: Schamane und Schmied, Medicus und Mönch: Ein Überblick zur Archäologie der merowingerzeitlichen Medizin im südlichen Mitteleuropa. Helvetia Arch. 51/52, 1992, 75 ff.

Kunter, M./U. Wittwer-Backofen: Gräberfeld Lauchheim, Anthropologische Untersuchung 5. Vorbericht (Bearbeitungsjahre 1991–1995) (Manuskript 1996).

Kunter, M.: Anthropologische Bemerkungen zur Binnendifferenzierung des alamannischen Gräberfeldes von Bohlingen, Kr. Konstanz (in Vorbereitung).

Niederhellmann, A.: Arzt und Heilkunde in den frühmittelalterlichen Leges. Eine wort- und sachkundliche Untersuchung. Arbeiten Frühmittelalterforsch. 12 (Berlin, New York 1983).

Schröter, P.: Zur beabsichtigten künstlichen Kopfumformung im völkerwanderungszeitlichen Mitteleuropa. In: H. Dannheimer/H. Dopsch (Hrsg.), Die Bajuwaren. Von Severin bis Tassilo 488–788 (Rosenheim, Mattsee 1988) 258 ff.

Schutkowski, H.: Naturräumliche und kulturelle Einflußfaktoren auf die Wirtschaftsform. Frühmittelalterliche Bevölkerungen der Schwäbischen Alb. Arch. Korrbl. 26, 1996, 1 ff.

Schutkowski, H./B. Herrmann: Geographical Variation of Subsistence Strategies in Early Medieval Populations of Southwestern Germany. Journal Arch. Science 23, 1996, 823 ff.

Sigrist, H.: Die Alamannen von Schelklingen aus paläostomatologischer Sicht. Materialh. Vor- u. Frühgesch. Baden-Württemberg (in Vorbereitung).

Uhlig, Ch.: Zur paläopathologischen Differentialdiagnose von Tumoren an Skeletteilen. Materialh. Vor- u. Frühgesch. Baden-Württemberg 1 (Stuttgart 1982).

Wahl, J.: Prähistorische Anthropologie. Bemerkungen über den derzeitigen Stand der Forschung in Südwestdeutschland. In: D. Planck (Hrsg.), Archäologie in Württemberg. Ergebnisse und Perspektiven archäologischer Forschung von der Altsteinzeit bis zur Neuzeit (Stuttgart 1988) 439 ff.

Wahl, J.: Vorläufige anthropologische Begutachtung einer Gräbergruppe aus der frühmittelalterlichen Siedlung Lauchheim »Mittelhofen« (in Vorbereitung).

Westfälisches Museumsamt/Landschaftsverband Westfalen-Lippe, Bilder früher Menschen. Archäologie und Rekonstruktion. Begleitbuch zur Ausstellung, Münster 1992.

Wittwer-Backofen, U./A. Neumann: Die Skelettserie Lauchheim aus anthropologischer Sicht (Manuskript 1995).

Wittwer-Backofen, U.: Bevölkerungskontinuität und Bevölkerungswandel in Deutschland im 1. Jt.n.Chr. Arch. u. Mus. (im Druck).

Kleider machen Leute

TRACHT UND BEWAFFNUNG IN FRÄNKISCHER ZEIT

MAX MARTIN

Kleidung kann, abstrakt formuliert, als die Summe der von einer Person oder einer ganzen Bevölkerung getragenen Kleider verstanden werden. Als Grundformen könnte man jene wichtigsten Bestandteile bezeichnen, die oft überregional verbreitet sind und vielfach über längere Zeit hinweg üblich bleiben .

Zur Tracht wird Kleidung, wenn sie sich durch spezifische Merkmale wie Zuschnitt, Zubehör oder Tragweise – trotz oft gleicher Grundformen – von der Kleidung benachbarter Gebiete oder »Trachtprovinzen« abhebt.

Noch stärker als die regionalen Besonderheiten betont die heutige Volkskunde, dass »Tracht-Tragen ... eine geregelte soziale und anlassgebundene Differenzierung« bedeutet,[1] dass also in ein und derselben Region verschiedene Trachten getragen wurden, mit denen die Träger in erster Linie ihre soziale Stellung (»Standestracht«), aber auch Alter und Stand – man denke an Begriffe wie Festtags- und Alltagstracht – oder ihren Beruf zu erkennen gaben.

Vermutlich waren derart differenzierte Kleidungsunterschiede auch während des frühen Mittelalters üblich und konnten, was sehr wesentlich ist, innerhalb einer Gesellschaft nicht leichthin übergangen werden. Von dieser ganzen Vielfalt, die sich auch in Qualität und Quantität des verwendeten Stoffes, seiner Muster und Färbung und anderem mehr ausdrückte, steht dem Archäologen fast immer nur das zur Verfügung, was im Boden erhalten blieb: Der spezifische Trachtschmuck aus Metall oder anderen unvergänglichen Materialien (z.B. Bein) spielt somit notgedrungen eine zentrale Rolle. Mit Hilfe dieser zwar aussagekräftigen, aber im Vergleich zur gesamten Tracht gleichsam nur »punktuellen« Metallstücke und anhand ihrer Lage am Skelett wird versucht, aus der Gesamtmasse der normalerweise wohl in ihrer Festtagstracht Bestatteten Regelbefunde abzuleiten, um die Tragweise des Trachtschmucks wie auch das Erscheinungsbild von Kleidung und Tracht insgesamt – auch im zeitlichen Wandel – rekonstruieren zu können.

Leider stehen uns nur wenige bildliche Zeugnisse zur Verfügung, die ausgewertet werden können. Ebenso selten wurden bisher größere Stoffteile originaler Kleidungsstücke gefunden. Immerhin erfahren wir dank vermehrter Analysen der an Metallobjekten ankorrodierten Textilreste laufend etwas Neues über frühgeschichtliche Webtechniken, Stoffsorten und -qualitäten (Banck-Burgess, Webstuhl).

Trachtschmuck oder -besatz aus Metall, also funktionell verwendetes und oft zugleich auch dekoratives Zubehör, wurde während des frühen Mittelalters an verschiedenen Kleidungsstücken getragen: als Verstärkung und zum Befestigen einer Haube oder eines Haarnetzes, zum Fixieren eines Schleiers, zum Verschließen von Mantel, Gürtel, Taschen und Schuhen, zum Befestigen von Strumpfbändern und so fort. Von dieser schmückenden »Metallisierung« war vor allem die Kleidung der Frauen betroffen, die deshalb zunächst näher betrachtet werden soll.[2]

Ein neues Kleid

Die wohl wichtigste Neuerung gehört in das 5. Jh., also noch in vorfränkische Zeit. Damals gaben die alamannischen wie auch die Frauen aller

384 **Trachtprovinzen in römischer Zeit: Grabdenkmäler aus Norikum und Pannonien zeigen einheimische Frauen im Peplos, der durch Fibeln verschlossen wird, und mit regional unterschiedlicher Kopfbedeckung. 1–2 norische Haube, 3–4 pannonische Schleierhaube.**

anderen westgermanischen Stämme, der Franken, Thüringer und Langobarden, ihr traditionelles, seit Jahrhunderten übliches Hauptkleid auf,[3] ein röhrenförmiges, unter die Achseln emporgezogenes ärmelloses Gewand, das dem griechischen Peplos gleichgesetzt werden darf und über den Schultern mit zwei Fibeln oder – bei weniger wohlhabenden Trägerinnen – durch Verschlüsse aus organischem Material zusammengehalten wurde. An dessen Stelle trat nun ein zusammengenähtes, bis auf einen Halsausschnitt geschlossenes Hauptkleid, das nunmehr – im Gegensatz zum ärmellosen Peplos – mit angewebten oder angenähten Ärmeln versehen war.

Dieses »neue Kleid« der westgermanischen Frau war nichts anderes als die im Mittelmeerraum seit langem übliche Tunika. Gut zwei bis drei Jahrhunderte vorher hatte sie von Gallien bis in die Donauprovinzen schon den Peplos der keltischen Frau abgelöst. In den Jahrzehnten um und nach 400 waren nun auch die westgermanischen Damen aufgrund sich intensivierender Kontakte zur römischen Welt bereit, dieses in den Nordwestprovinzen des Römerreiches längst üblich gewordene, überaus praktische und übrigens auch vom männlichen Geschlecht getragene Kleidungsstück zu übernehmen. Die Tunika, in der Form eines geschlossenen Kleids mit Ärmeln und Halsausschnitt, blieb über das frühe Mittelalter hinaus und eigentlich bis heute die wichtigste Grundform der weiblichen Kleidung.

Das Gewand einer Königin

Um die Hauptformen der alamannischen und der frühmittelalterlichen Kleidung überhaupt kennenzulernen, muss von den aussagekräftigsten Funden und Befunden ausgegangen werden. Es sind dies zum einen die um 580 anzusetzende Bestattung der fränkischen Königin Arnegunde in der Kirche St. Denis nördlich von Paris, in deren Sarkophag umfangreiche Gewebereste gefunden wurden, zum anderen die ungemein lebendigen und detaillierten Darstellungen des Stuttgarter Psalters. Diese Darstellungen gehören zwar bereits dem frühen 9. Jh. an, bilden aber ein schönes Zeugnis dafür, dass sich vom Beginn der jüngeren Merowingerzeit, als die fränkische Königin verstarb, bis in die Karolingerzeit hinein die Grundelemente der weiblichen Kleidung nicht verändert haben.

Arnegundes königliche Kleidung im Grab bestand, wenn wir von einer als Leichentuch interpretierten obersten Gewebeschicht aus »Hanf« (»chanvre«) und einer um die Tote gelegten roten Decke aus feiner, gemusterter Wolle absehen, aus mindestens sieben Teilen:[4]

– einem Kopfputz, wohl einer Haube, die nur anhand zweier Kugelkopfnadeln zu erschließen ist;

– einem Schleier aus roter Seide, der bis auf die Hüften reichte und den vermutlich eine auf der Brust gefundene große, einzelne Nadel fixierte;

– einem Mantel aus braunroter, leinengefütterter Seide, der offensichtlich lange, weite Ärmel mit goldbestickten Manschetten besaß, vorne in ganzer Länge offen war und mit zwei gleichen Almandinscheibenfibeln am Hals und auf der Brust und einem geknoteten Ledergürtel an den Hüften zusammengehalten wurde;

– dem eigentlichen Kleid, einer Tunika aus violettblauer Seide mit vermutlich kurzen Ärmeln, die anscheinend bereits wenige Zentimeter unter dem Knie endete und durch einen weit oben sitzenden Gürtel mit prachtvollem Metallverschluss gegürtet war;

– einer untersten Schicht aus feiner Wolle, wohl ein Hemd (oder eine »Untertunika«), die nur an wenigen Stellen im Brust- und Beckenbereich festgestellt werden konnte;

– Resten wollener Strümpfe, die von ledernen Strumpfbändern mit Metallbeschlägen gehalten wurden;

– Schuhen aus Leder mit Verschlussgarnituren aus Metall.

385 a, b

385a, b Die Kleidung der fränkischen Königin Arnegunde, gestorben um das Jahr 580. Links mit Mantel und Schleier, rechts ohne.

386 1 2 3 4

386 Damenkleidung um das Jahr 800: Alle vier Frauen tragen eine lange Tunika, gegürtet (3), mit kurzen Ärmeln (1), über einem langärmeligen Hemd (1–3). Den Mantel oder Umhang, der auch über den Kopf gezogen werden kann, verschließt eine Fibel (2–4). Hinzu kommt noch ein Schleier (4). Miniaturen aus dem Stuttgarter Psalter, frühes 9. Jh.

Alle wichtigen Teile, oder – archäologisch gesehen – »Schichten« dieser Kleidung finden sich nun auch bei den Frauendarstellungen des Stuttgarter Psalters: Die Tunika mit kurzen, weiten Ärmeln, offenbar gegürtet, was allerdings nur selten sichtbar ist, wird über einem Hemd mit langen, engen Ärmeln getragen. Über der Tunika folgt ein Mantel oder Umhang, der allerdings, anders als bei Arnegunde, kürzer als die Tunika ist, keine Ärmel hat und nur mit einer einzelnen Fibel verschlossen wird. Über dem Mantel, der bisweilen, da ärmellos, über den Kopf gezogen werden kann, liegt manchmal ein heller Schleier.[5]

Grundsätzlich scheint sich zwischen 580 und 800 nur wenig verändert zu haben. Dass nur noch eine Fibel den Mantel verschließt, geht auf mediterrane Einflüsse und die von dort importierten Fibeln zurück. Im Mittelmeeraum war seit der Spätantike ein mit einer einzelnen Fibel verschlossener Mantel üblich, der sich im Merowingerreich etwa im späten 6. Jh., als Arnegunde verstarb, durchzusetzen begann.[6]

Wurden ärmellose Mäntel oder Umhänge getragen, so ist kein Gürtel zu erwarten, im Unterschied zum Mantel der Arnegunde, der ja Ärmel hatte. Am meisten fällt die Kürze der königlichen Tunika auf, ist doch nicht erst im füheren 9. Jh., sondern nach weiteren Bildzeugnissen schon weit früher eine Tunika beliebt, die länger als der Mantel oder Umhang war.

Die gleichen Hauptelemente der Kleidung, wenn auch aus preiswerteren Stoffen, dürften bei weniger Wohlhabenden üblich gewesen sein, sicher jedenfalls Hemd und Tunika. Auch einen einfachen Umhang werden viele Frauen getragen haben, wenn auch ohne Fibel.

Zur Funktion der Fibeln

Was die von den alamannischen Frauen getragene einzelne Mantelfibel betrifft, so wurden anfänglich nur in der Oberschicht wenige, dafür kostbare Stücke getragen. Es waren vor allem scheibenförmige Fibeln mit flächigem Cloisonné oder filigranverziertem Goldblech, zu denen später einfachere Exemplare, oft mit verzierter Pressblechauflage aus Silber oder Buntmetall, hinzukamen.[7]

Vorgänger dieser Einzelfibeln waren paarig am Hals und etwas tiefer auf der Brust getragene, meist kleine Fibeln, die man wegen ihrer geringen Größe lange als Verschluss für ein Hemd, eine Bluse oder ähnliches interpretierte. Nach neueren Analysen hatten die paarigen Kleinfibeln aber die gleiche Funktion wie später die Einzelfibel.[8] Im übrigen darf man bei den der Repräsentation dienenden Mänteln oder Überwürfen des frühen Mittelalters nicht an unsere gegen Kälte oder Regen schützenden Mäntel denken. Dies belegt auch der seidene Mantel der Arnegunde mit dem Fibelpaar, was man nicht als »Ausnahme« übergehen oder anders deuten kann. Als paarige Mantelverschlüsse schätzte man im 6. Jh. nebst den in der frühen Merowingerzeit besonders beliebten Vogelfibeln vor allem Scheibenfibeln mit einfachem Granatbelag oder Exemplare in Form eines »S«.

Bis ins spätere 6. Jh. gehörte ein zweites Fibelpaar zur Tracht der vornehmen alamannischen wie auch der fränkischen, thüringischen und langobardi-

387

388

387 **Diese goldene Filigranscheibenfibel aus Grab 3 von Oerlingen/Kleinandelfingen, Kanton Zürich, verschloss den Mantel einer vornehmen Dame.**

388 **Rekonstruktion der Frauentracht des Grabes 177 von Pleidelsheim (7. Jh.): eine gegürtete Tunika mit einem seitlichen Gehänge über einem langärmeligen Hemd und ein Mantel, der durch eine Scheibenfibel verschlossen wird.**

schen Damen: Das sogenannte Bügelfibelpaar, dessen Trageweise und Funktion bis heute nur schwer zu erklären ist. Die Lage am Skelett ist unterschiedlich, je nach Datierung: anfänglich horizontal oder vertikal im oder oberhalb des Beckens, später zunehmend tiefer zwischen den Oberschenkeln und Knien und dann vertikal übereinander.[9]

Hier muss man zunächst betonen, dass Bügelfibelpaare aufgrund des Materials – sie waren meist aus Silber gegossen – ein Standesabzeichen gewesen sein müssen. Andernfalls wäre von Anfang an eine größere Zahl bronzener Exemplare zu erwarten, und nicht erst bei den spätesten Serien.

Am ehesten spricht die Tragweise, die sich bei allen westgermanischen Stämmen in gleicher Weise ändert, für eine um die Hüften geschlungene Schärpe oder ein breites Band mit in der Körpermitte herabhängenden Enden, an dem die Fibeln saßen; wie die aus organischem Material bestehenden Teile dieses Ensembles im einzelnen aussahen und mit den Bügelfibeln verbunden waren, bleibt offen.[10]

Das Ensemble »Schärpe-Bügelfibelpaar« darf als vermutlich wichtigster Bestandteil einer Standestracht gewertet werden, der archäologisch fassbar ist. Seine »Erfindung« fällt bezeichnenderweise in jene Phase, als man begonnen hatte, anstelle des Peplosgewandes die Tunika zu tragen, die keiner Schulterfibeln mehr bedurfte. Nicht zufällig hatten bereits die Peplosfibelpaare während der vorausgegangenen Völkerwanderungszeit – zusammen mit großen, daran befestigten Brustketten und zweifellos weiteren Trachtelementen – den Stand ihrer Trägerinnen kenntlich gemacht.

Wie die Tunika, so stellt auch die zu ihrer Gürtung geschaffene Schärpe bezeichnenderweise eine echte, leicht abgewandelte Rezeption spätantiker Kleidermoden dar, kam doch im mediterranen Raum ungefähr seit dem späteren 4. Jh. für einige Zeit in der römisch-byzantinischen und übrigens gleichzeitig auch der gotischen Damenmode ein breiter Schmuckgürtel auf, mit dem die Tunika gegürtet wurde.[11]

389

389 **Bügelfibelpaar aus Grab 150 in Fridingen, Mitte des 6. Jh. Die Bügelfibeln bestehen aus Silber und sind vergoldet. Die beiden almandinverzierten Scheibenfibeln bilden ein zweites Paar.**

390

390 **Rekonstruktion der Tracht einer Frau aus Grab 607 in Altenerding. Die Tunika ist mit einer Schärpe gegürtet, ein Paar Bügelfibeln fixiert das Gehänge, an dem Weinsiebchen, Messer und ein Glaswirtel baumeln. Darüber trägt die Frau einen Mantel, der von einem Paar Kleinfibeln verschlossen wird.**

Das Amulettgehänge

Eng mit der Schärpe war ein weiteres, oft aufwendig gestaltetes Element der westgermanischen und damit auch der alamannischen Frauentracht verbunden: das an den Bügelfibeln, später am Gürtel befestigte sogenannte Gehänge, von dem in aller Regel nur die unvergänglichen Bestandteile erhalten geblieben sind.[12] Während der älteren Merowingerzeit trugen vornehme Damen an diesem über der Tunika in der Körpermitte bis in Kniehöhe herabfallenden Gehänge vor allem ein oder mehrere Amulette, die meist am unteren Ende angebracht waren. Als Amulett bevorzugte man Bohnerzkugeln, Bergkristalle, Millefioriperlen oder einfache Glasperlen. Auch kleinere Geräte für gehobene Tafelsitten, Weinsiebe und Messer, befestigte man am Gehänge.

Waren diese Trachtbestandteile für längere Zeit nur bei wohlhabenden, mit Schärpe und Bügelfibeln geschmückten Damen üblich, so trugen in der jüngeren Merowingerzeit viele Frauen ein jetzt an der linken Hüfte am Gürtel befestigtes Gehänge, das seitlich bis zu den Waden oder Knöcheln herabfiel, also tiefer reichte als das ältere Amulettgehänge. Dies ist sicher ein Hinweis darauf, dass die Tunika inzwischen beträchtlich länger geworden war. An dem linksseitigen, oft aus mehreren Strängen bestehenden Gehänge, das bisweilen aufwendig durch Metallketten und metallene Zwischenglieder bereichert wurde, pflegte die Frau nunmehr, nebst dem weiterhin üblichen Amulett, auch einfaches Gerät wie Messer, Schere und Kamm mit sich zu tragen.

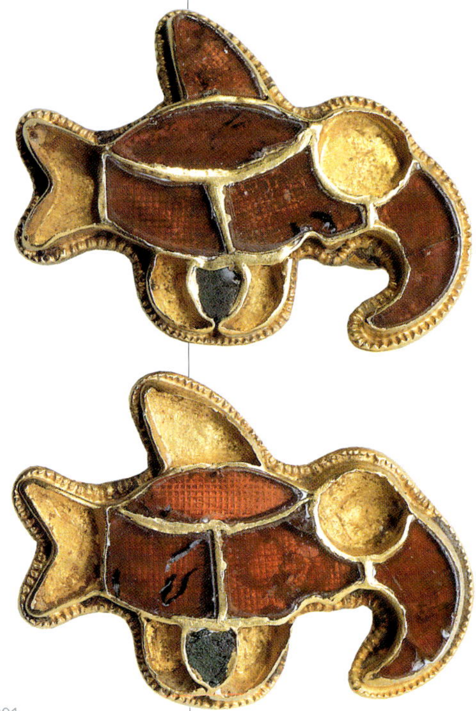

391

391 **Im 6. Jh. wurde der Mantel mit einem Kleinfibelpaar geschlossen. Goldenes Vogelfibelpaar mit eingelegten Granatplättchen aus einem Grab des 6. Jh. an der Bäckerstraße in Zürich.**

Von Kopf bis Fuß

In der fränkischen Alamannia finden sich immer wieder Frauen, denen eine einzelne Schmucknadel von meist etwa 15 bis 20 cm Länge ins Grab mitgegeben wurde, zweifellos nicht als isoliertes Objekt, sondern im Zusammenhang mit der Kleidung.[13] Gewöhnlich kann man es an zwei Stellen finden: einerseits neben dem Kopf der Toten, meist rechts davon und mit der Spitze nach oben beziehungsweise hinten, andererseits quer oder schräg über der Brust. Dass dabei nicht funktionell unterschiedlich verwendete Nadeln vorliegen, indem – wie bisher in der Regel angenommen – erstere zum Kopfputz gehörte, letztere hingegen als Gewandnadel diente, verrät allein schon der Umstand, dass in keinem Grab derartige Nadeln sowohl am Kopf als auch auf der Brust bezeugt sind. Zudem ergibt sich bei exakter Datierung, dass die auf der Brust gefundenen Nadeln zeitlich auf die am Kopf gefundenen folgen, jedenfalls dort, wo beide Tragweisen vorkommen, was in der Francia häufiger, in der Alamannia seltener der Fall ist.

Demnach hat die merowingerzeitliche Schmucknadel auch bei den Alamanninnen nachweislich zu einem Kleidungsstück gehört, das sowohl den Kopf als auch den Oberteil des Körpers bedeckte. Da als Verschluss von Mänteln oder Umhängen Fibeln dienten, wird es sich hier um einen Schleier oder ein Kopftuch gehandelt haben, das in der Alamannia reiche Damen noch während der jüngeren

Merowingerzeit nach alter, im fränkischen Gebiet schon lange aufgegebener Sitte über der rechten Schulter zu befestigen pflegten.

Neben den einzeln getragenen, oft reich verzierten Schmucknadeln kommen seltener und in der Regel mit ihr kombiniert kleinere und – sofern komplett erhalten – paarige Nadeln vor, die nur etwa 6 bis 9 cm lang sind und sich durch einen unverzierten, aber markanten, hohlen Kugelkopf auszeichnen, weshalb man von Kugelkopfnadeln spricht. Ihre kurzen Schäfte sind auffällig oft – und nicht etwa erst sekundär – geknickt, was auf ein dauerndes Einstecken der Nadel deutet. Falls die größere, einzeln getragene Nadel als Schleier- oder Kopftuchschmuck diente, dürfen wir in den paarigen Kugelkopfnadeln Haubennadeln erkennen, wofür ihre übliche Lage beidseits des Kopfes spricht.

Weitere Trachtelemente, über die man etwas sagen kann, sind Strumpfbandbesätze aus Silber oder Bronze, deren Lage die Rekonstruktion des Beinkleids wohlhabender Frauen erlaubt.[14]

392 a Plan des Grabes 326 aus Kirchheim am Ries mit einer Scheibenfibel, einer einzel getragenen Nadel und einem Kugelkopfnadelpaar.

392 b Rekonstruktion der Tracht aus dem Frauengrab 326 von Kirchheim am Ries.

393 Hüfingen »Auf Hohen« Frauengrab 557: Originalbefund und Rekonstruktion eines in Körpermitte getragenen Amulettgehänges aus dem 6. Jh. Das erhaltene Lederband war mit einer Reihe gegeneinanderschlagender Beschläge und Riemenzungen besetzt und endete in einer Amulettkugel aus Bergkristall von 3,5 cm Durchmesser.

394 Rekonstruktion der Strumpfbänder, die mit silbernen und bronzenen Zierblechen besetzt waren aus dem Frauengrab 75 I in Kösingen, 7. Jh.

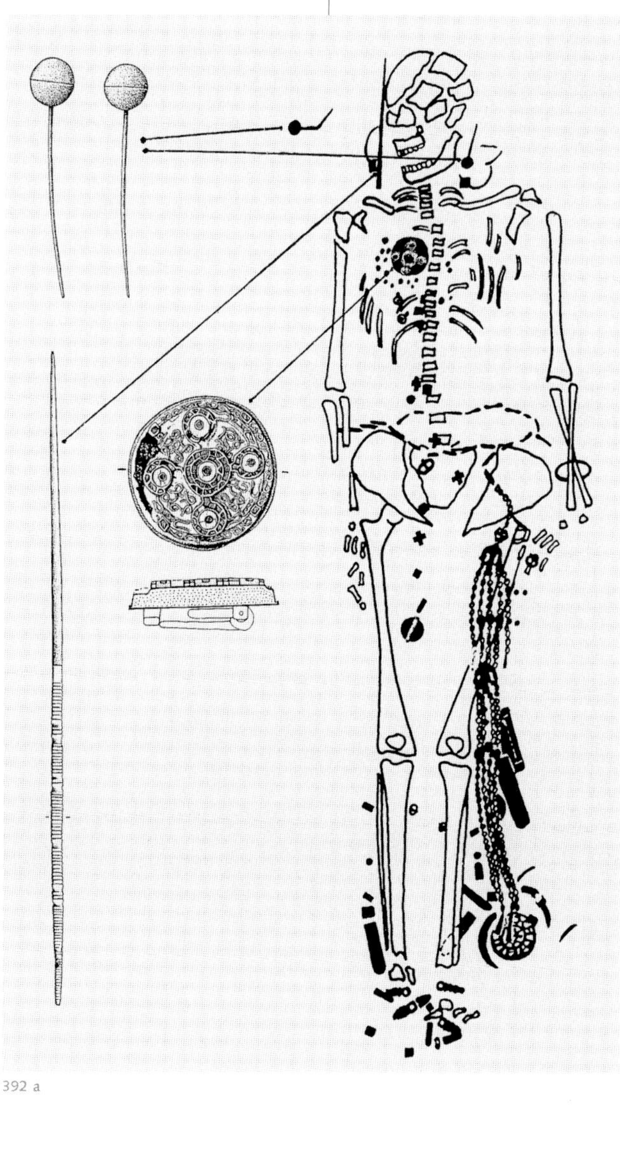

392 a

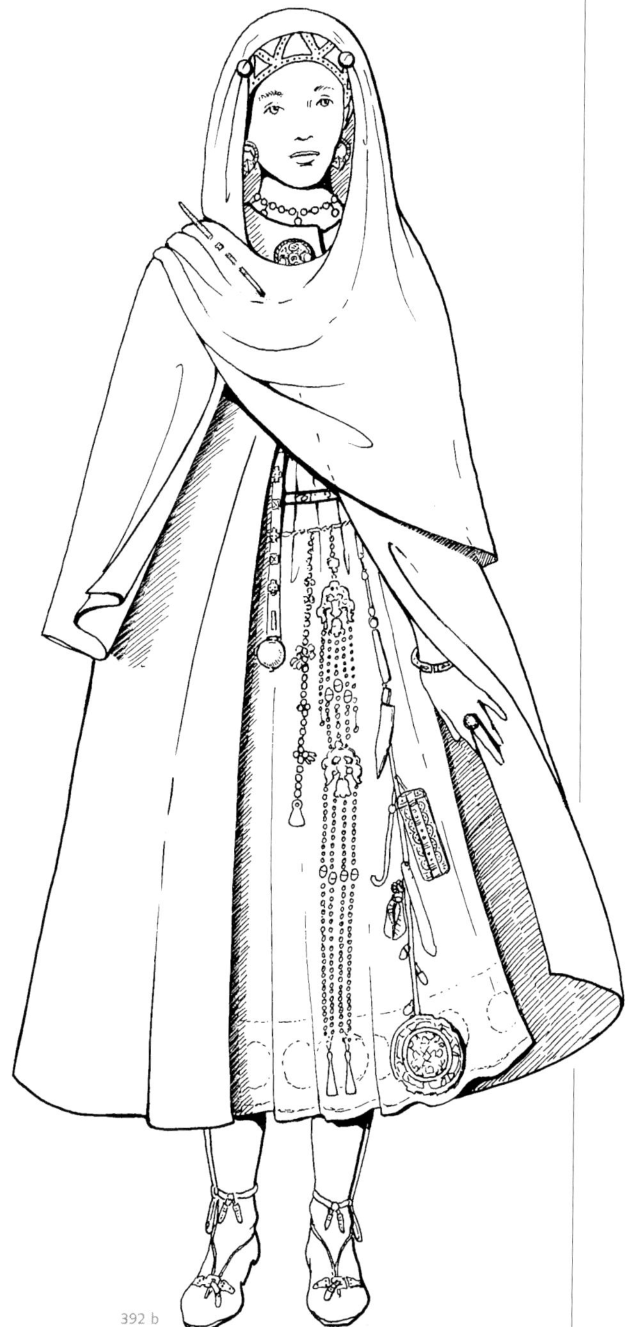

392 b

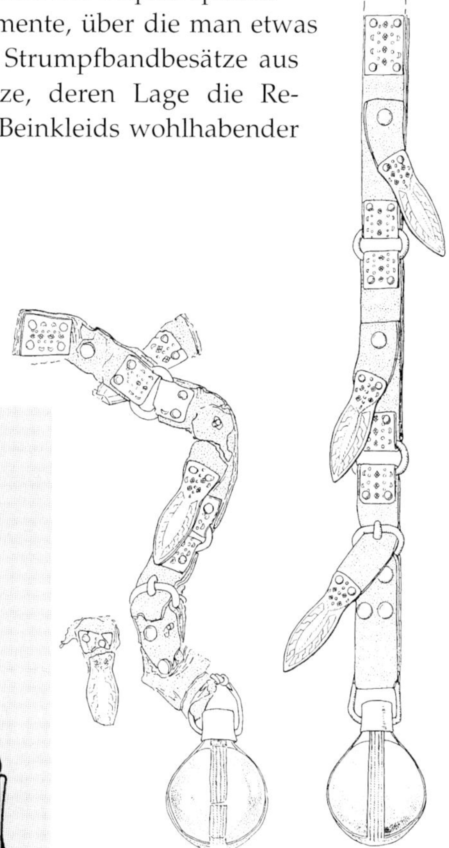

393

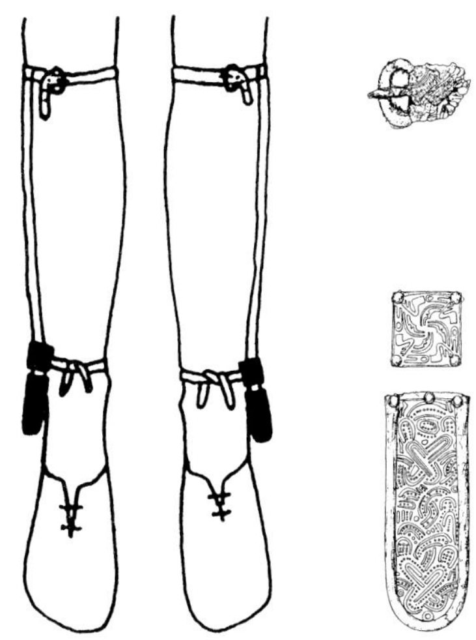

394

Zwischen der alamannischen und der fränkischen oder bajuwarischen Frauentracht der jüngeren Merowingerzeit gibt es, soweit man das anhand der erhaltenen Überreste beurteilen kann, kaum tiefgreifende Unterschiede. Es sind lediglich die ein-

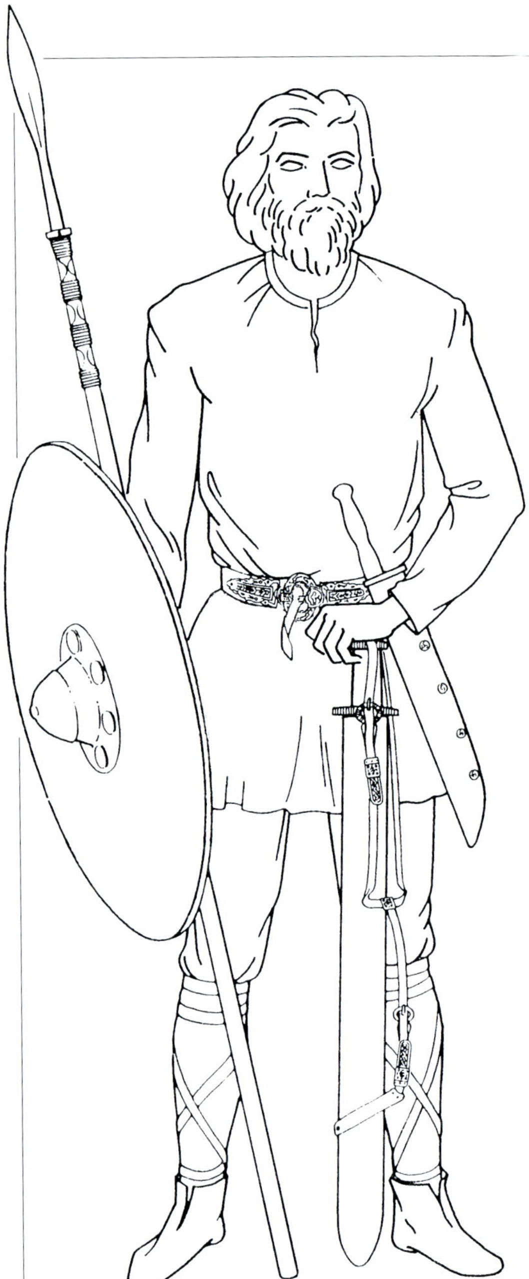

395 **Tracht und Bewaffnung des Mannes im 7. Jh.: Hosen, darüber eine Tunika mit dem Leibgurt, der mit Metallbeschlägen versehen war, dazu zweischneidiges Langschwert (Spatha), Schild und Lanze; am Gürtel hängt das einschneidige Schwert (Sax).**

zelnen Typen der Fibeln, Nadeln oder Armringe, die aufgrund ihrer Verbreitung als »alamannisch«, das heißt, in der Alamannia hergestellt und dort getragen, bezeichnet werden können. Dahinter stehen regionale Absatzgebiete, nicht etwa ethnische Besonderheiten. Ob sich allerdings in fränkischer Zeit die Tracht einer alamannischen Frau in Schnitt, Farbe der Stoffe und anderen Merkmalen, die wir nicht rekonstruieren können, nicht doch von sozial gleichgestellten fränkischen und bajuwarischen oder gar alamannischen Frauen anderer Regionen unterschieden hat, wissen wir nicht.

Die Tracht der Männer

Weit uniformer als die weibliche wird sich in fränkischer Zeit die Tracht der alamannischen Männer präsentiert haben, jedenfalls nach Ausweis ihrer im Boden erhaltenen Teile. Nebst der Zugehörigkeit zum fränkischen Reich dürfte hierbei auch die Eingliederung vieler Alamannen ins merowingische Heer eine wichtige, nivellierende Rolle gespielt haben. Einzelne Neuerungen, wie sie westlich des Rheins im Laufe der Zeit aufkamen, z.B. die Tragweise gewisser Objekte oder dann – im Bereich der Bestattungssitte – veränderte Gewohnheiten bei der Mitgabe von Tracht und Waffen, setzten sich in der Alamannia allerdings oft erst mit einer gewissen Verzögerung durch.

In fränkischer Zeit trugen auch die Alamannen, obwohl zeitgenössische Textilfunde noch ausstehen und auf bildliche Zeugnisse, wie die des Stuttgarter Psalters, zurückgegriffen werden muss, mit Sicherheit Hosen und darüber die Tunika. Diese schmückte ein Leibgurt, an dem auf dem Rücken eine Tasche befestigt war, in der man Feuerzeug, Messer, Ahle, Schere, aber auch Altmetall aufbewahrte.

Am Leibgurt befestigte man auch den an der linken Hüfte baumelnden Sax, das einschneidige Schwert. Zunächst eine Stichwaffe mit relativ kurzer Klinge, entwickelte er sich in den Jahrzehnten um 600 zunehmend zu einer längeren schweren Waffe, sodass er schließlich als Hiebwaffe gedient haben dürfte. Saxe waren sehr weit verbreitet und finden sich in der Alamannia bisweilen fast in jedem zweiten Männergrab. Als ständiges »Anhängsel« des Leib-

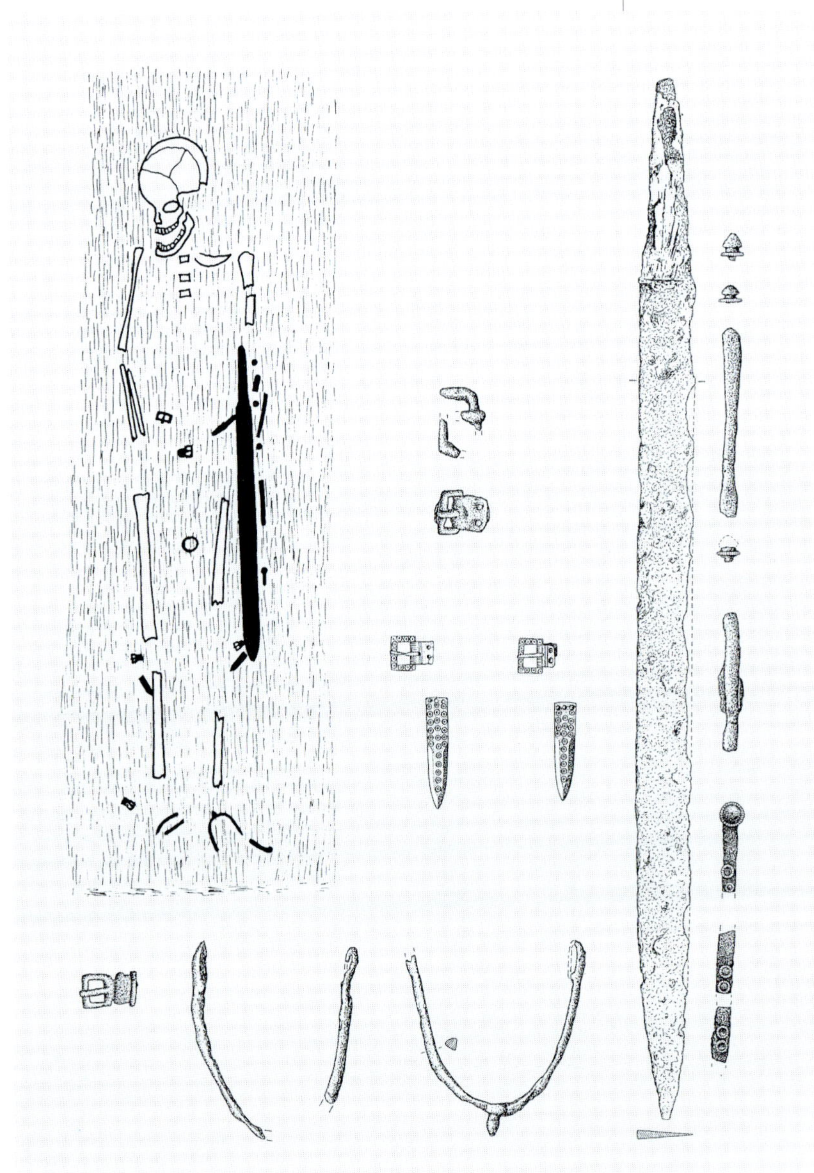

396 **Kirchheim am Ries, Männergrab 54, um 700. Plan des Grabes und die Beigaben: ein sogenannter Langsax von 80 cm Länge, Gürtel, metallbesetzte Wadenbinden und ein Sporenpaar.**

397 Hölzerne Grabkammer in Oberflacht, um 600, darin ein Mann mit einer Spatha und einem Sax, der in der metallbeschlagenen Scheide steckt, einem Leibgurt, Pferdegeschirr und einer Leier.

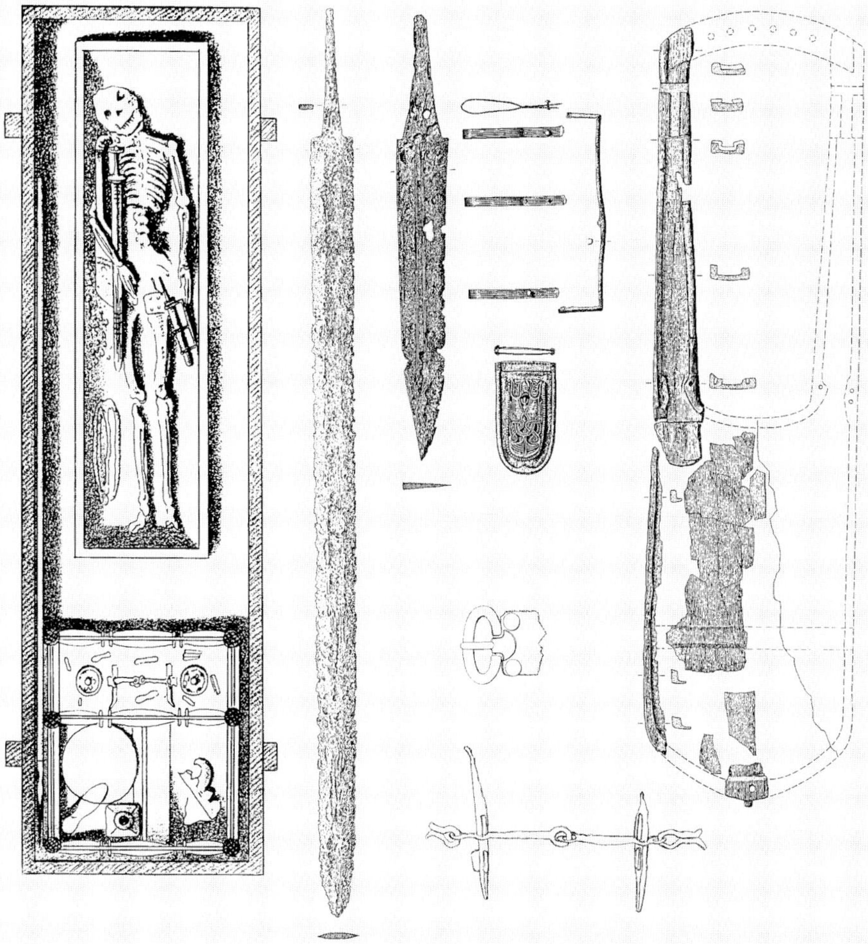

397

gurts könnten sie auch das Zeichen des wehrfähigen, kampferprobten Mannes gewesen sein, das immer dann getragen wurde, wenn es galt, diese gesellschaftliche Stellung zur Geltung zu bringen.

Vornehmer und sicher auch kostbarer war das zweischneidige Langschwert, die Spatha, die jeder Reiter trug und mit der die Alamannen der Frühzeit laut antiker Überlieferung so trefflich vom Pferde herab zu kämpfen verstanden. Allerdings ist die Spatha im Grab bereits seit vorfränkischer Zeit normalerweise mit einem Schild mit eisenbeschlagenem Mittelbuckel vergesellschaftet. Dies beweist, dass der Reiter zum Kampf in der Regel absaß und mit Spatha und Schild bewaffnet zu Fuß focht.

Weitere Waffen, die wir aus der fränkischen Alamannia in großer Zahl kennen, sind die verschiedenen Formen der Lanzen und Wurfspeere.

Archäologisch aussagekräftiger ist in mancher Hinsicht der merowingerzeitliche Männergürtel, dessen alamannische Formen Rainer Christlein bereits 1966 grundlegend dargestellt und datiert hat.[15] Während im Merowingerreich lange Zeit fast überall die gleichen Grundformen des Gürtels in Gebrauch waren, kam im frühen 7. Jh. im östlichen Teil der Alamannia wie auch im bajuwarischen Gebiet ein schmaler, sogenannter vielteiliger Gürtel mit zahlreichen Nebenriemen auf. Diese Form ging auf mediterrane Männergürtel zurück. Sie wurde von den Langobarden nach ihrem Einzug in Italien (568) rasch rezipiert und unter anderem auch über die Alpen mitgebracht, wie Belege aus Lauchheim zeigen. In der westlichen Alamannia, in Baden und der Nordschweiz, wurden hingegen wie bei den Franken fast überall die älteren Gürtel in kaum veränderter Form beibehalten.

1 Zur Diskussion neuzeitlicher Trachten vgl. etwa H. Gerndt, Kultur als Forschungsfeld 2 (München 1986) 118 ff. (Zitat ebd. 120) und weitere Angaben bei R. Heynowski, Eisenzeitlicher Trachtschmuck der Mittelgebirgszone zwischen Rhein und Thüringer Becken (Mainz 1992) 1 ff.

2 Erste weiterführende Überlegungen und Rekonstruktionen der alamannischen Kleidung, die heute hinsichtlich der weiblichen Tracht in mancher Beziehung zu korrigieren sind, bei: R. Christlein, Die Alamannen. Archäologie eines lebendigen Volkes (Stuttgart, Aalen 1978) 63 ff.

3 Zum folgenden jetzt: M. Martin, Tradition und Wandel der fibelgeschmückten frühmittelalterlichen Frauenkleidung. Jahrb. RGZM 38, 1991 (1995), 629 ff.; ders./J. Prammer, Frühe Baiern im Straubinger Land (Straubing o.J. [1995]).

4 Zur Kleidung der Arnegunde: M. Martin, Zur frühmittelalterlichen Gürteltracht der Frau in der Burgundia, Francia und Aquitania. In: Actes Coll. Mariemont 1979. Monogr. Mus. Royal Mariemont 6 (1991) 80 ff. mit Lit. Eine wissenschaftliche Gesamtpublikation der Funde und Befunde steht noch aus.

5 Bereits G. Clauss ging von den Darstellungen des Stuttgarter Psalters (dies., Die Tragsitte von Bügelfibeln. Jahrb. RGZM 34, 1987, 491 ff.) und der Kleidung der Arnegunde (ebd. Abb. 8)

aus. Sie setzte jedoch dem langärmeligen, ungegürteten und nur partiell sichtbaren Hemd (Clauss: »Unterkleid«) des Psalters die gegürtete, seidene Tunika der Arnegunde gleich (statt deren Hemd), an der sie den beschlaglosen Ledergurt rekonstruierte, der in Wirklichkeit zu dem Mantel mit Ärmeln gehört (Martin [Anm. 4] 80). Der kurzärmligen, geschlossenen Tunika (Clauss: »Oberkleid«) des Psalters entspricht damit bei Clauss schichtmäßig der vorne offene Mantel mit Ärmeln der Arnegunde, den Clauss als »Oberkleid« bezeichnet und nicht nur mit dem Fibelpaar, sondern auch noch mit der Gürtelgarnitur verschließen möchte. Die (von einer der Fibeln überlagerte!) Garnitur gehörte jedoch nachweislich zur seidenen Tunika, die Clauss aber als »Unterkleid« wertet (s.o.) und folglich nicht mit der wegen ihrer Verzierung »normalerweise sichtbar getragenen« (ebd. 502) Gürtelgarnitur versehen kann.

6 Arnegundes Mantelfibelpaar besteht in Wirklichkeit aus einer aus dem Süden importierten Einzelfibel, die mit einer fast identischen Nachahmung zusammen das damals im nordwestlichen Merowingerreich noch übliche typische Kleinfibelpaar bildete.

7 Vgl. B. Thieme, Filigranscheibenfibeln der Merowingerzeit aus Deutschland. Ber. RGK 59, 1978, 381 ff. und M. Klein-Pfeuffer, Merowingerzeitliche Fibeln und Anhänger aus Pressblech. Marburger Stud. Vor- u. Frühgesch. 14 (Marburg 1993). Zur Einzelfibel mit Amulettband jetzt: U. Schellhas, Amulettkapsel und Brustschmuck. Neue Beobachtungen zur rheinhessischen Frauenkleidung des 7. Jahrhunderts. Mainzer Arch. Zeitschr. 1, 1994, 73 ff.

8 Martin (Anm. 3) 633 ff.

9 Dazu und zum folgenden zuletzt: ebd. 652 ff.; ders./Prammer (Anm. 3) 43 ff. Aufgrund einer Fehlinterpretation (vgl. Anm. 5) glaubte Clauss (Anm. 5) 502 ff. mit den Scheibenfibeln der Arnegunde, die »nicht als Mantelfibeln zu deuten« seien (ebd. 565), das in einigen westgermanischen Frauengräbern »in gleicher Fundlage« (ebd. 510) angetroffene Bügelfibelpaar funktionell gleichsetzen und an einem vorne offenen »Oberkleid« anbringen zu können. Ebd. 510 ff. wird jedoch angeführt, dass von 121 Bügelfibeln bzw. Bügelfibelpaaren nur 20 % »am Oberkörper«, hingegen 50 % »in der Beckenzone« und 30 % in »Schenkellage« getragen wurden, womit sie als Verschluss eines durchgehend offenen Kleides denkbar ungeeignet wären, zumal beide Fibeln fast immer nahe nebeneinander getragen wurden.

10 Zu den Resten von Lederbändchen und Brettchenweberei an Bügelfibeln vgl. A. Bartel/R. Knöchlein, Zu einem Frauengrab des sechsten Jahrhunderts aus Waging am See, Ldkr. Traunstein, Oberbayern. Germania 71, 1993, 419 ff. Die ebd. Abb. 19 gegebene Rekonstruktion eines vorne offenen Kleides ist angesichts der vielen im Beckenbereich getragenen Bügelfibelpaare kaum zutreffend, vgl. dazu auch Anm. 9.

11 Vgl. Martin (Anm. 4).

12 Vgl. etwa M. Knaut, Die alamannischen Gräberfelder von Neresheim und Kösingen, Ostalbkreis. Forsch. u. Ber. Vor- u. Frühgesch. Baden-Württemberg 48 (Stuttgart 1993) 92 ff. mit Lit. Dort wird das ältere, in der Mitte getragene Gehänge nicht deutlich vom jüngeren, linksseitig getragenen unterschieden.

13 Zur folgenden Interpretation der Nadeln vgl. Martin/Prammer (Anm. 3) 50 ff.

14 G. Clauss, Strumpfbänder: Ein Beitrag zur Frauentracht des 6. und 7. Jahrhunderts n.Chr. Jahrb. RGZM 23/24, 1976/77 (1982), 54 ff.; Knaut (Anm. 12) 85 ff.

15 R. Christlein, Das alamannische Reihengräberfeld von Marktoberdorf im Allgäu. Materialh. Bayer. Vorgesch. 21 (Kallmünz 1966) 19 ff. 40 ff. 83 ff.

Mit Hammer und Zange an Esse und Amboss

METALLGEWINNUNG UND SCHMIEDEKUNST IM FRÜHEN MITTELALTER

HEIDI AMREIN, EUGEN BINDER

Ein großer Teil der Grabbeigaben besteht aus Metall, das sich im Gegensatz zu organischem Material relativ gut erhalten hat. Verschiedenste Schmuckstücke – reich verzierte Gürtelgarnituren und Fibeln oder Teile der Waffenausrüstung – geben uns Einblick in die damaligen Metallverarbeitungstechniken.

Schriftliche Quellen, z.B. die berühmte Naturgeschichte *Naturalis historia* von Plinius d.Ä. aus dem 1. Jh. n.Chr., die ein Kapitel über die Metalle enthält, oder das im 12. Jh. von dem Mönch Theophilus Presbyter geschriebene Handbuch der Kunsttechniken *Diversarum artium schedula* fehlen für das frühe Mittelalter. In einigen Quellen werden Handwerker zwar genannt, aber es wird nicht auf ihre Techniken eingegangen.

Da Siedlungsfunde sehr selten sind, gibt es nur wenige erforschte Werkstätten. Besser kennen wir die Eisenproduktionsplätze, von denen in den letzten Jahren einige wichtige erforscht werden konnten.

Um eine Ahnung von den damals angewendeten Metallverarbeitungstechniken zu bekommen, sind wir also vor allem auf die Objekte selbst oder auf die wenigen Werkzeugfunde angewiesen.

398 Rekonstruktion eines Eisenverhüttungsplatzes des 6./7. Jh. bei Boécourt im Kanton Jura. Man hatte direkt nebeneinander zwei Schmelzöfen aus Steinen und Lehm erbaut und mit einem stützenden Stangengerüst versehen. Über die Gicht wurde abwechselnd Holzkohle und Erz zugeführt. In der Brust saß eine Düse. Dort wurde der Blasebalg angesetzt. Die abgestochene Schlacke floss nach außen in eine Grube, im Ofen blieb der Eisenschwamm zurück.

398

Metall des Alltags und des Krieges

Grabungen und archäometallurgische Untersuchungen haben in den letzten Jahren wichtige Resultate zur frühmittelalterlichen Eisenproduktion erzielen können und die Lokalisierung zahlreicher Verhüttungsplätze ermöglicht. So wurden vor allem im Gebiet der Schwäbischen Alb und des Jura wichtige, im frühen Mittelalter ausgebeutete Eisenerzlager- und Produktionstätten erforscht.[1]

Die Bevölkerung war nach dem Rückzug der Römer und dem damit verbundenen Rückgang des Eisenhandels vermehrt auf Eigenversorgung angewiesen. Eisen war ein außerordentlich wichtiges Metall. Man fabrizierte damit nicht nur prunkvolle Waffen und Trachtbestandteile, sondern auch die für das alltägliche Leben wichtigen Werkzeuge und landwirtschaftlichen Geräte.

Für den Verhüttungsvorgang, das Erschmelzen von Metall aus Erz, muss das stark verunreinigte und mit Gesteinen vermischte Roherz mit Wasser gereinigt und dann getrocknet (geröstet) werden. Der aus großen Steinen, Sand, Lehm und schamottierten Ziegeln gebaute merowingerzeitliche Rennofen[2] wurde mit Holzkohle auf 1200–1300 °C erhitzt. Um diese Temperatur zu erreichen, musste ihm mit Hilfe von Blasebälgen ständig Luft zugeführt werden. Die Spitzen der Blasebälge werden in eine Öffnung oder Düse in der Ofenwand geschoben. Derartige Rennöfen sind uns z.B. aus Boécuort (Jura), Nonnenweier und Kippenheim (südliche Ortenau) sowie aus der Gegend von Frickenhausen bei Esslingen bekannt.

Im Ofen trennt sich die flüssige Schlacke teilweise vom Metall und wird periodisch durch eine Öffnung entfernt.[3] Anhäufungen solcher Fließschlacken, Abfallprodukte der Eisenverhüttung, geben uns heute wichtige Hinweise für die Lokalisierung von Verhüttungsplätzen. Im Ofen bleibt der noch mit Schlacke vermischte Eisenschwamm zurück. Er kann nach dem Abkühlen herausgeschlagen werden. Das Eisen darf beim Verhüt-

tungsprozess nicht flüssig werden, da es sich sonst mit Kohlenstoff anreichert und brüchig wird.
Der im Rennofen gewonnene Eisenschwamm muss nun gereinigt, das heißt ausgeschmiedet werden. Er wird in einer Feuerstelle aufgeheizt und durch Hämmern von Schlackenresten befreit. Bei Versuchen ergaben 8,5 kg Erz und 8,5 kg Holzkohle ungefähr 1 kg Eisen. Ob dies den antiken Verhältnissen entspricht, ist schwer zu sagen. Das fertige Eisen konnte schließlich in einer Schmiede zu Artefakten verarbeitet werden.
Bei Grabungen der letzten Jahre zeigte sich, dass Verhüttungsplätze wie Boécourt (Jura) in der Nähe der Erzlager lagen. Zum Schmieden wurde das gewonnene Eisen in die Dörfer gebracht. Andere Fundplätze scheinen darauf hinzuweisen, dass in manchen Siedlungen Eisen nicht nur geschmiedet, sondern in kleineren Mengen auch verhüttet worden ist. Dies war z.B. in Mengen, Vörstetten, Neuhausen, Heidenheim-Großkuchen sowie in fast allen frühalamannischen Siedlungen auf der Schwäbischen Alb der Fall.[4] Bei Courtételle (Tivila) im erzreichen Jura wird zurzeit ein eigentliches Schmiededorf ausgegraben. Die Auswertung dieser Grabung wird ohne Zweifel spannende Resultate ergeben.[5]
Unter den Schmieden genossen die Waffenschmiede besonderes Ansehen. Die damaszierten Schwerter des frühen Mittelalters stellen ohne Zweifel einen technischen Höhepunkt in der Schmiedekunst dar. Die germanische Heldensage vom Schmied Wieland, der von einem König gefangengehalten und zu Schmiedearbeiten gezwungen wurde, zeigt, wie begehrt und zugleich gefürchtet die Waffenschmiede waren. Um sich zu befreien, erschlägt Wieland die Königssöhne, macht sich die Königstochter durch einen Rauschtrank gefügig und entflieht mit selbstgeschmiedeten Flügeln, da ihm der König die Sehnen der Kniekehlen durchschnitten hatte.[6]

Für den Luxus: Gold, Silber, Bronze

Das zur Herstellung von Schmuckstücken und Trachtbestandteilen nötige Metall hat man sich auf verschiedenste Weise beschafft. Oft wurden mediterrane Gold- und Silbermünzen, antike Silberschätze[7] und Bronzeobjekte eingeschmolzen und als Rohstoff verwendet. Bei Analysen alamannischer Goldobjekte konnte die Verwendung von Flussgold festgestellt werden. Der Umfang dieser Art Goldgewinnung, z.B. aus dem Rhein, ist für das frühe Mittelalter bis jetzt noch schwer abzuschätzen.[8] In römischer Zeit ausgebeutete Minen, etwa die Zinnminen in Südwestengland, wurden im frühen Mittelalter vielleicht weiterhin genutzt; aber archäologische Hinweise fehlen bis jetzt.[9] Schriftliche Quellen erwähnen einen Goldbergbau in Gallien. In den Gesta Dagoberti aus dem 9. Jh. werden Bleilieferungen aus Melle in Südfrankreich für die Zeit von König Dagobert (629–639) erwähnt. In diesem Gebiet gab es auch Silbervorkommen, die vielleicht ebenfalls ausgebeutet worden sind.

399

399 Wie es in einer frühmittelalterlichen Schmiede zuging, vermittelt diese Illustration im Stuttgarter Psalter aus dem 9. Jh. Mit wuchtigen Schlägen bearbeitet der Schmied ein glühendes Stück Eisen. In einem offenen Herd, der Esse, erhitzt sein Gehilfe das Eisen und facht die Glut mit dem Blasebalg an.

400 a, b **Schmiedezange, Hammer, Feilen und Waage stammen aus dem Grab eines schwer bewaffneten und reich ausgestatten Mannes in Dittigheim vom Ende des 6. Jh. Arbeitete der vermutlich adlige Krieger gar selbst in der Schmiede? Die Waage diente zur Gewichtsbestimmung von Gold und Silber. Dazu gehörte ein Probierstein, mit dem der Reinheitsgrad von Edelmetall bestimmt werden konnte.**

400 a

400 b

Wie spätantike Edelmetallschätze dem Materialbedarf des frühen Mittelalters zum Opfer fielen, so dienten manchmal auch frühmittelalterliche Stücke noch einmal als Rohmaterial: Während der französischen Revolution wurden die in der Schatzkammer des Klosters Saint-Denis bei Paris aufbewahrten merowingischen Gold- und Silberarbeiten eingeschmolzen.
Über den frühmittelalterlichen Handel mit Edelmetallen und Bronze wissen wir sehr wenig. Aus zeitgenössischen Quellen geht hervor, dass oft der Auftraggeber dem Feinschmied das Rohmaterial zur Verfügung stellte. Funde von Edelmetallbarren, Probiersteinen zur Prüfung von Legierungen sowie Feinwaagen geben uns Hinweise auf einen bestehenden Metallhandel.

Krieger und Kleriker am Amboss

Über die Identität der Schmiede geben uns einige wenige schriftliche und archäologische Quellen Auskunft. Das in Dittigheim entdeckte Grab eines schwerbewaffneten Mannes enthielt reiches Tafelgeschirr sowie Feinwaage und Probierstein mit Spuren von Goldabrieb als Hinweise

401

401 **Zeugnisse der Edel- und Buntmetallverarbeitung: Silberbarren vom Runden Berg bei Urach und aus Fellbach-Schmiden Grab 39, Gusstiegel aus Ditzingen, Bleimodellfragmente von Bügelfibeln und Bleimodell einer Vogelfibel vom Runden Berg bei Urach.**

402 **Werkzeugfunde beweisen, dass Goldschmiede am Hof der alamannischen Herren vom Runden Berg bei Urach saßen und Geschmeide für die Krieger und ihre Frauen herstellten: Feile, Durchschlag, Einsteckfäustel, Hammer für feine Arbeiten, kleiner Amboss, Meißel.**

402

auf einen Feinschmied, dann aber auch Hammer, Feile und große Zange, die für einen Grobschmied sprechen. Seiner Ausstattung nach war der Mann von Adel. War er nun selbst ein Handwerker, oder zeugen die Werkzeugbeigaben von wichtigen Metallwerkstätten an seinem Hof? Das Grab von Dittigheim ist kein Einzelfall, dies zeigen andere im Merowingerreich entdeckte Gräber mit Waffen und Werkzeugen.[10]

In zeitgenössischen Quellen werden zwar verschiedene Feinschmiede erwähnt – Gold- und Silberschmiede als *aurifices* und *argentarii* Bronzegießer als *fabri aerarii* –, aber Angaben über bestimmte Verarbeitungstechniken fehlen in den Texten. Die Handwerker erscheinen vor allem als Angehörige des Klerus, ihre Tätigkeit als Feinschmied wird nebenbei unter anderen Qualitäten aufgezählt. Am berühmtesten ist Eligius (589–660), Goldschmied und späterer Bischof von Noyon. Erwähnenswert ist auch der außerordentlich vielseitige, aus einer freien alamannischen Familie

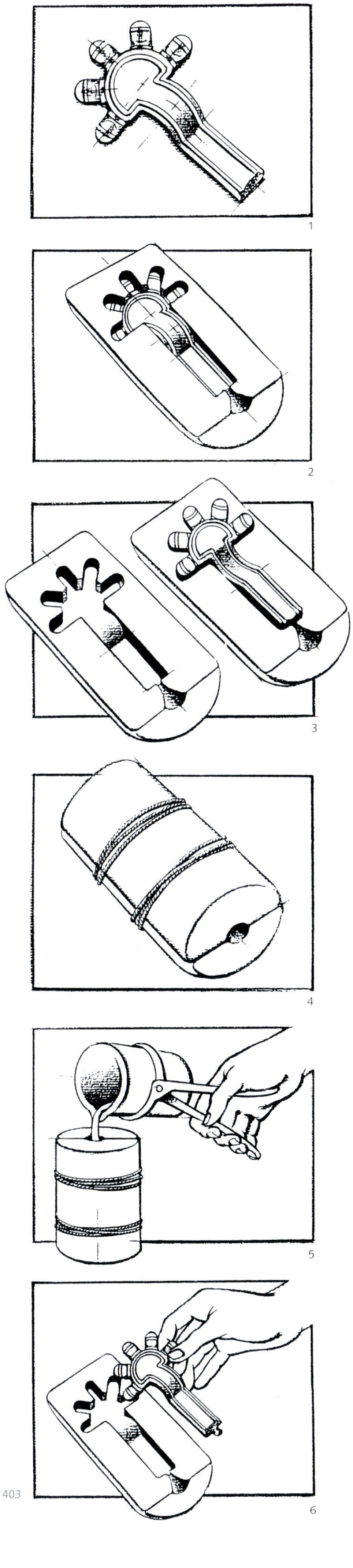

403

404 a

404 b

403 **Der Guss einer Fibel**
1 Fibelmodell aus Blei oder Bronze zur Herstellung einer zweiteiligen Gussform.
2 Mit einem Tonklumpen wird ein Abdruck von der Rückseite des Fibelmodells hergestellt, Entlüftungskanäle werden angebracht.
3 Auf gleiche Weise wird ein Abdruck von der Oberseite des Modells hergestellt.
4 Die Formen werden zusammengebunden und unter Hitzeeinwirkung getrocknet. Dabei verhindert ein Pulver aus Holzkohle und Graphit oder Talk, dass die Oberflächen zusammenkleben.
5 Das in einem Gusstiegel geschmolzene Metall wird in die Form gegossen.
6 Am Rohling müssen Gusszapfen und -nähte abgefeilt werden, dann kann die Fibel weiterverarbeitet werden.

404 a, b **Die Bügelfibel ist aus Silber gegossen und feuervergoldet. Den Bügel schmücken dreieckige Nielloeinlagen. Auf dem kleinen Schwertgurtbeschlag sieht man besonders gut den Farbkontrast zwischen silbernen und niellierten Flächen. Die Funde stammen aus Bülach, Grab 15 und 7, Mitte 6. Jh.**

stammende Kleriker Tuotilo von St. Gallen, der Elfenbeinschnitzer, Goldschmied und Musiker in einem war.
Die sicher zahlreichen, an Höfen und in Siedlungen arbeitenden Feinschmiede werden in den Quellen nicht direkt erwähnt. Wir wissen aber aus den Leges Alamannorum, dass die Tötung eines Goldschmiedes oder eines Schwertherstellers mit einer hohen Geldstrafe gebüßt wurde.

Die Werkstatt

Über die Werkstätten der frühmittelalterlichen Feinschmiede ist nur wenig bekannt. Abfallprodukte wie Eisenschlacken, die es dem Archäologen erleichtern, Stätten der Eisenverhüttung und -verarbeitung zu lokalisieren, fallen bei der Edel- und Buntmetallverarbeitung nicht an. Die kleinen offenen Feuerstellen zum Schmelzen der Metalle in kleinen Gusstiegeln und die Arbeitsbank zum Ausarbeiten und Verzieren der Oberflächen hinterlassen wenig oder gar keine Spuren.
Verschiedene Werkzeuge, Gussformen und -tiegel sowie Probiersteine und Bleimodelle für Fibeln, die gefunden wurden, können uns Hinweise auf Werkstätten geben. Bekannt sind die reichen merowingerzeitlichen Funde aus den belgischen Orten Namur (43 Gussformen, Schmelztiegel, Feuerstel-

le) und Huy an der Maas (Gussformen für Bügelfibeln, Schmelztiegel) sowie die Hinterlassenschaften der alamannischen Höhensiedlung auf dem Runden Berg bei Urach, wo Handwerker vor der gewaltsamen Zerstörung der Siedlung am Anfang des 6. Jhs. ihre Werkzeuge versteckt haben (vgl. Steuer, Herrschaft). Feinhämmer, Feilen, Ambosse, Meißel, Durchschläge zum Lochen von kaltem und warmem Metall sowie Bleimodelle von Fibeln bezeugen zahlreiche Feinschmiede an diesem alamannischen Herrschaftssitz.[11] Kleine Keramikgusstiegel, zum Teil noch mit Silberresten behaftet, kamen bei Grabungen in der Siedlung Mengen zutage (vgl. Bücker, Hof).

Einfache Edel- und Buntmetallarbeiten wurden wahrscheinlich, wie die Eisenverarbeitung, in allen Siedlungen und Herrenhöfen ausgeführt, hochspezialisierte Feinschmiede wirkten dagegen eher in größeren Machtzentren und im kirchlichen Umfeld. Diese Zentren verfügten sicher auch über eine ausreichend wohlhabende Kundschaft. Im Klosterplan von St. Gallen aus dem Anfang des 9. Jh. ist ein Handwerkerhaus verzeichnet, zu dem unter anderem eine Werkstatt für Gold- und Eisenschmiede und ein Raum für den Verwalter der Rohstoffe gehören.

Auch Verzierungsdetails oder Objektformen, die oft in einer bestimmten Gegend vorkommen, können Hinweise auf das Bestehen einer Werkstatt sein.

Der Metallguss

Edel- und Buntmetalle können in geschmolzenem Zustand in ein- oder mehrteilige Formen gegossen werden. Auf diese Weise wurden z.B. Bügelfibeln, Gürtelschnallen und Wadenbindengarnituren hergestellt. Einblick in die damaligen Herstellungstechniken gewähren die schon erwähnten Fibelmodelle. Sie waren aus Blei oder Bronze und dienten zur Herstellung zweiteiliger Tonformen, in die das flüssige Metall gegossen wurde. Zuvor wurde es in kleinen Keramikgusstiegeln im offenen Ofen geschmolzen. Nachdem die Form entfernt war, musste der Rohguss noch überarbeitet werden.

Zur Herstellung der Gussformen wurden wahrscheinlich vorwiegend Modelle aus Blei oder Bronze benutzt. Das kompliziertere und zeitaufwendige Wachsausschmelzverfahren diente möglicherweise zur Herstellung der Modelle selbst. Man kann sich vorstellen, dass ein Feinschmied in seiner Werkstatt mehrere Modelle zur Verfügung hatte, die er seinen Kunden zeigen konnte. Es ist auch möglich, dass die Schmiede spezielle Modelle auf Wunsch anfertigten. Im Bereich des Bischofspalastes von Genf wurde das Bleimodell einer angelsächsischen Bügelfibel gefunden, es könnte sich dabei um den »Spezialauftrag« einer in Genf etablierten angelsächsischen Dame handeln.[12]

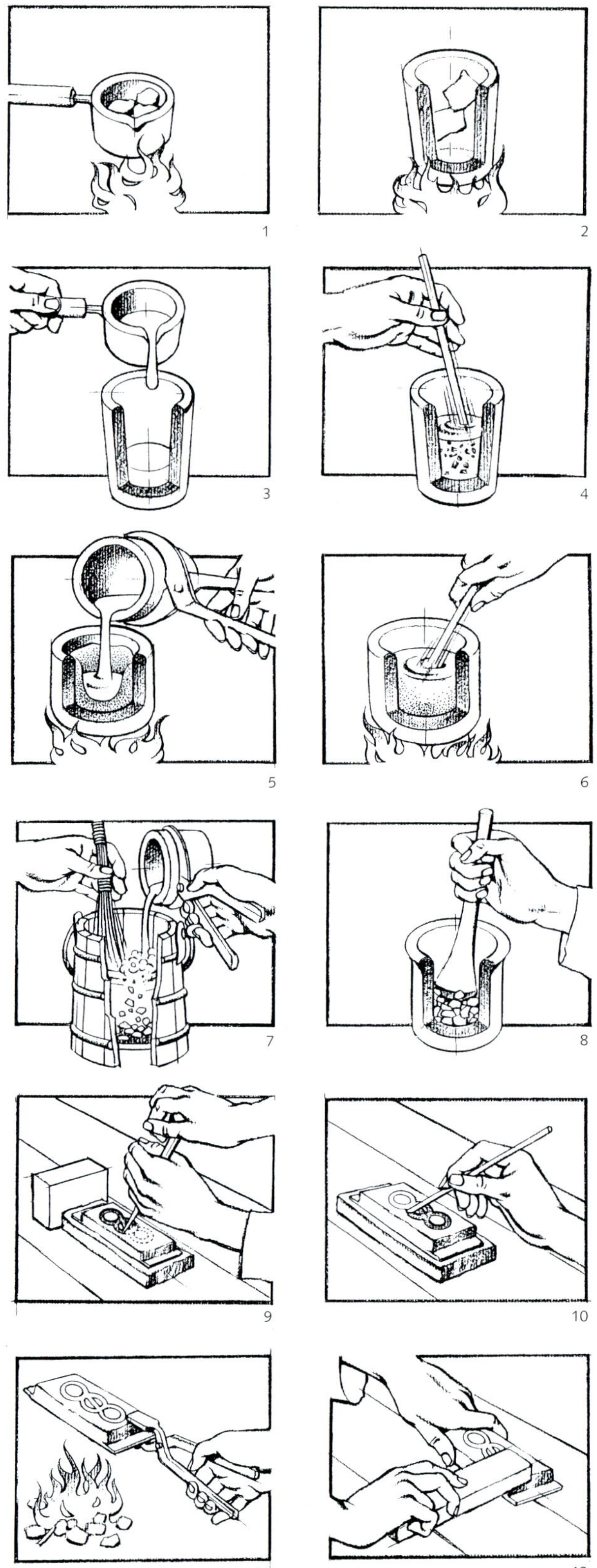

405

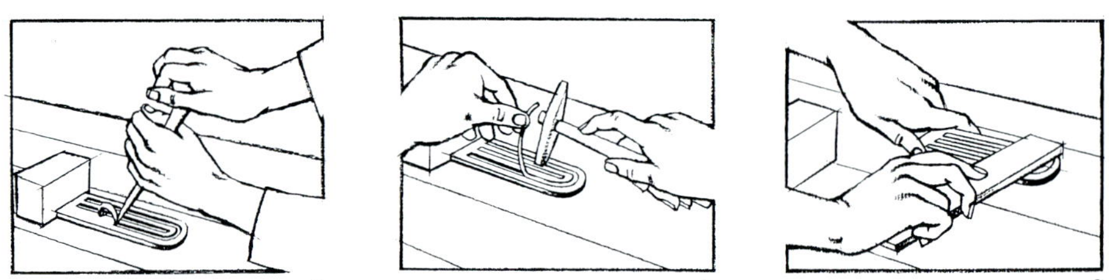

406

405 Nielloverzierung
1 In einem Tiegel werden Blei und Schwefel geschmolzen ...
2 ... in einem anderen Silber und Kupfer.
3 Das Blei-Schwefel-Gemisch wird zur Silber-Kupfer-Legierung gegossen.
4 Das Gemisch wird erhitzt und mit einem Holzstäbchen gerührt.
5 Die flüssige Legierung wird in einen Tiegel gegossen, dessen Innenwand mit einer Schwefel-Borax-Masse bestrichen ist.
6 Die Legierung wird unter Rühren gemischt und erhitzt.
7 Unter Schlagen mit einem Reisigbesen wird die Masse in Wasser geschüttet. Es entstehen Körner.
8 Die Körner werden pulverisiert, geschlämmt und getrocknet.
9 Mit Stichel oder Punzen wird ein Negativ für die Niellierung ins Metall getieft.
10 Das Niellopulver wird in den Kiel einer Gänsefeder gefüllt und in die vorgesehenen Vertiefungen gestreut oder geblasen.
11 Das Werkstück wird langsam erhitzt, das Niellopulver schmilzt ein.
12 Die Verzierung wird glattgeschliffen und poliert.

406 Tauschierung und Plattierung
1 Mit Stichel und Meißel werden Vertiefungen ins Eisen geschnitten.
2 In die Vertiefungen werden Drähte, Bänder oder Plättchen (Plattierung) aus Silber oder Messing gehämmert.
3 Zuletzt wird die Oberfläche plangeschliffen.

407 a

407 b

408

407 a, b Tauschierte Gürtelbeschläge: Die glänzenden Silber- und Messingdrähte heben sich hell vom Eisen ab. Der quadratische Rückenbeschlag stammt aus Bülach Grab 251. Die Gürtelschnalle oben aus Kaiseraugst ist mit einem Flechtbandmuster verziert, das in zwei Tierköpfen endet. Das Stück darunter aus Bülach Grab 100, ist tauschiert, und plattiert.

408 Das Metall hat durch Korrosion gelitten, aber die Röntgenaufnahme macht Details der Tauschierung auf dem quadratischen Rückenbeschlag aus Bülach Grab 251 sichtbar, die sonst unsichtbar geblieben wären. Man erkennt, dass die Silberdrähte tordiert sind.

Geschmeide für anspruchsvolle Kunden

Die Oberfläche gegossener oder geschmiedeter Objekte wurde oft mit aufwendigen Techniken verziert. Zur Feuervergoldung von Bronze- und vor allem Silberobjekten wird ein spezielles Gemisch benötigt: Acht Teile Quecksilber und ein Teil Gold werden in einem erhitzen Tiegel vermischt und dann in einen wassergefüllten zweiten Tiegel gegossen. Nach dem Abgießen des Wassers bleibt eine puderartige Masse zurück, ein Amalgam. Das zu vergoldende Objekt wird nun mit »Quickwasser« bepinselt, das aus drei Teilen Weinstein, einem Teil Salz und vier Teilen Quecksilber besteht. Mit einem Kupferstift wird sodann das Amalgam auf das erwärmte Objekt aufgetragen, auf ca. 100 °C erhitzt und mit dem Pinsel gut verrieben.

Die zahlreichen feuervergoldeten Bügelfibeln sind oft mit schwarzen Einlagen versehen. Solche Nielloverzierung ist häufig an Schwertgurtbeschlägen zu beobachten. Das auf dem Objekt eingeschnittene Dekor wird mit Niellopulver gefüllt und unter Hitzeeinwirkung eingeschmolzen.

In mit Silber- und Messingeinlagen versehene Eisenobjekte muss das Dekor wie beim Niellieren zuvor eingeschnitten werden. Die Verzierungen können aus einzelnen feinen Drähten, die tordiert sein können, oder aus breiteren Bändern bestehen. Ebenso gibt es punkt- oder kreisförmige und flächige Einlagen. Tauschiert wurden vor allem Tracht- und Reiterzubehör sowie Bestandteile der Waffenausrüstung.

Es ist wahrscheinlich, kann aber nicht mit Sicherheit bestätigt werden, dass die aufeinanderfolgenden Arbeitsvorgänge bei der Herstellung z.B. einer tauschierten Gürtelgarnitur – Schmieden der Gürtelplatten, Tauschieren der Oberflächen, schließlich das Befestigen des eigentlichen Gürtels – von verschiedenen Handwerkern ausgeführt wurden.

Eine wesentlich einfachere und billigere Verzierungsmethode ist die Pressblechtechnik. Dabei wird das zu verzierende Werkstück über ein Model aus Bronze abgeformt. Auf diese Weise wurden

z.B. Pressblechauflagen von Scheibenfibeln sowie Goldblattkreuze hergestellt.
Zur Anfertigung der kostbaren Filigrangoldscheibenfibeln wurde eine Vielzahl verschiedener Einzelteile benötigt, ehe die Fibel montiert werden konnte: Grundplatte, Stege zum Fassen der Einlagen und aus Blechstreifen hergestellte Drähte. In Lauchheim (vgl. Stork, Friedhof) wurde eine solche Fibel gefunden. Um sie im Experiment nachzubauen, mussten allein für die Filigranverzierungen Drähte und Bänder mit einer Gesamtlänge von 4 m auf eine Kreisfläche von 5,8 cm Durchmesser aufgelötet werden.[13] Die Herstellung so prunkvoller Fibeln erfolgte zweifellos nicht »in Serie«.
Eine mit einem Zellwerk versehene Grundplatte war für zahlreiche mit Granatplättchen verzierte Objekte wie Fibeln, Taschenbügel, Scheidenbeschläge und Schwertknäufe nötig. Die einzelnen Zellen wurden mit einer Kittmasse aus Sand und Eiweiß gefüllt, auf die dann ein gewaffeltes, hauchdünnes Gold- oder Silberblech gelegt wurde. Die geschliffenen und auf die Zellform zugeschnittenen Einlagen, oft aus dem rötlichen Halbedelstein Almandin, wurden in die Zellen eingepasst.[14] Die Werkstätten dieser sogenannten cloisonnierten Objekte sind im Mittelmeerraum zu lokalisieren, woher wohl viele der nördlich der Alpen entdeckten Funde stammen. Die Existenz einheimischer Werkstätten kann aber nicht ausgeschlossen werden.

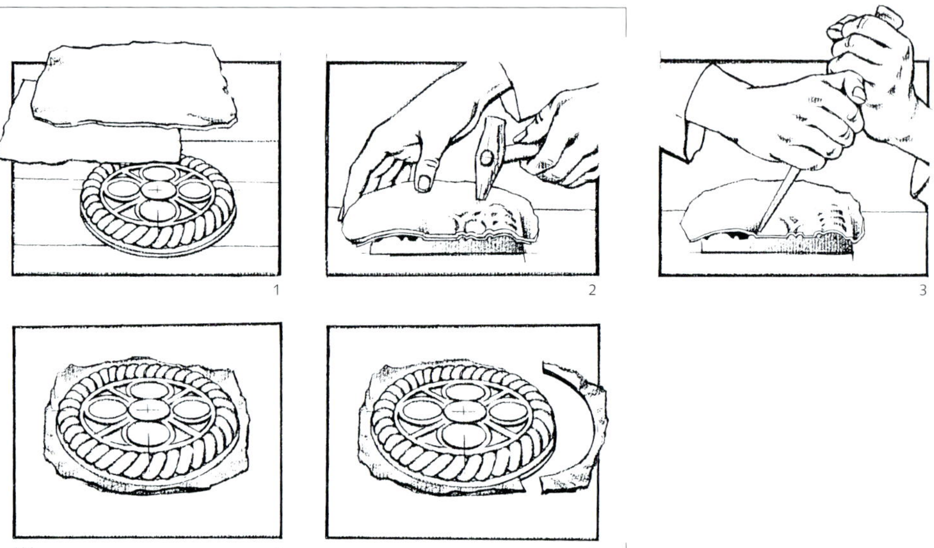

409

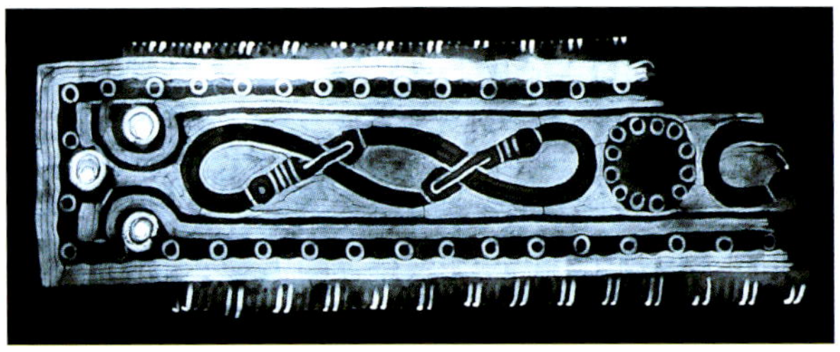

410

411

Nordischer Tierstil und mediterrane Flechtbandornamentik

Zahlreiche gegossene, tauschierte oder mit Pressblech versehene Objekte weisen zierende Flechtbänder und Tierornamente auf. Die Tierornamentik hat sich im südlichen Skandinavien entwickelt, wahrscheinlich unter dem Einfluss spätrömischer Gürtelbeschläge, die an den Randpartien mit Tieren verziert waren. Im Grab einer um 500 n.Chr. im Friedhof von Donzdorf bestatteten Frau fand man eine große nordische Fibel, ein Importstück aus Skandinavien. Die rechteckige Kopfplatte ist von kauernden Tieren umgeben, im Mittelteil sind eine Art Tiermenschen dargestellt, die auch auf der rautenförmigen Fußplatte zu beobachten

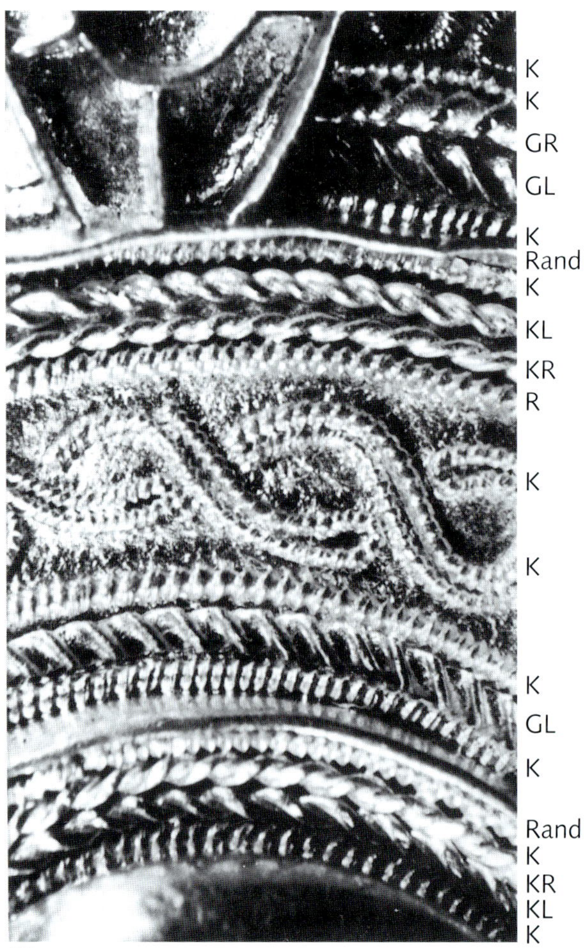

412

409 Pressblechtechnik
1 Über den Model aus Bronze, Stein oder Holz werden das Werkstück und dazwischen eine Schutzauflage, meist aus Blei, gelegt.
2 Das Metall wird mit dem Hammer getrieben.
3 Alternativ kann das Werkstück auch ohne Schutzbleck direkt über dem Model mit einem Stift angedrückt werden.
4 und 5 Zuletzt werden die Ränder des fertig getriebenen Bronzeblechs bearbeitet.

410 Röntgenaufnahme einer bichrom tauschierten und plattierten Riemenzunge aus Neftenbach. Durch die Silberplattierung wird ein Flechtband mit Tierköpfen ausgespart.

411 Dieser bronzene Model diente dazu, Pressblechauflagen für Scheibenfibeln herzustellen. Er stammt aus Gammertingen, Datierung um 600.

412 Die aufgelöteten Zierelemente einer um 600 n.Chr. entstandenen Goldscheibenfibel aus Lauchheim Grab 66 im Detail: K = Kerbdraht; KL = Kordeldraht, links gekordelt; KR = Kordeldraht, rechts gekordelt; GR = geripptes Goldblechband, rechts gewickelt; GL geripptes Goldblechband, links gewickelt.

413 **Die Heimat dieser »Cloisonnée« genannten Verzierungsweise ist wohl im Mittelmeerraum zu suchen. Die Halbedelsteine werden durch goldene Stege auf einer Grundplatte gefasst. Der Taschenbügel mit Pferdekopfenden aus Elgg Grab 193 besteht aus einer eisernen Grundplatte mit goldenem Zellwerk und Granateinlagen auf gewaffeltem Silberblech, die Scheibenfibel (unten) aus Gold mit Granatbelag auf gewaffelter Goldfolie. Letztere stammt aus einem Frauengrab des späten 6. Jh. in Beringen.**

414 **Germanischer Tierstil und mediterrane Flechtbandornamentik verbinden sich im frühen Mittelalter zu einem eigenen Stil. Dreiteilige gegossene Gürtelgarnitur aus einem Männergrab der ersten Hälfte des 7. Jh. aus Zürich vom Fuß des St.-Petershügels.**

413

414

sind. Gegen die Mitte des 6. Jh. tauchen auf einheimischen kleineren Bügelfibeln mit halbrunder Kopfplatte ähnliche Tiergestalten auf. Die ovale Fußplatte dieser Fibeln wird von einem stilisierten Tierkopf abgeschlossen.

Ein anderes wichtiges Zierelement, das Flechtband, geht wohl auf mediterranen Einfluss zurück. Die germanischen Stämme begannen bald, die nordische Tierornamentik mit dem mediterranen Flechtband zu kombinieren, und so entstanden die beliebten Flechtbänder mit Tierdetails. Diese faszinierende Ornamentik hatte zweifellos mythologischen Inhalt, dessen Bedeutung wir heute leider kaum noch erahnen können.

WURMBUNTE KLINGEN HÖHEPUNKTE DER SCHMIEDEKUNST

Frühmittelalterliche Hochtechnologie präsentiert sich in unseren Museumsvitrinen meist recht unscheinbar: reduziert auf stark korrodierte »Bandstahlstreifen«, oftmals sogar nur fragmentarisch erhalten.[15] Bei näherem Hinsehen eröffnen sich jedoch ganz andere Perspektiven: Wir entdecken da und dort im rostzerfressenen Metall seltsam gekräuselte, reliefartig erhabene Schlangenlinien und Strukturen oder auch regelmäßig wiederkehrende Fischgratmuster. Damit erschließt sich schrittweise die komplexe Welt der »wurmbunten« Klingen, Erzeugnisse einer Technologie, die zwischen dem 6. und 8. Jh. n.Chr. in unseren Breiten eine wahre Blütezeit erlangte. Vergleiche von Klingenbildern und Oberflächenzeichnungen[16] legen wiederum den Schluss nahe, dass regionale Produktionszentren mit ausgesprochenen »Schmiedeschulen« bestanden haben müssen, begünstigt nicht zuletzt durch reichliche Erzvorkommen und Verhüttungsmöglichkeiten auf der Schwäbischen Alb.

Klingenträume in Damaszenerstahl

Die Spatha, das Langschwert jener Epoche, verkörpert nicht nur ein Höchstmaß an technischem Wissen und handwerklicher Virtuosität damaliger Schmiede, sondern war zugleich Ausdrucksmittel ungeahnter künstlerischer Vielfalt

und Gegenstand von mythologischer Bedeutung. Mehr noch, sie dokumentiert das Statussymbol schlechthin für den wohlbetuchten alamannischen Kriegeradel.
Der Werkstoff selbst schlägt für uns die Brücke zum »Damaszenerstahl«, jenem begehrten Material, aus dem weltweit – zu ganz unterschiedlichen Zeiten – die ausgefallensten Klingenträume durch geschickte Handwerker realisiert wurden. Dies geschah besonders in Asien und Europa: das Katana der japanischen Samurai, der Kris auf den Inseln des indonesischen Archipels, die Schaschka im Kaukasus und – für uns von primärer Bedeutung – die wurmbunte Spatha des alamannischen oder merowingischen Kriegers. Ein Großteil des formal vielfältigen Blankwaffenangebots auf dem indischen Subkontinent, vorrangig unter den Mogulherrschern, oder der berühmten Klingenprodukte persischer Schmiede ist ebenso eng mit dem Begriff »Damaststahl« verbunden. Es mag an dieser Stelle offen bleiben, ob dieser Sammelbegriff nach dem Handelsplatz Damaskus benannt und von Kreuzrittern überliefert wurde oder vom arabischen *damas* abgeleitet ist, das »fließen« bedeutet.
Wir müssen generell zwischen zwei Damaststahlsorten unterscheiden: indischem Wootz, einem Gefügedamast, der im Tiegel unter Zusatz von Holzkohle und Pflanzen erschmolzen wird, und dem hierzulande gebräuchlichen Schweißdamast. Dieser stellt, vereinfacht ausgedrückt, ein Verbundmaterial dar, das seine Entstehung dem Feuerverschweißen verdankt, d.h. dem Zusammenschmieden verschiedener Arten von kohlenstoffangereichertem Stahl mit Schmiedeeisen. Den frühmittelalterlichen Handwerkern stand damit eine Technik zur Verfügung, die es ermöglichte, relativ wirtschaftlich – wenn auch unter hartem körperlichem Einsatz – ebenso elastische wie scharfe Klingen zu erzeugen. Nicht erst Kelten und Römer wussten diesen Herstellungsprozess erfolgreich einzusetzen, vielmehr reichen dessen Anfänge bis in die jüngere Urnenfelderzeit (Hallstatt B2/3–8. Jh. v.Chr.) zurück, wie der metallurgisch untersuchte Fund eines Kurzschwertes aus Singen am Hohentwiel vermuten lässt.

Ein König gerät ins Schwärmen

Eh und je waren damaszierte Klingen hoch geschätzt. So berichtet beispielsweise Cassiodor von einem schwärmerischen Dankschreiben Theoderichs an Thrassamund, den König der Vandalen. Sein Dank galt einem Gebinde prächtiger Schwerter:
Eure brüderliche Liebe hat mir Schwerter und Hiebwaffen als Geschenk übermacht, deren Eisen köstlicher ist wie Gold. Ihre polierte Klinge glänzt so helle, dass es im Anschauen das treue Spiegelbild des Gesichtes zurückwirft und ihre Spiegel sind von oben bis unten so gleich-

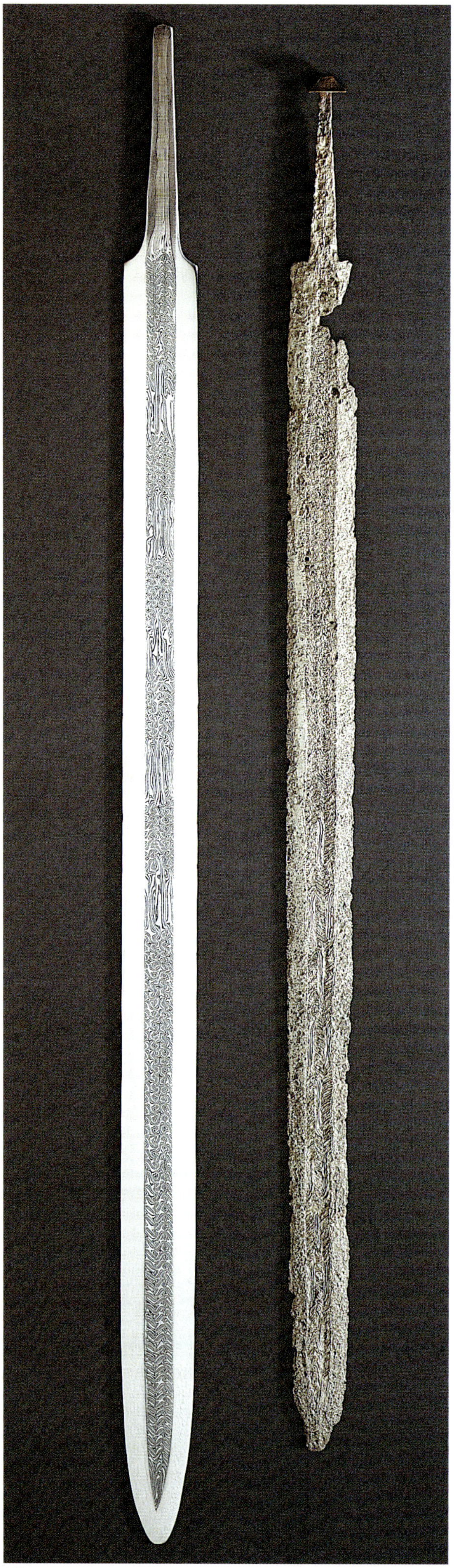
415

415 Die Spatha von Ingersheim. Nach einer genauen Untersuchung des Originals hat Manfred Sachse aus Mönchengladbach das Schwert nachgeschmiedet. In der Detailaufnahme erkennt man die besonders komplizierte Damaszierung: Die Muster der Klinge sind schachbrettartig versetzt.

mäßig, dass sie nicht aus Streifen zusammengesetzt, sondern wie aus einem Schmelzofen geflossen zu sein scheinen. In dem mittleren Teil erscheinen schöne Vertiefungen wie kräuselndes Gewürm und es zeigen sich so mannigfache Schattierungen, dass man glauben möchte, es sei das glänzende Metall mit verschiedenerlei Farben durchwebt.

Das angelsächsische Beowulf-Epos, wohl aus dem 7. Jh. stammend, lässt seinen Helden ebenfalls mit dem »Hartschwert« aus »kostbarem Wellenstahl« gleichwie gearteten Gegnern zu Leibe rücken. Berühmtheiten unter der blanken Wehr wurden zudem mit Namen bedacht: Beowulfs Schwert hieß Nägeling, während Siegfried mit Balmung zu Ruhm und Ehre gelangte, Wieland der Schmied sich mit Mimung den gewünschten Respekt zu verschaffen wußte.

Die Spatha aus Ingersheim

Stellvertretend für die vielfältig damaszierten Klingen aus alamannischer Zeit sei hier die Spatha von Ingersheim aus dem 6. Jh. genannt. Das im Württembergischen Landesmuseum aufbewahrte Langschwert stellt in schmiedetechnischem Sinne eine Glanzleistung frühmittelalterlichen Handwerks dar, aufwendiger noch und komplizierter im Aufbau als die hinlänglich bekannte Sutton-Hoo-Klinge. Besonders bemerkenswert gestaltet sich die Konstruktion des qualitätvollen Ingersheimer Schwertes durch die Musterführung, den exakt kalkulierten Wechsel von Torsions- und Banddamast. Der Klingenkern besteht aus zweimal drei Bahnen mit wechselseitig verdrehten bzw. nichttordierten Stäben, wobei der Schmied offensichtlich ganz bewusst eine Fünferfolge wählte und somit einer antiken Zahlenmythologie Ausdruck verlieh. Seit jeher hatte die Fünf (Pentagramm) besondere Bedeutung, und das nicht nur als erwiesenermaßen magische Schmiedezahl. Auch die Sutton-Hoo-Klinge zeichnet sich durch den Wechsel von tordierten und bandförmigen Segmentverläufen aus, aber dabei verläuft das Muster stets parallel zu den einzelnen Stäben. Die anspruchsvollere Ingersheimer Spatha besticht dagegen – zumindest auf einer Klingenseite – durch gekonnten schachbrettartigen Versatz im Damastmuster, und das, wie gesagt, beidseitig in gezielter Fünferfolge.

Blick über die Schulter eines Meisters

Um die Schritte bei der Herstellung wurmbunter Schwertklingen, also Klingen aus Schweißdamast, verständlich zu machen, wollen wir einem versierten Könner über die Schulter schauen und lassen dazu Manfred Sachse aus Mönchengladbach in die Rolle des frühmittelalterlichen Schmiedes schlüpfen. Fachbuchautor und weltweit einer der anerkanntesten Damastschmiede, hat er durch seine experimentellen Forschungen dem immer noch durchaus aktuellen Verbundwerkstoff »Damaszenerstahl« eine Renaissance in Europa verschafft. Zu den Resultaten seiner Arbeiten zählt eine relativ genaue und gelungene Replik der Spatha von Ingersheim, die auf Skizzen, Maßangaben und Röntgenaufnahmen des Verfassers basiert.

Wenden wir uns der praktischen Arbeit zu. Abgesehen von gewissen Anleihen, die auf gegenwärtigem technischem Verständnis beruhen, dürften die geschilderten Abläufe weitgehend mit der schweißtreibenden Knochenarbeit des 6. Jh. übereinstimmen. Tauchen wir ein in das geheimnisvolle Halbdunkel einer Schmiede im Jahre 580 n.Chr. und vollziehen die einzelnen Schritte bei der Herstellung einer Spatha nach:

Erstens wird ein »sandwichartiges« Paket gebildet, das aus fünf oder sieben Lagen von Eisen- und Stahllamellen besteht. Diese Anzahl entspricht übrigens den erwähnten magischen Schmiedezahlen. Je nach Lagenzahl werden dabei wechselschichtig zwei bzw. drei Stahlplatten (mit 0,7–0,9 % Kohlenstoffgehalt) in drei bzw. vier Eisenplatten gebettet, d.h. quasi ummantelt. Das mit Draht fixierte, etwa 5 kg schwere Paket kommt nun ins Holzkohlenfeuer der Esse.

Zweitens wird das Werkstück auf 1200–1250 °C erhitzt. Dann kann unter Zugabe von Schweißmitteln wie Sand oder pulverisiertem Lehm – jeder Schmied schwor wohl auf seine eigene Rezeptur – der entscheidende Schweißvorgang beginnen. Schweißen, das gefühlvolle Zusammenschmieden mit gekonnt geführtem Hammer, setzt allerdings voraus, dass partienweise erhitzt wird. Ein Vorgang, der sich beim Strecken auf vierkantigen Querschnitt und beim folgenden Ausschmieden wiederholt. Dieser aufwendige Prozess vom »Lamellenpaket« bis zum ausgereckten Vierkantstab muß mehrfach durchlaufen werden, je nach Dekor und der dazu benötigten Anzahl Stäbe.

Nachdem – um beim Beispiel »Ingersheim« zu bleiben – auf diese Weise sechs Stäbe mit quadratischem Querschnitt von 8–10 mm entstanden sind, wird drittens in bestimmten Stabsegmenten, je nach gewünschter Musterbildung, erneut erhitzt und auf einer Länge von jeweils etwa 35 mm wahlweise rechts oder links tordiert. Bildlich gesprochen wird der Stab im glühenden Zustand seilähnlich in der Längsachse verwunden.

Die aufgrund vorbestimmten Damastdekors entsprechend tordierten Stäbe – im Fall »Ingersheim« sechs an der Zahl – müssen viertens einzeln wieder zum Vierkanten geschmiedet und an den Seiten durch Anschleifen vom Zunder befreit werden.

Danach lassen sich diese Stäbe fünftens zu einem endgültigen Kernpaket ordnen und fixieren. Beim Klingenkern der Ingersheimer Spatha bilden zweimal drei Stäbe dieses neue Grundpaket. Mit dem Zusammenschweißen dergestalt gebündelter Stä-

be erfährt das inzwischen schon geläufige Geduldspiel eine Neuauflage: fortgesetzte Erwärmung, wiederholtes Verschweißen in einer ganzen Reihe von behutsamen Arbeitsgängen. Feinfühliges Vorgehen ist unerläßlich, damit die beabsichtigten Muster nicht zügellos verlaufen.
Nach Ausformen des Klingenortes (der Spitzenpartie) fügt unser Schmied sechstens die vorbereitete Schneide an. Sie kann aus Banddamast mit zahlreichen Lagen oder einheitlichem Stahl bestehen. Im Klartext: Die stumpfe Kante der Schneide wird hufeisenförmig um den Kern gebogen, angepasst und durch erneute partielle Erwärmung angeschweißt. Das Ausschmieden der Angel signalisiert zugleich das Ende des eigentlichen Schmiedens.
Vorschleifen, Erhitzen und Härten durch Eintauchen in ein Ölbad leiten siebtens den sekundären Fertigungsprozess der Klinge ein. Zu bemerken wäre noch, dass der vordere Hiebbereich oft stärker gehärtet wurde als die übrigen Partien des Schwertes.
Nach dem Zurechtschleifen von Schneiden und Ortpartie bedarf es achtens des Feinschliffs und abschließenden Bürstens, um der Klinge samtige Politur zu verleihen.
Damit das Damastmuster an der Klingenoberfläche sichtbar wird, verwendet der Schmied neuntens agressive Mittel wie Obst- oder Essigsäuren zum Ätzen. Erst dann zeigen sich der reizvolle Kontrast zwischen hell und dunkel, das »kräuselnde Gewürm«, und die von Theoderich so geschätzten »mannigfachen Schattierungen«. Während die Schichten mit kohlenstoffhaltigem Stahl grau bis anthrazit schimmern, glänzen die Eisenschichten in feinen Silbertönen. Ist genügend Ausdruck und Zeichnung bei der Damaszierung erreicht, wird die Klinge dem Säurebad entnommen, gewässert, neutralisiert und schließlich getrocknet.
Zehntens mit einem feinen Schleifmittel von Hand abgezogen, erstrahlt das wertvolle Stück in prachtvollem Glanz.
Unser frühmittelalterlicher Schmied darf endlich aufatmen. Dank tatkräftiger Mitarbeit eines oder zweier Gehilfen, die als Vorschläger wechselseitig den schweren Hammer schwingen mußten, kann die fertige Klinge nach gut zweiwöchiger Arbeit dem Auftraggeber überreicht werden, vorausgesetzt, es traten keine gravierenden schweiß- oder schmiedetechnischen Probleme auf.

---

1 L. Eschenlohr/V. Serneels, Les bas fourneaux mérovingiens de Boécourt, Les Boulies (JU/Suisse). Cahier d'Arch. Jurassienne 3 (Porrentruy 1991); M. Kempa, Antike Eisenverhüttung auf der Ostalb. Zwei Jahre archäometallurgische Forschungen. Arch. Inf. Baden-Württemberg 20 (Stuttgart 1991); ders., Frühe Eisenverhüttung im Vorland der Schwäbischen Alb [Begleitheft zur Ausstellung »Das eiserne Zeitalter«] (Grafenberg 1996); H. Steuer, Zur Frühgeschichte des Erzbergbaus und der Verhüttung im südlichen Schwarzwald. Literaturübersicht und Begründung eines Forschungsprogramms. In: Arch. u. Gesch. Freiburger Forsch. Erstes Jahrtausend Südwestdt. 1 (Sigmaringen 1990) 388 ff.; Beiträge zur Eisenverhüttung auf der Schwäbischen Alb. Forsch. u. Ber. Ur- u. Frühgesch. Baden-Württemberg 55 (Stuttgart 1995). Ich danke L. Eschenlohr, V. Serneels und M. Senn für ihre wertvollen Hinweise.

2 Beim Rennverfahren wird das Eisen direkt aus dem Erz gewonnen. Die sich vom Eisen trennende Schlacke fließt weg. Bis ins Mittelalter war dies praktisch die einzige angewendete Methode zur Eisengewinnung.

3 Bei einigen frühalamannischen Verhüttungsplätzen auf der Hochfläche der Schwäbischen Alb konnte ein anderer Rennofentyp identifiziert werden, bei dem die Schlacke in eine Grube unter dem Ofenschacht fließt: Kempa, Frühe Eisenverhüttung (Anm. 1) 8; 13.

4 MengenCh. Bücker/M. Egger/G. Fingerlin/M. Hoeper Fund--Mengen. Mengen im frühen Mittelalter. Arch. Inf. Baden-Württemberg 25 (Stuttgart 1994). Vörstetten: Ch. Bücker, Eine Sondierungsgrabung in der neu entdeckten frühalamannischen Siedlung von Vörstetten, Kreis Emmendingen. Arch. Ausgr. 1991, 196 ff. Neuhausen: U. Gross, Funde aus einem frühmittelalterlichen Handwerksareal in der Bäderstraße in Neuhausen, Kreis Esslingen. Arch. Ausgr. 1993, 235 ff. Heidenheim-Großkuchen: J. Biel, Neue Untersuchungen zu einer frügeschichtlichen Siedlung bei Heidenheim-Großkuchen. Arch. Ausgr. 1986, 184 ff.

5 Vorbericht: R. Fellner u.a.., Archéologie et transjurane. Le site de Courtételle, Tivila (JU, Suisse). Haut moyen âge et âge du fer. Fouilles 1994. Section d'Arch. Office Patrimoine Hist. et N16 Doc. 39 (Porrentruy 1995). Ich danke Herr L. Eschenlohr für die Auskünfte.

6 Auf einem um 700 angefertigten Kästchen aus Auzun (Frankreich) ist der Schmied Wieland dargestellt. Siehe H. Roth, Kunst und Handwerk im frühen Mittelalter. Archäologische Zeugnisse von Childerich I. bis zu Karl dem Großen (Stuttgart 1986) 64.

7 E. Munksgaard, Spätantikes Silber. Frühmittelalterl. Stud. 21, 1987, 82 ff.

8 A. Hartmann/R. Wolf, Vergleichende Spektralanalysen an einigen frühmittelalterlichen Goldfunden und Goldblattkreuzen. In: W. Hübener, Die Goldblattkreuze des frühen Mittelalters (Baden 1975) 23 ff.

9 Zum mittelalterlichen Silberbergbau Steuer (Anm 1).

10 Zusammenstellung der Schmiedegräber von der Latènezeit bis in die Merowingerzeit: J. Henning, Schmiedegräber nördlich der Alpen. Germanisches Handwerk zwischen keltischer Tradition und römischem Einfluß. Saalburg-Jahrb. 46, 1991, 65 ff.

11 U. Koch, Handwerker in der alamannischen Höhensiedlung auf dem Runden Berg bei Urach. Arch. Korrbl. 14, 1984, 99 ff.

12 Ch. Bonnet/M. Martin, Bleimodell einer angelsächsischen Fibel aus Saint-Pierre in Genf. Arch. Schweiz 1982,4, 210 ff.

13 H. Mallwitz, Ergebnisse experimenteller Archäologie: Zur Herstellungstechnik einer alamannischen Filigrangoldscheibenfibel. In: I. Stork, Fürst, Bauer, Heide und Christ. 10 Jahre archäologische Forschungen in Lauchheim/Ostalbkreis. Arch. Inf. Baden-Württemberg 29 (Stuttgart 1995) 66 ff.

14 B. Arrhenius, Merovingian Garnet Jewellery. Emergence and social implications. (Göteborg 1985).

15 Folgende Literatur wurde zu Rate gezogen: C. Beck, Die Geschichte des Eisens 1 (Braunschweig 1891); F. Genzmen, Beowulf (Stuttgart 1978); W. Kimmig, Ein Grabfund der jüngeren Urnenfelderzeit mit Eisenschwert von Singen am Hohentwiel. Fundber. Baden-Württemberg 6, 1981, 93 ff.; P. O. Boll/W. J. Muster, Metallkundliche Untersuchungen des Eisenschwerts von Singen am Hohentwiel. Ebd. 113 ff.; U. Koch, Das Reihengräberfeld bei Schretzheim. Germ. Denkmäler Völkerwanderungszeit A 13 (Berlin 1977); M. Lehnert, Beowulf (Leipzig 1986); M. Sachse, Damaszener Stahl (Düsseldorf 1993); R. Wolf, Das frühe Mittelalter – Schwaben und Franken (Stuttgart o.J.); J. Ypey in RGA[2] 5 (Berlin, New York 1984) 191 ff. s.v. Damaszierung.

16 z.B. in Crailsheim, Neresheim, Kösingen oder Schretzheim.

An Webstuhl und Webrahmen

ALAMANNISCHES TEXTILHANDWERK

JOHANNA BANCK-BURGESS

Bereits aus dem 4. Jh. sind uns Tuchmanufakturen überliefert, die *Gynaeceen* in den spätrömischen Städten Arles, Lyon, Reims, Tournai, Autun und Trier.[1]

Gregor von Tour erwähnt in seiner Frankengeschichte *Historiarum Libri Decem* spezielle Berufsbezeichnungen und Einrichtungen aus dem Textilhandwerk. Um die Verarbeitung der Wolle kümmerten sich die Wollarbeiter (Greg.Tur. 4,26; 7,14),[2] zu Garn wurde sie im Spinnhaus von Mägden versponnen. Das Spinnhaus auf dem Königshof Marlenheim im Elsass (Greg. Tur. 9,38) war vermutlich Teil einer Tuchmanufaktur.

Über Ausstattung und Arbeitsweise der Gynaeceen erfahren wir erst aus den karolingischen Kapitularen Genaueres: Mit Wollkämmen bereitete man die Wolle zum Spinnen vor. Waid, Scharlach und Krapp dienten zum Färben des Garns. Unter Zusatz von Seife wurde das Gewebe gewalkt und mit Kardendisteln florartig aufgerauht.[3]

Handwerk am heimischen Herd

Gewebt wurde vorwiegend in ländlichen Siedlungen, wie Webgewichte und Spinnwirtel meist aus Grubenhäusern belegen. Bis ins hohe Mittelalter hat man Garn vorwiegend im eigenen Haushalt hergestellt. Das Gerät zum Spinnen war denkbar einfach: An einem kleinen Stab, der Spindel, wurde als Schwungrad ein Wirtel befestigt. Die Darstellung einer Spinnszene ist Bestandteil einer Miniatur im Stuttgarter Psalter aus dem 9. Jh.[4] Spindeln blieben selten erhalten, da sie meistens aus Holz gefertigt waren, wie z.B. der Fund aus Grab 33 von Oberflacht.[5] Manchmal wurden sie auch aus Rinderknochen hergestellt. Wirtel gehören dagegen in Frauengräbern der Merowingerzeit zu den üblichen Beigaben. Sie zeigen in Form und Material eine große Variationsbreite.

Über die Organisation des Textilhandwerks wissen wir wenig; ebensowenig darüber, ob und wie weit die Produktion über den Eigenbedarf hinausging. Dazu gehört die Frage, ob die Grubenhäuser und sonstigen Hinweise auf die Weberei verschiedenen Höfen zugeordnet werden können oder in einem Handwerksviertel zusammenlagen.

Ein Zentrum für die Herstellung von Köpergeweben vermutet Hans-Jürgen Hundt in Giengen, wo sich die Gewebefunde aus dem alamannischen Gräberfeld durch zahlreiche Mustervarianten auszeichnen. In Niederstotzingen wurden in zwei nahe beieinander liegenden Kindergräbern Gewebe mit dem gleichen, markanten Webfehler gefunden. In zwei weiteren Gräbern fand sich jeweils ein auffallend komplexes Köpergewebe. Beide stammen vermutlich vom selben Tuch.[6]

Höchste Qualität mit einfachen Mitteln

Webgewichte, die zum Spannen der Kettfäden dienten, belegen die Verwendung des Gewichtswebstuhls. Selten gibt es weitere Befunde, z.B. Pfostengruben für die eingetieften Seitenstützen oder der festgetretene Boden am Arbeitsplatz vor dem Webstuhl. Gelegentlich findet man in Grubenhäusern Webbrettchen, Nadeln oder Spinnwirtel.

Der Gewichtswebstuhl erlaubt die Anfertigung großer Stoffbahnen. Er verfügt über eine Einrichtung zum mechanischen Anheben der Kettfäden, was zügige Arbeit ermöglicht.

Während zuvor kegel- und pyramidenförmige Gewichte üblich waren, kamen mit Beginn des frühen Mittelalters ringförmige Webgewichte auf (vgl. Abb. 339).[7]

Hajo Zimmermann beobachtete in Dalem und Midlum-Northum, dass zusammengehörige Webgewichte etwa gleich schwer sind, während solche aus verschiedenen Sätzen im Gewicht erheblich variieren können. Die ringförmigen Webgewichte weisen eine größere Gewichtsspanne auf als die prähistorischen. Ob mit ihrer Einführung »neue Bindungsarten oder andere technische Veränderungen einhergehen, muss das Studium der Textilfunde ergeben.«[8] Diese These wird durch die Beobachtung unterstützt, dass im frühen Mittelalter im nord- und mitteleuropäischen Raum vermehrt Webstühle nachzuweisen sind, was mit einem allgemeinen Aufschwung des Textilhandwerks und -handels erklärt wird.[9]

Finden sich Webgewichte in einer bestimmter Anzahl bzw. Anordnung in einem Grubenhaus, wissen wir, dass dort ein Webstuhl aufgestellt war. Grubenhäuser eigneten sich vor allem für die Leinenweberei, weil dort hohe und konstante Luftfeuchtigkeit verhinderte, dass die Kettfäden brüchig wurden. Bei Wollfasern ist dank ihrer Elastizität die Luftfeuchtigkeit nicht so wichtig, was nicht ausschließt, dass auch wollene Tuche in Grubenhäusern herstellt wurden. Trotzdem ist die Herstellung von Wollgeweben eher mit Webstuhlbefunden im Bereich ebenerdiger Häuser in Verbindung zu bringen. Hinweise auf einen Webstuhl, der möglichweise an der Außenwand eines Hauses lehnte, liegen aus Schleitheim vor.[10]

Mühsal und fingerfertiger Müßiggang

Reste eines Rahmengriffwebstuhls[11] liegen vermutlich aus drei Gräbern von Trossingen, Neudingen und Oberflacht vor.[12] Es waren wohl einfache, aufrecht stehende Holzrahmen. In Neudingen wurden am Fußteil des Webrahmens vier Bretter gefunden. Sie gehörten jedoch nicht zum Webstuhl,[13] sondern verhinderten, dass die Beine eines Holzbetts in den Grabkammerboden einsanken.[14]

Eine einfache Webrahmenkonstruktion ist im Utrechter Psalter abgebildet. Sofern keine Litzenstäbe vorhanden waren, die zum Anheben der Kettfäden dienten, wird so ein Holzrahmen als »Webgerät« und nicht als Webstuhl angesprochen. Bei Webgeräten müssen die einzelnen Kettfäden bzw. Kettfadengruppen manuell angehoben werden. Diese zeitintensive Handhabung erlaubt eine individuelle Gestaltung des Gewebes, die beim Gewichtswebstuhl nicht möglich ist. Es ist vermutlich kein Zufall, dass in reichen alamannischen Frauengräbern – z.B. in Neudingen, Trossingen und Oberflacht – keine Gewichtswebstühle, sondern Webrahmen gefunden wurden. Der Gewichtswebstuhl diente zur Anfertigung längerer Stoffbahnen, die das Resultat harter Arbeit waren. Der Webrahmen dagegen war wesentlich leichter zu handhaben und diente vermutlich zur Fertigung aufwendiger und kostbarer Gewebe.

Für den Trittwebstuhl, der in der Entwicklung nach dem Gewichtswebstuhl kommt, liegen bisher keine eindeutigen Belege vor. Seine größere Produktivität, unter anderem wegen der wesentlich längeren Gewebebahnen, machte diesen Typ vor allem für Textilmanufakturen begehrenswert. Er kann in Mitteleuropa zwar erst ab dem 11. Jh. nachgewiesen werden,[15] aber verschiedene Aspekte, wie die Komplexität bestimmter Gewebebindungen, für die zahlreiche Schäfte notwendig sind, oder das verstärkte Auftreten des dreischäftigen Köpers, könnten darauf hindeuten, dass er schon früher eingeführt wurde.[16]

Ein Blick auf die Vielzahl der einfachen Webstühle und Webgeräte, die uns aus der Völkerkunde bekannt sind, lässt vermuten, dass wir mit Gewichtswebstuhl und Webrahmen nur zwei von mehreren Geräten fassen können, die in der Merowingerzeit verwendet wurden.

Die Brettchenweberei diente vorwiegend zur Anfertigung von Borten und Gewebekanten. Produkte dieser Kunst sind uns in meisterhafter Ausführung bereits aus der Hallstattzeit (6. Jh. v.Chr.) bekannt. Dass man diese Technik auch in der Merowingerzeit beherrschte, belegen quadratische Brettchen aus Bein mit 2–4 cm Kantenlänge. Sie zeigen auffallend einheitliche Verzierungen mit Kreisaugenornamenten oder Strichgruppen in gekreuzter oder rautenartiger Anordnung.[17]

Merowingerzeitliche Brettchengewebe sind selten und überwiegend einfach gestaltet. Aus Kirchheim

416

416 Die Spindel war im Mittelalter ein alltäglicher Anblick. Welche Bedeutung der Spindel und dem Topf mit dem Fadenknäul auf der Miniatur des Stuttgarter Psalter (9. Jh.) zukommt, ist unklar.

417

417 **Spinnwirtel aus gebranntem Ton und Nadeln aus Bein und Bronze in den Gräbern von Unterthürheim zeugen von der Arbeit der Frauen, vom Spinnen und Nähen.**

418 **In einem karolingischen Grubenhaus von Ditzingen lagen in einer Reihe mindestens 56 Webgewichte aus luftgetrocknetem Ton. Außerdem waren die Standspuren des zugehörigen Gewichtswebstuhls erhalten.**

unter Teck liegt ein Köpergewebe mit Brettchengewebekante vor.[18] Kleine, bandförmige Geräte mit hakenförmig ausgeschmiedetem Ende sieht Hans-Jürgen Hundt im Zusammenhang mit der Brettchenweberei.[19]

Arbeitsgerät oder Statussymbol?

Die zweischneidigen Webschwerter besitzen eine spornartig auslaufende Spitze und dienten zum Anschlagen der eingetragenen Schussfäden. Der Einsatz des hölzernen Webschwerts und des Gewichtswebstuhles konnte bis ins 20. Jh. noch auf der norwegischen Insel Stord südlich von Bergen beobachtet werden.[20]
Eiserne Webschwerter finden sich in Gräbern der Langobarden, Angelsachen, Nordgermanen und Thüringer. »Im ostfränkischen und alamannischen Raum lassen sich eiserne Webschwerter häufig dort beobachten, wo sich auch ein Zuzug thüringischer Bevölkerungsgruppen anhand von Trachtbeigaben und Keramik feststellen lässt.«[21] Abgesehen vom ostfränkischen Gebiet ist die Beigabe von Webschwertern bei den Franken nicht üblich.[22] Sie finden sich bis auf wenige Ausnahmen[23] in reichen Frauenbestattungen des 6. Jh.[24] Hölzerne Webschwerter sind kaum überliefert, was nicht zwangsläufig auf die schlechten Erhaltungsbedingungen zurückzuführen ist. In Form und Machart erinnert das Webschwert sehr an eine Waffe. Hin und wieder wurde tatsächlich ein Exemplar aus einer alten

418

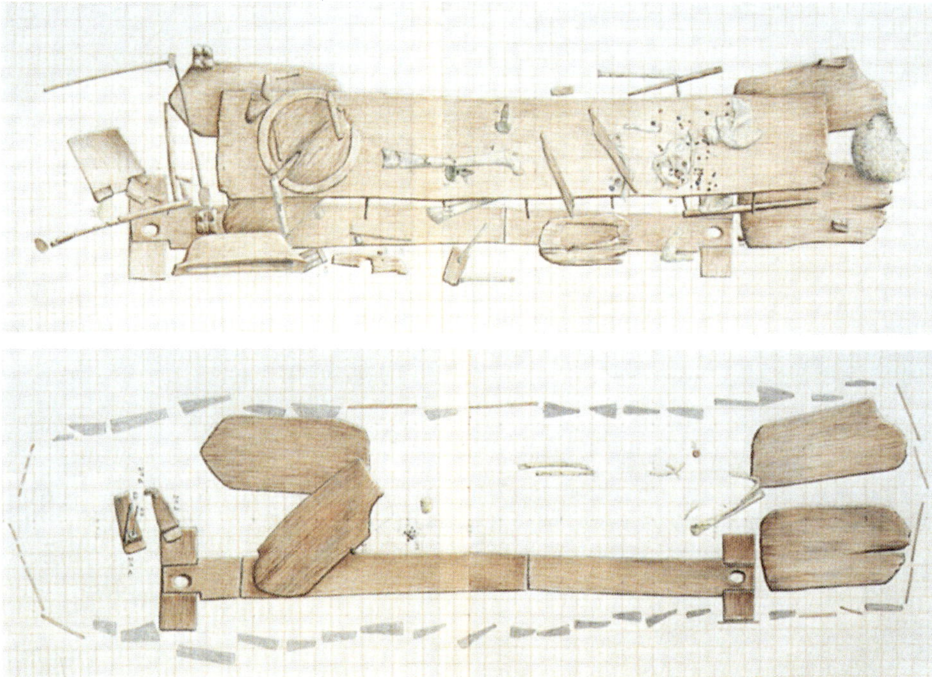

419

419 **Im reichen Frauengrab 168 von Neudingen wurde das Unterteil eines Webrahmens gefunden. Vermutlich hatte die Verstorbene zu Lebzeiten wertvolle Tuche gewebt. Man beachte auch die beiden hölzernen Spindeln mit Spinnwirtel.**

420 **Im Utrechter Psalter aus dem 9. Jh. werden verschiedene Tätigkeiten in der Textilverarbeitung dargestellt, darunter auch die Arbeit an einem einfachen Webrahmen.**

421 **Mit Hilfe kleiner Brettchen aus Knochen wurden Bänder gewebt. Die Funde stammen aus Bruchsal, Bischofsburg und Sülchen bei Rottenburg.**

420

421

Spatha angefertigt. So verwundert es nicht, dass den eisernen Webschwertern eher ein symbolischer Wert zugesprochen wird, der Rang und sozialen Status der Verstorbenen aufzeigen soll.[25]

Nicht nur Wolle und Leinen

Neben den wenigen Gerätefunden sind es in erster Linie Gewebe aus Gräbern, die Zeugnis vom Textilhandwerk ablegen. Selten sind es gut erhaltene Funde aus dauernd feuchtem Boden wie in Oberflacht und Lauchheim.

Die Erhaltung der Gewebe ist meist den konservierenden Eigenschaften von Metalloxiden zu verdanken, z.B. Waffen oder andere Metallbeigaben, die im Grab unmittelbaren Kontakt mit Kleidern, Leichentüchern oder Polstern hatten. Die Ansprache des Materials ist oft mit Hilfe des Rasterelektronenmikroskops möglich, aber zur Bestimmung von Farbstoffen sind Originalfasern notwendig. Häufig bedarf es langwieriger Konservierung, um die Oberfläche der Gewebereste freizulegen. Dann können jedoch neue Erkenntnisse über das Aussehen und die Verwendung gewonnen werden. Untersuchungen von Hans-Jürgen Hundt ergaben z.B., dass Rippenköper häufig zu Kleidungsstücken gehörten, die unmittelbar am Oberkörper getragen wurden.[26] Renata Windler beobachtete in Elgg, dass der Gürtel von einem überhängenden Stoffbausch verdeckt war, also nicht sichtbar getragen wurde.[27] Die genaue Tragweise von Fibeln konnte Antja Bartel am Fundmaterial aus Waging in Oberbayern nachvollziehen.

Leinen und Wolle sind in der Merowingerzeit am häufigsten nachzuweisen. Vom Verhältnis der

422

422 Eiserne Webschwerter aus Unterthürheim – unentbehrliches Werkzeug beim Weben oder Statussymbol für die standesgemäße Beisetzung? Manchmal wurden diese Webgeräte sogar aus alten Schwertern hergestellt.

423 Noch 1956 arbeiteten norwegische Frauen am Gewichtswebstuhl. Gewichte aus Ton, die man unten hängen sieht, halten die Kettfäden straff. Die Weberin ist im Begriff, die Schussfäden mit einem Webschwert anzuschlagen.

Woll- und Leinenfunde auf die Bevorzugung eines bestimmten Materials zu schließen,[28] ist jedoch fragwürdig, da tierische Haare durch Metalloxide meist besser konserviert werden als pflanzliche Fasern.[29] Zur Gewinnung der Leinenfaser ist ein langwieriger Aufbereitungsprozess notwendig, der schon im Neolithikum bekannt war.[30]

Vergleichbare Verfahren wurden auch auf Nessel und Hanf angewandt. Diese beiden Fasern wurden in einem Mädchengrab aus Flurlingen nachgewiesen.[31] Die merowingische Königin Arnegunde, zwischen 565 und 570 in der Kathedrale St. Denis in Paris beigesetzt, ruhte in ihrem Steinsarg auf einem roten Wollstoff und einem Laken aus Hanf.[32] Gregor von Tour erwähnt auch Kleidungsstücke aus Baumwolle und Ziegenhaar (Greg. Tur. 9,6). Ein neuer Fund in Form eines einzigen Fadens aus Lauchheim Grab 974 (um 500) gehört neben den Funden aus dem römischen Reich zu den frühesten Nachweisen von Baumwolle, die wir in Europa besitzen. Ihr Herkunftsgebiet liegt vermutlich in der islamischen Welt.[33]

Reiche Muster

Die merowingerzeitlichen bzw. alamannischen Grabtextilien zeichnen sich durch einheitliche Merkmale aus: vorherrschende Verwendung von einfachem z-gedrehtem Garn für Kette und Schuß, Dominanz der Leinwandbildung, eine Vielzahl von Köpervarianten. Neben dreischäftigem Köpergewebe und dem Gleichgratköper (2/2) treten vor allem Varianten des Fischgrat-, Spitzgrat-, Spitzkaro-, Diamant-, Kreuz-, Rippen- und des Rosettenköpers auf.

Die technische Ausführung lässt auf gemeinsame Traditionen bzw. enge Verbindungen im Textilhandwerk schließen. Beispielhaft dafür kann der Rosettenköper stehen, der in Elgg, Sirnau und Niederstotzingen gefunden wurde.[34] An den Köpergeweben aller drei Fundorte wurde jeweils jeder dritte Kettfaden doppelt eingezogen.

Der alamannische Raum wird als Zentrum für komplexe Köpervarianten angesehen, doch müssen zukünftige Untersuchungen zeigen, ob dieser Eindruck nicht auf eine besonders intensive Forschungstätigkeit zurückgeht. Hier muss vor allem die Beschäftigung Hans-Jürgen Hundts mit alamannischen Funden berücksichtigt werden.

Bei der Auswertung von Häufigkeitsverteilungen bestimmter Gewebetypen[35] sollten Geschlecht und Status der bestatteten Person und die Funktion des Gewebes beachtet werden. So herrschen bei den Funden aus dem Gräberfeld von Stetten wenige, einfache Gewebebindungen vor. Die Auswertung zeigt, dass nur wenige Reste von Kleidungsstücken stammen, häufig dagegen von Stoffen, mit denen Messer aus Männergräbern umwickelt waren.

Unabhängig vom Forschungsstand kann jedoch festgehalten werden, dass im alamannischen Siedlungsraum eine Vielzahl komplexer Köpervarianten zu finden ist.

423

Prächtige Borten und Bänder

In Alamannien finden sich Goldgewebe in reichen Frauen-, Männer- und Kindergräbern, häufig in Form von Kleiderborten. Sie fügen sich in das weitläufige Verbreitungsgebiet frühmittelalterlicher Goldgewebe ein, das von den angelsächsischen Königreichen über das Reich der Franken bis zu dem der Langobarden reicht.

Die unterschiedlichen Herstellungstechniken merowingerzeitlicher Goldgewebe zeigen, daß wir es mit einer Gruppe verschiedener Textilien zu tun haben. Die Goldfäden waren Bestandteil des Grundgewebes, sie wurden zum Wirken oder Broschieren verwendet oder in Anlegetechnik auf einen Stoff gestickt. In Anlehnung an die frühen angelsächsischen Goldborten, die sich nach Elisabeth Crowfoot und Sonia Chadwick Hawkes von den Goldgeweben der Merowinger ableiten lassen, bestanden letztere vermutlich zum Teil aus Brettchengewebe mit zusätzlichen Zierschüssen aus goldenen Fäden.[36]

Die Goldfäden bestehen zumeist aus einem schmalen Blechstreifen, dem sogenannten Lahn, der spiralig um einen organischen Faden, die Seele, gewickelt wurde. Häufig war der Lahn sehr fein, z.B. im Kindergrab 795 von Lauchheim 1 bis 3 Mikron stark und 100 Mikron breit.[37] Bei einigen Geweben wurde ungesponnener Goldlahn als Schuss verwendet. Gezogener Golddraht, der z.B. für wikingerzeitlichen Gewandschmuck verwendet wurde, kann nur bei wenigen Einzelfunden nachgewiesen werden.

Das ursprüngliche Aussehen der Goldborten kann nicht immer rekonstruiert werden, da sich ihre Gewebestruktur bei der Zersetzung der organischen Bestandteile meist aufgelöst hat. Abdruckspuren vergangener Fäden aus pflanzlichen oder tierischen Fasern auf den Goldfäden und deren Anordnung lassen jedoch häufig Rückschlüsse auf Herstellungstechnik, Aussehen und Verlauf des Gewebes zu. So waren die Goldfäden aus einem Adelsgrab in Lahr-Burgheim ursprünglich Teil einer Stickerei in Anlegetechnik, die sich aus geometrischen Elementen zusammensetzte.[38]

Der materielle Wert des Edelmetalls wurde besonders durch die enge Anordnung der Fäden betont. Beim Gewebe aus Grab 47 von Trossingen ist der Schuss so dicht eingewebt worden, dass er auf der Oberfläche eine geschlossene Goldfläche bildete. Vergleichbare Gewebe in Form schmaler Bänder liegen aus zahlreichen merowingerzeitlichen Gräbern vor. Der Glanz der Fläche konnte durch leichtes Anhämmern der Goldfäden verstärkt werden.

In Frauengräbern des 6. und 7. Jh. werden Goldfäden im Bereich des Schädels häufig als Reste eines Stirnbandes, einer sogenannten Vitta angesprochen,[39] die Gregor von Tour als Kopfschmuck der Braut beschreibt (Greg. Tur. 10,16).[40] Der eindeutige Nachweis von Stirnbändern aus fränkischen Gräbern wie aus einem Frauengrab von Aschheim ist bisher selten.[41] Verschiedene Hinweise deuten darauf hin, daß auch verheiratete Frauen Stirnbänder besaßen.[42] Möglicherweise wurden sie zusammen mit feinen Schleiern und Hauben getragen, wie auf Mosaiken in Ravenna dargestellt.[43] Stirnbänder waren bereits im römischen Reich modern, was auch durch ein gewebtes Goldband aus einer Gruftbestattung in Mainz belegt werden kann.

Aussagen zur Herkunft und kulturhistorischen Bedeutung der Goldborten setzen differenzierte Untersuchungen voraus, die bisher weitgehend fehlen.[44] Handelt es sich um importierte oder einheimische, möglicherweise auch lokale Produkte, die in Symbolik und Machart fremden Einfluss erkennen lassen? In Byzanz und im römischen Reich waren Goldborten wesentliches Element der herr-

424

424 Der Schuß im Goldgewebe aus Grab 47 von Trossingen ist so dicht eingewebt, dass er eine geschlossene goldene Oberfläche bildet.

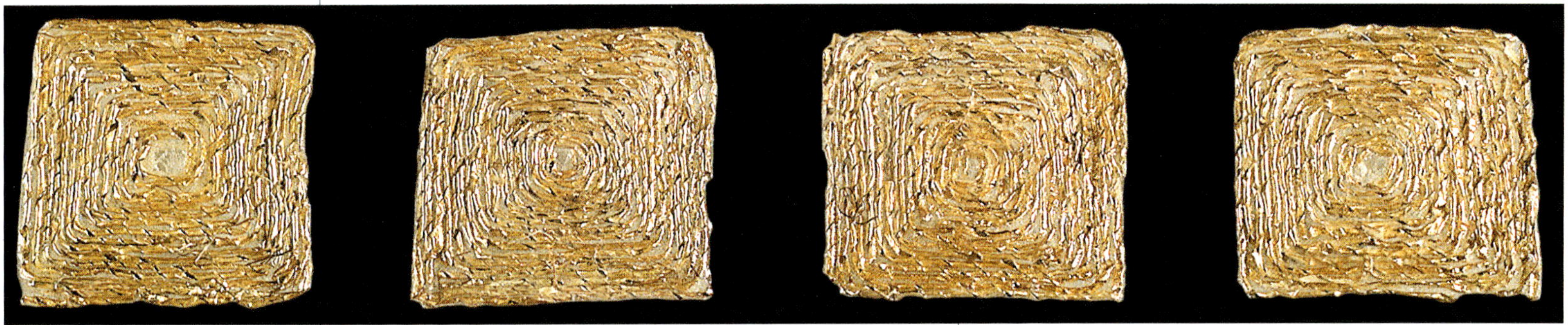

425

425 Eine wertvolle Stickerei aus gesponnenen Goldfäden zierte ein Gewebe, dessen Reste in Lahr-Burgheim zutage kamen.

schaftlichen Tracht und kennzeichnend für den gesellschaftlichen Rang des Trägers.

Es ist durchaus wahrscheinlich, dass es sich bei einem Teil der merowingerzeitlichen Goldborten um Eigenprodukte handelt. Bereits in der jüngeren Hallstattzeit waren verschiedene Goldtextilien bekannt.[45] In den nördlichen Provinzen des römischen Reichs lassen sich goldverzierte Gewebe vor allem im Rheinland und im Bereich von Trier nachweisen.[46]

Der um 480/90 gestorbene Sidonius Apollinaris, der dem gallorömischen Adel angehörte, berichtet uns, dass die Frauen und Töchter seiner Freunde geschickt im Weben und Sticken mit Seide und Goldfäden waren.[47] Goldbestickte Seidengewebe syrischer Art wurden bei Bourg-sur-Gironde auf dem Landgut des Pontius Leontius hergestellt.[48] Vergleichbare Stickerei-Werkstätten werden in Reims, Trêves und Arles vermutet.[49]

Häufig besteht ein Gewebe aus Gold und Seide. In drei Borten aus dem »Sängergrab« von St. Severin in Köln wurden Seiden- und Goldfäden zu einem Rautenmuster verarbeitet.[50] Man vermutet, dass erstere aus Byzanz kamen. Von Stokar erwähnt, dass die Seidenraupenzucht zur Zeit der Franken bereits in Europa bekannt war und sieht dies durch schlechte Qualität bestätigt; denn anders als chinesische Seide bestehen die Gewebe von St. Severin und anderen europäischen Fundorten aus schlecht entleimten Fasern.[51] In diesem Zusammenhang sollte die Qualität bei merowingerzeitlichen Funden, z. B. dem leinwandbindigen Gewebe aus Maulbeerseide in Grab 974 von Lauchheim (um 5. Jh.), genau untersucht werden. Die frühesten Funde in Mitteleuropa stammen aus römischer Zeit.[52] Erst mit Beginn des Frühmittelalters scheint Seidenimport in nennenswertem Ausmaß eingesetzt zu haben.

1 E. Ennen, Das Gewerbe auf dem europäischen zisalpinen Kontinent vom 6. bis 11. Jahrhundert in verfassungsgeschichtlicher Sicht. Early Medieval Stud. 8. Antikvarisk Arkiv 57, 1975, 6.
2 Greg. Tur. zitiert nach: Gregor von Tours, Fränkische Geschichte. Übersetzung von W. von Giesebrecht, neu bearbeitet von M. Gebauert (Essen Stuttgart 1988).
3 Ennen (Anm. 1) 8.
4 Ob hier etwas ähnliches wie der Pfakofener Spinntopf dargestellt ist, muss offen bleiben, vgl. A. Bartel/S. Codreanu-Windauer, Spindel, Wirtel, Topf. Ein besonderer Beigabenkomplex aus Pfakofen, Ldkr. Regensburg. Bayer. Vorgeschbl. 60, 1995, 251 ff.
5 S. Schiek, Das Gräberfeld der Merowingerzeit bei Oberflacht. Forsch. u. Ber. Vor- u. Frühgesch. Baden-Württemberg 41,1 (Stuttgart 1992) 36 Taf. 28,2.3.
6 H.-J. Hundt, Die Textilfunde. In: P. Paulsen, Alamannische Adelsgräber von Niederstotzingen. Veröff. Staatl. Amt Denkmalpfl. Stuttgart A 12,2 (Stuttgart 1967) 7 ff.; ders., Die Textilfunde. In: P. Paulsen/H. Schach-Dörges, Das alamannische Gräberfeld von Giengen a.d. Brenz, Kr. Heidenheim. Forsch. u. Ber. Vor- u. Frühgesch. Baden-Württemberg 10 (Aalen, Stuttgart 1978) 149 ff.
7 R. Ullemeyer/K. Tidow, Textil- und Lederfunde der Grabung Feddersen Wierde. In: W. Haarnagel (Hrsg.), Feddersen Wierde 3. Einzeluntersuchungen (Wiesbaden 1981) 120.
8 W. H. Zimmermann, Archäologische Befunde frühmittelalterlicher Webhäuser. Ein Beitrag zum Gewichtswebstuhl. In: Textilsymposium Neumünster. Archäologische Textilfunde (Neumünster 1982) 15 f.
9 Ebd. 109.
10 Jahrb. SGU 76, 1993, 233.
11 Rahmengriffwebstuhl »... auch als Zwiebaum-Webstuhl, Gobelin-Webstuhl oder Rundwebstuhl bekannt ... Beim Rahmengriffwebstuhl verbinden zwei parallele Stützen zwei Querbalken, zwischen denen die Kettfäden ausgespannt sind.« Vgl. Ullemeyer/Tidow (Anm. 7) 116 ff.
12 G. Fingerlin, Holzfunde der Merowingerzeit aus Gräberfeldern in Neudingen, Schwarzwald-Baar-Kreis, und Trossingen, Kr. Tuttlingen. In: G. Biegel/R. Dehn/G. Fingerlin, Neue Ausgrabungen – Archäologische Denkmalpflege im Regierungsbezirk Freiburg (Freiburg 1981) 69 f.; K. Hietkamp, Das merowingerzeitliche Gräberfeld von Neudingen – Probleme einer Ausgrabung. Arbeitsbl. Restauratoren 1, 1987, 142, Abb. 8,9; S. Damm, Das merowingerzeitliche Gräberfeld von Trossingen (Kr. Tuttlingen) (ungedr. Magisterarbeit Freiburg 1994) 50 ff.; Schiek (Anm. 5) 46 f. 49 f. 96 Taf. 102.
13 Fingerlin (Anm. 12) 69.
14 Hietkamp (Anm. 12) 142.
15 K. Tidow, Frühgeschichtliche Wollgewebe aus Norddeutschland, ihre Verbreitung und Herstellung. In: Experimentelle Archäologie in Deutschland. Arch. Mitt. Nordwestdt. Beih. 4 (Oldenburg 1990) 411.
16 H.-J. Hundt, Zu einigen frühgeschichtlichen Webgeräten. Arch. Korrbl. 4, 1974, 178; I. Bollbuck, Studien zu merowingerzeitlichen Textilien (ungedr. Diss. Hamburg 1987) 137 ff. 145.
17 R. Röber, Zur Verarbeitung von Knochen und Geweih im mittelalterlichen Südwestdeutschland. Fundber. Baden-Württemberg 20, 1995, 887 f. 933 f.
18 R. Fiedler, Katalog Kirchheim unter Teck. Veröff. Staatl. Amt Denkmalpfl. Stuttgart A 7 (Stuttgart 1962) 27 Abb. 4.
19 Arch. Korrbl. 4, 1974, 177 ff. Taf. 40.
20 M. Hoffmann, The Warp-Weighted Loom. Studies in the History and Technology of an Ancient Implement. Studia Norvegica 14 (Oslo 1964) 39 ff.
21 U. Koch, Das fränkische Gräberfeld von Klepsau im Hohenlohekreis. Forsch. u. Ber. Vor- u. Frühgesch. Baden-Württemberg 38 (Stuttgart 1990) 171 Anm. 469 mit Lit. Vgl. auch J. Werner, Die Langobarden in Pannonien (München 1962) 164 ff. Taf. 68,2.
22 Ebd. 34; U. Koch, Das Reihengräberfeld bei Schretzheim. Germ. Denkmäler Völkerwanderungszeit A 13 (Berlin 1977) 93.

23 P. Zenetti, Alamannische Webschwerter im Museum Dillingen a.d. Donau. Germania 16, 1932, 308; U. Koch, Alamannische Gräber der ersten Hälfte des 6. Jh. in Südbayern. Bayer. Vorgeschbl. 34, 1969, 162 ff. 189 Tab. 2.

24 U. Koch weist darauf hin, dass sich die Beigabe des eisernen Webschwerts nicht nur auf reiche Frauengräber beschränkt: dies. (Anm. 21) 171; (Anm. 23) 162 ff. 189 Tab. 2.

25 S. E. Chadwick, The Anglo-Saxon Cemetery at Finglesham, Kent: a Reconsideration. Medieval Arch. 2, 1958, 35. Ch. Grünewald, Das alamannische Gräberfeld von Unterthürheim, Bayerisch-Schwaben. Materialh. Bayer. Vorgesch. A 59 (München 1988) 129.

26 H.-J. Hundt, Die Textilreste aus dem Reihengräberfeld von Niedernberg. Aschaffenburger Jahrb. 8, 1984, 141.

27 R. Windler, Das Gräberfeld von Elgg und die Besiedlung der Nordschweiz im 5.–7. Jahrhundert. Zürcher Denkmalpfl. Arch. Monogr. 13 (Zürich, Elgg 1994) 107.

28 Bollbuck (Anm. 16) 145.

29 R. Windler/A. Rast-Eicher/U. Mannering, Nessel und Flachs – Textilfunde aus einem frühmittelalterlichen Mädchengrab in Flurlingen (Kanton Zürich). Arch. Schweiz 18, 1995, 158.

30 U. Körber-Grohne, Nutzpflanzen in Deutschland. Kulturgeschichte und Biologie 2 (Stuttgart 1988) 365 ff.

31 Windler u.a. (Anm. 29) 155 ff.

32 J. Werner, Frankish royal tombs in the cathedrals of Cologne and St. Denis. Antiquity 38, 1964, 201 ff. Körber-Grohne (Anm. 30) 386.

33 Unpublizierter Untersuchungsbericht von Penelope Walton Rogers (Textile Research Associates/New York). Es kann ausgeschlossen werden, dass es sich um einen rezenten Baumwollfaden handelt. Die Textilien aus Grab 974 von Lauchheim werden derzeit von J. Banck-Burgess für die Publikation vorbereitet.

34 Windler (Anm. 27) 106 Abb. 134 b; H.-J. Hundt, Die Textilfunde. In: R. Koch, Katalog Esslingen 2. Die merowingischen Funde. Veröff. Staatl. Amt Denkmalpfl. Stuttgart A 14,2 (Stuttgart 1969) 76 f. Abb. 8; ders. (Anm. 6) 7 f.

35 L. Bender Jørgensen, North European Textiles until AD 1000 (1992) 140 ff.

36 E. Crowfoot/S. Chadwick Hawkes, Early Anglo-Saxon Gold Braids. Medieval Arch. 11, 1968, 53 ff.

37 Ch. J. Raub/H. Weiss, Untersuchungen von Resten der Goldfäden eines Brokatgewebes aus Lauchheim, Ostalbkreis, Gräberfeld »Wasserfurche«, Grab 795. Arch. Ausgr. Baden-Württemberg 1994, 217 ff.

38 G. Fingerlin, Merowingerzeitliche Adelsgräber in der Peterskirche von Lahr-Burgheim. Arch. Nachr. Baden 35, 1985, 23 ff.

39 Beispielhaft siehe F. Stein, Adelsgräber des achten Jahrhunderts in Deutschland. Germ. Denkmäler Völkerwanderungszeit A 9 (Berlin 1967) 118 Anm. 1.

40 Greg. Tur. (Anm. 2).

41 A. Dieke-Fehr/S. Müller-Christensen, Zur golddurchwirkten Vitta aus Grab 5 bei der Pfarrkirche. In: H. Dannheimer, Aschheim im Frühen Mittelalter 1. Arch. Funde und Befunde. Veröff. Komm. Arch. Erforschung Spätrömisches Raetien (München 1988) 134 ff.

42 Crowfoot/Chadwick Hawkes (Anm. 36) 62 f.

43 Ebd. 43.

44 Grundlegende Forschungen siehe ebd. 42 ff.

45 Beispielhaft dafür kann der Goldlahn aus der zentralen Bestattung des Großgrabhügels Grafenbühl (Ha D2–Ha D3) beim Hohenasperg angeführt werden, der mit einer Stärke von 0,05 mm und einer Breite von 0,2–0,3 mm von auffallend feiner Qualität ist (W. Kimmig, Das Kleinaspergle. Forsch. u. Ber. Vor- u. Frühgesch. Baden-Württemberg 30 (Stuttgart 1988) 24. J. Banck, Die Textilfunde aus dem späthallstattzeitlichen Fürstengrab von Eberdingen-Hochdorf und weitere Grabtextilien aus hallstatt- und latènezeitlichen Kulturgruppen (Diss. Freiburg 1995, im Druck).

46 Crowfoot/Chadwick Hawkes (Anm. 36) 55. J. P. Wild, Textile Manufacture in the Northern Roman Provinces (Cambridge 1970) 39 f.

47 Sidonius Apollinaris, Carmina XV, 126 ff.; 195 ff.

48 E. Ennen, Das Gewerbe auf dem europäischen zisalpinen Kontinent vom 6. bis 1. Jahrhundert in verfassungsgeschichtlicher Sicht. Early Medieval Stud. 8, Antikvarisk Arkiv 57, 1957, 6.

49 G. Roche-Bernard, Costume et textiles en Gaul Romaine (Paris 1993) 75.

50 W. von Stokar, Fränkische Kleiderfunde aus den Gräbern von St. Severin in Köln. Rheinische Vorzeit Wort u. Bild 3, 1940, ZV 32, 96.

51 Ebd. 97

52 Die oft zitierten Seidenfunde aus den hallstattzeitlichen Gräbern vom Hohmichele und aus Eberdingen-Hochdorf bestehen nach neuesten naturwissenschaftlichen Untersuchungen (Amonosäurenalysen) nicht aus Seide: J. Banck-Burgess (Anm. 45).

Schreiner, Drechsler, Böttcher, Instrumentenbauer

HOLZHANDWERK IM FRÜHEN MITTELALTER

ROTRAUT WOLF

Neben Stein ist Holz das einzige Material, das die Natur dem Menschen gebrauchsfertig liefert, dazu noch in verschiedenen Qualitäten. Gegenüber allen übrigen Materialien hat diese Ressource den weiteren Vorteil, dass sie nicht durch Abbau bedroht ist, sondern durch systematischen Anbau immer verfügbar bleibt. Sie zählt mit Stein und Knochen zu den ältesten Werkstoffen der Menschheit.

Holz ist jedoch hinsichtlich seiner Erhaltung gegenüber Stein, Ton, Metall und Glas sehr benachteiligt. Im Boden, aus dem die archäologischen Zeugnisse stammen, vermodert es rasch. Nur unter bestimmten Bedingungen bleibt es erhalten: ohne Luftzufuhr im Wasser, im feuchten Boden, in Salz und Eis, an extrem trockener Luft oder im Kontakt mit oxidierenden Metallen. Die Folge ist, dass vom meistverwendeten Werkstoff am wenigsten erhalten geblieben ist.[1]

Einmalige Funde in Oberflacht

Für das frühe Mittelalter insgesamt und für die Alamannen im speziellen bedeutet, was die Holzerhaltung betrifft, der Fundort Oberflacht einen Glücksfall.[2] Die Gräber dieses Friedhofs lagen in einer tonigen Schicht unterhalb des Grundwasserspiegels und waren somit luftdicht abgeschlossen. Im Jahr 1809 wurden die ersten Bestattungen beim Lehmabstechen für eine nahe Ziegelei entdeckt. Da man in der Folge immer wieder auf Gräber stieß und Funde unbeobachtet verloren gingen, entschloss sich der eben erst gegründete Württembergische Altertumsverein 1846 zu einer Grabung, bei der an die 50 Gräber untersucht und die Ergebnisse schon ein Jahr später von den Ausgräbern Ferdinand von Dürrich und Wolfgang Menzel in für damalige Zeit beispielhafter Weise vorgelegt wurden. Da sich die Holzgegenstände infolge der unvollkommenen Restaurierungstechnik des 19. Jh. stark verzogen haben oder inzwischen auch verschollen sind, bleiben wir vor allem bei Rekonstruktionen immer noch auf die detailgetreuen Zeichnungen der Erstpublikation angewiesen. Obgleich in der Folge immer wieder Gräber durch verschiedene Institutionen und Privatpersonen ausgegraben wurden, erfolgte die endgültige Bergung des Gräberfeldes erst 1933 und 1934.

426

426 Eine Schreinerwerkstatt im frühen Mittelalter. Im Vordergrund zwei Männer an der Drechselbank, dahinter wird eine schwere Spaltbohle für einen Baumsarg zugerichtet, rechts legt der Meister letzte Hand an die Schnitzerei auf dem Sargdeckel.

427

Weitere Friedhöfe, in denen sich Holz in erwähnenswerten Mengen erhalten hat, sind Hüfingen, Neudingen, Trossingen, Pfahlheim, Zöbingen und in den letzten Jahren ergänzend zu Oberflacht auch Lauchheim (vgl. Stork, Friedhof).[3]

Ein vielseitiger Rohstoff

Die Vielfalt der hölzernen Funde von Oberflacht – Schalen, Platten, Feldflaschen, kleine Fässer, Leuchter, Spanschachteln und Musikinstrumente, aber auch Betten, Stühle, Hocker, Truhen und Tische – zeigt uns, dass die Alamannen schon die verschiedensten Techniken beherrschten: Schreinern, Drechseln, Böttchern und Schnitzen. Voraussetzung für deren Anwendung war die Kenntnis der Eigenschaften des Holzes. Dies lässt auf lange Erfahrung in der Holzbearbeitung schließen, die schon aus vorgeschichtlicher Zeit tradiert wurde. Den Funden von Oberflacht wurden 176 Proben entnommen. Es ergab sich, dass am häufigsten Eiche (38mal) verwendet wurde, dann folgen Rotbuche (30mal), Esche (24mal), Ahorn (21mal), Hasel (20mal), Weißtanne (6mal) und Eibe (4mal). Nachgewiesen sind auch Erle, Weide, Ulme, Kiefer, Weißdorn und Buchsbaum.

Während das Trocknen von Eichenholz langwierig ist und Ahorn große Sorgfalt erfordert, trocknen Buche, Esche und Tanne leicht und rasch. Der Holzhandwerker wusste dies und kannte auch den besten Verwendungszweck der einzelnen Holzsorten. So wurde zur Verschalung von Grabkammern und für Baumsärge Eiche verwendet, für die sogenannten Totenbetten vorwiegend Buche, für gedrechselte Teile wie Gefäße und Leuchter Ahorn, in zweiter Linie auch Rotbuche. Esche hat man aufgrund ihrer Elastizität besonders zur Herstellung von Spanschachteln und Lanzenschäften verwendet, Eibe war für Kampf- und Jagdbögen ideal. Für geböttcherte Gefäße wurde die leichte Spaltbarkeit der Nadelhölzer ausgenutzt, unter anderem sind Weißtanne und Kiefer nachgewiesen.

Schreinern und Drechseln

Die Vielfalt der gefundenen Holzobjekte lässt darauf schließen, dass Handwerker sich spezialisierten, obgleich viele Arbeiten, für die wir heute Fachleute einsetzen, im frühen Mittelalter zur Routine der Hofbewohner zählten. Dazu gehörten sicher der Hausbau und das Zurichten der Bohlen für die Grabkammern mit verschiedenen Verzapfungen. Ganz sicher gab es aber den Schreiner, der die Möbel sowie das Ess- und das Trinkgeschirr anfertigte. Da Betten und Stühle auch mit gedrechselten Teilen versehen sind, dürfte er auch das Drechseln beherrscht haben.

Die Funde von Oberflacht zeugen von einem hohen Standard dieser Technik. Für das frühe Mittelalter ist eine Drechselbank anzunehmen, bei der das Werkstück auf eine waagrechte Spindel gesetzt wurde, die beweglich zwischen zwei Wangen angebracht war. Diese konnten je nach Größe des Werkstücks versetzt werden. Mittels einer kräftigen Schnur, die um die Spindel gewickelt wurde, brachte man das Werkstück zum Rotieren. Allerdings bewegte sich die Spindel nicht ständig in dieselbe Richtung, sondern hin und her, sodass der Drechsler das Stück nur im Vorlauf bearbeiten konnte. Lief die Spindel wieder zurück, musste er sein Werkzeug absetzen. Außerdem war eine zweite Person – meist wohl der Lehrling – notwendig, um die Schnur zu bedienen. Der Drechsler benutzte den Hohlmeißel für gewölbte Formen, den Flachmeißel zum Glätten und den Ausdrehhaken zum Aushöhlen. Diese Werkzeuge wurden rasch stumpf und mussten immer wieder geschärft werden, ein nicht zu unterschätzender Zeitaufwand.[4]

427 In Grab 27 von Lauchheim fand sich ein einfaches Kistenbett aus Buche. Es ist mit sich überschneidenden Kreisbögen verziert, die ursprünglich noch durch schwarze und rote Bemalung hervorgehoben waren.

428 Beim Rahmenbett sind Bretter in die Pfosten eingezapft. Dieser Typ kann vom frühen bis ins hohe Mittelalter nachgewiesen werden. Viele Betten sind heute noch genauso konstruiert, wenn auch die schönen, gedrechselten Stäbe fehlen.

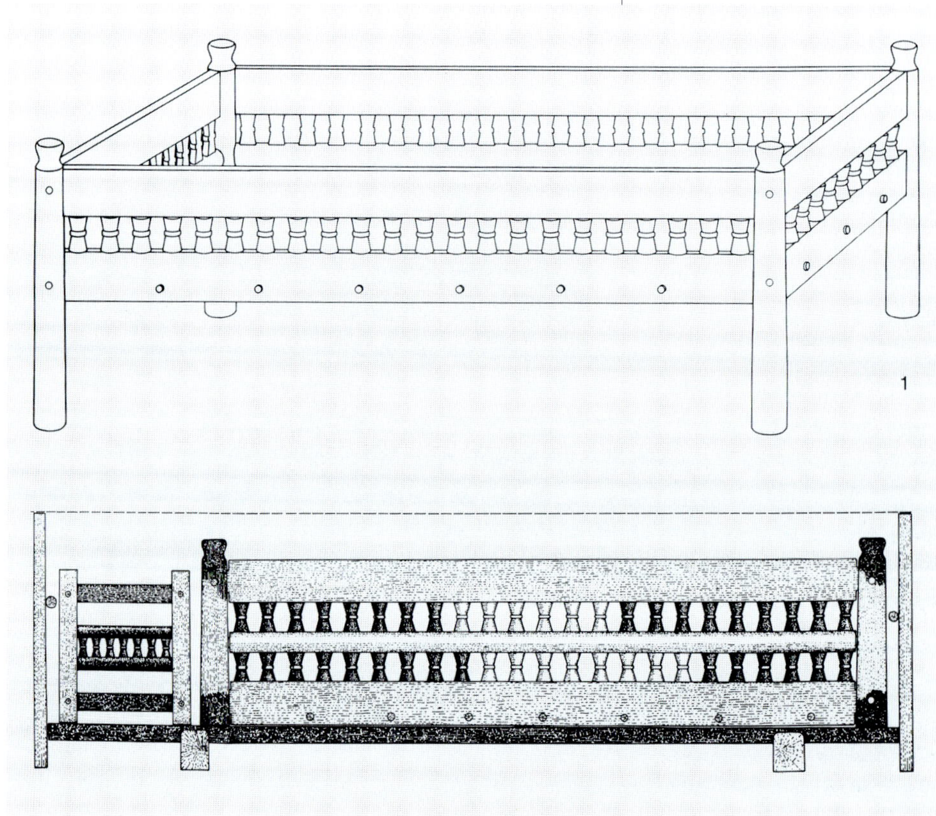

428

429

Verwendung fand nur gut abgelagertes Holz, das vor dem Drehen in eine rohe Form gebracht wurde. Werkbank und Platz für die Ablagerung des Holzes deuten darauf hin, dass Schreiner und Drechsler in ortsgebundenen Werkstätten arbeiteten. Dort wurden Ess- und Trinkgeschirr, Hausrat und auch Möbel wie Betten, Stühle, Hocker, Truhen und Tische angefertigt.

Möbel und Hausrat

Wenngleich man aufgrund der schmalen und schwachen Konstruktion der Oberflachter Betten dazu neigt, sie als Totenbetten zu betrachten, kann man doch davon ausgehen, dass die Liegestatt der Lebenden ähnlich beschaffen war. Auch hier gab es einfache und aufwendige Ausführungen. Den von der Konstruktion her schlichten Typ stellt das Kistenbett dar. In die vierkantigen oder auch gedrechselten Eckpfosten waren die Bohlen der Längs- und Schmalseiten eingezapft (vgl. Abb. 331). Außenseiten und Pfosten des Bettes von Lauchheim zeigen reiche, sich überschneidende Zirkelornamente, die mit dem Hohleisen eingearbeitet wurden.
Bei einem anderen Typ sind die gedrechselten Pfosten aus Buche mit je zwei Rahmenbrettern aus Buche verzapft, zwischen denen profilierte Docken aus Ahorn stecken. Das Rahmenbett mit gedrechseltem Geländer tritt uns in der gleichen Form noch in der Buchmalerei des hohen Mittelalters entgegen. Ein Schemel aus einem Kindergrab ist mit zwei Seitenbrettern und einem Querbrett, das auf zwei Rundhölzern ruhte, die einfachste Ausführung eines Sitzmöbels.
Sichere Rekonstruktion erlauben die Reste eines Hockers, den ein sehr geübter Handwerker hergestellt haben muß. Er bestand aus vier gedrechselten Stuhlbeinen mit kugeligem Knauf, die untereinander durch Leisten und Rundstäbe verbunden waren. Den Sitz bildeten drei Rundhölzer, die Stabilität des Hockers garantierten und zur Befestigung der Bespannung mit Leder oder Fell dienten.
Ein weiterer Stuhl, der in keiner modernen Wohnung auffallen würde, ist etwas einfacher und setzt sich aus runden Beinen und Leisten zusammen. Doppelkonische Docken mit Wulstzier bilden die Lehne. Obgleich nur wenige Teile dieses Sitzmöbels erhalten blieben, ist die Rekonstruktion durch einen vergleichbaren Fund aus dem Knabengrab unter dem Kölner Dom gesichert.[5]
Zu einem außergewöhlichem Stuhl gehören zwei reich mit Kerbschnittornament verzierte Vogelköpfe. Sie lagen zu beiden Seiten des Hauptes des Bestatteten und müssen wohl als Beigabe »pars pro toto« gedeutet werden. Darstellungen hochgestellter Persönlichkeiten in der Buchmalerei des 8. Jh.

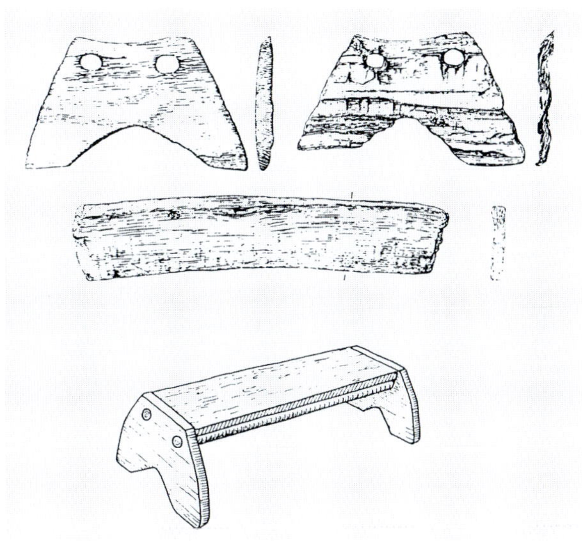

430

429 Aus Oberflacht stammen gedrechselte Docken (Grab 92) und Stäbe (Grab 11 und 22), die uns das Geschick der alamannischen Drechsler vor Augen führen. Die Docken gehören zur Lehne eines Stuhles (oberste Reihe) und zu den Stirn- und Längsseiten eines Bettes (untere zwei Reihen). Wozu die Stäbe dienten, ist unbekannt.

430 Kleine Kinder hocken gerne auf niedrigen Schemeln. Es verwundert nicht, dass dieses Exemplar aus Oberflacht in einem Kindergrab gefunden wurde.

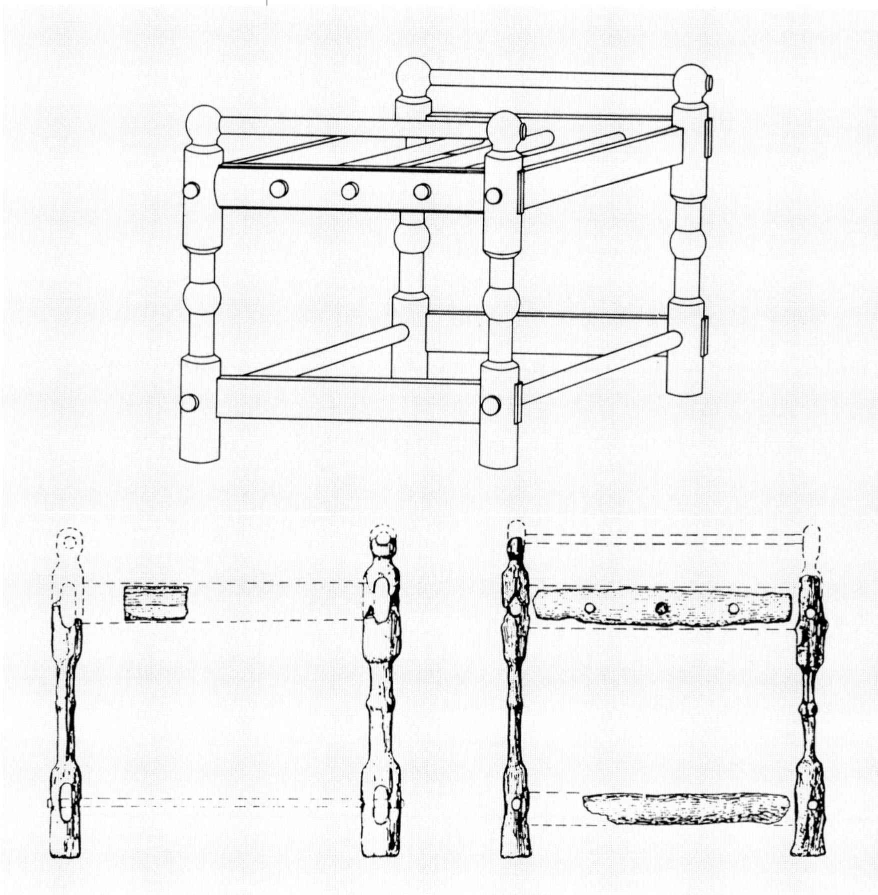

431

432

zeigen, dass die Köpfe links und rechts an der Stuhllehne angebracht waren.

Nur aus Zeichnungen in der Publikation Ferdinand von Dürrichs und Wolfgang Menzels kennen wir truhenähnliche Kisten ohne Deckel. Originalteile sind nicht erhalten. Neben kleineren Kisten gab es auch größere, die durch Trennwände unterteilt waren. Die Pfosten waren gedrechselt.

Eine ungewöhliche Fundgattung stellen die neun aufgefundenen Leuchter dar. Zwei davon sind fast vollständig erhalten, die anderen nur in Resten, oder sie sind nur noch durch Zeichnungen nachweisbar. Der Schaft war mit einzelnen Rillen und Rillengruppen verziert und in den unterschiedlich gestalteten Fuß eingezapft. Kerzen aus Bienenwachs sind ebenfalls nachgewiesen.

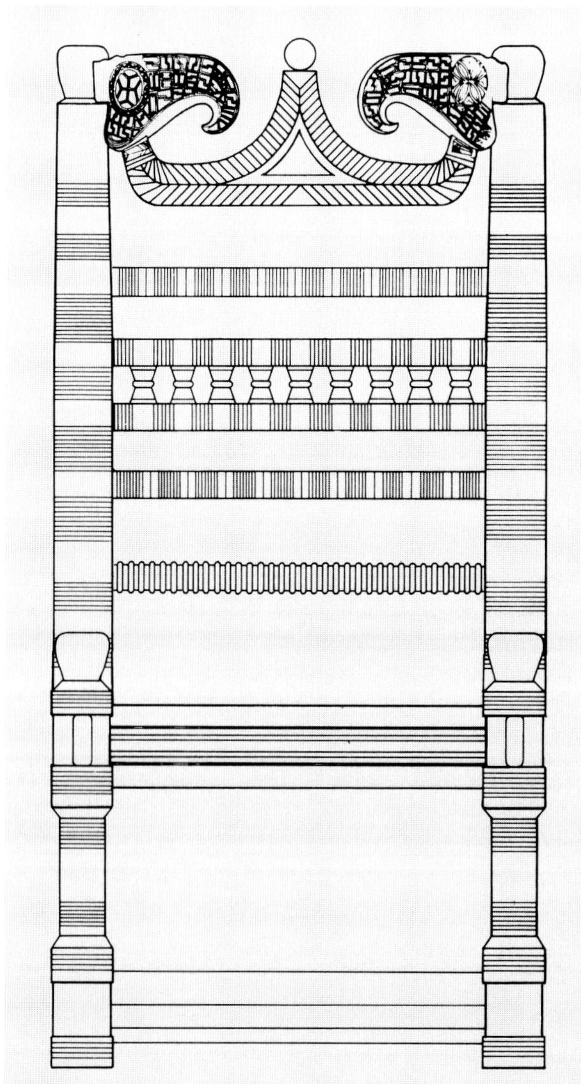

433

431 Dieser Hocker stand in der guten Stube. Die gedrechselten Beine mit dem kugeligen Knauf konnte nur ein versierter Drechsler und Schreiner anfertigen und zu einem stabilen Sitzmöbel zusammenbauen.

432 Was mögen alamannische Hausfrauen in solchen Truhen ohne Deckel aufbewahrt haben: Kleider, Hausrat, Schmuck?

433 Reich verziert und mit zwei geschnitzten Vogelköpfen versehen, die sich über die Schultern des Sitzenden recken, war dieser Stuhl vermutlich für offizielle Anlässe bestimmt.

434 Die vielseitige Verwendung von Holz erlaubt den Schluß, daß im Haushalt viele Geräte aus diesem bruchsicheren Material gebraucht wurden. Ihre Produktionsstätte lag nahe, so daß sie leicht zu beschaffen waren. Die Vielfalt des Erhaltenen verdanken wir allein den besonderen Bedingungen in Oberflacht (Feldflasche und Leuchter aus Grab 233, Tragfässchen Grab 23, Schälchen und beutelförmiges Gefäß Grab 160, Schale Grab 30).

435 **Soweit geböttcherte Gefäße nicht mit Eisen- oder Bronzereifen versehen waren, wurden sie durch Weidenruten zusammengehalten. Die Daube mit dem Ausguss der Kanne im Vordergrund ist aus Buchsbaum gefertigt, der aus dem Moselgebiet importiert werden musste. Die Kanne stammt aus einem Frauengrab und enthielt mit Honig gesüßtes Starkbier (bronzebeschlagener Eimer aus Dagersheim; Eimer mit Eisenreifen und -henkel, Holz ergänzt, aus Sontheim/Brenz Grab 83; Daubenkanne aus Oberflacht Grab 104, Daubenbecher Grab 18 und 32).**

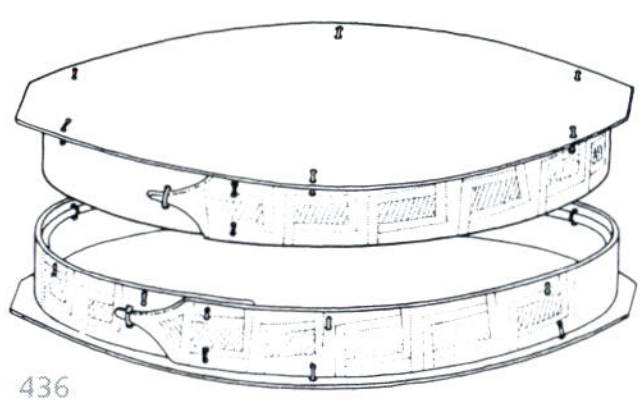

436

436 **Nicht von Pappe: die Schachtel im frühen Mittelalter. Sie wurde vom Böttcher aus den weichen und biegsamen Spänen der Esche hergestellt. Vorher mussten die Späne lange in Wasser eingeweicht werden.**

437 **Ammianus Marcellinus (XVI, 12,46) berichtet, die Alamannen hätten in der Schlacht von Straßburg 357 n.Chr. ihre römischen Gegner mit einem Pfeilhagel empfangen. Hier die Nachbildung eines Bogens aus Eibe mit Pfeilen von Holger Riesch. Das Zuggewicht dieser Waffe beträgt ca. 35 kg, die Schussweite 150 bis 200 m.**

Essen und Trinken aus hölzernen Näpfen

Zu den Essgefäßen gehören Schüsseln, Schalen und Platten. Sie sind alle aus Laubhölzern gedrechselt und, infolge übereinstimmender Herstellungstechnik, in der Form sehr ähnlich. Ein mit der Axt behauener Kegelstumpf, der auf der Drehbank sein endgültiges Aussehen erhielt, war die Ausgangsform. Verziert wurden diese Gefäße mit Rillen und Leisten, ihr Boden mit einem Standring versehen.

Zum Trinken dienten halbrunde Schälchen, die aus Wurzelholz besonders dünnwandig gedrechselt waren. Mit dem Ausdrehhaken wurden Kugelbecher ausgehöhlt, der Rand zum angenehmeren Gebrauch leicht nach außen gedreht und gekehlt. Die Besonderheit und auch Kostbarkeit dieser Trinkgefäße wurde erhöht, indem man sie mit vergoldetem Silberblech belegte.[6] Zur Mitnahme von Getränken dienten Feldflaschen, deren Form sich bis heute nicht wesentlich geändert hat. Die rückwärtige flache Seite ermöglichte bequemes Tragen. Ihre Herstellung erforderte großes Geschick und viel Zeit. Das mit Axt und Säge hergestellte Rohstück wurde auf der Drehbank von außen mit dem Hohlmeißel rund geformt. Durch ein Loch inmitten der gewölbten Seite wurde die Höhlung mit dem Ausdrehhaken geschaffen und das Loch mit einer Scheibe verschlossen. Die Flasche fasste einen Liter. Tragbare Behälter für Getränke waren auch Tragfässchen, die zwei Liter aufnahmen. Auch dieses Gefäß wurde auf der Drehbank ausgehöhlt und an beiden Enden mit Deckeln verschlossen, die in feine Nuten eingesetzt wurden. Eingedrehte Rillen ahmen die Reifenbindungen geböttcherter Exemplare nach, die es sicher auch gab.

Fässer und Eimer, Schachteln aus Span

Ein wichtiger Handwerkszweig zur Herstellung von Gefäßen war die Böttcherei bzw. Küferei. Leicht spaltbares, astfreies Holz mit geradem Faserverlauf wurde in verschiedenen Arbeitsgängen zu Dauben verarbeitet, keilförmig zugeschnitten, durch Erhitzen oder Dämpfen biegsam gemacht und mit Hasel- oder Weidenruten zusammengebunden. Zum Schluss wurde der Boden in eine Rille eingesetzt, die knapp über dem unteren Gefäßrand mit dem sogenannten Gargler eingezogen wurde. Der Vorteil dieser Technik ist, dass damit sehr große Gefäße hergestellt werden konnten: Die Höhe der Dauben ergab sich aus der Länge des Holzblocks und der Umfang aus der Anzahl der Dauben. Allerdings sind in Oberflacht nur kleinere Gefäße wie Becher, Kannen und Eimer nachgewiesen. Doch Columban fand um 600 n.Chr. die Alamannen zu einer Wotansfeier um ein großes Bierfass versammelt. Das zeigt anschaulich, dass die Böttcher auch große Fässer anfertigen konnten.

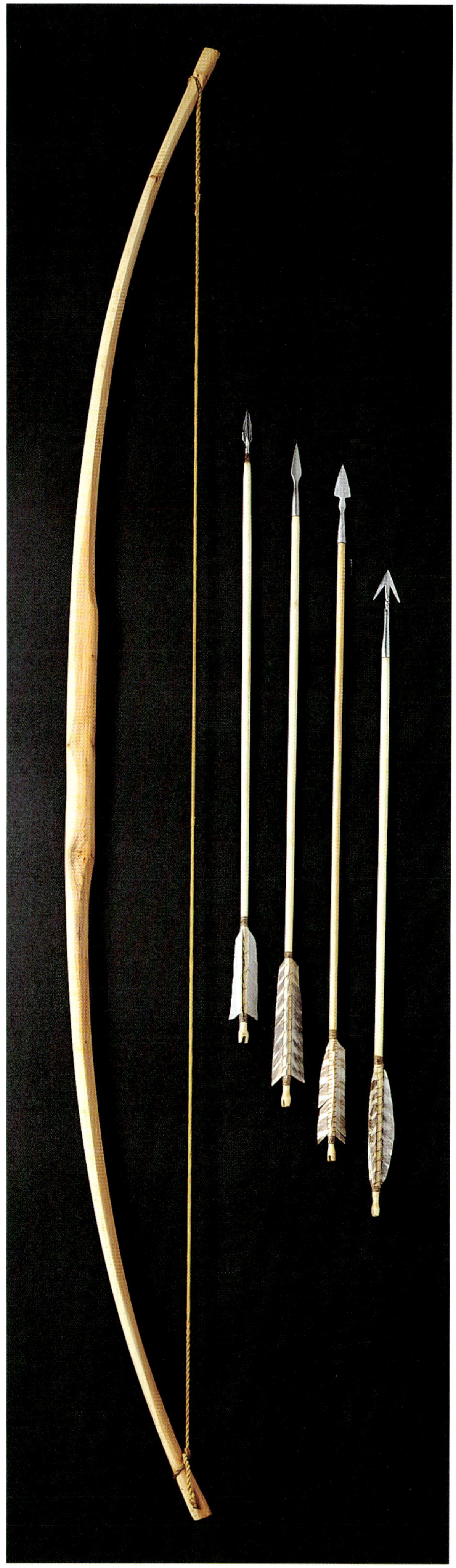

437

438 Außer Bögen (Grab 21?, 7, 8) wurden auch Teile eines Schildes in Oberflacht gefunden (Grab 233). Er besteht aus vermutlich zusammengeleimten Erlenbrettern, die ursprünglich mit Leder überzogen waren.

438

439 **Originalteile der Leier aus Grab 37 in Oberflacht neben der Rekonstruktion von Rainer Thurau (Wiesbaden). Die Leiern des frühen Mittelalters stammen alle aus sehr reichen Männergräbern. Der Liedvortrag gehörte zu den ritterlichen Tugenden, und es war der Adel, der die epische Tradition pflegte. Bei Gelagen ging das Instrument von Hand zu Hand.**

439

In reich ausgestatteten Gräbern finden sich Holzeimer, die mit kunstvoll verziertem Bronzeblech beschlagen sind. Hier arbeiteten Böttcher und Feinschmied zusammen, was auch bei diesem Handwerkszweig auf Ortsgebundenheit hinweist, obgleich einfache Ware keine fest installierte Maschine erforderte. Der Böttcher benötigte nur Axt, Schlegel, Hobel, Hohlschaber, Schnitz- und Ziehmesser. Zu den Gebrauchsgegenständen die er herstellte, zählen auch die Spanschachteln. Sie sind aus weichem, biegsamem Eschenholz gefertigt. Die Späne mussten im Wasser gründlich geweicht werden, bis sie in die gewünschte Form gebogen werden konnten. Noch im feuchten Zustand bohrte man mit einem Pfriem Löcher für die Bindung und ritzte das Ornament ein. Die Wandungsspäne wurden durch Bastfäden mit den Deckeln verbunden. In solchen Schachteln wurden Spinn-, Web- und Nähutensilien aufbewahrt. Da sie so handlich waren, dienten sie sicher auch anderen Zwecken.

Bogen, Schild und Leier

In Oberflacht wurden mehrere Bögen gefunden, darunter drei vorzüglich erhaltene Exemplare aus Eibenholz. Sie sind die einzigen vollständig erhaltenen Bögen dieser Zeit und beweisen einen hohen technischen Standard. Ihre Länge

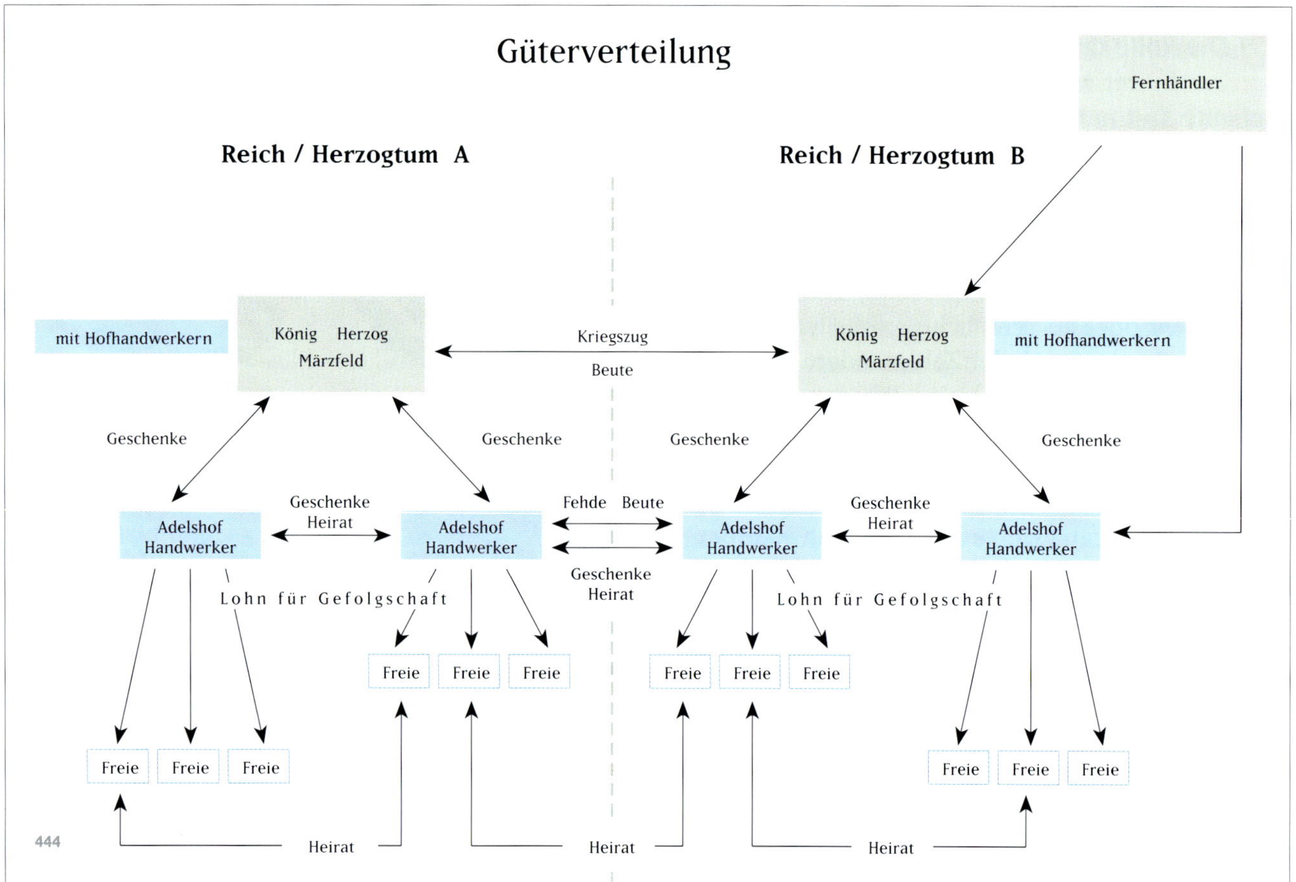

444

444 **Schema zur Güterverteilung in der Alamannia: Güter wurden nicht in erster Linie durch Handel erworben und ausgetauscht, sondern als Kriegsbeute, Geschenke und Heiratsgut. Für Luxusgüter sorgte schließlich der Fernhandel. Die Pfeile geben die Verteilungswege der Güter an.**

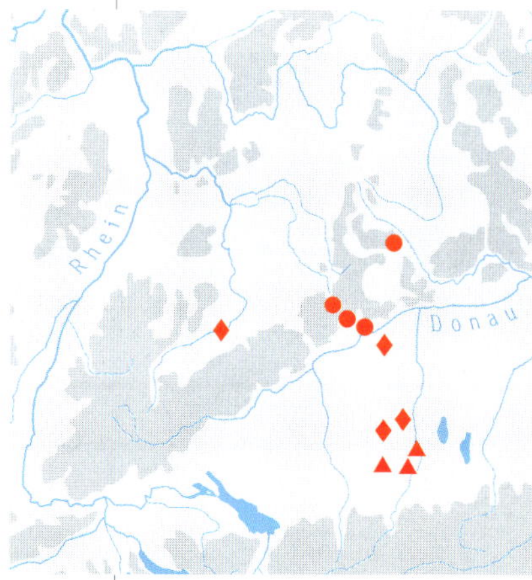

445

445 **Die Symbole bezeichnen jeweils Produkte ein und derselben Werkstatt. Diese Produkte wurden nicht weit verhandelt, sondern blieben auf einen engen Umkreis beschränkt.**

worbene Güter mit, teils Beute, teils Bezahlung für den Kriegsdienst. So versprach der Merowingerkönig Theuderich I. seinen Anhängern reiche Beute an Gold, Silber, Vieh, Sklaven und Kleidung, wenn sie ihm auf den Kriegszug in die Auvergne folgten.[19]

Werte und Preise

Im Stammesrecht der Alamannen werden Wergelder und Bußen in Solidi angegeben, was aber nur als Verrechnungseinheit verstanden werden darf, nicht etwa als Zahlung in Münzen. So heißt es bei der Ehegabe, dass der Gegenwert für 40 Solidi in Gold, Silber, Sklaven, Pferden oder in dem, was man sonst hat, also in Edelmetall oder Sachgütern – nicht in Münzen – zu leisten sei: *dotis enim legitima XXXX solidis constat ut in auro aut in argento aut mancipia aut qualecumque habit alodo.*[20]
Solidi und Trienten aus Gold waren selten und von hohem Wert. Der Goldgehalt der Trienten nahm im 7. Jh. immer weiter ab, das Gold wurde durch Silber ersetzt, sodass der Übergang zur Silberwährung ab 670 zwangsläufig erfolgte. Doch der Wert der Drittelsolidi, der Trienten, war immer noch so hoch, dass sie kaum für kleine Geschäfte geeignet waren. Eher dienten sie für Steuer- und Soldzahlungen oder als Geschenk. Man konnte damit Luxusgüter erwerben oder ein Gastmahl ausrichten. Auch nach dem Absinken des Goldgehaltes blieb ein hoher Wert; denn ein Triens entsprach bei einem Goldgehalt von 50 Prozent und einem Wertverhältnis des Goldes zum Silber von 1:2 noch 5 bis 10 Denaren,[21] und auch die »Kaufkraft« eines Denars war beträchtlich. Der Jahressold eines ranghohen Kriegers im Gefolge Theoderichs des Großen betrug 3 bzw. 5 Solidi. Das reichte ein Jahr lang für ein standesgemäßes Leben.
Der Solidus mit dem Idealgewicht von 1/72 des römischen Pfundes zu 327,6 g, das sind 4,55 g Gold, entsprach je nach Land 16 oder 20 Pfund Kupfer, das entspricht einem Verhältnis von 1150:1 oder 1440:1. Gold war also mehr als tausendmal so viel wert wie Kupfer. Das Verhältnis von Gold zu Silber schwankte zwischen 15:1 und 12:1. Die Relation zwischen Gold, Silber und Kupfer von 1000:10:1 zeigt uns die Größenordnungen, die bei der Bewertung von Grabbeigaben aus Bunt- und Edelmetall zu berücksichtigen sind; denn der Edelmetallschmuck wurde nach dem Gewicht bewertet, die Leistung des Kunsthandwerkers zählte kaum. Eine Bronzeschüssel war demnach weniger wertvoll als oft angenommen, wenn 4,5 kg Bronze einem Solidus entsprachen.[22]
Doch ist beim Abschätzen des Werts auch zu berücksichtigen, dass die Verfügbarkeit eine wesentliche Rolle spielte. Exotische Gläser, Stoffe, Gewürze, Parfüme und Öle oder Falken für die Beizjagd und Schwerter hatten ihren besonderen Wert. In der Lex Alamannorum aus dem frühen 8. Jh. werden Preise genannt: Der beste Ochse war fünf Tremissen wert, der mittlere drei; Hunde kosteten zwischen drei und zwölf Solidi, je nachdem, ob sie lediglich für die Jagd, als Meutenführer oder gar als Leittier, das Menschen führt, dienten. Der zahme

439

439 **Originalteile der Leier aus Grab 37 in Oberflacht neben der Rekonstruktion von Rainer Thurau (Wiesbaden). Die Leiern des frühen Mittelalters stammen alle aus sehr reichen Männergräbern. Der Liedvortrag gehörte zu den ritterlichen Tugenden, und es war der Adel, der die epische Tradition pflegte. Bei Gelagen ging das Instrument von Hand zu Hand.**

In reich ausgestatteten Gräbern finden sich Holzeimer, die mit kunstvoll verziertem Bronzeblech beschlagen sind. Hier arbeiteten Böttcher und Feinschmied zusammen, was auch bei diesem Handwerkszweig auf Ortsgebundenheit hinweist, obgleich einfache Ware keine fest installierte Maschine erforderte. Der Böttcher benötigte nur Axt, Schlegel, Hobel, Hohlschaber, Schnitz- und Ziehmesser. Zu den Gebrauchsgegenständen die er herstellte, zählen auch die Spanschachteln. Sie sind aus weichem, biegsamem Eschenholz gefertigt. Die Späne mussten im Wasser gründlich geweicht werden, bis sie in die gewünschte Form gebogen werden konnten. Noch im feuchten Zustand bohrte man mit einem Pfriem Löcher für die Bindung und ritzte das Ornament ein. Die Wandungsspäne wurden durch Bastfäden mit den Deckeln verbunden. In solchen Schachteln wurden Spinn-, Web- und Nähutensilien aufbewahrt. Da sie so handlich waren, dienten sie sicher auch anderen Zwecken.

Bogen, Schild und Leier

In Oberflacht wurden mehrere Bögen gefunden, darunter drei vorzüglich erhaltene Exemplare aus Eibenholz. Sie sind die einzigen vollständig erhaltenen Bögen dieser Zeit und beweisen einen hohen technischen Standard. Ihre Länge variiert zwischen 168 und 183 cm. Die elastische und widerstandsfähige Eibe musste lange gelagert werden. Das dehnbare Splintholz wurde dann zur Außenseite, das zähe Kernholz zur Innenseite verarbeitet. Beim gespannten Bogen ist ersteres auf Zug, letzteres auf Druck beansprucht. Für die Sehnen eigneten sich am besten Pflanzenfasern wie Leinen und Bast, die durch Harz und Wachs geschmeidig gehalten wurden. Die Schussweite lag zwischen 150 und 200 m.

Der einzige erhaltene Schild bestätigt, dass die Schilde rund waren und ein speziell der Hand angepasstes Griffloch hatten. Er ist aus sieben vermutlich verleimten Erlenbrettern zusammengesetzt, die mit Leder überzogen waren, sein Durchmesser beträgt 81 cm.

Zu den besonders sensationellen Funden von Oberflacht zählen zwei Leiern. Eine davon war zur Hälfte erhalten, die andere nahezu vollständig. Leider ist sie heute verschollen. Der ungewöhnlich flache Schallkasten und die Jocharme bestanden im unteren Teil aus sorgfältig ausgehöhltem Eichenholz, die aufgeleimte dünne Deckplatte aus Ahorn. Frühmittelalterliche Instrumentenbauer kannten schon die günstigen Schwingungseigenschaften dieses Holzes, das auch heute noch zum Bau von Saiteninstrumenten verwendet wird. Die Instrumente waren mit sechs Saiten bespannt, die in einem plättchenförmigen Halter endeten, der am Sattelknopf am unteren Ende der Leier befestigt war. Mit sechs Tönen hatte die Leier, die mit der rechten Hand gehalten und mit der linken angeschlagen wurde, einen recht geringen Tonumfang. Sie wurde daher nicht als Soloinstrument eingesetzt, sondern zur Begleitung rezitativähnlicher Gesänge. Da zur Herstellung von Instrumenten Fachwissen und spezielle Fertigkeiten erforderlich waren, hat sie nicht jeder gewöhnliche Holzhandwerker gebaut. Vermutlich saßen Spezialisten mit entsprechenden Fähigkeiten an den Königshöfen.

---

1 T. Capelle, Holzgefäße vom Neolithikum zum späten Mittelalter. Münstersche Kleine Schr. Ur- u. Frühgesch. 1 (Hildesheim 1976); ders., Parallelüberlieferung, Tradition und Quellenlücke im ur- und frühgeschichtlichen Fundgut. Bemerkungen zum Holz als Werkstoff. Frühmittelalterl. Stud. 14, 1980, 410 ff.

2 Zu Oberflacht: F. v. Dürrich/W. Menzel, Die Heidengräber am Lupfen (bei Oberflacht). Jahresh. Württembergischer Altertumsver. (Stuttgart 1847); P. Paulsen, Holzfunde aus dem Gräberfeld bei Oberflacht und ihre kulturhistorische Bedeutung. Forsch. u. Ber. Vor- u. Frühgesch. 41,2 (Stuttgart 1992); S. Schiek, Das Gräberfeld der Merowingerzeit bei Oberflacht. Forsch. u. Ber. Vor- u. Frühgesch. 41,1 (Stuttgart 1992); W. Veeck, Der Alamannenfriedhof von Oberflacht. Veröff. Württembergisches Landesamt Denkmalpfl. 2 (Stuttgart 1924). Allgemein: Leier – Leuchter – Totenbaum. Holzhandwerk der Alamannen. Texte Württembergisches Landesmus. (Stuttgart 1991); P. Paulsen/H. Schach-Dörges, Holzhandwerk der Alamannen (Stuttgart 1972).

3 Hüfingen und Neudingen: G. Fingerlin, Hüfingen als zentraler Ort der Baar im frühen Mittelalter. In: Der Keltenfürst von Hochdorf. Methoden und Ergebnisse der Landesarchäologie. Katalog zur Ausstellung (Stuttgart 1985) 411 ff.; ders., Arch. Nachr. Baden 24, 1980; ebd. 26, 1981. Trossingen: O. Paret, Das Gräberfeld von Trossingen. Fundber. Schwaben N.F. 9, 1935/1938, 141 ff. Pfahlheim: Paulsen (Anm. 2). Zöbingen: W. Veeck, Die Alamannen in Württemberg. Germ. Denkmäler Völkerwanderungszeit A 1 (Berlin 1931).

4 F. Spannagel, Das Drechselhandwerk. Ein Fachbuch für Drechsler, Lehrer und Architekten (Ravensburg 1948).

5 O. Doppelfeld, Die Domgrabung. Totenbett und Stuhl des Knabengrabes. Kölner Domblatt 18/19, 1960, 85 ff.

6 Vgl. das Schmiedegrab von Dittigheim, das in der Ausstellung gezeigt wird.

Handel und Fernbeziehungen

TAUSCH, RAUB UND GESCHENK

HEIKO STEUER

Die Alamannen aller gesellschaftlichen Ränge verfügten über eine Fülle von Gütern, die sie einerseits selbst produzierten, andererseits von außen einführen mussten.

Keramik- und Holzgefäße, Textilien und Lebensmittel für den eigenen Bedarf wurden in jedem landwirtschaftlichen Betrieb erzeugt. Aber schon das Eisen musste durch Verhüttung von Erzen erst gewonnen werden, ehe Werkzeuge und Geräte, Messer und einfache Waffen geschmiedet werden konnten. Kostbare Textilien, kunsthandwerklich beachtliche Schmuckstücke, technisch perfekte Waffen, wie Schwerter aus damasziertem Stahl, konnten nur von spezialisierten Handwerkern hergestellt werden. Luxusgüter, wie Trinkgläser oder Bronzegeschirr, kamen aus fernen Ländern.

In alle Dörfer, zu den Adligen und den freien Bauern, gelangten die fremden Güter. Daraus folgt nicht, dass überall Kaufleute diese Waren anboten und die Alamannen je nach Vermögen einkaufen gingen. Wenn die Forschung auch nicht mehr davon ausgeht, dass man im finsteren Mittelalter, den »dark ages«, überhaupt keinen Handel getrieben habe[1] und alle Güter nur als Geschenk oder im Tausch verteilt worden seien, so zwingen archäologische und schriftliche Überlieferung doch zur Skizzierung eines von der Marktwirtschaft abweichenden Bildes.

Land ohne Städte und Märkte

In der Alamannia gab es keine Städte mehr, und auch zentrale Orte, wie im Frankenreich westlich des Rheins die Pfalzen der Merowingerkönige oder der Bischöfe, hat es nicht gegeben. Klöster, die ja auch Zentren des Wirtschaftslebens waren, entwickelten sich im Südwesten erst am Ende der Merowingerzeit.[2] Die adligen Familien residierten mit ihren abhängigen Handwerkern auch nicht mehr wie im 4. und 5. Jh. in repräsentativen Herrensitzen auf weithin sichtbaren Höhen,[3] sondern hatten ihre Großhöfe in bzw. nahe bei den Dörfern.

Während spätantike, römische Formen des Handels und der Märkte auf dem Boden der ehemaligen Provinzen vermindert weiterwirkten[4] und auch freie Händler[5] oder Hofkaufleute,[6] später Kaufleute der Kirchen und Klöster[7] nachgewiesen sind, die den Fernhandel aufrecht erhielten, fehlten dafür in der Alamannia alle Voraussetzungen. Handwerker oder Kaufleute (*mercatores* oder *negotiatores*) werden in den Gesetzen der Alamannen, aber auch in den meisten anderen Leges für Völker nördlich der Alpen nicht erwähnt,[8] was aber nicht besagt, dass es sie nicht gab. Denn die erzählenden Quellen berichten doch einiges über Händler und Waren, aber ausschließlich für die Gebiete westlich des Rheins.

Unfreie Handwerker

Die Handwerker waren in der Regel Abhängige der Großen und konnten wie eine Sache ausgeliehen oder verschenkt werden.[9] Dies beschreiben eindeutig die alamannischen Volksrechte, der Pactus aus dem frühen 7. und die Lex aus dem frühen 8. Jh.[10] Im Pactus heißt es, dass nach Totschlag eines freien Mannes niedrigen Standes (*baro*) 170 Solidi, eines ranghohen Alamannen (*primus*) 240 Solidi Wergeld zu leisten seien, während die Ersatzzahlungen für den Eisenschmied (*faver ferrarius*) nur 40 und für den Goldschmied (*aurifex*) 50 Solidi betragen. 40 Solidi sind nach der Lex auch für den Totschlag eines Schweine- oder Schafhirten, eines Pferdeknechtes, Kochs oder Bäckers zu leisten, d.h. qualifizierte Handwerker waren nicht wertvoller als andere Abhängige.

Dem widersprechen anscheinend einige Bestattungen von Handwerkern, die neben ihren Werkzeugen für die Tätigkeit des Fein- und Grobschmieds und des Zimmermanns auch eine schwere Bewaffnung mitbekommen haben.[11] Das wird gewöhnlich als Zeichen der freien Krieger und Bauern angesehen, sodass in wenigen Fällen mit freien »Wander«-Handwerkern gerechnet werden kann.[12]

Viele Münzen, aber kein Geld

Während der ganzen Zeit vom 5. bis zum 8. Jh. wurden in Alamannien keine Münzen geprägt. Darin unterscheidet sich dieser Wirtschaftsraum grundlegend von den westlich und südlich anschließenden Ländern, wo in Fortsetzung antiker Tradition auf ehemals römischem Reichsboden Münzen ausgegeben und auch im Handel verwendet wurden. Davon sind einige nach Alamannien gekommen. Oft sind die Münzen gelocht – sie hingen als Schmuckstück an der Halskette oder am Gürtelgehänge. Auch in Fingerringe wurden Münzen eingearbeitet, die damit ihre Geldfunktion verloren hatten.

Auf die Zeitspanne vom 5. bis zum frühen 8. Jh., also auf rund 300 Jahre verteilen sich ca. 600 Münzfunde, was im Durchschnitt gerade zwei Münzen pro Jahr für Südwestdeutschland bedeutet.[13] In römischen Siedlungen finden sich dagegen oft Tausende von Münzen, vor allem Kupferkleingeld für das tägliche Marktgeschäft. Während der Merowingerzeit hat es also in Südwestdeutschland keine Geldwirtschaft gegeben.

Bis gegen Ende des 5. Jh. kamen noch Silbermünzen, sogenannte *Argentei minuti*, aus Südgallien und auch aus Trier in das alamannische Gebiet. In der Phase bis zum späten 6. Jh. waren es neben byzantinischen Solidi und Tremisses, Drittelstücke, aus Gold vor allem goldene Trienten der germanischen Könige sowie »pseudoimperiale« Nachprägungen. Im 7. Jh. bis gegen 670 herrschten goldene Monetarmünzen aus dem westlichen Merowingerreich vor, bis dann mit dem Übergang zur neuen Silberwährung fränkische Denare oder friesische bzw. angelsächsische Sceattas von deutlich geringerem Wert erschienen, weil nun wieder Münzgeld für einen Markt benötigt wurde; denn seit dieser Zeit sollten auch Bauern ihre Abgaben in Münzen zahlen, und die mussten sie durch Verkauf ihrer Überschüsse auf einem Markt erst einnehmen.

Von den 2000 mit Namen auf den Münzen genannten Monetaren (Münzmeistern) hat keiner in Alamannien gearbeitet; von rund 800 ebenfalls auf den Münzen genannten Prägeorten liegen die nächsten zwischen Mainz und Basel im fränkischen Machtbereich westlich des Rheins, alles ehemalige Römerorte.[14]

440 **Die Alamannen kannten keine Geldwirtschaft. Man findet aber in Südwestdeutschland ostgotische (1–2), westgotische (3), langobardische (4) und merowingische (5) Münzen, die als Schmuck getragen wurden – jedoch keine einzige einheimische.**

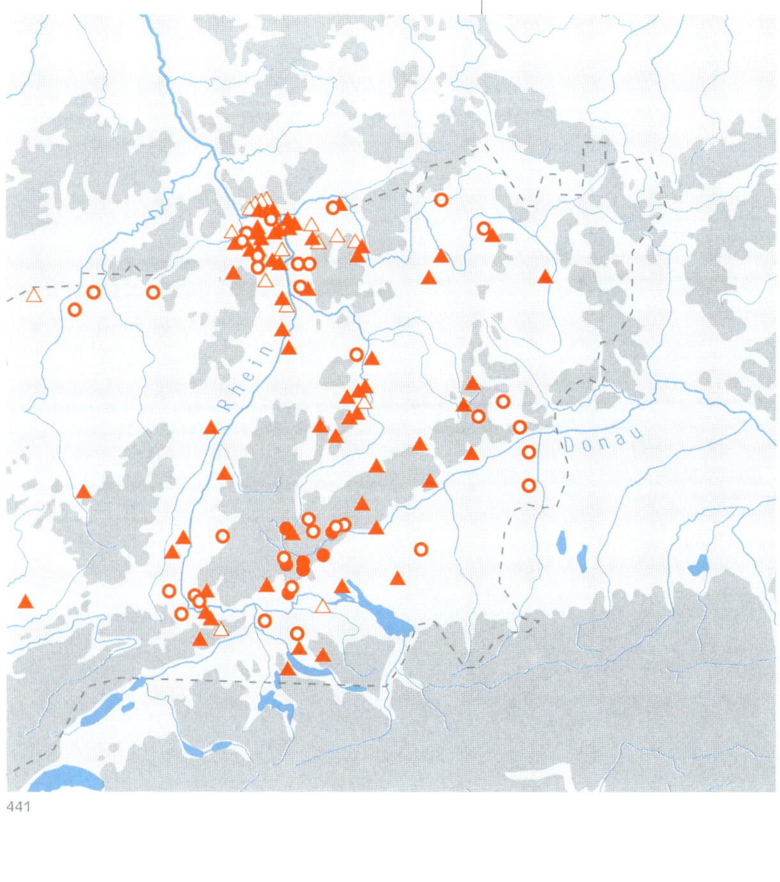

441 **Aus der Zeitspanne vom 5. bis zum 8. Jh. kennen wir in der Alamannia 600 Münzfunde, d.h. jedes Jahr dieses langen Abschnitts wird nur durch zwei Münzen repräsentiert. Die gestrichelte Linie zeigt die Kartierungsgrenze an.**
○ 4.–5. Jh.
● 5.–6. Jh.
▲ 6.–7. Jh.
△ 7.–8. Jh.

442 **Byzantinisches Gewicht aus Grab 75 in Singen, Datierung Mitte bzw. zweite Hälfte des 6. Jh. Die Bezeichnung »NE« bedeutet fünf Nomisma. Das Stück wiegt aber 27,2 g, also eine Unze, das sind sechs Nomisma. Deshalb müsste es eigentlich mit einem »S« gekennzeichnet sein.**

443 **Kleine Waagen und byzantinische Gewichte findet man relativ häufig in den Gräbern. Sie dienten zum Abwiegen von Edelmetall.**
● gleicharmige Waagen
○ Schnellwaagen
□ Gewichte

442

Die Rolle des Goldes

In der Merowingerzeit gab es in der Alamannia fast nur die wertvollen Goldmünzen, die gerade nicht für den Handel auf dem Markt geeignet waren und deshalb zeigen, dass die Zeit vom späten 5. bis zur Mitte des 7. Jh. wirtschaftlich grundsätzlich anders strukturiert war. Denn Goldmünzen wurden nur bei größeren Transaktionen gebraucht oder zu Schmuck verarbeitet. Man bewertete sie nicht nach der Zahl, sondern nach dem Gewicht. Dazu dienten kleine Waagen (vgl. Abb. 400 a), die ab und zu in alamannischen Gräbern gefunden werden, manchmal zusammen mit Gewichten und Probiersteinen zum Prüfen des Goldgehaltes.[15] Anfänglich verwendete man spätrömische bzw. byzantinische Gewichte. Man findet sie auf dem Runden Berg bei Urach und dem Zähringer Burgberg, aber auch in einigen Gräbern. Später wurden anscheinend alte römische Kupfermünzen und Bleistücke als Gewichte benutzt. Die größte Funddichte der Waagen und Münzen entspricht der größten Gräberfeld- bzw. Gräberdichte. Offensichtlich ging überall ein gewisser Prozentsatz der Bevölkerung mit Edelmetall um: beidseits der Donau bei Ulm, an der oberen Donau und im mittleren Neckargebiet.

Im Umfeld der alten Römerstädte des Rhein-Main-Gebiets und um Basel spricht die größere Fundmenge an Münzen und Waagen für ein gewisses Maß an Geldwirtschaft. Die häufigen Monetartrienten im mittleren Neckargebiet belegen im 7. Jh. den besonderen Einfluss der Franken, der vom Mittelrhein und Main in das alte Herz Alamanniens reichte, während derartige Münzen in der südlichen Alamannia beidseits der Donau fehlen.

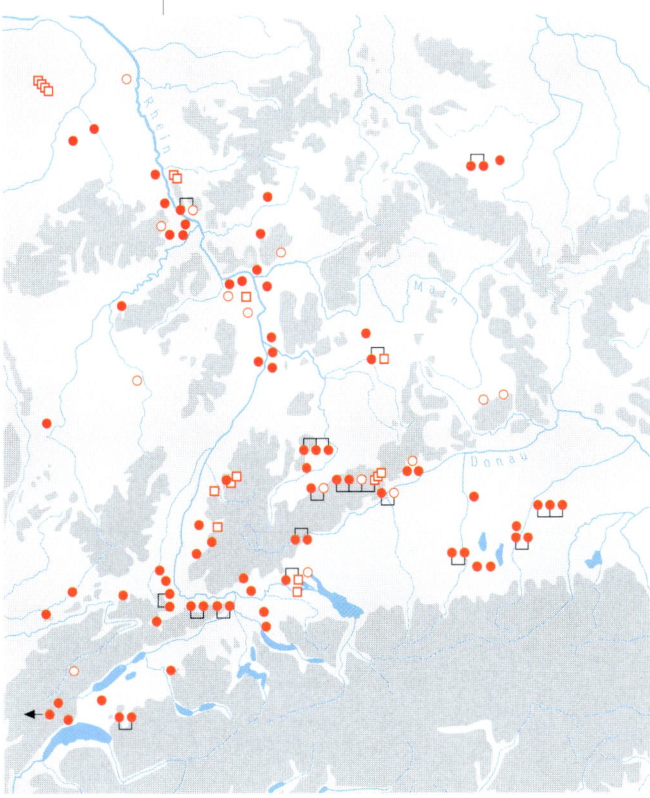

443

Gold war in Form von Schmuck oder Ringen – nach dem Gewicht gemessen – Geld und diente zugleich als Geschenk. Im Hildebrandslied aus dem 7. Jh., überliefert in einer süddeutschen Fassung der Zeit 770/790, heißt es:

»Da wand er vom Arme gewundene Ringe/ aus Kaisergoldwerk, das ihm der König gegeben,/ der Hunnen Herrscher: ›Das geb ich aus Huld dir nun‹.«[16]

Geschenk, Beute, Mitgift

Während im Frankenreich westlich des Rheins die römische Wirtschaftsweise mit Märkten und Münzgeld, wenn auch eingeschränkt, fortlebte, beruhte im alamannischen Gebiet die Güterverteilung eher auf Tausch und Weitergabe in den Personenverbänden. Beute aus Krieg, Raub und Plünderung und die Verteilung von Geschenken waren Teil des Herrschaftssystems.[17]

An den Höfen des Adels und der Herzöge saßen abhängige Handwerker. Sie produzierten Waffen und Schmuck im Auftrag des Adligen, der über die Rohstoffe verfügte und die Waffen und Schmuckstücke seinem Vermögen, d.h. seinem Schatz, hinzufügte oder für Verdienste an seine Gefolgsleute weitergab, an seine Bauern und Krieger als Lohn oder Geschenk; und lebten die nicht nur im selben Dorf, sondern in anderen Siedlungen, weil die Adelssippe über Streubesitz an mehreren Orten verfügte, dann wurden gleichartige Waffen und Fibeln auf diese Weise über einen weiteren Raum verteilt, und die Verbreitung bestimmter Typen spiegelt dann das Netz eines solchen Personenverbandes.

Heiraten und politische Beziehungen wurden durch Mitgift und Geschenke gefestigt, was zur Verbreitung fremder Güter beitrug. Die nicht ganz seltenen »nordischen« , skandinavischen oder angelsächsischen Bügelfibeln, Schmuckformen aus dem Gebiet der Thüringer oder auch die »langobardischen« S- und Bügelfibeln mögen durch Heiraten nach Südwestdeutschland gelangt sein (vgl. Abb. 318).[18]

Die freien Alamannen hatten Kriegsdienste zu leisten. Der König oder der Herzog rief zum Märzfeld und hielt Heerschau. Jeder Krieger brachte seine Gefolgschaft von Kämpfern mit, die zu Hause sonst die Bauernhöfe bewirtschafteten. Verteilungsfunktionen übernahmen sicherlich gerade diese Heeresversammlungen zu Beginn von Feldzügen. Dabei wird es im wesentlichen um die Beschaffung der Waffen gegangen sein.

Von den Fehden innerhalb der Alamannia, den Heereszügen zwischen den Teilreichen des Merowingerreichs und vor allem den weiter ausgreifenden kriegerischen Unternehmungen über die Alpen hinweg nach Italien brachten die Krieger nicht nur neue Waffen, sondern auch in der Fremde er-

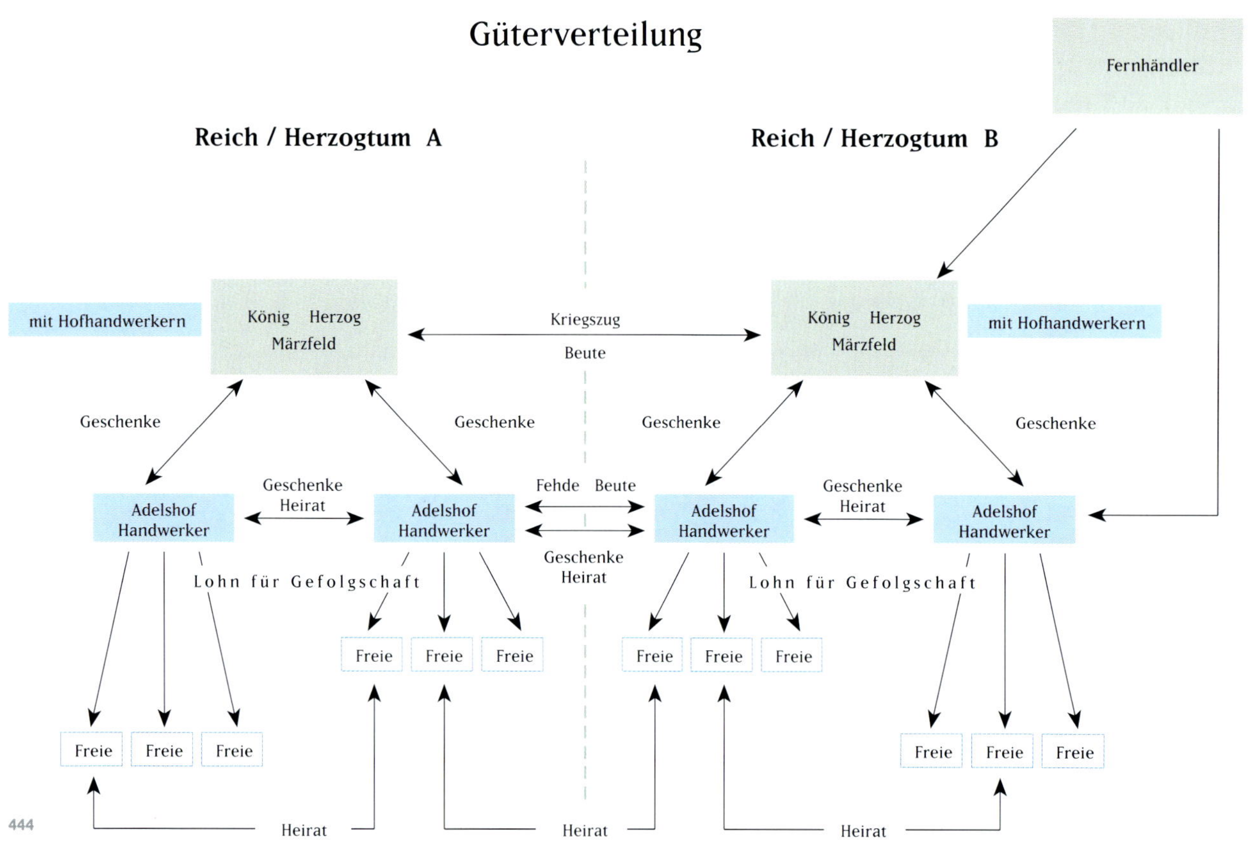

444 **Schema zur Güterverteilung in der Alamannia: Güter wurden nicht in erster Linie durch Handel erworben und ausgetauscht, sondern als Kriegsbeute, Geschenke und Heiratsgut. Für Luxusgüter sorgte schließlich der Fernhandel. Die Pfeile geben die Verteilungswege der Güter an.**

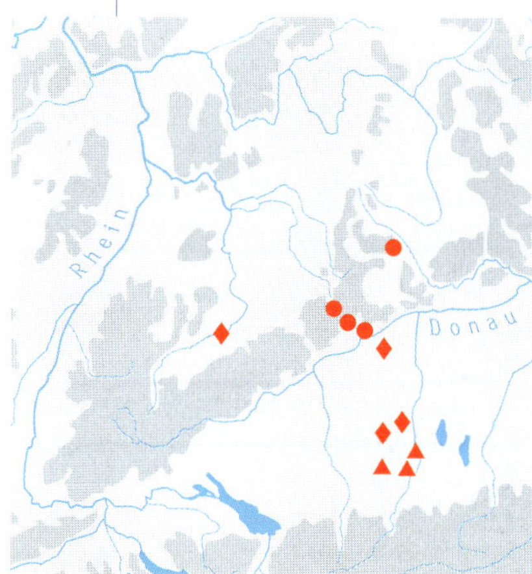

445 **Die Symbole bezeichnen jeweils Produkte ein und derselben Werkstatt. Diese Produkte wurden nicht weit verhandelt, sondern blieben auf einen engen Umkreis beschränkt.**

worbene Güter mit, teils Beute, teils Bezahlung für den Kriegsdienst. So versprach der Merowingerkönig Theuderich I. seinen Anhängern reiche Beute an Gold, Silber, Vieh, Sklaven und Kleidung, wenn sie ihm auf den Kriegszug in die Auvergne folgten.[19]

Werte und Preise

Im Stammesrecht der Alamannen werden Wergelder und Bußen in Solidi angegeben, was aber nur als Verrechnungseinheit verstanden werden darf, nicht etwa als Zahlung in Münzen. So heißt es bei der Ehegabe, dass der Gegenwert für 40 Solidi in Gold, Silber, Sklaven, Pferden oder in dem, was man sonst hat, also in Edelmetall oder Sachgütern – nicht in Münzen – zu leisten sei: *dotis enim legitima XXXX solidis constat ut in auro aut in argento aut mancipia aut qualecumque habit alodo.*[20]

Solidi und Trienten aus Gold waren selten und von hohem Wert. Der Goldgehalt der Trienten nahm im 7. Jh. immer weiter ab, das Gold wurde durch Silber ersetzt, sodass der Übergang zur Silberwährung ab 670 zwangsläufig erfolgte. Doch der Wert der Drittelsolidi, der Trienten, war immer noch so hoch, dass sie kaum für kleine Geschäfte geeignet waren. Eher dienten sie für Steuer- und Soldzahlungen oder als Geschenk. Man konnte damit Luxusgüter erwerben oder ein Gastmahl ausrichten. Auch nach dem Absinken des Goldgehaltes blieb ein hoher Wert; denn ein Triens entsprach bei einem Goldgehalt von 50 Prozent und einem Wertverhältnis des Goldes zum Silber von 1:2 noch 5 bis 10 Denaren,[21] und auch die »Kaufkraft« eines Denars war beträchtlich. Der Jahressold eines ranghohen Kriegers im Gefolge Theoderichs des Großen betrug 3 bzw. 5 Solidi. Das reichte ein Jahr lang für ein standesgemäßes Leben.

Der Solidus mit dem Idealgewicht von 1/72 des römischen Pfundes zu 327,6 g, das sind 4,55 g Gold, entsprach je nach Land 16 oder 20 Pfund Kupfer, das entspricht einem Verhältnis von 1150:1 oder 1440:1. Gold war also mehr als tausendmal so viel wert wie Kupfer. Das Verhältnis von Gold zu Silber schwankte zwischen 15:1 und 12:1. Die Relation zwischen Gold, Silber und Kupfer von 1000:10:1 zeigt uns die Größenordnungen, die bei der Bewertung von Grabbeigaben aus Bunt- und Edelmetall zu berücksichtigen sind; denn der Edelmetallschmuck wurde nach dem Gewicht bewertet, die Leistung des Kunsthandwerkers zählte kaum. Eine Bronzeschüssel war demnach weniger wertvoll als oft angenommen, wenn 4,5 kg Bronze einem Solidus entsprachen.[22]

Doch ist beim Abschätzen des Werts auch zu berücksichtigen, dass die Verfügbarkeit eine wesentliche Rolle spielte. Exotische Gläser, Stoffe, Gewürze, Parfüme und Öle oder Falken für die Beizjagd und Schwerter hatten ihren besonderen Wert. In der Lex Alamannorum aus dem frühen 8. Jh. werden Preise genannt: Der beste Ochse war fünf Tremissen wert, der mittlere drei; Hunde kosteten zwischen drei und zwölf Solidi, je nachdem, ob sie lediglich für die Jagd, als Meutenführer oder gar als Leittier, das Menschen führt, dienten. Der zahme

446 a

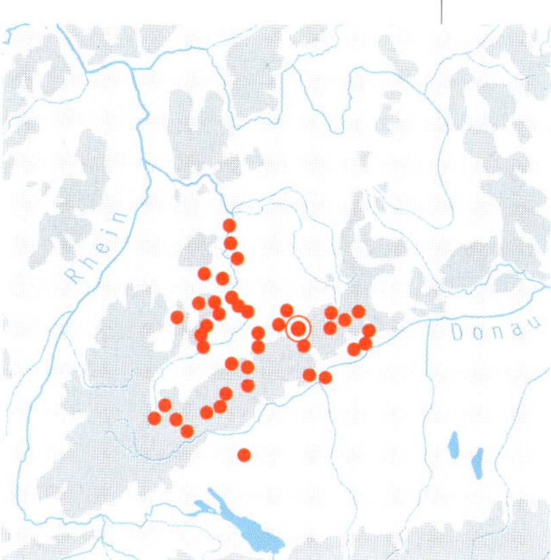

446 b

446 a, b **Die rauwandigen Töpfe werden nach dem Fundort eines Töpferofens Typ Donzdorf genannt. Die scheibengedrehte Massenware tritt seit dem Ende des 6. Jh. auf. Ihr Verbreitungsgebiet reicht vom mittleren Neckar über die Hochfläche der Schwäbischen Alb bis zur Donau im Süden. Hervorgehoben ist der Fundort des Töpferofens bei Donzdorf.**

Hirsch konnte zwölf, der Habicht drei Solidi wert sein. Die Zerstörung eines Karrens wird mit drei bis sechs Solidi gebüßt, die Zerstörung von Viehställen mit zwölf Solidi. Im älteren Pactus Alamannorum aus dem frühen 7. Jh. betrug die Ersatzleistung für ein Zugtier drei, einen Stier sechs und eine Stute sechs bis zwölf Solidi. Hier findet man auch den Hinweis, dass die Beigaben eines Toten den Wert von ein bis zwei Trienten oder einem Solidus haben konnten. Wenn es sich dabei um fremde, gestohlene Sachen handelte, musste dies mit zwölf bis 20 Solidi gebüßt werden.

Die Wertangaben und Bußen liegen also zwischen 200 Solidi für einen freien Alamannen und einem Solidus für einen Hofhund.

Im fränkischen Rechtstext, der Lex Ribuaria aus dem 8./9. Jh., werden Wertangaben auch für Waffen und Reiterausstattung überliefert, die wohl ungefähr ebenso in der Alamannia galten: ein Helm sechs Solidi, eine Brünne zwölf, Schwert und Scheide sieben, Schild und Lanze zwei, Reitpferde zwischen sieben und zwölf und ein Falke zwölf Solidi.

447

Warenaustausch auf drei Ebenen

Die Funktion von Tauschhandel, lokalem Markt und Fernhandel aufgrund archäologischer Quellen auch für die Alamannia zu erschließen, erfordert das Studium nicht nur der Waren selbst, sondern vor allem auch ihrer Verbreitungsmuster, die anhand der Kartierung von Grabfunden erschlossen werden.[23]

Wie problematisch das sein kann, folgt aus dem Vergleich der Fundorte von Modeln, die zur Schmuckherstellung dienten, mit den Fundplätzen der damit hergestellten Stücke. In einer Siedlung des 7. Jh. bei Wetschen in Niedersachsen wurde ein Model gefunden, das vier ineinander geflochtene Tierköpfe zeigt und zu dem Vergleichsstücke aus Süddeutschland bekannt sind;[24] ein anderes Model diente zur Herstellung eines figürlichen Pressblechs auf einer Gürtelschnalle vom fränkischen Gräberfeld Saffig bei Koblenz und eines in Pavia gefundenen Goldblattkreuzes.[25]

Im lokalen Handel, auf der untersten Ebene, wurden die überschüssigen Produkte der Bauernhöfe getauscht. Dazu gehörten neben Getreide, Fleisch und Obst auch Keramik und einfache Eisenwaren wie Messer und Werkzeuge. Ein Teil des Tongeschirrs wurde auf dem heimatlichen Hof getöpfert. Während im fränkischen Südwestdeutschland handgemachte Keramik im 7. Jh. weitgehend verschwindet, bleibt diese Tradition in der Alamannia länger bestehen.[26] Im Rahmen des lokalen Handels wurden qualitätvollere Keramikgefäße, die stempelverzierten Knickwandtöpfe, anscheinend auch getauscht, wenn die Verbreitungsbilder mit wenigen Dutzend Kilometer Durchmesser[27] nicht ebenfalls die persönlichen Beziehungen innerhalb verschiedener Grundherrschaften oder Heiratsbeziehungen spiegeln, da gleichartige Gefäße entweder nur auf einem Gräberfeld oder in einer kleinen Re-

447 Als beliebter Frauenschmuck waren Perlenketten weit verbreitet. Hier eine Kette aus Grab 359 von Kirchheim im Ries mit Bernsteinperlen aus dem Ostseeraum.

448 Panther- und Tigerschnecken, große Kaurimuscheln (Lyncina pantherina und Cypraea tigris) aus dem Roten Meer oder dem Indischen Ozean, wurden von vornehmen alamannischen Damen gerne als Amulett am Gürtelgehänge getragen. Die beiden Exemplare stammen aus Weingarten (Grab 580 und 588).

448

449

449 **Ovale Scheibenfibel mit flächendeckendem Cloisonné aus Hüfingen, Grab 356; Bügelfibel aus Mengen, Grab 141; Goldscheibenfibel mit einigen Almandinen aus Merdingen, Grab 144. Almandin ist roter Granat aus Indien. In Gold gefasst, war er der gebräuchlichste Schmuckstein der Merowingerzeit. Verarbeitet wurde er in weiten Teilen des Vorderen Orients, bei den Sassaniden und im Byzantinischem Reich.**

gion benachbart vorkommen. Die später erscheinende rauwandige Drehscheibenkeramik, die sogenannte Donzdorfer Ware, wird seit dem ausgehenden 6. Jh. an fränkisch geprägten Plätzen für die Versorgung eines größeren Gebietes produziert. Töpferöfen dieser Drehscheibenware sind ausgegraben worden. Die Gefäße waren über das mittlere Neckargebiet hinaus nach Süden auf der Schwäbischen Alb und bis zur Donau verbreitet. Es kann nicht mit Sicherheit gesagt werden, wer die Töpfereien betrieb, ob die gewerbsmäßige Massenproduktion nicht schon in die Regie eines Grundherrn fiel, der die Verteilung zu seinen Höfen organisierte und darüber hinaus einen entstehenden Markt mit Tonware versorgte. Uwe Gross hat darauf hingewiesen, dass diese Töpfereien in herrschaftliche Zusammenhänge gehören, wofür die Struktur des Donzdorfer Gräberfeldes mit zahlreichen Bestattungen Schwerbewaffneter spräche, eine Situation, wie sie auch für einige bayerische Töpfereien mit Adelshöfen, so bei Barbing-Kreuzhof nahe Regensburg, belegt ist.[28] Für weite Gebiete der Alamannia scheint noch die Selbstversorgung mit handgeformter, später mit »nachgedrehter« Keramik, der sogenannten Kammstrichware, vorgeherrscht zu haben.[29]

Der Übergang von der Güterverteilung in den Grundherrschaften zum Marktbetrieb – auf der mittleren Ebene – wird parallel zur Einführung der Silberwährung fassbar. In Süddeutschland entwickeln sich präurbane Zentralorte im 7./8. Jh., so die frühstädtische Großsiedlung Karlburg am Main bei Würzburg[30] mit Buntmetallverarbeitung und Fibelproduktion oder das auf die Antike zurückgehende frühe urbane Zentrum Salzburg mit Kammproduktion.[31] Vergleichbare Zentralorte sind für die Alamannia noch nicht erforscht.

Die Verteilung ähnlicher Fibelformen, wie die wertvollen Scheibenfibeln aus der Hand des »Wittislinger Meisters«, ist aber weniger über Handel als im Verteilungsmechanismus der Personenbeziehungen zustande gekommen.[32] Auch die Güterverbreitung auf der nächsthöheren Ebene, der Waffen und des Schmucks hoher Qualität, ist nur im Rahmen grundherrschaftlicher Verteilung sowie durch die Mobilität der Leute zu verstehen, die –

450

sofern sie frei waren – auch den Grundherrn bzw. Kriegsherrn wechseln konnten.

Luxus aus fernen Ländern

Für exotische Güter, die in der Alamannia keinesfalls hergestellt werden konnten, sorgte – auf höchster Ebene – der Fernhandel.[33] Gold, Silber und Kupfer oder Bronze wurden importiert. Ersteres wurde in der Alamannia nicht bergmännisch gewonnen, höchstens aus Flüssen gewaschen. Gewöhnlich gelangte es aber in Form von Münzen als Geschenk, Sold und Beute in den Besitz der Krieger und ihrer Frauen. Verarbeitete man nicht Schrott aus römischen Ruinen, dann mussten auch Silber und Kupfer importiert werden. Der Goldschmied benötigte zum Vergolden silberner Bügelfibeln Quecksilber, das man aus Zinnober gewann. Dieser stammte aus Lagerstätten der Iberischen Halbinsel oder der Toskana, wohl auch in Kleinasien.
Bernstein für Halsketten oder Perlen am Schwertgehänge kam von der Ostseeküste. Die großen Cyprea-Muscheln, von Frauen am Gürtelgehänge als Amulett getragen, kommen aus dem Mittelmeer-

450 Gläser des 6. Jh. vom Gräberfeld Hüfingen: ein Sturzbecher (Grab 268), dahinter ein Rüsselbecher (Grab 328), im Vordergrund ein Kugelbecher (Grab 574), rechts ein Paar schlanke Spitzbecher (Grab 356). Sie alle wurden aus dem nordfränkisch-gallischen Gebiet importiert.

gebiet. Sie muten exotisch an und werden ihren Wert aufgrund besonderer Vorstellungen über die weibliche Fruchtbarkeit gehabt haben. Es sind sogenannte Panther- und Tigerschnecken (Lyncina pantherina und Cypraea tigris), die nur im Roten Meer und anderen warmen Gewässern wie dem Indischen Ozean existieren. Kosmas Indikopleustes erwähnt in seiner Topographie den Export derartiger Schnecken aus Marallo, einem Hafen im südlichen Indien. Er war Kaufmann und bereiste am Anfang des 6. Jh. die Länder vom Schwarzen Meer bis Ceylon, ehe er sich in Alexandria niederließ. Es gibt auch Muschelscheibenketten aus Mittelmeer-Austern.[34] Aus dem Süden kommen sodann Schnallen aus Meerschaum und aus Bergkristall.[35] Elfenbein wurde für die Einfassung der bronzenen Zierscheiben vom Gürtelgehänge der Frauen verwendet, später auch als Einlage bei Scheibenfibeln.

Weiterhin kommen alle roten Granate aus dem Mittelmeergebiet, wohin sie über Vorderasien aus

451

451 Dieses Stengelglas hat seinen Weg vom Mittelmeer bis nach Stein am Rhein gefunden, wo es in einem Grab bis heute unbeschädigt überdauerte.

Indien und Ceylon gelangten. Dieser Hauptschmuckstein der Merowingerzeit wird nach der Stadt Alabanda in Westanatolien Almandin genannt, woher laut Plinius dem Älteren ein Teil dieser Steine stammen soll. Werkstätten existierten in Byzanz: die Steine mussten erst in flache Platten gespalten und dann sorgfältig zur gewünschten geometrischen Form geschnitten werden. Mit einem besonderen »Zementklebstoff«, der nur in Kleinasien hergestellt worden sein kann, wurden die Steine auf einer Unterlage aus Gold festgeklebt.[36] Im germanischen Raum beherrschte man diese Technik anscheinend nicht.

Verfolgt man die Herkunft von Prunkschwertern des 5. Jh. und mit Almandin eingelegter Schnallen (vgl. Quast, Einzelgrab), so führt dies denn auch nach Italien und an den byzantinischen Kaiserhof.[37] An den alamannischen Höfen konnten die vorbereiteten Almandine in die Schmuckstücke eingesetzt werden. Halbprodukte, nämlich unterschiedlich geformte Plättchen, sind aus einer Werkstatt in Tunesien bekannt.[38] Sie wurden gewissermaßen in Beuteln weitergereicht. Wie wertvoll diese geschliffenen Almandine waren und wie schwer man sie bekam, zeigt sich daran, dass zwar im 5. und 6. Jh. regelmäßige flächendeckende Muster auf Fibeln geschaffen werden konnten, während bei den Scheibenfibeln des 7. Jh. auf der Goldunterlage meist nur noch unregelmäßige – sekundär verwendete – Almandine neben andersfarbigen Glassteinen angebracht wurden.

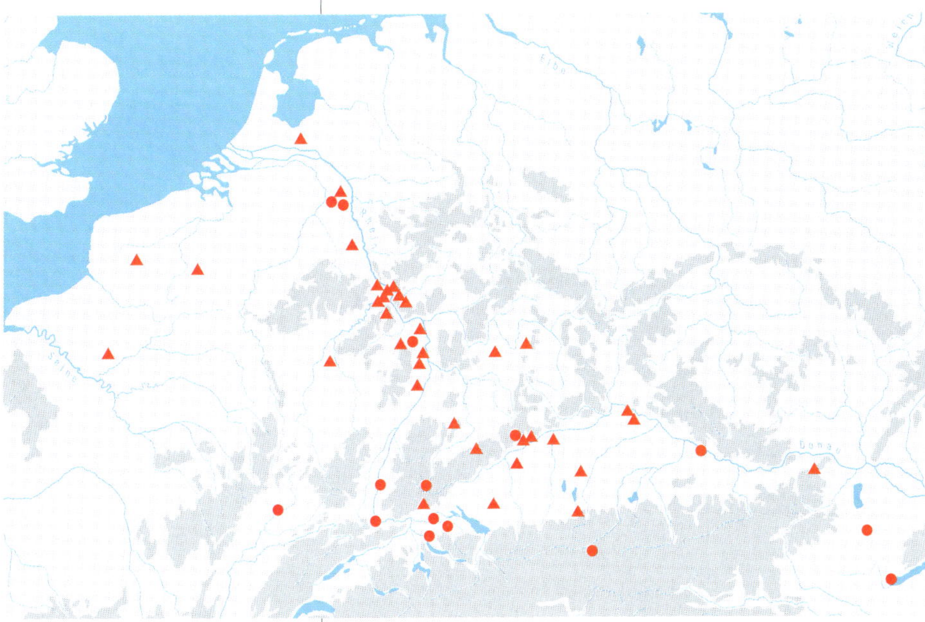

452 a

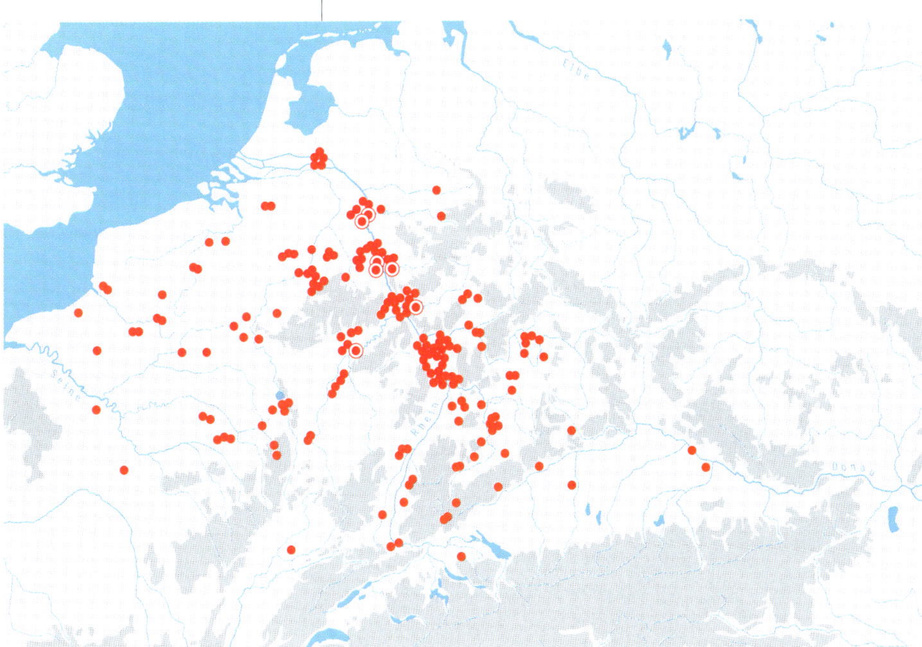

452 b

452 a, b Verbreitung der Stengelgläser (Punkt) aus dem Mittelmeergebiet und der Rüsselbecher (Dreieck) aus dem Rheinland (oben) und der Sturzbecher mit rundem Boden und Bodenspitze. Mehrere Exemplare pro Grab: Kreisaugen (unten).

453

453 **Die Glasamphore aus Hüfingen Grab 333 stammt aus dem 6. Jh. und ist nur 17 cm hoch. Das Importstück aus dem Mittelmeerraum – oder ist es ein Altstück aus spätrömischer Zeit (?) – besteht aus blauem Glas mit Standfuß, Henkeln und Mündungsrand aus weißer, opaker Glasmasse und hat einen weißen, spiralig um den Hals gewundenen Glasfaden. Kleine Amphoren dienten als Balsamarien zur Aufbewahrung von Öl oder Parfüm.**

Außer Glas wurde auch Amethyst zu Perlen weiterverarbeitet. Diesen Rohstoff gibt es zwar in Mitteleuropa, doch die Amethystperlen stammen wohl alle aus Lagerstätten im Süden. Plinius nennt einige Fundstellen in Ägypten, auf Zypern, auf den griechischen Inseln, aber auch in Kleinasien und in Indien.

Millefioriglasperlen[39] (Tausendblüten-Perlen) und andere Glasperlen gelangten in der zweiten Hälfte des 6. und im 7. Jh. aus den Mittelmeerländern nach Alamannien. Einige Glasgefäße, wie die Stengelgläser[40] oder auch blaue Amphoren, Behälter für Öle oder Parfüm, kommen ebenfalls aus den Mittelmeerländern. Woher die anderen Gläser kamen,

454 **Aus dem östlichen Mittelmeerraum wurde im 7. Jh. in großem Umfang Bronzegeschirr importiert: Becken, Griffschalen mit durchbrochenem Standring und Kannen (Giengen, Pfahlheim, Laufen). Die gegossenen und nachgedrehten Gefäße sind sehr schwer, entsprechend viel Metall war zu ihrer Herstellung erforderlich. Das einheimische Geschirr hingegen wurde aus dünnem Blech getrieben, wozu viel weniger Bronze benötigt wurde.**

bleibt ein Rätsel. Da Werkstätten im Merowingerreich kaum archäologisch bekannt sind, gibt es die These, dass im Hinterland der ehemaligen römischen Städte am Rhein, in Nordostfrankreich und vielleicht auch in England Glasfabriken weiter bestanden. Aufschlussreich ist, wie sich die Glasmasse zusammensetzt. Die Verwendung von Soda in fränkischen Werkstätten setzt dessen Import, vielleicht auch von Rohglasmasse selbst voraus.[41] Im alamannischen Gebiet wurden überhaupt keine Trinkgläser hergestellt, höchstens Perlen aus Altglas. Daher gehören auch alle Gläser zu den Importgütern, die anfänglich recht häufig die Alamannia erreichen, aber im 7. Jh. rar werden. Einige Typen von Gläsern kommen aus dem nördlichen Merowingerreich.[42] Dazu gehören die sogenannten Spitz- und Sturzbecher, typisch germanische Formen, da die gefüllten Gläser nicht abzustellen waren und gleich ausgetrunken werden mussten. Im mediterranen Raum stellte man die Gläser wie eh und je auf einem Tisch ab, daher haben sie entsprechende Standfüße.

Aus dem Mittelmeergebiet kam das sogenannte koptische Bronzegeschirr. Diese schweren gegossenen Kannen, Pfannen und Becken sind nicht mit den leichteren, getriebenen Perlrandbecken zu verwechseln, die ebenfalls zu den kostbaren Grabbeigaben zählen, aber wohl im germanischen Gebiet selbst hergestellt wurden.[43] Werkstätten werden in Ägypten vermutet – daher die Bezeichnung »koptisch« –, aber auch in Kleinasien und anderen Landschaften an der Mittelmeerküste.[44] Das Bronzegeschirr wurde, so ist es in den Schriftquellen überliefert, über die Rhône ins Frankenreich transportiert.[45] Nach Ausweis des archäologischen Fundbildes gelangte es aber auch über die Alpen und den Rhein abwärts bis zur Mündung und weiter nach England. Das schwere Geschirr ist kennzeichnend für ranghohe Bestattungen.

Begehrt waren auch Brokatstoffe, Seide und ande-

454

455

455 **Die Miniatur im Stuttgarter Psalter aus dem frühen 9. Jh. zeigt, wie der Teufel Christus mit den zu seinen Füßen ausgebreiteten Schätzen der Welt versuchen will. Zu den Schätzen gehören auch eine Griffschale und eine Kanne.**

re exotische Textilien. Ob Wein oder Gewürze wie Pfeffer, Ingwer und Kümmel ebenfalls über die Alpen kamen, entzieht sich dem archäologischen Nachweis.

Syrer und Juden als Fernhändler

Aus dem westlichen Frankenreich, aus dem Reich der Ostgoten oder später dem der Langobarden in Italien oder aus dem Byzantinischen Reich haben immer wieder Fernkaufleute den Rhein und die Donau nach Osten beziehungsweise Norden überschritten, um in der Alamannia Geschäfte zu machen. Doch war dies nicht so einfach, weil es hier kein Zahlungswesen auf der Basis von Münzen gab, wie es die Kaufleute sonst kannten. Ohne Münzgeld oder entsprechende Gegenwerte gab es aber eigentlich keinen Anreiz für den Fernhandel. Kaufleute, die in die Wälder des Ostens zogen, tauschten dort Felle und Pelze gegen Luxusgüter, die beim Transport nur wenig Raum beanspruchten, z.B. Gläser oder Kleidungsstücke. Was aber aus dem alamannischen Gebiet exportiert werden konnte und nicht ohnehin schon im Frankenreich oder in Italien vorhanden war, bleibt im Dunkeln, geht man nicht davon aus, daß der immer besonders einträgliche Handel mit Sklaven betrieben wurde. Immerhin stellt die Lex Alamannorum den Verkauf von Freien und Abhängigen unter hohe Wergeldbußen, die dem Totschlag entsprachen, und erwähnt auch sonst Sklaven.[46]
Die schriftliche Überlieferung kennt Fernhändler und nennt nach dem Ende des Weströmischen Reichs vor allem Syrer und Juden als Kaufleute für das westliche Merowingerreich,[47] von denen einige auch den Weg an die Höfe der Adligen in Südwestdeutschland gefunden haben könnten; denn nur sie konnten Luxusgüter erwerben.

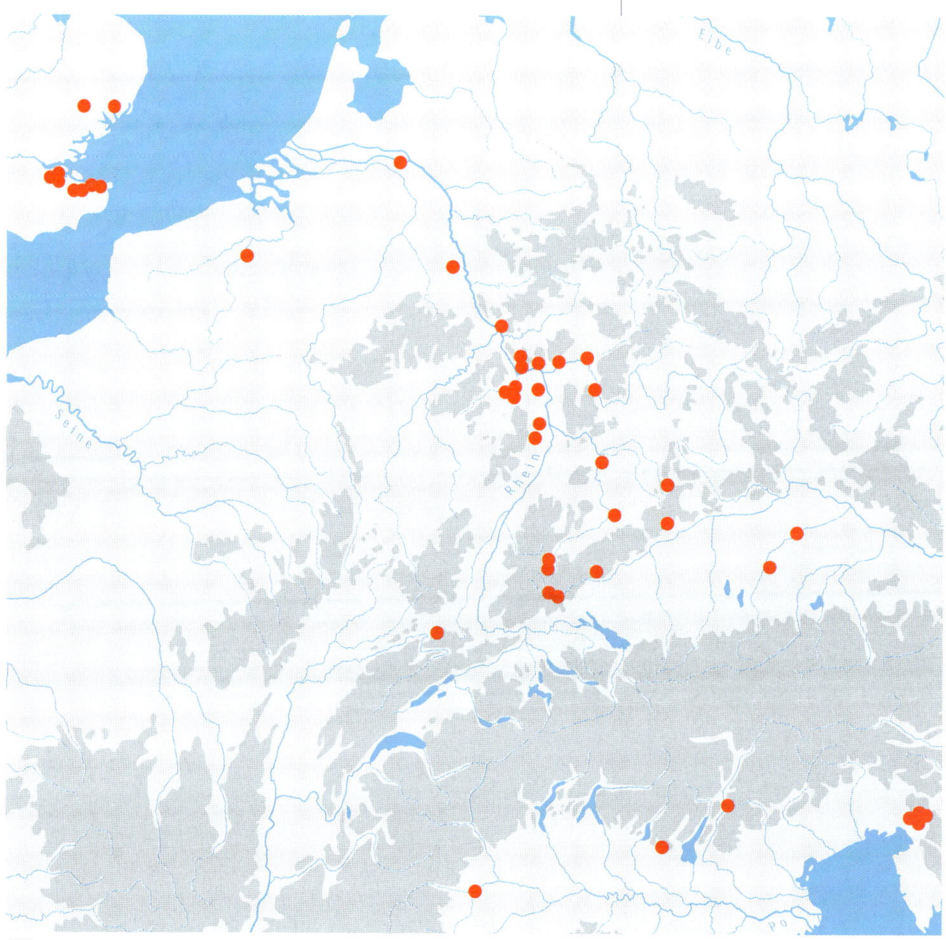

456

456 **Koptisches Bronzegeschirr wurde aus dem Mittelmeergebiet, möglicherweise sogar aus Ägypten importiert. Man findet es von der Alamannia rheinabwärts bis nach Südengland.**

Hervorragende Kunsthandwerker und Waffenschmiede veredelten die Rohstoffe und stellten begehrendswerte, kostbare Gegenstände her. Wo arbeiteten die Handwerker: in Alamannien oder jenseits der Alpen in Italien und in Byzanz? Die Masse der Importgüter kam aus dem italienischen oder byzantinischen Gebiet. Das bestätigen Münzen und Gewichte. Die Bedeutung des Byzantinischen Reichs und der Provinzen rund ums Mittelmeer, in denen antike Handels- und Handwerkstraditionen weiterlebten, kann nicht hoch genug eingeschätzt werden. Wahrscheinlich machen wir uns keine rechte Vorstellung vom kulturellen Gefälle zwischen dem hochentwickelten Staatswesen in Byzanz und den Germanenreichen.

Handelsvolumen und Warentransport

Vom Umfang des Austauschs, des Warentransports und der einst vorhandenen Güter vermitteln die ausgegrabenen Stücke keine rechte Vorstellung, auch wenn es einleuchtet, dass der Brauch, die Toten mit Beigaben auszustatten, zu einem ständigen »Verlust« an kostbaren Importgütern und ebenso zu neuem Bedarf geführt haben muss. Statistische Überlegungen erlauben es, jeden Fund mit dem Faktor 100 oder mehr zu multiplizieren, um eine Vorstellung von der einst vorhandenen Anzahl zu gewinnen. Hundert koptischen Bronzepfannen des 6. Jh. entsprechen dann 10 000 Gefäße oder mehr, die während der Merowingerzeit Mitteleuropa erreichten. Bei den Waffen liegen die Zahlen wesentlich höher. Wenn 200 Jahre lang Tausende von alamannischen Männern ihre Spatha, oft auch den Sax mit ins Grab nahmen, dann müssen Hunderttausende dieser Waffen produziert worden sein. Es ist unklar, woher die großen Eisenmengen kamen; denn bisher sind nur sehr wenige Verhüttungsanlagen entdeckt worden, und auch über Waffenschmieden wissen wir wenig.

Wie der Warentransport erfolgte, lässt sich leicht ausmalen, auch wenn für die Alamannia kaum etwas überliefert ist. Als Handelswege dienten die römischen Straßen und die seit urgeschichtlichen Zeiten existierenden Fernwege. Man benutzte Wagen, worauf einige Bestimmungen in den Gesetzestexten hinweisen; die Flussschifffahrt spielte eine wesentliche Rolle, wenn auch nur für den Bodensee Hafenbauten der Merowingerzeit durch dendrochronologische Datierungen nachgewiesen sind. Karawanen mit Lasttieren waren üblich, denn zumeist schlossen sich die Kaufleute der unsicheren Zeiten wegen zu Gruppen zusammen.[48]

1 Ph. Grierson, Commerce in the Dark Ages: a critique of the evidence. In: Transactions Royal Hist. Soc. Ser. V 9 (1959) 123 ff.
2 Vgl. Zettler, Mönche.
3 H. Steuer, Handwerk auf spätantiken Höhensiedlungen des 4./5. Jahrhunderts in Südwestdeutschland. In: P. O. Nielsen/K. Randsborg/H. Thrane (Hrsg.), The Archaeology of Gudme and Lundeborg (Kopenhagen 1994) 128 ff.
4 D. Claude, Der Handel im westlichen Mittelmeer während des Frühmittelalters. Untersuchungen zu Handel und Verkehr der vor- und frühgeschichtlichen Zeit II. Abh. Akad. Wiss. Göttingen Phil.-Hist. Kl. Dritte Folge 144 (Göttingen 1985); ders., Aspekte des Binnenhandels im Merowingerreich auf Grund der Schriftquellen. In: Untersuchungen zu Handel und Verkehr der vor- und frühgeschichtlichen Zeit III. Abh. Akad. Wiss. Göttingen Phil.-Hist. Kl. Dritte Folge 150 (Göttingen 1985) 9 ff.
5 H. Siems, Die Organisation der Kaufleute der Merowingerzeit nach den Leges. In: Handel und Verkehr der vor- und frühgeschichtlichen Zeit in Mittel- und Nordeuropa VI. Abh. Akad. Wiss. Göttingen Phil.-Hist. Kl. Dritte Folge 183 (Göttingen 1989) 62 ff.
6 D. Claude, Hofkaufleute im Frühmittelalter. In: Akten des 26. Deutschen Rechtshistorikertages (Frankfurt 1987) 403 ff.
7 Siems (Anm. 5) 128.
8 Ebd. 118.
9 D. Claude, Die Handwerker der Merowingerzeit nach erzählenden und urkundlichen Quellen. In: Das Handwerk in vor- und frühgeschichtlicher Zeit I. Abh. Akad. Wiss. Göttingen Phil.-Hist. Kl. Dritte Folge 122 (Göttingen 1981) 204 ff.
10 C. Schott, Lex Alamannorum. Das Gesetz der Alemannen (Augsburg 1993).
11 J. Henning, Schmiedegräber nördlich der Alpen. Saalburg-Jahrb. 46, 1991, 65 ff.
12 Vgl. Steuer, Krieger.
13 J. F. Fischer, Der Münzumlauf in Südwestdeutschland während der Merowingerzeit (ungedr. Magisterarbeit Freiburg 1996).
14 P. Berghaus, Wirtschaft, Handel und Verkehr der Merowingerzeit im Lichte numismatischer Quellen. In: Untersuchungen zu Handel und Verkehr der vor- und frühgeschichtlichen Zeit in Mittel- und Nordeuropa III. Abh. Akad. Wiss. Göttingen Phil.-Hist. Kl. Dritte Folge 150 (Göttingen 1985) 193 ff.
15 H. Steuer, Gewichtsgeldwirtschaften im frühgeschichtlichen Europa. Feinwaagen und Gewichte als Quellen zur Währungsgeschichte. In: Untersuchungen zu Handel und Verkehr der vor- und frühgeschichtlichen Zeit in Mittel- und Nordeuropa IV. Der Handel der Karolinger- und Wikingerzeit. Abh. Akad. Wiss. Göttingen Phil.-Hist. Kl. Dritte Folge 156 (Göttingen 1987) 443 ff.; ders., Spätrömische und byzantinische Gewichte aus Südwestdeutschland. Arch. Nachr. Baden 43, 1990, 43 ff.
16 Übersetzung nach: H. J. Koch (Hrsg.), Mittelalter I. Die deutsche Literatur. Ein Abriss in Text und Darstellung 1 (Stuttgart 1976) 97.
17 Claude, Aspekte (Anm. 4) 11.
18 J. Werner, Zur Verbreitung frühgeschichtlicher Metallarbeiten (Werkstatt – Wanderhandwerk – Handel – Familienverbindung). Early Medieval Stud. 1. Antikvarisk Arkiv 38 (Stockholm 1970) 65 ff.
19 Anm. 17.
20 Nach Schott (Anm. 10) 122 f.
21 Claude, Aspekte (Anm. 4) 59.
22 H. Steuer, Frühgeschichtliche Sozialstrukturen in Mitteleuropa. Abh. Akad. Wiss. Göttingen Phil.-Hist. Kl. Dritte Folge 128 (Göttingen 1982) 448 ff.
23 J. Werner, Fernhandel und Naturalwirtschaft im östlichen Merowingerreich nach archäologischen und numismatischen Zeugnissen. Ber. RGK 42, 1961, 307 ff.; H. Roth, Zum Handel der Merowingerzeit aufgrund ausgewählter archäologischer Quellen. In: Untersuchungen zu Handel und Verkehr der vor- und frühgeschichtlichen Zeit III. Abh. Akad. Wiss. Göttingen Phil.-Hist. Kl. Dritte Folge 150 (Göttingen 1985) 161 ff.
24 E. Cosack/T. Capelle, Ein merowingerzeitlicher Modelfund aus einer Siedlungsgrube bei Wetschen, Rheden, Ldkr. Diepholz, in Niedersachsen. Stud. Sachsenforsch. 10 (im Druck).
25 W. Melzer, Eine Gürtelschnalle mit hinterlegtem, figürlichem Pressblech aus dem Gräberfeld von Saffig. Arch. Korrbl. 16, 1986, 105 ff.
26 U. Gross, Mittelalterliche Keramik zwischen Neckarmün-

dung und Schwäbischer Alb. Forsch. u. Ber. Arch. Mittelalter Baden-Württemberg 12 (Stuttgart 1991) 149.

27 R. Koch, Absatzgebiete merowingerzeitlicher Töpfereien des nördlichen Neckargebietes. Jahrb. Hist. Ver. Heilbronn 27, 1973, 31 ff.

28 Gross (Anm. 26) 150 f.

29 Ebd. 31.

30 Zuletzt P. Ettel/L. Wamser, Neue Erkenntnisse zu Castellum, Monasterium und Villa Karloburg. Arch. Jahr Bayern 1994, 138 ff.

31 R. Knöchlein, Zu einer Gruppe von Beinkämmen der jüngeren und späten Merowingerzeit. Arch. Korrbl. 22, 1992, 549 ff.

32 R. Christlein, Die Alamannen. Archäologie eines lebendigen Volkes (Stuttgart 1978) 101 f. Abb. 75–76.

33 Carl Pause, Die Franken und der Orient. Bemerkungen zu einer Ausstellung über Mittelmeer- und Orientimporte in der Merowingerzeit. Rheinisches Landesmus. Bonn 1996 H. 2, 41 ff.

34 F. Siegmund/M. Weiß, Perlen aus Muschelscheibchen im merowingerzeitlichen Mitteleuropa. Arch. Korrbl. 19, 1989, 297 ff.

35 D. Quast, Schmuckstein- und Glasschnallen des 5. und frühen 6. Jh. aus dem östlichen Mittelmeergebiet und dem »Sassanidenreich«. Arch. Korrbl. 26, 1996, 333 ff.

36 B. Arrhenius, Merovingian Garnet Jewellery. Emergence and Social implications (Stockholm 1985).

37 H. W. Böhme, Der Frankenkönig Childerich zwischen Attila und Aetius. Zu den Goldgriffspathen der Merowingerzeit. In: Festschrift für O.-H. Frey zum 65. Geburtstag. Marburger Stud. Vor- u. Frühgesch. (Marburg 1994) 69 ff.

38 H. Roth, Almandinhandel und -verarbeitung im Bereich des Mittelmeers. Zum archäologischen Befund und der schriftlichen Überlieferung in der Spätantike und im frühen Mittelalter. Allgemeine u. Vergleichende Arch. 2, 1980, 309 ff.

39 J. Callmer, Trade beads and bead trade in Scandinavia ca. 800–1000 AD (Lund 1977).

40 A. Burzler,Die frühmittelalterlichen Gräber aus der Kirche Burg. In: M. Höneisen (Hrsg.), Frühgeschichte der Region Stein am Rhein. Archäologische Forschungen am Ausfluss des Untersees. Antiqua 26. Veröff. Schweizerische Ges. Ur- u. Frühgesch. Schaffhauser Arch. 1. Veröff. Kantonsarch. u. Mus. Allerheiligen (Schaffhausen 1993) 215 Abb. 182 (Verbreitungskarte).

41 K. H. Wedepohl/R. Pirling/G. Hartmann, Glasgefäße römischer und fränkischer Herstellung vom Friedhof Krefeld-Gellep. Bonner Jahrbücher 197, 1997 (im Druck).

42 U. Koch, Der Runde Berg bei Urach VI. Die Glas- und Edelsteinfunde aus den Plangrabungen 1967 bis 1983. Heidelberger Akad. Wiss. Komm. Alamannische Altkde. Schr. 12 (Heidelberg, Sigmaringen 1987); U. Näsman, Glas och handel i senromersk tid och folkevandringstid. En studie kring glas fran Eketorp II, Öland, Sverige. Glass and trade in the Late Roman and Migration periods. A study on glasses found in Eketorp II, Öland, Sweden (Uppsala 1984).

43 Werner (Anm. 23); H. Roth, Bronzegefäße IV. Bronzegefäße der Merowingerzeit. In: RGA2 3 (Berlin, New York 1978) 495 ff.

44 H. Dannheimer, Zur Herkunft der »koptischen« Bronzegefäße der Merowingerzeit. Bayer. Vorgeschbl. 44, 1979, 123 ff.; H. Roth, Urcei Alexandrini: Zur Herkunft des gegossenen »koptischen« Buntmetallgeräts aufgrund von Schriftquellen. Germania 58, 1980, 156 ff.; M. Trier, Ein »koptisches« Bronzegefäß des 7. Jh. aus dem Gräberfeld bei Thierhaupten-Oberbaar. Bayer. Vorgeschbl. 57, 1992, 277 ff.; U. Koch, Franken in Heilbronn. Archäologische Funde des 6. und 7. Jh. Städtische Mus. Heilbronn (Heilbronn 1994).

45 Claude, Handel (Anm. 4) 139.

46 C. Schott (Anm. 10) 89; 117 ff.; 122.

47 Claude, Aspekte (Anm. 4) 62 ff.

48 J. Henning, Handel, Verkehrswege und Beförderungsmittel im Merowingerreich. In: Die Franken. Wegbereiter Europas (Mainz 1996) 789 ff.

Der Ritt in die Ferne

ERFOLGREICHE KRIEGSZÜGE IM LANGOBARDENREICH

URSULA KOCH

Für die Frauen der bäuerlichen Bevölkerungsschichten bestand in den östlichen Teilen des fränkischen Reiches nach der Mitte des 6. Jh. kaum noch eine Notwendigkeit, die Heimat zu verlassen. Größere Chancen herumzukommen, hatten die Männer, soweit sie wehrtüchtig waren und für den Kriegsdienst herangezogen wurden. Alljährlich trafen sich die Franci auf dem Märzfeld (Campus Martius) zur Heeresversammlung, der vom König politische Fragen und Gesetze zur Beschlussfassung vorgelegt wurden.[1] Das fränkische Heer war in Gefolgschaften organisiert, nach römischem Vorbild geschult, doch gab es kein stehendes Heer.[2] Das Aufgebot erging nur zu bestimmten Zwecken. Die in der Alamannia rekrutierten Krieger des fränkischen Heeres wurden vorzugsweise bei den Italienfeldzügen eingesetzt, doch waren rechtsrheinisch aufgebotene Truppen später unter Sigibert I. auch in Gallien eine Stütze des austrasischen Königs.[3] Siedlungen mit einer überdurchschnittlich hohen Zahl voll bewaffneter Krieger, die mindestens in den ersten beiden Generationen jeweils einem Reiter als Gefolgsherrn unterstanden, sind u.a. aus Pleidelsheim, Schretzheim oder Westheim bekannt.[4] In den zugehörigen Gräberfeldern sind zahlreiche Zeugnisse der Italienfeldzüge wiederzufinden: mediterrane Bronzegefäße, Pferdegeschirr aus Italien, Schmuck und ostgotische Münzen.

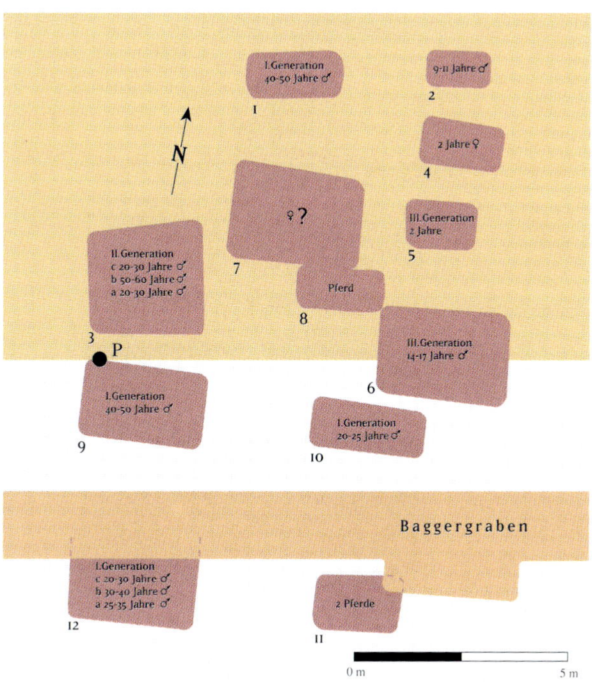

457

457 Ein ungewöhnlicher Friedhof der Zeit um 600: In den elf Niederstotzinger Gräbern sind neun Männer, ein Jüngling und zwei Knaben, dagegen nur ein Mädchen und eventuell eine Frau bestattet worden.

Bis an die Zähne bewaffnet

In dem kleinen Separatfriedhof bei Niederstotzingen[5] besaßen alle Männer ein Schwert, selbst ein Jüngling von 14 bis höchstens 17 Jahren in Grab 6. Das ist äußerst ungewöhnlich. Schon aus diesem Grund ist sicher, dass hier Krieger beigesetzt wurden, Krieger des austrasischen (ostfränkischen) Heeres, denn eine andere Möglichkeit gab es nicht. Die Belegungsstruktur ist hinsichtlich der Geschlechterverteilung unnatürlich, selbst wenn in dem total ausgeräumten Grab 7 einst eine Frau bestattet gewesen sein sollte. In dem Separatfriedhof lagen ein 14–17jähriger Jüngling in Grab 6, fünf 20–30jährige Männer (Grab 3a, 3c, 10, 12a, 12c) und vier über 30jährige (Grab 1, 3b, 9, 12b). Einer war schon über 50 Jahre alt (Grab 3b). Bestattet wurden außerdem ein zehnjähriger Knabe in Grab 2 sowie zwei Kleinkinder, ein Knabe in Grab 5, ein Mädchen in 4. In den Gräbern 8 und 11 lagen insgesamt drei Pferde.

Die Belegung erfolgte innerhalb von kaum mehr als 30 Jahren. Die Männer der ersten Generation aus den Gräbern 9, 10 und 12 erhielten ihre Ausrüstung im letzten Drittel des 6. Jh. Eine Gürtelgarnitur mit Beschlägen aus organischem Material, erhalten sind nur deren Niete, gehört zu den ältesten Formen (Grab 10). Typisch für diese Periode[6] sind zweiteilige eiserne, zellentauschierte Gürtelgarnituren (Grab 9), stempelverzierte Riemengarnituren mit triangulären Beschlägen (Grab 12), bronzene Kastenbeschläge mit niellierten Zierplatten und stempelverzierte Beschläge des Pferdegeschirrs (Grab 9), eine Lanze mit langem Blatt (Grab 9), ein Schildbuckel mit konischem Spitzenknopf (Grab 12a). Die Trense mit Achterenden und einfachem Bügel aus Grab 12 ist eine Form des 6. Jh.; Riefen und wechselnde Querschnitte weisen sie aber als Variante des späten 6. Jh. aus.[7] In Grab 12 trug der rechts liegende Mann eine dreiteilige eiserne, unverzierte Gürtelgarnitur, einer der beiden anderen Männer eine dreiteilige Gürtelgarnitur mit in Gold und Silber tauschiertem Zellenmuster. Dreiteilig beschlagene Gürtel kommen häufiger erst in der folgenden Generation vor[8]; sie sind jünger als der Gürtel aus Grab 9. Da der Mann dort jedoch ein höheres Lebensalter erreichte, wurden die Männer in den Gräbern 9 und 12 wohl alle um 600 beigesetzt. Etwas früher könnte nur der Mann im »reiferen Alter« aus Grab 10 verstorben sein.

Die folgende Generation verwendete eiserne Spathagurtgarnituren (Gräber 1, 3b, 3c), breite dreiteilige Gürtelbeschläge, meist unverziert (Gräber 3b, 3c), vereinzelt noch mit Zellentauschierung (Grab 1) oder schon mit monochromem Flechtbandmuster. Zu den Gürteln gehören Ösenbeschläge (Grab 1, 3b). Typisch sind leichte Breitsaxe (Grab 1), Lanzenspitzen mit durchlaufender Mittelrippe (Grab 3) sowie kräftige Spieße (Grab 3) und Schildbuckel mit gewölbter Kalotte (Gräber 1, 3b). Ein neuer Trensentyp mit Steckzwingen ist in Grab 3 enthalten.[9] In Niederstotzingen gehören demnach die Gräber 1 und 3 in die beiden ersten Jahrzehnte des 7. Jh.

Die folgende Phase[10] kennzeichnen Spathagurtgarnituren vom Typ Civezzano (Grab 6), breite dreiteilige Gürtelgarnituren mit bichromer Bandtauschierung und vielteilige mit kurzen profilierten Beschlägen (Grab 5, 6) sowie Breitsaxe mit langer Griffangel. Diese Formen gelangten in Italien ungefähr ab 620 in die Gräber[11] und kommen in Niederstotzingen nur in den beiden Gräbern eines knapp 17jährigen Reiters (Grab 6) und eines Kleinkindes (Grab 5) vor. Schon in den zwanziger Jahren des 7. Jh. wurde der kleine Friedhof demnach wieder aufgelassen.

Ein Gefolgsmann König Sigiberts?

Knaben vornehmer Familien wurden auf ihre spätere Tätigkeit vorbereitet und übten schon von früher Jugend an den Umgang mit Waffen. Wie im frühen 7. Jh. der Jüngling aus Grab 6 erhielt sicher auch der um 550 geborene Herr aus Grab 9 das Schwert mit etwa 16 Jahren. Er dürfte sich damit als Gefolgschaftskrieger in das Heer des jungen austrasischen Königs Sigibert (561–575) eingereiht haben.

Das Schwert aus Grab 9 war mit einem symbolischen Ring am Knauf sowie einem Amulettanhänger – einer trommelförmigen Perle aus Magnesit mit cloisonniertem Goldknopf – versehen. Vergleichbare zylindrische oder tonnenförmige Schwertperlen aus Meerschaum, Magnesit oder Kalzit mit eingelegten goldenen oder silbernen Knöpfen tauchen im nördlichen Schwarzmeergebiet zur Hunnenzeit auf. Sie finden sich seit der Zeit Theuderichs I. (511–532) mehrfach in Gräbern der fränkischen Oberschicht,[12] unter ihnen auch Zeitgenossen des Niederstotzinger Reiters: die Herren aus Morken Grab 2 und Rödingen Grab 7. Mit cloisonnierter Perle und einem Knaufring wie in Niederstotzingen waren die Schwerter in Krefeld-Gellep Grab 1782 und Chaouilley Grab 20 versehen. Knaufringe sind durch das Schwert von Krefeld-Gellep seit dem frühen 6. Jh. bekannt. Offensichtlich nahm die Sitte ihren Ausgang am fränkischen Königshof. Funktionsträger, vermutlich aus der Gefolgschaft des Königs, wurden

458

458 **Niederstotzingen Grab 9: Nicht jeder Krieger besaß eine Spatha mit Knaufring und kostbarer Schwertperle nebst einer Lanze von solch überdurchschnittlicher Qualität. Der älteste Niederstotzinger Reiter übte sicher eine bedeutende Funktion im fränkischen Heer aus.**

459 a, b **Niederstotzingen Grab 9: Das prächtige Zaumzeug hatte der vornehme Reiter wohl aus seiner fränkischen Heimat mitgebracht. Die Trense wirkte im letzten Drittel des 6. Jh. schon altertümlich. Gebräuchlicher waren zu dieser Zeit besonders im Donaugebiet andere Formen mit Doppelösen an den Gebissstangen, die im mediterranen Raum entwickelt worden waren.**

459 a

459 b

mit dem symbolischen Ring ausgezeichnet.[13] So hatte nach der Erzählung Gregors von Tours auch der Haushofmeister Leonardus sein Wehrgehänge von König Chilperich erhalten.[14]

Im Gegensatz zum Schwert könnte die Lanze im Laufe eines Kriegerlebens auch einmal ausgetauscht worden sein. Dennoch gehörten Lanzen nicht zu den Erzeugnissen der Dorfschmiede. Besonders die stempelverzierten Lanzenspitzen lassen auf zentrale Werkstätten schließen, die das in rechtsrheinischen Gebieten zwischen Main und Donau rekrutierte Heer versorgten. Als jedoch im letzten Drittel des 6. Jh. Formen mit sehr großem Blatt aufkamen, wurden nur noch wenige Lanzen derart aufwendig verziert[15] wie z.B. die knapp 50 cm lange Niederstotzinger Lanze. In der Form

460 **Lamellenhelme wie der aus Niederstotzingen Grab 12 waren in Zentralasien gebräuchlich. Der halbkugelige Scheitelknauf, die Eisenlamellen der Helmglocke, die Stirnplatte und die Wangenklappen waren aus hochwertigem Eisen geschmiedet und wurden durch Lederriemen zusammengehalten.**

461 a

461a, b Darstellung auf der vergoldeten Stirnplatte eines Lamellenhelmes aus Val di Nievole (Prov. Lucca). In der Mitte sitzt laut Inschrift der Langobardenkönig Agilulf. Hinter ihm stehen zwei schwer bewaffnete Krieger, die mit Lamellenhelm und Panzer ausgerüstet sind.

461 b

sehr ähnlich sind lediglich ein Exemplar von Pflaumheim und eines aus Beerlegem.

Die Knebeltrense mit einfacher Außenöse und B-förmigem Bügel aus Grab 9 vertritt den älteren Trensentyp, der gegen Ende des 6. Jh. durch die im mediterranen Raum gebräuchlicheren Formen gänzlich abgelöst wurde.[16] Zum prächtigen Zaumzeug gehören zwei flache runde Riemenverteiler aus vergoldeter Bronze; die aufgelöteten niellierten Silberplatten zeigen je vier im Wirbel angeordnete Eberköpfe. Da sich das Motiv des Ebers – Attribut des Gottes Ing-Freyr – auf dem Schwertknauf wiederholt, hatte es wohl als kraftspendendes Heilsbild Symbolwert für den Reiter. Runde Riemenverteiler sind wesentlich seltener und weniger weit verbreitet als die in Material und Dekor vergleichbaren quadratischen, die man von Skandinavien bis Italien findet.[17] Überwiegend haben sie einen zentralen gewölbten Knopf,[18] nur die Funde aus Sulzheim, Rill bei Xanten und Dieburg sind durchgehend stempelverziert.[19] Die Qualität der mit niellierten Silberplatten belegten Niederstotzinger Scheiben bleibt innerhalb dieser fränkischen Gruppe unübertroffen. Der Reiter aus Grab 9 erhielt demnach seine gesamte Ausstattung aus fränkischen Werkstätten. Möglicherweise kam er aus dem Rhein-Main-Gebiet an die Donau, um hier im Rahmen der Italienpolitik Sigiberts I. eine logistische Aufgabe zu erfüllen.

Traumziel jenseits der Alpen

Die Franken hatten den Wunsch nach einer Herrschaft über Italien auch 568, als die Langobarden dorthin übersiedelten, nicht aufgegeben. Als König Gunthram 575 die langobardischen Angriffe auf sein burgundisches Teilreich erfolgreich abwies, schickte sein Bruder, der austrasische König Sigibert I. (561–575), noch kurz vor seiner Ermordung ein mächtiges Heer über den Brenner und riss das langobardische Herzogtum Trient an sich. Es ging jedoch bereits nach einem Jahr wieder verloren.[20]

Fünfjährig gelangte Childebert II. (575–596) auf den Thron. 585 entsandte der herangewachsene König auf Drängen der Byzantiner ein Heer gegen die Langobarden. Zerstritten kehrten Alamannen und Franken zurück. Bis 591 zog sich der fränkisch-langobardische Krieg hin. In dieser Zeit erhielten die austrasischen Franken erhebliche finanzielle Unterstützung vom byzantinischen Kaiser. Viermal überschritten die Heere Childeberts II. die

Alpen, erreichten aber keine dauerhaften Erfolge. Hinderlich standen den fränkischen Unternehmungen auch die familiären Verbindungen des bairischen Herzogs mit den Langobarden im Weg. Nach zunächst nur geringen Erfolgen sandte Childebert 590 aber ein großes Heer unter 21 Herzögen nach Italien und demonstrierte die fränkische Übermacht.[21] Demnach verfügte Childebert II. wie schon sein Vater Sigibert I. über starke Gefolgschaften in den rechtsrheinischen Gebieten.

Eine Soldatenkarriere unter Childebert II.

Das mit drei Männern belegte Grab 12 in Niederstotzingen war schon vor den archäologischen Untersuchungen erheblich zerstört worden. Die eisernen Lamellen des Panzers erstreckten sich über die Beine des rechten und des mittleren Mannes. Unbekannt ist, wo der Helm lag. Es handelt sich um einen Lamellenhelm, wie er in Zentralasien gebräuchlich war, da die federnde, leichte Konstruktion im Reiterkampf vorteilhafter ist als die der starren byzantinischen Spangenhelme.[22]
Auf einem Silberteller aus Isola Rizza ist ein byzantinischer Reiter mit Schild und langer Lanze dargestellt, der einen Lamellenpanzer und einen solchen Spangenfederhelm trug.[23] Nach einer Darstellung auf dem kupfernen Stirnblech eines Helmes aus Val di Nievole bei Florenz besaßen die beiden ranghöchsten Gefolgsleute des Langobardenkönigs Agilulf (591–616) eine entsprechende Ausrüstung.[24] Demnach waren Helm und Panzer Rangabzeichen. Der Reiter aus Niederstotzingen Grab 12 dürfte sie in Italien erhalten haben. Italienischer Herkunft sind samt Zaum- und Sattelzeug auch die beiden Pferde aus Grab 11, die zu den Bestattungen in Grab 12 gehören. Sie stammen aus einer Zucht mit reichlich Araberblut.[25] Wahrscheinlich bekleidete einer der Reiter aus Niederstotzingen auf einem der Feldzüge Childeberts II. ein hohes militärisches Amt, da er dieser byzantinischen Gaben für wert befunden wurde.

462

462 Niederstotzingen Grab 3a: Der Krieger verwendete in der Zeit um 600 eine Stoßlanze für den Reiterkampf nach byzantinischem Vorbild. Deutlich verrät die Ornamentik die mediterrane Herkunft der silbernen Pressbleche des Zaumzeugs. Vermutlich hatte der Reiter selbst die Alpen überquert und seine Ausrüstung aus Italien mitgebracht.

463 a, b Steigbügel und Stoßlanze für den Reiterkampf wurden im byzantinischen Heer im letzten Drittel des 6. Jh. eingeführt. Der Reiter aus dem fränkischen Königshof von Neudingen dürfte diese Kampfweise zu Beginn des 7. Jh. in Italien kennengelernt haben. Dort erwarb er wohl auch die Gürtelgarnitur mit tauschierter Spiralornamentik, das tauschierte Pferdegeschirr und die gegossene Bronzeschale mit durchbrochenem Fußring.

463 a

Dass der Niederstotzinger Krieger Helm und Panzer persönlich aus Byzanz erhalten hatte, ist wenig wahrscheinlich. Gesandte, wie die von Sigibert geschickten, stammten in der Regel aus den hochgebildeten Kreisen der zentralen und südlichen Teile des Merowingerreiches, und sie nahmen ihren Weg stets über Marseille und das Mittelmeer.[26] Den Landweg hatten die Awaren abgeschnitten.

463 b

464

464 **Niederstotzingen Grab 6: Der junge Mann war im frühen 7. Jh. entsprechend einer östlich beeinflussten byzantinischen Männermode gekleidet. Er trug einen Gürtel mit zahlreichen tauschierten Beschlägen, die mit stilisierten Tieren verziert waren. Der Gürtel wie auch die Spathagurtgarnitur vom Typ Civezzano waren neu und stammten aus Italien.**

Neue Kampftechnik aus Byzanz: Steigbügel und Stoßlanze

Dank neuer Waffen und ihrer Reiterausrüstung waren die im 6. Jh. aus Innerasien nach Westen drängenden Awaren den europäischen Gegnern überlegen. Ihre Sättel waren mit Steigbügeln versehen. Darin stehend verwendeten sie Stoßlanzen mit kräftigem, schmalem Blatt, die in Futteralen am Sattel steckten, und vor allem Reflexbögen und Dreikantpfeile.[27] 558 tauchte die erste vielbestaunte awarische Gesandtschaft in Konstantinopel auf. Nach den damals getroffenen Vereinbarungen leisteten die Awaren den Byzantinern für kurze Zeit militärische Hilfe an den nordöstlichen Reichsgrenzen und erhielten dafür Geschenke und Geld. Wie allen Nomadenvölkern fehlten ihnen qualifizierte Handwerksbetriebe. Nach Meinung Uta von Freedens wurden sie daher von den vorzüglichen byzantinischen Waffenschmieden bedient. So fiel es Byzanz wiederum leicht, als die Awaren selbst eine Bedrohung wurden, sich auf die neuen Kampftechniken umzustellen. Der Gebrauch von Steigbügeln war im späten 6. Jh. im byzantinischen Heer schon eine Selbstverständlichkeit.

Die Bajuwaren stießen mehrmals mit den Awaren zusammen, in bajuwarischen Gräbern finden sich vereinzelt Stoßlanzen und große dreiflügelige Pfeilspitzen, also typisch awarische Waffen.[28] Die Alamannen machten sich als Krieger des fränkischen Heeres eher in Italien mit Reiterlanzen und Steigbügeln vertraut.[29]

Die Stoßlanze ist im alamannischen Raum zwar in Reitergräbern wie Niederstotzingen Grab 3a und Schretzheim Grab 580 zu finden, aber nur einmal ist sie auch mit Steigbügeln kombiniert, nämlich in Grab 300 von Neudingen.[30] Offensichtlich handhabten die alamannischen und fränkischen Fußkämpfer ebenfalls die ursprünglich für den Reiterkampf gedachten Lanzen.

Tributzahlungen der Langobarden

591 kamen die Friedensverhandlungen zwischen Franken und Langobarden zum Abschluss. Maßgeblich beteiligt waren Bischof Agnellus und Herzog Ewin, beide von Trient. Die Langobarden zahlten einen jährlichen Tribut in Höhe von 12 000 Solidi.[31] Dennoch kam es auch in den folgenden Jahren unter Theudebert II. (595–612) immer wieder zu Verwicklungen mit den Langobarden. Wenn wir wenig davon erfahren, so nur deshalb, weil die schriftliche Überlieferung für diese Zeit schlechter ist.[32] Als jedoch das von Sigibert I. gegründete austrasische Königshaus 613 erlosch und Chlothar II. (584–629) von Paris aus die Gesamtherrschaft übernahm, hatte Austrasien andere Probleme. Italien stand jetzt nicht mehr im Mittel-

465 Nördlich der Alpen streuen Gürtelgarnituren des Typs Civezzano von Linz in Oberösterreich bis Xanten am Niederrhein. Besonders deutliche Konzentrationen zeigen sich im bajuwarischen Alpenvorland und in den alamannischen Siedlungsräumen an oberer Donau und oberem Neckar. Nicht erfasst sind die Funde südlich der Alpen.

466 Spiraltauschierte vielteilige Gürtelgarnituren streuen sehr dicht im bayrischen Alpenvorland, während sie im Donautal zwischen Regensburg und Passau fehlen. Sie kommen an oberer Donau und oberem Neckar vor, nicht dagegen am Oberrhein und im Schweizer Mittelland. Nicht erfasst sind die Funde südlich der Alpen.

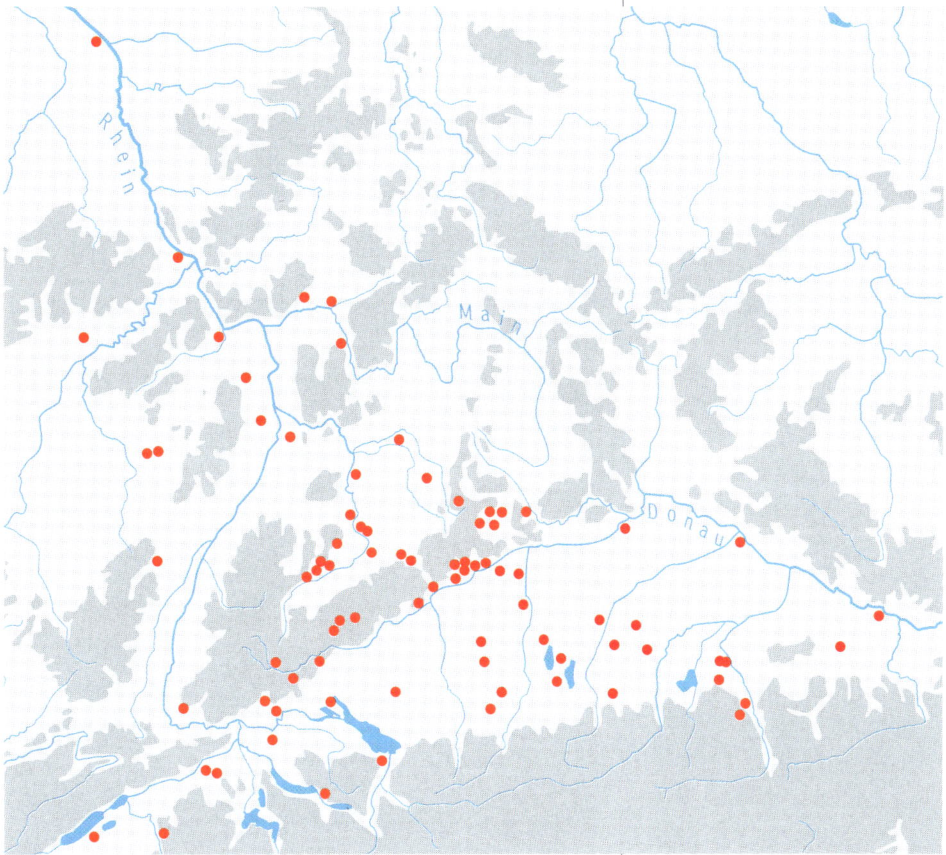

465

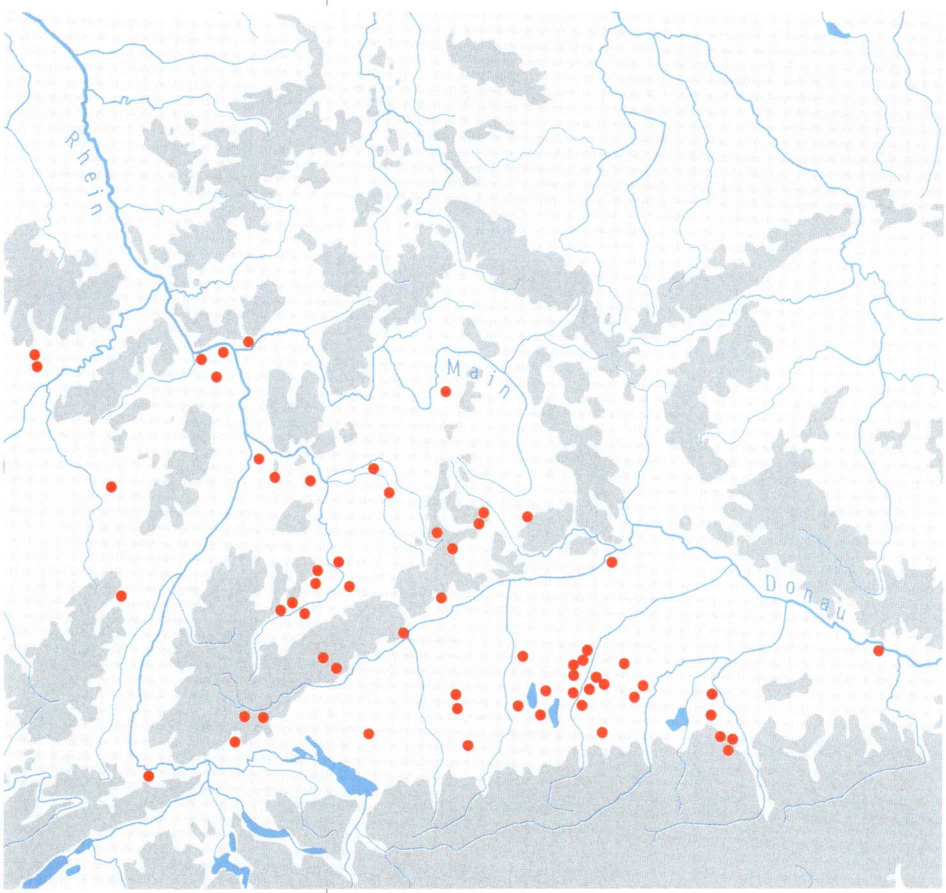

466

punkt des Interesses.[33] Dort aber gelang Agilulf (591–616) die Konsolidierung der Langobardenherrschaft. 618/19 wurde der jährliche Tribut abgelöst. Drei langobardische Gesandte bestachen fränkische Hofbeamte und boten Chlothar als Abfindung 36 000 Solidi an.[34]

In den schriftlichen Quellen ist der Wert der Tributzahlungen in Solidi vermerkt, es finden sich aber nur wenige und selten detaillierte Angaben, in welcher Form die Zahlungen tatsächlich erfolgten. Gregor von Tours nennt auch die Geschenke, die Childebert von den Langobarden erhielt, nicht genauer.[35] Die 581 aus Byzanz zurückgekehrten Gesandten Chilperichs brachten mit Edelsteinen geschmücktes goldenes Tafelgerät, Goldmedaillen und andere der Repräsentation dienende Geschenke von Kaiser Heraclius mit.[36] Byzantinische Waffenhilfe wurde in Solidi berechnet, 50 000 Solidi – das wären insgesamt 225 kg Gold – erhielt Childebert II. für den Krieg gegen die Langobarden.[37] Es ist wohl davon auszugehen, dass zur Unterstützung der Kampfkraft zumindest ein Teil der Zahlungen als Waffenlieferung erfolgte, zumal Waffen und Pferdegeschirr aus byzantinischen Werkstätten archäologisch nachgewiesen sind, zum Beispiel in Niederstotzingen Gräber 3a und 12. Besonders Pferdegeschirr und Trensen wurden in beachtlicher Zahl aus dem Süden importiert oder mitgenommen.[38] Waffen pflegten auch zu den unter Königen ausgetauschten Geschenken zu gehören neben Kleidern, Schmuck, Pferden und Tafelgeschirr.[39] Die Langobarden hatten jährlich 54 kg Gold aufzubringen, innerhalb von 28 Jahren 336 000 Solidi, das wären über 151 Zentner.

Da die Tributleistungen zweifellos aus dem Steueraufkommen zusammengetragen wurden und Steuern, die in der Regel 10–20 Prozent der Produktion ausmachten, weitgehend in Naturalien bezahlt wurden,[40] ist unter den Abgaben durchaus mit Produkten aus den städtischen Werkstätten Oberitaliens zu rechnen. Archäologisch nachweisen lassen sich Waffen, Gürtel, Zaumzeug und Bronzegeschirr. Für Staatseinnahmen, die nicht dem Königsschatz zugeführt wurden, sah der Staat Empfänger vor, nämlich Bedienstete auf den Königshöfen und anderen Einrichtungen des Staates sowie Angehörige des Heeres. Die Empfänger der langobardischen Lieferungen, die vermutlich in Trient durch Herzog Ewin zusammengestellt wurden, sind im Alpenvorland sowie zwischen Donau und Rhein zu suchen. In Frage kommen vor allem die nördlich der Alpen rekrutierten Krieger. Schon immer fiel anhand von Verbreitungskarten, z.B. des gegossenen Bronzegeschirrs, auf, dass die Alpenstraßen eine wichtige Verbindung waren,[41] obgleich für Händler der Wasserweg über die Rhône sicher kostengünstiger war.

467

Langobardische Wehrgehänge – nur eine Mode?

Für die Wehrgehänge vom Typ Civezzano sind bis zu neunteilige Garnituren mit zwei Schnallen und zwei Riemenzungen, Riemenschiebern, Rauten- und Rechteckbeschlägen charakteristisch.[42] Die Beschläge sind immer gleich verziert, und zwar mit bichrom tauschierter, dichter Ornamentik aus Tierkopfpaaren mit langen Kiefern sowie eckigem und rundem Geflecht. Alle Hauptriemenzungen tragen Tierornamentik, alle Riemenschlaufen geometrischen Dekor. Diese charakteristische Ornamentik findet sich ausschließlich auf Spathagurtgarnituren. Eine solche besaß der etwa 17Jährige aus Niederstotzingen Grab 6. Eine weitere stammt aus dem bereits für die Zeit des Heraclius genannten Grab 5 in Trezzo sull'Adda.[43] Wären an der Fertigung mehrere Tauschierwerkstätten südlich und nördlich der Alpen beteiligt gewesen,

468

467–469 Die gesamte Ausrüstung des sehr jungen Kriegers, der in Niederstotzingen Grab 6 bestattet wurde, stammte aus dem langobardischen Italien. Das Pferdegeschirr mit den silbernen Beschlägen am Kopfgestell, die eisernern tauschierten Teile des Sattelzeugs und der tauschierte Sporn wurden dort im frühen 7. Jh. angefertigt.

469

wie oft vermutet wird, sollte doch auch einmal der eine oder andere Gegenstand mit entsprechendem Muster auftauchen, wie dies zum Beispiel bei der Spiraltauschierung, dem ausgesparten Tierornament oder der Wabenplattierung der Fall ist. Von Zeit zu Zeit waren die Besitzer derartiger Wehrgehänge sicherlich gezwungen, schadhaft gewordene Beschläge auszuwechseln. Sie hatten aber offensichtlich keine Möglichkeit, an Werkstätten heranzukommen, die solche Tauschierarbeiten ausführen konnten.[44] Die Qualität der Tauschierungen auf den Garnituren vom Typ Civezzano ist zwar recht unterschiedlich. Doch Qualitätsunterschiede allein reichen nicht aus, eine Produktion nördlich der Alpen nachzuweisen. Auch unter den Romanen war nicht jeder Handwerker ein Meister seines Faches.

470

470 Nendingen Grab 36: Der Reiter verwendete die seltene eiserne Zangentrense. Möglicherweise besaß er auch ein Pferd aus mediterraner Zucht. Zum Sattelzeug gehörten drei Riemenverteiler mit Darstellungen, deren Symbolkraft Pferd und Reiter schützen sollten. Ob es sich bei dem dargestellten Reiter um einen Heiligen, Odin oder Christus handelt, ist mangels eindeutiger Attribute nicht zu entscheiden.

So ist davon auszugehen, dass Wehrgehänge vom Typ Civezzano ausschließlich in spezialisierten Werkstätten produziert wurden, die sich jeweils an den Betrieb eines Schwertfegers anschlossen. Solche Handwerksbezirke sind in den Städten Oberitaliens zu suchen, die schon in römischer Zeit Waffen produzierten.

Die Konzentrationen der Garnituren vom Typ Civezzano geben vermutlich an, wo große Teile des ostfränkischen Heeres rekrutiert wurden: im Alpenvorland, an der oberen Donau und am oberen Neckar. Die Wehrgehänge treten relativ zahlreich auch im Bodenseeraum und im Schweizer Mittelland auf. Dagegen fallen die wenigen Vorkommen im Rheintal auf. Merkwürdig ist das seltene Auftreten im Donautal östlich des Lechs, als habe man den bajuwarischen Soldaten des Agilolfingerherzogs von Bayern diese Wehrgehänge vorenthalten wollen.

Zur gleichen Zeit, d.h. im frühen 7. Jh., trugen die Männer beiderseits der Alpen vielteilige eiserne Gürtelgarnituren mit kurzen, meist profilierten Beschlägen und Riemenzungen.[45] Zu den ältesten Vertretern dieser aus dem Osten nach Byzanz gekommenen Mode gehören Gürtel mit kurzen Beschlägen und Riemenzungen aus Edelmetall, die durch eingetiefte Felder, Kommaornamentik und Perldraht verziert sind. In Trezzo lassen sie sich in die Zeit des Kaisers Phocas (602–610) datieren.[46] Die Spiraltauschierung eiserner Beschläge und Riemenzungen ahmt die byzantinische Ornamentik nach. Dieser für die ältesten vielteiligen Gürtelgarnituren nördlich der Alpen typische Dekor wurde in Trezzo sull'Adda Grab 5 mit einer Münze des Heraclius Constantinus (613–631) zusammen gefunden.[47] Die Streuung spiraltauschierter Gürtelgarnituren[48] und der Wehrgehänge vom Typ Civezzano ist nördlich der Alpen recht ähnlich. Allerdings sind Wehrgehänge vom Typ Civezzano im Schweizer Mittelland anzutreffen, doch wurden hier keine vielteiligen, sondern weiterhin dreiteilige Gürtelgarnituren getragen. Es ist durchaus denkbar, dass die tauschierten vielteiligen Wehrgehänge und Gürtelgarnituren zu Beginn des 7. Jh. aus dem langobardischen Italien als Teil der bis 618 erfolgten Tributzahlungen über die Alpen kamen.

Rüstung aus italischer Produktion

Der Jüngling aus Grab 6 trug außer dem Wehrgehänge vom Typ Civezzano eine vielteilige Gürtelgarnitur mit relativ kurzen, breiten Beschlägen und Riemenzungen. Diese sind flächig tauschiert, das Tierornament ist ausgespart. Teile des Pferdegeschirrs sind spiraltauschiert. Der mit Steigbügel und Reiterlanze gerüstete Krieger aus Neudingen Grab 300 besaß eine spiraltauschierte Gürtelgarnitur. Mit Tierornamenten versehene vielteilige Gürtelgarnituren sind – soweit sie ebenfalls kurze, breite Riemenzungen oder gar profilierte Beschläge aufweisen – zeitlich kaum von den spiraltauschierten zu trennen[49] und in Trezzo Grab 4 ebenfalls für die Zeit des Heraclius belegt.[50] Der sehr vermögende 17jährige von Niederstotzingen griff nördlich der Alpen als einer der ersten diese neue Gürtelmode auf.

Wie die langobardischen Würdenträger aus Trezzo sull'Adda besaßen der junge Niederstotzinger und der Reiter aus dem Königshof in Neudingen einen tauschierten Schlaufensporn mit langen Schenkeln. Mediterrane Gestaltungsmerkmale zeigt die Trense aus Niederstotzingen Grab 6 mit ihren durch Pressbleche verzierten Schaufelenden; die drei Riemenverteiler mit der Spiralornamentik haben exakte Gegenstücke in Nocera Umbra.[51] Noch deutlicher verraten die silbernen Beschläge des Kopfgestells, die nach byzantinischen Vorlagen angefertigt wurden, ihre Herkunft aus dem langobardischen Italien.

Es ist kaum anzunehmen, dass der junge Mann unbewaffnet nach Italien zog, um dann komplett eingekleidet und ausgerüstet zurückzukehren. Schon eher ist zu erwägen, dass ihm Gürtel, Wehrgehänge, Waffen und Zaumzeug, eventuell sogar samt Streitross, mitgebracht wurden. Möglich ist aber auch, dass der Sohn aus vornehmer, einflussreicher Familie als Offizier in das fränkische Heer eintrat und diese Ausrüstung aus den staatlichen Beständen erhielt.

Der kleine Separatfriedhof der Niederstotzinger Krieger bricht in einer Zeit ab, da Chlothar II. seinen Sohn Dagobert I. zum Unterkönig nach Metz sandte (623) und eine Phase aktiver Ostpolitik einleitete. Ob die Niederstotzinger Gruppe eine neue Aufgabe erhielt und umsiedelte oder als zweifellos einflussreiche Parteigänger des untergegangenen austrasischen Königshauses ausgeschaltet wurde, wird sich kaum klären lassen.

Steter Drang in die Ferne

Paulus Diaconus stellte bereits im 8. Jh. fest, über die Taten der Könige in der ersten Hälfte des 7. Jh. sei wenig in Erfahrung zu bringen. Doch gibt es vereinzelte Hinweise auf diplomatische Beziehungen zwischen dem Merowingerreich und den Langobarden,[52] während die Beziehungen mit dem byzantinischen Reich im Laufe des 7. Jh. wohl abbrachen. Lediglich von Dagobert ist bekannt, dass er 629 zwei Botschafter nach Konstantinopel sandte.[53] Dennoch kam es weiterhin zu Kontakten zwischen Alamannen und der mediterranen Welt. Erst im 7. Jh. lernten Alamannen und Bajuwaren die nördlich der Alpen bis dahin völlig unbekannte, wohl oströmische Zangentrense kennen. In Fridingen Grab 109 waren sogar Zangentrense und Zaumzeug südlicher Herkunft.[54] Zum kostbaren Pferdegeschirr in Nendingen Grab 36 (bei Tuttlingen) gehörten außer der Zangentrense drei streifentauschierte, scheibenförmige Riemenverteiler mit eingelegten Pressblechscheiben.[55] Dreimal die gleiche Abformung zeigt in germanischer Stilisierung einen mit lockeren Zügeln nach rechts trabenden Reiter, gerüstet mit Helm, Schild, Lanze und Schwert. Die Männer dieser Bevölkerungsgruppe, die vornehmen, vermögenden Reiter, fanden stets eine Gelegenheit in die Ferne zu reiten.

1 Vgl. U. Koch, Das alamannisch-fränkische Gräberfeld bei Pleidelsheim. Forsch. u. Ber. Vor- u. Frühgesch. Baden-Württemberg (in Vorbereitung, erscheint voraussichtlich 1997).
2 M. Weidemann, Kulturgeschichte der Merowingerzeit nach den Werken Gregors von Tours. RGZM Monogr. 3 (Mainz 1982) Teil 2, 269.
3 Greg. Tur. IV,49.
4 Koch (Anm 1); dies., Das Reihengräberfeld bei Schretzheim. Germ. Denkmäler Völkerwanderungszeit A 13 (Berlin 1977); R. Reiß, Der merowingerzeitliche Reihengräberfriedhof von Westheim (Kreis Weißenburg-Gunzenhausen). Wiss. Beibd. Anz. Germ. Nationalmus. 10 (Nürnberg 1994).
5 P. Paulsen, Alamannische Adelsgräber von Niederstotzingen. Veröff. Staatl. Amt Denkmalpflege Stuttgart A 12 (Stuttgart 1967).
6 Vgl. dazu Koch (Anm. 1): SD-Phase 7. P. Paulsen/H. Schach-Dörges, Das alamannische Gräberfeld von Giengen an der Brenz. Forsch. u. Ber. Vor- u. Frühgesch. Baden-Württemberg 10 (Stuttgart 1978) 120 Anm. 19: Giengen Phase 1.
7 J. Oexle, Studien zu merowingerzeitlichem Pferdegeschirr am Beispiel der Trensen. Germ. Denkmäler Völkerwanderungszeit A 16 (Mainz 1992) 47.
8 Vgl. SD-Phase 8 oder Giengen Phase 2.
9 Oexle (Anm. 7) 60.
10 Vgl. Giengen Phase 3.
11 J. Werner, Germania 65, 1987, 284 ff., Rezension zu E. Roffia, La Necropoli Longobarda di Trezzo sull'Adda. Ricerche di Archeologia Altomedievale e Medievale 12/13 (Firenze 1986).
12 J. Werner, Beiträge zur Archäologie des Attila-Reiches. Bayer. Akad. Wiss. Phil.-Hist. Kl. Abh. N.F. 38 (München 1956) 26 ff. 120 ff. Liste 4C; W. Menghin, Das Schwert im frühen Mittelalter. Wiss. Beibd. Anz. Germ. Nationalmus. 1 (Stuttgart 1983) 356 f. Liste I.1.d; F. Stein, Alamannische Siedlung und Kultur (Sigmaringen 1991) Taf. 9.
13 H. Steuer, Helm und Ringschwert. Prunkbewaffnung und Rangabzeichen germanischer Krieger. Stud. Sachsenforsch. 6, 1987, 26 f.
14 Greg. Tur. VII,15.
15 Koch (Anm. 1) mit Liste und Verbreitungskarte.
16 Oexle (Anm. 7) 35.
17 U. Koch, Das fränkische Gräberfeld von Klepsau im Hohenlohekreis. Forsch. u. Ber. Vor- u. Frühgesch. Baden-Württemberg 38 (Stuttgart 1990) 202 ff.
18 Oexle (Anm. 7) Taf. 30,65 (Herbrechtingen); 130,285 (Neuwieder Becken); 142,304 (Welgesheim); 166,370 (Beckum); 192,412 (Orsoy).
19 Oexle (Anm. 7) Taf. 116,256;194,419; H. Göldner, Ein vornehmer Reiter aus Dieburg. In: A. Wieczorek/P. Périn/K. v. Welck/W. Menghin (Hrsg.), Die Franken. Wegbereiter Europas. Reiss-Mus. Mannheim (Mainz 1996) 1013 ff.
20 R. Holtzmann, Die Italienpolitik der Merowinger und des Königs Pippin. Libelli 77 (Darmstadt 1962).
21 Greg. Tur. X,3.
22 Vgl. dazu J. Werner, Nomadische Gürtel bei Persern, Byzantinern und Langobarden. Acc. Nazionale dei Lincei 371 (Rom 1974) 109 ff.
23 R. Busch (Hrsg.), Die Langobarden. Veröff. Hamburger Mus. Arch. u. Gesch. Harburg 54 (Neumünster 1988) 320 f.
24 W. Menghin, Die Langobarden. Archäologie und Geschichte (Stuttgart 1985) Taf. 25.
25 A. Kleinschmidt, Die Tierreste. In: Paulsen (Anm. 5) Teil II, 39 f.; Oexle (Anm. 7) 100.
26 Weidemann (Anm. 2) 103 ff.; J.-M. Sansterre, Die Franken und Byzanz. In: Wieczorek u.a. (Anm. 19) 396 ff.; Greg. Tur. IV,40; X,2.
27 N. Hofer, Bewaffnung und Kriegstechnologie der Awaren. In: F. Daim (Hrsg.), Reitervölker aus dem Osten. Burgenländische Landesausstellung Schloß Halbturn (Bad Vöslau 1996) 351; U. v. Freeden, Awarische Funde in Süddeutschland? Jahrb. RGZM 39, 1991, 593 ff.
28 Ebd. 609 Abb. 12; 623 Abb. 18.
29 D. Quast, Das hölzerne Sattelgestell aus Oberflacht Grab 211. Fundber. Baden-Württemberg 18, 1993, 437 ff. Abb. 11 (Verbreitung der Steigbügel nördlich der Alpen).
30 Freeden (Anm. 27) 626 f. Liste 2; G. Fingerlin, Ein Adelsgrab der jüngeren Merowingerzeit aus Neudingen, Stadt Donaueschingen, Schwarzwald-Baar-Kreis. Arch. Ausgr. Baden-Württemberg 1984, 172 ff. Abb. 159; 162.
31 Fredegar IV,45.
32 Holtzmann (Anm. 20) 30 f.

33 R. Koch/U. Koch, Die fränkische Expansion ins Main- und Neckargebiet. In: Wiechorek u.a. (Anm. 19) 270 ff.; B. Schmidt, Das Königreich der Thüringer und seine Eingliederung in das Frankenreich. Ebd. 285 ff.
34 Fredegar IV,34.
35 Greg. Tur. VI,42; IX,25.29
36 Greg. Tur. VI,2.
37 Weidemann (Anm. 2) 333.
38 Oexle (Anm. 7) 99 f.
39 Weidemann (Anm. 2) 334
40 J. Durliat, Les finances publiques de Diocletien aux Carolingiens (284–889). Francia, Beih. 21 (Sigmaringen 1990) 102 ff.
41 Zuletzt U. Koch, Der Runde Berg bei Urach VIII. Frühgeschichtliche Funde aus Bein, Geräte aus Ton und Stein aus den Plangrabungen 1967–1984. Schr. Heidelberger Akad. Wiss. Komm. Alamannische Altkde. 14 (Heidelberg, Sigmaringen 1994) 69 Abb. 94.
42 C. Grünewald, Das alamannische Gräberfeld von Unterthürheim, Bayer.-Schwaben. Materialh. Bayer. Vorgesch. A 59 (Kallmünz/Opf. 1988) Liste 4.
43 Roffia (Anm. 11) 147 Taf. 43.
44 Grünewald (Anm. 42) 139; R. Christlein, Das alamannische Reihengräberfeld von Marktoberdorf im Allgäu. Materialh. Bayer. Vorgesch. 21 (Kallmünz/Opf. 1966) 65.
45 Ebd. 44 ff.
46 Roffia (Anm. 11) 108 Taf. 4 (Trezzo sull'Ada Grab 1).
47 Roffia (Anm. 11) 150 Taf. 46,7a-b.
48 H. Dannheimer, Die germanischen Funde der späten Kaiserzeit und des frühen Mittelalters in Mittelfranken. Germ. Denkmäler Völkerwanderungszeit A 7 (Berlin 1962).
49 Garnituren mit tierornamentierten und spiraltauschierten Beschlägen liegen vor aus Altenerding Grab 527, Beggingen (Kt. Schaffhausen), Eisenach (Kr. Trier-Land), Kleinlangheim (Kr. Schweinfurt), Mindelheim Grab 129.
50 Roffia (Anm. 11) 131 ff. Taf. 27–29.
51 Oexle (Anm. 7) 100 mit Anm 1.
52 Holtzmann (Anm. 20) 29 f.
53 Fredegar IV,62.
54 A. v. Schnurbein, Der alamannische Friedhof bei Fridingen an der Donau (Kreis Tuttlingen). Forsch. u. Ber. Vor- u. Frühgesch. Baden-Württemberg 21 (Stuttgart 1987) Taf. 25.
55 G. Fingerlin, Ein frühmittelalteriches Reiterbild aus Nendingen, Stadt Tuttlingen. Arch. Ausgr. Baden-Württemberg 1992, 222 ff.

GLAUBE UND WISSEN

ALS PERSÖNLICHKEIT INS JENSEITS

OPFERPLÄTZE UND HEIDNISCHE GÖTTER

MISSIONIERUNG, KRISEN UND REFORMEN

IM ZEICHEN DES KREUZES

KULTBAU UND GLAUBE

HEILIGENGRAB UND SIEDLUNGSVERLEGUNG

DER LANGE WEG ZUM KIRCHHOF

EINZUG DER MÖNCHE

FRÜHE SCHRIFTKULTUR BEI DEN BARBAREN

SCHRIFT AUS DEM NORDEN

AUF DEN SPUREN DER SPRACHE

EPILOG – DIE WEITERE GESCHICHTE

Als Persönlichkeit ins Jenseits

BESTATTUNGSSITTE UND GRABRAUB ALS KONTRAST

INGO STORK

Die Vorstellung eines Fortlebens nach dem Tode ist seit Urzeiten den unterschiedlichsten Völkerschaften zu eigen und hat immer wieder andersartige Bestattungssitten hervorgebracht. Auch die Germanen verstanden die Toten als im Jenseits fortlebende, individuelle Persönlichkeiten. Sie erhielten ihre Habe gemäß ihrer gesellschaftlichen Stellung mit ins Grab. Auf eine Ausstattung hatten die Verstorbenen ein Anrecht.[1] Bei den meisten Germanen der Merowingerzeit bildete sich im Verlauf des 5. Jh. die »Reihengrabsitte«[2] aus. Die Toten wurden in ihrer Tracht beigesetzt, die Männer versehen mit ihren Waffen, dem Gewäte, die Frauen mit ihrem Schmuck, dem Gerade. Dazu kamen noch andere »Beigaben« wie Speise und Trank in Holz- oder Tongefäßen.

Die in der Regel west-östlich ausgerichteten Körpergräber einer Bestattungsgemeinschaft[3] wurden zumeist in Reihen, entsprechend der Sterbefolge, angelegt. Da ältere Gräber, von Ausnahmen abgesehen, nicht wiederbelegt wurden, entstanden im Laufe der Zeit mehr oder weniger umfangreiche

471 **In Seitingen-Oberflacht haben sich aufgrund besonderer Bodenbedingungen die Holzsärge erhalten. Beide Baumsärge ziert ein schlangenartiges Tier.**

Bestattungsplätze. Eine oberirdische Kennzeichnung der Grabstätten in Form von Totenbrettern, Steinen oder ähnlichem ist anzunehmen, aber nicht nachgewiesen.

Tausende von Gräbern, soviel wie in keiner anderen Periode der Vor- und Frühgeschichte, stehen oder standen der Forschung in der Merowingerzeit zur Verfügung.[4] Kaum eine andere Epoche kannte derart weithin akzeptierte Bestattungsnormen. Der oberflächliche Blick täuscht jedoch: z.B. kennen wir weder die Bestattungsformen aller Kinder, noch, selbst im Idealfall, die aller Bewohner einer Siedlung. Unterschiedlich sind die Traditionen, gesellschaftlichen Verhältnisse, Herkünfte, Glaubenshaltungen und Zeitphasen, die uns die Gräber widerspiegeln.

Vom Brandgrab zum Reihengrab

Die Germanen des Elbegebiets verbrannten ihre Toten. Der Leichenbrand wurde in einer Urne oder einem organischen Behältnis bestattet. In der Zeit um 300 gingen führende Familien in Germanien, vor allem in Thüringen, die im römischen Heer gedient und spätrömische Bestattungsbräuche kennengelernt hatten, zur Beerdigung des unverbrannten Körpers über (vgl. Schach-Dörges, Menschen).

Als Einwanderer brachten die Germanen nicht nur ihre Tracht und Beigabensitten, sondern auch die immer noch vorherrschende Brandbestattung in die spätere Alamannia mit. Die unscheinbaren Brandbestattungen findet man jedoch nur selten. Nach wie vor ist ein 1934 systematisch ausgegrabener Friedhofsteil in Lampertheim hierfür das beste Beispiel. Dagegen kennen wir aus dem 4. Jh. Körpergräber als Einzelbestattungen oder in kleinen Gruppen.

Die Körpergräber sind süd-nördlich ausgerichtet. Sie liegen mitunter im Areal römischer Gutshofruinen. Häufig wurden, wie in der alten Heimat, Tongeschirrsätze beigegeben, was große Grabkammern erforderte (vgl. Abb. 73).

Die Waffenbeigabe der Männer entstand in den linksrheinischen, nun fränkischen Gebieten mit provinzialrömischer Bevölkerungsmehrheit.[5] Die Germanen, in erster Linie Franken, aber auch Alamannen, stellten damit ihre Zugehörigkeit und ihren Rang im spätrömischen Heer dar. Ursula Koch weist darauf hin, dass wohl ostgermanische burgundische Söldner den Anstoß zu dieser Sitte gaben, denn bei ihnen war die Waffenbeigabe schon lange üblich.[6] Bei den Alamannen dürfte der Brauch, ihre Toten mit Waffen auszustatten, sowohl unabhängig als auch in Nachahmung fränkischer Gepflogenheiten entstanden sein.

Ab Mitte des 5. Jh. zeigen früh einsetzende Bestattungsplätze in Alamannien in Einzelfällen ungewöhnliche Skelettlagen: sehr eng und mitunter auf dem Bauch oder mit angezogenen Beinen. Ursula Koch sieht hierin eine Folge der Zuwanderung von Menschen der sogenannten Niemberger- (Elbe-Saalegebiet) bzw. Vinarice- (Böhmen) Gruppe, die nach dem Ende des Hunnenreiches ausgelöst wurde.[7] Tatsächlich scheinen sich etwa in Lauchheim derartige Bestattungen in bestimmten frühen Belegungsteilen zu häufen. Gleichwohl gilt einschrän-

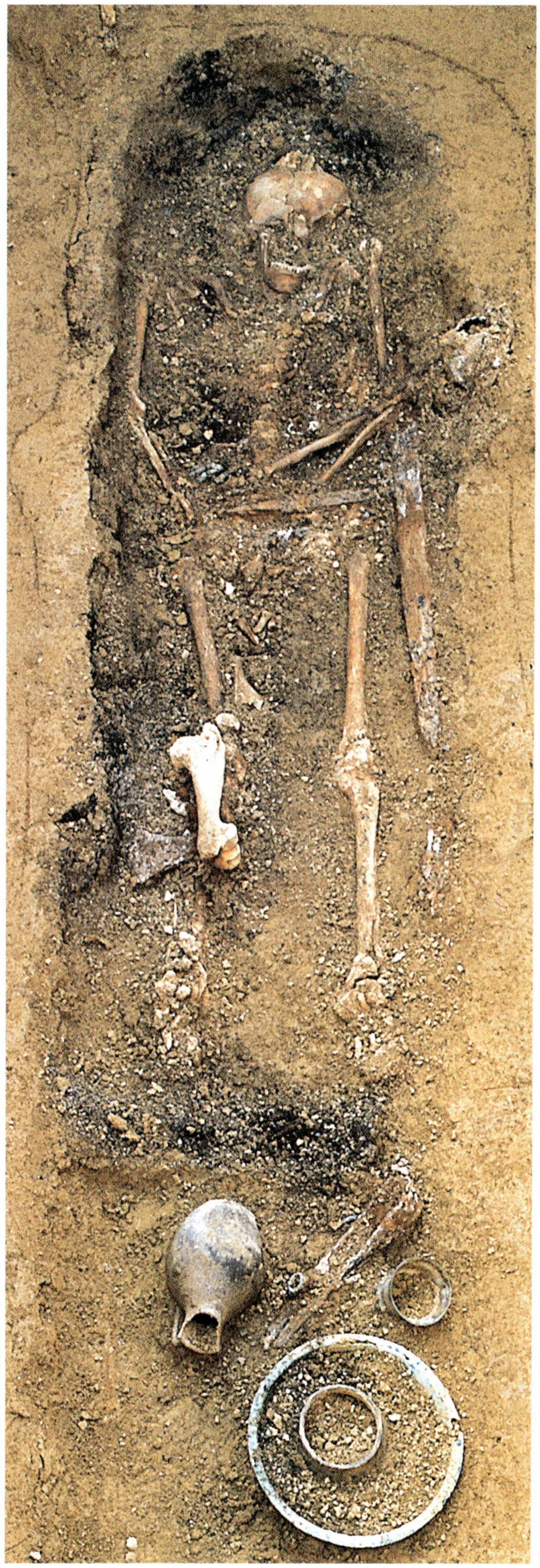

472

472 In einem Annex der langen, schmalen Grube von Grab 32 in Dittigheim wurden zu Füßen des Toten, der in einem Baumsarg lag, Tongefäße, Glasbecher, Bronzebecken und einer Schere niedergelegt.

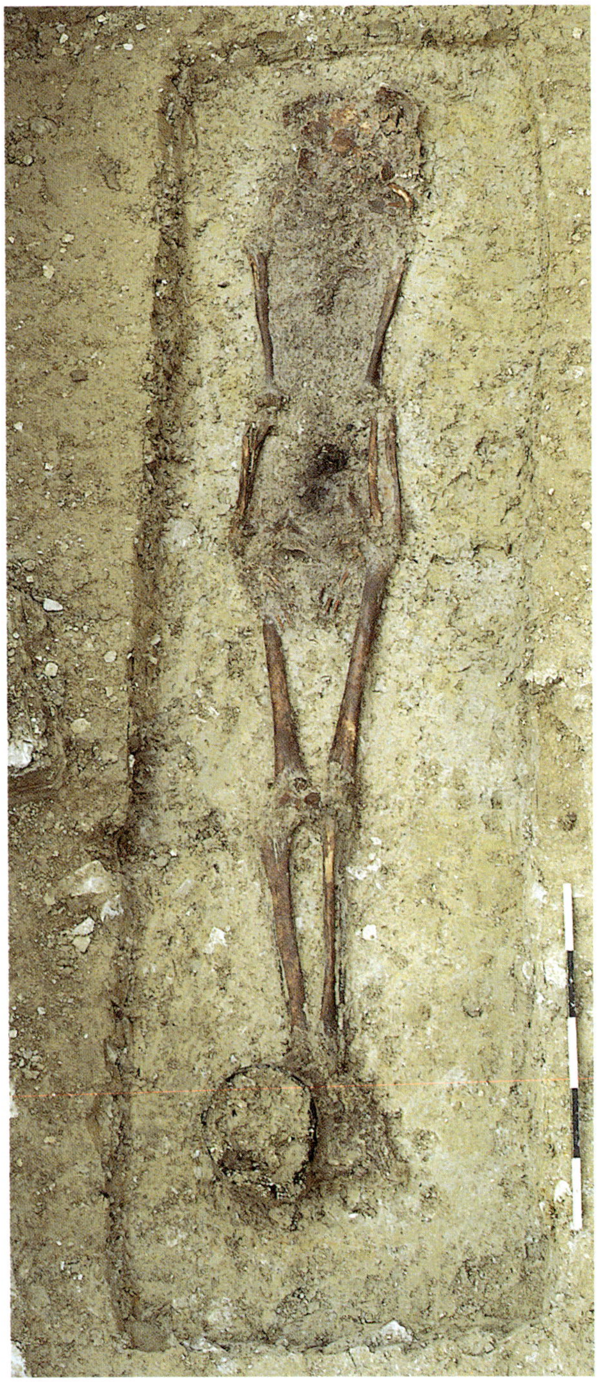

473

kend, dass wir aus dem 5. Jh., und speziell aus dessen erster Hälfte in Südwestdeutschland erst wenige Zeugnisse besitzen.

Totenbrett, Holzsarg, Steinkiste

Zu Anfang des 19. Jh. entdeckte man die heute berühmten Feuchtbodengräber von Oberflacht. 1847 durch Friedrich von Dürrich und Wolfgang Menzel für die damalige Zeit vorzüglich dokumentiert, erlaubten sie aufgrund der erhaltenen Hölzer zum ersten Mal detaillierte Aussagen zum Grabbau:[8] In engen Grabgruben standen Baumsärge, auf deren Deckel mitunter ein schlangenartiges Tier mit Hörnern herausgeschnitzt ist. Die genauen Aufzeichnungen belegen ebenso enge, kistenartige Kammern, in die der Sarg gestellt wurde. Sarg und Kammern ruhten auf Querbalken. Die Holzverbindungen erfolgten mit Nuten und Dübeln oder auch nur durch exaktes Einpassen. Nägel wurden nicht verwendet. In diesen trogartigen Särgen ruhten die Toten in gestreckter Rückenlage. Schild und Lanze der Männer passten nicht in den Sarg, sie wurden daher in der Südhälfte der Kammer niedergelegt. Dort finden sich auch weitere Beigaben, z.T. aus vergänglichem Material. In Oberflacht beispielsweise große Holzgefäße. Darüber hinaus ist mit Textilien zu rechnen. Die Kammer konnte auch nach Westen verlängert sein, um so Platz für Holzbehältnisse, in denen beispielsweise Pferdegeschirr lag, zu bieten. Es entstehen somit lange, schmale Grabgruben. Mancherorts, wie in Pleidelsheim, Hemmingen oder Dittigheim gibt es Grabannexe, in denen auf gleichem oder auch höherem Niveau Beigaben niedergelegt wurden.

Im Verlauf des 6. Jh. wurden Baumsärge seltener. An ihre Stelle traten Brettersärge, die in reich ausgestatteten Gräbern ganz vereinzelt mit Eisen beschlagen waren. Sie konnten in einer größeren Holzkammer stehen, was zunehmend der Bestattungsweise der Oberschicht entsprach. Das Aufkommen breiter, voluminöser Holzkammern seit Mitte des 6. Jh. erfolgte in Anlehnung an fränkische Bräuche.[9] Zu solchen Gräbern gehörten oft Grabhügel und Kreisgräben. Die Grabkammern konnten auch einfach mit Eichendielen abgedeckt sein, die auf Erdbänken ruhten. Gerade an fränkisch gewordenen Plätzen, etwa in Dittigheim, gibt es hierfür Belege. Die seitlichen Bretterwände wurden dabei durch zugespitzte Spalthölzer versteift.

473 **Manche Skelette liegen wie zusammengepresst, z.B. in Grab 1232 von Lauchheim aus der Zeit um 500. Möglicherweise war die Leiche in fest verschnürte Tücher gehüllt, eine zu dieser Zeit fremde Sitte.**

474 **Bei manchen Gräbern waren Wände und Böden trocken ausgemauert. Diese Sitte ahmt die romanische Bestattungsweise in Sarkophagen nach. Hier das trocken gemauerte Steinkistengrab in der »Halde« in Weinstadt-Endersbach.**

474

475

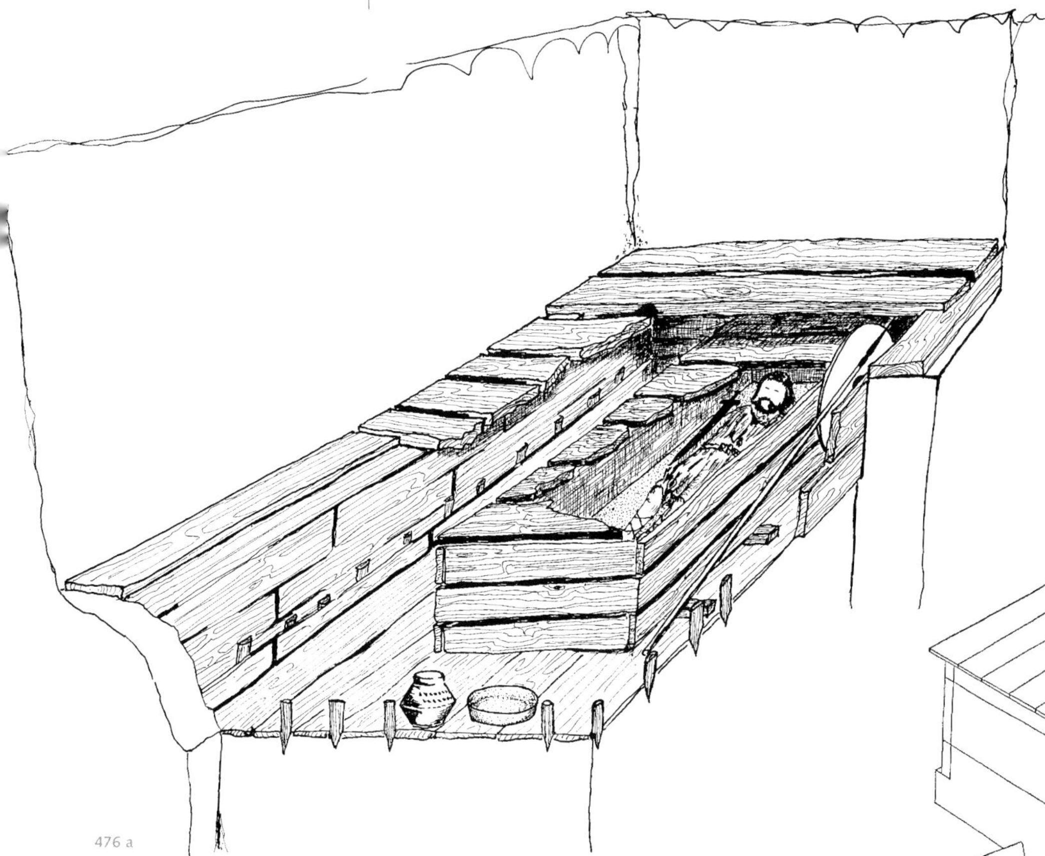

476 a

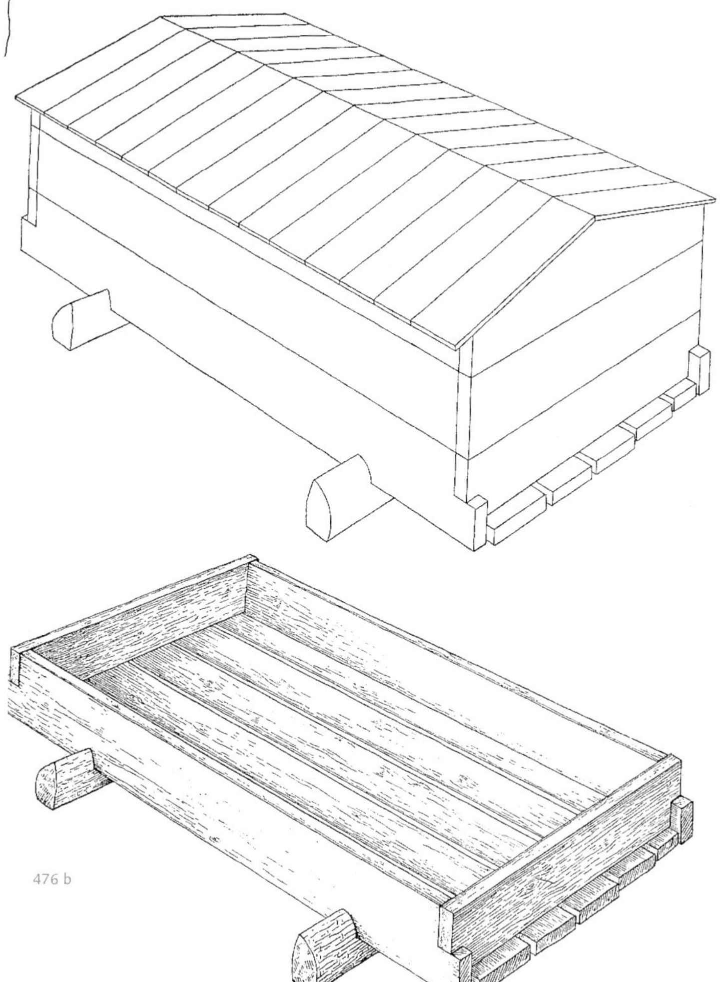

476 b

475 Die vorzüglich erhaltene Kammer des Grabes 211 in Seitingen-Oberflacht war aus Dielenbrettern gefügt.

476 a, b Rekonstruktion der hölzernen Einbauten von Grab 137 in Tauberbischofsheim-Dittigheim (a). Die Kammer war mit schweren Eichendielen, die auf den Rändern der Grabgrube lagen, abgedeckt. Besonders aufwendige Holzkammern konnten die Größe eines geräumigen Zimmers erreichen, wie die Rekonstruktion des Grabes von der »Gierhalde« in Hüfingen zeigt (b).

In der Zeit um 600 hatte die Kammergrabsitte ihren Höhepunkt. Die Kammern konnten fast Zimmergröße erreichen, z.B. in Hüfingen »Gierhalde« (2,9 x 1,5 m), Lauchheim »Wasserfurche« (Grab 458, 3,3 x 1,7 m) und Vaihingen-Enzweihingen (Grab 23, 3,7 x 1,8 m).[10] Die größten, zweifellos Grabstätten führender Persönlichkeiten, sind fast durchweg ausgeraubt. Im Verlauf des 7. Jh. verschwanden die großen Kammern wieder.

Entsprechend romanischem Herkommen wurde auch in der Alamannia zunehmend Stein zum Grabbau verwendet. Zuvor hatte es allenfalls Steinsetzungen um hölzerne Grabanlagen gegeben. Nun ging man zu trocken gesetzten Steinmauergräbern nach dem Vorbild von Sarkophagen über. Häufig wurden Handquader römischer Ruinen, aber auch neu gebrochene und zugerichtete Steinplatten verbaut. Diese Bauweise ließ zwar Nachbestattungen ohne großen Aufwand zu, genauso aber auch die Beraubung. Selten verputzte man die Innenwände.[11] Ein Plattenboden aus Steinplatten, römischen Spolien oder Ziegeln war ebenso möglich. Die Zurichtung der Steine, Stemmlöcher und Mörtelspuren zeigen uns die Anfänge des Maurerhandwerks im ländlichen Raum.

Innerhalb solcher Steinkammern stand dann ein Holzsarg.[12] Im christlich geprägten, städtisch-romanischen Umfeld gab es Sarkophage.[13] Für einfache Leute wurde nur der Sarg mit Steinen umgrenzt. Breite Bevölkerungschichten konnten sich jedoch nicht einmal einen Sarg leisten. Sie legten die Verstorbenen wohl auf Totenbretter oder bestatteten sie in Tücher gehüllt. Eine eingezwängte Lage des Skeletts kann darauf hinweisen, dass die Leiche verschnürt war.

In späten beigabenlosen oder beigabenarmen Gräbern liegt der Kopf erhöht auf einem Stein. Es gilt festzuhalten, dass sich in manchen Regionen Alamanniens der Grabbau in Stein nicht durchsetzte. In Lauchheim »Wasserfurche« und »Mittelhofen« bestattete man weiterhin konservativ in Holzsärgen, der Adel in Grabkammern. Die Tiefe der Gräber richtete sich nach dem Reichtum der Ausstattung – tiefe Gruben schützten vor Beraubung. Generell wurde im 6. Jh. tiefer bestattet als im 7. Jh.[14]

Die Behandlung der Toten

Wenn die Verstorbenen ein Leben im Jenseits erwartete, benötigten sie eine angemessene Ausstattung. Die Art, wie bestimmte Objekte, die nicht zur Tracht gehörten, beigegeben wurden, ist keineswegs zufällig, sondern Traditionen unterworfen. Dies gilt etwa für das Langschwert, die Spatha, die sowohl links als auch rechts des Oberkörpers niedergelegt werden konnte. Hier wird unterschiedliches Brauchtum fassbar.[15]

Auch die Haltung der Toten lässt Rückschlüsse zu. Neben der üblichen gestreckten Rückenlage mit leicht angewinkelten Armen kommen auch Bauchlage, ja sogar Hockerstellung vor. In Einzelfällen hat man schwere Steine auf die Bestattungen gelegt, wohl ein Hinweis auf die Furcht vor Wiedergängertum.[16] Überhaupt lassen sich zu manchen Praktiken volkskundliche Parallelen finden, die Anhaltspunkte für die Deutung geben können.[17]

Um den Toten ein würdiges Aussehen zu geben, fertigte man mitunter eigens für die Bestattung Totenschmuck an. Bereits germanische Verbündete des Hunnenreiches ließen ihr Totenkleid, dem östlichen Vorbild folgend, mit dünnen Goldblechen versehen.

150 Jahre später fassen wir mit der »Goldblattkreuzsitte« (vgl. Riemer, Zeichen) christliches Totenbrauchtum bei den Alamannen. Diese Kreuze aus dünner Goldfolie dienten nur im Tode als Zeugnis christlichen Glaubens.[18]

Ähnliches gilt für die »Totenbetten« von Oberflacht oder Lauchheim; sie sind zu schmal, um darin bequem schlafen zu können. Allerdings war der Aufwand für ihre Herstellung zu groß, als dass man sie nach dem Sterbefall in kurzer Zeit hätte anfertigen können. Sicher wurden die Toten darin prunkvoll aufgebahrt. Bestellte man solche Betten aber, Sarkophagen vergleichbar, bereits zu Lebzeiten? Oder dienten sie auch profanen Zwecken, etwa bei bestimmten Anlässen?[19]

477 Die christliche romanische Bevölkerung bestattete in Sarkophagen. Diese Deckplatte eines Sarkophags mit Kreuz aus Kaiseraugst vor den Toren Basels gehört in die erste Hälfte des 7. Jh.

477

478 **In Grab 3 von Niederstotzingen sind drei Männer wohl gleichzeitig in einer Holzkammer beigesetzt worden. Die reichste Bestattung lag an der Südseite. Folgten ihm die anderen beiden freiwillig in den Tod?**

478

Der mitunter beträchtliche Arbeits- und Zeitaufwand für die Vorbereitung einer standesgemäßen Bestattung lässt an Maßnahmen zur Konservierung der Leiche denken.

In extremen Fällen kann an der Leiche manipuliert worden sein (Lauchheim Grab 600), ohne dass wertvolle Objekte, die ohne rituelle Bedeutung waren, fehlen.

Zwar müssen wir mit Verwerfungen beim Verwesungsvorgang rechnen,[20] doch gilt es auch »dezente« Störungen zu beachten. Holzkohleflitter, sofern in modernen Grabungen festgestellt, könnten auf ein »Ausräuchern« oder auf »Totenfeuer« deuten.[21] Vielfach finden sich in den Grabgruben des 7. Jh. verstreute Tongefäßscherben. Möglicherweise gehören sie zu Gefäßen, die im Rahmen der Beisetzung am offenen Grab bewusst zerschlagen wurden.

Im Tode vereint

Niveaugleiche Bestattungen von zwei oder drei Toten in derselben Grabkammer kommen vermehrt ab der Zeit um 600 vor.[22] In einigen Fällen lässt sich noch an den Skeletten ein eindeutiger Bezug zueinander feststellen: Blickkontakt, eingehakte Arme oder Bestattung Hand in Hand. Alle Alters- und Geschlechtskombinationen quer durch alle sozialen Schichten kommen vor.

479 **In Oberkochen wurden eine Frau und ein Mann direkt aufeinander bestattet. Zwischen den Schädeln befand sich keine trennende Erdschicht.**

Es fällt jedoch auf, dass in Gräbern mit unterschiedlich reichen Ausstattungen die wohlhabendste Person regelhaft im Süden der Grabkammer liegt. Das wohl bekannteste Beispiel ist Niederstotzingen Grab 3. Die Deutung dieses und ähnlicher Befunde ist umstritten. Während Rainer Christlein[23] hierin ein Zeugnis von Gefolgschaft im Tode sehen wollte, betonte Heide Lüdemann zu Recht profane Möglichkeiten eines gleichzeitigen Todes und gemeinschaftlicher Bestattung. Beide Deutungen könnten auch nebeneinander Bestand haben.

Wichtig für die Beurteilung der Mehrfachbestattungen ist die Frage der Wiedereröffnung von Grabkammern für eine Nachbestattung, einfach bei Steinplattengräbern, aufwendig dagegen im Fall von Holzkammern. Hier müssten beträchtliche Anstrengungen zur Entfernung der Dielenabdeckungen vorgenommen werden, die über die Grabgrube hinausreichen. Derartige Maßnahmen müssten sich im Grabungsbefund abzeichnen. Auch ist es kaum vorstellbar, dass bei späterer Einbringung einer neuen Bestattung die Vorhergehende nicht in irgendeiner Weise gestört würde. Man darf davon ausgehen, dass die meisten niveaugleichen Mehrfachbestattungen in ein und derselben Holzgrabkammer auch gleichzeitig eingebracht worden sind.[24]

Genauso ist in Fällen niveaugleicher Aufeinanderlage zweier Individuen ohne dazwischenliegende Erdschicht gleichzeitige Bestattung naheliegend. Die Gründe für die Wahl dieser Beisetzungsweise sind unbekannt, allenfalls lassen sich volkskundliche Parallelen aufzeigen.

Aufeinander bezogene, niveaugleiche Gräber mit aneinanderstoßenden Wänden in gemeinsamer Grabgrube lassen auf eine enge Verbindung der Bestatteten, etwa die Zugehörigkeit zur *familia*, schließen.

Ein gänzlich anderer Befund sind Nachbestattungen, die fast ausschließlich im 7. Jh. und besonders gegen dessen Ende, auf älteren Grabgruben vorgenommen wurden.[25] Die Gräber liegen exakt übereinander. Bis zu fünffache Überlagerung wurde festgestellt. Im Gegensatz zur älteren Merowingerzeit suchte man bewusst die Nähe der Altvorderen und familiäre Bindungen. Anthropologische Untersuchungen epigenetischer Merkmale könnten dies bestätigen.

In Steinkisten- und Steinplattengräbern war eine Nachbestattung in der alten Kammer leichter möglich. Im Falle einer Wiederbelegung räumte man die Knochen der Erstbestattung beiseite. Sie wurden häufig zusammengelegt und im Grab belassen – eine Pietät verratende Handlungsweise, die insbesondere innerhalb einer Familie naheliegt.

»Das letzte Hemd hat keine Taschen«

Diese Konsequenz christlicher Vorstellungen könnte über vielen beigabenlosen Bestattungen stehen, wenn es denn verbindlich gewesen wäre. Zwar fassen wir seit der 2.Hälfte des 7. Jh. häufig beigabenlose Gräber als Endphasen von Friedhofsbelegungen, doch keineswegs überall und bei jedermann. Gerade hochstehende Bevölkerungsgruppen gaben die Beigabensitte oft erst viel spä-

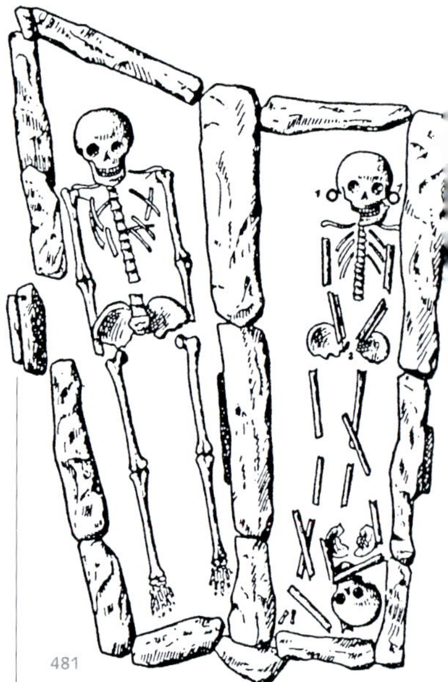

481 **Unmittelbar aneinandergebaute Steinplattengräber im südbadischen Grenzach-Wyhlen bargen wohl die Bestattungen der gleichen Familie.**

480 **Trocken gemauertes, beraubtes Steinkistengrab aus Kirchheim am Neckar. Im Vordergrund Skelettteile einer älteren Bestattung, die bei der Wiederbelegung abgeräumt und immerhin pietätvoll beiseite gelegt worden sind.**

482 **In einem fast völlig ausgeraubten, ehemals sicher außerordentlich reich ausgestatteten Frauengrab bei Langenau stand ein vierrädriger Wagen. Die Räder haben Standspuren im Erdreich hinterlassen.**

482

ter, im 8. Jh., auf. Reiche Ausstattung wird zur Formel des würdigen Begräbnisses.

Im 7. Jh. schließen sich Totenausstattung und Christentum keineswegs aus (vgl. Riemer, Zeichen). Sogar hohe Kleriker waren in Augsburg, St. Ulrich und Afra, in ihrer Tracht, u.a. mit Messer, Kamm und Sporn bestattet. Allerdings macht sich eine Reduktion von Beigaben bemerkbar. Gefäße mit Speise und Trank werden im 7. Jh. in den Gräbern zunehmend seltener.

Beritten ins Jenseits

Die Sitte, Pferde bei der Bestattung hochstehender Persönlichkeiten zu töten und neben dem Reiter beizusetzen, wurde seit Mitte des 5. Jh. vor allem von den Thüringern gepflegt.[26] Durch persönliche Kontakte, insbesondere Heirat, breitete sich der Brauch auch bei Franken und Alamannen aus. Der 482 verstorbene Frankenkönig Childerich wurde in Tournai inmitten seiner Pferde bestattet. Nicht umsonst hatte er acht Jahre im Exil in Thüringen gelebt und eine thüringische Ehefrau mitgebracht.[27] Entsprechende Einflüsse dürfen wir für das Aufkommen der Pferdegrabsitte bei der alamannischen Oberschicht vermuten. Ein früher Beleg aus der zweiten Hälfte des 5. Jh. stammt aus Renningen. Das kleine Gräberfeld am Kirchplatz weist im Fundgut eine deutlich thüringische Komponente auf.[28] Im 5. und 6. Jh. wurden die Pferde mit Schirrung bestattet. Ab der Zeit um 600 enthauptete man sie und legte das Zaumzeug dem Reiter ins Grab.[29]

Vereinzelt, im Zusammenhang mit Adelsbestattungen, wurden nicht nur ein, sondern mehrere Pferde in einer Grabgrube niedergelegt. Die Pferde können dabei sowohl einander zugekehrt wie auch gleichgerichtet sein. Ob sie als Gespannpferde dienten, ist nicht erweisbar. In diesem Zusammenhang sei an rare Vorkommen von Wagengräbern[30] erinnert, eine ebenfalls thüringische Sitte.

Zusammen oder auch getrennt von den Pferden bestattete man gelegentlich auch Hunde. Ob es sich dabei um Jagdhunde handelt, bleibt unklar. Wiederum weist die Herkunft dieses Brauchs nach Thüringen. Eher in magisch-abergläubische Bereiche gehört die Niederlegung von Hunden auf beraubten Gräbern.

Zeugnisse von Machtanspruch

In der zweiten Hälfte des 5. Jh. kam die Sitte auf, führende Persönlichkeiten unter monumentalen Grabhügeln zu beerdigen.[31] Reiternomadische Vorbilder mögen dabei Pate gestanden haben. Königsgrabhügel wie das Childerichgrab oder der Zurán-Hügel bei Brünn in Mähren dürften ihren Eindruck auf die Gefolgschaften nicht verfehlt haben. Vergleichbare frühe Anlagen sind in Alamannien bisher nicht belegt.[32] Kreisförmige Freiräume um Holzkammergräber des 6. Jh. lassen auf eine Überhügelung schließen. Dies entsteht schon dadurch, dass das Aushubvolumen der Grabkammer auf der Oberfläche aufgebracht werden musste. Überhügelungen konnten ein oder mehrere Gräber, im Sinne von Familiengrablegen, umschließen. Grabumfriedungen in Form von Kreisgräben, die zumeist den Hügelfuß umzogen, sind seit dem 6. Jh. fassbar.[33] Solche Anlagen wurden noch bis in das 8. Jh. in Fridingen gebaut. Die Grabenbreiten schwanken zwischen 30 cm und 5 m, auch die Tiefen sind unterschiedlich. Verschiedentlich wurden Steinsetzungen und/oder Pfosten entlang des Innenrands der Kreisgräben beobachtet. Ähnlich Grabhügeln der Hallstattzeit, dürften sie den eigentlichen Hügelfuß markieren. In Fridingen besaß Graben II eine Rinne, die als Pfostengräbchen gedeutet wurde. Neben geschlossenen Kreisgräben gibt es solche mit Unterbrechungen, Erdbrücken, die eine Funktion bei der Einbringung des Leichnams oder allgemein bei der Totenfeier gehabt haben können. In den Gräberfeldern sind Kreisgräben in der Regel die letzten Zeugen einer Grabhügelanlage. Die Hügel selbst sind längst aberodiert und abgepflügt. Aber nicht alle Kreisgräben mussten zu Grabhügeln gehören. In Basel-»Bernerring« und Freiberg-Beihingen diente der Aushub auch nur zu einer Wallanschüttung.[34]

Die so bezeichneten Grablegen unterschieden sich deutlich von den übrigen Bestattungen. Sie setzten, wie Rainer Christlein formulierte, einen von der Gemeinschaft akzeptierten Sonderanspruch durch. In der Regel liegen sie randlich abgesetzt von den zeitgenössischen Belegungsarealen.

483

In der jüngeren Merowingerzeit errichtete Grabhügel ohne Kreisgräben sind bislang selten belegt, da moderne Untersuchungen an entsprechenden Plätzen kaum vorgenommen werden mussten. In Überauchen wurden die Grabhügel von Ringen hochkant gestellter Steinplatten umgeben.[35] Am Dinkelberg bei Rheinfelden sind Steingrabhügel nachgewiesen.[36]
Bestattungen konnten aber auch in älteren, bestehenden Grabhügeln der Bronze- oder Hallstattzeit erfolgen. Ein frühes Beispiel der Zeit um 500 n.Chr. bietet das jüngst ausgegrabene Bräunlingen, ein spätes, vom 2. Drittel des 7. Jh., etwa Heidenheim-Schnaitheim »Seewiesen«.[37] Sogar ein neolithisches Großsteingrab wurde in Wiechs wiederverwendet.

Totenhäuser oder Kapellen?

Dienten die Friedhöfe einzig als Begräbnisplätze oder wurden dort auch andere Kulthandlungen vorgenommen? Nur bei modernen, großflächigen Untersuchungen lassen sich auf den Friedhöfen Holzgebäude, etwa anhand der Verfärbungen von Pfostengruben, nachweisen. Im relativ gut erforschten Ostalbkreis sind solche Reste in Lauchheim »Wasserfurche«, Neresheim-Kösingen und Oberkochen belegt. Offenbar waren sie keineswegs selten. Leider kann in keinem Fall der Grundriss rekonstruiert werden. In Lauchheim, Güttingen und Munderkingen ist ein Bezug zu bestimmten Grabanlagen gegeben. Gerade das letztgenannte Beispiel, ein Holzbau mit Wandgräbchen, verdeutlicht, dass bei stärkerer Erosion allenfalls unzusammenhängende Pfostenreste übrigbleiben. Eindrucksvolle Zeugnisse von Totenhäusern liegen aus Freiberg-Beihingen vor. Die hier über drei Adelsbestattungen errichteten, ebenerdigen Sechspfostenbauten waren von Kreisgräben eingefriedet. Ihr Zweck als Stätten des Totengedenkens, vielleicht auch des Totenkults, ist offenkundig. Leider lässt sich aus dem Beihinger Befund infolge großflächiger Beraubung nicht mehr entnehmen, ob es, wie aus Zeuzleben bekannt, ein begehbares Zwischengeschoss gab.
Für kleine Holzgebäude am Rand von Gräberfeldern wurde nach dem von Hermann Dannheimer publizierten Befund in München-Aubing verschiedentlich eine Deutung als Kirche in Erwägung gezogen.[38]

483 In Fridingen wurden Gräber des 8. Jh. von Kreisgräben eingefriedet, die bis zu 4 m Breite und 23 m Durchmesser hatten. Über den Gräbern waren einst mächtige Hügel aufgeschüttet: Monumente der bedeutenden Persönlichkeiten, die darunter ruhten.

484 Grabhügel der späten Merowingerzeit mit Steinplatteneinfassungen in Überauchen. Für die ungewöhnliche Bauweise standen wohl Hügel der Hallstattzeit Pate, die in der Nähe noch zu sehen waren. Eine bewusste Anknüpfung an heidnisches Brauchtum?

484

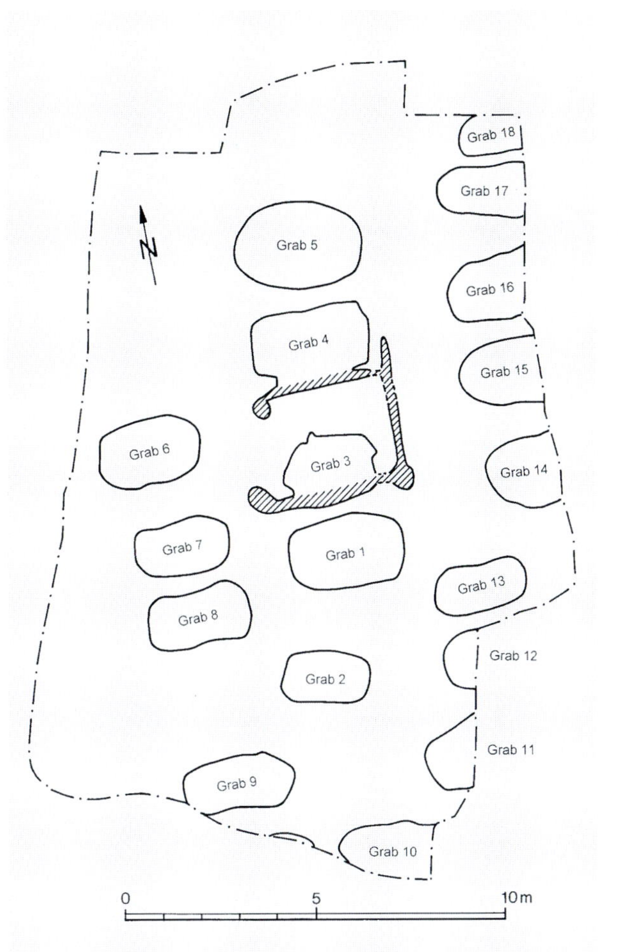

485

485 **Totenhaus oder Kapelle? Ein Holzgebäude in Munderkingen, das durch die Überreste der Wandgräbchen nachgewiesen wurde, hing unmittelbar mit der Anlage der Gräber 3 und 4 zusammen.**

Zutreffen könnte dies u.a. für Leonberg-Eltingen »Am alten Kirchhof«, wo ein mehrphasiger kleiner Pfostenbau von Gräbern des 7. und 8. Jh. umgeben wird.

Grab und Friedhof

Wie schon Kurt Böhner herausstellte, liegen Friedhöfe der Merowingerzeit in der Regel am Hang, oberhalb der zugehörigen Wohnplätze.[39] Die Entfernungen sollten höchstens 400 m betragen. Man wählte nach Möglichkeit ertragsarme Böden. Die Zahl der Bestattungen hängt von der Größe der zugehörigen Siedlung – Einzelhof, Weiler oder Dorf – und dem Zeitpunkt ihrer Gründung ab. Konnten mehrere Ansiedlungen einen gemeinsamen Begräbnisplatz haben? Östlich des Rheins haben wir dafür bisher keinen Beleg.

Besondere Bedeutung haben Einzelgräber. Der auf dem Ailenberg von Esslingen-Rüdern bestattete mutmaßliche alamannische Gaukönig dürfte sicher nicht umsonst gerade diesen hervorgehobenen Platz gewählt haben. Doch besteht hier, wie bei so manchem vermuteten »Einzelgrab«, die Frage des Nachweises. Ergrabene Beispiele wie in Rottweil belegen die Tatsache für eine Oberschicht. Daneben gab es Bestattungen an numinosen Orten wie im Zentrum der keltischen Viereckschanze von Ehningen, deren Wall und Graben im 7. Jh. noch deutlich sichtbar gewesen sein dürften.

Musterbeispiel einer isoliert liegenden Adelsnekropole ist Niederstotzingen (vgl. Koch, Ritt). Aber auch innerhalb eines Gräberfeldes absentierten sich bestimmte Personengruppen am oberen (Kirchheim/Ries, Lauchheim) oder unteren (Pleidelsheim) Rand der Gesellschaft von der Gemeinschaft. Die Entstehung von Familiengrablegen im 7. Jh. wurde schon erwähnt. Aber auch Personengruppen bestimmter Herkunft können innerhalb eines Friedhofs verschiedene Belegungsareale einnehmen.

Große ergrabene Friedhöfe wie Lauchheim zeigen, dass es Friedhofsbegrenzungen gegeben haben muss, was bisher nur vermutet wurde.[40] Sie setzen eine in die Zukunft gerichtete Friedhofsplanung voraus. Friedhofsgrenzen geben sich mancherorts auch in Luftbildern zu erkennen.

Nur in größerflächigen Siedlungsgrabungen sind Hofgrablegen des späten 7. und 8. Jh. zu fassen. Ihre scheinbare Seltenheit liegt an den noch spärlichen Untersuchungen. Aus angepflügten Einzelgräbern lässt sich daher keine Siedlungsgeschichte oder gar ein Besiedlungsmodell erstellen. In Bönnigheim am »Erligheimer Fußweg« liegt beispiels-

486

486 **So kann man sich die von Kreisgräben umgebenen hölzernen Totenhäuser in Freiberg am Neckar vorstellen.**

weise der Bestattungsplatz einer wohlhabenden Familie des abgegangenen »Birlingen« oberhalb der Siedlung, doch ist er weder als der Begräbnisplatz des Dorfes, noch als Hofgrablege, sondern wohl als Absonderung von der Gemeinschaft zu verstehen.

Ab dem späten 6./7. Jh. gibt es auch Bestattungen in Kirchen. Auf die Problematik ihres rechtlichen Status sei hier nicht näher eingegangen (vgl. Theune, Kirchhof; Riemer, Zeichen). Menschen, die sich in Kirchen bestatten ließen, waren sicher Christen und hatten Sonderrechte. Die Kirchenbestattungen breiteten sich von Westen aus dem fränkischen Raum nach Alamannien aus.[41] Bestattet wurden sowohl Kleriker (Augsburg) als auch weltliche Personen, die teilweise zur Oberschicht gehörten.

Bereicherung, Besitzanspruch, Magie

Der Kontrast zwischen den aufwendigen Bestattungsitten und dem allerorts betriebenen Grabraub ist extrem. Die Gräber wurden innerhalb derselben Siedlungsgemeinschaft, teilweise nachweislich durch Verwandte, beraubt. Dies geschah, obwohl auch nach dem alamannischen Volksrecht, der Lex Alamannorum, Grabraub harten Strafen unterlag.[42]

Die Beraubung erfolgte vielfach, solange sich die Leiche noch im Sehnenverband befand,[43] der sich unter normalen Bodenbedingungen nach fünf bis zehn Jahren auflöst. Vereinzelt lassen Knochenbeschädigungen auf noch vorhandene organische Substanz schließen, woraus ein Zeitpunkt von ein bis drei Jahren nach der Bestattung bestimmt wurde.[44] Die mitunter gezielte Vorgehensweise zeigt, dass die Grabräuber wussten, ob ein Mann oder eine Frau im Grab lag, die bestattete Person womöglich noch selbst gekannt haben und ihre Beigaben einschätzen konnten.[45]

Anders sind Beraubungen am Skelett zu bewerten, die erst Jahrzehnte nach dem Tod erfolgten. Den Tätern war die genaue Lage des Grabes und des Toten nicht bekannt, weshalb sie mit Eisenstäben sondieren mussten. Die Grabkammern waren schon eingebrochen und wiesen keine Hohlräume mehr auf. Ein gezieltes »Herausfischen« der Wertsachen war daher unmöglich, das ganze Grab wurde umgewühlt. Generell wurden die Gräber im 7. Jh. sehr viel häufiger als im 6. Jh. beraubt. In Einzelfällen lässt sich der zeitliche Abstand bestimmen. So verlor in Pleidelsheim Ende des 7. Jh. ein

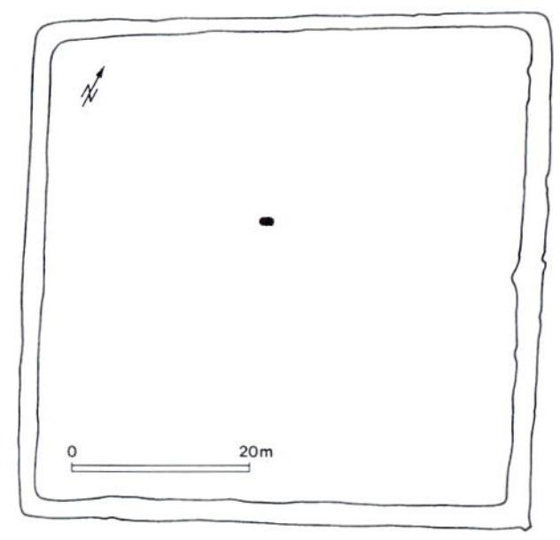

487

487 **Inmitten der keltischen Viereckschanze von Ehningen lag ein einzelnes Grab des 7. Jh. Wall und Graben der Schanze waren im 7. Jh., nach rund 800 Jahren, noch deutlich sichtbar.**

488 **Ein mehrphasiger Pfostenbau auf dem Gräberfeld von Leonberg-Eltingen könnte eine kleine Kirche gewesen sein. Der Bau wird von Gräbern des 7. und 8. Jh. umgeben.**

488

489

Grabräuber eine Münze in einem über 100 Jahre älteren Grab.[46] Die Häufigkeit von Beraubungen dieser Art wirft die Frage auf, ob sie nicht sogar systematisch am Ende der Friedhofsbelegung durchgeführt wurden.

Der grausige Weg zur Totenhabe

Die Methoden der Grabräuber waren vielfältig.[47] Sondieren mit Eisenstäben konnte mehrfach durch charakteristische Löcher nachgewiesen werden. Vereinzelt ist auch der Stab selbst gefunden worden. Die Raubschächte mussten groß genug sein, um Raum zum Arbeiten zu bieten.

Sofern die Kammerabdeckung noch intakt war, brach man sie auf und zog die Objekte mit einem Hakenstab heraus. Dabei gerieten Beigaben und Leichenteile in Unordnung. Häufig lässt sich feststellen, dass die Täter am Fußende des Grabes gestanden haben müssen. Flächige Beraubung setzt die Entfernung und Zerschlagung der Holz- oder Steinabdeckung voraus. In Sasbach konnte ein Stollenvortrieb von einer Grabkammer zur nächsten nachgewiesen werden.

Der Zeitaufwand, den die Plünderung großer und tiefer Kammergräber erforderte, spricht gegen heimliches Tun. Der Raub geschah vielmehr häufig unter den Augen der ansässigen Bevölkerung. Der Umgang mit den Toten war offenbar äußerst zwiespältig. Sondierlöcher wurden in die Leiche gestoßen, noch im Sehnenverband befindliche Gliedmaßen vom Körper abgerissen oder verdreht. Auch zerrte man die Verstorbenen aus dem Sarg. In Fällen später Beraubung an bereits skelettierten Individuen finden sich die Knochen wahllos verstreut, häufig auch einzeln in der Grabgrube und auf dem Sarg- oder Kammerboden. Manchmal sind die Störungen aber auch sehr dezent und nur für das geschulte Auge erkennbar. Gliedmaßen können um 180 Grad verdreht, aber an anatomisch richtiger Stelle liegen.

Vollständige Trachtausstattungen aus Edelmetall in solcherart gestörten Gräbern werfen die Frage nach den Motiven von Grabraub und Störung der Totenruhe auf.

Im Vordergrund stand dennoch gewiss die Bereicherung. Die Häufung der Beraubung im 7. Jh. brachte Joachim Werner mit der Verknappung des Edelmetalls in Verbindung.[48] Helmut Roth betonte zu Recht, dass dies nicht die einzige Ursache gewesen sein konnte:[49] Wie ließen sich sonst Beraubungen im 6. Jh. und die offenbar beabsichtigte Zurücklassung auch wertvoller Gegenstände erklären?

Geraubt wurden bei den Männern in erster Linie die Schwerter mit den Gürteln, bei den Frauen der Fibelschmuck. Darüber hinaus nahm man Dinge, die wiederverwertbar waren, etwa Bronzegefäße zum Einschmelzen. Bei Schwertern und Gürteln ist durchaus an Erbansprüche oder magische Vorstellungen zu denken. So finden sich Bestandteile von Männergürteln als Amulett auch in Frauengräbern. Manche Dinge, wie etwa die Lanze, oder, in Frauengräbern, die Glasperlen der Halsketten, dürften wegen ihrer Lage im Grab, des geringen Materialwerts und des Aufwands für ihre Entnahme – man stelle sich die Umstände vor – zurückgelassen worden sein.

Heidnische Ahnen – christliche Erben

Ursula Koch erkannte, dass auch bei sonst starker Beraubung Pressblechscheibenfibeln mit christlichen Motiven offensichtlich mit Absicht zurückgelassen wurden.[50] Weitere christlich zu deutende Objekte lassen sich anschließen.[51] Heute kann kaum Zweifel daran bestehen, dass die be-

489 Ein guter Platz für einen, der auffallen will: Auf dem »Ailenberg« bei Esslingen-Rüdern wurde im 5. Jh. ein alamannischer Gaukönig bestattet.

490 Bei der Beraubung im Grab steckengebliebener Hakenstab aus Eisen in Lauchheim. Der Stab diente zum Sondieren und Herausangeln der Beigaben. 1 Abgegrabene Grabgrubenfüllung. 2 Raubschacht. 3 Grabgrubenfüllung. 4 Eiserner Hakenstab.

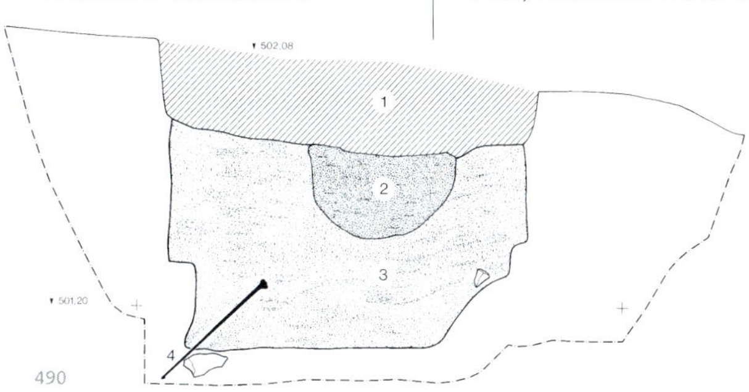

490

wusste Zurücklassung christlicher Objekte Rückschlüsse auf die Täter zulässt. Auch sie waren Christen, das Heilszeichen blieb unangetastet. Die Christianisierung und die damit verbundene Erschütterung der alten Glaubenswelt leisteten dem Grabraub Vorschub – trotz des Verbots durch die Amtskirche.
Hier und da verblieben allerdings auch wertvolle, nichtchristliche Objekte im Grab, oder es kam nur zu geringfügigen Störungen des Skeletts. Zwar wissen wir meist nicht, ob sich wertvolle organische Objekte, etwa Kleidungsstücke, im Grab befunden haben, doch weisen manche Befunde auf Manipulationen am Toten hin, deren Sinn sich uns entzieht. Entnahm man möglicherweise nur ein ganz bestimmtes Objekt, oder war die Störung als solche schon das Ziel?
Steinkisten- und Steinplattengräber wurden besonders häufig beraubt. Die erwähnten Wiederbestattungen von Knochen bei einer Neubelegung lassen an verwandtschaftliche Beziehungen denken. Ein Zusammenhang mit dem Grabraub kann in günstigen Fällen nachgewiesen werden. In Dittigheim war von der Sohle einer ungestörten Nachbestattung in einer älteren Grabgrube der Raubschacht auf die darunterliegende Erstbestattung niedergebracht worden. Die Beraubung fand also statt, als das jüngere Grab ausgeschachtet wurde. Wenn wir als Grund für die Nachbestattungssitte am ehesten verwandtschaftliche Bindungen annehmen, dann muss auch die eigene Familie für diesen Grabraub verantwortlich sein.[52] Die Vorstellung von der Notwendigkeit persönlicher Habe des Toten war im 7. Jh. erschüttert, nahe Verwandte erhoben Anspruch auf Wertgegenstände der heidnischen Vorfahren.
Vor diesem Hintergrund wird auch verständlich, warum es im 7. Jh. möglich war, Gegenstände aus beraubten Gräbern offen zu tragen. Besonders Riemenbeschläge bieten hierfür durch alle sozialen Schichten Belege. Auf niedrigem Niveau etwa in Bülach und Marktoberdorf,[53] auf hohem in Lauchheim. Dort handelt es sich um Zentralbestattungen von Kreisgräben. So wurde gerade der Grabraub zum Indiz geistiger Veränderungen, die das Christentum auslöste.

Tradition und Neubeginn

Das Erlöschen der Beigabensitte, vor allem aber die Verlegung der Bestattungsplätze markieren einen tiefen Entwicklungseinschnitt, der nicht allein auf die Christianisierung zurückzuführen ist.

491

491 Der Knabe Nordman wurde im Namen des Herrn bestattet – »IN NOMINE DOMINI NORDMAN«. Inschrift auf einer Grabplatte in der Kirche St. Dionys, damals St. Vitalis, zu Esslingen.

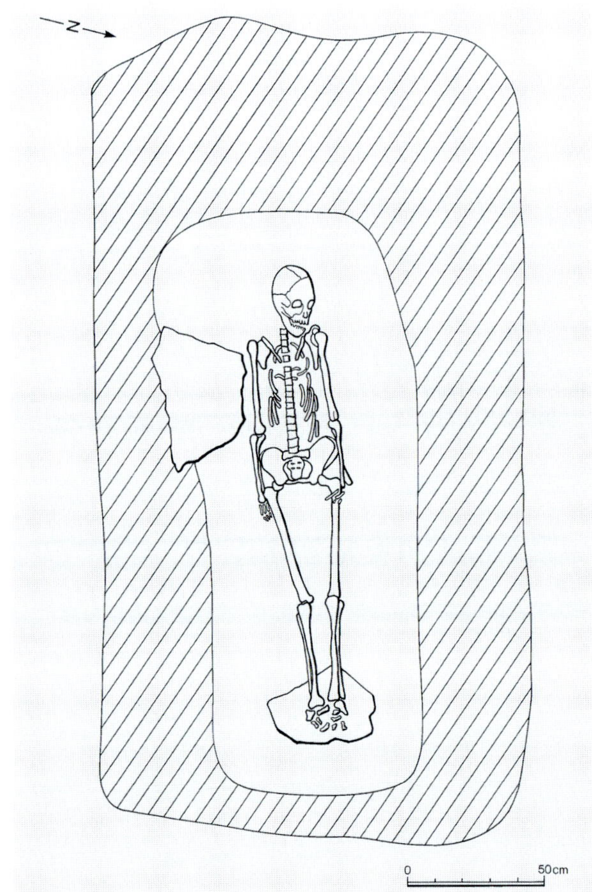

492 a

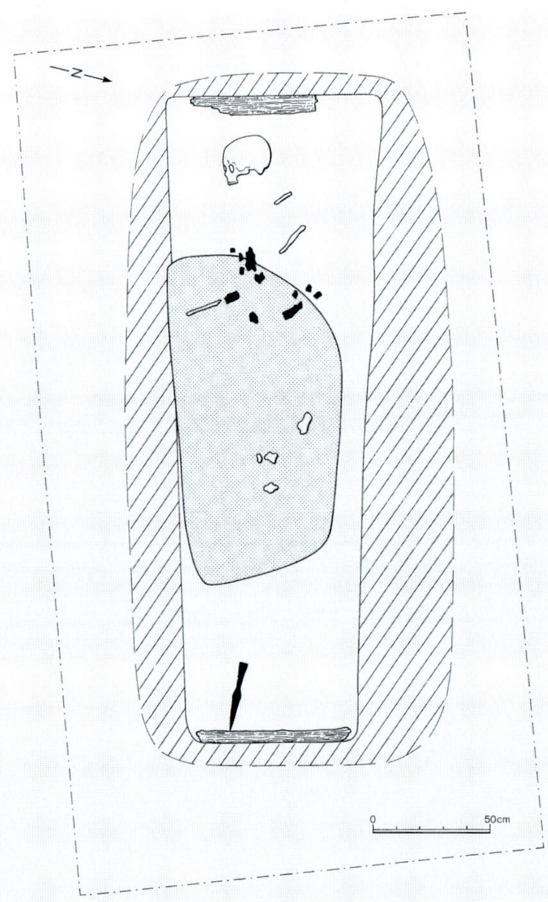

492 b

492 a, b Als man in Tauberbischofsheim-Dittigheim ein schon belegtes Grab für die nächste Bestattung vorbereitete, grub man gleich ein bisschen tiefer und holte, was zu holen war: a Jüngere Nachbestattung im oberen Bereich der älteren, größeren Grabgrube (Schraffur). b Beraubte Erstbestattung mit dem Schacht, den die Grabräuber eintieften (gerastert).

493 **Kostbare Gürtelgarnituren aus den Gräbern 202 (oben) und 209 (unten) in Lauchheim. Ein Beschlag, der ursprünglich mit Sicherheit dem Toten im beraubten Grab 209 gehörte, wurde in dem jüngeren Grab 202 gefunden. Ob sich hier der Erbe bedient hat?**

Die Gründe dürften vielmehr in Veränderungen der politischen und kirchlichen Strukturen zu sehen sein. Dass die sich nicht überall zeitgleich auswirkten, lag wohl an den örtlichen Verhältnissen. Lang geübte Traditionen können nicht kurzfristig verändert werden. Eindrucksvolles Beispiel hierfür ist das »Schmuckpaket« aus St. Dionys in Esslingen (damals St. Vitalis). In einem so gut wie beigabenlosen Männergrab fand sich, in Stoff eingewickelt, qualitätvoller Frauenschmuck.[54] Die Deponierung in einem Männergrab lässt an die Ausstattung einer Frau auf dem Umweg über einen nahen Verwandten denken. Dabei belegt eine Kreuzfibel ihren christlichen Glauben. In dieselbe Belegungsphase gehört die Bestattung eines 6–14jährigen Knaben in der Kirche. Auf dem Erdgrab mit den Holzresten vermutlich eines Sarges lag eine Sandsteinplatte mit der schlichten, in Alamannien singulären lateinischen Inschrift: IN NOMINE DOMINI NORDMAN – »im Namen des Herrn, Nordman«. Die zutiefst christliche Inschrift ließen wohl gebildete Verwandte einmeißeln. Wir dürfen vermuten, dass Nordman kurze Zeit früher oder an einem anderen Ort Alamanniens in ein kostbares Gewand gekleidet und zumindest mit einem Langsax mit Silberbeschlägen beerdigt worden wäre. In Esslingen stiftete man diese Dinge wohl für Seelenmessen. Der Weg bis hierher war lang, doch ältere Vorstellungen und Handlungsweisen lebten noch lange fort.

1 H. Scheurer, Das Recht der Toten. Eine germanistische Untersuchung. Zeitschr. Vergl. Rechtswiss. 33, 1915, 1 ff.; 34, 1916, 333 ff.

2 J. Werner, Zur Entstehung der Reihengräberzivilisation. Arch. Geogr. 1, 1950, 23 ff. Nachdruck mit Ergänzungen in: F. Petri (Hrsg.), Siedlung, Sprache und Bevölkerungsstruktur im Frankenreich (Darmstadt 1973) 285 ff.

3 H. Steuer, Die frühmittelalterliche Gesellschaftsstruktur im Spiegel der Grabfunde. In: H. Roth/E. Wamers (Hrsg.), Hessen im Frühmittelalter. Archäologie und Kunst (Sigmaringen 1984) 78 ff. bes. 80.

4 I. Stork, Die Merowingerzeit in Württemberg. In: D. Planck (Hrsg.), Archäologie in Württemberg (Stuttgart 1988) 33 ff.

5 U. Koch, Stätten der Totenruhe – Grabformen und Bestattungssitten der Franken. In: Die Franken. Wegbereiter Europas II. Reiss-Mus. Mannheim (Mainz 1996) 723 ff.

6 Werner (Anm. 2); ders., Bewaffnung und Waffenbeigabe in der Merowingerzeit. Settimane di Studio del Centro Italiano di Studi sull Alto Medioevo (Spoleto) 15, 1968, 95 ff.; Koch (Anm. 5).

7 Koch (Anm. 5) 724.

8 S. Schiek, Das Gräberfeld der Merowingerzeit bei Oberflacht. Forsch. u. Ber. Vor- u. Frühgesch. Baden-Württemberg 41,I (Stuttgart 1992); P. Paulsen, Die Holzfunde aus dem Gräberfeld bei Oberflacht und ihre kulturhistorische Bedeutung. Ebd. 41,II.

9 M. Martin, Das fränkische Gräberfeld von Basel-Bernerring. Basler Beitr. Ur- u. Frühgesch. 1 (Basel, Mainz 1976).

10 F. Stein, Grabkammern bei Franken und Alamannen. In: J. Jenal (Hrsg.), Herrschaft, Kirche und Kultur. Beiträge zur Geschichte des Mittelalters. Festschrift F. Prinz zu seinem 65. Geburtstag (Stuttgart 1993) 3 ff. Zwischen Grabkammer- und Grabgrubengröße gilt es zu unterscheiden.

11 R. Christlein, Merowingerzeitliche Grabfunde unter der Pfarrkirche St. Dionysius zu Dettingen, Kreis Tübingen, und verwandte Denkmale in Süddeutschland. Fundber. Baden-Württemberg 1, 1974, 573 ff. bes. 582 ff.

12 Steinplattenböden sind überaus häufig, Ziegelböden sehr viel seltener, etwa in Lahr-Burgheim und Augsburg, St. Ulrich und Afra. Stemmlöcher wurden in Bönnigheim beobachtet. Spuren von Holzsärgen sind in Steinkammern schwer nachweisbar.

13 Besonders etwa Kaiseraugst, Kt. Aargau, aber auch Kirchenbestattungen wie in Esslingen, St. Dionysius.

14 Bei Ausgrabungen fehlt fast immer die alte Oberfläche, die gemessenen Tiefen geben nur relative Werte an.

15 U. Koch, Die Grabfunde der Merowingerzeit aus dem Donautal um Regensburg. Germ. Denkmäler Völkerwanderungszeit A 10 (Berlin 1968) 80 f.

16 Ch. Grünewald, Das alamannische Gräberfeld von Unterthürheim, Bayer.-Schwaben. Materialh. Bayer. Vorgesch. A 59 (Kallmünz 1988) 21 f.

17 L. Pauli, Heidnisches und Christliches im frühmittelalterlichen Bayern. Bayer. Vorgeschbl. 43, 1978, 147 ff.; ders., Keltischer Volksglaube. Amulette und Sonderbestattungen am Dürnberg bei Hallein und im eisenzeitlichen Mitteleuropa. Münchner Beitr. Vor- u. Frühgesch. 28 (München 1975) bes. 152 ff.

18 Zuletzt M. Knaut, Goldblattkreuze und andere Kreuzzeichen. Gedanken zu einer süddeutsch-italischen Beigabensitte. Marburger Stud. Vor- u. Frühgesch. 16 (Hitzeroth 1994) 317 ff.

19 Das Lauchheimer Bett hat einen kleinen Holzkeil gegen Wackeln oder Quietschen.

20 S. Berg/R. Rolle/H. Seemann, Der Archäologe und der Tod. Archäologie und Gerichtsmedizin (München, Luzern 1981).

21 A. Heege, Grabfunde der Merowingerzeit aus Heidenheim-Großkuchen. Materialh. Vor- u. Frühgesch. Baden-Würtemberg 9 (Stuttgart 1987) 20 f.; P. Paulsen, Alamannische Adelsgräber von Niederstotzingen, Kreis Heidenheim. Veröff. Staatl. Amt Denkmalpfl. Stuttgart A 12,1 (Stuttgart 1967) 141.

22 H. Lüdemann, Mehrfachbelegte Gräber im frühen Mittelalter. Ein Beitrag zum Problem der Doppelbestattungen. Fundber. Baden-Württemberg 19,1, 1994, 421 ff.

23 R. Christlein, Das alamannische Gräberfeld von Dirlewang bei Mindelheim. Materialh. Bayer. Vorgesch. 25 (Kallmünz 1971) 12 ff.; ders., Die Alamannen. Archäologie eines lebendigen Volkes (Stuttgart 1978) 59; 88 f.

24 Anders Lüdemann (Anm. 22) bes. 530 f.

25 Ebd. 461.

26 J. Oexle, Merowingerzeitliche Pferdebestattungen – Opfer oder Beigaben? Frühmittelalterl. Stud. 18, 1984, 122 ff.; Koch (Anm. 5) 725.

27 P. Périn/M. Kazanski, Das Grab Childerichs I. In: Die Franken. Wegbereiter Europas I. Reiss-Mus. Mannheim (Mainz 1996) 173 ff.; R. Brulée, Tournai und der Bestattungsplatz in St. Brice ebd. 163 ff.

28 S. Arnold, Alamannische Gräber des 5.Jh. auf dem Renninger Kirchplatz. In: S. Arnold/U. Groß/I. Stork, Mehr als ein Jahrtausend. Leben im Renninger Becken vom 4. bis 12. Jahrhundert. Arch. Inf. Baden-Württemberg 19 (Stuttgart 1991) 43 ff. bes. 51.

29 J. Oexle, Studien zum merowingerzeitlichen Pferdegeschirr am Beispiel der Trensen. Germ. Denkmäler Völkerwanderungszeit A 16 (Mainz 1992).

30 W. Timpel, Das altthüringische Wagengrab von Erfurt-Gispersleben. Alt-Thüringen 17, 1980, 181 ff. Vierrädriger Wagen in Langenau, Alb-Donau-Kreis: D. Hachmeister, Arch. Ausgr. Baden-Württemberg 1992, 248. Es handelt sich stets um Frauengräber.

31 Koch (Anm. 5) 725; Périn/Kazanski (Anm. 27) 173

32 Das Grab von Esslingen-Rüdern lag laut Fundbericht von E. Paulus in einer »Schuttschicht«. Vgl. R. Christlein, Germania 50, 1972, 260.

33 Martin (Anm. 9) 25 ff.

34 Ebd. 20 f.; I. Stork, Totenhäuser und Kreisgräben – ein neues fränkisches Gräberfeld in Beihingen, Stadt Freiberg am Neckar, Kreis Ludwigsburg. Arch. Ausgr. Baden-Württemberg 1992, 243 ff.

35 R. Dehn, Merowingerzeitliche Grabhügel bei Überauchen, Gde. Brigachtal, Schwarzwald-Baar-Kreis, Arch. Ausgr. Baden-Württemberg 1982, 173 ff.

36 G. Fingerlin, Frühmittelalterliche Steingrabhügel vom Dinkelberg. Zu einem Neufund aus Nordschwaben, Stadt Rheinfelden, Kreis Lörrach. Arch. Ausgr. Baden-Württemberg 1986, 204 ff.

37 Bräunlingen: J. Klug-Treppe, Arch. Ausgr. Baden-Württemberg 1996 (im Druck); Heidenheim-Schnaitheim: J. Biel, Arch. Ausgr. Baden-Württemberg 1983, 189.

38 H. Dannheimer, Der Holzbau am Rande des Reihengräberfeldes von München-Aubing. Germania 44, 1966, 326 ff. Zusammenstellung von Holzgebäuden auf alamannischen und bajuwarischen Gräberfeldern bei M. Knaut, Die alamannischen Gräberfelder von Neresheim und Kösingen, Ostalbkreis. Forsch. u. Ber. Vor- u. Frühgesch. Baden-Württemberg 48 (Stuttgart 1993) 42.

39 K. Böhner, Die fränkischen Altertümer des Trierer Landes. Germ. Denkm. Völkerwanderungszeit B 1 (Berlin 1958) 258 ff. 326 ff.

40 Paulsen (Anm. 8) 8 ff.

41 H. W. Böhme, Adelsgräber im Frankenreich. Archäologische Zeugnisse zur Herausbildung einer Herrenschicht unter den merowingischen Königen. Jahrb. RGZM 40,2, 1993, 397 ff.

42 Lex Alamann. 57,9 nennt für Beraubung des Grabes eines Freien eine Buße von 40 Solidi.

43 Berg u.a. (Anm. 20) 94 ff.; Grünewald (Anm. 16) 36 Anm.5

44 A. Thiedmann/J. H. Schleifring, Bemerkungen zur Praxis frühmittelalterlichen Grabraubs. Arch. Korrbl. 22, 1992, 435 ff. bes. 438.

45 Th. Beilner/J. Grupe, Beraubungsspuren auf menschlichen Skelettfunden des merowingerzeitlichen Reihengräberfeldes von Wenigumstadt (Ldkr. Aschaffenburg). Arch. Korrbl. 26, 1996, 213 ff. bes. 216.

46 U. Koch in: Führer Arch. Denkmäler Deutschland 22 (Stuttgart 1991) 215.

47 H. Roth, Archäol. Beobachtungen zum Grabfrevel im Merowingerreich. In: H. Jankuhn/H. Nehlsen/H. Roth (Hrsg.), Zum Grabfrevel in vor- und frühgeschichtlicher Zeit. Untersuchungen zum Grabraub und »haugbrot« in Mittel- und Nordeuropa. Abhandl. Akad. Wiss. Göttingen Phil.-Hist. Kl. 3. Folge 53 (Göttingen 1978).

48 J. Werner, Das alamannische Gräberfeld von Bülach. Monogr. Ur- u. Frühgesch. Schweiz 9 (Basel 1953) 7.

49 Roth (Anm. 47) 67.

50 U. Koch, Grabräuber als Zeugen frühen Christentums. Arch. Nachr. Baden 11, 1973, 22 ff.; dies., Frühmittelalterliche Brakteatenfibeln – christliche oder heidnische Amulette? Jahrb. Hist. Ver. Heilbronn 28, 1976, 19 ff.

51 Roth (Anm. 47).

52 Totenwache und Bestattung waren Verwandtenpflicht: Lex Alam. 44,2, vgl. F. Beyerle, Das Kulturporträt der beiden alemannischen Rechtstexte: Pactus und Lex Alamannorum. In: W. Müller (Hrsg.), Zur Geschichte der Alamannen (Darmstadt 1975) 126 .ff

53 In Bülach die Frauengräber 285 und 286: Werner (Anm. 48); Marktoberdorf Männergräber 28 und 36, vgl. R. Christlein, Das alamannische Reihengräberfeld von Marktoberdorf im Allgäu. Materialh. Bayer. Vorgesch. 21 (Kallmünz 1966) 17 f.

54 F. Stein in: G. P. Fehring/B. Scholkmann, Die Stadtkirche St. Dionysius in Esslingen a.N. I. Forsch. u. Ber. Arch. Mittelalter Baden-Württemberg 13,1 (Stuttgart 1995) 318 ff. Die von F. Stein zum Zeitpunkt der Niederschrift angenommene Datierung (zweite Hälfte 8. Jh.) erscheint uns heute zu spät.

Opferplätze und heidnische Götter

VORCHRISTLICHER KULT

DIETER QUAST

Untersuchungen zu den religiösen Vorstellungen der Alamannen und Franken haben sich bisher meist auf den christlichen Glauben konzentriert. Dies ist unter anderem darin begründet, dass christliche Symbole und Kultbauten relativ leicht erkennbar sind. Bedeutender ist, dass der Wechsel zum Christentum in den fränkisch-alamannischen Gebieten während der Merowingerzeit einsetzte und die neue Religion zu einem bestimmenden Faktor unseres Kulturkreises wurde. Besonders deutlich wird das in Frankreich, wo die »Reichsgründung« unmittelbar mit der Taufe Chlodwigs zusammenhängt. In krassem Gegensatz zu Nordeuropa sind im alamannischen Raum die paganen religiösen Vorstellungen wenig erforscht, die vor und während der Christianisierung vorherrschten.[1] Die Kenntnis dieser Vorstellungen ist jedoch ein dringend notwendiges Korrektiv, um den Stand der Christianisierung beurteilen zu können.

494 **Im Opfermoor von Oberdorla hat sich dieses aus einer Astgabel geschnitzte »Götterbild« erhalten.**

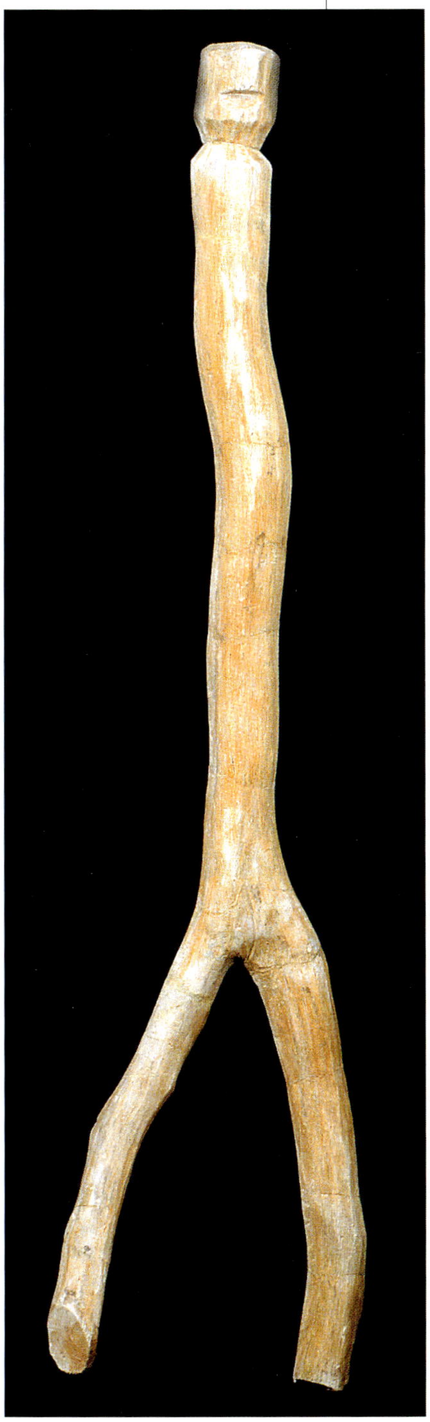

494

Nur wenige, kaum objektive Schriftquellen berichten über religiöse Vorstellungen und Kulte der germanischen Stämme in den ersten Jahrhunderten n.Chr.[2] Weitere Quellen liegen aus Nordeuropa vor, das bis ins Mittelalter heidnisch war. Inwieweit diese Verhältnisse allerdings auf das alamannische Gebiet zur Merowingerzeit zurückprojiziert werden können, bleibt unklar. Direktere Hinweise geben Verbote heidnischer Bräuche in den zeitgleichen Gesetzestexten, den »leges«.[3]

Die archäologischen Quellen geben auf zwei Ebenen Einblicke in die religiösen Vorstellungen der Alamannen: Zum einen sind die Kultplätze als Befund auswertbar, zum anderen bieten Funde mit Darstellungen und Symbolen Ansatzpunkte.

Opfersitten aus der alten Heimat

Die in den Schriftquellen beschriebenen Kultplätze der ersten Jahrhunderte n.Chr. – genannt werden z.B. heilige Haine – sind archäologisch kaum nachweisbar. Im gesamten germanischen Gebiet sind allerdings Funde aus Mooren und Gewässern bekannt, die als Opferplätze zu deuten sind.[4] Obwohl die Intention der Niederlegung in den Befunden nicht erkennbar ist, wird man allgemein mit Bitt-, Dank- und Sühneopfern rechnen können.[5] Neben großen Plätzen mit überregionaler Bedeutung in Norddeutschland und Skandinavien – z.B. Thorsberg, Illerup, Ejsbøl – gibt es zahlreiche kleinere Fundstellen, wo Waffen, Tiere und Speisen niedergelegt wurden.

Auch aus dem elbgermanischen Herkunftsgebiet der Alamannen sind Opferplätze bekannt. In Oberdorla wurde ein seit der Hallstattzeit immer wieder kultisch genutztes Moor archäologisch untersucht, das überaus reiche Fundmaterial erbrachte, darunter Idolfiguren / Götterbilder und zahlreiche Opfergaben[6]. Ein anderer kleiner Opferfund kam bereits im 19. Jh. in Greußen zutage.[7] Er wurde anscheinend in einem Brunnenschacht niedergelegt und ist Zeugnis eines Fruchtbarkeitskultes. Auffällig sind die eberförmigen Gefäße, die als Hinweis auf die Verehrung des Wanen-Gottes Freyr zu werten sind, dessen Attribut der Eber war. In den fünf Keramikgefäßen wurden vermutlich Speisen geopfert.

Die elbgermanischen Gruppen, die den Kern des alamannischen Stammesverbandes bildeten, brachten die Sitte der Moor- und Gewässeropfer also bereits aus ihrem Herkunftsgebiet nach Südwestdeutschland mit.

Ein kleines Waffenopfer wurde 1938 bei Entwässerungsarbeiten in Münchhöf-Homberg entdeckt. Ob die seinerzeit geborgenen vier Lanzenspitzen den gesamten ursprünglichen Bestand ausmachen oder ob nur ein Teil geborgen wurde, kann heute nicht mehr festgestellt werden. Es dürfte sich aber um eine einmalige kleine Opferung handeln.

Drei Opferfunde – alamannisch oder burgundisch?

Ein bereits in der Latène- und Römerzeit genutzter Opferplatz konnte in Riedstadt-Goddelau archäologisch untersucht werden. Von besonderem Interesse sind die Funde aus dem 4./5. Jh.: Keramik und Waffen sowie eine Kette aus Bernsteinperlen, mit welcher deutlich die weibliche

495

Komponente bei den Opfergaben belegt ist.[8] Hier wurde eine Gottheit verehrt, die ihren Sitz im See bzw. Moor hatte, denn aus religionswissenschaftlicher Sicht wurde die Opferstätte vom gedachten Sitz einer Gottheit bestimmt.[9]

Besonders deutlich wird der Opfercharakter beim Fund aus Bensheim, wo drei Gefäße auf einem Holzbrett im alten Neckarlauf versenkt worden waren. Über ihren ursprünglichen Inhalt ist nichts bekannt, doch wurden dort im Gegensatz zu den bekannten Speiseopfern keine Ton-, sondern Bronzegefäße verwendet, die an sich bereits einen großen Wert darstellten.

Höchstwahrscheinlich war auch der kleine Bronzestier, »in einer feuchten Niederung« südlich des Mains bei Rüsselsheim entdeckt, als Opfer niedergelegt oder versenkt worden. Vergleichbare Figuren sind aus dem südlichen Skandinavien und dem elbgermanischen Raum bekannt. Stierdarstellungen sind im germanischen Bereich eher selten. Auch in den Schriftquellen fehlen Hinweise auf einen entsprechenden Kult, doch erwähnt der griechische Historiker und Philosoph Plutarch (50 bis 125 n.Chr.) einen ehernen Stier, den die Kimbern auf ihrem Zug durch Gallien mitführten und der bei Vertragsabschlüssen zugegen war.[10]

Die Opferplätze Bensheim, Riedstadt-Goddelau und Rüsselsheim können leider nicht hinreichend genau datiert werden. Daher bleibt vorerst unklar, ob sie den Alamannen oder den bis 443 im Maingebiet siedelnden Burgundern zuzuschreiben sind, von denen man weiß, dass sie ebenfalls diese Opfersitte übten.[11]

Rituelle Tötung oder Massaker?

Menschenopfer sind schriftlich überliefert, aber es ist sehr schwierig, sie im archäologischen Befund nachzuweisen.[12] Das mehrfache Vorkommen von Skelettteilen könnte so interpretiert werden, besonders wenn vergleichbare Befunde von mehreren Orten vorliegen.[13] Zwei Brunnen einer römischen Villa in Regensburg-Harting enthielten menschliche Knochen – vor allem vom Schädel. Die Opfer waren fast alle durch einen Querhieb auf die Stirn getötet, teilweise skalpiert und dann zerstückelt worden (vgl. Wahl, Masse). Unter den Skeletten lagen verschiedene Eisengeräte, die als Opfergaben, aber auch als von den Villabewohnern versteckt gedeutet werden können. Eine kultisch intendierte Tötung ist ohne weitere Untersuchungen nicht einwandfrei nachweisbar. Die Tat könnte auch eine germanische Kriegerschar im »Blutrausch« vollbracht haben, die anschließend ihre Opfer beiseite schaffte.[14]

Nachwirken heidnischer Vorstellungen

Nichtchristliche Kultplätze der Merowingerzeit sind nur noch in Form der Reihengräberfelder erhalten. Die Sitte, Tote mit Beigaben auszustatten, ist an sich heidnisch, jedoch enthalten auch Bestattungen in Kirchen oft reiche Beigaben, vermutlich ein Festhalten an alten Traditionen. Daher ist es meist schwierig, die Glaubensvorstellungen des Verstorbenen oder der bestattenden Gemeinschaft anhand von Grabform und/oder Beigaben zu erfassen. Letztere spiegeln ursprünglich wohl die Vorstellungen vom Jenseits und dem Weg dorthin. Die unterschiedlich reichen Ausstattungen lassen erkennen, dass die Germanen dort keine egalitäre Gesellschaft erwarteten. Man brauchte seine Waffen – es war also keinesfalls friedlich – und darüber hinaus kostbares Geschirr und Besteck für Gelage und Bankette.[15]

495 In Münchhöf wurden bei Entwässerungsarbeiten Teile eines kleinen alamannischen Waffenopfers entdeckt.

496 Auf Verehrung des Gottes Freyr weist dies Tongefäß aus Greußen mit seiner Eberform hin. Es gehört zu einem Ensemble von fünf Gefäßen, in denen vermutlich Speiseopfer dargebracht wurden.

496

497 **Eberdarstellungen sind Hinweise auf den Fruchtbarkeitsgott Freyr. An diesem verzinnten Bronzebeschlag aus Göppingen sind die seitlichen Eberköpfe gut an den Hauern erkennbar.**

498 **Hinweis auf einen Stierkult? Diese Bronzefigur wurde bei Rüsselsheim »in einer feuchten Niederung« entdeckt, wo sie vermutlich als Opfer versenkt worden war.**

499 **Beritten nach Walhall. Das Doppelpferdegrab von Niederstotzingen gibt Aufschluss über Jenseitsvorstellungen der Alamannen.**

498

Ein deutliches Zeichen heidnischen Kults sind die auf den Gräberfeldern relativ häufigen Pferdegräber. Die Tiere wurden getötet und neben ihren Reitern in eigenen Gruben beigesetzt. Aus jüngeren Schriftquellen ist bekannt, dass die Pferde für den Ritt nach Walhall zur Verfügung stehen sollten.[16] Teilweise wurden die Tiere auch enthauptet und ohne Kopf in die Gräber gelegt. Vielleicht finden hier die von dem Historiker und Juristen Agathias von Myrnia im 6. Jh. in seinen »Historiae« beschriebenen Kulthandlungen ihren archäologischen Niederschlag: »Sie verehren irgendwelche Bäume und Flüsse, Hügel und Klüfte und für diese schneiden sie, als wären es heilige Handlungen, Pferden und Rindern und Mengen anderer Tiere die Köpfe ab und verehren sie wie Götter.« Da sich Pferdegräber stets reich ausgestatteten Männergräbern zuordnen lassen, kann dies als Hinweis gewertet werden, dass noch bis weit ins 7. Jh. heidnische Vorstellungen bei der regionalen Führungsschicht verbreitet waren und auch bekundet wurden.

Eine dauerhaftere Demonstrationsform heidnischer Vorstellungen könnte im Grabbau zum Ausdruck kommen. Während die Reihengräber vielerorts bereits aufgegeben und zur Kirche hinverlagert wurden, ließen zuweilen besonders Wohlhabende ihre Gräber durch große Hügel kennzeichnen.

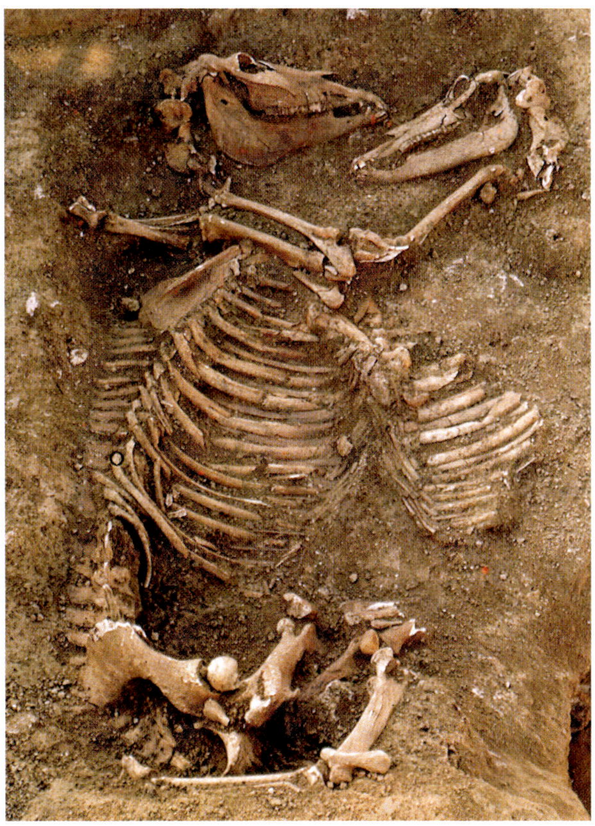

499

497

Einzelfunde aus Gewässern

Im Gegensatz zu den frühalamannischen Moor- und Gewässerfunden sind aus der Merowingerzeit nur noch Einzelfunde aus Gewässern bekannt. Handelt es sich hierbei um Verluste oder um bewusst versenkte Opfergaben? Eine zusammenfassende Arbeit über die (früh)mittelalterlichen Flussfunde fehlt bislang, sodass kaum eine Interpretation möglich ist. Gerade aus dem 8./9. Jh. ist bei den Flussfunden eine erhöhte Anzahl an Waffen zu beobachten. Dies könnte damit zusammenhängen, dass im alamannischen Gebiet um 700 die Beigabensitte – wohl unter verstärktem Einfluss der Kirche – aufgegeben wurde. In diesem Zusammenhang ist eine Schriftquelle aus dem 13. Jh. aufschlussreich. Die Geschichte der norwegischen Könige berichtet, dem Toten stehe im Jenseits alles zur Verfügung, was mit ihm auf dem Scheiterhaufen verbrannt worden sei und was er Zeit seines Lebens vergraben habe. Dieser Gedanke eigener Ausstattung für das Jenseits könnte für einige Flussfunde durchaus bestimmend gewesen sein.

Freyr – Wotan – Donar

Aus der frühalamannischen Zeit sind nur sehr wenige bildliche Darstellungen überliefert. Dies und die oft beobachtete Verbreitung der wenigen »Motive« im nahezu gesamten germanisch besiedelten Raum deutet eher auf kultische Bedeutung als auf reines Ornament. So sind z.B. in Gefäße und Kämme geritzte Hirsche selten, aber dennoch vom Rhein-Weser-Gebiet bis hin zu den Ostgermanen verbreitet. Im elbgermanischen Raum treten vereinzelt kleine Scheibenfibeln in Hirschform auf (vgl. Abb. 60). Dass diese Darstellungen mit einem heidnischen Kult in Verbindung stehen, der auch

500 a

500 b

im alamannischen Raum bekannt war, legt die Runeninschrift auf einer Gürtelschnalle aus Pforzen aus der zweiten Hälfte des 6. Jh. nahe (vgl. Düwel, Runen).

Aus dem elbgermanischen Gebiet sind für die römische Kaiserzeit häufig Eberdarstellungen nachweisbar. Neben »plastischen« Ausführungen in Form von Gefäßen, beispielsweise aus dem Opferfund von Greußen, sind zahlreiche kleine Eberfibeln bekannt.[17] Auch in der Merowingerzeit sind entsprechende Verzierungen noch häufig, teils auf Beschlägen aus Männergräbern, teils auf Frauenschmuck, beispielsweise am Nadelhalter der Scheibenfibel aus Weingarten Grab 605. Eine bronzene Schweinefigur ist aus einem fränkischen Grab in Groß-Gerau bekannt. Alle diese Darstellungen deuten auf Verehrung des Fruchtbarkeitsgottes Freyr, dessen Wagen der Eber Gullinborsti zog, der zugleich als ein Attribut des Gottes gilt. Freyr wurden auch Schweine geopfert. Noch in der nordischen Literatur der Wikingerzeit ist für den Fruchtbarkeitskult das »Sonarblót« überliefert, die Opferung des Ebers Sonargöltr als Erntesegen. Dass auch im 6. Jh. Schweine geopfert wurden, überliefert die Lex Salica mit Strafbestimmungen für Diebe von Opferschweinen.[18]

Andere heidnische Götter, die von den Alamannen im 6. und 7. Jh. verehrt wurden, sind auf einigen Funden mit Runeninschriften namentlich belegt. Zumeist wird mit diesen Inschriften den alten Göttern abgeschworen. Auf der Rückseite einer Bügelfibel aus Nordendorf (Kr. Augsburg) sind Wotan (Odin) und Donar (Thor) genannt, auf der Rückseite einer Scheibenfibel aus Balingen steht das Wort »Ansuz« für »Ase« als Bezeichnung für Wotan.

Weitere Hinweise bieten »Götterattribute«, die teilweise als Amulette getragen wurden. So konnte Joachim Werner 1964 die konischen und pyramidenförmigen Beinanhänger als Donaramulette deuten (Abb. 504, oben Mitte), die auf antike Herkuleskeulen-Amulette zurückgehen. Sie dienten der Übelabwehr und als Fruchtbarkeitssymbol. Der römische Gott Herkules konnte in der *interpretatio romana* mit Donar gleichgesetzt werden und hatte offenbar sehr verwandte Eigenschaften.[19] Es gibt weitere Beispiele dafür, dass sich der Kontakt zur römischen Welt während der Kaiserzeit nicht auf den Import von »Luxusgütern« beschränkte, sondern auch im religiösen Bereich seinen Niederschlag fand.[20]

500 Ein »göttlicher Sieghelfer« führt den Speer des Reiters auf der Goldscheibe von Pliezhausen.

501 Nadelhalter einer Scheibenfibel aus Weingarten Grab 615 mit deutlich erkennbarem Eberkopf. Auf der Fibelrückseite angebracht, war diese Darstellung gewöhnlich nicht sichtbar.

501

502

502 **Die Schwertscheide aus Gutenstein ist verschollen. An der Kopie erkennt man einen Krieger mit Wolfsmaske. Berserker und Ulfhednar – mit Bären- oder Wolfshäuten gekleidete Krieger – werden in den Schriftquellen als »Odins Männer« erwähnt.**

Bei den Männern treten nur selten als Amulette zu deutende Gegenstände auf. Im 5. und 6. Jh. werden auf reiternomadische (hunnische) Anregung hin große Perlen aus Glas und Halbedelstein als magische Anhänger an der Schwertscheide befestigt.

Göttliche Sieghelfer

Figürliche Darstellungen sind in der Merowingerzeit äußerst selten, sieht man einmal vom germanischen Tierstil ab. Oft handelt es sich um entlehnte Motive aus dem mediterranen Raum (vgl. Riemer, Zeichen). Die wenigen germanischen Darstellungen aus Südwestdeutschland lassen einen Bezug zur heidnischen Vorstellungswelt erkennen, wenngleich ihre Interpretation oft sehr schwierig ist.[21]
Das bekannteste Objekt ist eine goldene Scheibe aus Pliezhausen, die ursprünglich einen Riemenverteiler vom Pferdegeschirr zierte, dann aber zur Scheibenfibel umgearbeitet wurde. Die Darstellung – ein Reiter, der über einen Feind hinwegreitet – kommt ähnlich auf römischen Grabsteinen vor, erinnert aber auch an Illustrationen mediterraner Reiterheiliger. Auffällig ist allerdings die kleine Figur hinter dem Berittenen, in der Wotan als »göttlicher Sieghelfer« gesehen wird. Er führt dem Reiter den Speer, dessen vogelkopfförmige Spitze andeutet, dass es sich um Gungnir, den Speer Wotans handeln könnte. Unterstützt wird diese Annahme durch frappierend ähnliche Pressbleche, die einige nordische Helme zieren. Dort sind häufig zusätzlich Attribute des Gottes zu erkennen, etwa die beiden Raben Huginn und Muninn oder die Schlange.[22]

Wolfskrieger und Berserker

Mehrfach belegte Motive sind auch (Waffen)tänzer und Krieger mit Wolfsmasken. Auf einem Pressblech aus Obrigheim sind beide Figuren kombiniert und auf der Schwertscheide von Gutenstein ist ein einzelner »Wolfskrieger« deutlich erkennbar. Derartige Darstellungen müssen weit verbreitet gewesen sein, denn die angewendete Pressblechtechnik deutet auf Mehrfachfertigung. Ein solches Pressmodel ist uns aus Torslunda auf Öland bekannt. Bereits in der zwischen 770 und 790 niedergeschriebenen Langobardengeschichte des Paulus Diakonus sind für die Frühzeit der langobardischen Wanderung »Krieger mit Hundsköpfen« erwähnt. Allein deren Nennung schlug die Feinde schon in die Flucht. Die »Wolfskrieger« werden in der nordischen Literatur als »Ulfhednar« (Wolfshäuter) bezeichnet und im Zusammenhang mit den bis heute sprichwörtlichen »Berserkern« (Bärenhäutern) genannt. Im 13. Jh. wurden sie von Snorri in der Ynglinga Saga beschrieben: »Odins Männer gingen in der Schlacht ohne Panzer und waren toll wie die Hunde oder Wölfe, bissen in ihre Schilde und waren stärker als Bären oder Stiere. Sie erschlugen die Leute, aber sie selbst verwundete weder Feuer noch Eisen; das nennt man Berserkerwut«. Ihren Ursprung haben Berserker und Ulfhednar in den Odin geweihten kultischen Kriegerbünden. Sie werden in den Quellen als Odins Männer oder Krieger bezeichnet.[23]

Charakteristischste Ausdrucksform germanischer Kunst der Merowingerzeit ist der von Skandinavien bis zu den Langobarden in Italien verbreitete Tierstil. Man erkennt meist Vierfüßer oder ineinander verschlungene bandförmige Tiere, aber nur das geübte Auge vermag die einzelnen Elemente zu trennen. Der Sinngehalt dieser Darstellungen bleibt weitgehend verborgen.

503

Synkretismus und Aberglaube

Der Übergang zum Christentum währte auch im alamannischen Gebiet lange Zeit, in der ein gewisses Nebeneinander heidnischer und christlicher Vorstellungen bestand. Im archäologischen Befund offenbart sich dies z.B. im gleichzeitigen Vorkommen unterschiedlicher religiöser Symbole. So kommen am Gürtelgehänge der Frauen neben Kreuzen und kreuzförmigen Verzierungen auch Donaramulette vor. Gegenstände mit Amulettcharakter, beispielsweise Bärenzähne, Geweihrosetten, Gehäuse der Tigerschnecke, Bergkristallwirtel oder auch aufgelesene Objekte aus römischer oder keltischer Zeit, hatten teils unheilabwehrende Funktion, teils dienten sie dem Fruchtbarkeitskult, müssen aber nicht unbedingt als Zeugnisse heidnischer Vorstellungen gewertet werden. Vermutlich verbirgt sich dahinter oft nur Aberglaube.

Ein weiteres Beispiel für das Festhalten an heidnischen Motiven stammt aus einem Frauengrab in der Crailsheimer Johanneskirche. Die Wahl dieses Bestattungsplatzes zeugt von christlichem Glauben, dennoch trug die Frau eine goldene Fibel mit doppelköpfiger Schlange. Dieses Motiv ist in heidnischer Zeit häufiger belegt, etwa auf den Baumsärgen aus Oberflacht oder in Form der zahlreichen S-Fibeln.

Eng verwandt ist ein im heidnischen Nordeuropa weit verbreitetes Motiv, das auch im alamannischen Raum auftritt: Ein menschlicher Kopf zwischen den aufgerissenen Mäulern zweier Tiere oder einer doppelköpfigen Schlange. Diese an sich bedrohlich aussehenden Tiere sind nach Vierck als Sinnbilder einer schutzübenden Macht zu deuten.[24] Im christlichen Bereich tritt in ganz ähnlicher Form das Motiv des Daniel in der Löwengrube auf. Auch dort ist ein Mensch zwischen zwei Tieren zu erkennen. Worauf der damalige Betrachter eine Darstellung wie beispielsweise auf der Riemenzunge von Ditzingen bezog, bleibt jedoch unklar.

Äußerst schwierig sind Darstellungen dieser synkretistischen Phase zu bewerten, die sowohl im heidnischen als auch im christlichen Bereich vorkommen. Vermutlich kam es (in beiden Richtungen) auch zur Übernahme von Symbolen und damit zu Umdeutungen. So kann der Adler sowohl für Odin als auch für Christus stehen. Adlerköpfe oder ganze Adlerfiguren, beispielsweise auf der Zierscheibe aus Hailfingen Grab 9, sind daher kaum interpretierbar. Selbst die detaillierte figürliche Darstellung auf der Scheibenfibel von Daxlanden wird kontrovers diskutiert. Man erkennt eine Figur mit menschlichem Kopf und Armen; Füße und Schwanz erinnern dagegen an bekannte Adlerdarstellungen. Karl Hauck sieht in dem Bild die Verwandlung Odins in einen Adler, Margarete Klein-Pfeuffer einen »mit Merkmalen des Adlers ausgestatteten« Christus.[25]

Zusammenfassend lässt sich sagen: Die heidnischen Vorstellungen der Alamannen haben sich archäologisch in den Resten der Kultplätze und auf Kleinfunden niedergeschlagen. Opferplätze in Mooren und Gewässern lassen sich in Südwestdeutschland bis in die erste Hälfte des 5. Jh. nachweisen, jedoch waren sie vermutlich nur von lokaler Bedeutung. Später rückten die Alamannen von

503 Zierscheibe aus Hailfingen Grab 9. Die Adlerdarstellungen können sowohl christlich als auch heidnisch gedeutet werden.

504 Amulette aus alamannischen Gräbern. Oben links Schwertperlen aus blauem Glas und Bernstein. Unten links »Altfunde«: das Fragment eines keltischen Glasarmrings, eine römische Bronzemünze sowie Terra-Sigillata-Scherben. Außerdem Anhänger aus Glas, Bergkristall, Bärenzahn, Tigerschneckengehäuse, Donaramulette.

505

505 **Auf dem eingesetzten Goldblech der Riemenzunge aus Ditzingen erkennt man einen menschlichen Kopf zwischen zwei aufgerissenen Tiermäulern.**

506

506 **Christus oder Odin? Die ehemalige Bedeutung dieser Darstellung eines Mischwesens aus Mensch und Adler kann bis heute nicht einwandfrei interpretiert werden.**

diesem Brauch ab. Als »Kultplatz« der folgenden Jahrhunderte sind archäologisch bislang nur Gräberfelder nachweisbar, die Spuren heidnischer Bräuche erkennen lassen.

Der Fruchtbarkeitsgott Freyr, dessen Verehrung bereits im elbgermanischen Gebiet belegt ist, war von besonderer Bedeutung, darüber hinaus finden sich Hinweise auf Donar und Wotan.

1 Vgl. für den fränkischen Raum aus historischer Sicht: R. Wenskus, Religion abâtardie. Materialien zum Synkretismus in der vorchristlichen politischen Theologie der Franken. In: H. Keller/N. Staubach (Hrsg.), Iconologia Sacra. Festschr. K. Hauck (Berlin, New York 1994) 179 ff.

2 H.-P. Hasenfratz, Die religiöse Welt der Germanen (Freiburg, Basel, Wien 1994) 10 ff. Vgl. auch den Beitrag Lorenz, Missionierung.

3 R. Schmidt-Wiegand, Spuren paganer Religiosität in den frühmittelalterlichen Leges. In: H. Keller/ N. Staubach (Hrsg.), Iconologia Sacra. Festschr. K. Hauck (Berlin, New York 1994) 249 ff.

4 z.B. A. Leube, Mooropferungen im unteren Odergebiet. Veröff. Mus. Ur- u. Frühgesch. Potsdam 6/7, 1971, 99 ff. – L. Pauli, Gewässerfunde aus Nersingen und Burlafingen. In: M. Mackensen, Frühkaiserzeitliche Kleinkastelle bei Nersingen und Burlafingen an der oberen Donau. Münchner Beitr. Vor- u. Frühgesch. 41 (München 1987) 281 ff. 293 ff. – M. Müller-Wille, Heidnische Opferplätze im frühgeschichtlichen Europa nördlich der Alpen. Die archäologische Überlieferung und ihre Deutung. Ber. Sitzungen Joachim Jungius-Ges. Wiss. e.V. Hamburg 7/3 (Göttingen 1989).

5 B. Kötting, Opfer in religionsvergleichender Sicht. Frühmittelalterl. Stud. 18, 1984, 44 f.

6 G. Behm-Blancke, Heiligtümer, Kultplätze und Religion. In: J. Herrmann (Hrsg.), Archäologie in der Deutschen Demokratischen Republik (Leipzig, Jena, Berlin 1989) 166 ff.

7 G. Neumann, Der germanische Kultfund von Greußen, Lkr. Sondershausen. Jahresschr. Mitteldt. Vorgesch. 41/42, 1958, 486 ff. – G. Mildenberger, Zeugnisse der Verehrung einer Fruchtbarkeitsgottheit bei den mitteldeutschen Germanen. Die Mitte. Jahrb. Gesch., Kunst- u. Kulturgesch. Mitteldt. Raum 2, 1966, 179 ff. bes. 180. – K. Peschel, Die Grabfunde der römischen Kaiserzeit aus dem Palmberghügel bei Vippachedelhausen, Kreis Weimar. Alt-Thüringen 10, 1968/69, 177 ff. bes. 178 Anm. 2.

8 K. Raddatz, Der »Alte See« bei Butzke, ein urgeschichtlicher Opferplatz im östlichen Pommern. Jahrb. RGZM 41, 1994, 231 ff. bes. 275 f. 258 ff.

9 Kötting (Anm. 5) 44 ff. bes. 46.

10 Plutarch, Marius 23.– F. Maier, Eine germanische Stierfigur der späten Kaiserzeit aus dem Rhein-Main-Gebiet. Germania 59, 1981, 331 ff. – H. Thrane, Bovidenstatuetten von Fünen. Frühmittelalterl. Studien 23, 1989, 362 ff.

11 Vgl. z.B. T. Makiewicz, Opfer und Opferplätze der vorrömischen und römischen Eisenzeit in Polen. Prähist. Zeitschr. 63, 1988, 81 ff. – L. Pauli, Eine frühkeltische Prunktrense aus der Donau. Germania 61, 1983, 459 ff. bes 465. – F. Teichner, Nouveaux indices de la présence de peuples germaniques orientaux en »Mainfranken«. In: H. Gaillard de Semainville (Hrsg.), Les burgondes – apports de l'archéologie (Dijon 1995) 83 ff. – H. Ament, Les burgondes au bord du Rhin. Ebd.

12 H. Jankuhn, Archaeologische Beobachtungen zu Tier- und Menschenopfern bei den Germanen in der Römischen Kaiserzeit. Nachr. Akad. Wiss. Göttingen, Phil.-Hist. Kl. (Göttingen 1967) 117 ff.– R. Simek, Lexikon der germanischen Mythologie 2 (Stuttgart 1995) 266 f. mit älterer Lit.

13 P. Wagner, Die Holzbrücke bei Riedstadt-Goddelau, Kreis Groß-Gerau. Mat. Vor- u. Frühgesch. Hessen 5 (Wiesbaden 1990) 88 ff.

14 U. Osterhaus, Zwei römische Brunnen aus einer Villa in Regensburg-Harting. Arch. Jahr Bayern 1984, 115 ff. – P. Schröter, Skelettreste aus zwei römischen Brunnen von Regensburg-Harting als archäologische Belege für Menschenopfer bei den Germanen der Kaiserzeit. Arch. Jahr Bayern 1984, 118 ff. – Pauli (Anm. 11) 459 ff. – Ders. (Anm. 4) 308. – M. M. Rind, Menschenopfer. Vom Kult der Grausamkeit (Regensburg 1996) 164 f.

15 D. Ellmers, Die archäologischen Quellen zur germanischen Religionsgeschichte. In: H. Beck/D. Ellmers/K. Schier (Hrsg.), Germanische Religionsgeschichte. RGA2 Ergbd. 5 (Berlin, New York 1992) 95 ff. bes. 97 ff.

16 D. Quast, Das hölzerne Sattelgestell aus Oberflacht Grab 211 – Bemerkungen zu merowingerzeitlichen Sätteln. Fundber. Baden-Württemberg 18, 1993, 437 ff. bes. 456 (mit Quelle). – J. Werner, Adelsgräber von Niederstotzingen bei Ulm und von Bokchondong in Südkorea. Abhandl. Bayer. Akad. Wiss. Phil.-Hist. Kl. N.F. 100 (München 1988) 4 ff.

17 Mildenberger (Anm. 7) 182 ff.

18 Mildenberger (Anm. 7) 184. – H. Beck, Das Ebersignum im Germanischen. Quellen u. Forsch. Sprach- u. Kulturgesch. Germ. Völker N.F. 16 (Berlin 1965).

19 J. Werner, Herkuleskeule und Donaramulett. Jahrb. RGZM 11, 1964, 176 ff. bes. 178; 181 ff.

20 Zusammenfassend Wenskus (Anm. 1).

21 H. Zeiß, Das Heilsbild in der germanischen Kunst des frühen Mittelalters. Sitzungsber. Bayer. Akad. Wiss. Phil.-Hist. Abt. II 8 (München 1941).

22 Zuletzt K. Böhner, Die frühmittelalterlichen Silberphaleren aus Eschwege (Hessen) und die nordischen Pressblechbilder. Jahrb. RGZM 38, 1991, 681 ff. bes. 707 ff. – M. Klein-Pfeuffer, Merowingerzeitliche Fibeln und Anhänger aus Pressblech. Marburger Stud. Vor- u. Frühgesch. 14 (Marburg 1993) 173 ff. – Vgl. Auch H. Beck, Einige vendelzeitliche Bilddenkmäler und die literarische Überlieferung. Sitzungsber. Bayer. Akad. Wiss. Phil.-Hist. Kl. 6 (München 1964).

23 Simek (Anm. 12) 47 f. s.v. Berserker; 435 s.v. Ulfednar.

24 H. Vierck, Ein Relieffibelpaar aus Nordendorf in Bayerisch-Schwaben. Bayer. Vorgeschbl. 32, 1967, 104 ff. bes. 109 ff.

25 K. Hauck, Zur Ikonologie der Goldbrakteaten IV. Metamorphosen Odins nach dem Wissen von Snorri und von Amulettmeistern der Völkerwanderungszeit. In: O. Bandle H. Klingenberg/ F. Maurer (Hrsg.), Festschrift für Siegfried Gutenbrunner (Heidelberg 1972) 47 ff. bes. 52 ff. – Klein-Pfeuffer (Anm. 22) 204 ff.

Missionierung, Krisen und Reformen

DIE CHRISTIANISIERUNG VON DER SPÄTANTIKE BIS IN KAROLINGISCHE ZEIT

SÖNKE LORENZ

Als die Römer in der zweiten Hälfte des 3. Jh. das vom obergermanisch-rätischen Limes gesicherte Dekumatenland aufgaben und sich hinter die »nasse« Grenze von Rhein, Iller und Donau zurückzogen, trafen die neuen Herren aufgelassene und – wenn überhaupt – nur noch von Resten einer provinzialrömisch geprägten Bevölkerung bewohnte Siedlungen an. Dass sie Plätze vorfanden, an denen Christen ihrem Kult nachgingen, scheint schon deshalb recht unwahrscheinlich, weil doch erst Konstantins Sieg an der Milvischen Brücke 312 n.Chr und sein Toleranzedikt vom folgenden Jahr als Beginn einer neuen Ära in der Ausbreitung des Christentums gelten, das sich fortan im Imperium Romanum keinen Verfolgungen mehr ausgesetzt sah. Die Möglichkeit, dass sich unter den von den Quellen schon bald als Alamannen bezeichneten Neuankömmlingen Christen in nennenswerter Zahl befanden, kann ebenfalls so gut wie ausgeschlossen werden. Christliches Leben, eine Mission der Alamannen oder gar eine auf Seelsorge ausgerichtete Kirchenorganisation sind anhand der spärlichen Quellen nicht erkennbar und für die Zeit vor der fränkischen Herrschaft unwahrscheinlich.

Spätrömisches Christentum

Dagegen lässt sich eine Ausbreitung des Christentums im Bereich der römischen Grenzbefestigungen an Rhein, Iller und Donau beobachten. 177 n.Chr. kam es in Lyon zu einer Christenverfolgung mit öffentlichen Hinrichtungen im Amphitheater. Während am Ende des 2. Jh. Irenäus von Lyon ganz allgemein von Gemeinden spricht, die selbst in den Provinzen Germania I und Germania II den rechten Glauben der Christen besäßen, gibt die augenscheinlich echte Liste der Unterschriften des Protokolls einer Kölner Synode von 346 zu erkennen, dass in Mainz, Worms, Speyer, Straßburg und Basel/Kaiseraugst Bischöfe amtierten. Ammianus Marcellinus (ca. 330–ca. 395) berichtet zum Jahr 368 von einem erfolgreichen Überfall der Alamannen auf Mainz: Die Bevölkerung wurde beim Besuch des Gottesdienstes überrascht und von den Eindringlingen als Beute weggeschleppt. Ein Bistum der *civitas Helvetiorum* ist erst in Quellen des 6. Jh. bezeugt, der Oberhirte nannte sich sowohl nach der *civitas Vindonnensis* (Windisch) als auch nach der *ecclesia Aventica* (Avenches), um seinen Sitz gegen Ende des Jahrhunderts endgültig nach Lausanne zu verlegen. Das auf die Raetia I bezogene Bistum Chur wird erstmals 451 fassbar. Archäologische und literarische Zeugnisse geben zu erkennen, dass auch im Verwaltungssitz der Raetia II, in Augsburg, im 5. und 6. Jh. Christen lebten und das Grab der hl. Afra verehrten.

Spätrömisches Christentum ist ebenso für Regensburg (*Castra Regina*) erwiesen, wo um 400 eine Christin namens Sarmannina »bei den Märtyrern« beigesetzt wurde.

Christentum in der Krise: Die Völkerwanderung

Am Ende des 4. Jh. erhob Theodosius I. – Kaiser von 379 bis 395 – das Christentum zur alleinigen »Staatsreligion«, und dennoch durchlief es im 5. Jh. eine ungeheure Krise. Als die von einer Invasion der Hunnen begleitete sogenannte Völkerwanderung zu fürchterlichen Katastrophen unter den Bewohnern des Imperium Romanum führte, sich schließlich das weströmische Reich auflöste und auf seinem Boden eine ganze Reihe von Germanenreichen entstand, haben die Umwälzungen vielfach auch die Kirchenorganisation zum Erliegen gebracht oder zu völliger Bedeutungslosigkeit verkümmern lassen. Am stärksten waren die Grenzgebiete betroffen. Der am Anfang des 5. Jh. im Raum von Trier oder Köln geborene Presbyter Salvian von Marseille (gestorben nach 470) schildert das ganze Elend der Menschen. Doch vielfach schweigen die schriftlichen Quellen überhaupt, und nur aus den ausgegrabenen Brandschichten lässt sich hin und wieder ein unbestimmter Eindruck vom Geschehen gewinnen. In diesem Zusammenhang kommt über ihren engeren Bezugsrahmen, den Donauraum hinaus, der Vita Severini einzigartige Bedeutung zu. Im Noricum und der Raetia II wirkte nach Attilas Tod (453) der hl. Severin (gest. 482). Ohne weltliche oder kirchliche Ämter verstand er es aufgrund seiner persönlichen Autorität, der bedrängten provinzialrömischen Bevölkerung beizustehen, wie Eugippius ausführlich schildert. Die Expansion der Alamannen erreichte zu dieser Zeit ihren Höhepunkt, bis nach Mailand und Zülpich, nach Troyes und Passau führten ihre Raub- und Beutezüge. Eugippius berichtet, dass Severin dem *rex* der Alammannen, Gibuldus, bei Passau entgegentritt und allein durch die Kraft seiner Person und Überzeugung den König einschüchtert und ihm das Versprechen abringt, die gefangene römische Bevölkerung zurückzugeben.

Die Alamannia im Merowingerreich

Gegen Ende des 5. Jh. gerieten die Alamannen in Konflikt mit den Franken, die bekanntlich die Oberhand behalten sollten und das alamannische Siedlungsgebiet schließlich ihrer Herrschaft unterwarfen. Während der blutigen Kämpfe soll sich – so der nur bedingt glaubwürdige Geschichtsschreiber und Bischof Gregor von Tours (538/39–594) – der fränkische König Chlodwig zu Christus bekehrt und mitsamt seiner großen Gefolgschaft durch Bischof Remigius von Reims die Taufe empfangen haben. Dem Übertritt der Franken zum Christentum, und zwar zum katholischen Glauben, nicht wie die Goten und andere germanische Stämme zum homöischen Arianismus, kommt epochale Bedeutung zu. Chlodwigs Entscheidung »kann als Hauptereignis der Geschichte des Frühmittelalters beurteilt werden«.

Zu berücksichtigen bleibt aber unbedingt – auch mit Blick auf die unterworfenen Alamannen –, dass die Christianisierung der Franken keineswegs schlagartig erfolgte, sondern sich als ein nach Region und Intensität sehr differenzierter Prozess noch über einige Jahrhunderte hinzog. Von den ersten Merowingern sind keine besonderen Impulse für eine Bekehrung ausgegangen. Diese passive Haltung der Frankenkönige gilt es unbedingt zu beachten, will man sich von einer Missionierung der im frühen 6. Jh. endgültig unterworfenen Alamannen kein falsches Bild machen. Auch sind die Zeugnisse für ein lebendiges und bewusstes Heidentum großer Teile der Alamannen im 6. und 7. Jh. kaum zu übersehen. Erst im Laufe des 7. Jh. begann sich das Christentum auch rechts des Rheins auszubreiten.

Während die Diözese Mainz anscheinend seit dem frühen 7. Jh. für eine anfangs langsame Ausbreitung des Christentums entlang des Mains sorgte, schob sich, dem Unterlauf des Neckars folgend, auch Worms zeitgleich nach Osten vor. Bischof Amandus von Worms (um 620/40) ließ in Ladenburg am Neckar ein Seelsorgezentrum errichten, sein Nachfolger gründete etwa in den sechziger Jahren zu Wimpfen ein zweites Pfarrzentrum. Bischof Amandus scheint auch bereits die Möglichkeiten von Klostergemeinschaften für den Aufbau einer Seelsorgeorganisation erkannt zu haben, denn es spricht einiges für die Annahme, dass er das spätere Kloster Amorbach zu einem Stützpunkt ausbaute, von dem aus der südliche Odenwald für die Wormser Diözese gewonnen werden konnte.

Klöster verbreiten den Glauben

Wie Mainz und Worms nutzte auch Speyer die alten Verkehrsverbindungen nach Osten: Bischof Dragebodo hatte wohl um 655 das Kloster Weißenburg im Elsass errichtet, unter Beteiligung seiner Amtsbrüder von Straßburg und Worms. Der Gründungskonvent war benediktinisch-columbanisch geformt und erhielt eine typische »Klosterfreiheit«, die Weißenburg für seine Eigenkirchen zum Stellvertreter des Bischofs machte: Bei Taufen und den damals noch gleichzeitig gespendeten Firmungen wurde der Chrisam benötigt. Sein Bezug bei der Kathedrale erfolgte gegen eine Gebühr – davon war Weißenburg befreit, seine Eigenkirchen erhielten das heilige Öl direkt vom Kloster. Damit erhielt die Abtei eine recht brauchbare Struktur der Kirchenorganisation, die den Bischof und seinen Kathedralklerus wesentlich beim Aufbau der Seelsorge draußen auf dem flachen Land entlasten konnte. Weißenburg besaß in der Diözese Worms 23, in der Diözese Straßburg 13 und in der Diözese Speyer 88 ländliche Kirchen, deren Errichtung durchweg in die Merowingerzeit zurückgehen muss. So kann man sagen, dass das eigentliche Missionszentrum für den rechtsrheinischen Teil der Speyerer Diözese ursprünglich nicht die Domkirche, sondern das besonders privilegierte Kloster Weißenburg war. Der Ausbau der Niederkirchenorganisation auf der rechten Rheinseite betraf beispielsweise den Raum um Ettlingen und Malsch vor der Alb, um Vaihingen, Renningen und Weil der Stadt.

Auch Straßburg scheint sich bei seinem Ausgriff nach Süden und Osten auf die Klöster gestützt zu haben. Die Ausdehnung seines Sprengels über den Sundgau bis an den Jura und an den Thuner See in der zweiten Hälfte des 7. Jh. scheint in direktem Zusammenhang mit den Aktivitäten der Etichonen, der elsässischen Herzöge zu stehen, die eine äußerst aktive Klosterpolitik betrieben. Der Ausgriff über den Rhein gelang der Straßburger Kirche jedoch nur in sehr beschränktem Maße. Mit Hilfe der in der ersten Hälfte des 8. Jh. gegründeten Klöster Honau, Schwarzach und Gengenbach konnte lediglich die Ortenau bis zum Schwarzwaldkamm gewonnen werden. Das Bistum Kaiseraugst/Basel erlosch anscheinend im 7. Jh., um erst wieder um die Mitte des 8. Jh. neu eingerichtet zu werden.

Nebeneinander, Assimilation, Durchdringung

Von besonderer Bedeutung für die Christianisierung der Alamannen sollten die Verhältnisse im Gebiet südlich von Hochrhein und Bodensee werden, also in jenen Teilen der Provinzen Maxima Sequanorum und Raetia I, wo die Diözesen Windisch/Avenches und Chur das Christentum repräsentierten. Wie die Archäologie beobachtet hat, erfolgte die alamannische Einwanderung links des Rheines und besonders im Schweizer Mittelland erst seit dem frühen 6. Jh. Sie hatte weitgehend den Charakter einer langsamen Infiltration, wobei die Kastellstädte der Romani respektiert wurden. Was dann folgte, war ein langsamer Assimilations- und Durchdringungsprozess, der in die heutige kulturelle und sprachliche Situation der Schweiz mündete. Die Immigration der Alamannen entlang der Aare drängte bis gegen 600 die kirchliche Organisation nach der Landschaft am Genfersee zurück, der Bischof verlegte seinen Sitz von Windisch über Avenches nach Lausanne. Angelehnt an die galloromanische und burgundische Bevölkerung, konnte das Bistum hier sein Bestehen für die Zukunft sichern. Die Raetia I, soweit sie im Schutz der Alpen lag, war im 6. Jh. offensichtlich nicht so starken Gefahren und Wirrnissen ausgesetzt, doch musste sich das Bistum Chur aus weiten Gebieten des Voralpenlandes zurückziehen. So ging im Laufe des 6. Jh. die Christengemeinde in Bregenz fast völlig unter, ihre Aurelia-Kirche diente schließlich sogar der Verehrung alter heidnischer Gottheiten.

507

507 † IN ONORE SCI MARTINI ECPI VERSINOS EB ESCUBUS IT DE TIBALDUS + LIN CULFUS FECIT
So lautet die Inschrift auf dem in Windisch gefundenen Weihestein einer dem hl. Martin, Bischof von Tours, geweihten Kirche. Die Weihe vollzog Bischof Ursinus, den Bau ließen Detibald und Linculf errichten.

Diese Nachricht ist der Vita des hl. Gallus entnommen. Sie und die Vita des hl. Columban lassen ein einzigartiges Bild von der Situation des Christentums im Thurgau, am Bodensee und am Alpenrhein entstehen. Dabei gibt sich erstmals auch ein neuer Bischofssitz zu erkennen, Konstanz, dessen Sprengel schließlich weite Teile des rechtsrheinischen Siedlungsgebietes der Alamannen umfassen sollte.

Die Mission beginnt: Columban und Gallus

Der Ire Columban, um 592 nach Gallien und wohl auch schon in die Vogesen gekommen, gründete dort mehrere Klöster, von denen Luxeuil die größte Bedeutung erlangen sollte. Wegen seiner Kritik am Lebensstil von König TheuderichII., der in Burgund regierte, 610 des Landes verwiesen, bekam Columban in Metz von Theudebert II., König in Austrasien, Bregenz zugewiesen, um dort zu predigen und den Glauben unter den unweit des alten Römerkastells lebenden *nationes Suaevorum*, den schwäbischen Stämmen, zu verbreiten. Als es Theuderich 612 gelang, seinen Halbbruder Theudebert zu beseitigen, brach Columban nach Italien auf, wo er 615 in Bobbio starb. Der fieberkranke Gallus musste zurückbleiben und begab sich nach Arbon zum Presbyter Willimar, »der räumte ihm das benötigte Haus ein, neben der Kirche, und übertrug zweien seiner Kleriker, Magnoald und Theodor, seine Versorgung« und Pflege. Wie man sieht, bestand in Arbon eine Christengemeinde, die über eine Kirche verfügte, an der außer Willimar noch andere Kleriker wie der Diakon Hiltibold wirkten. Er half dem hl. Gallus bei der Suche nach einem abgeschiedenen Platz für ein Bethauss, dem Ort der späteren Gallus-Zelle an der Steinach. Als Gallus einmal Willimar in Arbon besuchte, erschien ein Bote, der den Tod eines Konstanzer Bischofs namens Gaudentius mitteilte. Auch traf ein Brief Herzog Gunzos ein, der Willimar und Gallus nach Überlingen zitierte, wo er residierte, da seine Tochter Fridiburga von einem bösen Geist besessen sei. Gallus sollte ihr helfen, und als die Heilung – wie berichtet wird – gelang, bot ihm Gunzo die Konstanzer Bischofswürde an, doch Gallus verstand es, sich dem zu entziehen. Der Herzog befahl dem Präfekten von Arbon, Gallus beim Bau der Zelle an der Steinach zu unterstützen, während dieser den Diakon Johannes aus Grabs zu sich kommen ließ, um ihn in der Heiligen Schrift zu unterweisen.

Drei Jahre später folgte Gallus der Bitte des Herzogs und kam nach Konstanz zur Bischofswahl. Dort hatten sich die Bischöfe von Kaiseraugst(?), Verdun und Speyer mit einer Schar ihrer Kleriker versammelt; durch Boten und Briefe aufgerufen waren auch die Priester, Diakone und sämtliche Kleriker aus ganz Alamannien erschienen. Der Herzog leitete die Versammlung und trug erneut dem hl. Gallus die Bischofswürde an, doch auf dessen Vorschlag wurde der Diakon Johannes gewählt und zum Bischof von Konstanz erhoben, der anders als Gallus *de plebe vestra* stammte, also ein Einheimischer war. Dabei bezeichnete sich Johannes als aus Rätien gebürtig, und es ist von einer dem hl. Stephanus geweihten Kirche die Rede, die *extra civitatem* lag. Wenige Zeit später starb der Heilige in Arbon, als er wieder einmal den Priester Willimar besuchte.

Kirchliche Reorganisation beiderseits des Rheins

Von dem Merowinger Chlothar II., König von 584 bis 629 und seit 613 Alleinherrscher, wird eine Intensivierung des fränkischen Einflusses angenommen. Er soll z.B. den Pactus Legis Alamannorum erlassen haben, der eine stärkere Eingliederung Alamanniens in das fränkische Gesamtreich bezweckte, ohne allerdings der Ausbreitung des Christentums besonders verpflichtet zu sein. 614 rief er die Bischöfe seines Reiches nach Paris. Teilnehmer dieser Synode waren u.a. die Bischöfe von Worms, Speyer, Straßburg und Chur. Für die Geschichte des von den Franken kontrollierten Voralpenraumes war das Wirken seines Sohnes Dagobert I. – König von 623 bis 639 – von noch größerer Bedeutung. Ihm wird neuerdings die kirchliche Reorganisation in den Gebieten beiderseits und östlich des Rheins zugeschrieben. Seine enge Zusammenarbeit mit dem »irofränkischen Mönchtum«, unterstützt vom fränkisch-burgundischen Adel, ermöglichte dem großen burgundischen Mutterkloster Luxeuil eine Missionsarbeit von beachtlichen Ausmaßen. Abt Eustasius begann als erster mit der Bayernmission. Vermutet wird ferner eine Begründung oder Wiederbegründung des Bistums Augsburg durch Dagobert I. In die Zeit von Chlothar II., Dagobert I. und dessen Sohn Chlodwig II. – König von 640 bis 657 – geht allem Anschein nach auch die Gründung von Säckingen zurück, der ältesten monastischen Niederlassung in Alamannien. Laut seiner späten und nicht immer zuverlässigen Vita soll der hl. Fridolin – er kam anscheinend aus Poitiers (Kreuzreliquie und Hilariuspatrozinium) – im südalamannischen Raum missioniert haben. Ausgestattet war Säckingen auch mit Besitz im Gebirgstal von Glarus, wo die erste Talkirche St. Fridolin und Hilarius noch im 7. oder frühen 8. Jh. entstand. Die Missionsleistung von Säckingen wird gering veranschlagt, ebenso die von St. Trudpert im Breisgau. Der hl. Trudpert, ein Einsiedler, wurde von seinen Knechten 643 nicht etwa wegen seines Christentums erschlagen, sondern weil sie sich durch die harte Rodungsarbeit bedrückt fühlten.

Dagobert I. und das Bistum Konstanz

Im Rahmen der angedeuteten kirchlich-monastischen Aktivitäten, die im Grunde erst die Christianisierung des Frankenreichs – wenn auch nur in einfachster Form – vollendeten, war Dagobert I. selbst die zentrale Figur. Vor diesem Hintergrund wird man die 1155 durch ein Diplom Friedrich Barbarossas überlieferte Nachricht von der Festlegung der gesamten Konstanzer Sprengelgrenze durch Dagobert trotz ihrer zeitlichen Distanz und ihrer im einzelnen chronologisch unzutreffenden Angaben doch als glaubhaften Hinweis auf die Aktivitäten des Merowingers am Bodensee anzusehen haben. Und zwar umso mehr, als sein Name an die Spitze einer nach 840 in das Verbrüderungsbuch der Reichenau eingetragenen Liste der Konstanzer Domkanoniker unter die Gruppe der Laien gesetzt wurde. Der St. Galler Mönch Ekkehart IV. geht in einem um die Mitte des 11. Jh. vorgenommenen Einschub in Notkers Gallus-Vita sogar davon aus, dass Dagobert den Bischofssitz (*episcopium*) von Windisch nach Konstanz verlegt habe; laut Ekkehart IV., der Konstanz als *villa regia* Dagoberts bezeichnet, habe der Merowinger auch die Ausstattung des neuen Bischofssitzes mit Königsgut übernommen.

Die Nachricht über die Verlegung des episcopium von Windisch nach Konstanz ist schwer zu beurteilen. Die Konstanzer Bischofsliste beginnt mit Maximus, Ruodelo und Ursinus, es folgen Gaudentius, Martian und Johannes, die durch die Gallus-Vita und das Barbarossa-Diplom belegt sind. Nun gab es um die Wende vom 5. zum 6. Jh. auch einen Bischof Ursinus, der eine Martinskirche geweiht hat, wie eine in Windisch gefundene Inschrift – ohne seinen Sitz zu nennen – belegt. Die Bezüge zum Bistum Chur, die in der Gallus-Vita sichtbar werden, haben Heinrich Büttner zu der begründeten Annahme geführt, das Bistum Konstanz sei nicht aus dem Bezirk von Windisch hervorgegangen. Gleichwohl darf die durch Ekkehart IV. belegte Vindonissa-Tradition keineswegs außer acht bleiben. Windisch ist dem Bistum Lausanne verlorengegangen und Teil der Diözese Konstanz geworden. Wenn Bischof Ursinus in Windisch eine Kirche weihte, kann er gleichzeitig schon in Konstanz gewirkt haben. Die Entwicklung und Ausformung der frühmittelalterlichen Bistumsgrenzen erfolgte in einem Jahrhunderte übergreifenden Prozess, in dem stets mit Übergangssituationen gerechnet werden muss. Die Bedeutung Dagoberts I. aber für die staatliche Erfassung und Christianisierung Alamanniens und Bayerns ist unübersehbar, wenn auch die in der Rückschau entstandenen Quellen manchen Einzelvorgang schon nicht mehr richtig einzuordnen wussten.

Machtzuwachs des Adels

Die Zeit nach dem Tod Dagoberts I. ist von einem rapiden Machtverfall der Merowinger gekennzeichnet. Der Adel wurde endgültig zum bestimmenden politischen Faktor – auch in Alamannien, das – ungeachtet regionaler Differenzierungen und chronologischer Verzögerungen – an jener Entwicklung Anteil hatte, in der die auf weitgestreutem Grundbesitz errichtete, zum Teil an Eigenkirchen und Eigenklöstern orientierte und durch Verfügungsgewalt über befestigte Orte gesicherte Adelsherrschaft sich zum wesentlichen Element der politischen und gesellschaftlichen Ordnung auswuchs. Wenn sich das Kräfteverhältnis zwischen dem Königtum und dem Adel im 7. Jh. ganz rasch und grundsätzlich zugunsten des Adels verschob, so könnte dies nicht zuletzt auch daran liegen, dass Bevölkerungszunahme, Landesausbau, Übergang zu intensiverer Bewirtschaftung – von der Weidewirtschaft zum ausgedehnten Feldbau –, dem Adel zu Quellen der Machtsteigerung wurden, aus denen die Merowinger offensichtlich nicht in gleichem Maße geschöpft haben. Aus der im Entstehen begriffenen Grundherrschaft einschließlich Eigenkirche erwuchsen dem Adel jedenfalls neue Kräfte. Zwischen der Einordnung Alamanniens in das Frankenreich durch die Karolinger, zumeist mit dem Datum 746 (Blutgericht von Cannstatt) markiert, und der vorausgegangen fränkischen Organisation der Gebiete östlich des

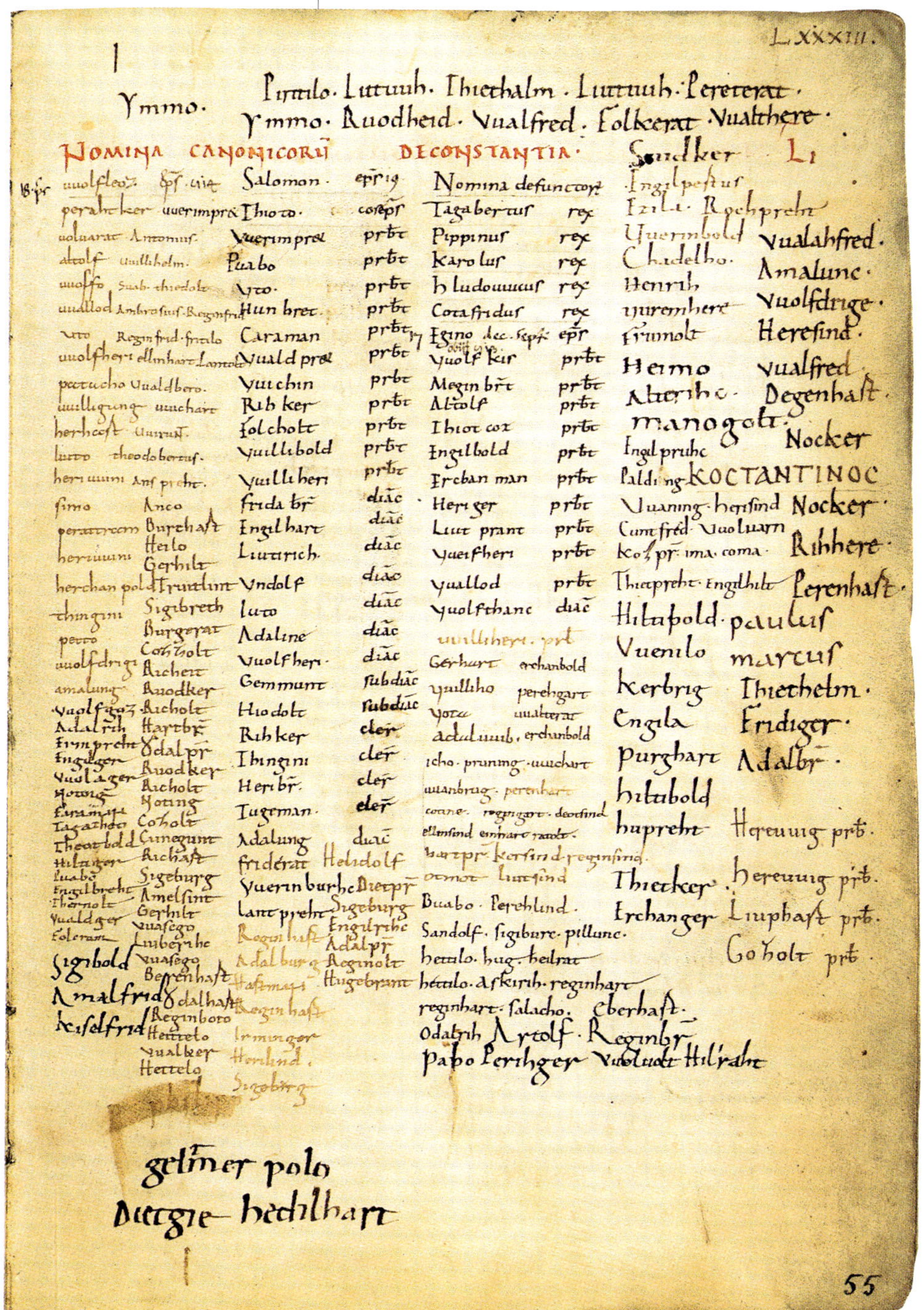

508

508 Im Verbrüderungsbuch des Klosters Reichenau ist eine Liste Verstorbener überliefert, für die von den Kanonikern am Konstanzer Münster gebetet wurde. Die Handschrift wurde nach 840 angelegt, dem Todesjahr Kaiser Ludwigs des Frommen. An erster Stelle steht bei den Laien Tagapertus Rex, König Dagobert I.

Rheins durch Dagobert I. liegen mehr als drei Generationen, in denen sich ein spätmerowingisches, politisch-herrschaftliches System entwickelt hatte, worin die Frühkarolinger lange Zeit nur als gleichgeordnete Herrschaftsträger betrachtet und – wie das Beispiel Herzog Gottfrieds um 700 zeigt – behandelt wurden. Die Reichweite jenes alamannischen Herzogtums, das seit der Wende vom 7. zum 8. Jh. in den Quellen fassbar wird, scheint wesentlich von dieser spätmerowingischen Herrschaftsbildung geprägt zu sein. Es ist ein Herzogtum, das eher einer politisch-administrativen Einrichtung nahekommt, sich aber keinesfalls mit dem alamannischen Sprach- und Siedlungsraum deckt, der wesentlich größer war. Die politische Einflusssphäre des alamannischen Herzogtums in spätmerowingischer Zeit füllt jedoch weitgehend den Sprengel der Konstanzer Diözese aus.

Kirchliche Entwicklung unter herzoglichem Schirm

Das Konstanzer Bistum nahm seinen Ausgang von den burgundischen und churrätischen Gebieten südlich des Bodensees, die in der Verfügung eines von den Merowingern eingesetzten Herzogs standen. Es dehnte sich über den Thurgau zum Aaretal hin bis zum Thuner See aus und drängte sogar ein Stück in das Tal des Alpenrheins hinein. Nach Norden gelangte es in einem längeren, nur schemenhaft erkennbaren Prozess, bis an die Grenzen der Diözese Speyer. Ein Schlaglicht auf die Entwicklung wirft eine Urkunde aus der Zeit um 700: Auf Bitten von *presbyter* Magulf, Hüter des Gallusgrabes, überträgt Herzog Gottfried der Kirche des hl. Gallus den *vicus Biberburgus* am Neckar – der Ort wird heute auf der Gemarkung Mühlhausen, einem Stadtteil von Stuttgart, vermutet. Die Urkunde ist in Cannstatt ausgestellt worden. Dies zeigt das alamannische Herzogtum im äußersten Norden seines Herrschaftsbereiches, in nächster Nähe der Diözesangrenze von Speyer, wie es von dort aus Verbindungen schafft zu der Galluszelle südlich des Bodensees. Die inneralamannischen Zusammenhänge und die Reichweite des christlich gewordenen Herzogtums werden aus der Schenkung deutlich erkennbar. Um eine Formulierung von Heinrich Büttner aufzugreifen: »Das alemannische Herzogtum schuf den äußeren und zugleich schirmenden Rahmen für die vom Bodensee und Konstanz nach Norden dringende kirchliche Entwicklung.«

Grundherrschaftlich strukturierte Seelsorgeorganisation

Wie man wenige Jahrzehnte später der Vorstellungswelt der Lex Alamannorum entnehmen kann, sie wird in die Jahre 724 bis 730 datiert, war das Gebiet des Herzogtums inzwischen christianisiert worden. Die Träger dieser im 7. und frühen 8. Jh. zu suchenden Entwicklung waren wohl weniger einzelne Missionare oder Klöster, wie beispielsweise in den rechtsrheinischen Gebieten von Worms und Speyer, sondern eher der grundbesitzende Adel, allen voran die Herzogsfamilie. Dies dürfte in besonderem Maße für das Gebiet um den mittleren Neckar, die Gäulandschaft im Westen, die Albhochfläche und die Baar gelten. In diesem Raum waren die frühen kirchlichen Institutionen an der Verbreitung des Christentums anscheinend weitgehend unbeteiligt. Nach dem Sieg der fränkischen Hausmeier und ihrem Aufstieg zur Königsherrschaft (751) lassen jedenfalls die Schenkungen an Lorsch und St. Gallen die grundherrschaftlich geprägte Struktur der Seelsorgeorganisation in diesem Teil der Diözese Konstanz erkennen. Die Rolle der Grundherrschaft bei der Christianisierung wird noch deutlicher erkennbar, wenn man sich in

Erinnerung ruft, dass der Diözese Konstanz erst mit der Gründung von St. Gallen (um 719) und der Reichenau (um 724) zwei leistungsfähige Klöster erwuchsen, die sich der kirchlichen Durchdringung des Herzogtums annahmen. Der Ausbau der *cella* des hl. Gallus zu einem Kloster erfolgte durch den ersten Abt, Otmar; er war Alamanne und hatte in Chur seine geistliche Ausbildung erhalten. Als Klosterbischof und einer der letzten Vertreter des irofränkisch geprägten Mönchtums wirkte der hl. Pirmin – vielleicht ein Romane aus Aquitanien – in Alamannien. Er war dem fränkischen Staat und dem austrischen Adel eng verbunden. Unter seinem Namen ist eine aufschlussreiche kleine Schrift überliefert, die *Dicta Pirminii*, die aus älteren Werken Anweisungen für die Bekämpfung heidnischer Relikte in einer erst äußerlich christianisierten Bevölkerung zusammenstellt.

Bonifatius erneuert die zerrüttete Kirche

In die Zeit, da fränkische Heere das Herzogtum zu erobern begannen, fällt eine Neuordnung der Diözesangrenzen, die dann im großen und ganzen für mehr als tausend Jahre Bestand haben sollten. Sie ist über weite Strecken mit dem Wirken des hl. Bonifatius verbunden, einem Angelsachsen aus Wessex, der seit 716 – anfangs noch unter seinem Namen Winfrid – als Missionar auf dem Kontinent, in Friesland, Thüringen und Hessen erscheint. Bonifatius bemühte sich aber auch – in enger Absprache mit dem Papst – um eine kanonische Erneuerung der zerrütteten fränkischen Kirche. 732 von Gregor III. (731–741) zum Erzbischof erhoben, mit dem Recht und dem Auftrage, Bischöfe zu weihen, also rechtsrheinische Bistümer und wohl auch eine Kirchenprovinz zu errichten, geriet er aber rasch in Gegensatz zu den austrischen Bischöfen und zum fränkischen Adel, ohne deren Unterstützung die Karolinger nicht agieren konnten. Bonifatius gründete im Mainland mehrere Frauenklöster, darunter Tauberbischofsheim, das er seiner Verwandten Lioba anvertraute. 739 reformierte er die bayerische Landeskirche und richtete vier reguläre Bistümer ein, Regensburg, Passau, Freising und Salzburg. Kurz nach Karl Martells Tod gründete er 741 in seinen Missionsländern die regulären Bistümer Büraburg bei Fritzlar für Hessen, Würzburg für das Mainland, Erfurt für Thüringen und – vielleicht erst 745 – Eichstätt in dem von Bayern abgetrennten Nordgau. 743 tagte unter seiner Leitung eine austrische Reformsynode, herkömmlicherweise als Concilium Germanicum bezeichnet. 744 entstand inmitten der Missionsbistümer das Kloster Fulda als zentrale benediktinische Musterstätte des Gebetes und der Bildungspflege. Doch die Widerstände vonseiten des fränkischen Episkopats hielten an und veranlassten Pippin III., der seit 747 alleine über die Herrschaft verfügte, Bonifatius nicht weiter zu unterstützen. Als Organisatoren der Kirchenreform traten jetzt Bischof Chrodegang von Metz (gest. 766) und der oberste Hofkaplan Fulrad (gest. 784), seit 749 Abt von St. Denis, hervor. In dieser Zeit begann sich auch die fränkische Landeskirche zu einer romverbundenen Landeskirche zu wandeln, die zwar fest in der Hand des weltlichen Herrschers blieb, in der aber das Vorbild der römischen Kirche und die Autorität des Papstes über den rein dogmatischen Lehramtsprimat hinaus viel galt.

Nutznießer der Reform: die Karolinger

Als Bonifatius 754 starb, hatte sich die Bistumsorganisation Südwestdeutschlands stark verändert. Aber wenn auch die wesentlichen Konturen der Diözesen, in denen mit einer alamannischen Bevölkerung zu rechnen ist, also der Sprengel von Mainz, Worms, Speyer, Straßburg, Basel, Konstanz, Chur, Augsburg und Würzburg, schon um die Mitte des 8. Jh. zutage treten, erfuhren ihre Grenzen noch bis ins Hochmittelalter hinein zahlreiche Veränderungen und Korrekturen. Die von Bonifatius betriebene Wiederaufrichtung der Diözesanordnung ist im Rahmen seiner Kirchenreform von besonderer Bedeutung. Zugleich hat er aber auch eine Absicherung der Klöster gegen bischöfliche Übergriffe betrieben. Nutznießer waren schließlich die Karolinger, deren Herrschaft durch die Reform eine beträchtliche Stärkung erfuhr. Sie konnten ihre Kirchenhoheit ausbauen und schufen sich alsbald mit der Hofkapelle ein zukunftweisendes Herrschaftsinstrument.

Seit Mitte des 8. Jh. waren die Alamannen allerorts fest und auf Dauer in das fränkische Reich eingegliedert; die Bistümer und Klöster wurden zu Teilen der Reichskirche, die bald eine universale Ausrichtung gewann. Das Evangelium errang seinen bestimmenden Platz und es begann jene kulturelle Entwicklung, die über die Kloster- und Domschulen zum abendländischen Bildungs- und Wissenschaftssystem führte.

Dieser redaktionell gekürzte Beitrag beruht auf einer wesentlich erweiterten und mit Anmerkungen versehenen Fassung, die Anfang 1998 in »Die Alamannen und das Christentum«, hrsg. von Barbara Scholkmann, Sönke Lorenz und Dieter Bauer erscheinen wird.

Im Zeichen des Kreuzes

GOLDBLATTKREUZE UND ANDERE FUNDE MIT CHRISTLICHEM SYMBOLGEHALT

ELLEN RIEMER

Im Gegensatz zu anderen germanischen Stämmen, etwa den Franken, ist aus den Schriftquellen über die Christianisierung der Alamannen kaum etwas bekannt. Sie gelten aber noch relativ lange als heidnisch.[1] Bei der Darstellung ihrer Christianisierung ist man also hauptsächlich auf archäologische Funde angewiesen, wobei Zeitraum und Art weitgehend ungeklärt sind. Die deutlichsten Hinweise auf ein Christentum bei den Alamannen geben zum einen Kirchenbauten und Bestattungen in Kirchen (vgl. Scholkmann, Kultbau), zum anderen sogenannte Goldblattkreuze, die auf einen Schleier oder ein Leichentuch genäht, dem Toten bei der Bestattung aufs Gesicht gelegt wurden.

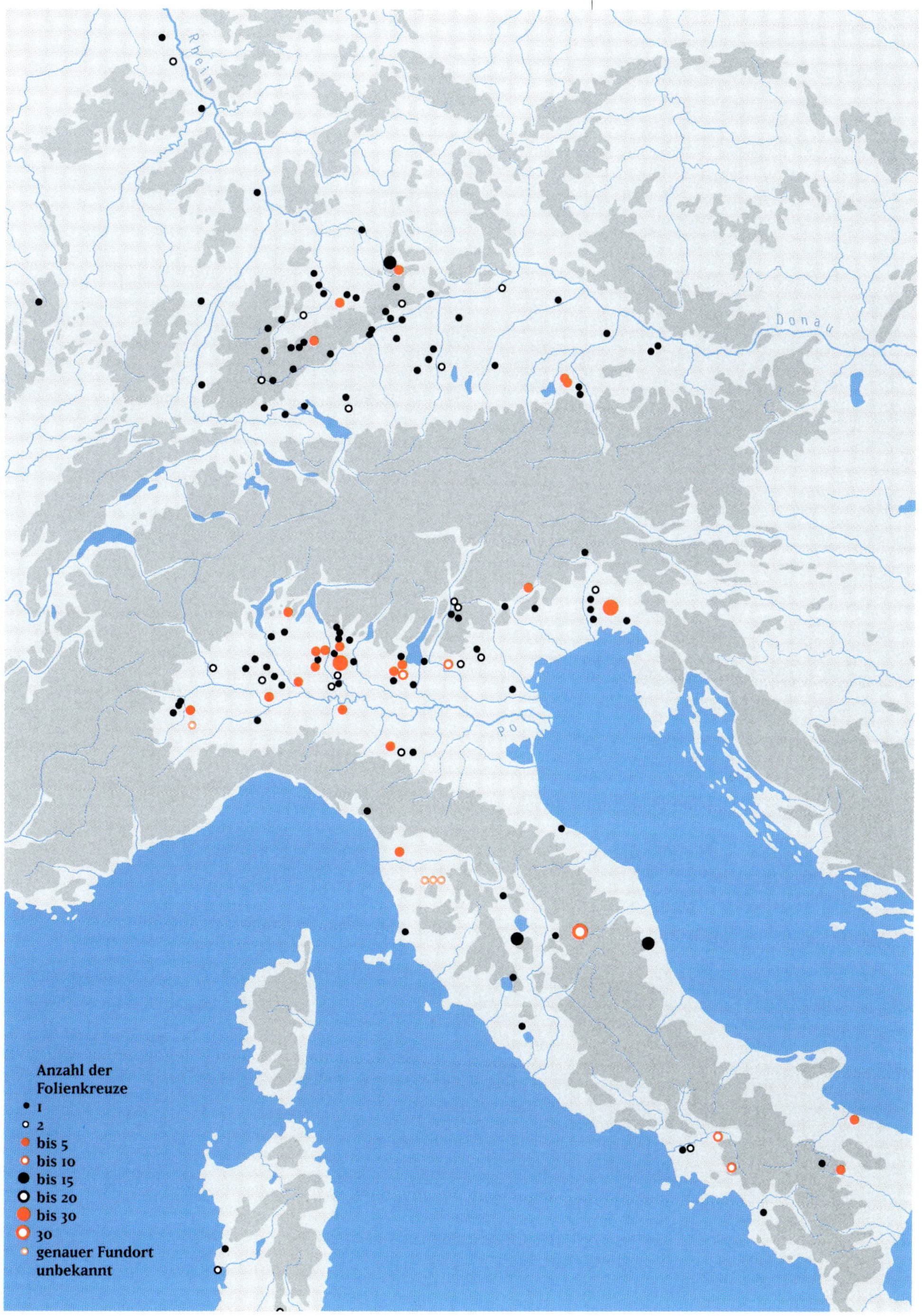

509

509 **Verbreitung der Goldblattkreuze. Deutlich erkennbar ist die zahlenmäßig unterschiedliche Beigabe in den Gräberfeldern nördlich der Alpen einerseits und in Italien andererseits.**

510

511

Die Goldblattkreuze

Im Gegensatz zu den im folgenden angeführten Funden, die bereits zu Lebzeiten getragen wurden, sind die Goldblattkreuze reiner Totenschmuck. Sie kommen im Kernland Alamanniens vor allem am oberen und mittleren Neckar, an der oberen Donau bis zum Lech, seltener auch im angrenzenden bajuwarischen Gebiet vor.[2] Bis heute kennt man nordwärts der Alpen etwa 80 Exemplare, in den letzten Jahren hat sich ihre Anzahl, besonders durch die Ausgrabungen in Lauchheim auf der Ostalb, sprunghaft erhöht (vgl. Abb. 319). Der zweite Verbreitungsschwerpunkt ist Italien; hier wurden, überwiegend im Norden, annähernd 260 Goldblattkreuze gefunden.[3] Eine Zahl, die sich durch Stücke in ausländischen Museen mit der allgemeinen Herkunftsangabe »Italien« noch erhöht. Während hierzulande silberne oder silbervergoldete Exemplare selten sind, gibt es vor allem im Süden Italiens Kreuze aus verschiedenen Metallen wie Silber, Kupfer oder Eisen, sodass man besser allgemein von Folienkreuzen spricht. Die Sitte, Goldblattkreuze beizugeben, setzt im letzten Drittel des 6. Jh. ein und endet zu Beginn des 8. Jh. Höhepunkt ist jedoch das 7. Jh.

Zumeist handelt es sich um verzierte oder unverzierte Kreuze griechischer Form mit gleich langen Armen, meist ein-, selten zweiteilig und zwischen 4 und 8 cm groß. Das im bayerischen Walda gefundene Kreuz ist mit 17 cm das bisher größte bekannte Exemplar. Seine Blechstärke beträgt 0,04 bis 0,1 mm, das Gewicht 0,8 bis 3,9 g.

Die Kreuze wurden mit einer Schere aus dünnem Goldblech ausgeschnitten,[4] oft sehr grob und fehlerhaft, häufig auch ohne Rücksicht auf vorher eingeprägte Verzierungen. Entscheidend war offenbar nicht handwerklich saubere Arbeit, sondern eine schnelle Fertigung. Je nach Ausführung und abhängig davon, ob ein Model zur Hand war, brauchte ein Goldschmied für die Herstellung eines Kreuzes zwischen einer Viertel- und einer ganzen Stunde.

510 Das Goldblattkreuz von Geisingen wurde über dem zu großen Model einer Riemenzunge abgeformt und dann ohne Rücksicht auf das Ornament ausgeschnitten.

511 Gesäumte Kanten am Seidenkreuz von Oberflacht lassen erkennen, dass es auf eine Unterlage genäht war. Damit dürfte es der Beigabe eines Goldblattkreuzes entsprochen haben

512 Das Goldblattkreuz im Männergrab 26 von Giengen an der Brenz flankieren zwei Adlerfiguren. Ob dies christliche oder heidnische Symbole sind, ist nicht mit Bestimmtheit auszumachen. Bei den Germanen galten die Adler als Wallstattvögel und Begleiter Wotans, im Christentum sind sie Zeichen der Auferstehung.

513 Brakteatenfibeln aus Illingen, Kirchheim/Ries, Hüttlingen und Köngen. Die Darstellung von Tieren oder Menschen um einen Baum oder Kreuzstab geht ebenso wie die Engeldarstellung auf mediterrane Vorbilder zurück.

512

513

Kaiser, Christus oder Wotan?

Speziell für Goldblattkreuze hergestellte Model sind nicht bekannt, vielmehr wurden zu ihrer Verzierung Model für Riemenzungen oder Trinkgefäßbeschläge verwendet. Sehr schön ist dies am Geisinger Beispiel zu erkennen. Die Kreuze konnten aber auch durch Punzierung, Buckel oder Münzabdrücke verziert sein, wobei Kombinationen verschiedener Verzierungselemente möglich waren. Haben alamannische Kreuze ein Gesicht in der Vierung, was häufiger vorkommt, handelt es sich um die germanisierte Form des römischen Kaiserbildes, das nach Münzbildern gestaltet wurde.[5] Das Kaiserbild im Kreuz ist eine feststehende Ikonographie spätrömischen Ursprungs; später wurde sie durch Christusdarstellungen abgelöst. Die Bedeutung der Darstellung – Kaiser, Christus oder Odin/Wotan – bleibt unklar. Es gilt jedoch zu bedenken, dass der germanischen Kunst vor Einführung des Christentums Menschendarstellungen weitgehend fremd waren (vgl. Quast, Opferplätze). Nicht selten aber sind Goldblattkreuze mit heidnischen Motiven verziert, wobei der Bildtopos, als heilsbringend angesehen, die magische Kraft des Kreuzes erhöhen sollte.

Auffallend ist, dass die Bestattungen mit Goldblattkreuzen in Reihengräberfeldern gefunden wurden, und, von wenigen Ausnahmen wie Stein am Rhein und Rommerskirchen abgesehen, nicht in Kirchen. In der Regel lag nur ein Kreuz im Grab, meist im Mundbereich des Toten, sodass er es küsste. In Italien häufiger, nordwärts der Alpen bisher nur in Weingarten (Grab 615) gab es zwei Kreuze, von denen eines auf dem Mund, das andere unterhalb des Kinns lag. Eine kleine Gruppe von Gräbern sowohl nord- als auch südwärts der Alpen wies gar fünf Goldblattkreuze auf, wobei es sich in allen Fällen um Tote männlichen Geschlechts handelt.

Lange war unklar, ob Goldblattkreuze von Lebenden getragene Abzeichen waren oder Totenschmuck. Die Fundlage im Grab, aber auch technische Untersuchungen, können diese Frage beantworten.[6] Danach war eine Nutzung zu Lebzeiten wegen der geringen Materialstärke unmöglich, zudem weisen die Kreuze keine Abnutzungsspuren auf. Es handelt sich demnach um einen speziellen, *ad hoc* hergestellten Totenschmuck, was darauf schließen lässt, dass ein Goldschmied in erreichbarer Nähe arbeitete. Als andere Möglichkeit kommt in Betracht, dass die Kreuze bereits zu Lebzeiten erworben und dann für den Todesfall aufbewahrt wurden. Aber dagegen spricht meiner Meinung nach die flüchtige Ausführung vieler Stücke. Die großen Unterschiede in Form, Qualität und Verzierung zeigen, dass die Kreuze von verschiedenen Goldschmieden hergestellt wurden. Ihre unterschiedliche Ausführung spricht aber auch gegen den Erwerb etwa in Wallfahrtsstätten oder durch Handel.

Freiwillige Beigaben vor allem für reiche Männer

Goldblattkreuze wurden ausschließlich in reichen Gräbern gefunden, aber nicht in jedem, sodass es sich um eine freiwillige Beigabe handeln muss. Der Anteil der Männergräber mit Goldblattkreuzen ist etwa doppelt so groß wie der von Frauengräbern. In Kindergräbern sind sie relativ selten. Bei den Auftraggebern musste es sich um begüterte Personen gehandelt haben, da sie über das erforderliche Edelmetall verfügten. Zwar ist das Gewicht eines Goldblattkreuzes gering, entspricht aber in etwa dem der Goldblechauflage einer Scheibenfibel,[7] die sich weniger als zehn Prozent der damaligen Bevölkerung leisten konnten. Insofern waren auch Goldblattkreuze nur auf die vermögende Schicht beschränkt. Doch zeigt ein Zufallsfund aus dem Gräberfeld von Oberflacht, dass es auch die Möglichkeit gab, Stoffkreuze aufzunähen.[8] In Oberflacht handelt es sich um Seide, auch ein kostbares Material, das, wie die gesäumten Kanten zeigen, aufgenäht und nicht etwa eingewebt war. Damit entspricht die Beigabe eines Seiden- der eines Goldblattkreuzes. Jedoch wurden Kreuze sicher auch aus einfacherem Stoff oder anderen vergänglichen Materialien gefertigt. Stoffkreuze, konnten im Gegensatz zu denen aus Gold bereits auf der Kleidung Lebender getragen worden sein.[9] Bei der Beigabe von Goldblattkreuzen handelt es sich also »weniger um die Frage des Kreuzes als vielmehr um die des Goldes.«[10]

Die Beigabe eines Goldblattkreuzes zeigt, dass der Bestattete oder die Gemeinschaft, die es ihm ins Grab gelegt hat, das Christentum kannte. Ob es sich jedoch um einen Christen nach unserem heutigen Verständnis handelte, ob er also getauft war, lässt sich ebensowenig bestimmen wie die konkrete Form seines Glaubens. Lange bestanden christliche und heidnische Vorstellungen nebeneinander (vgl. Quast, Opferplätze). Goldblattkreuze und heidnische Amulette können gemeinsam im Grab liegen. Auch der Brauch, die Toten für das Jenseits mit Speise und Trank auszustatten, weist noch in den heidnischen Bereich.

Lange Zeit glaubte man, dass die in Alamannien gefundenen Goldblattkreuze aus Italien importiert wurden. Diese Überlegung wurde aber wegen der unterschiedlichen Formen und Verzierungsmuster verworfen. Über die Zusammenhänge zwischen den alamannischen und italischen Fundstücken lassen sich nur wenige Aussagen machen. Die Anregung wird aus Italien übernommen worden sein. Es gibt jedoch keine schriftlichen Belege für eine italisch-langobardische Mission. Auch in Italien wurden, wie in Alamannien, die Goldblattkreuze in germanischen, nämlich langobardischen Grä-

514

515

514 Riemenzunge aus Bohlingen mit mediterranem Weinrankendekor, ein christliches Motiv, das in den Bereich der Paradiessymbolik gehört.

515 Riemenzunge aus Ebenhofen mit tauschierter lateinischer Inschrift. Psalm 69,2, »Der Herr möge Dir Hilfe zuteil werden lassen« ist nur verballhornt wiedergegeben.

516 **Das reiche Frauengrab von Wittislingen enthielt neben dem Goldblattkreuz auch eine kugelige, im Tierstil verzierte Amulettkapsel.**

bern gefunden. Aus den Gräbern der einheimischen Romanen ist bisher aus vorlangobardischer Zeit kein Goldblattkreuz bekanntgeworden. Stattdessen sind in den Kirchen des Mittelmeerraumes vom Aussehen vergleichbare Votivkreuze verbreitet.[11] Sie wurden in geringem Umfang auch nördlich der Alpen gefunden. Die Beigabe von Goldblattkreuzen scheint demnach ein germanischer Brauch zu sein.

Christliche Symbole auf Trachtzubehör

Auch auf Trachtzubehör ist das Kreuz wichtigstes und häufigstes Symbol. Dabei ist jedoch zu fragen, ob es sich in jedem einzelnen Fall um ein christlich gemeintes Zeichen oder nicht vielmehr um rein ornamentale Verwendung handelt. So ist das Kreuz die einfachste Art, einen Kreis ornamental zu vierteln. Christliche Symbole wurden auf den gleichen Trachtgegenständen und

Waffen angebracht wie die heidnischen Zeichen auch. Bei den Frauen finden sich christliche Symbole zum einen als Schmuck, etwa als Kreuzanhänger an einer Kette, auf Finger- oder Ohrringen. Bei den Trachtbestandteilen lassen sich zum anderen Fibeln, Gürtelschnallen, Zierscheiben am Gehänge und Wadenbindengarnituren nennen. Auch die Männer trugen mit christlichen Symbolen verzierte Gürtelschnallen oder -garnituren. Daneben können Waffen (Spathaknäufe oder Lanzenspitzen) sowie Sporen mit Kreuzen verziert sein.

merkmal der Gläubigen, da das griechische Wort »ichthys« (= Fisch) aus den Anfangsbuchstaben von griechisch »Jesus Christus, Sohn Gottes, Erlöser« besteht. Die Taube, im germanischen Bereich selten, gilt als Symbol des Friedens und der Hoffnung auf Erlösung. Geflügelte Engelsdarstellungen, etwa auf der Brakteatenfibel von Köngen, sind im Mittelmeerraum seit dem späten 4. Jh. nachweisbar. Vorher wurden sie flügellos dargestellt. Auch die Darstellung zweier Tiere oder Menschen um einen Lebensbaum, Kreuzstab oder Kelch, ist mediterraner Herkunft. Vorbilder für dieses Bild-

517

517 Die Reliquiarschnalle aus St. Ulrich und Afra in Augsburg enthielt Baumwollkapseln und Bienenwachsklumpen, beliebte Pilgerandenken des 6./7. Jahrhunderts.

Es kommen noch weitere christliche Symbole vor, die hauptsächlich aus dem mediterranen Bereich übernommen wurden, wo sie seit der Spätantike vertreten sind. Jedoch ist zu fragen, wieweit der Symbolgehalt nördlich der Alpen überhaupt verstanden wurde, oder ob es sich in Alamannien nicht um eine reine Schmuckfunktion handelte. Bei einigen Symbolen ist eine christliche oder heidnische Bedeutung nicht sicher feststellbar, so etwa bei den beiden Adlern, die in Giengen an der Brenz (Grab 26) das Goldblattkreuz flankieren. Bei den Germanen gelten die Adler als Walstattvögel und Begleiter Odins, in der christlichen Ikonographie werden sie als Zeichen der Auferstehung verstanden. Ein Teil der Symbole kann zudem bei den Germanen Bedeutungen gehabt haben, von denen wir heute nichts mehr wissen.
Als neue Motive, die mit dem Christentum kamen, lassen sich etwa die Weinranken auf Riemenzungen oder Schuhgarnituren anführen. Weinranken gehören im christlichen Bereich zur Paradiessymbolik; Christus bezeichnet sich selbst als Weinstock.[12] Die Fische dienten besonders in der Frühzeit des Christentums als geheimes Erkennungs-

programm, das die Labung der Gläubigen im Paradies symbolisieren soll, gelangten u.a. als Münzbilder in den Raum nordwärts der Alpen. Dass die Symbole für die Alamannen ebenso wie das Kreuz eine Bedeutung hatten, belegen in ausgeraubten Gräbern zurückgelassene Gegenstände mit christlicher Symbolik.
Die Riemenzungen mit eintauschierter lateinischer Inschrift wurden wohl in Oberitalien hergestellt.[13] Dabei konnte es sich um Psalmen, aber auch um Werbeinschriften handeln. Unklar ist, ob die alamannischen Besitzer des Lateinischen überhaupt mächtig waren. Es stellt sich daher die Frage, welche Bedeutung diese Riemenzungen für den Besitzer hatten und wie sie in sein Eigentum gelangten.

Amulettkapseln: heidnisch oder christlich?

Neben den mit christlichen Symbolen verzierten Trachtbestandteilen konnten auch Amulettbehälter getragen werden, deren christlicher Hintergrund jedoch nicht unumstritten ist. Hierzu gehören die sogenannten Amulettkapseln, die in rei-

518 **Reitstiefel und Sporn aus dem Klerikergrab 1 in St. Ulrich und Afra zu Augsburg. Zeitgenössische Schriftquellen erwähnen solche Stiefel als Fußbekleidung von Klerikern.**

518

chen Frauengräbern als Teil eines Brustschmucks oder Gürtelgehänges gefunden wurden und wohl auf mediterrane Vorbilder zurückgehen.[14] Überwiegend aus Bronze, seltener aus Silber gefertigt, lassen sie sich grob in zwei Typen unterteilen: zum einen kugelige Kapseln, die entweder unverziert, im Tierstil II oder im späten 7. Jh. auch mit einem griechischen Kreuz geschmückt waren, zum anderen oft unverzierte zylindrische Kapseln. Beide Typen treten etwa zeitgleich im ausgehenden 6. Jh. auf und sind bis in die zweite Hälfte des 7. Jh. nachweisbar. Nach ihrem Hauptverbreitungsgebiet kann man von einer Herstellung im Mittelrheingebiet ausgehen. Über den Inhalt der aufklappbaren Kapseln ist nur wenig bekannt; neben Pflanzenresten wurden auch spätrömische Münzen, knochenartige Substanzen, Glasperlen oder Säckchen aus Leder oder Stoff gefunden. Aufgrund des Inhalts der goldenen Kapsel aus Horbourg im Elsass (Harz und zwei Gewürznelken) schloss Joachim Werner auf einen christlichen Hintergrund.[15] Diese Überlegung, durch die Kreuzzier auf den späten kugeligen Kapseln noch bestärkt, wurde im folgenden auf alle Kapseln übertragen. Dieser eindeutig christliche Bezug blieb aber in den letzten Jahren nicht unwidersprochen. Einmal kann man die Kapseln wegen der unterschiedlichen Inhaltsstoffe auch als heidnische Amulette betrachten, vielleicht sogar als Medizinbehälter – so sind Nelken ja auch gut gegen Zahnschmerzen. Oder sie waren einfach wertvoller Besitz.[16] Zum anderen sind zahlreiche, darunter gerade die frühen Kapseln, entweder unverziert geblieben oder mit nichtchristlichen Motiven geschmückt. Aus Schriftquellen ist zudem bekannt, dass Kirchenleute gegen das Tragen heidnischer Kräuteramulette waren.[17] Es ist also nicht auszuschließen, dass es sich bei den Kapseln um ursprünglich heidnische Amulette handelt, die sich bis in die christliche Zeit erhalten hatten.

Fremde Christen

Auch Schnallen, wie die mit Greifen verzierte aus Grab 8 von St. Ulrich und Afra in Augsburg, können Reliquien oder Amulette enthalten. Im Innern des hohlen Schnallenbeschlägs fanden sich Baumwollkapseln und Bienenwachsklumpen, nach den Schriftquellen des 6./7. Jh. beliebte Reliquien von Pilgerstätten. Ob es sich dabei um Zeugnisse einer persönlichen Pilgerfahrt oder einen Reliquienimport handelt, muss offen bleiben.[18] Auch das Motiv des Schnallenbeschlägs mit Kreuz und zwei Greifen als Symbol der Auferstehung und des ewigen Lebens deutet auf christliche Zusammenhänge. Allerdings sind Reliquiarschnallen im alamannischen Raum nicht beheimatet, sondern als personenbezogenes Trachtzubehör mit ihrem Träger aus Burgund gekommen. Solche Schnallen lassen sich daher nicht als Zeichen eines alamannischen Christentums ansehen.

In St. Ulrich und Afra haben sich dank der guten Erhaltungsbedingungen in mehreren Sarkophagen auch organische Reste erhalten. Aufgrund der hölzernen Krummstäbe geht man davon aus, dass in zwei Gräbern (1 und 8) Kleriker bestattet wurden. Dies wird durch die bevorzugte Lage der Gräber *ad sanctos* nahe am Märtyrergrab der heiligen Afra unterstützt. Im frühen Mittelalter war die Bestattung in Kirchen nur einem bestimmten Personenkreis gestattet.[19] Durch die erhaltenen organischen Reste lässt sich erstmals das Aussehen der Kleriker rekonstruieren. Diese Befunde sind allerdings aufgrund ihrer Seltenheit nicht zu verallgemeinern. Als typische Teile der Klerikertracht können hölzerner Krummstab sowie Reliquiarschnalle gelten. Weiterhin gehören ein großes Messer und ein Holzstift als Teil des Schreibbestecks zur Ausstattung der Geistlichen. Gekleidet waren sie mit Leinenkittel und Hosen. Die hohen Lederstiefel, in Schriftquellen als besondere Fußbekleidung für Kleriker genannt, waren eher zum Reiten als zum Gehen geeignet. Der Tote aus Grab 1 besaß zudem einen einzeln am linken Fuß getragenen Sporn. Beide Kleriker trugen einen Ledergürtel, der in Grab 1 durch einen Knoten, in Grab 8 mit der erwähnten Reliquiarschnalle verschlossen war. Der Bestattete aus Grab 1 war mit einem etwa bis zum Knie reichenden Wollmantel bekleidet, jener aus Grab 8 mit einer Weste aus Otterfell.

Die Augsburger Klerikergräber sind im alamannischen Raum kein Einzelfall. Weitere Klerikerbestattungen, allerdings mit Reliquiarschnallen aus Geweih, lassen sich aus Pfullingen und Gruibingen anführen.[20] Wie weit und ob überhaupt diese burgundischen Geistlichen Einfluss auf die Christianisierung der Alamannen nahmen, bleibt wegen der Seltenheit solcher Befunde im Dunkeln.

---

1 Agathias, Historiae II, 1, 3-9.

2 Zusammenstellungen bei O. von Hessen, Die Goldblattkreuze aus der Zone nordwärts der Alpen. Problemi della civiltà e dell' economia longobarda. Scritti in memoria di G. P. Bognetti. Biblioteca della Rivista »Economia e Storia« 12. Mailand 1964, 199 ff. und R. Christlein, Verzeichnis der Goldblattkreuze nördlich der Alpen. In: W. Hübener (Hrsg.), Die Goldblattkreuze des frühen Mittelalters (Freiburg 1974) 105 ff.

3 Zusammenstellungen bei S. Fuchs, Die Goldblattkreuze aus der Zone südwärts der Alpen (Berlin 1938) und O. von Hessen, Langobardische Goldblattkreuze aus Italien. In: Hübener (Anm. 2) 113 ff.

4 E. Foltz, Technische Beobachtungen an Goldblattkreuzen. In: Hübener (Anm. 2) 11 ff.

5 J. Déer, Das Kaiserbild im Kreuz. Schweizerische Beiträge zur allgemeinen Geschichte 13, 1955, 48 ff.

6 Foltz (Anm. 4), 16 ff.

7 R. Christlein, Der soziologische Hintergrund der Goldblattkreuze nördlich der Alpen. In: Hübener (Anm. 2) 73 ff. bes. 76.

8 H.-J. Hundt, Die Textilreste von Oberflacht. In: S. Schiek, Das Gräberfeld der Merowingerzeit bei Oberflacht. Forsch. und Ber. zur Vor- und Frühgesch. in Baden-Württ. 41/1 (Stuttgart 1992) 105 ff.

9 Hier lässt sich etwa das heute in Chelles (Dép. Seine-et-Marne) aufbewahrte sog. Balthilden-Hemd mit eingesticktem Pektoralkreuz anführen: M. Beaulieu, La tunique du musée de Chelles. Musées de France 1950, 17 ff.

10 Christlein (Anm. 7) 83.

11 H. Vierck, Folienkreuze als Votivgaben. In: Hübener (Anm. 2) 125 ff.

12 Zu den Symbolen: G. Heinz-Mohr, Lexikon der Symbole – Bilder und Zeichen der christlichen Kunst (Freiburg i. Br., 4. Aufl. 1991) – G. B. Ladner, Handbuch der frühchristlichen Symbolik. Gott Kosmos Mensch (Stuttgart/Zürich 1992) 143 ff.

13 J. Werner (Hrsg.), Die Ausgrabungen in St. Ulrich und Afra in Augsburg 1961 – 1968. Münchner Beitr. zur Vor- und Frühgesch. 23 (München 1977) 335, Anm. 177. – K. Düwel, Runische und lateinische Epigraphik im süddeutschen Raum zur Merowingerzeit. In: K. Düwel (Hrsg.), Runische Schriftkultur in kontinental-skandinavischer und -angelsächsischer Wechselbeziehung. RGA Ergbd. 10. Tagung Bad Homburg 1992 (Berlin/New York 1994) 229 ff., v.a. 258 ff.

14 U. Schellhas, Amulettkapsel und Brustschmuck – Neue Beobachtungen zur rheinhessischen Frauenkleidung des 7. Jahrhunderts. Mainzer Archäologische Zeitschrift 1, 1994, 73 ff. (mit älterer Literatur).

15 .J. Werner, Das alamannische Fürstengrab von Wittislingen. Münchner Beitr. zur Vor- und Frühgesch. 2. (München 1950) 44 ff.

16 Schellhas (Anm. 14) 94 ff.

17 Schellhas (Anm. 14) 99.

18 F. Prinz, Augsburg im Frankenreich. In: Werner, Ulrich und Afra (Anm. 13) 390.

19 B. Kötting, Der frühchristliche Reliquienkult und die Bestattung im Kirchengebäude. Arbeitsgemeinschaft für Forschung des Landes Nordrhein-Westfalen. Geisteswissenschaften Heft 123 (Köln/Opladen 1965).

20 D. Quast, Merowingerzeitliche Funde aus der Martinskirche in Pfullingen, Kreis Reutlingen. Fundber. Baden-Württemberg 19/1, 1994, 591 ff.

Kultbau und Glaube

BARBARA SCHOLKMANN

Die Übernahme des Christentums hat Geschichte und Kultur der Alamannen nachhaltig fortwirkend geprägt. Ein grundlegender Wandel der Glaubensvorstellungen veränderte die geistige Welt der Menschen,[1] schlug sich aber auch in den materiellen Hinterlassenschaften aus ihrer Lebens- und Totenwelt nieder. Hier kann er weitaus genauer nachvollzogen werden als in den wenigen Schriftzeugnissen, die wir zu diesem Vorgang kennen.

Volksreligiosität im Umbruch

Wichtige Erkenntnisse zur Christianisierung der Alamannen lassen sich durch Erforschung der Gräberfelder und Grabbeigaben gewinnen.[2] Die allmählich sich vollziehende Verchristlichung der Jenseitsvorstellungen führt zu grundlegenden Veränderungen im Grab- und Bestattungsbrauch. Die Verstorbenen werden in zunehmender Zahl nicht mehr auf abseits der Siedlungen gelegenen Gräberfeldern, sondern auf dem bei der Kirche entstehenden Friedhof bestattet, einer Wohnstätte der Toten inmitten der Welt der Lebenden. Ihr Totengedenken ersetzt schließlich als christliche Jenseitsfürsorge die materielle Grabausstattung. Christliche Bildsymbole werden als Dekorelemente auf Objekten der Totenausstattung verwendet, und christliche Heilszeichen oder als christlich gekennzeichnete Gegenstände mit Schutz- und Abwehrfunktion finden ihren Platz im Grab. Diese Objekte spiegeln eine sich zum Christentum hin wandelnde Volksreligiosität mit noch vielen vorchristlichen Elementen wider. Als gewolltes Bekenntnis der Bestatteten oder der sie bestattenden Gemeinschaft zum Christentum bleiben sie jedoch vieldeutig.

519

519 **Das frühchristliche Heilssymbol des Ankers auf dem Grabstein der im 4. Jh. zu Kaiseraugst bestatteten Eustata bezeugt ein christliches Leben in spätrömischer Zeit.**

Sichere Zeugen des Glaubenswandels

Eindeutig interpretierbare Zeugnisse[3] der Christianisierung und der sich als Institution ausbreitenden Kirche sind dagegen die Kultbauten.[4] Mit der Errichtung einer Kirche bekannten ihre Erbauer und Nutzer nach außen für alle erkennbar den vollzogenen Übertritt zum Christentum. Die Erforschung des frühen Kirchenbaus ist Aufgabe einer mit modernen Methoden arbeitenden Kirchenarchäologie, denn die Bauten der Frühzeit blieben nicht erhalten. Umfangreiche neue Ergebnisse der letzten Jahrzehnte lassen zusammen mit den Erkenntnissen der Gräberarchäologie die Verbreitung des Christentums im alamannischen Raum in ihrer zeitlichen Abfolge und räumlichen Verteilung erkennen.

Erkennen, Deuten und Datieren als Problem

Häufig sind jedoch nur wenige und schwer deutbare bauliche Überreste erhalten. Sie liegen, da ein einmal gewählter Standort fast immer beibehalten und nur aufgrund besonderer Umstände aufgegeben wurde, meist unter den heutigen Sakralbauten und sind durch deren Erneuerungen und Umbauten weitgehend zerstört. Auch ihre gesicherte zeitliche Einordnung ist oft schwer möglich. Gut datierbar sind Kirchenbauten, bei denen sich frühmittelalterliche Gräber nachweisen lassen, mit Hilfe der Grabausstattung oder des Bestattungsritus,[5] wenn sie beigabenlos sin . Da seit Anfang des 9. Jh. die zuvor schon immer wieder ausgesprochenen Verbote von Bestattungen im Kircheninneren endgültig durchgesetzt wurden,[6] weisen Gräber in frühen Kirchenbauten allgemein auf eine Entstehung vor diesem Zeitpunkt hin. Anders als etwa im fränkischen oder bajuwarischen Bereich, sind in unserem Raum Kirchen auf oder bei älteren Gräberfeldern bisher nicht sicher nachweisbar, sie wurden vielmehr in räumlicher Distanz dazu errichtet.[7] Frühmittelalterliche Bestattungen in oder bei jüngeren Kirchen können deshalb indirekt einen frühen Kirchenbau bezeugen, selbst wenn davon keine Baureste vorhanden sind.

Kirchenbau und Funktion

Über die Zweckbestimmung als Gottesdienstraum hinaus waren schon die frühmittelalterlichen Kirchen in ihrer Funktion differenziert. Den bedeutendsten Rang nahmen die Metropolitankirchen in den Bistumssitzen ein. Über ihr Aussehen ist nichts bekannt, weder in Konstanz, dem für den größten Teil Alamanniens zuständigen Bischofssitz, noch in Augsburg, das den östlichsten Teil umfasste. Ergrabene Überreste früher Bischofskirchen zeigen, dass sie aufwendig gestaltet sein konnten wie die dreiteilige Anlage unter dem Basler Münster (um 800) oder aber einfach gebaut

520

520 In der ersten Hälfte des 5. Jh. in Nordafrika geformt, in Augsburg gefunden: Öllampe mit Kreuz als christlichem Heilszeichen.

521 Sakralbauten von der Mitte des 6. bis zum Ende des 8. Jh. im ducatus Alemanniae. Kartiert sind die archäologisch nachgewiesenen Kirchen auf Grundlage der Karte »Das merowingische Herzogtum Alemannien« im Historischen Atlas von Baden-Württemberg.

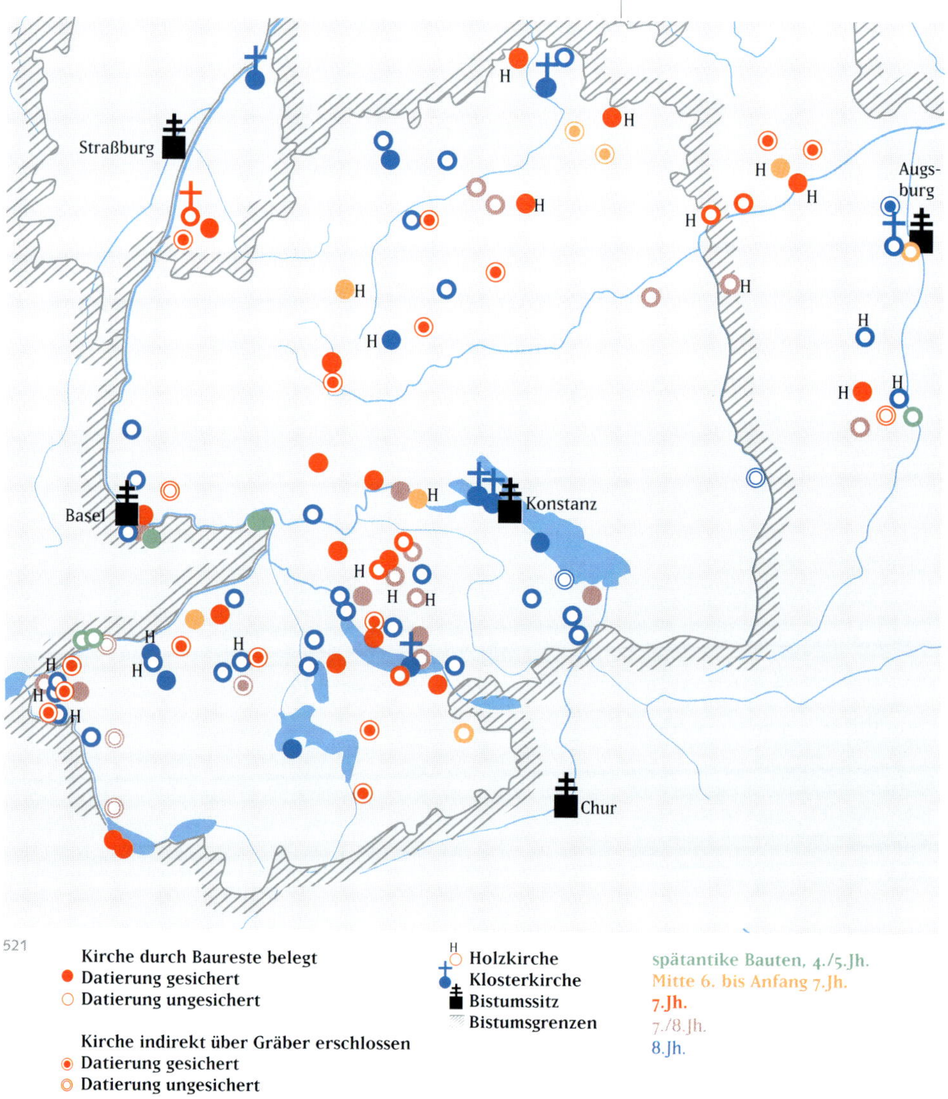

521

wie der Gründungsbau der Bischofskirche in Eichstätt. Eine besondere Funktion erfüllten Kirchen, die zu Klosteranlagen gehörten. Von ihrem Aussehen in der Frühzeit vermitteln uns mehrere ergrabene Bauten eine Vorstellung. Die Mehrzahl der frühen Sakralbauten sind jedoch ländliche Kleinkirchen. Sie wurden meist wohl von den Grundherren auf ihren Gütern als Eigenkirchen zur religiösen Lebenssicherung ihrer Familien im Diesseits wie im Jenseits errichtet, zum Teil vielleicht auch als Pfarrkirchen auf Veranlassung des Bischofs erbaut.

Überreste spätantiken Christentums

Seit Anfang des 4. Jh. hatte sich in den später von den Alamannen besiedelten Gebieten links des Rheins, innerhalb der heutigen Schweiz und südlich der Donau das Christentum ungehindert entfalten können. Sein Niederschlag in den archäologischen Quellen ist jedoch spärlich. Neben Grabsteinen und Alltagsgerät mit christlicher Bildsymbolik kennen wir wenige Sakralbauten des 5. Jh.[8] Das Ende des römischen Reichs und das Vordringen der Alamannen führte zu einem weitgehenden Rückgang kirchlichen Lebens. Sehr selten ist Kontinuität bis in die Merowingerzeit nachweisbar, so in Zurzach mit den Kultbauten über dem Grab der Märtyrerin Verena,[9] indirekt in Augsburg, wo Bestattungen des frühen 7. Jh. in der Kirche St. Ulrich und Afra belegen, dass die Verehrung der Heiligen Afra fortlebte. Ein wesentlicher Impuls

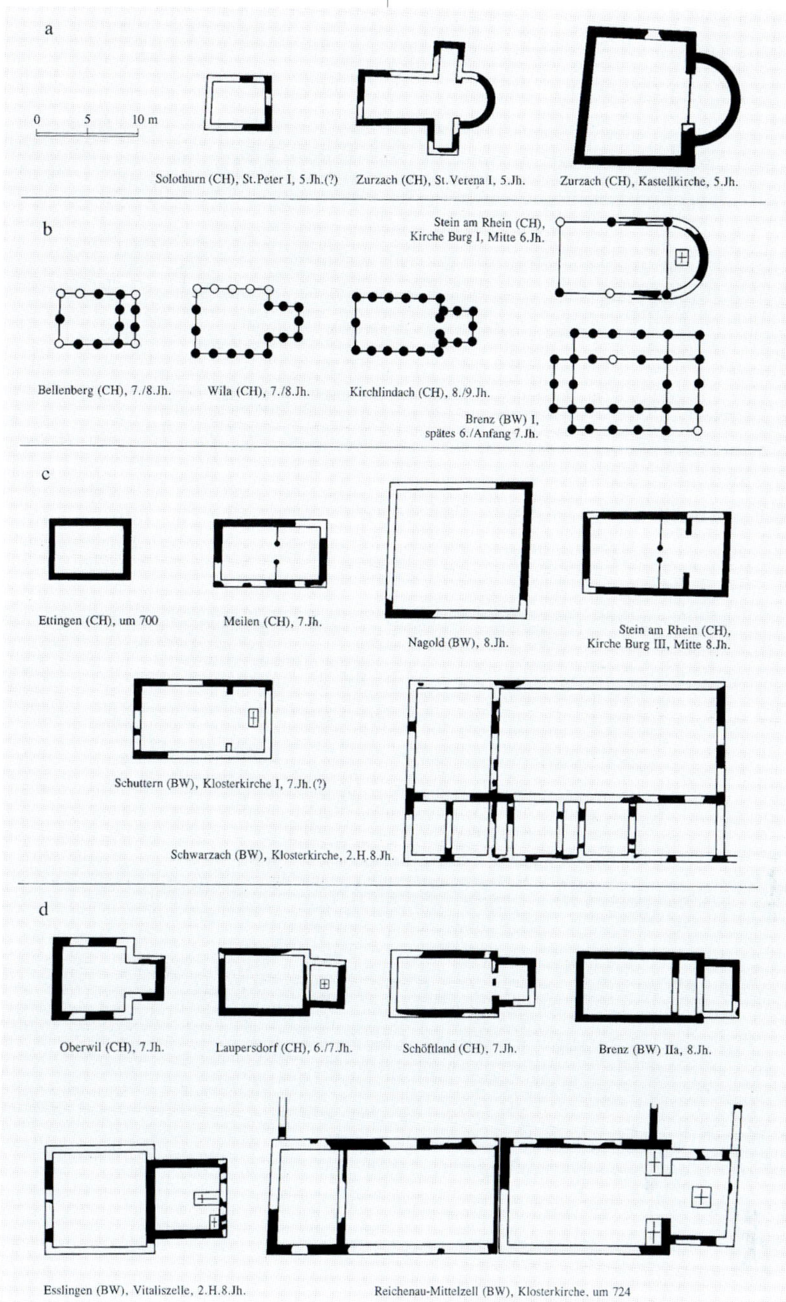

522 a

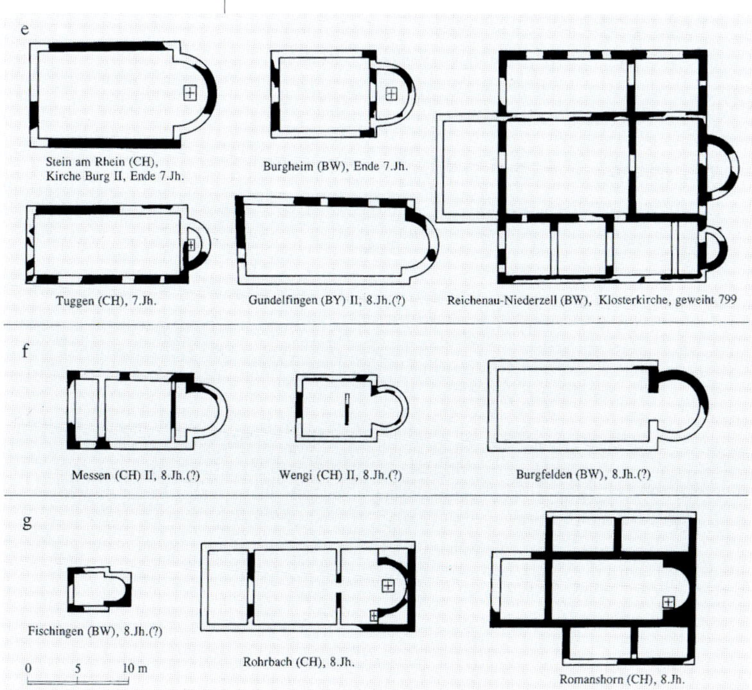

522 b

522 a, b **Typologie der frühmittelalterlichen Kirchen in Alamannien. Hier die häufigsten Typen in Holz- und Steinbau.**

zur Christianisierung kann von den wenigen Gemeinden mit spätantik-christlicher Tradition kaum ausgegangen sein.

Neubeginn der Christianisierung

Die frühesten gesicherten Kirchenbauten, die den Neuanfang einer Christianisierung belegen, wurden ab der zweiten Hälfte des 6. Jh. errichtet.[10] In Stein am Rhein entstand die älteste bisher ergrabene und sicher datierbare Kirche um die Mitte des 6. Jh., weitere Bauten dieser frühen Phase sind Laupersdorf und Zofingen, Dunningen, Pfullingen und Brenz, indirekt über Bestattungen konnten Oberbipp, Gruibingen und Kirchheim/Teck[11] erschlossen werden. Zu diesem Zeitpunkt setzt die Christianisierung der Alamannen ein, er fällt mit dem Vorkommen erster Grabbeigaben mit christlichen Bildsymbolen zusammen und liegt Jahrzehnte vor Errichtung des Bistums Kon-

stanz und damit der kirchenorganisatorischen Erfassung des Raumes. Träger dieser Verchristlichung waren offensichtlich Angehörige der Oberschicht, die Eigenkirchen errichteten, auch wenn sich die Lage eines Kirchenbaus in oder bei einem Herrenhof bisher nicht belegen lässt.[12]
Bis zum Ende des 7. Jh. sind fast 50 weitere Kirchenbauten nachweisbar, ebensoviele entstanden sicher oder mit einiger Wahrscheinlichkeit im 8. Jh. Dass die Verbreitungsdichte innerhalb der heutigen Schweiz besonders groß ist, liegt wohl am Forschungsstand und spiegelt kaum eine besonders zügige Ausbreitung des Kirchenbaus wider. Sicher waren auch dies in der Mehrzahl grundherrliche Eigenkirchen. Nach Gründung des Bistums Konstanz können aber auch Pfarrkirchen entstanden

523

524

sein, ohne dass sie sich im archäologischen Befund differenzieren lassen. Die ersten ergrabenen und sicher datierbaren Klosterkirchen sind die Gründungsbauten der im 8. Jh. entstehenden Klöster.
Die kirchliche Topographie Alamanniens in der Merowinger- und frühen Karolingerzeit erhellt eindrucksvoll den Prozess zügiger Ausbreitung des Kirchenbaus im ländlichen Raum. Bezieht man die seit dem beginnenden 8. Jh. in den Schriftquellen bezeugten Sakralbauten mit ein, so verdichtet sich das Bild noch erheblich. So lässt die Zahl bis zum Ende des 8. Jh. entstandener Kirchen den sicheren Schluss zu, dass die Christianisierung flächendeckend weit fortgeschritten war.

Die Bautypen der Frühzeit: Einheit und Vielfalt

Die bauliche Gestaltung der frühen Sakralbauten zeigt viele Gemeinsamkeiten, aber auch eine beträchtliche Vielfalt an Bautechniken, Formen und Typen. So entstanden schon mit dem Beginn des Kirchenbaus ab Mitte des 6. Jh. Stein- und Holzkirchen nebeneinander und wurden auch während des ganzen 7. und 8. Jh. gleichzeitig errichtet. Der Steinbau beschränkt sich allerdings in der Frühphase auf das Gebiet der heutigen Schweiz und verbreitet sich erst im Verlauf des 7. Jh. auch rechtsrheinisch. Holzkirchen wurden zwar vielfach noch während der hier untersuchten Zeitspanne durch einen Steinbau ersetzt, doch ergibt sich daraus nicht, dass sie als geringerwertig angesehen wurden.[13]

525

523 Bei dieser Abendmahlszene aus der Handschrift des Stuttgarter Psalters ist der dargestellte Altar mit Tüchern reich geschmückt. Dazu gehören Kelch, Altarkreuz und, daneben stehend, ein Leuchter.

524 Mitte bis zweite Hälfte des 9. Jh. lautet die Datierung dieses transportablen Altars aus Kloster Adelhausen. Der kostbare Porphyr sowie die Verzierung mit Silberplatten und farbigen Emails vermitteln eine Vorstellung vom Reichtum der Kirchenausstattung.

525 Die ornamentale Verzierung der Fragmente einer Chorschrankenplatte aus der Reichenauer Klosterkirche Niederzell (um 799) zeigt die christlichen Bildsymbole Kreuz, Vierpaßknoten, Blütenrosetten und stilisierten Weinstock.

526 **Zur Aufbewahrung und zum Transport von Reliquienpartikeln oder Berührungsreliquien diente dieser Behälter, ein sogenanntes Bursenreliquiar. Es gehörte zum Altar der Kirche von Ennabeuren, der Ende des 7. Jh. geschaffen wurde.**

526

Alle ergrabenen Holzkirchen[14] sind, anders als etwa die frühen Beispiele im Rheinland, in Pfostenbauweise errichtet, meist als einschiffige Saalbauten. Vier Stützenreihen, die ohnehin nur selten vorkommen, scheinen eher konstruktiv bedingt als durch das Streben nach Mehrschiffigkeit.[15] Die Saalkirche mit angefügtem Rechteckchor ist der am häufigsten belegte Typus, Rechtecksäle ohne im Außenbau ausgeschiedenen und nur im Inneren durch eine Schranke abgetrenntem Altarraum sind seltener. Außergewöhnlich wirkt als Chorlösung eine halbrunde, nicht eingezogene Apsis bei Holzkirchen, sie ist im alamannischen Raum bisher nur für Bau I der Kirche Burg in Stein am Rhein nachgewiesen, ebenso wie die Technik eines Pfostenbaus mit Schwellenkranz auf steinernem Fundament.[16]

Die Bautypen der Steinkirchen entsprechen dem weitgehend. Auch hier herrscht der Saalbau vor,[17] in der Mehrzahl der Beispiele mit eingezogenem Altarhaus und geradem Abschluss. Bei den ungegliederten Rechtecksälen wird der Chorbereich durch eine Schranke abgetrennt. Saalkirchen mit eingezogener halbrunder Apsis kommen dagegen seltener vor, im 7. Jh. vor allem in der Schweiz. Ganz vereinzelt finden sich hufeisenförmig eingezogene oder rechtwinklig ummantelte Apsiden.

Die Kirchen sind einschiffig; dies gilt auch für die Gründungsbauten der Klöster Mittelzell und Niederzell auf der Reichenau, für Schuttern und Schwarzach in der Ortenau sowie Esslingen in Ineralamannien. Sie heben sich allenfalls durch ihre Größe von den ländlichen Kirchen ab.

Haus Gottes und der Heiligen

Nur spärliche Überreste der ortsfesten Ausstattung früher Kirchen sind nachweisbar, z.B. Estrichfußböden oder gemauerte Blockaltäre im Chor. Chorschranken lassen sich häufiger belegen, sowohl als Schrankenplatten wie als Pfostenkonstruktion, aber meist nur als Ausbruch. Wenige erhaltene Platten zeigen ornamentale Ausschmückung.

527

527 **Fragment eines vermutlich im 8./9. Jh. geschaffenen Seidengewebes mit Amazonendarstellung aus dem östlichen Mittelmeerraum. Der kostbare Stoff diente sehr wahrscheinlich zur Aufbewahrung der Gebeine des hl. Fridolin in Säckingen.**

528 **Das Grab des hl. Vitalis im Chor der Kirche einer »Cella« in Esslingen wurde Ende des 8. Jh. angelegt. Es war mit einem pultdachförmigen Deckstein abgedeckt und mit einer verschließbaren Öffnung versehen.**

Bildliche Darstellungen in frühmittelalterlichen Handschriften und einige wenige erhaltene Stücke vermitteln eine Vorstellung von der reichen Ausgestaltung der Kirchenräume und ihrer Ausstattung mit liturgischem Gerät. So war der Altar mit einem Kreuz versehen, mit Tüchern geschmückt oder kostbar verziert. Kerzenleuchter gehörten ebenso zum Inventar wie die *vasa sacra*, das Gerät für den Altardienst, z.B. Kelche aus wertvollen Materialien, wie die in Esslingen gefundenen Bruchstücke kostbarer farbiger Gläser belegen.[18]
Die Grabstätten der Märtyrer wurden verehrt. Hiervon ausgehend gewann im Frühmittelalter der Reliquienkult ständig wachsende Bedeutung. Leider blieben die Verehrungsstätten der hl. Verena in

528

529

529 Ungewöhnlicher Reichtum der Grabausstattung weist die am Ende des 7. Jh. in der Kirche von Burgheim beigesetzte Frau als Angehörige der sozialen Oberschicht aus, wahrscheinlich gehörte sie zur Familie des Eigenkirchenherren.

Zurzach und der hl. Afra in Augsburg nicht in ihrer frühmittelalterlichen Gestalt erhalten. Reliquienpartikel als persönliche Heilsversicherung finden sich in Schnallen, Riemenzungen und Kapseln als Teile der materiellen Grabausstattung.[19] In den Kirchen bildeten sie den kostbarsten Teil der Ausstattung und wurden in aufwendig geschmückten Behältern oder mit kostbaren Stoffen umhüllt aufbewahrt. Zu Beginn der Karolingerzeit setzt die Translation frühchristlicher Märtyrerleiber nach Alamannien ein. Das Grab des hl. Vitalis in Esslingen vermittelt eine Vorstellung von der Gestaltung einer solchen in die Kirche baulich integrierten Verehrungsstätte. Die Krypta als Stätte der Heiligenverehrung findet sich erst ab dem 9. Jh.[20]

Privilegierter Begräbnisplatz

Kirche und Begräbnis sind im frühmittelalterlichen Christentum eng verbunden. Zahlreiche Gräber in oder bei Kirchen zeigen, dass diese nicht nur Gottesdienstraum, sondern zugleich Bestattungsplatz und Ort des Totengedenkens für die hier bestattende Gemeinschaft waren. Dies gilt besonders für grundherrliche Eigenkirchen, die man erbaute, um das Seelenheil von Familien der Oberschicht zu sichern.[21] Bestattungen werden im Inneren des Kirchenschiffs angelegt, häufig in dezentraler Lage, selten in einem eigens dafür errichteten Annex wie in Einigen. Gräber konnten baulich direkt in eine Kirche integriert werden (Zofingen), oder der Kirchenbau wurde über einer Grablege

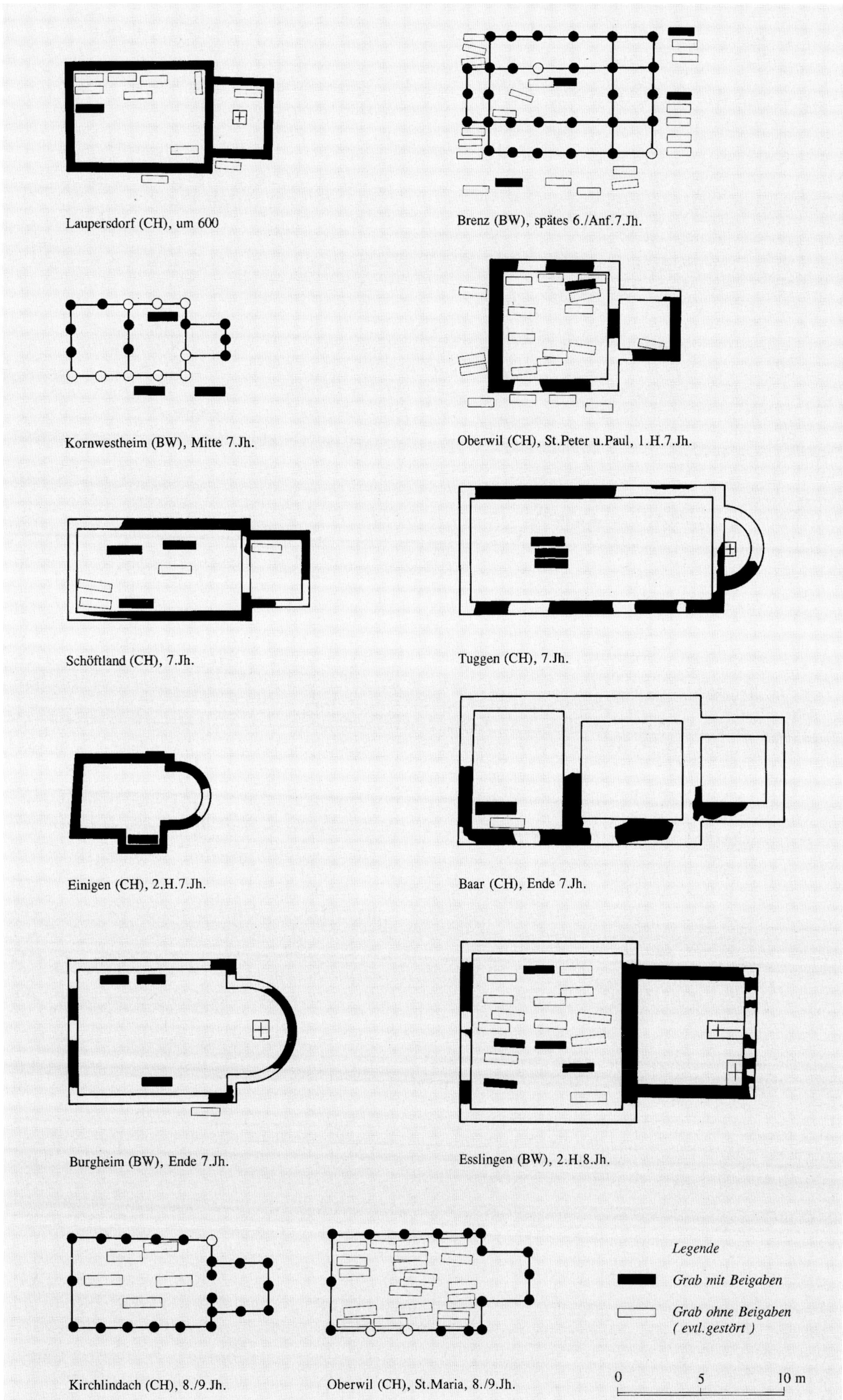

530 Kirche als Bestattungsplatz. Beispiele von Grablegen in frühmittelalterlichen Kirchen Alemanniens.

in direktem Zusammenhang mit dem Zeitpunkt der Bestattung errichtet (Dunningen, Kornwestheim).[22] Schon im 7. und vermehrt im 8. Jh. füllen Bestattungen oft das ganze Kirchenschiff. Der Altarraum bleibt jedoch fast immer frei, auf jeden Fall der Platz unter oder hinter dem Altar, der dem Heiligengrab vorbehalten ist. Über die Gestaltung dieser Begräbnisstätten lassen sich kaum Aussagen machen, da die Fußböden, von denen aus sie eingetieft wurden, meist nicht erhalten sind. Nur einmal, in Esslingen, bedeckt eine Platte mit dem Namen des Verstorbenen das Grab.

Der Platz im Kircheninneren stellte eine bevorrechtigte Begräbnisstätte dar, gekennzeichnet durch Nähe zu den heilskräftigen Reliquien und Absonderung von der übrigen bestattenden Gemeinschaft. Wie die oft besonders reichen oder durch außergewöhnliche Ausstattung hervorgehobenen Gräber in und bei den frühen Kirchen zeigen, wurden hier Angehörige der sozialen Oberschicht bestattet, die Erbauer und Eigenkirchenherren mit ihren Familien.[23] Wie weit die beigabenlosen Gräber in und bei den Kirchen den fortschreitenden Wandel des Bestattungsbrauchtums mit Aufgabe der Beigabensitte widerspiegeln oder die Teilhabe der zum Grundherren gehörigen *familia* an der Kirche als Begräbnisplatz bezeugen, lässt sich nicht entscheiden. Sicher wurden in der Kirche jedoch auch die Kleriker bestattet, die den Altardienst versahen, zumal die kirchenrechtlichen Vorschriften den Geistlichen ausdrücklich das Recht der Bestattung in der Kirche einräumten.[24] In Augsburg bei St. Afra sind Klerikergräber durch beigegebene Insignien identifizierbar .[25] Aber auch Privatreliquiare, insbesondere Reliquiarschnallen, lassen zumindest teilweise auf Kleriker schließen,[26] wie auch in Gräbern ohne Beigaben Geistliche bestattet sein können. So stellt die Innengrablege aus der zweiten Hälfte des 8. Jh. in Esslingen sehr wahrscheinlich die Bestattung der ersten Mönchsgemeinschaft bei St. Vitalis dar.[27]

Fundament für das christliche Mittelalter

Die Entstehung von Kirchenbauten seit Mitte des 6. bis zum Ende des 8. Jh. spiegelt eindeutig die allmähliche Hinwendung der Alamannen zum Christentum wider. Sie erscheint am Ende des 8. Jh. so weit fortgeschritten, dass wir von einem weitgehend christlich gewordenen Alamannien ausgehen können. Wenn auch die damaligen Sakralbauten in ihrer äußeren Form schon vieles mit den späteren Kirchen verbindet, so war das darin gelebte Christentum doch noch weit von dem entfernt, was wir uns unter mittelalterlicher Frömmigkeit vorstellen. Das Ende des langen Prozesses der Verchristlichung bilden die intensiven Bemühungen zu organisatorischer und seelsorgerlicher Neuordnung der Kirche in karolingischer Zeit, insbesondere durch Karl den Großen, die auch Auswirkungen auf den Kirchenbau hatten. Erst nach dieser Phase waren Christentum und Kirche so geformt, dass sie zum einheitlichen Fundament für das christliche Mittelalter werden konnten.

1 A. Angenendt, Das Frühmittelalter (Stuttgart/Berlin/Köln 1990).
2 Vgl. die Beiträge Quast, Opferplätze und Riemer, Zeichen in diesem Katalog.
3 Die Kirchenbauten wurden zusammengestellt auf der Grundlage von: F. Oswald/L. Schaefer/H. R. Sennhauser, Vorromanische Kirchenbauten 1. Katalog der Denkmäler bis zum Ausgang der Ottonen. Veröff. Zentralinst. Kunstgesch. München III/I (München 1990). – W. Jacobsen/L. Schaefer/H. R. Sennhauser, Vorromanische Kirchenbauten 2. Katalog der Denkmäler bis zum Ausgang der Ottonen. Ebd. (München 1991). – H. W. Böhme, Adelsgräber im Frankenreich. Archäologische Zeugnisse zur Herausbildung einer Herrenschicht unter den merowingischen Königen. Jahrb. RGZM 40, 1993, 397–534. – A. Burzler, Die frühmittelalterlichen Gräber aus der Kirche Burg. In: M. Höneisen (Hrsg.), Frühgeschichte der Region Stein am Rhein. Archäologische Forschungen am Ausfluss des Untersees. Schaffhauser Arch. 1 (Basel 1993) 191–230. Aus Platzgründen sind Literaturangaben zu allen darüber hinaus erfassten Bauten unmöglich. Literatur wird nur genannt, soweit im Text darauf eingegangen wird.
4 Vgl. G. Fehring, Missions- und Kirchenwesen in archäologischer Sicht. In: H. Jankuhn/R. Wenskus, Geschichtswissenschaft und Archäologie. Untersuchungen zur Siedlungs-, Wirtschafts- und Kirchengeschichte. Vorträge und Forsch. XXII (Sigmaringen 1979) 547–591, insbesondere 559.
5 Vgl. P. Eggenberger/S. Ulrich-Bochsler/E. Schäublin, Beobachtungen an Bestattungen in und um Kirchen im Kanton Bern aus archäologischer Sicht. Zeitsch. Schweizerische Arch. und Kunstgesch. 40, 1983, 221–240. – G. P. Fehring/B. Scholkmann, Die Stadtkirche St. Dionysius in Esslingen. Archäologie und Baugeschichte 1. Die archäologische Untersuchung und ihre Ergebnisse. Forsch. und Ber. Arch. Mittelalter Baden-Württemberg 13/1 (Stuttgart 1995)92 ff.
6 Vgl. B. Kötting, Der frühmittelalterliche Reliquienkult und die Bestattung im Kirchengebäude. Arbeitsgemeinschaft Forsch. Land Nordrhein-Westfalen 123 (Köln/Opladen 1965). – Eggenberger (Anm. 5).
7 Vgl. zuletzt D. Quast, Merowingerzeitliche Funde aus der Martinskirche in Pfullingen, Kreis Reutlingen. Fundber. Baden-Württemberg 19/1, 591–660. Auch für Leonberg-Eltingen ist der Befund einer Holzkirche beim Gräberfeld nicht eindeutig: Chr. Moll/I. Stork, Neue Untersuchungen im Friedhof und der Siedlung »Beim alten Kirchhof« von Leonberg-Eltingen, Kreis Böblingen. Arch. Ausgr. Baden-Württemberg 1993, 231–235.
8 Vgl. über die in Anm. 3 genannte Literatur hinaus: H. Sennhauser, St. Ursen, St. Stephan – St. Peter. Die Kirchen von Solothurn im Mittelalter. In: Solothurn. Beiträge zur Entwicklung der Stadt im Mittelalter (Zürich 1990) 63–224.
9 Vgl. Beitrag Sennhauser, Heiligengrab.
10 Zu den Nachweisen der Bauten vgl. Anm. 3.
11 Neu zu Pfullingen: H. Krins (Hrsg.), Pfullingen, Zeugen der Geschichte. Bedrohung – Erforschung – Erhaltung. Arch. Inf. Baden-Württemberg 24 (Stuttgart 1992). – Quast (Anm. 7). – Zu Gruibingen ebd. – In Laupersdorf dürfte der ergrabene Bau der Gründungsbau sein. Hinweise auf einen hölzernen Vorgänger (Böhme [Anm. 3], 439) liegen nicht vor.
12 Ein Beispiel einer solchen Anlage von Herrenhof und Kirche wurde in Herrsching am Ammersee entdeckt: E. Keller, Der frühmittelalterliche »Adelsfriedhof« mit Kirche von Herrsching am Ammersee, Lkr. Starnberg. Ber. Bayer. Bodendenkmalpfl. 32/33, 1991/1992, 7–68.
13 Vgl. C. Ahrens, Frühe Holzkirchen im nördlichen Europa. Veröff. Helms-Museum 39 (Hamburg 1981) 206 ff.
14 Zusammenstellungen bei: G. Fehring, Die Stellung des frühmittelalterlichen Holzkirchenbaues in der Architekturgeschichte. Jahrb. RGZM 14, 179–197. – Ders. (Anm. 4). – Ahrens

(Anm. 13). – P. Eggenberger, Forschungen an Holzkirchen in der Schweiz. Zeitschr. Arch. Mittelalter 13, 1985, 225–227. – Ders., Typologie und Datierung der frühmittelalterlichen Holzkirchen des Kantons Bern. Arch. Schweiz 16, 1992, 93–96.

15 Vgl. W. Sage/H. Dannheimer, Kirchenbauten. In: H. Dannheimer/H. Dopsch, Die Bajuwaren. Von Severin bis Tassilo 488–788 (o.O., o.J.) 294 f.

16 Vgl. im bajuwarischen Bereich den Holzpfostenbau von Herrsching: Keller (Anm. 12).

17 Abb. 522 (c): Ettingen: Jahrbuch SGFU 78, 1995, 232 f.

18 Dazu F. Stein in: Fehring/Scholkmann (Anm. 5) 417 ff.

19 D. v. Reitzenstein, Privatreliquiare des Frühen Mittelalters. Kl. Schr. Vorgesch. Seminar Marburg (Marburg 1991). Jüngste Zusammenstellung: Quast (Anm. 7) 613 ff.

20 Vgl. K. Sennhauser, Kirchen und Klöster. In: Ur- und frühgeschichtliche Archäologie der Schweiz IV. Das Frühmittelalter (Basel 1979) 133–148.

21 Vgl. Angenendt (Anm. 1) 261.

22 Zu Kornwestheim: B. Scholkmann, Die Kornwestheimer Martinskirche und ihre Vorgängerbauten. Kornwestheimer Geschichtsblätter 2, 1992, 6–16.

23 Vgl. Böhme (Anm. 3). – Burzler (Anm. 3). Zum Problem der Gräber von Kirchenstiftern grundsätzlich: M. Borgolte, Stiftergrab und Eigenkirche. Ein Beitrag der Mittelalterarchäologie in historischer Kritik. Zeitschr. Arch. Mittelalter 1986, 13, 27–38.

24 Vgl. Kötting (Anm. 6).

25 Vgl. J. Werner (Hrsg.), Die Ausgrabungen in St. Ulrich und Afra in Augsburg 1961–1968. Veröff. Komm. Arch. Erforsch. spätröm. Raetien. Münchner Beitr. Vor- und Frühgesch. 23 (München 1977) 142 ff.

26 Quast (Anm. 7) 616 ff.

27 Fehring/Scholkmann (Anm. 5) 49 f.

Heiligengrab und Siedlungsverlegung

ZURZACH IN RÖMISCHER ZEIT UND IM FRÜHMITTELALTER

HANS RUDOLF SENNHAUSER

Zwischen Jura und Rhein, ca. 7 km östlich der Aaremündung liegt der Flecken Zurzach quer auf der glazialen Schotterterrasse. Er ist ein langgestrecktes Straßendorf am Weg vom Landesinneren an den Rhein. Ein Seitenarm nimmt die West-Ost gerichtete Rheintalstraße auf. Das Niveau der Hauptstraße liegt im Flecken etwas mehr als einen Meter über der Römerstraße, die von Vindonissa an den Rhein und darüber hinaus an die Donau führte. Im größeren Zusammenhang gesehen, ist diese Straße ein Teilstück der schon vorrömischen Völkerstraße durch das Schweizer Mittelland nach Genf und durchs Rhônetal ans Mittelmeer; der Weg von Vindonissa über den Klettgau an die Donau bildete eine der Einfallstraßen der Römer nach Germanien.

531 Übersichtskarte Vindonissa (Windisch) – Aquæ Helveticæ (Baden) – Tenedo (Zurzach). Die Straße Vindonissa-Juliomagus mied das früher sumpfige und unwegsame Gebiet der Aare und wich bei Döttingen über den Zurzacherberg aus, bei Tenedo querte sie den Rhein. – Dunkelrot: frührömische Straßen, Militärstationen und Siedlungen.
1 Aaretal Richtung Olten–Genf,
2 Bözberg Richtung Augusta Raurica (Augst),
3 Limmattal Richtung Chur,
4 nach Juliomagus (Schleitheim) und weiter zur Donau,
5 nach Kadelburg und weiter Richtung Elsass.
Hellrot: spätrömische Kastelle und Wachttürme.

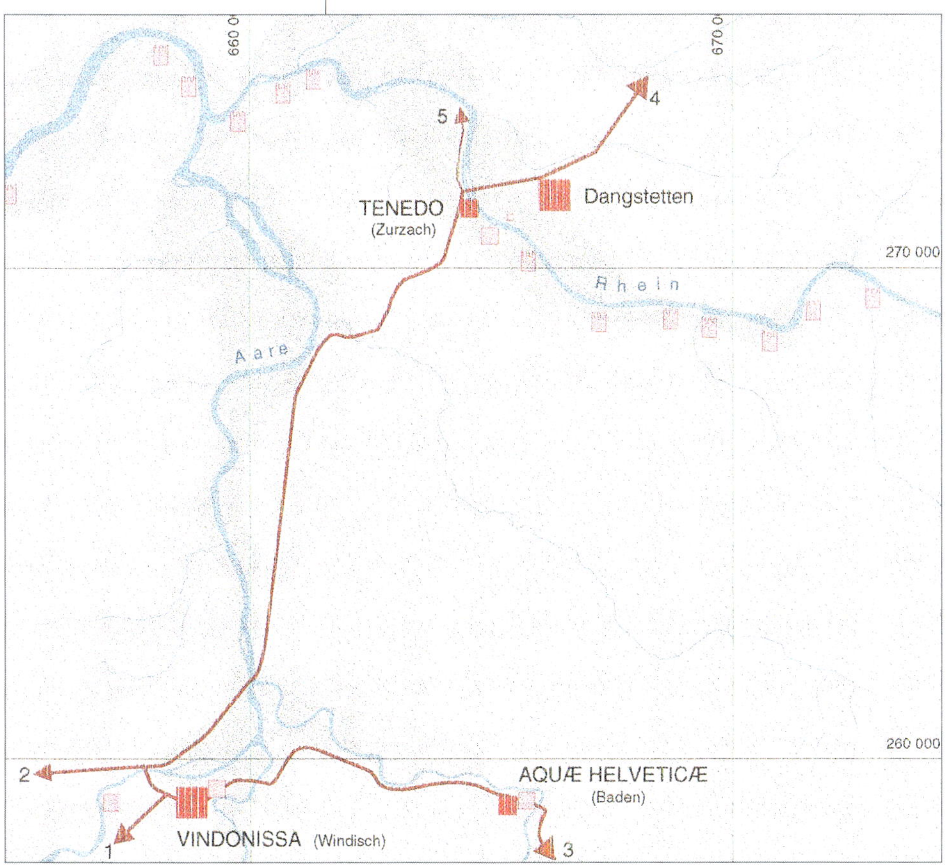

531

Frührömische Lager von Dangstetten und Zurzach

Vielleicht schon 15 v.Chr., im Jahre des Alpenfeldzuges der Prinzen Drusus, Germanicus und Tiberius, vielleicht etwas später, gegen 12 v.Chr., wurde nördlich des Rheines auf der breiten Hochterrasse bei Dangstetten ein mehr als 12 ha großes römisches Lager angelegt, wohl ein Legionslager, das eine mit Holzschalwänden und Erdfüllung gebildete Umwehrung besaß und Holzbauten enthielt. Es diente wenigstens zeitweilig der unter Augustus aufgestellten 19. Legion als Aufenthaltsort, die 9 n.Chr. in der »Varusschlacht« im Teutoburger Wald eine vernichtende Niederlage erlitt. Schon ca. 9 v.Chr. wurde das Lager verlassen. Etwa gleichzeitig entstand auf der linken Rheinseite bei Zurzach ein neues Lager, das 1983–90 anlässlich des Baus der Ortsumfahrung entdeckt und archäologisch untersucht werden konnte.

Dieses Lager hat von ca. 10 v.Chr. bis ca. 50 n.Chr. bestanden. Es ist in dieser Zeit mindestens zweimal neu angelegt und dabei von 0,6 auf 2,08 ha vergrößert worden. Spitzgräben vor pfostenverstärkten Wällen umgaben es, die Innenbauten bestanden auch hier aus Holz.

Kastellvicus und Gräber

Im Westen des Lagers sind Teile des Kastellvicus gefasst worden, dessen älteste Bauten ebenfalls in Holzbauweise errichtet waren, während die jüngsten, aus Stein gebauten, erst nach der Aufgabe des Militärlagers entstanden. An der Straße nach Süden, gegen den Zurzacher Berg, wurden in den letzten 20 Jahren römische Bestattungen aufgedeckt, Urnengräber und Körpergräber des 1. bis 4. Jh. Die meisten Toten dürften Bewohner der Nachfolgesiedlung des Kastellvicus gewesen sein; einzelne, z.B. der Mann mit Zwiebelknopffibel, könnten auch zur Besatzung/Bevölkerung des spätrömischen Kastells gehört haben.

Das spätrömische Kastell

Nach der friedlichen Zeit des zweiten und der ersten Hälfte des 3. Jh. änderte sich die Situation grundlegend. Seit dem Ende des 3. Jh. bildete die Rheinlinie wieder, wie schon zur Zeit des Kaisers Tiberius, die Grenze des Römerreiches gegen Germanien. Ein Gürtel von starken Festungen und Wachttürmen entstand um 300 und im Verlaufe des 4. Jh. am linken Rheinufer. Vielleicht schon zu Ende des 3. Jh., sicher aber im 4. Jh., errichtete das

Militär östlich des heutigen Fleckens ein mächtiges gemauertes Doppelkastell, das westliche Kastell auf Kirchlibuck und das östliche auf Sidelen. Die zugehörige Brücke über den Rhein führte zu einem Vorwerk auf der rechten Rheinseite, dessen Reste unter Kirche, Pfarrhaus und Pfarrgarten von Küssaberg-Rheinheim ergraben wurden. Sie ist nach dem Ausweis dendrochronologischer Untersuchungen im Jahre 368 erbaut oder erneuert worden, es wurden dafür aber auch ältere Pfähle – von einer älteren Rheinbrücke? – verwendet. Wenige Jahre später – 376 – musste die Brücke repariert werden. Ob das starke Festungswerk mit seinen drei geräumigen und massiven Kastellen in einem Zug oder sukzessive in Etappen errichtet wurde, wissen wir nicht. Möglicherweise ist die Festung auf Kirchlibuck, dessen Umfassungsmauer in der Art hochmittelalterlicher Burgen dem Plateaurande folgt, der älteste Teil der Anlage. Die hier festgestellte massenhafte Verwendung von Spoliensteinen tritt nach den Erfahrungen von Rudolf Laur-Belart jedenfalls besonders häufig bei diokletianisch-constantinischen Bauten auf. Hinzu kommt, dass an den Türmen nachträgliche bauliche Änderungen nachgewiesen sind. Die beiden in der Form verschobener Quadrate regelmäßig angelegten Kastelle Sidelen und Rheinheim – der Typ gilt gelegentlich als valentinianisch – sind vielleicht erst später zur Verstärkung der ursprünglichen Anlage entstanden.

Um 400 mag das Kastell von der regulären Besatzung verlassen worden sein; 401 zog der Reichsverweser Stilicho die Truppen zum Schutze Italiens vom Rhein über die Alpen zurück. Eine kleine Resttruppe und eine Art »Heimwehr« dürften das Festungswerk instand gehalten haben.

Tenedo – Zurzach

Aus der Zeit dieses spätrömischen Kastells kennen wir den Namen der römischen Siedlung – oder nur des Kastells (?) – von Zurzach: Die Tabula Peutingeriana, Kopie aus dem 13. Jh. des Originals einer Straßenkarte aus dem 4. Jh., vermerkt auf dem Wege von Vindonissa nach Rottweil (Arae Flaviae) »Tenedone VIII«, das heißt, »von Vindonissa nach Tenedo sind es 8 gallische Leugen«, also etwa achtmal 2,2 km, was, wie schon Ferdinand Keller 1860 bemerkte, ungefähr der heutigen Wegstrecke von Windisch nach Zurzach entspricht. Der vorrömische Name Tenedo kann an einer Siedlung gehaftet haben, die für Zurzach anhand von einigen Funden angenommen wird.

Kirche mit Baptisterium und Nebengebäude im Kastell

Über die Verhältnisse seit dem 5. Jh. in und um Zurzach fehlen schriftliche Quellen gänzlich. Es ist aber möglich, eine Vorstellung zu gewinnen

532

532 In frührömischer Zeit führte die Straße vom Zurzacher Berg in gerader Linie (orange) zum Rhein, wo eine Brücke vermutet wird. Auf der Rheinterrasse befand sich östlich der Straße ein Kastell (orange). Die Ausdehnung der zivilen Siedlung (weiß) ist noch unbekannt; sie mag sich vom Rand der Flussterrasse bis etwa zum heutigen Rathaus erstreckt haben. Nach römischem Brauch lag der zugehörige Friedhof (weiß) beiderseits der Straße nach Vindonissa.

533

533 Im 4. Jh. entstanden (orange) das Doppelkastell auf Kirchlibuck/Sidelen und eine neue Rheinbrücke mit Brückenkopf auf der gegenüberliegenden Seite. Im größeren Kastell stand im 5. Jh. eine Kirche mit Baptisterium (rot). Aus der gleichen Zeit stammt die älteste Kirche im Friedhof unter St. Verena (rot). Ein Grab oder ein Gedächtnisbau hat ihre Lage offenbar so zwingend bestimmt, dass die Straße nach Westen verlegt werden musste.

534 **Zurzach/Küssaberg-Rheinheim, Situation von Burgquartier, Schlösschen Mandach, Rheinbrücken und spätrömischen Kastellmauern. Am rechten Rheinufer der Brückenkopf von Küssaberg-Rheinheim. Weshalb Kastell und Brücke in spätrömischer Zeit nicht am Ort der Vorgängeranlagen errichtet wurden, bleibt vorläufig offen. Unbekannt ist auch die Straßenführung zum neuen Rheinübergang.**

535 **Das im 7. Jh. erwähnte »Wrzacha« bezeichnet wohl schon den Kern der Ansiedlung um das ehemalige Kloster (rot) und des späteren Chorherrenstifts. Nördlich lag der Kelnhof (orange), daneben erstreckte sich der Unterflecken entlang der beiden Hauptgassen. Oberhalb des Stifts liegt der Oberflecken mit den Widumhöfen (grün), der Pfarrkirche gewidmeten Pfrundgütern. Anstelle der spätrömischen Brücke wurde 1269 eine neue Pfahljochbrücke (orange) errichtet.**

bei Eugippius, der in seiner Vita Severini die Zeit um 500 an der Donau in Binnen-Noricum schildert. Zwar sitzen dort nicht die Alamannen, sondern die Rugier nördlich des Flusses, aber auch sie bleiben vorderhand an ihrem Ufer und setzen vor allem nachts zu gelegentlichen Raubzügen über die Donau.
Während dieser unsicheren Jahrzehnte entstand im Kastell auf Kirchlibuck – wie in den Kastellen Kaiseraugst, Schaan und wohl auch Konstanz – eine kleine Kirche mit Taufraum und Nebengebäude. Einerseits wohl, weil man das Gotteshaus und sich selber bei der Kirche im Kastell in Sicherheit bringen konnte, anderseits aber weil die Geistlichkeit nach dem Abzug der Legionäre an die Stelle der bisherigen Obrigkeit – des Kastellkommandanten – trat und Verteidigung und Verwaltung vom Klerus organisiert wurden, wie es auch bei Eugippius nachzulesen ist. Die Voraussetzungen für die auffällige Einrichtung der Kirche in einer militärischen Festung waren gegeben: Die mächtigen Anlagen standen seit der Zeit um 400 weitgehend leer; das Christentum war seit 391 Staatsreligion, und die Kirchenleute übernahmen die zivile Verwaltung in der Tradition der militärischen. Wären diese Kirchen, wie man gelegentlich noch lesen kann, im 4. Jh. entstanden, so müsste man sich wundern, dass bisher lediglich christliche Gotteshäuser und keine Soldatenheiligtümer, etwa Mithrastempel, in den Kastellen nachgewiesen werden konnten.

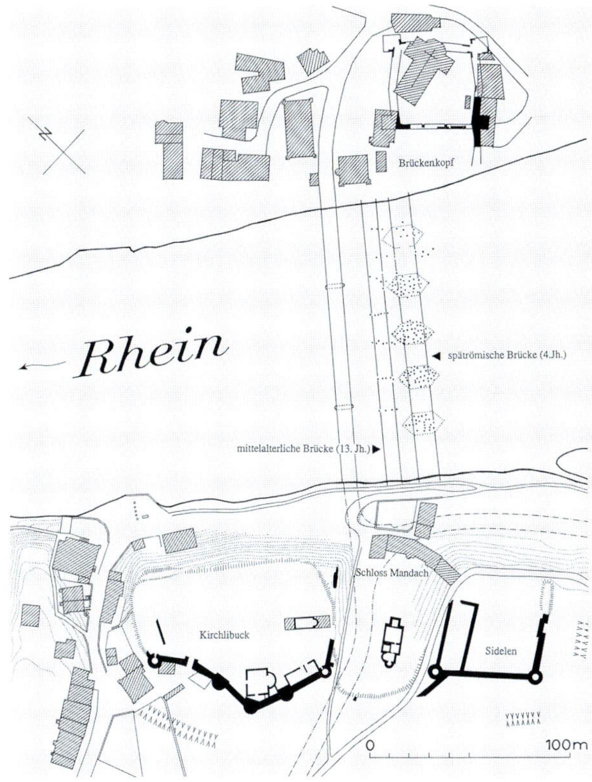

534

Ortsname »Zurzach«

Licht auf die Existenz einer gallo-romanischen Bevölkerung als Kastellanwohner gibt die neue Deutung des Ortsnamens »Zurzach« durch Beat Zehnder: Beim Geographen von Ravenna (um 800 nach Joseph Schnetz) heißt der Ort (Wrzacha) Ziurzacha oder ze Urziacha. Aus ze Wrzacha entstand durch Zusammenzug der heutige Name Zurzach.
Zehnder sieht den Ortsnamen als alten -acum Namen und denkt an einen Ortius, nach dem die Siedlung benannt wurde: Ortiacum, »dem Ortius gehöriges Landgut«. Der Name hätte die Affrikatenverschiebung im 5./6. Jh. und die Verschiebung von -k zu -ch im 7./8. Jh. mitgemacht, bevor er in der Weltbeschreibung des Geographen von Ravenna erscheint. Eine gallo-romanische Anwohnerschaft des Kastells dürfte demnach anzunehmen sein, und sie war es, die im Kastell auf Kirchlibuck im Verlaufe des 5. Jh. eine erste Kirche erbaute.
Die Kastellkirche drückt sich in eine Ausbuchtung der Kastellmauer auf der feindabgewendeten Seite. Es ist ein Steinbau mit leicht trapezförmigem Schiff und einer eingezogenen, um eine Stufe erhöhten Apsis. Ihr Mörtelboden in der Apsis war im letzten Guss mit Ziegelmehl bestreut. Auf der Stufenkante stand ein Lehmrutenwändchen mit aufgemaltem Gittermuster als Schranke. Vom Altar war keine Spur nachzuweisen – oder rührte ein in der Kirche gefundener Säulenstumpf vom Tischaltar her? Aus dem Kirchenschiff führte eine Türe in den Zwischenraum zwischen Kirche und Kastellmauer. Er war als Vorraum vor dem über Stufen erhöhten Taufbecken angelegt; schmale Podien vor der Nord- und Südwand im Ostteil hatten den

535

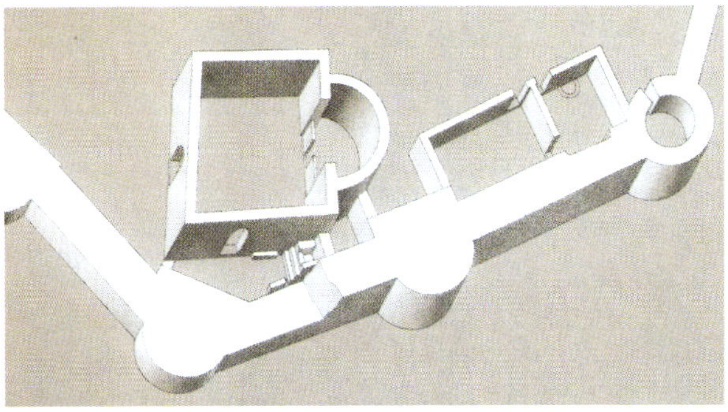

536

Täuflingen wohl als Sitzbank und dazu gedient, die Kleider niederzulegen. Das mit Ziegelmörtel ausgekleidete und mit Viertelrundstäben in den Kanten und Ecken besetzte quadratische Taufbecken maß ursprünglich 1,1 m x 1,1 m. Mit Ziegelsteinen und Tuffsteinmäuerchen wurde es nachträglich zweimal verkleinert. Ein Annex im Osten des Baptisteriums zwischen Apsis und Kastellmauer ist gleichzeitig mit dem Taufraum entstanden.

Als Wohnung des Geistlichen – man spricht auch von Katechumeneion und Wirtschaftsraum – wird man ein Nebengebäude mit schlanken Mauern interpretieren müssen, das östlich der Kirche zwischen zwei Kastelltürmen an die Festungsmauer angebaut war. Das Gebäude war leicht in die Erde eingetieft. Eine Quermauer trennte den östlichen quadratischen Teil vom größeren westlichen ab. Mindestens in späterer Zeit hat ein Ofen an seiner Nordwand als Backofen gedient. Eine Feuerstelle ist hier in einer aus der brandgeschädigten Kastellmauer ausgebrochenen Nische angelegt worden. Auch im Nordwestteil des größeren Raumes fand sich eine Feuerstelle, während in der Südwestecke von Alban Gerster ein heizbarer Alkoven rekonstruiert wird. Wielange Kirche und Nebengebäude dienten, wissen wir nicht.

An frühmittelalterlichen Fundobjekten stammen aus dem Areal Kirchlibuck eine Pfeilspitze und eine Lanzenspitze, die aber beide nicht genauer zu datieren sind. Altfunde, wohl aus den Grabungen Jakob Heierlis, sind auch drei Saxe, ein Knochenkamm und eine Lanzenspitze, die im Kastell Sidelen gefunden wurden. Heierli hat zu Beginn des Jahrhunderts, im Bestreben, vor dem Kiesabbau wenigstens noch den Plan des Festungswerkes aufzunehmen, lediglich den Mauern entlang gegraben und wenige Suchschnitte durch das Kastellinnere gelegt. Die Saxe verweisen ins frühe oder mittlere 7. Jh. Charakter und Datierung der Funde

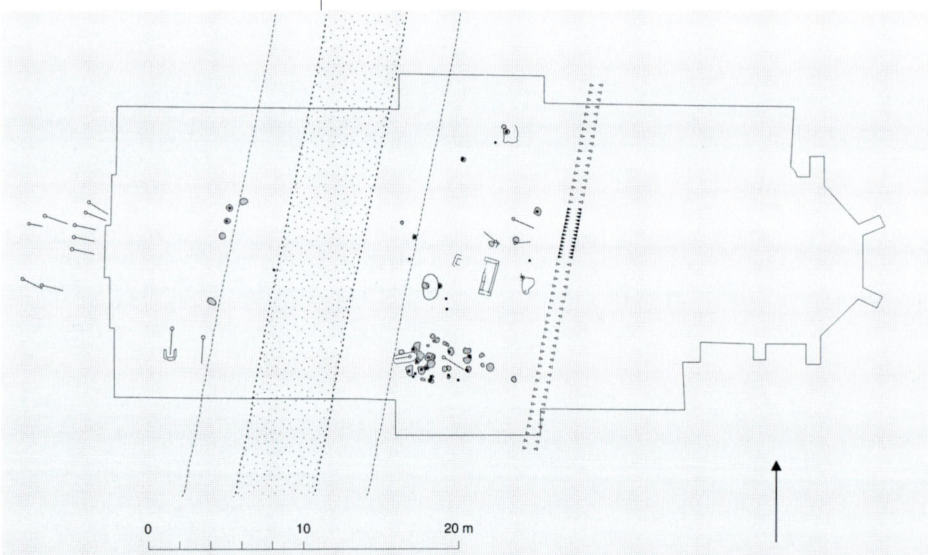

537

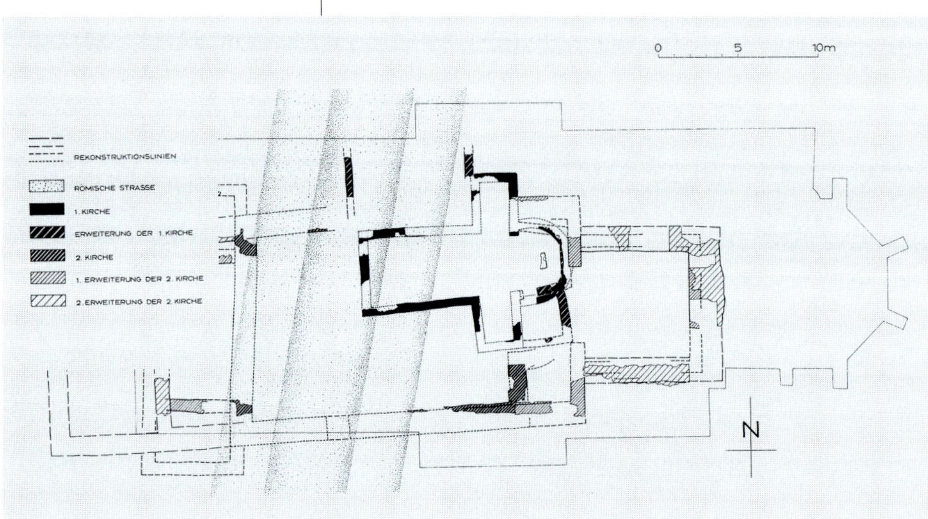

538

536 **Im Schutz der massiven Wehrmauern des spätrömischen Kastells, das seit dem Abzug der Legionäre leerstand, wurden eine Kirche mit Baptisterium und ein Nebengebäude errichtet. Mauerreste beider Gebäude wurden 1961 konserviert. Die Rekonstruktion der frühchristlichen Gebäude zeigt auch die Lage des Baptisteriums zwischen Kirchenschiff und Kastellmauer.**

537 **Zu beiden Seiten der römischen Straße von Vindonissa an den Rhein befinden sich Brand- und Körpergräber des 1. bis 4. Jh. Nach römischer Sitte lagen die Bestattungsplätze an den Ausfallstraßen außerhalb der Siedlungen. Wir vermuten den Vicus am heutigen Rand des Fleckens.**

538 **Die vorromanischen Bauetappen von St. Verena: Kirchlein im Friedhof, dann Klosterkirche im Zentrum einer mittelalterlichen Siedlung. Ein Text aus der Zeit um 1000 schildert den Einsturz des Gotteshauses und einen Neubau, dessen Langhaus heute noch besteht.**

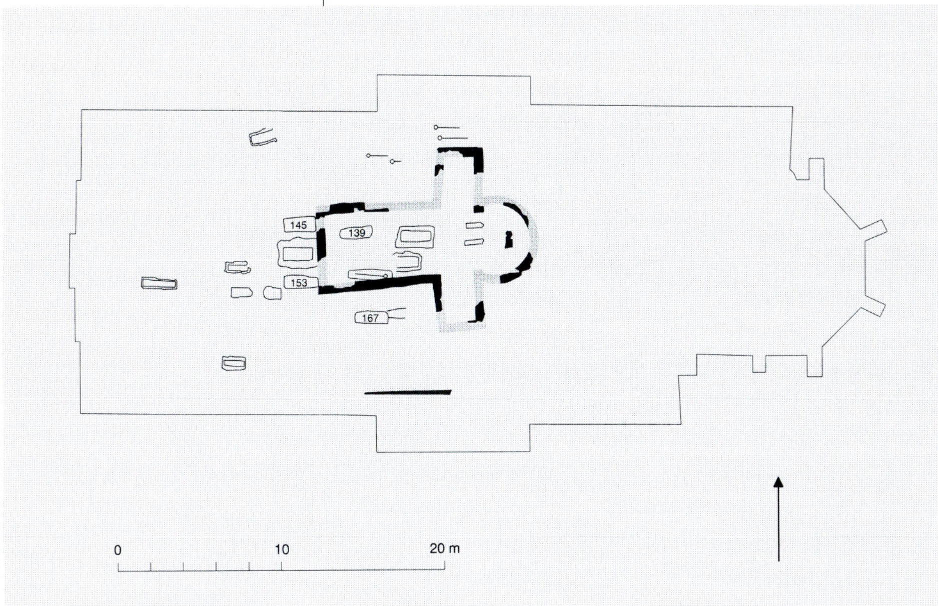

539

539 Etwas später als die Kirche im Kastell, aber noch im 5. Jh. entstand über den römischen Gräbern eine kleine Saalkirche mit Querannexen und breiter Apsis. Die Lage des Baus scheint durch ein Grab oder einen älteren Memorialbau bestimmt zu sein.

540 Im Grab 167 südlich der ersten Kirche wurde eine Frau in ihrer Tracht beigesetzt. Sie trug eine Halskette aus Glas- und Bernsteinperlen, Ohrringe und einen Gürtel mit Messer, Kamm, römischen Münzen und wohl auch einem Beutel als Gehänge.

541 Im Grab 153 westlich der ersten Kirche war ein Kleriker beigesetzt worden. Auf seinen Oberschenkeln lag eine Gürtelgarnitur mit Reliquiarschnalle. Sie ist vermutlich aus der Geweihschaufel eines Elchs gearbeitet und weist Reste einer figürlichen Darstellung auf.

aus Sidelen könnten darauf hindeuten, dass bei den älteren Ausgrabungen eine Gruppe von Gräbern – ein kleines Gräberfeld in Kastellnähe? – im vielleicht früh abgegangenen Kastell Sidelen angeschnitten wurde. Von dieser Festung hat sich ja kaum ein Stein erhalten, so intensiv ist sie im Verlaufe der Jahrhunderte als Steinbruch benützt worden.

Kirche im Friedhof

Die Lage des heutigen Fleckens Zurzach ist aus den bisher beschriebenen archäologischen Fakten und Örtlichkeiten nicht zu erklären. Zwar folgt die Hauptstraße dem Verlauf der Römerstraße, aber von der Nachfolgesiedlung des Kastell-Vicus aus der römischen Frühzeit, jener Siedlung, aus der sich das heutige Zurzach herausgebildet haben könnte, wissen wir bis heute nichts. Wir vermuten sie in der südlichen Verlängerung des Kastell-Vicus unter dem nördlichen Unterflecken, konkrete archäologische Anhaltspunkte haben sich indessen bis heute nicht ergeben.
Der Ansatzpunkt ist ein anderer: Der Flecken hat sich beim Verenamünster entwickelt, um das herum später der »Adelboden« (Häuser des Stiftspersonals) lag, der Ober- und Unterflecken trennte. Das Verenamünster selber aber hat sich aus kleinen Ursprungsbauten über einem Grab in einem Friedhof herausgebildet, wie wir seit den Grabungen im Münster im Jahre 1975 annehmen. Es erwies sich damals, dass die römische Straße unter der Kirche hindurchzieht und zu beiden Seiten des mehrfach aufgeschotterten Straßenbettes Brand- und Körpergräber lagen, die ältesten aus der ersten Hälfte (dem zweiten Jahrhundertviertel) des 1. Jh., die jüngsten datierbaren aus dem 4. Jh. In diesem Bestattungsfeld wurde eine kleine Saalkirche mit Querannexen im Osten und breiter Apsis mit freistehendem Altar errichtet.

Das Westende des leicht trapezförmigen Kirchenschiffes liegt auf der römischen Straße. Diese muss also schon zur Erbauungszeit der Kirche neu angelegt worden sein und verläuft seither um die Kirche herum in weitem Bogen, der sich auf der Vedute von Matthaeus Merian (1642) abzeichnet und noch im heutigen Straßenbild deutlich ablesbar ist. Es kommt vor, dass eine Kirche im Verlaufe der Zeit eine Straße verdrängt. Beispiele sind die Kathedralen von Münster i.W., Basel und Lausanne. Aber es ist kaum denkbar, dass dies bereits ein Erstbau vermag. Wenn die Zurzacher Kirche nicht neben der Straße errichtet wurde, so muss das einen besonderen Grund haben, über den uns die Grabung keinen sicheren Aufschluss gab. Es lässt sich aber vermuten, dass auch diese Kirche nicht das erste Monument an der Stelle war, sondern dass ein Vorgänger irgendwelcher Art schon zu so großer Bedeutung gelangte, dass der Nachfolger den öffentlichen Verkehrsweg besetzen konnte. Welcher Art kann ein solcher »Vorgänger« gewesen sein? Wir vermuten, dass eines der Gräber im Friedhof unter der Kirche Gegenstand besonderer Verehrung war. Es wurde zunächst vielleicht nur mit einem kleinen Gebäude geschützt, mit zunehmender Verehrung hätte sich dann aber das Bedürfnis nach einem größeren Bau – einer Kirche – ergeben. Es mag auch sein, dass das ältere Gebäude in keine andere Richtung als nach Westen, auf die Straße hinaus, wachsen konnte. Uns scheint, dass der im ursprünglichen Grab bestatteten Person bereits zum Zeitpunkt der Errichtung der kleinen Kirche ein gefestigter Kult galt, dessen Anerkennung so allgemein war, dass man sich für die würdige Vergrößerung des Heiligtums ungewöhnliche Maß-

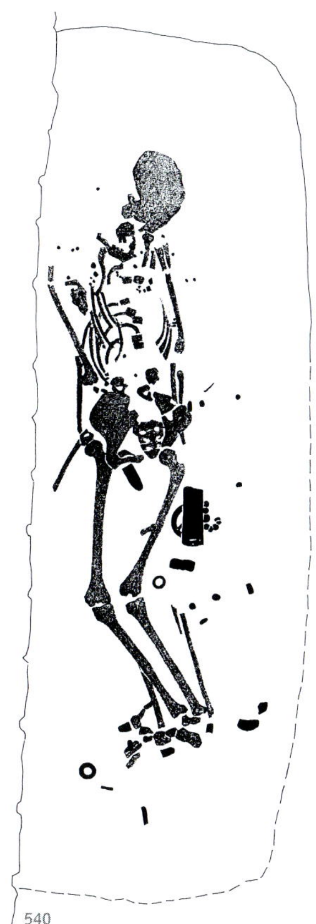

540

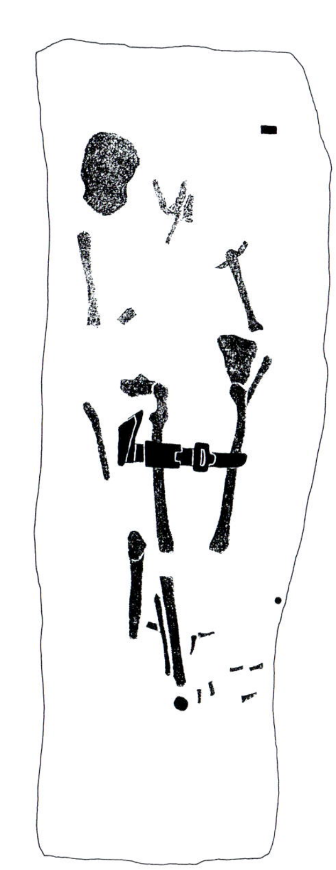

541

nahmen erlauben konnte. Ein Grab dürfte am Anfang der Verena-Verehrung gestanden haben. Es ist nicht unwahrscheinlich, dass hier – ähnlich wie in St. Maurice – nach dem Vorbild des großen Bischofs Ambrosius von Mailand, der 386 nach einer Revelatio die Gebeine der Heiligen Gervasius und Protasius »entdeckt« hatte (Inventio), das Grab einer lokalen Heiligen aufgefunden wurde. Woher man zu wissen glaubte, dass es sich um eine Frau handelte – auch darüber kann man lediglich Vermutungen anstellen. Fand man Beigaben im Grab (die Attribute der heiligen Verena sind Kamm und Krug) oder war das Grab mit einer Platte abgedeckt, welche die Darstellung einer gallo-römischen Frau trug? Oder hatte sich tatsächlich das Wissen um eine heiligmäßige Frau tradiert, die in diesem Friedhof bestattet war? Es ist unwahrscheinlich, dass sich solche Fragen je beantworten lassen. Die archäologischen Tatsachen sprechen aber auf jeden Fall für die Annahme eines Grabes im Friedhof außerhalb der frühmittelalterlichen Siedlung, ein Grab, dem schon früh große Verehrung entgegengebracht wurde.

Bestattungen in und bei der Kirche

Die kleine Saalkirche mit Annexen dürfte nach der Kirche im Kastell Kirchlibuck, wohl aber noch im 5. Jh. entstanden sein. Sicherer *terminus ante* ist allerdings erst das Grab eines Geistlichen, das am Ende des 6. Jh. oder um 600 südwestlich vor der Kirche angelegt wurde. Es ist das Grab eines etwa 60jährigen Mannes, dem ein Gürtel mit angehängtem langem Messer auf die Oberschenkel gelegt worden war. Ein Eschenstab mit Bronzezwinge und Eisendorn lag auf der linken Seite neben dem Skelett. Eine Reliquiarschnalle, wohl aus der Geweihschaufel eines Elchs gearbeitet, mit Resten einer in großen Zügen rekonstruierbaren figürlichen Darstellung und die übrigen Grabbeigaben erweisen das Grab als das eines Klerikers aus dem burgundischen Kreis. Vergleichbar ist ein etwa zeitgleiches Klerikergrab aus St. Ulrich und Afra in Augsburg; die Gräber mit »Beinschnallen« sind von Joachim Werner und Max Martin zusammengestellt und gedeutet worden. Zwei Männergräber mit Beigaben, das eine im Nordwesten vor der Kirche, parallel zum Klerikergrab, das andere im Inneren, und ein Frauengrab südlich der Kirche stammen aus der ersten Hälfte oder der Mitte des 7. Jh.
Nachträglich wurde die Kirche umgebaut. Sie erhielt einen trapezförmigen Chor und eine Chor-Nebenkammer (Sakristei?). Ein vollständiger Neubau auf wesentlich größerer Grundfläche, eine Saalkirche mit stark eingezogener, relativ kleiner halbrunder Apsis und mit einer erhöhten rechteckigen *schola cantorum* ist vielleicht schon eine erste Klosterkirche. Sie wurde später durch eine neue Saalkirche mit rechteckigem Altarhaus und mit dreiteiligem Vorbau ersetzt, den die Zurzacher Mönche vor oder um 1000 noch einmal veränderten und erweiterten. Jedenfalls bestand am Grabe der heiligen Verena in karolingischer Zeit ein kleines Kloster, das von Kaiser Karl III., dem Dicken, zum Unterhalt der Lichter an seinem Grabe auf Ableben hin jenem Kloster vergabt wurde, in dem er seine letzte Ruhestätte fände. Seit 888 unterstand das Zurzacher Kloster deshalb dem Kloster auf der Insel Reichenau. Es blieb – später umgewandelt in ein Chorherrenstift – bestehen bis zur Kulturkampfzeit des 19. Jh. 1876 wurde es aufgehoben, und sieben Jahre später riss Zurzach die Reihe der Chorhöfe westlich vor der Kirche nieder, die bei Merian noch zu sehen sind: der große Bogen, den die Straße um die Kirche herum bildete, blieb zwar erhalten, aber es entstand die ohne Kenntnis der geschichtlichen Vorgänge unverständliche Leere vor der Kirche, deren kahler, auf steile Nahsicht berechneter Giebel nicht auf die neue Rolle vorbereitet war, einen Platz zu dominieren.

Die Grabkirche der heiligen Verena, Kern der heutigen Siedlung

Im Mirakelbuch der Heiligen, geschrieben um 1000, ist die Wallfahrt ans Verenagrab für das frühere 10. Jh. gut bezeugt. Mit der Wallfahrt hängen auch die späteren Zurzacher Messen zusammen, regionale Warenmärkte, die erst im 19. Jh. mit der Verlagerung des Verkehrs vom Wasser auf Straße und Schiene aufgegeben wurden. Dass die Anfänge von Wallfahrt und Markt tief im ersten Jahrtausend liegen, darf man annehmen. Das Grab im Friedhof war zum Anlass für den Kirchenbau geworden, die Verehrung der Heiligen führte zur Gründung eines Klosters, Wallfahrt und Markt entstanden und entwickelten sich, um das Grab herum siedelten die Zurzacher, und schließlich wurde auch die Gemeindekirche, die seit dem 5. Jh. im Kastell Kirchlibuck stand, neben die Grabkirche der Verena verlegt. Damit war – noch im ersten Jahrtausend – die Entwicklung des Fleckens bis in unsere Zeit hinein festgelegt. Um 1000 stand das Kastell verlassen da, Ruine einer *civitas antiqua iuxta Rhenum* (Mirakelbuch), in der Hirten ihre Herden weideten; das Wissen um ein frührömisches Lager verschwand so vollständig, dass die kürzliche Wiederentdeckung auch für Archäologen überraschend kam.
Durch die archäologischen Forschungen der letzten Jahrzehnte hat sich das Bild gerundet, Zurzach ist zu einer Art Paradigma geworden, aber noch ist das Mosaik lückenhaft. Die Kastellnekropole, das frühmittelalterliche Dorf, das Refugium im Südosten des Fleckens über der alten Römerstraße, der Verlauf der Straße zum Doppelkastell und zur Brücke sind noch nicht erforscht, und viele andere Fragen harren der Beantwortung.

Der lange Weg zum Kirchhof

WANDEL DER GERMANISCHEN BESTATTUNGSTRADITION

BARBARA THEUNE-GROSSKOPF

»Die außerhalb der Ortschaften gelegenen frühen Gräberfelder wurden letztlich durch die bei der Ortskirche gelegenen Kirchhöfe abgelöst. Einen gewissen Abschluß dieser Entwicklung stellt im Fränkischen Reich nach den Kapitularien Karls des Großen von 786 und 810/13 die Entwicklung einer pfarrechtlichen Ordnung dar, derzufolge zentrale Begräbnisplätze unter der Obhut einer Pfarrkirche zu benutzen waren, während gleichzeitig die Bestattung auf den heidnischen Gräberfeldern und die Totenverbrennung verboten wurden«.[1] Knapper als Günther Fehring kann man diesen entscheidenden Wandel in der Merowingerzeit hin zu mittelalterlichen Verhältnissen kaum charakterisieren.

Dass es sich hier um keine unmittelbare Verlagerung des Bestattungsplatzes vom Reihengräberfeld zum Kirchhof um die Pfarrkirche handelt,[2] sondern um einen allmählichen Vorgang mit vielen Zwischenstufen,[3] haben nicht zuletzt die fast regelhaft in neu ausgegrabenen Siedlungen gefundenen spätmerowingischen Gräbergruppen gezeigt.[4] Im Folgenden soll versucht werden die Vielgestaltigkeit dieses Prozesses aufzuzeigen, der sich über mehr als 100 Jahre hinzog.

542 **Das Gräberfeld von Mengen im Gewann »Hohle/Merzengraben«. Die Steinkisten (hervorgehoben) der zweiten Hälfte des 7. und des frühen 8. Jh. konzentrieren sich an den Rändern des Friedhofs.**

542

Auflösung der Reihengräberfelder

Schon das auf den ersten Blick fast schlagartige Ende der Reihengräberfelder nach 680,[5] die Aufgabe der Friedhöfe, die ganze Siedlungsgemeinschaften im Einzelfall 200 bis 250 Jahre genutzt hatten, wirft viele Fragen auf. Bei genauerer Betrachtung wird aber deutlich, dass sich der allgemeine Bestattungsplatz für alle Bevölkerungsteile schon im Laufe des 7. Jh. aufzulösen begann. Zunächst sonderten sich an der Wende vom 6. zum 7. Jh. die Mitglieder der Oberschicht im Zuge der Herausbildung des Adels ab,[6] indem sie eigene Areale innerhalb oder am Rand des alten Friedhofs für sich beanspruchten oder ganz neue Bestattungsplätze anlegten. Die verschiedenen Formen der Separatfriedhöfe sind alle im weitesten Sinne als Hofgrablegen anzusprechen, unabhängig davon, ob der zugehörige Hof ebenfalls separat oder in einer Siedlung mit mehreren Gehöften lag. Spezielle Formen des Separatfriedhofes sind die Bestattung in der eigenen Kirche und die gegen Ende 7. Jh. aufkommenden Grabhügelnekropolen, die im Verdacht stehen, heidnische Bestattungsplätze zu sein.

Eine deutliche Zunahme von Nachbestattungen im 7. Jh.,[7] von übereinander angelegten Gräbern und Mehrfachbestattungen in der gleichen Grube, lässt vermuten, dass die Idee des persönlichen Einzelgrabes, das durchaus zusammen mit anderen in einem Familienareal liegen konnte, allmählich zugunsten eines »Familiengrabes« aufgegeben wurde.[8]

543

543 **Bad Krozingen »Großer Hofacker« Gräber 6 und 8. In spätmerowingischen Frauengräbern findet man meist nur Ohrringe, Halsketten und kleine Messer. Eine Besonderheit sind die drei Anhänger mit Kreuzzier aus Grab 8.**

In gleiche Richtung könnte die in einigen Regionen ab Mitte des 7. Jh. aufkommende Sitte weisen, nicht mehr in Holzsärgen und -kammern, sondern in Steinkisten und Steinplattengräbern zu beerdigen. Sie waren durch die unvergängliche, schützende Abdeckung mit Steinplatten sehr viel besser zur Nachbestattung im gleichen Grab geeignet. Die Reste der alten Bestattung konnten leicht zur Seite geschoben werden, um Platz für eine neue zu schaffen.[9] Sie treten sehr häufig in den Randbereichen der Gräberfelder als jüngste Bestattungen in Erscheinung. Auch der im Laufe des 7. Jh. dramatisch zunehmende Grabraub (vgl. Stork, Persönlichkeit) sollte in diesem Zusammenhang nicht übersehen werden.

Bestattung ohne Beigaben

Parallel zur Auflösung des allgemeinen Bestattungsplatzes verschwindet auch die Sitte, die Toten für das Jenseits mit persönlichem Besitz auszustatten, Männer mit Waffen, Frauen mit Schmuck. Auch hier zeigt sich die Zurückdrängung des Individuums im Tod, die ihren Grund in rechtlichen Veränderungen, aber sicher auch in der fortschreitenden Christianisierung und im zunehmenden Einfluss der Kirche hatte. Dies machte eine Totenausstattung für den einzelnen entbehrlich. Am längsten wird die Beigabensitte, allerdings in reduzierter Form, bis ins beginnende 8. Jh. von einem Teil der Oberschicht beibehalten. An ihren Gräbern lässt sich deshalb der Wechsel des Bestattungsplatzes am besten nachvollziehen.[10]

Letzte Ruhe bei Herd und Hof

Einen weiteren Anstoß, im Familien- oder Hofverband zu bestatten, also zur Aufsplitterung des Reihengräberfeldes in einzelne Hofgrablegen, könnte der Landesausbau in der zweiten Hälfte des 7. Jh. gegeben haben. In dieser Zeit werden zahlreiche Einzelhöfe bzw. kleine Siedlungen in den Randbereichen der Gemarkungen angelegt, wie für die Siedlungskammer Mengen im Breisgau deutlich herausgearbeitet werden konnte (vgl. Abb. 334).[11] Diese Gehöfte geben sich archäologisch weniger durch Siedlungsspuren als durch die meist beigabenlosen, kleinen Gruppen von Steinkistengräbern zu erkennen. Um eine solche Hofgrablege handelt es sich offenbar auch bei der spätmerowingerzeitlichen Gruppe von zehn Steinkistengräbern im Bad Krozinger Gewann »Großer Hofacker«, von denen eines sorgfältig mit Mörtel gemauert war.[12]

Eine Parallelerscheinung sind spätmerowingische Gräbergruppen im Bereich einzelner Hofstellen, die mittlerweile in größeren frühmittelalterlichen Siedlungen oder Dörfern fast regelhaft festzustellen sind.[13] Möglicherweise handelt es sich auch um eine Reaktion auf diese Entwicklung. Man beerdigte die Angehörigen eines Hofverbandes innerhalb des eigenen Areals, genau wie die aus der Siedlungs- und Bestattungsgemeinschaft weggezogenen Menschen in ihren Ausbauhöfen. Die für eine Hofgemeinschaft nicht immer repräsentative Gräberzahl lässt sich zum Teil aus der relativ kurzen Benutzungszeit der Bestattungsplätze erklären.

Im alamannischen Raum sind die meisten Gräbergruppen in Siedlungen bisher aus dem Breisgau bekannt. Besonders hervorzuheben sind Merdingen, Breisach-Hochstetten, Mengen (vgl. Abb. 335) und Sasbach.[14] Außerhalb dieses Raumes sind die Siedlungen von Heidenheim-Schnaitheim[15] und Lauchheim[16] auf der Ostalb erwähnenswert, wobei in Lauchheim bisher die am reichsten ausgestatteten Gräber ausgegraben worden sind (vgl. Stork, Friedhof).

544

544 Die Siedlung von Merdingen am »Breisacher Weg« bestand vom späten 7. bis ins 11. Jh. Bei einer Gräbergruppe im Nordwesten der Siedlung erkennt man ein kleines Holzgebäude mit Anbau. Es könnte sich um eine Kirche handeln.

Die frühen Kirchen

Im alamannischen Raum gibt es, anders als im bajuwarischen Siedlungsgebiet, keinen sicheren Nachweis dafür, dass eine Kirche im Bereich eines großen Reihengräberfeldes angelegt wurde, sieht man einmal von kleinen Grabkapellen oder Memorien am Rande der Friedhöfe ab.[17] Diese Beobachtung erscheint in Anbetracht der Vielzahl bekannter Reihengräberfelder verlässlich. In der Regel liegen die frühen Kirchen innerhalb der heutigen Ortschaften als Vorgängerbauten bestehender Kirchen (vgl. Scholkmann, Kultbau). Oft geben sie sich durch bestimmte Patrozinien zu erkennen, am häufigsten das des hl. Martin.[18] Die immer wieder über den älteren Kirchen errichteten Neubauten und die kleinen Grabungsausschnitte machen es häufig sehr schwierig, das ursprüngliche Umfeld dieser Gründungen zu bestimmen. Sie stehen meist im Zusammenhang mit älteren oder gleichzeitigen Bestattungen.

Sind diese Bestattungen ausgesprochen reich, ist eine »private« Kirchengründung mit Gründer- oder Stiftergräbern als Separatbestattungsplatz einer Adelsfamilie auf eigenem Grund und Boden anzunehmen.[19] Dies wirft ein deutliches Licht auf die wichtige Rolle des Adels für die Christianisierung und den Aufbau einer Kirchenorganisation.

Für diese Bauten, die der Totenfürsorge im weitesten Sinne dienten,[20] ist es dabei unerheblich, ob sie im Bereich einer schon bestehenden Hofgrablege angelegt wurden oder den Ausgangspunkt einer neuen bildeten. Wichtig ist, dass im hier behandelten Zeitraum, dem späten 7. und frühen 8. Jh., die Hofgrablegen immer unmittelbar bei der Siedlung liegen, also zumindest das Areal eines Hofes zum Ausgangspunkt des mittelalterlichen Dorfes mit

545 Die Siedlung von Breisach-Hochstetten im »Klosteräcker« bestand vom späten 7. bis ins 11. Jh. Der Plan zeigt beigabenlose Gräbergruppen und Einzelgräber in der Siedlung.

546

546 Merowingerzeitliche Friedhöfe in Kirchdorf, Klengen und Überauchen.
1 Klengen, Reihengräberfeld »Zwischen den Dörfern«,
2 Klengen, spätmerowingische Gräbergruppe »In der Wanne«,
3 Kirchdorf, Gräbergruppe um St. Martin,
4 Überauchen, spätmerowingische Grabhügelgruppe.
+ Kirche
▬ Erdgrab
▭ Steinplatten- und Steinkistengrab
☗ Grabhügel

547

547 Älter als die erste Kirche unter St. Martin in Kirchdorf ist ein Männergrab vom Ende des 6. Jh., das unter der Südostecke gefunden wurde. Der bronzene Schilddorn stammt von einer Gürtelschnalle. Außerdem war dem Toten eine vollständige Waffenausrüstung beigegeben.

der Kirche in der Dorfmitte wurde. Dies lässt sich am besten überprüfen, wo Siedlungen und die zugehörigen frühen Kirchen aufgegeben wurden.
Ein gutes Beispiel ist die Siedlung des 7.–11. Jh. von Merdingen, die mehrere spätmerowingische Grabgruppen erbracht hat.[21] Eine davon ist im Zusammenhang mit einem von Westen nach Osten gerichteten Pfostenbau mit einem rechteckigen Anbau im Osten zu sehen, der durchaus als Kirchenbau interpretiert werden kann. Ein ähnlicher Fall liegt in Barbing-»Kreuzhof« bei Regensburg vor, wo ein Kirchenbau mit teilweise beigabenführenden Bestattungen dem größten Hof der Siedlung zuzurechnen ist.[22]
Eine Grundvoraussetzung für Kirchhöfe um die in den Siedlungen gelegenen Kirchen scheint deshalb die Verlagerung der Gräber zu den Siedlungen gewesen zu sein.

Von Klengen nach Kirchdorf

Archäologisch können wir allerdings nur den Anfang dieses Prozesses fassen, da der zunehmende Verzicht auf Beigaben eine genauere zeitliche Einordnung der ältesten Bestattungen auf den Kirchhöfen und die Bestimmung ihrer Anzahl sehr erschwert. Nur genaue Untersuchung der topographischen Gegebenheiten einer Gemarkung kann hier in Kombination mit der historischen Überlieferung weiterführen.
Besonders gut ergänzen sich archäologische Quellen und schriftliche Zeugnisse für die Orte Klengen und Kirchdorf auf der Gemarkung Brigachtal im Schwarzwald-Baar-Kreis. Von dort sind bisher drei Bestattungsplätze der Merowingerzeit bekannt.[23] Ein größeres Reihengräberfeld mit beigabenführenden Gräbern des 7. und frühen 8. Jh., darunter auch Steinkisten, lag am Nordrand von Klengen in Richtung Kirchdorf im Gewann »Zwischen den

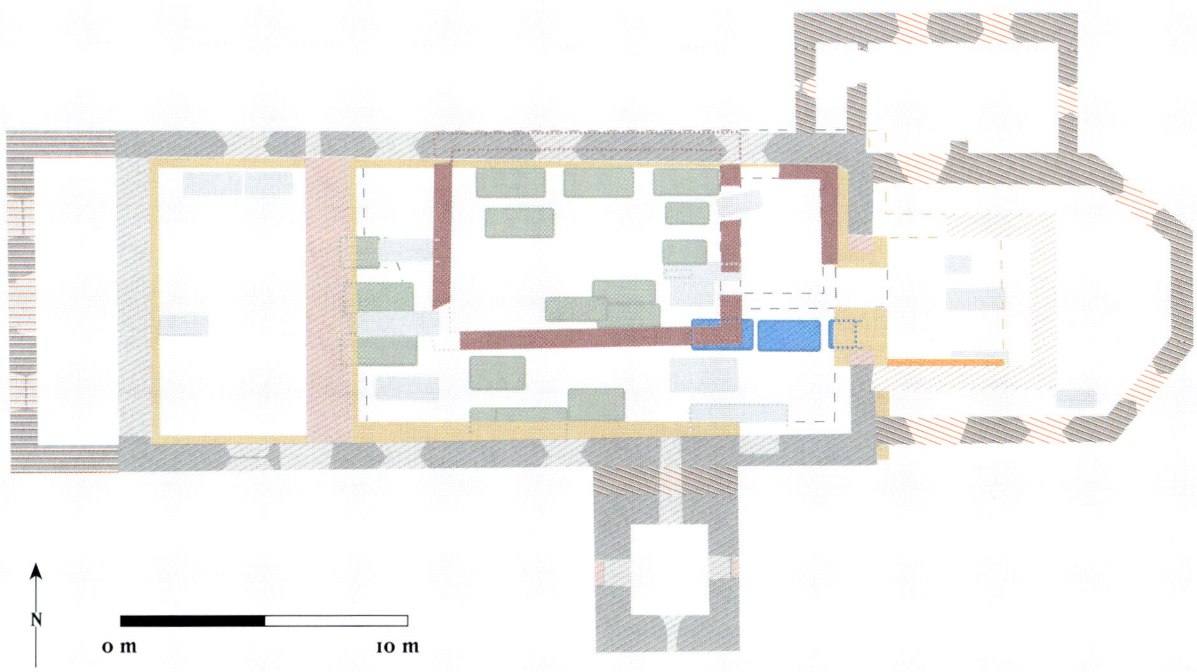

548

548 Die Bauphasen von St. Martin in Kirchdorf und die Gräber, die sich ihnen zeitlich zuordnen lassen.
- Periode 1
- Periode 2
- Periode 3
- Periode 4/Abbruch
- Periode 5
- Periode 6
- Periode 7
- Steinkisten und Steinplattengräber
- Beigaben der Zeit um 700 n.Chr.
- Erdgräber mit Beigaben des späten 6. u. 7. Jh.
- beim derzeitigen Bearbeitungsstand nicht zuweisbare Gräber

549

549 Auch Frauen wurden in St. Martin in Kirchdorf bestattet. Knochenkamm, Bronzezierscheibe und Bronzeschnalle stammen aus einem Grab der Zeit um 700, das in der ältesten Kirche an der Südwand lag. Die Zierscheibe dürfte ein Altstück sein.

550 Unmittelbar vor der Westwand von St. Martin in Kirchdorf lag ein Männergrab der Zeit um 700 mit Sporn und einer teilweise silberplattierten sowie mit Perlrandnieten versehenen Riemenzunge.

Dörfern«. Eine kleine spätmerowingische Gräbergruppe mit größtenteils beigabenlosen Steinkisten fand sich östlich von Klengen »In der Wanne«. Hier dürften wir eine spätmerowingische Hofgrablege vor uns haben. Bis ins 6. Jh. reichen die Grabfunde unter der Martinskirche von Kirchdorf zurück.[24] Direkt unter der Südostecke des ältesten steinernen Baus, einem Rechtecksaal von 9,5 x 6,5 m mit annähernd quadratischem Chor von 3,4 x 3,5 m, lag ein unberaubtes Männergrab vom Ende des 6. Jh. Der Tote war in einem Holzsarg beigesetzt und vollständig mit Spatha, Sax, Lanze und Schild ausgestattet. Weitere Erdgräber, vermutlich ebenfalls älter als der erste Kirchenbau, lassen sich in die Mitte des 7. Jh. datieren.

Aus der Zeit der ältesten Kirche scheinen mehrere Steinkistengräber zu stammen, die innen und außen parallel zu den Seitenwänden angelegt wurden. Eine Bestattung, unmittelbar vor der Innenseite der Südwand gelegen, enthielt eine bronzene spätmerowingische Gürtelschnalle der Zeit um 700. Ein Männergrab außen vor der Westmauer erbrachte silberplattierte Sporen mit Perlrandnieten aus der gleichen Zeit. Dieses Grab wurde vom Nachfolgebau am Westende überschnitten. Daraus lässt sich schließen, dass der erste steinerne Kirchenbau spätestens Ende des 7. Jh. als private Kirchengründung im Bereich eines älteren Bestattungsplatzes errichtet wurde. Wegen der geringen Größe des untersuchten Ausschnitts ist die Beurteilung dieses Friedhofs problematisch, doch dürfte es sich am ehesten um eine frühe Hofgrablege gehandelt haben. Fast scheint es, als habe man be-

550

wusst das älteste Grab mit in den Kirchenbau einbezogen, wie das auch an anderen Stellen beobachtet werden konnte.[25]

Dem Nachfolgebau, einem einfachen Rechtecksaal, der vom Ausgräber ins 8./9. Jh. datiert wird, können bisher weder Bestattungen noch einzelne Funde zugeordnet werden.[26] Vermutlich wurde zu die-

551

551 Funde aus spätmerowingerzeitlichen Gräbern des späten 7. bis frühen 8. Jh. am Nordende des Pfullinger Lindenplatzes: goldener Bommelohrring, Goldanhänger mit Kreuzzier, Ohrringe, Scharnierarmbänder und Glasperlen.

ser Zeit schon der Friedhof auf der Nordseite der Kirche, der erst im 19. Jh. aufgegeben wurde, benutzt.[27]
Deutlich ist die Auflösung und Aufsplitterung des allgemeinen Bestattungsplatzes erkennbar, wenn wir für die Wende vom 7. zum 8. Jh. gleich an drei Stellen Bestattungen beobachten. Die benachbarte Gemarkung Überauchen bietet als weitere Variante heidnische (?) Hügelgräber, ebenfalls mit spätmerowingischen Grabfunden.[28] Alle Bestattungsplätze in Klengen und Kirchdorf wurden aufgelassen, nur der um St. Martin in Kirchdorf wurde zum Kirchhof. Bis zu seiner Verlegung 1827 bestatteten hier auch die Filialgemeinden Klengen, Beckhofen, Marbach, Spitalhöfe, Heringhöfe und Überauchen.[29]

Der Aufstieg zur Pfarrkirche lässt sich an den ersten schriftlichen Nachrichten aus dem Raum Kirchdorf und Klengen nachvollziehen, die sich vermutlich alle auf die Nachfolgebauten der ältesten Kirche beziehen.[30] Nach zwei Schenkungsurkunden von 765 und 793 besaß das Reichskloster St. Gallen umfangreichen Besitz in der Gemarkung Klengen. 813 tritt als Verwalter des Krongutes der Klengener Mark ein Graf Fromuldus auf. 880 wird dann erstmals eine *ecclesia* im Besitz eines Kapellans Ruodpert in Klengen erwähnt. In einer weiteren Urkunde Karls III. vom Jahr 881 wird diese Kirche als Fiskalkirche ausgewiesen, als *capella in honore Sancti Martini constructa* bezeichnet und später von Ruodpert dem Kloster St. Gallen übergeben. Da aus der Gemarkung Klengen bisher keine weitere Martinskirche bekannt ist, und es bei der Klengener Kirche keine Hinweise auf einen frühmittelalterlichen Vorgängerbau gibt, ist es sehr wahrscheinlich, dass diese Urkunden sich auf Kirchdorf beziehen. Die dortige Kirche hat dann auch zu dem Ortsnamen geführt, der ursprünglich wohl anders lautete. Aber erst im 13. Jh. sprechen die Urkunden aus St. Gallen von »*Chilchdorf*«, 1259 wird erstmals eine Pfarrei Kirchdorf erwähnt.[31] Es ist aber sicher kein Zufall, dass hier eine fränkische Fiskalkirche unter Führung des Klosters St. Gallen zur Pfarrkirche wurde.

552

552 Funde aus spätmerowingerzeitlichen Nachbestattungen in Grabhügeln bei Überauchen. Die spitze Riemenzunge, typisch für das Ende des 7. Jh., stammt aus Grab 6, einem Steinplattengrab. Der große Ohrring ist ein Streufund aus der Umgebung der Nekropole.

553

553 Ausschnitt aus dem »Campement zwischen Marbach und Kirchdorf ... 1690.« Unmittelbar an die Nordseite der Kirche schließt der eingefriedete Friedhof an.

Pfullingen

Ähnlich verlief die Entwicklung in Pfullingen.[32] Doch im Gegensatz zu Klengen und Kirchdorf scheint hier auch einmal der Bestattungsplatz der Normalbevölkerung des 8. Jh. erfasst worden zu sein, bevor der Kirchhof, der sich in den Stadtplänen noch deutlich um die Kirche abzeichnet, angelegt wurde.

Rund 600 m südlich des heutigen Ortskerns mit der Martinskirche im Gewann »Entensee/Hohwiel« wurde Mitte des 5. Jh. ein Reihengräberfeld angelegt, das kontinuierlich bis Ende des 7. Jh. benutzt wurde. Frühester Vorgänger der heutigen Martinskirche war ein Holzbau, dem als älteste Funde eine beinerne Reliquiarschnalle sowie ein bronzenes Ortband der ersten Hälfte des 7. Jh. zugeordnet werden. Daneben wurden Steinplattengräber im Innen- und Außenbereich festgestellt.[33] Ein 1914 entdecktes Adelsgrab des frühen 8. Jh., 14 m nordwestlich der Kirche,[34] könnte ebenfalls zu dieser Gräbergruppe gehört haben. Die Funde sprechen für die Kirche einer Adelsfamilie im Bereich eines separat gelegenen Herrenhofes, an der zeitweise ein Kleriker aus dem romanisch-burgundischen Raum tätig war.[35]

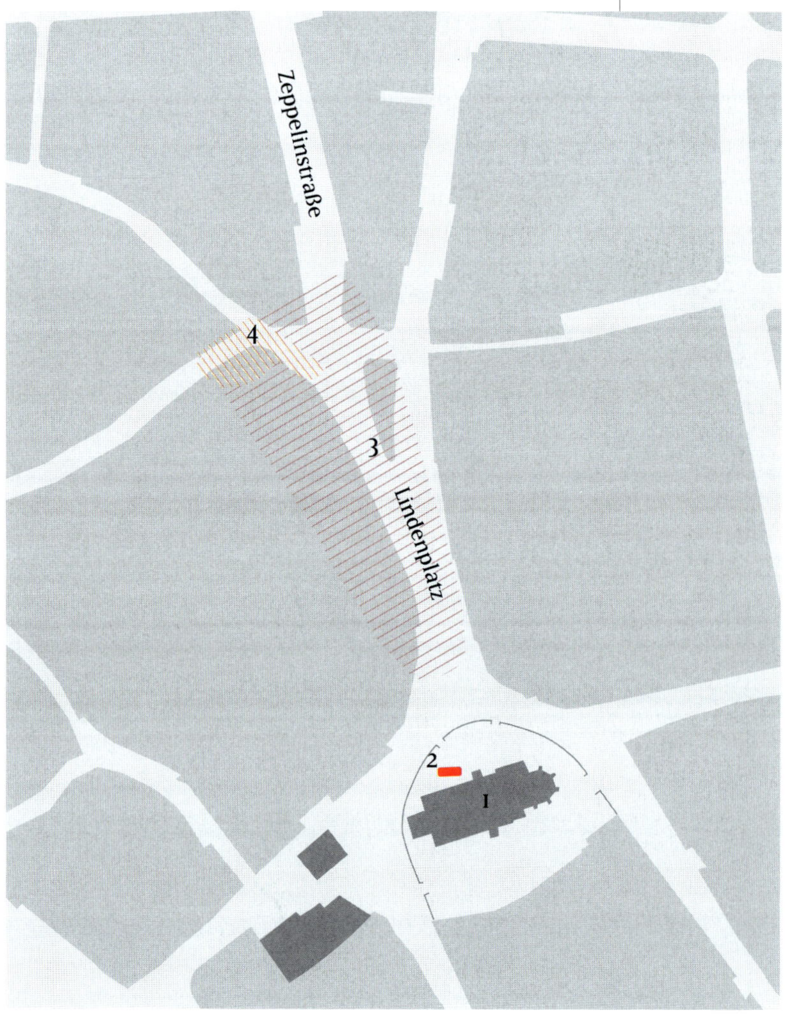

554

554 Frühmittelalterliche Fundstellen im Stadtkern von Pfullingen. 1 Pfarrkirche St. Martin, um die noch deutlich der Freiraum des ehemaligen Kirchhofes zu erkennen ist, 2 Adelsgrab außerhalb der Kirche, 3 Gräberfeld Lindenplatz, 4 reiche Gräber am Nordende des Gräberfeldes.

555 Beigaben eines Adelsgrabes, das in Pfullingen 14 m südwestlich der Kirche St. Martin gefunden wurde. Besonders charakteristisch ist der spitz ausgezogene Hut des eisernen Schildbuckels mit plattierten Silbernieten (um 700).

150 m weiter nördlich fand sich in der Zeppelinstraße eine kleinere beigabenlose Gräbergruppe, die mit einer kleinen separaten Hofgrablege in Verbindung gebracht wird.

Zwischen diesen beiden Gruppen wurden auf 70 m Länge in einem Areal, das sich von der Südspitze des Lindenplatzes bis zur Schlossstraße und dem Ende der Zeppelinstraße erstreckt, immer wieder beigabenlose oder beigabenarme Gräber endeckt. 1985 wurden dann am Nordwestende des Lindenplatzes noch einmal 25 größtenteils beigabenlose Erdgräber, Steinkisten und Steinplattengräber sowie sorgfältig gearbeitete Kammergräber aus Tuffstein ausgegraben. Die wenigen beigabenführenden Gräber mit Goldanhänger und goldenem Bommelohrring aus dem späten 7. bis frühen 8. Jh. zeigen, dass hier eine sozial hochstehende Gruppe bestattete. Zahl und Dichte der Gräber auf dem Lindenplatz machen es aber relativ unwahrscheinlich, dass es sich dabei um die Reste mehrerer Hofgrablegen innerhalb einer frühmittelalterlichen Siedlung handelt. Vielmehr scheint ein größeres Gräberfeld vorzuliegen, das das Reihengräberfeld »Entensee/Hohwiel« ablöste, womit wir zum ersten Mal auch die Gräber der Normalbevölkerung fassen würden. Ob dieser Friedhof bewusst in der Nähe der bereits bestehenden Kirche angelegt wurde, bleibt unklar, da die reich ausgestatteten Gräber vom entgegengesetzten Ende des Lindenplatzes stammen. Ausgangspunkt der Pfarrkirche St. Martin und des späteren Kirchhofs war aber auch hier wohl ein Herrenhof.

---

1 G. P. Fehring, Einführung in die Archäologie des Mittelalters (Darmstadt 1987) 78 f.; ders., Missions- und Kirchenwesen aus archäologischer Sicht. In: Geschichtswissenschaft und Archäologie. Untersuchungen zur Siedlungs- und Wirtschafts- und Kirchengeschichte. Vorträge u. Forsch. 22 (1979) 565.

2 P. Reinecke, Reihengräber und Friedhöfe der Kirchen. Germania 9, 1925, 104 ff.

3 St. Gerlach, Friedhof und Kirche im ländlichen Raum Süddeutschlands. Archäologische Befunde zur Strukturentwicklung im frühen Mittelalter. In: J. Lenssen/L. Wamser (Hrsg.), 1250 Jahre Bistum Würzburg. Archäologisch-historische Zeugnisse der Frühzeit (Würzburg 1992) 119 ff.

4 W. M. Hoeper, Alamannische Besiedlungsgeschichte im Breisgau. Untersuchungen zur Entwicklung von Besiedlungsstrukturen im frühen Mittelalter (ungedr. Diss. Freiburg 1994) 115 ff. Liste ebd. 127.

5 F. Stein, Adelsgräber des achten Jahrhunderts in Deutschland. Germ. Denkmäler Völkerwanderungszeit. Ser. A IX (Berlin 1967) 133 ff.; Fehring, Kirchenwesen (Anm. 1) 568.

6 H. W. Böhme, Adelsgräber im Frankenreich. Archäologische Zeugnisse zur Herausbildung einer Herrenschicht unter den merowingischen Königen. Jahrb. RGZM 40,2, 1993 (1995) 455ff., zusammenfassend ebd. 519 ff.; A. Burzler, Die frühmittelalterlichen Gräber aus der Kirche Burg. In: M. Höneisen (Hrsg.), Frühgeschichte der Region Stein am Rhein. Archäologische Forschungen am Ausfluss des Untersees. Antiqua 26. Veröff. Schweizerische Ges. Ur- u. Frühgesch. Schaffhauser Arch. 1. Veröff. Kantonsarch. u. Mus. Allerheiligen (Schaffhausen 1993) 230 ff.

7 M. Martin, Bemerkungen zur Ausstattung der Frauengräber und zur Interpretation der Doppelgräber und Nachbestattungen im frühen Mittelalter. In: W. Affeldt (Hrsg.), Frauen in Spätantike und Frümittelalter. Lebensbedingungen – Lebensnormen – Lebensformen (Sigmaringen 1990) 99 ff.

8 Ebd. 102; B. Sasse, Frauengräber im frühmittelalterlichen Alamannien. Ebd. 63.

9 M. Illi, Wohin die Toten gingen. Begräbnis und Kirchhof in der vorindustriellen Stadt (Zürich 1992) 17 f. Dieses Phänomen wird hier ins Hochmittelalter verlegt, setzt aber schon in der Merowingerzeit ein.

10 Fehring, Kirchenwesen (Anm. 1) 569 f.

11 Hoeper (Anm. 4) 101 ff.; ders., Die frühmittelalterliche Besiedlungsentwicklung in der Gemarkung Mengen. In: Fund-Mengen. Mengen im frühen Mittelalter. Arch. Inf. Baden-Württemberg 25 (Stuttgart 1994) 22 ff. Abb. 4.

12 G. Fingerlin, Spätmerowingische Gräber aus Bad Krozingen, Kr. Breisgau-Hochschwarzwald. Arch. Ausgr. Baden-Württemberg 1982, 181 f.; ebd. 110 ff. Abb. 87.

13 Anm. 4

14 Fundber. Baden-Württemberg 2, 1975, 236: R. Lommerzheim, Die frühmittelalterlichen Siedlungen von Merdingen und Breisach-Hochstetten in Südbaden (Diss. Bonn 1988) 44 f; Hoeper (Anm. 11) 22 f. Abb. 6; G. Fingerlin, Arch. Nachr. Baden 24, 1980, 28 ff. Abb. 22; ebd. 26, 1981, 29 Abb. 30.

15 J. Biel, Arch. Ausgr. Baden-Württemberg 1983, 188 f.

16 I. Stork, Fürst und Bauer, Heide und Christ. 10 Jahre archäologische Forschungen in Lauchheim/Ostalbkreis. Arch. Inf. Baden-Württemberg 29 (Stuttgart 1995) 51 ff. Abb. 44.

17 Fehring, Kirchenwesen (Anm. 1) 556 ff.; Gerlach (Anm. 3) 120 ff. Außerhalb der Betrachtung stehen spätantik geprägte Plätze mit großen vor der Stadt gelegenen Friedhöfen und Coemterialkirchen.

18 Böhme (Anm. 6) 521; ders., Adel und Kirche bei den Alamannen der Merowingerzeit. Germania 74,2, 1996, 495.

19 M. Borgolte, Stiftergrab und Eigenkirche. Ein Begriffspaar der Mittelalterarchäologie in historischer Kritik. Zeitschr. Arch. Mittelalter 13, 1985, 27 ff.; Böhme (Anm. 6) 519 ff. Auf den Begriff Eigenkirche wird hier bewußt verzichtet, da der rechtliche Status der einzelnen Kirchen nicht bekannt ist.

20 B. Theune-Großkopf, Ein frühmittelalterlicher Kirchenbau mit »Gründergrab« in Cognin (Savoyen)? Arch. Korrbl. 19, 1989, 292.

21 Lommerzheim (Anm. 14)

22 Gerlach (Anm. 3) 122 Abb. 3.

23 Bad. Fundber. 19, 1950/51, 219 f.; Fundber. Baden-Württemberg 12, 1987, 623 ff.; H. Eckert, Arch. Ausgr. Baden-Württemberg 1981, 196 ff.; ders./F. Itta/R. Rotermund/D. Zimdars, Zur Bau- und Kunstgeschichte von St. Martin. In: Kirche St. Martin in Kirchdorf/Brigachtal. Festschrift zur Wiedereröffnung der Kirche St. Martin (1991) 2 ff.

24 Ebd. 4 ff. H. Eckert, der mir Einblick in die Grabungsunterlagen erlaubte, sei herzlich gedankt. Die hier vorgetragenen Ergebnisse sind vorläufig, da die Aufarbeitung der Funde und Befunde noch aussteht.

25 Theune-Großkopf (Anm. 20) 291 f.

26 Eckert (Anm. 23) 10 f.

27 P. Gramlich/F. Itta, Der Friedhof. In: Eckert u.a. (Anm. 23) IX f.

28 R. Dehn, Merowingerzeitliche Grabhügel bei Überauchen, Gde. Brigachtal, Schwarzwald-Baar-Kries. Arch. Ausgr. Baden-Württemberg 1982, 173 ff.

29 Anm. 27.

30 Eckert (Anm. 23) 10 f.

31 Ebd. 14 f.

32 G. Schmitt, Ein Reihengräberfeld des 8. Jahrhunderts in Pfullingen »Lindenplatz«, Kr. Reutlingen. Arch. Ausgr. Baden-Württemberg 1985, 195 ff.; B. Kulessa/D. Quast/D. Stahn, Die frühmittelalterliche Besiedlung – Pfullingen entsteht. In: Pfullingen. Zeugen der Geschichte. Bedrohung – Erforschung – Erhaltung. Arch. Inf. Baden-Württemberg 24 (Stuttgart 1992) 24 ff.; B. Tuchen, Vorgängerbauten der Martinskirche. Ergebnisse der Archäologischen Untersuchung. Ebd. 31 ff.; D. Quast, Merowingerzeitliche Funde aus der Martinskirche in Pfullingen, Kr. Reutlingen. Fundber. Baden-Württemberg 19,1, 1994, 591 ff.

33 Ebd. 600 ff.; Tuchen (Anm. 32).

34 Stein (Anm. 5) 285 f. Taf. 37,9–27.

35 Quast (Anm. 32) 634 f.

Einzug der Mönche

KULTUR DURCH KLÖSTER

ALFONS ZETTLER

Ursprünglich nannte man diejenigen Christen Mönche, die sich allein in die Wüste oder an einsame Orte begaben, um unter extremen Bedingungen für Gott zu leben. Diese Lebensform hatte sich in der Spätantike vor allem im Osten des Imperium Romanum ausgebreitet, in Palästina, Syrien und Ägypten; gute Beispiele dafür sind der hl. Antonius »in der Wüste« oder der »Säulenheilige« Simeon Stilites, der Zeit seines Lebens auf einer Säule stehend verharrte.

Im frühen Mittelalter eroberte das Mönchtum in beispiellosem Siegeszug auch Europa, doch waren es nicht die orientalischen Asketen, die dies bewerkstelligten, sondern Mönche, die sich unter einem Abt – einem Vater – zu geregeltem gemeinschaftlichem Leben zusammenfanden.

In der Alamannia erlangten zwei Strömungen des alteuropäischen koinobitischen Mönchtums Geltung: zunächst die irofränkische Bewegung, deren Exponenten dem asketischen Ideal der Peregrinatio, der Heimatlosigkeit und Wanderschaft in der Nachfolge Christi huldigten, sodann die Benediktiner.

Am Anfang der irofränkischen Bewegung stand der irische Mönchsvater Columban. Er zog mit seinen Gefährten unablässig durch das Frankenreich und gründete zahlreiche Klöster. In Italien gab Benedikt von Nursia seinen in Klöstern ansässigen Mönchen eine auf dem Gedanken der Brüderlichkeit beruhende Lebensordnung und legte sie schriftlich nieder. Bald breitete sich diese Regula Benedicti als Norm klösterlichen Lebens über ganz Europa aus. Im Frankenreich erhoben sie die karolingischen Könige zur allgemein gültigen Klosterregel. Durch seine rasche Ausbreitung im frühen Mittelalter wuchs das Mönchtum zu einer gewaltigen gesellschaftlichen und politischen Kraft heran, es bildete die geistige Elite jenes Zeitalters und hat dessen Gesicht entschieden mitgeprägt.[1]

Die Pioniere: Columban und Gallus

Betrachtet man das Kartenbild der ältesten Klöster in der Alamannia bis zum Ende des 8. Jh.,[2] so fällt im Vergleich mit den angrenzenden Gebieten Bayern, Churrätien und Elsass, aber auch mit dem auf der Karte nicht wiedergegebenen langobardischen Italien, zunächst die geringe Zahl der Klöster auf. Weiter erkennt man, dass der chronologische Schwerpunkt der Ansiedlung deutlich im

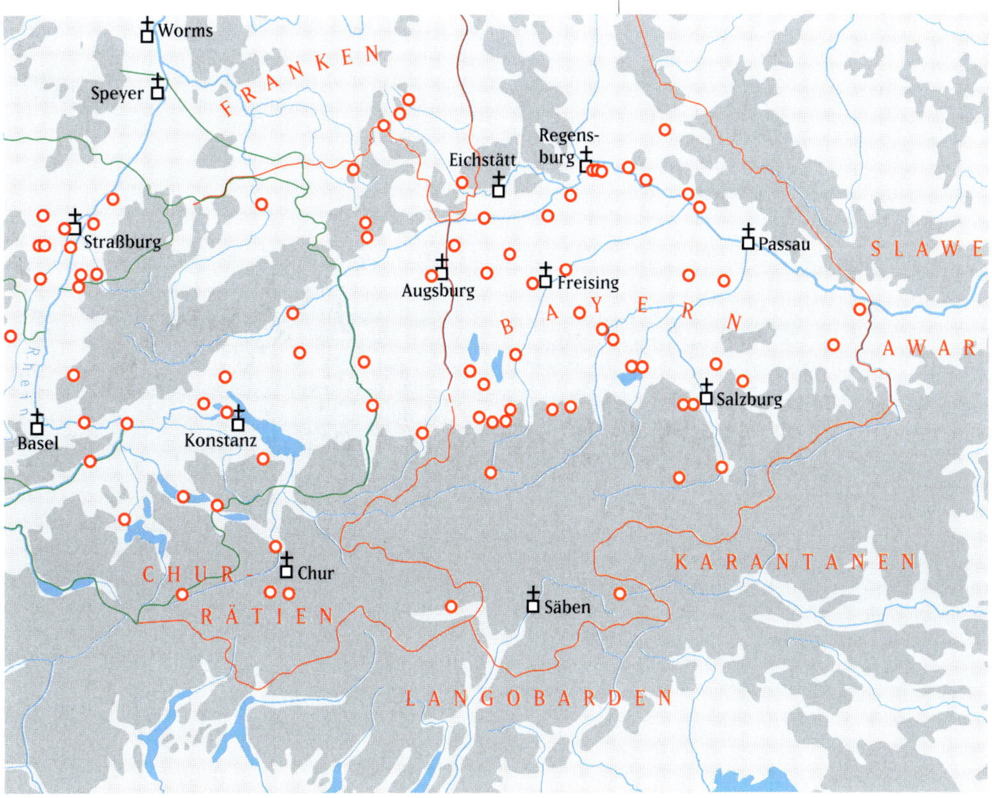

556 Klostergründungen bis etwa zum Jahr 800. In Südwestdeutschland bleiben die frühen Klöster im Vergleich zu Bayern, Churrätien und dem Elsass ziemlich rar.

Bischofssitz
Klöster
Regna
Bistumsgrenzen

8. Jh. liegt.[3] Bei manchen Klöstern ist freilich ganz unsicher, wann sie entstanden, etwa bei Säckingen und St. Trudpert. Eine auch nur einigermaßen verbindliche Zahl der monastischen Niederlassungen im frühen Mittelalter lässt sich nicht angeben; denn es muss nach Einschätzung der Forschung damit gerechnet werden, dass ein beträchtlicher Teil der

557

damals ins Leben gerufenen Klöster und Zellen schon bald wieder eingegangen ist, ohne klare Zeugnisse seiner Existenz zu hinterlassen.

Im linksrheinischen Gebiet Alamanniens, das länger Teil des Römischen Reiches gewesen war, ist eine größere Dichte zu verzeichnen als rechts des Stromes. Überhaupt fällt auf, wie wenig Klöster der Kernbereich der nördlichen Alamannia aufweist. Die meisten finden sich in Randlage und entlang der hauptsächlichen Verkehrsachsen, vor allem der Rhein-Bodensee-Linie, einer Magistrale und Schlagader des Landes. Das spiegelt sicherlich die antiken Grundlagen, die für die Entwicklung der Alamannia im Frühmittelalter von großer Bedeutung waren.

In den Gebieten des merowingischen Frankenreichs, zu dem die Alamannia gehörte, stieg in der Periode von Chlodwigs Taufe 496 bis zum Jahr 800 die Zahl der monastischen Institutionen von 17 auf rund 700 an.[4] Entscheidenden Anteil daran hatte das irofränkische Mönchtum. Der Einfluss des irischen Mönchsvaters Columban berührte auch die Randgebiete des Frankenreichs und insbesondere die Alamannia, wie das eine Illustration zur deutschen Gallus-Legende eindrucksvoll zusammenfasst.[5]

Columban und Gallus sind Thema eines wesentlichen Abschnitts in der Gallus-Vita, also der Lebensbeschreibung des St. Galler Klosterpatrons. Dieser Schüler und Gefährte Columbans sei im Verlauf von dessen Alamannienreise 610–12 am Bodensee zurückgeblieben, wo er in der Wildnis des oberen Steinachtals gottgefällig gelebt habe. Aus dieser Gallus-Zelle mit dem Grab des Columbanjüngers erwuchs dann um 720 das Kloster St. Gallen.

Die Verknüpfung der beiden Persönlichkeiten und ihre Stilisierung zu den Mönchsvätern Alamanniens, wie sie in unserem Bild zum Ausdruck kommt, beruht allerdings auf späterer Traditionsbildung in St. Gallen, wo die Gallus-Vita wahrscheinlich zwischen 720 und 760 erstmals aufgezeichnet wurde. Von dieser ältesten Textversion blieben lediglich zwei arg mitgenommene Doppelblätter aus der Zeit um 780 erhalten.[6]

557 Columban und Gallus auf dem Bodensee. Die Legende sagt, dass der irische Mönchsvater Columban auf seiner Reise durch Alamannien 610–12 seinen Schüler Gallus am Bodensee zurückließ.

558 Nur eine einzige urkundliche Äußerung des bekannten Alamannenherzogs Gottfried blieb erhalten. Zwischen 700 und 707 übertrug er dem Kloster St. Gallen Einkünfte für den Lichterdienst.

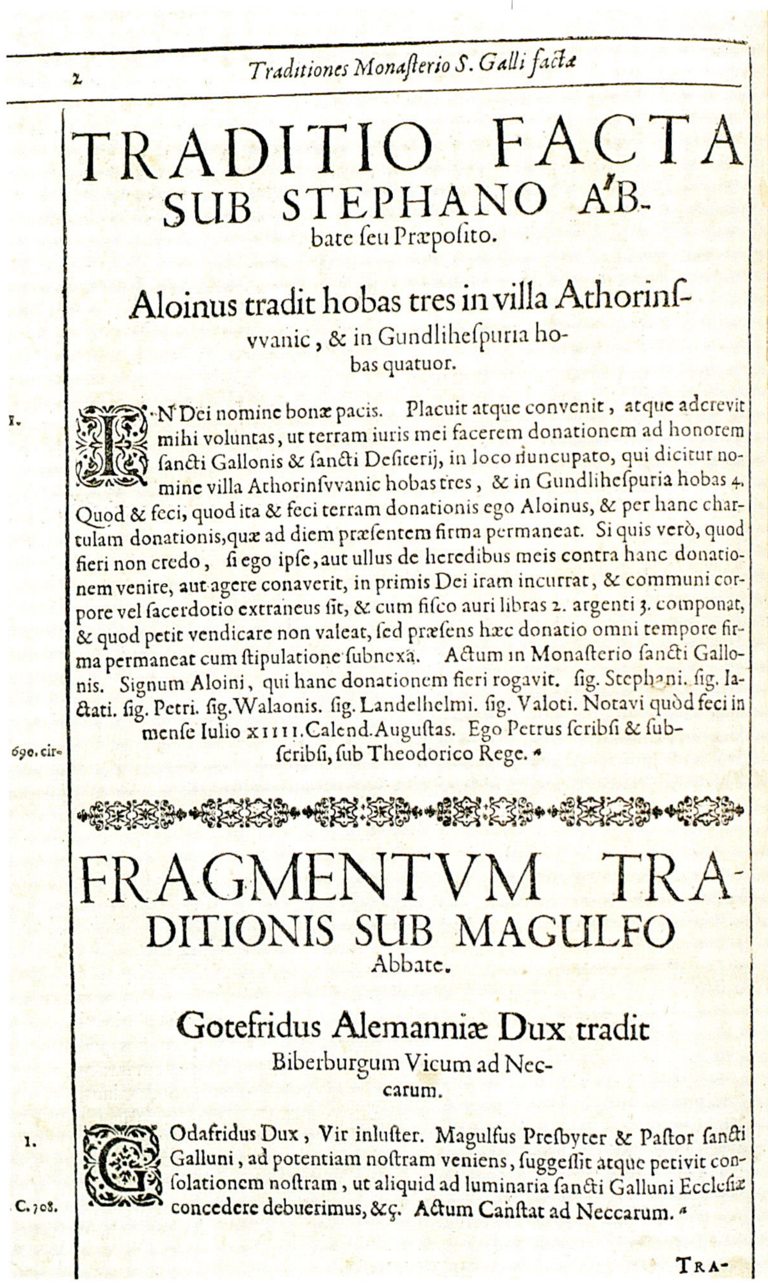

2 *Traditiones Monaſterio S. Galli factæ*

TRADITIO FACTA SUB STEPHANO AB-bate ſeu Præpoſito.

Aloinus tradit hobas tres in villa Athorinſvvanic, & in Gundliheſpuria hobas quatuor.

1. IN Dei nomine bonæ pacis. Placuit atque convenit, atque adcrevit mihi voluntas, ut terram iuris mei facerem donationem ad honorem ſancti Gallonis & ſancti Deſiterij, in loco nuncupato, qui dicitur nomine villa Athorinſvvanic hobas tres, & in Gundliheſpuria hobas 4. Quod & feci, quod ita & feci terram donationis ego Aloinus, & per hanc chartulam donationis, quæ ad diem præſentem firma permaneat. Si quis verò, quod fieri non credo, ſi ego ipſe, aut ullus de heredibus meis contra hanc donationem venire, aut agere conaverit, in primis Dei iram incurrat, & communi corpore vel ſacerdotio extraneus ſit, & cum fiſco auri libras 2. argenti 3. componat, & quod petit vendicare non valeat, ſed præſens hæc donatio omni tempore firma permaneat cum ſtipulatione ſubnexa. Actum in Monaſterio ſancti Gallonis. Signum Aloini, qui hanc donationem fieri rogavit. ſig. Stephani. ſig. Iactati. ſig. Petri. ſig. Walaonis. ſig. Landelhelmi. ſig. Valoti. Notavi quòd feci in menſe Iulio XIIII. Calend. Auguſtas. Ego Petrus ſcribſi & ſub-
690. cir. ſcribſi, ſub Theodorico Rege.

FRAGMENTVM TRADITIONIS SUB MAGULFO Abbate.

Gotefridus Alemanniæ Dux tradit Biberburgum Vicum ad Neccarum.

1. GOdafridus Dux, Vir inluſter. Magulfus Preſbyter & Paſtor ſancti Galluni, ad potentiam noſtram veniens, ſuggeſſit atque petivit con-
ſolationem noſtram, ut aliquid ad luminaria ſancti Galluni Eccleſiæ
C. 708. concedere debuerimus, &c. Actum Canſtat ad Neccarum.

TRA-

558

559

559 **Über Pirmin, den Gründer des Klosters Reichenau, ist wenig bekannt. Ein Maler des 17. Jh. gestaltete die dürftige Überlieferung anlässlich des 900. Gründungstags zu dem bekannten Tafelbild im Reichenauer Münster. Der Heilige nähert sich der Klosterinsel im Untersee vom heutigen Schweizer Ufer her, während das Gewürm eilends die Wildnis verlässt. Der Künstler malte die Gründungsgeschichte vor der baulichen Szenerie von 1624.**

Eremus und Insula

Die Bodenseeklöster St. Gallen und Reichenau wuchsen im Verlauf des 8. Jh. zu Zentren des Mönchtums heran und haben vieles gemeinsam. Zu gleicher Zeit in derselben Landschaft entstanden, folgten sie beide der Benediktsregel. Doch es gibt auch Unterschiede.[7] St. Gallen entstand in der Wildnis des oberen Steinachtals, fernab von Verkehr und Getriebe an dem Ort, den der hl. Gallus zu seiner Einsiedelei erwählt hatte: Eremus, die Einöde an der oberen Steinach. Dorthin berief ein weltlicher Machthaber, der Tribun von Arbon am Bodensee, den Alamannen Otmar und beauftragte ihn mit der Gründung eines Klosters.[8] So kann St. Gallen auch für das bodenständigere Element des frühen alamannischen Mönchtums stehen.
Die Gründung der Reichenau hingegen war das Werk des »Wanderbischofs« Pirmin und seiner Mönche, die mit Billigung und Unterstützung des mächtigen Hausmeiers Karl Martell wahrscheinlich aus dem westlichen Frankenreich ins ferne Alamannien gezogen kamen. Sie führten der Klostertradition zufolge einen »Einweisungsbefehl« Karls mit sich, der ihnen die Insel Sintlazau, die spätere Reichenau im Untersee, als Bauplatz und außerdem Güter und Einkünfte an beiden Ufern des Bodensees zuwies. Da Karl Martell zu eben derselben Zeit die von Herzögen verwaltete Alamannia seiner eigenen Herrschaft zu unterwerfen trachtete, erscheint die Reichenau als eine »politische« Klostergründung, die nicht zuletzt der karolingischen Einflussnahme auf dieses periphere Reichsgebiet diente. Dem entspricht es, wenn das Kloster Reichenau nicht in der Einöde entstand, sondern unmittelbar an den großen Verkehrslinien, mitten im fränkischen Fiskus Bodman am Bodensee, d.h. auf fränkischem Königsgut, und sogar in Sichtweite des kirchlichen Zentrums der Alamannia, dem Bischofssitz Konstanz: Insula, die Insel im Bodensee.

Herzog Gottfried und der hl. Gallus

Otmar und seine Mönche knüpften bei der Einrichtung des Klosters St. Gallen an das Grab und den Kult des Eremiten Gallus an, der von der Bevölkerung verehrt wurde. Dort scheinen vor Otmars Ankunft einige Kleriker zwar in religiöser Gemeinschaft, aber noch ohne Mönchsregel gelebt zu haben. Sie pflegten das Grab des hl. Gallus und hielten sein Andenken wach.
Wahrscheinlich zwischen 700 und 707 übertrug der alamannische Herzog Gottfried zu Cannstatt, heute Ortsteil von Stuttgart, auf die Bitte des Vorstehers dieser Kleriker Einkünfte aus dem – nicht sicher lokalisierbaren – Ort Biberburg am Neckar an den hl. Gallus zum Zweck des Lichterdienstes an seinem Grab: Gegeben von dem erlauchten Fürsten Herzog Gottfried. Magulf, der Priester und Hirte

560

beim hl. Gallus, erschien vor Unserer mächtigen Person, trug Uns vor und bat Uns um eine Gabe für den Lichterdienst am Grab des hl. Gallus usw. Gegeben in Cannstatt am Neckar, so lautet das kleine Fragment des Textes, das erhalten blieb. Es ist ein einzigartiges Dokument und die einzige überlieferte urkundliche Äußerung des Herzogs Gottfried.[9]

Gefälschte Papiere

Während St. Gallen sein Selbstbewusstsein und auch das Wissen um seine Anfänge vor allem aus dem Klosterheiligen Gallus und dessen Lebensgeschichte schöpfte, die Gallus-Vita gleichsam als »Gründungsurkunde« betrachtete, hatten es die Reichenauer Mönche in dieser Hinsicht schwer. Denn ihr Gründervater Pirmin war gemäß dem Ideal der Peregrinatio weitergezogen, nachdem das Inselkloster erst einmal errichtet und von Mönchen besiedelt war. In Hornbach in der Pfalz gründete er sein letztes Kloster; dort starb er auch und wurde bald als Heiliger verehrt.[10]

Aus Hornbach, nicht von der Reichenau, stammt deshalb Pirmins Lebensbeschreibung, und zur Gründung des Bodenseeklosters gibt sie nur das nebelhafte und verschwommene Wissen der Pfälzer Mönche wieder. Gleichwohl hat man sich anhand der Hornbacher Vita Pirminii auch in Reichenau ein Bild von der Gründung des eigenen Klosters gemacht, und auf der Basis dieser Angaben gestaltete ein Maler des 17. Jh. anlässlich der 900jährigen Wiederkehr der Gründung das bekannte Tafelbild im Reichenauer Münster.[11]

Als es im 12. Jh. schlecht um die einst bedeutendste Abtei Alamanniens bestellt war – die Zahl der Mönche war rapide gesunken und das entfremdete Klostergut reichte kaum zum Lebensnotwendigen – besann man sich neu auf die frühen, goldenen Zeiten und stellte, auch um das Klostergut zusammenzuhalten und die entsprechenden Rechtstitel nachweisen zu können, eine regelrechte Gründungsurkunde her. Man fertigte sogar gleich zwei Exemplare an, die sich im Text, wenngleich nur unwesentlich, unterscheiden.

Bis heute ist wegen der durchaus professionellen Arbeit des Fälschers Udalrich, der ähnliche Machwerke auch für eine Reihe anderer Klöster fabrizierte, in der Forschung umstritten, inwieweit der Inhalt dieses »Einweisungsbefehls« von Karl Martell, der zu allem Überfluss auch noch auf den Markustag (25. April) datiert ist, den Festtag des erst im 10. Jh. propagierten Klosterpatrons, tatsächlich

560 Otmar, der erste Abt des Klosters St. Gallen (ca. 719/20–759), führte die Benediktsregel ein. Stab und Buch sind die Insignien des Abts. Das kleine Fass erinnert an ein Wunder, das Otmar zugeschrieben wird.

561 Das St. Galler Professbuch. Die älteste Mönchsliste beginnt mit dem Namenszug Abt Otmars. Es folgen, wohl von Mönchen aus Churrätien, viele romanische Namen.

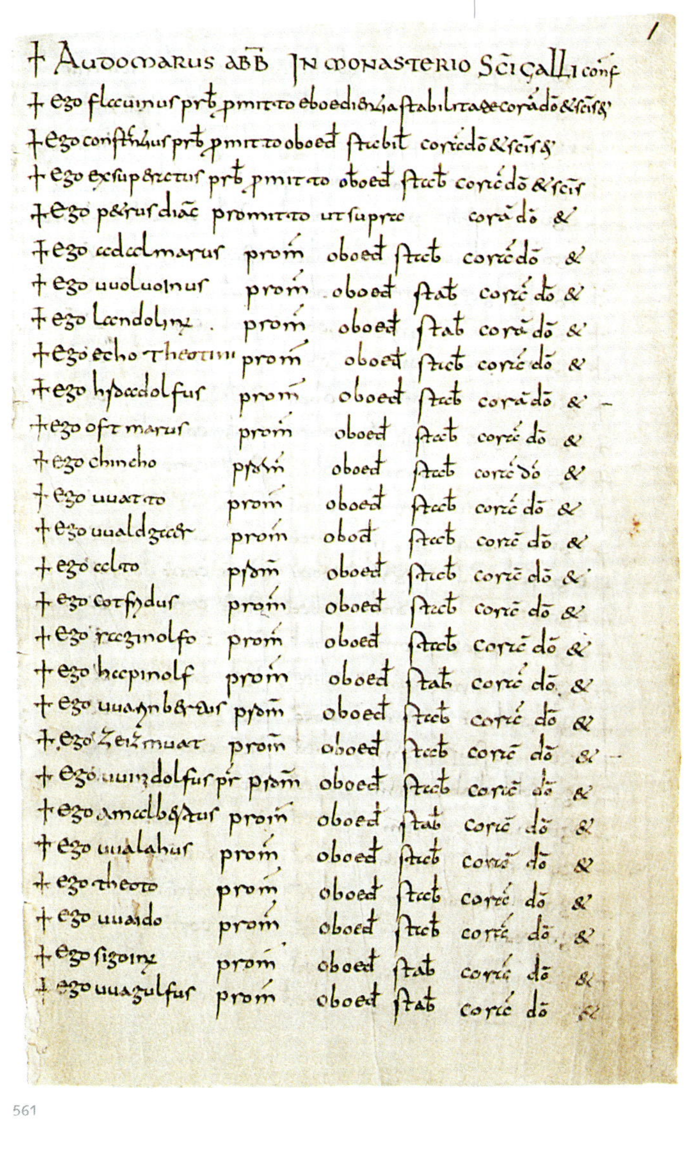

561

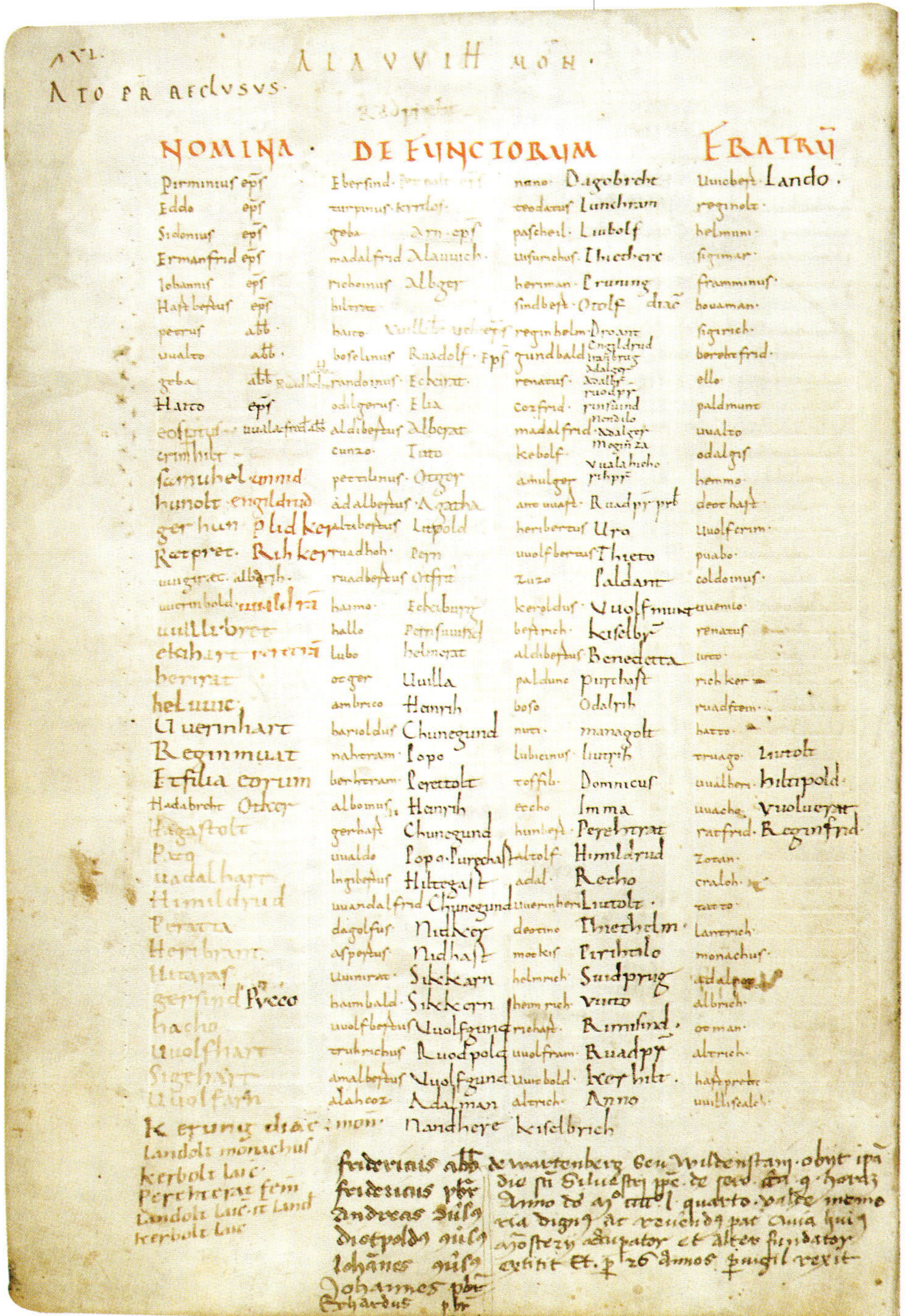
NOMINA · DE FUNCTORUM FRATRŪ

562

562 **Im Reichenauer Verbrüderungsbuch sind die verstorbenen Äbte und Mönche verzeichnet, an der Spitze der hl. Pirmin. Das Buch umfasst insgesamt rund 40 000 Einträge.**

auf Dokumenten aus der Frühzeit des Klosters beruht.[12]

Im Kloster St. Gallen blieb ein guter Teil der Aufzeichnungen über den Besitz in Form originaler Urkunden erhalten. Etwa 800 Pergamente – von vielleicht ursprünglich 3000 – werden dort bis heute im Stiftsarchiv aufbewahrt. Ihnen können wir ein erstaunliches Anwachsen der Klostergüter bereits in den ersten beiden Jahrhunderten der Existenz St. Gallens entnehmen. Der Besitz des Klosters erstreckte sich fast über ganz Alamannien: im Norden bis an den mittleren Neckar, im Westen sogar über den Rhein ausgreifend bis ins Elsass mit einem deutlichen Schwerpunkt im Breisgau, im Süden bis in den Kanton Bern, an den Zürichsee, nach Buchs und Bludenz (Vorarlberg), im Osten bis an die Iller und ins obere Allgäu.[13] Die meisten Güter wendeten dem Kloster freie Grundbesitzer zu, die man zur alamannischen Oberschicht rechnet. So banden sich weite Kreise der Bevölkerung an die Klöster, und diese wiederum wuchsen in die Gesellschaft hinein, wurden zu unabkömmlichen sozialen Institutionen, die das Leben vieler Alamannen mitbestimmten.

Neue Normen, neue Formen – die klösterliche Lebensordnung

Erster Abt des Klosters war von ca. 719/20 bis 759 Otmar. Als überragende Persönlichkeit legte er mit Einführung der Benediktsregel den Grund für den Aufstieg St. Gallens zu einem klösterlichen Zentrum Alamanniens. Abgebildet wird er gewöhnlich mit Stab und Buch, den Insignien eines Abtes. Dazu kommt das Fässlein oder Lägel, das auf seinen Aufstieg zum zweiten Klosterpatron neben dem hl. Gallus hinweist, denn es versinnbildlicht das erste Mirakel oder Wunder, das er wirkte. Als die St. Galler Mönche um 770 ihren ehemaligen Abt, der in der Verbannung auf der Rheininsel Werd gestorben war, per Schiff nach St. Gallen überführten, hatten sie ein Fässlein Wein bei sich. Dass diese Quelle stärkenden Trankes auf der langen, mühsamen Fahrt rheinaufwärts nicht versiegte, schrieb man dem wunderbaren Wirken Otmars zu.[14]

Einige Mönche der »ersten Stunde«, die wohl schon mit Otmar nach St. Gallen gekommen waren und beim Aufbau des Klosters mitgewirkt hatten, finden wir in der ältesten Mönchsliste des Professbuchs verzeichnet. Dieses Buch, das um 800 unter Verwendung älterer Aufzeichnungen angelegt wurde und die feierlichen Gelübde fast sämtlicher St. Galler Mönche in der Reihenfolge ihres Klostereintritts festhält, beginnt mit dem Namenzug Otmars: Audomarus abbas. Romanische Namen wie Flavinus und Exsuperatus, die in den folgenden Zeilen eingestreut sind, verraten die Herkunft ihrer Träger aus Churrätien. Auf den anderen Blättern herrschen germanisch-alamannische Personennamen vor: später kamen die Mönche gewöhnlich aus der Umgebung St. Gallens.[15]

Übertrefft einander in gegenseitiger Achtung!

Die Mönche lebten gemäß der Benediktsregel, die Otmar dem Kloster gegeben hatte. An den Einträgen im Professbuch, wo säuberlich alle Eintritte aufgelistet wurden, ist auch eine Rangordnung ablesbar. Jeder kannte seinen »Platz«, der durch den Bruder vor ihm und den nach ihm bestimmt wurde. Das klösterliche Leben spielte sich stets unter Einhaltung dieser Ordnung ab.

In der Benediktsregel heißt es: Die Brüder sollen im Kloster die Rangordnung so einhalten, wie sie durch den Zeitpunkt des Eintritts und durch verdienstvolles Leben bestimmt und wie sie vom Abt festgelegt wird. In der Rangfolge ... gehen sie zum Friedenskuss, zur Kommunion, zum Psalmenvortrag, und stehen sie an ihren Plätzen im Chor ... Die jüngeren Brüder sollen die älteren ehren, die älteren die jüngeren lieben. Wenn einer den anderen beim Namen ruft, darf er ihn nicht mit dem bloßen Namen anreden; vielmehr sollen die älteren Brüder die jüngeren ›Bruder‹, die jüngeren die älteren ›Nonnus‹ nennen, was ›ehrwürdiger Vater‹ bedeutet ... Sooft sich die Brüder begegnen, bittet der jüngere den älteren um den Segen. Wenn ein älterer vorübergeht, steht der jüngere auf und bietet den Platz zum Sitzen an. Der jüngere Bruder darf sich nicht erlauben, sich neben den älteren zu setzen, ehe ihn dieser dazu aufgefordert hat. So handelt man nach dem Schriftwort »Übertrefft einander in gegenseitiger Achtung!«[16]

Zu den klösterlichen Tagzeiten oder Offizien, die immer zur gleichen Stunde gehalten wurden und den ganzen Tagesablauf bestimmten, versammelte sich stets der ganze Konvent, der durch den Klang einer Glocke zusammengerufen wurde (Benediktsregel Kap. 47). Solche Glocken haben sich in Bregenz und im Kloster Müstair im Vintschgau erhalten.[17]

Rat der Brüder

Den Bestimmungen, die das Zusammenleben der Mönche regelten und das Kloster gleichzeitig nach außen hin abgrenzten, liegt der Gedanke der Brüderlichkeit zugrunde – dass ein jeder dem anderen wie ein Bruder sei. Alle Brüder zusammen bilden mit ihrem Vorsteher und geistlichen Vater, dem Abt, die Mönchsgemeinschaft. In der täglich zu Beginn des Tagesablaufs unter seiner Leitung abgehaltenen Versammlung aller – sie heißt Kapitelversammlung, weil zum Auftakt jeweils ein Kapitel aus der Benediktsregel laut verlesen wurde – konstituierte sich die Brüdergemeinschaft stets aufs Neue.

In der Benediktsregel steht: Sooft im Kloster eine wichtige Angelegenheit zur Entscheidung ansteht, soll der Abt die ganze Brüderschaft zusammenrufen und selbst die Sache vortragen. Er soll den Rat aller Brüder anhören, dann die Angelegenheit bei sich überlegen und das tun, was er für richtig hält. Dass zur Beratung alle gerufen werden, bestimmen wir deshalb, weil der Herr oft einem Jüngeren offenbart, was das Bessere ist.[18]

Nicht nur die neuen Mönche, die »Zugänge«, wurden gewissenhaft verzeichnet, sondern auch die verstorbenen, die »Abgänge«. Das Buch mit ihren Namen, das sogenannte Verbrüderungsbuch, das insgesamt die gewaltige Menge von rund 40 000 Einträgen enthält, hatte seinen Platz auf dem Altar. Mit ihm verband sich die Vorstellung vom »Buch des Lebens«, in dem die Namen derer standen, denen das ewige Leben bei Gott zuteil würde.[19] Die Liste der verstorbenen Reichenauer Mönche setzt mit den Äbten ein, deren Reihe der Gründervater Pirminius, hervorgehoben als Bischof, eröffnet. In weiteren Kolumnen folgen die seit etwa 780 verstorbenen Mönche in der Reihenfolge ihres Todes.[20]

Verbrüderung der Klöster

Der Gedanke der Brüderlichkeit, wie er in der Benediktsregel niedergelegt ist, wirkte bald schon über das einzelne Kloster und seine Gemeinschaft hinaus und bekam so eine politische Dimension. Viele Abteien im Frankenreich vereinbarten in »Verbrüderungsverträgen« gegenseitige Gebetshilfe und meldeten die Namen der eigenen Mönche den anderen Klöstern. So schlang sich all-

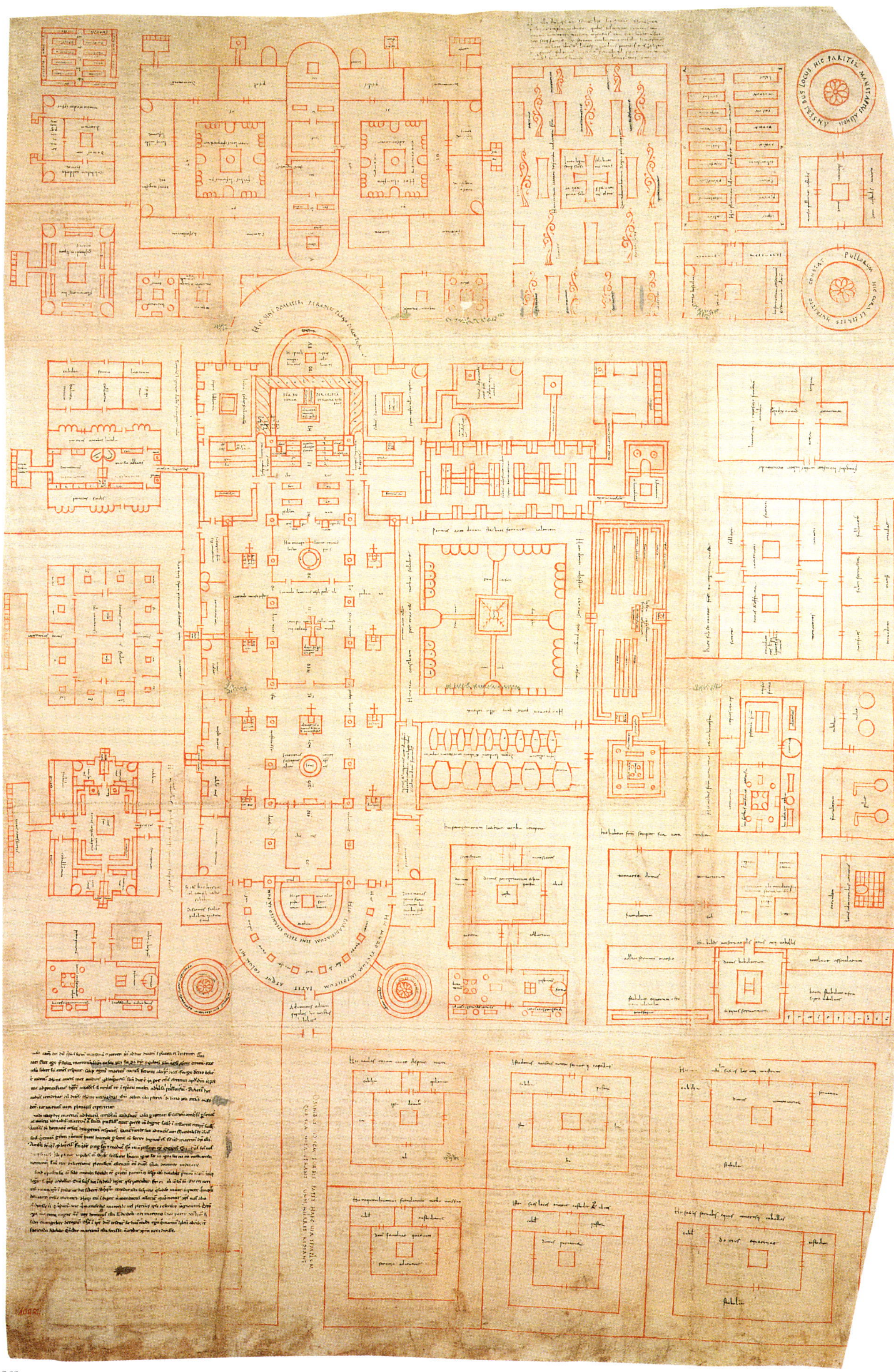

563

563 **Der Klosterplan von St. Gallen wurde zwischen 825 und 830 für Abt Gozbert angefertigt. Alles Notwendige sollte sich nach der Vorschrift des hl. Benedikt innerhalb der Klostermauern befinden, damit die Mönche nicht durch weltliche Geschäfte abgelenkt würden.**

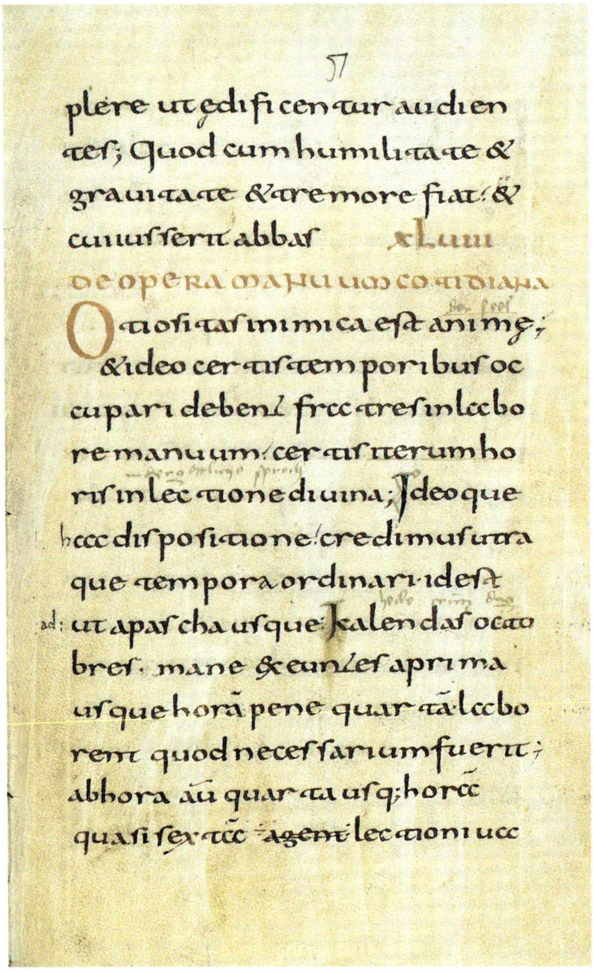

564

mählich das Band der Gebetsverbrüderung auch zwischen den alamannischen Klöstern und den traditionsreichen westfränkischen Abteien wie Saint-Martin in Tours und Saint-Denis bei Paris. Diese Beziehungen waren außerordentlich wichtig für die Integration der Alamannia in das karolingische Großfrankenreich.[21]

Alles Notwendige innerhalb der Mauern

Um den Kern eines Klosters, die Brüdergemeinschaft, deren Aufgabe das beständige Lob Gottes war, gruppierten sich zahlreiche andere Personen, die im Dienst der Mönche standen und im Klosterbezirk lebten und arbeiteten. Der Mönchsvater Benedikt hatte seinen Jüngern zwar den Wahlspruch *ora et labora*, bete und arbeite, auf die Fahnen geschrieben und damit auch gemeint, dass die Mönche mit eigener Hände Arbeit für ihren Lebensunterhalt sorgen sollten (Kap. 46; 48,1.8). Aber die klösterlichen Offizien füllten den Tag bald so sehr, dass für die Arbeit nurmehr wenig Raum blieb; sie konzentrierte sich zunehmend auf das geistige und künstlerische Schaffen.

So wuchs den Mönchen im Frankenreich bald die Rolle einer gesellschaftlichen Elite zu, die von einem großen Tross anderer Menschen versorgt wurde, zahlreiche Privilegien genoss und im Dienst des Königtums auch beträchtliche politische Macht ausübte. Weltliche und repräsentative Funktionen bestimmten daher neben den eigentlichen Bedürfnissen der Mönche ganz wesentlich die Disposition der klösterlichen Anlagen und Bauten, während der hl. Benedikt das Kloster ursprünglich als weltabgeschiedene Einheit konzipiert hatte: Das Kloster soll, wo möglich, so angelegt sein, dass sich alles Notwendige innerhalb der Klostermauern befindet, nämlich Wasser, Mühle, Garten und die verschiedenen Werkstätten, in denen gearbeitet wird. So brauchen die Mönche nicht draußen herumlaufen, was ihren Seelen ja durchaus nicht zuträglich wäre.[22]

Eine Vorstellung von der Anlage eines frühmittelalterlichen Klosters vermittelt der St. Galler Klosterplan. Dieses einzigartige Dokument wurde zwischen 825 und 830 in Reichenau für den St. Galler Abt Gozbert angefertigt, dem es ein Königskloster mit allen seinen Einrichtungen und Gebäuden vor Augen führen sollte.[23]

Über Gestalt und Disposition der meisten alamannischen Klöster wissen wir hingegen noch sehr wenig. Erst in jüngster Zeit beginnt die Archäologie, sich auch den Klostersiedlungen zuzuwenden und die engen Grenzen der Erforschung von Klosterkirchen zu überschreiten. Während die Ausgrabungen von 1963/64 in St. Gallen auf die ehemalige Abteikirche beschränkt blieben und dort Grundmauern der sogenannten Gozbert-Basilika

564 Die Mönche Tatto und Grimald von der Reichenau stellten 817/19 aus den verschiedenen Versionen der Benediktsregel eine textkritisch bearbeitete Ausgabe her. Eine Kopie ihres Werks blieb in St. Gallen erhalten.

565 Die in mühevoller Arbeit hergestellten frühmittelalterlichen Handschriften waren sehr wertvoll. Abtbischof Johannes von St. Gallen (760–782) nutzt deshalb die Einleitung eines von ihm in Auftrag gegebenen Buches zur Androhung drastischer Folgen für Bücherdiebe.

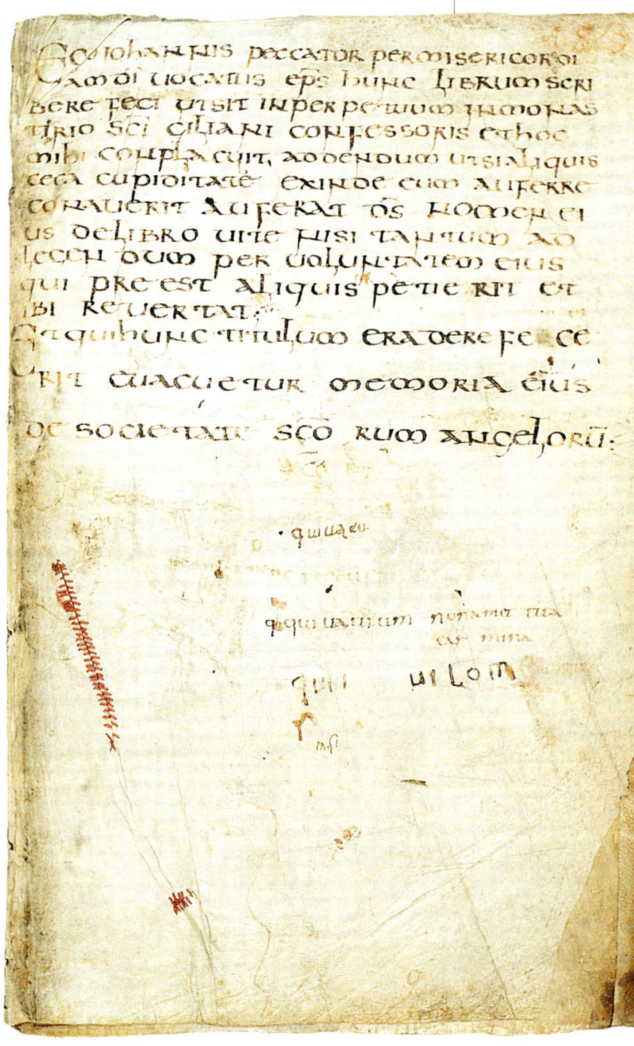

565

566

566 Die Klöster waren ein Hort der Schriftkultur. Der Stuttgarter Psalter zeigt einen Mönch am Schreibpult.

aus der Zeit von 830 bis 837 zum Vorschein kamen,[24] stammen die ersten archäologischen Beobachtungen zur Klosteranlage in Reichenau schon aus den dreißiger Jahren.

Vor kurzem konnte ein Teil der mittelalterlichen Konventgebäude auf der Insel untersucht und näherer Einblick in weitere Bereiche der Anlage gewonnen werden. Dabei fanden sich auch Reste der vermutlich ältesten Klosterbauten am Ort. Sie waren aus Holz erbaut worden; ihr konstruktives Gerüst bildeten Reihen von kräftigen, vierkantig zugerichteten Eichenpfosten, deren Stümpfe das Grundwasser konserviert hat. Mit Hilfe der Dendrochronologie gelang es, die Pfostenkonstruktion auf die Jahre um 722 (+/- 10 Jahre) zu datieren.[25]

Fluch dem Bücherdieb

Die Benediktsregel sieht, wie schon erwähnt, für die Mönche sowohl tägliche Handarbeit zum Zweck des Lebensunterhalts vor als auch »heilige Lesung«, also die Lektüre der Heiligen Schrift (Kap. 48): Für diese Tage der Fastenzeit erhält jeder aus der Bibliothek ein Buch, das er von Anfang bis Ende ganz lesen soll. Zwei oder drei ältere Brüder sollen dazu abgestellt werden, dies zu überwachen.[26]

Ein frühes Meisterstück benediktinischer Schriftkultur ist die 817–19 von den Reichenauer Mönchen Tatto und Grimald vorgenommene »textkritische« Bearbeitung der Benediktsregel. Sie kollationierten die in der Alamannia im Umlauf befindliche Textversion mit dem Exemplar, das Karl der Große aus Montecassino, dem Kloster des hl. Benedikt, beschafft hatte und im Palast zu Aachen aufbewahrte. Erhalten hat sich davon im St. Galler Codex 914 eine genaue, wenig spätere Kopie, welche die St. Galler Mönche von dem Reichenauer Exemplar anfertigten.[27]

Bereits um 800 verfügten die Bodenseeklöster über die größten Bibliotheken östlich des Rheins, ja des gesamten Abendlandes.[28] Und sämtliche Bände verzeichnete man in Katalogen, die es auch ermöglichten, das Ausleihen und die Rückgabe der Bücher zu kontrollieren.[29] Wie wertvoll die unter großer Mühe abgeschriebenen und gesammelten Bestände waren, führt ein Eintrag des Abtbischofs Johannes (760–82) in einem von ihm in Auftrag gegebenen St. Galler Buch drastisch vor Augen: Ich, der Sünder Johannes, durch die Barmherzigkeit Gottes Bischof, habe dieses Buch schreiben lassen, damit es für immer im Kloster St. Gallen verbleibe. Und es sei noch hinzugefügt: Wenn jemand, angetrieben von blinder Begierde, es wegzunehmen versuchen sollte – es sei denn, er bäte es sich von dem Verantwortlichen zum Lesen aus und gäbe es wieder zurück – so möge Gott dessen Namen aus dem Buch des Lebens streichen. – Und falls gar jemand wagen sollte, diese Schriftzüge zu tilgen, so sei er aus der himmlischen Gemeinschaft ausgeschlossen.[30]

Die Schriftkultur, ja, die Kunst des Lesens und Schreibens war im frühmittelalterlichen Alamannien fast ausschließlich in den Klöstern angesiedelt. Natürlich bestanden die Bibliotheken zum größten

Teil aus den biblischen Schriften und theologischer Literatur, aber die Mönche hüteten auch das literarische Erbe der Antike und setzten große Mühe darein, entsprechende Textvorlagen aufzutreiben, um sie abzuschreiben oder Bilder daraus zu kopieren. Schrift- und Gelehrtensprache war das Latein. Schon weil die klösterliche Lebensordnung, die Regula Benedicti, lateinisch abgefasst war und jeder Mönch dieses »Grundgesetz« genau zu kennen gehalten war, mussten die alamannischen Mönche vor ihrem Eintritt in ein Kloster diese Fremdsprache gründlich erlernen.

Doch sind aus alamannischen Klöstern erste Versuche, auch die Volkssprache Althochdeutsch zu schreiben und zu lesen, bereits vom Ende des 8. Jh. überliefert. Und dass es mit dem Latein manchmal nicht so recht klappte, demonstrieren Exemplare der Benediktsregel, die zwischen den Zeilen des lateinischen Textes eine althochdeutsche Übersetzung enthalten. Als »ältestes deutsches Buch« gilt ein lateinisch-deutsches Wörterbuch, der um das Jahr 800 im Skriptorium von St. Gallen geschriebene Abrogans (vgl. Baßler/Steger, Spuren).

---

1 K. S. Frank, Geschichte des christlichen Mönchtums 5 (Darmstadt 1993); F. Prinz, Frühes Mönchtum im Frankenreich 2 (Darmstadt 1988).

2 Historischer Atlas von Baden-Württemberg (Stuttgart 1972–1988) Karte VIII,3 mit Beiwort.

3 W. Störmer/H. Dannheimer, Die agilolfingerzeitlichen Klöster. In: Die Bajuwaren. Von Severin bis Tassilo 488–788. Gemeinsame Landesausstellung des Freistaates Bayern und des Landes Salzburg (Rosenheim, Mattsee 1988) 305 ff.; E. Gilomen-Schenkel/R. Reinhardt/B. Degler-Spengler, Benediktinisches Mönchtum in der Schweiz (Bern 1986) 42 ff.; F. Rapp (Hrsg.), Le diocèse de Strasbourg. Histoire des diocèses de France 14 (Paris 1982) 18 ff.; J. Jarnut, Geschichte der Langobarden (Stuttgart, Berlin, Köln, Mainz 1982) 125; N. Christie, The Lombards (Oxford/UK, Cambridge/USA 1995) 195 ff. mit Karte Fig. 14.

4 F. Prinz, Die Entwicklung des Mönchtums. In: Die Franken – Wegbereiter Europas (Mannheim, Mainz 1996) 448 ff.

5 J. Duft, Die Lebensgeschichten der hll. Gallus und Otmar (St. Gallen, Sigmaringen 1988) Taf.1; J. Gruber/K. Schmid in: Lexikon des Mittelalters 2 (München, Zürich 1983) 599 s.v. Bregenz; H. Lieb, Die Bistümer der Raetia prima und secunda. Montfort 38, 1986, 121 ff.; W. Berschin, Columban und Gallus in Bregenz. Ebd. 160 ff.

6 W. Berschin, Biographie und Epochenstil im lateinischen Mittelalter 3 (Stuttgart 1991) 272 ff.; A. Borst, Mönche am Bodensee (Sigmaringen 1978) 19 ff.

7 So der Titel eines Buches von W. Berschin über die Literaturgeschichte der Bodenseeklöster, erschienen in Wiesbaden 1987.

8 Borst (Anm. 6) 32 ff.

9 H. Wartmann, Urkundenbuch der Abtei Sanct Gallen 1 (Zürich 1863) 1 f. Nr. 1.

10 J. Semmler, Pirminius. Mitt. Hist. Ver. Pfalz 87, 1989, 91 ff.

11 E. Reisser, Die frühe Baugeschichte des Münsters zu Reichenau (Berlin 1960) 22 f. Taf. 2.

12 P. Classen (Hrsg.), Die Gründungsurkunden der Reichenau (Sigmaringen 1977).

13 M. Borgolte in: Subsidia Sangallensia 1 (St. Gallen 1986) Kartenbeil. Die Urkundentexte sind veröffentlicht in: Wartmann (Anm. 9).

14 J. Duft, Sankt Otmar: Die Quellen zu seinem Leben (Zürich, Lindau, Konstanz 1959) 5.

15 P. M. Krieg, Das Professbuch der Abtei St. Gallen (Augsburg 1931) Faksimile S. 1; J. Duft/A. Gössi/W. Vogler, Die Abtei St. Gallen (St. Gallen 1986) 18.

16 Benediktsregel Kap. 63: B. Steidle (Hrsg.), Die Benediktusregel – lateinisch/deutsch 2 (Beuron 1975) 171 ff.

17 Gallusglocke: J. Duft, Die Abtei St. Gallen 2 (Sigmaringen 1991) 28 ff. Taf. 40.

18 Kap. 3 der Bendediktsregel, vgl. Steidle (Anm. 16) 68 ff.

19 J. Autenrieth/D. Geuenich/K. Schmid, Das Verbrüderungsbuch der Abtei Reichenau. MGH Libri Memoriales et Necrologia N.S. 1 (Hannover 1979) Faksimile S. 6.

20 Künftig R. Rappmann/A. Zettler, Die Reichenauer Mönchsgemeinschaft und ihr Totengedenken im frühen Mittelalter (im Druck).

21 K. Schmid/O. G. Oexle, Voraussetzungen und Wirkungen des Gebetsbundes von Attigny. Francia 2, 1974, 71 ff.

22 Kap. 66,6–7; vgl. Kap. 4,78 der Bendediktsregel: Steidle (Anm. 16) 178 f. 76 f.

23 A. Zettler in: Lexikon des Mittelalters 7 (München, Zürich 1995) 1155 ff. s.v. St. Gallen, Klosterplan.

24 A. Zettler in: Die Kultur der Abtei St. Gallen (Zürich, Stuttgart 1990) 192.

25 A. Zettler, Die frühen Klosterbauten der Reichenau (Sigmaringen 1988) 191 f. – Bei einigen alamannischen Klöstern – wie beispielsweise Schuttern und Esslingen – ergaben sich bei archäologischen Untersuchungen auch Anhaltspunkte zur frühen Klostersiedlung, aber bei den meisten monastischen Niederlassungen liegen bisher keine archäologischen Aufschlüsse, sondern allenfalls Einzelfunde vor – wie beispielsweise der Schlüssel aus St. Trudpert, Münstertal im Breisgau: W. Werth, Zum realen Kern der Passio Thrudperti im St. Galler Codex 577. In: Schauinsland 94/95, 1976/77, 145 ff. Zu Schuttern: K. List, Offonis Cella: die Reichsabtei Schuttern 603–1806 (Lahr 1988). Zu Esslingen: Die Stadtkirche St. Dionysius in Esslingen a.N. Forsch. u. Ber. Arch. Mittelalter Baden-Württemberg 13 (Stuttgart 1995).

26 Steidle (Anm. 16) 144 ff.

27 B. Probst (Hrsg.), Regula Benedicti de codice 914 in bibliotheca monasterii S. Galli servato. Fol. 1r-86v/85v, quam simillime expressa (St. Ottilien 1983).

28 W. Berschin, Eremus und Insula (Wiesbaden 1987).

29 P. Lehmann, Mittelalterliche Bibliothekskataloge Deutschlands und der Schweiz 1 (München 1918).

30 Stiftsbibliothek St. Gallen, Codex 44 p. 183; G. Scherrer, Verzeichniss der Handschriften der Stiftsbibliothek von St. Gallen (Halle 1875; Nachdruck 1975) 19 f.

Frühe Schriftkultur bei den Barbaren

GERMANISCHE RUNEN, LATEINISCHE INSCHRIFTEN

KLAUS DÜWEL

Schrift und Schreibenkönnen ist heute etwas Selbstverständliches. In frühgeschichtlicher Zeit jedoch galt die Erfindung der Schrift als mythisches Ereignis. Sie wurde in vielen Kulturen einem Gott zugeschrieben. Auch die den Germanen eigene Runenschrift wird auf den Gott Odin zurückgeführt (Lieder-Edda, »Reden des Hohen« 138 f.). Inschriften bezeichnen sie als »götterentstammt«. Die göttliche Herkunft der Schrift ist eine wichtige Voraussetzung für die Vorstellung von der »Macht der Schrift«, die mit wenigen Zeichen als Epigraphie (Aufschrift) alle sprachlichen Äußerungen – in Stein gemeißelt oder in Metall graviert – dauerhaft bewahren kann.

Epigraphik hat es im Gegensatz zur handschriftlichen Überlieferung nicht mit Kopien, sondern mit Originalen und im eigentlichen Sinne historischen Dokumenten zu tun. Im germanischen Bereich sind sie unschätzbare Selbstzeugnisse, vor allem zu Zeiten vorwiegend mündlicher Kultur, wenn sonst nur fremde Schriftzeugnisse vorliegen.

Eine Schrift wie jede andere

Während die ältesten Runeninschriften in Skandinavien an das Ende des 2. Jh. n.Chr. gehören, setzen sie auf dem Kontinent vereinzelt im 4. und 5. Jh. ein. Die Masse der etwa 75 sogenannten südgermanischen Inschriften datiert jedoch erst in das 6. und 7. Jh. (vgl. Martin, Schrift). Südwestdeutschland, im engeren Sinne das alamannische Gebiet, weist die meisten Runendenkmäler auf. Diese Zeichen sind durchgehend in tragbare Gegenstände – Bügel- oder Scheibenfibeln, Lanzenspitzen und Saxe – geritzt. Aus dem deutschen Sprachraum gibt es keine Runensteine.

Runen sind wie jede Schrift ein Kommunikationsmittel, das zu unterschiedlichen Zwecken verwendet werden kann: Profane, alltägliche Mitteilungen wie die Angabe des Herstellers, Besitzers oder Schenkers eines Gegenstandes stehen dabei im Vordergrund. Während in diesen Fällen eine Verständigung zwischen Menschen zugrunde liegt, setzen magisch wirkende Inschriften eine andere Kommunikationssituation voraus: Herausgehobene Menschen (Magier) versuchen, Einfluss auf übermenschliche Wesen (Götter, Dämonen) zu nehmen, deren schützendes Eingreifen erwirkt oder deren schädigender Einfluss abgewehrt werden soll.

Dieser besondere Gebrauch muss aus der Inschrift selbst und ihrem Zusammenhang – der Art des Gegenstandes und seiner Niederlegung im Grab – nachgewiesen werden. Die populäre Auffassung, Runen seien an sich magisch, entbehrt der Grundlage. Sie findet auch darin keine Stütze, dass Runeninschriften auf der Rückseite von Fibeln angebracht und damit der Trägerin zugewandt und für andere unsichtbar waren. Die ornamental gestaltete Schauseite solcher Stücke lässt für die fast immer nachträglich eingeritzten Runen keinen Platz. Sakraler oder kultischer Gebrauch von Runeninschriften ist für die kontinentale Überlieferung nicht sicher nachzuweisen.

Die germanische Runenreihe

Im frühen Mittelalter wurden die Inschriften mit den Runen der älteren Reihe geschrieben. Diese umfasst 24 Zeichen:

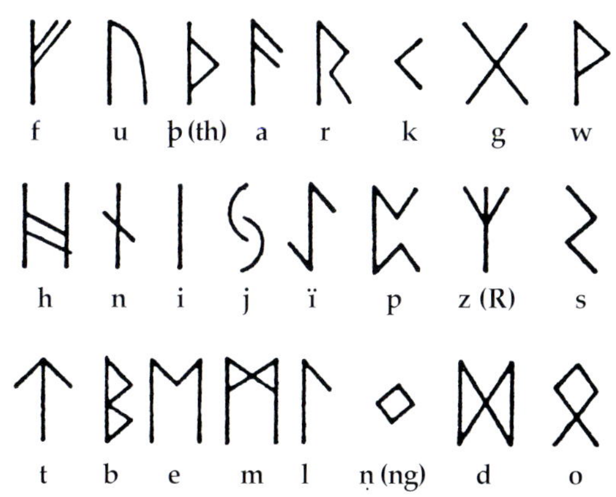

Die vom Alphabet abweichende Reihenfolge konnte bisher nicht überzeugend erklärt werden. Jede Rune kann zugleich Laut- und Begriffszeichen sein: **f** bedeutet den Laut f und das germanische Wort *fehu* »Vieh, Besitz«. Diese Begriffe – sie heißen auch Runennamen – werden in Handschriften seit dem 9. Jh. überliefert.

Unter den etwa 75 Runeninschriften des Kontinents kommt nur einmal die fast vollständige Runenreihe vor, und zwar auf der Bügelfibel von Charnay in Burgund. Abgekürzt ist sie auf einer der Bügelfibeln von Herbrechtingen eingeritzt: **f þ a e**. Allerdings fehlt die zweite Rune **u** und das schließende **e** gehört nicht in den Anfang der Reihe.

Die Lesung und mehr noch die Deutung der meisten Inschriften ist umstritten, zumal wenn einzelne Zeichen nur runenähnlich sind oder Fremdzeichen zwischen den Runen auftreten. Abnutzung oder Korrosion erschweren oft schon das Entziffern, wie bei der Bügelfibel von Neudingen. Während Zeile I **udiṃ** und II **midu** (in unerklärter Umkehrung) noch erkannt werden können, sind mehrere Runen in Zeile III **ḳlefịlþ** unsicher. Daher kann ein Deutungsversuch »in der Mitte haftete ich (zu alt-hochdeutsch *klīban*) am Gewand (*filþ*)« nur mit Vorbehalt gewagt werden.

Methodisch ist zu fordern, alle vorhandenen Zeichen zu berücksichtigen (Puzzleprinzip). Dieser Forderung entspricht nicht eine Interpretation der verwirrenden Runenritzung auf dem Scheidenmundblech von Eichstetten (vgl. Abb. 583): am Anfang **a** für *Ase* und **i** für *Jesus* herausgelöst, darauf mit Ergänzungen [*muni* oder *munt wi(o) wol(e)*] »Schutz, wie vortrefflich (?)« fortgesetzt. Es gibt Inschriften, die im wesentlichen lesbar sind, aber sprachlich keinen Sinn ergeben. Die Inschrift auf der kleinen Nordendorfer Bügelfibel (II) (vgl. Abb. 581 b) bietet dafür ein Beispiel.

Liebesgrüße auf der Gewandnadel

Rund zwei Drittel der kontinentalen Runenüberlieferung finden sich auf Trachtzubehör, Gerätschaften und Accessoires aus dem Lebens- und Wirkungskreis von Frauen, darunter 25 Bügel- und 15 Scheibenfibeln.

Bei dem Bügelfibelpaar aus Grab 78 in Donzdorf zeigt eine der beiden Fibeln auf der Rückseite die aus der Tremolierstichverzierung heraustretende Runenfolge **eho**, deren einstrichiges **h** auf nordischen Ursprung hinweist. Die Bügelfibeln gehören zum skandinavischen Typ, die Dekoration im Tierstil I verbindet sie mit Jütland. Die Runen auf diesem Importstück dürften den Namen des jütländischen Fibelherstellers und damit zugleich sein Markenzeichen wiedergeben.

Eine erst 1995 gefundene Bügelfibel aus Grab 911 in Lauchheim bietet die Inschrift **aonofada**, der Name der Besitzerin, dessen erstes Glied german. *Aun-* (Erweiterung zu *Awi-* unklarer Herkunft, vielleicht zu runisch *auja* »Heil«) gut bezeugt ist, während das zweite (zu german. *fadi-* gehörig mit verschiedenen Bedeutungen, auf indoeuropäisch *pot-* »Herr« beruhend) ein ungewöhnliches Namenelement darstellt.

Wenn auf einer Fibel aus einem Frauengrab, z.B. einer S-Fibel (II) von Weingarten, der Männername *Dado* in Runen geritzt steht, nimmt man an, es handle sich um den Namen des Schenkers oder einer Glück wünschenden Person.

Eine schwer zu deutende Inschrift steht auf der Scheibenfibel von Bülach, die im wesentlichen rechtsläufig, aber mit zwei gewendeten **f**-Runen und einem ebensolchen **k** geschrieben ist (vgl. Abb. 584). Sie gilt als Liebesinschrift:

I **frifridil**
II **du**
III **lftmikl**

Die Aussage soll durch Ergänzungen und rückläufige Lesungen verschlüsselt worden sein, um dem Verlangen nach Vereinigung verhüllt Ausdruck zu geben: »F. (Männername zu althochdt. *fridil* ›Geliebter‹) Du umfasse (*f*[*a*]*t*[*o*] ergänzt) mich«, erweitert um die Bezeichnungen für das weibliche (*fud*) und männliche (*lid*) Geschlechtsteil.

567

Blidgund ritzte die Runen

Vor allem in Frauengräbern finden sich unter anderem Amulette verschiedener Art, z.B. die Elfenbeinbüchse aus einem Mädchengrab in Gammertingen, das dem bekannten Fürstengrab be-

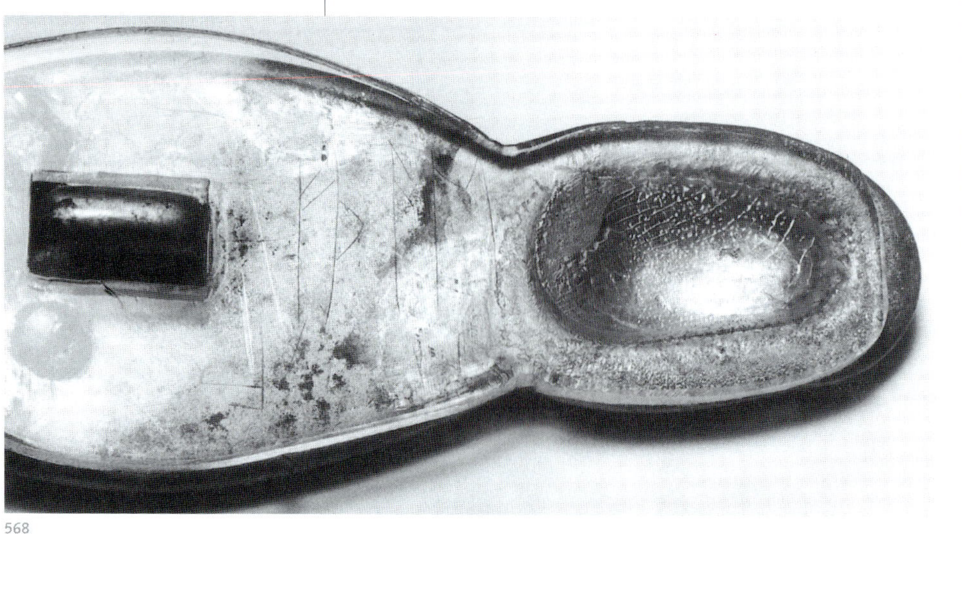

568

567 **In drei Reihen ist die rechtsläufige Runeninschrift auf der Rückseite der Fibel aus Grab 319 in Neudingen angeordnet. Sie ist aufgrund der starken Korrosion schwer zu lesen, die unsicheren Stellen sind unterpunktet: udiṃ midu »ḳlefịlþ«, eine mögliche Deutung wäre: »In der Mitte haftete ich am Gewand« oder »hielt ich das Gewand zusammen«.**

568 **In die Rückseite der Bügelfibel von Herbrechtingen sind unter dem Nadelhalter vier rechtsläufige Runen geritzt: fþae. Die ersten drei kommen im Anfang der älteren Runenreihe vor (futhark), das vollständig oder verkürzt zu magischen Operationen eingetragen wird. Gegenständig zu den Runen ein lateinisches F.**

569 **Aus der Tremolierstichverzierung der Bügelfibel von Donzdorf Grab 78 treten drei nach rechts laufende Runen heraus: eho. Wie das Objekt selbst stammen sie aus Jütland. Eho, der Name des Herstellers, ist zugleich als Markenzeichen zu verstehen.**

570 **Zwischen Nadelhalter und Widerlager zeigt die Rückseite der S-Fibel von Weingarten Grab 179 vier rechtsläufige Runen: dado. Der gut bezeugte Männername Dado dürfte den Schenker der Fibel nennen.**

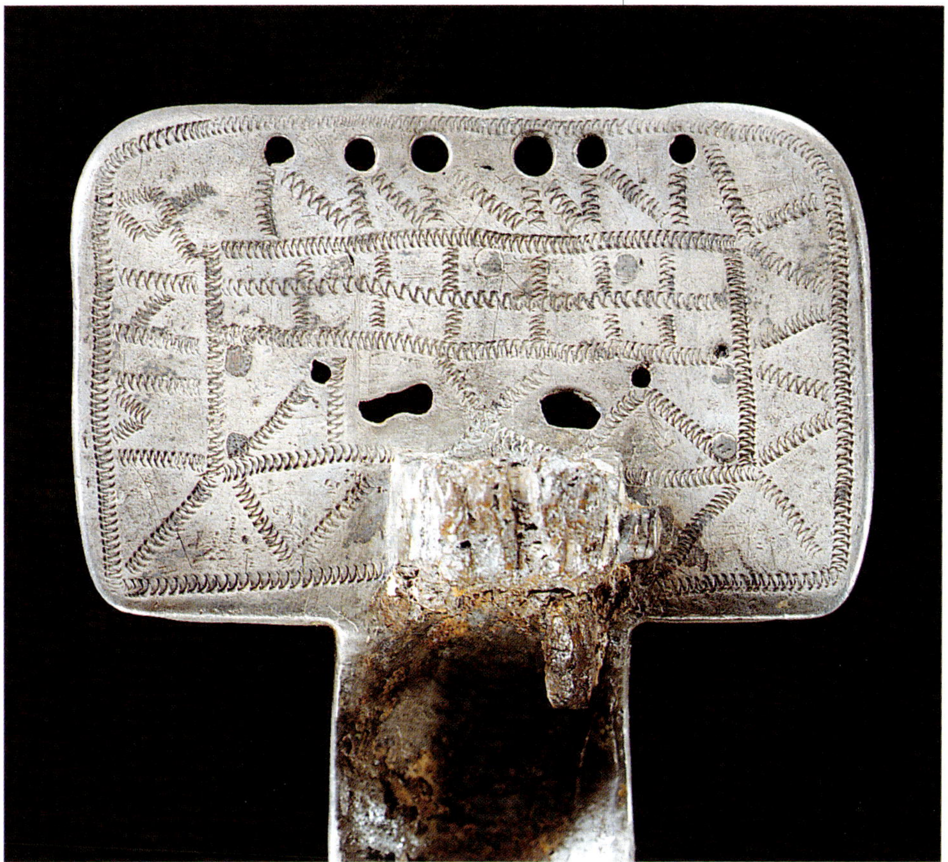

569

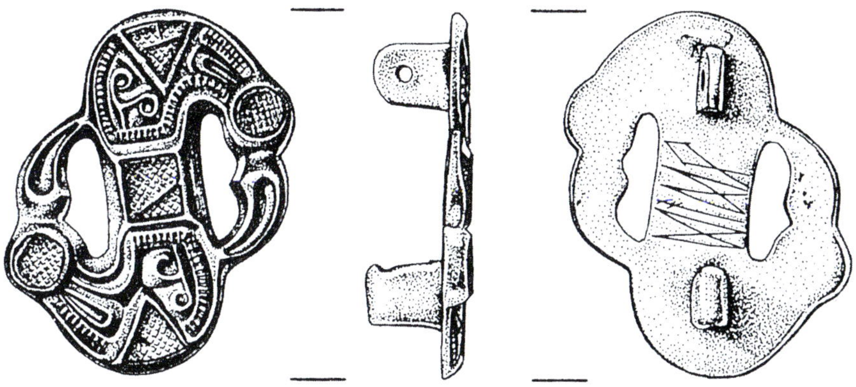

570

nachbart lag. Am unteren Rand ist der Name *Ado* eingeritzt, der fehlerhaft noch einmal auf dem Boden der Büchse wiederkehrt. *Ado* könnte der Name des im Fürstengrab bestatteten Herrn sein, der seiner Tochter die mit seinem Namen versehene Büchse geschenkt hat.

Auf einer Bronzekapsel aus dem reichen Frauengrab 26 in Schretzheim wurden ebenfalls Runen eingeritzt: Zwei Frauen »*Alagund* [und] *Leuba* machten«, wobei »Segen« als Heils- oder Segenswort zu ergänzen ist. In einer zweiten gegenständigen Zeile folgt der Männername »*Arogis* **s d**«, womit ein *s(egun) d(eda)* »machte den Segen« abgekürzt worden sein mag. Liest man das **s** nur einmal, würde es »Arogis m(achte)« mit wiederum ergänztem »Segen« heißen. Nach dieser Deutung – es gibt andere – handelt es sich um einen Glück- und Segenswunsch an eine unbekannte Adressatin. Ungesichert ist die Annahme, die Inschrift auf der aus dem Mittelrheingebiet stammenden Kapsel sei erst in Alamannien eingeritzt worden.

Die große Bedeutung der Frauen für die Runenkultur in Alamannien geht vor allem aus zwei Inschriften hervor, in denen erstmals Runenritzerinnen genannt werden. Ein Holzstab aus dem Frauengrab 168 in Neudingen trägt die Inschrift: »Liebes der Imuba von Hamal«, danach die Ritzerformel bliþguþ:uraitruna »Blidgund riss (schrieb) die Runen«. Damit wird eine schon früher bekannt gewordene Frau als Ritzerin noch einmal bezeugt. Auf der S-Fibel (I) aus dem Mädchengrab 272 von Weingarten stehen zwei Runenzeilen: **alirguþ:ik** und **feha:writ:la**. Zuerst dürfte der Name der Besitzerin der Fibel vorliegen, der die Ritzerformel »ich Feha schrieb« (für *wrait*) folgt. Unklar bleibt der Schluss.

Von den beschrifteten Gegenständen aus Männergräbern, die insgesamt in der Überlieferung zurücktreten (vgl. die Saxe von Hailfingen und Steindorf), ist die Lanzenspitze aus Wurmlingen am bekanntesten. Neben Symbolen und Ornamenten ist ebenfalls in Silberdraht der männliche Name *Dorih* eingelegt. Damit ist eher der Hersteller als der Besitzer gemeint.

Ausgesprochen schwierig sind die wenigen Runenkreuze zu verstehen. Das Ringschwert von Schretzheim führt an den vier Kreuzarmen die Runen **a r a b**. Darin könnte ein abgekürzter Name stecken. Für Namen sprechen auch andere Funde beschrifteter Waffen (Steindorf, Wurmlingen). Wenn man bedenkt, dass vor einem Konsonanten

571

öfter der Nasallaut ausfällt, kann *Ara(n)b(erht)* vorliegen, Name und zugleich »Markenzeichen« eines Waffenschmiedes.
Betrachtet man die südgermanischen und besonders die im alamannischen Raum gefundenen Runeninschriften, dann fällt auf, wie häufig Namen vorkommen. Sie zeigen oft Kurz- und Koseformen (Frauenname: *Leuba*; Männernamen: *Dado*, *Ado*), die private, persönliche Verhältnisse betreffen.

Abkehr vom alten Glauben?

Bemerkenswert sind einige Runeninschriften, die religiöse Vorstellungen erkennen lassen und als zeitgenössische Zeugnisse der Bekehrung von besonderer Bedeutung sind. Dabei können auch Elemente der Religionsmischung (vgl. Quast, Opferplätze) begegnen, wie auf einem Scheidenmundblech von Eichstetten.
Die linksläufige Inschrift der goldenen Scheibenfibel von Balingen lautet in Normalisierung *a(n)suz D[a]n[i]lo Amilu(n)k*. Zum einen wird nach einem Heilswort unsicherer Bedeutung die Angabe zweier Männernamen angenommen; diese könnten sich als Glückwünschende oder Schenkende nennen. Ein zweiter Zugang geht von dem mittleren Daniel aus, der, wie auf den burgundischen Danielschnallen, zwischen zwei Löwen abgebildet ist. Nach dem biblischen Buch Daniel (6,8–25) wird der Prophet durch Gottes Hilfe aus der Löwengrube errettet. Auf der Scheibenfibel von Balingen steht *ansuz* »Ase« auf der einen und »Amelung« auf der anderen Seite. Der erste Ase ist Wodan, Amelung lautet der Geschlechtsname Theoderichs des Großen, womit zwei markante Vertreter des Heidentums genannt wären, denn das war Theoderich als Arianer aus kirchlicher Sicht. Wie Daniel zwischen den Löwen durch göttlichen Beistand gerettet wird, so mag sich auch die Trägerin der Scheibenfibel auf diese Weise göttlichen Schutz erhofft haben.

Die Hauptinschrift auf der großen Nordendorfer Bügelfibel (I) ist ein bedeutendes inschriftliches Zeugnis für die Religions- und Bekehrungsgeschichte der Alamannen. Die Nennung der drei Götter *Logaþore*, *Wodan* und *Wigiþonar* (Weihe- oder Kampf-Donar), von denen zwei als Hauptgötter der Alamannen angesehen werden müssen, galt als »der wichtigste Beleg für heidnischen Götterglauben der Alamannen«. Nur ist es bisher nicht gelungen, aus der Götterdreiheit diesen *Logaþore* im germanischen Götterhimmel ausfindig zu machen. Nimmt man an, eine altenglische Übersetzung eines griechischen Wortes mit der Bedeutung »arglistig« oder auch »Zauberer« liege in einer alten Substantivform im Althochdeutschen auf -e vor, dann eröffnet sich ein anderer Zugang: »Lügner (Zauberer) [sind] Wodan und Donar«. Diese Abwertung heidnischer Götter ist aus der Bekehrungsgeschichte bekannt: mit dem Verfahren der *interpretatio christiana* werden heidnische Götter dämonisiert und verteufelt. Beim Taufakt muss der Täufling zuerst seinen Göttern abschwören (*abrenuntiatio dia-*

571 Der Holzstab aus Grab 168 von Neudingen trägt eine lange rechtsläufige Inschrift. Sie wird im Anfang zu l(iu)bi »Liebes« ergänzt, das einer Imuba von einem Hamal gewünscht wird. »Blidgund riß (schrieb) die Runen«, lautet die nachfolgende Ritzerformel, die hier erstmals für eine Frau belegt ist.

572 Beiderseits des Nadelhalters trägt die S-Fibel von Weingarten, Grab 272, zwei gegeneinander stehende Runeninschriften, deren Ende undeutlich ist. Der Frauenname Alirgund nennt wohl die Besitzerin der Fibel, in der defekten Ritzerformel feha: writ kann Feha ein Frauenname sein, dem eine Form des Verbums »schreiben (germ. wrītan)« zugeordnet ist.

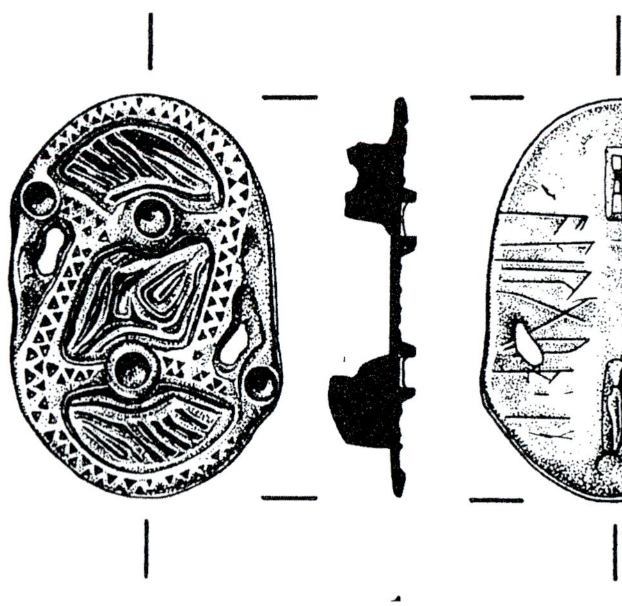

572

573

573 In drei Zeilen läuft von links nach rechts die Inschrift der Fibel von Nordendorf I: Logaþore »Zauberer (sind das) Wotan (und) Weihedonar (oder Kampfdonar)«. Diese Deutung besagt eine Abkehr vom alten Glauben mit einer Verteufelung der heidnischen Götter wie in Abschwörungsformeln. Gegenständig dazu die Namen einer Frau Awa und eines Mannes Leubwini, im Rahmen einer Widmungsinschrift (A. dem L.) oder eines gemeinsamen Glückwunsches an eine ungenannte dritte Person, vielleicht die Besitzerin der Fibel.

574 Von den vier Teilen eines Kreuzes am Griff des Ringschwerts von Schretzheim, Grab 79, gehen Runen ab, die unterschiedlich geordnet und zu entsprechend verschiedenen Deutungen ergänzt werden können. Im Rahmen bisher bekannter Inschriften bleibt arab, womit der Name Arab(erht) oder ähnlich abgekürzt wäre, der Name des Waffenschmieds und zugleich sein Markenzeichen.

boli), wie es das altsächsische Taufgelöbnis aus dem 9. Jh. festhält (»ich schwöre ab ... Donar und Wodan und Saxnot«), bevor er mit der *confessio Dei* den neuen Glauben annehmen darf. In diesem Fall wäre die Inschrift von Nordendorf ein frühes Zeugnis der Hinwendung zum Christentum auf der Stufe der Abschwörungsformeln. Die zweite Inschrift, gegenständig zur ersten angebracht, wird unterschiedlich gelesen, in Wörter unterteilt und satzmäßig ergänzt: »Awa (dem) Leubwini«, »Awa [und] Leubwini [wünschen Glück (oder:) schenken]«, »Awa! Liebes [wünscht dir] der Geliebte.«
Ein Neufund von 1991, eine silberne Schnalle aus dem gut ausgestatteten Männergrab 239 in Pforzen, scheint den bekehrungsgeschichtlichen Befund der Nordendorfer Inschrift zu bestätigen. Auf der Vorderseite der Schnalle läuft in zwei Zeilen eine lange Runeninschrift:

I **aigil andi aïlrun**
II **lthu gasokun**

Bei Annahme einer unvollkommenen Binderune lässt sich **e͡lahu** vorläufig deuten: »Aigil und Ailrun verurteilten die Hirsche«. Hirschmaskeraden werden in kirchlichen Quellen immer wieder als heidnisches Brauchtum gebrandmarkt. Möglicherweise sagen hier zwei Personen, Mann und Frau, solchem Tun ab. Sie bewegen sich damit auf derselben Stufe einer ersten Abkehr vom alten Glauben, die auch in der Deutung der Nordendorfer Inschrift hervortritt.

Fromme Sprüche und Reklame auf Latein

Die lateinische Schriftkultur hat im provinzialrömischen Bereich zahlreiche Zeugnisse auf Denkmälern mit Monumentalschrift hinterlassen. Funde lateinisch beschrifteter Gegenstände aus alamannischen Gräbern der Merowingerzeit können aus westlichen Werkstätten stammen, die in provinzialrömischer Tradition weiterarbeiteten, oder sie kamen aus dem Mittelmeergebiet. Nur vereinzelt wird angenommen, ein Stück mit einer Inschrift könnte auch in Alamannien selbst gefertigt worden sein. Durchgehend finden sich lateinische Inschriften auf Gebrauchsgütern – Löffeln, Fibeln, Gürtelgarnituren, vor allem auf Schnallen und Riemenzungen, Ringen, Waffen, Feuerstahl – und auf sakralen Gegenständen wie Reliquiaren, Schreinen, Kelchen und Kreuzen.
In der Regel gelten Gebrauchs- und Luxusgüter mit lateinischen Inschriften als Importe. Dazu gehört eine Reihe von Silberlöffeln, die, in reich ausgestatteten Gräbern gefunden, als Statussymbole der Oberschicht angesehen werden. Der Silberlöffel aus einem Frauengrab von Kirchheim zeigt auf der

574

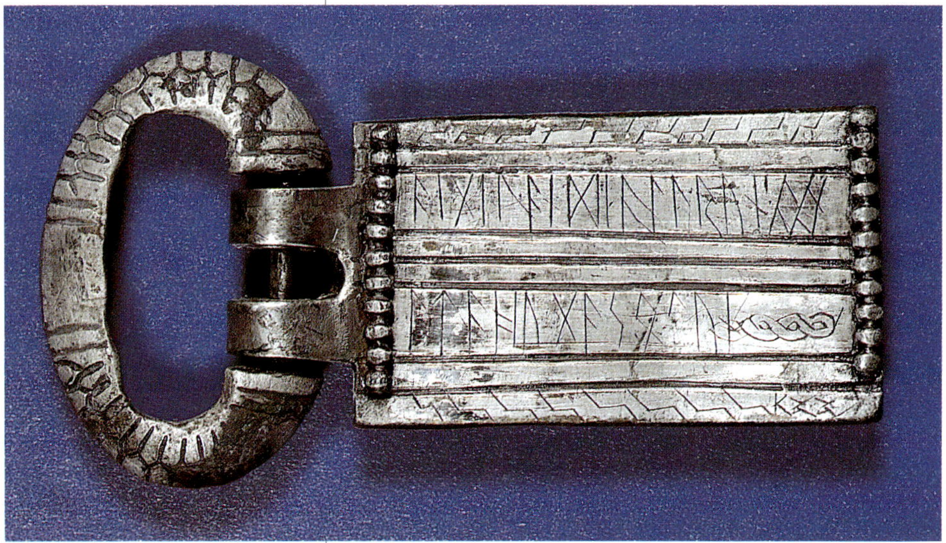

575

Verbindungsplatte zwischen Löffelschale und Stiel VIVA (links) und PAX (rechts). VIVA, wohl zu VIVAS »du mögest leben« zu ergänzen, und »Friede« können ursprünglich profane Wünsche darstellen, die in der Merowingerzeit christlich verstanden worden sein dürften. Sie belegen jedoch nicht das Christentum der Besitzerin.

Importe können über den Fernhandel aus dem östlichen Mittelmeerraum kommen. Das nimmt man für die sogenannten koptischen Bronzegefäße an, von denen eines auf einem Friedhof in Oberbaar gefunden wurde. Auf dem Bauch läuft die Inschriftenzeile um: LABABO INTER INNOCENTES MANVS MEAS ET CIRCVMDABO ALTAREM TVVM DO[MIN]E – »Ich wasche meine Hände in Unschuld und wende mich an deinen Altar, oh Herr«, genau dem Wortlaut von Psalm 26,6 (Vulgata) entsprechend. Bei der Handwaschung vor der Gabenzubereitung (Offertorium) betete der Priester diesen Vers. Dieser ursprüngliche »Sitz im Leben« spielt bei der Verwendung als Grabbeigabe keine Rolle mehr.

Gürtelgarnituren mit beschrifteten Riemenzungen gehören der späten Merowingerzeit (7. Jh.) an. Das Grab 75 von Donzdorf enthielt eine solche Gürtelgarnitur. Die Hauptriemenzunge zeigt in Silbertauschierung eine lange, fortlaufende Inschrift, die unterschiedlich abgekürzt auf acht Nebenriemenzungen wiederkehrt. Für die Buchstabenfolge +GAVDEATQVIEMEREQVICINCSER gibt es drei Deutungen: Je nachdem wie man die Buchstabenfolge in einzelne Wörter aufteilt, erhält man eine Reklameinschrift: »Es möge sich freuen, der (mich) erwirbt (und) der (mit mir) gegürtet sein wird (oder: [sich mit mir] gegürtet haben wird).« Oder man deutet sie als Grabinschrift: »Ungetrübt (lauter, rein) möge sich jener der (ewigen) Ruhe erfreuen, der gegürtet war.« Mit Blick auf weitere Inschriften auf Riemenzungen ist jedoch eine dritte Möglichkeit vorzuziehen: *Gaudeat quiem ere, qui cincser*[*it*] »Erfreuen soll sich der Herr der Ruhe, der (sich) (mit diesem Riemen) gegürtet haben wird.« Der Text enthält mit *gaudere* »freuen« und der künftigen paradiesischen Ruhe (*quies aeterna*) christliche Vorstellungen, die auf anderen Riemenzungen mit Psalmworten noch einprägsamer zum Ausdruck kommen.

Auf der silbernen Randeinfassung der Riemenzunge von Weilstetten liest man, mit einer Verstümmelung an Anfang und Ende, aus Psalm 90,11 (Vulgata): [*Quoniam ang*]*elis suis mandavit de te, ut custodiant te in om*[*n*]*ibus vi*[*is tuis*] – »Denn er (der Herr) hat seinen Engeln befohlen über dir, dass sie dich behüten auf allen deinen Wegen.« Der Psalm sagt *custodiant*, die Inschrift COSTOTIAM, was eine bewusste Änderung sein könnte, die den Gürtel zum Sprecher macht: »... dass ich (die Riemenzunge, der Gürtel) dich beschütze ...«.

575 Die lange rechtsläufige Inschrift der Gürtelschnalle von Pforzen, Grab 239, besagt in der oberen Zeile: »Aigil und Ailrun«, in der unteren: «Itahu verurteilten«. Das Objekt kann in der vorliegenden Form nicht gedeutet werden. Bei Annahme einer ursprünglichen Binderune zu Beginn liest man elahu. Das bedeutet »Elch, Hirsch«, womit möglicherweise einem heidnischen Brauchtum der Hirschverkleidung und -maskierung abgesagt wird.

576 Auf beiden Seiten des Verbindungsstücks zwischen Stiel und Schale des Löffels aus dem Frauengrab von Kirchheim stehen die lateinischen Wörter PAX »Friede« und VIVA (für vivas) »du mögest leben«, christliche Wünsche auf profanem Eßgerät.

576

577

577 Die fortlaufend geschriebene lateinische Inschrift der Hauptriemenzunge von Donzdorf, Grab 75, wurde früher als Reklameinschrift aufgefasst: Gaudeat qui emere, qui cinctus er(it), »Es möge sich freuen, der (mich) erwirbt (und) der (mit mir) gegürtet sein wird.« Heute ist eine christliche Deutung zu bevorzugen: Gaudeat quiem ere, qui cincser(it), »Erfreuen soll sich der Ruhe der Herr, der (sich mit diesem Riemen) gegürtet haben wird.«

578 a

578 b

578 Die lateinische Inschrift auf Vorder- und Rückseite der Bügelfibel von Wittislingen lautet in Übersetzung: »Uffila lebe glückselig in Gott – unsträflich – vom Tode ergriffen – denn solange ich leben durfte, bin ich sehr gläubig gewesen – ruhe in Gott – Wigeric machte.« Sie folgt einem Grabinschriftenformular. Die genannte Uffila könnte die Mutter der Fibelträgerin in Alamannien gewesen sein. Der Herstellerformel gegenüber befinden sich ornamental gesetzte Buchstaben.

Aus demselben Männergrab in Weilstetten mit einem eigentümlichen Inventar, darunter Gegenstände römischer Herkunft, stammen drei silberne Saxscheidennieten, in deren Rund T⊥T TAT (bei zwei Nieten je zweimal) und TИT TAT (bei einem Niet zweimal) eingetragen sind. Darin griechische Buchstaben für *tit-tat* zu sehen, führt weit ab. Aus dem Lateinischen lassen sich gestürztes T und seitenverkehrtes N erklären. Die Buchstabenkombination ergibt keinen Sinn, sie scheint vielmehr als Ornament gedacht zu sein.

Und noch einmal begegnet ein Psalmwort (69,2 Vulgata): *Deus in adiutorium meum intende* – »Gott eile zu meiner Hilfe«. Auf der Riemenzunge aus Biessenhofen-Ebenhofen wird das Wort auf den Träger des Gürtels umgemünzt (»zu deiner Hilfe«) und fehlerhaft wiedergegeben.

Die große Nördlinger Riemenzunge trägt nach bisheriger Deutung eine Werbeinschrift: *Q[ui] [a]vet me mirare. Qui non aves tale quere quere que.* »Wer mich besitzt, soll mich bewundern, der du mich nicht besitzest, suche ein so schönes Stück zu erwerben.« Die kleineren Riemenzungen von der vielteiligen Gürtelgarnitur aus Nördlingen weisen, sofern überhaupt les- und deutbar, mit *semper vi[vas]* und *gau[deat] quiem ere semper* (verkürzt auch auf zwei Donzdorfer Nebenriemenzungen) in die christliche Vorstellungswelt.

Während es zahlreiche Bügel- und Scheibenfibeln mit Runen gibt, trägt nur die Bügelfibel von Wittislingen eine lateinische Inschrift. Diese Prachtfibel stammt mit anderen kostbaren Beigaben aus dem Grab einer Fürstin. Die Inschrift wurde bei der Herstellung in einer rheinischen Werkstatt eingraviert. Sie folgt einem Grabformular: »Uffila lebe glückselig in Gott – unsträflich – vom Tode ergriffen – denn solange ich leben durfte, bin ich sehr gläubig gewesen – ruhe in Gott – Wigeric machte.« Gegenüber der Herstellerformel stehen ornamental gesetzte Buchstaben. *Uffila* ist nicht der Name der Fibelträgerin oder der Bestatteten gewesen. Die Besitzerin stand wohl in einem nahen Verhältnis zu *Uffila*. Die unbekannte adelige Dame, für die das Schmuckstück angefertigt wurde, sowie der Goldschmied Wigeric haben im 7. Jh. im Rheinland gelebt. Denkbar wäre, dass *Uffila* die Mutter der Fibelträgerin war und das Geschmeide angefertigt wurde, um sie der Tochter vielleicht als Hochzeitsgeschenk in die weit entfernte alamannische Lebenswelt mitzugeben.

Offiziell Latein, privat Runen

Vergleicht man Runen und lateinische Inschriften, zeigen sich folgende Unterschiede: Runeninschriften stehen überwiegend auf Gegenständen aus Frauengräbern der oberen Mittelschicht. Lateinische Inschriften sind nicht so ausgeprägt an ein Geschlecht gebunden, gehören aber stets zu Gräbern der Oberschicht.

Runen wurden meist nach der Fertigung eines Gegenstandes eher verborgen auf der Rückseite eingritzt und dienten privaten Mitteilungen, während lateinische Inschriften zumeist auf der Vorderseite eines Objektes während der Herstellung angebracht wurden und einen repräsentativen, öffentlichen Charakter hatten. Im Gegensatz zu Runen beziehen sich lateinische Inschriften öfter auf den beschrifteten Gegenstand. Sie bieten zusammenhängende Mitteilungen, in denen sich angenommenes Christentum dokumentiert. Runeninschriften hingegen führen Namen von Besitzern, Herstellern, Schenkern auf, enthalten vereinzelt Segens- und Glückwünsche, stellen Absagen an alte Glaubensvorstellungen dar oder zeigen die Annäherung an den neuen Glauben.

Schrift aus dem Norden

RUNEN IN DER ALAMANNIA – ARCHÄOLOGISCH BETRACHTET

MAX MARTIN

Die Verbreitung der ältesten Runendenkmäler sowohl der »archaischen Runenzeit bis etwa 400«[1] wie auch all jener, die mit Sicherheit noch der Zeit vor 500 angehören, bietet ein merkwürdiges Bild.[2] Dass die frühesten Zeugnisse sich vor allem im Norden finden – auch außerhalb des Kartenausschnitts – erstaunt nicht, wohl aber die Beobachtung, dass sich bis 500 in Richtung Süden und Südwesten nur gerade an der Nordseeküste und in deren Hinterland, sonst aber lediglich nach Osten und Südosten hin Runenritzungen finden lassen. In Nordwest-, Mittel- und Süddeutschland hingegen, wo bekanntlich schon lange vor 500 bedeutende, unter der Bezeichnung Westgermanen zusammengefasste Bevölkerungsgruppen lebten, darunter fränkische Stämme und auch die Vorfahren unserer Alamannen, fehlen zeitgleiche Zeugnisse gänzlich.

Bei den ostgermanischen Stämmen waren Runenschrift und -ritzungen durchaus bekannt, nicht nur zwischen Oder und dem Oberlauf des Pripjet, sondern auch in ihren späteren Sitzen am Schwarzen Meer, wie der goldene Halsring von Pietroasa und der Spinnwirtel aus Leţcani (Moldau) bezeugen. Durch die Bügelfibel aus Aquincum und die Gürtelschnalle aus dem unweit gelegenen Szabadbattyán sind sie sogar noch im Karpatenbecken um und nach 450 nachweisbar!

Ganz anders die kontinentale Verbreitung der jüngeren Runendenkmäler in der Zeit nach 500:[3] Erst jetzt erscheinen die »südgermanischen« oder – nach heutigem Sprachgebrauch – »kontinentalgermanischen«[4] Runeninschriften. Auffällig ist, dass sich die Zeugnisse, von ganz vereinzelten Beispielen in thüringischen, fränkischen und langobardischen Siedlungsgebieten abgesehen, hauptsächlich in alamannisch besiedelten Landschaften finden.[5]

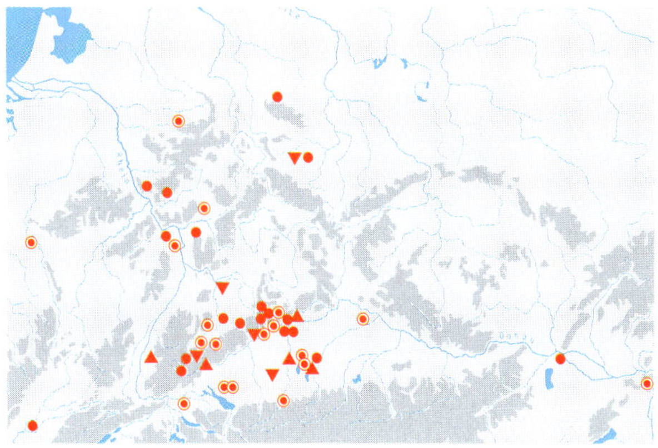

580

580 Die Verbreitung der Runenritzungen des 6. Jh. (etwa 530/540 bis 600) auf dem Kontinent:
● Bügelfibeln
◉ Kleinfibeln
▼ Gürtelteile
▲ Waffen

579

579 Die Verbreitung von Runenritzungen bis um 500 n.Chr. auf dem Kontinent:
● Fibeln
▲ Waffen- und Zubehör
△ Geräte bzw. Halsring

Zuverlässige Datierung ins 6. Jahrhundert

Fast alle der in die Karte (oben) eingetragenen Runenobjekte lassen sich zeitlich gut bis sehr gut einordnen. Die Fibeln – sie stellen etwa zwei Drittel der an die 60 Belege – verteilen sich über die Jahrzehnte von etwa 530/540 bis um 600. Auch die mit Runen beschrifteten Gürtelteile, die je zur Hälfte aus Frauen- und Männergräbern vorliegen, sind recht verlässlich dem mittleren und letzten Drittel des 6. Jh. zuzuweisen.[6] Dies gilt auch für die runengeschmückten Waffen – eine Spatha (Abb. 574), das Mundblech einer weiteren Spatha (Abb. 583) zwei oder drei Saxe und eine Lanzenspitze, die aufgrund ihrer Mitfunde oder typologisch ins mittlere bis späte 6. Jh. gehören. Unter einem halben Dutzend anderer Gegenstände des 6. Jh., darunter ein Sieblöffel aus Oberflacht und ein Holzstab aus

581 a

581 b

581 c

581 **Zu den eindrücklichsten Zeugnissen für Runenritzungen gehören die Bügelfibeln aus (a) Donzdorf Grab 78, (b) Nordendorf I und (c) Neudingen Grab 319.**

Neudingen (Abb. 571), sind auffallenderweise gleich drei im Grab jeweils mit einem anderen, Runen tragenden Objekt vergesellschaftet.[7]

In Fibeln geritzt

Bei den durchweg auf der Rückseite mit Runen versehenen Fibeln handelt es sich einerseits um Bügelfibelpaare, die an Schmuckgürteln befestigt waren, andererseits um Kleinfibelpaare oder Einzelfibeln, die als Mantelverschluss dienten.[8] Trug eine wohlhabende Dame sowohl Bügel- als auch Mantelfibel(n), so wurde bis auf zwei Ausnahmen[9] stets eine der Bügelfibeln oder gleich beide mit Runen versehen. Nebst wenigen Exemplaren mit halbrunder Kopfplatte waren es vor allem die mitunter erheblich größeren Bügelfibeln mit rechteckiger Kopfplatte und ovalem oder barockem Fuß, in deren »Modezeit« Runenritzungen besonders geschätzt waren (Abb. 569 und 573).

Mit runengeschmückten Bügelfibeln vergesellschaftet finden sich als Kleinfibeln vornehmlich scheiben- und rosettenförmige Almandinfibeln oder S-Fibeln, die als echte oder unechte Paare getragen wurden; eine Ausnahme bildet die Filigranscheibenfibel eines besonders reichen Frauengrabes.[10]

Anders das Spektrum der Mantelfibeln mit Runen. Sie stammen bis auf die genannten Ausnahmen stets aus bügelfibellosen Inventaren: Nur vereinzelt sind echte Kleinfibelpaare belegt, häufiger hingegen zwei ungleiche oder einzeln weiterverwendete Kleinfibeln, wobei wiederum Almandin- und S-Fibeln dominieren. Neu ist, dass in einigen Fällen nun auch die Einzelfibel, der übliche Mantelverschluss der um 580 beginnenden jüngeren Merowingerzeit, mit Runen beschriftet wird. Hierzu zählen etwa die 4,4 cm große Almandinscheibenfibel aus Bülach und die S-Fibel aus Schwangau. Wo keine Bügelfibeln (mehr) getragen wurden, aber Runenritzung erwünscht war, übertrug sich die Sitte offensichtlich auf die Mantelfibel(n).

Nebst den vertretenen Fibelformen ist auch das Entwicklungsstadium der Fibeltracht an sich – allmähliche Aufgabe der Bügelfibeln einerseits, stufenweiser Wechsel vom paarigen oder unpaarigen Verschluss zum »Einpunktverschluss« des Mantels andererseits – typisch für die Endphase der älteren und eine Übergangsphase zur jüngeren Merowingerzeit.[11]

Ein flüchtiger Brauch

Alles in allem steht fest, dass der Wunsch, in Schmuckstücke und andere Gegenstände Runen einzuritzen, in der Alamannia kaum lange vor dem mittleren Drittel des 6. Jh. aufkam, nur gerade etwa

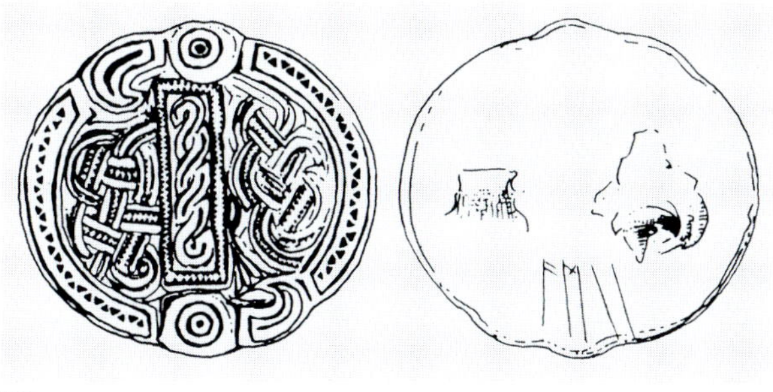

582

582 **Silberne Mantelfibel in S-Form aus dem Frauengrab 33 von Schwangau. Auch in dieses 4 cm lange Schmuckstück sind auf der Rückseite Runen eingeritzt.**

zwei Generationen lang lebendig blieb und danach wieder erlosch; auch die weit selteneren Belege im thüringischen und fränkischen Raum sowie bei den Langobarden südlich der Donau sind etwa zeitgleich. Davor war dieser Brauch, trotz älterer Praxis im innergermanischen Raum, offensichtlich weder den Alamannen noch den anderen Westgermanen bekannt. Umso mehr fällt auf, dass auf dem langen Weg der ostgermanischen Bevölkerungsgruppen von Norden her zum Schwarzen Meer und ins Karpatenbecken Runenschrift bzw. -ritzung mitwanderte und sich anscheinend erst während der zweiten Hälfte des 5. Jh. verlor.

Warum bietet sich bei den nach Westen und Süden, dafür weniger weit von ihrer Heimat wegziehenden Germanen, vorab den späteren Franken und Alamannen, ein ganz anderes Bild? War ihnen etwa die Runenschrift im 3. und 4. Jh. gar nicht bekannt geworden? Oder hatten sie, im Gegensatz zu Nord- und Ostgermanen, an die drei Jahrhunderte lang auf Runenritzungen verzichtet, um den Brauch dann, jedenfalls in der Alamannia, doch noch zu übernehmen – und nach wenigen Jahrzehnten wieder aufzugeben? Dass die aus dem elbgermanischen Raum nach Südwesten wegziehenden Vorfahren der späteren Alamannen keine Runen kannten, scheint kaum glaubhaft. Wie man sich auch in dieser Frage entscheidet – man wird nach Gründen suchen müssen, die in der Alamannia zu diesem vorübergehenden Brauchtum geführt haben könnten.

Wie bereits ausgeführt, ist der aufkommende Brauch des Runenritzens nicht das einzige Element in den durch Runeninschriften sich auszeichnenden Regionen der damaligen Alamannia, das mit dem Norden und nordgermanischen Personen(gruppen) zusammengebracht werden muss.[12] Seit dem mittleren 6. Jh. findet sich in der Alamannia – und im weiteren auch in der Francia – für einige Jahrzehnte manches, was auf Zuwanderungen und auch allgemeine Einflüsse aus dem benachbarten Mitteldeutschland, aber auch aus dem nord-

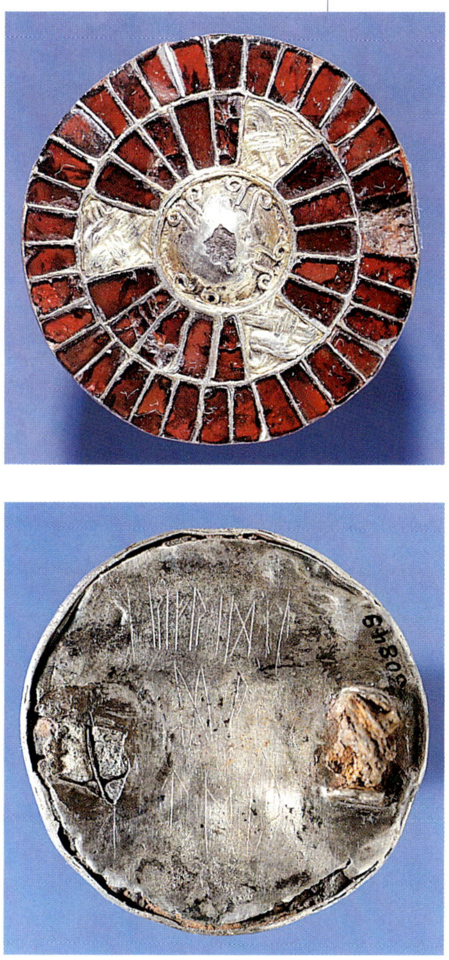

584

584 **Eine Almandinscheibenfibel mit 4,4 cm Durchmesser aus dem Frauengrab 249 von Bülach mit dreizeiliger Runeninschrift auf der Rückseite.**

germanischen Raum hindeutet: nordische Goldbrakteaten und Spathen sowie die neue, nordische Grundform der jüngsten Serien merowingischer Bügelfibeln. Zuziehende wie die Dame aus Donzdorf mit ihrer skandinavischen Runenfibel (Abb. 569) und der Träger der mit einem Runenkreuz versehenen Schretzheimer Spatha (Abb. 574) sowie viele weitere Personen, die sich wegen des herrschenden Kulturgefälles archäologisch nicht mehr

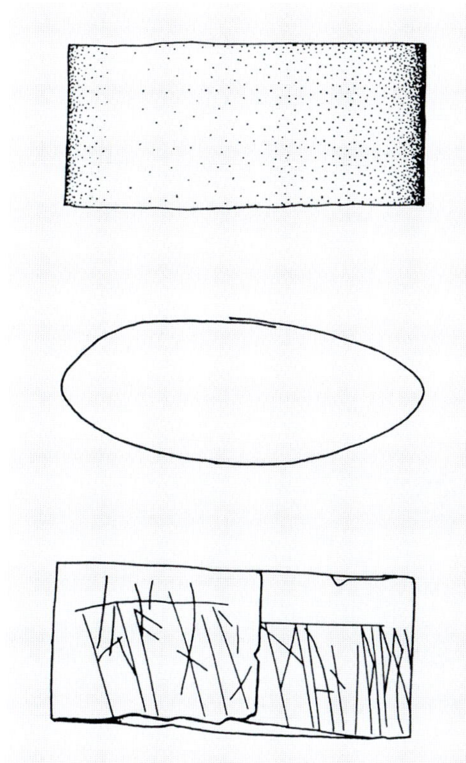

583

583 **Aus dem Männergrab 186 von Eichstetten wurde dieses 4,8 cm breite Mundband einer Spathascheide mit Runeninschrift geborgen.**

zu erkennen geben, werden das Runenbrauchtum mitgebracht haben, das dann möglicherweise für beschränkte Zeit von Alamannen übernommen wurde.

Was der Papyrus sonst tut...

Dass »die Kenntnis der Runen mit einer von Norden hervorbrechenden Strömung nach dem mittleren Europa gelangt ist«, erkannte Bernhard Salin vor bald hundert Jahren.[13] Auslöser dieser »Strömung« könnte, nebst anderem, die Eroberung des Thüringerreiches durch die Franken (531) gewesen sein. »Solange es bestand, bildete es gleichsam einen Riegel oder Filter zwischen den – in unterschiedlicher Weise – der spätantiken, romanischen Welt verhafteten Franken und Alamannen und dem germanischen Nordeuropa. Mit dem Fall des thüringischen ›Mittelreiches‹ grenzte das ostfränkische Reich seit Theudebert I. (533–548) im Nordosten unmittelbar an die Gebiete der Sachsen und Nordgermanen.«[14]

Anders als im Norden verschwand die Runenschrift bzw. -ritzung bei den Alamannen nach 600 so rasch wie sie erschienen war, ein weiteres Zeichen dafür, dass sie bei den Westgermanen, die intensiver und früher als die Ostgermanen mit der lateinischen Schrift in Berührung kamen, insgesamt kaum je tief verwurzelt gewesen sein kann. Es wird schließlich kein Zufall sein, wenn die einzigen zwei – lateinisch abgefassten – Schriftzeugnisse des Merowingerreichs, die von der Runenschrift berichten, in die Jahrzehnte um 560/580 datieren: Zum einen hören wir, dass der fränkische König Chilperich (561–584), Sohn der bekannten Königin Arnegunde, dem bestehenden Alphabet einige Buchstaben zufügte, wobei er »die Buchstabenform für *wi* aus dem älteren Futhark übernommen hat«;[15] zum andern ist es Venantius Fortunatus, zuletzt Bischof von Poitiers, der um 565 dichtete:

Barbara fraxineis pingatur rhuna tabellis,
quodque papyrus agit virgula plana valet,

Fremde Rune werde gezeichnet auf eschenen Tafeln;
was der Papyrus sonst tut, kann auch das flache Stück Holz.

---

1 E. Seebold, Die sprachliche Deutung und Einordnung der archaischen Runeninschriften. In: K. Düwel (Hrsg.), Runische Schriftkultur in kontinental-skandinavischer und -angelsächsischer Wechselbeziehung. RGA2 Ergänzungsbd. 10 (Berlin, New York 1994) 64.

2 In Abb. 1 sind kartiert (jeweils ein Zeichen pro Fundort): nach Seebold (Anm. 1) 61 ff. die Fibeln A 1, A 3–A 6 sowie, als unsicherer Beleg, die ebd. 64 genannte frühe Fibel aus Meldorf; Schnalle B 1; Waffen (Schildteile, Lanzenspitzen, Ortbänder) B 2, C 2–C 8, C 14–C 15, C 17–C 18; Geräte C 9–C 13, E 1; Halsring von Pietroasa E 3; Spinnwirtel von Letcani E 4; Spathagurt(?)besatz von Liebenau E 5; nicht verwiesen wird auf nördlich des Kartenausschnittes gefundene Belege. – Ferner wurden kartiert ein Kamm aus Kantens (A. Quak, Altfriesische und altenglische Runen. In: A. Bammesberger [Hrsg.], Old English Runes and their Continental Background [Heidelberg 1991] 287 ff.) und ein Neufund aus Nydam (In: Düwel [Anm. 1] 104) sowie die Bügelfibel von Aquincum (W. Krause, Die Runeninschriften im älteren Futhark. Mit Beiträgen von H. Jankuhn. Abh. Akad. Wiss. Göttingen Phil.-Hist. Kl. 3. Folge 65 [Göttingen 1966] Nr. 7); zuletzt M. Nágy, Budapest Régiségei 30, 1993, 356 f. Abb. 4.5; Taf. 5) und die Gürtelschnalle aus Szabadbattyán (Krause a.a.O. Nr. 167; A. Kiss, Alba Regia 18, 1980, 110 und Taf. 9).

3 In Abb. 2 wurden kartiert: a) Bügelfibeln: Krause (Anm. 2) Nr. 6. 8, 142–144. 147. 151. 152. 154. 155. 163 I. 166. St. Opitz, Südgermanische Runeninschriften im älteren Futhark aus der Merowingerzeit 3 (Kirchzarten, Freiburg 1987) Nr. 13. 20. 27–29. K. Düwel, Runische und lateinische Epigraphik im süddeutschen Raum zur Merowingerzeit. In: ders. (Hrsg.), Runische Schriftkultur in kontinental-skandinavischer und -angelsächsischer Wechselbeziehung. RGA2 Ergänzungsbd. 10 (Berlin, New York 1994) 274 (Neudingen 319). U. Koch, Das Reihengräberfeld bei Schretzheim. (Berlin 1977) 164 (Schretzheim 26); b) Klein- und Einzelfibeln: Krause (Anm. 2) Nr. 140. 141. 145. 156. 160. 164 I/II. 165. Opitz a.a.O. Nr. 7. 22. 30. 31. Düwel a.a.O. 235f.277.280 (Chéhéry, Peigen, Schwangau 33, Oettingen 13). K. Düwel, Kontinentale Runendenkmäler. In: A. Bammesberger (Hrsg.), Old English Runes and their Continental Background (Heidelberg 1991) 280 f. (Gammertingen Mädchengrab). I. Bóna, Der Anbruch des Mittelalters (Budapest 1976) 95 (Szentendre 33: Runen auf S-Fibelpaar, laut frdl. Auskunft von I. Bóna, Budapest); c) Gürtelteile: Krause (Anm. 2) Nr. 148. 153. 163 II. Opitz a.a.O. Nr. 32. Düwel a.a.O. 290 (Pforzen 239). – Zu Krause (Anm. 2) Nr. 153 vgl. auch U. Koch, Franken in Heilbronn. Museo 8 (Heilbronn 1994) 40 f.; d) Waffen: Krause (Anm. 2) Nr. 158. 162. Opitz a.a.O. Nr. 19. 40. Düwel a.a.O. 268 (Eichstetten 186). – Nicht kartiert sind einige kleinere Behälter und Geräte (vgl. Anm. 7), die – bis auf die Amulettkapsel aus Arlon, Prov. Luxembourg (Krause [Anm. 2] Nr. 146) und den Kamm von Ferwerd, Prov. Friesland (Quak [Anm. 2]) – von bereits kartierten Fundorten stammen, ebenso ein fundortloser Halsring mit Runenritzung, der angeblich »von Aalen« oder »vielleicht aus dem Mittelrheingebiet« (Düwel a.a.O. 295) stammen soll, jedenfalls eher dem ostgermanischen Runenring von Pietroasa (Krause [Anm. 2] Nr. 41; vgl. Anm. 2) anzuschließen ist.

4 So Düwel (Anm. 3, 1991) 272.

5 Vgl. dazu bereits M. Martin, Die Runenfibel aus Bülach Grab 249. Gedanken zur Verbreitung der Runendenkmäler bei den Westgermanen. Festschrift Walter Drack (Stäfa, Zürich 1977) mit Verbreitungskarten Abb. 4; 5.

6 So besitzt etwa der beidseitig (!) mit Runeninschriften versehene »Schnallenrahmen« des Frauengrabes 56 von Weimar-Nordfriedhof recht ähnliche Gegenstücke nicht nur im dortigen Frauengrab 55 (B. Schmidt, Die späte Völkerwanderungszeit in Mitteldeutschland [Berlin 1970] Taf. 88,2 h), sondern auch im Frauengrab 179 von Weingarten (H. Roth/C. Theune, Das frühmittelalterliche Gräberfeld bei Weingarten I [Stuttgart 1995] Taf. 55 C, 4 c), dessen eine S-Fibel ebenfalls Runen trägt (Krause [Anm. 2], Nr. 164 II).

7 Krause (Anm. 2) Nr. 149 (Bernsteinperle von Weimar), 157 (Kapsel aus Schretzheim), 161 (?) (Pyxis aus Gammertingen). – Weitere bedeutende Runenritzungen: Ders. ebd. Nr. 146 (Kapsel aus Arlon). Opitz (Anm. 3) Nr. 35 (Sieblöffel von Oberflacht). Düwel (Anm. 1) 295 (Holzstab aus Neudingen).

8 Vgl. Martin, Kleider.

9 Zwei auch geographisch exzentrische Ausnahmen, bei denen anstelle der vorhandenen Bügelfibeln die Mantelfibel(n) mit Runen versehen sind: Szentendre Grab 33 (vgl. Anm. 3) und Soest Grab 106 (Krause [Anm. 2] Nr. 140).

10 Kirchheim/Teck Grab 85: Opitz (Anm. 3) Nr. 27.

11 Vgl. M. Martin, Tradition und Wandel der fibelgeschmückten frühmittelalterlichen Frauenkleidung. Jahrb. RGZM 38, 1991 (1995) 629–680.

12 Dazu und zum folgenden Martin (Anm. 5).

13 B. Salin, Die altgermanische Thierornamentik 2 (Stockholm 1935) 148.

14 Martin (Anm. 5) 126.

15 Vgl. dazu und zum nachfolgend genannten Venantius Fortunatus Düwel (Anm. 1) 232 f.

Auf den Spuren der Sprache

»ALEMANNISCH« ALS TEIL DES ALTHOCHDEUTSCHEN

HARALD BASSLER, HUGO STEGER

Germanischsprachige Bevölkerungsgruppen, die ursprünglich vor allem aus dem Elbe- und Weserraum stammten und in das heutige Südwestdeutschland eingewandert waren, lebten nach der Eroberung dieses Landstrichs durch die Römer (bis um 74 n.Chr.) nahezu 200 Jahre unter römischer Vorherrschaft.[1]

Eine neue Völkerschaft im deutschen Südwesten

Bei diesen Gruppen oder »Stämmen« – den Sueben, Tribokern, Nemetern, Wangionen u.a. – handelte es sich offenbar um relativ kleine Verbände, die vielleicht auch ethnisch eng zusammengehörten.[2] Ihre Sprache jedenfalls scheint nach den spärlichen sowie grammatisch und inhaltlich wenig aussagekräftigen Quellen recht einheitlich gewesen zu sein (Südgermanisch).

Wohl aufgrund von Erfahrungen durch die Konfrontation mit dem hoch entwickelten römischen Reich tritt uns im ausgehenden 3. und besonders im 4./5. Jh. die neuen Raum suchende Bevölkerung germanischer Sprache nicht mehr in einzelnen »Stämmen«, sondern in umfassenderen »Verbänden« entgegen. Solch ein stärker heterogener Verband waren auch die »Alemannen« (»alle Männer« oder »Männer insgesamt«).[3] Unter diesem Namen, der erstmals 213 n.Chr. auftauchte, waren überwiegend elbgermanischsprachige Bevölkerungsgruppen unterschiedlicher Zugehörigkeit versammelt, doch dürften auch nordgermanischsprachige dazugehört haben, z.B. die Juthungen, deren Name nach Jütland weist.

Nachdem sie die Limesgrenze um das Jahr 260 endgültig überwunden hatten, wurden die Alemannen immer maßgeblicher im rechtsrheinischen Südwestdeutschland und expandierten zuerst nach Bayern, dann ins Elsass, ab dem 5./6. Jh. schließlich auch in die Schweiz. In dem neuen Stammesverband müssen auch bereits früher in diese Gebiete eingewanderte germanischsprachige Gruppen aufgegangen sein, soweit sie sich nicht schon in die galloromanische Bevölkerung eingegliedert hatten. Letztere muss besonders zwischen Schwarzwald und Rhein noch stark gewesen sein, wo die Römerherrschaft länger bestand. Noch umstritten ist aber, ob es im mittleren Schwarzwald galloromanische Enklaven gab, die erst nach dem 7. Jh. germanisiert wurden.[4]

Eine neue Sprache entsteht

Aus dieser sich neu konsolidierenden Bevölkerung Südwestdeutschlands heraus, die sich bald mit dem ähnlichen Großverband der weiter nördlich siedelnden Franken auseinandersetzen musste, wurde wohl seit dem 4./5. Jh. ein neues sprachliches System entwickelt und stufenweise über längere Zeit ausgeformt. Anders als die Geschichtswissenschaft, die von »deutsch« erst seit dem 10. Jh. spricht,[5] nennen die Philologen dieses nachgermanische Sprachsystem »Althochdeutsch«.[6] »Alt-«, weil es die systematisch älteste Vorstufe der heutigen deutschen Standardsprache bildet; »hoch«, weil es dem Ausformungsgrad nach das Oberdeutsche (Alemannisch, Bairisch und teilweise Ostfränkisch) und das Mitteldeutsche (Fränkisch und Thüringisch) dem Niederdeutschen gegenüberstellt, das diese Entwicklung nicht mitvollzog.

Als Leitkriterium für die Abgrenzung des Althochdeutschen wird dabei die systematische lautliche Veränderung einer Anzahl von Konsonanten herangezogen: die sogenannte zweite oder hochdeutsche Lautverschiebung.[7] Ihr Bereich erstreckt sich

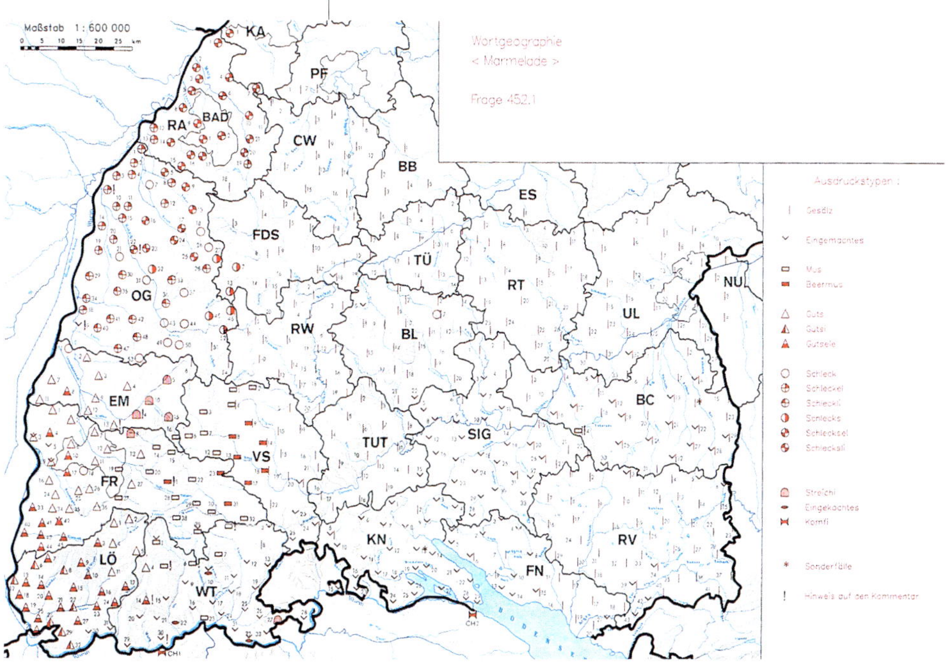

585

585 Verschiedene Orte, verschiedene Bezeichnungen für ein und dieselbe Sache. Verbreitungstypen der mundartlichen Ausdrücke für Marmelade in den ehemaligen Regierungsbezirken Südbaden/ Südwürttemberg.

von der Sprachgrenze zum Romanischen im Süden stufenweise bis zu einer in West-Ost-Richtung verlaufenden Linie, die den Rhein südlich von Düsseldorf, die Weser nördlich von Kassel und die Elbe südlich von Magdeburg überquert (»Benrather Linie«).

Die meisten Forscher nehmen an, dass diese Lautverschiebung im alemannischen Süden begann und sich – unter Abschwächung – nach Norden in das »fränkische« Territorium verbreitete. Anderen Meinungen zufolge ging diese Veränderung als Entfaltung gemeinsamer sprachlicher Grundlagen gleichzeitig von verschiedenen Zentren des oben umgrenzten Gebietes aus.

Charakteristisch für die zweite Lautverschiebung ist besonders im »alemannischen« Südwesten einerseits die Weiterentwicklung der germanischen Laute /p/, /t/ und /k/ zu stellungsabhängigem althochdeutschem <f, ff oder pf>, <z oder zz> und regionalem <ch oder kch> wie in germanisch *plegan* zu althochdeutsch *pflegan* (pflegen), in *twai* zu *zwei* oder in *kint* zu *chind/khind*. Andererseits werden auch die germanischen Konsonanten /b/, /d/ und /g/ zumindest regional zu <p>, <t> und <k> verschoben (germ. *beran* wird zu *peran* (tragen), *dohtar* zu *tohter* (Tochter) oder *geban* zu *kepan* (geben). Die Veränderung von /b/, /d/ und /g/ ging vermutlich stärker vom östlichen Süddeutschland aus, da die Verschiebungen im »Bairischen« am weitesten durchgeführt sind. Zu den ältesten lautlichen Veränderungen im Südwesten gehören wahrscheinlich auch der Ausfall des -n in Wörtern wie »Gans« oder »fünf« und nasaliert damit einhergehender Dehnung bzw. Diphthongierung des vorausgehenden Vokals (Gããs, *fĩĩf* oder Gous, feif) (»Staubsches Gesetz«),[8] wie man sie heute noch im »Schwäbischen« oder etwa im Englischen (goose, five) findet.

Christliche Begriffe bereichern die Volkssprache

Wie der Lautstand erfuhr auch der Wortschatz der germanischsprachigen Bevölkerung in frühmittelalterlicher/althochdeutscher Zeit eine Umbildung.[9] Die zuwandernden Bevölkerungsgruppen hingen dem germanischen Götterglauben an, wie wir dem Wortschatz und Missionarsberichten[10] entnehmen können. Vor allem durch die Christianisierung wurde dann das Wortgut der Germanischsprachigen nachhaltig beeinflusst.

In Gallien gab es schon seit dem 2./3. Jh. christliche Gemeinden, und die Kirchenorganisation beruhte auf den Grundlagen römischer Verwaltungspraxis. Die Kirche brachte das Latein als Verwaltungssprache auch in den Umkreis der »Franken«. Schon vor dem Fall des Limes hatten die im östlichen Grenzland lebenden Germanen Gegenstände und die zugehörigen Bezeichnungen aus der provinzialrömischen Alltagskultur übernommen,[11] ebenso erfolgte die Vermittlung des Christentums anfangs besonders über konkrete Gegenstände oder Handlungen.

Entsprechend vollzog sich nach dem Übertritt Chlodwigs zum christlichen Glauben Ende des 5. Jh. der Aufbau der kirchlichen Organisation im Frankenreich nach römischem Vorbild. Aus dieser Zeit stammen Wörter wie *Mönch* (vulgärlateinisch *monicus*/althochdeutsch *muni(c)h*), Kloster, anfänglich jedoch in der eingeschränkten Bedeutung »Bezirk, der nur Mönchen/Geistlichen vorbehalten ist«, (vulgärlat. *clōstrum*/ahd. *klōstar*) oder *Münster*, zunächst als Ausdruck für das »Klosterareal insgesamt«, (lat. *monasterium*/ahd. *munistri*) sowie *segnen*, in der Bedeutung »das Zeichen des Kreuzes schlagen«, (lat. *signare*/ahd. *seganōn*). Das Vokabular wurde von anderen germanischsprachigen Bevölkerungsgruppen übernommen und fand von hier aus weite Verbreitung. Um aber das Verständnis für die neuen christlichen Begriffe und Wertvorstellungen über die äußerlich wahrnehmbaren Kultgegenstände und -handlungen hinaus zu fördern, war der Rückgriff auf volkssprachliche Ausdrücke notwendig, die neuen Gehalt annehmen mussten. Ob allerdings bei der Ausbildung dieses Wortgutes der Einfluss verschiedener Missionsbewegungen, wie ihn die Forschung lange Zeit annahm bzw. noch annimmt, maßgeblich war, ist meist nicht schlüssig nachweisbar. Denn einerseits können oberdeutsche Wörter wie althochdeutsch *toufen* oder *wīh* (heilig – vgl. Weihrauch/Weihnachten) zwar auf das Gotische zurückgeführt, aber nicht mit einer gotischen Missionsbewegung in Verbindung gebracht werden; somit ist unklar, wie sie in den oberdeutschen Raum eindringen konnten. Andererseits ist aufgrund der unzureichenden Überlieferung nicht erkennbar, von wo der eine innere christliche Haltung ausdrückende Gefühlswortschatz ausging, der im süddeutschen Raum neu gebildet wurde: z.B. *zwīvolōn* (zweifeln), *trūrēn* (trauern) oder *sih frewen* (sich freuen). Ob hinter diesen neugeschaffenen Wörtern, mittels derer man sich eventuell gegen heidnische Traditionen abgrenzte, die nach strenger Regel lebenden irischen Mönche standen, die auch im oberdeutschen Raum missionierten, kann nicht belegt werden. Jedenfalls scheint sich im 8./9. Jh. der oberdeutsche Raum mit diesen Neubildungen deutlich von den mittel- bzw. niederdeutschen Gebieten abzusetzen, wo der neue christliche Wortschatz sich noch stärker mit heidnischer Tradition verband. Auch hier bleibt ungeklärt, inwiefern die Toleranz der angelsächsischen Missionare zur Konservierung dieses Wortbestandes beitrug.

In der Folge wurde in den geistlichen Gemeinschaften die christliche Terminologie weiter durch Rückgriff auf Gewohnheiten der Wortbildung und

586 »Gesamtalemannischer« / westoberdeutscher Sprachraum – Ausdehnung und Binnengliederung in schematischer Darstellung. Nach Hugo Steger und Karl Bohnenberger.

- Fränkisch
- schwäbisch-fränkischer Übergangsraum
- Schwäbisch
- westliches und
- östliches Oberrheinalemannisch
- Bodenseealemannisch
- Höchst- und Südalemannisch
- Walserisch
- französisch- italienische Sprachgrenze

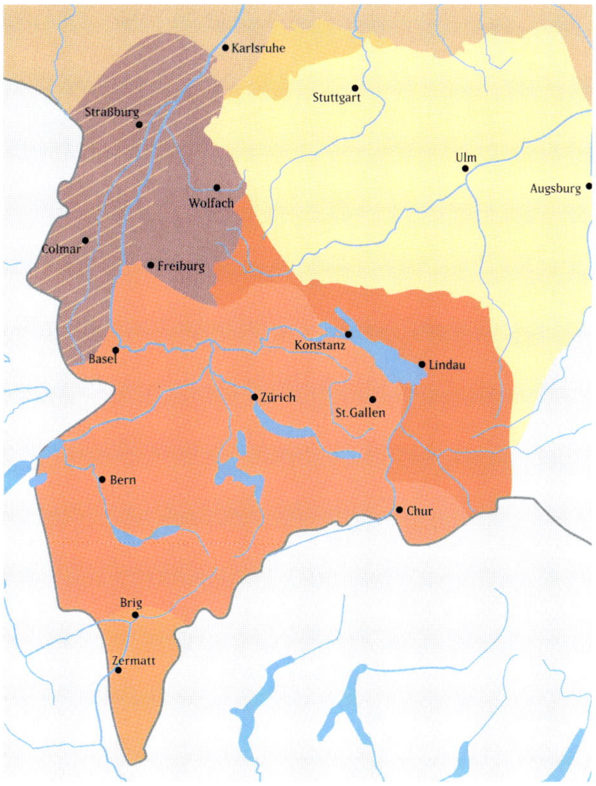

586

bestehendes Wortgut der Volkssprache geschärft. Vergleichsweise großen Anteil hatte daran das germanische Rechtsvokabular,[12] das in den lateinischen Aufzeichnungen der Stammesrechte – z.B. der *Lex Alamannorum* (erste Hälfte 8. Jh.) – in Form von Glossen bezeugt ist. So wurde das ältere *frō* (Herr) bald durch *trūhtin* abgelöst, das eigentlich »Gefolgsherr/Herr, dem man sich zu folgen verpflichtete« bedeutete. Mit der Aufnahme dieses Rechtsbegriffs in den religiösen Kontext erfuhr er eine Umprägung und nahm die Bedeutung »Herr« im Sinne von Christus an. Ähnlichen Bedeutungswandel kann man auch bei den Rechtswörtern *suona* »Gerichtsurteil« zu »Sühne« oder *triuwa* »Vertragstreue« zu »Treue gegenüber Gott« feststellen.

Wo man heute »Alemannisch« spricht

Sicher scheint heute, dass seit der zweiten Lautverschiebung die Grundzüge eines dialektalen Reliefs des »Hochdeutschen« entstanden, die bis heute die Dialektlandschaften charakterisieren. Die Ausdifferenzierung dieses Reliefs in die heutigen Dialekte erfolgte in Westdeutschland jedoch erst allmählich und ging auch im Altland bis zum Ende des Landesausbaus weiter. Die Bildung der Territorien oder auch die Reformation prägten zusätzliche Trennungslinien in das Relief. Hiermit beschäftigt sich besonders die Dialektforschung.

Mit den Erhebungen zum »Sprachatlas des Deutschen Reiches«[13] aus dem Jahre 1887 und den Arbeiten von Leo Jutz,[14] Karl Bohnenberger[15] und Karl Haag[16] liegen mehrere ältere Beschreibungen zum südwestdeutschen Sprachgebiet bzw. zu Binnengrenzen des südwestdeutschen Raums vor. Neuere dialektologische Forschungsprojekte zum Gebiet, so der Südwestdeutsche Sprachaltas, der Sprachatlas von Bayerisch-Schwaben und der Vorarlberger Sprachatlas – mit Einschluss von Liechtenstein und Tirol –, haben alle den Sprachatlas der deutschen Schweiz zum Vorbild; eine Ausnahme bildet der Elsässische Sprachatlas, der an der romanistischen Dialektologie orientiert ist.[17]

Mit Hilfe eines Fragebuchs befragen Sprachwissenschaftler drei bis vier ältere Personen einer Gemeinde zum alltäglichen Leben und zur vorindustriellen Arbeitswelt.[18] Die Antworten werden in einer speziellen Lautschrift notiert. Die so gewonnenen Elemente und Regeln des örtlichen Dialektes werden dann den Dialektformen der Nachbargemeinden gegenübergestellt. Die Beobachtungen aus den einzelnen Orten werden auf Karten zusammengefasst. Projiziert man mehrere solcher Karten übereinander, zeichnen sich stärker oder schwächer Linienbündel ab, die als Grenzen von Sprachräumen interpretiert werden können. Zu beachten ist dabei, dass es sich um Typisierungen von Wörtern handelt, denn »in der Regel gibt es keinen Ort, der nicht, wenn auch geringere, sprachliche Unterschiede zum nächsten aufweist«.[19]

Das »gesamtalemannische«/westoberdeutsche Gebiet grenzt sich nach diesen Untersuchungen im Westen und Süden bzw. Südosten klar von den romanischen Sprachlandschaften ab. Im Osten gilt der Lech als Sprachgrenze zu den ostoberdeutschen (bairischen) Dialekten, wobei sich aber eine Übergangszone von der Iller bis zum Lech erstreckt. Schwierigkeiten bereitet die Abgrenzung des Westoberdeutschen im Norden von den westmitteldeutschen bzw. nordoberdeutschen Dialekten, was auf ältere historische Vorgänge, aber auch auf mangelnde dialektologische Erforschung dieses Gebietes zurückgeht. Als Sprachgrenze nimmt man die Linie vom Donon in den Vogesen bis zum Hesselberg östlich von Dinkelsbühl an. Abgesehen vom Einschub des schwäbisch-fränkischen Übergangsbereiches treffen hier mehrere Sprachgegensätze aufeinander. So setzt auf dieser Höhe beispielsweise die zweite Lautverschiebung bei germanisch /p/ im Anlaut aus: nördlich *Punt* gegen südlich *Pfunt* (Pfund). Die im schwäbisch-fränkischen Übergangsbereich zunächst auseinanderlaufenden Grenzlinien treffen sich südöstlich von Heilbronn wieder, wo sie die Sprachgrenze zwischen dem »schwäbischen« und dem »ostfränkischen« Raum bilden. Sprachlich markiert ist der Unterschied zwischen dem westoberdeutschen und nordoberdeutschen Mundartbereich durch eine jeweils andere Umformung mittelhochdeutscher Vokale bzw. Diphthonge:[20]

Mittelhochdeutsch	Ostfränkisch	Schwäbisch
– in –	binde	bende
(langes) û	Haus	Hous
– ei –	brait/braat	broat/broet (breit)

Ein Ganzes, aber voller Vielfalt

Das auf die Weise abgesteckte »gesamtalemannische«/westoberdeutsche Gebiet ist aber in sich selbst sprachlich nicht einheitlich. Fünf größere Mundartlandschaften, jeweils durch mehr oder minder starke Grenzlinien voneinander geschieden, können darin ausgemacht werden. In Nord-Süd-Richtung verläuft die sogenannte »Schwarzwaldschranke«, die im Norden und in der Mitte »Oberrheinalemannisch« und »Schwäbisch« voneinander abgrenzt. Deren wichtigste sprachliche Unterschiede sind:

mittelhochdeutsche Langvokale	Oberrhein-alemannisch	Schwäbisch
î, iu und û:	**Ii**s/ H**ii**ser/ H**uu**s	**Ei**s/ H**ei**ser/ H**ou**s
mittelhochdeutsche Langvokale ê, œ und ô:	Schn**ee**/ gr**ee**ßer/ gr**oo**ß	Schn**ai**/ gr**ai**ßer/ gr**au**ß
Pluralformen des Verbs im Präsens:	mir/ihr/ sie mach**e**	mir/ihr/ sie mach**et**

Besonders westlich des Rheins, aber auch in einem schmalen Streifen östlich davon sind fränkische Einflüsse auf das Oberrheinalemannische nachzuweisen.

Die Schwarzwaldschranke teilt sich südöstlich von Wolfach. Während der größte Teil der Grenzlinien nach Osten abknickt und damit das »Schwäbische« vom »Bodenseealemannischen« scheidet, laufen einige Linien südlich weiter und bilden die Grenze zwischen dem »Oberrheinalemannischen« und dem »Bodenseealemannischen«. Der West-Ost-Gegensatz zwischen diesen beiden Landschaften wird vor allem an der unterschiedlichen Umformung von mittelhochdeutsch -ei deutlich: westlich *Schdai* (Stein) oder *schlaipfe* (schleifen) gegen östlich *Schdoa* bzw. *schloapfe*.

Die zweite wichtige Binnengrenze stellt die »Sundgau-Bodensee-Schranke« dar, die vom Sundgau kommend bis in die Ostschweiz verläuft. Sie trennt das Südalemannische, das die zweite Lautverschiebung auch von germanisch /k/ mitgemacht hat, von den Landschaften ab, in denen der Laut unverändert blieb. So spricht man nördlich dieser Linie *K(h)ind/K(h)opf*, aber südlich *Chind/Chopf*.

Schließlich verläuft im Süden der Schweiz eine weitere Grenzlinie zwischen dem »Südalemannischen« und dem alpinen »Höchstalemannischen« im Wallis, einer dialektalen Reliktlandschaft, in der noch Elemente des Althochdeutschen gelten. Zum Beispiel treten bei bestimmten Nomenklassen volle Endsilben zur Kasusmarkierung auf (walserisch: *taga/tago/tagu(n)/taga*) und auch der alte Dreiformenplural (z.B. *machu/mached/machun(d)*) blieb erhalten.[21]

Die hier dargestellte mundartliche Raumgliederung zeigt eine grobe Momentaufnahme der in langer Geschichte entstandenen sprachlichen Differenzierungen und Gliederungen des deutschsprachigen Südwestens. Nur wenige der darin kartierten Grenzen gehen mit Sicherheit auf die Zeit zurück, der die Ausstellung gewidmet ist. Es sind dies die Linien, wo die zweite Lautverschiebung aussetzt (k-/ch-Grenze und p-/pf-Grenze). Die sprachlichen Indikatoren reichen aber nicht aus, um die räumliche Untergliederung mit stammesverbandlichen oder anderen ethnischen Gliederungen (Sueben/Alemannen) gleichzusetzen. Die oben benutzten Begriffe für die Mundartlandschaften sind daher nur sprachlich-geographisch zu interpretieren. Um falsche Assoziationen zu vermeiden, sollte statt des Terminus »Gesamtalemannisch« nur noch das neutrale »Westoberdeutsch« benutzt werden.

Sprache in schriftlicher Überlieferung – ein Problem

Auch für den Zeitraum, den die Ausstellung umfasst, sind speziellere Beobachtungen etwa zu einer suebisch/alemannischen Sprachbevölkerung einerseits, einer fränkischen andererseits nur rudimentär möglich. Dies liegt daran, dass die schriftliche Überlieferung erst im Laufe des 8. Jh. einsetzt, also allenfalls ganz am Ende der hier behandelten Zeit, sodass man nur auf wenige sprachliche Zeugnisse aus dem südwestdeutschen Raum zurückgreifen kann: Abgesehen von Runeninschriften des 5. bis 7. Jh. (vgl. Düwel, Runen; Martin, Schrift) handelt es sich dabei besonders um »germanisches« Namen- und Wortmaterial in lateinischen Texten der aufblühenden Klöster im westoberdeutschen Sprachraum, die von geistlichen Schreibern angefertigt wurden.[22] Aus dem 612 als Mönchszelle gegründeten und 719 ausgebauten Kloster St. Gallen sind Zeugnisse schon des 8. Jh. überliefert, aus den Skriptorien des Klosters Reichenau (gegründet 724) und seinem Tochterkloster Murbach (gegründet 727) aber erst aus der Zeit um das 9. Jh. bzw. danach.[23] Allerdings erweist es sich als Problem bei der sprachlichen Einordnung der Dokumente, dass die Stätte ihrer Aufbewahrung nicht mit dem Ort übereinstimmen muss, wo sie geschrieben wurden.

Bei der schriftlichen Fixierung der Volkssprache stießen die Mönche in den Scriptorien auf die Schwierigkeit, dass ihnen kein ausgereiftes Schriftsystem zur Verfügung stand, um die Laute adäquat aufzuzeichnen. Die älteren Runenzeichen waren für die Wiedergabe kaum geeignet, da sie neben einem Einzellaut auch einen Begriff repräsentierten (die Rune ᛟ für den o-Laut stand z.B. zugleich für

587 **Bevor ein Dokument, etwa für eine Besitzverleihung, angefertigt wurde, notierte man die Verhandlungsergebnisse vielfach zunächst auf einer sogenannten Vorakte. Mit ihrer Hilfe entstand später die Reinschrift, wie der Vergleich von Vorakte und Urkunde I.161 aus St. Gallen zeigt. Die Schreibweise deutscher Orts- und Personennamen war in der Vorakte oft moderner, entsprach also eher der tatsächlich gesprochenen Sprache als dies im endgültigen Dokument der Fall war. Die abgebildete Urkunde stammt aus dem Jahr 805.**

oþalan/oþilan »ererbter Besitz«). Damit lag eine inhaltliche Festlegung vor, meist auf eine kultisch-magische Bedeutung.[24] Entsprechend ihrer an lateinischer Schriftlichkeit von Spätantike und Frühchristentum orientierten Ausbildung lag es für die Mönche daher nahe, das lateinische Alphabet zu benutzen. Allerdings zeigte sich bei manchen dieser Schriftzeichen, dass sie für die Wiedergabe des gesprochenen Althochdeutsch unzureichend waren. Die Schreiber mussten daher experimentieren, wenn sie das früheste Deutsch schriftlich festzuhalten versuchten, sodass sich innerhalb eines Scriptoriums bzw. von Kloster zu Kloster unterschiedliche Schreibweisen für ein und denselben Laut entwickeln konnten. Auch die regionalen und lokalen Sprech- und Hörgewohnheiten der jeweiligen Schreiber spielten hier herein. Da sie häufig nicht aus der unmittelbaren Nachbarschaft des Klosters stammten, waren die Eigenheiten ihrer Schreibweise nicht unbedingt charakteristisch für die Umgebung des Ortes. Die Mönche der Reichenau waren z.B. zunächst eher west- und mitteldeutscher Herkunft,[25] sodass sie ihre eigene Sprachvariante in die geschriebenen Texte einbrachten. Ab 780 glich dann die Schreibweise auf der Reichenau – vermutlich wegen der enger werdenden Beziehungen – eher der des Scriptoriums von St. Gallen. Einen ähnlichen Wandel kann man auch für Murbach feststellen.[26] Aus all dem geht hervor, dass sich in der schriftlichen Überlieferung des Althochdeutschen zwar gewisse landschaftliche Sprachunterschiede erkennen lassen, jedoch unklar ist, ob diese Differenzierungen auf den sprachlichen Verhältnissen ganzer Bevölkerungsgruppen (Alemannen, Franken usw.) beruhten oder nur klösterliche Schreibsprachen bzw. Mischsprachen aufgrund verschiedener Herkunft der Konventmitglieder bzw. lokaler Schreibtraditionen darstellten. Ebenso undeutlich ist der Zusammenhang mit unterschiedlich verlaufenen Alphabetisierungen sowie mit zeitlich verschobener Aufnahme von sprachlichen Neuerungen in die Schreibweise, was auf größere oder geringere »Konservativität« von Bevölkerungsgruppen (etwa der »Alemannen« gegenüber den »Franken«) hindeutet.

Amtliche Texte überliefern Volkssprache

Obwohl die Texte dieser Zeit überwiegend lateinisch verfasst waren, setzt die Überlieferungsgeschichte sofort mit Zeugnissen ein, die Einblick in die Verhältnisse der damals gesprochenen Volkssprache gewähren. Es sind dies erstens die durch glückliche Umstände vollständig und im Original erhaltenen St. Galler Klosterurkunden, zweitens eine Anzahl Vorakten, die dazu erstellt wurden. Die lateinischen Urkunden geben Auskunft über Schenkungen an das Kloster bzw. über Besitzverleihungen des Klosters an »Verwalter«. Sie enthalten als germanisches Namenmaterial Ortsnamen und Personennamen der Schenkenden, der Verschenkten und Belehnten sowie der anwesenden Zeugen.[27] Bei der Ausfertigung der Urkunden kam es auf Genauigkeit und Sorgfalt an. Daher machten sich die Mönche in Anwesenheit der Donatoren und Zeugen oft nur Notizen, die ihnen dann als Merkhilfe für die spätere Reinschrift dienten. Diese Notizen, Vorakten genannt, befinden sich häufig auf dem gleichen Bogen wie die Urkunde selbst, denn Pergament war teuer. Allerdings wurde das endgültige Dokument nach der Fertigstellung sauber beschnitten, sodass die Notizen häufig nur noch fragmentarisch erhalten sind.
Beim Vergleich der Namen in den verschiedensten Exemplaren der beiden Texttypen »Vorakte« und

»Urkunde« stellt man fest, dass die einheimischen Orts- und Personennamen in den Vorakten »moderner« sind, also der gesprochenen Sprache jener Zeit wahrscheinlich näher stehen. Oft sind sie auch weniger latinisiert als in den Urkunden, wo sie in einen lateinischen Kontext integriert werden mussten und das »Prestige« der gebildeten Latinität unterstrichen. Man darf annehmen, dass die Schreiber einen Namen in ihr Konzept eher so aufnahmen, wie sie ihn im gesprochenen regionalen bzw. lokalen Dialekt tatsächlich verstanden. Wenn beispielsweise in der Vorakte zur Urkunde I.32 aus dem Jahre 764[28] der Zeugenname *Albuni* und der weibliche Hörigenname *Suna* lautet, in der Urkunde dafür jedoch *Albvino* und *Sunane* steht, dann treten uns hier die latinisierten Formen entgegen. Wenn ferner hier der Donator *Tuto*, dort aber *Duto* geschrieben wurde, liegt ein ähnlicher Fall vor wie in der Vorakte zur Urkunde I.161 aus dem Jahre 805: Dort wurde der Ortsname *Dahdorf* bereits mit dem jüngeren <d> geschrieben, das aus der westgermanischen Rune þ (entspricht engl. <th>) entstand, während in der Urkunde noch die Schreibung für den älteren Laut benutzt und der Ortsname als *Dhahdhorf* wiedergegeben wurde. Dies weist auf das stilisierende Festhalten an einer älteren Schreibgewohnheit für einen ehemals auch anderen Laut hin. In die Vorakten dagegen haben Neuerungen der gesprochenen Sprache bereits Eingang gefunden. Außerdem findet sich in den Vorakten schon die »Abschwächung« bzw. das Schwinden volltoniger Silben, die nicht den Hauptakzent tragen und für das Althochdeutsche noch charakteristisch erscheinen (z.B. *Stiuilheim* in der Vorakte gegen *Stiuiloheim* in Urkunde I.161). Hier wird in den Vorakten schon eine Veränderung des Lautsystems sichtbar, die sonst erst im späteren Mittelhochdeutschen regelmäßig auftritt. Weil sie in weiter nördlich geschriebenen, später als »fränkisch« bezeichneten regionalen Texten früh auftaucht, vermutet man dabei einen »fränkischen« Einfluss auf das »Alemannische«. Es könnte sich aber, weil die Erscheinung sonst in der Schreibsprache St. Gallens nicht oder kaum vorkommt, um eine besonders progressive Schreibweise handeln, die erst am Übergang zum noch stärker vereinheitlichten, weniger formenreichen Mittelhochdeutschen allgemein durchdrang.

Klosterschriften als Sprachbewahrer

Ähnlich aufschlussreich für die sprachlichen Verhältnisse im Frühmittelalter sind die sogenannten Professbücher der Klöster St. Gallen und Reichenau, worin die Novizen ihr Gelübde auf die Ordensregel ablegten. Sie trugen es entweder eigenhändig ein und unterzeichneten mit ihrem Namen oder setzten nur ihre Unterschrift unter das bereits am Kopf der Seite stehende Gelübde. Für die Abgrenzung früher südwestdeutscher Texte von westmitteldeutschen Texten und für die Erkenntnis von Neuerungen spielen unter den althochdeutschen Texttypen auch die sogenannten Verbrüderungsbücher des späten 8. Jh. von der Reichenau bzw. des 9. Jh. von der Reichenau und von St. Gallen eine Rolle (vgl. Zettler, Mönche).[29] Darin wurden die Namen der Verbrüderten eingetragen, denen man vertragsmäßig Gebetshilfe zugesichert hatte.[30]

Das besonders umfangreiche Exemplar des Klosters Reichenau verzeichnet ungefähr 40 000 Namen. Durch die exemplarische Analyse der Schreibungen in Namenlisten, die aus unterschiedlichen Klöstern bzw. Abteien an das Kloster Reichenau geschickt wurden, konnte Dieter Geuenich bestätigen, dass »unterschiedliche Schreib- und vielleicht auch Sprachgewohnheiten am mittleren Oberrhein einerseits und im Bodenseeraum andererseits« vorherrschten.[31] Aus Platzgründen kann hier aber nicht weiter auf diese Dokumente eingegangen werden.

Das älteste deutsche Buch

St. Gallen verdanken wir darüber hinaus das vielleicht beeindruckendste althochdeutsche Zeugnis, das uns bisher bekannt ist. Es handelt sich um das älteste deutschsprachige Buch, den sogenannten »Deutschen Abrogans/Abrogans deutsch« – ein nach seiner ersten lateinischen Eintragung benanntes lateinisch-deutsches Wörterbuch. Er existiert in drei Handschriften verschiedenen Umfangs, durchweg Abschriften eines nicht überlieferten lateinisch-althochdeutschen Originals. Die früheste Fassung aus dem 8. Jh. befindet sich in der St. Galler Bibliothek. Als Vorlage für die drei Abschriften und das zweisprachige Original diente ein einsprachiges lateinisches Buch mit gleichbedeutenden Wörtern, also ein Synonymenlexikon, das fragmentarisch erhalten blieb.[32] Lange Zeit ging die Sprachwissenschaft davon aus, Bischof Arbeo von Freising habe die lateinische Vorlage des Abrogans übersetzt. Da diese These nur auf Rekonstruktionen beruht, ist jedoch Vorsicht geboten.[33] Ungewiss bleibt auch, wo die auf das späte 8. Jh. datierte St. Galler Abschrift entstanden ist. Trotz eingehender Analyse der Handschriften, bei der Bischoff[34] die schon für damalige Zeit antiquierte Schrift feststellte, konnte der Entstehungsort nicht eindeutig bestimmt werden. Einerseits zeigt diese Abschrift Schreibgewohnheiten, die auch im ostfranzösischen Buchwesen vorkommen, andererseits solche, die irisch-angelsächsischen Ursprungs sein könnten. Ein besonderer Minuskeltyp, der seit den frühesten Zeugnissen bis etwa zum ersten Drittel des 9. Jh. die Handschriften St. Gallens prägte, wurde nicht benutzt. Damit scheint klar, dass der Kodex nicht in der Schreibstube des Klosters angefertigt wurde.

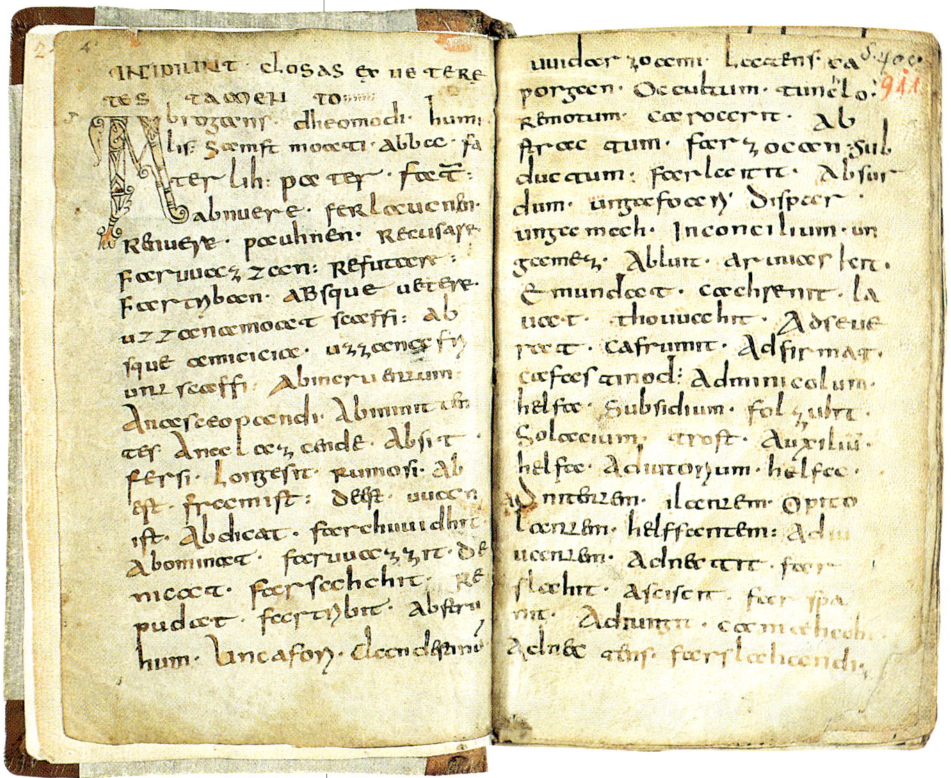

588

588 Das älteste überlieferte Buch deutscher Sprache, der »Abrogans deutsch«, ist ein »Wörterbuch«, das lateinischen Begriffen deutsche Übersetzungen gegenüberstellt. Die früheste erhaltene Abschrift stammt vom Ende des 8. Jh. und wird in St. Gallen aufbewahrt.

Die lateinische Synonymenliste war vermutlich als Stilhilfe für Redner gedacht. Auch bei der Hinzufügung der althochdeutschen Ausdrücke ging es nicht um die Vermittlung der Kirchensprache an das Volk. Vielmehr war das Buch offenbar nur zum klosterinternen Gebrauch bestimmt und sollte helfen, zum Lateinischen hinzuführen. Ob dies auf schwindende Lateinkenntnisse der Mönche hindeutet, ist unklar.

In der St. Galler Abschrift, die von mehreren Schreibern angefertigt wurde, kann man einen älteren und einen jüngeren Teil sowie einen Anhang mit Paternoster und Credo unterscheiden. Charakteristisch ist für die Sprache des älteren Teils, dass die volltonigen Nebensilben noch besonders stark in Erscheinung treten. So wird beispielsweise noch *caporan* (gebären) geschrieben, während im jüngeren Teil die Vorsilbe zu *kiporan* abgeschwächt ist. Außerdem wird im älteren Teil das lateinische <p> wie z.B. in *porticum* auch im Anlaut zu <f> verschoben: *forzih* (Halle, Vorhalle). Sonderegger[35] erklärt dies als ein für das Frühalthochdeutsche des westoberdeutschen Sprachgebiets typisches Phänomen. Im jüngeren Teil steht dagegen entweder <ph> oder nur <p>.

Der Abrogans verdeutlicht, vor welchen Schwierigkeiten die Schreiber beim Übersetzen standen. Sie mussten, da die Vorlage ein Kompendium mit entlegenen, teilweise schon schwer verständlichen Wörtern aus Werken spätantiker Autoren war, die lateinischen Begriffe verstehen und deutsche Entsprechungen für sie finden, ohne bereits auf einen ähnlich ausgebildeten Wortreichtum zurückgreifen zu können. Dadurch entstanden aus heutiger Sicht ungenaue Übersetzungen, wie schon das erste Wortpaar zeigt: Während *abrogans* in seiner spätlateinischen Bedeutung »um Verzeihung bittend, reumütig« meint, hat der Übersetzer dafür *dheomodi* (demütig) gesetzt. Für die Wiedergabe des Eintrags *humilis* (demütig) fehlte ihm dadurch das Pendant, sodass er auf ein anderes althochdeutsches Wort ausweichen musste, was indes die Bedeutung des lateinischen nur annähernd traf. Er setzte *samftmoati* (sanftmütig).[36]

Der Abrogans macht das Ringen der Geistlichen um eine angemessene Sprache für die Nicht-Gebildeten deutlich. Das älteste erhaltene volkssprachliche Buch bildet somit den Anfang einer bis zum 11. Jh. immer reichhaltiger werdenden Glossierungs- und Übersetzungsarbeit, woran die Klöster im südwestdeutschen Sprachraum – allen voran St. Gallen mit fast 80 erhaltenen Handschriften – stark beteiligt waren.

1 Vgl. E. Schwarz, Germanische Stammeskunde, Heidelberg 1956, 159 ff, bes. 168 ff; H. Nesselhauf, Die Besiedlung der Oberrheinlande in römischer Zeit, in: E. Schwarz (Hrsg.), Zur germanischen Stammeskunde – Aufsätze zum neuen Forschungsstand (Wege der Forschung 249), Darmstadt 1972, 135, 140 f.

2 Vgl. H. Nesselhauf (Anm. 1), 137 f.

3 Vgl. zur Interpretation des Namens »Alemannen« E. Schwarz, Germanische Stammeskunde, Heidelberg 1956, 169; zu verschiedenen Deutungen auch R. Wenskus, Stammesbildung und Verfassung – Das Werden der frühmittelalterlichen gentes, Köln/Graz 1961, 500 ff.

4 Die kontroverse Diskussion, die sich um die Deutung des in Gewässer-, Siedlungs- und Flurnamen enthaltenen »Brig«-Systems dreht (vgl. die Flussnamen *Brigach* und *Breg* bzw. die alte Römerstation (+)*Brigobanne*) wurde besonders zwischen Boesch und Kleiber geführt (vgl. B. Boesch, Grundsätzliche Erwägungen zu den nichtdeutschen Orts- und Flurnamen am Oberrhein und im Schwarzwald (1961), in: Ders., Kleine Schriften zur Namenforschung 1945–1980, Heidelberg 1981, 266–293 und Kleiber jüngst zusammengefaßt in: W. Kleiber/M. Pfister, Aspekte und Probleme der römisch-germanischen Kontinuität – Sprachkontinuität an Mosel, Mittel- und Oberrhein sowie im Schwarzwald, Stuttgart 1992, 19 ff.). Der Schwarzwald könnte aber auch vom Osten her besiedelt worden sein, wie dies jüngst von S. Lorenz bei der Jahresversammlung 1996 der Kommission für geschichtliche Landeskunde in Baden-Württemberg ausgeführt wurde.

5 Erneuerung des römischen Reiches auf »deutschem Boden« unter Otto I.

6 Jacob Grimm, von dem der Begriff stammt, setzt überdies »deutsch« mit »germanisch« gleich.

7 Die sogenannte erste Lautverschiebung meint die Weiterentwicklung des indoeuropäischen zum germanischen Sprachsystem. Sie fand wohl schon um die Mitte des 1. Jt. vor unserer Zeitrechnung statt.

8 Vgl. dazu R. Schrambke, Die Ortenau – Übergangslandschaft zwischen fränkischer und alemannischer Mundart, in: Alemannisches Jahrbuch 1984/86, Bühl 1988, 95–109.

9 Vgl. zum frühmittelalterlichen Wortschatz H. Brinkmann, Sprachwandel und Sprachbewegungen in althochdeutscher Zeit (Jenaer Germanistische Forschungen 18), Jena 1931, 107–122; H. Eggers,Deutsche Sprachgeschichte I – Das Althochdeutsche, Reinbek bei Hamburg 1963, 97–168; Th. Frings, Germania Romana (Mitteldeutsche Studien Heft 2), Halle/Saale 1932; F. Maurer/F. Stroh, Deutsche Wortgeschichte Bd. I, Berlin 1959, 33–147; S. Sonderegger, Althochdeutsche Sprache und Literatur – Eine Einführung in das älteste

Deutsch: Darstellung und Grammatik, Berlin/New York 1974, 246 ff; F. Tschirch: Geschichte der deutschen Sprache Bd. I – Die Entfaltung der deutschen Sprachgestalt (bearb. v. W. Besch – Grundlagen der Germanistik 5), Berlin [3]1983, 136–164.

10 Vgl. die Wochentagsnamen, die – in Anlehnung an die römische Praxis – nach germanischen Göttern benannt wurden: althochdeutsch *zīos tag* (Ziu wurde gleichgesetzt mit Mars), ahd. *donares tag* (Donar), ahd. *frīa tag* (Freia gleichgesetzt mit Venus) oder englisch *wednesday* (Wodan gleichgesetzt mit Merkur).
Als Berichte über heidnische Glaubenspraktiken vgl. den Missionsarsbericht von Columban (Dana Carleton Munro (Hrsg.), Life of St. Columban by the monk Jonas, Philadelphia 1895/Reprint 1993, 89) oder den Pirmin zugeschriebenen Scarapsus (Der heilige Pirmin und sein Pastoralbüchlein – Eingeleitet und ins Deutsche übertragen von U. Engelmann, Sigmaringen 1976, 52–55).

11 Übernommen wurden beispielsweise Gegenstände und dazugehörige Bezeichnungen aus den Bereichen Haus-/Straßenbau aus Stein: z.B. lateinisch *cellarium* > althochdeutsch *kellari*/›Keller‹; lat. *strata* > ahd. *strāz(z)a*/›Straße‹; oder aus dem Obst- und Gartenbau: z.B. lat. *cerasum* > ahd. *kirsa*/›Kirsche‹; lat. *imputare* > ahd. *impfōn*/›pfropfen, impfen‹; seltener auch Organisationsstrukturen aus dem Verwaltungsbereich.

12 Vgl. speziell zum althochdeutschen Rechtswortschatz R. Schmidt-Wiegand, Alemannisch und Fränkisch in Pactus und Lex Alamannorum, in: C. Schott (Hrsg.), Beiträge zum frühalemannischen Recht (Veröffentlichung des Alemannischen Instituts Freiburg 42), Bühl 1978, 9–37; dies., Recht und ewa – Die Epoche des Althochdeutschen in ihrer Bedeutung für die Geschichte der deutschen Rechtssprache, in: R. Bergmann/H. Tiefenbach/L. Voetz (Hrsg.), Althochdeutsch Bd. II, Heidelberg 1987, 937–958.

13 An Lehrer wurden Fragebögen mit 40 sogenannten Wenkersätzen verschickt. Die sollten sie in den dialektalen Sprachstand ihrer Schüler »übersetzen« (indirekte Erhebungsmethode).

14 Vgl. L. Jutz, Die alemannischen Mundarten – Abriss der Lautverhältnisse, Halle/Saale 1931.

15 Vgl. K. Bohnenberger, Die alemannische Mundart – Umgrenzung, Innengliederung und Kennzeichnung, Tübingen 1953.

16 Vgl. z.B. K. Haag, Die schwäbisch-fränkische Sprachgrenze in Württemberg – Östliche Hälfte: von Backnang bis Dinkelsbühl (mit Karte), in: Württembergische Schulwarte 3, 1927, 237–266; ders., Die schwäbisch-fränkische Sprachgrenze in Württemberg – Westliche Hälfte: von Backnang bis Pforzheim und Bretten (mit Karte), in: Württembergische Schulwarte 4, 1928, 649–682; sowie ders., Die Grenzen des Schwäbischen in Württemberg (Schwäbische Volkskunde, Neue Folge 8), Stuttgart 1946.

17 Vgl. H. Löffler, Einführung in die Dialektologie, Darmstadt 1974, 32.

18 Die Befragten sollen in sozialer Position und Beruf vergleichbar sein, ein hohes Alter aufweisen und überwiegend am Ort ansässig gewesen sein.

19 Vgl. H. Steger, Raumgliederung der Mundarten – Vorstudien zur Sprachkontinuität im deutschen Südwesten (Arbeiten zum Historischen Atlas von Südwestdeutschland Heft 7), Stuttgart 1983. Stegers Karte beruht auf der systematischen Auswertung aller Anfang der 80er Jahre abgeschlossenen dialektgeographischen Arbeiten für den westoberdeutschen Raum sowie für die angrenzenden Dialektbereiche des Westmitteldeutschen und den südlichen Teil des Nordoberdeutschen.

20 Beispiele zu den einzelnen Dialektlandschaften aus H. Klausmann/K. Kunze/R. Schrambke, Kleiner Dialektatlas – Alemannisch und Schwäbisch in Baden-Württemberg (Themen der Landeskunde 6), Bühl [2]1994.

21 Beispiele aus R. Hotzenköcherle, Zur Raumstruktur des Schweizerdeutschen – Statik und Dynamik, in: Zeitschrift für Mundartforschung 28, 1961, 207–227, und ders., Die Sprachlandschaften der deutschen Schweiz (Sprachlandschaft 1), Aarau/Frankfurt a. M./Salzburg 1984, 162 f.

22 Auch wenn es im 8. und 9. Jh. weltliche Schreiber gibt (vgl. den Hinweis bei F. Wilkens, Zum hochalemannischen Konsonantismus der althochdeutschen Zeit – Beiträge zur Lautlehre und Orthographie des ältesten Hochalemannischen, auf Grundlage der deutschen Eigennamen in den Sanct Galler Urkunden (bis zum Jahre 825), Leipzig 1891, 4), so überwiegt doch die Zahl der geistlichen Schreiber, denn das kanonische Recht bestimmte, dass kein *illiteratus* Priester werden durfte. Allerdings kann man daraus nicht gleichzeitig ableiten, dass alle Klosterangehörigen schreiben konnten (vgl. A. Wendehorst, Wer konnte im Mittelalter lesen und schreiben?, in: J. Fried (Hrsg.), Schulen und Studium im sozialen Wandel des hohen und späten Mittelalter, Sigmaringen 1986, 9–33).

23 Vgl. die Übersicht zu den sprachlichen Denkmälern bei S. Sonderegger, Althochdeutsche Sprache und Literatur – Eine Einführung in das älteste Deutsch: Darstellung und Grammatik, Berlin/New York 1974, 68–73.

24 Vgl. K. Düwel, Runenkunde (Sammlung Metzler 72), Stuttgart 1968, 7 f, und M. Geier, Sekundäre Funktionen der Schrift, in: H. Günther/O. Ludwig (Hrsg.), Schrift und Schriftlichkeit – Ein interdisziplinäres Handbuch internationaler Forschung, Berlin/New York 1994, 679. – Den Klosterangehörigen waren aber die Runen bekannt. Dies zeigt sich z.B. in frühen Handschriften, den *Runica Manuscripta* (vgl. S. Sonderegger, Althochdeutsch in St. Gallen – Ergebnisse und Probleme der althochdeutschen Sprachüberlieferung in St. Gallen vom 8. bis ins 12. Jahrhundert (Bibliotheca Sangallensis 6), St. Gallen/Sigmaringen 1970, 18).

25 Auch wenn die Herkunft Pirmins, des Gründers der Klöster Reichenau und Murbach, nicht eindeutig geklärt ist, scheint es, dass die beiden Klöster »fränkische« Gründungen sind: Vgl. W. Braune/H. Eggers, Althochdeutsche Grammatik, Tübingen [13]1975, 7 (Anm. 1); G. Baesecke, Das althochdeutsche Schrifttum von Reichenau, in: Kleinere Schriften zur althochdeutschen Sprache und Literatur, Bern/München 1966, 126 f.

26 Vgl. S. Sonderegger (Anm. 23), 33, 54; auch W. Braune/H. Eggers (Anm. 25), 7.

27 Vgl. H. Löffler, Hörigennamen in den St. Galler Urkunden, in: H. Steger (Hrsg.), Probleme der Namenforschung im deutschsprachigen Raum (Wege der Forschung 383), Darmstadt 1977, 478.

28 Urkunden-Nr. nach dem St. Galler Urkundenbuch – vgl. H. Wartmann, Urkundenbuch der Abtei Sanct Gallen, Zürich 1863.

29 Aus dem Grenzraum zum Westoberdeutschen liegen Verbrüderungsbücher vom Kloster Remiremont (Vogesen) und der Abtei Pfäfers (Kanton St. Gallen) vor. In das Verbrüderungsbuch von Remiremont ist eine Namenliste des Scriptoriums Murbach eingelegt (vgl. D. Geuenich, Zur Kontinuität und zu den Grenzen des Alemannischen im Frühmittelalter, in: P. Fried/W.-D. Sick (Hrsg.), Die historische Landschaft zwischen Lech und Vogesen – Forschungen und Fragen zur gesamtalemannischen Geschichte, Augsburg 1988, 132 (Anm. 87).

30 Vgl. zu den Profess- und Verbrüderungsbüchern der Reichenau P.M. Rothenhäusler/K. Beyerle, Die Regel des hl. Benedikt, das Gesetz des Inselklosters und seine Verwirklichung, in: K. Beyerle (Hrsg.), Die Kultur der Abtei Reichenau – Erinnerungsschrift zur zwölfhundertsten Wiederkehr des Gründungsjahres des Inselklosters 724–1924, 1. Halbbd., München 1925, 275 ff, 291 ff. Zu den Verbrüderungsbüchern vgl. auch S. Sonderegger, Aufgaben und Probleme der althochdeutschen Namenkunde, in: H. Steger (Hrsg.), Probleme der Namenforschung im deutschsprachigen Raum (Wege der Forschung 383), Darmstadt 1977, 126–186, bes. 160–178.

31 Vgl. D. Geuenich (Anm. 29) 129–135.

32 Vgl. zur lateinischen Vorlage des Abrogans J. Splett: Abrogans-Studien – Kommentar zum ältesten deutschen Wörterbuch, Wiesbaden 1976, 9 ff.

33 Vgl. G. Baesecke, Der deutsche Abrogans und die Herkunft des deutschen Schrifttums, Halle/Saale 1930 – und kritisch dazu J. Splett (Anm. 32) bzw. ders.: »Abrogans deutsch«, in: Die deutsche Literatur des Mittelalters: Verfasserlexikon, Berlin/New York 1978, Sp. 12–15.

34 Vgl. B. Bischoff in: B. Bischoff/J. Duft/S. Sonderegger, Abrogans – Das älteste deutsche Buch: Die <Abrogans>-Handschrift der Stiftsbibliothek St. Gallen [Facsimile], St. Gallen 1977. Bischoff widerspricht hier G. Baesecke, der St. Gallen auch als Entstehungsort für möglich hielt.

35 Vgl. S. Sonderegger in: B. Bischoff/J. Duft/S .Sonderegger (Anm. 34).

36 Vgl. H. Eggers, Deutsche Sprachgeschichte I – Das Althochdeutsche, Reinbek bei Hamburg 1963, 183.

DIE WEITERE GESCHICHTE

DIETER GEUENICH

Die Mitte des 8. Jh. stellt uns vor die gleiche Frage, mit der wir 500 Jahre zuvor konfrontiert waren: Wann beginnt, wann endet die Geschichte der Alamannen? Wir können dies nicht als rein »akademisch« abtun, denn die Frage zielt – wie die nach dem Beginn der »deutschen« oder der »französischen« Geschichte[1] – auf etwas Wesentliches. Betrachten wir allein die politische Ebene, so können wir mit Hans Jänichen feststellen: Mit der Beseitigung des alamannischen Herzogtums im Jahre 746 »endet die eigentliche Geschichte der Alem(annen)«.[2] Das sogenannte »jüngere« alamannische Herzogtum des 10. Jh., bekannter als »Herzogtum Schwaben«, knüpfte nicht an das »ältere« an, das 746 untergegangen war, und hatte eine völlig andere Machtbasis. War der schwäbische Pfalzgraf Erchanger († 917) noch 915 aufgrund eines Schlachtensieges gegen Anhänger des Königs zum Herzog von Schwaben erhoben worden, so verdankten seine Nachfolger ihre Legitimation, ihre Ein- und auch ihre Absetzung, in der Regel dem König, der ihnen das Amt und die zugehörige territoriale Machtbasis als Lehen übertrug. »Die Herzogswürde war im 10. und 11. Jahrhundert«, wie Helmut Maurer feststellt, »königliches Amt, königliche Beauftragung ... Und so sehen wir den Herzog als Vasall des Herrschers vor allem bedeutende Plätze des Königs, des Reiches, in Schwaben innehaben«.[3] Betrachten wir aber, etwa mit Rainer Christlein,[4] die alamannische Geschichte als die eines »lebendigen Volkes« und sehen in den Alamannen »eine heute noch lebende Volksgemeinschaft«, so ist 746 lediglich eine Zäsur auf dem nie abreißenden Strom eines »Gewässer(s), das wir alamannischer Geschichtlichkeit gleichgesetzt haben«. Aber kann man wirklich die Erforschung der alamannischen Geschichte des 3. bis 8. Jh. als »die Suche nach den Ursprüngen unseres heutigen Staatswesens« verstehen? Was hat Kontinuität über die Karolingerzeit hinweg, in der Alamannien – oder »Schwaben«, wie das Land am Hoch- und Oberrhein seit dem 9. Jh. zunehmend genannt wird – fest als Provinz in das Frankenreich integriert wird?

Von der karolingischen Grafschaftsverfassung zum ottonischen »Stammesherzogtum«

Nachdem 746 in Cannstatt das (»ältere«) alamannische Herzogtum beseitigt worden war, wurden in Alamannien wie in den meisten anderen Provinzen Grafen (*comites*) zu neuen Herrschaftsträgern. Die ihnen zugeordneten Grafschaften waren in Alamannien aber, wie Michael Borgolte festgestellt hat, keineswegs »flächendeckend organisiert und an festen Grenzen voneinander geschieden«.[5] Ruthard und Warin, die beiden mit der administrativen Neuordnung Alamanniens betrauten fränkischen Grafen, hatten nicht überall denselben Erfolg, am wenigsten wohl in den Gebieten Inneralamanniens und am Nordufer des Bodensees. Aber überall verfolgten sie dasselbe Ziel: die Neuorganisation Alamanniens und dessen verwaltungsmäßige Durchdringung im Dienste der fränkischen Zentralgewalt. Fränkische Adlige, die dabei durch Erlangung von Grafschaften Karriere machten und zur sogenannten »Reichsaristokratie« (Gerd Tellenbach) aufstiegen, suchten durchaus den Kontakt zum regionalen Adel. Der fränkische Graf Gerold,[6] ursprünglich am Mittelrhein begütert und dann Graf im Norden der Bertoldsbaar, heiratete beispielsweise Imma, die nach Thegans Bericht eine Nachfahrin Herzog Gotfrids († 709) war. Diese Imma gilt als Mutter der Königin Hildegard († 783), die Karl der Große heiratete, nachdem er 770/71 die Tochter des Langobardenkönigs Desiderius verstoßen hatte. Hildegard, die Mutter Ludwigs des Frommen, kann aufgrund dieser Herkunft ebensogut (oder ebensowenig) als »Alamannin« bezeichnet werden wie als »Fränkin«. Auch für viele andere Adelsfamilien im Karolingerreich ist es bezeichnend, dass sie in ähnlicher Weise reichsweit miteinander in verwandtschaftliche Beziehungen traten.

Mit dem Ende der Karolingerherrschaft etablierte sich erneut ein alamannisches Stammesherzogtum, das mit den sogenannten Burkhardingern eine aus Rätien stammende Adelsfamilie errang. Bekanntlich erlangten die »Stammes«-Herzöge der Sachsen, Bayern, (Ost-)Franken und Alamannen unter Heinrich I. (919–936) und Otto dem Großen (936–973) zunehmend Bedeutung; aber es waren nicht die »Stämme«, die diese hervorbrachten und legitimierten, sondern sie galten wie oben bereits angedeutet wurde, als »Vasallen des Königs« (*miles* bzw. *amicus regis*). Die Benennung nach den alten Stammesnamen erklärt sich vor allem aus der Bedeutung, die nach wie vor den Heeresaufgeboten der Alamannen, Bayern usw. bei der Abwehr der äußeren Feinde, nun insbesondere der Ungarn, zukam. Die ethnische Bezeichnung der Aufgebote innerhalb der Heeresorganisation sowie die Tatsache, dass nun auch die »Stammesgrenzen« auf der Basis der karolingischen Provinzen endgültig fixiert wurden, bedeutet aber nicht, dass es nach dem 10. Jh. noch ein nennenswertes Eigenleben der »Stämme« im fränkischen Reich, das sich zum Reich der Deutschen entwickelte[7], gegeben hätte.

Ausblick

Mit der Entstehung des deutschen Reiches gingen die »Stämme« in diesem auf, sodass es berechtigt erscheint, die Geschichte der Alamannen mit diesem Zeitpunkt als beendet anzusehen. So wenig sich die Begriffe Deutschland und Germania decken, so wenig hat die Alamannia des 3. bis 8. Jh. mit der Alemannia des Johann Peter Hebel[8] zu tun. Insofern hat er die Alemannen nicht »wiederentdeckt« oder »wiederbelebt«, sondern die Fiktion eines Alemannentums grundgelegt, das – zumal in seinem Gegensatz zum Schwäbischen – eines historischen Bezugs, und erst recht einer kontinuierlichen Identität mit der *gens Alamannorum* der Völkerwanderungszeit entbehrt.

Zu Recht hat man kritisiert, dass der Frankenkönig Chlodwig in Frankreich als »premier roi de France«, als »erster französischer König«, bezeichnet und seine Taufe zu Reims als »Geburt Frankreichs« interpretiert wurde: Chlodwig war weder Franzose, noch Belgier oder Deutscher, da diese Nationen erst später entstanden sind. Ähnlich kritisch sollte man aber auch dem Versuch gegenüberstehen, die Geschichte der Alamannen des 3. bis 8. Jh. bis zu den südbadischen Bauern des 19. Jh. als die »Geschichte eines lebendigen Volkes« zu verlängern und das alemannische Bauernhaus, die alemannische Fasnet, den alemannischen Dialekt oder gar die alemannische Mentalität vom völkerwanderungszeitlichen »Stamm« der »hochgemuten Alemannen« (Felix Dahn) herzuleiten. Damit würde nicht nur die Anwesenheit der keltischen und romanischen Vorbevölkerung am Oberrhein ignoriert, sondern auch die weitere geschichtliche Entwicklung der letzten 1000 Jahre.

1 Vgl. etwa C. Brühl, Deutschland – Frankreich. Die Geburt zweier Völker 2 (Köln 1995) und die durch dieses Buch neu in Gang gekommene Forschungsdiskussion.
2 H. Jänichen in: Reallexikon der Germanischen Altertumskunde 1, Berlin – New York 21973, 142 s.v. Alemannen.
3 H. Maurer, Das Herzogtum Schwaben. Beiwort zum Historischen Atlas von Baden-Württemberg V,1a, Stuttgart 1988, S. 1. Vgl. auch ders., Der Herzog von Schwaben, Grundlagen, Wirkungen und Wesen seiner Herrschaft in ottonischer, salischer und staufischer Zeit, Sigmaringen 1978.
4 R. Christlein, Die Alamannen, Archäologie eines lebendigen Volkes, Stuttgart 2 1979. Die Zitate finden sich ebd. 7 f.
5 M. Borgolte, Geschichte der Grafschaften Alemanniens in fränkischer Zeit. Vorträge und Forschungen, Sonderbd. 31, Sigmaringen 1984, 248.
6 Zu Gerold (I) und seinen Vor- und Nachfahren M. Borgolte, Die Grafen Alemanniens in merowingischer und karolingischer Zeit. Archäologie und Geschichte 2, Sigmaringen 1986, 119–121.
7 Vgl. Anm. 1 (mit der vorgängigen Literatur).
8 Vgl. oben den Beitrag von Gustav Schöck.

Verzeichnis weiterführender Literatur

ROM UND DIE GERMANEN

Alföldi, A.: Studien zur Geschichte der Weltkrise des 3. Jahrhunderts nach Christus (Darmstadt 1967).

Alföldy, G.: Die Alamannen in der Historia Augusta. Jahrb. RGZM 25, 1978, 196 ff.

Baatz, D./F.-R. Herrmann: Die Römer in Hessen² (Stuttgart 1989).

Bernhard, H., u.a.: Der römische Schatzfund von Hagenbach (Mainz 1990).

Castritius, H.: Das »Ende« der Antike in den Grenzgebieten am Oberrhein und an der oberen Donau. Archiv Hess. Gesch. u. Altkde. N.F. 37, 1979, 9 ff.

Cüppers, H. (Hrsg.): Die Römer in Rheinland-Pfalz (Stuttgart 1990).

Degen, R.: Spätrömische Befestigungen am Rhein: Weiach, Koblenz und Zurzach. Helvetia Arch. 1, 1970, 41 ff.

Drack, W./R. Fellmann: Die Römer in der Schweiz (Stuttgart 1988) 574 ff.

Drack, W.: Die spätrömische Grenzwehr am Hochrhein. Arch. Führer Schweiz 13² (Basel 1993).

Drinkwater, J. F.: The Gallic Empire: separatism and continuity in the North-Western provinces of the Roman Empire A.D. 260–274 (Stuttgart 1987).

Fabricius, E., u.a. (Hrsg.): Der obergermanisch-raetische Limes des Roemerreiches. Abt. A Streckenbeschreibungen. Abt. B Beschreibung der Kastelle (Berlin, Leipzig 1894–1937).

Fingerlin, G.: Dangstetten I. Katalog der Funde (Fundstellen 1 bis 603). Forsch. u. Ber. Vor- u. Frühgesch. Baden-Württemberg (Stuttgart 1986).

Fingerlin, G.: Vom Hochrhein zur Donau. Archäologische Anmerkungen zu einer wichtigen Römerstraße. Arch. Nachr. Baden 32, 1984, 3 ff.

Goessler, P.: Neue römische Funde aus Cannstatt. Ein Beitrag zu den Alamannenkämpfen des dritten Jahrhunderts n.Chr. Germania 15, 1931, 6 ff.

Hartmann, M./H. Weber: Die Römer im Aargau, Aarau (Frankfurt am Main, Salzburg 1985).

Hartmann, M.: Das römische Kastell von Zurzach-Tenedo. Arch. Führer Schweiz 14 (Basel 1980).

Heiligmann, J.: Die Bevölkerung im süddeutschen Raum in augusteischer und frühtiberischer Zeit. In: R. Wiegels/W. Woesler (Hrsg.), Arminius und die Varusschlacht (Paderborn, München, Wien, Zürich 1995) 29 ff.

Herrmann, P.: Hilferufe aus römischen Provinzen. Ein Aspekt der Krise des römischen Reiches im 3. Jhdt.n.Chr. (Hamburg 1990).

Hoffmann, Ch. F.: Über die Zerstörung der Römerstädte an dem Rheine zwischen Lahn und Wied (Neuwied 1823).

Horn, H. G. (Hrsg.): Die Römer in Nordrhein-Westfalen (Stuttgart 1987).

Howald, E./E. Meyer: Die Römische Schweiz (Zürich 1940).

Keller, H. (Hrsg.): Mittelalterliche Städte auf römischer Grundlage im einstigen Dekumatenland. Zeitschr. Gesch. Oberrhein 135, 1987, 1 ff.

Kellner, H.-J.: Die Römer in Bayern (München 1978).

Kerler, G.: Die Außenpolitik in der Historia Augusta (Bonn 1970).

Kienast, D.: Römische Kaisertabelle. Grundzüge einer römischen Kaiserchronologie (Darmstadt 1990).

Kneissl, P.: Die Siegestitulatur der römischen Kaiser. Untersuchungen zu den Siegesbeinamen des ersten und zweiten Jahrhunderts. Hypomnemata 23 (Göttingen 1969).

König, I.: Die gallischen Usurpatoren von Postumus bis Tetricus. Vestigia 31 (München 1981).

Kuhnen, H.-P. (Hrsg.): Gestürmt – Geräumt – Vergessen? Der Limesfall und das Ende der Römerherrschaft in Südwestdeutschland (Stuttgart 1992).

Künzl, E.: Die Alamannenbeute aus dem Rhein bei Neupotz. Plünderungsgut aus dem römischen Gallien. RGZM Monogr. 34 (Mainz 1993).

Lenz-Bernhard, G.: Frühgermanische Funde am Oberrhein und Neckar. Denkmalpfl. Baden-Württemberg. Nachrichtenbl. Landesdenkmalamt 19, 1990, 170 ff.

Nuber, H. U.: Das Ende des Obergermanisch-Raetischen Limes – eine Forschungsaufgabe. In: Ders./K. Schmid/H. Steuer/Th. Zotz (Hrsg.), Arch. u. Gesch. Freiburger Forsch. Erstes Jahrtausend Südwestdeutschland 1 (Sigmaringen 1990) 51 ff.

Nuber, H. U.: Der Verlust der obergermanisch-raetischen Limesgebiete und die Grenzsicherung bis zum Ende des 3. Jahrhunderts. In: F. Vallet/M. Kazanski (Hrsg.), L'armée Romaine et les barbares du IIIe au VIIe siècle. Assoc. Française d'-Arch. Mérovingienne 5 (Paris 1993).

Nuber, H. U.: Späte Reitertruppen in Obergermanien. Roman Frontier Stud. 1995 (im Druck).

Okamura, L.: Alamannia Devicta. Roman-German Conflicts from Caracalla to the First Tetrarchy (A.D. 213–305) 2 Bde. (Ann Arbor/Michigan 1984).

Planck, D./S. von Schnurbein: Der römische Limes in Deutschland. Arch. Deutschland Sonderh. 1992 (Stuttgart 1992).

Radnóti, A.: Die germanischen Verbündeten der Römer. Druck der Deutsch-Italienischen Vereinigung (Frankfurt am Main 1967).

Ritterling, E.: Legio. Bestand, Verteilung und kriegerische Betätigung der Legionen von Augustus bis Diocletian. Sonderdruck aus Pauly's Realencyclopädie der Classischen Altertumswissenschaft 12 (Stuttgart 1924) 1211 ff.

Saxer, R.: Untersuchungen zu den Vexillationen des römischen Kaiserheeres von Augustus bis Diokletian. Epigr. Stud. 1 (Köln, Graz 1967).

Schallmayer, E. (Hrsg.): Niederbieber, Posthumus und der Limesfall. Saalburg-Schr. 3 (Bad Homburg vor der Höhe 1996).

Schleiermacher, W.: Der obergermanische Limes und spätrömische Wehranlagen am Rhein. Ber. RGK 33, 1943/1950, 133 ff.

Schleiermacher, W.: Die letzten römischen Dekurionen am

Untermain. Mélanges d'Archéologie et d'Histoire offerts à André Piganiol (Paris 1966) 1387 ff.

Schönberger, H.: Die römischen Truppenlager der frühen und mittleren Kaiserzeit zwischen Nordsee und Inn. Ber. RGK 66, 1985, 321 ff.

Schoppa, H.: Die Besitzergreifung des Limesgebietes durch die Alamannen. Nass. Ann. 67, 1956, 1 ff.

Stein, E.: Die kaiserlichen Beamten und Truppenkörper im römischen Deutschland unter dem Prinzipat (Wien 1932).

Stickler, T.: Iuthungi sive Semnones. Zur Rolle der Juthungen bei den römisch-germanischen Auseinandersetzungen am Raetischen Limes in der Zeit zwischen Gallienus und Aurelian. Bayer. Vorgeschbl. 60, 1995, 231 ff.

Walser, G.: Zu den Ursachen der Reichskrise im dritten nachchristlichen Jahrhundert. Schweizer Beitr. Allg. Gesch. 18/19, 1960/61, 142 ff.

Weder, M. R.: Der »Bachofensche Münzschatz« (Augst 1884). Mit einem Exkurs über die unter Aureolus in Mailand geprägten Postumusmünzen. Jahresber. Augst u. Kaiseraugst 11, 1990, 53 ff.

Werner, J.: Bemerkungen zur mitteldeutschen Skelettgräbergruppe Hassleben-Leuna. Zur Herkunft der ingentia auxilia Germanorum des gallischen Sonderreiches in den Jahren 259–274 n.Chr. In: Festschrift für Walter Schlesinger I (Köln 1973) 1 ff.

FRÜHE ALAMANNEN IN SÜDWESTDEUTSCHLAND

Bakker, L.: Raetien unter Postumus – Das Siegesdenkmal einer Juthungenschlacht im Jahre 260 n.Chr. aus Augsburg. Germania 71, 1993, 369 ff.

Christlein, R.: Die frühe Alemannenzeit. 3. bis frühes 5. Jahrhundert n.Chr. In: Hist. Atlas Baden-Württemberg. Beiwort zur Karte III,6 (Stuttgart 1974).

Geuenich, D.: Zur Landnahme der Alemannen. Frühmittelalterl. Stud. 16, 1982, 31 ff.

Hübener, W. (Hrsg.): Die Alamannen in der Frühzeit. Veröff. Alemannisches Inst. 34 (Bühl 1974).

Keller, E.: Zur Chronologie der jüngerkaiserzeitlichen Grabfunde aus Südwestdeutschland und Nordbayern. Studien zur vor- und frühgeschichtlichen Archäologie. Festschrift für Joachim Werner zum 65. Geburtstag 1. Münchner Beitr. Vor- u. Frühgesch. Ergbd. 1,1 (München 1974) 251 ff.

Keller, H.: Probleme der frühen Geschichte der Alamannen (»alamannische Landnahme«) aus historischer Sicht. Vorträge u. Forsch. 41 (1993) 83 ff.

Knaut, M.: Frühe Alamannen in Baden-Württemberg. In: D. Planck (Hrsg.), Archäologie in Württemberg. Ergebnisse und Perspektiven archäologischer Forschung von der Altsteinzeit bis zur Neuzeit (Stuttgart 1988) 311 ff.

Krüger, B. (Hrsg.): Die Germanen. Geschichte und Kultur der germanischen Stämme in Mitteleuropa 1. Von den Anfängen bis zum 2. Jahrhundert unserer Zeitrechnung (Berlin 1978).

Leube, A.: Semnonen, Burgunden, Alamannen. Öffentl. Vorlesungen Humboldt-Univ. Berlin 17 (Berlin 1995).

Nierhaus, R.: Das swebische Gräberfeld von Diersheim. Studien zur Geschichte der Germanen am Oberhein vom Gallischen Krieg bis zur alamannischen Landnahme. Röm.-Germ. Forsch. 28 (Berlin 1966).

Pescheck, Ch.: Die germanischen Bodenfunde der römischen Kaiserzeit in Mainfranken. Münchner Beitr. Vor- u. Frühgesch. 27 (München 1978).

Peschel, K.: Anfänge germanischer Besiedlung im Mittelgebirgsraum. Sueben, Hermunduren, Markomannen. Arbeits- u. Forschber. Sachsen, Beih. 12 (Berlin 1978).

Planck, D.: Die Wiederbesiedlung der Schwäbischen Alb und des Neckarlandes durch die Alamannen. In: Archäologie und Geschichte. Freiburger Forsch. Erstes Jahrtausend Südwestdeutschland 1 (Sigmaringen 1990) 69 ff.

Planck, D.: Frühalamannische Funde aus dem Heidenheimer Raum. In: 75 Jahre Heimat- und Altertumsverein Heidenheim 1901–1976 (Heidenheim 1976) 97 ff.

Reuter, M.: Germanische Siedler des 3. und 4. Jahrhunderts in römischen Ruinen: Ausgrabungen des Bade- sowie des Wirtschaftsgebäudes der villa rustica von Wurmlingen, Kreis Tuttlingen. Arch. Ausgr. Baden-Württemberg 1995, 204 ff.

Roeren, R.: Zur Archäologie und Geschichte Südwestdeutschlands im 3. bis 5. Jahrhundert n.Chr. Jahrb. RGZM 7, 1960, 214 ff.

Schach-Dörges, H.: Zum Forschungsstand der frühalamannischen Zeit im mittleren Neckarraum (mit Katalog der Fundstellen). Fundber. Baden-Württemberg 18, 1993, 400 ff.

Schmidt, L.: Die Westgermanen II (München 1940).

Springer, M.: Der Eintritt der Alemannen in die Weltgeschichte. Abh. u. Ber. Staatl. Mus. Völkerkunde Dresden 41 (Berlin 1984) 99 ff.

Weidemann, K.: Untersuchungen zur Siedlungsgeschichte des Landes zwischen Limes und Rhein vom Ende der Römerherrschaft bis zum Frühmittelalter. Jahrb. RGZM 19, 1972, 99 ff.

ALAMANNEN UND FRANKEN

Ament, H.: Das alamannische Gräberfeld von Eschborn (Main-Taunus-Kreis). Mat. Vor- u. Frühgesch. Hessen 14 (Wiesbaden 1992).

Behr, B.: Das alemannische Herzogtum bis 750. Geist und Werk der Zeiten 41 (Bern, Frankfurt am Main 1975).

Böhme, H. W.: Adel und Kirche bei den Alamannen der Merowingerzeit. Germania 74,2, 1996, 477 ff.

Borgolte, M.: Die Geschichte der Grafengewalt im Elsass von Dagobert I. bis Otto dem Großen. Zeitschr. Gesch. Oberrhein 131 N.F. 92, 1983, 3 ff.

Borgolte, M.: Geschichte der Grafschaften Alemanniens in fränkischer Zeit. Vorträge u. Forsch. Sonderbd. 31 (Sigmaringen 1984).

Ewig, E.: Volkstum und Volksbewusstsein im Frankenreich des 7. Jahrhunderts. In: Ders./H. Atsma (Hrsg.), Spätantikes und fränkisches Gallien 1. Beih. Francia 3,1 (München 1976) 231 ff.

Feger, O.: Zur Geschichte des alemannischen Herzogtums. In: W. Müller (Hrsg.), Zur Geschichte der Alemannen. Wege der Forschung 100 (Darmstadt 1975) 157 ff.

Geuenich, D.: Chlodwigs Alemannenschlacht(en). In: Ders./ Th. Grünewald/R. Weitz (Hrsg.), Chlodwig und die »Schlacht bei Zülpich«. Geschichte und Mythos 496 – 1996 (Euskirchen 1996) 55 ff.

Geuenich, D.: Zum gegenwärtigen Stand der Alemannenforschung. In: F. Staab (Hrsg.), Zur Kontinuität zwischen Antike und Mittelalter am Oberrhein. Oberrhein. Stud. 11 (Sigmaringen 1994).

Keller, H.: Fränkische Herrschaft und alemannisches Herzogtum im 6. und 7. Jahrhundert. Zeitschr. Gesch. Oberrhein 124 N.F. 85, 1976, 1 ff.

Koch, U.: Das alamannisch-fränkische Gräberfeld bei Pleidelsheim. Forsch. u. Ber. Vor- u. Frühgesch. Baden-Württemberg (in Vorbereitung, erscheint voraussichtlich 1997).

Langenbeck, F.: Beiträge zur elsässischen Ortsnamen- und Siedlungskunde. 2. Zur elsässischen -heim Literatur. Elsass-Lothringisches Jahrb. 9, 1930, 1 ff.

Schaab, M./K. F. Werner, Das merowingische Herzogtum Alemannien. In: Hist. Atlas Baden-Württemberg. Beiwort zur Karte V,1 (Stuttgart 1988).

Werner, J.: Das alamannische Fürstengrab von Wittislingen. Münchner Beitr. Vor- u. Frühgesch. 2 (München 1950).

Wieczorek, A./P. Périn/K. v. Welck/W. Menghin (Hrsg.), Die Franken. Wegbereiter Europas. Reiss-Mus. Mannheim (Mainz 1996).

ROMANEN UND ALAMANNEN IN DER SCHWEIZ

Frei-Stolba, R.: Die römischen Steininschriften aus Zurzach. Schweizer. Zeitschr. Gesch. 31, 1981, 43 ff.

Furger, A./C. Jäggi/M. Martin/R. Windler: Die Schweiz zwischen Antike und Mittelalter. Archäologie und Geschichte des 4. bis 9. Jahrhunderts (Zürich 1996).

Gerster, A.: Rekonstruktion des spätrömischen Kastells und der frühchristlichen Kultgebäude von Zurzach. Helvetia Arch. 2, 1970, 50 ff.

Giesler, U.: Das frühmittelalterliche Gräberfeld von Basel-Kleinhüningen. Basler Beitr. Ur- u. Frühgesch. 11 B (Derendingen 1992).

Hartmann, M.: Eine spätrömische und eine mittelalterliche Rheinbrücke in Zurzach AG. Hist. Ver. Bez. Zurzach Jahresschr. 18, 1987, 1 ff.

Laur-Belart, R./R. Fellmann: Eine frühchristliche Kirche mit Baptisterium in Zurzach (Aargau). Ur-Schweiz 19, 1955, 65 ff.

Laur-Belart, R.: Ein zweites frühchristliches Kultgebäude in Zurzach. Die Ausgrabung 1961. Ur-Schweiz 25, 1961, 40 ff.

Martin, M.: Die Zeit um 400. In: Ur- und frühgeschichtliche Archäologie der Schweiz 5. Die römische Epoche (Basel 1975) 171 ff.

Martin, M.: Das fränkische Gräberfeld von Basel-Bernerring. Baseler Beitr. Ur- u. Frühgesch. 1 (Basel 1976).

Martin, M.: Die alten Kastellstädte und die germanische Besiedlung. In: Ur- und frühgeschichtliche Archäologie der Schweiz 6. Das Frühmittelalter (Basel 1979) 97 ff.

Martin, M.: Das Gebiet des Kantons Solothurn im frühen Mittelalter. Ein Bericht zum Stand der archäologischen Forschung. Jahrb. SGU 66, 1983, 219 ff.

Martin, M.: Das spätrömisch-frühmittelalterliche Gräberfeld von Kaiseraugst, Kt. Aargau. Basler Beitr. Ur- u. Frühgesch. 5 A (Derendingen 1991).

Moosbrugger-Leu, R.: Die frühmittelalterlichen Gräberfelder von Basel. Führer Hist. Mus. Basel 3 (1982).

Reich, Y.: Frühmittelalterliche Fundstellen aus dem Bezirk Zurzach. Argovia 108, 1996 (im Druck).

Reinle, A.: Die Heilige Verena von Zurzach, Legende – Kult – Denkmäler. Ars Docta 6 (Basel 1948).

Roth-Rubi, K./H. R. Sennhauser, Verenamünster Zurzach, Ausgrabungen und Bauuntersuchung 1, Römische Straße und Gräber. Mit Beiträgen von V. von Gonzenbach u. G. G. König. Veröff. Inst. Denkmalpfl. ETHZ 6 (Zürich 1987).

Sennhauser, H. R.: Die frühmittelalterliche Kirche auf Burg (Kirchlibuck) Zurzach. Badener Neujahrsbl. 32, 1957, 67 ff.

Sennhauser, H. R.: Katholische Kirchen von Zurzach (Zurzach 1983).

Sennhauser, H. R.: Römische Spolien im Fundament des Verena-Münsters von Zurzach. Arch. Schweiz 3, 1980, 60 ff.

Sennhauser, H. R.: St. Verena und das Zurzacher Münster (Zurzach 1982).

Sennhauser, H. R.: Zu den Ausgrabungen auf dem Rathausareal in Zurzach. Hist. Ver. Bez. Zurzach Jahresschr. 1965, 1 ff.

Sennhauser, H. R.: Zurzach. In: Romanen und Alemannen, Der Aargau im Frühmittelalter. Ausstellungskat. Brugg, Vindonissa-Mus. (Brugg 1981) 32 ff.

Sonderegger, S.: Die Ortsnamen. In: Ur- und frühgeschichtliche Archäologie der Schweiz 6. Das Frühmittelalter (Basel 1979).

Windler, R.: Von der Spätantike zum Frühmittelalter. In: Geschichte des Kantons Zürich 1. Frühzeit bis Spätmittelalter (Zürich 1995) 109 ff.

Zehnder, B.: Die Gemeindenamen des Kantons Aargau. Historische und sprachwissenschaftliche Deutungen. In: Argovia 100/II (Aarau 1991) 491 ff.

SIEDLUNG UND WIRTSCHAFT

Arnold, S., u.a.: ... mehr als 1 Jahrtausend ... Leben im Renninger Becken vom 4. bis 12. Jahrhundert. Arch. Inf. Baden-Württemberg 19 (Stuttgart 1991).

Arrhenius, B.: Die Schraube als Statussymbol. Zum Technologietransfer zwischen Römern und Germanen. In: Frankfurter Beiträge zur Mittelalter-Archäologie II. Schr. Frankfurter Mus. Vor- u. Frühgesch. 12 (Bonn 1990).

Babucke, V.: Das frühe Mittelalter. In: Kempten und das Allgäu. Führer Arch. Denkmäler Deutschland 30 (Stuttgart 1995) 70 ff.

Berghaus, P.: Wirtschaft, Handel und Verkehr der Merowingerzeit im Lichte numismatischer Quellen. In: Untersuchungen zu Handel und Verkehr der vor- und frühgeschichtlichen Zeit in Mittel- und Nordeuropa III. Abh. Akad. Wiss. Göttingen. Phil.-Hist. Kl. 3. Folge 150 (Göttingen 1985) 193 ff.

Bücker, Ch./M. Egger/G. Fingerlin/M. Hoeper: FundMengen. Mengen im frühen Mittelalter. Arch. Inf. Baden-Württemberg 25 (Stuttgart 1994).

Christ, K.: Antike Münzfunde Südwestdeutschlands (Heidelberg 1960).

Christlein, R.: Alamannisch-bajuwarische Siedlung im Allgäu. Neue Ausgrabungen in Bayern. Probleme der Zeit 1970, 46 ff.

Christlein, R.: Anzeichen von Fibelproduktion in der völkerwanderungszeitlichen Siedlung Runder Berg bei Urach. Arch. Korrbl. 1, 1971, 47 ff.

Christlein, R.: Die Alamannen. Archäologie eines lebendigen Volkes^2 (Stuttgart, Aalen 1979).

Claude, D.: Aspekte des Binnenhandels im Merowingerreich auf Grund der Schriftquellen. In: Untersuchungen zu Handel und Verkehr der vor- und frühgeschichtlichen Zeit III. Abh. Akad. Wiss. Göttingen. Phil.-Hist. Kl. 3. Folge 150 (Göttingen 1985) 9 ff.

Claude, D.: Die Handwerker der Merowingerzeit nach erzählenden und urkundlichen Quellen. In: Das Handwerk in vor- und frühgeschichtlicher Zeit I. Abh. Akad. Wiss. Göttingen. Phil.-Hist. Kl. 3. Folge 122 (Göttingen 1981) 204 ff.

Claude, D.: Hofkaufleute im Frühmittelalter. In: Akten des 26. Deutschen Rechtshistorikertages (Frankfurt am Main 1987) 403 ff.

Der Runde Berg bei Urach. Führer Arch. Denkmälern Baden-Württemberg 14 (Stuttgart 1991).

Donat, P./H. Ullrich: Einwohnerzahlen und Siedlungsgröße der Merowingerzeit. Zeitschr. Arch. 5, 1971, 235 ff.

Fingerlin, G.: Die alamannischen Gräberfelder von Güttingen und Merdingen in Südbaden. Germ. Denkmäler Völkerwanderungszeit A 12 (Berlin 1971).

Fingerlin, G.: Zur alamannischen Siedlungsgeschichte des 3.–7. Jahrhunderts. In: W. Hübener (Hrsg.), Die Alemannen in der Frühzeit. Veröff. Alemannisches Inst. 34 (Bühl 1974) 45 ff.

Franken, M.: Die Alamannen zwischen Iller und Lech. Germ. Denkmäler Völkerwanderungszeit 6 (Berlin 1944).

Fried, P.: Zur Entstehung und frühen Geschichte der alamannisch-baierischen Stammesgrenze am Lech. In: Ders. (Hrsg.), Bayerisch-Schwäbische Landesgeschichte an der Uni Augsburg 1975–1977. Augsburger Beitr. Landesgesch. Bayerisch-Schwaben 1,7 (Sigmaringen 1979) 47 ff.

Hauser, St. R.: Spätantike und frühbyzantinische Silberlöffel. Bemerkungen zur Produktion von Luxusgütern im 5. bis 7. Jahrhundert. Jahrb. Antike u. Christentum. Ergbd. 19 (Münster 1992).

Hoeper, M.: Der Geißkopf bei Berghaupten, Ortenaukreis – völkerwanderungszeitliche Höhensiedlung, Militärlager oder Kultplatz? Arch. Ausgr. Baden-Württemberg 1995, 263 ff.

Koch, U.: Die fränkischen Gräberfelder von Bargen und Berghausen in Nordbaden. Forsch. u. Ber. Vor- u. Frühgesch. Baden-Württemberg 12 (Stuttgart 1982).

Koch, U.: Handwerker in der alamannischen Höhensiedlung auf dem Runden Berg bei Urach. Arch. Korrbl. 14, 1984, 99 ff.

Koch, U.: Die alamannische Landnahme. In: Die Römer in Schwaben. Arbeitsh. Bayer. Landesamt Denkmalpfl. 27^2 (München 1985) 302 ff.

Kunow, J.: Zum Handel mit römischen Importen in der Germania libera. In: Untersuchungen zu Handel und Verkehr der vor- und frühgeschichtlichen Zeit in Mittel- und Nordeuropa 1 (Göttingen 1985).

Leier – Leuchter – Totenbaum. Holzhandwerk der Alamannen. Texte Württembergisches Landesmus. (Stuttgart 1991).

Martin, M.: Schmuck und Tracht des frühen Mittelalters. In: Frühe Baiern im Straubinger Land (Straubing 1995) 40 ff.

Martin, M.: Tradition und Wandel der fibelgeschmückten frühmittelalterlichen Frauenkleidung. Jahrb. RGZM 38, 1991, 629 ff.

Paulsen, P.: Alamannische Adelsgräber von Niederstotzingen. Veröff. Staatl. Amt Denkmalpfl. Stuttgart A 12 (Stuttgart 1967).

Paulsen, P./H. Schach-Dörges: Das alamannische Gräberfeld von Giengen an der Brenz. Forsch. u. Ber. Vor- u. Frühgesch. Baden-Württemberg 10 (Stuttgart 1978).

Paulsen, P./S. Schieck: Das Gräberfeld der Merowingerzeit bei Oberflacht (Stuttgart 1992).

Rau, H.: Zur Provenienzfrage spätantiker Gläser. Arch. Korrbl. 4, 1974, 371 ff.

Roth, H.: Zum Handel der Merowingerzeit aufgrund ausgewählter archäologischer Quellen. In: Untersuchungen zu Handel und Verkehr der vor- und frühgeschichtlichen Zeit III. Abh. Akad. Wiss. Göttingen. Phil.-Hist. Kl. 3. Folge 150 (Göttingen 1985) 161 ff.

Roth, H./C. Theune: Das frühmittelalterliche Gräberfeld bei Weingarten. Forsch. u. Ber. Vor- u. Frühgesch. Baden-Württemberg 44,1 (Stuttgart 1995).

v. Schnurbein, A.: Der alamannische Friedhof bei Fridingen an der Donau (Kreis Tuttlingen). Forsch. u. Ber. Vor- u. Frühgesch. Baden-Württemberg 21 (Stuttgart 1987).

Siems, H.: Die Organisation der Kaufleute der Merowingerzeit nach den Leges. In: Handel und Verkehr der vor- und frühgeschichtlichen Zeit in Mittel- und Nordeuropa VI. Abh. Akad. Wiss. Göttingen. Phil.-Hist. Kl. 3. Folge 183 (Göttingen 1989) 62 ff.

Stein, F.: Alamannische Siedlung und Kultur. Das Reihengräberfeld in Gammertingen (Sigmaringen 1991).

Steuer, H.: Zur Berechnung von Bevölkerungsgröße und Bevölkerungsentwicklung in einer Siedlungslandschaft der Merowingerzeit. Saeculum 39,2, 1988, 119 ff.

Steuer, H.: Die Alamannen auf dem Zähringer Burgberg. Arch. Inf. Baden-Württemberg 13 (Stuttgart 1990).

Steuer, H.: Höhensiedlungen des 4. und 5. Jahrhunderts in Südwestdeutschland. In: H. U. Nuber/K. Schmid/H. Steuer/Th. Zotz (Hrsg.), Archäologie und Geschichte des ersten Jahrtausends in Südwestdeutschland. Arch. u. Gesch. Freiburger Forsch. Erstes Jahrtausend Südwestdeutschland 1 (Sigmaringen 1990) 139 ff.

Stoll, H.: Alamannische Siedlungsgeschichte archäologisch betrachtet. Württ. Jahrb. Landesgesch. 6, 1942, 1 ff.

Stork, I.: Fürst und Bauer – Heide und Christ. 10 Jahre archäologische Forschungen in Lauchheim/Ostalbkreis. Arch. Inf. Baden-Württemberg 29 (Stuttgart 1995).

Stork, I.: Die Merowingerzeit in Württemberg. In: D. Planck (Hrsg.), Archäologie in Württemberg. Ergebnisse und Perspektiven archäologischer Forschung von der Altsteinzeit bis zur Neuzeit (Stuttgart 1988) 33 ff.

Trier, M.: Ein ›koptisches‹ Bronzegefäß des 7. Jahrhunderts aus dem Gräberfeld bei Thierhaupten-Oberbaar. Beobachtungen zur Siedlungs- und Sozialgeschichte des Ortes während der späten Merowingerzeit. Bayer. Vorgeschbl. 57, 1992, 277 ff.

Veeck, W.: Die Alamannen in Württemberg. Mit einer Einführung von P. Goessler. Germ. Denkmäler Völkerwanderungszeit 1 (Berlin, Leipzig 1931).

Werner, J.: Fernhandel und Naturalwirtschaft im östlichen Merowingerreich nach archäologischen und numismatischen Zeugnissen. Ber. RGK 42, 1961, 307 ff.

Werner, J.: Zur Verbreitung frühgeschichtlicher Metallarbeiten (Werkstatt – Wanderhandwerk – Handel – Familienverbindung). Early Medieval Stud. 1. Antikvarisk Arkiv 38 (Stockholm 1970) 65 ff.

Werner, J. (Hrsg.): Die Ausgrabungen in St. Ulrich und Afra in Augsburg 1961–1968. Münchner Beitr. Vor- u. Frühgesch. 23 (München 1977).

SOZIALSTRUKTUR

Bodmer, J. P.: Der Krieger der Merowingerzeit und seine Welt. Eine Studie über Kriegertum als Form der menschlichen Existenz im Frühmittelalter (Zürich 1957).

Böhme, H. W.: Adelsgräber im Frankenreich. Archäologische Zeugnisse zur Herausbildung einer Herrenschicht unter den merowingischen Königen. Jahrb. RGZM 40, 1993, 397 ff.

Christlein, R.: Besitzabstufungen zur Merowingerzeit im Spiegel reicher Grabfunde aus West- und Süddeutschland. Jahrb. RGZM 20, 1973, 147 ff.

Christlein, R./W. Czysz: Alamannische Adelsgräber von Jengen. Arch. Jahr Bayern 1981, 164 f.

Fingerlin, G.: Begräbnisplatz einer merowingerzeitlichen

Adelsfamilie in Dürbheim, Kr. Tuttlingen. In: Neue Ausgrabungen. Archäologische Denkmalpflege im Regierungsbezirk Freiburg (Freiburg 1971) 71 ff.

Fingerlin, G.: Ein alamannisches Reitergrab aus Hüfingen. In: Studien zur vor- und frühgeschichtlichen Archäologie. Festschrift für Joachim Werner zum 65. Geburtstag 2. Münchner Beitr. Vor- u. Frühgesch. Ergbd. 1,2 (München 1974) 591 ff.

Hauck, K.: Alemannische Denkmäler der vorchristlichen Adelskultur. Zeitschr. Württembergische Landesgesch. 16, 1957, 1 ff.

Keller, E.: Der frühmittelalterliche »Adelsfriedhof« mit Kirche von Herrsching am Ammersee, Lkr. Starnberg. Ber. Bayer. Bodendenkmalpfl. 32/33, 1991/92.

Kuchenbuch, L.: Grundherrschaft im früheren Mittelalter. Hist. Seminar N.F. 1 (Idstein 1991).

Menghin, W.: Das Schwert im frühen Mittelalter. Wiss. Beibd. Anz. Germ. Nationalmus. 1 (Stuttgart 1983).

Neuffer-Müller, Ch.: Der alamannische Adelsbestattungsplatz und die Reihengräberfriedhöfe von Kirchheim am Ries. Forsch. u. Ber. Vor- u. Frühgesch. Baden-Württemberg 15 (Stuttgart 1983).

Oexle, J.: Studien zum merowingerzeitlichen Pferdegeschirr am Beispiel der Trensen. Germ. Denkmäler Völkerwanderungszeit A 16 (Mainz 1992).

Ottinger, I.: Waffenbeigabe in Knabengräbern. In: Studien zur Vor- und Frühgeschichtlichen Archäologie. Festschrift für Joachim Werner zum 65. Geburtstag 2. Münchner Beitr. Vor- u. Frühgesch. Ergänzungsbd. 1,2 (München 1974) 387 ff.

Schott, C. (Hrsg.): Beiträge zum frühalemannischen Recht. Veröff. Alemannisches Inst. Freiburg 42 (Bühl 1978) 9 ff.

Staab, F.: Die Gesellschaft des Merowingerreiches. In: A. Wieczorek/P. Périn/K. v. Welck/W. Menghin (Hrsg.), Die Franken. Wegbereiter Europas. Reiss-Mus. Mannheim (Mainz 1996) 479 ff.

Stein, F.: Adelsgräber des achten Jahrhunderts in Deutschland. Germ. Denkmäler Völkerwanderungszeit A 9 (Berlin 1967).

Steuer, H.: Archaeology and History: Proposals on the Social Structure of the Merovingian Kingdom. In: K. Randsborg (Hrsg.), The Birth of Europe. Archaeology and social development in the first millenium A.D. (Rome 1989) 100 ff.

Steuer, H.: Archäologie und germanische Sozialgeschichte. Forschungstendenzen in den 1990er Jahren. In: K. Düwel (Hrsg.), Runische Schriftkultur in kontinentalskandinavischer und angelsächsischer Wechselbeziehung. Reallexikon Germ. Altkde.[2] Ergbd. 10 (Berlin, New York 1994) 10 ff.

Steuer, H.: Frühgeschichtliche Sozialstrukturen in Mitteleuropa. Abh. Akad. Wiss. Göttingen. Phil.-Hist. Kl. 3. Folge 128 (Göttingen 1982).

Stork, I.: Lauchheim und Pfahlheim. Gedanken zur Struktur zweier Gräberfelder auf der Ostalb. Ellwanger Jahrb. 32, 1987/88, 9 ff.

Werner, J.: Zu den alamannischen Burgen des 4. und 5. Jahrhunderts. Hist. Jahrb. 1965 [Festschr. J. Spoerl] 439 ff.

Werner, J.: Das Messerpaar aus Basel-Kleinhüningen, Grab 126. Zu alamannisch-fränkischen Essbestecken. Provincialia. Festschrift R. Laur-Belart (Basel, Stuttgart 1968) 647 ff.

Werner, J.: Bewaffnung und Waffenbeigabe in der Merowingerzeit. In: Ordinamenti militari in Occidente nell'Alto Medioevo. Settimane di Studio del Centro Italiano di Studi sull'Alto Medioevo 15 (Spoleto 1968) 95 ff.

NACHBARVÖLKER

Behm-Blancke, G.: Zur Sozialstruktur der völkerwanderungszeitlichen Thüringer. Ausgr. u. Funde 15, 1970, 257 ff.

Bierbrauer, V.: Alamannische Funde der frühen Ostgotenzeit aus Oberitalien. In: G. Kossack/G. Ulbert (Hrsg.), Studien zur vor- und frühgeschichtlichen Archäologie. Festschrift für Joachim Werner zum 65. Geburtstag 2. Münchner Beitr. Vor- u. Frühgesch. Ergbd. 1,2 (München 1974) 559 ff.

Böhme, H. W.: Das Ende der Römerherrschaft in Britannien und die angelsächsische Besiedlung Englands im 5. Jahrhundert. Jahrb. RGZM 33, 1986, 488 ff.

Dannheimer, H./H. Dopsch (Hrsg.), Die Bajuwaren – Von Severin bis Tassilo 488–788. Ausstellungskatalog Rosenheim/Mattsee (München, Salzburg 1988) 23 ff.

Germanen, Hunnen und Awaren. Schätze der Völkerwanderungszeit. Ausstellungskatalog Nürnberg/Frankfurt (Nürnberg 1987) 351 ff.

Jarnut, J.: Die Landnahme der Langobarden in Italien aus historischer Sicht. In: M. Müller-Wille/R. Schneider (Hrsg.), Ausgewählte Probleme europäischer Landnahmen des Früh- und Hochmittelalters. Vortr. u. Forsch. 41/I (Sigmaringen 1993).

Jarnut, J.: Geschichte der Langobarden (Stuttgart, Berlin, Köln, Mainz 1982).

Koch, U.: Germanen – Juthungen – Thüringer. In: Bayreuth. Aus einer 800jährigen Geschichte (Köln, Weimar, Wien 1995) 48 f.

Menghin, W.: Die Langobarden. Archäologie und Geschichte (Stuttgart 1985).

Schmidt, B.: Das Königreich der Thüringer und seine Eingliederung in das Frankenreich. In: A. Wieczorek/P. Périn/K. v. Welck/W. Menghin (Hrsg.), Die Franken. Wegbereiter Europas. Reiss-Mus. Mannheim (Mainz 1996) 285 ff.

Schneider-Schnekenburger, G.: Churrätien im Frühmittelalter auf Grund der archäologischen Funde. Münchner Beitr. Vor- u. Frühgesch. 26 (München 1980) 109 ff.

Tejral, J.: Grundzüge der Völkerwanderungszeit in Mähren. Studie Archeologického Ústavu Československé Ved v Brne (Praha 1976).

Werner, J.: Beiträge zur Archäologie des Attila-Reiches. Abhandl. Bayer. Akad. Wiss. Phil.-Hist. Kl. N.F. 38 (München 1956).

Werner, J.: Die Langobarden in Pannonien. Beiträge zur Kenntnis der langobardischen Bodenfunde vor 568. Abhandl. Bayer. Akad. Wiss. Phil.-Hist. Kl. N.F. H. 55 (München 1962).

Wolfram, H.: Die Goten. Von den Anfängen bis zur Mitte des sechsten Jahrhunderts (München 1990).

SPRACHE, SCHRIFT UND BILDUNG

Arntz, H./H. Zeiss: Die einheimischen Runendenkmäler des Festlands. Gesamtausgabe der älteren Runendenkmäler 1 (Leipzig 1993).

Baesecke, G.: Der deutsche Abrogans und die Herkunft des deutschen Schrifttums (Halle 1930).

Baur, A.: Was ist eigentlich Schweizerdeutsch? (Winterthur 1983).

Boesch, B.: Der alemannische Sprachraum im Bereich des heutigen Baden-Württemberg. Ein geschichtlicher Überblick. In: Bausteine zur geschichtlichen Landeskunde von Baden-Württemberg. Hrsg. von der Kommission für geschichtliche

Landeskunde in Baden-Württemberg anlässlich ihres 25jährigen Bestehens (Stuttgart 1979) 71 ff.

Bohnenberger, K.: Die alemannische Mundart. Umgrenzung, Innengliederung und Kennzeichnung (Tübingen 1953).

Düwel, K.: Runische und lateinische Epigraphik im süddeutschen Raum zur Merowingerzeit. In: K. Düwel, (Hrsg.), Runische Schriftkultur in kontinental-skandinavischer und angelsächsischer Wechselbeziehung. Reallexikon Germ. Altkde.[2] Ergbd. 10 (Berlin, New York 1994) 229 ff.

Eggers, H.: Deutsche Sprachgeschichte I. Das Althochdeutsche (Reinbek 1963).

Förstemann, E.: Altdeutsches Namenbuch 1: Personennamen[2] (Bonn 1900; Nachdruck München, Hildesheim 1966).

Geuenich, D.: Zur Kontinuität und zu den Grenzen des Alemannischen im Frühmittelalter. In: P. Fried/W.-D. Sick (Hrsg.): Die historische Landschaft zwischen Lech und Vogesen. Forschungen und Fragen zur gesamtalemannischen Geschichte. Veröff. Alemannisches Inst. Freiburg 59 (Augsburg 1988) 115 ff.

Haag, K.: Die Grenzen des Schwäbischen in Württemberg. Schwäbische Volkskde. N.F. 8 (Stuttgart 1946).

Haag, K.: Die schwäbisch-fränkische Sprachgrenze in Württemberg – Östliche Hälfte: von Backnang bis Dinkelsbühl (mit Karte). Württembergische Schulwarte 3, 1927, 237 ff.

Haag, K.: Die schwäbisch-fränkische Sprachgrenze in Württemberg – Westliche Hälfte: von Backnang bis Pforzheim und Bretten (mit Karte) Württembergische Schulwarte 4, 1928, 649 ff.

Hotzenköcherle, R.: Die Sprachlandschaften der deutschen Schweiz. Sprachlandschaft 1 (Aarau, Frankfurt am Main, Salzburg 1984).

Jutz, L.: Die alemannischen Mundarten. Abriss der Lautverhältnisse (Halle 1931).

Klausmann, H./K. Kunze/R. Schrambke: Kleiner Dialektatlas. Alemannisch und Schwäbisch in Baden-Württemberg. Themen Landeskde. 6 (Bühl 1994).

Opitz, St.: Südgermanische Runeninschriften im älteren Futhark aus der Merowingerzeit. Hochschul-Produktionen Germanistik Linguistik Literaturwiss.[3] (Kirchzarten 1987).

Sonderegger, S.: Deutsche Sprache und Literatur in St. Gallen. In: W. Vogler (Hrsg.), Die Kultur der Abtei St. Gallen[2] (Zürich 1992) 161 ff.

Sonderegger, Stefan: Althochdeutsche Sprache und Literatur. Eine Einführung in das älteste Deutsch: Darstellung und Grammatik (Berlin, New York 1974).

RUNENKUNDE

Arntz, H./H. Zeiss: Die einheimischen Runendenkmäler des Festlands. Gesamtausgabe der älteren Runendenkmäler 1 (Leipzig 1993).

Bammesberger, A.: Zur Runeninschrift auf dem Sax von Steindorf. In: Münchner Stud. Sprachwiss. 25 (1996) 7 ff.

Betz, W.: Dän. AUJA ›Glück‹ bei den Alemannen um 575? Archiv Stud. Neuere Sprachen u. Lit. 216 (131. Jg.) 1979, 241 ff.

Düwel, K.: Runeninschriften auf Waffen. In: R. Schmidt-Wiegand (Hrsg.), Wörter und Sachen im Lichte der Bezeichnungsforschung. Arbeiten Frühmittelalterforsch. 1 (Berlin 1981) 128 ff.

Düwel, K.: Runenkunde[2] (Stuttgart 1983).

Düwel, K.: Runenritzende Frauen. In: L. Peterson u.a. (Hrsg.), Studia Onomastica. Festskrift till Thorsten Andersson 23 Februari (Lund 1989).

Düwel, K.: Neufunde 1989 (Bügelfibel von Neudingen). Nytt om Runer 5, 1990, 8.

Düwel, K.: Kontinentale Runeninschriften. In: A. Bammesberger, (Hrsg.), Old English Runes and Their Continental Background. Anglistische Forsch. 217 (Heidelberg 1991) 271 ff.

Düwel, K.: Runische und lateinische Epigraphik im süddeutschen Raum zur Merowingerzeit. In: K. Düwel, (Hrsg.), Runische Schriftkultur in kontinental-skandinavischer und angelsächsischer Wechselbeziehung. Reallexikon Germ. Altkde.[2] Ergbd. 10 (Berlin, New York 1994) 229 ff.

Düwel, K./H. Roth: Die Runenfibel von Donzdorf. Frühmittelalterl. Stud. 11, 1977, 409 ff.

Grønvik, O.: Die Runeninschrift der Nordendorfer Bügelfibel I. In: Runor och runinskrifter. Kungl. Vitterhets Historie och Antikvitets Akademien. Konferenser 15 (Stockholm 1987).

Henning, R. (Hrsg.): Die deutschen Runendenkmäler (Strassburg 1889).

Kabell, A.: Nordendorf A. Beitr. Gesch. Dt. Sprache u. Lit. 92, 1970, 1 ff.

Klingenberg, H.: Das Runenwerk von Balingen: Literarische Kleinkunst aus der alamannischen Frühzeit. Alemannisches Jahrb. 1971/72, 1 ff.

Klingenberg, H.: Schwaben-Dag und Suebia. Suebische Vorzeit in exemplarisch-aktuellen Runeninschriften. In: H. Birkhan, (Hrsg.), Festgabe für Otto Höfler zum 75. Geb. Philol. Germanica 3 (Wien 1976) 337 ff.

Klingenberg, H.: Runenfibel von Bülach, Kanton Zürich. Liebesinschrift aus alamannischer Frühzeit. In: Alemannica. Landeskundl. Beitr. Festschr. Bruno Boesch. Alemannisches Jahrb. 1973/75, 308 ff.

Klingenberg, H.: Die Drei-Götter-Fibel von Nordendorf bei Augsburg. Zeitschr. Dt. Alt. u. Dt. Lit. 105, 1976, 167 ff.

Klingenberg, H./U. Koch: Ein Ringschwert mit Runenkreuz aus Schretzheim, Kr. Dillingen a.d. Donau. Germania 52, 1974, 120 ff.

Krause, W.: Die Runeninschriften im älteren Futhark I. Mit Beiträgen von Herbert Jankuhn. Abh. Akad. Wiss. Göttingen. Phil.-Hist. Kl. III 65 (Göttingen 1966).

Meli, M.: Alamannia Runica. Rune e cultura nell'alto medioevo (Verona 1988).

Opitz, St.: Südgermanische Runeninschriften im älteren Futhark aus der Merowingerzeit. Hochschul-Produktionen Germanistik Linguistik Literaturwiss.[3] (Kirchzarten 1987).

Opitz, St.: Runeninschriftliche Neufunde: Das Schwert von Eichstetten/Kaiserstuhl und der Webstuhl von Neudingen/Baar. Arch. Nachr. Baden 27, 1981, 26 ff.

Opitz, St.: Neue Runeninschriften. Fundber. Baden-Württemberg 7, 1982, 481 ff.

Schieck, S./H. Jänichen: Ein alamannischer Grabfund aus Weilstetten, Kr. Balingen, Württemberg. Germania 32, 1986, 299 ff.

Schützeichel, R.: Althochdeutsches in Runen. In: F. Heidermanns u.a. (Hrsg.), Sprachen und Schriften des antiken Mittelmeerraums. Festschr für Jürgen Untermann zum 65. Geburtstag. Innsbrucker Beitr. Sprachwiss. 78 (Innsbruck 1993) 403 ff.

Schwab, U.: The Inscription of the Nordendorf Brooch I: A Double Reading in Line III? Michigan Germanic Stud. 7, 1981, 38 ff.

RELIGION

Ahrens, C.: Frühe Holzkirchen im nördlichen Europa. Veröff. Helms-Mus. 39 (Hamburg 1981).

Behm-Blancke, G.: Heiligtümer, Kultplätze und Religion. In: J. Herrmann (Hrsg.), Archäologie in der Deutschen Demokratischen Republik (Leipzig, Jena, Berlin 1989) 166 ff.

Düwel, K.: Runen und interpretatio christiana. Zur religionsgeschichtlichen Stellung der Bügelfibel von Nordendorf I. In: N. Kamp/J. Wollasch (Hrsg.), Tradition als historische Kraft. Festschrift für Karl Hauck (Berlin 1982) 78 ff.

Düwel, K.: Runeninschriften als Quellen der germanischen Religionsgeschichte. In: H. Beck u.a. (Hrsg.), Germanische Religionsgeschichte. Quellen und Quellenprobleme. Reallexikon Germ. Altkde.[2] Ergbd. 5 (Berlin, New York 1992) 336 ff.

Ellmers, D.: Die archäologischen Quellen zur germanischen Religionsgeschichte. In: H. Beck/D. Ellmers/K. Schier (Hrsg.), Germanische Religionsgeschichte. Reallexikon Germ. Altkde.[2] Ergbd. 5 (Berlin, New York 1992) 95 ff.

Fehring, G. P.: Missions- und Kirchenwesen aus archäologischer Sicht. In: H. Jankuhn/R. Wenskus, Geschichtswissenschaft und Archäologie. Untersuchungen zur Siedlungs-, Wirtschafts- und Kirchengeschichte. Vorträge u. Forsch. 22 (Sigmaringen 1979) 547 ff.

Hasenfratz, H.-P.: Die religiöse Welt der Germanen (Freiburg, Basel, Wien 1994).

Hauck, K.: Zur Ikonologie der Goldbrakteaten IV. Metamorphosen Odins nach dem Wissen von Snorri und von Amulettmeistern der Völkerwanderungszeit. In: O. Bandle/H. Klingenberg/F. Maurer (Hrsg.), Festschrift für Siegfried Gutenbrunner (Heidelberg 1972) 47 ff.

Hübener, W. (Hrsg.): Die Goldblattkreuze des frühen Mittelalters (Freiburg 1974).

Illi, M.: Wohin die Toten gingen. Begräbnis und Kirchhof in der vorindustriellen Stadt (Zürich 1992).

Koch, U.: Grabräuber als Zeugen frühen Christentums. Arch. Nachr. Baden 11, 1973, 22 ff.

Kötting, B.: Der frühmittelalterliche Reliquienkult und die Bestattung im Kirchengebäude. Arbeitsgemeinschaft Forsch. Land Nordrhein-Westfalen 123 (Köln, Opladen 1965).

Kötting, B.: Opfer in religionsvergleichender Sicht. Frühmittelalterl. Stud. 18, 1984, 44 ff.

Lüdemann, H.: Mehrfachbelegte Gräber im frühen Mittelalter. Fundber. Baden-Württemberg 19,1, 1994, 421 ff.

Müller, W./M. Knaut: Heiden und Christen. Archäologische Funde zum frühen Christentum in Südwestdeutschland. Kleine Schr. Vor- u. Frühgesch. Südwestdeutschland 2 (Stuttgart 1987).

Oexle, J.: Merowingerzeitliche Pferdebestattungen – Opfer oder Beigaben? Frühmittelalterl. Stud. 18, 1984, 122 ff.

Pauli, L.: Heidnisches und Christliches im frühmittelalterlichen Bayern. Bayer. Vorgeschbl. 43, 1978, 147 ff.

Prinz, F.: Frühes Mönchtum im Frankenreich[2] (Darmstadt 1988).

Roth, H.: Archäologische Beobachtungen zum Grabfrevel im Merowingerreich. In: H. Jankuhn/H. Nehlsen/H. Roth (Hrsg.), Zum Grabfrevel in vor- und frühgeschichtlicher Zeit. Untersuchungen zum Grabraub und »haugbrot« in Mittel- und Nordeuropa. Abhandl. Akad. Wiss. Göttingen. Phil.-Hist. Kl. 3. Folge 53 (Göttingen 1978).

Scheurer, H.: Das Recht der Toten. Eine germanistische Untersuchung. Zeitschr. Vergl. Rechtswiss. 33, 1915, 1 ff.; 34, 1916, 333 ff.

Schmidt-Wiegand: Spuren paganer Religiosität in den frühmittelalterlichen Leges. In: H. Keller/N. Staubach (Hrsg.), Iconologia Sacra. Festschr. K. Hauck (Berlin, New York 1994) 249 ff.

Simek, R.: Lexikon der germanischen Mythologie[2] (Stuttgart 1995).

Werner, J.: Herkuleskeule und Donaramulett. Jahrb. RGZM 11, 1964, 176 ff.

Zeiß, H.: Das Heilsbild in der germanischen Kunst des frühen Mittelalters. Sitzungsber. Bayer. Akad. Wiss. Phil.-Hist. Abt. 2,8 (München 1941).

SCHRIFTQUELLEN

Alföldy, G.: Die Alamannen in der Historia Augusta. Jahrb. RGZM 25, 1978, 196 ff.

Ammianus Marcellinus: Rerum gestarum.

Beyerle, F.: Das Kulturporträt der beiden alemannischen Rechtstexte: Pactus und Lex Alamannorum. Wege der Forschung Bd. C (Darmstadt 1975) 126 ff.

Dirlmeier, C. u.a.: Quellen zur Geschichte der Alamannen von Cassius Dio bis Ammianus Marcellinus. Quellen zur Geschichte der Alamannen I. Heidelberger Akad. Wiss. Komm. Alamannische Altkde. Schr. 1 (Heidelberg, Sigmaringen 1978) 24.

Dirlmeier, C./G. Gottlieb: Quellen zur Geschichte der Alamannen von Libanios bis Gregor von Tours. Quellen zur Geschichte der Alamannen II. Heidelberger Akad. Wiss. Komm. Alamannische Altkde. Schr. 3 (Heidelberg, Sigmaringen 1978).

Dirlmeier, C./K. Sprigade: Quellen zur Geschichte der Alamannen von Marius von Avenches bis Paulus Diaconus. Quellen zur Geschichte der Alamannen III. Heidelberger Akad. Wiss. Komm. Alamannische Altkde. Schr. 5 (Heidelberg, Sigmaringen 1979).

Dirlmeier, C./K. Sprigade: Quellen zur Geschichte der Alamannen vom Geographen von Ravenna bis Hermann von Reichenau. Quellen zur Geschichte der Alamannen IV. Heidelberger Akad. Wiss. Komm. Alamannische Altkde. Schr. 6 (Heidelberg, Sigmaringen 1980).

Dirlmeier, C./K. Sprigade: Weitere hagiographische Texte und amtliches Schriftgut. Zeittafel ca. 530–750. Quellen zur Geschichte der Alamannen V. Heidelberger Akad. Wiss. Komm. Alamannische Altkde. Schr. 8 (Heidelberg, Sigmaringen 1983).

Duft, J.: Die Lebensgeschichte der Heiligen Gallus und Otmar, St. Gallen (Sigmaringen 1988).

Gregor von Tours: Historiarum libri decem.

Hoffmann, D.: Das spätrömische Bewegungsheer und die Notitia dignitatum. Epigr. Stud. (Düsseldorf 1969; 1970).

Keller, H.: Alamannen und Sueben nach den Schriftquellen des 3. bis 7. Jahrhunderts. Frühmittelalterl. Stud. 23, 1989, 89 ff.

Kerler, G.: Die Außenpolitik in der Historia Augusta (Bonn 1970).

Lotter, F.: Severinus von Noricum. Legende und historische Wirklichkeit (Stuttgart 1976).

Niederhellmann, A.: Arzt und Heilkunde in den frühmittelalterlichen Leges. Eine wort- und sachkundliche Untersuchung. Arbeiten Frühmittelalterforsch. 12 (Berlin, New York 1983).

Rosen, K.: Studien zur Darstellungskraft und Glaubwürdigkeit des Ammianus Marcellinus (Bonn 1970).

Seeck, O.: Notitia Dignitatum (Berlin 1876).

Schmidt-Wiegand, R.: Alemannisch und Fränkisch in Pactus und Lex Alamannorum. In: Dies., Stammesrecht und Volkssprache. Ausgewählte Aufsätze (Berlin 1991) 148 ff.

Schott, C.: Lex Alamannorum. Das Gesetz der Alemannen. Text – Übersetzung – Kommentar zum Faksimile aus der Wandalgarius-Handschrift Codex Sangallensis 731. Schwäbische Forschungsgemeinschaft Augsburg 1993. In: Ders. (Hrsg.), Beiträge zum frühalemannischen Recht. Veröff. Alemannisches Inst. Freiburg i.Br. 42 (Bühl 1978).

Schott, C.: Pactus, Lex und Recht. In: W. Hübener (Hrsg.), Die Alemannen in der Frühzeit. Veröff. Alemannisches Inst. 34 (Bühl 1974) 135 ff.

Scriptores Historiae Augustae.

Sonderegger, S.: Deutsche Sprache und Literatur in St. Gallen. In: W. Vogler (Hrsg.), Die Kultur der Abtei St. Gallen[2] (Zürich 1992) 161 ff.

Tacitus: Publius Cornelius Tacitus, Germania. Zweisprachige Ausgabe. Insel Taschenbuch 471 (1980) Aus dem Lateinischen übetragen und erläutert von Arno Mauersberger.

Weidemann, M.: Kulturgeschichte der Merowingerzeit nach den Werken Gregors von Tours. RGZM Monogr. 3 (Mainz 1982).

ANTHROPOLOGISCHE, ZOOLOGISCHE UND BOTANISCHE FORSCHUNGEN

Benecke, N.: Archäozoologische Studien zur Entwicklung der Haustierhaltung in Mitteleuropa und Südskandinavien von den Anfängen bis zum ausgehenden Mittelalter. Schr. Ur- u. Frühgesch. 46 (Berlin 1994).

Bernhard, W.: Die Ethnogenese der Germanen aus der Sicht der Anthropologie. In: W. Bernhard / A. Kandler-Palsson (Hrsg.), Ethnogenese europäischer Völker (Stuttgart, New York 1986) 257 ff.

Czarnetzki, A. / Ch. Uhlig / R. Wolf: Menschen des frühen Mittelalters im Spiegel der Anthropologie und Medizin (Stuttgart 1982).

Czarnetzki, A.: Das Kleinkinderdefizit der Merowingerzeit in Südwestdeutschland im Spiegel medizinhistorischer Ergebnisse. Bull. Soc. Suisse d'Anthr. 1, 1995, 89 ff.

Koenig, G. G.: Schamane und Schmied, Medicus und Mönch: Ein Überblick zur Archäologie der merowingerzeitlichen Medizin im südlichen Mitteleuropa. Helvetia Arch. 51/52, 1992, 75 ff.

Kokabi, M.: Osteoarchäologie. In: D. Planck (Hrsg.), Archäologie in Württemberg (Stuttgart 1988) 465 ff.

Körber-Grohne, U.: Nutzpflanzen in Deutschland. Kulturgeschichte und Biologie[2] (Stuttgart 1988) 365 ff.

Rösch, M. / Jacomet / Karg: The history of cereals in the region of the former Duchy of Swabia (Herzogtum Schwaben) from the Roman to the Post-medieval period: results of archaeobotanical research. Vegetation History and Archäobotany 1, 1992, 227.

Teichert, M. / H. H. Müller: Haustierhaltung. In: Die Germanen 2 (Berlin 1983) 107 ff.

Teichert, M.: Einflüsse römischer Haustierhaltung in der Germania libera. In: Festschrift für H. R. Stampfli. Beiträge zur Archäozoologie, Archäologie, Anthropologie, Geologie und Paläontologie (Basel 1990) 277 ff.

Wahl, J.: Prähistorische Anthropologie. In: D. Planck (Hrsg.), Archäologie in Württemberg (Stuttgart 1988) 439 ff.

Wittwer-Backofen, U.: Bevölkerungskontinuität und Bevölkerungswandel in Deutschland im 1. Jt. n.Chr. Arch. u. Mus. (im Druck).

Zauner, F.: Die Pflanzenfunde von Oberflacht. In: S. Schiek, Das Gräberfeld der Merowingerzeit bei Oberflacht. Forsch. u. Ber. Vor- u. Frühgesch. Baden-Württemberg 41 (Stuttgart 1992) 128 ff.

Ortsregister

Bildnachweis

VORBEMERKUNG

Alle mit WLM ausgewiesenen Bilder sind von den Fotografen des Württembergischen Landesmuseum Peter Frankenstein und Hendrik Zwietasch gemacht.
Fotografin der mit LDA, YAM bezeichneten Abbildungen ist Yvonne Mühleis vom Landesdenkmalamt Baden-Württemberg.
Bei den für diesen Katalog gefertigten Karten ist angegeben, wer die Kartengrundlage geliefert hat, die Ausführung besorgten bei der Firma Schober+Reinhardt Natalie Spiel, Frank Heine und Martin Vöhringer.
Die Zeichnungen auf den Seiten 52/53, 142/143, 202/203, 288/289, 416/417 sowie alle im Buch verteilten Schattenrisse sind Elemente der Ausstellung und wurden von der Firma Schober+Reinhardt gefertigt.

ABKÜRZUNGEN

ALM – Archäologisches Landesmuseum Baden-Württemberg, Konstanz
LDA – Landesdenkmalamt Baden-Württemberg, Stuttgart
mit den Außenstellen Freiburg, Karlsruhe und Tübingen
WLM – Württembergisches Landesmuseum Stuttgart

1 Schiller-Nationalmus., Dt. Literaturarchiv
2 R. Kagerer
3 Muettersproch-Ges. Freiburg
4 Narrenzunft Schömberg e.V.
5 Wais & Partner
6 G. Schöck
7 Gde. Pfullendorf
8 ALM, Schreiner
9 Helms-Mus.
10 Schreiber Wandbild
11 Justus Perthes Verlag Gotha GmbH
12 H. Burkhardt, Ludwigsburg
13 Bär/Quensel, Bildersaal deutscher Geschichte
14 Germanenerbe Jg.1936, 235
15 Germanenerbe Jg.1938, Umschlag September
16, 17 H. Lehmann, Die gute alte Zeit Neuenburg (o.J.)
18, 19 F. Meyer, Wir wollen frei sein (Aarau 1961)
20 Aus Paret, H. Schreiber
21 Aus Karl Wilhelmi, Die Grabaltertümer der Burgunden, Franken und Alamannen. Hrsg. K. Eckerle (Sinsheim, 1986)
22 Aus Garscha, Heinrich Schreiber
23 Städt. Slg. Freiburg
24, 25 Aus Denkmalpfl. B.-W. 12, 1983
26, 27 Aus Dürrich/Menzel, Heidengräber
28 Aus Groebbels, Gammertingen
29 Bär/Quensel, Bildersaal deutscher Geschichte
30 Nach Klein, Nachrichtenbl. LDA B.-W. 23, 1994, 35
31 Nach Krüger (Hrsg.), Die Germanen, Schober
32, 33 Nach Heiligmann, Schober
34 G. Bury
35 Nr. 6 Schweizer. Landesmus., Rest WLM
36 Klein, Stuttgart
37 WLM
38 U. Peschlow
39 WLM
40 Berlin
41–43, 49 RGZM Mainz
44 LDA
45 I. Thomandl
46 G. Seitz
47 Rheinisches Landesmus. Bonn
48 Mus. Heidelberg
50, 53 Frank
51, 54, 55 LDA, YAM
56 Nach Schach-Dörges, Schober
57 Röm. Mus. Augsburg
58 Aus Rom und die Germanen
59, 63 Nach Schach-Dörges, Schober
60 Mus. Merseburg; Mainfränk. Mus. Würzburg; WLM
61 Nach Thomas, Schach-Dörges, Schober
62 Nach Voß/Schach-Dörges, Schober
64 Nach Böhme u. Voß, Schober
65 Fink, LDA
66 b.d.f WLM; a.c.e Thüring. Landesamt Arch. Denkmalpfl.
67 Nach Schach-Dörges, Schober
68 Nach Schach-Dörges/Fink, LDA; Dale, Kurpfälz.Mus. Heidelberg
69 Nach Schach-Dörges/Ebert, Schober
70 Otschik, Stiftsmus. Aschaffenburg
71–73, 79, 85 WLM
74 Svoboda, Fotoreport Regionalmus. Žatec
75 Links: aus Schulz/Zahn, Das Fürstengrab von Hassleben. RGF 7 (Berlin, Leipzig 1933) 5; oben: M. Ege, Stuttgart
76 LDA
77 Prähist. Staatsslg. München
78 Nach Schulze-Dörrlamm, Schober
80 Arch. Mus. Frankfurt a.M.
81 Nach v. Schnurbein, Schober
82–84 Nach Schach-Dörges, Schober
86 Fotostudio Zink, Regensburg
87 Städt. Mus. Heilbronn
88–90, 92, 3 LDA
94, 95 Institut für Vor- undFrühgeschichte, Universität Freiburg
91, 96–101 LDA, YAM
102 Röm. Mus. Augsburg
103 WLM
104 Feist, aus: Menghin, Frühgesch. Bayerns (1990) Taf. 1
105 Mus. de la Ville, Strasbourg
106 Nach Marquard, Schober
107 Schweiz. Landesmus. Zürich
108–109 M. Mackensen, Das spätrömische Grenzkastell Caelius Mons in Kellmünz an der Iller (1995)
110 Römer in B.-W. 100
111 Aus Römischer Alltag in Bayern. 125 Jahre Bayern Handelsbank in München 1869–1994 (1994) 53
112 Röm. Mus. Augsburg
113 Portner, Hist. Mus. Basel
114a Nach Menghin, Schober
114 Schulz, Römermus. Augst
115 Staatl. Münzslg. München
116 Nach Matt/Kühner, Die Cäsaren (1964)
117 Bad. Landesmus. Karlsruhe, Münzkabinett
118 Nach Wigg, Münzumlauf in Nordgallien um die Mitte des 4. Jahrhunderts n.Chr. (Berlin 1991)
119 Martin
120, 212 Bayer. Staatsbibl. Clm 10291, 194r u. 180v.
122 Nach Knaut
123 Nach H. Steuer
124, 131 LDA
125, 126, 130 Nach Planck
127 Nach Schulze
128, 134 WLM
129 Nach Reim
132 Abt. Provinzialröm. Arch. Univ. Freiburg
133 Nach Henning
135–136 Landesamt Denkmalpfl. Thüringen
137–139 LDA, YAM
140–141a Kantonsarch. Schaffhausen
141b Nach Bücker, Schober
142 Severin zwischen Römerzeit und Völkerwanderung. Kat. Ausstellung Land Oberösterreich 24. April bis 26. Oktober 1982 Stadtmus. Enns, 42
143–144 Chlodwig, Geschichte und Mythos. Ausstellungskatalog Zülpich 1996
145, 152, 153 Steuer
146 LDA
147, 149, 161 WLM
148 WLM
150–151, 155, 156 LDA; YAM
154 Hoeper
157 LDA, YAM
158 Nach Steuer in: Nielsen/Randsborg/Thrane Hrsg., The Archeology of Gudme and Lundeborg Kopenhagen (1994) Fig. 8; 9
159 Arch. Mus. Frankfurt a.M.
160 Umzeichnung R. Plonner nach Böhner, Jahrb. RGZM 34, 1987, 451 Abb 16
161 WLM
162 Nach M. Schulze-Dörrlamm
163, 168, 170b, 171 Nach Martin, Schober
164, 165 Seitz-Gray, Frankfurt a.M.
166 Nach Behrens
167 Arch. Mus. Frankfurt a.M.
169 Röm.-Germ. Mus. Köln
170a Nach U. Koch, Schober
172–174, 182, 183, 185, 187 Nach D. Quast, Schober
175, 178, 180, 181, 186, 188, 191–193 WLM
176 Nach Böhme, Schober
177 M. Michel
179 Nach J. Oexle, Schober
184 Nationalmu. Budapest; Hist. Mus. Basel
189 Nach Gross, Schober
190 Hist. Mus. Basel
194 LDA, YAM
195 Nach J. Möller und R. Fiedler
196 Nach Teijral und Budinský-Krička
197 Hist. Mus. Basel
198, 201–204, 206 Nach U. Koch, Schober
199, 200, 208 WLM
205 Mus. Arch. Milano
207 Schmucker, Naturhist. Mus. Wien

209 Stadtarchiv Worms
210 H. Vogl
211 K. Natter
212 Stiftsbibl. St. Gallen
213–228 Hist. Mus. Basel
229–231, 233, 234, 236–238 WLM
232, 235, 245 Nach U. Koch, Schober
239–241 LDA, YAM
242–244 Landesamt Arch. Denkmalpfl. Sachsen-Anhalt
246 Nach Gross, Schober
247–249 LDA, YAM
250 Nach Theune, Schober
251 Nach Reiß/Theune, Schober
252 WLM
253–256 LDA, YAM
257–260 Nach Hoeper, Schober
261 Nach Czysz/Babucke, Mayrock/Harsdorf
262–264, 266, 267, 271, 273 LDA, YAM
265 Christen, Reiss-Mus. Mannheim
269 Röm. Mus. Augsburg
268 Nach Babucke, Mayrock/Harsdorf
270 Prähist. Staatsslg. München
272, 274 Nach Babucke, Mayrock
275 Nach Trier, Mayrock
276 Brem u.a., Arch. Thurgau 1, 1992, Abb. 113
277 Nach Windler, Elgg Abb. 184
278, 281, 282 Kantonsarch. Zürich
279, 280, 284, 286, 288, 289 Schweizer. Landesmus. Zürich
283, 287 Nach Windler, Scchober
285 Köhler nach Marti, Jahrb. SGU 78, 1995, Abb. 31
290 Cod. Sang. 731, p. 324, nach Schott S. 31
291 Cod. 731. p.295, Stiftsbibl. St. Gallen
292 Cod. Lat. 10753, fol 154, Bibl. Nat. Paris
293 Bayerische Staatsbibliothek, München
294 Staatsarchiv Zürich
295 Nach Paulsen
296 Steuer
297 Nach Stein
298, 299, 301, 302, 306, 307 LDA, YAM
300, 303–305, 308 WLM
309, 321 LDA, O. Braasch
310, 322, 330 Horn, LDA
311 Ch. Raub, FEM Schwäb. Gmünd
312 Ott, LDA
313–316, 318, 319, 326, 329, 331 LDA, YAM
317 WLM
320, 327 Staatl. Vermessungsamt Aalen; bearb. von Stork/Horn, LDA
323, 324 Mikiffer
325 Lienemann/von der Osten/Stork, LDA
328 Ott/Horn, LDA
332, 334 Nach Hoeper, Schober
333 Nach Arnold, Schober
335 Nach Bücker, Schober
336 Nach Bücker/Dieckmann, Schober
337 Bücker/LDA
338 A: Hoeper nach Arnold u.a.; B: LDA; C und D: nach Dieckmann
339, 340, 342–344 LDA, YAM
341 LDA
345, 346 Kantonsarch. SH
347 Schmaedecke
348–351, 353, 354, 357, 358 Rösch, LDA
352, 356 Facsimile I, Bibl. Fol. 23
355 LDA
359–364 LDA, Kokabi
365, 366, 369–371, 374–378, 380, 381 LDA
367 Anthropologie Giessen; Statist. Landesamt Stuttgart
368 WLM
373 Czarnetzki, Tübingen
379 LDA, YAM
382 Schweizer. Landesmus. Zürich
383 WLM
384 Nach Garbsch
385, 388, 390, 392 M. Martin/S. Sutt, München
386 Facsimile I, Bibl. Fol. 23
387, 391 Schweiz. Landesmus. Zürich
389 WLM
393 Nach Fingerlin
394 Nach Knaut
395 Nach Steuer
396 Nach Neuffer-Müller
397 Nach Christlein u. Schiek
398 Nach Eschenlohr/Serneels, Zeichnung Simon Deshusses
399 Facsimile I, Bibl. Fol. 23
400 LDA, YAM
402, 401, 411, 415 WLM
403, 405, 406, 409 Schober+Reinhardt; Zeichnung Weiterschan nach Urbon, WLM
404, 407, 413, 414 Schweizer. Landesmus., Donat Stuppan
408, 410 Röntgenbild Dübendorf, EMPA; Foto Leuthard, Schweizer. Landesmuseum
412 Ch. Raub, FEM Schwäbsch Gmünd
416 Facsimile I, Bibl. Fol. 23
417, 422, 425 LDA, YAM
418 LDA
419 Hietkamp, LDA
420 Nach Dufrenne, 1978
421 ALM, Schreiner
423 Norsk Folkemus., Oslo
424 Banck-Burgess.
426 WLM
427 LDA, YAM
428, 433 Aus Paulsen, Oberflacht Abb. 30; 59
429, 434, 435, 437–439 WLM
430, 431, 436 Paulsen/Schach-Dörges, Holzhandwerk Abb. 12; 14; 33b.
432 Dürrich/Menzel, Heidengräber Taf. 8
440 2 Mus. für Ur- u. Frühgesch. Freiburg, Rest LDA
441 Nach J. F. Fischer
442, 448–450, 453 LDA, YAM
443 Nach Steuer, Schober
444 Steuer
445 Nach Christlein, Schober
446a, 447, 454 WLM
446b Nach Gross, Schober
451 Kantonsarch. Schaffhausen
452, 456 Nach Koch in: Die Franken (1996) 615 f. Abb. 469; 470, Schober
455 Facsimile I, Bibl. Fol. 23
457 Nach Paulsen
458–460, 462, 464, 467–469 WLM
461 Nach Menghin
463 LDA, YAM
465, 466 Nach U. Koch, Schober
470 LDA
471 WLM, 472–474,
475 Aus Schiek, Oberflacht; Zeichnung nach A. Peter
476 LDA, Weißhuhn
477 Nach Martin
478–480 LDA
481 LDA nach F. Moog
482–485 LDA
486 LDA, Ege
487 Nach Schieck
488 LDA
489 LDA, YAM
490 LDA, Fink
491 LDA, Scholkmann
492 LDA, Finck
493 LDA, YAM
494 Thüring. Landesamt Arch. Denkmalpfl.
495, 506 LDA, YAM
496 Inst. Ur- u. Frühgesch. Univ. Jena
497, 500, 502–505 WLM
498 Mus. Rüsselsheim
499 LDA
501 Univ. Bonn, Roth
507 R. Bersier, Fribourg
508 Zentralbibl. Zürich
509 Nach Riemer, Schober
510, 512 WLM
511 Germ. Nationalmus. Nürnberg
514, 517, 518 LDA, YAM
513 WLM
515, 516 Prähist. Staatsslg. München
519 Römermu. Augst
520 LDA, YAM
521 P. Lengert nach Scholkmann
522, 530 Th. Schwarz, LDA, nach Scholkmann
523 Facsimile I, Bibl. Fol. 23
524 Augustinermuseum Freiburg
525, 528 LDA
526 Mozer
527 Betz, Bad Säckingen
529 LDA, YAM
531–541 Hidber, Inst. Denkmalpfl. ETH Zürich
542, 544, 545 Nach Hoeper, Schober
543, 547, 549–542 LDA, YAM
546, 553 Topographische Karte 1:25 000, Ausschnitt aus Blatt 7916, Vervielfältigung genehmigt unter Az.: 5.13/1346 mit Erg, Horn, LDA
548 Nach Eckert u.a., Schober
554 Nach Schmitt, Schober
555 WLM
556 Nach Zettler, Schober
557, 558, 560, 563–565 Stiftsbibl. St. Gallen
559 Keller, Reichenau
561 Stiftsarchiv St. Gallen
562 Zentralbibl. Zürich
566 Facsimile I, Bibl. Fol. 23
568 Germ. Nationalmus. Nürnberg
567, 568 LDA, YAM
570, 572 Nach Theune/Roth
569 WLM
571 LDA (2 x rechts) WLM (links)
575 Christen, Reiss-Mus. Mannheim
576, 577 WLM
578 Prähist. Staatsslg. München
579, 580 Nach Martin, Schober
581 LDA, YAM
582 Christlein, Abb. 88
583 Opitz, Fundber. B.-W. 7, 1982, 482 Abb. 1
584 R. Bersier, Fribourg
585 Steger/Hundt nach Südwestdeutscher Sprachatlas
586 Spiel nach Kelle/Baßler
587, 588 Stiftsarchiv St. Gallen